DAS AMT UND DIE VERGANGENHEIT

DEUTSCHE DIPLOMATEN
IM DRITTEN REICH UND
IN DER BUNDESREPUBLIK

第三帝国から
連邦共和国
体制下の
外交官言行録

ドイツ外務省〈過去と罪〉

独立歴史委員会
エッカルト・コンツェ/
ノルベルト・フライ/
ピーター・ヘイズ/
モシェ・ツィンマーマン 著

稲川照芳/
足立ラーベ加代/
手塚和彰 訳

えにし書房

DAS AMT UND DIE VERGANGENHEIT
Deutsche Diplomaten im Dritten Reich und in der Bundesrepublik
by
Eckart Conze,Norbert Frei,Peter Hayes,Moshe Zimmermann
© 2010 by Karl Blessing Verlag,München
a division of Verlagsgruppe Random House GmbH,München,Germany
Published by arrangement through Meike Marx Literary Agency,Japan
The translation of this work was supported by a grant from the Goethe-Institut.

〈凡例〉
リッベントロップ（Ribbentrop）→リッベントローブ
ヴァイツゼッカー（Weizsäcker）→ヴァイツェッカー
ディルクセン（Dirksen）→ディルクゼン
など、一部の人名に関して、
日本において一般的な表記よりも、ドイツ語の発音に近い表記を優先した。

ドイツ外務省〈過去と罪〉 目次

日本語版出版にあたって　手塚和彰 ……………………………… 9

序　論 ………………………………………………………………… 15

第1部　ドイツ外務省の過去　（稲川照芳 訳）

第1章　ドイツ外務省と独裁体制の成立 ……………………… 29
第1節　伝統と構造　34
第2節　「健全な外交政策と相容れない」　37
第3節　ユダヤ人に対する最初の諸処置　43
第4節　追放と新規採用　51
第5節　自主的な画一性　63

第2章　戦争までの数年 ………………………………………… 71
第1節　迫害、国外脱出、市民権の剥奪　72
第2節　リッベントロープの接近　84
第3節　外交、イデオロギーと人種政策　93
第4節　ハーヴァラ協定　100
第5節　リッベントロープに対する包囲網づくり　104
第6節　親衛隊とドイツ外務省　112
第7節　ノイラート外相からリッベントロープ外相へ　115
第8節　ウィーン、ミュンヘン、プラハ　23

第3章　旧い外交官と新しい外交官 …………………………… 128
第1節　戦時外交の人的陣容　131
第2節　人事政策と内部的ネットワーク　141
第3節　党、親衛隊、突撃隊のメンバーシップ　146

第4章　戦時のドイツ外務省 ·· 155

第1節　国外脱出、市民権剥奪、国外追放

　　　　「ユダヤ人問題の最終解決」(1939-1941年)　158

第2節　「バルバロッサ作戦」と「ユダヤ人問題の最終解決」　170

第3節　宣伝と知識の共有　177

第4節　失われたポストに向かって、ソ連の中の外務省　183

第5節　国防軍の中での外務省の諸代表　190

第6節　「キュンスベルク特殊部隊」　196

第5章　占領─略奪─ホロコースト ······································ 202

第1節　チェコスロヴァキアとポーランド　202

第2節　フランス　207

第3節　オランダとベルギ　215

第4節　デンマークとノルウェー　221

第5節　セルビアとギリシャ　228

第6節　ハンガリー　236

第7節　枢軸国と保護国　243

第8節　「外国籍ユダヤ人」と「保護されたユダヤ人」　261

第6章　抵抗勢力の軌跡と反抗勢力の形成 ····························· 268

第1節　情報部の中心的な重要性　269

第2節　反対勢力の形成1943、44年　273

第3節　1944年7月20日事件　277

第4節　部外者としてのフリッツ・コルベとゲルハルト・ファイネ　281

第2部　ドイツ外務省と過去

第1章　旧職員の解任（手塚和彰 訳） ································· 291

第1節　逮捕、禁固、復職　293

第2節　「ゴミ容器」の中での聴取　302

第3節　免責工場　311

第4節　転職とそのためのネットワーク　321

第5節　再度の東方への対峙　329

第2章　法廷にて（稲川照芳 訳）………………………………………………340

第1節　焦点となった外交官　345

第2節　裁判の経緯と割れた判決　355

第3節　神話を作る作業　364

第4節　ニュルンベルクの網の目　373

第5節　「かつての人々」の力　381

第6節　ジョン・マックロイと外務省の中で判決を受けた者　395

第3章　伝統と新しい出発（稲川照芳 訳）………………………………………399

第1節　連合国軍の形成　399

第2節　人的、組織的再建　406

第3節　議論と優先事項　422

第4節　第47調査委員会　430

第4章　後続者、古参、「かつての人々」（稲川照芳 訳）……………………443

第1節　人事政策　444

第2節　外部から来た人とキャリア公務員　462

第3節　後続者たち　469

第5章　補償と記憶（稲川照芳 訳）……………………………………………481

第1節　償いとしての再任　485

第2節　拒否された補償　492

第3節　「どうか至急止めるように勧めてほしい」フリッツ・コルベの例　496

第4節　2度にわたる抵抗——ルドルフ・フォン・シェリハの例　502

第6章　外交政策的挑戦としての過去（足立ラーベ加代 訳）…………………513

第1節　イスラエルとの交渉　514

第2節　現代史的探求とドイツ民主共和国（東ドイツ）のキャンペーン　523

第3節 「茶色のインターナショナル」 535

第4節 アイヒマン訴訟 539

第5節 「スキャンダルが次々と生ずる」 552

第7章 新外交（足立ラーベ加代 訳）……………………………………558

第1節 国際化と多角化 560

第2節 対外的サークルと組織 568

第3節 忠誠と良心 573

第4節 外交的スタイル 580

第8章 変遷、改革と古い問題（足立ラーベ加代 訳）………………583

第1節 ブラントの下での人事政策 583

第2節 新たな捜索 595

第3節 外交官吏のための改革と法律 616

第9章 独立歴史委員会の任命に対して

「責任の所在の不明確さ」について（稲川照芳 訳）…………………621

附 章

あとがきと謝辞（稲川照芳 訳）……………………………………………639

注 第1部 ドイツ外務省の過去 ……………………………………645

　　第2部 ドイツ外務省と過去 ………………………………………678

Quellen- und Literaturverzeichnis　エビデンスと参考文献 ………735

Verzeichnis der Abkürzungen　略語のリスト ……………………………782

Amtsbezeichnungen im höheren Auswärtigen Dienst　外務省上級職の名称………785

共訳者あとがき　稲川照芳 ……………………………………………787

人名索引 ……………………………………………………………………791

日本語版出版にあたって

I 本書翻訳の契機

　2011 年秋、ケルンの書店で、本書（DAS AMT UND DIE VERGANGENHEIT）を手に取り、その序を読み出した。劈頭から 1966 年から 5 年間、東京でドイツ大使をつとめた Franz Krapf（フランツ・クラップ）の名前が眼に飛び込んできた。彼は、本書でも再三言及されるナチ時代の外交官であったが、従前、日本では、彼のナチ時代のことは、ほとんど知られることがなく、かつ、彼自身も語ることがなかった。しかし、彼は、1936 年日独防共協定成立時の日独交換留学生第一号であり、後に外務省入省、ナチの外交官の代表的人物として、本書の劈頭に指摘されている。引き続き本書を読み、この中で検証された歴史を、日独の現代史においても参照することに、喫緊の意義があると感じた。

　幸い、長年ドイツとの外交に携わってきた稲川照芳元ベルリン総領事（後にハンガリー大使などを歴任）に相談して、訳・出版と協力を依頼したところ、即座に快く引き受けてくれた。2014 年末であった。本書の翻訳に際して稲川氏と話し合う中で、稲川氏は日本大使時代のクラップなど本書で対象となっている人物と面談する機会があり、彼は、きわめて良識的で、温厚な紳士だとの印象を受けているとのことであった。

　読めば読むほど、ナチ時代の外交を担った「ドイツ外務省」の存在と第二帝政期からワイマール、さらには、それに続くナチ時代への変化も、従前知られていないことが多く、本書で初めて明らかとなったことがほとんどで、本書の完全な翻訳は、貴重な資料となるものである。

　また、敗戦後ドイツ連邦共和国設立の前後を通じてのドイツ外交の成立をそれを担う外交官の再雇用や新たな外交官を受け入れての変容、さらには外務省を独立に際して、再建するに際しての関係国（四大国以外のイスラエル、アラブ諸国、東欧諸国）などに対する大戦、ホロコーストへの補償について明らかにしている。この点では日本との関係で比較研究のための絶好の資料ともなろう。

II　本書の内容と画期的な意義

本書は 2 部構成である。

第 1 部では、

1. 伝統的な外交官僚と、ナチスドイツ成立後、特にリッベントロープが外務大臣となってからのその事務所出身者の外交への進出、両者の関係

2. 伝統的な帝政期からのドイツ外務省とナチ時代への連続性と新たな変化、その中で、在外公館のナチス外交、とりわけユダヤ人に対するホロコーストに外務省員がどのように関与し協力したか

などが、この報告書の第 1 部で明らかとなった。

ついで、第 2 部では、

3. ドイツの敗戦とドイツ外務省員と外務省解体の状況

4. 各国占領軍によるナチスの戦争責任の追及、ニュルンベルク裁判

5. これらを経ての非ナチ化、戦後の東西両ドイツにおける責任追及のあり方

6. 東西両ドイツの発足と外務省の再建における元外務省員のその後と、戦前戦後の関係

7. ユダヤ人に対すホロコーストなどに対する補償、その後の外交政策

8. 東西冷戦下のドイツの外交政策

などを明らかにしている。

この基本的な考察を含み、ドイツ現代史にとって本書は画期的な文献であると考える。

III　本書の成立と公刊

ドイツ外務省の、自らのナチス外交との関わりを明らかにする公的な検討委員会は、戦後そのような試みはあったものの成立せず、ようやく 2005 年社民党・緑の党の連立政権の Joschka Fischer（ヨシュカ・フィッシャー）外務大臣のもとで、独立歴史委員会（Die Unabhängige Historikerkommission zur Erforschung der Geschichte des Auswärtigen Amts in der Zeit des Nationalsozialismus und in der Bundesrepublik）が組

織され、その報告が5年後の2010年になされ、2011年に公刊されたのが本書である。今後の日独関係史の研究においても第一級の基本資料であり、文献であることは多言しない。

2015年本書の翻訳が始まった際、主著者であり、右の調査委員会で中心的役割を占めた、Eckart Conze（エッカルト・コンツェ）教授をマールブルク大学に訪ね、本書の翻訳を、共編者ともどもご了承いただいた。彼によれば、本書の翻訳は、イスラエルとポーランドに次ぐものであるとのことであった。

ヒトラーへの抵抗を主題に論じた研究書は多数あるが、その掘り下げは、なぜ、ヒトラーの政権の成立前後に組織的な抵抗がなく、左派勢力や民主勢力などが葬られたか、その後、ヒトラー政権の中に組み込まれたのはなぜか、などの核心を突く疑問に答えたものは少ない。こうした課題を解きほぐすためにも、本書は必読の文献資料となろう。

なお本書の翻訳、出版に際して、ゲーテ・インスティトゥートの助成金の交付を得たことを記し、感謝申し上げたい。

最後に、当初の予定に反して本書の翻訳の大部分をお引き受けいただくことになった稲川照芳氏のお力と足立ラーベ加代氏の助力を得て、本書の刊行にまで漕ぎつけたことに心より感謝申し上げたい。

2018年1月

手塚和彰

ドイツ外務省
〈過去と罪〉
第三帝国から連邦共和国体制下の
外交官言行録

DAS AMT UND DIE VERGANGENHEIT

序　論

　フランツ・クラップ（Franz Krapf）は 1911 年に生まれ、1938 年に外務省に入省した。1933 年には、既に彼は親衛隊（SS 以下「親衛隊」とする）に属しており、1936 年に、彼はナチ党（国家社会主義労働者党、以下「ナチ党」とする）の党員になった。1938 年以来、彼は親衛隊本部の幹部の中でも指導者の一員であった。1940 年から戦時中、彼は東京のドイツ大使館で過ごし、そこで親衛隊の秘密治安部の活動をした。クラップの東京での活動はあまり知られていないが、明らかなのは、極東においてもこのドイツの外交官はユダヤ人問題の「最終解決」にかかわったことである。1947 年秋にクラップはドイツに戻り、その後の数年間は彼の妻の故郷のスウェーデンに滞在した。その後、彼は、人的ネットワークを最大限に使って、1950 年にはまずドイツ連邦政府新聞・情報庁に職を得た。その 1 年後、設立された連邦共和国の外務省に再任用された。外交官として彼は、ボンの外務本省や、パリ、ワシントンに勤務し、その後、東京の大使になり、最終的には NATO（北大西洋条約機構）常設代表部を率い、1976 年に退官した。優秀で、尊敬され 2004 年秋に彼は亡くなった。

　フリッツ・コルベ（Fritz Kolbe）は 1900 年に生まれた。1925 年に外務省に入省し、マドリードのドイツ大使館の領事部書記官を務め、その後、ケープタウンに駐在した。戦争初期、彼は、ベルリンの外務本省に戻り、そこでカール・リッター（Karl Ritter）大使付き秘書官として勤務した。ナチ党への入党をコルベは拒否した。国家社会主義者たちの犯罪行為に対して衝撃を受け、ナチのテロは外部からのみ乗り越えられる、との確信の下に、彼は、1943 年以来アメリカの秘密情報機関に、秘密情報やドキュメントを引き渡した。戦後、彼は、ニュルンベルク裁判の準備に際してアメリカ合衆国を支援した。数年間のスイス、米国（両国において彼は土着に成功しなかった）滞在の後、1949 年に彼は西ドイツに戻ってきた。公務に復帰しようと努力したが果たせず、彼は、裏切り者の汚名を着せられて、連邦共和国外務省への入省を拒否された。2004 年になってやっ

とドイツでのコルベの抵抗活動が公式に評価された。

　フランツ・ニュスライン（Franz Nüßlein）は、1909 年生まれで、1937 年に法律修学後にナチ党に入党した。そして 1939 年にボヘミア、モラヴィアの帝国保護国の官吏として、「法律グループ」の第一級検察官に任ぜられた。1942 年、彼は、ラインハルト・ハイドリッヒ（Reinhard Heydrich）の保護の下に若干 32 歳で高等検察官に昇進した。1943 年以来、ボヘミア、モラヴィアに関するドイツ国家省のドイツ刑法の最高責任官になった。そこで彼は、特に、その地に関連する恩赦に関する事項を担当し、この関連で、ニュスラインは、特に、チェコ人の死刑判決確定に多くの責任があった。戦争直後、彼は、バイエルンに逃走し、米国に逮捕され、チェコスロヴァキアに引き渡された。そこで彼は、1948 年、20 年の禁固刑の判決を受け、1955 年、「特赦の認められない戦争犯罪人」として、連邦共和国に引き渡された。しかし、個人的なコネクションによって、同年中に外務省に入省し、そこでとりわけ人事局の担当者として活躍した。ニュスラインは 1962 年から 1974 年に退官するまでバルセロナのドイツ総領事であった。

　2003 年の彼の死亡に際し、ドイツ外務省は、それまでに死亡した外務省職員同様、職員向けの記念誌で、彼の功績を讃えた。一度は戦争犯罪人の判決を受けたニュスラインを讃えることに対して後に批判が高まると、連邦外務大臣ヨシュカ・フィッシャー（Joschka Fischer）は、賞賛する内容の追悼記事を変更することにした。かつてのナチ党党員であった者は外務省の記念誌で栄誉を受けることはもはやないと定められた。この規則が最初に適用されたのが、フランツ・クラップであった。

　ここに様々な異なる伝記と 3 つの異なる視点がある。歴史を対象にしているこの本には、終わりがない。本書の出発点と構想は、ドイツ外務省の国家社会主義の時代の歴史、1945 年以降の歴史とのかかわり、ナチスの過去がどのようにしてドイツ外務省の 1951 年の再建に影響したか、というテーマと不可分である。

　既に 1948 ～ 49 年、アメリカ軍事法廷は、いわゆるヴィルヘルム通り法廷で、被告席に座っていたエルンスト・フォン・ヴァイツェッカー（Ernst von Weizsäcker）外務次官と他の外務省高官に対して、ナチスの犯罪、とりわけヨーロッパのユダヤ人殺害に外務省が関与していたとする判断に至っていた。

外務省自身は、戦後何度も 1933 年から 1945 年の間の歴史と向き合っており、特に、その高級官僚の人事上の継続性が批判を浴びていた。この時代、何度も自らの歴史を洗い直す、あるいは、直すという独立の課題に取り組む機会があったが、外務省は、これに対処する独自の力を持っていなかった。1970 年のドイツ外務省成立 100 周年にあたって当時のヴァルター・シェール（Walter Scheel）外務大臣は、記念誌にこの問題について包括的に表現しているが、その中には具体的に書かれることは何もなかった。

にもかかわらず、70 年代にはナチスの過去の外務省に関する歴史についての研究が行われ、それとともに外務省のホロコーストへのかかわりについても次第に研究が行われるようになった。その際、その端緒を開いたのは、アメリカの歴史家クリストファー・ブローニング（Christopher Browning）で、彼は第二次世界大戦中の外務省の「ユダヤレポート」について研究した。これにドイツ人の歴史家が続いた。特に、ハンス＝ユルゲン・デシャー（Hans-Jürgen Döscher）は、1987 年、注目された「最終解決の陰の外交」に関する研究を発表し、その後の数年間このテーマについてさらなる研究を行った。デシャーとブローニング（なお、彼の 1978 年の本は、32 年後ドイツ語でも翻訳されて出版された）に引き続き、最近数年間第三帝国時代の外務省の歴史に関して様々な業績と個別の視点による研究がなされており、占領支配およびホロコーストについての主唱者やドイツ外務省の関与、戦後の連邦共和国外務省設立および初期の歴史的経緯について出版されている。このテーマについてドイツの歴史家のみならず国際的な研究が増大している。しかしながら、以前と同様、資料や散見される研究から体系的に集大成された全体像についてはいまだ欠けている。本書はこの欠陥を補おうと試みたものである。2005 年に連邦外務大臣ヨシュカ・フィッシャーが設けた独立歴史委員会はこの可能性と枠組みを作った。2006 年夏に署名された契約上以下のように称された委員会は、「外務省の国家社会主義時代の歴史、1951 年に再建されて以来の外務省の過去とのかかわり、および 1945 年以来の人的な継続性と不連続性」を研究すべき、とされた。この課題は本書の構成にかかわり、この関係でこの本は 2 部構成になっている。

外務省が 1979 年（紛れもなくブローニングの発表の 1 年後に）発行した「今日の外交」と題する冊子では、外務省の 1933 年から 1945 年の間の歴史がわずかの文章で括られている。すなわち「外務省は、苦労してナチスの実力者の計

画を実行しつつ、粘り強く、引き伸ばしたりして抵抗したが、結果的には最悪の事態を防止できなかった。外務省は永く『非政治的』官庁に留まり、国家社会主義者にとっては反対者の拠点と見なされた。ボンの新しい外務省の玄関にはヒトラー政権に対する戦いで命を失った同僚のための記念碑が置いてある」。これは当時知られた真実の半分である。というのは、国家社会主義時代の外務省の歴史はとうてい抵抗と反対者の歴史から成り立っていると言えるものではない。数十年にわたって続いた連邦外務省の抵抗の姿は歴史的神話に過ぎない。

　そして、好んで引用される、伝統的な外交エリートたちが国家社会主義者として、またその親衛隊員として積んだキャリアをなかったことにしようとしたり、極小化しようとするテーゼは短絡に過ぎる。この意味付けは学問的な文献にさえもその痕跡を残しており、既に戦争直後からかつてのドイツ外交官の周りで進められたのである。このようなやり方は、陽動作戦で、旧ヴィルヘルム通り〔訳注：旧外務省があった場所。旧外務省の意味〕時代の外務省の所属者に対して、戦後新たに再建された外務省に道を開こうとする重要な手段であった。というのは、遅かれ早かれドイツの外務省が再建され、存続するのは誰の目にも明らかであったからである。1945年以前に外務省の中近東部長であり、そして、1949年末に、連邦外務省ができつつあった時に、人事を担当する部局の責任者であった、ヴィルヘルム・メルヒャース（Wilhelm Melchers）は、1944年7月20日〔訳注：ヒトラー暗殺計画が実行された日〕の外務省の記録に、国家社会主義党に関して中心的要素として、外務省自身とその上級職員の姿を記している。重要な証言として、7月20日の後に絞首刑になったアダム・フォン・トゥロット・ツー・ゾルツ（Adam von Trott zu Solz）について、同人からメルヒャースは、失敗したがヒトラー暗殺の直前に、古い友人たちがヨアヒム・フォン・リッベントロープ（Joachim von Ribbentrop）の「ナチ化の試み」から抜け出し、それゆえ反抗が成功した暁にはその地位——外相——に就くことになっていた。トゥロットによれば、外務省の核は、だから「健全」である、というのである。

　しかし、1933年に国家社会主義者が権力を奪取した後に実際外務省員はいかに振る舞ったのだろうか？　外務省が国家社会主義党の支配システムと暴力機構の中でどのような役割を果たしたのであろうか？　外務省は、第二次世界大戦中、欧州の大部分にわたったドイツの支配にどのように関与したのか？　ドイツの外交官は1933年以来ドイツおよび欧州のユダヤ人迫害、殺害にどの程度

序　論

関与したのか？　これらの問題点を本書では最初の部分で扱っている。

　少数の例外を除きドイツ外交官は、ワイマール共和国から第三帝国にわたっても継続的に活動した。その動機は多様である。すなわち、それらは愛国主義的精神に則った、「劣悪な政府のゆえに国家を放置するわけにゆかない」という官吏的なものから、権威主義的に支えられたドイツの再興を望み、反民主主義的な政策から反ユダヤ主義に至る国家社会主義の政策の前提と一致する、という幅広いものであった。それには目的を共有する時代の一体性もあった。そのため、優秀な外交官はさらに一貫して活動することが明らかになった。ドイツの外交官たちは、体系的に、第三帝国の暴力的なユダヤ人の権利剥奪や差別の政策を外国から遮断するだけでなく、彼らは1933年以来積極的に参加した。

　1933年1月30日以来外務省は第三帝国の外務省になり、1945年までそのように機能した。この役所は、中心的な政策を推し進め、この意味で単に外国に対してだけでなく、第三帝国を体現した。外務省は、政権の名で政策を代表し、考慮し、交渉した。国家社会主義者が1933年に引き継いだ外交機構は、熟練しており、経験も豊富で、ドイツの外交は高度に職業化されていた。またそのために、機構は国家社会主義者の支配の重要な支えとなった。同時に、多くの外交官たちは、ナチ党の外国担当機関やリッベントロープ事務所などに至る競争相手の要求に対応し、徐々に機能が侵されることに直面した。それに対して役所は抵抗し、繰り返し、その固有な不可欠性を誇示しようと試み、そうして役所の行動範囲を拡大していった。それに入る前に外務省はゲシュタポと協力した。ドイツの外交使節団は、外国逃亡者の逮捕や監視に参加した。ドイツ人──アルベルト・アインシュタイン（Albert Einstein）、トーマス・マン（Thomas Mann）、ヴィリー・ブラント（Willy Brandt）他大勢──の国籍の剥奪ではベルリンの外務本省は国籍を剥奪された多くのユダヤ人たちの財産の略奪とともに積極的な役割を演じた。

　我々の記述の目的は、個人の振る舞いを明らかにするとともに、構造的な枠組みの条件とそのダイナミズムに配慮することにある。その際の難しさは両方の面の結びつきにある。どのような個人的確信が、あるいは先天的資質が個々の外交官をして第三帝国の政策と犯罪を受け入れさせ、起こさせてしまったのか、彼らを多くの場合には積極的にさえ同調せしめたのか、さらには、強制さえしたのにはどのような条件が必要であったか、である。そして、逆に構造的

19

な展開——制度上の競争、軍事上の成功がもたらしたダイナミズム、あるいは独裁制の中での行動強制——が個々人の振る舞いにどのような影響をもたらしたか？ このような問題を強調することは、時として「二番煎じの非ナチ化」のように受け取られるかもしれないが、それは本書の目的ではない。そうではなくて、なぜ、どのような方法で外務省とその構成員は国家社会主義の暴力的政策と国家社会主義的犯罪に参画したのか、という核心的問題についてである。この疑問に答えるには、制度的条件と構造的な事実にだけ焦点があてられるのでは十分でなく、必然的に個人の振る舞い、個人的な行動余地、それと行動可能性に焦点を充てるべきである。

1933年以後に継続された外交は、外務省の「新」外交にとっては、単に1938年（2月8日）に外務大臣がコンスタンティン・フォン・ノイラート（Constantin von Neurath）からリッベントロープに変わっただけでなく、外交官が新しい者になったのだ。加えて非常に多くの古くからの外交官が活躍することになる。指導的地位のレベルに限れば、リッベントロープが外相の地位に就いた後に着手した人事の変化の規模は考える限り少ない規模に留まった。にもかかわらず、1937年と40年にはドイツの外交官のトップクラスの本格的なナチ党への入党ラッシュが見られた。——これは外務省だけを見ても——30年代の後半には、一般的な行政と党の役職およびナチ党親衛隊にコントロールされた帝国治安本部との間の境界が次第に解消していった。決して統一的な「親衛隊的世界観の官僚機構」（ミヒャエル・ヴィルト、Michael Wildt）が出来上がったわけではないが、戦争の時代には増大する権限の混乱と制度同士の争いは外務省をも巻き込んだユダヤ人撲滅とその実行の決定的前提となった。

1941年10月、外務省はその「ユダヤ人担当」のフランツ・ラーデマッハー（Franz Rademacher）を、そこで帝国治安本部の代表を含む他のドイツの行政府の代表とともに、セルビアのユダヤ人取扱い問題を調整するために、ベオグラードに送った。ラーデマッハーはその前年に、すべてのヨーロッパのユダヤ人をマダガスカルに追放するという計画に決定的に関与した男である。どのような問題が扱われたのか？ この疑問に答えているのは、秘密文書ではなく、ラーデマッハーがベルリンに帰った後に提出した旅費請求書に見られる。外務省に提出された旅費請求書からその旅行目的は、「ベオグラードのユダヤ人撲滅である」と読める。

最初から外務省は 1939 年から始まった征服および壊滅戦争というドイツの犯罪に包括的に組みこまれていた。外交の観察者は、ドイツの戦争指導と血なまぐさい占領支配の犯罪的方法を記録していた。帝国治安本部、つまり暴力と民族殺害のセンターとの緊密な情報交換の下で外務省は、ユダヤ人問題の「最終解決」、搬送と 600 万人のヨーロッパのユダヤ人の搬送と抹殺について知っていた。ヨーロッパのユダヤ人の運命を決め、そして殺戮の調整を行った 1942 年 1 月のヴァンゼー会議に外務省からはマルチン・ルター（Martin Luther）副外務次官が代表して参加して加わっていた。この会議の唯一の議事録は 1945 年以降には外務省の文書として残っている。

　外務省内で知り得た人々は、行動をともにした。外務省自身の部局たちは近代的な奴隷的労働と芸術作品の略奪に勤しんだだけでなく、ドイツ外交政策は、ドイツにおける「ユダヤ人問題の解決」そして「最終解決」をその課題とし、それへの協働はヨーロッパ全部におけるドイツ外交の活動分野になった。多くの場合外務省員は —— その際 1933 年以降、外部、側面からの関与者としてではなくて —— ユダヤ人の流刑に直接かかわり、時にはイニシアティブさえ握った。第三帝国の支配地域が広がるにつれて外務省は「最終」政策に一層かかわることになった。新しい、全く、伝統的な外交政策や外交にとって未知の、前例のない課題分野がドイツ人の外交官たちにとって増大した。すなわち、略奪、窃盗、追放と集団的殺人、である。同時に、外務省はその行為を、見せかけは官僚的な継続性、職業的な専門性、それにより、合法性で包み、そうして恐ろしい犯罪に鑑みて道徳的憂慮を相対化するのに貢献した。批判される個々の場合については欺かれてはならない。

　ホロコーストについての基本的な議論 —— 最後には抵抗への決意に終われればよいが —— 実は外務省の指導的人々には、他の役所と同じように抵抗はあまり見られなかったのが事実である。外交政策上の目的や処置、占領政策と外務省の役割についての議論や反対の意見はあったが、しかしながら政権の犯罪そのものについては反対論はなかった。個人的なあいまいな態度や反対する態度は可能であったし、第三帝国の犯罪的政策以降は結果的にそれは可能であった。一つだけの例を挙げれば、1944 年、ブダペストのドイツ大使館参事官であったゲルハルト・ファイネ（Gerhart Feine）の例がある。彼は、多くのユダヤ人がドイツの絶滅収容所に送られる前に命を救った。

21

確かに外務省内部からの抵抗および外交官たちの抵抗もあった。しかしながら、この抵抗は個人的なものに留まったし、例外的であった。1938 年に既に外交官の職業を辞したウルリッヒ・フォン・ハッセル（Ulrich von Hassell）、戦争中外務省に途中から入り込み、学術的支援助手として活動したアダム・フォン・トゥロット・ツー・ゾルツあるいは、クラウス・グラーフ・シュタウフェンベルク（Claus Graf Stauffenberg）の外務省内の信頼する男ハンス・ベルント・フォン・ヘフテン（Hans Bernd von Haeften）がその例として挙げられるが、彼らはアウトサイダーであり、ヴィルヘルム通りにあって、広範な反対の考えを持つ指導的な頭脳というわけではなかった。親衛隊が 1945 年 4 月に殺害した伯爵アルプレヒト・ベルンシュトルフ（Albrecht Graf Bernstorff）は非常に少数者の一人であったが、既に 1933 年に外務省員を辞していた。ハッセル、トゥロット、ヘフテンとベルンシュトルフおよび少数の人々が、1945 年以降連邦共和国の外務省に伝統教育のために必要とされたのは、正しいことで、追認できる。このような積極的一体性を認める多くの外交官は当時そんなにいなかった。

　いずれにせよ、新たなドイツ連邦共和国の外務省の伝統的範囲内にこうしたトーンを示し得る国民国家的な保守主義者が出るかどうかは絶望的であった。フリッツ・コルベは彼らにとって、国家の裏切者であったし、1942 年に絞首刑にされたルドルフ・フォン・シェリハ（Rudolf von Scheliha）は共産主義者の抵抗と結び付けられた。残るのは、かつての事務次官であったエルンスト・フォン・ヴァイツェッカーの周辺の人々である。彼は 1939 年までは戦争を阻止しようとしたが、しかし 1945 年までのドイツの暴力政策と密接に関連している。ヴァイツェッカーは職を辞さずに戦争が終わるまでその地位に居続け、表向きは外務省の内部から国家社会主義者の戦争・殺人政策をコントロールできるよう努力したというすべての連中と同じ側に立っている。

　1948、49 年ニュルンベルクでのヴィルヘルム通り裁判で、被告席に座ったかつての事務次官ヴァイツェッカーの無罪を勝ち取ろうとするのが、多くの外務省の OB の努力の集中するところであった。しかし、1942 年にフランスのユダヤ人の東部への強制移送書類に署名したかつての事務次官が無罪とされれば、彼ら自身が無罪となり、1949 年に設立された西ドイツ国家の外務省職員に採用を希望することができるのだ。しかしながら、このような努力は望んだような成功につながらなかった。ヴァイツェッカーは、1949 年に戦犯として 7 年間拘

留の判決を受けた。軍事裁判自身については、その裁判に対しては至る所で批判されているが、彼の人道に関する犯罪への罪については疑いがない。

ニュルンベルクの裁判手続きについて、本書の第2部の冒頭に詳しく分析されている。その後、ヴィルヘルム通り裁判は、外務省の成立と初期の発展とそのナチスの過去の解釈にとって決定的意味を持っている。ニュルンベルクにおいては、——これは他の戦犯裁判にも当てはまることであるが——ナチス政権の枢要な地位の代表者たちはしばしば数ヵ月間、狭い場所に一緒にいて、被告たちは証人や弁護人たちと密接な連絡を保っていた。これは、歴史の意味と責任追及の形成と見解の調整にとってのまさに理想的な条件であった。我々が、60年代、70年代にわたって1933年以降の外務省の自己表現から読み取ることができるものと、数十年にわたるその伝統像を決定しているものは、既に非ナチス化から個人の正当化の脈絡に表現されていよう。しかし、ニュルンベルクにおいては、とりあえずが外務省全体が、そしてその職員すべてと言っていいほどに当てはまる常套句が濃厚になってしまった。

外務省そしてその外交官たちのナチスの過去は、1945年以降どのような役割を果たしたのだろうか？　その過去は1951年以来の連邦外務省を何度も呼び戻した。一再ならず、ベルリンのヴィルヘルム通りとボンのコブレンツ通り〔訳注：戦後の外務省が発足した場所〕の特に高い人事的な継続性が世論の注目点の焦点となった。国会の調査委員会はこの継続性とその結果について、またドイツ連邦共和国のメディアも同様に検討した。新連邦共和国の過去との取り組みは外務省も例外ではなかった。「古い人々とは可能な限り関係したくない」というアデナウアー（Adenauers）〔訳注：戦後最初の連邦共和国宰相〕の希望がかなえられないまま、新しい外務省が築かれたのはなぜか？

東西の緊張関係を背景に連邦共和国の、そしてその外務省は特にドイツ民主共和国をはじめとする東側の絶え間ない攻撃の矢面に立った。政府の1965年「灰色白書」だけではないが、新旧の役所の継続性とナチスの負い目を負った西ドイツの指導的外交官たちを暗示している。主張は、大部分適合している。しかし、非難はドイツ民主共和国から来たので、この非難はフランツ・ニュスラインの例が示すように冷戦の雰囲気の中で、彼らを害するよりもどちらかというと非難された人々を助けることになった。彼らは、40年代後半および50年代に生じた歴史描写と歴史の遺産を維持し、さらにそれを発展させるのに寄与

した。

　もちろん、連邦共和国が設立された後の外務省という制度的再建は、若い西ドイツ国家の民主主義的制度に外務省が適合しなければならない以上、新たな出発ではあった。が、しかし、ボンに再建された外務省の人事政策は、最初から継続性と新出発という間の緊張関係に立たされた。これが、幾度も省内対立をもたらし、場合によっては、世論の紛争やスキャンダルに発展した。この問題の核心には、いつも決まってナチ時代の外務省およびその多くの外交官たちの過去が新たに俎上に上った。1944年にベルリンの外務省本部で「反ユダヤ人外国活動」を担当したエルンスト・クッチャー（Ernst Kutscher）は、60年代にも在パリ大使館、そして後には在ブリュッセルの欧州経済共同体代表部付き参事官として活動していた。ヴェルナー・フォン・バルゲン（Werner von Bargen）は、ベルギーでのユダヤ人強制移送にドイツ外務省代表として参加したが、彼は連邦共和国の在バグダッド駐在大使としてその外交官としてのキャリアを終えた。外務省外部のエルンスト・アッヘンバッハ（Ernst Achenbach）は、1940年にはパリのドイツ大使館の政治局長としてフランスのユダヤ人強制移送に責任があるが、彼は、1945年以降ヴィルヘルム通り裁判での弁護士として、また、FDP〔訳注：自由民主党〕の指導的外交政策の連邦議会議員として、さらには1970年にはほぼ西ドイツの欧州委員会委員になるほど出世した。

　外務省は西ドイツ国家の外交政策を担っているので、同省は特に観察の対象になった。非常に繊細に外国はドイツの外交官たちの監視に当たった。外国は連邦共和国が誰を領事および外交使節に送るのかを試していた。外交政策の主題、連邦共和国の他国との二国間関係の主題は、国家社会主義の過去とは関係がなかったドイツの外交官が、もちろんまた外交関係樹立する前に取り組んでいたが、それはドイツ＝イスラエル関係を超えるものであった。それは、外交官の陣容の内部で絶えざる自明の過程を要求するものであった。そして、その変更と効果が異なる政策の分野でどのようになったかが、本書の主題の一つである。ドイツの外交政策は、過去に及ぶものであったし、その限りで、連邦共和国の外務省職員の歴史は同時にその外交政策の歴史を振り返るのに寄与している。

　ヴィルヘルム通りの外交官で連邦共和国の外務省に継承された職員はどこに外交政策上の目標設定と確信を置いているのか、彼らはどのような外交政策

に努力しているのか、どのようなものを拒否しているのか？　彼らはアデナウアーの西側への一体化コースにどのよう態度を取ったのか？　このような疑問も、外交官によって継続された国家社会主義的外交政策を形成しようとするテーゼの前では意味がない。もちろん、国家社会主義的外交政策の継続性はない。しかし、国家の考え方や現実を取り巻く外交政策や外交官たちの考え方の伝統だけでなく、1870年以来ドイツの外交政策を決定してきた自主的な国民の国家権力の考え方は、1945年以降も途切れることがなかった。ドイツの分割と再統一の目標こそ、そのような外交政策上の確信の維持に貢献した。

　しかしながら、状況は変わりうるし、重い負担にもかかわらず、ドイツ連邦共和国の外務省員は数十年間の流れの中で、連邦共和国の進歩的民主的制度の中にその地位を見出した。本書は同時に、このような発展を辿ろうとするもので、特にリクルートの実際と外交官の教育の変遷に焦点を当てている。他のエリートと人的グループについては既に出版されているが、第三帝国から戦後への移行の中の外交エリートたちにとっては、政策、ここでは特に連邦共和国の外交政策が成功するたびに、負い目のあったエリートたちの所属者たちは当初の完全な留保という機会主義的態度から実質の同意に達したのが真実であることが伺われる。確かに、このような変遷過程には、おりから説明され、同時に当初は（外交）政策の、そして後には精神的な西側思考のバックグラウンドを形成した反共産主義の確信の継続を許した冷戦も重要な役割を果たした。

　場合によっては、対外関係のためには外務省の独占があったことについて問題視することもありうるが、本書が指摘しているように、まさしく国家社会主義は、対外性を代表する外務省の独占的見解と圧倒的独占を打ち破ったのだった。連邦共和国においては、この優先的な立場の喪失は、一方でこの分野での新しい勢力と制度の力の上昇との関係において、外交職員が複合的社会で民主主義国家の国際関係の維持においてその指導的立場の主張を何度も新たに正当化しなければならなかったことに貢献した。こうして、古い確信は試され、変わり始めた。その半面、実質的あるいは必然的に外務省職員の重要性の喪失と内部的には極小化への恐怖と伝統を当然視することの固執に繋がった。この当然視には、一体的で積極的な歴史像がその一つの要因であった。

　フランツ・クラップ、フリッツ・コルベそれにフランツ・ニュスライン――彼らの略歴はある意味で本書が表現する歴史の典型的例である。彼らの人生は、

20世紀にドイツ史において深い痕跡を残した制度の歴史を映している。本書は
この痕跡を確認しようとし、これを読み取ろうとした。そして、本書の目的は
外務省の歴史を書くことではない。本書は外務省の典型的にドイツ的であって、
現実的に国家社会主義および第三帝国の余波はもとより、1945年以降、ナチス
の過去との付き合い方にも焦点を当てて書かれたものである。

第1部
ドイツ外務省の過去

Erster Teil Die Vergangenheit des Amts

第1章　ドイツ外務省と独裁体制の成立

　新しい帝国宰相アドルフ・ヒトラー（Adolf Hitler）が駐屯教会の前でパウル・フォン・ヒンデンブルク（Paul von Hindenburg）帝国大統領に恭しくお辞儀した「ポツダムの日」にワシントンにベルリンから1通の電報が入った。帝国宰相にヒトラーが任命されてまさに50日目にあたる1933年3月21日に外務事務次官ベルンハルト・フォン・ビューロー（Bernhard von Bülow）は駐米国ドイツ大使館に「外国の新聞の一部は名目上逃亡者から出ている噂として、ドイツ発の情報を報じている。それによれば、逮捕者は特に残虐に取り扱われ、そして特に外国人は毎日暴行を加えられている、という。この噂は、他の手段に事欠いて、組織された残虐な宣伝で本政府の評判と権威を失わせようとする悪意ある目的から広められたものである。このような噂はすべて帝国をおとぎ話にしようとするもので、帝国宰相は、国民的革命のこれまでの決意をあらゆるエネルギーとして維持し続ける、と公開の声明で強調した。圧倒的な挑発に帰するところの個々の事象に対しては、将来厳しい監視処置の下に置く。どうかどんな方法でもいいから利用して欲しい[1]」、と暗号電報を送った。

　ビューローの電報は、国家社会主義の権力奪取の初期段階におけるドイツの外交官の態度を雄弁に物語っている。技術官僚的な彼らは当然のことのように新政府にその業務を提供し、何のためらいも示さずに1933年1月30日の直後に導入されたテロを外国に対して些細なことに見せかけ、正当化している。ビューローの指示は、ドイツの最近の展開について国際的に、特に米国からの多くの批判が寄せられたニュースに対する直接の反応であった。

　8日前に在シカゴ・ドイツ総領事はワシントンにある大使館に、「ドイツから来るユダヤ教信者に対するテロ行動についての新たな新聞報道に対する……当地の世論や新聞報道の雰囲気はますます非友好的になっていくだろう」と電報で報告した。総領事館は、「毎日、人々の、特にユダヤ教信者たちには、ドイツにおける家族たちの安全について心配する問い合わせにあふれている」。そして、「このような事態によってドイツの評判を落としかねないことが心配され

る。このような評判の悪化は数年にわたって回復できないものである」。

　4日後にニューヨークから総領事は、「現実に反ドイツ的雰囲気」が「強いユダヤ人の影響下にある新聞と世論」に満ちている、と報告している。さらに総領事館の報告は、「成功裏に進められているユダヤ人への取り扱いの酷さと強制収容所への政治犯の収容」は中断されることなく、「影響力ある人々と団体の苦情と怒りの表明やドイツに友好的なあるいはドイツに利益を持つ人々の輪から懸念の苦情や警告に満ちている」としている[2]。

　米国にあるドイツのすべての総領事館から1933年3月からほとんど毎日同じような内容の報告がワシントンの大使館に寄せられ、フリードリッヒ・フォン・プリットヴィッツ・ウント・ガフロン（Friedrich von Prittwitz und Gaffron）大使は継続的にベルリンの外務省に知らせていた。この報告に照らして本省は、いかに米国の政治と経済がドイツの暴力的行為に関する報道に反応しているかを、ほぼ米国と同様に全容を知っていた。欧州の大都市の首都の大使も似たような報告を行った。在英国のドイツ大使レオポルド・フォン・ヘッシュ（Leopold von Hoesch）は、ロンドンから、ますます多くの人々が「ドイツで起こっていることを知りたいこと」と「世間で活躍している人々に対する扱い」を知るために彼に聞いてきていることを伝えようと、（本部に）電話した[3]。パリから大使のローランド・ケスター（Roland Köster）は、彼の下に「その運命が……パリでは警告的噂が渦巻いている」人々について知りたいという要望が寄せられている、「パリやエルザス・ロートリンゲンに移り住もうとする」ユダヤ人の移住者たちは、「そこに住んでいる信者たちに、ドイツとベルリンにおけるテロと残虐な経済や特に反ユダヤ的な暴力行為について信じがたい作り話」を伝えていると電報している[4]。

　抗議の重心は、しかしながら米国にあった。外務大臣コンスタンティン・フォン・ノイラートはそのために報道を通じて、マディソン・スクエア・ガーデンで抗議集会を計画していた一人と目されるボストンの枢機卿ウイリアム・ヘンリー・オコーネル（William Henry O'Connell）に直接向き合い、次のように言った。「いわれるところのドイツのユダヤ人に対する迫害は、何の根拠もない。ドイツにおける帝国の革命は、共産主義の脅威を根こそぎにして、マルクス主義のもたらす公の生活を浄化することを目的にするものであって、それは模範的に秩序だって完了された。秩序に反する態度の事例は驚くほどにまれであって、

重要ではなかった。ドイツ全体では数十万人のユダヤ人たちがこれまでと同様、彼らの仕事に従事したし、数千のユダヤ人たちの店も毎日開かれており、ユダヤ系大新聞も……毎日発刊されている。ユダヤ教会とユダヤ人墓地も安泰である」。米国の通信社アソシエイト・プレスに対して彼は記者会見に応じ、暴力を「個別の攻撃」として正当化し、もしもユダヤ人迫害や痛めつけなどに曲解された、間違ったニュースとしてドイツの世論に「彼らは嘘と中傷に対してさえ新しいドイツ政府に対抗するなんの手段も実際上持っていない」という印象を与えれば、「外国におけるユダヤ人の宣伝はドイツでの彼らの信者仲間のためにならない」と圧力的に響く脅しを表明した。

実際、外国プレスだけでなく国内の報道は、いかなる恐ろしい現実が増えつつあるかを伝えた。それに沿って、ユダヤ教を信じるドイツ国籍の中央協会 —— ドイツ国籍に変更したユダヤ人50万人以上のメンバーを数える —— は1933年3月24日に一つの声明を発表した。その声明の中で、外国の「無責任な誤謬」による報道は「最も厳しく」非難されるべきである。もちろん、それは「政治的な報復行為とユダヤ人に対しても不法行為がもたらされた」が、しかしながら「特に個々の行為は止めるようにという帝国宰相の命令は効果を発揮した」、と述べられている。外務省の新聞発表は早急にワシントンに回付され、それはプリットヴィッツに対して、「大げさな、かつ間違った報道に、信頼を寄せんとするすべての者」への警告となった。

ニューヨークの抗議行動の取りやめは、もちろん外務省も中央協会もできなかったが、外務省は、この取りやめの行動を中央協会の責任でやるように努めた。3月26日には、25万人の人々がニューヨークに、また、全米で50万以上の人々がドイツのユダヤ人に対する迫害や差別に反対する大規模なデモに集まった。外務省は、損害を限定するために大忙しであった。「ドイツにおける客観的な報道を確保するために」、この地の新聞に働きかけようとした。編集長に個人的に話したり、情報を「意図的に流したり」して個々の場合には成功する場合もあった。プリットヴィッツ（大使）によれば、結果的には、大使館や総領事館の役人たちは、ドイツのユダヤ人団体の支援もあり、「醜い宣伝」を和らげることに成功した。

ドイツの状態の現実的な姿を知ることはプリットヴィッツには到底不可能であった。彼はベルリンからの公式な報告と新聞報道に依拠して、外国新聞が伝

第1部　ドイツ外務省の過去

えることを「悪意ある報道」と見なした。それでも彼には多くのことが完全に嘘だとは思えなかった。彼は、外務省に対して、注目すべき電報で、「外国の批判者は実際の出来事を……攻撃し、誤って報道し、誇張するどんな機会も見逃さないだろう」から、秩序ある国としてドイツの名声を維持し続けることに努力すべきと忠告した。ヒトラーは反ユダヤ主義の扇動を中止し、外国をして、権利と正義が相変わらずドイツ帝国の最高の法規であると確信させるべきであるとした。(10)

　ドイツからの知らせが中断することがなく、彼はその警告を控えめに続けた。既に、米国では「いうところのドイツのユダヤ人迫害に対する抗議行動」は、「危険なドイツの性格」を糾合することになり、この間、さらに「政治的、経済的に影響力あるアメリカユダヤ人会議の指導部に導かれていた」。ルーズベルト大統領へも強い圧力がかかっていた。心配の種は、特に「ドイツの製品およびドイツの船舶に対するボイコット運動」であった。これは既に明らかであった。(11)

　プリットヴィッツの報告は、ベルリンでは大使が意図したのと反対に作用する結果になった。彼は、抗議の担い手がアメリカのユダヤ人であることを明確に示唆し、米国では、もはやベルリンの政府が事態を掌握していないという印象が深い、として彼はヒトラーに対して決定的な「反ボイコット」の口実を与えた。帝国全体のユダヤ人の店に反対する行動は、ドイツのユダヤ人をある意味外国での抗議の人質としただけでなく、突撃隊の暴力活動を特定の目的に導き、それにより指導部が態度を柔げることに反対に作用した。ワシントンのドイツ大使館の報告は、この結果間接的に1933年4月1日のユダヤ人商店のボイコットにつながった。

　この行動の実行は、国民啓蒙・宣伝帝国大臣ヨーゼフ・ゲッベルス（Joseph Goebbels、以下宣伝相と略する）指導の下で「ユダヤ人の残虐かつボイコットについての非難を防止する中央委員会」が受け持った。とられた処置は、外国籍ユダヤ人の挑発への復讐だと評されたが、ボイコットは、ゲッベルスが望んだような効果を生まなかった。しかしながら外国は深い怒りで反応した。ドイツでユダヤ人の商店のガラスが割られ、ショーウインドーが壊され、客がユダヤ人の店に入ることができなくなった4日後、プリットヴィッツは新たに「抗議運動の高揚」について報告した。ボイコットは1日に制限され、明らかに節度ある形で実施されたので、そのうちに「興奮が冷める」こともありうる、と報

告した。パリでは「ドイツ製陶器がこの間に大量に割られた」とケスターは報告しており、不安を除くためには多くの宣伝の作業が必要であろう、と報告し、ヘッシュは、ドイツはこの最後の数週間で英国での地歩の非常に多くを失った、と報告している。[13]

宣伝相には「大きな道徳上の勝利だ」と見えたことは —— すべての者に認識できた —— 国家によって正当化されたドイツのユダヤ人の排除と弾圧への目印となった。[14] 反ユダヤ主義は新政権に固有な特殊なものだったにしても、いずれにしてもそれは外交官たちにとっては原則的な矛盾にぶつからなかった。彼らにとってはドイツの良い評判だけが心配だったのである。「反ユダヤ人行動を理解することは、外国にとっては特別に困難であった。というのは、このユダヤ人飽和状態は自分自身の体では感じられなかった、まさにそのことゆえに難しいことであった」と上昇志向のエルンスト・フォン・ヴァイツェッカー公使はボイコットを見て印象を述べていた。「我々の世界における立場はこれにより被害を被り、影響は既に現れており、政治的には他のコインは裏目に出ている」。ヴァイツェッカーは、さらなる展開を憂慮するキャリア外交官の１人であった。その理由は、ナチス運動の中で急進的な勢力がそのうち力を増すと、全体の収拾がつかなくなることを恐れたからである。したがって、政権に対して「すべての協力と経験を尽くし、今突入しようとしている新しい革命の第二段階が真面目に建設的になるよう尽力しなければならない」。[15]

「専門家はその分野を単純に去るべきではない」という見解のように「そのキャリアにとってよき仲間」であった、とヴァイツェッカーは振り返って書いている。[16] ヴァイツェッカーのように、ほとんどのキャリア外交官たちは、大半が既に皇帝の時代に外務省に入り、新しい政権の下でも切れ目なくその仕事を続けてきた。政権の交替があっても、これを乗り越えて外務省はその課題をやってのけてきて、63 年間の歴史の中で立派な外交官も数人いた。疑いもなく、1933 年１月 30 日に政府は憲法に則って任命されたが、しかし最初からこの政府はテロを正当化した。政権の暴力的性格がますます明瞭になってきた時、外務省の仲間はこの間、職を辞することなく、彼らの多くが戦争中も外務省に所属してきた。彼らは、皇帝に仕え、ワイマール共和国 —— 彼らの見解によれば —— を乗り越え、そして、1941 年には国家社会主義者の征服、絶滅戦争の担い手になろうとしたのと同じエリートなのであった。

第1節　伝統と構造

　1933 年 1 月 30 日に「国家の集中」閣議の結果、帝国外務大臣に任命された
コンスタンティン・フォン・ノイラート男爵は、1932 年 7 月以来外務省を率い
ていたのだが、既に 1901 年に外務省に入省していた。人的継続性が外交政策
上の恒常性を確保するという信頼の下に、ヒンデンブルク（帝国大統領）はノ
イラートが（外務大臣を）引き受けたことに対して特に価値を見出した。他の大
臣は旧大臣がそのまま留任した。1871 年に外務省が設立されて以来外務省は帝
国の官庁であった。成り立ちは、プロイセン王国の外務省であったのが、1870
年に北ドイツ同盟の外務省となり、翌年ドイツ帝国外務省と変遷したのである。
この役所は、宰相府とならんで帝国最古の官庁であり、「最も優れた」官庁で
あった。実際外務省は等質の社会構造を体現しており、他の官庁では見られな
いような排他的な、それでいて結束した自律性を大切にしていた。ベルリンの
中心部で宰相府とならんで、ヴィルヘルム通りの結束精神といわれたのは、慣
用句であり、それ相応に定着していたが、一方では驕りであった。

　外務省の上級職員の代表者、大使、公使、代理公使たちは、通常とは異なる
一連の特典を享受していた。彼らは皇帝や国家元首の個人的な代理であり、そ
の国王を代表しており、個人的に信任状をもって派遣されていた。彼らは、外
交特権を享受しており、国権の課題を果たし、主権者と同様な名誉ある関係を
要求した。異郷での恒常的代表者として、自分の国の利益を確保する、そして
同時にそこの発展を規則的に本国に報告するという地位は、基本的には国家間
の歴史と同様に古く、15 世紀にまで遡る。

　このような背景の下に外交は、20 世紀にあっても貴族に留保された活動分野
であった。特に、大使、公使の最高のクラスは、大国のみが派遣し、受理する。
大使の任命には決まった規則があった。すなわち「家系が古ければそうである
ほど、チャンスが大きくなる」。権威ある大使のポストは、通常前任者が外交官
の職を辞した時にのみ後続者にとってその地位が空くので、帝国の樹立と第一
次世界大戦の間、大使として活動していた人的サークルは 50 人以下の外交官に
限られていた。1871 年から 1914 年の間には単に貴族のみが大使に任命された。
ヨーロッパの公使ポストに 93% が奉仕し、欧州以外の国に 71% の貴族が使節

団の長に任命されている。特定の外国のポストに受け入れられるためには、貴族出身が不可避の前提であったので、貴族にとっては、外交官という職能は排他的なものであるとの雰囲気となっていた。

また外務省の構成には全体として、皇帝の帝国時代には、他のどこの帝国の官庁よりも、貴族出身者が大勢を占めた。全国民人口に対して貴族は0.15%を占める少数勢力に過ぎないのに、彼らは外務省では支配的であった。貴族階級はここでは、工業化と近代化の特徴の中で没落しつつも、外部に対しては強力な城壁を形成してきた。外務省においては、貴族の規範や特徴を時代錯誤の支配体制として伝えていこうとしていたが、貴族出身は正式の入省基準ではなくて、単に非公式な「資格」の一つにすぎなくなった。公式な採用と昇進の基準として、名声のある学生の組織、それも可能な限り決闘規約のあるものの成員がその一つになった。それも、幹部候補生の特権を持っていることは、当然の任用の前提であった。

公式には、上級職に採用されるには、まず、法学を履修し、第一次国家試験に合格することが要求された。その道によっては裁判所あるいは行政経験を示し、かつ英語とフランス語の知識を証明しなければならなかった。さらに、徴兵義務を済ませている必要があった。候補者は、研修期間中、手当を貰えないか、あっても不十分な手当だけしか出なかったので、最終的には、研修中およびまた後の時期に「分相応な」生活を確保する少なからざる財産を持っていることを示す必要があった。一種の自己申告システムによる選別のメカニズムは、非公式の基準とともに、例の社会的同質性と心情倫理的忠誠を確実にしている。これが、帝国滅亡による皇帝の落日、そしてワイマールの民主化の試みを通って第三帝国に至る外務省上級職を特徴づけているのである。

1933年1月にはまだトップの外交官の半分は貴族出身であった。上級職員の最年長者はこの時点で70歳であり、最も若いものは48歳で、平均年齢は56歳であった。トップの外交官グループ、公使のⅠ等級、——俸給B5、軍人でいえば少佐——は1933年1月30日のまさしくその日には公使を含め40人いた。彼らの4分の3はカイザー時代の外務省に入省した者であり、すなわち22人のⅠ等級の公使のうちの14人が、すべての新大使、中央の全指導部、それには大臣と事務次官とならんで、省内幹部（ミニステリアルディレクター）の地位を持つ6人の局長（経済局長は外務省ではなく、帝国植民地庁に属していた）からなっ

ていた。中央の指導的役人や新大使たちは、ワイマール共和国時代にはトップの地位に上っており、1925年4月に新帝国大統領に選ばれて以来、国家意識を強調した外交官を昇進させるというはっきりとした目的を持ったヒンデンブルクもある程度加担していた。広範な解釈では、帝国憲法46条の彼の権限に属する権利によって、彼は外交官を昇進させ、更迭させる決定権を留保しただけでなく、提案権をも要求した。その結果、反民主主義的な、修正主義的な思考がヴィルヘルム通りに特別に好都合な条件で発展し、広範なものになった。

1925年にヒンデンブルクが外務省の国家保守主義改造を導入した時には、外務省はもちろん既に自らいくつかの人的方向付けの変更を行っていた。共和国樹立とともに、外務省は帝国議会に責任を負っている帝国大臣が率いている官庁でなく、大々的な改革の下で民主主義的になっていた。1920年に、人事兼行政局長エドムント・シューラー（Edmund Schüler）の7つの変更は、それまで有効であった地域システムにとって有利であった専門官システムを廃止して、分野別になっていた仕事の分担を国別の仕事のシステムに組織替えした。しかし、人事と行政、外国貿易および法律の専門分野だけは維持された。国内事項を担当するドイツ課と特別な国際連盟課というような新しい課が加わった。以前にあった、厳密に区別されていた、政治担当のような威信ある政治Ⅰ局と、あるいは貿易、法律、領事分野を担当するⅡ局は外務省上級職員の外交・領事キャリアに統合され、わかりやすくなった。途中からの入省者制度が導入され、後続者育成の採用の基礎が拡げられて、その中でアタッシェ〔訳注：大使館付きの随員〕に対して以後報酬が支払われるようになった。

構造的には、シューラーの改革はもちろん見かけよりも小さかった。高度に産業化され、分業化された社会においては、王政から共和制に移行する過程で大きな喪失を避けるためには、専門的な、効率的な機能エリートが存続することが必要である。ベルリンの中央や外国での使節団のトップのポストは新しい共和国に忠誠を誓った人々で占められた。その大部分はいわゆる外部からの入省者であった。人的な継続性はこの限りで辛うじて確保されたが、実際的機能は「完全に維持された」。「時々、故国の共和国的なやり方に配慮するにしても、使節団の指導者たちは市民的な態度をとり」、以前と同じように、「排他的前衛……はほとんど権力についていた」と、共和国に近い新聞は批判した。[17]

同時に保守的――反動的な精神を含んでいた古い官僚組織の核が、役人国家

を惜しみつつ、20年代初頭それを引き続き建設しようとした。既に1921年、この時代はコペンハーゲンのドイツ公使であったノイラートは、シューラーの改革の再組織化を委託されていた。彼は課題を後ろ向きに理解して、「外務省を雑多なユダヤ人を含む不似合いな素養から取り除く」と解釈した。[18]それは保守的なエリートの伝統的な反ユダヤ主義であり、共和国、民主主義、政党国家、議会主義に反対する全体の前衛とともに、ヒトラーが明らかにしたヴェルサイユ条約の修正であったが、それは1933年1月に連なった。その際、必然的に公的生活においてユダヤ人がカギとなる分野で大々的に代表することに対して反対するカイザーの帝国の限られた特殊な反ユダヤ主義と、民族的な人種差別主義の間の差を次第になくさせてしまった。

　公式的な平等にもかかわらず、カイザーの帝国においてはユダヤ人は外務省から広く排除されていた。外務省にいたほんの少しのユダヤ人は、その入省を少なくとも直接的な保護に負っており、主として位の低い地位に甘んじていたが、彼らは、ヴィルヘルム朝のドイツの政治的雰囲気の下ではユダヤ人は例外的にしか成功しなかったことを認めている。誰でも認めることだがユダヤ人は高等教育機関を卒業した最も高い比率を占めていたので、理論的には彼らは、もっと高い割合で公的役職に就く機会があったはずである。外務省の採用文書には、差別はどこにも強調されていないが、思考方法は一般的に内部指向であった。ニュルンベルクの被告席でも、ノイラートは「決して一度も反ユダヤ主義ではなかった」と主張している。しかし、どの公的、文化的生活でも圧倒的なユダヤ人の影響を押しのけることを、彼は、全く「望ましいこと」と考えていた。[19]

第2節　「健全な外交政策と相容れない」

　外務省トップには、ヒンデンブルクの信頼と同意を得ていた、キャリア外交官の男爵コンスタンティン・フォン・ノイラートが座った。明白な反インテリで、軍事優先の政治的態度をとっており、2人の間にはそれぞれの面（反インテリで、軍事的側面）が育まれていた。それにもまして両者は狩猟に熱中する点では相互に友好的な喜びを持っていた。1922年から1930年までノイラートはローマの大使として活動していたが、7月にはヒンデンブルクの希望により、外務省で最も重要な大使ポストであるロンドンのポストを引き受けた。20年代

後半には、ヒンデンブルクの保護のお陰で指導的外交官の第一人者にのし上がり、ノイラートは 1929 年には既にシュトレーゼマン（Gustav Stresemann、同年 10 月 3 日死亡）の省の後続者として、帝国大統領の望ましい候補者と見なされたが、これはこの時点ではまだ貫徹できなかった。1932 年になってヒンデンブルクはパーペン（Papen）内閣に入閣するようノイラートを本格的に説得しなければならなかった。ノイラートはロンドンの安全なポストと、長くないと思った政府の大臣の椅子と交換するのを良しとしなかった。半年後、帝国宰相アドルフ・ヒトラーが彼を招くことになった。

　ノイラートは外務省の指導者たる男となったが、彼の全経歴を見るに大統領的ブリューニング内閣が強要した政策を武力によってさらに進めようとした。彼は、在イタリア大使として、いかにしてムッソリーニが危機に揺れるイタリアを独裁体制によって「安定」に導いたかを身近に見てきた。それ以来彼にとっては、ファシズムのイタリアは帝国の模範であった。ある日彼は 1923 年のワイマール共和国の最初の閣議で「ここにもムッソリーニが来るべきだ」と希望し、10 年後には、ヒトラーを第二のムッソリーニにするべく何でもする用意があった。[20] ノイラートは国家社会主義国家を単にファシズムのドイツのヴァリエーションと見、「国民的集中」閣議の他の同僚と同じように「囲い込み構想」の有効性を信頼し、国家主義の右派が一致して、権威主義的な、議会から広範に独立的な、軍に後押しされた修正主義的な政策の国家改造に結びつくことを希望していた。それゆえに彼は、新政府が安定し、国際的に確固たるものになるように努めた。

　このような立場を多くの指導的外交官たちは分かち合っていたが、特に在ローマ大使で、ノイラートの後任のウルリッヒ・フォン・ハッセルはこれを公言していた。1909 年 4 月に外務省に入省した時、彼は特に学生クラブ仲間の保護者たるノイラートに感謝すべき立場にあった。1914 年 9 月に重傷を負って、彼はある期間自分の義父であった大提督ティルピッツ（Tirpitz）のところに個人的な書記として仕えた。外務省内では、彼は、ドイツが南欧でヘゲモニーを握ることを目指す経済・貿易政策を声高に唱えていた。ドイツを世界に通用する大国に再建させるためには、ファシズムのイタリアの側に付くべし、と唱えていた。また彼は、どの国よりも現状維持に固執しているフランスに対抗し、自分たちの領土目的を達成するために、両国はともに協力すべきだ、としていた。

ノイラートのように、ハッセルは国家社会主義者の権力掌握を「国内の安定の
みでなく、我々の外交政策の安定」への希望に結びつけていた。強力な出世欲
に駆られて彼は、新政権の下で指導的役割を果たすか、あるいは「積極的な同
志として、すなわち共同で決定したい」と彼の妻に書いている。1944 年には彼
のこのようなキャリアは、ハッセルが 7 月 20 日の暗殺に関与した罪で告訴され
た人民裁判の前に終わった。確実な死を前にして、彼は「ワイマールのシステ
ムに同意できず、それゆえにこそ 1933 年には国家社会主義を歓迎した」と声明
した。[21]

　ノイラートとハッセルとに敵対する頂点はフリードリッヒ・フォン・プリッ
トヴィッツであった。彼は 1933 年春に職を辞した唯一の指導的外交官であっ
た。彼はワシントン大使ポストに就く前には 6 年間ローマの大使館参事官とし
てノイラートの代理であった。この時代には既に両者の政治的見解の違いはま
すます顕著になった。プリットヴィッツが「最後まで相互理解の達成」を心が
けたのに対し、ノイラートは対決に掛けた。[22]

　プリットヴィッツが 1933 年 3 月に辞職願をよりによってノイラート宛に提
出したのは、極めて象徴的であった。彼は、自由な国家間と共和国の原則に基
づいた政治的な見解を隠すことはなかった、とプリットヴィッツは書いている。
というのは、このような原則は、新帝国政府の指導的仲間の見解によれば、「個
人としても実際的課題からしても」「自分を否定する」ことなしにはさらに職を
続けることができなかっただろう、そしてアメリカ人に「ヨーロッパからのセ
ンセーショナルな情報すべてに信頼を寄せないよう」影響力を行使せんとした
が、と続けている。これは、ヒトラーの政府の最初の数ヵ月間、責任感ある外
交官が保持していた忠誠感の戦いであったことがこの記録から伺える。[23]

　やっと 49 歳になったプリットヴィッツの、急速に駆け上がったキャリアは
ここに突然止まることになったが、彼の期待に反して彼に続く者もいなかった。
指導的外交官の中でも典型的な態度の例は 1930 年就任の事務次官ベルンハル
ト・フォン・ビューローであった。かつての帝国宰相の甥で、ヴィルヘルム 2
世を名付親とする事務次官のビューローは国家社会主義に対して明白に拒否的
であった。おかしなことに、まさしくワイマール共和国末期の段階に達成され
た改革の成功が、ヒトラーの政策の前進によって危険にさらされる、との理由
で国家社会主義に反対する、ことになった。他方彼は、外務省は「ナチ政府で

も、そんなに外交政策上の基本的な害をもたらすことなく遂行できる」と確信していた、と彼は国家社会主義者の権力掌握の1年前に彼の友人プリットヴィッツに書いている。[24]このような書き方は1月30日以降のビューローの態度を明らかにしている。それは、今は過度期で、官邸でヒトラーは失敗するであろう、ということであった。この不成功に終わった「経験」[25]では、国家社会主義者たちは、中心的な政治勢力としてその重要性を失い、力関係は新しく割り当てられるだろう、というものであった。その後で、保守的な権威主義的な国家改造のための社会的な後ろ盾となる理想的な組織作りが行われるであろう。このように彼は理想と現実がほとんど区別できなかった。その代わり、同省の国家社会主義に対する留保にもかかわらず役所に留まり、1936年に死の直前のビューローの理屈づけは、外交官の多数から確実に分かち合われた。そして戦後多かれ少なかれ、あらゆる正当化の試みに表れた。「悪い政府を持ったからといって、国家がないがしろにされることはない」[26]。

　ナチス政権の支配構造はそのような国家と政府の区別を当然のことながら、全く許さなかった。在ベルリンのフランス大使の評価によれば、「ほとんど宗教的な祖国の熱情」に貫かれたビューローは、このジレンマをよく認識していたのに違いない。[27]いずれにせよ、彼は1933年5月に手書きで辞職願を起案したが、提出されなかった。この立案は、ビューローが、このような方法で失われた影響力を再び取り戻すために、指導的外交官たちにも同様に辞職願を持って行かせようとしたとみられる。後に再び消去されているが、ビューローはその辞職願を同時にパリやロンドン、モスクワに駐在する大使たちの名でも出させようとしたという。[28]

　パリのロランド・ケスター、ロンドンのレオポルト・フォン・ヘッシュ、モスクワのヘルベルト・フォン・ディルクゼン（Herbert von Dirksen）、最も重要な使節団の大使たちをビューローは集団的に辞任させようとした。3人はワイマール共和国の指導的外交を具現していた。ほとんど同様な年齢で、お互いに友情で結ばれていたが、彼らはまだカイザーの帝国時代に外務省に入省し、1918、1919年以降最も高位な地位に昇進した。彼らは特権的な、裕福な家族の出で、新教の信仰を持ち、博士号を取った法律家で、1年間の休暇を得る資格を持ち、予備役兵の資格保持者であった。国家社会主義のゲスな大衆運動に対しては彼らは批判的に距離を置いていた。しかしながら決然としたプリットヴィッツと違っ

第1章　ドイツ外務省と独裁体制の成立

て、多くの政治的な確信を共有し、政治の発展に影響力を発揮できるという外交官の基本的見解を持っていたのにもかかわらず、躊躇いがちなビューローあるいは非常に活動的なハッセルと違って、歴史の歯車に記憶させるという心構えがなかった。

　明らかに、ケスターはビューローとともに1月30日以降の発展の責任を取ることに対する態度が最もはっきりしていた。ビューローが辞表を決意した時点でケスターは、多分事務次官の辞職依頼もあるであろうことを知りつつ、2度にわたってヘッシュとの話し合いにロンドンに出かけた。しかし、どんな話し合いがあろうと、集団的辞任をするとの脅迫には理由がなかった。結果的には、4人すべては一旦否定した政権の職に留まり、自らが確信をもって代表していた大国家的な政策と人種差別的な世界観を機能させた、第三帝国の外交政策の橋渡しを果たした。1933年以降の第三帝国の増大する孤立は彼らの行動余地を狭めたように見えたが、他方で、外務省に居残った理由としては好都合だった。彼らのワイマールの民主主義に対する拒否の態度は、ヴェルサイユ体制に反対する政策を強化する権威主義的約束を受け入れやすくした。ヒトラーの権力掌握に関連した暴力の発展を彼らは、時とともに「次第に洗練される」「革命の表れ」と見なした。新しいドイツの姿は「みせかけで、一時的経過にすぎず、帝国の威信と安全と、そして、健全な外交の展開と適合しないものである」というのがビューローの辞職にある。

　既に3月中旬ケスターはパリでの「熱のこもった急旋回」について警告した。パリでは、「推定される威嚇的な危険に、実力を行使した適切な防護処置についての考え」が次第に重要となった。ほとんど同時にモスクワからディルクゼンは、「大変深刻な事態」になった、とし、「深い、長引く、あらゆる部門に関係が及ぶ紛争に発展する危険」について警告せざるを得ない、と電報で報告した。最近数日の事件は「盃をいっぱいにし、あふれさせるようだ」。モスクワは、血生臭いドイツの共産主義者に対する迫害や増大する反ボルシェビキの宣伝に、また、ソ連市民に対するたび重なる攻撃、ソ連の貿易機関に対する家宅捜査、ドイツにおける最重要なソ連の石油会社デロブに対するボイコットや徴発処置に苛立っていた。

　もっと緊迫的に響いたのはポーランドからのシグナルだった。ポーランドはヴェルサイユ条約の領土取り決めゆえにドイツの（条約の）修正主義の主要な目

第 1 部　ドイツ外務省の過去

的となっていたし、隣国の出来事にも示威的な反応が起きていた。既に 1932 年
夏にポーランドは自由都市ダンツィヒの港に 1 隻の駆逐艦を侵入させて、これ
によって、東部プロイセンを帝国から分離させていた回廊問題についてのパー
ペン〔訳注：1932 〜 1933 年のワイマール共和国の宰相〕の意図表明に反応していた。
ベルリンではポーランドがドイツの領土を抵当物件として占領しようとしてい
るとみなした。ドイツ外務省を 2 月 17 日に訪れたポーランドの公使が「戦争前
夜」と見た意見表明を非常な懸念材料とする契機になった。[33]

　この全く危機的な先鋭化に直面して外交官たちは、いずれへの拡大をも防ご
うとした。最も高い優先順位は、単にドイツの敗北と占領に終わるだろう軍事
的な紛争を防ぐことであった。ビューロー、ディルクゼンあるいはヘッシュな
どの高名な外交官たちがそのポストに留まったことだけが外国では安心材料で
あり、ドイツ外交の継続性と予測可能性を保障しているように見えた。さらに
は、この数週間、ドイツの外交官たちが外国の代表たちと交わる時にはいつも、
それがベルリンであろうと外国での代表部であろうと、ルーティンの場合であ
ろうが、他の特別な場合であろうが、彼らは常に政策の不拡大を説明していた。
ノイラートなどは、ベルリンでソ連の大使に何度も、ロシアに対する政策の変
更はない、と確認する一方で、彼はモスクワのディルクゼンに対して、共産主
義者に対する迫害は国内ドイツの案件であって 2 国間関係には何らの意味はな
い、と繰り返し指示していた。[34]「平和演説」と外国では好意的に意味付けられた
ヒトラーの 1933 年 5 月 17 日の演説に対する関心を引き起こしたのは、偶然で
はなくノイラートの勧めに基づくものであった。状況が次第に緩和したのはも
ちろん安っぽい演説と関係しているというよりも具体的な外交案件に関係して
いた。ムッソリーニによって提案された 4 大国条約と帝国の政教条約の締結あ
るいは 1926 年のソ連と結んだベルリン条約の延長である。

　第三帝国の最初の数ヵ月、自らから認識しつつ外交政策上のアクセントをき
めたのは外務省の指導的外交官たちであった。その際、外交分野で経験もなく、
それに応じて振る舞おうとしなかった新しい宰相をも迂回した。ノイラートが
帝国国防相ヴェルナー・フォン・ブロンベルク（Werner von Blomberg）と協力し
てジュネーヴでの軍縮会議での権利主張で厄介な孤立の危険を冒して以来、外
交政策上のイニシアティブはますますヒトラーが取るようになった。彼から出
た指示を、ノイラートが実行し、指導的な外交官たちに実施されて、いまや帝

42

第1章　ドイツ外務省と独裁体制の成立

国にとっては外交が衝撃的工作となった。1933年10月にドイツはジュネーヴの軍縮会議から脱退し、国際連盟から脱退した。さらに1934年1月には驚きをもって受け止められたポーランドとの不可侵条約を締結した。こうして1933年3月にビューローによって考え抜かれた基本的な熟考は無駄になった。追想録で事務次官は外交政策のコースを古い目的に奉仕させんとした。そのために戦術的な指導的ラインを描いていた。段階的計画では、最初の段階でドイツは軍事的、財政的、経済的に強化され、第2段階では、領土的修正を目論む、とされた。その際には、新旧の植民地の獲得も計画された。後の時点で、西側ではアルザス・ロートリンゲン（ロレーヌ）の回復、北部ではシュレスヴィッヒの境界線の修正、南部ではオーストリアの併合に努めるべし、とされた。その前に「東部の境界の改変」を準備すべし、とされ、「その際に、同時に問題になるポーランドのすべての国境の回復をめざし、部分的または当面の解決を拒否すべし（すなわち、ポーランドは分割あるのみ）[35]」とされた。ビューローの回想録を読むと、協力と変化に向けた構想は含まれておらず、帝国主義的、拡張的な再び強化されたドイツを目指していた。目的を形成するにあたっては、古いエリートと新しい権力保持者の間の前提と限界が示されている。マンフレート・メッサーシュミット（Manfred Messerschmidt）は、この関連で、外務省の職員をして積極的な協力者であると感じさせると動機づけた、「目的の部分的一致」について語っている。同時に、それに向けて動員される手段と方法については異なる考え方があった。

第3節　ユダヤ人に対する最初の諸処置

1933年3月6日の帝国議会選挙の後、ユダヤ市民への襲撃が頻繁になり始めた時、外務省は狼藉に対して反応せざるを得なかった。戦争直後、エルンスト・フォン・ヴァイツェッカーは、ドイツは20年代の初めは「東部の境界線を広く開けすぎた。インフレは多くのユダヤ人を大国になることに積極的にさせた」という見解を述べている。[36]この意味で1933年3月、事務次官のビューローも「彼は外交官たちとの話し合いに際して、いつも『東部ユダヤ人たちの増大する移民』が、彼らが社会民主党が政権を担当しているプロイセンに大量に移住している。ベルリン市の行政や市立病院は『ユダヤ人化』している。『また、

第1部　ドイツ外務省の過去

1918 年以来、特にユダヤ人の裁判所、大学そして学校への進出』は看過できない、と示唆している。これらすべては『数字に表れているに違いない』。これらの数字によって外国駐在員の数を『考えることができるかもしれない』。多分、党の支部あるいは国内担当の省庁は『ひそかに』その数を提供できよう。『明白な例示の数字によって』『全体としてユダヤびいきでない』人々に大多数代表されるベルリンで接受される外国の代表数について有効に立証できよう』[37]と述べている。

　事務次官の、外国との話し合いに役立つ資料、ドイツにおける反ユダヤ主義運動の原因について明らかにすべき資料を集めておけという委託は彼の甥で、同様に外務省に入省し、そこで再び樹立されたドイツ課の指導者に任命されたヴィッコ・フォン・ビューロー＝シュヴァンテ（Vicco von Bülow-Schwante）に下ろされた。外交官、軍人に広く広がった家族の一員として、1891 年に生まれたビューロー＝シュヴァンテは最初、軍人としての道を歩んだ。馬術中の事故という不幸により、彼は第一次世界大戦中戦場の前線に出ることができず、異なる外国における使命に従事するよう命令された。第一次世界大戦後は、反共和制の信念から軍人と外交官の職から身を引き、自分の財産の管理に従事した。1928 年以来彼は右翼保守主義のドイツ国民党のメンバーになり、擬似軍事的な鉄兜団の幹部として外交部隊を率いていた。その役割で彼は自分の前線兵士の部隊とファシスト的な戦闘部隊ファッショ・ディ・コムバティメントとの間のパートナー関係を樹立しなければならず、ムッソリーニとの接触を強化するよう試みた。ナチ党との部分的な協力もビューロー＝シュヴァンテは早い時期から努力しており、既に 1929 年末にはヒトラーを、ナチ党と鉄兜団との協力を準備する宣伝キャンペーンに引き入れることができた。新しいポストのドイツ課長へと彼の外務省へ引き入れはヒンデンブルクの希望した「国家法との一致」を強調することになった。[38]

　ビューロー＝シュヴァンテの任命に先立ち、外務大臣と外務次官の間で激しい議論が行われた。1933 年 2 月の初め、鉄兜団の議長で新しい労働大臣フランツ・ゼルテ（Franz Seldte）は彼の閣議の同僚ノイラートに向かって、ビューロー＝シュヴァンテを外務省に引き受けるよう要請した。[39]外務大臣はほぼ 20 年来ビューロー＝シュヴァンテを知っており、その国家主義的な思想ゆえに評価していた。大臣は最初彼に人事局の課長のポストを提示したが、次官に諮ることな

44

しにしてしまった。事務次官のビューローは、ノイラートに対して、彼は「外務省職員をそのような政治化に晒す危険な結果に対して」は責任を負っている、ことを示唆する書面を書いた。彼は自分の甥と数年間友好的に振る舞い、その道徳性、性格に対しても何も言うことはなかったが、単に鉄兜団の指導者に属し、その役で与党の信頼を得ているというだけで、「外務省の最高の職に、しかも何らの勲章もなくて官吏でない」者を任命することに抗議せざるを得なかった。

　官吏の危険な政治化はビューローにとっては恐ろしいことであった。特別なシューラーの改革の時代——「マルキスト」の年を意味する——でさえも党による影響力を増す試みは成功裏に抑えられた。その時でさえも、「外務省にとって特に重要な原則、すなわち、官吏は全体の奉仕者であって、一つの政党に奉仕するのではない、は本質的に確保された」。この原則をどのような手段でも墨守しなければならない。もし、外務省の人事局の指導を、個々のポストや職の要請を役人的能力もなくて、政府の一員で最初から評判を呼び、全体の政治的目的や考えを促進しないような人に任せたら、外務省の仕事はそもそも大問題になろう。[40]

　これ以上の批判は明確にできない。ビューローが誓っていた非政治的官吏の理想はもちろん外交官たちに当然のこととはなっていなかった。非政治的に、徹底的に職業的に判断する官吏は、最初、共和国の樹立とともに成立し、第一に議会システムに対する抗議の表れだった。その背後には、抽象的な国家を目指し、光栄ある過去と望むべき未来の間に位置した非常に政治的な自明性があった。政治的に満たされない現在を、いくらかでも無害に切り抜けるためには、外務省はどんな政治化に対しても抵抗しなければならなかった。非政治的な官吏制の維持への1933年2月のビューローの努力は、国家社会主義は過渡的な現象で、独立的な、自律的に作業する官吏制によって克服できるだろう、という評価にも表れていた。

　「ドイツに関する特別な課」の再設立は、外務省にとっても新しい時代に入ったことを意味した。「対外政策にとって重要なドイツの国内での出来事を監視すること」と同じく逆に「ドイツの国内政策に及ぼす外国の影響を監視すること」を「任務とする課の存在は、事情によっては外務省の自治に対する干渉とも理解された」[41]。特に言及された「ユダヤ人問題」に関する作業はドイツ課の担

当分野となり、良いことを予感させなかった。[42] ―― 最も確率が高いが ―― 親戚の者、従弟の人事局長というカギとなるポストへの任命をビューローが阻止したのは、結果的に、彼の意図に反して親類の者を外務省のさらなる発展にとって特別重要な課の長に推挙してしまったことになる。

実は、内政と外交政策の相互作用に関するドイツ課は既に1919年以来存在し、1931年になってやっと解消された。その限りでは、「部外者」は問題にならず、課員も省内から募集されていた。新しいことはビューロー＝シュヴァンテが部外からの人間であったことだけである。課長補佐は、最初国内政策に特化したキャリア外交官のハンス・レーレッケ（Hans Röhrecke）であり、1936年以来は法律の博士号を持つ、第一次世界大戦の時は将校として勤め、1919年以来外務省に入省したヴァルター・ヒンリクス（Walter Hinrichs）であった。

ドイツ課で「ユダヤ人問題」の作業をまかせられたエミール・シュムブルク（Emil Schumburg）は似たようなキャリアを示していた。[43] 1898年に一般医の息子として生まれ、18歳で高校卒業臨時試験に合格し、次に軍事訓練に従事して、19歳の時それをやめた。法律を勉強し、その後に博士論文を書き、相異なる外国での滞在の後にシュムブルクは1926年1月1日にアタッシェとして外務省に入省した。1928年に彼は外交領事官の試験に合格し、その後外国でいろいろなポストを歴任した。1939年にシュムベルクはドイツ課の課長を引き受け、それから1年後辞職している。[44]

外務省の2番目の「ユダヤ人課」長フランツ・ラーデマッハーは法学を学んでいた。1906年、労働者の息子に生まれ、彼は旅団長エールハルトに仕え、1928年3月に裁判所の書記として帝国官吏になった。1937年の年末にラーデマッハーは課の書記官として外務省に採用され、最初、モンテヴィデオのドイツ大使館の臨時代理公使に任命された。[45] シュムブルクとラーデマッハーは、1943年に「ユダヤ人課」に配属されたエバハルト・フォン・タッデン（Eberhard von Thadden）とはある意味でノイラート時代の人材であった。

「ユダヤ人問題の最終解決」の道に向かってビューローの1933年3月13日付の、「ドイツの公的生活における不均衡なほどたくさんの『ユダヤ人の進出』を裏付ける統計的な資料を集めるように」、とする指示は、ある意味で事の始まりを意味した。ビューロー＝シュヴァンテは事務次官の指示をすぐさま実行に移した。（議会の立法権の）授権法が採択された3月24日の帝国議会の片隅で、

彼は宣伝相のゲッベルスに対して支援を要請した。ドイツ課と宣伝 —— 必要によっては帝国内務省の間での活発になった接触 —— で個々の問題についての再質問が行われ、統計や論文などが集められた。ドイツ課の課員たちはその際自分自身のイニシアティブを高度に発展させた。というのは、彼らは、現存する資料は「法的に不十分で、外国での宣伝目的には部分的にしか使えない」と見なしたからである。おしまいには、ビューローとノイラートに支援され、ヒ(46)トラーの権力掌握のまさに3ヵ月後すべての外国にある使節団に送られたドイツ課の「案内書」に結びついた。

このペーパーには最初に「関連する状態についての知識が不足している」ので外国では「ドイツでのユダヤ人問題に対してはほとんど無理解に」直面しているとしている。しかしながら、政治生活や行政権力と国民の精神生活面では異常に強くユダヤ人の影響に晒されているのが事実である。「今日の出来事は」「1918年以来の発展に対する反応」以外の何ものでもない。特に「ユダヤ人議員や社会民主党とか共産党の党幹部たちの多くは」、「一般的にユダヤ系の人々の公的生活、政府での、裁判所や行政に対して、人口に不釣り合いな影響力」を許すことに努力している、と書かれている。数字の資料を手に取ってみると、ユダヤ人がある一定の職業分野を過度に占めていることを証明しようとしているだけでなく、ユダヤ人が「犯罪者」であるとか「施設を必要とする精神病者」であるとする統計的重要性を明らかにしようとしていた。(47)

1年後に「情報回覧指示」がなされた。「外国籍ユダヤ人およびドイツ内のユダヤ系移民」は「同盟国の国家社会主義のドイツに対する、ありもしない残忍な嘘や非難中傷の宣伝合戦に対して扇動されている。「このような中傷は、最終的にはドイツ製の物産に対するボイコットにつながる。これに対してドイツは1933年4月1日に防護したのだ。その際、革命の日々に、ユダヤ主義に対しての感情的な国民の怒りを規則にのっとった道に導きながら、国家社会主義の政府はその完全な権威を証明することに成功した」。それ以来「ドイツのユダヤ人問題は冷静な、落ち着いた進展を示しており」、これは政治目的に徐々にと近づいている。すなわち、原則的に経済的、社会的な移動の自由を確保しながら、ユダヤ系の人々を公的役所や職場から締め出すことであった。「ユダヤ人迫害に対する中傷宣伝」にもかかわらず、ドイツの「公的生活の非ユダヤ化」はさらに確実に進んだ。(48)

第1部　ドイツ外務省の過去

　外国での使節団の利用のために考えられたそのような回覧指示は、ふつう多くの準備作業が前提となった。すなわち、担当課の起草から事務次官または大臣の仮署名までの様々な段階を踏む必要があった。その際には、時には少々の弁証法的な高等戦術が使われた。例えば、4月ボイコット以降2ヵ月後の情報回覧指示を見ると、「冷静に判断したドイツのユダヤ人たち」も「ユダヤ人ボイコットの日やそれに続いた過度のユダヤ人に対する諸処置」を「大いなる国家の技術の証明と見ている」、としている。「完全に秩序だった実施」は「台頭する反ユダヤ主義的傾向にバルブを開いた」。これによって、反ユダヤ人的傾向が一度爆発するのではないかという心配する圧力がドイツのユダヤ人から取り払われた、という。[49]

　外務省が、不正な権利の行使を正当化するために外国向けに使った宣伝は、宣伝省あるいは党の関係部局からヒントを得たのでもなく、また、──帝国官吏として、損害を防ぐ義務があるとみなす以外には──そのために何ら特別な必要もなかった。そこには、単に実行するだけでは満足せず、実行を見届けて、助言しようとする伝統的官吏の全体としての職業意識があった。だからビューロー＝シュヴァンテは宣伝省に対して、外交政策的理由からどうしても「ユダヤ人問題」の厳格な路線を確保するよう勧めていた。ユダヤ人の組織との接近の可能性はないだろう、という。ドイツの輸出へのボイコットが経済的損失に繋がろうとも、ユダヤ人の組織と「接触するだけでも」それによってドイツの「わずかの譲歩」が明らかになれば、それはドイツの弱みと取られ、外交的な損害ははるかに大きいだろう、とされた。ドイツの外交・領事官は、「いかなる事情でも」そのような接触を探ることは止められていた。[50]

　政策はこのような原則で進められた。1934年9月には例えば、ロンドンの大使館はある著名なユダヤ人の作家の検討のための提案を受けたと報告した。それによれば、最初に「ほとんどのユダヤ教徒のドイツ市民は、政府のユダヤ人に対する処置を導入するきっかけとなった教徒仲間の悪行の結果、不当にも巻き込まれてしまった」との、公式なドイツの声明があるとよい。他に、次のような表現が望ましい、という。すなわち、「よきドイツ市民として振る舞っているユダヤ教徒のドイツ市民は将来ドイツで妨害されることなく、自由に暮らすことができる」と。[51] もしも帝国政府が、そのような声明を発する用意があれば、英国のユダヤ人の使節がさらに協議するためにベルリンへ行く用意がある、と

いうことであった。

　回答はこれ以上明確なものはなかった。フォン・ビューロー＝シュヴァンテによって作られ、ノイラートによって手を入れられ、フォン・ビューローによって副署された回答は「いかなるユダヤ人組織やユダヤ人の代表団体であろうともユダヤ人問題に関する交渉あるいは同盟は、国内であろうと外国であろうとも」問題にならない、ことがはっきりしていた。「いつの日かユダヤ人問題に触れるとすれば、そのような態度は単に強さを表すもので、弱さを表すものではない、……経済的、政治的圧力の下でのユダヤ人問題での譲歩は、内政的あるいは外交政策的な状況を満足させるものではなく、とりわけユダヤ陣営の満足に至るものではないだけでなく、ドイツ国家社会主義の世界観の基本的立場の破壊につながる。それゆえ、経済状態が悪ければ悪いほどユダヤ人問題での妥協は考えにくくなる」。情報指導としてすべての在外公館に同時に送られたテキストはこのように終わっていた。これを承知しておくように、と党と政府の部署にはコピーが送られ、外務省はこれらの部署、例えば、ナチ党の人種差別政策庁、とこの問題について恒常的な接触を持った。ナチ党の人種差別政策庁の長官ヴァルター・グロス（Walter Groß）と「ユダヤ人課」のシュムブルクはほんの少し前の日に「ドイツの人種政策が外国に及ぼす負の影響」に突っ込んだ話し合いを行った。

　外務省がたとえユダヤ人の組織との交渉を拒み、「ユダヤ人問題についての譲歩」をカテゴリカルに拒んだとしても、このラインはいずれにしても持ちこたえることができなかった。既に1933年に外務省に代表されたドイツ帝国は、ジュネーヴでの国際連盟での敗北を被っていた。1933年5月17日、上部シレジアのユダヤ人フランツ・ベルンハイム（Franz Bernheim）は、上部シレジアのドイツ人地区で、1922年に上部シレジアに関するドイツとポーランドで結ばれた条約で、帝国が以前と同様に効力を有する少数民族の保護があったにもかかわらず、条約に反して反ユダヤ人主義的処置がとられていると言って国際連盟に嘆願した。嘆願は連盟に対して、ドイツが差別をやめることと、保証するように、ドイツに勧告すべきことを要求した。この「ベルンハイム嘆願」として知られた文書「ユダヤ人外交」は、ユダヤ人少数者の権利を戦うグループによって発議された。

　ジュネーヴの国際連盟のドイツ公使であったフリードリッヒ・フォン・ケラー

（Friedrich von Keller）は 1899 年来外務省に属していたが、疑いもない反ユダヤ主義のステレオタイプで、彼はすぐさまベルリンの中枢にこの「国際的なユダヤ人組織」の行為を知らせた。[56]この時点で外務省には既に上部シレジアからの報告書が提示されていた。その中でドイツ・ポーランド条約の問題点については触れられていたが、まず最初にベルンハイム ―― 嘆願について白熱した議論に発展していた。ノイラート外相は、他の帝国大臣たちとドイツの方針を調整して決定する大臣会議を催した。外務省からはノイラート自身とビューロー＝シュヴァンテが参加し、注意深い反応を強く薦めた。ドイツの国際的評判を落とさないために、ジュネーヴでの「ユダヤ人議論」はいかなる手段を用いても阻止しなければならない、とされた。[57]ドイツの政策の広報的効果が怪しくなったので内務大臣フリックでさえも、上部シレジアでの反ユダヤ人立法は当面中止するように説得された。公使のケラーは、ジュネーヴでドイツ帝国は国際的条約を尊重している、違反は専ら現場の下っ端の役人に帰する、とし、国際的な義務への忠誠を述べつつ、ドイツ人の目で見て疑わしい請願者ベルンハイムへの正統性への示唆に鑑み、彼の評判を落とすことを前面に出すことを試みたが、上手くいかず、外務省はジュネーヴでの大々的な議論を妨げようと試みた。この間、批判的な討論を外務省は妨げることができなかった。1933 年 5 月 30 日国際連盟参加国の大部分はドイツの反ユダヤ人政策を批判した。批判は上部シレジアに関してだけではなく、原則的なものであった。6 月 6 日に理事会はドイツ・ポーランド条約を維持し、保証を行うようドイツに義務付けた。

　事実この決議に基づいて、この条約の期限が 1937 年に切れるまでドイツ帝国の反ユダヤ的諸規定は上部シレジアには適用されなかった。事務次官ビューローは、帝国内務大臣およびプロイセンの内務大臣に、変更された法的状態に早急に対応するようにさえ要求するようになった。その際、ビューローと外務省にとっては、もっぱらドイツの外交的評判のみが問題であった。ヒトラーの政府が登場以来早急に険しくなった国際的な孤立に鑑み、外務省は国内政治目的を後退させることを警告することに成功した。

　ベルンハイム請願が示したように、帝国の反ユダヤ処置は国際条約に影響を与え、それゆえヴィルヘルム通りは、他の省庁の役人や役所との間で議論されていた諸計画にも絶えず情報を入れるようにした。中心的課題は、「ドイツに生活しているユダヤ人の国外移住」を促進する適切な方法を見つけること、と

された。したがって内務省、秘密国家治安庁、および食料・農業省は、パレスチナ移住に当たって、「閉じられた倉庫」での「ユダヤ人の農業の再教育」の長所と短所を協議した。外務省は議論の状況を常に把握し、「ユダヤ人問題の解決」の方針に携わった。その優先的な課題は、もちろんドイツのユダヤ人迫害を諸外国に対して正当化することであった。そのためにヴィルヘルム通りは、特にヒトラーによりいつも強調された、ユダヤ主義と共産主義との共通性および、この「共産主義の危険性」に対する不安のヨーロッパ市民への訴えかけと、「防波堤」としての帝国を賛美しようとした。「ヨーロッパを新しい悲惨さから防護するために、アドルフ・ヒトラーは偉大な貢献をしている」と世界中のドイツの外交官に知らせたのであった。[59]

第4節　追放と新規採用

4月1日のボイコットに引き続き4月7日には職業官吏の再編の法律ができた。それによれば、ヒンデンブルクが前線の戦闘員、戦争で亡くなった兵士の父親または子息あるいは戦前の官吏として法律に書き示した以外の例外規則に則らない者で、アーリア系でないすべての官吏は強制的に辞職に追いやられた。官吏で、「それまでの政治的活動で」「いつでも無条件に」新しい国家のために尽くすことを保証できない者を、職場から追放することが可能であった。[60]この法律は政治的敵を帝国、ラント、地方公共団体の役人から粛清するのに奉仕し、同時に国家の反ユダヤ人主義の正当化に役立ったのである。外務省でもこの機会を即座に利用し、政治的に好ましくない官吏を解任した。これに対し賛成を得ることは容易であった。というのは、信頼あると見られた官吏は「前線で戦ったものという規定」によって守られていると信じていたし、「アーリア条項」は少数の同業者にのみに適用されるものとみられていたからである。高等教育機関の数百人とならんで、約4,000人の弁護士、3,000人の医師、2,000人の官吏および2,000人の芸術家がその職場を失ったのに対し、外務省では高級職員のうちの1ダースに満たない者のみが解雇された。その1人が在パリのドイツ臨時大使館一等級公使参事官のハンス・リーサー（Hans Riesser）であった。

リーサーはオックスフォード、ミュンヘン、ベルリンでの勉学を終え、その後に引き続き博士号を取り、1914年8月以来戦争に行き、1918年12月に外務

第 1 部　ドイツ外務省の過去

省に入った。パリでの長年の上司であったレオポルト・フォン・ヘッシュは
リーサーについて何度も高い賞賛を表明していた。彼は無条件に、リーサーが
彼のキャリア上の昇進や、もし「リーサー氏を同僚として失うことがあるなら
ば、それを残念に思っている」と表明している。[61] 1932 年 10 月にヘッシュは大
使としてパリからロンドンに交替した。11 月に着任した後任のロランド・ケス
ターは、1 年半比較的重要でないオスロの使節団を率いて、その後残りの期間
をベルリンの中枢で働いていたが、彼の新しいポストには困難が待ち受けてい
た。以前から在任していた臨時大使館参事官のリーサーは明らかに何度も彼の
行く手を阻み、見解の相違は原則的な離齬に発展し、その中には多分に個人的
な敵愾心も関係していた。最後には、ケスターはリーサーの召喚を要求するま
でに至った。これはリーサーの外務省からの解任につながった。

　噂によれば、リーサーは以前の社会民主党との結びつきを強化しているとさ
れたが、解雇の本当の理由は、多分に知られながらも沈黙されているが、明ら
かにリーサーの非アーリア系出身にあるとみられる。1933 年 7 月、この経験深
い外交官は、24 年間の官吏としての職務、15 年間の外交職務を終えて一時的
に退職させられた。簡潔に言えば、リーサーは、「大使館の枠内で職を遂行す
るにあたって求められる利益に合わせることに」失敗した。退職させる文書の
起草分にはこう書いてある。すなわち、外務省におけるリーサーの活動は、彼
が「職員の枠に適合しない」ので、辞められねばならない。リーサーが最も長
く仕えたヘッシュがビューローにかつての同僚のために、リーサーは大使館の
枠内で「文句のつけようもない形で」働き、ドイツの利益のために非常な功績
があった、と書いたが、調査を要請したリーサーの願いは大臣の手短かな「拒
否」[62] により終了した。回答には、「既に決定されたことの可を否と変えるべき」
調査のための前提が欠けている、[63] とされた。1934 年 3 月にビューローはあのラ
ントと帝国の職員にこの間通用している行政文書を徹底させた。それによると、
外務省は 1933 年 4 月 7 日付の法律「職業官吏の再導入」6 章の実行を義務付け
られ、待機中の官吏の数を極端に限ることになった。それゆえリーサーはいま
や永久の退官者となった。[64]

　外務省は明らかに、「人種的な」基準による「解雇」を、「職務上」と理由づ
けることを優先させたので、新しい官吏法によって退職させられた外交官の数
は、正確にはわからない。兆候が表れた幾分極端なものは、課長付き書記のゲ

52

オルク・フォン・ブロイヒ＝オッペルト（Georg von Broich-Oppert）の例である。1897 年にプロイセンに生まれ、ブロイヒ＝オッペルトの人生はドイツの国家主義者の手本のようである。17 歳で緊急アビトゥア（大学資格試験）を通り、1915 年から 1918 年まで戦争に行き、その後、1919 年秋から 1920 年の秋まで「東部国境警備隊」の電令将校を務め、ゲッティンゲンとボンの大学で法律を学び、学生の団体サクソニアとボロシアのメンバーであった。1924 年に外務省に入省し、1932 年以来彼は、ウィーンの公使館に勤めていた。そこで彼は、外務省が 1934 年 1 月に提出を義務付けた職務上の誓約書に署名した。その誓約書の指示には、「自己の利益のために」と書かれ、前線兵士であったり、戦前官吏であった官吏も「アーリア人であること」を証明しなければならない、その際、必要な書類を提出するか、あるいは、職務上の宣誓をするかは自由である、となっていた。[65]

　ブロイヒ＝オッペルトは宣誓することに決めた。その中で彼は「注意深い検査」にもかかわらず彼が「アーリア系でない」とみなすこと、あるいは「彼の両親と祖父母の一方がかつてユダヤ教徒だった」ことを正当化する状況が見つからなかった、と断言した。ほんの数日後、外務省はブロイヒ＝オッペルトのかつての家族の友人から、間接的に父親の家族がアーリア系でなかった、との示唆を受けた。これに基づき人事局はブロイヒ＝オッペルトに対し「貴殿のアーリア系という事実は、戸籍証明書が提出されたことによって、その逆の主張にはもはやその余地がないことを明白にする必要がある。そのことは貴殿の利益にもなるだろう」と要求した。[66]

　ブロイヒ＝オッペルトがウィーンで必要な記録を手に入れるための必要なステップを踏んでいた時に、人事局はイニシアティブを取り、「帝国内務省の人種研究専門家に」、再調査を委託した。外務省は、ブロイヒ＝オッペルトに対して示された主張が事実に対応しているかどうかをはっきりさせる「早急な利益」を有し、「この件をできるだけ早く調査」してほしいと要請した。二週間後の 1934 年 10 月 12 日には、既に「ブロイヒ＝オッペルト書記官の父親の父親と母親の側がユダヤ出身だった」ことが情報として提示された。[67]

　10 月 17 日にブロイヒ＝オッペルトはウィーンから召還され、10 月 26 日に彼に対して格式ばった規律手続きが始められた。課長付き書記官が「故意あるいは極めてずさんに、真実に該当しない職務上の宣誓を提出した」との非難を行

うなど、外務省は異常に長々と述べていた。法務部次長のパウル・バランドン（Paul Barandon）の指揮の下で外務省は規則に則った犯罪的な方法を展開した。ブロイヒ＝オッペルトの祖先の個人的書類、養子縁組の古文書が要求され、親戚や知人が質問され、さらに、学生クラブの仲間、学校時代の友人たちからの情報も集められた。彼は、ユダヤ系出身が疑いのないものになったので、審査はブロイヒ＝オッペルトが規律に違反したかどうかに絞られた。というのは、彼には「ある時点で自分のユダヤ出身者である事実が分かった、あるいは分かったに違いない」からである。5ヵ月に及んだ審査の最後に、職務上の誓約に示されたことは、「客観的には間違っていたが、故意に間違った証言をしたという事実は証明されなかった」。この情勢からブロイヒ＝オッペルトに対する手続きは中止された。1935年4月に彼はしかし「職務上の理由により」退職させられた。[68]

　このような規律手続きの結果についてはさほど重大な意味を持たなかった。多くの証人が訊問され、ブロイヒ＝オッペルトが国家主義を守っている、と強調された。ウィーンにいた公使のクルト・リート（Kurt Rieth）は、外務省での聞き取りで、ブロイヒ＝オッペルトが彼の「価値ある同僚」の1人である、と語った。公使として、彼は「彼に許されたすべての手段を使って国家主義的な運動を」支援しようとしたが、しかし彼は「いかなる事情があっても帝国の政治をおとしめてはいけなかったので」控えざるを得なかった、したがって、彼はブロイヒ＝オッペルトを「オーストリア国内のナチ党や国家主義グループの指導的人物と自分の連絡役として」動員し、ブロイヒ＝オッペルトは自分に託された課題」を「大いなる義務感で」果たした、と述べている。突撃隊の旅団指導者で「一時的にはウィーンの突撃隊旅団長だった」ルドルフ・マイ（Rudorf May）は調書に、「ブロイヒ＝オッペルト氏は模範的方法で党の利益、特に突撃隊の利益を代表した」、そして「その際に全く無私に、自分の個人的な利益を顧みずに行った。ブロイヒ＝オッペルト氏はオーストリアで党が禁止された困難な時に党のため、従って突撃隊のためにも計り知れない功績を示した」と述べた。他の突撃隊の指導者たちもブロイヒ＝オッペルトの「計り知れない功績」や「個人を危険に晒しても」「オーストリアで禁止されたナチ党」のためになした功績を強調していた。突撃隊がウィーンの公使館書記官の仕事ぶりをどんなに評価していたかは、調査の前の半年前に、突撃隊の最も上位の指導者が、「万一

を慮って」外務省に、「ブロイヒ＝オッペルトがウィーンにとどまるよう」要請したことで明らかになった[69]。

　ヴィルヘルム通り（外務省）は「人種差別主義」と「職務上」の基準の混同により、寛大に取り扱っているのに対し、外国では、反ユダヤ法への望ましからざる反作用に対してはアレルギーのように反応した。特に英国では「それによって多くの同情が失われ」、「ドイツへの敵愾心は、ほとんどすべての国民の層で見られた」、とビューローは確信するに至った[70]。仮に多くの外交官たちは頭の中では新しい法律には反対であったとしても、彼らは当面予想される反応を危惧した。1933年7月、ビューローはノイラートに対して個人的に、「国民をＩクラスとⅡクラスに分け」、さらにそれを超えるものとして、ユダヤ人について明らかに「これまでの法律以上にその職業活動を深刻化し疎外する」、言われるところ内務省の「新しい国籍法」の適用を除くように報告した。ビューローによれば、外国は最大の危惧を持っており、「憤慨して答えるだろう。誹謗は官吏法の時よりももっと怒りの激しいものになろう」。ビューローは、「遅くとも秋までにユダヤ人法をやめて、明らかにユダヤ人迫害を目的としているように見えるいかなる法律も作成すべきではない、帝国内務省は、ユダヤ人たち他に対するその処置が行政をコントロールできる領域を超える分野に追い込み、外交政策上の害が国内政策上の宣伝価値を超えるような法律を作る状況になっていることにいい加減に気づくべきである[71]」と勧告している。

　ドイツのヴィルヘルム通りから発せられた、反ユダヤ立法を正当化していた広報指令は、増大する外交的孤立に対して対処するのにはほとんど効果がなかった。今日から見れば、この指令は、自らの画一化を示す意味深長な証拠以外の何ものでもない。1933年7月の回覧指令によれば、「ユダヤ人打倒のための攻勢」は、「精神生活のあらゆる分野で統一的に、隙間なく、迅速に実行」されなければならない。「というのは、新しいドイツの建設にとって、早かれ遅かれ、意識的と無意識的とを問わず、再び損害を加えたり、国民的な運動を危険に晒したり、それに抵抗するいかなる危険な萌芽に対して、初めから入口を見出させないため」にとある[72]。

　戦後、このような記録に対して外務省員たちは、それにはドイツ課の役人のみが責任を有していた、と述べている。しかし一方ではビューロー＝シュヴァンテは独断でやったわけでなく、指導者レベルが知っていて、同意して行った

のである。他方で、古いキャリアの役人たちが信じさせようとしたように、ド
イツ課は外務省に意見を押し付けた「外部から」の人間から成り立っているわ
けではなかった。ワイマール共和国から第三帝国への人的継続性は、皮肉なこ
とに 1933 年以来少数の外部から入った人間によって、ほぼ間違いなく、さらに
強化されたのである。特に好例なのは、皇族ヨシアス・ツー・ヴァルデック・
ウント・ピルモント（Josias zu Waldeck und Pyrmont）が外務省に採用されたこと
はその背後にゲーリング（Göring）がいて、その指図によるものだったことであ
る。プロイセンの事務次官パウル・ケルナー（Paul Körner）はゲーリングにヴァ
ルデックの希望を伝えさせた。ヴィルヘルム通りはヴァルデックの入省を「外
務省の課にとって大変な助力となる」として 1933 年 4 月 1 日にそれに応ずる希
望を表明している。

　ヴァルデックは、1896 年に最後に同公爵領を治めた侯爵ヴァルデック・ピ
ルモントの長男として生まれ、1929 年 11 月 1 日に既にナチ党と親衛隊に入り、
1930 年 4 月以来ゼップ・ディートリッヒ（Sepp Dietrich）とハインリッヒ・ヒ
ムラー（Heinrich Himmler）付きの指導者であった。外務省の参事官としての採
用に彼は資格があったわけではない。彼は、外交官としても教育されておらず、
必要な第 2 次国家試験も受験しておらず、また言語知識も欠いていた。それで
も彼は 1933 年 5 月 31 日に、外務省の帝国財務省への書類では、「政治的理由
により」無期限の職務に就いた。ヴァルデックは、人事局あるいは政治局への
配置に価値を見出し、ノイラートはこの要請に特に知られるような抵抗もなく
従った。おそらくかかる要請はヒトラー自身からのものであっただろう。[73]ノイ
ラートはヒトラーの要請受け入れを示すために、入省に同意した。個々の事案
で著名な党の代表を外務省に迎えることはノイラートにとっては、彼に代表さ
れる外交政策のさらなる独立性を維持するためにおいてのみ受け入れられる代
償であった。ヴァルデックが失望したか、あるいは自らの影響力のなさを悟っ
て 1934 年 6 月 30 日に職を辞すまでには 1 年余しかかからなかった。

　外務省の保護を受けずに外部から入省してきたのは、元宰相のハンス・ル
ター（Hans Luther）であった。帝国銀行総裁を辞し、その代わりに、辞任した
ばかりのフリードリッヒ・フォン・プリットヴィッツ・ウント・ガフロンの後
任としてワシントンの大使に任命された。彼の任命はよしんば政治的な合図で
あって、しかしながら党籍のないルターは常にシュトレーゼマンの党に近かっ

た。ヒトラーの閣僚で最初は副宰相であり、1934年7月にはいわゆるレーム反乱によってその職を辞したフランツ・フォン・パーペンも外務省に引き入れられたが、ヒトラーの命により、彼は特別な使命を帯びて公使としてウィーンに飛ばされた。ルターとパーペンの2人が外部からの人物として、また、政治的経験を持った、ノイラートの構想にあった者が外務省に入ってきた。実際にはヒトラーはこのようにして2人の批判者を片付けた。

　1933年夏、長くから準備されていた大きな変更が行われ、それは23人の外交官に関係していた。外国にある幾多の使節団が関係しているが、計画されてきた人事交替は、ビューローの記録によれば、明白に「職務上の必要性に考慮を払い、かつ、変化する時間的状況から必要になった決定」を早急に迫られた、と見られた。ポストの新編成を見ると「変化した時間的状況」は突然外務省自身に対するものになったという興味深いものになった。予定されたのは、上海の総領事で男爵ハインリッヒ・リュートゥ・フォン・コレンベルク＝ベディヒハイム（Heinrich Freiherr Rüdt von Collenberg-Bödigheim）男爵がメキシコの公使に昇格し、そこの使節長ヴァルター・ツェヘリン（Walter Zechlin）を退職させるというものであった。前者は、ノイラートの学生団体の仲間だったし、後者は、長年社会民主党のプレス担当の長であったが、ブリューニング内閣が倒れた後、公使のポストに甘んじてきた。上海の後継者は、ベルリン中枢の東アジア専門家のエーリッヒ・ミケルゼン（Erich Michelsen）が任命される予定であった。

　ミケルゼンは1933年9月16日の辞令では、上海の総領事（第1級代理公使）に任命された。そして、上海の臨時代理公使に対して、中国政府のアグレマンを採用するよう電報で訓令された。しかし、ミケルゼンが出発する直前に、帝国宰相府の経済問題責任者ヴィルヘルム・ケプラー（Wilhelm Keppler）は「在留ドイツ人およびその地の滞在グループ」の間で「非常に大きな疑問が湧いている」。というのは「ユダヤ人がその地の領事館の指導を任されたそうだ」ということが話題になっている、ということを報告した。ケプラーの保証人はフランツ・クサヴァール・ハーゼンエール（Franz Xaver Hasenöhrl）といって、かつての職業軍人であったが、今日では上海の商売人で、その地のナチ党のグループを設立し、リードしていた。彼は党内で「国外では最良の協力者」と見なされていた。新しい課題の準備のため1933年夏にハーゼンエールはドイツに滞在し、ルドルフ・ヘス（Rudolf Heß）との緊密な関係を、ミケルゼンの派遣に対

して抗議するために使った。ケプラーは、外務省に介入し、ヨシアス・ツー・ヴァルデック・ウント・ピルモントに働きかけた。他彼はノイラートに手紙を書き、その際に彼は、はっきりと友好的なトーンで「総領事のポストをアーリア人でない男が占めること」に対して彼の憂慮を伝えた。彼は大臣に、この件をもう一度「注意して対処するよう」要請した。[78]

　外務省は、手慣れたビジネスライクで応じた。それによると、「ミケルゼン氏がユダヤ系である」ことはその通りです。しかし、「戦争中官吏であった」ことで彼は職業官吏法の規定に抵触しているわけではありません。とにかく彼は、「全く信頼できる人で国家的で」「我々が有する、中国を理解する長年の経験を積んだ者です」、「彼は中国語を喋ったり、書いたりを完全にできるので、この時期に、彼は上海のように重要なポストには最もふさわしい人物です」[79]。ミケルゼンは、義務感にあふれた官吏に期待された如く、自ら休職し、外務省が彼の上海への赴任に距離を置くならばそれを「職業上の利益」から了解する、と声明した。[80]人事局は急いで現地の外交官に要請したアグレマンを返却せしめるよう訓令した。1934年1月にミケルゼンは待命となり、3月には退職命令が出た。ノイラートは通常ありえないような心からなる言葉を贈った。彼にとっては、「ミケルゼンを失うことは衷心より残念であることを表明せざるを得ない」とし、彼はミケルゼンに対し、「暖かい感謝の念を表し」、彼には将来の多幸を希望した。[81]

　ヴァルデックはこれらの件に関して全く蚊帳の外に置かれた。6月に彼は事務次官と大臣が、彼の参加しないところで直前に控えた諸人事の変更を行ったことに対して不平を言った。彼は全く間接的にその件について知らされたし、他に彼はいくつかの提案に対しても決して承服できなかった。[82]ノイラートは彼に対して答えることにさえ必要性を感じなかった。ヴァルデックが半年後に勝ち誇ったように書いているところによれば、ミケルゼンの例は、話し合いをせずに人事の変更をやったことに対しては「国家社会主義の世論に」酷い効果をもたらしたことと述べた。[83]ノイラートはこの陳情書に対して「男爵ヴァルデックは目指した人事変更に対して彼の憂慮をもたらしたことによって彼の義務を完全に果たした。有効にもたらされた憂慮が、事実および法律的理由から個々のケースの人事変更を行うべきや否やの決定は、責任ある大臣として私のみが行う。その際、常に帝国宰相に事前に提案し、任命は帝国大統領が行う。[84]ヴァル

デックに対して公式にたしなめる必要性を大臣は感じなかった。

　いずれにしても、彼は、ミケルゼンが総領事第Ⅰ級の俸給を受け、退職することに尽力した。その後、人事局は相異なる立場の財務省と内務省の俸給および官吏問題担当の部署と話し合いを行った。ミケルゼンが「外務省の指導的見解に従いアーリア人でない系統を沈黙したわけでなく」、そうして上海へ派遣せず、ミケルゼンによって代表されなかったという適切な処置を取ったので、内務省の担当課は総領事第Ⅰ級として彼の退職に賛成した。しかし財務省の相手は、それに反して、ミケルゼンを派遣しなかったことは「最終的にはミケルゼン個人の理由に基づく」との見解を表明した。外務省の予算と財務所管の担当部署の見解によれば、総領事第Ⅰ級の俸給は問題にならなかった。「というのは、ミケルゼン氏を派遣しなかったのは確かに彼のせいではなかったけれども、しかし彼の人格のせいである」とされた。もちろん「法的状況は疑いを取り去ることができないので」彼は外務省の同意の上でミケルゼンが外務省を訴えることを提案した。実際には既に決着したことに対して、法的秩序を保とうとすることは少々滑稽だった。最終的にはミケルゼンは総領事第Ⅰ級の退職金を得た。[85]

　ミケルゼンが就くはずであった上海のポストには、57歳のヘルマン・クリーベル（Hermann Kriebel）が就いた。彼は1934年2月に突撃隊の最上部層の連絡役として外務省に入ってきた。そして2ヵ月後に外交官・領事館試験を受けた。かつての職業将校はヒトラーが1923年に起こした蜂起に参加しており、後に中国でのハーゼンエールの緊密な協力者であり、そこで彼は上海総領事のポストの強力な援護者をみつけた。[86]

　ビューロー＝シュヴァンテ、ヴァルデック、ヘルマン・キーベル（Hermann Kriebel）に引き続き最後の外部からの登用者は後の帝国外務大臣ヨアヒム・フォン・リッベントロープであった。1935年6月には彼は予算に裏付けられた官吏としての外務省職員で、公式のタイトルは既に1934年4月以来、帝国政府の軍縮問題の全権代表であった。1893年に将校の子息として生まれたリッベントロープは32歳の時、1884年に貴族に列せられた華族出身の遠い親戚の叔母の養子となり、1914年以前に自主的に軍隊に入り、外国、特にカナダで働き、そこで最後はドイツワインとアルコール飲料の輸入者として活動した。1920年にゼクト〔訳注：ドイツの発泡酒〕の製造業者オットー・ヘンケル（Otto Henkell）の娘と婚姻し、財を成すだけでなく、高級な経済界と社会の人々へのとっかかり

を得た。1930年にはヒトラーの知己を得、その世界を歩き回った外交問題のエ
キスパートとして自分を売り込むことができた。1933年1月の第三帝国政府の
樹立時には外務大臣のポストを希望したが、そのことは、すべての証人が一致
して挙げているように、彼の強烈な出世欲を表している。

　1933年3月にリッベントロープはヒトラーの承認と委託の下に、ドイツの増
大する外交政策的な孤立を打開することを望んで、ドイツ・フランスの妥協のた
めに話し合いを導入しようとした。しかし、非公式の話し合いが立ち上がった
こと以上にはリッベントロープの秘密外交は成果をもたらさなかった。そして
また彼の「特別なミッション」は何ら具体的な結果をもたらさなかった。1934
年の初め、ヒトラーは個人的な使いとしてリッベントロープを、ヨーロッパが
ドイツに対して決定的な行動をとるように勧告していた新しいフランスの外務
大臣ルイ・バルトウのところに送った。ノイラートはパリのケスター大使に対
し、彼はヒトラーから、彼が「既に知られたリッベントロープ氏を推薦」する
ように頼まれた、と書いている。リッベントロープは「宰相の信頼」を勝ち得
ており、宰相は彼を「私的な依頼の実施に時々繰り返し利用し」、リッベント
ロープはパリに来る時はケスターにリッベントロープを照会するよう、大使が
彼をフランスの指導的な政治家たちに引き合わせるよう、と書いている。[87]

　ノイラートのこれ見よがしの同意は、実際には、リッベントロープの私的な
外交は目的を害し、危険であるとみなした彼の悪だくみの陰謀計画の進展であ
り、彼はそれを最終的に終わらせようとしたのである。ノイラートはケスターに
対して本当はリッベントロープの訪問についての印象を個人的に報告するよう
にも要請した。一連の行動が終わってからビューロー事務次官は帝国大統領に
「バルトウ氏はこの訪問について少ししか関心を持つこともなく、従ってリッベ
ントロープ氏に対しても強くあざけるような態度で相対した。ドイツ・フラン
スの直接の話し合いというリッベントロープの要請に対してバルトウ氏ははっ
きりと拒否し、すべての交渉は役所を通した外交の道を示唆した」。ビューロー
は私的に次のように付け加えた。「似たような使者」は「既に以前に、特に戦
後は繰り返し活動していた」、その結果、成功は「ほとんど稀であった」、とい
うのは、責任ある国家の人々は当然のことながら、責任のない使者に対して立
場を明確にすることを拒否したからである。帝国大統領は、予想通り対応した。
彼は「リッベントロープ氏のような仲介者を使うことは」目的にかなうもので

はない、と見ていた。[88]

　このような大統領の咎めを、ノイラートの、巧妙に計画された陰謀劇は、最終的には外務大臣と帝国大統領の間で公式な話し合いによってのみなされるべきだ、との口実に則り、「帝国大統領の示唆に従い」、——話し合った後での公式の発表によれば——「帝国大統領はヨアヒム・フォン・リッベントロープ氏を軍縮問題の全権代表に任命した」。この職務の性質に鑑みリッベントロープは当面帝国外務大臣の下にある。フォン・リッベントロープ氏は他の国家のメンバーをそのつど外交使節団の長の引率によってのみ訪問し、仮に非公式なものであっても、それをなそうとする際には、一部でも外交使節団の長と相談する。またリッベントロープは事後印象と経験をすべて報告しなければならない、とされた。[89]

　リッベントロープは、自分の秘密の目的たる外務大臣のポストを諦めることなく、義務を果たした。ヴァルデック・ウント・ピルモント男爵のケースと同様リッベントロープの例は、ノイラートが人事ではいかに年老いたヒンデンブルクの庇護にあったかを明確に示した。リッベントロープが外務大臣に任命されたのが、ヒンデンブルク亡き後であったのは偶然ではない。

　外務省の上級職員が被った同様の事例に鑑みて、外部の人間4人による国家社会主義者の外務省強奪とは直ちには言えない。ヴァルデックは34年6月には外務省を再度去っているし、キーベルははるかに射程外にいたし、そしてビューロー＝シュヴァンテは最後には彼の叔父に忠実に振る舞ったからである。外務省はいずれにしても外部からの登用を通してもその一体性を妨げられなかったし、外部からの侵入は、全体的に見れば、起こらなかった。このことを確認しておくことは、第二次世界大戦後の正当化に対処するために重要である。

　上級職員は1933年にはおよそ436名が公務に就いていた。厳格に階級組織的に機能している職員の頂点は、大臣と事務次官の指導の下にある指導部であった。6名の省局長がベルリンの中枢の部局を率い、その中で83名の上級官吏が働いていた。世界の9つの首都に大使館があった。これらは事務次官と省局長の中間に位置する職位の大使によって率いられていた。これに重要性、大きさ、課題によって職員が配置された外国での使節団が次のように続いた。22の公使館第Ⅰ級、17の総領事館第Ⅰ級、19の公使館、16の総領事館、76の領事館第Ⅰ級と領事館。全体的には150の外国使節団の353の部局に上級職員が配置さ

れていた。これに加えておよそ80名の外交アタッシェ〔訳注：アタッシェ〕が外務省と国内にいた。

　30年代には政治的な変化と増大する課題分野が細かく独立していったことによって外務省に人員が増えただけでなく、また多くの公使館が大使館に格上げされた。1934年10月にワルシャワが、1936年3月にサンティアゴとブエノスアイレスが、1936年7月のリオ・デ・ジャネイロがそうであった。1938年10月にブリュッセルが公使館から大使館に格上げされた時、将軍に匹敵する最上級の官吏の数は23になった。大臣とならんで3名の事務次官、5名の局長、および14名の大使がそれである。上級職員の数は436名（1933年）からおよそ550名（1938年）の官吏に拡大され、そのうちの353名（1933年）ないし384名（1938年）が外国にある在外公館に配属されている。[90]

　量的な人員拡大は、党に保護されて外務省にやってきて重要な機能を受け持った外部者が理由だとすることはできない。むしろノイラートはその全期間を通じて強調して国家主義的な感覚で人事政策を追求した。例えば、年齢のせいで空いた在スイスの公使のポストに彼の信頼した人を任命したのはノイラートの反民主的な態度に通ずる。最後まで職に就いていた社会民主主義者で、高い地位にあったアドルフ・ミュラー（Adolf Müller）は、それまで遠いオスロにいたエルンスト・フォン・ヴァイツェッカーに取って代わられた。また、東京の大使は通常の退職をしたが、その後任にはディルクゼンがモスクワから移り、モスクワにはルドルフ・ナドルニ（Rudolf Nadolny）が替わった。

　ナドルニは直情的な東プロイセン人で、独善的で、頑固者として見られており、過去に繰り返し早すぎた第一歩で間違った方向に導いた人で、モスクワは単に短期の客演と見られていた。彼が、むなしく反ソヴィエトに向かっていたドイツの東方政策のコース変更を要求した後で、ヒトラーとの拡大する対立に向かい、その後外務大臣によって、ナドルニは1934年6月に職を辞することを宣言した。彼の原則に忠実な勇気ある一歩であった。プリットヴィッツと違い、ナドルニは国家社会主義への原則的な拒否から辞職したのではなく、ヒトラーのソ連に対する政策が間違っているという確信からであった。ナドルニの辞任は2人目の、そして1939年の最後の、トップの外交官の自らの決断であった。

第1章　ドイツ外務省と独裁体制の成立

第5節　自主的な画一性

　ナドルニの後任は、他のほとんどのトップ外交官たちと同様に世紀の変わり目以降外務省に属していた、フリードリッヒ＝ヴェルナー・グラーフ・フォン・デア・シューレンブルク（Friedrich-Werner Graf von der Schulenburg）が任命された。ローマの彼の同僚のウルリッヒ・フォン・ハッセルと同様シューレンブルクは1933年ナチ党に入党した。ハッセルとシューレンブルクは2人とも党に入党しており、17名のトップの外交官に属した中で異色であり、後に1944年7月20日の抵抗グループに数えられ、処刑された点で両者の二重の意味での相似性に気づかされる。

　シューレンブルクが入党した理由はわからないが、彼の一連の親戚連中は既に1933年1月30日以前に入党していたのに対し、ハッセルの党への入党の動機ははっきりしていた。「青年保守主義者」の支持者としての、リベラリズムと民主主義を排除することに対してさほど懸念していなかったが、運動の暴力的性格と全体主義的性格の要求、非道徳そして背徳性に彼は強く刺激された。彼の全体的思考は、いかにしてドイツ帝国が大国として再建できるかという問題をめぐってであった。その限りで彼は外務省の典型的な代表であった。そして、外務省にとっては、共和国を凌駕する「国家的な運動」が再興の原則的前提であった。

　国家社会主義への原則的な寛大さに加えて、実際的、戦術的な計算が働いていた。これがハッセルを入党に走らせた理由であろう。ローマにおける大使として彼は1933年のイースターの直前自称イタリアの専門家ゲーリングと接触することになった。ゲーリングはハッセルからドイツ＝イタリア関係について教えを受けようとした。ハッセルが自分の見解が正しいと思ったのに対し、それがゲーリングを極端に怒らせることになった。新しいドイツの他の著名な訪問者も地域の党のグループの指導者たちもハッセルの威張った姿勢に怒りを持った。この紛争を避けるためにハッセルはヒトラーとの会談でナチ党に入ることを許されるように要請した。その当時、ちょうど帝国がムッソリーニに対して運動に属している男に代表されていることが重要であった。ヒトラーはハッセルの専門知識を諦めようとせず、彼を「特に細かい規則を問わずに入党」させた。[91]具現するために、一緒にやる、というのがハッセルの強みであった、とエルン

63

スト・フォン・ヴァイツェッカーは戦後書き記している。[92] 彼にとっては、入党は意味のない単なる形式にすぎなかったかもしれないが、政権にとってはそれこそ忠実性の示威的な印であった。

ノイラートもハッセルと似たような原則的な態度をとった。既に1932年1月に彼はヒトラーとゲーリングとの会談において国家社会主義者の内閣において外務省を引き受けることに原則的に用意があることを表明していた。[93] ノイラートはまだ当時ロンドンの大使であったが、一般的にはヒンデンブルクの外務相への希望的候補と見なされていたので、ヒトラーにとってはこれによって非常に興味ある展望を開いた——彼の宰相に任命される1年前である。ノイラートは1937年やっと入党した。

1934年8月には22名だった公使第Ⅰ級は4名がナチ党のメンバーであった。そのうちの3名、ハンス・ゲオルク・フォン・マッケンゼン（Hans Georg von Mackensen,）、エドムント・フォン・テルマン男爵（Edmund Freiherr von Thermann）、ハインリッヒ・リュート・フォン・コレンベルク男爵（Heinrich Freiherr Rüdt von Collenberg）は政府の代わった後でナチ党に入り、4人目のヴィクトール・ツー・ヴィート（Viktor Prinz zu Wied）は既に1932年1月に党員になっていた。1905年に外務省に入ったヴィートは1923年以来無役であったが、1933年12月にストックホルムの公使第Ⅰ級に任命されたのはそれに対する褒賞であり、キーベルの場合と似て一つの合図であった。ヴィートは長いことナチ党と密接な接触を持っていた。ビューロー＝シュヴァンテも招待されていたいわゆる紳士だけの食事の席で主人役だった彼は、ヒトラーとリッベントロープを引き合わせ、ヒトラーとノイラートの1932年1月の会談を準備した。[94]

マッケンゼン、テルマン、リュートも国家社会主義を歓迎した。リュートは、ナチ党の外国組織の報告が強調しているように、上海で既に権力奪取の前に、運動に対して「非常に忠実で、好意的に」振る舞った。[95] ノイラートの義理の息子であるマッケンゼンは、神話にまでなったアウグスト・フォン・マッケンゼン元帥の子息としてまず軍のキャリアに進み、（第一次）世界大戦では友人であるホーエンツォレルンの皇太子アウグスト・ヴィルヘルム（August Wilhelm）に副官として奉仕した。法律を勉強し、1919年4月に第2次国家試験に合格して外務省に呼ばれ、マッケンゼンはノイラートの下でコペンハーゲンとローマの公使館で働いた。1933年9月、ノイラートは、1926年に自分の娘と結婚していた

マッケンゼンをブダペストの公使に抜擢した。

　マッケンゼンは1934年5月に彼の友人であるアウグスト・ヴィルヘルム、人呼んで「アウヴィ」・フォン・プロイセンの例に従ってナチ党に入党したが、テルマンは既に1933年4月にこの第一歩を踏み出していた。テルマンは1913年に外務省に招聘され、1925年に政治的に微妙なダンツィヒの総領事館のトップに任命され、そのすぐ後親衛隊にも受け入れられるよう努力した。彼は騎馬親衛隊への申請書に「我々の偉大な運動に奉仕することが許されること」は「古き護衛軽騎馬兵にとって特別な栄誉と喜び」である、と書いている。[96] かつての戦時軽騎兵としてテルマンはヴェルナー・ロレンツ（Werner Lorenz）の中に賛同者を見出した。ダンツィヒ近郊出身のかつての騎馬兵隊将校で土地所有者であった彼は、ヒムラーの信頼者であった。1933年9月にヒムラー個人によって親衛隊に受け入れられ、示威的に親衛隊の制服を着て登場したテルマンは、1942年に急速な出世を成し遂げて、旅団長にまで出世した。[97]

　テルマンの颯爽として将来有望な登場の結果、ビューローは彼を1933年の9月にダンツィヒの危険な任務から召還して、ブエノスアイレスの公使に任命した。ナチ党においてはテルマンは依然として「勇敢で熱心な国家社会主義的世界観の持ち主」と見られた。「仮にすべての帝国代表者が、V・テルマン氏のように新しい国家に積極的に対処したならば、（外交は）本質的に容易であったであろう[98]」と言われた。1936年3月に、ブエノスアイレスの公使館が大使館になった時、テルマンは親衛隊メンバーとして最初のトップの外交官に仲間入りした。

　57歳のハインリッヒ・リュート・フォン・コレンベルク（Heinrich Rüdt von Collenberg）は1933年夏の大きな変更で得をした。上海の総領事から、メキシコの公使に昇進したことによって、ノイラートの学生クラブの兄弟は疑いなくキャリアの頂点に達した。彼が、その年の11月になってさらにナチ党に入ったのは、国家社会主義への彼の政治的な近さを強調するものであった。党が権力を握る前にナチ党の外国組織の報告によれば、リュートは党に対して非常に忠実であり、好意的に振る舞っており、入党したいと希望を述べていた、という。[99]

　テルマンとリュートの入党は、イデオロギー上の確信からであったが、下位の外交官たちは、例によってキャリアの上で有利ではないかと勘繰った。このような日和見主義者の一部には多分に、オットー・フォン・ビスマルクの例があ

65

る。1897 年生まれの帝国の創設者の孫は、1919 年から 1931 年までナチ党に近く、1932 年から 1933 年の変わり目に、明らかにヒトラーの招聘の大きなチャンスが自分のキャリアになると計算した。1933 年 5 月、3 月の選挙で政権の確立が確かになった後、彼はナチ党に入党した。彼の計算は上手くいくだろう。ノイラートの下では彼は、無任所の公使 I 級まで上った。上級職の最低レベルを無作為に点検すると、とくに若い外交官たちでは入党の強い動機がキャリアにあるあることがわかる。典型的な日和見主義者としては、ハッソー・フォン・エッツドルフ（Hasso von Etzdorf）とヴェルナー・フォン・バルゲンが挙げられる。両者は、一方はアタッシェで、他方は書記官として 1933 年に彼らは始めにキャリアをはじめ、既に夏にはナチ党に入党した。しかしながら、エッツドルフの入党は、グループの圧力があったといわれる。東京の大使館の最若年者として彼の同僚者から、大使館の人物への忠誠を示すデモンストレーションのために、入党を迫られた。書記官のオットー・ブロイティガム（Otto Bräutigam）(1895-1992) とエミール・シュムブルクはエッツドルフやバルゲンに遥かに遅れてナチ党に入党した。ようやく 1936 年 10 月と 1938 年 7 月である。シュムブルクは 1936 年 10 月から既に親衛隊に所属していた。両者は、第二次世界大戦中、ユダヤ人の殺戮に重要な役割を演じた。

　1933 年末の外務省の全上級職員中党のメンバーの数は、およそ 12% であった。ほとんどが職業外交官であって、外部から入ってきた人間ではなかった。多くの者にとってキャリアを考えることが入党の決意に少なからざる役割を果たしたことを思えば、どのような速さで国家社会主義の政権が樹立したかを推量できよう。入党には、新しい国家に対して基本的に肯定的な態度が自明な前提であった。純粋な入党の数合わせとしては、それでも、特にハッセルとシューレンブルクの場合には、説明しておく価値がある。その例は、入党の一般的な素因と動機を示しており、外務省が自ら画一的となった度合いを示している。それは行為ということでは説明がつかないものだ。

　形を整理するために、最後に中級職および初級職の数をも挙げておこう。1933 年にはベルリンの中央では、226 人の中級職の官吏と 117 名の初級職の官吏が、職務のスムーズな実施を果たすべく機能していた。質的な行政課題を果たす労働や実務分野をリードしていた、中級職の省員、政府の監察官、官房の上役たちについては、ナチ党は 1933 年 1 月以前に既に少なくとも 26 人のメンバーを

獲得できていた。これは、5% 近くにおよび、1933 年の新たな入党により 11% すなわち 66 人のメンバーに膨らんだ。[101] この数字は一般的な発展に対応している。1933 年から 1934 年の帝国全体でナチ党のメンバー数は 4 倍になった一方、ナチ党の中で官吏の参加率は倍以上にのぼった。すなわち、5.2% から 11.2% に上った。

　もちろんキャリアは最初の数年間は、党員手帳なしでも積むことができた。ビューロー＝シュヴァンテは 1936 年までは党員証明書なしに彼の仕事ができた。ドイツ担当の副課長ハンス・フェリックス・レレッケ（Hans Felix Röhrecke）は 1939 年 8 月に就任した。彼はそれ以前にナチ党の中央で働いていたにもかかわらず。党員手帳なしの —— 当面は —— キャリアの重要な例は、公使 I 等級のエルンスト・フライヘル・フォン・ヴァイツェッカーの例であった。1939 年 9 月にベルンの公使館を引き受ける前は、ヴァイツェッカーは臨時に 7 週間ベルリン中央の人事局を率いていた。新しい政権に対して彼は大いなる懸念を有していた。1933 年 2 月に書いていたが、彼は、1918、1919 年に抱いた疑問を思い出した。「一体全体、一緒にやっていけるだろうか？　官僚制度のまだ生きている部分がいかにして影響力を確実にできようか？　いかにして新しい体制に正しい"手段"を及ぼし得ようか？」。[102] そのような疑念を持つうちに、明確に意識が湧きあがってきた。すなわち、変化の時に居合わせて敢て自分の個人的な影響によって方向を一緒に決めたい、というものであった。「単純な真実は、この政権を捨てるわけにいかない、ということである。というのは、いかなるマイナスがその後にくるだろうか！」[103]

　彼が国内的な分裂と外交政策の弱さを感じたワイマール共和国の後で、ヴァイツェッカーは、ドイツの将来を新しい政府によって安定することにだけに見出した。彼は、内戦と混乱に代わる唯一の選択肢とみて、次のように時の賜物と見た。「我々は新しい時代を支えなければならない。それに失敗した時には後に何が来るだろうか！　もちろん、経験、外国に関する知識や一般的な生きることの賢明さをも動員しなければならない。ここに私は決心した。そして、力を尽くして客観的に奉公する」。[104] 政府の交替が「建設的な段階」を樹立せんことを、と彼は、1933 年 3 月の初めに書いていた。それゆえに彼は、ノイラートとビューローがともに「我々の仕事の力強さと柔軟性」を示したことを「率直に喜んだ」。「政府の中の極端なものと中庸さの戦いが多分次の段階であろう」。[105]

第1部　ドイツ外務省の過去

　ヴァイツェッカーの描写の詳細は、その後の展開についての考えと希望を典型的に反映していた。徹底的に拒否されたリベラルな民主主義は、権威的な国家形式に変わられるべきであった。それは、帝国大統領が「国民的な改革と一致のプロジェクト」と呼んだものであった。安心に響いたのは、ヒトラーは、合法的な方法でその職務に就き、彼は、閣内でも旧いエリートに「囲まれ」、その中から大臣の圧倒的多数が任命されていたことであった。外交政策の分野では、圧倒的にノイラートに具現化されて、ヒンデンブルクに保証された人的継続性が十分にこれまでのラインの維持継続を保証していた。特に、外交官の、長い伝統に不可欠な忠実な国家の従僕である、という確信が安心の元であった。

　たくさんの入党者が殺到したのでナチ党は、4月に受け入れ制限を導入した。しかし、この制限は外務省の官吏に対しては間もなく撤廃された。7月には、ヴァイツェッカーは「すべてのあるいはほとんど自分の同僚が入党を宣言するか、正しくは入党を希望していた」と、記録していた。彼自身は「スイスのような状態」が近づいていることを認識した。ベルリンにおいて彼はヒトラー、ゲーリングおよびゲッベルスと個人的に接触した。その際にヒトラーからは全体的に積極的な印象を受けた。「大変まじめで、確固とした信念を持っている」。そして、問題なく、他を凌いでいた。彼が抜きんでていたのは、形而上学の立場であった。「今日のドイツに蔓延している新しい精神は、いずれにしても勝利と考えるべきだ」、「運命的な事実、すなわち、態度と規律正しさの意味、……家族の価値の承認、短く言えば、道徳的な高揚」である。様々の分野で、特に国際関係の分野では、明らかに、まだ疑問がある。それだけに一層「事実が理想的に変わってゆくことが必要である。そうでなければ、すべてを懐疑的にしてしまう国民的な革命の最初の段階が開かれてしまうだろう。いずれの専門家も、不幸を妨げるために任を果たすべきである」と彼は語った。明らかにはっきりさせないこの不明確さにこそまさしく画一性の本当のダイナミズムがある。

　武骨な党の介入の試みを一再ならず、外務省は断固として十分に防ごうとした。ヒトラーの任命の2日後、すなわち、2月1日、ナチスの官吏組合の専門の長である省員のレオポルト・トーマス（Leopold Thomas）が連邦参議院会館の使用を申請した。彼は、この広間で、すべての官吏に専門領域の目的と目標を周知するための集会を開催しようとした。この集会は、原則的な問題を含んでいたので、彼は疑問がある場合には宰相府の決定を取るように要請した。1872

年にマリーエンヴェルダーに生まれた西プロイセン人は、9年間の軍事職務の後、1903年に外務省の中級職に入ってきた。その彼は、半年前に、似たような提議で厳しい叱責を招いた。7月31日に予定された帝国議会の選挙でナチ党が確実に勝利すると見込まれ、彼は1932年6月に宣伝のための催し物に招待した。「政党政治の争いごとについて職員の職場で議論することは」として、当時は彼に対して、誤解のないように「職務の利益に全く一致しない」と伝えられた。⁽¹¹⁰⁾

ノイラートは、この案件を、すべての官吏、従業員そして労働者に対して、政党政治に関する広告活動に職務の部屋を使うことは許されない、と回覧するきっかけにした。⁽¹¹¹⁾「非政治的な」官吏性は、政治的な日々の争いから自由に働くことができなくてはならない。それが、半年後には、このような理由は過去のものになった。管轄の局Ⅰがトーマスの要請を拒否した後、トーマスは総統府の決定を要請した。局Ⅰはこの案件を事務次官を通して大臣の決定を仰いだ。そして、ノイラートとビューローは、職務室での政治的な広告活動は禁止される、ことを確認した。⁽¹¹²⁾

それでも、2月6日の夕べ、外務省の中で帝国内務大臣ヴィルヘルム・フリックの信頼する男が政治的現状について講演を行った。トーマスは管理職レベルで全然執拗な抵抗にあわなかった。ノイラートは省内の原則の維持を単に警告したに過ぎなかった。彼が、トーマスの活動にほんの少ししか骨折って立ち向かわなかったかは、1937年のノイラートの送別会の際にはっきりした。トーマスは興奮して、大臣が、「最初のハーケンクロイツの旗を外務省の上に掲げる」特権を与えてくれたことに感謝した。トーマスの感謝の書簡によれば、このようなことは、ノイラートが他に行動できたにもかかわらず、彼の「総統のアイディアに対する広告活動を広く自由にやらせてくれたから」初めて可能であった。⁽¹¹³⁾

ノイラートは、ローマの大使時代、ファシズムが確立した様子をまじかに見ることができた。いまや彼はその当時に得られた認識を引き継ぎ、新しい外交政策の強さを勝ち取る前提として通用する「民族共同体」の建設に力強く手助けした。1933年6月に、彼は1932年の12月に出した自分自身の、外務省の官吏は「政党制政治関係では可能な限り完全に控えめな態度」を取るべきだ、という命令を放棄してしまった。⁽¹¹⁴⁾いまやこのような命令に結びついた国内政治の前提がなくなってしまった、と述べた。外務省のどの官吏もナチ党に入党する

第1部　ドイツ外務省の過去

ことは自由である。国家の事情はすなわち外国にいる官吏にとってもより多くの要求をともなった。外国にいる官吏も「新しいドイツに忠誠を尽くして、そして新しい国家の建設に協力すべきだ。もちろん、すべての職業官吏のようにすべからく外国にいる官吏全員は、この原則に従って自ら試すことが期待された」。というのは、現在の政府の動機と目的についての内的な確信なしには、故国の代表として通用しなかったからだ。[115]

　このような背景の下になされた外務省の自主的画一性は、外部からの特別な圧力を作る必要もなく、スムーズに進んだ。この方向性の現れは、1933 年 12 月のプロセス、すなわち、「ドイツ式の挨拶」の指示が外交官の中で義務的な挨拶形式になったことである。[116] なおこの指示は帝国内務大臣から出たものであったが、この指示に対して何らの留保も申し出なかった外務省は、自主的画一性の過程に適合してしまった。1934 年 1 月には権力掌握の 1 周年記念の日にも、ノイラートはベルリンのベルゼン新聞に「国家政府最初の 1 年の外務省の仕事」と銘打って記事を掲載し次のように述べた。外務省の官吏は「全教育とその作業方法によってドイツを全体として、またドイツ国民を一体として見るようにしている」。それゆえ、「国家社会主義の国家理念は、一貫した、断固とした全体の利益が個々の利益に優先するという原則、すなわちドイツのためにすべてを、そして、国家の名誉ならびに国家の自由、簡単に言えば、国家社会主義の全財産は」外務省の職員間に歓喜をもって同意を得ている。そして「外務省の官吏間の精神的画一性が国家社会主義との間で問題なく貫徹されることは、外務省がワイマールの政党国家の影響からはるかに自由になっていることによって容易になっている。ヒトラー政府の最初の 1 年後に彼は、外務省の政治的な制度が「新しい国家指導の手によって成功裏に実現した。新しいアイディアは完全に実施され、新しい国家の建設にとり、より良い、より確実な基礎が造られた。外務省とそのメンバーの全員はアドルフ・ヒトラーの政府の 2 年目をドイツの未来への固い思想の下に、自分たちの持ち場をすべての力でともに建設することを始める」。[117]

70

第2章　戦争までの数年

　1933年2月27日の夜から28日の朝にかけて帝国議会議事堂（国会議事堂）は燃えてしまった。その同じ日のうちに国民と国家にワイマール憲法が保障した基本的人権は事実上帝国大統領令によって効力が停止された。ヒンデンブルクの署名は独裁への基礎固めとなった。革命は全体として「厳密に憲法に合致して」実施された、とビューロー＝シュヴァンテはそれ自体矛盾した結論を6月初めに全外交使節団に送った。革命はそのような規模で「秩序だって、無血の経過を経て」と表現された。[1]

　外交官たちは、これらの日々、特に、議事堂火災の命令によって正当化された政治的な敵の迫害を正当化しようとして多忙だった。外務大臣のノイラートはモスクワ以外のドイツの全対外使節団に、「当該地の報道機関の間違った報道に対して強く抗議するための試みを放棄しないよう」電報で勧告した。「議事堂の放火はプロレタリアに対して大々的な打撃を与えるための帝国政府が予め仕組んだことである」という主張には何も根拠がない。放火の陰に共産主義者の謀反が隠されていたことには、紛れもない証拠がある。「左翼の報道に対する当座の禁止は、政府の権威の組織的な破壊に対抗するために必要である」とされた。[2]

　外国の批判は、特に政治的に好まれない敵の大量逮捕に火をつけ、外務省は、連行や牢獄での突撃隊の不躾な血生臭い暴力と「暴力的な」強制収容所に関する報道を否定するのに大わらわであった。多くの国で、救援委員会が成立し、多数の組織が抗議を行い、資金救援を呼びかけた。これらはまずオランダとデンマークで報道され、後にはイギリスと米国でも規則的に報じられた。外国の世論や公開された意見に影響を与えるメディア手段は外務省には多すぎるということはなかった。まさに、「拘禁中の囚人に対しては、決して触れてはならない、というのはどんな間違った扱いもあり得ないように、強制収容所の所長たちに非常に厳しい指示が与えられた」として、回章で保障されたことが救いとはならなかった。囚人に「何らかの罪を犯させるためには、非常にしばしば（行わ

れることだが)、喫煙とか書くことの禁止で十分である」[3]。中央でも、そのような指示書が効果を発揮しないように思われた。

1933年8月スウェーデン赤十字会長のスウェーデン皇太子カール・フォン・スウェーデン（Carl von Schweden）は、ドイツ赤十字の同僚ヨアヒム・フォン・ヴィンターフェルト＝メンキン（Joachim von Winterfeldt-Menkin）に対して、ドイツの強制収容所を訪問することが可能かどうかを照会した。照会を仲介した外務省は、失墜した信用の回復のチャンスをここに見出して、これを進めることにした。ノイラートはビューロー＝シュヴァンテに、この問題を帝国内務省との間で明らかにするよう委託した。彼は、スウェーデンの希望を積極的に受け取り、フリック自身に、スウェーデンの皇太子の招待は「その外交政策上の重要性を過って理解されてはならない」。外務省の強い要請後、若干のためらいの後に内務省は最後には了承した。ドイツ赤十字社は、その後外務省が案文作成した招待を行った。その中では、再度赤十字自身の囚人に対する入念な取り扱いが示唆されていた。囚人の取り扱いは近代的な原則の下に行われている、とした。その中のプロレタリア境遇出身者の生活程度は、むしろ以前より高いほどである、となっていた[4]。スウェーデンの赤十字社は訪問計画の内容を先方に指示されたくなかったので、ドイツの政権が自由な訪問入所の要求を承諾しなかった時、拒否で答えた。これが、また外国報道の見出し材料になった。

第1節　迫害、国外脱出、市民権の剥奪

外務省は、内務省、宣伝省との協力と調整を探っただけでなく、省庁間の協力のイニシアティブを嬉々として引き受けた。ヴィルヘルム通りでは、内政と外交政策の間の、あたかも当然のようにまた中心的な調整点のように理解された。その最も重要な課題は、外国からの内政への批判に対する擁護にあった。このような基本的形式はその後の数年間維持された。内政権力の実際においては外務省は原則的に、外部に対して代表するのが合目的と思われた場合にのみ影響力を行使しようとした。外務省は、最初の試練としてユダヤ人の商店に対する4月1日のボイコットについて克服しなければならなかった。1ヵ月後には、労働組合の撲滅、6月22日にはドイツ社会民主党の禁止が続いた。

同じ日にも数多くの社会民主主義党の幹部が大規模な逮捕の波で攻撃され、

強制収容所に連行された。逮捕者の中には長い間帝国議会議長であったパウル・レーベ（Paul Löbe）がいて、心配した夫人は現職大統領に助けを求めた。ヒンデンブルクの官房は、プロイセンの政治警察長官のルドルフ・ディールス（Rudolf Diels）からの返事で、「レーベ氏については特に何もない」として、この問題を外務省が引き受けるように要請した。ビューローはその直後、ノイラートに対して、帝国大統領は外務大臣が「レーベ氏の釈放のために個人的に帝国宰相に会ってほしい」と書き送った。帝国大統領は元帝国議会議長の収容は対外政策上致命的な作用を及ぼしかねない、との見解であった。ヒンデンブルクはレーベを非常に行儀のいい人間と見なしており、この件の素早い解決を要請した。その後、レーベ氏と、彼の釈放は罪の肯定と引き換えに実現した。そして、彼が以後政治活動をしないという交渉が行われるよう希望した。ビューローが付け加えたところによれば、外務省もこの件についてはある程度の利益を感じていた。「というのは、帝国議会議長はほとんどの国と我が国においても非常の高い地位を占めていたからである」[5]。

　後に頻繁になったように、ノイラートは、彼のヴュルテンベルクの家族の家からベルヒテスガーデンへの例の「業務上の道」を非公式な会談のためにたどった。ヒトラーはレーベの釈放に同意し、そしてゲーリングにこの趣旨を話すことに同意した。彼は、他の社会主義者たちも、政治的に活動しない、という約束との交換条件に釈放することを支持した[6]。

　その直後にレーベは強制収容所からベルリンの監獄に移され、そこから４ヵ月後クリスマスの恩赦の枠内で釈放された。レーベの例は、いつも繰り返された基本的パターンを連想させる。すなわち、その人物が、── 特に外国で ── 有名であるほど、外務省はその釈放に尽力した。

　あまり有名でない同時代の仲間は、外国でよきコンタクトを持っていれば、同様に対応が悪くなることを防げた。例えば、クルト・ハーン（Kurt Hahn）の場合、彼の収容所からの釈放は影響力のあるイギリスの友人のお陰であった。ハーンは1914年から1918年まで外務省で働き、引き続きドイツの国境を越えて有名な寄宿学校サレムを築いていた。ユダヤ人としてまた改革派教育者として国家社会主義者に長らく憎まれていたハーンは、３月11日保護観察のために逮捕された。３月15日になって初めてヘッシュ大使はロンドンから、「上流の人々の間にハーンの運命にいささか憤激の空気が」支配的になっている、ハーンが捕らえ

第1部　ドイツ外務省の過去

られて、死の危険にさらされている、というのである。[7] 毎日のようにヘッシュは彼の警告を繰り返した。ノイラートはビューロー＝シュヴァンテに、バーデン州の帝国検事のロベルト・ワグナーに情報を得るよう指示し、自らは内務大臣フリックに面会した。ハーンのケースは、この間にラムセイ・マクドナルド（Ramsay MacDonald）首相の知るところとなった。というのは、多くのイギリスの子どもがサレムで教育されており、イギリスの新聞がこの件を「我々にとって不快なこととして」取り上げる危険が十分ありうる、と警告した。[8] ハーンは釈放されたが、フリックは、サレムの校長に復帰することに反対した。これは、ノイラートの忠告に反したものであった。ノイラートは、ハーンについて「どこか、外国に行ってそこで帝国政府にとって胡散臭く思われるよりは、害が少ない」と言っていた。[9]

　ゲルハルト・ゼーガー（Gerhart Seger）の場合は特に劇的に展開した。厳密に言えば、この場合は、彼の外国への逃亡から始まった。ゼーガーは最初の社会民主党の帝国議会議員の1人として保護観察目的で逮捕された。1934年の初め彼はオラニエンブルクの強制収容所から脱出することに成功し、プラハに逃亡した。彼の夫人と娘はその後、ゲシュタポによって人質となった。ゼーガーはこのような野蛮な行為を宣伝に利用した。そこで彼は、数多くの演説、インタビュー、出版を行い、外国の報道機関は、第三帝国の迫害と圧迫、苦痛、殺人について報道し、それは広範な反響を得た。外務省は、ゼーガーのオラニエンブルクの経験がほとんどすべてのヨーロッパの言語によって大々的に広められるのを、注意深く記録した。ドイツ課によれば、「中傷文書」は害悪のある中傷を繰り広げ、新しいドイツに関する世界の見方に特別な方法により毒害を及ぼしている、と。[10]

　ゼーガーが1934年1月27日に刑を告発され帝国法務省に送られて以来、彼は隙のない観察の下にあった。彼が滞在するところにはいつも、国家秘密警察が既にいた。というのは、外務省によって事前にゼーガーの渡航ルートについて知らされていたからである。ゼーガーが国家社会主義の政権について講演で広めようとした時はいつもドイツの外交官たちはベルリンに報告した。ゼーガーの活動をどのように政権が評価していたかは5月に明らかになった。「ゼーガー夫人と彼らの子どもたちのさらなる保護観察収容は」外国と「名前を挙げればイギリスにおいて非常な外交政策上の困難」をもたらしているので、フリック

74

は、管轄の収容所担当の国家大臣に「ゼーガー夫人を即座に釈放するよう」に命令した。[11] 外務省も念のため書類のコピーを通常通りに手に入れた。ロンドンとオスロのドイツの使節団はその後夫人と娘の釈放を知らされた。好奇の的となった「逃亡したゼーガーの夫人と娘を人質として保護逮捕する」という「一連の騒動」はこれで終わった。[12]

この例が示しているように、帝国の官吏間の協力は広範に困難なく進んだ。権力の掌握とともに、それでも恒常的な例外の状態が起こっていった。それは、深く沈潜して外務省の変化にも及んだ。多くの人々にとって、望ましい外交政策の上昇の前提であった内政上の激変は、それに伴う広範に進むテロのせいで帝国の孤立が増大して強化され、外国への暴力の正当化がますます職務の能力を要求することになった。レーベやハーンの例の時の介入は全体的には実際的な考慮によって導かれた。それゆえにこそ、外務省はドイツ共産党党首エルンスト・テールマン（Ernst Thälmann）のためにも尽力し、迅速な裁判を要求した。ビューロー＝シュヴァンテは帝国法務大臣フランツ・ギュルテゥナー（Franz Gürtner）に対して、テールマンの収容はドイツ国家社会主義者を攻撃の的にすることに多大な材料を与えている、と書き送った。[13] 使節団には、目前に迫った手続きについての高等裁判所検事とのインタビューが送られた。インタビューは、極秘の通達によれば、外国の世論はテールマンがある特定の罪で責任を問われており、刑法の裁判手続きだから仕方がないということを啓蒙することを狙っている。さらに、高等裁判所検察官によれば、テールマンには、罪に問われるのは自由刑となろう、ということである、と示唆された。[14] テールマンに対する裁判は公開されることはなかった。というのは、政権は、帝国議会の火災事件と同様に似たような不評を恐れたからである。ドイツ共産党の党首は1944年8月に殺害されるまで収容されていた。

帝国の官吏の間では、外国の新聞で何度も現れる「ドイツの強制収容所での残虐で不当な扱いといわれる報道」をいかにして防止するかの考えが絶えず交換された。1934年4月にプロイセンの国家秘密警察の総監に昇格したヒムラーは、他の国を示唆し、国家の裏切者も同様に強制収容所に入れられている、と言った。[15] ドイツの強制収容所をボーア戦争時のイギリスの「コンセントレイション・キャンプ」と同一視する彼の示唆を、ビューロー＝シュヴァンテは目的に適していないとした。こうして、「残虐行為は同じようなものとして行われてい

ると、告白」しているようなものであった。外国にある使節団はその逆に「苦労してそのような残虐行為の報道を可能な限り個々の例として否定したり、他の形式として解明しようと小さな仕事に努力した」。[16]

1934年11月にゲーリングはドイツ法アカデミーで講義を行い、権力掌握以来刑法犯罪が後退したと報告した。レーレッケはこの事実が外国への宣伝に効果がある、と考え、国家秘密警察に対し、彼にそれに該当する数字を提供するよう要請した。[17] 4週間後にはすべての使節に向けてそれに相応する回章は完成されなかった。「古い政権の下ですべての分野で犯罪がまさに懸念するように上昇した」が、国家社会主義の政府の下では「経済的生活習慣的な犯罪に対する目的意識のある力強い戦いによって」大々的な成功を収めた。[18] 外務省が個々の場合において独裁者を手助けし、どのような作用を及ぼしたかは証明されていない。それでもこれに関しては確実である。外国における職員の代表は、第三帝国のために次に述べるように強調して尽力し、沈着に手助けした。その結果、外務省は伝統的に名声を博していた機関から第三帝国の役所になり果て、独裁者の道を他の役人たちとの協力により、また、高い割合で自己のイニシアティブで確実にした。

外国における使節団を通じた世界的なネットワークによって、外務省の効率の良い機能は他の国の、あるいは党のいかなる組織にも代わることのできないものであった。そして、この独占は熱心に防護された。このようにしてベルリンの中枢は参考までに、移民の内部事情、計画と広報を最も的確に、内務省、あるいは警察官僚よりも素早く情報も入手した。ビューロー＝シュヴァンテは国家秘密警察に平然として「ドイツの外国使節の迅速な、かつ、重要な報告はすぐに間に合うように」回される、と語った。彼はしかし、要請された「ドイツの外国使節団の報告を外務省の仲介を通さずに国内の役所に直接回報することについては」、「原則的な考慮から」拒否した。[19]

外務省は、様々な理由から自治を主張することに価値を見出した。その一つには、自分の分野に、すなわち、外交政策を侵害させないという原則的な考慮からであった。他には、知っていることが異なる権力機構の中で、自己のポジションを確保するのに役立つという直接的な利益を結果として生じていたことがある。そこからは、しかし、自身の不可欠性を常に証明する必要性が結果として生じることになる。また、そのためにこそ、多くの報告が制限なしに国家

秘密警察と他の機関にさらに流された。ヴィルヘルム通りと数百メートルしか離れていないプリンツ－アルプレヒト通りのゲシュタポの中枢との間で活発な情報交換にそれはやがて発展することになった。「移住者の外国における活動」という項目あるいは「ドイツ人の移民による中傷」が文書の束となった。監視の中心は、様々な人物、例えば、作曲家ハンス・アイヒラー（Hanns Eisler）、あるいはジャーナリストのステファン・ハイム（Stefan Heym）、作家エミール・ルードヴィッヒ（Emil Ludwig）または若き社会民主党員ヘルベルト・フラム（ヴィリー・ブラント）（Herbert Frahm〔Willy Brandt〕）であった。

　外国にある使節団は、世界中で活動し、中央から指示された、すなわち、「社会民主主義者や共産主義者の逃亡者のすべての活動を観察し、それを包括した報告」を熱心に行った。[20] このような報告の意味と目的は全く明らかである。「国家の存続と安全に対する攻撃に対して有効に戦うことを可能にするためには」、「ドイツ民族が国家的に立ち上がった時以来、外国で国家に敵対する努力を続けていると推測されることが正当化されるすべての人物の人的な把握が必要である」とゲシュタポの最初の文書に書いてあり、ビューロー＝シュヴァンテは短時間の後ヨーロッパにあるすべての使節団に申し送った。「ここでは、第一にこれまでの指導的なドイツ共産主義者、平和主義者、社会民主主義者を対象としている。これを越えては、特に重要なのは、ユダヤ人の知識人、あるいはこれまで政治的に特に目立たなかった人も含まれる。これらの人物の把握のために国家秘密警察に名前のカタログがあり、いつでも手に入れることができる」。[21]

　秘密職務の活動さえも外務省は恐れなかった。1934年5月の初め、一人の海外移住者がロンドンの大使館に対して情報提供者になると申し出た。彼は、「ロンドン周辺で平和主義者に属している人について人と計画に関する重要なたくさんのカギを提供できる」、とオットー・フォン・ビスマルクは中央に連絡してきた。[22] ベルリンでは、この情報はビューロー＝シュヴァンテによってすぐに国家秘密警察に回された。これはロンドンの大使館、ベルリンの中央とゲシュタポの間の数ヵ月にもわたる協働の始まりであった。外交的な巻き込みを避けるために大使館を入れることは拒否されたが、それでも監視活動は4ヵ月間外交チャネルを関与させた。[23]

　海外移住者に関する監視は、国内官庁と外務省のスムーズな協力によって実施され、この関係は市民権剥奪の実務でも継続された。最初の4年間で375人

第1部　ドイツ外務省の過去

のドイツ人が市民権を剥奪された。ヴィルヘルム通りにとっては、ゲシュタポの命令が、個別の市民権剥奪にあたる原則を満たしているかどうかが重要だった。外務省の見解によれば、追放されたのは第一義的に、外国における国家に敵対する活動によってドイツの利益に損害を与えた人物であった。当時の社会民主党あるいは共産党の議員に対しては、国家に敵対する活動が何かはもちろん明文にも書かれてさえおらず、彼らが外国に滞在してさえいれば、彼らのドイツ帝国国籍を不承認する手続きを始めるのに十分であったのである。1933年8月25日のドイツ帝国官報に現れた最初の国外追放者リスト——1945年4月7日までにさらに458名のリストが続くが——33名のドイツ人が国籍を剥奪された。その中には、著名な社会民主主義者ルドルフ・ブライトシャイド（Rudolf Breitscheid）やフィリップ・シャイデマン（Philipp Scheidemann）、オットー・ヴェルツ（Otto Wels）そして作家のリオン・フォイヒトォヴァンガー（Lion Feuchtwanger）、ハインリッヒ・マン（Heinrich Mann）とクルト・トゥホルスキー（Kurt Tucholsky）があった。劇批評家のアルフレッド・ケール（Alfred Kerr）はそのような機会を与えずに、国籍剥奪の前に外務大臣に書簡を出した。それによると、彼は罪を犯したとされるドイツに対しての「中傷する演説」を行っていない、というのは、新聞報道と違って3年間パリには滞在しておらず、この数ヵ月間重い病気でスイスのカッサラーテに滞在していた、というのである。「私は、いつも自分の行為に責任を持つ」。としてケールはノイラートへの手紙で「もし、私が言ったのであれば」と書いた。[25]

　外務大臣はそのような不一致を問題にしなかった。「1933年7月14日の市民権獲得の取り消しとドイツ国籍剥奪に関する法律第2章の原則に鑑み」と、新聞報道によれば、内務大臣との了解で「33名が、その態度により、帝国と国民への忠実義務に反し、ドイツの利益を妨げたためドイツ国籍を失った旨声明した」[26]。外務省はたった1つの場合にのみ抗議した。アルベルト・アインシュタインの計画された国籍剥奪に対してである。

　世界的に有名なノーベル賞受賞者は、1932年12月に講演のため米国に出国したが、ヒトラーの決定ゆえにもはやそこから帰国しなかった。1933年3月10日に発表された彼の立場、すなわち、「彼は、『政治的自由、寛容、すべての国民に対して法の下の平等』が支配している国にのみ生活したい」という表明は、既に政権の特別な不満を惹起した[27]。これに対して3月の末、アインシュタイン

のプロイセン科学アカデミーからの脱退と1933年4月初めのプロイセン国籍離脱の要請が続き、ゲシュタポは家宅捜査と彼の財産の没収で応えた。この関係で法務省から指示された「アインシュタイン法」によれば、自身で国籍を離脱することを申請する形で国籍離脱を招来しようとする人物の申請は、責任を有する帝国大臣の決定があるまで、先に向かって効果をもつことはない。

1933年8月16日の内務省と外務省の合同会議では、アインシュタインの市民権剥奪については一致が見られなかった。というのは、そのようなアインシュタインについての一歩は「それが正しいか正しくないかが、自由が通用している世界」の外国に対して最低の反応を外国に起こさせることになる、としてビューロー＝シュヴァンテは外務省の指示に従い、市民権剥奪を拒否したと、ビューローはその日のうちにノイラートに報告した。内務官僚は、最初のリストをできるだけ早く完成することに固執したので、彼はノイラートの拒否に無条件に固執すべきかあるいは妥協 ―― アインシュタインの市民権剥奪に同意する代わりに彼の学問的な財産を明らかにし公のものとして提供させる ―― に同意するかどうかを尋ねた。[28] ノイラートは多少の用心深さが緊急に必要とされていると考えたようだ。アインシュタインが「彼の元の祖国に対する態度」に少ししか「貢献していない」にしても。[29] いずれにせよ、市民権剥奪は撤回された。アインシュタインの側でははっきりさせていた。彼にとっては文明化した世界がこのような野蛮を辞めさせることに一致しないことは理解できないことであった、と、フェルキシャアー・ベオバハター〔訳注：ナチ党機関紙〕は彼の言ったことを引用している。「ヒトラーが我々皆を戦争に引っ張り込もうとしていることを世界は理解しないということがありうるだろうか」。ナチスの機関は怒り狂って「精神変質者」で「ユダヤ人の相対性理論者」のアインシュタインは「ドイツに対する新しい世界戦争」を要求している、としていた。[30]

その後アインシュタインの市民権剥奪に結局は同意した外務省への圧力は増加した。ビューローはこれに対して「このようなやり方は外国に新しい中傷の機会を与えよう」といってこれまでの態度を維持した。彼は同時に、アインシュタインに自身で市民権放棄を申請させ、「アインシュタインがドイツの数ある共産主義者の組織のメンバーであり、自らの申請によって彼がドイツ市民であるような栄誉に値しないことを告知する」ことを勧告した。[31] これはフリックにとっては物足りなさ過ぎた。一方で、「中傷の表出は」極力非難すべきだが、他

方で、アインシュタインにとっては彼の国籍離脱の申請に同意することは、「どちらかといえばドイツ政府に対する個人的な成功と見なし得よう。この成功はしかしこの特に傑出した、挑戦的な裏切り者への軟弱さとして理解不能な弱さとしてのみ解釈されよう[32]」。しかし、双方の省を分断していたのは、原則的な問題ではなくて、単に戦術的な観点にすぎなかったので、最後には妥協がなされた。1934 年 2 月初めのトップ会談において外務省と内務省は、国籍離脱を申請させず、同時にいかなる個々の国籍をも要求しないことに合意した。その代わり、アインシュタインの国籍剥奪は、1934 年 3 月 29 日に公表された第 2 リストに載った。

　1936 年 8 月初め、ベルリン夏季オリンピックゲームが始まったが、それは、まさに嘘っぱちの栄光を拡散した —— 表舞台の陰で第 7 番目の国民権剥奪のリスト作成が始まっていた。そのリストには、いまや外務省がそれまでそのドイツ国籍剥奪に拒否権を維持していた人の名前も載りそうになった。トーマス・マンである。マンは 1933 年の春以来スイスに対外逃亡していた。内務省は、マンが「典型的な知識人のマルキストで、平和主義者」と見なし[33]、その市民権剥奪を予定していた。この件は揺れていた。というのは、内務省が剥奪を提案するたびにヴィルヘルム通りは、法律的にも特に外交政策的考慮からも国籍を否定することに反対の見解を新たにしていた。1934 年 10 月の文書によれば、トーマス・マンの国籍剥奪は、「外国においてセンセーショナルに作用し、例えばアルベルト・アインシュタインの件以上に強力に非友好的な論評のきっかけになろう」。この男と違いマンは「ドイツ国家社会主義に対して協調して控えめである」。いずれにしても彼はアーリア人であり、したがって、「外国の世論は、トーマス・マンの市民権剥奪を完全に理解できないとして批判するだろう」。マンを「彼を市民権剥奪によって反ドイツ中傷の陣営に追いやることは、ほとんど帝国の利益にならないだろう[34]」。

　1935 年 3 月、プロイセン国家秘密警察長官のラインハルト・ハイドリッヒがこの議論に加わったが、しかし、フリックがノイラートとゲッベルスとの相談のうえ、もう一度国籍剥奪に反対する決定が出た。1935 年の 9 月に内務次官ヴィルヘルム・シュトゥッカート（Wilhelm Stuckart）は一層のむなしい突進を試みた。外務省はその後自身で驚いたことに、数ヵ月後、1936 年 5 月に外務省から、結論的にはマンの市民権剥奪に結びついたイニシアティブがとられた。

5月1日にパリからヴェルチェック（Welczeck）大使が、トーマス・マンが「彼は最後の演説で、見受けられた自制を放棄した」、従って彼はいまや市民権剥奪に対して何の躊躇もない、と報告してきた。ベルンからヴァイツェッカーは同様の意見を送った。その中で彼は、マンが「これまでのドイツ官憲の彼に対する緩やかさについて嘲笑するような発言を考慮している」と強調し、これによって「外国における帝国に対する敵対的な宣伝」という構成要件を満たしている。それゆえ、彼の市民権剥奪の手続きを始めるのに彼の側では何の反論もない、と。

パリとベルンからの報告と似たような文面の意見がプラハとウィーンからも付け加わったが、直接的なきっかけは1936年2月の初めにノイエ・チューリヒャー新聞に載ったトーマス・マンの手紙で、その中でマンは誤解のない形でドイツ国家社会主義との決別を告げた。ヴェルチェックとヴァイツェッカーを激昂させた決定的な文章は次のようである。「ドイツ人のユダヤ人に対する憎しみ、あるいはドイツの権力者のそれは、精神的に見て、ユダヤ人あるいはユダヤ人だけに通用するものではない。それはヨーロッパとあのより高いドイツ性自身に対するものである。ますますはっきり証明されているように、西欧の礼節の基礎をなしているのはキリスト教的古代に対するものである。それは（国際連盟からの脱退に象徴される）恐ろしい、ゲーテの国と他の普通の国との間に及ぼそうとする恐ろしい、災いをはらんだ疎外に作用しようと脅しており、文明的な礼節を灰燼に帰するものである」。

政権は即座に反応しなかった。内務省は早急な市民権剥奪を呪文のように繰り返したが、宣伝省は、「緊急に、いずれにしても8月第2半期まで」「この件を静かに放っておいた」。背景は明らかであった。8月16日に終わるオリンピック・ゲームは、歓迎されざる大見出しによって覆われてはならないのだ。9月初めには内務省は再び発言しだした。加速化された市民権剥奪の手続きがいまや早急になされることが要求される、というのだ。外務省は大臣の決定後はもはや何の反対もしなかったので、トーマス・マンはその妻カタリーナと、さらに38名の人々とともに1936年12月に市民権を剥奪された。外国にいる官吏は、適当な都合のいい時に「彼らが手にしているドイツのパスポートを取り上げるように、またドイツの保護の保証は当然のことながら、もはや問題にならない」と指示された。

第 1 部　ドイツ外務省の過去

　これによって外務省にとっては、この件はまだ当然、しばらくは終わらなかった。1936 年の 11 月 19 日、チェコスロヴァキア共和国がトーマス・マンに国籍を付与したので、2 週間後には市民権剝奪とそれと関係した財産の没収は効力がなくなった。チェコはベルリンの公使館を通して内務省が行った没収を停止するよう要求した。これが、熱のこもった活動を惹起した。理由のない市民権剝奪を無効にし、没収処置を無効にすることを受け入れるわけにゆかず、思い余って内務省は外務省に対して「トーマス・マンの国籍付与に際してチェコスロヴァキアがとった手続きが普通の国籍付与の実際と大きく違っているか」を探って欲しいと懇請した。[41]

　外務省の法律・ドイツ局も、内務省を手助けせんと努力したが、「法的な観点から」没収の無効化はほとんど不可避であろう、との同じ結論に到達した。[42] 法律的な杓子定規で、それでも内務省の馬鹿馬鹿しい呼びかけは再検討された。法的な現状を確実にするために最後に見つけられた解決策は、社会民主党員の財産を包含した、1933 年 7 月の法律を適用することであった。ノーベル委員会の賞金を含めたトーマス・マンの財産は、「国民と国家に敵対する努力」を促進するためにあり、それゆえに没収される、とされた。[43]

　いかに早く、政権の権力が外務省自身にも降りかかっていったか、その最初の例は、皮肉なことに、1933 年初めに単に政治的な圧力の下に外務省に来て、ドイツ課の課長になったヴィッコ・フォン・ビューロー＝シュヴァンテに見られた。ヒトラーが帝国国防軍の支持のもとに「革命的」突撃隊を無力化した 1934 年 6 月 30 日の、いわゆるレーム一揆の時、彼は外務省のヴァルデック・ウント・ピルモント子爵に逮捕され、国家秘密警察に連行された。ヴァルデックの個人的な敵愾心がどのような役割を果たしたのか、彼が誰かの要請であるいは自分自身で行動したのかは、はっきりしない。遅くともこの日外務省においては政権の残虐性が理解されたに違いない。大虐殺の戦慄的な作用は大きかったに違いない。[44]

　ノイラートは激しい調子でヒトラーとヒムラーにビューロー＝シュヴァンテの逮捕を抗議したが、一方で彼は大統領の後ろ盾を得るために東プロイセンの奥深くに死の床に就いたヒンデンブルクをすぐさま訪ねた。しかし彼は、同じ日、外部に対しては、殺人行動が秩序を維持するのに不可避の処置であった、と理由づけた。彼は外国の使節団に、突撃隊指導部は「暴力的な転覆」を企て、そ

82

の企ては、「国家権力」によってあらゆる手段で抑えられた。この間の「状況はすべて静穏である」、と知らせた[45]。2日後、彼は電報で「個人の権力欲による陰謀」である、と追加した。そして、「謀反の目的は」「今の政府を追放し、レームを指導者とする突撃隊サークルからなる閣僚に変えんとしたものである」。ヒトラーは「個人として断固たる処置を取り、計画された蜂起が帝国軍にも対したものなのにそれの共同作業なしに周知のように謀反を無力にした」。シュライヒャー（Schleicher）は「彼がレームとの新たに樹立した連絡について聴取すべく連行されようとした時に、逮捕に対して武器で抵抗したので即座に射殺された。副総統のフォン・パーペンが逮捕されたとの間違った噂は、彼の事務所の人間が陰謀に加担していたのがその理由である……すべてが冷静である」[46]。ゲッベルスでさえもこんなに要領よく取りまとめることができなかったであろう。

　こうしてみると、ノイラートが4週間後にヒンデンブルクの死に際し、帝国大統領と帝国宰相の職がヒトラー個人に集約されることに賛成したことは驚くに値しない。ラジオ放送で、彼は、自分の確信に忠実に、「ドイツ国民の一体性と団結」のための国内の一致が外部への力を決定する、と呼び掛け、ノイラートは「外国の我々の敵は決して、強い一致したドイツを望んでいない」、「敵の目的はその当時も今日も同じである。ドイツ人の意志を自己目的にまで低めることである」[47]。そして、「成功裏の外交政策は」、「その陰に正しく指導された国民の意思がなければ不可能である。外交と国内の不一致は妥協不可能な対立である」、と、彼は4日後にドイツの新聞に書いた。「アドルフ・ヒトラーの一致プログラムの実施は、将来のすべてにわたってそのような国家的誤りの復活を妨げる」[48]。

　ヒトラーへ国家元首としての全権の移譲は、8月19日の国民投票を通して確定され、「権力掌握」の段階は制度的に確定された。外務省員を含む帝国の官吏は、「ドイツ国民と国家の総統であるアドルフ・ヒトラーに忠実で従順に奉仕する」という新しい宣誓を行った[49]。

　「国家元首、帝国宰相、総統」としてヒトラーは「ドイツ人がこれまで彼以前には保持することのなかった権力の充実」を手にした、と、ビューロー＝シュヴァンテは外国にいる使節団に、得意さを失うことなく知らせた。新しい「総統国家」では、権力分立という概念は「問題にならなかった……権力間の争いも憲法をめぐる意見の相違ももはや存在しなかった……総統は国家を意識して

第1部　ドイツ外務省の過去

彼の原則に従って指導し、そのために民族と歴史に全責任を引き受ける」[50]。

第2節　リッベントロープの接近

　ドイツの外交官たちは、ドイツにおける弾圧も暴力の実行も意識して抗議もせず、それに同調することを拒否することもなかった。義務感意識、信頼性、効率性、国家に対する忠実性が含まれる見せかけの非政治的官吏の性格、そしてまた皇帝の帝国に伝統的だった適合と従属性、それに、特に際立った階級意識が、外務省の官吏の大部分をして素早く、ひたすら目的を目指した国家社会主義国家を現出せしめた。

　帝国大統領の死によって、外務省はこれまでの重要な支えを帝国の指導部に失い、外務大臣ノイラートは彼の長年のパトロンを失った。それだけに彼にとっては一層、今後ヒトラーとの可能な限り緊密な協力によって、彼の官吏の独自性と職業性を維持することが重要となったと思われた。ヒトラーはこれまでの1年半、助言と勧告に対して全般に鷹揚であった。ヒトラーの外交問題での注意深い戦術的な動きは、しかしながら、西側の民主主義は自分と同じ前提条件に立っている、との考えであった。フランスが正しい「国家の指導者」を持っているならば、それはドイツが軍備を備える前に「我々を襲う」[51]だろう。それゆえに彼は外交常識の助言に従ったが、その専門知識と能力は彼にとっては不可欠であった。

　成功に次ぐ成功によってヒトラー外交の攻撃的特徴はますますはっきりしてきた。外務省にとっては、ヒトラーがますます強力に外交政策の路線、方法やテンポを決めようと試み、外務省の機能的エリートには単に日常的ルーティンを任せようとしていることを隠しようがなかった。目的を計画する指導的外交官たちの目的は、すなわちドイツの再興を目指そうとする一般的な政治路線と一致するので、外交官たちとヒトラーは運命をともにした。協力は1935年3月に再び導入された軍事義務と1936年3月の非軍事化されていたラインラント地帯の占領により確定した。国際的な条約を破り、既成事実を完成した2つの驚きの転覆であった。

　修正政策の実施にあたってヒトラーは、外交官たちと協力し、協力を放棄することもなかった。彼らの協力がヒトラーにとっていかに不可欠だったかを彼

84

独自の外交政策上の「専門化」実験が示している。これは、リッベントロープが軍備問題の全権委員として登場するたびにいつも失敗として記憶されている。ナチ党のチーフイデオローグだったアルフレッド・ローゼンベルク（Alfred Rosenberg）は外務大臣のポストに就くと憶測されたが、彼も同様な失敗に甘んじていた。1935 年 6 月、リッベントロープは初めて勝利し、ロンドンでドイツ＝イギリス間の海軍条約を締結することができた。ドイツが海軍を築くことを承認し、その上限はイギリスの 35% となっていた。リッベントロープは非常にまずいタイミングで登場し、交渉はすんでのところで失敗するところであった。それにもかかわらず、彼は結果をほとんど彼の個人的な大成功と見た。ヒトラーは 6 月 18 日を「自分の人生の最も幸福な日」と呼んだ。[52] 条約は、単に過去の条約破棄を承認するだけではなく、再軍備をも承認してしまった。ヒトラーはそれをドイツ＝イギリス間のさらなる協力の始めと認識した。リッベントロープはロンドンの成功に鑑み、彼にとっては「オットー・フォン・ビスマルク以来の偉大な外務大臣」に思えた。[53]

　リッベントロープは単に特別な使命を帯びた特命全権大使としてロンドンに赴いた。このようなタイトル自体についても彼は明らかに勝ち取らなければならなかった。彼はヒトラーに対して、儀礼上職業外交官になることに不平を漏らした後、ヒトラーによってこのタイトルを与えられた、とビューロー＝シュヴァンテは回想している。[54] 8 月初め、ヒトラーは、リッベントロープが国家のレセプションで帝国大臣のすぐ後に位置し、党の行事では帝国指導者と同等である、と明らかにした。[55] リッベントロープの虚栄心はこれによっては決して満足されなかった。

　ロンドンの使節への準備に彼は外務省に対して自分で意識してすべての外交問題について「素早い、自動的な方向づけ」を要請した。[56] ノイラートにはそんな考えがなく、リッベントロープに対して無愛想に応じた。彼はリッベントロープについての重要な情報を得、彼に対してこの機会にもう一度、リッベントロープが彼より「下」であることを示唆した。[57] あらゆる留保にもかかわらず、ヴィルヘルム通りはリッベントロープのロンドンの使節に人的・物的な資源を供給したが、海軍条約問題の成功は、さらなる使節団に利益をもたらしたであろう。同行した通訳長のパウル・オットー・シュミット（Paul Otto Schmidt）の観察によれば、リッベントロープはヒトラーには「全く意のままになる関係」に

第1部　ドイツ外務省の過去

あり、その指示に対して彼は「自ら多くの熟慮や構想もなく」実施してしまう。[58]
ベルリンのフランス大使フランソワ＝ポンセ（André François-Poncet）が見るとこ
ろでは彼は「完全な従僕のタイプで、……彼の命令者に対して反論しないだけ
ではなく、一度なりとも反対しない。彼はヒトラーの見解を体系的に分かち合
う。彼はヒトラーよりもヒトラー的である」。[59]

　ロンドンでの成功とともにリッベントロープは電撃的にヒトラーの愛顧を得
た。象徴的に自分のものとした彼の提案はほとんどヒトラーの考えからヒント
を得たか、または確実にヒトラーの同意を得たものを再生産したので、2人の
間には強い心理的な影響力を持つ形で相互同意の関係に発展していった。それ
を貫けば、古い外交はほとんどチャンスがなかった。このことは1936年1月
に計画された非武装化されていたラインラントへの進駐ではっきりと明らかに
なった。口実を設け、実行し、確実にする。実力転覆にとって必要なすべてが
ヒトラーの計画に既に含まれていた。近代国家の歴史において、そのような状
態において遮蔽する方法を発展させるのを任せられるのはいつも外交官だった。
いまや、過去の危機状態から学び、外交政策の助言者の前でこれからやる戦術
を繰り広げるのはヒトラーであった。

　2月19日にウルリッヒ・フォン・ハッセルはラインラントへの動きについて
の予備会談に同席していた。ハッセルは原則的にどの外交政策の活動をも歓迎
していたが、彼にとってはこのリスクは高すぎた。ヒトラーはしかし、「受動
性は長期的に見て政治ではない」との見解を維持し、この場合でも攻撃を最良
な戦略と称賛した―― この考え方は、ハッセルのような人には無味乾燥であっ
たが、「リッベントロープの生き生きとした同意」を得た。[60]彼の持ち前の高飛
車な態度でハッセルは成り上がり者の卑屈さをからかった。リッベントロープ
は、敬虔深そうな表情でヒトラーの唇を見つめ、引き続き「我らの総統」と語
りかけ、後者が気が付かないふうに見えたが、大声でヒトラーに調子を合わせ
て喋った。ヒトラーが、第3のチョイスを選好しているとどの子どもでも気が
つくように描いて見せると、リッベントロープは前に乗り出して、「第3番目、
わが総統、第3番目」とささやいた。[61]

　外交官たちはラインラント占領―― それにより明確な方法で、ヴェルサイユ
条約とロカルノ条約を破棄する行動―― を確実にするための貢献をしたが、彼
らはその成果を自分たちの蔵に持ち込むことはできず、その逆であった。ハッ

セルはドイツの行動の承諾をムッソリーニのイタリア政府から取り付けた。ノイラートは使節団の長たちに対して極秘とされた指示とどのような場合にも通用する詳細な理由の指示を送り、抗議する大使たちを宥めた。ヒトラーは見るからに神経質になっており、関係断絶に傾いた時、彼はノイラートを、一度始めたことは継続することによって支持を強めさせた。すべてが終わって、ラインラント占領が政権のこれまでの外交政策上の最大の成功となった時、外交官たちは嘲笑の的になった。というのは、彼らは、この行動に対してやめるよう進言していたからである。ゲッベルスは彼らを「警告者の着物を着た家老」と呼び、「いかなる大胆な決断」をなすことにも不能である、とした。彼らは注⁽⁶²⁾意深く行動する傾向にあり、ヒトラーは慎重な助言にはますます耳を傾けなくなったので、独裁者の自意識と伝道師意識はいまや完全に貫徹された。彼が行く前に「威嚇も警告もなく」、ヒトラーは「神の摂理を行く」という道を前進した。

　ロンドンでの成功ゆえにリッベントロープは1936年8月に俸給が保証された官吏として外務省の企画部に配属された。この一歩には、一連の死亡が好都合となった。1935年の大晦日の夕方、重病だったケスターが亡くなり、フランスではその死に対して大きな悼みをまねいた。1936年4月には、非常に突然ヘッシュが死亡した。彼は、もの静かで熟慮する性格で、いつもバランスのとれた外交官として見られていた。深甚なる悔やみをもって、ロンドンの王室と政界はドイツ大使館での葬儀に参加し、別れを告げた。お棺 ―― ハーケンクロイツに覆われた ―― は軍事的エスコートの下にドイツに葬送されるとタイムズは「ドイツが、以後、非常な能力と、豊富な知識と経験あるいは優秀な人物を持つだろうことは絶望的であろう」、と書いた。3ヵ月後の1936年6月にビューロー⁽⁶⁴⁾が亡くなり、その死は、宣伝省から国家的な出来事に格付けされた。ヒトラーはヴィルヘルム皇帝追悼教会での大々的な葬儀で栄誉を讃えた。

　この3つの空席は新たな修正を必然的にした。長期的な計画と即断がその際同時に進行した。最初に1920年5月に導入された地域局が解消され、皇帝時代の組織が再導入された。その後、中心部分には8つの部局が存在し、部分的にはいくつかの課から成り立っていた。事務次官の仕事は、一時的に委託を受けた前第3局長のハンス・ハインリッヒ・ディクホフ（Hans Heinrich Dieckhoff）が引き受けた。彼は元来最重要の業務、新たに設けられた政治局のトップであっ

た。このポストは —— 臨時に —— 公使ヴァイツェッカーが代表した。1937年3月にディクホフが大使として、古き宰相ルターに替わってワシントンに鞍替えすると、ノイラートの娘婿のハンス・ゲオルク・フォン・マッケンゼンが事務次官のポストを襲った。変更されずに維持された部局の中では単に人事局長のみが変更された。ヴェルナー・フライヘル・フォン・グリュナウ男爵（Werner Freiherr von Grünau）局長に替って、職業官吏クルト・プリューファー（Curt Prüfer）が就任した。フリードリッヒ・ガウス（Friedrich Gaus）とカール・リッター両局長はそれぞれ法務局のあるいは経済局の長として留まった。ゴットフリード・アシュマン（Gottfried Aschmann）公使は新聞部長として留任し、フリードリッヒ・スチーヴェ（Friedrich Stieve）参事官は文化部長となり、同時にドイツ課の長として変わらずこのポストにとどまった。

　交替したり新たに任命されたのは一連の使節団のポストであった。パリの大使には、それまでマドリードの大使をしていたヨハネス・グラーフ・フォン・ベルチェック（Johannes Graf von Welczeck）が送られた。リッベントロープはロンドンの大使になった。彼は、最も重要な大使への転出を阻止しようと試みていたが無駄であった。この任命は、一見しただけでは出世であったが、実際は —— リッベントロープは素早く見抜いた —— ノイラートは彼の邪魔者を難しいロンドンのポストで失敗させようとした。ヴィルヘルム通りではリッベントロープの転出は一般的には安堵を持って受け止められた。というのは、この男は長いこと「かりそめの後任」と思われ、大臣ポストに昇進する「心理学的な瞬間」を逃したように見えたからである。⁽⁶⁵⁾

　当初はノイラートの計画は上手くいったように見えた。ヒトラーにより望まれた英国との同盟はもともとチャンスがなかった。そして、リッベントロープは彼の騒々しい反ブリティッシュの態度で独・英関係の改善に貢献する前提のすべてを欠いていた。既に信任状奉呈の際に彼はヘマをし、それによって彼は英国記者たちの歯に衣せずの嘲笑を招いた。彼はエドワードⅧ世に対して「ドイツ式の挨拶」をした。王室のエチケットに反したり、あるいは伝統的な外交への示威的な戦闘宣言 —— によってリッベントロープは全体的に失敗したが、その失敗にもかかわらず、彼はロンドンでの地位によって得をした。彼は大使として外交使節団によって全世界に張り巡らされたすべての情報を手に入れた。この長所をリッベントロープは1934年4月以来成立して、後に彼によって名づ

けられた「仕事部」の完成のために利用した。その意味は現実の外交への影響
—— それは少なかったが —— にというよりはむしろその存在自体にあった。ヒ
トラーの特別基金からの補助金あるいは帝国宰相府の指示による国家予算から
の資金によっても、この並行する外交政策的な部署は外務省にとっては深刻な
競争相手にはならなかった —— 最大限150名を抱えたリッベントロープ機関は
「組織としては外務省と競争するだけの状態では決してなかった⁽⁶⁶⁾」。が、しかし、
そこにはリッベントロープが狙った意味はなかった。むしろ彼は、外務省を引
き受けるにあたって、彼の言うなりになる人的組織を作ろうと計画したのであ
る。

　ヴィルヘルム通りでは、この「事務所」の仕事を疑問視し、不透明だとし、時
には邪魔だとし、稀にではなく非生産的だと感じ、仕事をリッベントロープの
頭越しに進めようとした。彼の率いる役人 —— ハッセルなどは「特異な私的な
商店である」、と彼の妻に書いていて、彼自身についてはベルリンでは「好ま
しくない物語以上の笑止的噂」が飛び交っていた⁽⁶⁷⁾。嘲笑のきっかけは、古くか
ら働いてきた職業外交官にとっては、リッベントロープが自分の協力者を外務
省に集めた方法にあった。事前の教育は要求されなかったし、多くの人々は大
学教育さえも受けていなかった。幾人かは、素早い昇進で、外務省で苦労して
長年のプロセスを踏んできた職業外交官たちを刺激したし、他の人々はイデオ
ロギー的な場面を考えた。リッベントロープ自身は、外務大臣に就任した時42
歳で、同僚大使の平均年齢に比べて16歳も若く、より違いが目立ったのは、彼
の「部署」の協力者で彼らを見るとそれは明らかであった。彼らは、平均して
外務省の指導的外交官よりも1世代若く、そして、経験則も大きく異にしてい
た。付け加えれば、この世代間の断絶が、リッベントロープの協力者たちが後
に外務省ではほとんど真面目には受け取られなかった決定的な理由であった。

　時として、彼らは全くおかしな方法で「事務所」に連れてこられた。その際に
偶然と人的関係が役割を果たしたことも稀ではなかった。例えば、リッベント
ロープは、ベルリンのドイツ政治大学で教えていたアルプレヒト・ハウスホー
ファー（Albrecht Haushofer）に、「できるだけ早期に『彼の事務所』の英国部に適
任の人材を」推薦できるかどうかを問い合わせた。ハウスホーファーは「エジ
プトにおける英国の政策に優れた業績で目立った」エバハルト・フォン・タッ
デンを推挙した。このような背景の下で、タッデンは、まず第2国家試験を受

けるという彼の希望に反して、リッベントロープの「『事務所』の仕事が優先する」との理由付けに義務付けられた[68]。タッデンは1909年生まれで、1926年から1933年までドイツ国民民族党に所属し、1933年4月にナチ党に入党して、1933年5月に突撃隊、そして1936年9月に親衛隊に所属した。そして1936年1月2日に、「事務所」の英国部の協力者になり、そして、臨時の協力作業員として、次いで、外務省のアタッシェに移るために1937年10月にそこを辞した。「事務所」はタッデンについて、「本質的に平均値を上回り有能で、無条件に純真な経験豊かな人間で、非常に柔軟で、仕事熱心な、努力家である」と職務評価で書いている。特にタッデンは既に、広い「よき理解力に裏打ちされた一般的な知識を持ち」、彼に与えられた領域に素早く没頭する能力を持っている、とされた[69]。このような前提が、6年後にタッデンが「外務省の第3番目のユダヤ人担当の課員」に任命されたことに役立ったかもしれない。

　ノイラートはリッベントロープの大使への昇進に、「事務所」の解消を条件に同意した[70]。ロンドンに彼を送ることによって彼を追放するというノイラートの見込みは、しかし思う通りに行かなかった。リッベントロープは、大使として外務大臣の「指示」には決して拘束されない、むしろ「自主的にドイツ＝イギリス政策に邁進する」と平然とうそぶいた[71]。ノイラートがこれに対して辞任する意向で対抗すると、彼はヒトラーから、確実と思われる保証を得た。実際にはリッベントロープは、気分が乗る、自分の利益になると思った場合にだけ行動した。外務省の情報活動を「事務所」の利益になるように利用し、「事務所」は外務省のために作業しようとはしなかった。

　大使としてリッベントロープはノイラートの指示に拘束された。半分国家的な長として、半分党の「事務所」の長として、彼はただ1人ヒトラー個人に対してのみに従っていると感じていた。地理的な距離をもリッベントロープには孤立を感じさせなかった。1937年2月から10月までの期間に1年のほとんど3分の1を駐英ドイツ大使はベルリンに滞在した。外務省との連絡を命令された「事務所」のエーリッヒ・コルト（Erich Kordt）が判断するに、リッベントロープは「副業としての大使」であって、「ヒトラーとの接触を絶やさないように」[72]、全体として言えば「大使の時代の半分以上を」ドイツに滞在さえした。いつもヒトラーの好意を得ようと努力し、その「広い視野」と「天才的な駆け引き」を讃え、ヒトラーの見解を卓越なものとして、彼はさらにその方向で夢想

し、「総統に対して」「総統が望まんとしたことのみ」を総統に説明した。[73]

　リッベントロープの起用に考えられた計算が幻想だったことが明らかになったように、1936 年夏に行われた他の変更は、外務省を単に表向き強化したに過ぎない。ほとんどの場合古くから勤務していた外交官たちが空いたポストに移った。彼らは、第三帝国の仕事を行う上で効率的な代理人であることを示した。仮に、彼らが内心では政権に対して距離を置いていても。例えば、1935 年6 月に亡くなったブリュッセルのドイツ公使だったラバン・グラーフ・アデルマン・フォン・アデルマンスフェルデン（Raban Graf Adelmann von Adelmannsfelden）伯爵の後任として、外国経験の深いヘルベルト・フォン・リヒトホーフェン（Herbert von Richthofen）が就任した。またマッケンゼンのブダペストからベルリンへの交替は、後任にはオットー・フォン・エルドマンスドルフ（Otto von Erdmannsdorffs）が送られ、彼は 1918 年以来外務省の職員であった。2 人の外部からの採用者は、リッベントロープとならんで外務省職員となったが、外務省の国家保守主義としての側面を鋭くしたように見える。ヒンデンブルクの下で参謀将校として奉仕したヴィルヘルム・ファウペル（Wilhelm Faupel）は臨時大使として、後に大使としてフランコ政権のスペインに勤務した。1932 年にヒンデンブルク帝国大統領が再選を果たした時に委員会を率いていたハイリッヒ・ザーム（Heinrich Sahm）はオスロの公使として送られた。

　ザームは保守主義者で、政党との関係もなく、高い義務遂行で裏打ちされた職務感覚を持ち、1931 年 4 月以来帝国首都のトップとして市長の職にあった。ベルリンの利益のための代弁者として、彼は新しい国家の中でその役職を継続しようとし、政権に協力を申し出た。1933 年に彼はそれゆえにナチ党に入党した。事実上 1933 年 3 月に権力をなくしたものの、ザームは引き続き行われた管轄権をめぐる争いや非難キャンペーンにもかかわらず、職に留まった。1935 年に職を離れざるを得なかった後、1936 年 5 月に外務省の職を引き受け、オスロの公使第 I 等級の職に就いた。ザームは、確信的な国家社会主義者ではなかったが、それでも新しい国家の政策を実行した、外部から入ってきた職員の一員であった。1935 年 2 月以来、帝国および州の高級官吏たちの任命と退職は、すべてヒトラーただ 1 人に留保されたので、職員の昇進は政権に忠実な人物とみられる者のみが対象になった。

　党と外務省の緊密な協力は、1881 年生まれのクルト・プリューファーが人事

第1部　ドイツ外務省の過去

局長に就任した時にも表れた。プリューファーは 1930 年以来外務省のアング
ロ・アメリカ局の課長をしており、1934 年 2 月には既にナチ党のエルンスト・
ヴィルヘルム・ボーレ（Ernst Wilhelm Bohle）対外局長によってこのポストへどう
かという話題になった。1907 年以来外務省職員となった彼にとっては、明らか
にその職歴にとっては理想的な職であるように思われた。外務省の幹部にとっ
ても明らかに反対はなかった。外務大臣ノイラートはプリューファーを、第一
次世界大戦当時コンスタンチノープルの大使館で同じ時を過ごし、知っていた
ので、ボーレの提案に対しオープンであり、ビューロー事務次官は、プリュー
ファーの任命に対して「全く受け入れられる」とした。[74]

　にもかかわらず、2 年以上も推薦や交替で時が過ぎた。1930 年以来人事局長の
職はキャリア外交官のヴェルナー・フライヘル・フォン・グリュナウ男爵が率
いていた。彼は、1934 年に彼の「国家社会主義者の革命は単に一時的な現象で
ある」とみている、という発言への非難に対して防護しなければならなかった
が、それ以後、ボーレはグリューナーに対して、せいぜい官僚的な柔軟性を欠
くことを非難しても、間違った職務上の失敗を証明できなかった。しかし、グ
リューナーはボーレにとって明らかにいつも敵対的な目標となった。グリュー
ナーを重要なラインから外すために、ビューローは 61 歳の人事局長を退職の前
の最終ポストであるコペンハーゲンの公使に追いやった。1936 年にはすべての
レールは敷かれたように見えた。ヒトラーは任命書に署名した。接受国の承認
も得られた。デンマークの新聞は既に間もない新任公使のコペンハーゲン着任
を予告していた。そういう時に、グリューナー夫人の重病がすぐに赴任するこ
とを不可能にした。

　この状況をボーレは、原則的には結論済みの人事局長の問題をひっくり返す
機会と捉えた。彼の庇護者たるヘスに支持されて、彼はもう一度グリューナー
が「党に反して」働き、人事局を「国家社会主義に反する意味で指導した」と
声高に言いふらした。プリューファーの任命については、長らく一致していた
ので、グリューナーは早期退職して去らざるを得なかった。プリューファーは
マルティン・ボルマン（Martin Bormann）が即座に、予定される人事局長が「で
きるだけ早期に」職に就くよう要請した、という意味で党の希望に沿った。[75]

　1934 年 10 月以来空席だった人事・行政局次長もまた席が埋まった。当時職業
外交官だったヴァルター・ペンスゲン（Walter Poensgen）は早期退職をした。彼

92

にとっては、1933年2月にチリのサンティアゴのドイツ公使への手紙に自ら付け加えた追伸が禍になった。その中で彼は、「3月の選挙において"ナチス"は『決して多数を得ることはない』、そして『パーペンの下で強力なブロック』を作ることに成功するだろう」、と付け加えた。1年半後、サンティアゴの公使館で書類の中からこの書き物が出てきて、それが報道アタッシェを通して宣伝省に渡り、そこからヒトラーに渡り、ヒトラーはすぐさま人事局次長の罷免を要求した[76]。

　それ以来空席だった職務の後任には、1937年1月にボーレとヘスがグリューナーの抵抗に反して長年築いてきたハンス・シュレーダー（Hans Schroeder）が就任した。彼は、中等学校を卒業し、商人としての学業を経て、1925年4月に外務省の中級職に採用され、1928年12月にカイロにあるドイツ公使館の領事アタッシェに就任した。エジプトにおいてシュレーダーはルドルフ・ヘスと知り合いになり、1933年以降彼の一種の儀典官を引き受け、彼は自分のキャリアの見通しを改善するために、シュレーダーは1933年3月1日にナチ党に入党した。さらにその後彼はアレクサンドリアの地域組織の長を目指して、1934年にはエジプトの国家組織の長になった。その日に彼はヘスの個人的な希望によって帝国指導学校のコースに数週間参加した[77]。ヘスとボーレはシュレーダーの上級職への昇進を後押ししただけでなく、さらなる昇進を後押しした。最後には、1941年2月にはついにシュレーダーの局長への就任が実現し、シュレーダーは人事行政局の局長になった。

第3節　外交、イデオロギーと人種政策

　ワイマール共和国の最後の段階には、上級職に応募するにあたっては、「非政治的な」官吏として、自分の愛国心とそれによる職務にふさわしいことが有利であり、政党のメンバーであることを証明する必要はなく、候補者の面接の際、注意深い観測が記される記録簿では、政党への属性は記録されないも同然であった。1933年1月30日以降はこのやり方は2つの面で変わった。ナチ党の党員であること、あるいはそれに付随する組織のメンバーであることは単に記録されるだけではなく、見込みのある者としての推薦状として特別重要視された。例えば、突撃隊のメンバーに属する候補者は、「全くすぐれた印象」を残

第1部　ドイツ外務省の過去

す一方、他の人間は、特に彼が「ナチ党と何の関係もない」場合「ほとんど問題にならなかった」。候補者は次第に党をバックとしたものが多くなった。1934年には全体で112名いた候補者のうち、ナチ党の党員（その中の多くは同時に突撃隊あるいは親衛隊に所属していた）は、7名であった。1935年には、候補者108人のうち、54人がナチ党のメンバーであるかその組織構成員であった。[78]

　外務省の採用基準がいかに早く変更されたかは、例えば、1937年のアタッシェ採用者数を見れば示されている。全員が24歳から29歳で、多くは法律を学んできた。23名の将来の外交官の大部分は、ナチ党に所属したかあるいはナチ党傘下の組織のメンバーで、「態度証明書」を所有していた。17人はナチ党の党員で、そのうちの11名は、若年者なのに「古参」の党員であり、彼らは1933年1月30日以前には入党を果たしていた —— このことは人的リストに色を付けていた。将来のアタッシェ3人が親衛隊のメンバーであり、3人はその候補、5人が突撃隊のメンバーであり、3人は予備役幹部候補生の待機組であった。[79] 今日まで言われた、外務省によって人的保護が成功したかのような根も葉もない噂は、そのような数を見れば嘘であったことがわかる。むしろ逆であった。

　前年度のアタッシェ教育の一環として、バイエルンへの旅行が含まれていて、そのクライマックスはオーバーザルツベルクのヒトラーによる晩餐会への招待であった。「外交政策における世界観の所与条件」あるいは「教会に代わる国家社会主義の世界観」についての講演とならんで、「総統学校」の訪問がプログラムに入っていた。しかしそれと同時に、精神学的収容所やダッハウの強制収容所の視察もプログラムに入っていた。「官吏にその世界観が浸透」するのに作用して、彼らがどの職務に邁進するか、どんな課題に向かうかは、いまや将来外交官になる者には明らかであった。[80] 将来の外交官たちにとっては外務省の思想強化は長期的に保障されたわけである。

　1934年年末、外務省は重い負担となっている「ドイツの人種政策」のマイナスについて議論するために初めて討論会を催した。帝国内務省（同時に人種差別法の主務官庁）大臣であり、総統代理で全権委託されたヴァルター・グロスは同時にナチ党人種政策部の指揮者と当面参加した帝国大臣たちと話し合ったが具体的な結果もなく終わった。内務大臣のフリックが4ヵ月後に確認したように、国家社会主義の世界観の人種政策の原則は外交上の強い圧力下であってでも触

れてはならなかった。1935 年 8 月、ヒャルマー・シャハト（Hjalmar Schacht）は、この問題についてイニシアティブを取り、頂上会談のために帝国経済省に招いた。そこでは、ユダヤ人の影響をドイツの経済生活から押しのけるために「国家の指導の下で行われればならず」、「不規則な個々の行為に任されるべきではない」という結論になった。経済相は、レーレッケが会議の準備のためのメモを作ったように外務省の立場も描いていた。「外交政策（経済ではなく）上の状況から、ドイツのユダヤ人政策を変更すべきことが望ましく見えるか否やは否定された」。「それに反して、ナチ党のユダヤ人プログラムを完全に維持する上で、外交政策の利益の上で外国において反ドイツの中傷に手を貸すことのないように実施する際には目立たない方法を選択すべきである」。

　内務、財務、法務の担当の長ならびに治安部、ゲシュタポ、人種問題担当部署の代表が参加した 1935 年 8 月 20 日の会議においては、相異なる出発点から紛糾した。「関係省の代表は、大抵は彼らの専門領域で生じた実際的な困難を示唆したのに対し、党はユダヤ人に対して政治的雰囲気上も抽象的な世界観上の理由を挙げて急進的なやり方を理由づけていた」。具体的にシャハトは党の一部の部署の個々の行為に厳しい批判を加え、その全経済状況に対する「憂慮すべき」反作用があることについて批判した。同様に外務事務次官のビューローは「ユダヤ人に対する無責任な現場の暴行の反作用は外交政策にとって大変な負担となっている」と説明した。ユダヤ人の経済生活からの除外に関しては、「それを行う前に、国内の政治的成功が外交政策の負担にならないかについて、注意深く比較衡考されなければならない」と。最後に参加した関係部局は、「反ユダヤ行為の際限のない拡大は……法律的処置によって禁止されるべきである」。「同時にユダヤ人はある特定の、特に経済分野で規制されるべきである。しかし、もちろん原則的には移動の自由は維持されるべきである」。

　話し合いの結果は、党大会の傍らでわざわざニュルンベルクに招集された帝国議会で採択されたニュルンベルク法〔訳注：複数〕であった。「明確に」合法的な指示に基づいた「限定列挙」によって個々の暴力的な行為は禁止され、「よく定義された目的」に導く政治的な活動に向けられるべし、とされた。ヒトラーは制定作業の完成を命令し、法律の用語について決定した。ドイツ人の血統を守り、ドイツ人の名誉を守る法律は、ユダヤ人と「ドイツ国籍所有者および親族に類似した血統」の婚姻や婚外の性的交渉を禁じ、これに反した場合は拘留

第1部　ドイツ外務省の過去

に処するとした。さらに、ユダヤ人には「45歳以下のドイツ国籍者およびこの血統を持つ親族でドイツ国籍を有する女性を同一家庭に」雇うことは、禁固刑や罰金刑をもって禁止された。いわゆる帝国市民法と呼ばれる第2番目の法律では、国籍保有者と「ドイツの血統および親族の血統」を有し、その関係において新たに規定された帝国市民の間で区別され、「ドイツ民族と帝国に忠実に従い、それに適合し」なくてはならない。

　1935年11月14日、帝国市民法の最初の規則が発効して、誰が「ユダヤ人」であり、すなわち、少なくとも3人のユダヤ人の祖父母を持つ者やユダヤ教団体に属すものはユダヤ人であると定義された。争いがあったのは、「半分ユダヤ人」の身分で、すなわち、2人のユダヤ人の祖父母を証明されたものの位置づけであった。ナチスの規則では、ユダヤ人のパートナーとは婚姻生活をおくっておらず、ユダヤ教の団体にも所属していなかった限りでは、以後混血とされた。帝国内務省の評価では、この規定は、大体国民の2.3%、すなわち、約150万人の人々が、そのうち30万人が「ユダヤ教でない完全なユダヤ人」であり、75万人が「Ⅰ、Ⅱ級のユダヤ人——ドイツ人の混血」であった。

　法律は特に、1935年末まで職業官吏法で前線戦士条項を理由に職場を維持していたユダヤ人官吏をいまや強制的に年金生活に送り込むことを規定していた。ユダヤ人官吏5,000人のおよそ半分にこの特権を適用できたことは、国家社会主義者を明らかにびっくりさせ、驚かした。新しい規則の犠牲者には、功績のあった外交官、例えば、長年東欧部長を務めたリヒャルト・マイヤー（Richard Meyer）、その代理ジークフリード・ハイ（Siegfried Hey）、さらには、定評の高かった西欧部長で、1923年以来常に事務次官の代理を務めていたゲアハルト・ケプケ（Gerhard Köpke）がいた。新教徒で、ユダヤ出身のマイヤーは、第一次世界大戦では最前線にいて勲章受賞者であったが、1935年3月に『シュトルマー〔訳注：親衛隊機関誌のタイトル〕』の外務省のユダヤ人に対する中傷記事に名指しで挙げられた外交官の1人であった。「外務大臣フォン・ノイラート氏がこの完全なユダヤ人をこのような重要な職に就かせているのは」不可解である、と。その後で、多くの下級、あるいは中級の党幹部が手紙で帝国宰相府と外務省に不満を訴えた。大臣の机の上には、ブレスラウの靴製品製造業者代表からの手紙が届いた。その中では、外務大臣が「マイヤーのような完全なユダヤ人を奉仕させているのは、ユダヤ人に依存していることを示しており、いかに後にユ

ダヤ人の下に没落してゆくかを証明している」と書かれている。[89]

　強制的に年金生活を強いる法が有効になる前に、ノイラートは最初にフリックに、それからヒトラーに、帝国市民法の規則で予定されていた例外規定を引用してマイヤーのために尽力した。マイヤーは22年間外務省職員で、「義務に忠実な、良き外交官であるだけでなく」、いつも「厳しい国家の男である」ことを示し、特にドイツの東欧諸国との新しい関係に大きな功績を残してきた。特に、マイヤーの父方および母方の一族が数世紀にわたって不断に尽くした国家と市町村への功績に高いものがあったが、彼に対しては、ユダヤ人リストからの削除を指示された。しかし、マイヤーは4人のユダヤ人祖父母を持っており、従って「完全なユダヤ人」であったので、ヒトラーは求めに応ずることができない、と帝国宰相府は1936年6月に最終的に伝達した。[90]

　ノイラートは、長年の友人であるケプケの場合でも試みに失敗した。ケプケは自分の追放に関して、確信的な国家主義者であるストックホルムの公使ヴィクトール・ヴィート公と対立して、自らの解職のきっかけを作ってしまった。ニュルンベルクの党大会からストックホルムへの岐路にヴィートはベルリンの中枢を訪問し、ケプケによって対立的話し合いに引き込まれた。この問題について公は直接ヒトラーとの接触で報告した。その後ヒトラーはノイラートとの話し合いに際して外交官の任用について一般的に同意できないと述べた。外務省は「一緒に行動しない。同省は運動の外に立っている」、すなわち、外務省は国家社会主義の政策を「理解しようとしないし、どこでも困難を加えている」、[91]というのである。ノイラートはすぐさま加勢したが、彼はケプケを留めることもできなかった。彼が、ニュルンベルク法によればアーリア人でない祖母を持ち、それでも「第2番目のユダヤ人との混血」とされた。

　マイヤーとケプケへの努力の結果によってノイラートは、彼にとって狂心的とも思える人種的な反ユダヤ主義の結果に納得しようとし、反ユダヤ主義のニュルンベルク法は国家のドクトリンに格上げされた。なおかつ、ユダヤ人の法的な法の埒外処置や職業的な疎外と社会的な孤立化は、旧エリート層に押しなべて賛同を得たし、外務省は単に個々のケースに取り組んだだけであるし、ましてや人種法に対しては外務省としても反対しなかった。官吏制の伝統的な原則に従って行動したので、人道に反する法律や規則でも疑問とされなかった。若干の者は、多分法的規制は暴力行為の間もない終了をもたらすのではないか、

と希望していた。

　ビューロー＝シュヴァンテの下のドイツ課にとっては、特に明確な、また「科学的」にも通用する「人種」概念の定義に関心を持った。ニュルンベルク法は、ネガティブな概念たる「アーリア人でない」を、ポジティブな規定である「ユダヤ人」に変えれば、その限りでは外務省にとっての立場を確認したことになった。外交政策的な観点からは、「人種法が原則的にユダヤ人に絞られて、人種原則のさらなる適用が、他の色のついた、少なくとも文化の違う人種や民族を除外するのは」即、望まれるところであった。ユダヤ人に絞られた人種法は外交政策的な汚点を極小化し、同時にユダヤ人に対するより多くの「行動余地と打撃力」を生んだ。実際、人種政策はドイツ外交にますます説明責任を課した。「ドイツで言われるところ支配的な、選ばれた民族というアイディア」についてのイタリア人たちの怒りは大きい、とハッセルは伝えている。日本大使は直截に、独日関係へのネガティブな結果となると威嚇した。法律のテキストに表現されていることが、「日本民族への差別待遇」となれば、既に「日本では非常に憤激させている」、というのである。

　戦術的考慮は1936年8月のオリンピックの準備にも見られた。ビューローは、統制のない暴力行為に警告して、そういう行為はあらゆる手段を用いて阻止されねばならないと言った。既に1933年には、国際オリンピック委員会は、次回にドイツでの開催を決定したが、果たして、継続的な宗教的、政治的平等の原則に反している国でオリンピックゲームを開催することを拒絶すべきか否かの問題について検討していた。特に米国では、ボイコットを呼びかけた広範な運動が組織された。もしゲームに不参加という脅しをかけた米国の例に他国が倣えば、ドイツ帝国のイメージをかなり害する兆候が表れた。このような背景に直面して外務省の仕事は非常に重要であった。オリンピックゲームのほぼ1年半とニュルンベルク法の半年前には外国にある使節団は、公式のラインを反映した言葉の使用について情報指示を受けた。外国でのドイツ系ユダヤ人の競技への参加については原則的として問題にされなかった。しかし、その地の外交官たちは、外国でのユダヤ系の運動選手にはドイツ人選手と同じ条件にはない、ということに考慮すべきこととされた。ユダヤ系の選手たちへの便宜供与についても除外され、彼らの試合を観戦することも拒否された。そして、選手たちの参加の状況、場合によっては偶然の出来事についても報告すべき、とされた。

国旗掲揚の際と国家の吹奏の際にはユダヤ人は、彼らにはドイツ式礼で返礼することを要求されなかった[96]。

帝国の関係省は、各競技団体に対して、「すべてのオリンピック規則は尊重されるだろう」。「ドイツ選手団からのユダヤ人の除外は原則的にない」と確認していたが、非公式には、しかし、長らく原則に従って進めており、「ユダヤ人が参加するというのは一般論を言ったまでであって、ユダヤ人のドイツ・オリンピック選手団への参加に努力する、との義務を負ったわけではない」。「すべてのスポーツにおいて能力によってドイツ国籍者の競技者がオリンピック選手団に選ばれるのは、帝国スポーツ指導者およびドイツ・オリンピック委員会に任されている。その際、もちろんオリンピック規則は尊重されるべきである[97]」。

その傑出した能力ゆえに無視しえない3人のドイツ－ユダヤ人スポーツ競技者がいた。アイスホッケー競技者のルディ・バル（Rudi Ball）、高跳びのグレーテル・ベルクマン（Gretel Bergmann）と何度もドイツ選手権を勝ち取ったフェンシングのヘレーネ・マイヤー（Helene Mayer）であった。2人の女性競技者は、既にドイツの外で生活していたが、「ヒトラーの政治的偽装工作のチェスの駒になっていた[98]」。マイヤーは、郷土愛ゆえにオリンピックのトレーニングへの招待を受け入れ、オリンピックでは銀メダルを得、表彰台でドイツ式礼をもって応じた。ベルクマンは、まだドイツに住んでいた家族に対する脅迫的な圧力が加えられた後になってようやくこれに応じた。予選で彼女はドイツ新記録で勝ち、彼女の競争者に20センチの差をつけていた。2週間後、彼女に対して形式的な書面で、不確実な実績ゆえにオリンピック選手団に受け入れられない、と通知された。拒否の決定はアメリカのオリンピックチームが船で去った後になってようやく送付された。ドイツ－ユダヤ人競技者は、アリバイ機能を満たしたわけである。

アメリカのオリンピック委員会の、影響力あるメンバーであるチャールズ・シェリル（Charles Sherrill）は、ドイツが開催場所となることには、ユダヤ人が平等の権利で参加する問題が彼の目には明らかになって、当初の懸念を放棄した。1935年9月にヒトラーとの個人的会見の後、帝国スポーツ指導者ハンス・フォン・チャマー・ウント・オステン（Hans von Tschammer und Osten）からドイツ・オリンピック委員会の活動について情報を得た。

チャマーは、マイヤーとベルクマンをドイツ・オリンピック選手団に入れる

第1部　ドイツ外務省の過去

べきだと要求されている、と言った。ベルクマンは既に彼女の参加を「承知した」が、マイヤーの回答はまだ来ていない、ということであった。帝国スポーツ指導者によれば、「アメリカの参加のためシェリルが努力すること」を少なからず支援しなくてはならなかった。[99]

　外務省はユダヤ人の競技への参加割合の宣伝効果的な価値を素早く把握して、外国にいる使節団に対し「選択に際してユダヤ人の基本的な平等性と 1936 年のオリンピックゲームへのドイツ国民選手団の準備」を指示した。ヴィルヘルム通りが「問題のない」ゲームに必要な調整のための努力に貢献したのも、また第三帝国に役立った。米国の抗議行動がゲームのボイコットを実現し、他の国がそれに続いたならば、ヒトラーおよび第三帝国にとっては大きな栄誉の失墜を意味しただろう。しかしながら、ベルリンのフランス大使アンドレ・フランソワ＝ポンセがその備忘録で書いているように「競争、走り幅跳び、投擲競技で争うという、妥協したヨーロッパ像が勝利してしまった」。[100]

第4節　ハーヴァラ協定

　国家社会主義下のドイツは移民送り出し国だった。1933 年から 1936 年の間だけでも 3 万 8,500 人のユダヤ人がパレスチナへ移住した。1939 年までには、この数字は 5 万から 6 万に上った。[101] 移住を促進するために、帝国経済省は 1933 年 8 月にドイツとパレスチナのシオニストの代表との間にいわゆるハーヴァラ協定（移送協定）を締結した。これは同時にドイツの輸出を促進し、危惧された国際的貿易ボイコットに対抗するためであった。この協定は、移住民の財産をパレスチナへのドイツの財の輸出と見なし、資本の外国への移転に伴う大量の課税を回避するものであった。これは資産のないユダヤ人の移住への道を開いた。というのは、パレスチナへの移住民にはいわゆる「保証金」1,000 パレスチナ・ポンド、これは 1 万 5,000 ライヒスマルク相当額を財の移転によって保証することになっていた。

　この協定に基づいて、ドイツのユダヤ人のパレスチナへの移住は急速に増加した。既に 1937 年半ばにはその数は移民総数の 16.1% で、最大の割合を占めた。このような展開が、1935 年の末に、ユダヤ人と結婚していた総領事のハインリッヒ・ヴォルフ（Heinrich Wolff）の後任となったドイツの在エルサレム総領

100

事ヴァルター・デーレ（Walter Döhle）を、干渉させることになり、新たに「ユダヤ政策」の急進化をもたらせた。彼は、1937年3月に数頁の報告で、英国の統治領だったパレスチナの国内政治的発展と、特にドイツからの移民によって増大した「アラブ人とユダヤ人の対立の激化」について警告した。彼の確信によると、これまでは本来のドイツの利害は常に控えられてきたが、いまやこの政策の追求をはっきりと警告しなければならない、と述べた。

これまでは、とデーレは述べているが、ドイツは「アラブ人が新しいドイツに持っていた好意を強化したり、維持しようということはあまりなかった」。しかし、「新しいドイツと総統に対する現状のアラブ人の好意を維持し、磨く」のは我々の努力でなければならない。というのは、パレスチナのアラブ人は「ユダヤ人に対する戦いにおいてドイツが前面に立っていると感じている」からで、そうであるからこそ重要である。それ以上に、ドイツは「実際にユダヤ人国家の建設、特に工業地域の建設が成功することに全く関心を持つべきではない」。なぜならば、「長期的にはドイツの外国貿易にとっては危険」となるからである。「ユダヤ人の新しいドイツに対する原則的な敵対的な立場について」彼は、「パレスチナのユダヤ人から見れば、ドイツからの財産の移転がもはや進まず、ユダヤ人のドイツからの財の輸入への関心がなくなった時には、ドイツに対する激しい闘争を予期していた。パレスチナの建設、パレスチナのユダヤ人経済の強化はいつかは我々に向かって影響するに違いない」。「ユダヤ人問題の完全な解決」の際には、パレスチナには「アラブ人にとってもドイツ人にとっても決して正常な生活の可能性がもはや存在しない」[102]。

1937年3月のデーレの書き物以降パレスチナ問題は初めて関心の焦点になった。ドイツの外国使節団からの報告がそれなりの効果をもたらした。かつての1933年の４月ボイコットと同様に過激化はこの度も外務省からであった。1936年８月以来臨時に政務局を率いていたエルンスト・フォン・ヴァイツェッカーは、「将来のパレスチナ問題に対する指針」を具体化した。それによると、「1.世界的ユダヤ主義の破滅はパレスチナ国家の設立に優先する。2.現下の英国の委任統治領に直接働きかけるのは、この方向でドイツの外交を活動させるのはどのみち合目的ではない。[103]ビューロー＝シュヴァンテは、ドイツの国内の大臣に、「パレスチナにおけるユダヤ国家の問題に統一的な見解をつくる」にあたってこのラインで見解を示すよう勧めた。さらにユダヤ人の移民に資するすべての国

内政策的処置に際して「ユダヤ人のパレスチナへの移住を無分別に促進するのでなく、世界のあらゆる違った方面への移住」も優先されるべきことを確認しなければならない、とされた。ドイツ課もまた「ユダヤ人のパレスチナにおけるユダヤ人国家の建設という要求は」若干の時とともに「ますます明確になり、ますます大きな自明の理として要求されるようになってくる」だろう、とみている。それゆえに、ドイツ課は、「世界のユダヤ主義が分裂することの方が、パレスチナ国家において政治的に確立して自己の外交代表を持ち、国際連盟に席を占めるなどよりも、ドイツの利益に合致している」、との見解である[104]。

　ハーヴァラ協定についての論争は、現状維持の賛同者とラディカルな解決を求める者の間の線引きで行われたが、それは、党官僚と帝国の役人の間で行われたわけでなく、もっぱら省庁間で行われた。ナチ党（NHA ―党の外国機関）の外国組織は、ハーヴァラ協定の大幅な修正に賛意を表明していた。というのは、この協定は「ドイツの資本の援助によりユダヤ人の国民国家の建設にとって価値ある支援」を意味しており、「国民経済の見返りもなく財の輸出」につながる、という。在外交易部は期待通り喜んで、党の仲間のデーレを価値ある同盟者である、と見なし、また、シュムブルクとの意見交換によってドイツ課との間で多くの意見の一致が確認された、とした[105]。実際、ドイツ課は、次のような立場を代弁していた。すなわち、「ドイツからのユダヤ人の本質的に強化された移住は、ドイツ側の行政的な促進 ―― 可能な外貨政策の犠牲（ハーヴァラ協定）の下で達成されるわけでなく、ユダヤ人自身の移住への意欲によって達成される」。この目的は「国内的なユダヤ法（例えば、ユダヤ人の所得に対しての特別税）により、ユダヤ人自身のイニシアティブによる移住によって自動的に生じてくる度合にまで達成されるのである」[106]。

　外務省の経済局と帝国経済省さらには帝国の外貨事務所および帝国銀行は決して相対立する立場をとったのではなく、せいぜい食い違う程度の立場をとった。彼らは、ドイツのユダヤ人の対外排除に反対し、と同時に移民の大波の「粉砕」にも反対しなかった。ドイツの財に対するボイコットが進み、ドイツの輸出産業への観点からのみ、彼らはハーヴァラ協定の中止に対しての異議を唱えた。相互の立場を調整するために、1937年9月末に予定された主務大臣間の話し合いに持ち越された。4ヵ年計画の全権者であるゲーリングはこのために、「ハーヴァラ協定は従来の形では国民経済の観点から維持することはもはやできなく

なった」、そして、「可能な限り早急な変更」が続かなければならないと指導的
考えを述べた[107]。

それに加えてヒトラーから「自分に上奏されているユダヤ人の移住問題に関
しての理由から」いまや一般的に「ユダヤ人の移住を、パレスチナに限定する
ことなく」促進することを決定した、という指示が来た。いかなる明確な決定
も回避して、この原則的決定の枠内で、主務大臣たちの話し合いの参加者たち
は、いかにしたら総統の意志に最も応じられるかと合意達成を試みた。しかし
ながら、激しい議論は残念ながら明確な結論を得なかった。「突っ込んだ賛否に
ついての考慮の後に、取りあえずの解決……に導くべき決定がなされた」[108]。

結果としては、意見と権限をめぐる対立の存続であった。外務省の経済局お
よび中東部を率いているヴェルナー・オットー・フォン・ヘンティッヒ（Werner
Otto von Hentig）は、彼らの役所の公式なラインに反する意見の AHA（党の対外
貿易局）の起案と相対峙することになった。ヘンティッヒは彼に対する告発に
もかかわらずに自分の立場を維持し、公式といわれるラインは単に「ショムブ
ルク（Schomburg）という外務省の若い男の個人的な見方にすぎない」といって
非難に対して対峙した。さらに、彼は「個人の所有権は尊重しなければならな
い」との意見を変えなかった。どっちみち彼は「反ユダヤ人政策は我々に既に
どれだけ損害を与えているのか、この政策がどれだけ大きな損害を招来し増大
させるのか、を良く判断することができた」[109]。ヘンティッヒが十分熟慮した外交
官の課題を負おうとしていたにしろ、彼がヴァイツェッカーに送った覚書には、
ユダヤ人国家の論拠をも述べられていた、という意味で特別である[110]。全体の結
論として、もちろんヘンティッヒもまた「多かれ、少なかれ、ユダヤ人の指導
する独立な国家建設は、ドイツにとっては歓迎されえないだろう」との結論に
至っている[111]。

ハーヴァラ協定をめぐる外務省のドイツ課と経済局ないし中東部の間の相違
にもかかわらず、外務省は外務大臣ノイラートが示したラインに拘束された。そ
れによれば、「英国の委任された主権下のユダヤ人国家あるいはユダヤ人に率い
られた国家の樹立はドイツの利益にならない。というのは、パレスチナ国家は
世界のユダヤ主義を結束させず、政治的にカトリック主義者がヴァチカン国家、
あるいはコミンテルンがモスクワの国家を造ったように、国際的なユダヤ主義
に国際法的な権力基盤を追加的に造ることになろう」[112]。

103

第1部　ドイツ外務省の過去

議論は数ヵ月間宙に浮き、1938年1月に「総統の決定」により、方向性と管轄をめぐる争いはここで終止符を打った。ローゼンベルクの新たな提案により、ヒトラーは、ドイツからのユダヤ人の移民はさらに引き続きすべての手段を尽くして促進すべきも、第1にパレスチナに集中すべき、とされた。[113] したがって、ヒトラーはハーヴァラ協定の中断に反対し、これまでの有効な手続きを進めることに決断した。これにより、ハーヴァラ協定に反対する者は彼らの根本的なポジションから逸脱し、「ドイツとアラブの利益を確保する」ことに協定の変更を唱えた。[114] 議論は、ヒトラーの命令に従う限り、外務省が第三帝国の外交政策に積極的に関与できることを示した。

第5節　リッベントロープに対する包囲網づくり

他の省庁および役所とのたくさんの内的な相違にもかかわらず、大きな紛争もなく、外務省は協力したが、外国にあるナチ党の下部部局との関係はますます難しくなった。1935年春には、緊張は、ノイラートとナチ党の対外組織の長ボーレが協調された一歩を諦めるほど先鋭化した。似たような指令で、最近、帝国の代表と外国にある党の地方部署の間で無数の意見の相違が、「実のない書簡の交換」に結びついただろうことを確認した。外務省とナチ党の対外組織はそのような書簡の往復は不必要で、目的に合致しない、という点で一致した。外国にある使節団は信頼感のある、スムーズな協力を考え、直接の口頭の意見表明を通して妥協を招来するよう努力すべきである、とされた。[115]

この呼びかけは、長続きする状況の鎮静化に導かなかった。既に1935年11月にベオグラードのドイツ公使ヴィクトール・フォン・ヘーレン（Viktor von Heeren）は、当該地のナチ党の地区グループ代表であるフランツ・ノイハウゼン（Franz Neuhausen）に対して苦情を訴えた。ユーゴスラビアの首都の旅行会社の所有者であるノイハウゼンは1933年5月にナチ党に入党して、公式には1935年の5月にゲーリングの好意を得、彼の新婚旅行の世話をした。このような後ろ盾を信頼して、ノイハウゼンはユーゴスラビアの首相のための晩餐会に招待するように要求した。ノイハウゼンが公的な資格を持っていなかったので、ヘーレンが書いているところによれば、公使館はそのような招待が「社会的な課題に役立つものか、害あるものかを」決定しなければならなかった。「このような機会

に起こるべき意見の相違を、将来排除するために、彼は一般的な、明確な決定を行うことが無条件に必要である、とみなした[116]。外務省とナチ党の対外組織が相談の末に達した答えは、助けになる以外の何ものでもなかった。「一般的な規則を厳格に規制することは」「自然には成立しない」。むしろ、各国の党グループの長を「ドイツの問題」に引き込むことが有益かどうかは検討されねばならない、とされた[117]。この妥協は、ヒトラー国家を具体的に表現するものであった。ヒトラー国家は最終的に国家と党の関係についての問題を決して決定しなかった。

　ヴィルヘルム通りの外交官の問い合わせと苦情が重なる一方、中枢と外国にある組織の間で意見の相違が続いた。外務省の「国際法的な理由から、外国での党の第一人者が主権を持つことは」問題外であるとの外務省の見解を担う事はできない、という意見をビューロー＝シュヴァンテに書いた。彼は、基本的には党の代表に国家の代表が優先する、と言明していた[118]。ほとんど１年間に渡った議論の末、最後に妥協の形が成立した。それによると、「ナチ党の主権の担い手は」常に「外交使節団のすぐ後」と位置付けられた。外国の外交官あるいは国家に人々がレセプションの客に招待されている時は、党の代表はもちろん現れてはならないが、同時に主権の担い手である外交使節団のメンバーによって代表されねばならない。外交使節団の職業的な機能と党の機能の違いさえ区別されたが、「外国に対して党と国家が一体であるということを目に見えた形で示すべし、という組織的な処置も目的に奉仕し、告示された指導原理の目立った矛盾であった[119]」。

　党と国家の役所の区別を次第に克服するために、ボーレは1937年１月30日にヒトラーに外務省に招聘され、外務省の対外組織の長に任命された。統一的に外国にいる帝国ドイツ人を保護することを管轄するボーレは外務大臣に「個人的にそして直接」従うこととされた。しかしながら、同時に彼は「総統の代理」として、ナチ党の対外部の長に留まっていた[120]。外国にいる帝国ドイツ人に関連することは、当然外交政策に関することで、逆に外交政策は外国にいるドイツ人の利益に触れることになるので、ノイラートとヘスに仕えるボーレの二重の立場は相容れざるものがあった──しかしそれは「伝統的な行政と新しい政権の混同の」性質の典型であった[121]。

　ボーレは自分の任命を国家社会主義の完成への論理的継続と考えていたが、

105

第1部　ドイツ外務省の過去

実際は数ヵ月間に渡った権力闘争の結果で、見かけ上にも外務省が勝利者に見えた。エルンスト・ヴィルヘルム・ボーレは、1903年にイギリスのブラッドフォードにあるカレッジの教師として移住した者の息子として生まれ、子ども時代および学校時代は南アフリカのケープタウンで育った。ドイツの大学で国家学と貿易学を学んだあと、彼はいろいろなアングロサクソンの会社で働いた。世界経済危機の結果失業して、1931年の末に外国にいるドイツ人としてナチ党の在外組織に職を得た。在外組織の建設と同じくして彼自身の出世が始まった。世界中で1932年9月には、10カ国のグループ、34ヵ所の地域グループ、43の支部であったのが、1933年9月には全体の数は230に上った。1932年3月にやっとナチ党に入党したボーレは、初めは南部および南西アフリカ担当の課の協力者として、その後、外国での経験、組織力と保護によりキャリアを積み、それが遂に1933年5月の対外部長任命につながった。

　すべては彼の名誉欲が進めたのである。1933年12月にルドルフ・ヘスが帝国大臣（無任所）に任命された時、ボーレは、彼の庇護者に書面で、外国にいるドイツ人に関する帝国の省の設立を提案した。ヘスに指導され、ボーレを事務の統括者としてこの省はすべての外国に住んでいるドイツ人を、「利用できる、祖国にコントロールされた権力の機械として」設けられ、掌握することを目的として組織されるとした。外務省は、すなわち、ドイツを「国家社会主義での意味で」、「力強くも積極的にも」「大々的にかつ全体的に保障」しておらず、職業外交官が努力し、「非常に魅力的で、柔軟な人々」であるとしても彼らは、「ドイツの押し込まれた今日の状態」を対外的に代表する「力強いタイプではない」、とされた。⁽¹²²⁾

　ヘスはこの提案に飛びついたわけではなかったが、それでも1934年2月にナチ党の対外組織の外国部の改革を行った。5時間以上の意見開陳 —— ボーレは「どの関係からも非常に価値あるもので、実のあるものであった」といっている —— を彼は外務省の人事局代表 —— その中にはグリューナー局長、その代理ヴァルター・ペンスゲンとヴァルデック・ウント・ピルモント公がいたが —— 将来の協力について了解した。最近数ヵ月間の「不安定」は「これによって完全に除かれた」。さらに、この合意は、対外部の「すべての希望と狙い」に合致している、とボーレはヘスに書いている。⁽¹²³⁾合意された規制によれば、まず外国に恒常的な住所を持つすべての党員と対外組織に適用された。それによっ

て、外国に生活するすべての外交官で党員証を持つ者もまた組織的に対外部局に把握された。さらに、将来すべての外交官でナチ党に入党を希望する者はその希望書を対外組織の長に差し出し、長が決めることになった。ボーレはこれによって強い権力を勝ち得ることができた。既に1933年10月に彼は大管区長官に任命された。すべての大管区長官の中で最も若い31歳の大管区長官であって、それも、同時にすべての外国での党の仲間を包含する、考え得る最も大きな「大管区」長官であった。

　1936年2月にボーレは自己の権力を拡大せんとして時を利用した。2月4日、スイスのダボスで対外組織の当地の国のグループ長であるヴィルヘルム・グストロフ（Wilhelm Gustloff）がユダヤ人医学生ダヴィット・フランクフルターに射殺された。フランクフルターは1933年10月にドイツからスイスに亡命し、以来ドイツから国境を越えて到着する、殺害され、虐待されたユダヤ人に関する報告を求めていた。暗殺は最も能動的な国別対外組織の長に関係していた。そのグループはスイスに生活しているドイツ人1万2,000人のうちわずか1,400人のナチ党対外組織の一員であったが、それでもスパイ活動や密告で大きな効果を達成していた。ボーレは暗殺事件を同時に二重の意味で利用した。一方で彼はグストロフを殉教者に仕立て上げ、結論を導き出させた。他方で外務省への対外組織の統合の要求を通し、彼の協力者が外交上の免除を享受すべしと主張した。外務省と対外組織間の数多くの話し合いや書簡の交換によってその後この問題が、彼らをまた国外追放から保護するために、外国における党の代表に治外法権を認めるやあるいはいかに認められるかを議論した。国別グループの長を外交使節団の一員とするか、あるいは、軍事アタッシェの例のように、外交代表の中に党のアタッシェを動員するかが考えられた。ヒトラーは党の代表が、あるいは党のアタッシェが外交の一員として法的枠組みに入ることを歓迎し、外務大臣ノイラートは、それによって「外国におけるナチ党の政治的代表が十分な保護を保障される」ので「原則的に了解した」。彼の唯一の条件は、党のアタッシェは完全に、全面的に当該使節団の長に従うこと、そして「実際は受け入れ国の世論に対する宣伝的あるいは組織的な活動において、いわんや広い意味での「政治的な」仕事は放棄してほしい、という件であった。密かに、外務大臣は特に、このような処置によって「たびたび起こる帝国の官吏と外国におけるその地のナチ党職員の間の非常に不都合に作用する二重主義に終止符が

107

第1部　ドイツ外務省の過去

打たれるように望んだ[126]」。

　実際は、外務省と対外組織の間には厳格な区別はなかった。ましてや、人的には。だから、スイスの国別の組織のグンストロフの後続者は、職業外交官で、その前にはプラハのナチ党対外組織のグループ長であったジギスムント・フォン・ビブラ（Sigismund von Bibra）が就いた。ビブラは 1922 年に外務省に入省し、1931 年にプラハの公使館の使節団書記官を勤め、1936 年には公使館参事官第Ⅱ級としてベルンに配属された。彼は、職業外交官グループの一員であったが、外務省の上級職員の中で下部に位置し、並行して対外組織の中の機能も果たしていた。また、例えばボストン、クリーヴランド、ニューヨーク、シカゴのナチ党組織の長たるフリードヘルム・ドレガー（Friedhelm Dräger）は 1928 年に外務省に入省し、1934 年以来ニューヨークの総領事として活躍していた。党国別組織東京で活動していたワルター・パウシュ（Walter Pausch）は同時にその大使館の名誉アタッシェであった。党の対外組織員は問題もなく、外務省の仕事に統合された。当然のことながら早くからナチ党対外組織との「協調的、強力な協力」に尽力していた大使のディルクゼンはいずれにしろ、自らボスの「好意的な支持」を喜ぶパウシュに対して称賛の辞を述べていた[127]。

　長らく確立した外務省と対外組織との密接な結合についてノイラートはボーレとの約束の多大なメリットを保証していた。ボーレは、ヴァイツェッカーが追想しているように「党官僚ではない」という評価を得ようとして急いでいた。彼とノイラートは「たくさんの困難を抱える」ことはなかった。彼はボーレに「党について最良の冗談」を感謝する具合であったし、「他に、そのリッベントロープに対する憎しみによって知識人らしさを証明した」。外務省の役割に触れることなく、党の代表と外国に派遣された官吏の摩擦を終わらせることを約束してボーレは、最終的に外務省への招致の基礎を作った。特にノイラートは、ボーレを組み込むことによって、中心的な問題に無条件に口を挟もうとする、外務省にとっての核心の仕事、すなわちあの男を防ごうとした。リッベントロープの意図であった。しかし、外務省がローゼンベルクの幾人かの協力者を迎え、そしていまやボーレの対外部を取り込むと、リッベントロープの信頼する男のルドルフ・リクス（Rudolf Likus）が、党がまさしくヴィルヘルム通りに取りつかれてしまった気がする、と警告した。外務省は、「党の人間たちを自らの方向に引き寄せ、彼らを非常に慇懃に扱い、彼らの意に添うように影響している」。こ

のような方法で外務省は「党に対する関係を積極的な形に固めようと」考えている。この結果、ヘスの参謀長マルティン・ボルマンは「党対外事務所」に対して抵抗を強めた。ここに統一的な「リッベントロープの対外事務所」に対する「統一前線」が生まれつつあった[128]。

ノイラートの、ボーレとともにリッベントロープに対するブロックを築こうとする目論見は、本当の外交政策の推進力がヒトラーにあり、リッベントロープは単なる「実施機能」を果たすだけであったから早晩破綻せざるを得なかった[129]。ボーレもまた自分の新しい部署を力の限り利用した。彼は外交政策に介入することに失敗したが、彼は外交における党の代表として、彼の「指示を厳密に」守り、「帝国の代表の威信を守り、……どんな状況下でも尊重する」よう秩序立てた[130]。これに並行して、彼は周到に自分の影響分野を築き上げ、官吏のナチ化を先に立って推進した。「外務省職員の中の国家社会主義者の微妙な不足」は、彼をして、「(外務省の)職場を引き受けるように提案できるように常にふさわしい、しかもできるだけ古い党員を探すようにさせた」、と彼はヘスに書いている[131]。ヘスの助けを得てボーレは、外交官たちの昇進に直接的影響力を得ることに成功した。それまでは、ヒトラーが確認する前に、昇進は総統の代理に意見を聞かなければならなかったが、いまやこのプロセスは、ミュンヘンの党本部が、ボーレが同意した後にそのまま承認する、ということにより短縮された。「これにより党の、好ましからざる、党の政策上信頼できない外交官に対する異議申し立ての権利を一般的に確保した」[132]。

ボーレの人事政策上の影響はいまやますます強く表れた。彼の言い分によって一連の外交官たちが退職を強制され、移動させられた。例えば、ハバナの公使、ダーバンとザンクト・ガレンの領事たち、メキシコの公使館参事官と南アフリカに駐在していた代表部書記官である。他方で、1937年には、推測するにボーレの推挙によって、少なくとも6人の対外組織の協力者が外務省の上級職員に採用された。余談であるが、彼らはトップに導くようなキャリアを積んだわけではないが。さらに、党の高級幹部が現実に実務を行う上で、それに組み込まれることや、その一員になることが普通になった。これらのすべての場合に省のトップや大臣との間でどのような軋轢を生じたかは実証されていない。以前と同じようにノイラートはヒトラーとの間で大使や公使の任命を習慣付けられた形で了承を取った。それ以下の段階については、人事局が管轄して、ボーレ

第 1 部　ドイツ外務省の過去

の信頼する審査員が対外組織と摩擦のないよう協力した。[133]

　1937 年 12 月、ボーレは称号上事務次官に格上げされて、やっとマッケンゼ
ンと並び直接大臣の次の地位になった。マッケンゼンの簡潔な記録によれば、
総統の次席が彼に「彼は総統かつ帝国宰相に対して、対外組織の長ボーレ氏が
帝国大臣と既に話した『事務次官』というタイトルの案件について解決したと
ボーレ氏に」電話をした。[134] ノイラートはイニシアティブを理解し、「ある不明確
さを取り除くために」外務省のすべての職務に対して、「対外組織の長の決定は
外務相についてはどんな場合でも省の決定である」ことを周知させた。[135]

　任命された 1 年後、ボーレは —— 常に外務大臣の後ろ盾を得ているように
—— 対外組織の中に外務省地域グループを立ち上げた。その中にはすべての外
務省職員の中の党員（官吏、労働者および従業員）を網羅していた。それまでは党
員である限りの、外国に住んでいる外交官のみが対外組織の下にいたが、ボー
レはいまやベルリンに住んでいる外交官にも管轄を広げた。「外務省の地域グ
ループの主要な課題」は「中枢の指導下にある外務省職員の党の仲間を固く団
結させ、世界観を堅固にさせ、いつでも出動の準備がある国家社会主義者を教
育」することにあった。[136] 外国に派遣されたものは、当該地域のグループの活動
に参加すべし、となった。

　密やかに進む人的な侵攻は、個々の外交官からも制度としての外務省からも、
異なる動機により賛同され、支援された。協力は既に確立されていた。例え
ば、オランダにおける国別グループの長であったオットー・ブッティング（Otto
Butting）は週に幾度もハーグのドイツ公使であるユリウス・ツェッヒ＝ブルカー
スロダ伯爵（Julius Graf Zech-Burkersroda）と最も重要な問題を話し合った。ボー
レが、ブッティングに「オランダの在外部署において何らかのより良い地位を
与える」ことを、そして彼に公使館参事官の地位を提案した時、ツェッヒは何
の原則的な反論もせず、単に法律的考慮から領事に任命することを薦めた。[137] 外
交官として保護され、ブティンクは当初、国防軍の情報提供者としてスパイ活
動をし、「侵略して来る部隊にまさに必要な時に助けになる」情報を流した。[138]

　外国組織の協力者のかなりの人々がいまや外務省に組み入れられた。チリの
国別グループの元長だったヴィリー・ケーン（Willi Köhn）はサラマンカの総領
事に昇進し、英国の国別長のオットー・ベネ（Otto Bene）はミラノの総領事に、
ペルーの国別グループのカール・デデリング（Carl Dedering）は、リマの総領事

110

に、イタリアの国別グループ長エルヴィン・エッテル（Erwin Ettel）はイタリアのドイツ大使館の書記官に、元のポルトの国別グループの長であったフリードヘルム・ブルバッハ（Friedhelm Burbach）はスペインの大使館の国別グループ長に任命された。ベルリンの中枢では例えば大管区副長のフリッツ・ゲプハルト・フォン・ハーン（Fritz Gebhardt von Hahn）および大管区本部副長ペーター・バッハマン（Peter Bachmann）はアタッシェに任命されたし、大管区官房長カール・クリンゲンフス（Karl Klingenfuß）とボーレの秘書課長のエミール・エーリッヒ（Emil Erich）は使節団書記官になった。使節団参事官に、大管区局長のロバート・フィッシャー（Robert Fischer）とヴィルヘルム・ビッセ（Wilhelm Bisse）が就任した。[139]

　ボーレの保護のお陰でヴィルヘルム・ロデ（Wilhelm Rodde）とヴェルナー・ゲルラッハ（Werner Gerlach）も外務省の業務に就いた。親衛隊大佐のロデはリベントロープの外交事務所の秘書課長であったが、ウニペッグの領事に、後にはケープタウンの領事館の長になった。戦争中には彼は、南東ヨーロッパのナチスの移民政策に共同責任を負っていた。ゲルラッハは、病理学の教授であり、個人的な参謀部突撃隊長であったが、暫定的な期間ブーヘンバルトの強制収容所の責任者として在任したのちに、レイキャビックの領事長になり、そこで彼は特に親衛隊の血の引き継ぎの委託を行った。

　ボーレの保護を受けた幅の広さは、学問的な経歴や、軍事的キャリアを越えて商業的な活動に及んだ。それは、社会を横断して形成された。1933年には既に、高位の貴族出身の子孫であるメクレンブルクの後継大公爵フリードリッヒ・フランツ・エルプヘルツォーク・フォン・メックレンブルク（Friedrich Franz Erbgroßherzog von Mecklenburg）は、外国組織の前身である外国部に入ったが、ボーレは1933年の末に既にヘスに、最後にメックレンブルク＝シュヴェリンを収めていた公爵の長男は「賢い、巧みな方法で我々の考えを外国で広めるのに尽力している」と報告している。彼は、「いまだ非常に多くのドイツ国家の精神が支配している地域で聖人のような影響力を有している」、と。[140]ヴィクトール・ヴィード公はストックホルムの公使第Ｉ級であったが、彼はメックレンブルクを名誉アタッシェとしてスウェーデンに呼び寄せようとして、そのためにノイラートの認可も原則的に得ていた。ところが知られざる理由により認可が遅れた後に、1937年末にもう一度、メックレンブルクを外国組織から外務省に移動

111

第1部　ドイツ外務省の過去

させる考えが出てきた。計画されたのは、1931年以来ナチ党に、さらに1934年以来親衛隊に所属していたメックレンブルクを親衛隊大尉として帝国大臣副官にしようというものであった。[141]

第6節　親衛隊とドイツ外務省

　ボーレの権力拡大に伴ってヒムラーもまた外務省への影響力を築きあげた。1936年9月、親衛隊長官は、昇進して来る外国組織の長を親衛隊少将旅団長──少将に匹敵──防衛部隊に受け入れた。1937年4月、すなわち外務省での任命の後の最近の昇進の機会にボーレは中将に昇進した。この処置は、外務省においてカギとなる地位にいる男たちが、そのメンバーになることによって隊の原則に忠実であることを親衛隊が狙っている全く明白な努力に対応していた。ノイラート自身1937年9月に親衛隊中将として親衛隊に受け入れられた。1ヵ月半後、事務次官のマッケンゼンが准将の位でこれに続いた。両方の場合、任命はヒトラーないしヒムラーから発案された。総統が彼の外務大臣を既に1937年1月30日に金の党勲章の授与とともにナチ党に受け入れた後、ムッソリーニのドイツ訪問の機会に「全く驚き」をもって彼が親衛隊へ受け入れられた。「友好的に考慮された」マッケンゼンの任命もヒムラーは明らかに事務次官に諮ることなく、実行した──これは親衛隊がいかに尋常ではないやり方で、実行目的を持っていたかを強調している。[142]

　外務大臣および事務次官が同じく親衛隊に受け入れられたにせよ、彼らはそれによって何らの命令権限も得られなかったし、また親衛隊の部隊に何らの職を持たされたわけでなかった。しかし、それはノイラートがニュルンベルク法廷で弁明したように「名誉の位」ではなかった。そのような「名誉の位」は1936年以来もはや存在しなかった。外務省の親衛隊指導者はほとんど自由意思で、あるいは副業的に官吏である親衛隊メンバーは一般的な親衛隊の一員であった。違いがあるとすれば、外交官はドイツ全体に分散した領土組織に奉仕しておらず、ベルリンの中枢職員の指揮下にあった。[143]指導者上官から出発して親衛隊の位を持つ外交官は、親衛隊長官の個人的なスタッフとしての指導者であった。外務省の他の指導者は、例外的に他の親衛隊部署に指導されていない場合は親衛隊本部の指導者に位置づけられた。仮に、親衛隊に受け入れられた

112

外交官で、親衛隊指導者の完全な機能を持った、特定の職場を持たない者にも、
―― 大抵の場合著名な ―― 親衛隊指導者は、親衛隊の規則や儀式、世界観を含
めて、受け継ぎ、具現することが当然期待された。

　中将の防護はヒムラー自身が行った。例えば、外務大臣の場合もそうである。
常にノイラートの防護について、「防衛部隊の血の防衛と防衛隊の死活の法とし
て」議定書がつくられ、それが、握手で確証された。[144] ノイラートは、失敗した
ビュルガーブロイでの蜂起の記念日に宣誓し、その1年後、親衛隊の名誉の剣
が贈られた。1943年、彼は大将に昇進した。[145] マッケンゼンは似たようなキャリ
アを積んだ。1937年11月に上級指導者に任命された後、1939年1月には少将
に昇進し、1942年1月には中将に昇進した。常にマッケンゼンは昇進と承認に
対して言葉を探して感謝の言葉で反応した。1939年1月にヒムラーが彼を親衛
隊の頭蓋骨指輪を授与した後に、彼は「高い表彰」に対して「深甚なる感謝」
を表明し、長官に対し、彼が「この栄誉の意味を理解し、同時に義務を完全に
評価することを理解している」として確約するために急いで参じた。1942年の
クリスマスには、彼はヒムラーに対して、「豪華な贈り物」に謝意を表し、彼が
「忠実なる願い」を確約した。[146]

　ノイラートとマッケンゼンの任命は、ドイツの新聞では国家社会主義国家へ
の示威的な忠誠の告白として大々的に報じられた。タイムズとノイエ・チュー
リヒャー・ツァイトゥング新聞には、ノイラートの親衛隊への受け入れは「ヒ
トラーの政策への一段の詳細な協調」がなされているのだ、と正しくコメント
している。[147] この関連を認識し、軽く見ないようにした者は、親衛隊への受け入
れを回避するためには、例えば、ウルリッヒ・フォン・ハッセルが1937年9月
にナチストラック部隊に参加したようにすることができた。また、ほとんどは
高位の職務についていない他の数人の外交官たちは、わざと受け入れを避けた。
職業外交官で、1935年12月にナチ党に入党したギュンター・アルテンブルク
（Günther Altenburg）などは、親衛隊への受け入れを拒絶してからの、後の手配と
いうヒムラーの申し出を回避した。[148] それでも、アルテンブルクは戦争の始めに
は公使のI等クラスで、情報部長として上り詰めた。

　他の職業官吏はこれに反し、親衛隊のメンバーとなることによって有名に
なった。1938年に外務省に招聘されたフランツ・クラップなどは、公式な機会
などを通して全く意識して「親衛隊のメンバーとしての資格」で入党した。[149] 1936

113

第1部 ドイツ外務省の過去

年1月から1938年4月の間に急速に大尉から大佐に昇進したブエノスアイレス大使のテルマンによって、最初の親衛隊がトップの外交官グループに進出した。テルマン、ボーレ、リッベントロープ、マッケンゼン、ノイラートとともに、指導的段階の外交職員 ―― 全体で43名の官吏で公使第Ⅰ級以上の者が ―― 1937年年末には5名の外交官が親衛隊の地位を伴っていた。親衛隊、突撃隊のメンバー参加率が明確に少なかったのは、これ以下の段階の外交官の場合であった。後続の外交官の場合は、これに反し親衛隊や突撃隊に所属するものは平均を上回っていた。アタッシェ組のメンバーや待機組は、持続的に上昇し、1935年には19％であったのが1937年には35％、1939年には60％になった。1937年には、教育年間に採用された者のたった一人のみが党や突撃隊あるいは親衛隊に属していなかった。

外交官ヴェルナー・ピコ（Werner Picot）の例は、党、親衛隊、国家の性格的な組み合わせを明確に表しているものである。ピコは、1903年に生まれ、自由部隊に奉仕し、それから法律と経済学ならびに国家学の学問を終えた後、1931年にナチ党（NSDAP）に入党した。法律の二次試験の後、ベルリンで弁護士を勤め、同時に突撃隊の指導者として活動した。1935年6月に彼は外務省に招聘され、数日後彼の親衛隊大尉への受け入れが続いた。その後は、親衛隊での昇進は外務省での昇進に常にほんの数週だけ先立って行われた。1937年4月に親衛隊少佐に昇進すると、1937年8月には代表団書記官に任命されたのが続いた。そしてピコは1940年11月には中佐になり、1940年12月には代表団参事官になった。この時点でピコは組織替えしたドイツ課の課長代理に昇進していた。そして、親衛隊長官との連絡係を果たしていた。

これらの指摘された数字からは、親衛隊が求めていた二重の戦略が容易にわかる。一方ではヒムラーは、トップの外交官たちをメンバーとすることによって、外務省への影響力を広げようと試みていた。他方で、彼は後続の外交官たちが親衛隊のメンバーになる確率が高まることによって長い目で見て外務省の中に浸透することを確実にした。また親衛隊が外交官の中間層に占める割合が控えめであったことは間違いない。彼らは、上級職員の主要部分を占めていたからだ。そこには「親衛隊への大量逃避」が本格的な傾向にあったとヒムラーの協力者が驚愕して確認していたが、親衛隊のこのレベルにはほとんど興味がなかった。もちろん、個々のケースでは親衛隊への受け入れは、目的意識をもっ

て候補者が外国での職務を終えて再び中央に帰ってくるまで延期されさえした。控えめだった主要な動機は、もちろん親衛隊側にあるが、重要な決定の中には、特に若者を獲得することにあった。いずれにしても、外務省の職員の親衛隊への参加率は、帝国の平均をはるかに凌駕していた。ノイラート時代の最後には、500人の上級職員の中でほぼ50名の親衛隊指導者がいたことは明白である。⁽¹⁵⁴⁾この数字はいま一度、ヒムラーの組織がいかに狙いをつけて —— 成功裏に —— 外務省の中に浸透していたかを明確にしている。

第7節　ノイラート外相からリッベントロープ外相へ

　自分の目的を達成するためにはヒムラーにとってはヨアヒム・フォン・リッベントロープよりましなパートナーは考えられなかった。リッベントロープは1932年5月になって初めてナチ党に入党したが、党にも権力基盤を有していなかったし、影響力のあるポジションにも恵まれなかった。このことは、彼のヒムラーとの協力が戦術的であったことを説明している。ヒムラーは1933年5月に彼を准将として親衛隊に受け入れた。1935年4月には親衛隊大佐に任命され、2ヵ月後には親衛隊少将への昇進が続いた。それは、1935年6月17日の日付となっていた。というのは、昇進はふつう第三帝国の休日 —— と記念日にのみに、すなわち1月30日、4月20日、9月とそして11月9日の帝国党大会に実施されたが、リッベントロープの任命日に艦隊条約が結ばれることになったのでその日も加わったのだ。ヒムラーは劇的に上昇した大使の重要性にかかわろうとしたのである。同じことが次の年に繰り返された。8月にリッベントロープは予算に裏付けられた大使として外務省に招聘され、9月には中将として彼の昇進が続いた。⁽¹⁵⁵⁾

　このような背景下で、発展的な協力がリッベントロープの事務所と親衛隊との間で進展した。大抵は外国通信や外交官の政治的な信頼性にかかわることであるが、内政および外交政策的な報告の交換よりも、相互間の協力そのものの事実がより重要であった。1936年末に、リッベントロープが信頼するリークスは親衛隊との意見交換の後で「治安機関側が関心を持たなくなると、外交的な意味での作業促進の、ある程度の可能性が失われるようになる」ことを確認している。ヒムラーが外交情報機関として設立した親衛隊の治安機関は、自身の

115

理解では「外交政策ではなく、しかし、作業の実際からは、外交政策の指導を
任された事務所にとっては、価値あるものかもしれない可能性が招来した」。治
安機関の話し相手には、リッベントロープの事務所のみが相手になった。「と
りわけ、治安機関は外務省の外交政策の実際に対しては全然信頼を置いていな
かった」からである。ヒムラーの、外交政策の分野でも権力を築き上げようと
する彼の努力と、リッベントロープの「できる限り多くの親衛隊指導者を自分
の周りに置いて事務所を他の党の組織に対して背後を固めようとの」受け入れ
用意は、相互に理想的な方法で補った。リッベントロープの外務省の職場の大
使としての任命と外務大臣としての使命の後は、ヒムラーの「俺お前」の友人
の協力関係をはっきりと増加させた。

　リッベントロープとノイラートの交替はすべての者にとってかなり驚きで
あった。1937年11月5日、ヒトラーは総統対談に人々を招待した。その経過に
ついては国防軍副官フリードリッヒ・ホスバッハによって作られた回想記録に
書かれている。小規模の人数を前に、ヒトラーは次の年に行う彼の軍事的戦略
的な諸計画を描いて見せた。聞き役は、外務大臣のノイラートと帝国戦争大臣
ヴェルナー・フォン・ブロンベルク、それに陸軍、海軍と空軍の参謀総長ヴェ
ルナー・フライヘル・フォン・フリッチュ、エーリッヒ・レーダーそれにヘル
マン・ゲーリングであった。彼らに対してヒトラーは誤解ない方法で、それは
「彼自身の変更なき決定であり、遅くとも1943、1944年にはドイツの生存圏を
解決する」。そしてそのためには「暴力の道のみがある」と述べた。ノイラート、
ブロンベルクそれにフリッチュは懸念を表明し、特に大きな戦争の危険性を指
摘した。このはっきりした反論は、ヒトラーが「これまでの保守的なエリート
による取りあえずの業務の基本を停止」することに連なった。ブロンベルクは
1938年1月27日に「健康上の理由から」、去らなければならなくなり、2月2
日にはフリッチュが、2日後にはノイラートが解任された。

　1937年から1938年に変わる時のベルリンでブロンベルクとフリッチュに対
する陰謀が発生したのに続いて、リッベントロープとローマのドイツ大使で
あったウルリッヒ・フォン・ハッセルの間の強い対立がこれに加わった。1937
年11月、両者はローマで協議した。リッベントロープによれば、問題は、し
ばしば儀礼問題であった、というが、実際は外交政策の基本路線や特にドイツ
＝イタリア関係であった。ハッセルの立場は既に危うくなっていた。リッベン

トロープは、彼に対して「組織的に敵対」論を展開した。イタリア側にハッセルは「国家社会主義の政権の本当の代表ではない」とする政権の代理人に対して、繰り返してぶっきらぼうに対応していた[160]。ムッソリーニがその後、ベルリンにいる大使に、彼にとってはローマから更迭が望ましいように見える、と噂を流布させたことがハッセルの地位を維持できなくした。1938年1月半ば、ヒトラーは彼に即座に強制的な休暇を命令した。

　このような展望なき状況においてヒトラーは、ゲッベルスが自分の日記に書いているところによれば、「全歴史」をいまや一撃の下に解決することに決定した。「総統は自分自身で国防軍を引き受けようとし、……すべての問題をうやむやにするために、大々的な変更が必要になった。ノイラートに代わってリッベントロープが外務大臣になった。ノイラートは無任所大臣となり、総統の個人的助言者となった」[161]。実際、ヒトラーはこれまで戦争大臣の下にあった国防軍に対する命令権を2月4日に掌握すると同時に、戦争省を新しく造られた国防軍に移し、軍の最高命令権も移した。そして、彼はその指揮権を部下のヴィルヘルム・カイテル（Wilhelm Keitel）に渡した。

　外務省でも移行はスムーズにいった。ノイラートは2月2日に65歳の誕生日を祝った。同時に、彼の職務の40周年の機会に記念としてヒトラーの手から「黄金忠実勲章」を受け取った。2日後、彼はヒトラーから、外務大臣のポストを放棄するよう、そして新しく作る「秘密閣僚参事」を引き受けるよう要請された。彼の協力者たちへの感謝と忠実なる義務を全うする決意を唱え、ノイラートは、形だけ造られた評議会のトップに就くために、外務省を去った。その評議会はもちろん開かれることはなかった。1年後、国防軍による「チェコ」の占領後、彼は新しい課題をボヘミアとモラビアの帝国保護官として、引き受けた。そこで彼は占領政策と人種法の責任者となった。

　外務省は人事的にはこの時ダイナミックな変遷プロセスに直面し、いまやこれはリッベントロープによって加速化された。ロンドンの空席だった大使には、古くから職務についていたキャリア外交官のディルクゼンに代わった。東京では、彼はオイゲン・オット（Eugen Ott）が取って代わられた。彼は政権に対して距離を置いていた。帝国国防相の国防局長として、大佐はシュライヒャーの緊密な協力者の1人であったが、レーム一揆の一環で、彼は1934年2月以来東京のドイツ大使館で軍事アタッシェとして勤務していたので、推察するところ

第1部　ドイツ外務省の過去

それだけが理由で殺害を免れた。リッベントロープはオットの任命を、——のちに実際起こったことだが——ドイツと日本の同盟関係の賛同者と見ていたので、日本とベルリンにおける軍事アタッシェを大使に昇進させようとしていたがゆえに、工作した。

　戦術的な考慮として、また他の人事の交替が起こり、その最初は事務次官ポストの交替であった。ノイラートの義理の息子のマッケンゼンが、左遷させられたフォン・ハッセルの後任としてローマに行った後、彼に代わって、1937年4月以来本省局長として政務局長であったエルンスト・フォン・ヴァイツェッカーが就任した。ヴァイツェッカーはリッベントロープに欠けていた経験と専門知識を持ち込み、外務省を越えて大きな信頼を享受している統合の姿そのものであった。カール・ハウスホーファー（Karl Haushofer）がリッベントロープに書いているように努力家で天賦の才もあり、性格、感覚も同じく積極的に評価されている人物であった。[162]ヴァイツェッカー自身がもちろん、この課題を引き受けることを要求したわけでなかった。ヴァイツェッカーが彼の母親に書いているところによれば「ある段階に来ればキャリアなどはもはや問題外である」。「本当にこれまではこの点に関してどうでもよく感じていた」。[163]彼が、新大臣の要請を避けられなかったのは、決して軽はずみな自信の結果ではなかった。ヴァイツェッカーの記録によれば、リッベントロープは1938年3月5日に、自分の事務次官になるつもりはないか？　と尋ねた。その前提は、第1に「完全な信頼関係がある」、第2に、「外務省の緩慢な変革であり、その際にはその能力が大切である」、そして第3には、「総統の政策への原則的な完全な一致である」、と言われた。総統は、「大きな計画」を追っており、「それは剣なしには実現しない。それゆえに、3～4年は準備のために必要である。どこで、何のために戦わねばならないかは、後に検討するとする」。したがって、将来の外交政策の性格については、全く疑いようがなかった。ヴァイツェッカーは、「本当は欲が無かった」けれども、結局事務次官のポストを受けたのは、状況判断の決定的な過ちに帰する。というのは、彼はリッベントロープを「影響力あるもの」と信じ、戦争を回避する「余地」がありうる、と考えたからである。そのためには、この「十字架」を引き受けようとしていた。[164]

　日付は3月19日に遡っているが、彼の任命が発令される前の1938年4月にヴァイツェッカーはナチ党に入党した。[165]その前提として、それに相応したボー

118

レの申請がナチ党の帝国財務長に提出された。同じ日の3月24日にボーレは任命される事務次官に、彼が「印をすぐにつく」よう薦めた。すなわち、党に入り、「小さな過ち」を避けるために、と。ヴァイツェッカーによって記入された入党依頼が4月11日に党から送り返されるのは義務的にであった。4月1日付で彼はナチ党のメンバーになった。4月20日にはヴァイツェッカーは親衛隊准将の位で親衛隊に受け入れられたのが続いた。このイニシアティブは、彼によって率いられた外務省の政治的一致と、反動的と評判の悪い外務省を誇示せんとしたリッベントロープによってなされた。

　戦後、ヴァイツェッカーは彼の入党と親衛隊のメンバーだったことについて次のように書いている。「自分が選択した課題を早速放棄することなしには、両者の任命を拒否できなかったのは当然である……わたしは党に縛られることを理由にその地位に就いたのではなかった。それよりも私は党とはそれまで何の関係もなかった」。任命は、「平和を維持する」ための正当な「犠牲」であった。というのである。単にニュアンスだけにしても不十分である。ヴァイツェッカーは、原則的に平和を維持するためにだけではなく、帝国の存在を危うくする戦争を防ぐことが重要であった。しかし彼の証言の核心では、突出した国家の役職と、党および組織での地位が密接に関連していることを強調している。党のメンバーになることは、外交官の枢要なポストに就くことの前提であり、逆に、外交官としてのキャリアは党と親衛隊のメンバーに繋がった。

　ヴァイツェッカーとならんでエルンスト・ヴェルマン（Ernst Woermann）もまた大臣の交替によってキャリアの上昇を獲得した。ヴェルマンはロンドンの大使館でリッベントロープの代理を務めた。彼は、職業官僚の一員で、典型的に異なる発展の荒縄の交差を経験してきた。1918年にアタッシェとして外務省省員になったヴェルマンは、1937年の12月まで党員ではなかった。それでも、リッベントロープはロンドンの大使館で大いなる信頼を寄せねばならなかったに違いなく、彼のためヘスに本省局長への任命を要請した。次官補という官職を与えられたヴェルマンは1938年4月1日より政務局長を拝命した。彼の場合にも、ヴァイツェッカーのように、リッベントロープは親衛隊のメンバーシップへの関心を高めた。そして、1938年4月20日にそれは実現した。

　リッベントロープの外務大臣への招命は、特に彼の「事務所」の職員に利益を与えた。1937年年末に彼が率いてきた「事務所」のすべての同僚74名は、党に

119

第1部　ドイツ外務省の過去

入ろうとしていた。そのうちの28名が外務省に移籍して、そのうちの20名が親衛隊のメンバーであった。そのうちのヴァルター・ヘヴェル（Walther Hewel）、パウル・カール・シュミット（Paul Karl Schmidt）およびホルスト・ワグナー（Horst Wagner）は1938年のうちに外務省に移籍されたが、後年絶滅政策に役割を果たした。リッベントロープが1938-1939年に外務省に引き受けた「事務所」の4名は、突撃隊のメンバーであって、そのうち、後の党の特別報告者の長になるマルチン・ルターと1943年にヴァイツェッカーの後任なったグスタフ・アドルフ・バロン・シュテーングラハト・フォン・モイランド男爵（Gustav Adolf Baron Steengracht von Moyland）がいた。リッベントロープは1938年当時の外務省職員2665名だったものを1943年には6458名に増やしたが、彼のかつての「事務所」の同僚は上級職員全体の高々ほぼ5%を占めていたにすぎなかった。というのは、彼らは外務省に劇的にではなく、徐々に入って行ったので、ノイラートからリッベントロープへの交替を区切りの形容とすることを正統化するような大きな人事の変更はなかった。いずれにしても、外務省の指導的なポストを引き受けるような法律的、行政の実際に適する、そして、外交政策的ないずれの能力も「事務所」の同僚には欠けていた。それゆえ、重要なポジションは当座、専門化した職業外交官が占めていたし、リッベントロープは彼の思う意味でさらなる機能を期待できた。

　このことは特にドイツ課の外交官にも当てはまった。リッベントロープは変えることは必要と考えなかった。1938年中に、やっとこの課は構造が変更された。しかし、決定的だったのは内容的な違いではなく、むしろ、課長のビューロー＝シュヴァンテは、追加的な儀典長（1936年以来）の職務で、ヒトラーのイタリア訪問中の儀礼上の行き違いによって責任を取らされた。彼は、夏にブリュッセルへ「飛ばされ」た。彼を「応分に」処遇するために、そこの公使館は大使館に格上げされた。[172] ドイツ課の彼の後任にリッベントロープは臨時に、長年にわたって課長代理を務めたヒンリックスに委ね、1939年9月からそこで「ユダヤ人関係」を勤めていたシュムブルクに委ねた。外務省とナチ党の連絡役として機能すべく党への特別関係の長としてリッベントロープは自分の信頼する男ルターを任命した。

　ビューロー＝シュヴァンテの後任の儀典長には、リッベントロープのロンドン時代の代表部書記官であり、新しい大臣とは、「俺、お前」で呼び合う関係

120

の友人である職業外交官のアレクサンダー・フライヘル・フォン・デルンベルク・ツー・ハウゼン（Alexander Freiherr von Dörnberg zu Hausen）男爵が就任した。1938年4月にようやく代表団参事官に任命され、予定された儀典長は、説明できる代表団参事官に任命されるとともにさらには俸給表では1階級飛び越えるべきだとされた。これは、党の官房が任命を間違いなく、「デルンベルク男爵の特別に早い昇進の任命」に対して同意を与えた計画であった。彼が有能なことはデルンベルクは後に証明した。英国の首相ネヴィル・チェンバレン（Neville Chamberlain）がドイツを訪問した時および、ミュンヘン会議の組織力と実行力においてであった。

　新大臣の人的処置の最初の一つは、ヴィルヘルム・ケプラーの特命事項担当事務次官任命であった。1927年5月以来ナチ党のメンバーであり、1933年3月からは親衛隊のメンバーであったケプラーはヒトラー、ヒムラーおよびリッベントロープの信頼を同様に勝ち得ていた。ケプラーは権力掌握に際して経済界と財務関係の支持を得るためにナチ党の支援を得んとした。1936年以来ゲーリングに率いられた、戦争に重要な原材料を獲得するための4ヵ年計画実施のための部局の職員が彼の指揮下にいた。この資格で彼は、オーストリアのための帝国全権代表に任命され、外務省に所属することになった。新しく指導グループに昇進したのは、キャリア外交官のアルテンブルク、ビスマルク、クロディウス（Clodius）、ヴィール（Wiehl）であって、彼らは先の戦争の年〔訳注：第二次世界大戦〕まで中枢ポストに留まっていた。最後の、もちろん重要な人事の変更は、ボーレの信頼厚い人事局長のプリューファーがリオ・デ・ジャネイロの大使として派遣されたことである。彼の後任として1939年4月には、上海から帰国したキーベルが就任した。

　ナチ党の外国組織の長であり、大管区長官ボーレは外務省への招聘に関する以前の経験から、新大臣の下で自分の権力基盤を失うことについてほとんど疑問を持たなかった。リッベントロープは、ヒトラーの同意を得て、ごく最近できた外務省の地域グループが外国組織を解体してもいいということに成功した。1938年5月に既にヒトラーのそれに相応した命令で、ボーレは事実上無力化されていた。その後は、帝国大臣と事務次官はもはや外国組織ではなく、ナチ党の帝国部の下になった。使節団長は「地域グループ茶色の家」に所属し、国内官吏は、居所のある地域グループの下に置かれた。単に外国にいる官吏は対外

第1部　ドイツ外務省の過去

組織の地域グループの中に留め置かれた。[174]

　それでもボーレはさらに希望を抱いた —— 彼は以前と同じように、戦争指導の目的のための外国にいるドイツ人を取り巻く世界的な一味のトップに立っていた。しかし、ヘスの庇護者の権力は、即座に証明されたように、限られたものであった。外国に住んでいる「民族ドイツ」政策は、民族ドイツ中間部署によってとられ、その親衛隊の首領は、のちにまた征服された領土のドイツ人少数者グループのための権限を持っていた。ボーレによって外国で組織された故郷の行進という形の宣伝のための登場は、逆に当該国の不信を買い、「5番目の植民地」になる不安を惹起して、そのことがそれはそれでヴィルヘルム通りの懸念を呼び起こした。[175]

　事実、外国組織の中の地域グループの破壊活動的な活動に対する恐怖は理由のないものではなかった。組織員は滞在国の軍事的、経済的それに政治的に重要なデータを集め、国防軍の外国・防衛部門と親衛隊の治安部門に伝達した。他、彼らは独自の情報部門を築いていた。アルゼンチンのような中立国やイタリアのような同盟国でのセンセーショナルなスパイ事件の発覚は、帝国政府を再三にわたって説明に追い詰め、国際外交舞台裏に憤りを募らせた。これが事務次官のボーレと外務省の間の溝を一層深めた。[176]

　ボーレは英国との関係で1941年5月に最も重要なヘスの庇護を失った。彼が英国の行動を先に知っていたとの疑惑を激しく弁護しなければならなかった。その間接的な結果、「彼自身の、また外務大臣の希望により」1941年9月に彼はすべての職務を解かれた。ボーレは外務省を解任されたが、それでも、外務事務次官というタイトルだけは最後まで保持することが許された。外国組織をボーレから引き継げるとの、リッベントロープの計算は上手くいかず、組織はヒトラーの指示により外務省から独立して存在した。[177]

　ボーレは新しい庇護者をハインリッヒ・ヒムラーとし、ヒムラーは既に1936年に彼を親衛隊に受け入れ、1943年6月21日には親衛隊大将に任命した。ヒムラーは、特に、親衛隊長官が非常に関心を持っていた植民地問題に関するボーレの特別な能力を評価していた。ボーレはまたゲッベルスとも友好的な関係を維持していた。彼は宣伝相のモデルに沿って外国に自身の帝国宣伝庁を築いており、外国と国内では40の党の機関紙が絵入りの「ドイツの希望」という雑誌に掲載していた。[178]

122

第2章　戦争までの数年

　1938 年には交替と後任と同じく離任もあふれた。リッベントロープは、11 月に外から入ってきたザームを解任せんとする試みに失敗した。ザームはオスロの公使としてノルウェー人の尊敬を勝ち得ていた。ザームは「青天の霹靂のようにきたニュースに不満げに驚き」、1935 年に彼と交渉された約束を引用してヒトラーに対してそれに対する抗議をした。2 年半後に退職させることは、「約束の精神に反する」と。ヒトラーはザームの退官を否定し、「この問題を元に戻す」よう命令して、決定は 1939 年 10 月のザームの死亡により無効となった。[179]

　リッベントロープによって駆使された人事処置はすべて明確に継続性の意志に彩られた。量的に見れば新採用は重みを持たなかった。というのは、「事務所」の担当官たちは単に下っ端が替わっただけであり、性質的に見ても交替はどちらかというと控えめだったからである。「外務省職員の交代の全体の印象は、外交団およびベルリンで代表している外国の新聞の強調しているところによれば」、とリッベントロープの信頼厚いルドルフ・リクスがまとめている。そうであれば明らかに「外務省の人事政策の変更を実験しようとしたのではなかった」。これは「総統も外交分野でまだいろいろのことをやろうとしており、それゆえ当面内政の流れ（党から見て）の上、ドイツの外交に影響するようなこと」は希望しなかった。[180] 高い程度での人的な継続性は、次に期待される外交上のステップの前提であった。外務省は、実際も、さらに経験のある、特殊化した専門的官吏 —— それが政治的な確信であれ、日和見主義であれ、伝統的な義務に忠実であれ —— に対してその実行力を確保するよう機能した。外務省の自己画一性が既にヒトラーの権力移譲と同時に導入されたことを考慮すれば、リッベントロープの任命と彼によって敢行された人事処置は、画一性の初めではなく、貫徹性の完了であった。

第 8 節　ウィーン、ミュンヘン、プラハ

　1934 年 7 月の国家社会主義者のオーストリアにおける蜂起の失敗は、ベルリンとウィーンの関係の危機に発展し、ヒトラーはこれを 1938 年の 1 月に拡大させた。パーペンは総統とオーストリア連邦首相クルト・シュシュニック（Kurt Schuschnigg）の間の出会いを仲介し、会合は 1938 年 2 月 12 日にベルヒテスガーデンで行われた。シュシュニックは最後通牒的に、国家社会主義者をオースト

123

リア政府に参加させる協定に署名するよう強制された。最後の瞬間に国の独立を、予告された国民投票で救おうと試みたシュシュニックの辞任の1日後、3月12日、ドイツ軍がオーストリアに侵攻した。3月15日にヒトラーはウィーンの英雄広場でオーストリアの帝国への「併合」を宣言した。リッベントロープとともにウィーンに行ったヴァイツェッカーにはこの日が「1871年1月18日以来最も注目すべき日」、すなわちドイツ皇帝の帝国が宣言された日である、と見られた。[181]

　併合は用心深く準備された。イタリアの了承を得るために、イタリアの国王の義理の息子であって、既に数回にわたって秘密の使節として赴いていたフィリップ・プリンツ・フォン・ヘッセン（Philipp Prinz von Hessen）はローマに出かけた。ウィーンにおいては親衛隊中将であるケプラーが電話でゲーリングと行動を調整した。ロンドンで自分の荷造りをしていたリッベントロープは、英国がオーストリアの「故郷帰り」に反対して戦争に訴えることはないだろう、と報告した。ヒトラーは意識的に彼の帰国を命令しなかったし、熟練者のノイラートにベルリンでの処理を任せた。外務省はどんな時でも行動の準備と実施を任され、常に帝国宰相官邸に報告していた。特にヴィルヘルム通りは、西側大国の抗議に対して冷静なる確信をもって対応した。[182]そして外務省は利益を得た。オーストリアのトップの外交官たちに帝国の職務を受け入れることは拒否されたが、およそ15人の外務省の上級職の下・中流の官吏および百人以上のオーストリアの中級および初級の職員からなる官吏と従業員が帝国外務省職員として受け入れられた。それに付け加えて、新しい計画部署が大々的な数で作られた。[183]

　併合のたった2週間後、ヒトラーは彼の次の目標に向かった。チェコスロヴァキアである。5月30日、彼は、党、国家および国防軍の指導者たちに「チェコスロヴァキアを近い将来軍事的に粉砕する」という彼の決定を告げた。[184]この脅しは「人間的な予見によれば、軍事的だけでなく、ドイツにとってまた一般的な破滅に終わるだろう」と陸軍総参謀総長のルードヴィッヒ・ベック（Ludwig Beck）が形容した。[185]外務次官のヴァイツェッカーもまた夏には外交手段により、彼の確信によればドイツの破滅に終わるに違いない、という展開を防ごうと試みた。ヒトラーに変更するように働きかけるべく、彼は例えば、ロンドンの大使ディルクゼンに、英国は、一方でズデーテン問題を領土に関する譲歩による

平和的な規制によって解決をする用意があるか、他方で、英国が他の場合には戦争を決意していることを報告させようとした。[186] ロンドンの誤解なき警告を伝えようとする反対勢力のこのような努力は、ヒトラーに戦争のコースをやめさせようとする努力と同様に不成功に終わった。

　平和を救おうとして英国首相ネヴィル・チェンバレンは 9 月 15 日にミュンヘンへ飛び、さらに 1 週間後もう一度バード・ゴーデスベルクでヒトラーと会った。1938 年 9 月 29 日のミュンヘンでの会談で、チェンバレンとフランスの政府首相エドゥアルド・ダラディエ（Édouard Daladier）はヒトラーの要求を受け入れ、ズデーテン地方のドイツ帝国への割譲に同意した。協定の案文をフォン・ヴァイツェッカー、ノイラート、ゲーリングで作業し、ムッソリーニの仲介提案がミュンヘンで行われた。しかし、チェコスロヴァキアの破壊は、これによって単に延期されたにすぎない。1939 年 3 月 1 日、ヒトラーはフラチン城で保護国ボヘミアとモラビアの樹立を告げた。約 12 万人の外国に住む「保護国の住民」を保護するために、帝国の領事代表部に「これまでチェコスロヴァキアの協力者で、個々の信頼できる人々の切迫する必要性を効果的に監視するために暫定的に尽くす」[187] よう全権を与えた。後日、対策は必要な計画部署の増設によりとられるべきだ、とされた。

　プラハの帝国保護者庁はノイラートが引き受けた。だが評判上は当然のことにその暴力的な制圧を十分にカムフラージュできなかった。ヴァイツェッカーは、チェコスロヴァキアに対する行いは「国際的に我々にマイナス点を付けられた」ことを認めた。しかし、より重要なことは、彼にとっては、これによって帝国が権力ファクターとして打撃力あるものとして価値を高めたという認識を持ったことである。チェコ人に対しては、彼は少ししか心を動かされなかった。彼に言わせると、「彼らは決して愉快でなかった。帝国の国境の外では、厄介者で、国内ではどうしようもないものだった」[188]。結論として、彼にとっては特に、拡大は彼が恐れていたような大きな戦争に導くことなく可能だったことが重要であった。

　危機の頂点の時、ヴァイツェッカーは何度も辞任を申し出た。戦後、彼は、辞任の威嚇を通して彼の「助言を強調しようと」試みた、と言明した。ヴァイツェッカーは、明らかにビューローが 1933 年に既に経験したと似たような「忠実の狭間」に陥っている自分を見ていた。彼のヒトラーの大々的な権力政治に

125

第1部　ドイツ外務省の過去

対する基本的な同意は、リスクの多い方法を前に沈黙の忍従と衝突した。ハッセルが秘密裡の思考交差の後で日記に記録しているところによると、ヴァイツェッカーは、「チェコの問題で奈落が始まった」と「全く明確」に見解を明らかにしている、と。⁽¹⁹⁰⁾

　そしてヒトラーはさらに火を注いだ。プラハへの進軍の1週間後、彼はポーランドに対してダンツィヒ回廊の返還を要求した。外務省は、過去の2つの危機以上に強力に巻き込まれていた。1939年4月に、ヴァイツェッカーはソ連大使との会談で、スターリン（Stalins）の目から見れば、モスクワで賛同しているドイツに対する西側勢力の連合よりも、ドイツ・ソ連間の利益分割の方に分があるように映る最初の兆候を得られたように思った。夏には、ベルリンはイニシアティブを取った。8月14日にリッベントロープは、モスクワのドイツ大使に、二国間関係について話し合いを申し出るように訓令した。その中には利益分割についても含まれていた。8月23日にはリッベントロープはモスクワで独ソ不可侵条約を調印した。

　ヴァイツェッカーはドイツーソ連の接近を確信して支援していた。「ドイツを完全に包囲する危機」を防ぐために、「英仏ソ間の交渉に砂の目つぶしをくらわす」ことは無条件に必要なことだ。⁽¹⁹¹⁾モスクワとの一致が可能だったことは、彼はもちろん可能とは思わなかったし、それが望ましいとも見えなかった。むしろ彼は、ソ連をドイツと西側大国との間を「漂う状態」と見なしていたし、特にドイツーポーランドの国境の変更の見通しが改善されるとは見ていなかった。⁽¹⁹²⁾彼の主要な危惧はもちろん以前と同じように大戦争にあった。そのようなことを防ぐために、彼は様々な外交チャネルを通して、英国が公の手段ではなく、ドイツがポーランドに対して軍事的な行動をとる時には誤解のないように戦争の用意があることを声明するようにしようと試みた。このような試みに際して彼は特にこの間リッベントロープの大臣官房の長であったエーリッヒ・コルトと、ロンドンの大使館参事官をしていたその兄弟のテオ（Theo）を頼った。ヴァイツェッカーの努力の前触れは中立国イタリアに向けられた。

　このイニシアティブがヒトラー（そしてリッベントロープ）の明確な戦争の意志によって失敗した時、ヴァイツェッカーは、責任を取らなかった。彼は、戦争の前夜、もう一度彼の辞任を申し出たが、しかし、彼の協力者たちはそれ以降も拒否した。⁽¹⁹³⁾ヴァイツェッカーはまだ戦後数ヵ月にならない時点で、自己を

126

正当化する方法で、補完的に彼自身が幻滅したことをはっきりと示した。「ヒトラーを見抜いた人」に対しては、「彼は職務を怠ったに違いない」と批判した。この批判は、ただし、「あたかも、船が沈みそうになった時に、乗組員が船長の狂気に気がついて自分を守ろうとするかのように」、何の意味もない。彼自身は「繰り返し、事実に基づいた推量に応じて」口頭そして文書で辞任を申し出た。「ヒトラーが彼に拒否を示した」ことで、ヴァイツェッカーは、それではと言って、「義務の道」に引き返した。そして、彼が1945年に回想しているところによれば、「ヒトラーに奉仕したのではなく」、「平和の考えに奉仕した」とある。[194]

　国家社会主義者の支配後6年半たった時の1939年、ヴァイツェッカーにとってはもちろん、この矛盾した職業理解が既にどこへ進んでしまったのかは、もはや疑いのないものになった。「ヴァイツェッカーのすべての取り巻き連中は、時とともに、彼が基本的に弱く、印象に左右されやすいことをますます示した。例えば、交渉でうま味があるのに、彼のせいで期待できない」、とハッセルは苦々しく記録している。[195] 年金生活に追いやられた大使は、ますますはっきりする戦争へのコースに入ってゆく印象の下に政権に対する好感者から積極的な敵対者に変わっていった。ハッセルは彼の批判的な態度から、かつての同僚の中でかなりの程度孤立していった。

第3章　旧い外交官と新しい外交官

　「いまや、我々は戦争に入った。神がいるなら、善も価値あるものでないすべてが完全に没落するように。戦争が短ければ短いほどよい」、とエルンスト・フォン・ヴァイツェッカーは、彼が防止しようとした戦争の発生の5日後に書いている。ポーランド侵攻の2日目に彼の2番目の息子が戦場で亡くなった。これもヴァイツェッカーの気持ちをなおさら暗くした。彼は、国家社会主義が帝国の生存を危険に晒すと確信しても、「敵がアドルフ・ヒトラーとフォン・リッベントロープ氏とは和平を結ばないであろう」から、権力的政治的なドイツの上昇という想像を固辞した(1)。それは、ベック、ゲルデラーやハッセルたち反対者の国民的保守主義者が晒されたのと同様なジレンマであった。帝国は持続的にヨーロッパのヘゲモニー国家として定着すべきだが、この目的は単に犯罪的な政策という犠牲を払ってのみ可能であった。

　古典的な外交の課題が戦争という条件の下で意味を失った程度に、旧い外交官の影響力もまた後退していった。リッベントロープが就任した後すぐに完成された建白書は、「新しい外交官タイプ」の育成について語っている。「明確な国家社会主義の原則」を将来の外交官が導くべきで、その際特に3つの特色を出すべきである。「意志の強さ、性格の力強さと外交的な巧みさ」である。後続者たちは、特にオルデンブルクの、親衛隊総統学校、国家政治教育機関（Napola）の卒業生の中から選ぶべきとされた。共同体精神、世界観を信ずることと盲目的な従順さを教え込まれるナチス国家のエリート学校での育成の後、アタッシェや外交官の育成においても「実のない理論から離れ、現実の確かな土壌を決して離れないよう教育された。個人的な空しい誇りからの解放は、総統の成功を見れば、自分の仕事の最良の証であることを知るに違いない」。外務省の実務と語学学習の深みの育成とならんで、教育の前面には第1に「世界観と歴史の講義」が立つべき、とされた(2)。

　将来の外交官の養成教育の重点は、また「肉体的柔軟性」に置かれ、特に「乗馬、フェンシング、水泳、射撃」をさらに教育すべし、とされた(3)。兵士に似た

第3章　旧い外交官と新しい外交官

ように、外交官の養成にもまた寮生活が必要とされ、養成は後続者ハウスで行われた。そして、1939 年 12 月にはその棟上げ式が挙行された。建築上の形式は、芸術的な温かさを捨てて、「硬直的な、兵士にふさわしい厳しさ」が表現されていることに価値が置かれた、と官庁の記録集に強調されている。[4] 実際、ベルリンのティーアガルテンにあるハウスは共同の寝室、国旗掲揚施設と病人取扱いの部屋を備え、どちらかというと軍の施設に比較された。将来の「優れた外交官の性質」は「責任感にあふれ、イニシアティブをとる」ものである、とされた。だからどの駆け出しの外交官も「軍事的な原則に基づいて養成されねばならず、それを無視したり、軽視することは、情勢を見誤ること以上に彼を損なうであろう」。[5] 知性や熟慮に、決断力、イニシアティブが勝利するところでは、外交官は「世界観の戦争」を勝ち取るべきであることが容易に認識されるだろう。すなわち「彼は国家の代表ではなく、征服と絶滅を狙ったイデオロギーの前衛であるべきである」。

　養成教育の目的としては、あたかも一般的な行政、党と治安機関の境界が、密やかな融合からますます強くシステム的に解消されていった。このような進展は単に外務省のみに限られなかった。例えば、並行して、初めて治安警察と、親衛隊と警察が融合してゆく警護隊の所属員の養成も共通の指令となった。[6] 管轄権と権限の境界の取り払いは、そのつど変化する状況に合わせられる即応する能力を最高度に備えた外交官のタイプを後押しした。「将来の外交官の主要な課題」は、「持続的な将来を見通した思考力である。これが、彼が直面するどの状態にも目的に合致した命令と処置をとることができるようにするだろう」と、新しい課題像示唆の要点である。[7]

　大部分は皇帝の帝国とワイマール共和国時代の職員から出発したヴィルヘルム通りは、この「新しい外交」へと舵を切っていった。開戦時指導的地位にいた 49 名の人員のうち、41 名が 1933 年以前から外務省に入っており、いわんや 23 名は既に皇帝の帝国時代に入っていたのだ。もちろん注目すべきは、どのように「旧」と「新」外交官が割り当てられていたかである。3 名の事務次官のうちヴァイツェッカーのみが 1933 年以前に外務省に入っており、省の 7 名の局部長のうちただ 1 人だけが 1933 年以降入ってきた。ヘルマン・キーベルで、人事局長であった。外国ポストではこのような傾向はもっとはっきりしている。4 名の使節団の長のみが第三帝国の時代に外務省に入り、20 名が皇帝の帝国時

129

代に既に外務省に入っており、20 名がワイマール共和国時代に入っていた。

　大臣が交替した前の時点、すなわち 1937 年の年末に比べて 1939 年 9 月 1 日の時点では、トップグループの中でナチ党のメンバーの占める割合は 56% から 75% に上昇していた。突撃隊あるいは親衛隊のメンバーの占める割合はおよそ 12% から 25% に上昇していた。このような目立った上昇は、例えば、何もリッベントロープの「事務所」の人々が外務省に移った結果ではない。「事務所」出身者で新しいと言えば、単に事務次官のケプラーと大使のオットだけであった。7 名のキャリアの外交官が再編され、拡大されたトップグループに昇進した。1937 年に指導的な外交官のうち、単ただ 4 名のみが 1939 年 9 月には外務省職員ではなかった。明らかになったリッベントロープの敵対者であるノイラートとハッセル、それに規則通りに年金生活年齢に達したアンカラの大使フリードリッヒ・フォン・ケラーとソフィアの公使であり、ボーレの学生クラブの同僚で、しかもこの関係でリッベントロープによって帰国させられたオイゲン・リュメリン（Eugen Rümelin）である。

　指導的外交官たちが党のメンバーになる数の上昇は、特に古くから勤務していた職業外交官たちのナチ党への入党に遡る。その際、常に自由な決断でそうなったのではない。1937 年末にリオ・デ・ジャネイロの大使になったカール・リッターの場合、ボーレのイニシアティブから始まった。彼の提案とリッベントロープの同意によりブラジルのナチ党国別グループ長は、「Dr. リッター氏に受け入れ要請の申請を委ねる」との委託を受けた。国別グループの長が受け入れの形式と一緒にリッターに送付すべき付属の書類は、新しい政治的な現実の雄弁な証拠である。ボーレは「あなたが過去においてなした、全面的な個人的尽力により、いかに我々の運動がブラジルで利益を得たか。あなたの働きを承認し、あなたをナチ党のメンバーに迎え入れるという意思を有する。帝国外務大臣はここにその同意をされた。もし、あなたが運動へのあなたの内的な帰順をこのような方法で外部においても表現されれば私は同慶の至りとなるでありましょう(9)」。東京の大使オットの入党にも似たような経緯があった。

　他の場合ではイニシアティブは外交官の方からだった。リスボンの I 等級公使であるオズワルト・フライヘル・フォン・ホイニゲン＝ヒューネ男爵（Oswald Freiherr von Hoyningen-Huene）は自分自身の決断でナチ党に入党を申請した。公使への「特別な扱いは」「もちろん問題外であったにしても」、とベルリンから

外国組織が、リスボンの当該組織長に書いているところによると、ホイニンゲン＝ヒューネはしかしながら「歓迎のうちに迎えられた」[10]。キャリア思考と政治的な思惑が、上からの圧力と結びついて、最後の平和的な日々に、一連の指導的外交官をしてナチ党に入党せしめた。

　1933 年から 1939 年の間に上級職員の数は、およそ 3 分の 1 増加した。1933年には 436 人だったのが 1939 年には 596 人になった。推察するところ、およそ 30 名がナチ党の外国組織と連絡があった。部分的にはボーレのイニシアティブで「事務所」に、一部は外国で外国組織に協力した職業外交官たちであった。ボーレ自身ががそうであるように、外国組織の専従協力者は全般的に同時に親衛隊に所属していた。リッベントロープも外務大臣に任命されて以来、意図的に外交官と親衛隊の間の密接な関係を促進してきた。この目的のために、彼は、既に「事務所」で親衛隊の本部と親衛隊長官連絡役として機能していた、その学友で、最も密接な協力者であるルドルフ・リクスを外務省職員として連れてきた。リクスの移動は、「外務省の特別な組織替え処置」の一環である、と帝国首相府への理由書にある[11]。

　次第に外務省が「新しい外交政策」に移行している良い例がアタッシェに具現されている。後続者レベルに、親衛隊はその古いエリートが全体に職員のスムーズな機能を保証していたので、しかもそれゆえにその影響力を最も迅速に、包括的に実行できた。第三帝国の権力伸長の頂点であった 1941 年 11 月、ハインリッヒ・ヒムラーの個人的スタッフの長であるカール・ヴォルフ（Karl Wolff）が、帝国治安本部の指導者と後続者問題に強力に取り組んでいたヴェルナー・ベスト（Werner Best）に「あなたが知っているように、総統は、今日大部分帝国を外国に代表しているべき古い形のドイツの公使たちや大使たちが、できるだけ早期に高い能力のある国家社会主義者に取って代わられるべきことを望んでいる」、と書いた[12]。

第 1 節　戦時外交の人的陣容

　1939 年 9 月 1 日に戦争が始まった時には、外務省にとっては人事的にも、構造的にも区切りではなかった。外務省は 5 つの大きなものと 2 つの小さなものに分かれていた専門部局（人事および行政局、政務局、貿易ないし経済政治局、法務

局、文化政策局、および情報・広報部と儀典局）はすべての戦争の年にわたってそのまま存続した。ポーランドへの進出の開始にも、英国やフランスの戦争開始にあたっても全般的な新構造が要求されたわけではなかった。決定的な組織および特に人事に関する変更は、既にノイラートの下で企画されていた。直接的な戦争への準備に向けては、それから1938年7月に政務局の中にPol.1a課ができた。その課は、特に外国に住むドイツ人の動員処置を調整し、そして、1939年8月に設立された情報部の中にあった。ただしその独立性はほんの短いものであった。ドイツのポーランドに対する攻撃の1ヵ月後の1939年10月9日には、カール・リッター大使はすべての経済戦争と関係のある課題を引き受けた。彼は独自の大きな機構を持たず、しかしながら、個々の部局に頼った。リッベントロープに直接従属し、リッターは戦争中重要な課題を引き受けたあの特命全権に属し、こうして外務省だけではなく、古典的な通常の手段の空洞化が加速していって進んでいった。

リッベントロープがフランスに対する勝利の後、実施しようとした大々的な変更は、ヒトラーがそれに反対したので成立しなかった。それでも、戦争中、親衛隊と広報活動の関係は外務省の構造を明確に変える方法で重要性を増していった。これまでのドイツ課と党の融合によって1940年5月7日には、新しいドイツ局が成立した。これは特に、ナチ党とその組織との接触を進めていた外務大臣の関心に呼応していた。このイニシアティブは、これまでの党の課長で、ドイツ局の長に任命されたマルチン・ルターがとった。1895年にベルリンに生まれたルターは、第一次世界大戦の予備役中に負傷した「古き戦士」であったが、リッベントロープの妻を通して外務大臣と知り合い、1936年8月にリッベントロープの「事務所」に入ってきた。彼の上司とその妻との個人的な結びつきは、ルターの外務省での出世の重要な基礎となった。この関係が1941年末、さらに1942年半ばにかなり冷え込んだ時、ルターの地位は維持できなくなった。

ルターとリッベントロープおよびルターとその部下との関係は、国家社会主義下の典型的な人間関係の可能性と限界を示している。1941年年央まではルターはドイツ局を拡大し、広範な権限を保っていた。人種政策とユダヤ人迫害はドイツ局のDⅢ課で取り扱われた。

ルターがリッベントロープの「事務所」で党との連絡役であった時代、既にルターは若き、教養のある、大半は1933年以前にナチ党に入党していた協力者

を自分の周りに集める意義を理解していた。特にドイツ局の重要な協力者の中にヴァルター・ビュットナー（Walter Büttner）がいた。ルターとビュットナーはお互いに突撃隊や親衛隊のメンバーとして補完していた。ルターは突撃隊の少将であり、ビュットナーは親衛隊少佐であった。ルターはマンフレッド・ガルベン（Manfred Garben）、ハンス・クラマルツ（Hans Kramarz）、ヴォルフガング・プッシュ（Wolfgang Pusch）、ヴィルヘルム・カルバッチュ（Wilhelm Karbatsch）とヴァルター・シュルツ＝テュルマン（Walter Schultz-Thurmann）などとともに緊密な協力者をドイツ局の指導的なポジションに引き上げた。それを越えて彼は外務省の他の部局の任命に口をきいた。例えば、ヘルムート・トゥリスカ（Helmut Triska）を文化政策部の礼拝 A 課長にした。1941 年 5 月にはこの課とさらなる D Ⅷと DIX はドイツ局に入れられた。ビュットナーはヴァルター・キーザー（Walter Kieser）とゲルハルト・トーデンヘーファー（Gerhard Todenhöfer）という 2 人の学友を彼の「事務所」に獲得した。明らかに、これは、外部からの職員をも新しい局部の職務に統合することに成功した。ルターの最も緊密なサークルに属していないこの人的グループには、特にフランツ・ラーデマッハーをトップとする「ユダヤ人問題」の指導的官吏がいた。しかし、ルターがドイツ課から引き受けたルドルフ・リクスとヴェルナー・ピコもまたユダヤ人問題課に属していた。短期的には、ドイツ局には 1944 年 7 月 20 日の後絞首刑にされたハンス・ベルント・フォン・ヘフテンもいた。ヘフテンのことをヴァイツェッカーはルター王国の彼に対するスパイだと評していた[13]。

　ルターの網の目は、直接彼の下にある課を遥かに超えて及んでいた。情報部長のギュンター・アルテンブルクとは「俺、お前」の間柄であった。その後任であるヴァルター・ヴュスター（Walter Wüster）とは彼はリッベントロープの「事務所」で一緒に働いた。両方の男はリッベントロープとその妻の好意を得ており、2 人は、彼らの豪華な生活のための贅沢品を供給していた。親衛隊中将であるロレンツと、ルターはリッベントロープの「事務所」での共同の日々に友情を結んでいた。ルターはパリの大使であったオットー・アベッツ（Otto Abetz）や占領下のオランダでの外務省の代表たるオットー・ベネとも南ヨーロッパの首都において一緒に仕事をした突撃隊＝公使である、とともに少なからずよく働いていた。もちろんルターの網の目は、大臣との個人的な結びつきに変わるほどは強くなかった。

第1部　ドイツ外務省の過去

　1942～43年末に、リッベントロープを外務大臣としての権力から無力化しようと仕向けられた謀反は、ルターの強さを示したものでなく、むしろ彼のリッベントロープからの疎遠さが理由であり、ますます重要性を失っていることを反映したものであった。彼は、1942年の半ばからその防御的立場ゆえにますます頼らざるを得なかった彼の和解協力者に押されて、彼がそれまで距離を置こうとしていた親衛隊との同盟に踏み切った。そこでは、彼の個人的比重はリッベントロープに比べて低かったので、ヒムラーは、ルターとビュットナーによって綿密に練られ、多分親衛隊の対外スパイの長であるヴァルター・シェレンベルク（Walter Schellenberg）によって注意深く支援された攻略を失敗に帰せしめた。最後にはヒムラーは彼の親衛隊の同僚であるリッベントロープを支え、ルターを裏切り、ビュットナーとキーザーを前線の武装親衛隊の監視の下に置いた。同様に親衛隊の同僚であるビュットナーとキーザーは比較的軽い罪で免れた。また「古い戦友」で親衛隊に属していたルターは死刑を免れた。ザクセンハウゼンの強制収容所に収容されて、彼は著名な囚人として特別優遇の扱いを得た。

　ドイツ局から1943年4月には、2つの課のグループが成立した。このグループは直接リッベントロープの下にあった。グループⅠは党への接触を引き受け、グループⅡが親衛隊への結びつきを引き受けた。ドイツ局においてリクスと彼の代理のピコの下の課のみ親衛隊との結びつきを管轄したのに、いまや時として55名の協力者のいた課のグループがこの課題を満たすことになった。拡大された連絡役のスタッフは親衛隊の重要性とその活動をが増大したことに対応した。この新しいグループの長のホルスト・ワグナー課長補佐は1906年生まれで、リッベントロープに特別に忠実であった。彼はリッベントロープに実際上市民としての全生存を負っていた。彼は財産もなく、職業的資格もなしにリッベントロープの「事務所」に入ってきて彼を、就任したばかりの外務大臣は外務省へ引っ張った。リッベントロープに緊密に結びつき、彼はそこで特別な依頼を実施した。1942年にルターのポジションの穴を埋めるべく努力したシュテーングラハト事務次官はワグナーをグループ長に推薦した。リッベントロープとシュテーングラハトは、ワグナーが感謝の念を持っていることと、省内に基盤がないので自立には限界のあることから彼のことを確信できた。ワグナーは親衛隊との連絡指導者としての新しい役割から利益を得、課長代理、親衛隊大佐

134

まで昇進した。彼の忠実性は、親衛隊のずっと以前に、まず第一に帝国外務大臣に出会った。しかし二重の忠実性が試されるような衝突は彼には無縁であった。ワグナーは、定期的に会っていたリッベントロープとヒムラーの評価を喜んでいた。

彼の代理である課長補佐のエバハルト・フォン・タッデンは1909年生まれであったが、彼をワグナーは自分で探りあてた。両者は、リッベントロープの「事務所」にいた頃から一緒の時を過ごし、知り合っていた。しかし、タッデンは既に1937年に外務省に移っていた。グループⅡ国内班のすべて4人の課のグループ長はナチ党に所属し、2人は1933年以前に入党していた。3人が親衛隊に繋がり、1人が突撃隊に所属していた。副領事のエミール・ガイガー（Emil Geiger）以外のすべての課員は1933年1月30日以降に外務省に来た。ルターとは別にワグナーは、彼の職場の重要性を理由に個人的な結びつきにも、独自な人事政策を駆使することもなかった。多くの場合彼は、彼のグループとともにリッベントロープと緊密に結びついていた──そしてそのような関係は戦争が終わるまで続いた。

戦時中、ドイツに関する活動分野とならんで関係する国内分野での、特に外務省の宣伝機能は絶えず人的に拡大し、組織的に拡張した。リッベントロープの、独立の情報政策を遂行しようとの試みは、もちろん、哀れにも失敗した。「省内での管轄権の重なり合いとゲッベルスの宣伝省との日毎の小さな争いが……官僚制度をマヒさせ、さらなる非能率を来した」。省内では、3つの部局さえが戦争の後半通信問題に携わった。パウル・カール・シュミットの下の諜報・新聞部とゲルト・リューレ（Gerd Rühle）の下の放送部、フランツ・アルフレット・シックス（Franz Alfred Six）の下の文化政策部である。この3人はすべての若く、世紀末と第一次世界大戦との間に生まれた世代の人々から構成され、彼らのキャリアをナチスの政権に負っており、学術出身者で、かつての管轄学生連盟指導者であった。彼らは「古い戦友」としてナチ党の戦列に加わっており、親衛隊の高い地位を占めていた。シュミットは親衛隊の中佐で、リューレは親衛隊大佐、シックスは親衛隊少将であった。これら3人の部長は彼らの方法で、外交官の新しい世代を代表していた。

パウル・カール・シュミットは1938年に27歳で外務省の新聞・情報部の課長補佐を引き受け、1939年には部長代理となり、1940年には公使の位で新聞・

情報部長となった。彼自身の記述によれば、彼の任命は、「情報獲得の専有化」の脅威に対するリッベントロープの宣伝省への反応であった。権力闘争は、総統の指示により1939年9月8日に外務省に都合の良いように決定され、それ以降「外交政策分野での宣伝の……一般的な方針と指示」は外務省が指示し、宣伝省は「この指示の実際的な実施を任された」。これによってシュミットの作業の基礎は敷かれた。国内・外国メディアの報道ぶり、外国メディアの影響、外交政策のテーマに関するドイツのメディアを指導すること、などの帝国外務大臣の情報は彼に依存することになった。

　リッベントロープに対するシュミットの立場について一人の協力者が戦後次のように描いている。「シュミットのリッベントロープへのポジションは、彼は物事に対して強硬なままで、宣伝省に譲歩することは考えるな、というもので、彼がそのチーフであるからだ」と。宣伝省とのいつもの確執に対してゲッベルスは、総統の該当する指示をさらに軽視し、1941年10月、ゲッベルスは徐々に両省の平等性を達成できた。その際、シュミットの外国への宣伝の指揮を本質的に妨害しないようにした。国防軍の宣伝部が外国での絵入り雑誌設立のパートナーを探していた時、外務省が特別枠を得た。双方の機関の仲介者はシュミットの代理のギュンター・ローゼ（Günter Lohse）課長補佐であった。同時に雑誌『シグナル』が創刊され、半月ごとに、時として250万部もが20ヵ国語で登場した。ナチスの外国での宣伝の旗を掲げた船であるこの雑誌は、帝国の国民および国防省のメンバーにも入手できず、もっぱら「欧州の新しい考え」と「大ゲルマン帝国」を外国に広めることを考案した。そのかたわら、シュミットは帝国においてラジオ宣伝の指示ラインを作成するのに重要な役割で参加した。

　パウル・カール・シュミットはリッベントロープのプレス・チーフとしての資格で2度にわたって、ユダヤ人迫害とユダヤ人殺戮に関係した。彼は帝国政府の関係者として、5,000人のユダヤ人の子どもたちの生命を奪った「フェルドシャー事件」に加担していた。この子どもたちの国外脱出許可にはスイス公使のペーター・アントン・フェルドシャーが1943年5月12日に英国政府の委託によりベルリンで関与していた。それから、1944年春には彼はハンガリーのユダヤ人の殺戮収容所への強制収容に宣伝的に同行して、それなりに関与して参加していた。戦後、彼は筆名パウル・カレルの下にディー・ツァイト紙、シュピーゲル誌、ディー・ヴェルト紙のような政治記者として、および第二次世界

大戦についての注目すべきベストセラー作家としてのキャリアを積むことに成功した。

外部からの昇格者としてシュミット、リューレ、シックスは多くの場面で学術補助者たちに支えられていた。大多数は戦争の初めにやっと外務省に入ってきたが、官吏としては受け入れられなかった。放送政策部の 18 人の部員のうち 12 人が 1943 年 9 月には従業員のカテゴリーに入っていた[20]。リューレ自身の代理で、後の連邦宰相であるクルト・ゲオルク・キージンガー（Kurt Georg Kiesinger）も例外ではなかった。キージンガーは最後の外務省でのポジションは強調されているものの、典型的な学術補助者であった。1933 年 5 月 1 日に政治的思惑[21]からナチ党に入党して、彼は法律家として戦争開始後数ヵ月間で外務省に来た。当時のリューレの代理であるハンス・ハインリッヒ・シルマー（Hans Heinrich Schirmer）課長補佐 —— 同様に 1933 年にナチ党に入党し、1939 年以降外務省で働いていた —— とともにキージンガーは上手くやった。

1941 年末、キージンガーは放送部の B 課の指揮を任された。この職場は一般的な宣伝問題を扱っていた。この中でキージンガーは国民啓蒙と宣伝に関する帝国省との連絡役であった。人的連盟で 1943 年以来彼はまた放送動員課のトップにいた。1943 年 3 月からキージンガーは副部長として働いていた。これによって彼は、そのようなポジションに至った唯一の学術補助者であった。もっとも、放送政策部の重要性は、特に宣伝の課題が外務大臣の指導的スタッフに集中したことによって次第に弱まった。キージンガーの伝記者フィリップ・ガッセルト（Philipp Gassert）は、後の連邦宰相は、一方で妥協し、その仕事を通して戦争を少なくとも部分的に支援した、彼の、ナチス政権の犯罪についての知識は多分多くの同時代の人々よりも包括的だっただろう、と述べている。他方、キージンガーは国民保守主義に基づいた、ナチス国家に対する距離を置き、党に不忠臣を表明していた。抵抗的な態度を評価するのは、しかしながら難しい。いずれにしても反抗としては明示できない[22]。

フランツ・アルフレッド・シックスの下の文化政策部の状況も放送政策部との状況と人事的にはそれほど変わらなかった。「文化」部においても一連の官吏でない学術補助員が働いていた。1944 年 8 月 1 日の人員計画では、31 名で、その中で 1 名はグループ指導者、1 名の副グループ指導者と 9 人が課指導者となっている。学術者たちの 17 名は博士号を取得し、1 名は教授と称されていた。

第 1 部　ドイツ外務省の過去

この従業員のカテゴリーの 6 人が女性で、その中の 4 人が博士号を取っていた。[23]

　外務省の中で情報・通信部門の人的拡張は、典型的に情報・報道部の発展において明らかであった。戦争直前には、およそ 70 名の協力者であったのに、1939年末にはこの数は 117 名に昇り、さらに 1940 年の初めには 160 名に昇り、1941年末には 330 名に達し、推測すればこれが最大の数であった。[24] 指導的人士は比較的に若く、3 分の 2 は 1900 年以降に生まれた。比較的年長のメンバーの大部分は既に 1933 年以前に外務省で働いていた職業官吏であった。グループのトップには、若きリッベントロープ派の男、パウル・カール・シュミットの背後に、1890 年生まれで、いくつかの外国に動員された後 1931 年に報道部に配属され、通常の課題に従事していて、そして、1939 年 12 月以来副部長のグスタフ・ブラウン・フォン・シュトゥム（Gustaf Braun von Stumm）がいた。

　さらなるリッベントロープの補佐役には、1894 年生まれで、外務大臣のスタッフの中で自分のポジションを絶えず築いてきたカール・メゲレ（Karl Megerle）がいて、1943 年 4 月には彼は個人的なスタッフの情報についての全権委任となった。彼には最後には 17 の国別情報部署が属し、その部署は通常かつての使節団や外国での経験のある官吏に率いられていた。メゲレはしかも国別委員会を調整していただけではなく、省の全外国に対する宣伝活動をも調整していた。彼の —— 国家社会主義の支配組織に尋常でない課題を担った —— 文化政策部長に対しても強力な立場は、各省の長との密な結びつきにも発展した。

　外務省での宣伝機構の構築との関連で、最後に俸給リストの上では情報部長になっていたギゼルヘル・ヴィルジング（Giselher Wirsing）にも言及しなければならないだろう。彼は、ヒムラー個人によって画一的に統制されたミュンヒナー・ノイエス・ナハリテン紙の外国政治の編集長に抜擢された、1907 年生まれのジャーナリストであった。そして後に、同紙の主筆に上りつめた。東ヨーロッパ、アメリカ、パレスチナへの数多くの旅行を通してヴィルジングは彼の反ロシア、反ユダヤ、反米の世界観を確立した。「名誉職の協力者」すなわちスパイとしてのミュンヘンでの治安機関の検閲の仕事は、戦争開始直前の短い間、親衛隊大尉への任命に繋がり、1940 年には彼の親衛隊少佐への任命へと続いた。シックスの友人として彼は外務省で特に反ボルシェビスティックな描写で勇名を馳せた。

　宣伝隊の特別指導者としてヴィルジングは東部戦線を旅行して規則的に外国

用の絵雑誌『シグナル』に記事を発表した。陸軍第6部隊の「吹雪の中、凍てつくようなステップの中、スターリングラードの廃墟の中でずたずたになった軍旗」の敗北を彼は「欧州の聖戦」のきっかけとして呼びかけた。バルカンでのヘルマン・ノイバッハー（Hermann Neubacher）と似たようにヴィルジングは、戦争の転機として、占領下の国々の諸国民を第三帝国の外交政策の計画にもっと緊密に結びつけるべし、との見解を表明していた。覚書で彼は1942年8月に、ソ連の国民の態度は「我々にとっては支配者よりも重要である」と記録している。それゆえ、広範な東部地域で「分断して支配する」ことを「個々の地域をある一定の競争関係に」持っていくために、理性的な意味で引き入れるべきである、と。1943年にヴィルジングは非公式な主筆を目指し、希望し、それから1945年2月には公式に『シグナル』の主筆になった。戦争の末期頃には彼は帝国治安本部の中の第Ⅳ庁（外国情報機関）のために、親衛隊長官および総統本部で分析されたいわゆるエグモント報告書を作った。

　宣伝部と違って、政務局と法務局のトップの交替は伝統的な官吏たちの路線とは異なって進んだ。1943年3月に、外務次官補のガウスは法務局局長を譲らねばならなかった。後続者として彼のかつての代理エーリッヒ・アルプレヒト（Erich Albrecht）が動員された。1ヵ月後、1888年生まれの次官補のエルンスト・ヴェルマンが、1895年生まれのアンドル・ヘンケ（Andor Hencke）に彼のポジションを譲った。1943年の始めの数ヵ月間にこうして次官補とならんで部局長ポストについていた5人の局長のうちの3人が解任された。唯一の局長として最後までハンス・シュレーダーが人事・行政局長がその地位を維持することができた。

　1943年の変更は外国での使節団にも及んだ。不確かな、決断力のない大使と見なされていた日本駐在大使で、少将であったオイゲン・オットは1月に、それまで中国のドイツ代表で、外交使節団長を任ずる大使であるハインリッヒ・ゲオルク・シュターマー（Heinrich Georg Stahmer）に替わった。シュターマーは1941年5月にやっとリッベントロープの「事務所」から外務省に移り、4ヵ月後に大使級のポストで南京に委嘱された。中国における彼のポジションには政務局長のヴェルマンが就いた。同様に1943年1月に、ハンス・アドルフ・フォン・モルトケ（Hans Adolf von Moltke）がマドリッドで長年ドイツ大使であったエバハルト・フォン・シュトーラー（Eberhard von Stohrer）の後任となった。3月の

第1部　ドイツ外務省の過去

モルトケの突然の死の後、以前ワシントンの大使であったハンス・ハインリッヒ・ディークホフ（Hans Heinrich Dieckhoff）が引き継いだ。事務次官としての退任後、ヴァイツェッカーもまた大使のポストを引き継いだ。1943年6月に彼はディエゴ・フォン・ベルゲン（Diego von Bergen）の後のバチカン大使として就任した。こうして、1943年年頭には7人いたドイツの大使の4人が交替した。

　1943年1月20日の中国との外交関係断絶の後、大使が任命された外国使節団は6ヵ所に減少した。ブエノスアイレスの大使館はここに入っていない。というのは1942年2月以来そこには単に臨時代理のみが活動していたからである。[28]ドイツ軍事全権代表へのパリの大使そして外務省の全権代表であるオットー・アベッツは古典的意味での使節代表のカテゴリーには入らなかった。ただの一つの外国でのポストを任せずに、リッベントロープの総統への全権代表たるヴァルター・ヘヴェルは人事変更の枠内で、1943年3月31日に特任の大使のタイトルを得た。1943年の最初の4ヵ月に、ナチス時代の最大の外務省機構の変更が行われ、実際上全トップが入れ替わった。実際、全戦争の遂行に実質的に参加しており、支配の確実性を支援すべき部局は、いまや――ようやく――圧倒的に若いナチスの幹部や外部からの登用者の手に渡った。ウルリッヒ・フォン・ハッセルが言うように「古き官吏組織への一撃」であったが、1943年の変更はすべての面で見られたわけではなかった。[29]中枢においては、核をなす部局の政務、法律、経済の部局はキャリア外交官の専門領域であり続けた。同じように、まだ残っていた外国での代表部の大半にも該当した。

　中央でも外国でも戦争は古典的な外交の作業を切り詰めさせ、宣戦布告は外交関係の断絶に導いた。1939年8月末には、高度に外交代表を持たない諸国での総領事館を含めてかなり大きな外交使節団がまだ55あった。9月1日より1939年末までに10の使節団が閉じられ、1940年には5つ、1941年には12、1942年には7つ、1943年には一つ、そして1944年にはさらに6ヵ所が閉じられた。2つの外交ポストが7年間のうちに新しく開設された。1944年末の段階でまだ16のドイツの外国での代表部が成立していた。[30]

　閉鎖にもかかわらず、外務省の仕事に従事する人の数は戦争中も最初はさらに増えた。1943年には外務省員は6,458名であった。[31]半数以上がベルリンの中枢部で働いていたが、1942年半ばには、3,408人であった。[32]拡大の理由は、他の帝国官庁との協力が増したこと、占領行政に参加したこと、それに宣伝活動

の増加であった。量的な増加は他方で質的細分化を伴った。上級職にとっては
まさしく伝統的な均質性のさらなる解消を意味した。戦争中アタッシェはも
はや採用されなかったので、これまで官吏が外務省に到達するためには針の穴
だった外交官・領事官試験は、その機能を失った。比較的年上のキャリア官吏
と 1933 年以降新たに採用された者とならんで、リッベントロープが 1938 年以
降彼の「事務所」から外務省に引っ張った者、ナチスの対外組織の所属員、ナ
チ党、親衛隊からの外部から入ってきた者や他の省庁から戦争の条件下で引き
受けた者、そして数多くの学術補助者すなわち官吏でない従業員たちが働いて
いた。これら官吏でないものは、1942 年央には少なくとも上級職員の 4 分の 1
を占めていた。仕事上の義務そして国防軍への招集が外務省職員の一連の数を
薄めた。1942 年の半ばには、ベルリンで従事していた従業員と労働者 2,497 名
のうちまだ 975 名の男性がいた。[33] 1 年半後、荷役係 III から X ── 学術補助員か
ら掃除係まで ── の 1,406 名のうちの男性はたったの 350 名であった。この名
目上外務省員であった協力者の 96 名が再度国防軍に連なっていた。他の省庁に
職業柄義務を負っていたものと、詳しくは明らかにされない戦争従事者は、さ
らに 131 名減少した。上級従業員（学術補助員）の中では課長補佐以下のレベル
で女性が協力者のほぼ 4 分の 1 を占めていた。[34]

第 2 節　人事政策と内部的ネットワーク

　リッベントロープの初期の人事政策は、彼の大臣への任命以前に彼と一緒に
働いていた人物に集中されていた。それゆえ、彼は彼の「事務所」の協力者を
引き受けたのみならず、ロンドンの大使館で彼の信頼を得た若きキャリアの官
吏もが彼の周囲に地位を得た。その一員にもエーリッヒ・コルトがいて、彼は
官房長になった。リッベントロープの個人的なスタッフのすべての指導的地位
の者は、彼が大臣に任命されてから初めて外務省にやってきた。彼らの多くは
「事務所」からであった。ヴァルター・ヘヴェル、グスタフ・アドルフ・バロ
ン・シュテーングラハト・フォン・モイランド（Gustaf Adolf Baron Steengracht von
Moyland）男爵、パウル・カール・シュミット、ルドルフ・リクス、ベルント・
ゴットフリードゼン（Bernd Gottfriedsen）、ホルスト・ワグナーそしてエルンス
ト・フレンツェル（Ernst Frenzel）である。フランツ・エドゥラー・フォン・ゾ

141

第1部　ドイツ外務省の過去

ンライトナー（Franz Edler von Sonnleithner）は外務省のウィーンにおける帝国総督官房から移動した。カール・メゲレは以前にはオーストリアにおける宣伝省の全権代表として働いていた。短期に、外から入り込んだ者で、特にリッベントロープの「事務所」出身者は戦争が終わるまでリッベントロープの緊密な協力者であった。

　そして彼らは中心的な機能を果たした。ヘヴェルは、帝国外務大臣の総統への常駐全権代表であった。総統はヘヴェルに対して特別のシンパシーを感じ、ヘヴェルはこれによって独立性を獲得して、彼の上司にとっては目の上のたんこぶであった。個人的敵愾心と政治的相違は、協力を難しくしたようだ。ヘヴェルは外務大臣を「馬鹿で、ずうずうしく、ユーモアを解さない」と称したそうである。ヘヴェルを迂回するためにリッベントロープはゾンライトナーとともに総統本部の2番目の連絡役を設置した。しかしながら、リッベントロープの長い腕として、特にシュテーングラハト・フォン・モイランドが働いた。1902年生まれで、1933年以来ナチ党と突撃隊のメンバーで、この法律家は1934～36年まで地区の農民指導者であった。その後、リッベントロープは彼を自分の「事務所」に引き入れ、彼をロンドンの大使館に連れていき、後に外務省に連れてきた。シュテーングラハトがリッベントロープと緊密な関係だったのは、事務次官に任命された後もしばらく個人的なスタッフの長としてもその機能を果たしていたことで明らかである。ゲッベルスにとっては彼は「凡庸な人物」であった。シュテーングラハトは「せいぜいより良い事務次官と評価されるだろう」。ハッセルは彼のことを「意味もない、全体として未経験」であるとみていた。

　シュテーングラハトの任命はリッベントロープの「職業外交官についての留保」を表したのみならず、第三帝国が表現していた個人的な忠実性に基づいて築かれた人事システムの自然の選択であった。シュテーングラハトは、重要な党のメンバーの代表を外務省に一体化させ、職業外交官を狭い課題の分野に制限する、ことを狙ったリッベントロープの個人の政策の完全な内面化であった。最後に法務局長だったエーリッヒ・アルプレヒトは戦後、シュテーングラハトが1943年に、外務省が再びより政治への影響力を取り戻すためには「その見解や意図について常に周知されているので、親衛隊や党の組織の指導的な人々との個人的関係を、改善しておくことが唯一の道である」と語っていたとはっき

りと述べている。シュテーングラハトは、この戦略を、特に戦争の末期に、外務省と外務大臣が第三帝国の支配システムによりよく組み込まれるように利用した。

外部から入ってきた者を入れるために、以前は均質的であったとされた外交官の世界の観念が一掃された。伝統的に募集された官吏の団結が異なる政治的な見解によって疎外されたかは、個々人では明らかにできない。1933年以前に既に外務省に招致された伝統的な官吏は、なおも3つの核となる局、政務、経済、法律と儀典、さらに1943年3月までは文化部にも支配的であった。課長までについては、1933年以前に外務省に入った官吏が、1943年までは圧倒的であって、外国での使節団での高い地位は彼らの独占であった。ただ公使I等級のみが例外であった。というのは、彼らの3分の1が1933年以降に外務省に入ったからである。さらに加えて南ヨーロッパの公使館の多数を指導したのが突撃隊の将校だった。等級の高いグループの大使から領事の第I等級までの183名のうち152名が既に国家社会主義者の権力奪取以前に外務省に属していた。古典的な外交官の役割はなおも伝統的な官吏の手にしっかりと握られていた。

それゆえ、ワイマール共和国時代の外交官がナチス時代にも成功を収めることができたのは不思議ではない。彼らに属したのは、儀典長のアレクサンダー・フライヘル・フォン・デルンベルク・ツー・ハウゼン男爵（1901年生まれ。ナチ党入党1934年）であった。エーリッヒ・コルトと同様デルンベルクは1937–1939年にロンドンでリッベントロープの信頼を勝ち得ることに成功した。代表部書記官から公使I等級で大臣部長として1年半で部長に昇った、流星のような急速な昇進の直前に、彼は親衛隊に入った。間もなく彼は外務省の中で親衛隊の指導者として地位の最も高い親衛隊の高級指導者の1人となった。職にある時は、常に親衛隊の平民勲章をつけていたデルンベルクは、それによってユニホームを着ていなくとも親衛隊のメンバーであることが識別でき、ナチス支配の末までそのポジションにいた。

旧い紐帯は戦争の間も支えられた。ヴェルナー・オットー・ヘンティッヒ公使はここに依拠することができた。社会的にはヘンティッヒは皇帝の典型的外交官を代表した。彼の父親はプロイセンの国務大臣であり、彼の2番目の妻は資産家の娘で、彼自身は1年間の自由参加兵で、法律の博士号を有し、1911年に

第1部　ドイツ外務省の過去

外務省に入るまでプロイセンの法務省に勤務していた。若い頃に既に彼は論争をいとわない、少し怒りっぽい外交官で、後にも恐れを知らず、ナチ党の幹部を怒らせた。このようにして彼は30年代後半に公使Ⅰ等級に任命されるのを棒に振った。それでも彼は近東の識者として、何度も特殊な依頼を受けた。彼はナチ党にも親衛隊や突撃隊にも入らなかった。ヘンティッヒは彼の批判的なラインは東部戦線の第11南部部門の陸軍司令部への外務省代表として、またクロアチアの状態についての視察者として行っていた戦争の時期にも変わらなかった。彼の上司は彼の手綱を離さなかったようだし、人事局長のシュレーダーともまた彼は明らかに歩調が合った。[41]

　彼らは組織のスムーズな機能が発揮されるためには不可欠な存在であったが、リッベントロープは1933年以前からの活動的な外交官の同僚を少なくしようと試みた。フランスへの勝利の後、年長の、信頼できないと評価された協力者を排除しようとした彼の試みは、ここにおいてほとんど疑いのないところである。ヴァイツェッカーは1940年6月26日の書簡でとりなした、明らかに退職が予定された官吏の24人のうち10人はこの時点でナチ党の党籍を持っていなかった。[42]ヒトラーが外務大臣の申請を拒否したので、彼らの年金生活入りは実施されなかった。この結果はしかし追跡された。召喚の議論が行われた周辺で、一連の上級官吏がナチ党に加入した。1941年の表を見ると、1940年時点で全体で50名の課長補佐のうち4名が党に入党し、他5名が候補となっていることがわかる。この突然の入党の波は、党の席を持たない者へのリッベントロープの増大する圧力によるものと理解される。しかしながら、ドイツのフランスに対する勝利もまた重要な入党の動機を表しているかもしれない。それまでは課長補佐や領事たちには、既に1933年以前に外交職員になっていた者のみが就任していた。[43]

　国家社会主義者の権力行使の風の陰で驚くべき出世をしたのはハンス・シュレーダーであった。1941年2月28日、彼は省の局長として人事・行政局長に就任し、計画的にこの局を作り上げた。1940年8月にはシュレーダー自身がただ1人就任していた省の管理者――プラン部に、1941年12月には既に2人の管理者、そして1943年9月には3名の省管理者が――人事・行政局に属していた。シュレーダーは彼の職域の人事の構成を微妙に均衡させ、彼らはほとんどシュレーダーと一緒に出世した。しかし1936年になってナチ党に入党したヘ

ルムート・ベルクマン（Helmut Bergmann）は上級職の官吏にとって重要な課を率いていた。局長への昇格の後、シュレーダーは彼を自分の代理にした。シュレーダーは、外務省と省員の利益を代表していると同僚の間では評価されたが、ベルクマンは政治的に控えめで、それでも公に党に対する反対見解を述べていた。

シュレーダーが党への全権を託したのは、既に1923年のヒトラーの一揆以前に党に入っていた「古参闘士」のシュペルベルク（Spelsberg）課長補佐であった。シュペルベルクはドイツ官吏の帝国連盟の外務省における専門グループの長も兼ねており、――国家社会主義に思想的に近い特別な証明書――の形容詞である上級職員のいわゆる「信者」と呼ばれた者の一員であった。省管理者のシュヴァーガー（Schwager）とゼルヒョウ（Selchow）は権力掌握後にやっとナチ党に入党した。シュヴァーガーは1934年に、ゼルヒョウは1940年にである。両者は、ベルクマンの後任で重要な課である人事と同様、アドルフ・フライヘル・マーシャル・フォン・ビーバーシュタイン男爵（Adolf Freiherr Marschall von Bieberstein）も長年勤めた職業官吏であった。シュレーダーも専門家を信頼したが、法務局と違って、彼の重要な部下には少なくとも名目的にもナチ党に入党することを薦めた。例外は課長補佐のヨハネス・ウルリッヒ（Johannes Ullrich）で、彼は政治文書の長で、党に入党していなかった。

1945年後に現れた外務省職員の覚書では、シュレーダーはヴィルヘルム通りの灰色の枢機卿のように見える。数多くの同僚を、一つあるいは他の方法で彼に助けられたので、彼に義務感を感じていた。人事局長としての彼のポジションは彼に対して独特な可能性を提供した。政権に人種差別的に扱われた、あるいは党またはナチスのメンバーと衝突した官吏に対し彼は多くの場合に助けに駆け付けた。「彼は驚きもせず、私と同様な状況にある他の人の前で守りつつ力強く立ちはだかった」、と「アーリア人でない」としては早めの年金生活入りを避けられたハンス・フォン・ヘルヴァルト（Hans von Herwarth）は称賛している。⁽⁴⁴⁾政権への公然とした抵抗でもちろんシュレーダーには支持は全く期待できなかった。シュレーダーにルドルフ・フォン・シェリハの逮捕が予告されたのに何の警告の言葉もなく拘引された。⁽⁴⁵⁾ベルリンに口実を設けて呼び返されたマドリードの大使館の報道副アタッシェのエッカルト・テルチュ（Eckhard Tertsch）の逮捕に際してもシュレーダーは似たような役割を演じた。公使のフライヘル・

フォン・ビブラ（Freiherr von Bibra）から大きな秘密を守るように言われて、シュレーダーは明らかに一緒に協力し、テルチュのザクセンハウゼン強制収容所への収容に対して何もしなかった。[(46)]

　シュレーダーの姿は玉虫色である。一方でナチスのキャリアを積み、他方で外務省の役人には慈善を行った。ここでは彼は特に外務省と彼の局の機能の有効性についてよく見ていたようだ。彼の姿勢を抵抗あるいは反抗と理解するには、ナチス政権を強固な一枚岩のブロックと誤解するようなものだ。そうではなかった。矛盾する利益はいつも新たに熟慮を要求し、シュレーダーは可能であり、政治的に意味があれば、彼の下の官吏を守った。同時に彼は明らかに積極的な国家社会主義の外交政策に賛成するだけでなく、シェリハの例に見られるように、ゲシュタポの救助者にもなった。ヴェルナー・オットー・フォン・ヘンティッヒはこの人物の二面性 —— 明らかに同僚も感じ取っていた —— を戦後彼に独特な明快性で次のようにまとめている。「古くからの役人とその官吏の倫理に忠実な国家社会主義者であった[(47)]」。この官吏の倫理が政権に自ら進んで付き合っていったのかには、彼は言及しなかった。

第3節　党、親衛隊、突撃隊のメンバーシップ

　ナチ党のメンバーになることは —— このことはこれまでの調査で十分に明らかになったが —— 官吏の実際の政治的位置づけを解明することにはならない。もちろん、その事は相異なる理由から政権に近づくことを狙っているグループを決定づける可能性を提供している。というのは、個人が感じるかもしれないどんな圧力の場合でも党へのメンバーの申請は個人が責任を有する行為であるからである。申請に対して自動的にメンバーとなることが続くわけではないことは、ミュンヘンのブラウネン・ハウスにあるナチ党の官僚たちによる試験の結果求めに応じられない例で明確である。拒否されたのは、例えば、法務局の次長であったエーリッヒ・アルプレヒトの場合である。もっとも、党員手帳なしででも彼は1943年には、同様に党の仲間でなかったこれまでの長のガウスの後任法務局長になった。

　アルプレヒトもガウスも戦時の外務職員の典型的な代表ではなかった。というのは1940年には120人の上級職員のうち71名がナチ党に所属していた。ア

ルプレヒトを含めて他の 11 人は、申請は出したけれども受理されなかった。ガウス以外の部局長はすべて 1940 年、ナチ党の党員手帳の持ち主であった。1941 年の統計はもっと多くの党のメンバーの参加ぶりを示している。611 人の実際の外務省職員 —— その中には行政部門に従事する者も含まれている —— のうちの 465 人が党のメンバーであるか候補者であった。[48]

　1940 年の小規模の入党の波の後は少ない数の外交官のみがなお入党したにすぎなかった。新規採用と待機組あるいは休職組への配属により、党のメンバーの割合はそれでも 1943 年まで多くなっていった。1943 年 5 月 1 日には、上級職の 603 名の現役組のうち 522 名がナチ党に所属していた。これに加えて 51 名の再開した待機組および休職組と、52 名の臨時に雇われた役人とが加わった。そのキャリアを既に終えていた比較的高年齢の外交官たち 103 名のグループの多くはたった 51 名が党員手帳を持っていたにすぎない。外務省で活動していた上級職の役人のすべての数 706 のうちナチ党には 573 名が入党していた。[49]

　ナチ党の党員たちは均等にすべての局部と職域に分散していたわけではない。伝統的な核となる局には以前と同様に比較的少数の「古参兵」が配属されていた。局部長や課員レベルでナチ党員所属を見ると、法務局の職域が党員では最も少なく配置されていた。1943 年 9 月でも 16 人の指導的な役人（局長、次長、課長）のうち 7 人が党員手帳を持っていなかった。1933 年以前に党員は誰も入省しなかった。1940 年にやっと 2 名のみであった。[50] グスタフ・レーディガー（Gustav Rödiger）はナチ党の党員になることを拒否した者の 1 人である。1933 年 1 月に法務局の課長に任命され、終戦時に同じポジションを経験した彼は、その間単に報告権のある代表団参事官に昇格したのみであった。彼は注意深く政権から距離を置こうと試みたのに、にもかかわらず強制され、1943 年にはゲシュタポの要求に同意し、連行されようとしたユダヤ人に外国ビザを承認しないことにした。[51]

　既に述べたように、彼の長年の上司であるフリードリッヒ・ガウスもナチ党に入党しなかった。彼のナチスの政策についての態度は同様に不明確であった。ガウスは危険に晒されやすい地位にあった。ニュルンベルク法によれば彼の妻は「混血」と見なされた。したがって、彼女に対する不安がいつも彼に付きまとった。彼の役人としての高い地位が少しばかり助けになった、と彼は後に強調していた。[52] 既に 1923 年以来現職の省の局長であり、認められた、また国際法

147

第1部　ドイツ外務省の過去

学者として彼の専門知識は、新たな政権の下でもほとんど変わりうるものがいなかった。1925年のロカルノ条約の立役者として彼は1939年8月の独ソ不可侵条約にも作業した。彼が、国を去ることを妨げるために、ノルウェー国王ハーコンⅦ世（Haakon Ⅶ）を1940年4月11日にドイツ公使のブロイアー（Bräuer）との話し合いに招待し、参加した努力は、戦争の初めの頃のヴィルヘルム通りの官吏たちの活動がわずかにのみ古典的な意味での外交と関係していたことを明確に示していた。ガウスはここでは無様な誘拐の試みの達成の助けをした以外の何ものでもなかった。[(53)]

　外交政策問題に関する法律的な鑑定書は遅くともソ連への襲撃によって紙くず同然になった。そして、法務局長として知った、ヴァンゼー会議の議定書に対してガウスは法律的な憂慮を示しすらしなかった。ハッセルにしてみれば、彼は「感覚的に卑しい」者であった。[(54)]1943年3月、ガウスはその地位から離れた。彼はその後特任大使としてリッベントロープに助言することになった。[(55)]

　法務局と違い、外務省の最も古い職域であった儀典局は、一部の例外を除いて指導的なポジションにあり、もっぱらナチスと関係したものにより占められていた。1943年9月にはすべての課長はナチ党に所属していた。次長のハインリッヒ・アドルフ・ルーエ（Heinrich Adolf Ruhe）はかつての本部付けの突撃隊少佐であり、1930年には既に入党していた。それに、この時代職域の地位を占めるべき計画は課のトップに親衛隊、突撃隊、ナチス自動車運転手同盟の指導者を示していた。これはリッベントロープの、ナチスの組織に属するものを外務省の中に模範的に分散して入り込ませる計画に沿ったものである。[(56)]

　党の所属ということ自体が思想的な確信についての事情を物語っているわけではない。それでも、ナチ党に入党することは自動的にナチスのネットワークに拘束されてしまうことになってしまうし、それに固有の社会的な規制に従うことになる。党への提案は通常信頼厚い者から指名されねばならないことに始まる。したがって提案者は、彼のことを保証する人間に依存することになる。既に、非公式な依存性あるいはそれに必要な評判を保証して欲しいという要請が成立してしまう。まさしく戦争中の入党は明確な同意見者を見つけることが有益である。戦争開始以降に党のメンバーであることだけがキャリアを促進するかどうかは疑問であり得た。党所属員は十分にいたのである。他方で、党所属員でないことはマイナスの淘汰として、さらなる昇進の妨げにもなったようで

ある。いずれにしても、1939年9月1日から1943年5月1日までの間に課長補佐、課長、報告権のある参事官、次長に昇進した者のうちたった約10%のみが党員手帳を持っていなかった。それ以下の位の昇進は党員以外の状況は不利であった。同じ期間に党員以外のたった3名のみの外交官が代表部書記官や副領事に任命されたにすぎず、他の99名がナチ党に所属していた。戦時中は、党員手帳なしには外務省の中で一層の昇進は明らかに困難が募った[57]。

副事務次官ルターの失敗した蜂起の後でリッベントロープは人事の変更の枠内でヒトラーに「外務省職員にとっては物事の根本的な心情のみが大切である。私は、40名の親衛隊、40名の突撃隊職員と40名のヒトラーユーゲントの人々を希望しており、外務省では新たな人々で占めさせるつもりである[58]」、と語ったそうである。リッベントロープのこの発言が実際になされたとしたら、いかに彼が、特に彼の省にナチス組織員が平等な比率で根付くことを真剣に考えたかを明らかにしている。1943年4月に親衛隊への連絡室が格上げされて、課のグループ（国内担当のⅡ課）にされて親衛隊は日増しに重要になったが、大臣はさらに党の様々な組織への連絡を磨くことに努力した。それゆえ、彼は人事決定に際して、彼が日頃から様々な接触を有しているナチスの様々な組織のメンバーに配慮した。まさしくヒムラーが、活躍している親衛隊の指導者たちを外務省職員に持ってこようというリッベントロープを困難にした。リッベントロープはとくに有名な高級親衛隊幹部を外務省に呼んでこようとし、彼は明示的に「長年にわたる親衛隊の所属員[59]」に賛意を表した。というのは、これらの人々が彼にしては第三帝国の支配機構において外務省の地位の安定化にとって特に重要な保証を提供すると思われたからである。ヒムラーは、しかしながら、彼には少ししか提供せず、親衛隊の末端に位置する人、例えば、親衛隊少将ヴェルナー・ベストを提供した。可能性として、ヒムラーは1933–1934年に外務省に送ったヨシア・エルププリンツ・ツー・ヴァルデック・ウント・ピルモントのあまり成功しなかったもぐりこみの経験にしり込みし、その後、親衛隊少将ヴァルター・シュターレッカー（Walter Stahlecker）の例が繰り返すことになる後退に恐れをなした。ベストにとってはこれに反し、ハイドリッヒが虐殺された後の1942年に外務省への入省に成功してキャリアを積む機会となったのである。同様な例は親衛隊の親衛隊准将シックスにも当てはまる。

リッベントロープと違って、ヒムラーは彼から見て外務省にしっかりと根が

第1部　ドイツ外務省の過去

生えた外交官を親衛隊に獲得することに関心があった。しかしながら、外務省の高い地位の役人が入党することが親衛隊の権威の獲得になった時代は、戦争の勃発とともに終わった。外務省の中で親衛隊の秩序では、さらにリッベントロープとケプラーが親衛隊の大将として先頭に立っていた。アベッツ、エテル、ヘヴェル、マッケンゼン、ヴァイツェッカーおよび公使のエドムント・フェーゼンマイヤー（Edmund Veesenmayer）は親衛隊の少将の地位に過ぎなかった。親衛隊の准将にはまた「親衛隊長官の個人的なスタッフの指導者」と称する特典があった。このグループには、また大使のヴェールマン、テルマンそれにデルンベルク部長とリッベントロープの信頼厚いリクスがいた。親衛隊の低い地位のものは、他の親衛隊の役職、通常の場合親衛隊の本部に割り当てられた。

　1939年のリストでは、外務省員の58名が親衛隊本部スタッフ付きの親衛隊准将として挙げられている。これに加えて、治安部本部と治安本部に位置づけられた役人の一団がいた。だから戦争の初めには推計でほぼ65名の親衛隊大佐が外務省の一団に加わっていた。1944年までにこの数は単に73%にまでしか上昇しなかったそうである。[60]もちろんこの間に16名の親衛隊大佐が異なる理由により外務省を去っている。そういう人々の周りに例えばリッベントロープの大臣官房のエドワルド・ブリュックルマイアー（Eduard Brücklmeier）は敗亡主義者と非難され、そして、ドイツの国境を越えて親戚のいるステファン・プリンツ・ツー・シャウムブルク＝リッペ公（Stephan Prinz zu Schaumburg-Lippe）も総統の国際的なつながりのある人々を遠ざけるようにという命令によって1943年に職務を去らねばならなかった。1933年1月30日以降に親衛隊に入った最初の高位の外交官であるエドムント・フライヘル・フォン・テルマン男爵はそれ以降も、彼は1942年以来休暇中であり、南部ロシアの高等親衛隊と警察指導者付きの予備役親衛隊少佐として動員されたが、外務省の中で親衛隊のリストに連なっていた。引き継がれてきたリストには個々の名前が欠けているので、絶対的な数については注意深く扱わねばならない。それでも、1939年から1944年までに約25名の親衛隊大佐が新しく外務省にやってきて、親衛隊の将校の地位に昇進するか、親衛隊本部に受け入れられたことは若干なりとも確かなことである。

　親衛隊の大佐たちはベルリン中枢のほとんどすべての職業の地位や部局にいた。1944年にはリッベントロープや事務次官ケプラーとならんで6名の大使、

150

第 3 章　旧い外交官と新しい外交官

11 人の公使、4 名の総領事、6 人の報告権のある代表団参事官、10 名の代表団
または公使館参事官と 1 等クラスの領事、大政府参事官、19 名の代表団ならび
に公使館参事官および領事と 13 名の代表団書記官あるいは副領事が一連の親
衛隊に連なった[61]。彼らの中には、帝国外務大臣の官房長と儀典、プレス、文化
ならびに放送部の高位の親衛隊を名乗っていた。

　戦時中、親衛隊への受け入れは、戦前に比べて厳しく取り扱われた。明らか
に親衛隊にはほとんど妥協が許されなかったに違いない。さらに市民の応募が
必要だった[62]。入党時のように親衛隊に入りたい時は個人的に古くからの党メン
バーあるいは親衛隊のメンバーと知り合いになっておく必要があった。これは
申請の前提であった。外交官が親衛隊の大佐に受け入れを提案されたのはめっ
たになかったわけではない。ドイツ民族センター部長で、かつてリッベントロー
プ「事務所」の一員であった親衛隊の中将ヴェルナー・ロレンツは特に熱心で
あったが、下士官の下、領事であり親衛隊大佐であったヘルベルト・ショルツ
（Herbert Scholz）あるいは国内グループ II のエバハルト・フォン・タッデンもま
た同僚の親衛隊への受け入れに努力した。

　受け入れ申請は必ず自身で持っていかざるを得なかったし、親衛隊への応募
は常に個人的な行為であった。幾ら強い推薦を証明しても、自動的には受け入
れられなかった。帝国治安本部と親衛隊の人事本部は繰り返して受け入れに慎
重か懸念を表明した。受け入れに対しては少なくとも 1943–44 年からは教会か
らの脱退なしには不可能であった。この条件についてタッデンは 1944 年 7 月
に親衛隊加入を希望していたコペンハーゲンの公使参事官カスラー（Kassler）に
はっきり述べている。「本日の私の親衛隊の人事本部との話し合いの結果、この
件は専ら貴殿が教会から脱退するかどうかに絞られた[63]」。

　親衛隊への申請は深く個人的な関係に立ち入ったもので、すべての個人の分
野を明らかにすることが要求された。宗派への帰属問題とならんで、婚姻と子ど
もがいないことも、親衛隊の人事本部の責任部署や人種も ―― 住所本部には批
判的に ―― 判断される視点であった。ケープタウンの総領事で、古くから勤め
ていた親衛隊大佐兼准将であったヴィルヘルム・ロデ自身も個人的な問題に直
面した。1944 年 3 月 2 日、親衛隊の人事本部の長、マクシミリアン・フォン・
ヘルフ（Maximilian von Herff）は責任ある関連の作業者タッデンに解明するよう
に要請した。「なぜ、ロデは最初の子ども以来最近 6 年間子どもがいないのか？

151

第1部　ドイツ外務省の過去

健康上の理由が決定的なら、病気の種類について十分な情報を示した医師の診断書の提示が必要である」というのであった。[64]

　親衛隊の名誉職の指導者が全外務省にわたって配置されたのに対して、親衛隊を主要な職務とするメンバーは特別に外国の使節に動員された。警察アタッシェと警察への連絡指導者として、彼らは帝国治安本部（SD）の延ばされた手足の職務を全うすべきものとされた。帝国治安本部の役人は戦争の年の1年間はまだ比較的独自に行動することができたが、リッベントロープは、1941年初めから親衛隊と警察の代表を使節団の長に直属させることに成功した。1942年から、彼らは警察アタッシェあるいは警察への連絡指導者として外務省職員の制度的序列に組み込まれた。彼らは占領国の治安警察的な監視活動に従事し、占領色あるいは非占領国家の警察への連絡役としてまたSDの外国におけるスパイの地域の中心として活躍した。このように彼らは外国における帝国治安本部のミニアチュア版として作用した。[65]

　外交官として偽装した治安本部のエージェントは特にスイス、スウェーデン、トルコのような、公式に警察の派遣員を認めていない国々にも派遣された。1943年の公開によれば、74名の帝国治安本部の所属員が警察アタッシェ、警察への連絡指導者、治安本部の委託者あるいはその協力者として使節団の中で活動していた。部分的には、広範に広げられた職域であった。警察アタッシェで親衛隊少佐のパオル・ヴィンツァー（Paul Winzer）は彼だけで、マドリードのドイツ大使館のある首都で10名の手下を抱えていたし、さらに10人の手下がバダヨズ、バルセロナ、ビブラオ、サン・セバスチャン、タンジール、テェネリファ、ヴァレンシアの領事館で働いていた。

　ヒムラーとハイドリッヒは、警察アタッシェで固有の代表を、使節の治安警察の課題とか外国へのスパイ活動に確固とした根を生やすのに成功した。後にこのポジションは「武装親衛隊、民族問題、治安警察、治安部と政治的問題、秩序警察問題」に関する外国での中枢の機関に育成され、これによって親衛隊の本質的な活動領域のすべてが網羅された。[66] 親衛隊のさらなる「自主的な親衛隊の外交政策」という想像は、しかしながら夢想に過ぎなかった。[67] 外務省の協力は、これによって贖われた。というのは、警察アタッシェは外務省の構造の中に取り込まれたし、使節団の長の下になった。このようにしてリッベントロープは、親衛隊が外国で無制約に拡大することを防いだ。1944年にも、エルンス

152

ト・カルテンブルンナー（Ernst Kaltenbrunner）は使節団において治安本部のエージェントおよび警察アタッシェの数が少ないことに不満を漏らしていた。[68] リッベントロープの統合によって数を減らす、という戦略は成就したように見えた。

親衛隊大佐とならんでまたナチ党の2番目の擬似軍事的団体突撃隊も外務省の中で職務を行っていた。彼らはある意味で黒い制服に身を包んだ同僚との均衡のためと解されていた。狙いを定めた人事政策では、副業的に突撃隊指導者を目指す役人だけではなく、特に突撃隊本部での職務からの突撃隊の将校を勤めている人物までも外務省の重要な機能を獲得していた。この政策は、典型として突撃隊の一連の将校を南欧の外交使節団の長に固定化させることになった。1941年に5人の突撃隊のグループ指導者がプレスブルク（ブラチスラバ）（スロヴァキア）の公使館、ブダペスト（ハンガリー）、ソフィア（ブルガリア）、アグラム・ザグレブ（クロアチア）、ブカレスト（ルーマニア）の外交使節団の長を引き受けた。マンフレッド・フォン・キリンガー（Manfred von Killinger）のみが既に1939年以来、プレスブルクの公使として最初の経験を積んでいた。その後、彼は人事異動でブカレストに移動させられた。

突撃隊の外交官の、伝統的な官吏との関係は緊張していて、その批判は食いつくようであった。ハッセルはキリンガーを「血に飢えた、教養のない、上っ面の下士官」と見ていた。そして彼は正しかった。[69] ハッセル程に他の高位の外交官たちは同僚から距離を置けなかった。ハンス・ルデイン（Hanns Ludin）は新しく任命された突撃隊の人間の中では最も有能と見られた。ジーグフリード・カッシェ（Siegfried Kasches）の個人的生活は模範的と見なさた。ディートリッヒ・ヤーゴウ（Dietrich Jagow）は勇敢な将校として立派な性格であった。[70] （親衛隊の職務引き受けが）南欧でどのような規模で軟化させることに貢献したかははっきりしない。リッベントロープはいずれにしても突撃隊と親衛隊の人々を原則的に同等な受け入れに務めていた。最初に突撃隊の所属人にポストが与えられたが、その次には、より高級な親衛隊大佐が引き受けられなかったのは、それは外務省の妨害行為とは関係がなく、特にヒムラーの、相応の人事提案をほとんどしなかった後ろ向きの姿勢と関係していた。

もちろん、突撃隊出身の公使は親衛隊からは脅威で、意識的な挑発と理解され、特に親衛隊が自分たちに権限があると思っていた政治の分野ではそうであった。既に人事の交替の時、親衛隊本部の長で、親衛隊中将のゴットロープ・

第1部　ドイツ外務省の過去

ベルガーはヒムラーに対して、突撃隊は「ドイツ人の民族グループの仕事を深
刻に危険に」するだろう、と訴えている。ベルガーが言うには、「親衛隊への戦
い」の後ろに外務省で事務次官自身よりも強い立場の突撃隊少将で、公使のル
ターが隠れていた(71)。ヒムラーの個人的な補佐であるルドルフ・ブラントもまた、
副次官のルターが意識的に親衛隊に対抗する政策を追求していた、との見解で
ある。リッベントロープの人事政策に照らしてまさにルターの親衛隊に対する
嫌悪は、もちろん、外務省の原則的に、一貫して実行された外務省の人事政策
と混同できない。最後にルターは他の分野では親衛隊と、その職域と代表と好
んで、緊密に協力したことを見逃すべきではない。欧州のユダヤ人迫害と殺戮
に際してである。

第4章　戦時のドイツ外務省

　1939 年 9 月 1 日にドイツのポーランド侵攻で始まった戦争は、最初から人種差別のイデオロギーに基づいた征服と絶滅のための攻撃であった。ドイツ兵が占領した地域すべてにわたって、軍事的な —— 占領と行政構造 —— が打ち立てられた。国防軍による占領は同時に支配地域の政治的な統制と経済的な搾取、とそこに住んでいるユダヤ人の迫害と殺戮の前提を作った。戦争、占領、ホロコーストは密接に関連しており、暴力的な絶滅組織は数百万の犠牲者を要求した。

　外務省は急激な市民社会の規範が解体され、殺人的な征服・殺戮戦争に発展していくのをただ側で見ていたわけではない。300 万人を超えるソ連の捕虜や、戦争指導の方法、特に東部でのドイツの占領政策の犯罪的な性格の実態をヴィルヘルム通りは、自身の観察と綿密な情報交換や上級の警察 —— 親衛隊指導部との協力を通して非常によく把握していた。外務省の固有の部局は近代的な奴隷労働と芸術作品の略奪にかかわっていた。ドイツの外交官たちは、第三帝国の指導者たちに戦争の終了まで人間性を軽視した占領政策プログラムの実施を可能にした。彼らは占領の手助けを行い、何が行われているかをよく知っており —— 何度も何度も —— 同じく手を染めた。その点は、ドイツの行動に対しての抵抗や批判の個々の例に騙されてはいけない。

　欧州のユダヤ人の組織的な抹殺「ユダヤ人問題の最終解決」に外務省はナチと一緒に働いた。第三帝国のユダヤ人政策によってドイツの評判が悪くなるのを防ごうとの意図から、このことは可能な限り控えめに語ろうとされるが、実際は、より頻繁に、ヨーロッパのユダヤ民族に対する処置の計画、準備、そして実行が明らかになり、語られている。ヘルマン・ゲーリングが 1938 年 11 月 12 日、すなわち帝国中で繰り広げられたポグロムの 3 日後に、招集した会議で、彼は、ユダヤ人を「禁じられた人種」と呼び、その席には外務省の副次官エルンスト・ヴェールマンと「ユダヤ人課」のエミール・シュムブルクが出席していた。1942 年 1 月 20 日の「ユダヤ人問題の最終解決」に関するヴァンゼー会

議には外務省からは副次官のルターが代表して参加していた。ドイツの外交官は、常にユダヤ人政策をともに知っていたばかりか、彼らは、積極的にこれに荷担していたのだ。

　占領支配と「最終解決」は密接に関連していた。第二次世界大戦中、外務省職員の代表者は、すべての占領地域、同盟している国々、軍隊の展開している分野に動員されていたし、それらの地域では、占領している役人に外交政策的な状態を説明し、同時に彼らの職場に常に報告していた。その際の彼らの役割は、決して導入としての説明に限られていたわけではなく、その説明は僻地と単なる中央間のコミュニケーションではなかった。彼らが常に適切に戦争の経過や占領政策を決めることはできなかったが、そのつど、動員場所で彼らの影響力を最大限に利用しようと努力したのだ。その態度の角度は、ぐずぐずした行為から、先走った従属、適宜血みどろの占領政策に参加しようとする試みから、その結果占領した国々の国民にとって生活条件をさらに悪化させるイニシアティブに至るまで広範にわたるものであった。通常、彼らは政府の期待に適合するすべてのことを実行した。これに抵抗する態度は例外であった。

　競争関係にある機関との永遠の対立では、外務省は1939年と1945年の間常に、ゲームの規則に従い、戦利品の奪い合いのためにできるだけ有利な（前面の）場所を確保することに務めた。ドイツの庇護の下での大欧州地域の新しい経済の登場、占領地と同盟国におけるドイツの少数民族の利用といわゆるドイツ民族政策 —— ナチスイデオロギーの分類に従っての大規模な大衆の移動 —— 外国での宣伝、それに外国人労働者の動員、はドイツの外交官が熱心に取り組んだ課題であった。その際、実際上これまではゲーリングの４ヵ年計画を担当する役所、ローゼンベルクの東部省、ゲッベルスの宣伝省、ヒムラーのドイツ民族の安定化のための帝国長官の職場、あるいは民族ドイツの中心地域における親衛隊本部などは彼らに先んじていた。しかしながら、伝統的な外交の場でドイツの外交官は完全な自由行動あるいは独占権を有しなかった。ドイツの側から宣戦布告なく始められた戦争、そしてその中で国際法は初めからなおざりにされる形式上のものと見られた。同時代の人々は、実際問題として外交官がどのような役割を与えられるべきかについて、まさしく疑問を呈することができたはずである。そんなわけで、外務省の一部の代表者は、占領国で外交とは全く関係しない、あるいは少ししか関係のない分野で活動し、彼らの影響力を

発揮することができなかった。

　1939 年 9 月以来、新しい領土とそれに伴って数百万人のユダヤ人がドイツの支配下に加わった。1942 年のヴァンゼー議定書に言及されている 1,100 万人の東部で収容された欧州のユダヤ人のうち、わずか約 13 万 1,800 人のみが「古い帝国」出身で、残りは元ドイツのユダヤ人で、外国に逃れたものの、占領軍ドイツに当然、拘引されたか、あるいはドイツのユダヤ人ではなかった。[1]　圧倒的な欧州ユダヤ人の多数は東部に住んでいたので、そこでは大半が強制的にゲットーが作られ、後にこの体制の重点はほぼ強制労働、殺戮収容所になった。これに関連して計画された大量の収容は帝国の様々な役人の協力を必要とし、これらのうち、経験があり、どこにも存在する外務省の協力も必要とした。反ユダヤ人処置にはすべての国家の役人が不可欠であったが、最終的には、外務省が帝国の国境を越えてこの政策を直接に実行する唯一の役所であった。伝統的な外交政策的活動は占領とユダヤ人政策の新しい道具となっていった。そして「最終解決」自体が順次展開されていったのにしたがって、活動は次第に、外務省の協力作業も徐々に一歩一歩進んでいった。ユダヤ人政策が急進的になればなるほど、外務省もまた「最終解決」の計画と政策に深く関与していった。

　「最終解決」がまた外交政策の問題になると、引き継がれてきた外交政策と外交にとって初めての新しい問題が生じてきた。1945 年以後、外務省は殺害行為について報告を受けたことに関して「外交的な影響を持ちうる」と判断したと説明しているのが事実である。外務省の「ユダヤ人担当」のエバハルト・フォン・タッデンは 1961 年のアイヒマン（Eichmann）裁判の最中、次のように述べている。「私の部 II（国内課）における課題の一つは占領地域または同盟国のユダヤ人の強制収容が及ぼす外交政策上の影響であった」。[2]　実際、占領グループの報告は外務省の日々の活動の重要な構成要素になっており、省の性格を新しく定義づけるものであった。ドイツの市民の利益を外国で取り扱ったり、帝国領内で外国の市民を取り扱う、ただし外交の伝統的な課題に比べ大差はなかった。

　この対称性は、一つの外務省の支離滅裂な、後に分裂した行動を導いた。一方では、旧い基準、構造、規則といった伝統的な機能を維持していたかと思うと、他方では完全にこの基準を破棄し、新しい構造と前例なき課題を発展させた。伝統的な構造を変更しないように見えるところでも、新しい目的 —— 略奪、窃盗、迫害、強制収容、大量虐殺のためには革命的であった。最後には外務省

第1部　ドイツ外務省の過去

の介在によって非合理、理解不能なことでさえ合理的で、合法的で、正しいものに見えた。それは、国際関係における通常の国家として、第三帝国の外面を取り繕おうとしたものであった。外務省の努力は、同様に国内においても、国境外で行われている犯罪をドイツ国民から隠そうとするものとも見られた。外務省が、政権の犯罪的な政策に影響を与えようとして、かように（政権に）都合のよいものになったのは、まさしく継続性指向とプロ根性による幻想と、現実から浮離してしまった道徳性の隠れ蓑としての官僚制によるものであった。外務省は、合法的である制約を与えるつもりが、許されざる犯罪に対する道徳的懸念を中和させることに寄与してしまった。[4]

第1節　国外脱出、市民権剥奪、国外追放
「ユダヤ人問題の最終解決」(1939-1941 年)

1938 年 11 月 7 日、パリに生活していたヘシェル・グリンスパン（Herschel Grynszpan）が代表団書記官のエルンスト・フォム・ラート（Ernst vom Rath）を撃ち、ラートは 2 日後に死亡した。グリンスパンの家族はポーランドのユダヤ人に属し、1938 年 10 月にポーランドの国境に強制移送された。11 月 9 日には政権はいわゆる「水晶の夜」にポグロムを組織した。外国、特に米国の報道陣は怒りの抗議で反応した。大使のディークホフはワシントンから、「現在米国を越えた嵐」について報告してきた。「この叫び」は「ドイツ人系の米国人を含むすべての陣営と層」からきている、と。「全体的に反共で大部分は反ユダヤ主義の立場である大人しい民族的な人々でさえも」「我々から離れようと」している、と。「このような一般的な憎しみの雰囲気は、再びドイツ製品に対するボイコットに向かわせる新たな誘因となっている」。[5] 1933 年と違って、外務省はもちろん何らの対抗処置も導入しなかった。外交関係の悪化あるいはズデーテン危機の際に平和維持のためにと認識された西側大国の介入への努力にさえも、ヒトラーはもはや全く不安を感じていなかった。

建前的にさえもポグロムに抗議しなかった唯一の偉大な民主主義国はフランスだった。フランスの外務大臣ゲオルグ・ボネがポグロムの 1 ヵ月後にベルリンに到着した時、彼は同僚のリッベントロープに「フランスがいかにユダヤ人問題解決に関心を持っているか」と論争した。というのは、「フランスはドイツ

からユダヤ人をこれ以上受け入れるつもりはない」のでボネは、「何かいずれか
の処置」を「これ以上彼らがフランスに来ないようにするために」取ったのか、
尋ねた。この質問は、反ユダヤ処置が穏健なものとなるようにとの警告の発言
であり得たが、しかし、さらなる避難民が強制的手段によって国境を超えること
とを防ぐようにとの要請でもあった。ボネが、フランスもまた1万人のユダヤ
人を「どこかに行かせることを欲している」という示唆を行ったことから、フ
ランスがドイツにおける「ユダヤ人問題の最終解決」が出国の道によって解決
されることに全く関心を持っていなかったことが明らかである。

　ポグロムの前に既に国際政治舞台裏では、ドイツのユダヤ人の国外移住につ
いての交渉が行われていた。逃げ場を求めるドイツのユダヤ人に関しての解決
が提案される1938年7月のエヴィアンにおける会議で、ユダヤ人を受け入れ
そうな国々の代表とともにドイツ外務省の代表も参加していた。もちろんヒト
ラーがとっくにすべての「解決」のうち最も急進的なものに決断している印象
も色濃くなっていた。エヴィアンの結果 ―― 参加国がユダヤ人受け入れに消極
的であった ―― はドイツの決断者の姿勢を次のように明確にしている。一方で
国際社会は迫害されているドイツのユダヤ人の運命にどちらかというと冷淡に
振る舞ったことがはっきりし、他方で「ユダヤ人問題の最終解決」はもはや個
人の国外移住を目的としたものではあり得ない。

　ポグロムの3日後すなわち11月12日、ゲーリングは航空省の会議室での会
議を招集した。多くの大臣や高官を含む100名以上が、反ユダヤ人処置につい
て協議するために参加した。ゲーリングが言うには、ヒトラーから、「いまや
ユダヤ人問題を統一的にとらえ、いずれ終わりにすべきだ」との委託を受けた。
外務省からは副次官ヴェルマンと「ユダヤ人課」のエミール・シュムブルクが
参加していた。ヴェルマンは、長広舌のゲーリングの後に発言した最初の参加
者であった。ゲーリングが言及した外国国籍のユダヤ人について彼は議定書に
記録している。「私は、外務省が個々の場合に参加するように望んでいる」、と。
ゲーリングの試みを避けるように遮ってヴェルマンは聞き返した。「私はいずれ
にしても外務省が参加しているという主張を行いたい」。彼は執拗に外国籍ユダ
ヤ人の保障問題を討議し、最後には「それでは外務省の参加は全般的にこれに
て承認されたと考えていいか?」と述べて安堵した。

　ヴェルマンはその日のうちに会議の経過を大臣に報告した。「外国籍ユダヤ人

第1部　ドイツ外務省の過去

の扱い問題に関して発言権を要求し、一般的なすべての、また個々の場合の処置についても外務省の関与が確保された。帝国の利益が圧倒的に要求する場合には、外国に対して配慮することがその際出発点になった」。他彼は、ドイツのユダヤ人に対して予定されていた処置について報告した。「経済のアーリア化は急いで実施されるべきであり」、「ユダヤ人の労働者に対する強制労働問題」とまた「ユダヤ人（ゲットー）の移動の自由を制限する問題について、そして、一連の個々の処置、例えば、ユダヤ人の避暑地や温泉……劇場、コンサート、映画館他もろもろの立入禁止などは即座に検討されるべきである」。合意されたのは「ドイツのユダヤ人たちへの10億ライヒス・マルクの課徴金支払いの義務」についてであった。外務省にとって重要なのは、「ユダヤ人の移住はいかなる方法でも促進されるべきである」。最も重要な点は、ヴェルマンにとっては「条約の義務に配慮するという確約」を得たことであった[9]。

　最後にゲーリングは次のような示唆とともに参加者を解放した。すなわち、「もしも、ドイツ帝国がいつか近い時期に外交政策上の紛争に至った時は、ドイツにいる我々もまた、最初に、ユダヤ人が大きな清算をするということを考えるだろうことは当然である」[10]。似たような言葉でヒトラーも、数日後の帝国議会で1939年1月30日の権力奪取の記念日に繰り返した。「もしも、国際的な金融ユダヤ主義が欧州の中と外で、諸国民をもう一度世界戦争におとしめることに成功した時は、結果は地球のボリシェヴィキ化、そしてユダヤ主義の勝利ではなく、欧州におけるユダヤ人種の壊滅である」[11]。外務省の外交官たちにとって、この時点で、国家社会主義的なユダヤ人政策の、威嚇的な一層の拡大はとっくに明らかになった。ユダヤ人はドイツを去らねばならない、と、1938年に事務次官のエルンスト・フォン・ヴァイツェッカーはパリのスイス公使に表明していた、「さもなくば、短期にも長期にも彼らは、自分たちの完全な殺戮に向かってゆくだろう」[12]。

　既に暗示した通り、外務省における検討はドイツのユダヤ人問題と移住に限られたわけではない。1939年1月25日の外国での外交および領事の代表部に宛てた書簡でシュムブルクは「1938年の外交政策のファクターとしてのユダヤ人問題」を解説した。出発点として、とそれは解説している。「ユダヤ人は」「民族の一部の病気」である、と。「最終目的は、帝国に住んでいるユダヤ人の移住である」。しかしながらドイツ外交の課題は世界のユダヤ人の移動を「指図す

る」だけでなく、グローバルな「反ユダヤ主義を促進することにある」。そうすれば「ユダヤ人問題の将来における解決」は可能となろう。この勧告の背景には、「ドイツにとっても、最後のユダヤ人がドイツの土を去ってもこれで終わりということにはならないだろう」、との文章があるが、この文章は、「完全な解決は」「ユダヤ人の予備群」をも「全解決」あるいは物理的絶滅を狙って達成するという外務省の意思としてのみ解釈されよう。遅くともこの文書がドイツのすべての外交代表部に届いた特、1939年1月30日にヒトラーの演説の直前には、外交官にはどのような「全解決」を外務省が努力しているか、明確であったに違いない。[13]

したがって外務省は戦争以前に既にドイツのユダヤ人政策にかかわっていた。その際、部分的には激しい外国籍ユダヤ人に対するドイツの迫害についてのニュースに対するプロパガンダだけではなかった。ドイツのユダヤ人（1935年以来「ドイツ・ユダヤ」）がユダヤ政策の圧力下に移住を決意した瞬間から、彼ら自身が自動的に外務省の管轄分野に入ったのだ。1939年9月1日以降もドイツのユダヤ人の強制された移住は、政権の目には最良の努力をした解決策であった。ユダヤ人が移住を禁止された1941年10月23日までは、外務省は亡命にかかわる機構の一部分であった。そして、移住が上手くいった後は外務省は在外の使節団の代表とともに ―― 主として経済的な理由から ―― 移住したユダヤ人とともに現地の役人とも接触があった。外務省はこの関連で、一方では外国でのユダヤ人の市民的権利と関係し、他方でこの権利を奪うことや所有権剥奪に関与した。

政権は「ドイツ民族の身体」からユダヤ人を「外し」、その際は、可能な限り多くのユダヤ人の財産をドイツ帝国のために奪い、それでいて外国でのドイツの評判を害したくなかった。外務省がこの関連で果たした役割は、この矛盾を白日に晒した。「多くのユダヤ人は費用に対する配慮なしに移住を実行しようとした」、外務省の外国の外交官との連絡を担当していた移住の問題を管轄した帝国部署は、戦争の始まった直後、苦情を申し立てた。「彼らは間接的にせよ非間接的にせよ、外国の代表者あるいはその助成者に対する賄賂に躊躇することがなかった」。自らの生き残りを賭けて必死に、逃げ場を探していたユダヤ人たちは選択肢に絶望した。外務省はユダヤ人がヴィザのために払う「袖の下」や接触者を通して、金融的な影響や「ドイツの利益」のために情報を得たり、その

161

第1部　ドイツ外務省の過去

ために要請することに努力した。[14]

　矛盾のあるナチスの移住政策は、大量の官僚的な命令の続出をもたらして、ユダヤ人の国外脱出をほとんど片付けることのできないプロジェクトにさせてしまった。作成しなければならず、提出しなければならない書類の中には、目的国の入国許可とならんでゲシュタポ、金融当局そしてまた外務省の国外への脱出許可や無懸念証明書、があった。申請はさらに、当該地の移住協議の検査を通して、帝国移住問題関係部署に移され、そこからユダヤ人移住のセンターに要請される──そして外務省に伝えられる。[15]申請は外務省で「ユダヤ人の移住を促進するために」、また帝国治安本部にも通報され、ドイツにおけるユダヤ人協議会とイスラエル教会共同体の許可も求められる。[16]それに相応した証明書の発行のため、外務省を通して、申請は時々親衛隊長官にも見解を求めて送付された。[17]したがってこの時点で既に、1939 ～ 40 年に外務省と親衛隊ないし帝国治安本部とは「ユダヤ人問題」で協力していた。

　ユダヤ人は、1939 年 9 月 1 日以降も移住することが許されたが、移住するユダヤ人の数は激減した。というのは、戦争が敵国の国内への移住をもはや許さなかったからである。親衛隊がパレスチナへの移住の促進を要求していたので、英国（1939 年 5 月以来ユダヤ人の移民をほぼ完全に禁止していた）、イタリア、外務省とゲシュタポとの間で 1939 年 10 月に合意が成立し、パレスチナへの入国許可書を持っているドイツのユダヤ人はトリエステからパレスチナへ旅行が許された。この道は 1940 年 5 月にイタリアが戦争に加わり、閉鎖された。英国の目から見れば、1941 年 6 月までは東ヨーロッパを経由してソ連を通って不法に移住する「獣の道」は開かれていた。帝国治安本部のアイヒマンとともに外務省のフランツ・ラーデマッハーは、このルートが最大限に利用しつくされるように手続きの中央化と簡素化に考慮した。[18]

　それでも外務省は何度もユダヤ人の移住に注文を付けた。特にユダヤ人の知識人についてである。「たとえ、ユダヤ人の移住はこの後も促進され」ても、「すべてのユダヤ人の知識人の移住の場合には」それでも特別に検査されなければならない、と外務省は主張するのである。[19]ユダヤ人教師の移住に対して既に 1939 年秋にナチ党の対外組織は「政治的、文化的な」結果を示唆して明らかにした。[20]もっともその背後にある考慮は、ユダヤ人担当のラーデマッハーが 1940 年 9 月の書簡に漏らしている。その中で彼は、50 歳の教師ロッテ・バルシャッ

ク（Lotte Barshack）の米国への移住に対し憂慮を説明していた。「原則的に、教育を受けたユダヤ人の教員を移住させるのには憂慮している。これらのユダヤ人たちは、これまで難しかった自分たち自身のいわゆる『ドイツ学校』を造ろうと努力し、それからさらに南米諸国に移住するだろう。これに支援を与えるのは空しいことになるからだ」。ラーデマッハーは、「師弟たちをドイツ式教育で育て上げることに価値を見出している外国人たちが、これまでのようなドイツ学校でなく、ユダヤ式学校に」送ることになることを恐れた。[21]彼にとっては、外国におけるユダヤ人と非ユダヤ人の、公式のドイツ文化に対する競合するものであった。

　ドイツのユダヤ人がたとえ国外脱出に成功しても、外務省はさらにその代表部を通して管轄権行使を維持した。外交使節団はベルリンにユダヤ人の到着を知らせ、そのことを問題ある案件として取り扱った。外務省員は、外国におけるユダヤ人の問題が続いているという報告を喜んで確認した。例えば、満州の南部の町ムクデンのドイツ領事は、ドイツ（すなわちアーリア人）の旅行者による、同じ列車に乗り合わせたユダヤ人移民についての苦情を報告している。移民は「彼らの金に細かくまたあからさまに彼らの性質によって、ドイツ人を一概に好ましくない」者にしてしまった。というのは「多くの日本人および満州人にとっては彼らは同じドイツ人と考えられたので、ドイツ的なものにとって全体的によくないことになろう」。それゆえ、領事官は、「将来ユダヤ人の旅券の外側に赤いＪ文字を付ける」ことを提案した。8ヵ月後の1941年7月7日、ヒムラーはこの提案を法律に規定にした。[22]

　外務省の代表は、移住してきた人々に至る所で介入し、彼らを欧州外部でもできる限り生活を困難にした。その際、統一的指示はなかった。むしろ、既にこの段階で異なる個々の扱いぶりが観察された。ユダヤ人政策のバカらしさと矛盾をそれぞれが独自のやり方で回避するように試みることになった。カブールのドイツ公使館への報告の最後に、ドイツのユダヤ人 ── その中には医者、法律家、一人の皮革商人、一人の文化財保存専門家が含まれていたが ── の到着について治安本部のWⅡc部とDⅢ部および帝国内務省が苦情を申し立てた。「外務省はドイツ国籍のユダヤ人の定住を認めるわけにはいかない」と。というのは「アフガニスタンでのドイツ人社会は人数からして少ないので……彼らの生活を困難にする」というのである。そこで、ユダヤ人の雇用の封鎖、カ

第1部　ドイツ外務省の過去

ブールのドイツ公使館は「ユダヤ人をその振る舞いまで観察」するようにと要請された。公使館が、既にアフガニスタンに移住したユダヤ人のグループの希望 —— あるいは圧力で —— 親族のベルリンからの国外脱出に必要な書類を要請したのに対し、アイヒマンはこの要請をカブールからの外交報告を示唆して拒否した。[24]

　ユダヤ人のドイツからの移住に対するこのようなネガティヴな態度はマニラのドイツの領事も表明していた。「フィリピンにおけるドイツ的なもの」という概念の下に領事は、領事館に報告されるドイツのユダヤ人の増加数 —— 「既に今でもドイツ人の数よりも多い」、としてそれに相応した「ドイツ的な人々のリスト」を添えて —— を報告するだけでなく、彼は報告されないユダヤ人の数について苦情を述べ、さらなる流入を「最も好ましからず」と表明した。世界の他の片隅から、すなわちチリのドイツ大使シェーン（Schoen）から「チリへのユダヤ人の移住のスキャンダル」についての苦情が来た。残念ながら、「ユダヤ人の移住によって大きな富を得た弁護士がある程度いる」というのである。[26]

　親衛隊と警察は常にユダヤ人に対する出動や決定に際して外務省を関与させまいとしたが、これが外交官たちには大いに気に入らなかった。このことは、これまでの強制された国外移住の道がますます頻繁に中断されて、いまや、これまでの政策の他の選択肢が戦争の初期の数ヵ月で既にあらわになった。「ユダヤ人集住地（ゲットー）」がルブリン地方のニスコ郊外に設立されたのだ。最初の移送でオーストリアと保護国のユダヤ人が「集住地」に去った後、帝国でそれについての噂が飛び交い始めた時、シュムブルクはゲシュタポに対し、より詳しく情報を得られるように要求した。そこで初めて彼に、クラクフの東の地域に、約150万人のユダヤ人集住地の建設が予定されている、と伝えられた。同様に外務省は、1940年2月にシュテティンとシュナイデムュールからユダヤ人が強制移送された、と聞かされて驚いた。戦争の初期で、まだ「ヨーロッパのユダヤ人問題」が明確な輪郭を示していない時に、ドイツ課は計画と行動について知らされてはいたが、いまだに具体的に、詳細には参画していなかった。

　総じて、戦争の開始と同時にユダヤ人の外国への移住以外の選択肢探しが強化された。これは、解決策として「ユダヤ人集住地」か物理的殺戮かを暗に含んでいた。反ユダヤ主義的なステレオタイプやそうした立場が強く刻印された、そして長期的には外国移住に不満であった外務省でも他の選択肢を探し始めた。

164

その間にユダヤ人の財産に対する略奪はさらに続いた。外国のあるいは外国に移住脱出したユダヤ人を巻き込むどんな場合でも、治安本部は外務省に対して、帝国への所有権の移転に懸念があるか、また外交政策上の懸念がある場合に、いかに少なくとも財産の一部が「ドイツ人の国民仲間に良き結果をもたらし」得るかを相談した。さらに外務省は、外国にいるユダヤ人の所有者を探したり、このような方法で略奪を法律的に正当化するのに、「土地の非ユダヤ化」において、そして「アーリア化の手続きに関与した」。例えば、中央は、シウダ・ツルジイジョ（ドミニカ共和国）のドイツ領事館に、「移住したユダヤ人ヘルマン・ラム博士」に対するアーリア化手続きに関し、彼が「いまだにドイツ国籍を有しているか、またはこの間に他の国籍を得たのか」確認するよう要請した。

　しかし、占有を変えたり、財産の所有権を移転しようとしたユダヤ人だけでなく、他の人々も外務省に伺いを立てねばならなかった。いかに「かつてのユダヤ人官吏の扶養手当」を支給するかのテーマも外務省の所管となった。ハイドリッヒがその書簡で 1940 年 12 月に、「外国で生活しているユダヤ人に年金および同様な支給は停止する」ように命令したのに対し、国家の官僚、その中で外務省の官僚もまた、1941 年に至っても全手当を計算していた。その側で、外国での代表はあらゆる方法で「外国籍ユダヤ人」の組織とその活動についての情報を集めていた。外務省には、他の照会もあった。米国へ移住しようとしていた移住者のヴェルナー・シュライアー（Werner Schleyer）はスイスから必要な素行証明書を要請してきた。ドイツ赤十字を通してヴィルヘルム通りはベアーテ・ブルムベルク（Beate Blumberg）から、彼女の息子をイタリアで探して欲しい、との要請を受けた。

　外国移住から生ずる法律的な観点、すなわち、国籍離脱は同様に外務省の協力の下で進められた。最初に、1941 年 11 月の帝国民法の第 11 条は自動的な国籍離脱を規定していた。1941 年 10 月に導入されたユダヤ人の東部への強制移送のための政策は、特に金融的な複雑性を避けるために自動的な国籍の離脱を要求していた。新しい規則は、既に西側に逃亡していたユダヤ人にも適用された。ドイツに占領された西側ヨーロッパ諸国でも 1940 年 5 月、6 月にもドイツから移住した、あるいは逃亡したユダヤ人が滞在しており、いまや彼らは改めて第三帝国のユダヤ人政策の焦点となった。彼らの国籍問題は、特に外務省も

165

第1部　ドイツ外務省の過去

取り組むべき問題となった。

　他の反ユダヤ人処置と同様、ドイツの党の外国組織に支援されてパリ駐在大使オットー・アベッツは国籍剥奪プロセスの駆り立て役であった。1940 年 10 月に彼は、外務省に、占領したフランスのユダヤ人に対して「集団的な国籍剥奪の手続き」を導入すべく働きかけた。彼は、その集団的国籍剥奪のイニシアティブに際して、パリの領事部長の総領事フランツ・クビリンク（Franz Quiring）と、ドイツのユダヤ人にパスポートの延長を認めないことや、新しく発行することのないように合意していた。副次官のルターは、「原則的に」この手続きには全く反対しないが、それでも、相応のリストを「内国ドイツの部署」に送るよう要請した。また内務省も「外務省の提案」に全く「懸念」を示さなかった。クビリンクは即座に、11 月 1 日に外務省に、パリのナチ党によって「非常な困難の中で」整えられた最初のリストを名前とともに送った。1 週間後にはさらに 1182 名の名前とともに「完全にユダヤ人」のリストを受け取った。

　ベルギーにおいても外務省はドイツのユダヤ人の国籍剥奪の手続きに関与した。外務省代表のヴェルナー・フォン・バルゲンはオットー・アベッツよりも強力に「国籍剥奪の法的根拠」に励んだ。この「法的根拠」――すなわち、合法的な取扱いの証明書――はバルゲンにとっては、事実、それまで国籍剥奪の法的理由がなかったので、さらにドイツのユダヤ人が「居場所報告義務の法律」に従う以上に必要に見えた。1941 年の法律によっても、ユダヤ人の自動的な国籍剥奪が規定され、外国にいる代表は法的な問題に直面した。繰り返し外務省はゲシュタポから、外国に住むドイツのユダヤ人の市民的すなわち市民法的地位に関する情報を渡すように要求された。もっぱら財産没収問題に際してであった。スイスに国外逃亡したドイツのユダヤ人ファニー・ゴルドシュミット（Fanny Goldschmidt）に対してゲシュタポはただ彼の口座を受け継いでいいのか、を尋ねただけであった。

　シュテティンのユダヤ人の強制収容について、事務次官のヴァイツェッカーは 1940 年 2 月に「外国のラジオのニュース」で知った。彼はドイツ課に「これは一般的な処置の始まりを意味するのか、それともどういう事情があるのか」を治安本部に照会するよう依頼した。治安本部の答えは「個別の処置であり」、これは「バルトのドイツ人が帰る」地域を作るだろう、というものであった。外務省に到来した抗議を理由に、心配したユダヤ人課のシュムブルクはこの案件

166

で「新たに帝国刑事局長のミュラー」と話し、「政治的な利益から、立ち退き処置が適宜に、注意深く準備され、騒々しくなく、注意深い形で実行されることを、悪意ある外国の注意を引かぬために希望する」と示唆した。[(40)]

　それから1940年3月になってシュナイデミュールの158人のユダヤ人の強制移送の報が外務省に到着した時、アイヒマンはシュムブルクの照会に対し、「シュナイデミュールの住宅の不足から（軍の要請で市の強い要求があったとして至る所で強調された）、同市の警察はユダヤ人をシュナイデミュールから送り出す必要性を見出した。彼ら（158人）はポーゼン……に移送された。ユダヤ人たちはほぼ8日から10日の間に再びシュナイデミュール地区に戻るだろう、しかし、町には住まず、周囲の市町村に新しい住居を指定されるだろう」と答えた。[(41)]さらに計画された強制移送の噂を理由にシュムブルクは、外務省とハイドリッヒの話し合いを提案した。しかしながら、ゲーリングの包括的な禁止によって一総督府へのさらなる強制移送の処置の同意は必要ないとなった。

　1940年10月、ドイツがフランスに勝利した3ヵ月後、バーデンとザール・プファルツのユダヤ人たちは占領されたフランスに強制移送された。また、この県役人の当地におけるイニシアティブに基づく処置も、外務省とは調整されなかった。これに対して反応はなかった。処置自体への原則的な批判もなかった。しかしながら、外交政策上の考慮を行って、将来は処置を外務省と調整し、決定プロセスに関与させるようにとの断固とした示唆がなされた。ルターは、総統が「バーデンからのユダヤ人の強制移動はアルザスを通って、ザール・プファルツのユダヤ人はロートリンゲンを通って行うようにと指示した」、との書簡をハイドリッヒから受け取った。全体で、6,504名のユダヤ人が、「国防軍の当該部署の了承の下で、フランスの役人が事前に知らされることなく、占領されていない部分のフランス」を通って行った。ユダヤ人の移動はバーデンおよびプファルツの地で摩擦もなく、突発的な事件もなくすべて実行された。[(42)]

　ユダヤ人たちはフランスの強制収容所に閉じ込められ、後にはさらにマダガスカルに強制移送されることになっていた。強制移送の際に起こった残酷なシーンに関する匿名の報告書は法務局のフリードリッヒ・ガウスのところに行き、彼はそれをさらにルターに送った。「マンハイム、カールスルーエ、ルードヴィックスハーフェンなどの老人施設から立ち退かされた」、と匿名の筆者は証言していた。「歩いて行けない女性と男たちは、命令で担架に乗せられて鉄道

167

列車に運ばれた。最も年老いた被移送者はカールスルーエ出身の97歳の男性であった。移送される者に準備のために許された時間は、場所によって異なるが、25分から2時間であった。何人かの女性と男たちは、この時間を流刑を逃れるために自由な死を選ぶことに利用した。……これまでに提示された知らせによれば、12台の鉛で封印された鉄道列車から成り立った運搬は、数日の運送ののちに、ピレネーの河の畔にある南フランスの強制収容所に到着した。そこには、主として年老いた男たちと女性たちから成る流刑者たちの食料や彼らの宿泊設備が欠けていたので、ここで知られる限り、フランス政府から、強制移送された者の再移送はマダガスカルへの海上移送が可能となり次第すぐにと見通しが示された。[43]ルターは「マダガスカル」の側に「非常に関心がある」と走り書きしていた。[44]

外務省は、この件で、決定に参加する権利を手離さなかったとはいえ、もっともよく知らされていた。一方で、外務省は、ボルドーの武力停止委員会、ドイツの軍事政府と外国報道機関を通して情報を得ていた。他方では、外務省には、親戚が強制移送されたドイツのユダヤ人たちの問い合わせも受けていた。彼らは、彼らの親戚にフランスについて行こうとするか、彼らに食料、医療、あるいは金を送らせようと試みた。例えば、リリ・ザックスの場合、彼女は自分の両親の下に行こうとした。アイヒマンは外務省に対して「来るべき欧州のユダヤ人問題の最終解決に照らし、非占領フランスへのユダヤ人の脱出は阻止されねばならない」と強調した。[45]

戦争開始後、「ユダヤ人問題の解決」に関する処置は、帝国の国境外でのユダヤ国民に対しても対処するには不十分であることが明らかになった。新しい計画においては外務省は積極的な役割を果たした。一方で、さらに「ユダヤ人問題」が外交問題に及ぼす影響に注意するとともに、他方で、反ユダヤ人的処置の計画や準備にのめりこんだ。ドイツの外交官たちがその際、真に主導権を握ったことは稀ではなかった。しかしながら、「ユダヤ人問題の解決」の参加について全般的な判断は不可能である。外交官たちのこの処置への実行と加担の規模については大きな違いがあった。ユダヤ人迫害に狂喜して参加した確信的な反ユダヤ主義者、そして自らの意志で行動した外交官たちとともに行動した人々に取り囲まれ、犯罪に反対したものはほんの少しであった。

治安部とゲシュタポは、戦争以前におよそ25万人のユダヤ人を帝国外に移

住させることに成功した。しかしながら、1940年7月までにはドイツの主権の
下にある地域のユダヤ人の数はハイドリッヒの見積もりによれば約325万人に
急速に膨れ上がっていた。そのような大量の人々に鑑み、移住の政策を効率的
に適用することはもはや不可能であった。その代わりに、いまや「領域的な最
終解決」に努められた。すなわち、ユダヤ人を帝国によって決められた場所に
「送還する」ことである。(46)戦争の勃発が、ユダヤ人の国外移住を実際上停止に追
い込んだので、外務省のユダヤ課のフランツ・ラーデマッハーは、新しいイニ
シアティブを開発しなければならなかった、と戦後に述べていた。(47)このイニ
シアティブはこれまでの個々の処置よりもシステマチックで、「全体的解決」を
生むべきものとされた。国外移住から「領域的な最終解決」への移行とともに
外務省の役割も —— 実際には他の役所のユダヤ人政策の結果に奉仕していた
—— イニシアティブをとり、ユダヤ人政策の指導的な役割を担う制度へと変化
していった。

　ラーデマッハーは「ユダヤ人問題の最終解決」への努力が外務省の伝統的な
課題分野を遥かに超えることを明確に知っていた。「戦争自身によって、それに
よって引き起こされた西側帝国諸国との最終的な争いは」、と彼は書いた。「ユ
ダヤ人に関する個別の決定的問題の外交政策上の意味を後退させた。その代わ
り、（私の見解では）ドイツの戦争目的問題にとってユダヤ人問題を決定的にさ
せた。ユダヤ人をどこに？　という問題が明らかにされねばならない……現在
の戦争はまさしく2つの顔を持っている。一つの帝国主義的な —— 世界大国と
してのドイツが政治的に、軍事的にそして経済的に必要な空間を確保すること
と、超国家的に —— 世界をユダヤ主義とフリーメイソンの桎梏から解放するこ
とである」。(48)外務省が個々に、外交のいずれの伝統的な理解も超える新しい役割
を担っていることをはっきりさせなければならない、と。

　国外移住あるいはヨーロッパのユダヤ人のフランス植民地マダガスカルへの
追放による「全体的解決」を導くという考えは、既に1938年から検討されてい
たが、しかし1940年夏のフランスとの平和条約の準備の間、最初にラーデマッ
ハーの主導によってそれが具体的な提案になった。(49)その際に、外務省でも帝国
治安本部でも、ここで両役所の制度的な壁を乗り越えるべきだという事実を認
識した。リッベントロープは、帝国治安本部の権限を大きすぎるほど犯すこと
に警告し、計画を「綿密に親衛隊長官の部署と」練るように命令した。帝国治

169

安本部長のラインハルト・ハイドリッヒは、外務省が権限を越えるのを彼なりに限定しようと努力した。帝国治安本部は、ユダヤ人政策の実際上の実行に責任があったので、ルターの言葉によれば、――帝国の各部署は「経験的にも技術的にもユダヤ人の追放を全体として実行する唯一の体制にある」――帝国治安本部のテオドル・ダネカー（Theodor Dannecker）が、「ヨーロッパユダヤ人の移住の実行の個々の詳細な計画」を練ることを引き受けた[50]。

　マダガスカル計画の積極的な反応に鑑み、ラーデマッハーはヨーロッパユダヤ人に関する情報と統計的な事実を格上げした。人口動態的な見解の基礎は、1937年に表れたフリードリッヒ・ツァンダーの「世界におけるユダヤ人の広がり」と題する本であった。ヨーロッパ諸国における外務省の代表は、ツァンダーの数字を証明するようにと指示された。特にロジスティックな理由から、また戦争の経過からも、マダガスカル計画はその間すぐに実行不可能であることが明らかになった。1940年の末にはこの計画は事実上放棄され、遂には1942年の始めにはさらに書庫にしまわれてしまった[51]。外務省の書簡の往復では、1942年2月10日に、総統は「ユダヤ人はマダガスカルでなく、東部に追放されるべきである、と決断した。マダガスカルはこれによって最終解決と見なされることがなくなった[52]」。マダガスカル計画は、具体化されなかったのであるが、戦争中のユダヤ人政策において外務省が背負った役割を明らかにしている。

第2節　「バルバロッサ作戦」と「ユダヤ人問題の最終解決」

　「最終解決」の決定に外務省のトップは直接参加していた。ドイツのユダヤ人の運命は1941年9月17日に決まった。この日にヒトラーとリッベントロープの会談が決まった。この会談の直前にヒトラーの、ユダヤ人と印されたドイツのユダヤ人を東部に強制移送する指示がなされた。マダガスカル計画との関連で既に認識され得たが、それは、1941年6月のドイツのソ連攻撃以降継続した。外務省はヨーロッパ規模で「ユダヤ人問題」解決のイニシアティブを取った。

　1941年11月26日に、ドイツ帝国と同盟しているブルガリアの外務大臣イワン・ポポフはリッベントロープとの間で、ドイツで通用している反ユダヤ人法の導入に関する難しさを議論した。問題の根は、外国籍ユダヤ人を「特別に扱っ

ていることにある」とポポフは論じ、それゆえ問題を「ヨーロッパ諸国で共通に」規制するよう提案した。この、国を横断する解決の考えにリッベントロープは即座に飛びついた。[54]「ユダヤ人問題」と人種政策を担当するドイツ局の第Ⅲ課では、ポポフの提案は地面に落ちて実を結ぶ種のようなものであった。戦争は事実、「ヨーロッパ諸国国籍所有者であるユダヤ人の扱い」あるいは、ラーデマッハーが起案し、（ルターによって）ヴァンゼー会議がもともと計画された日の3日前にヴァイツェッカーのために署名された講演メモに機会を提供した。この講演メモは、「この戦争の機会は、ヨーロッパでのユダヤ人問題を最終的に精算するために利用されねばならない。このための合目的な解決とは、すべてのヨーロッパ諸国に、ドイツのユダヤ人法を自国に導入させ、ユダヤ人がその国籍にかかわらず滞在国の処置に従うことである。その際、最終解決のためにユダヤ人財産は没収されるべきである」となっている。[55]DⅢ課は、第1に、防共協定に加わったヨーロッパ諸国は、滞在国の国籍を持つユダヤ人がその国のユダヤ人処置に含まれるようにするべく提案した。[56]

外務省の法務局のコンラート・レーディガー（Conrad Roediger）によって作られ、法務局長アルプレヒトによって署名された法務局の意見では、その間、そのような解決法は止めるようにというものであった。というのは、そのような解決は国家の実際のやり方からすれば普通ではない、というのである。「そのような義務を引き受けさせることは、通常、国家主権への介入と解される可能性がある」。[57]ユダヤ民族の大量殺人はこの時点で既に非常な規模で行われており、外務省はそれについて明確だった。特に11ある「ソ連における治安警察と治安部の状況報告と活動報告」で、1942年4月までに帝国治安本部でまとめられ、党の部署、国防軍と個々の省に配布された11の資料は、戦後、外務省の書類の中に発見された。1941年10月末、ハイドリッヒはゲシュタポの長官のミュラーに対し、最初の5つの活動‐状況報告をリッベントロープに送るように勧告していた。ヴィルヘルム通りの官吏たちにソ連における大量殺人を知らせる意図があったかどうか、あるいは、「最終解決」への官僚的な協調を意図したかにかかわらずシステマティックなユダヤ人殺害の実情は外務省にとっては初めから秘密ではなかった。

帝国治安本部の報告は、行動部隊および市民の態度ならびに経済状況についての情報を含んでいた。殺害は、事実に基づいて、詳細に描写されていた。大

171

抵、殺害はまた正当化され、帝国宣伝省によって繰り広げられた、復讐処置である、との常套句の意味で実行された。例えば、行動部隊Cはウクライナで主として「血生臭いテロに責任あるユダヤ人とボルシェヴィキの消滅」に従事した。「非人間的な残虐行為への復讐として、7,000人のユダヤ人が捕らえられ、射殺された」。「コディマにおける粛清活動の実行においては、97名のユダヤ人が射殺され、1,756名の人質がとられた。キシネフにおいては、551名のユダヤ人のうち、151名がサボタージュ活動に参加したという理由で消された」。

　報告は、外務省においては単に記録されただけでなく、自身の行政行為の基礎としても利用された。最初の5つの報告は、DⅢ課に届き、そこでフリッツ・ゲプハルト・フォン・ハーンによってまとめられた。「ユダヤ人の態度」という見出しの下で、ハーンは言うところの大量殺戮の理由について論じている。「東部への攻撃が長引くにつれ、ユダヤ人はサボタージュをし、略奪をしたり、スパイ活動をしたり、テロを行ったり、ゲリラ活動、共産主義者的アジテーションをしたりして受動的抵抗を行い、そしてソ連の殺戮大隊や落下傘指令を支援したことが明らかになった」。ハーンはその結果をも論じている。「ユダヤ人のこのような態度は、治安部のより激しい荒療治を招いている。報告期間に個々の特別部隊によって平均して7万〜8万、ラドミクルだけでも1万1千人以上のユダヤ人が消されている。すべてで三つの帝国委員会の管轄範囲で起こったユダヤ人たちの消滅についての詳しい全体像はこの報告からは得られない」。ハーンの数字が間違っているとしても、ユダヤ人の運命については誤解しようがない。

　6番目の報告を副次官のルターがまとめた。1941年にバルチックと白ロシアの一部に設立された東部の帝国委員会においては、医者と参事会のメンバー以外のユダヤ人は皆殺害された、と彼は書いた。一連のアクションの後には単に女性と子どもしか生きていなかった。ハーンとルターの総括はヴァイツェッカーとヴェルマンに提出され、後者の2人はともに表紙にサインしていた。文書は全局部長に配られ、1941年12月末から1942年1月末まで回覧された。オリジナルの報告書は少なくとも外務省官吏の5人に読まれ、総括版は6人に読まれた。たとえ、多くの報告が「帝国の秘密事項」に指定されていたとしても、その内容は間もなくヴィルヘルム通りでは公然の秘密となった。1941年1月から12月までの月の報告は、外務省には1942年1月16日——すなわちヴァンゼー

会議の数日前 —— に 100 冊送られた。その報告書では、「東部のユダヤ人問題は解決される、と見るべきだ」とされた。[62]

　行動部隊の活動に関する帝国治安本部より出た報告書は、その中で、外務省は単に殺害について知らされていただけではなかった。ヴィルヘルム通りがそれを受け取ったことは、外務省が「最終解決」に同意したことの証をも送ったことになる。帝国治安本部はその問題ない実施のためにすべての官庁の背後からの支持に依存しており、その関連からしても外務省も同様であった。官吏たちは情報を実際に即して受け止め、そしてそれを通して、了解したことを示した。彼らは、総括を書き、署名した。外交官はシステマティックな殺戮行動から逃れることができず、単に見せかけの策略だ、といおうが、それらに様々な自己正当化の行動にすぎなかった事実から逃れることはできない。

　大量殺害の敷居を一度越えたら、後退はもうなかった。変更は、外国の大量な介入、国内での抵抗あるいは、克服不可能な技術的な困難が来なければもはや不可能であった。これらはすべて、1941 年 12 月からは排除されたも同然であった。1942 年 1 月 20 日のヴァンゼー会議では、「最終解決」の合理性はもはや議論されず、その秩序だった実施と、官庁間の相互の一致が話し合われた。外務省はヴァンゼー会議にはマルチン・ルターを参加させた。ハイドリッヒは熱心な副次官を招待した。「視野に入っている中心的な担当部局について同様な見解を達成するという関心のために」彼は、「その後の朝食に至る話し合い」[63]を乞うた。もともと外務省によって提起されていたマダガスカル計画は、1942 年 1 月 20 日のヴァンゼー会議では全く言及されなかった。その代わりに、「国外移住に代わり、……いまや一層の解決として、以前の総統の承認に応じた解決可能性として、ユダヤ人の東部への疎開が代替されて」[64]周知された。

　議定書上の楽観的な言葉使いは、ここで絶滅を目指していることを欺くことはできなかった。東部で「労働動員」となる大部分のユダヤ人は、「自然の減少によって脱落する」だろう。「残りの者は、この部分は疑いもなく抵抗力が強い部分なので、相応に扱わねばならない。というのは、彼らは自然の強い粒よりを表しているので、解放されれば新しいユダヤの建設の芽の細胞になると考えられるからである」。外務省の課題についても明確に規定された。「我々が担当している分野においての最終解決の扱いについて、外務省の当該専門作業員は、治安警察と治安本部の主管する担当官と話すように提案された」。マルチン・ル

ターは彼の経験を話した。それによれば、「いくつかの国では、例えば北欧諸国では、困難が生じよう。それゆえ、これらの国を当面は後回しにすることが薦められる。ここに問題になる少数のユダヤ人たちはこの後回しにしても決して本質的に縮小するものではない。この代わりに外務省は、南東および西欧州では決して大きな困難がないと見ていた」。[65]

　ベルリンから外務省は、絶滅装置に関する自己の参加ぶりを指令しており、そのイニシアティブが —— 公使館から公使館へ —— 伝えられ、実施に移されていくことに腐心した。一方で、親衛隊と協力できるよう、他方、中立諸国と対話を持つようことができるように、外交官たちは多くの戦術的な技巧と、それに応じた説明のためのキーワードを発展させた。[66]ヴァンゼー会議の８ヵ月後、ルターは、帝国治安本部との協力に関して満足を示し、リッベントロープに「中将ハイドリッヒが、外国に関係する問題には外務省と協議し、そもそもユダヤ人に関する管轄権を有する帝国治安本部の部署と同様に最初から外務省とすべての処置に関して問題ないように協力することを忠実に行った。帝国治安本部はこの部門ではほとんど慎重という以上に対処した」[67]と報告することができた。ドイツの外交官たちは、「最終解決」については帝国治安本部の意欲的な幇助者であったことを証明しており、DⅢ課はあたかも「これによって完全な解決が得られるような外交的準備作業のための労務スタッフ」のようになった。[68]

　ヴァンゼー会議によって定められた役所間の役割分担は、既に長いこと成立していたユダヤ人政策のための全国家機関の結びつきが基礎となった。外務省は、「最終解決」の実施に必要な当該諸国のユダヤ人の状態に関する情報を集め得る状況にある、機能的な機関を持っていた。国によって大きな違いがあったので、「最終解決」には外務省の参加ぶりには異なる様相があった。重要な問題は次のようなものだった。すなわち、同盟国なのか、保護国なのか、あるいは、占領国なのかによって違っていた。占領下の領域では、伝統的な意味では外国への代表はいなかったが、しかしながらそこにいる外交官は外交政策に関する問題を軍事司令官に対して助言する助言者であった。ポーランドの一部で総督府の下にあった西部ポーランドのような「故国に戻った帝国」の領域では、「ゲルマンの領域」に組み入れられ、そして、保護国として扱われていたオランダやルクセンブルク、ベルギーの「ロマンス語」地区、そして、フランス、デンマーク、とノルウェー、さらに1941年に加えられた地域、南東ヨーロッパで

ある。至る所で外務省は「最終解決」に関連して生ずる様々な相違する課題を担った。

　反ユダヤ主義の処置の導入を強力に行った外交官の中で、パリのドイツ大使オットー・アベッツは特別な位置を占めていた。ドイツのユダヤ人の国籍剥奪に果たした彼の役割については、既に示した通りである。絵描きであり、デザイン教師であったアベッツは、フランス人女性と結婚し、1934年からリッベントロープの事務所でフランス担当官であり、1年後、親衛隊に入った。1937年には、彼が「フリーメーソンの、ユダヤ人の、マルクス主義者のフランス人」を優遇している、と同僚の1人から批判され、これに対してアベッツは一時的に事務所の出入りを禁止された。1938年に事務所に復帰して、リッベントロープによってアベッツは外務省に受け入れられ、党に入党した。1938年の末、彼は親衛隊の大尉となり、1939年に親衛隊少佐に昇進した。[69]

　1940年6月にアベッツはパリのドイツ大使館でフランス駐在軍司令官付きの外務省代表として招聘され、停戦に入った後全権代表になった。短時間の後に、大使の位についた。ドイツで最も若い37歳の大使であった。アベッツはリッベントロープに直属し、占領下のフランスにおいてすべての政治問題に自由な権限と責任を有していた。彼の代理は商人のルドルフ・シュライアー（Rudolf Schleier）で、彼は20年代半ばからフランスで活躍しており、独仏協会副会長で、独仏理解の分野でも活動していた。[70]大使館の「ユダヤ人専門家」には、かつて宣伝省で課長であったカルテオ・ツァイトシェル（Carltheo Zeitschel）が就いた。ツァイトシェルは1923年以来ナチ党の党員であり、1939年に親衛隊に入ったが、1935年にゲッベルスよって宣伝省の外国部局での極東および植民地問題担当課長に任命され、1937年には参事官に任じられ、外務省の植民地部に移動した。[71]

　アベッツは、フランス駐在大使に任命された直後に軍司令部の帝国治安本部の代表であるヴェルナー・ベストに、ユダヤ市民に対する処置を提案した。ベストは1940年8月頃に「アベッツ大使は、フランスにおける軍事行政官が、a.占領地域にはもはや決してユダヤ人は入ってこられない、b.すべてのユダヤ人を占領地から遠ざけること、を命令し、c.占領地におけるユダヤ人の財産を没収することができないかを検討するよう提案した」と報告している。[72]ベストとの話し合いの後にアベッツは外務省に対し「即座の反ユダヤ人の処置」の受け入

第1部　ドイツ外務省の過去

れに同意するように要請した。ユダヤ市民の追放の準備のため、彼は「通知義務」を提案した。ユダヤ人の店の所有権剥奪までの間、印がつけられ、脱出したユダヤ人の店には信託人が動員されるべき、というものであった。アベッツは、明らかに計画された処置にいかなる正当な理由もないという事実を知っていたので、治安理由を前面に押し出した。外交政策とは全く関係なかった。それでもアベッツにとってはどうでもよかった。[73]

　それだけに、ラーデマッハーとルターにとっては驚きであった。主導した内容といい、やり方自体も、普通ではなかった —— 外国での代表が主導権を握り、帝国治安本部と協調して、ヴィルヘルム通りが了解する前に ——。外務省のドイツ局もまた準備する間もなく「占領地のユダヤ人に対する処置の合目的性についてはここからは判断できない」、とルターは逃げるように書いていた。アベッツの一歩に不安を感じて、ルターは親衛隊長官に直接「パリのアベッツ大使の反ユダヤ人処置問題についての態度」を明確にするよう要請した。ハイドリッヒのルターへの回答も、最初に外務省の代表がその提案によって帝国治安本部の行動を促した、ことを示している。彼は「アベッツ大使の占領地のユダヤ人に対する計画された処置に対しては全然懸念を有していない」と表明した。[74]同時に、彼は行政の道を保持することに努力した。占領下のフランスに存在する治安警察の司令部は、「まさしくユダヤ人分野で事実関係に経験のある勢力が広く介入すること」が不可欠である、他、諸処置は、フランスの警察との「緊密な連絡の下で」実施されなければならない、とした。その後すぐに、テオドル・ダネカーがユダヤ人問題協議者として治安警察かつパリの治安部の全権代表として任命された。外務省が大使の質問に答える前に、オットー・アベッツの主導によりとられた処置が導入され、アメリカ国籍を持つ者以外のすべてのユダヤ人を包含する形で実施された。アベッツの主導がいずれの外交政策に関[76]係せずとも、この事件はまた、「最終解決」の初期段階では外務省と帝国治安本部間の管轄権の境界が不明であったことを明確にした。アベッツの熱狂と彼の個別の行動は管轄権の越境にもかかわらず、ユダヤ人問題の協議者ダネカーの完全な承認を認めた。彼は、「我々の仕事に対しての、実際の、包括的な、同志的な支持を」称賛した。[77]

第3節　宣伝と知識の共有

1933 年から、ドイツの対外代表部の課題の一つとして、国境を越えた宣伝拡大のための土台を作ることとなった。1939 年からは、また、占領地でのこの人種的なユダヤ人政策を正当化することが加わった。一方で、「ユダヤ人」問題がある外国の至る所で、外国を安心させるため、あるいは確信させるために、報告がまとめあげられ、また文書と絵画による資料が集められ、他方で、情報や非難、言い逃れが広められた。このような活動が戦争の期間中強化された。

1940 年 2 月には、宣伝省からドイツ課に、外務省が「ユダヤ人問題に関し、資料を集め、定期的に報告するように外国にある使節団に回覧命令で促すよう」要請された。回覧命令の草案は、2 部からなっている。第 1 部では、希望される「資料の収集」が詳細に書かれており、本やバラまき資料、新聞、雑誌に分類されていた。第 2 部では、希望する「報告書」の種類が書かれていた。ユダヤ人の「戦争への雑言」、政府の「ユダヤ化」、行政とか財政分野、経済、戦争産業でのユダヤ人の影響およびユダヤ人と反ユダヤのボイコットに関して報告するよう要請された。外務省の代表は、また「ユダヤ人の犯罪、汚職、詐欺事件、外貨および他の密輸」ならびに「ユダヤ人とポルノグラフィー」についても報告すべきとされた。その際には地方の新聞機関や放送者についても特別注意すべきとされた。また、文化生活、科学、ドイツからのユダヤ人の組織、移民も細かく観察すべきだとされた。常に報告書を送るように要請された。「特に、重大な、分析すべき事例が判明した場合には、また、それらが戦争に関係している場合には、特別なかつ迅速な報告が必要」とされた。[78]

この回覧草案はシュムブルクの気に入らなかった。そのような回覧命令は「当面合目的でない」と彼は書き、「というのは、ドイツの外国の職員は既にほとんどの言及された問題について常に報告してきているからである」。それに、命令は「外国にいる職員の現状の労働強化が指導を強化することになるかは絶望的であるからである」、と言っている。とにかく、必要な報告は常に宣伝省に送られた。[79]

多くの場合使節団の代表たちはこの報告に満足しなかった。そうでなく、彼らは、独自の宣伝の指導を行った。例えば、1923 年に外務省に入って、1938–41 年ワシントンのドイツ大使館の代理大使であったハンス・トムゼン（Hans Thomsen）

は1941年9月に次のように報告していた。米国民は「圧倒的多数が積極的に戦争に入ることに意識的に拒否していたが、例えば、米国のユダヤ人が特殊な利益を代表し、特に欧州から追放されたユダヤ人を、彼らの欧州における資本主義の地位を回復するために援助したらと問い始めた」、と報告していた。彼は、いずれにしても、「自分に与えられているチャネルを利用してこの発展をさらに促進させることに努力した」。トムゼンは、ドイツ民族を断種し、無害化し、絶滅させることを推進するテオドル・N（ニューマン）・カウフマン（Theodore N.〔Newman〕Kaufmann）の新著『ドイツは滅亡しなければならい』を無害化して、実際にゲッベルスの宣伝に決定的な寄与をした。トムゼンは「この本で、特にニューヨークやワシントンで、忌まわしい考えを宣伝し、見せかけの傾向を電撃的に与えることが合目的である」と考えていた。あるいは、安上がりなのは、「ニューヨークの日曜日発行の唯一の新聞に1万5,000部ほどの特集」を発行して宣伝展開することである、と見なした。ユダヤ人組織で何らの役職を持たない胡散臭いアメリカのユダヤ人である作者は、ゲッベルスから「ナタンの商人」と再洗礼されて呼ばれ、米国のユダヤ人社会の代表的な声に祭り上げられた。カウフマンの本はゲッベルスによって1941年以来ドイツからのユダヤ人強制移送の理由として極端に効率的に利用された。

　外務省は、ユダヤ人に関する資料の収集となれば努力を厭わなかった。例えば、ローザンヌのドイツ領事館は、学者のヴリース・ファン・ヘッケリンゲン（Vries van Heckelingen）の死亡について報告してきた。彼は「全体でユダヤ人問題の膨大な資料を備えた大きな図書館を有していたが、その図書館の中にはミュンヘンにある新しいドイツの歴史に関する帝国インスティテュートもまた……関心を持つべきであった」。ユダヤ人担当のラーデマッハーは即座に関心を持ったが、その図書館を彼が視察する前に、また値段が交渉される前に未亡人は、図書館をイタリアに売ってしまった。

　「最終解決」が前進するとともに、外国における宣伝の課題は、ドイツの処置についての「説明」を提供することにあった。1943年春にリッベントロープはラジオ部門の学術的支援者のアドルフ・マール（Adolf Mahr）に、この目的のための資料を集めるよう依頼した。協力には、アルフレッド・ローゼンベルクの「ユダヤ人問題の啓蒙インスティテュート」と彼の「世界職場」、「反ユダヤ人世界同盟」と「新しいドイツの歴史のための帝国インスティテュート」も加わっ

た。外国で駆けめぐっている噂に効率的に対抗するために重要な前提は、「敵国あるいは中立国のユダヤ的および反ユダヤ的な報道機関からの」詳細な情報が挙げられ、外務省はそれらを帝国治安省を通して得、外国にある使節団に「その国で反ユダヤ主義に会うようなニュースを作るために提案された方法で」さらに送られた。外務省の網は、そのように情報の収集と加工と流布ならびにこの情報に依拠する宣伝および反ユダヤ主義のキャンペーンに資した。

　ローゼンベルクの「世界職場」から、外務省は1944年にニューヨークで著されたイタリア語の冊子『フォアヴェルツ（前進）』の骨子も得た。この冊子は、1943年末および1944年初めに大量殺戮について詳細な報告を著しており、例えば、「オドロフのゲットーから、ソビボールの強制収容所で3,000人から4,000人のユダヤ人の殺戮」あるいは、「ピアンスキとコンスカウダのゲットー」での消去について報道していた。『フォアヴェルツ』の骨子を通して外務省はまたワルシャワのゲットーでの蜂起とトゥレブリンカの殺戮（「ガス室にユダヤ人を裸で送り込んだ。奪った洋服はナチによってドイツに送られた」）についても知った。そのようなニュースは外務省に「ユダヤ人問題に関するドイツの態度を世論に啓蒙する必要性」を増大する活動の機会となった。この啓蒙活動の副次的な作用として、外交官たちもまた「最終解決」についてさらに正確な知識を得ることになった。

　1943年夏以来、外務省の中に独自の反ユダヤ人宣伝のための部署が作られるべく作業が行われた。最初に「外務省のユダヤ人委員会」ができ、そこには、報道部と文化部および国内課ⅠとⅡ、それに情報問題全権者と英国委員会が参加した。これは、ローゼンベルクの省の「ユダヤ人委員会」とも関心が衝突した。ユダヤ人委員会は、1943年末に、反ユダヤ人の幹部による欧州会議を計画していたが、この会議は戦況ゆえに開催されなかった。「外務省のユダヤ人委員会」構想のほうは、それでもゆっくりとであるが前に進み、1943年11月に「反ユダヤ人情報の活性化委員会」として招集された。その後すぐにリッベントロープはワグナーに宣伝部署を作るように委任した。1944年1月5日に「情報職場部Ⅹ」が設立され、それは2回にわたって改名されて、最終的には、「情報職場部ⅩⅣ」（反ユダヤ人外国行動）として作動することになった。帝国治安本部は親衛隊大尉のハインツ・バレンジーフェン（Heinz Ballensiefen）とその代理の親衛隊少尉ゲオルク・ホイヒェルト（Georg Heuchert）を派遣し、またローゼンベ

第1部　ドイツ外務省の過去

ルクも2人の協力者を派遣した。長としてワグナーは、「外国の経験がある、宣伝を理解している躍動的で積極的な人物を探した。以前パリのドイツ大使館で活動していたルドルフ・シュライアーがこの望みにかなった[86]。

　戦後、シュライアーは彼の任命の説明として、事務次官のシュテーングラハトとの話し合いを引き合いに出した。ヒトラーは「1944年の米国の大統領選挙に鑑み指示した」と、シュライアーの証言によれば、シュテーングラハトは「この選挙を妨害し、ルーズベルトの再選を避ける目的で、反ユダヤの宣伝は外国に向かって本質的に強化されるべきである、……リッベントロープの管轄権に関する周知の敏感な立場に鑑み、彼はすぐさま、外国に対する宣伝をいずれの職場が担当するにせよ、危険が伴うことを理解した。というのは、リッベントロープは、このことは外務省に優先権があるとみなしていたからである。彼は、だから新しい情報職場の設立にあたって「反ユダヤ人に関する外国での行動」という名称に同意し、指令を与えた[87]。

　情報職場XIVとまた他の外務省の職場も「決して実施権限」を持たない、とシュライアーは強調した。「この職場の職員は、儀典を除く外務省のすべての部局の代表からなる……それに加えて、他の帝国の省庁とともに他の職場から職員が来る[88]。タッデンもまた戦後の声明で証言しているように、しかしながら、「情報職場XIV」は情報の交換以上に、ここには権限が中心的に集められるべきとなった。「リッベントロープによって作られた情報XIV（反ユダヤ人に関する外国での行動）は、外国での反ユダヤ人宣伝を中心的に率いるべきであった[89]。

　外国からテキストが集められ、さらなる使用のために外務省で翻訳された。アドルフ・ヘツィンガー（Adolf Hezinger）とハインツ・バレンジーフェンが扱ったテーマ、例えば「ユダヤ人と戦争」、「ユダヤ人世界国家」、「寄生的存在」は、伝達版ターゲスシュピーゲルを通して外務省のすべての部局や課に配布され、同様に「ニュース」として、「宣伝省、ローゼンベルクの職場、治安部、ユダヤ人問題の研究インスティチュート」に配布された。マッチポンプ的な宣伝手法が何度も用いられた。ドイツの作者として匿名で外国の報道機関に公表された意見が、次にドイツの報道機関に外国で支配的な意見だとさらに引用された[90]。

　アドルフ・マールは、30の反ユダヤ人的テーマのリストを作り、それをリッベントロープとシュライアーに提示して、ドイツとその同盟国は「繰り広げられようとされている非人間性の脅威」から守られねばならない、として、この

中から結論を出すべきである、とした。シュライアーも、世界がユダヤ人の謀略を確信すべきだとした『ユダヤ人の世界政策に関するドイツ外交白書』の出版をも計画していた。ドイツの外国放送は、その地の状況に適合して、ユダヤ人の戦争への責任、ユダヤ人の世界制覇の諸計画とボルシェヴィズムとの結びつきを証明し、地方の反ユダヤ主義運動をさらに活発化させるべく推奨されるべきである、という反ユダヤ主義のプログラムを放送した。[91]

「情報職XIV」の目的の一つは、「外務省にユダヤ人および反ユダヤ主義に関する文書集」を作ることであった。計画によればそれは、「すべてのユダヤ的、反ユダヤ的人物の資料」を統一した人的文書集であった。それは、「ユダヤ人問題に関係するすべての事件」を網羅し、同様に追加的に映像の資料集を作ることであった。[92]

ワグナーは1944年初めに、外国使節の「ユダヤ人担当官」、親衛隊の「アーリア化助言者」、それにテオドル・ダネカー、ディーター・ヴィスリセニー（Dieter Wisliceny）とアロイス・ブルンナーが参加すべき会合を提案した。国内課IIは、「ユダヤ人問題に鑑み、特に外国使節の分野での作業を強化する必要性」について検討することを提案した。[93] ワグナーは、ヒトラー自身が反ユダヤ人に関する外国での宣伝を拡大することを指示し、このことをヒムラーとリッベントロープと協議したことを強調した。ヒムラーはイニシアティブを歓迎し、さらにベルリン以外で会合を開くことを指示した。ベルリン以外としたことは、「事故があった時に一つの部署のすべての専門家を同時に失うことにならないように」するためである。[94] 会合は、フランツ・アルフレッド・シックス下の文化政策部と国内課IIによって実施され、リーゼンゲビルゲのクルムヒューベルで行われるはずであった。[95] ハンガリーの占領の2日後タッデンは、帝国治安本部は、「南欧での特別な出来事のためアーリア化助言者をクルムヒューベルで予定されている会合に出張させることができる状態でない」、と報告した。[96]

1944年4月3、4日に行われた作業会合の指揮者は、ルドルフ・シュライアーであった。「国内XIV課」からは、ライテー＝ヤスパー（Leithe-Jasper）、マール、ホイヒェルト、ヘツィンガーが参加し、他、情報問題の全権クッチャー、「国内II課」からタッデン、文化政策部のシックス、リヒターとバルツ（Walz）が、情報・新聞部からフリデリケ・ハウスマン（Friederike Haußmann）が出席した。[97] 外交使節からは、デンマーク、フランス、イタリア、クロアチア、スウェーデン、

181

トルコとスイスの代表が出席し、ルーマニア、スロヴァキア、スペイン、ポルトガルそしてブルガリアからも出席していた。否定にもかかわらず、帝国治安本部からは、ブルガリアの警察アタッシェで親衛隊中佐のカール・ホフマンが出席しており、帝国治安本部から指示されたバレンジーフェンは客員として会合に参加した。他の客員には、ローゼンベルクの省のハンス・ハーゲマイアー（Hans Hagemeyer）、ユダヤ人問題研究所長のクラウス・シッケルト（Klaus Schickert）がいた。

　会合の経過や報告の内容は、外務省で作成された記録には部分的にしか載っていない。報告書はタッデンによって編集された。彼は、彼の報告の最後に「報告者によって報告された個々の国のユダヤに対する実施処置の現状は秘密にされなければならないので、記録の記載から削除されねばならない」[98]と付け加えた。秘密にされたことは、シュライアーからも彼の付属書簡で使節団に言及された。「ダッデン課長と帝国治安本部の親衛隊大尉バレンジーフェンの詳細にわたる説明は、その秘密性に鑑み記録には載っていない」[99]。

　検閲済みの記録によるとシュライアーは「民族に沿った人種的原則」および「ユダヤ主義に対する、そして今日の戦争におけるその役割の啓蒙のための戦いを強化する規模で行わなければならない」という総統の指示を述べていた。シュライアーが言及していた具体的なプロジェクトは、「移動する展示会」、「反ユダヤ人のめくりカレンダー」と「すべてのユダヤ人問題のテーマ」を包含するものであった。

　フランツ・アルフレッド・シックスは「世界ユダヤ主義の政治的構造」について話した。彼は「ヨーロッパとアメリカのユダヤ主義の実際の力の源泉は、東部のユダヤ主義である」と確言していた。彼によれば、「東部のユダヤ人の物理的な排除はユダヤ主義の生物的予備を」奪ってしまう。エヴァハルト・フォン・タッデンは「ヨーロッパのユダヤ人政策の状況と反ユダヤ人の実施処置」について話し、「反ユダヤ人処置に対する世界ユダヤ主義の対抗処置」について報告した。それに付け加えて彼は、外交使節の代表に対して「ドイツの実施処置を邪魔するようないかなる宣伝……も抑圧するよう」に要請した。バレンジーフェンは「ハンガリーにおける反ユダヤ人処置の実施における経験」を報告した。マールは「放送での反ユダヤ人外国行動」を扱った。フリーデリケ・ハウスマンは新聞での行動を話した。ヴァルツは「反ユダヤ人の行動情報」を、

クッチャーは「反ユダヤ人外国行動の枠内での宣伝主題について」、最後にハーゲマイヤーが計画中の「国際的な反ユダヤ主義会議」について報告した。その後に一人の外交使節団の代表が「彼らの国でのユダヤ人の状態について」報告した。

　検閲にもかかわらず、実際秘密にされるべきことを、2つの箇所で垣間見ることができる。シックスによって言及された「東部のユダヤ人の物理的排除」および、タッデンによる「行政処置」への示唆であった。戦後の聴取では、彼は、それが「反ユダヤ人法の実施ないしはユダヤ人の労働収容所への送り込み」を意味したと説明した。タッデンは「数の資料」は秘密にされたはずで、「これは、アイヒマンの明確な要請」に応じた、と述べた。[(100)]

　クルムヒューベルでの会合で協議されたテーマは、外務省では既に戦争の始まった時に議題に上っていた。新しいのは、単に「国内Ⅱ課」の設立による制度化と中央化のみであった。他は、この間に外務省の活動の動機と目的が変化した。新しくなったのは、しかしながら方向でもあった。最初の年のうちは、似たような資料が前面に出て、反ユダヤ人処置の準備のために使われたが、それがいまや――大抵は事後に――「最終解決」の正当化のために使われ、その絶滅政策を外交官たちはよく認識していたのだ。

第4節　失われたポストに向かって、ソ連の中の外務省

　1941年春のソ連への侵攻の準備とともに、国家社会主義の大生存圏計画にとっては、古くから知られた地域の新しい展望を開いた。諺の「東に奥深く」という慣用句は、既に長くドイツの拡張的地域圏として煽り立てられていた。ヒトラーが既に20年代、『わが闘争』の中で形作っていた「東の生存圏」の要求は、虚しい決まり文句以外の何ものでもなかった。この人種イデオロギー的な征服妄想は、「ユダヤ人問題の最終解決」の問題と密接に関連していた。同時に、東の戦争の準備――これはまだ親衛隊の分野で比較的隠されていたが――は「総統の意志」の実施を目的として、始めからすべての伝統的な、倫理的な留保を棚上げして、その機能の中で本質的に拡大された。そして――陸軍、行政、外交官の指導的勢力にとってますます認識され――いまや大陸＝ヨーロッパの「大生存権」を狙う国家社会主義の支配システムに移っていった。[(101)]

既に、「バルバロッサ作戦」を前にして、征服＝占領政策の路線が敷かれた。国防軍と治安警察は、地域を征服し、どんな反抗の芽も摘んでおかねばならなかった。パルチザンとの闘争という隠れ蓑の下に、軍事的な占領の陰で最初の数週間に、行動部隊によるホロコーストが行われた。1942年3月、「法廷命令」と「全権委員命令」によってドイツ兵の犯罪行為は訴追されず、赤軍の政治将校は自由射撃の対象となった。占領地域の軍事行政は、計画では単に短期間の経過的な解決となっており、その後は総督府の例に示されるように帝国委員会による市民行政に変わられるべきとされた。当初予定されていた4つの帝国委員会「東の国」（最初は、帝国委員会バルト地域と表現されていた）、ウクライナ、コーカサス、ロシア（帝国委員会モスコヴィエンとも呼ばれていた）のうち、戦争の経過により最初の2つだけが設立された。

外務省は、最初から予定された東部の新秩序の仲間内になろうと努めた。この目的のために、1941年初めにヴィルヘルム通りにロシア委員会が発足した。そこでは、征服されるべき地域を国家社会主義の支配秩序に結び付けるための机上演習が行われた。しかし、これはとうてい実現しそうにない大胆な企てであったことが証明された。「バルバロッサ作戦」の準備のために造られたあらゆる組織の中で、外務省は最も弱体であった。それにまさに初めて成立しようとしていたローゼンベルクの職場 ―― 後の占領東部地域担当省（略称・東部担当省）―― これには征服されたソ連の市民行政の組織が従うことになっていたが ―― は、ロシア委員会よりも影響力が強かった。ロシア委員会は、1941年春および夏の段階では机の引き出しの中の試案にすぎなかった。帝国委員会「東の国」とウクライナに送られた外務省の代表アドルフ・ヴィンデッカー（Adolf Windecker）とライホルト・フォン・ザウッケン（Reinhold von Saucken）はそこではただ助言するだけの存在であり、明示的に「帝国委員会の仕事に対してはいかなる自身の影響力をも」遠慮すべき立場だったのである。[102]外務省の東部省への常設の連絡役であったゲオルク・ヴィルヘルム・グロスコップ（Georg Wilhelm Großkopf）は影が薄く、1942年の末に亡くなった。

ソ連の征服において傍観者としての役割を抜け出るためにリッベントロープは、ローゼンベルクの個人的な親友で、外務省のロシア・エキスパートであったオットー・ブロイティガムを推薦した。ブロイティガムは、1920年から外務省員であり、何度も経済問題を手掛け、東ヨーロッパやソ連で様々なポストに

起用された。戦争の初めに当たってブロイティガムは、占領下のポーランドの東部信託本部で働き、その活動について、彼の回想録では正確でなく「世界の歴史上で最も過激な泥棒的で、国際法に反するもの」と形容している。外務省への連絡係としての東部信託本部における彼自身の「茨に満ちた課題」は「中立国の個人と企業の財産を守る」ことであった。参事官ブロイティガムは彼自身のキャリアについてしっかり見据えていた。1939年11月2日に、彼はいつの日かの昇進提案の際には彼の人物を考慮するように要請した。というのは「この私の活動にとって特に意味あることであり、私が現在よりもより高い地位に就けば、それはまた外務省にとっても意義のあることだからである。他の省庁（帝国財務省、帝国経済省、親衛隊長官帝国省）もまたより高位の役人をここに派遣している。そのうちの数人は、政府の上級参事官で、大半はしかし本省の参事官の位である」。

　ブロイティガムによる備忘録で明らかになった1940年の党からの追放手続きは、書類の中では伝えられていないが、しかしながら、この一歩に導いたとされる機会についてはよく言及されていた。1940年1月、知人がブロイティガムと彼の夫人に夕食会の際に1枚の写真を示した。その中には、ポーランドの市場でのユダヤ人の絞首刑の様子が写っていた。ブロイティガム夫人は、子どもたちのことを心配した。野次馬の中には明らかに子どもたちがいた。ブロイティガム氏は「知人が正当化しようとした『ブロンベルクの日曜日』は、ユダヤ人ではなくて、ポーランド人に責任がある」と明らかにした。行動規範審査が行われた際、1940年1月22日にブロイティガムははっきり述べた。「『ユダヤ人は決して殺人なんかしない』などというバカげたことは言わなかった。しかし、ショモルツ夫人がポーランド人の忌々しい血の罪をいかなる理由から汚い数人のルージのユダヤ人に押し付けたがるのか、わたしには理解できない」と。このような流れの結果、ブロイティガムは結局ナチ党からの追放を免れた。1940年7月には、彼のソ連の中の黒海のバトゥーの総領事への昇進に繋がった。

　ベルリンへの帰還後、1941年3月にはブロイティガムは外務省の中のロシア委員会のメンバーになり、そして彼の旧い同僚のアルフレッド・ローゼンベルクの帝国外務大臣への諮問に応じて、1941年5月21日には、東部省の政治局への外務省の代表に任命された。局長のゲオルク・ライプブラント（Georg Leibbrandt）の代理としてブロイティガムは最初から役人たちの占領計画に緊密

185

に組み込まれていた。それを彼は外部にも「当面しばらくの間、『東部』の職場を任されていた」と言っていた[108]。新しい課題に彼は熱心に奉仕した。彼は「私は、外務省から休暇をもらってローゼンベルクの職場で働いている。我々は大きな出来事を準備している」と、1941年6月11日の日記に記録している[109]。1941年9月末、ローゼンベルクは、ブロイティガムに「すべてを委ねる」と、要請していた[110]。それでもブロイティガムはその後もヴィルヘルム通りと最も緊密な連絡を取ることに腐心し、加えて彼は、単に占領地域への定期的な出張を除いて、戦争期間ほとんどの時間を「東部」省の近くのベルリン中央で過ごした。

　外務省と「東部」省は、互いに競争関係にあったが、しかし、双方の機関は似たような利益を追及していた。それでいて両者の目的は、外部にはわずかしか露見しなかった。国防軍は、軍事的な征服を試みていたし、ゲーリングの4ヵ年計画に携わる役所は占領地の略奪に励み、ヒムラーの親衛隊と警察の機関は、警察的な敵との戦いや国家社会主義的な世界観を確保せんとしていた。初めから、容赦なき対応が、住民に対し、そして赤軍の捕虜に対して計算されていた。「東部」省においても外務省においても同様に、そのような対応は近視眼的なことと見なしていた。そこでは、国防省の指導部は —— その目的を広範に了解していたが —— 共産主義への統合に幻滅したソ連の民族グループを国家社会主義の大生存圏計画とその政治的な制度化を意図した長期にわたる戦略が政治目標であった。外交官たちやロシア専門家たちは、それとは違って、大きな帝国の住民に対する持続的コントロールはとんど維持され得ない、と見ていた。

　ブロイティガムは完全にこの感覚で1941年6月17日 —— ソ連への侵攻の5日前 —— 覚書を作成していた。覚書の中で彼は「緑の地図」として知られた厳密の東部経済スタッフへの指令書に反論している。でも「総統からの命令によって、占領地の領域を最大限利用可能にするために即時にドイツにとって有益で、必要なあらゆる処置を取るべきである。その際、この目的を危険に晒しかねないあらゆる処置は禁止されるか撤回される」という指令に対してブロイティガムは、農業の基本的な構造の維持を予定し、占領地域の相異なる民族グループの必要性に配慮することを提案した。「ソ連への戦争は、政治的な進出であって、経済的な略奪行進ではない。占領した地域は全体として搾取の対象と見なされてはならない。たとえ、ドイツの滋養 —— 戦争経済がより大きな領域を要求することになる —— になるとしても」[112]。

ローゼンベルクは、「緑の地図」を委託したゲーリングとの大っぴらな論争を懸念しこの文書を撤回したが、すぐ後にもう一度、「東部」省の態度を説明した。「数年間後に 4,000 万の人間を自由な協力者として獲得するか、すべての百姓一人ひとりの後ろに兵隊を付けなければならないかでは事が全く違う」。ヒトラーの拡張計画に対する一般的な了解については、ブロイティガムは、彼の覚書のすぐ最初に「ソ連への侵攻は、ドイツがその東部で境界を接している国が強力になり、経済的に完全に発展し、組織的な国となり、その脅威となることを永遠に打破することを目的としている」と、書いている。「東部」省と外務省がソ連への攻撃の前夜に不快に思ったのは長期的な目的についてではない。この目的を達するために、その手段については、他の影響力のある役所とは別の路線を追及していた。ここでは、人道的な考慮が決定的な意味を持っているわけではないが、1941 年 7、8 月にローゼンベルクの『茶色の地図』で描かれた占領された東部の地域 —— 彼は、あっさりと法律のない空間としていたが ——を市民行政に向ける方針では、「ハーグの陸戦諸規定は、敵方の国に占領された国に関する行政は、適用がない。というのは、ソ連という国は消え、その結果帝国が、国の住民のための利益を政府 —— 他の主権に関する機能を行っていく義務がある」、としていた。1942 年 9 月の第 3 版『緑の地図』では、ローゼンベルクの進んだ構想が、特に「ユダヤ人問題の扱いに関する方針」の形に重点が置かれていた。

　占領地の非ユダヤ住民の扱いに対しては、ブロイティガムは 1942 年 10 月 25日の秘密の手記で大々的な批判を行っていた。「東部の諸民族に固有な本能で、原始的な人間でも、ドイツにとっては『ボルシェヴィズムからの解放』というスローガンが、スラブ系の東部諸民族を奴隷化するための単なる口実であることを間もなく感じ取ってしまった」と。失敗した農業秩序と住民を単一に取り出して盗賊に対する戦いに駆り出したり、前線に動員するやり方とならんで、ドイツの捕虜になった赤軍兵士の取り扱いを間違った占領政策の例と呼んでいた。「敵か味方の間を問わず、1 万人の彼らは我々の陣営では飢え死にするか凍え死んでいるか、もはや秘密でも何でもない。そうこうするうちに、帝国内で増大する労働力の不足は、同様に懸念すべきこの政策の再来を導いた。というのは、ドイツに生じた間隙を埋めるために、占領した東部地域から数百万の労働力を、やっと生きている捕虜を暴力的な餓死の後に募るという醜悪な姿をいまや我々

第1部　ドイツ外務省の過去

が経験することになり……あの限度のないスラヴ人に対する軽蔑は、多分奴隷
貿易の時代にのみ範が見られるであろう『広告』という手段に適用された。規
則的な人狩りが行われた。健康状態や年齢に配慮することなく、人々はドイツ
に運搬されて、そこでは間もなく、10万人以上が重病や他の労働不能のために
戻されねばならなかった」。

　かつてのソ連の領土からの、いわゆる「東部の労働者」を引きつれてくるこ
とに対する外務省内部でのこの批判的な態度は広範にあったものの、外務省の
占領機関での立場は、副次的であったため、とり立てて言うほどの影響はな
かった。1942年の夏にヴィルヘルム通りで起草されたドイツでの外国人労働者
に関する文書では、既に「文化を破壊するボルシェヴィズムの影響」に対して
「ヨーロッパの新しい秩序の構想」を強調することを要求していた。1943年3月
に、宣伝省が、帝国での「東部の労働者の破滅的な生活条件」を、そうした方
法でかつてのソ連の住民を「ボルシェヴィズムの殺戮的勢力に対する帝国の戦
い」に結びつけるために、帝国の改善するべき新しい「帝国で活動している外
国人労働者の取り扱いに関する路線」を提案したが、これは外務省の支持を得
た。しかしながら、親衛隊長官と総動労働員の全権および人種政策庁の抗議を
理由に、この路線は効力を発しなかった。諸規定は最後には1943年5月15日
の「帝国で働いている外国人労働者の取り扱いに関する一般的な注意書き」に
辿り着いた。この注意書きは公表されていなかった。国内Ⅰグループ長の、突
撃隊少将のエルンスト・フレンツェルの申し立てによれば、この注意書きは外
務省もある程度参加して成立した。

　1943年夏に、ソ連とポーランドを担当する公使館参事官で、報道担当官の
シュタルケ（Starke）は帝国の領域における「東部の労働者」の牢獄で蔓延する
酷い状態の写真を撮り、これについて、証拠資料とともに、熱烈な報告を行い、
これが、「満足しているロシア人の労働者か、それとも搾取中の、あるいは殺
人中のパルチザン一味か！」という警告の呼びかけに至った。大使館参事官の
グスタフ・ヒルガー（Gustav Hilger）は、検分のためにこの報告を手に入れた時
に、「深く震撼し」、より詳しい説明が、あきらめ顔の「私の方からは、皆さん
に慰めようもないような報告をしなければなりません。皆さんに知られている
方向に向かうすべての私の努力は全く成功せず、それどころか私が今日、数週
間前よりもさらに目的から遠ざかっている、という印象を持っている」という

188

もので、見る人にことを確信させるため「ここ以外の役所でも関心を惹くだろう」と保証した。[120]

　捕虜となった赤軍兵士に対する国際法に反する処置は、外務省の中では最初、全体的に同情的なものであった。例えば、攻撃の前線にいたヴィルヘルム・グロスコップは「人民委員会の命令」に関連してこう書き留めていた。「すべての階級の軍人に見られるソ連的積極性を体現する分子を排除することは、内部からソヴィエト主義を弱体化し、物資を必要としない、有効な精神的操作の手段を除去するのに貢献するかもしれない」と[121]。しかしながらこの態度は、素早く変更されて、1942年8月には、「人民委員会の役割と傾向について当初作成された」定義づけは修正が必要になった、とされた。人民委員を「軍服を着た平民と見るべきでなく、むしろ彼らを、『特別に動員される将校、すなわち軍隊の指導を任された』と見るべきだ。いずれにしろ、「人民委員であれば、捕虜になれば射殺される、という見解は、捕虜にされたドイツの将校にも適用され相応の復讐処置に繋がる」ことが懸念される[122]。陸軍総司令部16には外務省の代表からの補足資料が寄せられた。同様な考慮は冬季危機の継続とともに、東部の陸軍の中で推察された[123]。

　1941年のクリスマス直前、リッベントロープは、国防軍総司令官と同調して、ソ連におけるドイツ人の捕虜とドイツの中のソ連人捕虜に対して衣服、食事、予防接種を施し、給仕人を交換するという国際赤十字の提案に試しに乗ってみる、ということを示唆してみた[124]。ヒトラーは、総統本部の外務省代表ヴァルター・ヘヴェル公使の言明によれば、手で合図して拒否した。なぜならば、彼は「東部の前線の部隊に、捕虜となった場合、ロシア人から条約に沿って取り扱われるだろう、という誤った見解が生じる」ことを望んでいなかったからである、という。また、ロシア政府はロシアの捕虜の名前の比較から、すべてのドイツの手に陥っているロシア兵が死んでいるわけでなく、生きていることを確認できる、というのである[125]。

　協力が有利になるとの見通しからか、捕虜になった国防軍兵士の運命を考慮してか、占領政策の柔軟性に向け務めるべし、との見解をすべての外務省の官吏が共有したわけではなかった。東部での殺人行動では、戦争中、ヴィルヘルム通りと治安警察ならびに治安部局の行動部隊で活動していた2人の男たちが特に抜きんでていた。親衛隊少将ヴァルター・シュターレッカーは、1941年春

に外務省の情報部で短い講習を受けただけで、そこから行動部隊Aに合流した
のに対し、親衛隊准将アルフレッド・シックスは、モスクワ前線司令部での動
員後、ソ連との戦争の始まった時に行動部隊Bに替り、これが「特別な功績と
されたことにより」親衛隊准将——外務省の文化部長——への昇進に繋がり、
帝国治安本部の部局（世界観の研究と評価の担当）の目に留まり、そのようにし
て両者はさらに忠実に結びついた。

　ヴィルヘルム通りの官僚たちが頭を悩ませたのは、占領の現実から方針が遥
かに遠ざかっていることであった。1942年4月に、ローゼンベルクの占領東
部地域省は外務省に「東部での闘争」をテーマにした展示会への協力を求めた。
外務省は「そのような展示会の時期はまだ来ていない」と冷たく伝え、そして
その方向へのさらなる質問に対しては広く距離を置くよう要請した。それだけ
に驚くべきことは、ローゼンベルクが9月早々に、計画した展示会を開いただ
けではなく、このテーマを扱った一連の大展示会をも開催すると伝えたことで
ある。すべては、既に10月にミュンヘンで行うことになっていた。これからや
はりリッベントロープとローゼンベルクの間の絶え間ない争いに発展した。こ
の問題については、遂にはヒトラー個人によって外務大臣に都合がよいよう決
定された。事実問題として、リッベントロープもヒトラーも公の講演で「ヨー
ロッパとその生存圏」、「ウクライナとコーカサス」あるいは「モスクワと東部」
に関して講演したが、この時点で、ドイツの進軍が暗礁に乗り上げ、展示され
るべき地域がドイツの支配地域に入っていなかったから、テーマとして取り上
げるわけにはいかなかった。(126)特に、東部の占領という深刻な問題に関係してい
る2つの役所のフラストレーションの中で取り扱っていくという虚しさとそれ
が苦痛に満ちたものであることがはっきりと意識されたことを示している。(127)

第5節　国防軍の中での外務省の諸代表

　アフリカからノルウェー、大西洋からコーカサスまでにわたるすべてのドイ
ツの占領地でヴィルヘルム通りの諸代表は、その地域の軍事司令部に配属され
ていた。その数ははっきりとしていない。というのも第1に、動員期間は、軍
政の期間と結びついていたし、他に、役所の名称もたびたび変更されたからで
ある。それにまた、外務省の代表も軍事行政の中の数ヵ所の、あるいは相異な

る職場に配属可能だったからである。1942年7月には、外務省の15名の代表が、様々な軍司令部と戦車部隊司令部に配属されていたことになっている[128]。しかし、その数は確実にもっと多い。例えば、1939年9月の戦争が始まった時には、既に外務省の代表は、当座の間、ポーゼン、クラクフ、ロッツの駐屯地に配属されていた[129]。

帝国外務省と国防軍司令長官との間の取り決めによれば、外務省の代表は、召使、タイピスト、運転手つき自動車がつけられ、外務省からは休暇扱いとされて、将校として配属されていた。職務の監査は、外務省によって行われ、職務に関する指示も外務省によって行われていた。国防軍の軍服を着た外交官は、外国での宣伝にふさわしい資料を取りまとめ、外国における報道関係者を支援し、軍司令部に対し、敵に対する活発な宣伝について助言し、現実の外交政策に現状について説明することになっていた。彼らが動員された地域の状態を常にベルリンに報告する任務は、1940年4月の職務指示では詳細にではないが、外務省の視点からすれば、当然最も重要な機能であった[130]。

実際、このいくつかの報告には、特に第二次世界大戦中のドイツの占領政策に対する公式な見解が声高に叫ばれる中で、ソ連の中からの、批判的な意見があった。外務省の代表は、住民を無理に抑え込もうとすることの破滅的な効果にしばしば直面した。彼らの多くにとって、現地住民の支持を暴力でのみ勝ち取ることができないことは明らかであった。

例えば、公使のヴェルナー・オットー・フォン・ヘンティッヒは1942年夏に、クリミア半島の大元帥エーリッヒ・フォン・マンシュタイン指揮下の第6軍の戦争犯罪について報告していた。常軌を逸脱した復讐行為、捕虜にした赤軍兵を地雷が敷設された地帯に行かせること、ユダヤ人の殺害と他の国際法違反の横行が「集団殺戮」をますます助長した。それから逃れたものは、「罪の意識を最低限しか持たない者こそが、最もうまく適応できる状態であった」。ヘンティッヒは、憎しみの宣伝を和らげるように申し入れ、国際法を順守するように訴え、ソ連の捕虜を示威的に射殺することをやめ、医療的に保護するよう要求した[131]。

既に1941年10月に、ヘンティッヒはナチスのプロパガンダによる悪魔的な非人間性よりもましなものをソ連兵の捕虜に見出したい、と呼び掛けた。「10日間髭も剃らず、風呂も浴びず、不満の多い精神的な抑圧の後では、ほとんど

第1部　ドイツ外務省の過去

の人間はよく見えない。髭ぼうぼうの顔をした、深く落ち込んだ気分のそのような捕虜は一見嫌に思われるが、親切に扱われ、十分に睡眠をとり、体を洗い、髭も剃り、服装も必要性に見合ってきちんとすれば、自分自身と人間的な意識を取り戻すために不可欠な処置を取りさえすれば、彼は突然全く違った人間になり、我々は彼に、直接会いたくなるような、愛すべき性格を確認できるだろう」。これは、人種イデオロギー的な殺戮戦争の中において特別なトーンの主張であった。1942年春にはヘンティッヒは、クリミアでのユーパトリアで名目上パルチザン1200名を射殺した件を批判した。彼らは実際は「軍に徴用されて働いていた」線路工夫であった。セバストポールで取りまとめられた彼の報告「クリミア半島の将来」によれば、ヘンティッヒは住民の栄養の確保の処置が不十分なことを弾劾し、緊急アピールをした。「できるだけ早く、クリミアを適切に扱う形を作成し、これに関する声明を出すべきである」。

　外務省の代表で自分の不満を表明したのはヘンティッヒだけではなかった。1941年8月には、1941年6月2日に軍司令部に配属されていたアントン・ボッシー゠フェドリゴッティ（Anton Bossi-Fedrigotti）参事官は、数週間前から実施されていた帝国軍による赤軍の政治委員の殺害が及ぼす結果について、捕虜になったドイツの将校には間もなく同じ運命を待ち受けているのではないかと警告した。1942年初めにも、彼は、ソ連の捕虜に対する悪待遇について訴えていた。いわく「空から蒔くビラも通行証ももはや赤軍兵士には効果はなかった。というのは、彼らは、ドイツ人が捉えたソ連兵を家に帰らせず、戦時収容所で飢え死にさせてしまうのを知っていたからだ」。彼の同僚で第17軍司令部のカール・ゲオルク・プファイデラー（Karl Georg Pfleiderer）参事官は、1942年夏に状況緩和の初めての徴候を確認したと信じた。「我々が、捕虜を良好に扱ってから、赤軍兵士たちは再び我々の言葉にもより高い信頼を寄せるようになった。このようにして、敵方に打ち負かされた気持ちを楽にし、赤い権力者に対する彼の政治的矛盾を効果的に、彼にとって可能な方法で表現することで、こちらに鞍替えしやすいようにした」。

　特に民間人の取り扱いについては国防軍での外務省代表者たちの間で詳細に議論された。ウクライナの第1戦車軍司令部に動員された書記官フリードリッヒ・レーマン（Friedrich Lehmann）は、ドイツの占領政策の将来のためには、住民の食料需給の問題が決定的である。と強調していた。年末には、彼はベルリン

の副次官ルターに対する書簡で、コーカサスで熟慮した占領政策を実施し、「政治的な考慮や懸念、留保に権限をもつ帝国の部局にほとんど配慮しない」フォン・クライスト大佐と第１戦車軍の責任将校たちを誉めた。東部省の外務省代表であるオットー・ブロイティガムもそれに反対するのではなく、むしろ彼の役割と、軍の処置について彼の職場の上層に、理解を得るように働きかけた。[139] エストニアの第18軍司令部において書記官のウンゲルン＝シュテルンベルク（Ungern-Sternberg）は、ソ連の中の強制組合化の修正がゆっくりとしか進んでいないことを非難した。不明朗な所有関係が、一般的に考えて不当であるという、不満を国から由来している、としたのである。[140]

　政府参事官ハインリッヒ・フォン・ツーア・ミューレン（Heinrich von zur Mühlen）は、第４戦車部隊とともにコーカサスの方向に向かって前進していたが、1942年７月に懸念して報告していた。「我々の兵卒は、部隊の食料を他人の所有物にもかかわらず、特に必要でない時でさえ、徴用できるとのおかしな概念をもって、そして情けないことには大胆にも上司の目の前でさえ、命令もなしに徴用し、問題にもされない……多くの場所では、農民はドイツ兵がその場にいると彼らの農作業をしない。というのは、彼らは所持品や自分の所有物を見張っていなければならないからだ。このような『組織』に対して、我々の兵卒たちは何度も暴力を使うことも考えられる」。このような部隊の行動を早急に止めなければ、武力による抵抗が予想される。「コーカサス人」はすなわち「個人の所有問題に非常に繊細であり」、大抵の場合「彼の所有権への法律に反する攻撃に対しては、素早く武器を使用する」。[141]

　第６軍の参事官コンラート・フォン・シューベルト（Conrad von Schubert）は、スターリングラードへ進軍した時に同様に非難した。「最後の乳牛を取り上げたり、放し飼いの家畜を屠殺するなどの軍による強行は、人心を維持し、土地を与え、進んで農作業に動員するつもりならば、止めさせるべきである」。[142] プファイデラー参事官は、1942年10月には、「ウクライナの農民は土地を欲している。彼は我々にそれを期待している。土地への期待から彼らはドイツを招来し、ドイツを解放者として歓迎した。ウクライナの農民にとって希望が満たされなかった時、その失望はとてつもなく深く、ドイツへの彼らとの関係は悪化する」と記していた。[143] 外務省の代表者たちの批判点は、1942年末の日付のある第６司令部のシュット大佐の報告にまとめ上げられている。「１年半にわたるロ

第1部　ドイツ外務省の過去

シア戦争は、例えば最初の頃の共産党委員や政治委員の射殺とか、農業秩序維持の不徹底や官僚的な操作他は、これまで決定的な成功には導かなかった」。このジレンマの解決は、既に前線で実行されている。シュットが言うには、「占領地域でロシア人を、より広範にゲリラ部隊や赤軍自身への戦いに対しても」動員されるべき[144]だ。

　1942年の後半に国防軍の外務省の代表がしばしばまとめた批判的な報告書は、同時にベルリンの中枢で議論された点に関するものでもあった。1941年初めに設立されたロシア委員会は、ソ連の政策に何ら適切な影響力を発揮しなかったにもかかわらず、それでも固有の計画を継続した。その一環として、1942年春以来の、ドイツ主導の戦争指導にロシアの分離勢力を結び付ける考え方があった。ヴァイツェッカー事務次官は、1942年11月に原則的にリッベントロープのプロパガンダ全権を得たカール・メゲレの「ロシア提案」、すなわち、その地の自治の建設を経て、次第に一種のスターリンに対する反対政府を樹立することを狙っていた。しかし、それには、住民を良好に扱い、最低限の同意を得ることを前提にしていた。ヴァイツェッカーによれば、「我々の背後にある軍を助け、パルチザンに対する戦いを助け、経済的奪略に対する防御は急を要するが、問題は、組織が独自の行動によって成立していて、地区のドイツ部隊によって組織化されないこと」である。この路線をさらにフォローするには当然、総統がスターリンとの分離平和といういかなる考えも放棄することが前提である、と[145]された。

　ドイツの占領政策の改善に関する外務省の代表たちの諸提案がどの程度まで人間的配慮を伴って役割を果たしたかは、判断が難しい。「懸念材料」としては、報告してきた冷静な言葉遣いを見る限りそうとは取れないし、引用された理由は、例外なく実際的な性格なもので、驚くに値しない。彼らは、自身でしばしば第三帝国の世界観を共有してはいるが、官吏たちは、軍事政策的な状況を冷静に見、結果的にそこに住んでいる住民をよりよく取り扱い、敵に対する戦いにおいて地域の組織を説得するという実際的な結論を導き出す状況にはあった。しかしそれらを、抵抗的な態度と結論付けるのは、間違いである。彼らの時として支配的な状況への厳しい批判と報告はともに、単に外務省の代表たちの、正確に報告するという彼らの任務によるものであった。

　この意味で数多くの占領政策への肯定的な同調について、特に、反ユダヤ人

処置に関しては、常に無条件に賛同していたとは理解されない。「ユダヤ人の『ナンシー』にある店のアーリア化という立場はその中心である。ユダヤ人の間では大きな悲鳴が支配的である」というような立場の表明は、引き継がれた文書の中では稀ではない。1940年代Ⅳ司令部に配属された総領事のシャッテンフロー（Schattenfroh）は、ワルシャワ・ゲットーの特定のユダヤ人がある時、外出許可のために500万ズロチを差し出したことを報告していた。ここからワルシャワのユダヤ人共同体が「いかに資本豊か」で「いまだそうである」かを結論付けることができる。ただし、特筆すべきはソ連の中の国防スタッフの外務省の全代表たちの中で、ヘンティッヒだけが、1942年夏にクリミア半島で「ほとんどユダヤ人のものと思われる大量の墓の発見」を報告した時、動員地域での10万人のユダヤ人の殺害を批判したことである。彼の同僚は、ユダヤ人の殺戮に対して、意見を表明しても、どうでもいいというか、それに同意していた。

　時には、軍服を着た外交官の積極姿勢は全く別の方向に向いた。それはヴィルヘルム通り自身の焦りとも言えた。例えば、プファイデラー参事官は、ロシア反政府のプロジェクトに関連して1942年3月に、「ロシアの政治的な闘争組織を国家社会主義の運動をモデルにして」創出することを提案した。それは、「ドイツあるいは占領地域に作り、状況に応じてドイツの部隊と特定の共同作業に動員」される。この考えで彼は、ルターの怒りを買った。ルターは激高して反論した。それは「どんな状況でも、国防軍での外務省の代表がそのような突っ込んだ問題に立ち入る権利はない。その取り扱いは、帝国外務大臣閣下そして最終的には総統が、この件についてかかわる義務がある」とした。同様にルターは、ボッシ＝フェドリゴットの介入にも反応した。ボッシ＝フェドリゴットはその年の1月に、捕虜となった赤軍からなる戦闘組織を立ち上げることを提案し、「外務省の代表としてこの組織の重要な地位を代表し、敵の積極的なプロパガンダに鑑みて、小さなプロパガンダ・スタッフ（通訳）とともに、この組織の（外交政策的な）方向性を引き受ける」ことにした。どうやら、外務省の代表者たちは、これらの革新提案とともに機会をとらえてその目的の度を遥かに超えて進もうとした。

　実際問題として、個別の点では、多くの軍の司令官も同様な見解であったが、外務省の代表たちの批判的苦情は全く効果を及ぼさなかった。指示権能もない、兵站サポートもない監視者としての報告者の警告に誰も耳を貸さなかっ

第1部　ドイツ外務省の過去

た。占領政策は、政治的、軍事的指導部に優先権が付されて、当該地域の軍、警察、それに親衛隊の機関の協力によって決定された。それでも、国防軍に外務省の諸代表を派遣するという手段は、ヴィルヘルム通りにとっては重要であった。国防軍司令部が1942年夏季にその必要性に疑義を申し立てた時に、ルターは、リッベントロープ宛の報告書で、機会があったらヒトラーに「ほとんどすべての国防軍における外務省の代表者たちは自分から進んで長期的な前線動員を希望し」、彼らのうちの4名は鉄十字2等の勲章をもらっているほどである、と示唆するように提案した。それにもかかわらず、1943年春には、国防省司令部における外務省代表の全員が引き上げられた。[152]

　全体として、国防軍における外務省の諸代表の報告を通してヴィルヘルム通りは戦争の初めから残虐なドイツの占領政策、特に東 ―― 南ヨーロッパでの ―― における効果に関して非常によく情報を得ていた。しかし、それによって特にこれといった成果はなかった。報告は秩序正しく整理され、その後は倉庫にしまわれた。

第6節　「キュンスベルク特殊部隊」

　キュンスベルク特別司令部は、第二次世界大戦における外務省の多分に異常な企みであった。戦争の開始とともに、書記官の（1943年夏以来公使館参事官）エバハルト・フライヘル・フォン・キュンスベルク（Eberhard Freiherr von Künsberg）男爵は、彼の直接の上司である儀典長のアレクサンダー・フライヘル・デルンベルク男爵によって、ポーランドの首都にある敵方や中立国の外交代表の建物を保護し、逃走したポーランド政府が残した全文書を守り、帝国に運んでくるためにワルシャワに派遣された。ある程度、「副次的に」キュンスベルクは、そこにあった陸軍博物館から歴史的な武器を押収して、ミュンヘンにある狩猟博物館の館長に引き渡した。[153]ワルシャワで活動していた核となる部隊は、戦線の拡大とともにキュンスベルク特別司令部となり、それが間もなく盗賊団に発展し、多くの都市でドイツが占領すると、すかさず規則的に獲物探しを実施し、全ヨーロッパで美術品、貴重な書籍、地図上の資料や、時として通貨や宝石までも彼らの所有物にしてしまった。

　略奪物を密かに隠すために、記録にはたいていナチスの慣用句が使われた。

探していたものは「安全に確保された」とか、「救出されて保護された」とか、「破壊から守られている」とか、「戦時下に沿って守られている」とか、建物は「注意深く維持されている」、略奪場所は「発見場所」と名付けられた。[154]明らかに熱心な乗馬師やリッベントロープのかつての酒商売の代理需要にも充てられた初期の略奪品は、アテネやベオグラードのリピッツァーの馬とか、フランスからトラックに積んだシャンパンやコニャックであった。[155]また、帝国外務大臣が既に20年代初め以来、ベルリンで美術品の収集家であったこととも特別司令部の収集活動に無縁ではなかったかもしれない。外交政策的に重要な略奪行為を確保する公式な委託は、それに反してまず第一には、敵国の言われるところの戦時賠償を証明するドキュメント集の資料を引き渡すことにあった。[156]推察するにこのような最初の試みが失敗したのは、リッベントロープが公使のアンドル・ヘンケの支持の下にプラハの外務省の文庫で行った時に、外務大臣側にそのような課題を将来は固有の目的に合うように作られた専門家グループの手に委ねようという希望を抱かせた。ノルウェーにおいてキュンスベルクの仕事は拡大された。彼の手下たちは、ノルウェーの政府のメンバーで逃亡したものを捕らえることであった。[157]

　キュンスベルク特別司令部の形成の歴史は、その委託と同様に漫然としたものである。公式には、推測するに、1940年初めに西側への進軍に際して、最初は外務省が特別に使用する秘密従軍警察グループとして従軍警察監査官の肩書のキュンスベルクに率いられ、当時は38名の専門作業員のスタッフと75名の武装親衛隊の運転手からなっていた。[158]1941年1月には、部隊は将校の肩書を持った20名の官吏、将校、軍曹、それに加えて70名の兵士集団と下士官、それに20台以上のトラックと12台以上の乗用車を持ち、サイドカーを備えた10台以上のオートバイを持ち、親衛隊の指導本部に直属していた。[159]帝国治安本部の警察的スパイ防御担当の長で、親衛隊少将のヴァルター・シェレンベルクの画策により、1941年初めには、外務省の特別司令部の部員が将来征服されるであろうソ連地域に治安警察の枠内で動員されるべき、とされ、それ以前には、混乱を完全にするために、一般的な親衛隊の制服を着たり、秘密従軍警察の、そして外務省の服を着て活動していたが、治安警察の制服をも着て活動すべきとされていた。[160]リッベントロープがカテゴリカルに拒否した治安部門との職務関係は、成立しなかった。[161]1941年8月には、キュンスベルク特別司令部は、組織的

第1部　ドイツ外務省の過去

に武装親衛隊に組み込まれた。国防軍からは、敵の情報を探る組織の単位として指導され、外交的に重要な資料の確保のための動員命令を、この特別司令部はそれでも依然として帝国外務大臣から受け取っていた。帝国外務大臣は、また国防軍に奉仕する給料までの全体の費用を外務省の戦時予算から負担していたのである。[162]

　武装親衛隊への組み込みは、司令部に339人の人数の大隊規模に達し、加えて武器、放送機器、食料輸送——輸送自動車で装備をされることになった。[163]1941年にはそれは、3つの行動部隊からなっていた。キュンスベルクにとっては、これによって夢がかなった。というのは、彼の部隊を「活動可能」にしようと希望していたソ連の広範な地域の征服が伴ったからである。[164]1942年春には特別司令部は一つの独立部隊としてアドルフ・ヒトラー警護隊に連なったし、8月1日には、「特別に動員される武装親衛隊大隊」と改称したが、1943年7月29日に、1943年9月1日付で解消された。略奪品の選択とその監督はベルリンに義務付けられたが、司令部の科学的人員は、部隊の存続の全期間、帝国外務大臣の指示にのみ従った。[165]キュンスベルク特別司令部は、1940年春以来、前線部隊とともに素早く占領地域の奥深く、フランスであればスペイン国境にまで進出した。外交文書の押収とならんでキュンスベルクのここでの視線は、また政党の資料、接待室、新聞室あるいはユダヤ系の個人にまで及んだ。軍事的な委託に伴って、司令部の人員は常に妨害なく個人の住居への入居が許可された。この間キュンスベルクはパリのドイツ大使館に「臨時の業務」として委嘱していた。[166]帝国外務大臣の委託により、彼はユダヤ人の美術品と接待室の持ち物の確保に責任を持った。ベルリン美術館の館長の随行の下に、彼の特別司令員は、ルーブルや他の国立美術館から運び出された文化財を探して非占領のフランスにおいて城や貴族の屋敷を家探しした。その際キュンスベルクは初めて競合する組織に出会った。国防軍の芸術保護部隊として動員された帝国相ローゼンベルクにである。争いは最終的にはローゼンベルクに有利に決定された。そして、キュンスベルクは彼の人員によって押収された対象物をいやいやながら放棄しなければならなかった。[167]軍事行政はキュンスベルクの芸術略奪を記録し、ローゼンベルクの要員は多くの報告を行った。[168]

　「バルバロッサ作戦」は部隊の略奪路線を拡大させた。バルト海地域、ロシアそしてウクライナでは、書類の山、地図資料が充満し、占拠された専門図書館

からの書籍は数百万冊にのぼった。その中には、数多くの歴史的に珍しい収集物があった。キュンスベルク司令部は、国防軍の大司令部との1941年3月15日にフランスで起きた争いに鑑みて合意された約束によって、より狭い意味の文化財としてはトロフィーとその収集に付け加えることができなくなった。帝国金融大臣シュヴェリン・フォン・クロジック（Schwerin von Krosigk）が競争相手を指して「戦場のハイエナ」と呼んだ。征服された町における略奪の嵐の状況下でも、国防省の東部異郷の陸軍部、戦闘部署、帝国相のローゼンベルク・スタッフ、外務省の文書委員会およびキュンスベルク特別司令部は広範に問題なく協力した。[169]

1941年11月のキエフでのユダイカ図書館の差し押さえの際に生じたキュンスベルクとの争いの後の1942年2月にローゼンベルクは、うるさいハエ（特別指令部）の東部の国における文化分野でのいかなる活動も禁止した。キュンスベルクが高価な収集物を返還し、将来に向けたより控えめな態度を礼賛した後、緊張は大幅に緩和された。実際、特別司令部はその結果、人的にも組織的にも劣って装備されている動員スタッフに支えられた。[170]ローゼンベルクはキュンスベルクの印象に残るよう、誰が占領下の東部で発言権を持っているかを示威してみせた。そして、キュンスベルクは、地位の上下秩序をもはや問題にしなかった。それは、1942年3月1日の総統命令によって確固としてはっきりと示された。[171]1941年末にドイツの前進が滞った時、キュンスベルクは差し迫った状況に陥った。というのは、彼の司令部が、展開している地域において、その存在をさらに正当化せざるを得なかったからである。親衛隊の指令庁の動員命令がその問題を当座解消した。「委託に従い、特別司令部はその政治的な活動が再開されるまで、クリミア半島における敵方の情報機関に対する範囲で次のような課題に動員される。パルチザン活動に対する戦い、沿岸警備、そしてタタール人の訓練である。この動員には終了期限が付されていた。そして、帝国外務大臣閣下が特別司令部の政治的再開を決めた」。[172]2つのことがこのことで注目すべきことであった。一つには、キュンスベルクは1941年7月に、司令部の展開されている地域への動員に当たって、敵方の町に突入する際には、戦いに参加せず、もっぱら芸術品の確保を図ることを主張して貫徹した。しかし、この制約は、いまや動員命令とともに廃止された。他にキュンスベルクは、リッベントロープによって既に早くからフランスの「ド＝ゴーリストとの戦いのた

めの外務省の特別委託者」に予定されていたが、バルカンで共産主義者討伐のための統一的な指導者で、外務省の2番目の高位の役人であったヘルマン・ノイバッハーとならんで、ドイツの占領政策の枠内でパルチザンに対する戦いを任された。その際、400名のクリミア・タタール人の赤軍兵士に対する戦いへの訓練、反共産主義者同盟との結束 —— ヴィルジングやノイバッハーの構想との相似 —— がキュンスベルクの考えなのか、それとももっぱら親衛隊の命令で彼が実行しただけなのかは判然としない。いずれにしろ、外務省が緊迫する軍事的な緊張状態に鑑みて、明らかにどちらかというと現実的な考慮を優先し、他のナチス機関になびいたと思われる兆候が現れた。

キュンスベルクの策動にもかかわらず、外務省における収集の活動は賛同だけを得たわけではなかった。彼の型にはまらない、大抵は性急なやり方は、彼のキャリアにとって一再ならず邪魔になった。1941年の前半、武装親衛隊と外務省を相互に競わせてアフリカ動員のためにナポリへと要求していたが ——彼の指令部に武装親衛隊を組み込もうとしたむなしい試みや、—— 彼は何の命令権も持たなかった。「外務省の特別司令部によってそのロシア動員に際して安全に確保された在庫品の試飲会」という展示会を立ち上げ、これを組織化した。1942年3月にも主催された展示会には、彼の略奪品が誇らしげに外務省所属の選りすぐれた見物客に陳列された。これらの独断専行はすべてリッベントロープの不興を買い、彼は司令官のタイトルだけは失わずに、降格させられた。ヒムラーは彼のことを「忙しがり屋」と称し、1943年6月に、彼を教育のために前線部隊に送るよう提案した。彼の構想である「素早い略奪」はドイツ軍の常勝による前進の場合にのみ成立するので、彼の声望は特に地に落ちた。これらは、1942年には既に過去のことであった。

特別司令部の解消はキュンスベルクの周辺では静かに行われた。1943年6月1日に中間的勤務先としてのソフィア公使館で公使館参事官に任命された後に、8月12日に遂に参事官付き計画部署に付き、10月25日にはヒムラーの主導で中隊長として、そのすぐ後に分隊指導者として戦車旅団に配属された。1944年1月にジフテリアと腸チフスでタルノポリの野戦病院に担ぎ込まれ、1944年7月、療養滞在の後に行方不明になった。

キュンスベルク司令部は、政治的な戦争遂行のための情報資料の入手という公式な委託の傍らで、ドイツ占領地域のヨーロッパで最も大規模な窃盗を行っ

ていた。ヴィルヘルム通りではすべての部署が同じように利益を享受していた
わけではないかもしれないが、組織的な略奪は外務省の委託と指示のもとに実
行され、外務省から予算が出た。数えきれない書籍や多数の文化財がおそらく
永遠に行方不明となり、なかでもキュンスベルクは彼が盗んだ物の一部を恩着
せがましく、受取証もなく、外務省内外でさばいていた。[179]

　戦後、多くの外交官はキュンスベルク特別司令部とその特殊な使用を好んで
記憶から消そうとした。ニュルンベルクの軍事法廷の前でリッベントロープは
「キュンスベルク氏は、その幾人かの協力者とともに私によって既にロシア進軍
のかなり以前に、当時フランスにおいて発見された書類、重要な書類や我々に
とって重要でありうる文書類を押収するために設立されていた部署の男であっ
た。発言が許されるならば、同時に、彼は、そこでは美術的価値のあるものの不
必要な破壊を防ぎ、維持保存するように委託を受けていた。これらのものをド
イツに運搬して来ることや、いかなる窃盗も私からは決して委託していなかっ
た。私には、どうしてこのような発言がなされたのかわからない。いずれにし
ろ、そのような発言は正しくない」、と証言した。[180]

　キュンスベルクが1941年6月19日に帝国外務大臣にクレタ島から送った電
報は、このような説明が、占領の現実と明確に矛盾していることを示すのに十
分である。「1941年6月5日に、外務省の特別司令部によってヘラクレオンで
確保された、ギリシャの国家国防委員会から提出されたおよそ100キロの金塊、
約125キロの銀貨および6キロの宝石は、そこで公使のアルテンブルクに引き
渡されるべく航空機でアテネに運ばれた。アテネの部署に、私がクレタ動員の
帰路にこの財物を持参すべきや指示してほしい」と電報にはある。[181]

第5章　占領—略奪—ホロコースト

　この章で見られるように、同盟を結んでいる国々とヨーロッパの占領された
国々の外務省の代表の振る舞いには、大きな変動幅が見られる。ドイツの外交
官たちは、帝国政府に指示された処置を厳しく実行したり、あるいは、妨害し
たりした。彼らは、ナチス内の上下関係あるいは占領時官僚制の中での自分た
ちの地位によって、さらには、帝国外務大臣との人的な関係によって、その権
力分野で個人的な方法で行動していた。その分野で決断しなければならない時
に、個人がいかように振る舞ったかは、しかしながら、特に個人の性格の問題で
もある。そんなわけで次の諸頁では、官僚的な報告が、実質的な地方の王様気
取りの者、キャリア主義者、日和見主義者や本心を隠す陰険な人々とならんで、
向こう見ずな人々が描かれている。多くの外交官は、人道的視点で知識と経験
を有していたにもかかわらず、例外なく地位に固執し、辞職させられて逃亡を
強要されるか、または、捕らわれるかした。それは義務遂行の倒錯した形であ
り、これが継続し、終戦まで多くのドイツの占領行政を確保し、そして、国内
の住民を迫害し、殺害し、——その中には数百万人のユダヤ人がいた —— 最後
までこれを引き延ばした。

第1節　チェコスロヴァキアとポーランド

　既に戦争の前、チェコスロヴァキア併合へ進む中でヒトラーは、1939年3月
22日付の命令で、将来の方向を示していた。その後に、「帝国のボヘミア・モ
ラビア保護官は、総統および帝国首相そして保護国における帝国政府の単独の
代表である。彼は、総統と帝国首相に直接従い、彼からのみ指図を受ける」こ
とが確定した。保護国の外交事項は、帝国政府が受け継いだ。[1]

　帝国保護官の下の外務省代表は、これまでのプラハの帝国政府の臨時代理で
あったアンドル・ヘンケであった。彼は、帝国保護官に外務省が用意した資料
にも基づいて、その官職を率いる上で業務に重要な外交政策上の進展について

説明した。さらに彼は、外国における保護国の国籍所有者と保護国に滞在している外国人を管轄していた。リッベントロープは、ヘンケの助力によりチェコスロヴァキア外務省の資料からドイツに敵対するチェコスロヴァキア政府の証拠を突きつけて、国際法的に併合を正当化しようと試みたが、失敗した。それに応じた資料は見つけられなかったからだ。ヘンケとその後続者たち（クルト・ツィームケ〔Kurt Ziemke〕、マルチン・フォン・ヤンゾン〔Martin von Janson〕、ゲオルク・ゲルストベルガー〔Georg Gerstberger〕、ヴェルナー・ゲルラッハとエーリッヒ・フォン・ルックヴァルト〔Erich von Luckwald〕）は単に外務省への報告者として、また帝国保護官への助言者としてのみ現れ、保護国の政策には言われるほど何らの影響力を持たなかった。⁽²⁾自身が1932年から1938年まで外務大臣の役職を担っていたコンスタンティン・フォン・ノイラートが保護国のトップの男となった。彼は、外務省の公使にほとんど口を挟ませなかった。同様に彼の後続者ラインハルト・ハイドリッヒとクルト・ダリューゲもそうだった。

　「チェコの残務処理」のあと、1939年夏にはヒトラーの目標はポーランドに向けられた。その際に、彼は、演出された国境紛争やサボタージュのアクションによってドイツの侵入の雰囲気を作るためには、ポーランドのドイツ少数民族を道具にすることをためらわなかった。1939年夏に国防軍と治安組織がその作戦のために民族ドイツからの募集をめぐって互いに競争をした時に、ワルシャワの大使館は、そのような行為は全ドイツ少数民族にとって取り返しのつかない結果になることを空しく警告した。大使館参事官ヨーン・フォン・ヴューリシュ（John von Wühlisch）は、1938年8月18日に外務省に「上部シレジアでの逮捕は、明らかに帝国の相異なる組織から発した師団グループがもとである。ポーゼン、ポンメルンと中部ポーランドには似たようなグループがあるので、それがまた地域ごとの逮捕の波となると脅かしている。民族グループの利益と希望に応ずるために、この地域でのさらなる逮捕を完全に止めるように働きかけることが緊急に必要である⁽³⁾」。「ブロンベルクの血の日曜日」——1939年9月3日の推測されるドイツ人のポーランド軍への攻撃で、その原因は今日までも明らかにされない——の枠内でポーランドの兵士や市民がブロンベルクとその周辺で数千人のドイツ民族の少数派を殺害し、大使館は、その最悪の憂慮を確認した、とした。⁽⁴⁾

　ポーランド人の襲撃はヴィルヘルム通りに直接伝えられた。トルンのドイツ

第1部　ドイツ外務省の過去

総領事館のブロンベルク出張所の領事ヴェンガー（Wenger）は、自身がポーランドの警察によって「ロウヴィッツの死の行進」で国内奥深くに連行され、1939年9月13日に完全に力尽きてベルリンに戻ってきて、そのまま事務次官のオフィスに詳細な報告を行った[5]。国防省のブロンベルク外国・防護局が報告し、そこで事件を調査するために設けられた戦時法廷協議会が「ブロンベルクとその国のある地域のポーランド人の残忍な行為による人質の射殺」を推薦したことを報告した後で、その同じ日に外務省では、対抗処置をとるための法的な鑑定書の作成が委託された。その際に、外国の反応に顧みて、特に、国際法的な原則を尊重するよう、とされた[6]。

　実際、既にポーランドでは、1939年9月に国防軍と警察部隊は国際法を顧みることなしにポーランド市民に対し攻撃に出た。ポーランドの役人の認識では、その当時ポーランドでは（1939年9月1日から10月25日まで）、760件の処刑と他の暴力的な襲撃の中で20,100人の市民が命を失った。国防軍の幹部が戦闘行為の後で堕落した軍隊を正気に戻そうとする努力した一方で、治安警察と治安役人のグループによる殺害およびドイツ人少数居住民グループの所属者から成立した「民族ドイツの自衛団」から提起された消去計画が続いた[7]。その際、特にカトヴィッツ、ポーゼン、トルンのドイツ総領事館、ロッツのドイツ領事館およびワルシャワのドイツ大使館が1939年の夏に国家秘密警察の委託によってまとめた表向きドイツに敵対するポーランド人の禁止リストに依拠した[8]。

　事務次官エルンスト・フォン・ヴァイツェッカーの、西側諸国に平和の締結のためにポーランドの破綻国家との共存を提案する、との考慮はリッベントロープによってそれ以上フォローアップされなかった。彼は、その時9月27日にモスクワに向かって飛び立った[9]。ポーランドは1939年10月17日にドイツとソ連の勢力圏に分割された。10月25日にはそれに引き続いて国の西側部分が分割され、「統合された地域」として、一部はあっさりと既に成立していた上部シレジア帝国大管区に入れられ、一部は新しい帝国大管区ダンチヒ —— 西プロイセンとヴァルテラント —— へ組み入れられた。いまやドイツ帝国とソ連の間にある中央ポーランドは「占領下ポーランド地域の総督府」と宣言された。ナチの特色である事実上無法な犯罪的な処置が、外の世界から処断された地域で、戦争の終了まで実施できるように、戦争政策の処置が、国際法的地位は維持され、意識的にオープンにされた[10]。

204

外務省の周辺の国家的な保守主義的反対主義者は、ポーランドでのみならず、一般的なドイツの暴力行為をも知っていた。ウルリッヒ・フォン・ハッセルは、1939年10月10日にミュンヘンのコンティネンタルホテルでカール・フリードリッヒ・ゲルデラーに「役所での仕事で若い奴が、どのように村々（フランス）の『パルチザン』を取り囲み、火をつけ、その間市民はすさまじく叫びながらその周りを狂ったように走り回ったのかその様子を証言しそうになった」ことを報告した。また、ブロンベルクや他所でのポーランドの残虐行為は真実である。「しかし我々は、それに対して私たちは無罪と言うことができるだろうか？」[11]最上級の役人、事務次官たちの10月23日に行われた帝国内務省での話し合いの対象は、非常に危険で、秘密ファイルですら内容を単に示唆するのみに留まるものであった。「シュトゥッカート事務次官は会議でポーランド地域の行政のためのある内密の原則を語った。それは、特に住民の扱いに関するものであった」とエルンスト・フォン・ヴァイツェッカーは確信していた。迫害、追放と絶滅処置の増大とともに外務省には増大する懸念の照会が外国から寄せられた。[12]正当化しようとする圧力が増し、ヴィルヘルム通りにはそのための固有の課が設立され、そこで、ポーランドの扱いを裏書きするはずだったが、それは、ドイツの評判を傷つけることになりかねなかった。

当時の外務省中枢の高級官吏たちの想定は、明らかにヒトラー、ヒムラーやハイドリッヒの急進的な計画とは違った。その静かな会食者の中で誰が、最も強力な原動力を持っているかは、もちろんは早々に明らかになった。1940年2月にヒトラーは、1939年9月にポーランドで殺されたドイツ少数民族の数——ほぼ正確だった——5,400名とされていた——を、引っ込め、増大させて、その数を大体10倍以上に引き上げて外務省に公式に広報させた。「新しく最近現れた外務省の資料集には、正確には合計5万8,000人が行方不明者と殺害された民族ドイツ人となっている」と帝国内務大臣は今まで聞いたことのない事件を、併合された地域の官房長に電報でコメントしていた。[13]これにより、ドイツ人の犠牲者の数は一挙にポーランドでのポーランド人とユダヤ人市民による人的な損害の大きな広がりとして1939年末までに拡大した。[14]

振り返って総督ハンス・フランクは1940年5月に苦々しく表明した。「宣伝省、外務省、内務省と国防軍の声までも」が「我々は残虐行為をやめさせなければならない」と圧力を掛けてきた云々と。[15]しかしながら、ポーランドにおけ

第1部　ドイツ外務省の過去

るドイツの処置への批判は数週間以内に収まった。外務省の委任者の総督府総督ヴューリシュの公式な影響は限られており、職務の話し合いの時の情報に限定されていた。総督の部屋では、彼はほとんど望まれない客人以上ではなかったし、それは彼が時として、ポーランドのユダヤ人に対してドイツの役人のやり方に理解を表明したとしても、であった。例えば彼は1940年10月末に外務省に、ワルシャワのユダヤ人がゲットーを去ることを、死刑によって禁止する命令をフランクが出した月の15日付の報告で、いわば危険な発疹チフスの理由により命令を「必要なもの」と表現した。[16]同時に —— 彼はベルリンに、繰り返し、目前に迫ったポーランドのユダヤ人の土地所有権没収が外交政策上懸念がないかを訊ねた —— これに対しては、法務局が「総督府の土地所有の非ユダヤ化」にゴーサインを与えた。[17]

　それでもヴューリシュは少なくともポーランド人のキリスト教徒の運命には無関心ではなかったようである。1939年年末に彼は、ポーランド人の神父グループを死刑から救うことに成功し、そして、彼らに下されていた死刑判決を終身刑に変えることに成功した。1939年11月6日にも、「クラクフの特別作戦」の枠内で逮捕された教授たちを彼は助けた。ルドルフ・フォン・シェリハとともに彼は、外国に占領下のポーランドでのドイツの犯罪について伝えることに成功した。シェリハは同様にワルシャワのドイツ大使館に勤務していたが、戦争勃発時、クラクフへの発令を拒否し、その代わりに外務省の新しく作られた情報部のポーランド課長になろうとした。[18]そこで彼は、直接、東部地域および総督府地域に動員された秩序警察との一体の活動を掌握した。

　保護国の中でも総督府領の中でも外務省の影響力は期待を遥かに下回った。自らの影響力を高めようとする試みは失敗した。他の帝国の役所に比較して、外務省の地位は弱体であった。遅くとも1940年春にはヴィルヘルム通りは、ヒトラーが占領下の東−南ヨーロッパでヒトラーの民族政策の計画を実行する上で、外交政策上の懸念に対して影響しないであろうととらえた。そして、それだけ一層希望に満ちて直接目前に控えた、第三帝国の西−北ヨーロッパへの拡張について注目した。そこでは、外交官にとって新しい活動の分野が開かれるかもしれないのである。

第2節　フランス

　フランスでは外務省は占領の初期から関わっていた。ドイツ軍のパリへの進軍の日に、オットー・アベッツはフランスの首都に到着した。彼の指導の下で、パリのドイツ大使館——1940年11月20日まで、「フランスにおける軍総司令官付きの外務省特命全権の職場」と呼ばれた[19]——は、「非常に早く政治分野で軍事行政の優先的地位を獲得して、占領下の西ヨーロッパでのドイツの占領政策にとっては多分に独特な意味を持った[20]」。

　占領されていない部分のフランス政府との緊密な協力への彼の努力とドイツ経済のためのフランス人強制労働者動員の組織化とならんで、特に反ユダヤ人処置の提案と実行はアベッツの決定的な活動分野になった。その彼が、1940年8月15日に大使に任命された。その活動は、伝統的な外交政策や外交とは関係なく、また外務省のフランスでの外交的な代表としての表示はこれまでの感覚とも違った。それは、ボヘミヤやモラビヤにおける帝国保護国や占領下のポーランドの地域の代表のようであった。親衛隊中佐としての突出した地位もあってアベッツにとってのやり方はこれまでのやり方に捉われないものであった。リッベントロープの事務所に外部から入った彼は、過ぎ去った30年代、パリでは大使と直接に競争関係にあり、そこでは彼の「擬似外交官の使い」として好まれなかった[21]。

　断固としたキャリア思考をもってアベッツもまた、彼に寄せられた期待に従い急いでこれを聞き入れた。しばしば自らが、一連の保守的な外交官たちからの抵抗に対して戦わざるを得なかったリッベントロープは、アベッツが信頼に足る人物と知っていた。アベッツのフランス好きが、彼がパリに送られた理由だと彼自身言っていたが、それはほとんど決定的な意味はなかったのであろう。実際、アベッツを派遣したのはフランス人への友好ではなかった。そうではなくて、フランス側の異なる利益グループを巧みなかじ取りで操縦し、同時に中立的な男として帝国政府の中で彼の立場を強化しようとの目的からであった[22]。

　パリでのアベッツの地位は、さらに他の特殊性に示された。彼は占領下のフランスにおいてリッベントロープの一種の代官であったが、実際には、ヴィシーに置かれたフランス衛星政府への大使であった——もちろんフランスとの戦争状態は形式的には全占領期間続くので信任されることもないが——。フラン

第1部　ドイツ外務省の過去

ス政府代表は少ししかパリに足を踏み入れることができなかったので、ドイツ大使館はヴィシーに分室を設けており、アベッツはそこに定期的に出張していた。他に、南フランスや北アフリカのいくつかの街に領事館があった。[23]

　アベッツはフランスのメディア界をコントロールし、自分用の報道、出版のための強力な本拠を有していた。そして、それがただちに国防軍の宣伝部門と宣伝省の不興を買った。1940年8月3日に、帝国外務大臣は書簡で上級国防軍司令官に関係を説明した。アベッツはヒトラーから「占領地の報道、放送と宣伝および非占領地での世論形成において掌握できる手段での政治的影響力入手」を任された。[24]したがってアベッツはこの分野で完全な成功を収めることができたが、彼が1940年後半に強力に努力した使命には失敗した。ヴィシー政府の副首相ピエール・ラヴァル（Pierre Laval）に協力させようとした彼の努力は、11月13日に将軍ペタンによるその解任によって終わりを告げた。[25]

　1940年から「ユダヤ人問題」に忙しくなり、パリのドイツ大使館は1941年年末から、ユダヤ人のフランスから東部方向への強制移送に積極的に携わった。1941年12月には、陸軍大将で、フランスでの総司令官オットー・フォン・シュテュルプナーデルは、1,000人のユダヤ人と500人の共産主義者をドイツ兵に対する攻撃の復讐として東部へ強制移送することの許可を求めた。[26]この間に決定されたヴァンゼー会議の指令と相まってアイヒマンは、1942年3月にラーデマッハーに向かって、外務省の同意を要請した。いわく「パリで実施された罰の処置で……1,000人のユダヤ人が逮捕され、（上部シレジアの）アウシュヴィッツ強制収容所に送ることに」。アイヒマンは、「すべてフランス国籍の者あるいは国籍のないユダヤ人である」と詳述した。[27]中央からの質問にパリから公使ルドルフ・シュライアーは、大使館は何らの懸念ももたない、と答えていた。[28]2日後、アイヒマンは「国家警察に出頭したユダヤ人」の数を5,000人増加し、新たに、送還に対して外務省の同意を求めた。[29]シュライアーは何の異議も唱えなかった。[30]戦後彼は、「国際法的な懸念あるいは外交政策的な懸念」が問題であった、と説明していた。[31]アイヒマンに対する、6,000人のユダヤ人をアウシュヴィッツへ強制移送することの外務省の同意はラーデマッハーに書簡で伝えられた。そこにはルター、ヴァイツェッカーとヴェールマンの署名があった。[32]ヴァイツェッカーはラーデマッハーの草案に一つの観点から変更を加えた。外務省は、計画されているアクションに「なんら懸念を有しない」というものを、

208

ヴァイツェッカーは、外務省の側では「なんらの疑義も申し立てない」だろう、という表現のみを受け入れる、とした。[33]

1942年6月、ラーデマッハーは、アイヒマンからフランスとオランダからそれぞれ4万人のユダヤ人、同様にベルギーから1万人のユダヤ人を強制移送することに外務省の同意を取り付けるよう要請された。大使のアベッツは賛成したものの、その際、心理的な理由から、最初に外国のあるいは国籍のないユダヤ人をフランスから強制移送するのがより良い、と強調した。このことは、その当時のヴィシー政府の首相ピエール・ラヴァルの下で強制移送に同意するという条件に合致していた。その結果、最初の頃の強制移送にはフランス国籍のユダヤ人は含まれなかった。[34]

強制移送についてルドルフ・シュライアーはベルリンに次のように報告していた。「その間に、1942年初め、帝国治安省は、ユダヤ人問題の最終解決のために、ドイツに占領された地域からの強制労働の目的のためユダヤ人移送をより大々的な規模で始めるべきである、……最初の段階として、国籍のないユダヤ人の強制移送から始めるべきである……1942年7月17日からは週1000人ずつのユダヤ人を運搬できる、移送手段は、とりあえず9月末まで、見方によってはひょっとすると11月15日までには間に合う。この処置の枠内で、7月17日から1942年9月4日までに国籍なきユダヤ人22,931人を東部へ追放できる、これ以前に強制移送されたフランスからのユダヤ人の総計は28,069人になる[35]」。

外務省が、強制移送に際し決定的な役割を引き受けたのは、またもや出世欲の強いオットー・アベッツによる。彼は、1940年に帝国治安本部に対して既に主導権を握った後、外務省に行動を促すことに成功した。[36] アベッツの行為が確実に「ユダヤ人問題の最終解決」に働いたか、彼が特に利益を得ようとしてやったのか、あるいは「単」に日和見主義的にやろうとしたのかは、判断するのが難しい。[37] 全体的に見て、出世欲、個人的な動機、その土地に関係する良好な知識が、彼が利用しようとした他の職場や役人よりも有利な立場を作り、そして、他のヨーロッパ諸国の外務省の代表と同様に、ユダヤ人迫害に彼らが重要な役割を演じる良いチャンスと飛びついたのだ。

アベッツが、反ユダヤ人政策で全くヒトラーの路線と同一だったのに対して、彼の「生まれながらのフランス憎し」の姿勢にタガをはめようとする努力は総統の考えとは相矛盾した。1941年8月末と9月初めに、国が暗殺の波に揺れた

第 1 部　ドイツ外務省の過去

時に〔訳注：共産党によるドイツ将校暗殺事件〕、帝国政府は占領地の官僚に厳しく
取り締まるように要求した。軍事行政部と大使館は、この間柔軟な対応に賛意
を表明した。強固な姿勢の拡大はフランス政府に恥をかかせ、フランス国民の
大部分の基本的な忠誠の態度を危険に晒しかねないからであった。総統府と国
防軍大司令部では、フランス共産主義者の攻撃を独立した動きと見ず、占領下
のヨーロッパにおける大衆の部分的蜂起と見たので、フランスでもセルビアや
ソ連でのパルチザンと同じような手段を適用すべきとの考えに固執した。1941
年 10 月 22 日と 24 日、それに従って 98 人のフランス人の人質が処刑された。こ
れがまたもや暴力の渦巻きとなり、間もなく大衆の暴動を導き、それがユダヤ
人と共産主義者の東部への強制移送が唯一の復讐と言明した軍最高司令官シュ
テュルプナーゲルをして、1942 年 1 月に辞職を申し出させる機会となった。[38]

　パリのドイツ大使館も、フランスの抵抗運動に対する反応として帝国政府と
は異なるやり方をすることで弁明し、対抗する処置を「好まれない」市民グ
ループに向けることを提案した。10 月 30 日に法王庁参事官カルロ・コリ（Carlo
Colli）司祭が事務次官ヴァイツェッカーに法王の名で、フランスで射殺をもっ
て威嚇されている人質のために何か講ずることができないか、を要請した。彼
は、「人質を射殺するようなことは今のところ目前に迫っていない」と慰めの答
えを得た。[39] ヒトラーの命令ですべての人質の射殺に付随する「必要な公開と宣
伝的な処置」はアベッツと調整するように、とされていたが、彼は、暗殺の責
任をユダヤ人、ソ連と秘密サービスのエージェントに押し付けた。というのは、
フランス国民の大量の処刑が知られることになれば、フランス国民とドイツの
占領者との間に超えられない壁を作ることになるだろうからである、との見解
を表明した。[40] 1942 年 3 月 3 日、アベッツの代理であるルドルフ・シュライアー
は、優に 1 ヵ月後にフランスでの一層の暗殺を理由に厳しい制裁処置を諦める
ことを報告するために、外務省が軍事部門に告知されている 20 人のフランス人
の人質に対する射殺に対して、介入することを迫った。同時にそれでもアベッ
ツとその取り巻き連中は、ユダヤ人と共産主義者を「復讐の処置」として強制
移送することを文句なしに支持した。[41]

　フランスの捕虜と市民を帝国における労働力として組織化するに際してもア
ベッツは、自分の影響を誇示しようと努めた。ドイツ経済のために異国の労働
力を募集採用する最初の処置は、戦争勃発直後に占領下のポーランドで導入さ

210

第5章　占領―略奪―ホロコースト

れた。ポーランドの兵士たちや市民は、数千人単位で帝国に移送されて、そこで大部分は農業に従事させられた。この処置の強制性は ―― 差別的に「ポーランド人条例」と但し書きされ、外国人労働者に対する粗暴な略奪と非人道的な扱いの根拠となっていた ―― 間もなく明らかになった。[42]戦争の拡大とともに、一方で占領下の国で徴用の事実も拡大した。1940年末には、既に120万弱のフランス人捕虜がドイツ経済で活動させられ、その故郷への解放は、次の事情から、ほとんど可能性がなかった。というのも、間もなくして彼らは、ドイツの労働市場 ―― 特に建設業と農業では ―― 安い労働奴隷として不可欠となったからだ。1940年秋には、追加的にフランス市民の自由意思による労働者募集が始まり、それはどちらかというと適度な成功をおさめた。[43]

　フランス人の「帝国における動員」が、捕虜あるいは自由意思に限られている限り、―― 外務省の下にあったドイツ休戦委員会の管轄だった経済派遣団は ―― 当然、常にその影響力を下げ続けることになった。モスクワを前に国防総省の後退は明らかとなり、「最終的勝利」は近い将来あてにできなくなった。ドイツの戦時経済がむしろ長期的な消耗戦に合わせてゆく必要が出てくると、1942年春からは占領下の西側でも労働力の強制徴用に移行した。

　この責任者は、1942年3月21日以来、大管区長でテューリンゲンの帝国長官フリッツ・ザウケル（Fritz Sauckel）で、「労働力導入の全権代表」であった。[44]1943年5月7日にザウケルは事務次官シュテーングラハトに、占領地での外国人労働力確保に際して外務省の支援を要請した。彼は3週間後に同意した。「外務省は、貴殿の外国人労働力の確保に当たっての努力に対し可能な限り多くの成果を得られるよう喜んで支援する。外務省の私の協力者とここにある資料は目的のために喜んで貴殿のお役に立つ」。[45]

　ザウケルあるいはその代理であるユリウス・リッター（Julius Ritter）とフランス政府との交渉は、パリのドイツ大使館で、アベッツの議長下で行われ、その際の交渉の主導権は、民間および軍事官僚に対する指示権限を理由に全権代表にあった。強制的処置の具体化は、軍事行政の手にあった。アベッツと軍事行政は時の経過中常にザウケルの厳しくなる処置を疑いの目で、究極的には消極的に見ていた。帝国から指示された過酷な弾圧政策と同じく、またフランスからの市民をドイツ帝国に移送して、そして移送先での劣悪な扱いは、フランス政府に対する市民の支えの喪失と占領権力の不安定化につながった。若いフラ

211

第1部　ドイツ外務省の過去

ンス人は強制労働から大量に逃亡して、フランスの抵抗運動の隊列を次々と強
めていった(46)。

　アベッツは、帝国政府が既に、フランスの捕虜の法的地位を義務的労働者に変
えさせ、それによって状況を改善しようとするヴィシー政府の提案にしぶしぶ
ながら応えた後の 1942 年 2 月、自分の立場を明確にした。「敗北した国民の公式
な法的義務を越えて戦勝国 —— 今日フランスでドイツが享受している —— の
戦争指導を自由意思で支持するように仕向けるのは、歴史的に前例のない現象
であり、そしてフランス国民に投げかけられた協力の政治的な思考に負ってい
るのみである。我々は、もしもフランス政府、フランス国民とフランスの捕虜
が、彼らの協力姿勢を通して彼らの状態が改善するとの思いをなくし、敗北国
民の古典的な態度、すなわち、サボタージュや受動的なレジスタンスの態度を
とるならば、我々は、我々の戦争指導にとって非常に有利な状態を失う危険が
ある(47)。実際、この時点で既に最初の困難が表れていた。というのは、ジュネー
ヴ条約 31 条を引用して、フランスの将校たちと下士官たちが労働を拒み、捕虜
をドイツの軍需企業への動員に疑問符を投げかけたからである(48)。

　フランスの労働力の強制動員は1942年4月に全権代表をしてフランス人3万
5,000 人の動員義務を要求せしめた「第1次ザウケル動員」で活発になった。こ
のアクションは、1942 年 2 月 17 日に、オットー・フォン・シュテュルプナー
ゲルの後任に就いたカール・ハインリッヒ・フォン・シュテュルプナーゲル軍
事司令官がこの処置を「法律に反する」と表明したほどのものだったが、また、
アベッツも帝国の役人に理性を呼びかけた。「フランスでの労働動員は戦時経
済にとって大いに重要である。我々の戦時経済のために働いているフランス人
の総数は 300 万人に達する。彼らはこれまでドイツの役所でも、要求する側に
とっても、満足に働いた。しかしながらやはり、この労働動員協力が政治的な
思考によって、もはや命題を与えられなくなれば、ますます困難になっている
食料の供給状態を元に戻さざるを得ないのは明らかである」。多くの懸念が表明
される状況下でザウケルは、外務省に対し、フランス政府と交渉して労働者を
必要な数に揃えるように要求した。彼は、ヒトラーに対してさえもアベッツが
好んだフランス人捕虜と民間の交換という提案を示したが、それはベルリンに
拒否された(49)。労働力創出にあたって適応される方法についてザウケルは次のよ
うに当時詳細に述べた。すなわち「まさしく民主主義的な国家での資本主義的

212

な時代において普通に見られたようなユダヤ的な人間拘束の方法は、国家社会主義下の大ドイツ帝国では品位を落とす」[50]。

パリのドイツ大使館のどちらかというと近代的な態度は、ヴィルヘルム通りにはもちろん制限なしには受け入れられなかった。1942年5月、ザウケルの特命全権としての最初のパリ出張直前、彼の以前の副官で、かつてのテューリンゲン大管区学生指導者ヴァルター・キーザー、そしていまや参事官で労働問題を委託されたDX部長は彼に、外務省も帝国政府のより厳しい路線に反対ではない、と暗示した[51]。振り返ってみてキーザーはザウケルの変わり身に驚いて、エルンスト・アッヘンバッハ参事官との内密の話し合いで、彼は「大管区長の最初の訪問の後に既に彼があたかもパリで懐柔された印象だったよう」に思えた。アッヘンバッハは、「大使館が信ずるように、どの訪問者も独・仏協力（の大義の前）に勝ち取られる対象である、と単純に思っていた」と認めた。ザウケルの2度目のパリ訪問の後でキーザーは、帝国全権代表は「ラヴァル氏のすべての試みにおいて総統を上手にフランスの希望の賛成者にしてみせた」と満足げであった[52]。

ドイツ側は、労働問題における協力に動くためにヴィシー政府に譲歩しなければならなかったので、1942年夏にフランスの戦時捕虜と民間労働者（ルベール）を1対3（5万人対15万人）の割合で交換する考えが実行された[53]。動員はしかしあまり成功しなかった。というのは、戦時捕虜の送還は遅々として進まず、隊としてのみで、個人的な解放は不可能であり、この結果帝国政府の譲歩はフランスの期待に遥かに及ばなかった。特命全権大使の圧力の下でラヴァル政府は、1942年9月4日に延期されていた強制的処置を法律による形で強制労働の職務に変えた。この処置が占領官僚による命令ではないことでアベッツは望んだ成果が得られると希望して彼はラヴァルに、必要な労働者の数をいずれにしても確保するように迫った。ドイツの期待が満たされなかった時、占領官僚は労働拒否者を厳しく処置し、また個別に強制募集を実施した年末の頃にようやくザウケルに要求された最後の25万人の労働力数がほぼ達成された。しかしながら、この成功が得られたことによってドイツ大使館および軍事司令部が恐れていたように、フランスの抵抗運動の強力な増加に繋がった。

こうした事態の進展の行方は見えなかった。ドイツ軍のスターリングラードにおける失敗と東部での多大な損失という背景の中で、ザウケルは1月に1943

年の路線を告げた。「自発性（による動員）が失敗したところでは（経験によれば、それはどこでも失敗している）、職業的義務がその代わりにある……われわれは感情的人間性の最後の燃えかすを拭い去るだろう」[54]。1943年春に彼はフランスから25万人（「第2次ザウケル動員」）を、その年の中頃にはさらに22万人の労働力（「第3次ザウケル動員」）を要求した[55]。ゲーリングの補佐で、事務次官のパウル・ケルナーでさえもパリ訪問の機会に公使シュライアーに対して、彼は、「現在適用されている労働力の確保の方法は帝国のために良くない」と見なしており、「彼は帝国元帥にもGBA〔訳注：労働動員に関する全権代表〕にも自分の見解を通報する意図を有しており、そして、現在の確保方法を再検討して、合目的な方法に変えるように促してみよう」と説明した[56]。

　同時にその後すぐに「第4次ザウケル動員」の一環で5万人のさらなるフランス人を年末までに移送することが目論まれた。1944年1月にザウケルは、全く非現実的な100万人の労働力を要求し、2月にはこの目的のために強制労働職務に関するフランスの法律を厳しくして、労働強制を男性は16歳から60歳まで、女性は18歳から45歳までに拡大した[57]。アベッツのリッベントロープへの抗議は冷ややかな拒絶にあった。2月2日、帝国外務大臣は間違いのないほど明確に「強制義務の基礎の上にのみ絶対的に総統に命令された100万人の労働者をフランスからドイツに移送することが可能である……貴殿は、私から明確に、フランスにいる親衛隊准将と警察の指導者とともに行動し、この100万人のフランス人労働者をしかるべき期限までに正確に送るよう、それが実施されるために、それによってフランスの警察が必要ならば粗暴な処置を取り、努力するよう委託されている。……労働を拒否するものに対しては、その人生を地獄に変化させることを、私は正しいと考えているし、私は貴殿があらゆる手段を使って拒絶する組織を遠慮なく破壊するよう働くように要請する」[58]。ザウケルは1944年春に振り返って、彼の「要請」が「成功」したと確認した。ドイツに来た500万人の外国人労働者のうち自由意思の者は2万人のみであった[59]。

　アベッツがフランスで人質の射殺および労働力の移送を緩和しようと試み、失敗したことは心にとめておくべきである。というのは、彼は、帝国政府の同意も外務省の後ろ盾も持っていなかったからである。同時に、──フランスとポーランドのドイツ占領の出発状況が全く違うのに──外務省代表の行動には共通点がはっきり表れた。時おり国家社会主義の占領政策に温和に働き掛け

る彼らの試みは、非ユダヤ人国民に限られていた。ユダヤ人の所有権の否定やゲットーにおける収容についてヴューリシュは総督府において何らのコメントもなく受け入れたし、アベッツも同様にフランス系ユダヤ人の財産没収や強制移送に積極的に促進した。アベッツは1941年7月に治安部に逮捕されたルクセンブルクの司祭ヨゼフ・フィリッペ（Joseph Philippe）の非占領地のフランスへの追放に反対したが、理由は、「彼が確実にその地の教会の同僚を焚きつけて、ルクセンブルクのために中傷キャンペーンを行うだろう」からであった。このことは逆に、彼が権力政治的考慮を第一に行動していることを示すものである。⁽⁶⁰⁾

第3節　オランダとベルギー

　帝国と合併し、帝国委員会管轄地の一つになったルクセンブルクと違ってベルギーとオランダではドイツの外交官がそれぞれの国の外務省を管理していた。その際に、ハーグにおけるドイツ外務省の代表オットー・ベネは反ユダヤ人処置の導入に際して、ブリュッセルの彼の同僚ヴェルナー・フォン・バルゲンよりも積極的であった。それはその意向通り、間もなくオランダからもベルギーからも強制移送の列車が東部に向かって走ったことで示された。

　自国の行政が地方レベルだけで維持されたオランダでは、ドイツの支配は遮られることがなかった。この国は、1940年に導入された帝国委員アルトゥール・ザイス＝インクヴァルト（Arthur Seyß-Inquart）の絶対的な独裁の下に置かれた。このような状態　　単に彼の個人的な努力だけではなく　　はオットー・ベネが果たした役割を説明している。親衛隊少将ベネ（1884-1973）は外務省職員になる前、1934年から1937年まで英国とアイルランドにおける党の外国組織のグループ長であり、1940年5月24日にベルリンでザイス＝インクヴァルトに紹介された。オランダでの帝国委員に予定されていたザイス＝インクヴァルト〔訳注：オーストリア人〕はこの時点ではまだ無任所の帝国大臣で、ポーランドでの提督ハンス・フランクの臨時代理であった。紹介のたった1日後に彼はベネの即座のミラノ　　そこでベネは総領事として活動した　　からハーグへの派遣を懇願した。そこで彼は5月28日に帝国委員の職場で職務に就くことになっていた。ヒトラーは「古き古参兵」ベネを、実際にこのポストに予定されていたこれまでのアムステルダム総領事フェリックス・ベンツラー（Felix

Benzler）よりも優先していた。というのは、――ノルウェーを占領した最初の数日間――ドイツの外交官の現地での性急さがもたらしたトラブルについて危惧したからである。[61]

1940年6月3日に帝国委員の命令により、占領されたオランダ領域での帝国委員会の事務所が組織的に建設されることが決定された。4つの一般委員――行政と法務、治安、財政・金融と経済および特任が対等に管轄する――のうちベネは、外務省の代表として「すべての外交政策に触れる問題について管轄し」、帝国委員長に直属した。外務省は、オランダに対して注意深い政策を意図したが、ルターのリッベントロープに対する1940年5月25日の覚書に記されているように、将来の厳しい歩調を排除しなかった。「オランダのファシスト総統アントン・アドリアーン（Anton Adriaan）と、帝国外務大臣の側に立ってムセートが話し合いをするか、あるいはすべての問題が帝国大臣ザイス゠インクヴァルトに任せらるのかはいまや決断問題である。その際に注意すべきことは、総統の言明によればザイス゠インクヴァルトは、ふさわしい時に可能な範囲で国家社会主義の方向でのオランダ政府が樹立されるべきだ、との命令を受けている。[62]1941年1月29日、ベネは外務省に対して「占領は、ドイツが国家社会主義的なオランダを信頼できるようになるまで続くだろう。それゆえ、政策は長年にわたって続けなければならないだろう」、と書き送っていた。[63]

フランスと同様、もちろんオランダでも市民の人質銃殺に対して抵抗が増大し、それが外務省代表たちにとっての不安となった。公使館参事官フェリックス・ヴィルヘルム・ヴィッケル（Felix Wilhelm Wickel）は、帝国委員会のスタッフ用につくられた特別問題課で、（秘密組織）Vの人々の助けを借りて国内の雰囲気を収集した。1942年5月11日にヴィッケルは外務省の副次官ルターに個人的な手紙で次のように報告した。「多くの将校を含む100名以上の即決裁判による銃殺、1000人以上の身分や地位のある人質の逮捕の処置、厳しくなったユダヤ人迫害、労働前線の樹立、3万人の強制移送、オランダ人の目にはいずれにしろ強制労働と映るこれらの処置は、現在の雰囲気の原因である」。[64]労働力の帝国への移送に関しては、ハーグのベネは確かに彼の同僚でパリのアベッツに比べれば明確により開放的であった。彼は、1942年7月に次のように報告した。「帝国のための労働力の徴用はほとんど困難なく実行されるだろう。ザウケル動員が求めた3万人のうち、既にほぼ2万3,000人が送り込まれている。帝国へ

の移送は、帝国からの引上げよりも早くできる。帝国での労働受け入れ準備は、よりよき労働力および栄養条件および強制的な移送に対して迎えられるとの希望により説明される」。⁽⁶⁵⁾

　オランダでの反ユダヤ人主義の処置について、外務省はただ知らされただけではなく、処置の実施が外交政策に触れる至る所でも介入した。殺害は、続行されるべきだった。――しかし、できる限り外交政策的な害を及ぼすことのないように、と。――ドイツがソ連を侵す以前の 1941 年 2 月と 6 月に、600 名のオランダ系ユダヤ人が、「不穏なかどわかしの罪を犯したユダヤ人に対する抑圧処置」として帝国内の強制収容所に送られた。⁽⁶⁶⁾収容所で殺害された捕らわれた人々の親族には、数日のうちにアムステルダムのユダヤ人共同体に 400 人以上の死亡の知らせが届いた。というのは、犠牲者たちは例外なく若い青年男子で、同じ日に亡くなっていたので、同共同体はオランダの利益代表であるスウェーデンに調査を要請した。スウェーデンの公使は外務省に対して、彼がその収容所にいる、まだ生存中の捕らわれ人を訪問させるように要請した。彼の要請は受け入れられなかったが、それでもルターは懸念した。

　ルターを不安にしたのは若い男性たちの死ではなかった。そうではなくて、間違った戦略と殺害の官僚性の結果であった。ルターは帝国治安本部のハインリッヒ・ミュラーに文書で、この事件の外交政策上生じるであろう問題点を表明した。というのは、「スウェーデンはドイツに対する利益代表として敵国である外国のいくつかに」対応するので彼にとっては「この案件の扱いは……難しく、好ましくない」のであった。「敵国である外国でのドイツに対する利益代表スウェーデンの必要な協力を欠くかもしれないので」、スウェーデンに対して手短に拒絶するわけにはゆかないだろう。ルターは、将来のために建設的な提案をした。今後は、犠牲者はスウェーデンが利益代表の機能を果たしている帝国領に移送されてはならず、占領地域に配置されるべきだ、というのである。それに付け加えて、「死亡の通報に際しては可能な限り死亡がいつ（の日に）起こったのかを印象づけないように配慮しなければならない」。⁽⁶⁷⁾この外務省の提案は帝国治安本部に受け入れられた。ヒムラーは「移送がさっそくオランダの収容所になされることに了解した」、と声明した。⁽⁶⁸⁾

　ルターとならんで外務省法務局長のエーリッヒ・アルプレヒトもこの問題にかかわった。一方で、彼は書いているが、警察がスウェーデン公使が収容所を

訪問することを拒んだこと、他方で、警察は「オランダのユダヤ人の親族に継続的に死亡通知を送り続けた。……そこからは、数ヵ月以内には次第にすべてのユダヤ人が死んでしまうことが明らかであった」。将来のためにアルプレヒトは、「警察が関心を持っているサークルにもさらに、実行された処置の結果を公式に確認できる資料を渡すような方法には検討が必要だ。もしもオランダのユダヤ人をオランダ国外に移送することが不可避であれば、警察が移送先や場合によっては死亡地を外部に知らせないようにすることも合目的的ではないか」と提案した。同じ手紙の中でアルプレヒトは、ベネの、利益代表たるスウェーデンを介入させないように、オランダのユダヤ人から帝国委員会を通して国籍を剥奪し得るという提案を拒否した。アルプレヒトは、そのようなことは確実に外国から承認されないだろうことを心配した。1928 年に外務省に入り、1929 年以来法務局に属していたアルプレヒトの挙げた理由は、ルターのような新しい外交官とほとんど違わなかったが、強制収容所での殺人が外務省でも知られていたことは、このような相互連絡で明らかである。

　ベネは、ユダヤ人政策の行方を知っていただけでなく、彼の国籍剥奪の提案が示すように自分自身が主導して政策を進展させていた。彼の帝国委員会での地位は、外務省にオランダのユダヤ人の状況、強制移送の詳細な状況を知らせ、そして横たわる障害を示唆することを可能にした。時々ベネは治安部門からの秘密報告を帝国委員会に流し、あるいは彼の報告書に付け加えていた。1943 年 2 月に、ベネはオランダに残っている約 100 人の外国籍ユダヤ人について報告し、その国籍を知らせていた。ハーンの要求で、彼らの住所を含め、これらのユダヤ人の正確なデータを外務省に送っていた。1944 年 7 月 20 日に、ベネは、オランダの「ユダヤ人問題」は解決された、と表現できる、と明らかにしていた。彼によれば、「住んでいたユダヤ人」14 万人のうち 11 万 3,000 人が国外に追放され、残りはオランダ内の収容所におり、彼らは「混血」あるいは「アーリア人」と宣言され、隠れて生活している。隠れて生活していた人々はそれでも日々「国外追放されるか、収容所に運ばれている」。外国籍ユダヤ人のうち、たった 11 人のアルゼンチン系ユダヤ人だけが収容されていないに過ぎない。ベネは、「彼ら自身が困難をもたらしているわけではないし、彼らは大人しくしているにもかかわらず」彼らを国外追放することを勧告した。

　1944 年 10 月、スウェーデンは、パレスチナへのヴィザを持っているヴェス

ターボルク収容所の 2,000 名から 3,000 名のユダヤ人を、「生き残っているオランダ系ユダヤ人を脅かす危険の増大に鑑み」、交換することに努めた。中央のホルスト・ワグナーは、スウェーデンが、既に 1943 年 7 月に 500 名のユダヤ人の子どもたちのためにオランダからパレスチナへの出国許可を要請していた、と講演メモで言及していた。ワグナーは、スウェーデンの委託は実際には遅すぎた、と記していた。というのは、「オランダ、とりわけヴェスターボルクの収容所はこの間に消滅していたからである」。そして、ユダヤ人は東部へ移送されていて、「彼らの現在の居場所は」「確認できない」か、外に出ることができないテレージェンシュタット地方にいる。ワグナーは、「スウェーデンの口上書に回答しない」という古くからの戦術を提案した。「全く回答しないのではなく拒否」するべきだという見解を表明した副次官ヘンケとの話し合いの後で、ワグナーは彼のもともとの勧告を繰り返した。というのも、「拒否するには、何かの形で理由を挙げなければならず、その材料を探すのは特別に困難であろうから」であった。

1940 年 6 月 1 日に少将アレキサンダー・フォン・ファルケンハウゼンは、ベルギーと北部フランスの軍司令官に任命された。占領体制の最後まで続いた、占領下ベルギーの軍事行政の中で親衛隊中将、後の親衛隊大将で首相エガー・レーダー（Eggert Reeder）が文民の占領機能を担った。ベルギーにおいても、1940 年秋以降、好まれない占領処置に対する抵抗が公然たるストライキに発展し、民衆に対するその政策は 1942 年秋には、人質に対する銃殺へと粗野になっていった。ブリュッセルでの外務省の代表ヴェルナー・フォン・バルゲン大使は、── 彼は旧ヴィルヘルム通りの男であった ── 悪化しつつある国の状況を外務省に報告したが、彼自身はこれに対して何もしなかった。彼は、占領の初期から、ベルギーにヨーロッパの「新しい秩序」への協力を取りつけることに全く成功しなかった。

戦後、米国の専門家が、彼が一体「ヨーロッパにおける新しい秩序」をどのように理解していたか、を尋ねた際、彼は全く理解していなかった。「この質問には外務省の官吏たちは答えられなかった。この問題は、政治的なキャッチフレーズで、ドイツの隣国の市民には当初、非常に魅力的なものであった。しかしながら、具体的に何を意味するかとなるとやはり、個人的に聞かれても我々

は詳細にする状況にない」[78]。実際に、フォン・バルゲンは、ベルギーで長年様々なファシスチックな運動のロビイ活動を行っていた。その目的は、彼らのうちに協力者を作り、政策を具体化するためであった。1941年5月21日に彼はヴァイツェッカー事務次官に「我々にとっては特にベルギーを欧州新秩序のために勝ち取ることは、その政治的プロパガンダ効果において重要である」と書いた[79]。2年足らず後に、彼は同じ人に、ベルギーのワロン＝レキシスト運動の指導者である親衛隊将校のレオン・デグレル（Léon Dégrelle）を外務省の目的のために横取りする見通しを報告した。後にこの見通しは消え去った。すなわち、デグレルが彼の東方の前線で動員されていた軍団で「ドイツ人と認識されることに成功すれば、そうしてフラマン問題が……全く違った観点となり、ワロン派が我々に近づき、本質的に重要性がなくなる。全ベルギーがこれによって、今日既にその影響をいよいよ増そうと努めている親衛隊の政治的活動の分野となるだろう。帝国との協力の出発点は、そうなれば、フラマン側は単にドイツ・フラマン作業共同体とフラマン親衛隊のみとなり、ワロン側ではレキシスト運動のみが問題となろう」[80]。それは、難解な専門用語を別にすれば、明らかに「欧州新秩序」の考えを曖昧にした人種差別的、権力的観点で捉える何ものでもなかった。

　ベルギーにおける反ユダヤ人処置については、オットー・アベッツやオットー・ベネと違って、ヴェルナー・フォン・バルゲンの報告は、どちらかというと観察者のそれであった。バルゲンは、彼の評価と分析を送って、その際に、大抵は軍事行政の態度を引用し、彼の表現はしばしば不明確であった。戦術的な考慮から最初のユダヤ人強制移送を提案した時にバルゲンは、「ユダヤ人問題へのここでの理解はいまだ広範ではない」と理由を挙げていた。「しかし、軍事行政府は、もしもベルギーのユダヤ人の追放が避けられたら、懸念は払拭できる、と信じていた。それゆえ、まずポーランド、チェコ、ロシアと他のユダヤ人が選択されるだろう。……これによって、理論的には必要が達成されることができよう」[81]。実際、バルゲンの忠告はほとんど害のない効果をもたらした。というのは、ドイツの侵略の際、ベルギー市民のうちユダヤ人はたった6.6％であったからだ[82]。バルゲンが、「追放」の実態について知っていたのは、1942年11月の報告から知ることができよう。すなわち、「追放されたもの」に対して「まず、徴用の命令」が発せられるだろう。「というのは、それでも時の流れと

ともに、ユダヤ人ないしは徴用の命令に従わなかったものの殺戮の噂によって
そのようなユダヤ人は警察の手入れや個々の密告などによって捕えられた」[83]。

　ベルリンからはルターはバルゲンに「努力奮闘して、把握するよう」促し、更
に以下のように書き、「軍事命令権者との連絡の下に、目的とされた処置をいま
やすべてのベルギー系ユダヤ人に拡大し、彼らの強制収容所への移送をできる
だけ実行し、……ベルギーからユダヤ人を徹底的に排除し綺麗にすることを早
かれ遅かれ続けねばならない」と要請した。そして、市民の間で起こる不穏に
対して「不可避の処置を次々と実行するよう」勧告した[84]。ベルリンでは、帝国
治安本部ではなくて、外務省が現地で行動するように激励した。外交政策上の
理由を何ひとつ必要ともせず、ルターは、外務省がその実行組織を持っていな
いにもかかわらず、ヴィルヘルム通りをベルギーでの「ユダヤ人問題の最終解
決」へ駆り立てる源泉とした[85]。

第4節　デンマークとノルウェー

　外務省は、ユダヤ人政策ないしは「最終解決」の実行に、国家社会主義の意味
では啓蒙されていない国民に行く手を遮られることがあった。スカンジナヴィ
ア諸国は典型的な例である。熱心な外交官たちも熱意のない者たちとの論争が
しばしばあった。それがまた行く手を邪魔した。その点においても北欧諸国に
は好例があった。

　占領下の国々でその「自治」というステータスで特別な地位を手にしたデ
ンマークにおいて、外務省は公使のセシル・フォン・レンテ＝フィンク（Cecil
von Renthe-Fink, 1865-1964）という人物がドイツの占領の初めから決定的な影響を
持った。1940年4月6日に、1920年以来外務省に属していたレンテ＝フィンク
はデンマーク政府に対するベルリンの態度に関して1通の覚書で表現した。戦
争の罪はイギリスにある。国を軍事的占領下に置いたデンマークは、自身が戦
場になることから守られた。国王クリスチャン10世（Christian X）の施政下の
デンマーク政府は、中立を守り、ドイツ占領を耐え、それゆえに覚書に対して
受け取ることを決定した[86]。

　デンマークの帝国に対する関係は、少なくとも形式的には外交関係の性格を
取った。人的にも政治レベルでも最初はドイツ－デンマーク関係には大した影

第 1 部　ドイツ外務省の過去

響はなかった。公使は占領下のデンマークにおける全権代表であったが、しか
し、貿易と他の問題で協議する官吏は両方とも同じ官吏と組織であった。デン
マークにおける外務省の役割にとって決定的だったのは、両国関係のすべての
ルートが帝国全権代表のレンテ＝フィンクに集中したことで、彼はデンマーク
に駐留するドイツ軍の司令官との非公式な合意により自分の立場を強めること
に成功した。[87] 彼の軍事作業スタッフは 1942 年初めまでに 100 名近くに上り、そ
のうちには 25 名の男たちからなる「治安警察の特別グループ」がおり、彼ら
は親衛隊准将パウロ・シュタインの下にあり、シュタインは、リッベントロー
プの指示で占領権力の保護のためにデンマークの組織を監視する義務を負って
いた。[88] 外交問題に関してはプラハから招致された公使のアンドル・ヘンケが管
轄し、彼の後任には 1942 年初めにパウル・バランドンが就いた。帝国食料・
農業省の参事官ヴァルター・エプナーは「すべての経済問題」に口出しし、文
化・情報部の報道アタッシェのグスタフ・マイスナーはプロパガンダを担当し
た。とはいえ、ボヘミアやモラビアの帝国保護官と違って、ここでの帝国全権
代表は、行政権においても司法権においても活動できなかった。

　ある程度の合意権は、表向きにはデンマーク政府が、例えば、1941 年秋に
東部前線に「デンマークの自由兵」を派遣したり、「東部の建設作業」に経済
的に参加する間は保たれた。[89] その後はドイツ－デンマーク関係は常に悪化し
て、1942 年末にはその最低レベルに達するまでになった。ヒトラーはその直後、
帝国全権代表およびデンマークにおけるドイツ軍司令官を呼び戻させた。デン
マークでの新しい帝国全権代表には親衛隊大将ヴェルナー・ベストが動員され
た。ベストは、それまで占領地フランスのドイツ軍行政で活動していて、リッ
ベントロープに強く要求された新しいデンマークの政府と協力して、いまや明
確にしっかりした占領行政の建設に大きく寄与した。実際には、デンマークの
状態はこの間少ししか変わらなかった。帝国全権代表は帝国外務大臣の指揮下
にあったし、彼の下にある役人は同じ官吏であった。ただ報道アタッシェのバ
ランドンが 1943 年 3 月にユルゲン・シュレーダー（Jürgen Schröder）と交代した
だけであった。

　もちろん、ベストはかつて帝国治安本部の法務局長でハイドリッヒに次ぐ
No.2 で、旧い職業外交官のレンテ＝フィンクとは異なった性質の男であった。
彼は、「質的に優れた国家社会主義者」に属し、「古いタイプのドイツ公使、大

222

使」を解体すべき者であった。⁽⁹⁰⁾それでも、最初の一目だけでも想像された、2人の帝国特命全権の見かけ上の基本的な違いは、実際は大きくなかった。レンテ=フィンクの世界観もまた、反ユダヤ主義の特徴を持っていたし、他方、ベストは、外交政策において占領国に対しては完全に外交政策上の優越感をもって臨んだ。しかし、デンマーク人の市民的勇気と関連して特別な政治的な状況は、彼についての伝記者ウルリッヒ・ヘルベルトの判断によれば、よりによって「国家社会主義者の典型的なタイプ」であるベストの目には、ほとんどすべてのデンマーク系ユダヤ人が殺戮収容所への収容から救われたのである。⁽⁹¹⁾

　自治的なステータスゆえに帝国によるデンマーク系ユダヤ人に対する取り扱いは国内政策に手を突っ込むことになったのである。これには、外務省のラーデマッハーとスカンディナヴィア担当官ヴェルナー・フォン・グルントヘル（Werner von Grundherr、1888-1962）が当たった。彼は古くから勤務しており、1918 年に既に外務省に入っていた外交官で、妨げられることもなく、間もなくここでも「ユダヤ人問題」にイニシアティブを発揮しようとした。⁽⁹²⁾しかし、デンマークのステータスだけでなく、国民の態度もまたドイツの外交官の目には国家社会主義の意味での「ユダヤ人問題の解決」を難しくした。1942 年の初め、レンテ=フィンクはベルリンへの報告で「デンマークの広範な階層がユダヤ人問題で今日でもなおいかに後ろ向きであるか……デンマークの国家社会主義者を除き政治家は、来るべき欧州で、従ってデンマークをも含めて、ユダヤ人問題がある一般的な指示によって統一的に解決されなければならないことをほとんど理解していない」とした。デンマークの無理解を彼は次のように説明した。「予想する以上にデンマーク人には多くのユダヤ人の血がその血管に流れている」とし、それに加えて「デンマーク系ユダヤ人はドイツでよりもずる賢く振る舞い、巧みに同調し、変装することを理解している」としていた。全体的にレンテ=フィンクにとっては、ユダヤ人問題はいずれにしても最高のプライオリティではなかった。よりによってヴァンゼー会議のその日に、「我々が戦争をしていく立場に立つ間は、デンマークにおける静かな発展が妨げられないことが特に重要である。そうなれば、ユダヤ人問題を原則的に取り上げることはない」。政府から「ユダヤ人を消すこと」で満足すべきである、と。⁽⁹³⁾

　レンテ=フィンクの後任ヴェルナー・ベストは、1941 年当時フランスにおける軍司令官付きの行政長官として、占領行政に関しての実務経験を全く異なっ

第1部　ドイツ外務省の過去

た形で積むことができた人であり、そして、大使のアベッツと協力してフランスのユダヤ人問題で東部強制移送の先頭に立って勤しんだ。デンマークではベストは、一方でドイツのユダヤ人処置の外交政策的考慮を配慮しつつ、「任国」との厳正な関係の維持を図ろうと努め、他方では、ドイツの利益、その中でまた「ユダヤ人政策」についても、促進しようとした。着任後最初の数ヵ月間、ベストは彼の前任者の控えめな政策を継続した。外務省の質問に答えて彼は、「デンマーク人から見れば、ユダヤ人問題はまず第1に法的、憲法問題と見なければならない」だろう、そして、「したがって、このようなデンマーク国家の憲法的事実の下でユダヤ人問題を展開すれば、抵抗に直面」するだろう、と説明した。前任者同様彼は、ユダヤ人問題は、量的にも事実上もデンマークにおいては、今日、「特別な処置が不可欠」と考えられるような重要な役割を果たしていない、との結論に達した。⁽⁹⁴⁾

　ベストの目的意識についてはなんの疑いもない。そんなわけで、彼は1943年に、デンマークに住んでいた1351名のユダヤ人の剥奪した国籍を元に戻した。というのは、これらのユダヤ人は、ドイツの国民としてこの処置がとられればデンマークの保護を得られないからである。⁽⁹⁵⁾ベルリンはベストの提案を屁理屈だとみなしていた。エバハルト・フォン・タッデンは、「ユダヤ人問題を統一的に取り扱う利益のためにも」、そのような提案は「好ましくない」と示唆した。さらに付け加えて、「部分的に法的に（剥奪を）廃棄することがそもそも可能かどうかを注意深く検討する必要がある」とした。⁽⁹⁶⁾1943年8月にデンマークで非常事態が発令された後になってから初めて、ベストは期待されたとおり、1943年9月8日に、ベルリンへ、「新事態ゆえに、……ユダヤ人とフリーメイソン問題の解決を注視しなければならない」だろう、と書き送った。⁽⁹⁷⁾強制移送の準備というこの具体的な要求でベストはヒトラーの命令に先んじた。きっと、ナチスと親衛隊の中の上下関係、あるいはまたデンマークでの彼の地位を確保したいという思いもあったであろう。というのは、彼は、デンマークの反応を恐れ、ベストは、約6,000人のユダヤ人（女性たちと子どもたちを含む）を「電撃的」に逮捕するように勧告したからである。⁽⁹⁸⁾

　1943年9月28日に、ベストはベルリンから、帝国外務大臣は、「いまやデンマークからユダヤ人を強制移送すべきこと」を命令した、というニュースを得た。強制移送を正当化するために、外務省は、何度も責任をユダヤ人に押し付

けた。直近に起きた鉄道への妨害事件はこの行動のきっかけにされたものである[99]。ベストもこの戦術を後押しし、ベルリンに、「ユダヤ人がデンマークでのサボタージュを道徳的にも物的にも支援している」と知らせた[100]。しかしながら、カモフラージュは維持することができなかった。外務省はベストに対して、さらに情報を求めた。それに対して彼は次のように告白した。このユダヤ人強制移送の理由は、「目的用」に用意したもので、具体的な資料もない[101]。外務省の精神分裂性はこの例からもあまりにもはっきりしているだろう。一方で、ユダヤ人追放に加担した外交官たちは、犯罪に加担することで発生する「新しい」義務を達成した。他方で、外務省の伝統的なシステムは、見せかけの口実だったことを曝け出す精緻な報告を要求していた。

しかしながら、デンマーク系ユダヤ人たちの救出にもコペンハーゲンのドイツ代表部の構成員が助力していた。1943年9月11日に、ベストは代表部の船舶輸送の専門家ゲオルク・F・ドゥクヴィッツ（Georg F. Duckwitz）に対して、目前に迫った強制移送について説明した。ドゥクヴィッツは、彼が接触したこの情報をデンマークの社会民主主義者の指導部にさらに流した。社会民主党の党首で戦後デンマークの首相になったハンス・ヘデツトフト（Hans Hedtoft）は、ユダヤ人社会に知らせた。目前に迫った強制移送のニュースはスウェーデンをしてドイツ外務省に接触して、「ユダヤ人をスウェーデンに受け入れ、そこで彼らを収容することを提案せしめた[102]」と同時に、すべてのユダヤ人をデンマーク人の家庭に隠匿して、その後で彼らは漁船を使っての救出活動でスウェーデンに運ばれた[103]。

ベストは、「100キロの長い海岸線」が救出活動の成功を容易にした、と訴えつつも、「デンマークにおけるユダヤ人対策の実質的な目的は、この国の非ユダヤ人化であって、可能な限り成功裏に殺害することではないので、こうして見れば、ユダヤ人対策はその目的を達した。デンマークは非ユダヤ人化されたのである」と付け加えた。外務省は違う見方であった。「デンマークでのユダヤ人対策」は失敗した、とタッデンはリッベントロープ宛に書いた。1961年エルサレムでの聴取に対してもまだアドルフ・アイヒマンは、ベストのデンマークでの「失敗」について全く理解を示さなかった[104]。

救出にもかかわらず、477名のデンマークのユダヤ人が捉えられ、テレジェンシュタットの強制収容所に強制移送された。強制移送された人々の中にハルト

ヴィッヒ（Hartwig）夫妻がいた。エバハルト・フォン・タッデンによれば、彼らの義理の息子のエルンスト・ヨハンソン（Ernst Johansson）は「ストックホルムで社会的生活においてある程度の地位を享受していた」。それゆえ、「スウェーデンの公使館が強制移送されたユダヤ人の行方を尋ねたらこの場合は回答すること」が望ましい。帝国治安本部と外務省はそれゆえ、これに対してスウェーデンに住んでいたヨハンソンに、テレジェンシュタットからの彼の義理の両親の手紙を転送した。[105] 他のケースではベルリンのデンマーク公使館は、強制移送された家族メッツに関する情報を求めた。帝国治安本部は外務省を通して、次のように回答した。「ユダヤ人メッツはテレジェンシュタットのゲットーで肺水腫のために 1944 年 3 月 13 日に死亡した。彼の夫人と子息は、まだそこに留まっている」と回答した。[106]

　アイヒマンは、ベストとの話し合いの後で、デンマークのユダヤ人がテレジェンシュタットに留まることができること、そしてさらに東部へ強制移送されないことについて彼の了解を説明した。「この国の平静さという利益のために」、ベストはまた「混血児と結婚しているユダヤ人」を解放するように要求した。帝国治安本部は「問題を検討すること」を最初次の理由で拒否した。「6,000 人のユダヤ人を捕まえる代わりに単に数百名を捕まえただけで、それゆえ、この数少ないうちのほんの一部を、たとえその逮捕が不当であっても、解放することは全く検討に値しない」。「ベスト公使の観点を考慮して」、国内課ⅡA はそれでも、「少なくとも特別な特異な例については、解放に賛成することは賢明である」との態度を表明した。[107]

　ベストは、「デンマークから強制移送されたユダヤ人と共産主義者」を訪問することを要求したデンマークの赤十字とデンマーク外務省の提議をも支持した。彼はこの提議への積極的な決定への彼の介入を次のように理由づけた。すなわち、訪問はデンマークの平静さを促進する方に作用する」。[108] タッデンの質問に対してアイヒマンは、テレジェンシュタット訪問は、予定では「やっと 1944 年の春に行われることができよう」と答えた。[109] しかしながら、帝国治安本部は強制移送されたユダヤ人リストの引き渡しを「徹底的に拒否した」。帝国治安本部の決定を信頼性あるものにするためである。本来「デンマークに対しては場合によっては、渡してもよいものだが —— 参考までにこれは残念なことに正しいことだが ——、すなわち、書類の大部分、その中にはリストも含まれているが、

敵の空襲によって失われてしまい、そして、現在労働力の不足のために、リストを即座に修復できなかったのだ」。またタッデンは、テレジェンシュタット訪問を延期するために上手い言い訳を見つけた。帝国治安本部は「視覚的な理由から」、「国土の美化のために木々の緑化に」作業しているから、とした[110]。テレジェンシュタット訪問は、結局、1944年6月23日に行われた。その際、外務省は単に仲介者としてだけではなく、エバハルト・フォン・タッデンが外国の客人に個人的にも随行した。

　デンマークでの「失敗」の責任を外務省は帝国治安本部に押し付けた。ゲシュタポ・チーフのミュラーとの話し合いに際してタッデンは、「外務省はデンマークでの経験から、難しい問題を可能な規模で避けるべく、ユダヤ人対策を他の領域でも十分な手段と十分な準備で実施することに特別に関心を持ってきた。ミュラー中将は、帝国治安本部もコペンハーゲンでの経験から多くを学んだ、と答えた。占領地域で必要なユダヤ人対策を電撃的に実施するために十分な警察力を備えるべき時は、戦争が続いている間には多分来ないであろう。それゆえ、ただ供えられた手段で最善を尽くすのみである」[111]。他の言葉で言えば、ユダヤ市民の殺戮は、外務省の視点からは、さらに進めるべきであり、その前提としては、軍と帝国治安本部がスムーズに実施を可能にすべきであった。

　全く別の役割を外務省はノルウェーで演じていた。ここでは、外務省は1週間だけ君臨していた。1940年4月9日、──デンマークで同僚のレンテ＝フィンクと同時に──オスロでのドイツ帝国公使で全権代表クルト・ブロイアー（Curt Bräuer）はノルウェー外務大臣ハルヴダン・コートに1通のメモを渡した。その中では、「敵対的意思はない」と説明され、同時に、ベルリンは、ドイツ軍を妨害なく国に通過させるべし、と要求していた[112]。

　こうして突然成立した権力の真空地帯に、ノルウェーのファシスト党「ナショナル・ザムリング」のチーフ、ヴィデュクン・クイスリング（Vidkun Quisling）は、臨時国民政府を樹立しようとした。その日の夕刻のうちにブロイアーは国王ハーコンとの話し合いを報告した。この中で国王は、外務大臣コート（Koht）との協議の後に、クイスリング政府の承諾を拒否した、ことを話した[113]。その後すぐにブロイアーは、短期間は好感を持っていたクイスリングを失墜させた。自称政府首班は、帝国政府の圧力の下に結局は撤退した後で、ドイツ公使に真実

の時が来たようにみえた。外務省の委託でこの国で宣伝を通して監督すること
になった副次官のテオドル・ハビヒト（Theodor Habicht）と一緒に、ブロイアー
は4月15日に、オスロの最高裁判所と協力して、「占領下のノルウェー地域の
ための行政協議会」を樹立した。ノルウェーの政府からは、しかしながらこの
協議会は単に行政組織としてのみ承認され、政治的な組織としては承認されな
かった。というのは、対抗政府の成立 ―― まさしくブロイアーは考えたが ――
が懸念されたからである。外務省の試みもまた失敗した後で、ヒトラーはさっ
さと彼自身の自らの部下、ヨゼフ・テルボヴェン（Josef Terboven）を帝国委員と
して占領下のノルウェー地域に動員した。ブロイアーとハビヒトは4月16日に
ベルリンに帰された。[115]

　ほんの少し前には、外交政策、国内行政、警察と占領から出てくるすべての
政治的、経済的な案件に管轄権を有することを夢見ていた、かつての帝国全権
代表にとってだけではなく、外務省にとってもまた厳しい打撃であった。[116]ノル
ウェーからのブロイアーの帰朝命令から3週間もしないうちに、外務省は、ブ
ロイアーの代理ヨハネス・フォン・ノイハウス（Joachim von Neuhaus）から、実
際にその国における外務省代表の立場を知った。帝国委員テルボヴェンが彼に、
オスロの公使館が「間もなく崩壊のために閉鎖され、全員が帝国委員会の様々な
部署に配属されよう。外務省の代表は、秘書とともに単に帝国委員会のスタッ
フとして帝国委員会事務所に置かれる。彼は、今後、外務省の管轄下にあるに
過ぎず、外務省から指示を受けて、外務省に報告する。外務省から派遣された
すべての人員は休暇扱いとなり、帝国委員会に所属するべきだ。帝国委員会か
らは、この規則は帝国外務大臣との合意が反映されている」、と伝えられた。残
りの占領時期にはオスロのドイツ公使館はほとんど出る幕はなかった。その後
は、テルボヴェンと彼の自由になる占領組織が、ノルウェーにおける帝国の政
策を決めた。ヒトラーは、ノルウェーでの政府機能の行使のために1940年4月
24日に彼の命令によって枠組みを作った。外務省とその代表からは、この命令
には言及がなかった。

第5節　セルビアとギリシャ

「バルバロッサ作戦」の南東翼を安全にするためにヒトラーは1941年3月末

第 5 章　占領─略奪─ホロコースト

にセルビアとギリシャを攻撃させた。3 週間以内で軍事的な征服が終わった後に、両国では軍事行政府が樹立され、サロニキに本部を置く南東部軍事司令官の下に置かれた。セルビアの軍事政府のトップには軍事司令官が着き（1941 年 9 月からは軍事将軍）、ベオグラードに本部を置いた。外務省の全権代表として、フェーリックス・ベンツラー（1891-1977）が就き、彼は 1941 年 4 月 28 日付の総統命令によれば、「セルビアで起こるすべての外交政策的な性格を有する問題の取り扱い」を管轄し、軍事的な部署と一致協力して「帝国の政治的な利益が耐えられる程度にセルビアの政治的な要素を抑える」ことになった。[118] 1919 年以来ヴィルヘルム通りで官吏であったベンツラーにとっては、オランダで最後の瞬間にオットー・ベネに外務省の代表の地位を奪われて以降、セルビアは自分の有能さを証明するチャンスであった。外務省からは、ヘルマン・ノイバッハーとエドムント・フェーゼンマイヤーという両者が派遣されたが、互いに競争者であった。この 2 人が彼の部下となった。このような状況が、セルビアにおけるユダヤ人迫害のベンツラーの強力な推進力に影響しなかったとはいえない。

　セルビアでの全権代表の活動は、始めから、大々的に残虐にパルチザンに対する戦いを指導した軍事司令部の行政スタッフ長であった親衛隊中尉ハラルド・トゥルナー（Harald Turner）に象徴された。8 月 28 日に樹立したミラン・ネディ（Milan Nedi）の傀儡政府〔訳注：セルビア救国政府〕とともにトゥルナーは国民的なセルビア軍属を強引に共産主義者に対抗させようとし、同時に、ベストのフランスでの「監督行政」を模範に、この国の監督のための前提をつくろうとした。しかしながらやはり、このような政策は、セルビアをジュニアパートナーとして原則的に全く信用していなかったヒムラーの不興を買い、トゥルナーを素早くより高位の警察 − 親衛隊指導者のアウグスト・エドラー・フォン・マイツナー（August Edler von Meyszner）に交替させた。彼の座右の銘は、自身の告白によれば「死亡したセルビア人のみが良きセルビア人である」とのことであった。[119] そしてこの国の抵抗が最大になった時、この国は簡単には統治できないことが証明された。1942 年 8 月、セルビアのパルチザン運動は新たな頂点に達し、暴力の行使で支配しようとしたヒムラーの構想は失敗した。

　ベンツラーはパルチザン問題の解決にはさほど貢献しなかったものの、彼はこの問題をベルリンに反ユダヤ人処置の実施を迫る口実に使った。1941 年 9 月初め、彼とフェーゼンマイヤーは外務省に対して「多くのサボタージュとシュ

229

第1部　ドイツ外務省の過去

プレヒコール行動に際してユダヤ人が同調者であることが証明された。それゆえいまや、少なくともすべての男性のユダヤ人たちの拘引をしたり、遠ざけることが緊急に要求される。問題の人数は、およそ8,000人になろう」[120]。外務省ははじめ、この要求を無視した。ルターはベンツラーを、大使のポストに就こうとしてセルビア国家を樹立しようとしている、と疑った[121]。2日後にベンツラーとフェーゼンマイヤーは、ベルリンにさらなるより厳しい電報を送った。「ユダヤ人問題の早急な、過酷な処理は緊急で、合理的な要請である。帝国外務大臣閣下が、セルビアの軍事司令官に特に協調して協力する必要な指示を出してほしい」[122]。

　ベンツラーは、軍事行政府の提議によって、セルビアのユダヤ人をルーマニアに強制移送する提案に賛成したが、この提案は、ヴェルマンとリッベントロープによって拒否されていた。ラーデマッハーもまたこの提案を1941年9月9日にはねつけて、そして、ユダヤ人たちを強制収容所に入れることを勧告した。これに対して、ベンツラーは1941年9月12日に「ユダヤ人収容所は無理で、その上我々の軍隊を危険に陥れる」と答えた。もしも、ルーマニア総督府へのあるいはロシアへの強制収容が不可能ならば、「ユダヤ人対策は当面後退させねばならないだろう。そのことは、私に帝国外務大臣閣下が指示した命令に」反する[123]。ルターが、どうしたらよいのかをアイヒマンと相談したラーデマッハーとの協議の後で、強制移送は問題にならない、としていた。執拗なベンツラーは今度直接リッベントロープに「貴官は私に、ユダヤ人と他にもフリーメイソンそして英国の言うことを聞くセルビア人たちをドナウ河の下流でも、ドイツの強制収容所あるいは総督府にも強制移送することについて、フッシェルで私を助けると明言していました。そのことを想い起こしていただくようお願いしたい」[124]。

　ベンツラーは、最終的には自分の意志を貫いた。すなわち、ルターとハイドリッヒの話し合いが行われ、その結果、1941年10月16日にこの問題を把握するために3人の男たちがベオグラードに送られた。親衛隊少佐ズール（Suhr）、親衛隊少尉シュトシュカ（Stuschka）、そしてフランツ・ラーデマッハーであった。「この出張の目的」は、ラーデマッハーによれば、「公使館から国外追放が要求されている8,000人のユダヤ人の煽動者を現場で処理できるかを検討するためである」[125]。ラーデマッハーの出張許可を求めた文書様式には、彼は、「出張

230

目的」として、「8,000 人のユダヤ人の国外追放」を挙げており、彼の出張の旅行費用には、旅行の目的として「ベオグラードのユダヤ人の抹殺」と記されていた。ラーデマッハーは、「既に 2,000 人以上のこれらのユダヤ人がドイツ兵への襲撃の報復として射殺された」と聞かされた。さらに彼の報告では「1. 男性のユダヤ人たちはこの週の末までには、公使館の報告に言及された問題が処理済みのために射殺されている。2. 残りの約 2 万人（女性、子ども、老人）および約 1,500 人のジプシーのうち男性は同様に射殺されようが、彼らはベオグラード市のいわゆるジプシー地帯にあるゲットーに集められよう。……ユダヤ人問題の枠内で技術的に可能になり次第、ユダヤ人は水上移送で東部の収容可能な強制収容所に追放されるだろう」。「最終解決」の輪郭がヴァンゼー会議以前に外務省では既に知られていたのは疑いのないところである。

　ラーデマッハーの報告は外務省内で回覧された。事務次官ヴァイツェッカーにとっては特に重要であったのは、ユダヤ人のセルビアから他の国への強制移送は外務省の所管に入るものの、他の場所でのこれらユダヤ人たちの取り扱いについては所管ではない、ということであったようだ。外交政策的視点から見たユダヤ人の問題の取り扱いと殺人への積極的な参加の間の境界はこの場合消えてしまって、――これは乗り越えられてしまった。ヴァイツェッカーとルターの間で取り交わされた連絡によれば、このことが明らかだ。最初は、古典的な出世目的で、公使フェリックス・ベンツラーの 8,000 人のユダヤ人をセルビアから遠ざける要求であったものが、1 年後の 1942 年 5 月 23 日になると、ラーデマッハーはセルビアのユダヤ人問題はもはや緊急な問題ではない、としていた。

　「ユダヤ人問題の解決」というテーマに外交官たちの態度がまちまちだったのは、ギリシャの場合に特に顕著であった。態度の可能性の幅は、ただ一つ、相対する立場だけに狭められた。領事フリッツ・シェーンベルク（Fritz Schönberg, 1878-1968）はドイツに占領されたサロニキでユダヤ人迫害と強制収容に全力を挙げて取り組んだが、アテネの帝国全権代表は、1941 年 5 月から 1943 年 10 月まで、そのような処置をギリシャの衛星政府および 1943 年 9 月までのイタリア占領官僚の下でも、はっきりと控えていた。

　フリッツ・シェーンベルクは明らかに出世主義者ではなかった。彼は 1939 年 6 月に在サロニキの総領事に任命されてやっと 2 ヵ月後に、ナチ党に入党し

た。北東ギリシャがドイツ占領下にあり、1942年から1944年まで最上級の権限は、国防軍行政官長のマックス・メルテンにあったにもかかわらず、シェーンベルクはギリシャのユダヤ人の強制移送に最も強く賛意を表明していた。ドイツの部署では、1942年にセパラディスト〔訳注：スペイン・ポルトガル系の〕のユダヤ人の人種がどこに属するか議論されていた時、この問題を管轄する、例えばフランクフルトのユダヤ人問題の研究所も検討しなかったのだが、代わりにフリッツ・シェーンベルクが発言を求めた。彼は、1939年までの数年間政治局の東部および近東の課長としての経験から、自分自身を専門家と見なしていた。シェーンベルクの「専門性」は、外務省も見るところ、セパラディストとアシュケナージ〔訳注：東欧の〕のユダヤ人には決定的に言うべきほどの違いの「証左」がなかった、ことを述べた。このことをベルリンは評価して、ラーデマッハーは、アテネの全権代表に「サロニキのドイツ領事館に対してセパラディストのユダヤ人の取り扱いに関する立派な報告に感謝」するよう要請した。
⁽¹³¹⁾

　1942年6月にサロニキにおいてすべての男性のユダヤ人が収容され、強制労働に就かせられた時、シェーンベルクはアルテンブルク宛に一通の報告書を送った。その中で、彼は、「ユダヤ人問題はギリシャでも最終的に解決されるだろう」と書いた。同時に彼は、「アーリア系ギリシャ国民についての満足」を表明した。シェーンベルクはギリシャでのアイヒマンの代理人ロルフ・ギュンター（Rolf Günther）との直接の連絡を求めた。彼は、「公使のアルテンブルクの承諾の後で活動が許されるだろう」とルターは、シェーンベルクにベルリンから役所の上下関係を示唆して伝えた。にもかかわらず、シェーンベルクは、本当の実行者ディーター・ヴィスリセニーの目にはユダヤ人を捕らえる際の相談相手であった。1943年3月15日、シェーンベルクはようやく満足して報告できた。「ここで約5万6,000人を数えるギリシャ国籍のユダヤ人の移住は、今日サロニキから2万6,000人が一般提督管区に向け始められた」。サロニキに滞在している外国国籍のユダヤ人は、外務省の管轄下（よってシェーンベルクも含まれる）、で帝国治安本部の承認の下に、「もしも、ギリシャ人でないユダヤ人がさらに滞在を許されるとしたら、ドイツ軍の占領下にある北ギリシャでの安全は達成されないだろう」と確信していた。

　シェーンベルクは、ギリシャのユダヤ人がサロニキのイタリア領事からイタリアのパスポートを得ていたことを、調べようとさえした。──それは、彼に

すれば「血統的には……ここのギリシャ国籍のユダヤ人とギリシャ国籍ではないユダヤ人との間に差異はない」という証拠になる、のである。1943年4月にシェーンベルクはベルリンに彼の懸念を知らせた。それによれば、ギリシャの金持ちのユダヤ人がイタリア人の抜け穴を利用して、「処置」を逃れるのではないか、というものであった。ベルリンはシェーンベルクから言われた場合について余裕をもって判断したものの、シェーンベルクはそれでもイデオロギー的な狂信主義と官僚的な熱心さを結びつけてさらにベルリンに対して、イタリアの領事がギリシャのユダヤ人とイタリアのユダヤ人のためのみならず「一つの例ではさらに2人のイギリス国籍を持つユダヤ人女性のためにも尽力している」と訴えた。

　シェーベルクとは全く違って、アテネの帝国全権代表ギュンター・アルテンブルクは彼の伝統的な外交的な課題をさらに続行するように決心した。そして、新旧の異なる外交活動の境界はさらに消えつつあった。ヒムラーは親衛隊に入るように強く勧めたが、アルテンブルクは拒否した。彼の同僚サロニキのシェーンベルクは対照的に、彼はベルリンに「ユダヤ人の案件」について何らの詳細な報告をしなかった。もしも彼が本当に関心を持っていれば、サロニキでのギリシャのユダヤ人に関する主要な活動に対して、アルテンブルクはシェーンブルクの上司としてこの間もっと介入できたはずであった。シェーンベルクがユダヤ人男性の逮捕についてのベルリンへの報告を知らせた時に、彼はただ「ここからは何も付け加えることはない」とのみコメントした。彼は共犯者であった。しかしながら、彼は、処置についてできるだけ考えを述べることを回避した。ある一つの機会、すなわち、スペインのユダヤ人をイタリア地域に入れる、というイタリア側の提案に対して意見を述べたのみであった。

　セルビアにおけるベンツラーとは逆でアルテンブルクは、ギリシャの住民へのドイツのやり方を少なくとも初めの時点では和らげようとした。既に彼の勤務の始めすなわち、1941年5月初めに、彼はベルリンに電報で「ガイスラー氏（警察参事官クルト・ガイスラー〔Kurt Geißler〕のこと、ギリシャで動員された治安警察の一員で、親衛隊少佐ルードヴィッヒ・ハーン〔Ludwig Hahn〕の下にいた治安部の一員）との了解で、私は間接的に、将来有名なギリシャ人および外国人の逮捕は本部の許可の下でのみ許され、既に有名人の逮捕がなされていた場合には、本部側の懸念に反し、解放を続けざるを得ない」と報告した。1ヵ月足らずの

第1部　ドイツ外務省の過去

間に、高級官吏の逮捕と外交官の家宅捜査を急いだガイスラーを帝国に帰朝させることに成功した。外務省にとっては、ギリシャの非ユダヤ住民を、セルビアで親衛隊が鎮圧を実行しているような抵抗闘争に追いやることは考えてはいなかった。1941年11月16日に、アルテンブルクは威嚇的なハンガーストライキについて報告し、それに対する処置の導入を要請した。1943年3月には、彼はセルビアの例のようにギリシャの協力政府の導入が、強力になったパルチザンの攻撃による危険からドイツ占領軍が脱する唯一の道である、とみなした。

　このような状況を救った1942年の10月からギリシャでの経済・金融問題の活動をしていた帝国特別委託者ヘルマン・ノイバッハーが行った。彼はその資格でギリシャの通貨変更を通して市民の飢えの苦しみを少なくとも短期的に和らげることに成功した。ノイバッハーはオーストリア「併合」の初めから1940年末までウィーンの市長であり、その後は、ブカレストとアテネの公使であった。1941年6月、クロアチアの大使であった時に彼は「ウスタシャ」のセルビア人、ユダヤ人とロマに対する残酷性を報告し、同じ年の7月には、コーカサスに住む住民を将来のドイツの支配する近東地域の計画に含めるように建白書に書いた。これは、残念ながらルターの拒否にあった。

　1943年8月24日にノイバッハーは総統命令によって南東担当の外務省特別全権代表に任命され、そして2ヵ月後、ヒトラーは彼に「南東の共産主義者に対する戦いの統一的な指導」を委託した。それは、占領組織の締め付け、南東ヨーロッパ占領国でのすべての反共産主義勢力の糾合と共産主義者の抵抗運動への権限委譲と理解された。これによって外務省の代表は、バルカン地域においてパルチザン闘争を直接委託されることになった。もちろんその影響力は、ソ連の中の部族闘争への戦闘部隊長で、占領下の西部地域やアフリカの戦争地域での親衛隊上級大将エーリッヒ・フォン・デム・バッハーゼレウスキには遥かに及ばなかった。というのは彼は何の自分自身の戦闘部隊を持たなかったからである。彼はまた、よしんば政治的分野で指示権限を持っていたとしても、彼のとったその処置をクロアチア政府の外務省公使ジーグフリード・カッシェおよび当該地の司令官がともに調整していた。さらに、彼は「部族指導者たちと交渉」する権限を持っていたし、「減罪」についても彼と調整することになっていた。部族の解教を1944年3月に達成していたマイスナーと反対にノイバッハーはその「新しい政治」の枠内でセルビアとモンテネグロ部族たちの支持を

234

第 5 章　占領─略奪─ホロコースト

要請した。[153]1944 年 10 月 8 日になって、セルビアのチェトニックのさらなる動員を強化した。[154]しかしながら、抵抗運動に対して彼は遂に克服できなかった。同じ月にドイツ軍はセルビアから撤退した。──そして前月同様に翌月ギリシャからも──撤退した。

　アメリカの収容所で振り返りながら、ノイバッハーは苦々しく、彼の見方としてなぜセルビアの勢力を「ボリシェヴィズム統一に対する戦い」に結び付ける構想を受け入れなかったかを要約した。「ヒトラーはロマンチックな反セルビア・コンプレクスを持っており、それは 1914 年の皇太子の殺害から生じていた。そして、クロアチア寄りの、ブルガリア的バルカン構想になっていた。リッベントロープはバルカンについて何も知らず、彼固有の考えもなかった。彼はただ地域を担当したいだけで、『なされたこと』に対する義務を回避したのだ」。[155]

　ノイバッハーが南東部の特任者の役目に就いた時には、セルビアでのユダヤ人男性たちの殺害は、既に「人質の銃殺」の枠内で終了していた。1943 年 9 月には、彼は目前に迫ったセルビア首相への訪問に鑑みて人質の銃殺指示はしないことを貫徹したし、その実行を止めさせることもできた。[156]1943 年 12 月 22 日に彼は彼の指示により、そもそもパルチザンとの戦いの枠内で人質の射殺をどの程度すべきかは、現地の司令官に任せ、そうすることによって少なくともバルカン地域に暴力の絞め付けを緩める可能性を開くことを試みた。[157]アテネの事務所での個々の報告では、この命令の効果について絶えず最新情報を提供するよう指示していた。[158]

　ノイバッハーには、粗暴な方法で進められた 1932 年から 1944 年の間の、バルカンでのパルチザンに対する戦いに部分的な責任があり、[159]無罪を言い渡すことはできないにしても、彼が、──実際的な理由から、人道的からの行動理由からではなく──当該地域の司令官に対して相応に住民に対応努力したことは間違いない。1951 年にベオグラードの裁判所は 20 年の禁固刑を判決した後、たった 1 年半後、病気を理由に釈放されたが、ノイバッハーにはそれ以外の追及は何もなかった、と推量される。[160]その後彼はオーストリアに戻った。「南東一般『7 事例』」に関するニュルンベルクの次の裁判では彼の名前は登場しなかった。[161]1956 年に刊行された彼の覚書では、ノイバッハーはヒトラーによって［共産主義者に対する戦い］を任されたことについて沈黙を守った。その一方で彼は、軍による報復処置に参加していなかったいずれの部署の介入も許さず、特に外

235

務省の部署による介入の禁止を明言していた。それでいていわゆる他の総統命令に対しては報告することを心得ていた。[162]1943 年 9 月から 1944 年 10 月の間のバルカンで起こったことへの彼の重要な影響を証明している文書は、彼の主張に反している。

第 6 節　ハンガリー

　1942 年秋からヴィルヘルム通りは、ハンガリーと他の枢軸のパートナーに対して反ユダヤ人処置の必要性について確信させるためのどんな機会も逃さなかった。そのようなキャンペーンは外務省では当然のこととされるようになった。1942 年 10 月に副事務次官ルターは、ブダペストの公使館に対して、ハンガリー政府に、ユダヤ人を追放することは「ドイツではなくてヨーロッパの利益」の問題である。そして「ドイツがこの分野で大きな努力を払っており、世界に責任を果たしていること、ヨーロッパの個々の地域のユダヤ人が、我々が戦っている世界ユダヤ主義に関連して知的、経済的な影響力を持つならば、ドイツがこの分野で世界に責任ある行為をしていることが減免してしまうだろう」ことを説明するよう託した。[163]この努力は、部分的にのみ成功したに過ぎない。ハンガリーのユダヤ人を経済的に利用したり、職業的に差別したり、ユダヤ人を編入したあるいは征服した地域で殺害しようとする彼らの努力にもかかわらず、ブダペストの政府は、国内のユダヤ人をポーランドに移送しようとするドイツの要求を何度も拒んだ。[164]

　帝国提督ミクロシュ・フォン・ホールティ（Miklos von Horthy）がヒトラーによる協力政府の樹立を強制された後、公使ディートリッヒ・フォン・ヤーゴウ（Dietrich von Jagow）はエドムント・フェーゼンマイヤーに取って代わられた。臨時代理でフェーゼンマイヤーの代理は、参事官のゲルハルト・ファイネであった。外国籍のユダヤ人については、参事官のアドルフ・ヘツィンガー、後に参事官テオドル・ホルスト・グレル（Theodor Horst Grell）が責任者であった。ハンガリーのユダヤ人の扱いについては、次のように決められた。「ユダヤ人問題の分野でハンガリーにいる親衛隊と警察、特に警察のユダヤ人問題の分野でドイツ勢力が実施すべき課題のために、帝国スタッフにより上記の親衛隊と警察の指導者が、政治的な指示の下に扱う」。[165]外務省と帝国治安本部の分離は、これ

により最終的に曖昧になった。まさにそれゆえにリッベントロープは、治安部が「帝国全権代表の課題や権利に介入して来ることを」懸念し、フェーゼンマイヤーに、「何ごともそれが起こらぬように」警告した。リッベントロープの猜疑心は、フェーゼンマイヤーに、帝国治安本部長のカルテンブルンナーがブダペストを訪問した際に、個人的にユダヤ人問題の規制扱いについて聴取するよう指示した。[166]

　ハンガリーにおける帝国全権代表に任命されるまでは親衛隊少将のエドムント・フェーゼンマイヤーは外務省の公式なタイトルを持っていなかった。戦争勃発の直後、職務上の義務で、彼は特殊な動員の枠内でのみ帝国外務大臣の特別委任者として活動していた。しかしながら、その役目ゆえに、計画されていたドイツの攻撃の前に諜報活動によって敵国を弱体化するかあるいは、——第一にユダヤ人に向けられた——占領国での占領政策をより厳しくするうえで、フェーゼンマイヤーは外務省で最も影響力のある代表であった。

　オーストリア「併合」の準備にあたって既にフェーゼンマイヤーは外務省での彼の庇護者であったヴィルヘルム・ケプラーとともに活動していた。[167]第三帝国の保護国としてのスロヴァキア共和国の設立もフェーゼンマイヤーの重要な参加の下に行われた。[168]戦争勃発直前にフェーゼンマイヤーはリッベントロープによって「情報目的のために」激しい雰囲気の中で1939年8月にダンツィヒに派遣された。大管区長官アルベルト・フォルスターと外務省の橋渡し役として彼は、数週間来燻っていた税関のストライキで、ポーランド側に対抗処置として大きすぎる要求を突き付けた。これは、戦争の理由として宣伝用に利用された。[169]交渉は実際には、ポーランドに熟慮させ受け入れる段階に持ち込ませず、8月25日に決裂した。それでもフェーゼンマイヤーはその努力に対してダンツィヒ十字Ⅱ等勲章をもらった。[170]

　ヴィルヘルム通りでの、新たに設立された宣伝部での短い活動の後、再びフェーゼンマイヤーを外交職が魅惑した。1940年初め、彼は親衛隊の上級大将マンフレッド・フォン・キリンガーの供をして東・南ヨーロッパに情状視察に赴いた。この旅で、彼は、この地域における後の活動にとって有用となる印象を収集した。1941年春のユーゴスラビアの軍事蜂起の後、フェーゼンマイヤーはリッベントロープの特命全権としてウスタシャの指導下の「クロアチアの独立国家」設立に決定的に参加した。[171]ドイツの攻撃の直後、セルビアで共産主義

第1部　ドイツ外務省の過去

者の挙兵がソ連に傾くと、フェーゼンマイヤーは外務省の政治特命全権代表として軍事命令権者のフェリックス・ベンツラーの下にベオグラードに派遣された。ザグレブの民族的な協力政府の設置は、大部分フェーゼンマイヤーに端を発していた。外務省の他の代表と同じようにバルカン地域、フランス、オランダ、ベルギーに於ける、フェーゼンマイヤーは同時に、様々に適用しようとしない、単なる圧殺に対する明確な敵であった。というのは、それが、彼の確信によれば、ただ抵抗運動の増大につながるだけであったからだ。その代わりに、彼は暴力を土地のユダヤ人に向かうように絞り込んだ。それが彼を1942年1月に親衛隊准将に任命することに繋がった。[172]

　優に1年後、地平線の彼方に見えてきた敗戦に鑑みて、ともに「枢軸国」の戦列から離れようと考え、ハンガリーとスロヴァキアの間で秘密交渉が行われているのを察知した彼は、リッベントロープの委託で危機の現場に再び動員された。フェーゼンマイヤーがセルビアでユダヤ人の絶滅に讃意を示したのは、人質の銃殺の制限が、ユダヤ人をしていっそう民族的反抗運動の強力化に進むのを防ぐ効果があり、同時にそのようなやり方がブラチスラバとブダペストでその政府間の同盟関係のリトマス試験紙になり、彼らが同様なやり方をして再び帝国により強く結びつくだろう、と考えたからでもあった。外務省のどの代表者もフェーゼンマイヤーのような、人間性を軽蔑したイデオロギーを持つ、氷のような実際主義者と組む者はいなかった。

　このような取り合わせがヒトラーにもまた印象を与え、それゆえに、1944年3月19日のドイツ軍のハンガリー突入後に、フェーゼンマイヤーのブダペストにおける帝国外務省特命全権代表への任命になった。並行して、彼の親衛隊准将の地位は旅団長と同じになった。人的にはリッベントロープは、フェーゼンマイヤーを拒否するヒムラーとボルマンに対して意志を貫き、その結果ハンガリーでは親衛隊は2番目に追い落とされた。これまでの彼の政策を継続してフェーゼンマイヤーはいまやハンガリーのユダヤ人に配慮することなく向かい、そして、帝国に対する潜在的な敵に対して、労働力を強制的に拉致して、無理矢理国の経済的な収奪を進めた。1944年3月には、「最終解決」の最後通牒的な性格はもはや秘密ではなかった。それでも、ハンガリーでもまた絶滅機関は全暴力的に実行した。——そして、これは直前に迫ったドイツの敗北を知りながらの外務省の重要な参加の下でである。

ハンガリーにおける反ユダヤ人行動は素早く、そして効率的に実施されるべきであった。最初はカルテンブルンナー命令下の（後にアドルフ・アイヒマンの下の）司令部は、3月19日にブダペストに到着し、フェーゼンマイヤーには、大使カール・リッターの下にザルツブルクにある外務省の特別スタッフについての報告書を外務大臣宛に上げるように指示された[173]。彼の数多くの報告書は、いかにフェーゼンマイヤーが最小単位の詳細にまで関与し、そして彼がいかに情熱的に諸処置を取ったのかを示している。何度も彼は改良方法を提案していた。例えば、彼は1944年4月初め空爆、そして「ハンガリー人が1人殺されれば100人のユダヤ人の命が要求される」という空中散布ビラについてのブダペスト市民の反応を報告した。フェーゼンマイヤーは、作戦主導は「そうすれば、少なくとも3万人から4万人のユダヤ人を射殺しなければならないので、実際には実行不可能である」と考えるに至った。彼が原則として、この処置は「抑止効果」を伴う「プロパガンダの可能性」として、賛同したにもかかわらず、である。彼自身は、「次の攻撃の際にハンガリー人1人が殺される毎に10人の相応したユダヤ人を射殺させることに懸念を有さなかった[174]」。他、フェーゼンマイヤーはユダヤ人の強制移送組織に参画し、外務省に、4月半ばに「5,000人のユダヤ人をドイツでの労働のためにどこに送ったらよいのかを『折り返し』指示して欲しいと要請した[175]」。このハンガリーの例はまさしく、外務省とその官吏が、当該地はもとより本部でもまさしく垣根なしに実行犯としてあるいは実行補助者としてユダヤ人殺害のために機能したかを最も鮮明に示している。

1944年4月に、親衛隊大尉のアドルフ・ヘツィンガーが、公使館と親衛隊、およびハンガリー職員の連絡係として動員された。彼の課題の分野として、外国籍ユダヤ人の扱いも加えられた[176]。ヘツィンガーはアイヒマンと接触して、外国籍ユダヤ人を集めた通過収容所を訪問した。彼自身の証言によれば、たとえ「集め」られたにせよ[177]。1944年5月22日に、エバハルト・フォン・タッデンもまたブダペストに到着した。自分自身で、反ユダヤ人処置、外国籍ユダヤ人の扱い、ユダヤ人の財産と他の問題を知るためであったし、ヘツィンガーの後任について決定するためでもあった。アドルフ・アイヒマンはタッデンに対し、「ヘツィンガーがこれまでやってくれたようにさらに支援してくれるよう要請した。そうすることによってのみ、ハンガリーの警察がそれに本来必要な強硬さを発揮して、ごまかしようもない彼らの外国担当司令部の愚かさの中で、外国人の

第1部　ドイツ外務省の過去

扱いに当たって大きな間違いが起きないことが保証できよう」、と要請した。[178]

　ベルリンに帰った後、タッデンは２つの報告書を書き、各局部が事務次官の司会の下で毎日行う外務省の「朝の熟慮」の際にも、ハンガリーのユダヤ人の状況について1944年7月13日に報告した。[179]帝国外務大臣に提出されるための事務次官に対するその報告書において、彼は強制収容所への移送に関して書き（「毎日1万2,000〜4,000人が中央に対して引っ張られる」）、また、ユダヤ人の間で、処置がもたらす「興奮」のせいで取られる、間近に迫った過激な解決策を覆い隠すために行う偽装活動についても書いていた。[180]

　ブダペストの公使館の「ユダヤ人業務」は外交官のテオドル・ホルスト・グレルの義務であった。[181]グレルは1929年に党に入党して、1933年に親衛隊に入り、1937年に外務職員になった。1939年に彼は軍役を希望して、顔を醜くする重傷を負った。1941年に彼は、ベオグラードのドイツ公使館に配属され、その後、ルーマニアのオルショワの副領事になった。ベルリンの中央でドイツ局勤務の後1943年に彼は、マルセイユに送られた。ブダペストに送られる前、彼の最後の活動は、ヴィルヘルム通りのRXV課（旅券とヴィザ）の課長であった。特別使者であったヘツィンガーと違って、グレルは公使館の一員であった。[182]特に彼は、親衛隊、治安部、そして外務省の間の合意によって、外国籍ユダヤ人を移送以前に選別する役目は「ブダペストの公使館の委任者に当該地で委ねられ」たが、その移送前の選別の責任者であった。エバハルト・フォン・タッデンはグレルに、ユダヤ人処置を報告するように委託した。というのは、外務大臣が直接（すなわち、帝国治安本部の報告を通してでなく）、できるだけ素早く、そしてより良く報告されることに価値を見出していたからである。[183]「ユダヤ人に関すること」は、とグレルが1945年後に語ったところによれば、彼の活動の25.3％ないし33％を占めた。[184]

　グレルは外国籍ユダヤ人部門で厳密に書かれているように働いた。「技術的な困難」は、「多くの人間が、ハンガリーの官憲が取り上げてしまっていたので、まったく証明書を所持していなかった」からである。強制移送の間、「貨物車の配置を」、彼は、「正常以上であった」と評した。[185]強制移送の目的が、単に徴用のためではなく、「ハンガリーからユダヤ人を遠ざけるためであった」ということが明らかであった。彼にとっては、ユダヤ人は「ドイツの戦争目的にとって絶対的、危険な敵」であった。[186]戦後、彼は「国家社会主義者として反ユダヤ主

240

義者でもあった」、が法廷においてはそれでもなお、彼の反ユダヤ主義は「絶滅作戦」を含んでおらず、単に「ドイツ民族を純粋に保つこと」であり、そうすることによって、彼は、たとえ強制移送の本当の行く先を知っていたとしても、「自分は官吏で、国家社会主義者としての立場から……公に反対しなかった」ことを告白した。しかし彼は、聴取に際して説明したところによれば、この分野において活動する前に「心を暗くした」、と述べた。[187]

1944年5月には、ブダペストからの強制移送の準備段階で外務省は外国の「激しい反応」を予想していた。これを和らげるために、報道部のパウル・カール・シュミットは、偽装作戦を提案し、タッデンはこれについて最初にフェーゼンマイヤーに説明し、コメントを要請した。「報道部が、大臣に、対外的には、例えば、ユダヤ人の集合住宅やシナゴークに爆発物を見つけるとか、サボタージュ組織があったとか、転覆計画や警察への襲撃計画があったとか、の機会や行動の理由を作ることに示唆した」。要点は、とタッデンは報道部の書類を引用して、「そのような行動では、警察の手入れが続く特別にどぎつい例でなければならない」とした。[188]フェーゼンマイヤーはそれでもそのような偽証の作業を実行不可能として拒否した。彼は、「いずれのプロパガンダ的な行動も止めるよう」懇請した。というのは「数週間来、ユダヤ人の集合住宅やシナゴーグはハンガリー警察の厳しい監視の下にあったことはよく知られており、……そしてユダヤ人はどのような行動の自由も制限されていた」からである。それに加えてフェーゼンマイヤーは「かなり以前から、ブダペストでもゲットー化が終わりに近づいていることが知られているので」、外国の「大々的な反応」を心配していなかった。[189]

1944年7月6日にハンガリー政府は、ホールティが「ユダヤ人に関する活動を停止した」と伝えた。なぜならば、「帝国提督とハンガリー政府は……ユダヤ人問題ゆえに怒濤のような電報、アピールと威嚇の下にあるから」である。例えば、スウェーデン王は繰り返し電報し、同様に法王もである……さらにトルコ政府、スイス政府や重要なスペインの人々、特に数多くの自らの国民からもであった。[190]フェーゼンマイヤーは、この決定の理由をも知っていた。すなわち、「ドイツが敗北するのではないかという恐怖であり、それゆえに、絶望的な危機の中で、将来のためにアリバイを作ること」であった。[191]ハンガリーが強制移送をためらったので、国内Ⅱ課はフェーゼンマイヤーに対する文書で繰り返し、

241

第 1 部　ドイツ外務省の過去

「前線がドイツ＝ハンガリーの作戦地域に近づけば、ユダヤ人の残留は直接的な危険を意味し」、目的を示すように「親衛隊が、現時点でブダペストに必要な司令部を立ち上げる状態にあるかを訊ねた」[192]。

　現に内密としてハンガリー政府の首脳シュトヤイは、フェーゼンマイヤーに、解読された「極秘の」アメリカとイギリスのベルン公使の電報について知らせた。その中では、強制移送されるべきユダヤ人の直前に迫った運命が言及されており、すなわち、「既に 1,500 万人のユダヤ人が抹殺されており、現時点で引き続いて強制移送されるユダヤ人の大部分は同じ運命」に悩んでいる、とされていた。さらに電報では、「ユダヤ人が運ばれるところを」空爆し、同じく「ハンガリーがそこへつなげる鉄道線を」破壊することが提案されていた[193]。遅くともこの時点でドイツの外交官には、同盟国もこの間に真実を知っていたことが明確になったに違いない。

　ホールティがヒトラーによって辞めさせられ、フェレンツ・サーラシ（Ferenc Szálasi）指導下のファシスト党の矢十字運動の政府が樹立された 1944 年 10 月になると、フェーゼンマイヤーによると「ユダヤ人問題も新たな段階に入った」[194]。フェーゼンマイヤーによれば、労働力不足のためにブダペストのユダヤ人 5 万人が「徒歩行列で、ドイツに移送され」なければならなかった[195]。残りの労働可能なユダヤ人は、「近くの軍事的な拠点づくりのために動員され、さらに残ったユダヤ人は、全体的に都市の周辺のゲットーに似た牢獄に集めた」[196]。フェーゼンマイヤーへのリッベントロープの通告は「ハンガリー人がいま最も厳しくユダヤ人に当たることが、特に我々の利益になる」、というものであった[197]。10 月末には、数千人のユダヤ人（大部分は女性）は最も悪い条件下で徒歩行進してオーストリアに追放された。死の比率が高まったので、サーラシ自身が不安になった[198]。フェーゼンマイヤーはベルリンに「サーラシが、ユダヤ人女性の移送は、ここで起こった不幸に鑑みて、もはや徒歩によるのではなく、もっぱら移送手段が用意されることでのみ許されると命令した。このことは車両を調達することが不可能であることを考えれば、実際には移送の中止を意味する」と報告した[199]。

　外国の圧力ゆえに限られた範囲で救いの可能性が到来した。ハンガリーが 7,800 名のユダヤ人に移住を認める用意があることを表明した時、そのうちの 7,000 名のユダヤ人がパレスチナの入国許可証明書を保持していた。これは、ハンガリーの、英国の利益を代表していたスイス公使館の仲介で発行されたもの

第5章　占領―略奪―ホロコースト

であった。ユダヤ人救済委員会のメンバーで、パレスチナ事務所長であるモシェ・クラウス（Moshe Krausz）は、個々人の証明書を潜在的な家族の証明書に変え、そうしたことにより救うべきユダヤ人の数を格段に広げることに成功した。彼は、スイスの副領事であったカール・ルッツ（Carl Lutz）を説得して、保護証書を約4万人のユダヤ人に出させた[200]。これに沿ってフェーゼンマイヤーはまとめてベルリンに報告した。「スイス公使館は、パレスチナへの入国証明書は、8,700家族、全部で約4万人用に提出されたと伝えてきた。……この数字は、DⅡに言及された約7,000とは大いに違う」[201]。

この救出の試みにもかかわらず、ハンガリーでのドイツの「ユダヤ行動」は、ドイツの役人がいかに老獪で能率的に、そうこうしているうちにヨーロッパのユダヤ人を把握し、そして絶滅を進めていたかを明らかにした。ドイツの外交官、ハンガリーの場合は、特にフェーゼンマイヤー、ヘツェインガー、グレルは現地において処置を手助けし、そしてスムーズに行くように努力した。帝国治安本部との協力は問題なく機能した。このようにして1944年春にはハンガリーからアウシュヴィッツに40万人のユダヤ人が強制移送された。そこではそのうちの約18万人が殺害された[202]。

第7節　枢軸国と保護国

これまで言及されてきた国々と違って、ドイツのその同盟国との関係は少なくとも理論的には戦争の間ずっと主権国家どうしの2国間関係であった。それゆえに外務省にとっては、これらの国々における「ユダヤ人問題の最終解決」のために、帝国に占領された地域よりも重要であった。フィンランドからドイツ大使のヴィペルト・フォン・ブルヒャー（Wipert von Blücher）が、フィンランドからの支持のためユダヤ人問題よりも重要なことは、として、「フィンランド国民が我々から遠ざかっている」帝国の反ユダヤ処置に対するフィンランドのネガティブな反応を繰り返し報告してきた。これに関連するフィンランド人の敏感な感情の例として、大使は、「少数のユダヤ人の追放についての噂が、ドイツに友好的な内相の立場を揺るがしている」として「強い反応」に言及していた。また、デンマークのユダヤ人に対する処置は反ドイツの反応を呼び起こしていた。8ヵ月後、ブルヒャーは見解をまとめた。「ユダヤ人に対するドイツの

243

第1部　ドイツ外務省の過去

やり方は、フィンランド国民の意見とともに我々が一致して反対するテーマである」。ハーンが起草して副次官のルターによってフィンランドにいる大使館に指示された文書は、その政府と影響力のある人々に繰り返し、フィンランドにとってもボリシェヴィキに対する防護は死活問題であり、政治的に完膚なきユダヤ人の無力化は大陸の自由と将来にとっての絶対に必要な前提を表していることを指摘するどんな機会も逃さないように、と指示していた。

　イタリアにおける進展は全く違っていた。ファシスト国家は、1938年に既に独自の人種法を制定していた。しかしながら、実際において戦争中イタリアとドイツのユダヤ人政策は全く分裂していた。正確にはここが外務省にとっては出発点になった。副次官のルターは1942年秋に、イタリア人は「実際は……一般的にこの問題にはほとんど理解を示していないし、あるいは、イタリアのユダヤ人の利益に触れると非常に敏感になる」と思った。リッベントロープ自身はよりはっきりと言及していた。「我々は、ユダヤ人が民族の身体を破壊し、そしてヨーロッパの新建設を妨げようとする病原体だと認識しているのに対し、イタリア政府はユダヤ人を個別に扱うことができると信じており……イタリア政府は外国でも、イタリア国籍を持っているユダヤ人のために尽力しているし、ユダヤ人が経済的な影響力を勝ち得ている場合には特にそうである」。外務省の代表は、イタリア人を啓蒙するように命令されていた。リッベントロープは1943年1月にイタリアにおけるドイツ大使の、親衛隊中将ハンス・ゲオルク・フォン・マッケンゼンに「頼むから」と「ユダヤ人が存在するところには、彼らが生きているところには、政治的に重要な分野で、あらゆる軍事的な関心分野で危険が特別に大きく……貴使は我々の経験からのいくつかの例を持ち出してユダヤ人全体が我々にとっても、我々の戦いにとっても最も険悪な敵である、という大変な危険性を示唆して欲しい」と指示した。イタリアのユダヤ人はイタリアの利益に貢献している、というイタリアの言い分には、ローマのドイツ大使は「国家社会主義の見解では、知られているようにユダヤ人は常にただユダヤの利益だけに行動し、決してどの国の利益のためにも行動しない、たとえ彼らが偽装する理由で、そのような素振りを示してもである」との言葉で反論した。

　連合国軍がシシリー島に上陸し、その結果ムッソリーニが打倒され、イタリ

244

ア軍が降伏した 1943 年 9 月以降、北部イタリアはドイツの占領地域になった。イタリアの新しい行政問題に外務省はかかわった。想像では、リッベントロープの要求で、臨時の行政委員会がデュース（Duce）〔訳注：ムッソリーニのこと〕の代理として登場した。リッベントロープにとっては、最終的に誰がイタリアの傀儡政府のトップに座ろうとどうでもよかった。イタリアは、形式的には相変わらずドイツと同盟していた。しかし、イタリア政府の生殺与奪はドイツ外務省のイタリアにおける権限によってのみ確保された。

1943 年 9 月 10 日にヒトラーは、ルドルフ・ラーン（Rudolf Rahn）公使をファシストの国家政府の帝国全権代表にした。ラーンは 1900 年生まれで、1928 年に外務省に省に入省し、ベルリンの中枢、アンカラ、リスボン、パリとチュニスに勤務した。彼はなんでも呑みこむタイプの外交官で、リッベントロープの趣向にあった人であり、フランスのアベッツの下で協力政府との付き合いの経験を積んでいた。その高揚感と貫徹能力は彼に「外交官の中のカール・マイ」〔訳注：ドイツの国民的冒険小説家〕のあだ名をもたらした。[208] 同時に、ラーンとともにイタリアにおける親衛隊大将で警察指導者であった親衛隊大将のカール・ヴォルフはイタリア政府の警察事項の特別助言者になった。というのは、外交政策上のあらゆる重要な問題には、帝国の全権代表の了承を取らねばならなかったし、イタリアは以前と同じように外国として取り扱われたので、ラーンは最初、イタリアにおける強力な帝国の代表に見えた。これは、1943 年 10 月 10 日の第 2「総統命令」によって変わり、これにより、軍の最高司令官が広範に政治的な機能を与えられた。これにより、国防軍と外務省との間で権限闘争が長らく続いた。

この対立は、陸軍元帥アルベルト・ケッセリングが占領地域で軍事関係で責任者になったその時に限り緩和した。ラーンは、1943 年 11 月以来、ガルダ湖近くのファッソの「ラーン機関」で大使としても民間分野で機能することになった。体裁を整えるために、ドイツ人は彼らが指示した処置の実施はイタリア政府に任せた。その政府のトップには、1943 年 9 月 23 日から再びムッソリーニが座っていた。ラーンは、軍事的利益を最小限に抑えることに腐心した。彼には、ドイツの占領行政の中で特別の地位が付け加わった。すなわち、彼は公然と、占領された地域で生活している民衆と協力し、抵抗運動（レジスタンス）を弾圧しているドイツ軍に協力する努力をした。[209]

第1部　ドイツ外務省の過去

　イタリア占領と時を同じくして、特命全権は、フリッツ・ザウケルの任務に対しての労働力を要求した。ラーンは、軍事の役人との合意の上で、この不人気な処置を変更し、そして職務義務法をイタリア政府に委任することに成功した。イタリア政府は主権を示唆して、かつラーンの支持で、ザウケルに対して330万人もの過剰な労働者の要求を減らすことに成功した。これも、ラーンがもちろんもっぱら親衛隊と警察組織を味方に付けることができたからである。親衛隊と警察は、しかし他の関連で彼の味方でもあった。1944年春以来、イタリアのパルチザン組織は、イタリア人の参加の下に国防軍、親衛隊と警察組織の過酷な手段と戦っていた。また、文民も多くの場合にそのような「刑罰」の犠牲になったので、パルチザン組織には更に参加者が増えた。イタリア政府は、正しくも、大部分のパルチザンは確信的な反ファシストではないと考えたので1944年5月25日までに山岳地帯から戻ってきたすべての者に、厳しい刑を免ずることを提示した。ラーンは、これが彼の方針にぴったりと合い、さらなる労働力が自由意思の下になる見通しになったので、この計画を支持した。これで他のあらゆる占領地域で行われた人間狩りに対して、ラーンは将来的にもやり過ごすことができた。[210]中でも、親衛隊大将のヴォルフは、1944年11月にザウケルに対して「イタリア領域での平静さに責任あるものとしてこの種の命令の後始末をしなければならなかったので、人間狩りをさらに続けることに」異議を唱えた。[211]

　1943年のイタリアの降伏後、いまやドイツの占領下になったイタリア領域のユダヤ人はもちろん、イタリア国籍のユダヤ人、それまでイタリアの保護下にあったユダヤ人は、国家社会主義の最も厳しい処置に晒された。ローマはその多くのユダヤ人市民ゆえに、強制移送の中心になった。この出来事は、法王にとっても無視できないことだった。そして、市のドイツの代表は紛争を心配した。1943年10月6日に、ドイツの領事メルハウゼン（Moelhausen）は、リッベントロープに、警察アタッシェの親衛隊中佐のカプラーから、「ローマに住んでいる8,000人のユダヤ人を逮捕して、上部イタリアに運び、そこで彼らを消せ」、と命令を受けたことを告白した。ローマの軍事司令官シュタッヘル陸将は、しかしながら、それが帝国外務大臣閣下の意に合致する限り行動を受け入れた、と述べた。もちろん、メルハウゼンは、「ユダヤ人をチュニスのようなところに要塞工事のために持っていければそれはより良い仕事であろう」との見

246

解であった。外務省は別に決定した。「帝国外務大臣閣下は、ラーン大使とメル
ハウゼン領事が、総統の指示を理由にローマに住んでいる 8,000 人のユダヤ人
はマウトハウゼン（上部ドナウ）に捕虜として運ばれるべし、帝国外務大臣閣下
は、ラーンとメルハウゼンに、この件に全く介入しないように、この件をむし
ろ親衛隊に任せるように」と要請した。[212]

　行動は 10 月 15 日の夜に始まった。逮捕された 1259 人のユダヤ人のうち 1007
人がアウシュヴィッツに強制移送された。約 700 名のユダヤ人が隠れ、逃れる
ことに成功した。法王の態度について、1943 年 6 月から法王庁大使であったエ
ルンスト・フォン・ヴァイツェッカーは、この様子がいわば法王の窓の下で起
こったので伝書使は大いに驚いた、と報告してきていた。しかしながら法王は、
「様々な方面から聴取し、要望されたのにもかかわらず、ローマでのユダヤ人の
強制移送に反対して感情に駆られて思わず示威的な発言をすることも決してな
かった。……この焦眉の問題について、彼はドイツ政府およびローマに存在す
るドイツの諸機関に負担を掛けないよう、すべてを尽くした」。ヴァイツェッ
カーは補足して「ローマにおいてユダヤ人問題についてドイツの活動がこれ以
上実行される恐れもなかったので、このようなことがドイツ－ヴァチカン関係
にとって不愉快な問題に発展しないことが予想できた」。と述べていた。[213]

　しかしながら、他のイタリアの諸都市で「不愉快な問題」が生じた。1943 年
11 月と 12 月に総計 1,000 人のユダヤ人のアウシュヴィッツへの強制移送 2 件が
起きた。この例でもまた多くのユダヤ人を逃すことになったので、ホルスト・
ワグナーはゲシュタポ長官のミュラーに、外務省はユダヤ人に対する処置の実
施がドイツの官吏によっていまや恒常的に監視されることが、緊急に望ましい、
と見なしているゆえ、現在イタリアの勢力に属する徴用司令部を一部偽装して
イタリアの機関の助言者のように見えるような機関の設立を命令することが必
要である」と訴えた。[214] 似たようにタッデンは大使のラーンに表明した。「以前の
経験から、親衛隊長官が設置した司令部から派遣された助言者を通しての監督
処置が要求される」[215] と。伝統的な意味での外交は通用せず、必要なのはイタリ
アのユダヤ人の殺戮の補助である。帝国治安本部と外務省の間の相違は消えて
しまった。方法や戦術は異なったが、しかし目的は相違なく、イタリアのユダ
ヤ人の強制移送は 1944 年 12 月までさらに進められた。

第1部　ドイツ外務省の過去

　フランコの下のファシストのスペインはユダヤ人政策の観点では特別の例であった。スペインは、イデオロギー的には近かったが、それでもスペインは中立政策をとり、スペインで言われるところの「戦争不指導」政策をとり、戦争の経過次第で国に勝利者の側に付くチャンスを作る、というものであった。ドイツの外交官たちは、スペインの外部でドイツの勢力分野に滞在していたスペインのユダヤ人に関係していた。帝国治安本部が1942年にすべての外国籍ユダヤ人を強制移送に含ませようと迫った時、外務省はスペイン政府に、スペインの市民権を持っているユダヤ人をすぐさま配分し、隠語で言うように「国内人にする」か、それとも彼らの強制移送に同意するか、を最後通牒した。スペインのユダヤ人をドイツの勢力地域から第三国、例えば、スペイン政府が提案したように、トルコに出国させることについては、外務省は拒否した。大使のハンス・アドルフ・フォン・モルトケは、スペインの会談相手に、「ユダヤ人をスペインに戻すかもしくは彼らを一般的に適用されている規定の下に従わせる」しかない、と選択を明確にした。同様にユダヤ人担当のタッデンは、新たに市民権を得たユダヤ人をドイツの「ユダヤ人処置」から外すことに厳格に反対した。タッデンによれば、外務省は、「まさしく一般的なユダヤ人政策の分野では、それが外交政策上何とか通用する限り国内の役所の希望を勘案するように努力する」ということであった。スペインの政策は長らく、ドイツの圧力に譲歩する用意があった。マドリードにおいて、スペインのユダヤ人がドイツに権力を握られた領域で死に脅されているとの認識をもはや排除できないとした時、スペインは迫害されるユダヤ人をドイツの追跡から保護することを始めた。これは、他の国によるスペインの国籍を有する市民の殺戮に同意することを禁ずるという国家主権という第1の原則に従うということのみならず、英国や米国への外交的配慮とも関係していた。それに、同盟陣営の勝利の可能性が1942、43年以来もはや排除されない状態になったからである。

　ドイツの外交官たちは、イタリアのような重要な同盟国である国よりも強くより小さな同盟国やドイツ保護国に対して「ユダヤ人問題の解決」に影響を及ぼすことができた。これらのより小さな国々はもちろん、「ユダヤ人問題」を彼らの側で解決する用意があることを激しく示すことがなかった。
　スロヴァキアは既に1939年3月、戦争の前に帝国の保護国になっていた。1940

248

第5章 占領─略奪─ホロコースト

年12月までに、突撃隊の大将マンフレッド・フライヘル・フォン・キリンガー（1886-1944）──1927年以来ナチ党のメンバーで、1935年以来外務省員──がプレスブルク（ブラチスラバ）公使館を率いていた。親衛隊大尉ディーター・ヴィスリセニーは彼の「ユダヤ人助言者」となった。1941年1月に、突撃隊大将のハンス・エラード・ルディン（Hanns Elard Ludin1905-1948）──1930年から党員で、1931年以来G突撃隊に所属──がブラチスラバの公使の後任になった。既に多くの反ユダヤ法が成立していた後に、──既に1940年に外務省はスロヴァキア政府に対して2つの「ニュルンベルク法」の例を手渡していた──帝国治安本部は1941秋以来スロヴァキアのユダヤ人の迫害と強制移送を進めていた。[(219)]

　外務省は最初、スロヴァキアで帝国治安本部の手先として機能していた。1942年2月にベルリンにいる副次官のルターはプレスブルクのドイツ公使館に「ヨーロッパのユダヤ人問題の解決のための処置の中で、2万人の若い、力強いスロヴァキアのユダヤ人を逮捕し、東部に移送する」ことを指示した。それが、間もなく、すべてのスロヴァキアのユダヤ人の国外移住となった。[(220)]スロヴァキアは、1人当たり500ライヒス・マルクをドイツに支払うべき、とされた。ルターによれば、「この言及された一度限りの1人当たり500ライヒス・マルクは、実近に生ずるユダヤ人の滞在費、食費、医療費、衣服代および再教育費を弁済するのに資する」[(221)]。

　ベルリンにおいてラーデマッハーは、スロヴァキアのユダヤ人の強制移送を常にインフォームされていた。「1942年3月25日〜4月29日までの間最初の2万人のスロヴァキア・ユダヤ人──その大多数は労働可能──がアウシュヴィッツとルブリンに運ばれた」後、1942年5月に最初2万人のユダヤ人が総統管区に強制移送された。いまや、外務省には、スロヴァキアから月々2万人から2万5,000人のユダヤ人が強制移送された、と伝えられた。[(222)]強制移送は、しかしながら、1942年6月末には中断された。1942年6月26日には、スロヴァキア首相のヴォイテッチ・ツカ（Vojtech Tuka）のルディンおよびヴィスリセニーとの会見で数が言明された。5万2,000人が強制移送され、3万5,000人が取り残された。スロヴァキアで「最終解決」が急がれることに外務省が非常に熱心になったことは、ルディンのベルリンへの報告が示している。スロヴァキアからのユダヤ人の退去の実施は、その瞬間、分岐点に達した。教会による影響と

249

個々の官吏の汚職〔訳注：人道的汚職〕のせいで、およそ３万5,000人のユダヤ人が、国外退去の必要のない特別滞在の証明書を持っていた。ユダヤ人の移住はスロヴァキアの広範な市民には不人気であった。……ツカ首相は、それでも、ユダヤ人の移住が継続されることを望み、帝国の厳しい外交的な圧力による支持を要請した。⁽²²³⁾

決定的な人物はヨゼフ・チソ（Jozef Tiso）大統領であった。DⅢ課と事務次官ヴァイツェッカーは、ブラチスラヴァの公使に対して、チソにドイツが多くの例外規定に不満であることを伝えるように勧告した。移住の中止は、ドイツにおいて「非常に悪い印象を与えている」、とヴァイツェッカーのルディンに与えた草案に書かれていた。これは一層、「これまでのスロヴァキアのユダヤ人問題での協力を非常に評価する」ものであった。⁽²²⁴⁾この文書がプレスブルクに送られる前に、ヴァイツェッカーは、草案をもっと柔らかくした。移住の中止は、ドイツにおいて「驚かれている」、と文言が変わっていた。スロヴァキア政府に圧力を加える指示は、これによって、ヴァイツェッカー自身ほとんど妥協できない文案になった。⁽²²⁵⁾しかしそれでもこのような圧力は望まれたような効果を生まなかった。というのは、この間にユダヤ人殺戮のニュースがスロヴァキアにも届いていたからだ。スロヴァキアの司教たちの要請に基づいて、ツカ首相は、スロヴァキアの委員会による強制収容所の監査を要求した。ツカの要求はタッデンを通してアイヒマンに伝えられた。外務省のスポークスマンのパウロ・カール・シュミットは、その間にブラスティスラヴァで、報道機関に対し、ユダヤ人の問題は、国家的な機関の破壊を防ぐために、至る所で戦われるべき政治的な衛生問題である、と説明した。⁽²²⁶⁾

スロヴァキアの〔訳注：ユダヤ人問題への〕消極的な態度はリッベントロープをして、「親衛隊准将フェーゼンマイヤーを通して非公式に、大統領チソにスロヴァキアのユダヤ人問題を清算する我々の利益を承認するよう」働きかけさせた。⁽²²⁷⁾1938年から外務省の公使であったフェーゼンマイヤーは、既に1938、1939年に数度にわたってリッベントロープによって特使としてプレスブルク〔訳注：ヴラチスラヴァのこと〕に派遣されていた。1943年夏にはスロヴァキアに再度強制移送させることに成功し、その後の1943年12月の訪問では、親衛隊准将はチソと、１万6,000人から１万8,000人のユダヤ人を1944年4月1日までに収容所に送ることの合意に成功した。⁽²²⁸⁾

第5章　占領—略奪—ホロコースト

　1944年8月のスロヴァキアでの蜂起の後、ドイツ人はこの国を完全なコントロール下に置いた。4週間後タッデンが言うには、「スロヴァキアでのユダヤ人問題は、新しい政府によって新たに受け入れられた」。ルディンはチソに対して、「帝国はスロヴァキア国家に急激な解決を要求する」と声明した。外務省は、何度も言われるところのユダヤ人の8月——蜂起への参加を非難し、「急激な解決」のために利用した。1万3,000人から1万4,000人のユダヤ人が捕らえられて、アウシュヴィッツ、ザクセンハウゼンやテレジェンシュタットに強制移送された。そして、他はスロヴァキア内で射殺された。全部で、7万人のユダヤ人がスロヴァキアから強制移送され、そのうちの6万5,000人が生き残らなかった。[230]

　1941年4月のドイツによる攻撃の後、ユーゴスラビアの分割は第三帝国のさらなる保護国を樹立することになった。クロアチアである。ユーゴスラビア攻撃に先立ち、外務省は広範に自治を享有しているクロアチアのドラウ・バン地方との同盟の可能性を探り、その目的で親衛隊少将フェーゼンマイヤーを帝国外務大臣の特別委託者として、ザグレブへ派遣し、彼は1941年4月3日にドイツ総領事館に到着した。クロアチア農民党の指導者フラドゥコ・マチェック（Vladko Maček）は、ベオグラードのユーゴスラビア政府から離れ、独立国クロアチアの樹立を宣言する用意がなかったので当初は失敗したことが明らかになった。フェーゼンマイヤーは、その後、国防軍の軍事的防諜の仲介の下、リッベントロープに再保障を取り付けた後、巧みに、失望した農民党右翼の支持者を強化することに成功して、クロアチアの国家主義者の過激派の集まりであるウスタシャの弱小の陣に鞍替えした。フェーゼンマイヤーは、独立クロアチアの樹立宣言の文書を翻訳し、ドイツ兵がユーゴスラビア国境を越えた4日後の4月10日に読み上げられた。ヒトラーにとっては、侵攻後に、世界の世論からドイツがファシストのウスタシャを支援した、と悪い評価を得たことは、明らかにどうでもよかったようであった。4月15日に枢軸諸国は独立国家クロアチアを承認し、その政府の首班に、当面イタリアでの亡命から帰国し、ムッソリーニ好みのウスタシャの指導者アンテ・パヴェリッチ（Ante Pavelić）が据えられた。[231]

　4月19日に37歳の親衛隊大将ジーグフリード・カッシェがザグレブのドイツ公使に任命されたが、彼は、ザグレブで最初の外交的任務に就く前は、若い

251

第1部　ドイツ外務省の過去

時にバルトで自由共同闘争に参加しており、東部地区の副郡管区長やナチ党の帝国弁士、「ナチス闘争劇の代表」であった。「アグラムにおけるドイツの陸軍大将」、そしてクロアチア政府の国防軍代表として、オーストリアの陸軍歩兵大将エドムント・グライゼ・フォン・ホルステナウ（Edmund Glaise von Horstenau）が就任した。

　新たに成立した国家は、ウスタシャ政府にとってはただではなかった。ドイツ帝国とイタリアはその国家の成立後最初の数週間後に、広範な地域にわたる要求を出してきた。ドイツには、その際スロヴェニアから上部クレインと下部シュタイヤーマルクが割譲されて、ケルンテンとシュタイヤーマルク大管区に編入され、無遠慮に「ドイツ化」されることが予定されていた。もとは、22万人から26万人のスロヴェニア人が移送されることになっていた。どこにということが明らかになる前に、全国民が屈辱的に「人種的な観察」の下に置かれることになった。いまや外務省は、これに動員され、1942年春まで続いた人間の選別に最初からかかわり、クロアチアまたは占領下のセルビアへの追放の可能性を恣意的に検討した。「ここのクロアチア政府は、もしも下部シュタイヤーマルクから追放されたスロヴェニア人と同じ数のセルビア人をセルビアに引き渡すことができれば、その場合には帝国政府の希望を考慮する。辛辣な指示であり、私はどのような態度を取るべきか?」と、カッシェはベルリンに1941年5月13日に電報で訓令を仰いだ。数日後、文化部長のフリッツ・フォン・ツヴァロフスキー（Fritz von Twardowski）は「ゴット湖とライバッハ渓谷からのドイツ民族の帝国地域への移住は、主管は外務省の文化B特殊部で、親衛隊長と民族グループの了解の下で作業されている」と記録していた。

　5月27日にカッシェは「私が、ここにどのスロヴェニア人がクロアチアに移住し、その代わりにクロアチアからどのセルビア人がセルビアに移住するかを交渉する話し合いを招集することを承認して欲しい」と、要請した。6月4日にザグレブのドイツ公使館で行われた話し合いで、「5,000人の政治的に重荷になっている人と知識人を41年7月5日までに、1914年から1941年8月30日までにスロヴェニアに移住してきた2万5,000人のスロヴェニア人と約14万5,000人のスロヴェニア国境の農民を1941年10月までにクロアチアに移住させることで全会一致」が見られた。これに必要なすべての歩調と流れが分刻みで話し合いの手順通りに確認されていた。2日後、ヒトラーは、リッベントロー

252

プとゲーリングのいる前で、新鮮に選出されたばかりのクロアチア国家の首長パヴェッチに向かって「このような一歩には耕地整理が続く必要があり、これは確かに一瞬苦痛であるが、移住してきた者の子どもたちにとっては既に大きな利益となってくるだろう」と表明した[238]。

　1941 年夏の後半になって初めてクロアチアの受け入れ能力がいっぱいになり、セルビアの軍事行政も、さらにクロアチアからセルビア人の受け入れを拒んだ時に、そして、セルビアとクロアチアではさらに移住が増えることで共産主義者の抵抗運動が拡大することが危惧されたので、外務省は移住を続けることに反対した[239]。意味のない民族の移住は、関係者たちに所有と財産と故郷を喪失させ、テロ、労苦と悩みを伴い、ドイツの期待に遥かに及ばなかった。全体で 6 万 8,000 人の移送されたスロヴェニア人は、1 万 6,800 人がクロアチアとスロヴェニアに運ばれ、3 万 6,000 人が強制労働に、1 万 6,000 人が「再ドイツ人化」のために帝国に引っ立てられていった[240]。

　セルビア人のクロアチアからの追放は、襲撃が伴い、それは 1941 年 4 月に導入されたウスタシャによる血みどろの反セルビア・キャンペーンの一部分であり、1941 年夏までには頻繁に起こるテロの波に拡大していった[241]。ザグレブのドイツ公使館は、少なくともカッシェの代理である公使館参事官のハイベルト・リッター・フォン・トォロル＝オーバーグフェル（Heribert Ritter von Troll-Obergfell）は展開を懸念して、ユダヤ人迫害に似た騒ぎについて報告し、必然的に起こり得る不安に対して警告していた[242]。カッシェはどちらかというと悠長な態度を表明していて、それは、2 年足らずのうちに南東の国防軍司令官に報告したクロアチアの襲撃に関する立場の表明に見て取れる。「人道的な観点からここでの関係を判断すれば、政治的には非合目的であり、……特に政治的には感情的な評価、特に、ウスタシャのいわゆる犯罪行為についての評価には耐えられない。これらは、一般的には大げさすぎ、ドイツ的に表現されている」[243]と。

　クロアチアにおける帝国の軍事的な、そして外交の代表部では、戦争が続く間恒常的に増大するパルチザン運動を記録していた。アグラムにおいてドイツ側から、これとの戦いをイタリア軍に任せ、ドイツ大佐の下にある軍隊はこの国から引き揚げることが考慮された時に、カッシェはグライスとクロアチアの抗議に与して、そのような一歩は実際問題としてクロアチアがイタリアに占領されたことを意味する、と抗議した。リッベントロープは明らかに公使の判断

を信じなかったので、彼は1942年春に新たにフェーゼンマイヤーを危機地域に派遣した。そしてようやく —— イタリア占領軍が国内でセルビアのチェトニクを支援していることが判明した時 —— 年の後半にカッシェの要求でドイツ軍が強化された。ドイツ軍に占領された地域は1943年初めに軍が展開している地域と表明された。

カッシェは彼の任期の始めは、いかなる形であっても蜂起運動の中の反共産主義者勢力との協力に対して明確に反対であった。事件の圧力の下にいまや彼は —— 占領下のセルビアの同僚のように —— パルチザン組織と接触した。その際、共産主義者のチトー（Tito）のパルチザン組織や反共産主義者のチェトニックとともに自分の幸運を探った。リッベントロープは神経を消耗したことをはっきりと顔に表して彼と論争し「我々にとっては、巧妙にチェトニックとパルチザンを相互に争わせることでなく、一方と同様他方も絶滅させることが重要である」と述べた。[244]

1943年にはこのことはもはや問題ではなかった。連合国軍がシシリーに上陸して、イタリアの同盟パートナーとしての崩壊が地平線に見えてきた時に、民族運動は既にザグレブ周辺に及んできていた。そこでヒトラーは、8月にベルリンでの会見後、ドイツの公使に対して、緊急の際には「ヘリコプターで救出させる」と確約したが、これは彼に熟慮をうながすきっかけとなった。公使は「多分、彼が、民族組織を短時間で排除できないだろう、との印象を持った」ことに気づいた。[245]

カッシェはその地位に留まった。彼は、1945年に捕まるまで、一貫してクロアチアに動員されたが、これは、外務省の高官の代表としてまさしく例外なきお人良し振りであり、彼の経歴では唯一外交官として配属され、「ザグレブにおけるドイツ外交のドンキホーテ」[246]として際立った人物であった。バルカンのように暴力に満ちた地域で、彼の筆から、現地人に対する大量殺人についての唯一の批判的な報告がなされた。—— 辛うじて3年になる任期の後で —— その批判は、よりによってドイツの軍部隊に対するものであった —— 第7親衛隊応募兵 —— 山岳師団が、スプリットーシニェ地域でクロアチア市民の間で血みどろの殺戮を行い、その際にドイツとクロアチア軍の兵の家族も巻き添えにした。それについてリッベントロープに宛てたクロアチア政府による抗議のノートがクロアチア外務大臣の椅子を失わせ、ドイツ公使は新たに彼の上司から更迭に

あった。彼が送り込まれた国について、彼はいずれにしろ、正確な知見をもっていなかった。この地域において、他の外交官たちが迅速に把握したこと――より大きな市民グループに対する襲撃の反生産性とかパルチザンに対する戦いの枠内での現実路線の必要性――は彼には、単に非常な遅さで浸透していったにすぎない。

クロアチアのユダヤ人迫害は、1941年のウスタシャ国家が樹立されたすぐ後、反ユダヤ人法の流れとユダヤ人の拘留で始まった。半数以上のユダヤ人が親衛隊に似た兵隊たち、ウスタシャ、によって地方の強制収容所に入れられ、大半はそこで命を落とした。帝国治安本部は最初この、「解決」の方法に満足していた。クロアチア政府自身、そしてカッシェは幾度も、ユダヤ人の強制移送を要請し、その要請をカッシェは、即座にラーデマッハーに取り次いだ。帝国治安本部は最初は、強制移送を拒んだ。しかしながら外務省から、イタリアがクロアチアのユダヤ人をウスタシャから保護し始めた、と聞いた時に、その態度を変えた。1942年夏から帝国治安本部の代表たち、親衛隊大尉フランツ・アブロマイトとカッシェは共同で、まだ生存しているユダヤ人の強制移送を実行した。クロアチアでも、外務省は伝統的な課題である、外国国家とドイツ役人の間を仲介することばかりでなく、積極的にユダヤ人強制移送に関与した。

クロアチアのユダヤ人に対しての迫害に当たっては、同盟国イタリアは新たに障害物であることが明らかになった。何千人というユダヤ人がクロアチアのイタリア地区とハンガリーに併合された地域に逃れた。外務省は、イタリア人に協力するように働きかけたが無駄であった。しかしながら、カッシェ公使はイタリアの抵抗にもかかわらずに強制収容を打診した。「アグラムからの、途中で大声になった電話連絡でクロアチア政府は、提案された計画に同意した（文書での確認はされていた）後で」ルターがリッベントロープに「公使カッシェは、移住を始めること、特に原則的に全国家領域でである、が正しい、と考えている。アクションの途中で困難に直面するかどうかは、イタリアに占領されている地区にかかっている」と報告した。ムッソリーニは公式には、ドイツの圧力に譲歩しつつ、それでもイタリア人は防御した。ルターの尽力、ザグレブにおけるカッシェの取り組みとローマの大使マッケンゼンの努力もそれを協力に持ってゆくには十分ではなかった。

それでもドイツ地区では、さらに強制移送は行われた。クロアチア側は、強

制されたユダヤ人1人当たり30ライヒス・マルクを支払う用意があった。「支払いの方法」は、とカッシェは次のように書いていた。すなわち「外務大臣ロルコヴィッツと合意されるだろう」。1942年10月16日に、クリンゲンフスは、帝国治安本部に金融取り決めについて伝えた[250]。1943年7月にカッシェはワグナーに、クロアチアの強制収容所に捕えられている800人のユダヤ人女性と子どもたちの面倒を見るように頼まれた[251]。イタリアの降伏後、強制移送は1943年9月以降もイタリア地区から続けられた。

　1944年4月にカッシェはベルリンに、クロアチアでの「ユダヤ人問題」は概ね清算された、問題は、いまやまだ個々の場合の処置と、次第に清掃されている海岸地域での処置である。クロアチアの役人側からは、ユダヤ人に対する処置について完全な理解が得られている、困難は、「ユダヤ人がクロアチアの外からドイツの機関の委託によって行政上と経済上の問題の処理を行うためにここに入国して来ることである、私は、私たちとしてはそのような場合には、ユダヤ人を逮捕して、帝国に戻すように指示した」と報告した[252]。外交官は、執行人であることが証明された。

　ブルガリアでも外務省は「ユダヤ人問題の解決」の計画を指導した。これは既に1941年にリッベントロープとブルガリアの同僚閣僚であるポポフの話し合いで示され、その結果ドイツ局の第Ⅲ課が、ヨーロッパの「ユダヤ人問題」を担当することになった。ユダヤ市民の強制移送のイニシアティブは主として外務省のDⅢ課とソフィアのドイツ公使、突撃隊大将アドルフ・ハインツ・ベッケレ（Adolf Heinz Beckerle、1902-1976）から来た。ルターはベッケレから、ブルガリア政府の「ユダヤ人問題についての合意を前記の形式に沿って実行する用意があるか？　いずれにしても、両国間の公式の条約の締結は問題外である」。と、感触を聞いた。さらにルターは、強制移送に関する費用の問題をドイツが引き受けるかどうかについては、「これには数には当面触れないよう」と要請した[253]。
　ベッケレは、外務省にブルガリアの原則的な用意があるとの意思を伝え、ヴィルヘルム通りは、さらにその情報を帝国治安本部に伝えた。法務局の異議について、DⅢ課では「正しくない」と見なして、その逆である、とした[254]。ブルガリア政府と合意したように、「二国間の合意」は、ルターの見方によれば、「自然に、次第に相異なるヨーロッパ諸国と締結されるであろう」[255]。

示唆されていたブルガリア政府の「引っ越し」への同意に対して、帝国治安本部は、帝国が「移住の実行に際してその職務を提供すべきや」と疑問を呈した。この疑問はラーデマッハーから外務大臣に対して「ベッケレ公使がふさわしい、注意深い形で、ブルガリアのユダヤ人の国外移住の問題をブルガリア外務大臣との間で取り上げられないか、指示を要請した」[256]。リッベントロープは、「まだ待つように」と命令したが[257]、数日後に、ルターはリッベントロープの電話での指示を受け取った。「ユダヤ人の相異なるヨーロッパ諸国からの立ち退かせは可能な限り急がねばならない。というのは、ユダヤ人は至る所で我々を中傷しているからである」[258]。いつものように、外務省はここでも、反ユダヤ人処置をユダヤ人の挑発に対する行動である、と表現しようと努めた。

　DⅢ課とベッケレ公使は、ブルガリアのユダヤ人の強制収容に尽力しただけでなく、帝国治安本部の「ユダヤ人専門家」の動員にも参加した。そして、親衛隊大尉ヴィスリセニーをこの課題処理の担当をさせる提案をした[259]。ヴィスリセニーはスロヴァキアで不可欠だったので、親衛隊大尉テオドル・ダネカーに選択が回ってきた。帝国治安本部は、外務省に対して「いつの時点で親衛隊大尉ダネカーをソフィアに送ることを希望しているか」を教えてほしい、と要請した。ダネカーの派遣の後、外務省の人事局の次長ヘルムート・ベルクマンは、ゲシュタポ長官ミュラーに「ユダヤ人問題についての助言者の１人である者の、ソフィアへの派遣同意」に謝意を表した[260]。

　しかしながら、ブルガリアがユダヤ人の強制移送に際して無制限に協力する用意があるとのラーデマッハーとルターの見解は早急に過ぎたことが判明した。スターリングラードの後、ソフィアでは公式には、「男性のユダヤ人は道路建設の労働力として今のところ不可欠ではない」とされるようになった。ベッケレは譲歩せず、そして、ブルガリア首相との会談で、「ブルガリアのユダヤ人の大半を捕まえて、幾人かの男性のユダヤ人……まだ少しの時間ここにいなければならない……を除いて強制移送すること」に合意した[261]。数ヵ月後、ブルガリアの内務大臣ガブロフスキー（Gabrovski）との会談で「とりあえず、新しく解放された地域のユダヤ人が対象になる」ことが合意された[262]。ブルガリアが強制移送を許可した20万人のユダヤ人のうちの全体で１万4,000人が「ドイツの支援の下に」「新しいブルガリアの領域」から東部に押し出されていった[263]。「最初に解放されたユダヤ人の迅速な強制移送」を要求したのは、ベッケレだった。D

257

Ⅲ課のフリッツ・ゲプハルト・フォン・ハーンはベッケレの要求をアイヒマンにさらに取り次いだ。[264]

　ブルガリアによる占領下のマケドニアのスコピエからドイツ総領事ヴィッテ（Witte）は、1943年3月18日に「ユダヤ人のマケドニアからの移住」を報告した。スコピエの強制収容所司令官ペジョ・ドゥラガノフ（Pejo Draganov）の「7,240頭」が移住した、との報告と、「これは、公式のブルガリアのユダヤ人登録よりもほぼ10%少ない」との報告に総領事は満足しなかった。彼いわく「探索は、どんなに厳しくても必要である」。ドゥラガノフの「ユダヤ人の強制移送されるべき名簿の作成の完成が……手助けになる」との要請に、総領事は「スムーズな、迅速な行動で関心をもって応じた」。彼は、それでも、「強制収容所から家族とともにユダヤ人がいろいろな理由で解放された」ことと、収容されたユダヤ人と接触しようとしたのがイタリア人だったので不安になった。彼の結論は「マケドニアにおいては、政治的分野でも軍事的分野でも、以前と同様、最後のユダヤ人1人までもこの地域から遠ざけることが、敵国の信頼できる助け人、すなわちユダヤ人を奪うために必要である」。[265]

　似たようにタラキアのブルガリアに占領されたカヴァラのドイツ総領事は、ユダヤ人の強制収容についてコメントをしていた。「彼らは、この運命に値する、というのは、彼らは政治的に低俗な囁きのプロパガンダに参加したからである」。このテーマに対する彼の立場ははっきりしていた。「……その時点で彼らの衣服についていた飾りや金貨などを身から剥がされることは彼らにとって疑いなく辛いことだっただろう」。[266]

　全体で1万1,343人のユダヤ人が、タラキアとマケドニアからトレブリンカに強制移送された。誰も生き延びなかった。[267]古くからのブルガリア・ユダヤ人は、それに反して、外務省代表の努力にもかかわらず、移住させられなかった。ベッケレは、1943年6月には、ベルリンに対して、「ここでは、ユダヤ人問題は、対応するすべての方法で理解に至った、……そして、私たちは、戦術的に巧妙な態度で我々にとって望ましい目的を早急に達成できるだろう」と確約せざるを得なかった。彼は、いずれにしても、「ユダヤ人問題を常に監視し、そして可能な限り解決を早めるだろう」と。[268]

　スロヴァキアあるいはブルガリアなどの国家と比較して、ルーマニアとの関

係は外務省にとっては特に複雑であった。「ユダヤ人政策」では、2つの国家が異なる路線を取っただけでなく、帝国治安本部と外務省との間でも、また、外務省自身の内部でも、大いに意見の不一致があった。ブカレストの公使は、1941年の初めから1944年9月の彼の自殺に至るまで、突撃隊のマンフレッド・フォン・キリンガーで、前のブラスチスラヴァの公使館にいた男であった。キリンガーの緊迫した親衛隊との関係、特に大使館の「ユダヤ人助言者」の親衛隊大尉グスタフ・リヒターとの関係は、恒常的な不安をもたらした。ルーマニアのユダヤ人迫害についてはキリンガーは最もよく情報を得ていた。1941年秋に、彼はベルリンに「約4,000人のヤシイのユダヤ人の始末」を、そして、6万人のルーマニアのユダヤ人が強制労働に駆り出されたことを報告した。「ルーマニアの国境では」ユダヤ人は「とてつもない迫害に晒されれている」と。[(269)]

　ルーマニアのユダヤ人政策に、東部占領地域担当の帝国大臣アルフレッド・ローゼンベルクは非常に不満であった。1942年2月初めに、彼は外務省に対し、ルーマニアの1万人のユダヤ人を、ブクを越えてドイツ占領地域へ強制移送することと、さらに6万人のユダヤ人を追い出そうとする意図について不満を訴えた。[(270)]同様な調子でアイヒマンは2ヵ月後に外務省に書いてきた。「非ユダヤ化の努力は原則的に正しいとしても今日の時点ではそれは……希望されない」。と。アイヒマンの不満は、単純な理由からだった。ルーマニアの調整されない行動は「既に始まっているドイツのユダヤ人の追放を非常な危険に晒す」というものであった。それゆえに、アイヒマンは外務省に、ルーマニア政府にこのような「規則のない」そして「不法な」ユダヤ人の強制移送の中止を働きかけるように要請した。[(271)]ラーデマッハーは彼をなだめて、ブカレストのドイツ公使館が「東部の占領地域担当の帝国大臣の要請によって、既に3月終わりに」、「ルーマニア政府に、6万人のルーマニア国籍のユダヤ人の、ブクを越えた占領下東部地域への不規則な追放について照会するので面会すること」を指示された。[(272)]

　数ヵ月も絶たないうちにユダヤ人はドイツの計画が予告したように追放された。ルターは帝国治安本部から「およそ、1942年9月10日頃から、いまやユダヤ人もルーマニアから特別列車で東部に移送されることが予定されている」。と報告された。「外務省側からもこの処置に対して何の懸念もない」と考えている、というのであった。[(273)]ルターはキリンガーに「ルーマニアからユダヤ人を強制移

259

送することの問題について基本的に明らかにするよう」要請した。⁽²⁷⁴⁾しかしながら、彼の書簡がキリンガーに届く前に、ルターは「ユダヤ助言者」リヒターがルーマニアの役人と、外務省の背後で独自に交渉していることを知り、それをアイヒマンにも知らせた。彼は、外務省が懸念を持っていないことを前提にせねばならなかったからである。この独走がルターをしてキリンガーを叱責させることになった。「直接個人的な交渉の必要性について全面的に理解するにしても、そのような重要なことの最終的な合意は公使により直接なされることが適当でろう」。⁽²⁷⁵⁾リッベントロープもまたこの件についてとばっちりを受けた。外務大臣は、ルターの説明を要求して、そして、将来は他国の政府との交渉に入る前に外務大臣の同意を得る、ことに固執した。彼は、キリンガーがルターに対して、「外務省は、私がこのような重要な問題を専ら親衛隊出身者（助言者）に処理させようと考えていた」と自らの行為を正当化していたことを理解していなかった。⁽²⁷⁶⁾

　1942年9月末に、首相アントネスク（Antonescu）はヒトラーを訪問し、リッベントロープのいる前で、いまや強制移送が始まる、と約束した。しかし、ブカレストに帰って、彼は、彼のためらい戦術を続けた。ルターは失望して「ユダヤ人の追放の件は……とりあえず行き詰まった」ことを確認した。この場合は「現時点では、主な冬の月間では強制移送はそうでなくても歓迎されないのだからその限りでは大した問題ではない」が、それでも彼はキリンガーに「物事を流動的に維持しておき、春の始めには処置が続行される見込み」だと要請した。⁽²⁷⁷⁾

　その間、親衛隊大尉のリヒターは、我慢できなくなって、ルーマニアのドイツ代表部に行動を迫った。1942年9月に彼はガラツのドイツ領事館に「管轄の警察組織の監督下でガラツのユダヤ人の中で、誰が1941年12月16日の法律に従って人口調査に協力していないかを確認するために、突如、盗聴を実施すること」を要請した。⁽²⁷⁸⁾1943年3月、彼はすべての在ルーマニア領事館に「即座に、……ユダヤ人のプロパンダについて報告するよう」に勧告した。それに付け加えて彼は「どこの労働分野でどのユダヤ人が、今日でも通信機器を所有していることを知られているか」を通報することを要請した。⁽²⁷⁹⁾そしてキリンガーも行動した。1942年初め、彼はルーマニアのユダヤ人案件の委員ラヅ・レッカから、7万5,000人から8万人までのユダヤ人をパレスチナとシリアに移住させること

第5章　占領─略奪─ホロコースト

を、後者は、1 人当たり 1,000 ドル以上の支払いの対貨として組織化するように委託されたことを聞いた。キリンガーは抗議し、軍の上級司令官は、貴重な船内の浪費ゆえに抗議に加わった。その後、ルーマニアはこの行動を 2 月末に中止した。⁽²⁸⁰⁾

第8節　「外国籍ユダヤ人」と「保護されたユダヤ人」

　外務省と帝国治安本部は、「ユダヤ人処置」の分野では、帝国内と占領諸国で緊密に協力し、時には一方の、あるいは他の場合には別の役人が先に立つという具合であったが、伝統的な外交の知識と経験が必要とされる分野では外務省が絶対的な優先権を要求することが許された。意味するところは、外務省の担当が、「外国籍ユダヤ人」という特殊な身分との付き合いであった、ということである。すなわち、さらに拡大されたドイツの権力領域に住んでいる中立国あるいはドイツの同盟国の国籍を持つユダヤ人との付き合いであった。外国籍ユダヤ人を帝国における反ユダヤ人処置に含める問題は、当該国の利益に触れるので交渉せざるを得なかった。そして、帝国治安本部は原則として外務省の管轄権を受け入れた。

　外務省と帝国治安本部が外国でどのように協力したかは、ドイツ課（DⅢ）のブリュッセル使節団に宛てた書簡で明らかである。それによれば、原則的には治安部の代表が「一般的なユダヤ人処置」について責任がある。外務省の課題は、「一般的なユダヤ人処置を外国国籍者に対して適用しても問題がない」⁽²⁸¹⁾ということを帝国治安本部に連絡することであった。指示は多分に意識的に例外的に制限される項目として書かれていた。というのは、中央では通常の場合、問題がない、ことを前提としていたからである。どの機関が外国籍ユダヤ人に対する処置について管轄権があるかを決める際の委任が外務省にあることも明らかであった。

　1942 年 8 月、ヴァンゼー会議の半年後、副次官のルターは、ドイツ局の局長が、「同様にユダヤ人処置を取った国々のユダヤ人国籍をすぐに把握する」と申し出たことを記録していた。帝国治安本部はそれに相応した質問を外務省に立てていた。「慇懃な理由から」プレスブルク、アグラムとブカレストではドイツの公使館を通して当該国政府に「彼らが、ユダヤ人を適当な期限以内にドイツ

261

から引き揚げようとしているか」を訊ねていると。[282]

　公式には独立国からのユダヤ人移送は、ドイツに占領された国からのユダヤ人とは違って扱われていた。彼らは、占領下の地域に暮らしていても、一般的な「ユダヤ人処置」の対象ではなかった。タッデンはアイヒマンに対して、管轄権問題について次のように説明した。すなわち「外務省は、いかなる方法でも、まさしく一般的なユダヤ人政策の分野で、外交政策的に問題がなければ、どうにかして管轄の国内官庁の希望を考慮する。外国籍ユダヤ人の……ドイツの支配権力の地域からの出国の最終期限は、それでも外交政策の領域である」[283]と。外国籍ユダヤ人を一般的な処置の例外とする外務省の決定は、その限りで、ナチスの種族理論の前提とは違って、ユダヤ人を彼らの国籍によって細別しようとするものであり、パラドックスであった。帝国治安本部はこのような矛盾を繰り返し示唆し、外務省に対して、ここで出口を見つけることを要求した。[284]

　ドイツに住む外国籍ユダヤ人の扱いについての議論は既に1937、38年に始まっていた。1938年4月26日のゲーリングの、ドイツにいるユダヤ人は自分たちの財産を登録しなければならないという指示は、この指示が外国籍ユダヤ人をも対象にしているのか、そしてドイツのユダヤ人に即してのみ取り扱うべきや、という問題を投げかけた。特に、外国からの抗議は検討を余儀なくした。[285]外務省の態度は、はっきりしなかった。国内政策と外交政策的議論を比較衡量すると基本的には2つの選択肢しかなかった。外国籍ユダヤ人を「ユダヤ人処置」に含めるか ―― それは通常それぞれの国の抗議を招く ―― それとも、彼らの故国に帰国させるよう促すか（「故国を指定する」、「故国へ帰る」）であった。

　実際には、もちろん完全に非体系的に扱われた。多くの場合、決定は延ばされ、それまで、関係するユダヤ人は帝国内の収容所に拘禁された。[286]他の場合には外国籍ユダヤ人は特定の処置から免れた。いくつかの国家が自らが反ユダヤ人規定を導入するか、ドイツに占領された後で、これらの国のユダヤ国民の例外規定をなくしてしまった。他の場合には故国が特別敏感に反応したユダヤ人のみがこの処置の例外とされた。外務省に早急な統一的な規則の必要性を示唆したのは、帝国内務省であった。[287]

　不統一な扱い方が目に見える形となった例は、帝国内での外国籍ユダヤ人に対する食料と衣服の配給に現れた。1940年1月から1943年7月の間3年半にわたった話し合いは、外国籍ユダヤ人に食料と衣類を与える配給票を、ドイツ

のユダヤ人の配給票のように「J」とするか、であった。帝国食料・農業省の1940年3月11日の通達では、ドイツと所属国家のないユダヤ人、および保護領のボヘミアとモラビアそして総督府のユダヤ人が含まれた。ベルリン市長がその通達について、彼が食料・農林大臣と経済大臣に、ハンガリー、イタリアおよびルーマニアのユダヤ人もまた制約に含まれ得るのではないかとただしたことが、内務大臣をして、そのように「拡大されうる」点と「外交政策上の意味」ゆえに、外務省に対してこの問題はさらに諮られた。[289]

　フランツ・ラーデマッハーは、1940年10月8日に最初の意見をまとめた。DⅢ課の見解では、「外国籍のユダヤ人は、ドイツの食料と配給経済の分野では原則的にドイツ国籍のユダヤ人と同様に扱われるべきである」。外国の外交官から介入があった場合には、もちろん「軽減」が考慮される。問題の第三国から予期される反応に照らして、ラーデマッハーは、もっぱらハンガリーからの困難を懸念した。というのは、「ハンガリーの人種分野での政策は……枢軸国の政策に従っていない」し、ホールティ〔訳注：提督〕の家族は「親ユダヤ的」と知られているからである。もしもハンガリーが「政治的あるいは経済的に希望を述べてきた時は」、ハンガリーの「間違いに基づくユダヤ人政策」を明確な立場で指摘しなければならない。[290]

　また外務省の法務局も熟考することになった。3週間後に出された鑑定書では、いつも、個々の場合の決定は国内の機関に任せ、その原則は「政治的に不快な抗議や新聞の中傷が予想されることのできるアメリカ諸国や西ヨーロッパの国々の国籍のユダヤ人は、── 当該処置から免れ、一方で、東部の国々の国籍、それにはハンガリーやルーマニアを含む ──、国内のユダヤ人と同じ処置の下に置かれる」という立場を代弁していた。[291]これに沿ってルターは、1940年11月14日に食料・農業省に、敵国、北欧諸国、ハンガリー、ブルガリアとギリシャ国籍のユダヤ人でドイツ在住者は、食料の制限に含むことができる。しかしながらこれに対し、アメリカのユダヤ人は、「外交政策的な理由から決して制限化に晒されてはならない」と告知した。食料品供給の通達はその後これに応じて変更された。[292]

　特に、副次官で政治局長のヴェルマン、貿易政策部長のエミール・ヴィールス（Emil Wiehls）は、「このような方法が、アメリカ人にドイツの外国籍ユダヤ人に対するやり方の問題に対してリード役になるチャンスを与えないだろうとい

第1部　ドイツ外務省の過去

う意味で、……また、非アメリカのユダヤ人にとっては同時に時と場合によっては、——その際始めから、ハンガリーのユダヤ人とバルカン諸国のユダヤ人に対しては何らの政治的危惧はない——」と評価した。⁽²⁹³⁾

外国籍ユダヤ人に対して食料品と衣料の制限に関するスウェーデンの抗議はルターをして1941年3月18日に新たに活動せしめた。彼は、外国籍ユダヤ人に関する占領下のフランスでの扱いについての帝国外務大臣の指示を引用した。それによれば、「友好国の要求を……拒み、それに反し、アメリカに弱さを示すことは間違いである」。唯一の例外は、財産問題でなされるべきである。⁽²⁹⁴⁾1941年6月、一般的に同じように扱うことが外務省の公式な指示となった。帝国食料・農業省では、ユダヤ人を差別的に扱うことで役人が非常に仕事熱心になることが示されたので、歓迎されたようであった。それが法に反する状態であることに会合に参加した誰も関心を示さなかった。

ルターの規制は、見かけのようには統一的でなかったし、実際問題として、大いなる困難の上で実行されたのではなかった。ラーデマッハーは、帝国治安本部への書簡で、外国籍のユダヤ人を「そうすれば復讐が予想される財産法に関する事案を除いて」、国内のユダヤ人と同様に扱う、という外務省の原則的な決定を繰り返した。それに続く文書で彼はそれでも、規制を再度相対化し、帝国治安本部に「外国の国籍を持つユダヤ人に何らかの処置をとる前にどんな場合でも外務省に一報し、その見解を聴取して欲しい」と要求した。⁽²⁹⁵⁾帝国治安本部はこれに対する回答で、この要請にはある程度までのみ応ずることができる、そして、処置の実施が妨害された場合にはこの要請を無視せざるを得ない、と示唆した。ラーデマッハーは、その後、この要求を引込め、帝国治安本部のやり方を了承して、ルーマニアのユダヤ人の場合のみ言及することを要請した。⁽²⁹⁶⁾

帝国経済省と帝国食料省の通達が公開されなかったので、ハンガリーのユダヤ人マルチン・ヴァイツは、彼が1941年9月にベルリンのクネーゼベック通り14番地の配給所で「J」と記された食料と衣料品の配給カルテを受け取った時に驚いた。ヴァイツは、怒ってベルリンの市役所に怒鳴り込み、彼の所属人種ではなくて、彼の国籍に従って取り扱うように固執した。彼は、ハンガリーの国籍所有者として以前も後も商業組合と靴業界の組合員で、職業に従事しており、規則的に彼の老齢年金を支払っていること、を示唆した。ヴァイツは、ハンガリーの公使館にも、保護を要請して、外務省には、この件を調査するよう

264

第 5 章　占領—略奪—ホロコースト

に要請した。彼の件がどのように決定されたのかは、資料では判明しない。[297]

　1 年以上の後、1942 年 10 月 26 日に、在ベルリンのアルゼンチン大使館は外務省に対して、ウィーンに住むアルゼンチン人のユダヤ人ローザ・クルカ（Rosa Kulka）と、シラ、ドラ、エルナ・シュリンパーおよび 1 歳のシュリンパーに（制限のない）食料・衣料品配給カルテを出すように要請した。[298] 食料・農業省の回答は、「食料供給の制限は、国籍の相違にかかわらずすべてのユダヤ人に対して」適用されるという外務省の立場を示唆した。[299] 公使館参事官のハンス＝ウルリッヒ・グラノウ（Hans-Ulrich Granow）は、それでも懸念を持ち、そして、このようなケースは、アルゼンチンの中立政策にマイナスに作用して、さらにドイツに対するプロパガンダとして使われるかもしれない、と示唆した。政治局のオットー・ライネベック（Otto Reinebeck）は、彼に賛意を表明して、ただでさえ、アルゼンチンに戦争に入るように要求している、特に米国と英国のアルゼンチンに対する圧力が増加することを心配した。[300] タッデンはこの件を引き受けて、両省に、一方でユダヤ人に滞在許可を与え、他方で彼らに「十分な配給が存在する可能性」を奪うことを追認し得ない、というアルゼンチンの立場を説明した。彼自身は、この理屈をはっきりと拒否し、それでも、アルゼンチンとの関係を配慮するよう要請した。すなわち、「暗黙の裡に、食料と衣料品の完全な配給を保証することのできる例外扱いができないか」検討してほしい、というのである。彼の要請は聞き入れられた。帝国食料省は、ウィーンのアルゼンチン女性たちには食料配給カルテが「ユダヤ人という刷り込みなし」に分配される、ことを伝えてきた。[301]

　ホロコーストの中心的場所であるポーランドでは、戦争勃発後間もなく外務省はもはや何の役割も果たさなくなった。外国国籍の問題以外には外務省はそこでは無視された。1941 年 11 月に、総督府の外務省全権委託者ヨーン・フォン・ヴューリシュは、いかに異国国籍のユダヤ人を基本的に扱ったらいいのかを知りたかった。[302] 法務局のコンラート・レーディガーは、「『異国の国籍所有者、とそのような外国籍ユダヤ人出身者の国際慣習法』を示唆した」。それによれば、外国籍ユダヤ人には「ある程度の最小限の法的権利を認められねばならず、それには、所有権の保護と個人に関する保護が含まれねばならない」。さらに、レーディガーは書いた。「個々の場合に特別な理由なく、この権利がドイツ側によって無視される場合には、ほぼ刑罰上の行為となり、私たちは国際法を犯し

265

たという非難にさらされることになろう」と。[303]

　外国籍ユダヤ人をいかなる原則の下に扱うべきか、という問題は、外交官をワルシャワ・ゲットーまで行かせた。ベルリンからのそれに応じた準則が、ワルシャワ・ゲットーの外国人に関係した官吏を、官僚的に規則を満たしたとして満足させた。ドイツ局と帝国治安本部の連絡は、いかに外務省にとってゲットーの中が「特別な状況」にあったかも良く知られており、さらなる計画がどのようになっているかも知られていた。多分、官吏は、「ゲットーのすべての住民に必要な治安上の処置がとられる前に、ゲットーを外国籍ユダヤ人から『きれいにする』ことが重要だとみなした」。このようにして、彼らの一部分は絶滅から逃れた。処置自体に対しては、外務省はそれでも「全く、懸念を有しなかった」。[304]

　外交官によるナチス政策の基本的な是認は、彼らの国の国籍を有する個々のユダヤ人に関する中立国あるいは友好国からの問い合わせに対する回答書に徹底していた。こういう問い合わせに対する回答は、DⅢ課（後の国内ⅡA）の活動のかなりの部分となった。問い合わせの大部分は帝国治安本部に回され、そして、その回答は後に外務省を通して当該国の代表部に伝えられた。これは、個々の人間の運命に関する豊富な文書の交換に繋がり、ショア〔訳注：ユダヤ人迫害のこと〕の全体性に鑑みて、まさしくグロテスクに響いている。ここにも、正確に処理しようとする官僚的な様子が見られる。これは相応に「法の通り」と説明された。外国籍ユダヤ人の場合、常に彼らはまだ法的な地位を有している、との体裁を喚起することに務められた。外務省がこの関連で帝国治安本部から得た情報は──このことは見過ごされてはならない──外交官に追加的な、部分的には、「最終解決」の実際への詳細な洞察を提供した。

　外務省の介入のせいでユダヤ人の運命が和らげられたことが何度も起こった。そのような介入のきっかけとなった外交官のそのつどの動機に関しては、もちろん証言を得るのは非常に難しい。確かに、いくつかの例では人道的理由が役割を果たしているかもしれない。例えば、1942年4月17日に、アルゼンチン大使館は、外務省に対して、ポーランドで捕えられたアルゼンチンのユダヤ人ゲルション・ヴィルナー（Gerschon Willner）についての情報を提供するように要請した。総督府の外務省全権委託者ヴューリシュはクラクフから、ヴィルナーは1941年11月12日に逮捕され、アウシュヴィッツの強制収容所に送られた

第5章　占領─略奪─ホロコースト

そうである、と報告された。「なぜならば、彼は、警察の命令にもかかわらず、彼の住居から遠ざかり、そしてこのような方法で皮革製品の没収行動を非常に困難にしたそうである」からである。それに応じて、DⅢ課は帝国治安本部に、ヴィルナーがドイツに対する「プロパガンダ」として使われないよう「外交政策的な配慮から」強制収容所に送らないよう要請した。アイヒマンは回答を長く待たせなかった。ヴィルナーは、心臓の筋肉増強剤の十分な調薬にもかかわらず、1942年4月12日に亡くなった。[305]

　1年後、アイヒマンは新しい課、国内、部ⅡAの課長タッデンに「ユダヤ人問題の最終解決のために何らかの懸念も控えるよう」に要求した。これに対しタッデンが、外国籍ユダヤ人の故国への帰国の問題は、外務省が決定すると固執した時、アイヒマンは、外国籍ユダヤ人を、「事前の再照会なし」に彼らの国へ送る前に、強制収容所に収監することを提案した。[306] 当該諸国との気の長い交渉のためには、「最終解決」の進展した段階の1943年の半ばではもはや時間がなかった。それに応じて、外務省と友好国、中立諸国の交渉のトーンは厳しく、威嚇的になっていった。同盟を結んでいた国々の、ドイツへの協力態度は、振り返って帝国治安本部の外務省に対するいら立ちを募らせることになった。特に1943年7月にイタリアが降伏した後で、外務省と帝国治安本部との協力ははっきりと阻害された。外国籍ユダヤ人で、以前にイタリアによって占領されていた領域、ギリシャに滞在していた者は、それゆえに故郷の国へ帰ることはもはや要求されなかった。それは、息の長いプロセスが必要で、そのために直接ベルゲン－ベルゼンに、「彼らの帰国証明書」が再検査されるために送られた。アテネのアルテンブルクの後任のクルト＝フリッツ・フォン・グラヴェニッツ（Kurt-Fritz von Graevenitz）に諮ることもなく、1944年3月に帝国治安本部はギリシャの外国籍ユダヤ人を捕えさせた。グラヴェニッツの抗議は結果を伴わなかった。[307]

第6章　抵抗勢力の軌跡と反抗勢力の形成

　半世紀にわたってドイツ連邦共和国にとって当然のこととして見なされてきた大きな歴史説明の一つに、外務省は第三帝国の年々に2つの同様に独立した役所からなっていて、相互に際限なく争い、影響力を得んとした、との言い伝えがあった。一方では、「古い」伝統的な役所は最初、外交政策と外交職場のナチ化に反対したが、しかし、このような態度はヒトラーの外交政策上の成功に鑑みてさすがに放棄せざるを得なかった。他方、党と親衛隊が次第に、すべての戦略的、影響力のあるポジションを獲得していった。これまでの専門的道徳的な基準を確保するために、「伝統的な」外交官にとってはある隙間においてのみ可能であったにせよ、である。1938年に大きな戦争の危険が地平線に見えてきた時、事務次官のエルンスト・フォン・ヴァイツェッカー周辺の外務省の指導的な所属員たちは、国家転覆の計画を練り始めたという。戦争を阻止するために特に英国政府をヒトラーに対する強硬な姿勢に動かすように、英国方面に探りが入れられた。

　もしも「良い」役所と「悪い」役所というふうに2つに分ける2分法が複雑な歴史的な状態に対応しないとすれば、我々の抵抗に対する認識もまた批判的な検討に晒されねばならないだろう。このことは、とりわけ1939年以降の年月に当てはまり、それゆえにまさしく何を覚悟して、義務感を負うことなしに、責任を負うことができるか、という疑問は厄介なものになった。多分疑問そのものが間違って附されているのかもしれない。実際に外務省にとって多かれ少なかれ積極的な国家社会主義のシステムとの、特に「最終解決」の際に、他の選択肢はなかったのだろうか？　他のどんな行動が抵抗的または反対した例として挙げられるのだろうか？　一体全体いかにして、そしてどこに示すことができようか？　そしてこのような最も稀な個々の抵抗の行為がいかに後の外務省の自己認識に反映されているのだろうか？

第6章 抵抗勢力の軌跡と反抗勢力の形成

第1節 情報部の中心的な重要性

エルンスト・フォン・ヴァイツェッカーとエーリッヒ・コルトを取り巻く、ヨーロッパの戦争を防ぐためにポーランド侵攻の前の段階での試みが成功しなかった部門周辺は、1940、41年までにほとんど解散していった。彼の仲間は、多かれ少なかれ活動を停止した（ヴァイツェッカー）し、内部のサークルから追い出された（コルト）し、あるいは、エドワルド・ブリュックルマイアーのように密告され、追放された。ヴァイツェッカーはさらに、伝統的な官吏制度の広範な構造改革に反対して守ろうと努めたが、彼が据えられたポジションは無論ますます彼を共犯者に仕立て上げることになった。彼らの影響力の限界ははっきりと明らかであったのでヴァイツェッカーの「仲間たち」は時として諦めの境地に陥った。1939年〜1941年の軍事的な勝利の年月は、彼らの目には、戦争政策に対するさらなる抵抗の正当化は困難になったと映った。ハッセルは既に1939年11月に彼の日記に、残念ながらヴァイツェッカーは「かなり駄目になった」と記していた。彼は4週間前に断言していた。すなわち、反対派のジレンマは、ドイツの大勝利も、困難な敗北も希望できなかったことにある、と。外交政策上の考慮は反対派にとっては最初、重要な点であったが、後になってからやっと倫理的、道徳的な問題が加わった。

リッベントロープの大臣室長のエーリッヒ・コルトの移動によってヴァイツェッカーの仲間は一人の積極的なメンバーを失った。コルトの東京の大使館への移動によって、彼が完全に不遇となったわけではもちろんない。一方でこの交替によってI等級公使への昇格が約束されており、他方では、コルトは出発の直前、親衛隊では中佐に昇格していた。これまではヴァイツェッカー室に勤務していたアルプレヒト・フォン・ケッセル（Albrecht von Kessel）参事官は1941年1月にジュネーヴの領事として赴任した。そして彼の庇護者に従って1943年にバチカンのドイツ大使館へ移動した。ケッセルの友人のゴットフリート・フォン・ノスティッツ＝ドレツヴィーキ（Gottfried von Nostitz-Drzewiecki）は、「リッベントロープとの言い争い」後、既に1940年5月にジュネーヴのドイツ領事館に更迭されていた。同様に1939年9月には、コルトの兄弟のテオドルがスイスのベルン公使館に勤務していた。上記に挙げた人物たちは、外務省で圧倒的に若い職員で、ドイツのフランスへの勝利後も、戦争を終えるようにさら

269

に努力していた。彼らは、個人的な知己を通して緩い接触を維持していた。

エドワルド・ブリュックルマイアーは、ケッセルやノスティッツとともに、1927年に養成教育を受けた「クリュー」に属していた。1937年にナチ党と親衛隊に入り、1938年8月にエーリッヒ・コルトに率いられたリッベントロープの大臣室に配属された。戦争勃発の数日後にブリュックルマイアーは、友人、医師と親衛隊大尉であるフリッツ・カルニチュニックヒおよびさらなる話し相手に、戦争がドイツにとってのマイナスである見通しを表明した。両者は、ブリュックルマイアーを告発することに決め、ゲシュタポに9月9日に文書で知らせた。(6)ハイドリッヒ自らが事情聴取を引き受けた。(7)ブリュックルマイアーは、発言を認めて、「総統は、英国が実際、ポーランドを軍事的に支援することを信じていない」と言い、彼は、「私の大臣は、目標を決めると、それをめがけて突進する」。とほのめかし、最後には、可能性として「兵士について懐疑的な見解を表明した(8)」という。

ブリュックルマイアーを「6週間、ザクセンハウゼンの強制収容所の教育部門に入れ、他に親衛隊からの追放を」というゲシュタポの提案をリッベントロープは拒否した。(9)1940年5月26日付でブリュックルマイアーは退職させられ、1941年12月には親衛隊は彼をその隊列から除外した。(10)親衛隊のカルニチュニック大尉は彼の友人の密告の数ヵ月後に退職を迫られたことを知った。(11)彼はゲシュタポに知られ、彼のネガティヴな戦争の見通しについては公にされたが、ハッセルのような野党的な人々はブリュックルマイアーとさらに接触を続けた。(12)このような連絡が7月20日の事件後〔訳注：ヒトラー暗殺未遂およびクーデター未遂事件〕ブリュックルマイアーの逮捕につながって、1944年10月20日に彼はプレッツェンゼーで処刑された。

フランスに対する勝利の後で、想像するにリッベントロープの主導で重要な反対は外務省の中枢から遠ざけられた。(13)抵抗的姿勢は、それ以来、周辺にいた協力者からのみ来た。その第1は情報部の構成員が挙げられる。情報部は、既に第一次世界大戦の間も存在していた。その最も重要な課題にはいまやまたしてもなお、敵国における雰囲気についてドイツの役所に知らせるとともに、反対に、敵の外国の世論に、ドイツの考え方で影響を与えようとすること、があった。政治的課題であるこの概略の定義は情報部に、情報を得て、お互いに接することのない内外のグループと連絡を取ることを可能にした。その結果、この

第6章　抵抗勢力の軌跡と反抗勢力の形成

部門は最も迅速に成長した部に属し、1942年の9月1日には260人の部員を数えた[14]。

　戦争条件の下にジャーナリズムの経験を持つ数多くの外部からの人々が採用された。外部の雰囲気は伝統に捉われないものであった[15]。戦後、オイゲン・ゲルステンマイアー（Eugen Gerstenmaier）は当時の部を次のように描写している。「部はいろいろに混ざっており、全体的に雑多で、南の諸国に見られる自由な雰囲気であった[16]」。情報部XI「敵の残忍なプロパガンダに対する戦い[17]」の課長はルドルフ・フォン・シェリハであった。その協力者の1人に、ジャーナリストで科学的補助員であったカール・ヘルフリッヒ（Carl Helfrich）がおり、彼の同棲者イルゼ・シュテーベ（Ilse Stöbe）は1939年末から1940年秋まで彼のために働いていた。

　1940年7月からアダム・フォン・トゥロット・ツー・ゾルツは、新しい課情報部Xで「米国、極東諸国」を引き受けた。彼は、情報部II課長で、多分カッセルに推薦された男であるヨシアス・フォン・ランツァウ（Josias von Rantzau）の学生団体の兄弟分であった。シェリハと同様にトゥロットもまた情報部を彼の抵抗活動の基盤とした。そして彼は同じ考えの者をさらに加えた。彼のゲッティンゲン大学の同僚アレクサンダー・ヴェルト（Alexander Werth）、ハンス（ユギー）リヒター（Hans "Judgie" Richter）、およびエルヴィン・ヴォルフ（Erwin Wolf）がそうである。その秘書ローレ・ヴォルフ（Lore Wolff）はシェリハの仲介の下に仲間に加わった。長年の友人であるアルプレヒト・フォン・ケッセルとともにトゥロットはヘルムート・ジェームス・フォン・モルトケ（Helmuth James von Moltke）と接触を築き上げ、彼に1940年9月に初めてクライサウに招待された。ケッセルとトゥロットの知り合い仲間には、多分ハンス・ベルント・フォン・ヘフテンもまた加わった。彼は、1942年には情報部次長になった。

　ポーランド侵攻に際してシェリハは、新たに設立された情報部で最初はポーランド課を引き受けた。彼の課題は、「身の毛もよだつようなプロパガンダ」を防諜し、その下で占領下のポーランドでの犯罪を払拭することであった。この機能は彼に外国の新聞に目を通すことだけでなく、ナチスの犯罪についても帝国治安本部への報告を検証するのを可能にした。彼の友人で、長年の同僚であり、総督府における外務省の代表だったヨーン・フォン・ヴューリシュに対しても、シェリハはドイツ占領軍のポーランドでの犯罪について報告した[18]。犯罪に

271

ついての彼の観察は、外国にそれに相当する情報を流すきっかけを与えた。彼はスイスへの旅行で、ガレンの叙任司祭にこれを広め、1942年10月には、情報提供者のカール・J・ブルックハルト（Carl J.Burckhardt）に間違いなく、ホロコーストに関するニュースを伝えた[19]。シェリハの友人・知人グループには、トゥロットとならんでヘフテン、ハッセルとフリードリッヒ＝ヴェルナー・グラーフ・フォン・デア・シューレンブルク、ニコラス・フォン・ハレム（Nikolas von Halem）とヘルベルト・ムム・フォン・シュヴァルツェンシュタイン（Herbert Mumm von Schwarzenstein）がいた。全員が政権の反対者で、他の事件との関連で逮捕され、処刑された[20]。

　1942年10月29日に、シェリハはゲシュタポの人事課長ハンス・シュレーダーのオフィスで逮捕された。さきがけは、8月末に動員されたアルヴィト・ハルナック（Arvid Harnack）とハロー・シュルツェ＝ボイゼン（Harro Schulze-Boysen）を中心とする多岐にわたる抵抗網に対する逮捕の波であり、これは、ゲシュタポの捜査で「赤ずきん」の名の下になされたものである。シェリハは、同様に逮捕されたイルゼ・シュテーベとともに、そしてルドルフ・ヘルンシュタット（Rudolf Herrnstadt）のソ連のためのスパイ活動に関連して、罪がある、とされた[21]。共産主義者のシュテーベはリヒテンベルク〔訳注：ベルリンの一部〕の労働者階級の出身で、一時的に恋愛関係にあったルドルフ・ヘルンシュタットやまたヘルムート・キンデゥラーと外交官のゲルハルト・ケーゲル（Gerhard Kegel）を通して相異なる反対グループへの接触があった[22]。1934年から戦争の勃発まで、彼女はドイツとスイスの新聞のためにワルシャワで働いており、そこで外国特派員の世話をしていたルドルフ・フォン・シェリハと知り合った[23]。彼女は、30年代にソ連の秘密警察のために働いていたと思われる。

　シェリハとシュテーベはゲシュタポの特別委員会「赤ずきん」で捜査され、彼らの事件は、それでも別々に帝国裁判所で取り扱われた[25]。シェリハに対する裁判では、シュテーベは主要な反対証人であった[26]。シェリハ自身は、ゲシュタポの拘禁で虐待されて、「自白」を強要され、再審を請求しようとした。1942年12月22日、彼はプレッツェンゼーで絞首刑になった。シュテーベは同日、斬首刑に処せられた[27]。

　シュテーベと同様、ゲルハルト・ケーゲルもまたワルシャワでルドルフ・ヘルンシュタットによってソ連の軍事秘密警察に取り込まれたと思われる。ケー

ゲルは 1931 年以来ドイツ共産党の党員で、1934 年にはしかしナチ党に入党した。1935 年からは、科学的補助員として最初はワルシャワのドイツ大使館で働き、1940 年以来モスクワで働いていた。そこで彼は重要な貿易政策に関する報告をソ連秘密警察に行っていた。[28] ソ連に対する戦争の勃発後、ケーゲルはドイツに戻り、書記官として貿易政策部に職を得、またドイツ局に職を得た。この期間に彼は、イルゼ・シュテーベと再びコンタクトを取ったとされる。[29] 1943 年 4 月に彼は軍役に招集された。[30]

　情報部の新たな構成の一環として、1941 年初めには、およそ 50 の、ほとんどが外国新聞編集の見出し担当者の事務所が報道部門の下に置かれた。新しい部長は、かつてノルウェーで治安部の治安警察の命令権者であった、参事官ヴァルター・シュターレッカーであった。人事交替をトゥロットの緊密な協力者であったマリー・「ミス」ワシリシコフは次のように報告している。「トップの上司であるアルテンブルク公使は非常に親切な、誰からも尊敬された人であったが、まさしく、全く別の毛の生えた鳥によって取って代わられた。彼は、若い、攻撃的な親衛隊少将で、シュターレッカーという人であり、胴部の長い長靴を履いて颯爽と威張って歩き、鞭を振り回し、シェパード犬を側に連れた人であった。すべての人々がこの交替に不安を持った[31]」。ソ連への攻撃に際し、シュターレッカーは行動部隊 A を率い、血の跡を残してバルト地域を行進した。彼は、1942 年 3 月 23 日にソ連のパルチザンとの衝突で死んだ。

　シュターレッカーが去るとともに、情報部は新しく横から入ってきた人物をチーフとして迎えた。総領事ヴァルター・ヴュスター（Walther Wüster）で、彼は 1943 年 4 月に情報部に統合された文化政策部を率いていた。彼の代理として彼は参事官のハンス・ベルント・フォン・ヘフテンを任命した。

第 2 節　反対勢力の形成 1943、44 年

　クレメンス・フォン・クレンペラー（Klemens von Klemperer）が批判したように第三帝国時代の抵抗は特に「世代の問題」であった。[32] 外務省の中での指導的な反対者は、比較的若い世代に属し、大半が偶然でなく、戦争中拡大した、より若い層が働いていて、形式に捉われないやり方を許容した部に勤務していた。ハンス・ベルント・フォン・ヘフテン（1905 年生まれ）は党に登録されることも

なく、彗星のように出世し、1944年4月には、部の次長にまで昇格した。アダム・フォン・トゥロット・ツー・ゾルツ（1909年生まれ）は、戦争の初めには最初は科学的補助者として雇われ、間もなく官吏となり、次官のケプラーとともに設立した、インドに関する情報機関の長となった。ヘフテンとトゥロットの友人——そして知識共有者としてアルプレヒト・フォン・ケッセル（1902年生まれ）とならんで少しばかり年上のフランツ・ヨゼフ・フルトヴェングラー（Franz Josef Furtwängler）がいた。この、かつては、一般ドイツ労働組合連合事務局の外国事務局長は1941年以来情報部で働いていた。彼は、トゥロットを当時のSPD帝国議会議員ユリウス・レーバー（Julius Leber）に紹介した。レーバーは7月20日事件のカギとなる人物の1人であった。[33]

　ヘフテンは、法律学を学んだあと、シュトレーゼマン〔訳注：1925年にロカルノ条約を締結したドイツ外務大臣〕基金で事務局長として3年間活動した後、1933年に外務省に入省した。在ウィーンのドイツ大使館の若いアタッシェとして彼はオーストリアの指導的国家社会主義者の好意を得た。彼は、オーストリアの国家社会主義運動を意欲的に促進し、1941、42年に帝国大臣ザイス＝インクヴァルト、大管区長官のジュリーやライナー、さらに宣伝委託者メゲレはヘフテンの入党を証明し、温かく賛同した。[34] ヘフテンは鋭敏な官吏で、特に彼の宗教的な確信が彼をして早期に反対者に導いた。既に教会をめぐる争いの間、彼と彼の妻バーバラは信仰告白した教会への帰属を望んだ。[35] 抵抗への道の決定的な衝撃をヘフテンは、彼の共同受堅者ディートリッヒ・ボンフェーフェアー（Dietrich Bonhoeffer）との接触を通じて得、そのケッセルとハッセルとの関係を持ち、特にそのクライスアウアー〔訳注：下部シレジア地方にあったモルトケ所有地での集まり〕クラブにおける役割を通して得たのであった。[36]

　1944年春にヘフテンは療養に出なければならなくなった。彼の長患いによる不在は、トゥロットに負担をかけた。「彼もまた我々にとっては非常になくてはならない人であった」、と彼の妻クラリタは書いていた。[37] 優に1年以来ヘフテンは文化政策部の次長をしていた。[38] 療養の間、1944年4月21日に、彼はこの地位を公使I等級のルドルフ・シュライアーに譲った。[39] 後者は、短時間パリの大使館を率いた。1943年11月29日のアベッツの帰国後、かつての大管区長のためにふさわしいポジションを見つけなければならなかった。[41] 前線で戦った、元チーズの卸売商人で、古くからの党員であるシュライアーは、1899年生まれ

で、全く部の人事特性に合わなかった。彼の任命は、ヘフテンの部分的な更迭であった。

　アダム・フォン・トゥロット・ツー・ゾルツは 1909 年にプロイセンの文化大臣アウグスト・トゥロット・ツー・ゾルツ（August Trott zu Solz）の 5 番目の子として生まれた。法律学を学んで、長年にわたる北アメリカと極東の旅からドイツに 1938 年 11 月に帰国した時に、彼は、ヴィルヘルム通りと総統府の間を取り持つ中心的な地位に座っている「帝国外務大臣の総統に対する定常な全権代表」のヴァルター・ヘヴェルと知り合った。トゥロットは彼に自分の個人的な英国との連絡網を、ドイツと英国の戦争を避けるために貢献すべく使うように提案した。このミッションは、1939 年に英国の外務大臣ハリファックス（Halifax）卿と首相のチェンバレンとの話し合いに結びついたが、またトゥロットと外務省との緊密な連絡に結びついた。アルプレヒト・フォン・ケッセルあるいはゴットフリード・フォン・ノスティッツのような個々の外交官たちの接触にもかかわらず、トゥロットは外務省に対して、個人的にも、体制的にも特別な結びつきを感じていなかった。それでも、——1945 年以降も、抵抗の外交政策的な密使の役割と彼の絞首刑による死は、——外交官たちの抵抗という図にあっているので、外務省員にとってますます強力に様式化されている。この様式は決して存在しなかったのであるが。

　1940 年 6 月 1 日の彼の外務省への入省と並行して、トゥロットはナチ党への受け入れを申請した。出世のためではなくて、彼の反体制的な態度にとってこの一歩は決定的であった、と彼の伝記作者は書いている。トゥロットは既に以前にした決定に従った。「すなわち、彼は党に入党したが、党員のふりをすることが政権に対する戦いにとって有益だろうから」と考えたからであった。トゥロットの動きを理由づけた同時代の証人たちは、既に存在しない。ここにも再び共謀行為の動機を、十分な証拠の基礎なしに明らかにできない困難がある。トゥロットは最初に外務省で科学的補助者として働いたが、むろん、稀にみる高額な報酬グループⅡに位置づけられていた。ルター、ヴュスターとケプラーの積極的な評価によって彼は、1943 年 5 月 1 日に官吏関係の書記官となった。

　トゥロットは、英国侵略の準備に携わった。またインド課長として、彼の活動は主として英国の利害に対するものであった。彼の活動は、常に英国や米国の彼の数多くの友人たちとの内的な葛藤に彼を引き入れた。彼らは、戦争後、彼の

第1部　ドイツ外務省の過去

動機に批判的になり、背後関係を探った。特に多くの英国人にとっては、愛国主義と反抗の共生は苛立たしいものであった。トゥロットは、「恐れを知らず」そして「不注意」と描かれたが、彼の人権および人間的価値への傾倒は、彼の「自発性」もそれと同じように高く評価された。[47]ヘフテンと同様にトゥロットも二律的な生活を送った。彼は、それによって生じた必然性を主体的に受け入れたように見え、彼はそれでも彼の行為が分裂していたものであったことを認めていた。

　トゥロットは走っている道が狭いものであることを意識しつつ、ヒトラーの失墜とナチス支配の終焉に向けて彼の力を尽くした。いずれにしろ抵抗のための無条件な取り組みには疑いはない。彼は、反対派の軍や民間の人々、彼の古くからの知人ハンス・フォン・ドナーニ（Hans von Dohnanyi）、その上司の国防省の対外・反諜報の大佐であるオスター（Oster）、ドイツ・ルフトハンザの法律家のオットー・ヨーン（Otto John）、ドナーニの従弟であるクラウス・ボンホーファー（Klaus Bonhoeffer）、それと少将のアレキサンダー・フォン・ファルケンハウゼンとゲオルク・トーマス（Georg Thomas）とのコンタクトを結んだ。1940年8月にトゥロットはベック大佐と知り合った。[48]クライスアウアー仲間との意見交換とならんで、彼の活動の中心は複数回以上にわたる外国旅行であった。トゥロットはスイス、オランダ、ベルギー、スウェーデンと西側の同盟諸国、特に英国にドイツの抵抗に関する情報と示唆を仲介するために訪れた。クライスアウアーだけでなく、シュタウフェンベルクを中心とする軍事部門の抵抗にとってもトゥロットは外国との最重要なコンタクト・パーソンであった。既に彼の時代の仲間にとっては、彼は抵抗運動にとって「非公式な外務大臣」と見なされた。[49]

　ヘフテンとトゥロットとならんでさらに、短期間でも少なくとも外務省で働いていた職員は、モルトケ、ヨークを中心とするクライスアウアー組に属していた。オイゲン・ゲルステンマイアーもその1人である。1906年生まれで、信教神学学者で、1936年以来司祭テオドル・ヘッケルの下の教会外務省で働いていた。兵役義務を通して、最初は文化部で働き、それから情報部門で働いていたが、その間にヘフテンとトゥロットとのより緊密な接触を持った。[50]1942年6月3日に、ゲルステンマイアーは初めてクライスアウアー組の会合に参加した。神学者との関係は特にヘフテンが促進した。[51]

276

第 6 章　抵抗勢力の軌跡と反抗勢力の形成

　情報ないし文化部で、成立した抵抗者のサークルが存在したにもかかわらず、それは外務省としての抵抗とは言えない。第 1 に非常に小さなグループであった。他、反対派の中心は外務省の外にあった。重要な結晶点はモルトケのクライスアウアー・サークルで、その協議にトゥロットとヘフテンが参加していた。── そして、重要性はより少ないが、ゾルフ・サークルがあり、かつての外交官たち一連を包摂していた。1936 年に死亡した在東京のドイツ大使ヴィルヘルム＝ハインリッヒ・ゾルフ（Wilhelm-Heinrich Solf）の未亡人のハンナ・ゾルフ（Hanna Solf）を中心にできた話し合いのサークルで、個々の政権に敵対する人々が率直な発言をしていた。そのメンバーには、大部分は引退した外交官たち、例えば、かつてのドイツの在ニューヨーク総領事のオットー・カール・キープ（Otto Karl Kiep）公使とか、元参事官のリヒャルト・キェンツァー（Richard Kuenzer）、元大使のアルプレヒト・グラーフ・フォン・ベルンシュトルフ（Albrecht Graf von Bernstorff）、元書記官ヘルベルト・ムム・フォン・シュヴァルツェンシュタイン、元参事官 Dr. ヒルガー・ファン・シェルペンベルク（Hilger van Scherpenberg）であった。ゲシュタポのスパイに密告されて、ゾルフ・サークルの大部分のメンバーは捕まり、ベルンシュトルフ、キープ、キェンツァーとムムは戦争を生き延びられなかった。[(52)]

第 3 節　1944 年 7 月 20 日事件

　外務省がいかにわずかしか「抵抗の細胞」と見なされないのかは、特に次のような事実からもうなずける。すなわち、ウルリッヒ・フォン・ハッセルが積極的な反対者の役割を担ったのは、職を辞してからであり、フリードリッヒ・ヴェルナー・フォン・デア・シューレンブルク（Friedrich Werner von der Schulenburg）は彼がモスクワから帰国してからヴィルヘルム通りではただ軽い役割しか担っていなかった。

　1881 年に生まれたハッセルは、帝国以来外交の職務を担った。国家社会主義の権力奪取以来、在ローマの大使は第三帝国の最も重要な使節団の長に昇進した。1933 年にナチ党に受け入れられ、ハッセルは 1936、37 年、彼の考えでは伝統的な修正政策から離れた国家社会主義の外交政策に比較的大きな距離を置くようになった。1938 年には、彼はそのローマのポストから召還された。ハッ

277

セルはさらに外交の特別任務を果たしたにもかかわらず、彼は再び影響力のある地位に就かなかった。多方面に根を張り巡らし、国家、官僚と軍部の指導者と知り合い、彼は彼の人脈をその後は、陰謀のための活動に使った。1939年8月14日彼は、ミュンヘンでかつてのライプチッヒ市長であったカール・ゲルデラー（Carl Goerdeler）と会見した。両者の会合とともに、抵抗ネットワーク・ゲルデラーベック＝ハッセルの歴史が始まった。しかしこれは一つのグループとは言えないくらい、組織的構造的には少人数で構成され、参加した「名士連」の意見も相異なっていた。[53] ハッセルは、特に、より若い世代のモルトケやヨークを取り巻く人々への橋渡し役となった。国家転覆が成功した暁には、ハッセルは外務大臣になる、と言われていた。

　ハッセルと違って、シューレンブルクは戦争中外務省での働きに拘束された。彼は、ロシア委員会を率いていたが、むろん、その影響力は限られていた。1875年に生まれた職業外交官である彼は、モスクワにおける大使として、あらゆる手段を使って、ソ連に対する1941年6月22日の攻撃を妨げようとした。反対派の枠内で、彼はモスクワとの早期の和平締結を強力に進めた。彼は、いずれにしろゲシュタポの調査によれば、ブリュックルマイアー —— シューレンブルクがテヘランの公使館で同時期を過ごした —— を通してゲルデラー・サークルに行き着いた。ゲルデラー、ハッセルそれにシューレンブルクはブリュックルマイアーの家で会合を持った、という。[54] シューレンブルクもまた短期間外務大臣として予定されていた。

　外務省職員で、直接暗殺の準備にたずさわった人の数は、少数にとどまった。組織にしかと組み入れられていたのはヘフテンとトゥロットのみだったし、他の職員は外務省の課題にも拘束されていた。トゥロット1人だけがシューレンブルクをめぐる最も近いサークルに属していた。7月16日に彼はヴァンゼーシューレンブルクの家で決定的な話し合いを持ち、そして彼は暗殺行為の前、夕刻にもシューレンブルクに会った。

　転覆の試みの1年半後、トゥロットとヘフテンの同僚のヴィルヘルム・メルヒャースは、7月20日事件への彼の記憶を文章にした。彼は、2人の謀反人と同じようにこの日々、ヴィルヘルム通りにいた。メルヒャースは事件の脇にいて、彼の報告は彼自身の立場を正当化するのにも資しているが、彼は、決定的な時間の中枢における雰囲気を生き生きとした描写することに成功している。メル

第6章　抵抗勢力の軌跡と反抗勢力の形成

ヒャースは彼の描写によって、相異なる、通常外務省の中で、個別に、互いに隔絶されて行動する反対派が、共通の、戦略的な力の中心にいたかのような印象を持たさせた。その真ん中にエルンスト・フォン・ヴァイツェッカーのサークルがあった、というわけである。

　メルヒャースは同僚からは、関知者で、シンパとされたが、外務省はとても反対派の橋頭堡とは見られなかった。メルヒャースとヘフテンに同様に友人と呼ばれた同僚は「行儀よかった」ことを互いに確認したのは、まさしく特別な団結心と言えるようなものでもなく、ましてや反対派が根深いということでもなく、逆に外務省が不信と不安の渦中にあったことを表している。このような雰囲気は、その後の数日間色濃くなっていった、と言われる。逮捕の不安はトゥロットとヘフテンにだけでなく襲った。メルヒャースも、彼らが自分の政治的な考えを共有している、と信じた同僚たちと一度たりとも転覆を話し合ったこともない、と認めた。「この沈黙はぞっとするような状況を表していた」、と彼は書いた。[55]

　トゥロットとヘフテンの逮捕については公に何も報じられなかった。メルヒャースが描写した、圧迫された言葉を失うような雰囲気は、ヴィルヘルム通りの政権の先頭に立つ人々さえをも飲み込んだ不安と広範な疑心暗鬼の表れであった。手短な演説で、特に彼のかつての代理ヘフテンを非難した部長のシクスでさえもいずれの話し合いでも事件のことに触れることを回避した。7月20日事件についての共通の反応は、外務省の個々の職員にも及んだ。外務省のトップの人々は、陰で逮捕された人々を低く評価して政治的な害を限定することに努力した。

　暗殺から少なからぬ日の後、外務省の筋からの重要な反対者たちは捕えられた。ゲシュタポは7月23日にヘフテンを、2日後にはトゥロットを、7月28日にはハッセルを捕まえた。シューレンブルクはすぐには逮捕されずに、外務省の協力の下でゲシュタポの監視下に置かれた。帝国治安本部の長が党本部長[56]ボルマンに、ゲシュタポの調査について報告したいわゆるカルテンブルンナー報告によれば、8月11日には「知っていた者の数は、襲撃に直接参加した中尉フォン・ヘフテンの兄弟の、参事官ヘフテンを中心に増えた。フォン・ヘフテンは最初に、参事官トゥロットを巻き込まないよう嘘を言った。その後、彼は、既に1944年1月の後半から彼の兄弟を通じて政権転覆の意図について知ってい

279

た、と白状した(57)」。

　外務省はいずれにしても逮捕の直後に知らされていた。ワグナーの委託により、また局長のシュレーダーとの話し合いの後、国内ⅡB課長、書記官のゾンネンホール（Sonnenhol）は、一方でカルテンブルンナーと直接コンタクトを、他方で「1944年7月20日事件の特別委員会」の長の役割を演じていたゲシュタポのチーフ代理である親衛隊准将フリードリッヒ・パンツィンガー（Friedrich Panzinger）ともコンタクトを持った(58)。1944年8月11日に、ゾンネンホールはパンツィンガーから、トゥロットは「民族裁判の法廷の日から数日に……死刑の判決を下されるだろう」と聞いた(59)。ヒトラーは、転覆の試みに参加した者に対しての法廷は、民族裁判所に引っ張り出されるべきことを決定した。ここで、軍人と民間人の裁判手続きが別々に分かれて行われるべきである、というのである。責任のある国防軍将校——その先頭には陸軍元帥で大将軍エルヴィン・フォン・ヴィッツレーベン（Erwin von Witzleben）がいたが、——に対する主法廷は、1944年8月7日および8日に開かれた。告訴された全員に死刑の判決が下され、判決の直後にベルリン・プレッツェンゼーの刑場で殺された。

　トゥロットとヘフテンは、かつてのベルリン警視総監で、突撃隊大将のヴォルフ・ハインリッヒ・グラーフ・フォン・ヘルドルフ（Wolf Heinrich Graf von Helldorf）を含む他の4人の被告とともに1944年8月15日に法廷に引き出された。民族裁判所長官のフライスラーに聴取されてヘフテンは有名になった箴言を発した。「私は総統が世界の歴史上の役割と考えている、すなわち、悪の偉大な実施者であるとの……(60)」ヘフテンとトゥロットは死刑判決を受け、ヘフテンはその日のうちにもベルリン−プレッツェンゼーで亡くなった。トゥロットの処刑は、彼の外国人脈をさらに探り出し、利用する可能性のために延期された(61)。そして、8月26日にやはりプレッツェンゼーで絞首刑にされた。

　「転覆計画の民間トップ(62)」に対する大きな法定手続きが進められる前面では、外務省は広範な活動を展開した。ヴィルヘルム通りの目的は、具体的にはハッセルとシューレンブルクのようなかつての外務省の職員の巻き込みを防止することであった。ワグナーと国内Ⅱ課のグループとならんでこの試みには、特にゾンネンホール書記官が参加し、人事局も引き込まれた。報告は事務次官を越えて帝国外務大臣にまで上げられた。親衛隊、法務省、外務省は共通して、もしも「2人の有名な大使が同時に民族法廷に現れる」となれば「負の宣伝効果」

が市民の中に育つ、という見解であった。シューレンブルクはあまり罪がなかったので、彼に対する手続きは当面引っ込められた。ゾンネンホールは、彼が重罪を免れ、外務大臣はこの観点から「より高いところ」に介入すべきだ、と希望した。ゲシュタポに対して外務省は高齢を示唆して、シューレンブルクの低下した判断能力を暗示した。リッベントロープは、シューレンブルクの法廷手続きが、少なくとも外務省の法廷監視者の目に、単に軽い罪であることが、告訴されたものにとっても、また同時に外務省にとっても明らかになれば十分と考えているように見えた。シューレンブルクは10月23日に死刑判決を受け、1944年11月10日にベルリン－プレッツェンゼーで処刑された。

　外務省の、ハッセルに対する法定手続きをゲルデラーの手続きと分離しようとする試みは不成功に終わった。外務省は元大使から距離を置こうとする努力に失敗した。「ハッセルは、長らく外務省に来ることもなく、外交官の代表者としては謀反計画に登場したが、外務省とは全く関係がない。これは、一般的な利益にならない」。にもかかわらず、ハッセルは、1944年9月7、8日にゲルデラーとそれ以外の3人の被告人とともに法廷に引き出された。外務省の法廷監視者のゾンネンホールは被告人に全く同情せずに法廷審理を報告した。フライスラー（Freisler）はハッセルの国家社会主義に対する批判点の重要な点を次のように要約している。「1. 1939年の占領　2. 法治国家の問題　3. 個人の自由の排除　4. ハッセルによって感じられたユダヤ人問題解決の恥　5. 宗教問題」。5人の被告全員が9月8日に死刑判決を下されたが、ヴィルマー、レジーヌ＝ユングとハッセルはその日のうちに死刑を執行された。

第4節　部外者としてのフリッツ・コルベとゲルハルト・ファイネ

　外務省で政権に反対して働いたすべての者が逮捕されたわけでもなかった。ヒトラーへの謀反の準備と並行して、反抗の網に縛られることなく、少数の知人のみに支援されて、中級職のフリッツ・コルベは転覆への寄与を行おうとした。個人の立場を逆推論するのを許されるとすれば、彼の動機は愛国的で人間性溢れたものであった。

　コルベは1900年にベルリンの手工業家族の息子として生まれた。帝国鉄道で働いた後、1925年に外務省に入った。義務を認識した協力者として評価され

第1部　ドイツ外務省の過去

たが、ナチ党への入党の勧めを断った。職業上の不利を覚悟してのことだった。ケープタウンでの領事館で、推測するに既に 1938–1939 年にナチスに追われている者の旅券を改竄していた。最初は、軽い課題を任され、彼は 1940 年末（41 年）に大使のカール・リッターの部屋付きの長を引き受けた。彼は外務省の国防軍への連絡役となり、そしてリッベントロープの経済的な戦争の指導の最も重要な助言者と見られた。党籍もなく、治安上のリスクで不信の目で見られているにもかかわらず、コルベは重要な信用された地位を担っていた。1941 年の間、入信する通信と電報を事前に選別し、どのニュースがリッターに提示するに重要なのか決定していた。コルベの机を通して秘密の、最も高い微妙な書類が通っていった。

　コルベは役人の間にほとんどと言っていいほど同盟者を持っていなかったが、—— 彼の数少ない信頼者には、職業外交官のカール・デュモント（Karl Dumont）と文書室に務めていた従業員のゲルトルード・フォン・ハイメルディンガー（Gertrud von Heimerdinger）がいた —— 彼はベルリンの外科医フェルディナント・ザウエルブルッフを通して宗教界、軍関係者や国防省の多くの人々と知り合い、彼らは広い意味で市民の抵抗の目的と自分を同一視していた。コルベの長年にわたる友人であるエルンスト・コッヘルターラー（Ernst Kocherthaler）は、1935 年にドイツから移民したユダヤ人で、外務省の領事職を辞してベルンに根を下ろしていたが、1943 年 8 月 19 日にアレン・ダレスとの初めての会見を繋いだ。ダレスはこの時点ではアメリカの秘密情報組織 OSS のベルン事務所を率いていた。若造に見えるドイツ人を挑発者のエージェントと見なすベルンの英国軍事アタッシェの警告に対して、ダレスは最初から彼の誠実さを確信した。数日しか経っていない 2 回目の会合において将来の協力についての詳細を協議した。そのすぐ後に、アメリカ人はコルベに「ジョージ・ウッド」という暗号名を与え、この名の下に彼は戦争が終わるまで OSS のために働くべき、とされた。数ヵ月のうちにコルベはダレスの最重要な情報提供者に上り詰めた。既に 1944 年 1 月に、OSS はワシントンでルーズベルト大統領に新しい情報源「ウッド」ないしは「カッパ」〔訳注：コードネーム〕を引用した最初の秘密書類を提示した。英国は、やがてその初めの自粛に遺憾の意を表した。というのは、コルベの「イースターの嘘」とダレスから規則的に入ってくる情報を読んでいたが、それがいまや事実というだけでなく、特別に興味深かったからである。そこには、祖国

第6章　抵抗勢力の軌跡と反抗勢力の形成

の前線に関する雰囲気、状況についての価値ある示唆があり、そして、帝国とその同盟国の間の関係についての示唆もあったからである。ドイツの占領犯罪について、また、ヨーロッパのユダヤ人殺戮について詳細を極めていた。また、同盟国そして中立陣営のひとつ、または他のスパイ活動もコルベの知らせのお陰で阻止された。

　自分のエージェント活動に照らして、コルベは良心の呵責を感じなかったようである。むしろ彼は戦争に関する重要なニュースを渡すことによって政権の内部的な弱体化に寄与することは、彼の道徳的な義務と理解していた。ダレスに対して彼は自分を「人間的な良心を持ったドイツの愛国主義者」と評していた。[69]政治的な、軍事的なそして戦略的な情報を手渡すことによって、本質的な方法でナチス政権の失墜を早められるという意思に駆り立てられ、彼は、国家裏切りの罪を意識的に覚悟していた。彼の目論見の規模と方向は、もちろんのこと、アメリカ人の依頼者とも特殊な自明性と大々的な世界観の革新で一致していた。ダレスとそのドイツ出身の緊密な協力者のゲロ・フォン・シュルツェ＝ゲヴェルニッツ（Gero von Schulze-Gaevernitz）は、彼らのドイツの話し相手に対して、アメリカ政府が抵抗運動を「支援し、勇気づける」ことを優先しているという印象を与えようと何度も試みたが、彼らは、いつでもワシントンの基準と一致して働くというわけにはいかなかった。[70]

　ベルンの米国特別公使の遠方からの職業的な考えと、現実に存在するアメリカのドイツ政策の余地との乖離は、コルベにとっても戦争末期に宿命的になろうとしていた。ダレスが彼の最も重要なエージェントに、1943年末にその文書引渡しの活動をやめさせることができ、その代わりに地下運動に参加させようとした後、彼はコルベに降伏の直前の数日に、ドイツの公使オットー・ケヒャー（Otto Köcher）──1934年以来党員──に対してアメリカの連絡役として知らせるよう説得しようとした。ケヒャーが、アメリカ人と協力することを拒んだことは、彼が数ヵ月後にOSSの圧力によってスイスから追放され、ドイツで拘留逮捕されることに繋がった。1945年のクリスマス休暇の2日目にルードヴィッヒスブルクの刑務所の房で首を吊る前に、ケヒャーは彼と一緒の刑事犯に、コルベがアメリカ人に彼を中傷したという噂をばらまいたようであった。このことは、第1に、ケヒャーがベルンの公使館に運ばれた外務省の金の残骸をコルベに渡すのを拒否したから起こったのであろうと。コルベは他の反対者たちに

283

第1部　ドイツ外務省の過去

緩い連絡を取っていたにすぎず、個人では不可能なほど積極的に成功裡に抵抗を行うことができたといわれる主張に反論していた。彼の物語は、国家社会主義の政権下でいかなる余地があったかを示している。彼はこうして、外務省で少数の協力者が、反対者の網に連絡もなく、ナチスの支配を打ち砕こうとする、あるいは少なくともそこから距離を置こうと努力する人々の代理となっている。彼らの一員には1913年生まれで、政治局の学術的補助員、ハンス・リッター（Hans Litter）もまた属しており、予備役の中佐として野戦の戦時法廷で「国防戦闘機破壊」の罪で死刑の判決を受け、1944年1月21日に処刑された。[71]

　別の態度があったことを、―― 全く別の観点から ―― 具体的に示しているのは、外交官ゲゲルハルト・ファイネの例である。1894年生まれで、1923年に外務省に入ったファイネは特にシュトレーゼマンの個人的秘書を務め、ナチ党の党員でもなかった。[72] 彼は、1938年からベオグラード公使館の参事官であり、1941年以来彼はそこで公使のベンツラーの留守中に代理をしていた。[73] ユーゴスラビアに対する戦争が始まった時、彼の態度が第1級公使館参事官への昇進を助けた。リッベントロープの指示でファイネは「ドイツの攻撃の時刻をごまかすために」臨時代理として公使館に残った。残りの公使館員はベルリンに帰った。[74] 彼の昇進の推薦には、ファイネは、公使館が重大な空襲に遭いながらも、「公使の召喚の後も……ドイツ人保護と他のドイツの要件の利益のために自身の決断でその公務に留まった[75]」とされた。

　1943年にファイネはベルリンに帰り、政務局南東IVb課の課員に配属になった。[76] シュテーングラハトに薦められたのにもかかわらず、相変わらず党に入ることを拒否した。[77] 1944年の3月17日以来、彼はブダペストのドイツ公使館で勤務した。彼は人事問題を扱い、時として報道アタッシェの役をも上手くやってのけ、最年長の外交官としてフェーゼンマイヤー大使の代理を彼が留守の時は務めた。[78] ファイネが戦後に描写したところによると、彼が「フェーゼンマイヤーの性格とその政策」を知った時、彼は自分の召喚あるいは国防軍への配置換えを稟請した、とのことである。両方とも拒否されたが。[79]

　ファイネは1944年12月末までブダペストに留まった。彼は、公使館の中で10時から12時まで開かれた毎日の朝のミーティングに参加していたが、このような方法で「進行していた概要」と ―― 親衛隊との協力の下に実行されていた ―― ユダヤ人に対する処置をも知った。[80] ファイネはベルリンの外務省に、治

安警察と治安部に関する報告をさらに送った。1944 年 4 月 24 日に彼は自身の報告書で書いた。「ユダヤ人個々への行動は 4 月 22 日までに総計 7,802、特殊活動によって 13 万 5,000。北東ハンガリーのカルパチア地域では妨害なく計画通りに特殊活動がさらに続行された[81]」。彼は、公使館においては特に「ユダヤ人案件」に責任のあるグレル参事官が書き、フェーゼンマイヤーに宛てた彼についてのメモを模写した[82]。それによると、しかしグレルはファイネが「親衛隊の側に立ちすぎる」と批判した[83]。フェーゼンマイヤーに対し、ユダヤ人に対するやり方は「非人間的であり、そして、反ドイツ的に作用するに違いないから、政治的に愚直である」、と述べた[84]。

　ファイネは諸外国に対しても批判することに物怖じしなかった。スイスの副領事カール・ルッツは後に次のように報告している。「あの時、1944 年 9 月に参事官ファイネは私に、秘密の話し合いを要請した。我々の話し合いについて、誰にも、私の上司であるイェーガーに対しても、私の妻にもまたベルンの役人にも、言及しないという名誉を掛けた約束に対して彼は、次のような書き物の写しを私に渡した。フェーゼンマイヤーの 1944 年 4 月 23 日付の帝国外務大臣に宛てた電報。フェーゼンマイヤーの 1944 年 7 月 25 日付の電報。1942 年 1 月 20 日付の『帝国の秘密事項』の写しであった[85]。

　1 番目の電報の中でフェーゼンマイヤーは、一人のハンガリー人が殺されるごとに 100 人のユダヤ人を処刑する、という提案に対して意見を述べていた。2 番目の電報では、フェーゼンマイヤーは、パレスチナへの入国は認可状が出ている、というスイス公使館の通報に対して次のように反応している。アイヒマンは彼に対し、「親衛隊長官は、ハンガリーのユダヤ人のパレスチナへの移住を決して了解していない」ことを知らしめた。その逆に、アイヒマンとの間で「ブダペストからのさらなるユダヤ人の脱出に同意されるならば、これが可能な限り電撃的に、そして素早く実施され、国外脱出と見られたユダヤ人は形式を整える前に運搬されてしまった、というように努力されねばならない」。と合意した[86]。最後にスイスだけではなくスウェーデン政府もまたハンガリーのユダヤ人の通過を拒否した。グレルは「ドイツ側は、原則的に 7,000 人という承認されたパレスチナへの移住の数をコンスタンツを通って実現することは、環境の変化によってもはや維持することができなくなった」ことを確認した[87]。

　これによってユダヤ人の脱出が不可能になった後、ルッツとファイネはブダ

第1部　ドイツ外務省の過去

ペストにいる逃亡者たちを力の限り助けようとした。[88]スイスは家を借りて、その保護下にあるユダヤ人を匿うことができた。ファイネはハンガリーの警察がそれらの家をスイス公使館のものとして敬意を表するように、そして矢十字党から守るよう努力した。[89]「我々の代表部がその数々の支部とともに暴徒によって攻撃されることもなく、使用不可能にされることもなかった事実」は、ルッツが書いているところによれば、「主として、スイス政府が新しいハンガリー政府をいまだ承認していなかった間、彼らに友好的に接し常に保護してきた態度に負うところが大きい。この方法によって、その当時、我々の保護下にあった何千人かの人々の命を救うことに彼らは貢献した」。[90]戦後彼が敷衍して書いたところによれば、「そのより大きな業績は、しかし多分、彼らが、ドイツの公使館が去るにあたって……矢十字党に対して責任あるドイツの機関を通して、スイスの保護下にある5万人が住んでいるおよそ30の家に入らないようにと指示を与えたことだろう。こうして、彼らは功績の部分を達成した。すなわち、絶滅収容所 —— 事実彼らにしても我々にも不明であったが —— にユダヤ人市民の大部分が送られることを阻止し、このようにして何千人にも及ぶ命が救われた」。[91]

ファイネのケースは、迫害されている者を、特に「外国籍ユダヤ人」と「保護されているユダヤ人」であれば、救うことが全然可能であったことを示している。戦後ファイネは、「この件については何も関係しないようにしようと思った」、と強調しているが、彼の態度との矛盾について全く気が付いていた。彼は、「国家社会主義体制の反対者」として自分を理解して、1933年に「真剣な良心への試練と内的葛藤」の後で「国家社会主義体制下であってもドイツの官吏としてやらねばならない義務を、……私の従うべき服従の限界を、自分の良心に反することは何もしない、ということに固く置くことにした。この決心を私は守った」。[92]

ここに述べたケースは次のことを示している。個人的な非協調主義、反党的な考え、積極的な抵抗、意図的な国家に対する裏切りは、相互に流動的に交差しあう。[93]同様に、知っていること、一緒にやっていること、行為に加担すること、行為することの間にはほとんど線を引くことができない。いずれにしても、確かなことは、最も長期にわたった体制の存在は、その外交官たちには比較的に安全に見えたであろう。7月20日の転覆事件以後になって初めて、親和的な結びつきと選良的グループという態度は、政権にとって危険なものとなったで

第6章　抵抗勢力の軌跡と反抗勢力の形成

あろう。それ以来、外務省の協力者に対する圧力は特別に高められた。

　優に1年以上も前に、すなわち、1943年5月19日に、ヒトラーは次のような指示を出した。これは「国際的な結びつきのある男たちを遠ざける」目的を持ったものである。それによれば、すべてのそのような男たちを「国家、党および国防軍から」辞めさせねばならないとされた。その男たちとは「1. 我々と戦争状態にある、あるいは政治的に敵対している国々の女性と結婚しているもの、あるいは、2. 彼女たちが、親戚関係を通じて今日もしくは以前に、我々と敵対的関係にあると考えている外国とそれが国際的に義務付けられていると感じている国の、影響力のある社会や経済界の出身である場合」である。最後に挙げられたグループには、特に高級貴族出身者が挙げられる。これに応じてシュテーングラハトは、外務省においては「本質的により厳しい処置」を取るように要求したが、リッベントロープは、かけがえのない官吏そして功績ある国家社会主義者を辞めさせなければならないという問題に突き当たった。リストに掲げられたものは、上級職員18名 ── そのうちの14名はナチ党に所属しており ── 4名は中級省員で、そして、13名の学術的補助員であった。

　外務省では、例外を躊躇わなかった。シュテーングラハトの示唆によって、参事官フリードリッヒ・フランツ・エルプヘルツォーク・フォン・メックレンブルクは、デンマークの皇后の甥なのに辞めさせられることはなかった。彼は既に1931年にナチ党に入党しており、そして権力掌握の前に親衛隊に入っていたが。彼はヒムラーの命令で武装親衛隊の部隊に入り勤務していた。シュテーングラハトとリッベントロープは互いにボールをやり取りしているように見えた。帝国外務大臣は、ボルマンに宛て、「自分は、総統命令を最初から素早く、徹底的に実現することを、基本的な目的意思としてやってきた」、と書簡を送った。彼が必要と見なした統一的な規制は、他の帝国閣僚によって実施されることはなかった。失敗した暗殺計画の後で、リッベントロープがさらなる協力者たちを辞職させる圧力が高まった時、1944年12月半ばには32人の該当する者のうち既に3分の2が辞職させられ、リッベントロープはアベッツ大使のみについて例外的に許可を得るように努力したようだ。貿易政策部の長で、妻が英国出身であるエミール・ヴィールは、1944年9月28日に、元サンティアゴの大使でその妻がアメリカ人であったヴィルヘルム・アルプレヒト・フォン・ショーエン男爵と同様に職を辞さなければならなかった。また、総領事のマルティン・

第 1 部　ドイツ外務省の過去

フィッシャーと大使館参事官のエルンスト・アッヒェンバッハもこれに引っかかった。裏切り者とされる恐怖は、処置が広範になるように見られた。外国使節団のドイツ人外交官には、職務上の例外を除き、家族の後からの合流はもはや許可されなかった。「何らかの理由で帰国しない者は」、「ドイツにいる家族の拘留に連なる」、とリッベントロープはカルテンブルンナーに伝えた。この処置の実際的な効果はもはやなかった。このためには遅すぎた。リッベントロープはカルテンブルンナーに手紙を 1945 年 3 月 2 日に書いたが、それは、米軍がレマーゲンの側でライン河を渡る 5 日前であった。たとえ現実離れしていても、外務省はそれでもナチ政権の最後の日まで機能していた。

第2部
ドイツ外務省と過去

Zweiter Teil Das Amt und die Vergangenheit

第1章　旧職員の解任

　ドイツが無条件降伏を決めるはるか以前、連合国軍は既に、第三帝国におけ
る政治指導者やエリート官僚に対して、その犯罪を問うことを決めていた。連
合国軍は「機械的な逮捕」実施のため、"犯罪者"に対して数ヵ月、一部の者に
対して数年前から様々な方策をとっていた。それによってドイツが、政治的に
も浄化し、悪しき前歴をもたないドイツ人どうしが、破壊し尽くされた国土の
再建の一助となるよう計画されていた。この計画を知っていた者は限られてい
た。外務省内では、フリッツ・コルベが、いちはやくこれを知った。

　戦争終結直前、コルベはベルンのアレン・ダレスに名簿を提供した。相当難
しいことではあったが、外務省に所属していた者のうち、政治的に信頼でき、
改革に積極的なスタッフを見つけることに役立てようとしたのだろう。コルベ
はベルリンに留まっていた職員の職務や勤務地の現況をリストアップし、タイ
プライターで出力していた。さらに、彼による簡単な政治的評価も手書きで付
記されていた。その中には、終局を迎え政治体制のなかでのスタンスのみなら
ず、起こり得る再転換に対応できる者か否かについても記されていた。コルベ
は、リストアップされた 241 人の官吏と職員のうち、過半数を超える 133 人が
「不適当」と考えた。コルベは、彼らができる限り早期に「勤務から遠ざける」
だけではなく、即時に逮捕されるのが適当だと考えた。また、リストアップさ
れた 104 人の高級官吏のうちこれに該当するのは 67 人で、残り 28 人には「一
定の訓戒後の再就労」が可能であるとコルベは考えていた。また、「反ナチ」は
わずか 10 分の 1 で、高級官吏はそのうち 9 人にすぎないと考えていた。

　コルベがリストアップしたものは完全なものでも、終局的なものでもなかっ
たが、戦争末期以降、連合国側にとっては、最も利用価値のある資料だった。こ
の文書の信頼性と客観性に関しては、ヘルベルト・ブランケンホルン（Herbert
Blankenhorn）やエミール・フォン・リンテレン（Emil von Rintelen）、エーリッヒ・
コルトなどがアメリカによる占領の直前に把握していた見解より優れたもので
あった。一般的にコルベの分析は、非ナチ化の進捗に対して疑わしいところもな

いわけではない。しかし、神話のような証拠によっていると切り捨てることはできなかった。アメリカ側は、部分的に彼の評価に依拠することになった。その結果、占領当局はコルベの提案を受け入れ、67人の高級官吏のうち若干名が免職を免れた。その中には、優秀ではあるが、若干疑問も生じるが、アンドル・ヘンケやフリッツ・ヘッセ（Fritz Hesse）、ハンス・シュレーダーのような人々がいた。コルベにより「不適当」と評価された外交官は14人以下だったが、彼らはみな1950年にドイツ連邦共和国に採用された。そのうち7人は、ひっそりと他の官庁に移籍した。

　こうした過程は、ドイツを民主的に再建するための中心的な問題であった。第三帝国の犯罪を知り、協働してきた者を職務上のエリートとして活かしていくという迂回策はどのようにとられたのか。西側連合国もソヴィエト占領当局と同様、こうしたジレンマに対処しなくてはならなかった。この点では、ヴィルヘルム通りの職員のケースは、一定程度、その好例となった。機能的に有能なものにより、新行政官庁を設立するにあたり、罪に問われることのない職員は全く不足していた。しかし、彼らを再教育することは、旧国家を復活させる危険をはらむため、それと一線を画する対応が継続的になされた。アメリカおよびソ連の占領地域で達成しようとした、社会的にも、文化的にも新しい政策——もちろん英国やフランスの占領地域でもこれに倣っているが——はよりわずかの希望的目的をもってなされた。その成果を獲得し、優れていても、不適当な協力を得なくてはならないのに、そのための人事の選択や任用を強力にコントロールしなくてはならないという長たらしい計画であった。各職務を分担していた個々人すべてが、拘束され処罰されるべきナチの犯罪首謀者ないしは開始者だという嫌疑があるのかという妥協策がとられた。その結果、設立される新組織の公平性と実効上の要請との間の矛盾の克服と、過去の清算と将来の創造との双方を一致させることができるのかという疑問が課題となった。具体的には、誰が有罪だとして処罰されるか、誰が復権するチャンスを与えられるかに関して、戦犯裁判で裁かれる前に判断がなされた。

　個別具体的犯罪行為を連合国がどう判断し処罰するかは、各人の責任と対応により異なってきた。遡って考えると、1945年から1949年の間に、中断など様々な難しい状況になりながらも、連合国は最終的にはようやく一定の方向性を示した。すなわち、徹底的に罪を問うという本来の目的から逸れ、非ナチ化

という基本原則を寛大に適用したのである。結果として、多くの犯罪行為者、とりわけ下部職位者は罪を免ぜられ、個々の責任と共同謀議に関してその外面を繕い、過った弁明が通ることとなった。第二次世界大戦後のドイツ外交官のキャリアには、まさしく、こうした背景がある。

第1節　逮捕、禁固、復職

　連合国は1945年にドイツを陥落させた。戦争犯罪人に関して、占領統治の当初において多くの変更があったものの、もとより連合国側の秘密諜報機関の情報に拠っていた。このリストに載せられる確率は、外務省職員については、さほど高くはなかった。リッベントロープやオットー・アベッツのように具体的に詳しく調べ上げられていた外交官を除き、そのほとんどは、「自動的に逮捕」できるかどうかによって検討する必要があった。1945年1月に米国側から提案された一般的な処置に当たらないとはいえ、連合国の間では、のちに再検証することをふまえた上で、より明確に決められた条件のもと、比較的広範に対象者を拘束するということで、原則的に一致していた。外務省についていえば、次のように検討されていた。

　簡単に言えば、拘束者は3つのグループに分けられたが、その後の彼らの運命は、彼らが連合国の手の中に置かれた場所と事情により決定的に異なった。第1のグループは、戦争開始時に当該国に在任していたが、即時に拘束されることが明確ではなかった。第2のグループは、1944年夏、文字通り前線から殲滅された。第3のグループは、ドイツで勝利した連合国軍に逮捕された。

　さらに詳しくみて見よう。第1のグループは、1941年にモスクワおよびワシントンに在勤していた外交官だ。他にも、例えば英国による1940年のアイスランドを占領後、ドイツ総領事館に在勤した者も含まれる。こうした外交官とその家族は、戦時には国際避難により、短期間収容された後、本国に送還されるのがふつうだ。1年以上拘束されるケースもあるが、例外中の例外だ。ドイツ帰国後の彼らを、外務省も、時には他の省庁も、継続雇用した。本国送還が拒絶されることも稀であった。わずかの例外は、1940年にソ連に占領されたリガ〔訳注：ラトビア共和国の首都〕の領事館員であった。しかし、1941年にそこがソ連に突如組み込まれた後、監獄や収容所に入れられたのである。

第2部　ドイツ外務省と過去

　第2のグループは、外国にににおいて進出した敵によって交戦国に捕らわれた外交官で、ドイツの戦犯について定めた 1943 年 11 月のモスクワ宣言により、処罰の対応が変わった者である。前年の西側列強によるアルジェリア攻略後は、ペーター・プファイファー（Peter Pfeiffer）総領事とハンス・シュヴァルツマン（Hans Schwarzmann）副領事は捕らえられ、時間はかかったものの、帰国することができた。[5] しかし 1944 年夏には、南ヨーロッパでは、外交官の称号は保護の機能をもたなくなった。大使館および領事館の全従業員は、拡大したソ連の勢力範囲においては向こう数年間、存在しなくなった。その理由は、しばしばこれらの独立国におけるドイツの代表部には、突撃隊が大きな役割を果たしていたのだが、リッベントロープが外務大臣の任について以降、ヒムラーの親衛隊と SD による圧倒的な影響を回避しなくてはならなかったことが大きい。その結果、ソ連の動向を外交官は具体的に把握していなかったので、全員が拘束され、逮捕された。

　その中に、突撃隊大将のハインツ＝アドルフ・ベッケレ（Heinz-Adolf Beckerle）がいる。この「古参闘士」は、1941 年 6 月以来、ブルガリアのソフィア領事だった。赤軍の接近にともない、フランクフルト・アム・マインの警察長官は、ベッケレに「事態の変転から生じた」ベッケレの上司（リッベントロープ）の電文による指示について、「できる限り早期にドイツ軍と合流すること。拘束される危険を避けるのは無駄ではない」と伝えた。[6] これは後に、リッベントロープ自身もベッケレの妻に手紙で述べている。ベッケレとその部下は特別仕立ての列車でブルガリアから去ろうとしたがトルコに入国することができず、列車はソフィアに引き返さざるを得ず、1944 年 9 月半ばにソ連軍に捕縛された。当時、スウェーデンとスイスの外交官がブルガリアにおけるドイツの利益を代表していたが、外務省の知るところでは、ロシアが外交団に対して、「国際的に通例となっている特権的取り扱い」を保証していた。[7]

　しかし実際には、ベッケレとその部下はモスクワに送られていた。その後、彼らの足跡は途絶えた。1950 年代初め捕虜になった市民や戦犯、解任されたイタリアの外交団らが帰還するようになると、ベッケレと少なくとも 6 人の部下はソフィアで特別収容所ウラジミールに収容されていたという、半ば根拠のない情報がもたらされるようになった。ベッケレは明らかにトップクラスのドイツ人であったため、国家保安省（KGB）のコントロール下に置かれていた。その

294

結果、すべての公的手段が剥奪されていた。スターリンの即断的な指示により、1951年にベッケレも含む限られた人々が、何らの公的手続きを踏まずに長期勾留刑に処せられたのである。ベッケレは1955年に釈放された。特赦の対象としてではなく、いわゆる最終帰還者として西ドイツに送還されたのである。[8]

　ルーマニアや満州のドイツ外交団および領事館の関係者も同様な境遇に置かれていた。カール・クロディウス（Karl Clodius）は、ルーマニアの元経済特別顧問で、第一級の公使と同じ待遇であったが、妻とともに1944年晩夏、ハルキウ（ウクライナ）を経由してモスクワに移送された。妻のドローテ・クロディウス（Dorothee Clodius）はその後、勾留を解かれたが、夫は長い間放浪した。モスクワの監獄を転々とし、1952年1月15日、拘留中に死亡したのである。[9]

　抑留や有罪判決について、ロシアは、完全に外交官への経験法則を埒外に置いた。例えば米国や英国は、1944から45年にかけて、ドイツの著名な外交官を、ドイツ帝国領域外で勾留しなかった。フランスは、ドイツの外交官たちの問題を処理することなく、適時にドイツに帰還させた。後述のごとく、西側の判決および刑罰によって、長期の勾留というリスクはあったが、北極圏での強制労働に処せられる危険はほとんどなかった。

　連合国のドイツ占領の過程で、あるいは、その結果逮捕された外交官——第3のグループ——は、彼らを拘束したのが西側かソ連かによってその後が異なる。すなわち、戦争が終結する数週間前に彼らがいた前線または退避した場所によって異なる。リーベナウやボーデン湖周辺の地域の他、ザルツブルク地方のバード・ガスタイン、テューリンゲンのミュールハウゼン、ハルツ地方の2、3の村で、後に米国の報告書で示されているが、西側連合国の前進地区ではなかった。[10]その上、公的指示が発せられなかったので、西側に逃亡する可能性があった。1945年2月には既に、リーゼンゲビルゲ〔訳注：ポーランドとチェコの国境にまたがる山地〕の避難収容所のクルムヒューベルに立ち退きがなされた際、外務省職員は、ベルリンの人事局との話し合いによって、西側に帰還させるか、むしろ明確な目的をもって西側に移動することを望むかについての決定をゆだねられていた。帝国の首都に戻ったのはごくわずかである。[11]ロシアの報復を極端に恐れるのと同時に、その時期には、従前からしみこんでいた反ボルシェヴィズムが重要な役割を果たした。ほとんどの者が、いまやナチズムとは距離を取っていること、さらに言えばそれに対して抵抗しているかの確認を求めら

第 2 部　ドイツ外務省と過去

れ、少なくともソ連当局に受け入れられるだけの自己弁護をする必要があった。

　1945 年初期、ベルリンのヴィルヘルム通りの庁舎に戻っていたのはごくわず
かの職員だった。ヴァルター・ヘヴェル大使は、1923 年のミュンヘン一揆以降
ナチ党の重鎮であり、1940 年以降は常にフューラーの側近でリッベントロープ
の顧問格であったが、総統官邸の施設に自発的に踏みとどまっていた。他、約
50 人が「保安・防空隊」として対応する命令に従い、4 月にベルリン中央省庁の
勤務者として最後まで残っていた。この部隊の最年長は、人事局局長兼行政局
副局長で第 I 級公使の資格を持つヘルムート・ベルクマンであった。彼に従っ
たのは、使節団長で高級官吏課課長のマーシャル・フォン・ビーバーシュタイ
ン男爵、総局長でキャリア管理部門を統括するヴィルヘルム・ボーン（Wilhelm
Bohn）領事、人事局補助官であり防空任務も兼ねていたクルト・フリュッゲ
（Kurt Flügge）上級参事官およびクロークマン監察長だ。

　結局、最後まで残った人員に対しては、「ボリシェヴィキの逮捕」で終わった。
ソ連連合国軍が攻勢を開始した時には、ほぼ半数の者がその地位にはなかった
上に、5 月 1 日夜のベルリン地区での反乱に対応したのは不運だったといえる。
マーシャル・フォン・ビーバーシュタインはソ連軍に拘禁され、ソ連最高裁判
所から死刑を言い渡された後、1946 年 9 月 27 日絞首刑に処せられた。ヒトラー
の自殺をとどめようとしたヴァルター・ヘヴェルは、1945 年 5 月 2 日にロシア
軍が拘束する直前にシュルトハイス酒場の廃墟で自殺した。ベルクマン、ボー
ン、フリュッゲはソ連軍が占領する時まで省内にとどまり、そこで公式に逮捕
された。ベルクマンはその後、1948 年に、モスクワのブチュアルタ監獄で死ん
だ。そこでは既に 1945 年 12 月に、ボーンが死亡していた。フリュッゲは 1949
年 7 月、ブーヘンヴァルトの特別監獄に移送された。[12]

　ベルリンに送還された者のうち、ナチに距離を置いていた者が 2 人いた。外
務省文書保管係のヨハネス・ウルリッヒと、テオドール・アウアー（Theodor
Auer）だ。アウアーは参事官 I 等級で、政治局に属していたが、ドイツの政策
に批判的だったのが原因であろう、1943 年 8 月にパリの大使館に参事官として
配転されることになったがそれを拒否したため、ゲシュタポに拘束された。プ
リンツ・アルベルト通りのゲシュタポの監獄に 6 週間拘禁された後、利敵行為
による国家反逆、兵役拒否、陰謀を理由に起訴され、プレッツェンゼーに送ら
れて 19 ヵ月の刑に服した。優秀な弁護士と人事局の援助により、民族裁判所で

296

の審理と判決は先延ばしにすることができた。判決前の 1945 年 1 月末アウアーは、プッレツェンゼーから釈放され、待命となった。そして 4 月 24 日、アウアーは「権限外の下級官吏」についての陳述に基づき解雇された。アウアーの衰弱は激しく、ベルリンから西へと退去する途中、なすすべもなく、1945 年 6 月 5 日にドイツ外交官としてスロヴェニア軍事警察に逮捕された。[13]

テオドール・アウアーにとってその後 7 年間は、恣意による再度の拘束となった。NKVD（内部人民委員部、のちの KGB）によれば、「地下壕ないし監獄」に数ヵ月間捕らわれた後、彼はソ連の軍事法廷に立った。裁判長はこの裁判には何らの根拠も見いだせないとし、アウアーはホーエンシェーンハウゼンの特別刑務所（従前のザクセンハウゼン強制収容所の区域に建設された）に収容された。1950 年 1 月に解放されたが、その過程で彼は、「再審と処罰」のための東ドイツ司法当局にゆだねられ、いわゆるヴァルドハイマー裁判において 15 年の重懲役を宣告された。1952 年 6 月 19 日、家族が統一労働者党に高額の金銭（噂では 5 万ないし 6 万マルクだといわれている）を支払った後、アウアーはようやく釈放された。[14]

ヨハネス・ウルリッヒも同じような経緯をたどっている。彼は 1938 年以降、外務省政治資料文庫の代表であった。彼がナチ党への加入を拒否していたにもかかわらず、省の文書公刊についてローゼンベルクが消極的だったにもかかわらず、彼は 1939 年に管区参事官に任命された。1943 年以後、彼は最重要文書をハルツに移した。1945 年 4 月の時点で彼はベルリンにとどまっていたが、ナチ党員ではない上、熱心な司書であることから、彼が拘束される危険はさほど高くなかった。ところが彼は 4 月 28 日に逮捕され、1 ヵ月後には NKVD に拘束されて、モスクワに送られ、その後 39 ヵ月の間収容された。1946 年 4 月、ソ連の裁判所は彼を北極圏外北部のアベス収容所 —— 外部との完全な交流を絶たれていた —— に 10 年の強制労働を課した。1955 年 2 月 17 日にそこから釈放されたウルリッヒは、同年 8 月ベルリンに戻ることができた。[15]ウルリッヒのようにナチに抵抗し、ナチスにシニカルな姿勢を取った非ナチ党員についても、ソヴィエトの抑留政策は他国と比べ、不公平なほどに厳しかったのである。

地位や経歴がどうであろうと、こうしたことは、戦争終結時にソヴィエトの勢力圏内にいた外務省職員の運命だった。抑留政策は一定程度の一貫性をもったものとして規制されていたとされているが、西側占領国側もソヴィエト側も、

一定の職務・地位に就いていた者については機械的に拘束し、危険だとみなされた者については特別の勾留を行った。戦争末期には、専属の勾留施設に送られ、ドイツ敗戦による終局においては、法廷が設けられ、占領法規ないし指令に基づき協議されるという、一定の手続きがとられた。ほとんどの拘留者は法律的手続きがとられたのだが、実際には、その差は大きくはなかった。だが、ロシア側に拘束された外交官はその後、数年に及んで収容されたし、きわめて時間はかかったが、そこで一般的な占領法規に基づいて捜査がなされ、判決は、若干疑問の余地のある法的枠組みで判断されつこともあった。重刑や死刑に相当する場合には、特別収容所に送られる比率が高かった。東ドイツ建国後も、こうした事情は改善されなかった。国際的も批判が上がり、1952年に初めて、有罪判決を受けた多くの者が、ひそかにバルトハイマープロセスから釈放された[16]。

　なお難しかったのは、ソ連に抑留され、行方不明になった多くの者や、それ以外に数年後に帰還できた者についてである。1955年8月に、アデナウアーがモスクワを訪問する直前にも、外務省の旧職員46人がソヴィエトの監獄ないしは収容所にとどめられていたが、その半数に関する情報をつかんではいなかった。他7人の旧職員が、1955年10月の時点で「東欧圏」で拘束されていた。釈放者から情報を得て外務省は、これらの人々が長期にわたる刑罰を受け、厳しい拘束条件の下に置かれていたこと、また、拘束者の中には政治的、もしくは軍事的に高い地位にあった者もいたことを把握した[17]。

　西側でも収容や尋問、拘禁に関しては、さほど劇的ではなかったが、いくつかについては効果が大きかった。ドイツ国内でアメリカおよび英国によっていったん勾留された者は、第三国、とりわけポーランド、ユーゴスラヴィア、またはチェコスロバキアに移送される可能性があった。しかし、ベルギーとフランスへの移送は危惧された。

　北イタリアでは、西側占領軍は多数のドイツ外交官を拘束した。ヘス一家の親友で、外務省人事局局長のハンス・シュレーダーは、またブダペスト大使館員でもあり、その他1945年5月15日にはメラーンでかつてのローマ大使であったルドルフ・ラーンとそのスタッフと一緒に同僚でもあった。ラーンはユダヤ人の流刑に再三関与していた。アメリカ情報機関は、一定の有力者を拘束していた。そのうちの1人に、親衛隊最高責任者がいた。警察トップのカール・ヴォルフだ。「サンライズ」という暗号を使い、アレン・ダレスとイタリア戦線

における捕虜について取引していた。このため、その取り調べにおいて、ダレス以外の者からも、刑罰を免除してはどうかという声が出たが、米国は、北イタリアの日の出に際しての個別のケースでこうしたことをするつもりはなかった。外務省におけるシュレーダーの役割について米国側の聴取を受けることと交換に、ラーンは1947年に釈放された。[18]

　少数ではあるが一部のドイツ外交官は、かつての彼らの活動の本拠で勾留された。例えば、オランダ外務省事務所代表であった親衛隊少将のオットー・ベネや、デンマークのライヒ全権代表であった親衛隊大将のヴェルナー・ベストだ。オットー・ベネが3年間の収容後、1948年2月に釈放され、以後何の罪にも問われなかった[19]のに対して、ベストのケースはまさに劇的であった。

　1945年5月21日、ベストはコペンハーゲンの自宅で逮捕された。コペンハーゲンでの収容後は、デンマーク当局の監視下に置かれた。ベストはデンマークに対して、占領政策に関する多くの法的、政治的な問題があった。そこで当局は、その後数年かけて、対応する法律を制定することによりそれを解決したが、その間、ベストと250人のドイツ人に対する審査に1年以上を要した。1945年8月からベストに対して多くの審問がなされ、その記録が取られた。その中で、彼自身の経歴や親衛隊の同僚についても情報を提供していた。1946年3月には短期間だがパリに送られ、2日間かけて必要な取り調べが行われ、ベストはオーバーウルセルの審問収容所に留置された。そこと、その後にニュルンベルクでは、主要な戦犯として裁判の準備が進められた一方で、代理人による弁護もなされた。

　1947年3月以降、ベストも含むコペンハーゲンの主要な収容者それぞれ、自殺をする危険があったので、その夏からは、いわゆる報復テロと「ユダヤ人への残虐行為」について聴取された。1948年6月16日、最終的には彼を含めた4人の戦犯に対する裁判が始まり、2ヵ月後、コペンハーゲン国家裁判所はベストに死刑判決を下した。1949年5月の控訴裁判で5年の刑に処せられたが、彼らのうち数人については、既に刑に服すことが予定されていた。このような極端に寛大な判決に対して、公衆からは怒りの声が上がった。最終的に、デンマークの最高裁判所は1950年3月、12年の懲役刑を下し、1年半後の1951年8月にベストは西ドイツに送られた。[20]

　ヘルムート・アラルト（Helmut Allardt）は、前アンカラ公使館の公使であった

が、戦争末期には、中立国に外交官として在任していた。ドイツとトルコの外交関係が1944年8月に断絶した後、連合国側の要請により、彼はトルコで拘束された。1945年4月、ドイツ外交官とその家族をドイツに送還する船に彼も乗った。船は5月初めにリスボン（ポルトガル）に着いた。外交官の空席は親衛隊少佐のグスタフ・アドルフ・フォン・ハーレム（Gustav Adolf von Halem）が埋めていた。外交官が乗ったトルコからの船の中で、彼は職務として、自殺したヒトラーの葬儀を営む機会をもった。同じ船上で、アラルトは外交官の家族に対して、ポルトガル政府に難民申請したが、ハーレムは「ドイツの公使でありナチ党員であること」から頑なに拒否された。その代わり、ドイツでの「最終的勝利」後になしうる、この乗船者たちのさらなる航海は認められた。

その後、スウェーデン政府がチャーターした船が送還に使われたが、徐々にそれは「浮浪者収容船」の様相となった。リスボンでは、その間に閉鎖された南アフリカ外交団が加わっていた。船はリバプール（イギリス）を経由したが、そこで英国の軍事アタッシェが収容された。船はその後ゲーテブルク（スウェーデン）を経て、キールに到着したが、そこで外交団は英国軍に収容された。ノイ・ミュンスターの収容所に収容されたアラルトは、1年半後、「政治的理由により」収容されたのではないという証明をつけられ、釈放された[21]。

一方、ハーレムは11月半ばまでは平穏のうちにポルトガルに滞在していたが、その後「連合国の保護」の名の下、アメリカ占領地域に移送された。彼が実際、何らの不利益を危惧していたかどうか、彼を半ばの真実をもって連合国がおびき寄せるか否かについてどう考えていたのかは、なお明らかではない。ハーレムは後に、自らの主張によれば、「約束に反して監禁された」という。いずれにせよ、彼は、1945年11月20日にホーエンアスペルク収容所に入れられ、クリスマスの2日後に釈放された。

ハーレムは、外交官としての地位を保持したまま、7週間ポルトガルに収容されたにもかかわらず、良い証人を得て、その後の審問は国務省の代理人が訴訟準備を進めた。1947年7月、ニュルンベルク裁判の証人として召喚された彼はその後、ダッハウ市民収容所に送致された。1948年の上半期、そこで非ナチ化され釈放された[22]。

「浮浪者収容船」に関しては、英国とアメリカの間に意見の相違もあり、ドイツ国外で収容された外務省職員はできる限り早期に本国に帰すことが基本合意

第1章　旧職員の解任

だった。しかしこの点について、リッベントロープ事務所元所長のエーリッヒ・コルトのケースもある。彼は1940年以来、親衛隊中佐で、1941年からは、東京の大使館に、その後は南京に公使第Ⅰ級として勤務していた。コルトは、アメリカが最初に接触したドイツ外交団の一人で、折衝を重ねる中で、好ましい経歴と進んで協力関係を築く人物、という第一印象を抱かせた。アメリカの外交経済アタッシェによく知られていたコルトは、1945年9月に上海のドイツ公使館において、彼らに好意を示した。さらに同地で、彼は国務省に対して覚書を送った。それは300頁に及ぶもので、その中には、ルードヴィッヒ・ベック将軍らによるヒトラー暗殺未遂事件における彼の役割はもとより、ドイツ外務省内の反ナチグループのリストの全貌も含まれていた。1945年末、コルトはワシントンに渡った。彼はあたかも「無所属の人間」のように、年末のニュルンベルク裁判におけるリッベントロープとノイラートに対する主な訴訟について検事側の証人として、「国務省の様々な人々」のために働いた。彼はすみやかにドイツに帰国することを選ばず、アメリカの軍事政府ないしは国務省の駒のように動いたのである。その後彼はミュンヘンに移り、そこで1947年9月まで反ナチ教育を受けた。そしてすべてではないが、多くのアメリカ占領当局に対しても、同様な働き方をした。とりわけ、実質的にはコルト自身がどのようにナチに抵抗してきたかを解明する作業に従事した。⁽²³⁾

　こうして、アメリカと英国、さらにはフランスについても、ドイツ外交団の収容所における格差は無条件に一気に廃止されたわけではない。その例として、オットー・アベッツのケースがある。駐フランス・ドイツ大使であった彼は戦争末期には、偽名を使いバーデンに潜伏していた。彼はその地で1945年10月にフランス軍事警察に逮捕され、ストラスブルク（フランス）を経てパリに送致され、12期軍事法廷で訴訟が提起された。その後、ヴィシー政府報道官ジャン・ルシェール（Jean Luchaire）に対するニュルンベルク裁判の証人となった。その間アベッツは、自らがニュルンベルク裁判の訴訟当事者（被告人）となるだけではなく、彼の活動地パリでの裁判にも出廷し、証拠補強のために多くの審問に立つことを要求されたのである。彼本来の訴訟は2週間に1度もなく終了した。裁判に対してレジスタンス側からの批判とともに彼に同情的な報道もあり、アベッツは結局、20年の強制労働の刑に処せられた。1954年、恩赦により、アベッツは西ドイツで釈放された。それから4年後、彼は「不可思議な交通事

故」で死亡した。[24]

第2節　「ゴミ容器」の中での聴取

「灰の缶」―― 米軍は高級ナチ要員の収容場所をこう名づけた。その「ゴミ容器」は1945年4月にベルギーのスパ（Spa）に設けられ、前線とともに移動した。4月後半、前線はルクセンブルクの小さな保養地モンドルフ・レ・バン（Mondorf-les-Bains）に移動した。そこで崩壊した第三帝国の第1級軍装をともかくも保持していこうとするいかがわしい叙任式が行われ、ナチ要員は収容された。5月末になると軍事高官も政治高官もそこに収容され、雑多な様相を呈するようになった。そこには、最終的にアンカラ大使であったフランツ・フォン・パーペンやリッベントロープの次官グスタフ・シュテーングラハト・フォン・モイランド（Gustav Steengracht von Moyland）も収容された。[25]それからほどなくして、外務省の他の外交官や職員が収容された。親衛隊大将でナチ外国局トップのエルンスト・ボーレと元ニューヨーク総領事のハンス・ボルヒャース（Hans Borchers）[26]は、FBIとアメリカ諜報機関にとって極めて関心のある人物であろう。最終的には、1945年6月16日、ヨアヒム・フォン・リッベントロープもここに収容された。

ヒトラーの外務大臣が逮捕というニュースは、滑稽以外の何ものでもない。リッベントロープは4月末にベルリンを去り、ヒトラーの後継者であるデーニッツの政府（フレンスブルク）に立ち寄り、姿をくらました。英国が彼をハンブルクで逮捕した際、その身元は最後まではっきりしなかった。「浮浪者収容船」でリスボンから本国に送還された中に、元アンカラ第I級公使アルベルト・イエーンケ（Albert Jenke）と妻のインゲボルク ―― リッベントロープの妹 ―― もいた。英軍士官が設営したノーベルホテルの昼食に招かれたインゲボルクは、そこで彼を見つけた。この「確認」は、彼にとっては大きな驚き以上であった。イエーンケらはその後船で帰還させられたが、リッベントロープは早急に「ゴミ容器」に収容された。[27]

「灰の缶」には2つのホテルがあった。そこは塀で囲まれ、監視されていた。外からは中が見えなかった。自殺を防ぐため、収容者はメガネやベルト、他の用具を没収された。灰の缶に収容されたのはごく少数だったが、収容者は驚く

ほど自由に動き回ることができた。ホテルのテラスで1日中日光浴をすることができたが、他方では彼らの将来について悲観的だった。コミュニケーションの機会は十分にあったが、「常連客」と「一見さん」は別々に隔離され、うまくいかないことも多かった。[28]

アメリカの記録局プロヴォスト（Provost）元帥の現地訪問以降、収容所では被収容者に対して寝具を追加し、衣服や書物なども提供するようになった。ラジオも聴けたし、読書室ではゲームもできた。ジュネーヴ協定〔訳注：1864年にジュネーヴで締結された「傷病兵および捕虜の保護に関する協定」で、数次の改定を経て現在も国際条約となっている〕に基づき、すべての捕虜に1日あたり1600キロカロリーの食事が供された。[29] 敗北したものの第三帝国の重鎮らはこの灰の缶の中で、戦後の数ヵ月、他のドイツ人やヨーロッパ人以上に平穏無事な状態におかれた。

被収容者はすぐに3つのグループに分かれた。もとはといえば、政治的な対立によったのだが、後には様々に評価された。第1のグループは、国防軍ならびに海軍の将校たちだ。彼らはナチ政治と距離を置き、批判的な証言を積極的に行った。第2のグループはナチ党のリーダーたちで、彼らは敗戦の責任を軍隊にかぶせようとした。2つのグループの中間にいたのが、国家官吏で、外務省のほとんどの被収容者がこれに属していた。彼らの多くは貴族で別棟に収容され、「フォン付け」というニックネームで呼ばれた。そしてこのグループの多くが、情報提供に積極的であった。[30]

連合国は当初、外務省職員のほとんどが、異なる勤務地で逮捕され、問責されうることを前提に計画を立てていた。それゆえに、被拘束者は共通の質問事項に答えることとなった。しかし外務省職員が各地に疎開したうえ、戦争終了直前の混乱により、この計画はまもなく水泡に帰した。驚くべきことにテューリンゲンのミュールハウゼンで、米軍は300〜400人を拘束し、上記の質問用紙が配られた。その結果、機械的な逮捕をせざるを得なかった。[31]

これにより、アメリカは、第三帝国という未知の領域を解明し、計画されていた国際軍事裁判に向けての数多くの、一般的な質問事項とともに、特定の経歴の者については特別の書類が存在した。米国務省はこうしたやり方で情報を集約し、外務省職員と対峙しようとした。その焦点は特に終戦前の2年間におかれたがドイツの戦後計画にも注意が払われた。また、南米での行動にも関心

第2部　ドイツ外務省と過去

を持ち、外務省の計画は次のような言葉で言い表された。すなわち、連合国の
具体的な外交・政治的関心は質問の核心部分を構成すると同時に国務省は、米
戦略局（OSS）と軍が一定の質問事項について情報を得たからといって、将来的
にドイツ外交官の逆境になんらの確約を与えるものではない、だ。[32]

　ブラッドレイ（Bradley）将軍の指揮下、米軍が4月12日高ザウアーランドの
狩猟小屋で逮捕したフランツ・フォン・パーペンのような人物に対しては、必
ずしも図式どおりには展開しなかった。英国および米国の調査が終わらないう
ちに、ソ連の将軍2人が、ヒトラーが総統になるのに荷担したのではないかと
尋問に加わった。国務省においては、とりわけ、パーペンがどのような政治体
制を敷こうとしたのか、また彼のめぐらした陰謀について、最終的な戦争に向
けた数ヵ月間の行動に関心を寄せていたが、ソ連の意向を優先扱いにすること
も再度強調された。[33]

「灰の缶」で行われた尋問は、ナチの政策とその目標について詳細な質問が繰
り返された。例えば、シュテーングラハト・フォン・モイランドは、ドイツの
外交政策と、従前の上司に関する情報提供を求められたが、それはまさに、す
べての経歴が「明確にリッベントロープと結び」ついていたからである。エル
ンスト・ボーレについては、1936年にラインラント進駐後の外務省の政策を誰
が講じたか、またアメリカ内部の「第5列」（スパイ）を誰がドイツと結びつけ
たのかについて、国務省は調べることになったが、こうした質問がなされた背
景には、アメリカの他の省庁がしばしばその場からの失権を恐れての聴聞に加
わってきたという経緯がある。[34]

　リッベントロープに対する最初の尋問は、アメリカと英国の政治アドバイ
ザーが1人ずつ加わってなされたが、双方とも、まずただ彼に語らせることと
いう方針で一致しており、速記者は同席していなかった。総じて、被拘束者が
立て板に水のように話すので、連合国側の人々は「彼らを黙らせるのが難しい
ほど」であった。「鋭い聴聞」への反対尋問も多かった。[35]

　1945年6月末から7月初め、アメリカ人でドイツの政治アドバイザーである
ロバート・マーフィー（Robert Murphy）は、多くの聴聞議事録をワシントンに
送った。最初は覚書の形であったが、まもなく、被収容者の証言をテーマ別に
構成した記録となった。この時点では、マーフィーは「すべての外務職員に関
する調査センター」の設立を望んでいたが、それは訓練された国務省の聴聞要

304

員のために用いられることを想定していた。[36] 取り調べにおいて多くの被収容者は既に死刑判決を受けたないしは行方不明の同僚に問題を押しつけ、自身の責任を転嫁しようとした。こうした被収容者の戦略は、計り知れないものがあった。パーペン自身は他の被収容者と異なり、「ひどく卑屈」な態度をとることはなかったが、リッベントロープは「偽りの」陳述が、とくに目立った。[37]

「灰の缶」内の被収容者を尋問する権利は、ロシアおよび解放された国にも認められた。ソ連代表団は、対象を最初から軍の最上層部に集中していた。当時、連合国間で戦後処理について意見の一致をみていなかったにもかかわらず、ベルギーが「無条件に」英国とアメリカ側に加わることが保留されたのに対し、ソ連には監視なしの聴聞は認められていなかった。

1945年8月、「灰の缶」は閉鎖された。パーペンとリッベントロープを含む被収容者の一部が、国際軍事裁判のためにニュルンベルクに送られ、それ以外の者はオーバーウルゼルの市民収容施設に送られた。その結果、旧外交官の多くをまとめて集めておくことができただけではなく、聴聞を行うこともできたし、彼らの将来も決定された。しかし、当然とはいえ、占領地域ごとに異なる手続きがなされたので、結果はバラバラだった。被収容者それぞれにとっては、より厳密な審査と、勾留と最終的には不起訴の途が開けた。この過程において、連合国軍は、最高級外交官を下役的に評価し、最も重要な者だけを政治的に解決する段階になった。

ベルリンに最後まで残っていた外務省職員は、1945年4月末の避難の混乱の中で、ドイツ中に四散したが、英国とアメリカ占領地域のどこに誰が送られるかは知るすべもなかった。その際には優先的に扱うべき2つの目的があった。プレーンに臨時政府を成立させたデーニッツと架空の「アルプス要塞」である。外務省の高級官吏数十人は1945年初夏以来、バード・ガスタイン（オーストリア）にある複数のホテルに滞在していた。文書室主任のアレキサンダー・フォン・デルンベルクだけでなく、ヴェルナー・フォン・チッペルスキルヒ、ヴィルヘルム・タンネンベルク、エルンスト・フォン・ドルッフェル、オットー・ボイトラー、ヴェルナー・ライコフスキー（Werner Raykowski）、エルンスト・フレンツェル、フランツ・フォン・ゾンライトナー、ホルスト・ワグナーおよびハインツ・トリュチラー・フォン・ファルケンシュタイン（Heinz Trützschler von Falkenstein）も、連合国軍によって秘書や事務職員や、運転手らとともにここに

勾留された。アメリカ第7軍収容所も同様に、ザルツブルクの近くのフッシェル城に法務部長のエーリッヒ・アルブレヒトを多くの職員とともに勾留した。

コンスタンツでは、フランス軍の捕虜として、戦争末期にワシントンとマドリード大使を務めたハンス・ディクホフならびにアドルフ・ヴィンデッカー、オスワルド・フォン・ホイニゲン＝フェーネとエベルハルト・フォン・ストーラーが勾留された。オーバーシュバーベンのリーベナウ城には、数十人の法務部職員と官吏が収容されたが、その中には、エルンスト・クント、アルフレッド・ラウツおよびフランツ・シュルツがいた。ヴェルナー・フォン・バルゲンとテオドール・スタックスは8月初めにはアメリカ第7軍収容所に勾留されていた。ハンス・フォン・リッターはバード・メルゲンハイムの自宅で監禁されていたが、マールブルクでは2人の文書保管人と元外務省職員が、連合国軍最高司令部のもとに中央省庁から移された書類とともに留置されていた。ハインリッヒ・シャッフハウゼン、ヴィルヘルム・ネルデーケ、ヘルベルト・ブランケンシュタインはアメリカ第3軍に収容されていた。彼らはおそらく、アメリカ軍がミュールハウゼンで最初に収容した中で最も重要なグループの可能性があった。[38]

聴聞の際には、まず、被収容者の直接の経験と彼らがどの程度の知見を有しているかが問われた。そこで得られた情報と既に手元にある知見とを合わせて、該当者の以後の審理と最初の判断を行った。その上、多くの被収容者は、国務省ならび軍部から任命された人々によって、さらなる質問を受けることとなった。この2つの委員会（その長としてデヴィット・ポール〔Dewitt Poole〕とグオルク・N・シュースター〔George N. Shuster〕が任じられた）も、諜報機関である戦略局は、ドイツの外交官から、とりわけ国外勤務期間中に彼らが犯したこと、および、諜報活動により得られた情報を可能な限り掌握しようとした。各々の聴聞がなされるごとに、外務省職員に関してはさらなる有利な点が得られた。被収容者たちはその聴聞相手が持つ多種多様で豊富な知見に影響を受け、潜在的な証人としても推薦することにつながった。その結果、ドイツ外交官の多くは、戦犯として訴追されることから免れ、徐々に裁判の表舞台から下りることになった。

こうしたケースで最も興味深い事例は、ヘルベルト・ブランケンホルンである。公使館第I級参事官として、最終的には儀典部に属し、1945年4月2日以

降は米国の拘束下に置かれた。約 3 週間後に、ドイツ軍に対する必要な情報を得るために、戦略局は彼を審問した。最終的にはパリに移送し、徹底的に審問した。特に、その時点における諜報担当員について、とりわけこの間の 4 年について、ブランケンホルンが 1939 年 8 月からワシントンの大使館アタッシェとして勤務していた期間について聴取された。審問は、彼の抵抗に着目しつつ、それにより、ドイツにおいて将来反共産主義を協働できるように導ける、十分な機会となった。

　この時点に、ブランケンホルンはもちろん国務省の主要人物になったが、国務長官のエドワード・ステチニウス（Edward Stettinius）は、この男がナチスの活動家であり、攻撃的な宣伝家であったと回顧している。最初の審問後、この詐欺師に乗せられないようにも警告していた。ヨーロッパには戦略局の人々が多くいたが、その中で数少ない良心的な人々は、ステチニウスに対し、ブランケンホルンの主張は詳しく調査すべきだと求めていた。ブランケンホルンに感銘を受けた者は、それ以後の対話の中だけではなく、7 月 20 日事件の実行行為者と結びつけたばかりでなく、自分に非はないという補足的に出された自己弁護録に幻惑された。政府審議官のルドルフ・クレーニングから国家治安本部で毒ガスについての聞いたことを、明白に明らかにした。結局、アメリカが逮捕した者は少なく、この当時ベルンでアレン・ダレスと直接的なコンタクトがあった者については、さらに譲歩された結果となった。「我々が、このような政府に黙従してきたことは、すべて、それに責任がある」[39]。

　ブランケンホルンの場合はアメリカに責任がある。このあと何週間もの間、英国とアメリカは彼の審問を行ったが、抵抗勢力とコンタクトがあったというお墨付きを得ることに彼は成功した。明らかになっているのは、まごうことなくダレスとコンタクトのあったハンス・ベルント・ギゼヴィウス（Hans Bernd Gisevius）の聴聞によってのみならず、7 月 20 日事件の 2 つの準備行為にゲロ・フォン・シュルツェ＝ゲヴェルニッツが積極的に加わっていた、と述べている点だ。したがって、ブランケンホルンの政治的信頼に対する証拠は十分に証明されたとして、1945 年 9 月、彼は英国占領地区で釈放された[40]。

　さらに、スムーズだったのは、ヴェルナー・フォン・グルントヘルの将来に関してであって、1945 年 5 月 5 日、後のザルツブルク郊外ヒンターベルクで逮捕されたが、その彼の痕跡が途絶えたのである。政治局スカンジナヴィア課の

長として、彼は「ユダヤ人問題」を掌握していた。この部署で彼はうまく立ち
回り、フィンランドにおける反ユダヤ的な行動を、防止することができた。さ
らにその上、「死刑に処せられたフォン・ハッセル大使」と彼は密接に結びつ
いていた。1946年3月まで、グルントヘルはニュルンベルク裁判でリッベント
ロープのケースに対する検察側証人として出廷が予定されていた。しかしルー
ドウィッヒスブルクの仮収容所に拘束されていたものの、結局法廷には召喚さ
れなかった。それから数週間後に、ヘルスブルックの民事関係仮収容所に送致
され、1947年3月まで収容されたことが明らかである。[41]

　ブランケンホルンとグルントヘルのこの対照的な経験は、米国の抑留と聴聞
手続きとの間に予測可能性がなかったことの証左だ。ブランケンホルンの聴聞
責任者が、米国国務長官だったのに対し、グルントヘルに対する聴聞ははずさ
んだった。米軍によってブランケンホルンは、他と比較しても長期間収容所に拘
束されただけでなく、パリへの途は、ステチニウスの批判的な要請により厳し
いものとなり、特別なポジションに置かれた。ブランケンホルンはその後、満
杯の収容所に送致されたり、政治的に詳細に解明を行うべく、ますます、官僚
的になりつつあった審理過程にさらされることはなく、多くを証言しなくても、
その後自宅に帰ることができるという現実的な基準が適用された。[42]一方、グル
ントヘルは当初の想定とは違うと判断され、決まり切った手順による処分を回
避させた。

　ベルギー軍事司令部の外務省元代表で、その間パリのドイツ大使館における
全権委員でもあったヴェルナー・フォン・バルゲンについては、必ずしも前述
の2人と同じような経緯をだどらなかった。彼は複雑な状況に置かれ、難儀な
結果を招いた。バルゲンは1945年5月11日、ミュンヘンに本拠を置いた民間
情報局（CIC）によって、逮捕された。それには、ミュンヘンの軍部に届いた1
通の手紙が役立った。そこには彼の尊大な知見の発揮ぶりと、その任務を果た
したことが綴られていた。逮捕状には、彼がフランスやベルギー、オランダで
最も多くの情報を持ち得たドイツ外交官であったことが一目瞭然に記されてい
た。結論として、彼は「非常に協力的な」証人として抑留者や「ブラックリス
ト」に示された人物に関する情報を米国に提供し、彼らを逮捕するのに大いに
役立った。それから数年後、バルゲンは、多くの知己に関する供述を翻すこと
となった。

第1章　旧職員の解任

　バルゲンはポーランドでの殺人の容疑があり、その名前が戦犯中央記録所（CROWCASS）に記録されていたため状況は難しくなった。さらに、フランスのバルゲンに対する評価も、彼がベルギー系ユダヤ人をアウシュヴィッツに送り込んだことについて、少なからず重いものであった。1945年9月初めにニュルンベルクに送致された後数週間は、彼の罪科について公的に追及されたが、「過失と誤解に基づき異常な長期拘束」があったとも解されている。バルゲンが刑事訴追を受ける可能性は何ら疑いのないところであるから、彼を検察側の証人にして、その代償とすることが許されたのである。1946年2月、彼はニュルンベルクの留置場から移送され、英国占領地区内にある米国収容所に留め置かれた後、釈放された。⁽⁴³⁾

　アメリカが収容政策に対して相当怠慢だったことは、デーニッツをフレンスブルクで逮捕した際のアンドル・ヘンケの場合に典型的である。彼には、1943年に政治局次長に任命されるまで、ソ連と東ヨーロッパを経てマドリードに至るまで、長いキャリアがあった。抑留されるに十分の根拠があったため、ヘンケは1945年8月20日にグリュックスブルク拘留所に、それからヘッセンの拘留所を経て同地のリヒテナウ公的収容所に収容された後、長期にわたって拘留されたのである。10月、ドイツに対する米軍の政治的アドバイザーとしてヴィースバーデンに送られ、デヴィット・ポールの統括する委員会で「ナチ体制におけるドイツ外務省の政治に関する調査」に対する「協力的な」援助をした。ヘンケは11月初めにヴィースバーデンからオーバーウルゼルに、さらに1946年3月にはダルムシュタットの市民収容施設91号に送られた。

　ヘンケは、ツィーゲンハイム収容所で、ベルリン–ツェーレンドルフ地区支局非ナチ化委員会に釈放申請を提出し、1946年4月にそれが受け入れられた。同様に、ダルムシュタット収容所での審査も好ましい結果となり、ヘンケが「中央戦犯記録所のリストに入っていなかった」ので、彼は自分が釈放されるという期待を持つことができた。しかし、ズッヘンハウゼンでの短い中間的拘束を経て、中央戦犯記録所にダッハウ戦犯調査部に移動させられ、「殺人と拷問」の理由で、ロンドンの国連戦犯委員会（UNWCC）に送致された。2箇所誤記があったのだ。Andorではなく Andarとあったのだ。ヘンケはロンドンで、自らのケースについて「修正」と「解明」を求めなくてはならなかった。「直接的にも間接的にも何らかの戦争犯罪を犯したことはなく」、また、「何らかの戦争犯

309

罪への計画、支援および実行に参画したことはない」、と。連合国の定義した表現を用い、彼は拘束の正当性について争った。が、彼の従前の地位が次官補という地位であったというだけでは十分な根拠とは認められないと主張したのだ。

　1947年2月、アンドル・ヘンケは数週間チェコスロバキアに送還され、そこで、同国の元大統領であったルドルフ・ベラン（Rudolf Beran）の件について審問された。3月にダッハウに再送還されたが、うまく弁明できなかったために、そこでの拘留期間が伸びそうになった。5月中旬、もはや、「自動的拘束」も必要でなく国連戦犯委員会が「明確に」戦犯とみなすケースではないとされた。1947年12月、ニュルンベルク中央戦争犯罪局（OCCWC）勧告により、彼はようやく釈放された。彼の地位からすると、自発的な証人としての意味を持たず、ヘンケが無罪であるなど前もって記入用紙に書き込むことはないのだが、「収容に対しての措置をとること」を、即見合わせることができた。[44]

　終戦中に連合国側は、「末端の戦争犯罪者」については、それを行った当地で裁判を行うことに合意していた。この根拠によりアメリカだけでも、1946年末までに、4,000人を第三国、特にポーランドとフランス、ユーゴスラヴィア、チェコスロバキア、英国に送致していた。元外務省官吏のほとんど裏方的な活動に従事していたので、正面だった責任に問われることはまれであり、明白な戦争犯罪人と同視されることにはならなかった。しかし西側が、部分的とはいえ自ら参画していたと断じざるを得なかった数少ないケースがある。ヴェルナー・ベストはデンマークで拘留され、裁判に付された。オットー・ベネは、オランダで収容された。ハインツ＝アドルフ・ベッケレはソ連で行方不明となった。オットー・アベッツはフランスで逮捕され、パリで裁判に付された。ルーマニアのドイツ公使であったマンフレッド・フォン・キリンガーと、1944年3月までハンガリー公使であったディートリッヒ・フォン・ヤーゴウは、自殺した。キリンガーは1944年9月2日ソ連赤軍がブカレストに侵攻した時、ヤーゴウは、1945年4月26日メランのホテルの部屋で自殺した。[45]

　外務省の仲間から、占領軍に引き渡された者が2人いる。1人は、親衛隊指導者とリッベントロープのお気に入りで、後から機会を得て外交官になった。同僚にとっては、どのみち「異端」に当たる者であった。クロアチアのドイツ領事ジーグフリード・カッシェと、スロバキア領事のハンス・エラード・ルディンであった、ベッケレやヤーゴウ、キリンガーと同様、彼らもドイツの衛星国

において「ユダヤ人問題」を担当した。カッシェはウスタシャ（Ustascha）と反アラブ人対策をも支援した。彼は、クロアチアの指導者たちとともに1945年4月末に、ザルツブルク（オーストリア）方面に逃亡を企てた。カッシェを含む7人はユーゴスラヴィアでアメリカ軍に捕らえられると、1947年早々、直ちにザグレブで裁判が開始された。6月7日に死刑が宣告され、10日後、彼は死刑に処せられた。[46]

　カッシェ同様、ルディンも、「彼の」スロバキア政府の援助で「山岳要塞」の近辺に潜んでいたが、自らアメリカ軍に出頭し、ニーダーバイエルンのナッテルンベルクの監獄に収容された。彼はそこで戦争犯罪人と認定され、プラッティング、さらにはニュルンベルク-ラングバッサー、最後にはルードウィッヒブルクに送致された。1946年10月、ルディンはチェコスロバキアに送致された。ヨゼフ・チソの裁判の過程でルディンも1947年秋、ブラチスラバ国民裁判所で起訴された。元スロバキアの親衛隊員トップで政治指導者とみなされたヘルマン・ヘフレ（Hermann Höfle）とともに被告席についた。彼らはスロバキアのユダヤ人の送致に中心的な役割を果たしたとして、11月3日に死刑を宣告され、1947年12月7日、絞首刑に処せられた。[47]

　1945年から翌年にかけてルディンとカッシェの送致に関しては、アメリカ側に何らの問題もなかった。2人がユダヤ人送致に責任があることは明らかで、それ以前の時点では、何人も、彼らに抵抗しようとしなかった。少なくとも当時の外務省内ではそうであったし、外務省の職員たちは徹底して、親衛隊と深い関わりにある仲間とは距離を置いていた。後に、ルディンの家族は外務省に援助を求めたが、同省は権限外だと請け合わなかった。アメリカは「生粋のナチ」ではないとの自己申告に対応したのである。[48]

第3節　免責工場

　政治的に目立つ立場にいなかった第三帝国の各省の他の官吏の多くにとって、ドイツ外交団は、戦後1ヵ月の間、特にアメリカ占領当局が進めた非ナチ化政策にさほどの結果をもたらさなかった。ドイツ占領軍協議会においては、外務省幹部、省参事官、大使、公使から省の課長に至るまで、自動的に「主犯としての責任者」とされ、法廷や非ナチ化委員会に訴追された。有責の判決が下れ

ば 10 年以内の禁固刑が宣告され、具体的な証拠により犯罪が証明されれば、15年の重懲役刑または死刑に処せられる可能性があった。主犯格の被告の場合には、個人の財産は没収され、被選挙権も選挙権も剥奪され、その上 10 年間は「単純労働」につくことさえ禁じられた。しかしながら、ほとんどの外務省員は、アタッシェの範囲での最低限のランク付けをされた。その中には大使、外交代表部員、総領事、領事や外交団員なども含まれ、基本的に「有責」のグループとされて厳しい監視のもとにおかれた。

　しかし、こうした分類だけで心理的になしとはしなかった。裁判において弁護人の援助もなく被告席に着いた者が多かれ少なかれいたし、職業上同じ地位にある者の責任を同じとして扱い、検事側の証明責任がなおざりとなった。非ナチ化も実際には、さほどうまくいったわけではなく、それに対する懸念さえあった ―― とりわけ、ルッツ・ニートハンマー（Lutz Niethammer）もその意見だが、非ナチ化において「根本にはドイツの指導層として屈辱」と受け止められることがあった。元外交官たちもこの点が当てはまり、すべての手続きは遅れに遅れ、過小に評価される結果となった。高位高官の場合にも、とりわけ懐疑的なナチ党員であった者に対して法廷は、彼らのナチとの結びつきは「純粋に形式的」であり、軍事政権発足以前にはナチとは長らく党と政策に距離を置いていたか、―― ある意味で考えられる一つの変形として ―― 自らをナチの追随者としていた、と判断した。こうした免責の根拠を引き出し得なかった者で、狂信的な国家主義者としての危険を冒す者はいなかった。

　フランス占領地域および英国占領地域にとどまった外交官は、最低限の憂慮しかする必要はなかった。この地域で軍当局は、経済的理由によりすでに寛大であった。ほとんどの民間のドイツ人が高い報酬を得る仕事に専念できる状況にはなく、単純労働で満足せざるを得ない有様だった。アンケートに応える必要さえない状況にあった。外交部門の職員の周辺について、占領軍当局はご多分に漏れず、ますます怠慢が進んだ。その例は、フリッツ・ゲプハルト・フォン・ハーンの拘留の際に見られる。1933 年にナチに加入し、1937 年に外務省でエルンスト・ボーレの個人的専門官として勤務していたハーンは、1941 年以降はずっとユダヤ人政策を担当し、ギリシャとマケドニアにおけるユダヤ人の移送と殺戮に責任があった。彼は 1968 年 8 年の懲役刑に処せられたが、戦後当初には全く注目もされなかった。その理由は、ハーンが軍病院に 2 年間勤務

し、1947 年にハノーファーの商工会議所に税務、法律顧問として職を得ていたからだ。それはその後、1963 年までさらに第 2 のキャリアを得るための踏切板になった。[51]

英国占領地域では元外交官は、行政の指導的地位に上り詰めていた。例えば、ハンス・マイアーは 1936 年以降ナチ党員であり、政治局元職員であり、1944 年当初からはアペンラーデの領事館長であった。デンマークの収容所から帰国した彼は、ブラウンシュヴァイクの英国占領軍地方軍に収容された。ヘルベルト・ブランケンホルンは、1938 年以降政治局に勤務、1946 年 3 月に政治局長となるが、非ナチ化以前には、英国占領地域の副書記長に昇進していた。[52]

外務省職員のポストに関して反対の立場をとっていた者の中で、一部は最終的には亡命せざるを得なかった者については、彼らのキャリアにおいて非ナチ化を進めることに何らの問題もなかった。このグループに属する者として、クレメンス・フォン・ブレンターノ（Clemens von Brentano）、リヒァルト・ヘルツ（Richard Hertz）、ヴァルター・ヘス（Walther Hess）、カール・フォン・ホルテン（Carl von Holten）、ルドルフ・ホルツハウゼン（Rudolf Holzhausen）、ヘルマン・カッツェンベルガー（Hermann Katzenberger）、ヴォルフガング・クラウェル（Wolfgang Krauel）、ゲオルク・ローゼン（Georg Rosen）、ヘルベルト・シャッファルツィック（Herbert Schaffarczyk）がいた。[53] 彼らは政府の不利益な取り扱いに言及し、およそ政治的に嫌疑が薄かったので法の網からするりと抜け出してきた。例えば、カール・デュ・モント（Karl Du Mont）は、戦争末期にデュモント（Dumont）と改姓していた。彼は 1944 年に外国人の妻と結婚したがため、総統指令にもとづき、早期退職していた。戦争末期、この退職はナチの政治体制に対する反対の証拠であると解して、何らの非ナチ化の手続きを経ることなしに、オットー・ヴォルフ・コンツェルンのベルリン事務所に職を得た。彼が「日和見主義者」であるとは見なされなかった。しかし実は、1941 年にナチ党員の地位を得たことは隠匿されたのみならず、親衛隊指導者の一員としての役割も何ら言及されなかった。[54]

外交官だという他に、解職された官吏だという「Persilschein」（パージルシャイン）証明を必要とする者は、ほとんどの場合、従前の友人を頼った。とりわけ、ナチ時代の外国でどう評価されていたかという証言を求めたのである。ナチ反対派あるいはナチによる弾圧を受けていた同僚や、既に非ナチ化の手続き

第 2 部　ドイツ外務省と過去

で無罪判決を受けていた者は、彼のために喜んで有利な書類を提出してくれた。それ以前に、再び公務について安定したポストを得ることに成功していた者は、多くの請願者に対応しなくてはならなかった。ハンス・フォン・ヘルヴァルトは、既にバイエルン州政府に職を得ていたが、その回顧録に、「私は全くナチ犯罪の嫌疑がなかったので、その『persilである証明』を提示するために多くの人を探し当てた」。同様なことは、しばらくの間米英の占領地区の部長となっていたフォルラート・フォン・マルツァーン（Vollrath von Maltzan）にも生じた。また、1948 年からデュッセルドルフの政府官房長であり、ボン大学で国際法と外交問題の講義を行っていたテオ・コルトも同様であった。新聞はこうした実情を「彼らはキャッチボールをしているようだ。ナチの主だったメンバーを互いに許しあっている」と、大見出しをつけてはっきりと批判した。[(55)]

　多くの「Persilschein」証明を出した者に、元外務省人事局長のハンス・シュレーダーがいる。1933 年以来のナチ党員であったシュレーダーは、1934 年からエジプトのナチグループ長を務め、かつての多くの同僚から高い評価を受けていた。それには彼が、1941 年以来人事局長として、逮捕や解雇から多くの人を救ったためだ。戦争終末期にシュレーダーは、その中に 1943 年の爆弾テロ事件の嫌疑の証拠となるような個人情報を焼却したことが、再三役立ったのである。ある同僚に対して、彼は次のようなコメントを残している。「基本的にはそんなことは冗談だと言えるんだよな。以前には、いつも私に、ナチ党のために居ると称し、今日では全員が、ナチには反対だと、確言していた！　私は誰も追い出すことはなかった」[(56)]と。シュレーダーの寛大さは、フランツ・ラーデマッハーについても発揮された。ラーデマッハーが米軍に逮捕された後、彼が戦争犯罪人にならないように奔走したのである。[(57)]

　キャリア外交官で裁判に召喚された者が、その同僚たちによる有利な証拠を当てにしようとしたことについて、必ずしも同情的な人ばかりではなかった。例えば、元外務参事官ジギスムント・フライヘル・フォン・ビブラ（Sigismund Freiherr von Bibra）のケースである。彼は 1943 年 5 月までベルンに勤務したが、1936 年以来ヴィルヘルム・グストロフの後任として、スイスのナチグループ長の身分にあった。部下であったテオ・コルトは、この前上司が 1942 年に最終戦争に関して疑問を呈し、英国との和平交渉を準備することを探ってきたことを証言している。しかし、コルトはその当時最も親しい間柄であったビブラが、

314

1944 年に同僚の逮捕と妻とともにスペインで休暇を送り、ドイツには帰国しなかったというきっかけを作ったこともあって、それ以上の防御証言を控えている。「真摯な悲しみを持って、厳しい審査を避けねばならないほどの彼の誤りを補う」ことについてコルトは書いている。しかしながら、コルトはビブラの「誤り」に対して有力な証言をせず、ナチ体制に著しく近い立場にあったことに言及していない[58]。

　「Persilschein」という言葉を連合国軍と法廷が好意的に受け取ったのは、少なくともその用語を作った者が著名だからというわけではない。多くの弁護的発言者が、この主題に言及して学習効果が表れてきたからだ。同様に重要なのは、ナチ党員ではない、カトリックおよびプロテスタントのキリスト教徒であるということで、ナチから距離を置いていたことの証拠となった。反ナチの行動をとっていた者については、迫害を受ける可能性や出世の道が途絶えたこともあって、それ自体が間接証拠となった。法廷はこのように詭弁を弄し、このグループの者については個々の証言を検討する必要もない、証拠書類も必要ないとした。ヘルベルト・ブランケンホルンとヴィルヘルム・メルヒャースは 1946 年に非ナチ化に問われたが、彼らがアダム・フォン・トロットとハンス・ベルント・フォン・ヘフテンの抵抗グループで控えめながら役割を負い抵抗を支持していたことから、何らの反証も恐れる必要がなかった。ブランケンホルンは 1947 年 1 月にハンブルクでグループ V（「免除」）に入り、メルヒャーは 1948 年 4 月までブレーメンからの情報を待たなくてはならなかったのだが[59]。シュテーングラハト・フォン・モイランドは、ニュルンベルクで 7 年の重懲役刑の判決を受けたが、電報を偽造し何千人ものユダヤ人を救ったという意見もあり、グループ V に軽減された。このケースについては、ジュッセルルドルフ中央委員会特別全権が第三帝国時代のシュテーングラハトの任務に注目した際、新たに究明する必要があった。しかしそれを経ることなく、次の手続きで「支持者」として減刑されただけだ（米軍占領地域では「同調者」に相当する）。クルト・ゲオルク・キージンガーはグループ VI からグループ V に下げられたが、それは、彼が反ナチ行動に関して早くから加わっていたことにある。

　特に驚くべき経過をたどったのは、ヴェルナー・フォン・バルゲンのケースだ。彼は 1947 年 9 月、「Persilschein」の申請がシュターデで提出された。膨大な誓約書に支えられ、元公使は、ドイツ占領軍からベルギーの市民を保護され

第 2 部　ドイツ外務省と過去

るように努めたという証拠を求めた。パリ大使館に在任中、彼は 7 月 20 日事件の共犯者と接触し、1940 年にはヒトラーに対して、ソフィアの公使に昇進される計画に異議を唱えた。1943 年、彼はベルギーから、政治的な意見を異にするとの理由で、召喚された。1 年後、彼を外務省から「放逐する」ことにリッベントロープは成功した。こうした説明にふさわしく、バルゲンの非ナチ化については、「罪を軽くした」ものとして、軽減措置がなされた。しかし、バルゲンがベルギーでユダヤ人の移送にかかわっていたことについては、何ら言及されなかった。[60]

　アンケートにおいて不都合な経歴の詳細については黙殺され、検証されることはなかったが、しかし、かつて外交官として従事していた際のキャリアが逆効果となることもあった。その例として、エルンスト・オスターマン・フォン・ロート（Ernst Ostermann von Roth）のケースがある。彼は 1933 年から親衛隊政治局の一員に任ぜられていたが、それが親衛隊の隊長であったという情報に改ざんされた。彼が親衛隊大尉に任じられたのは 1939 年で、その 2 年前にナチ党に加入したことなどは触れられていない。彼は添付した履歴に関し、親衛隊での地位や武装親衛隊にいたことを隠すために、「親衛隊の戦略に対して」「意図的にサボタージュ」の状況にあったと説明している。退任時には、彼はアダム・フォン・トロットのためになるということは考えていなかったし、これが抵抗グループを危険に陥らせることになるとは言及していない。[61] 戦後、オスターマンが英国占領地域の難民専門官になった際、彼の親衛隊のメンバーだったのは「名誉」的なものでしかなく、それゆえ、大して重要視していなかったとの主張がスムーズに通った。彼が、反ナチであったことは退けられている。その証拠に、オスターマンが、1943、44 年に東部中央のいも軍のグループの連絡将校に任じられただけでなく、1934 年にゲシュタポを破壊したエドガー・ユング（Edgar Jung）を中心とする青年保守サークルにも属していたことがある。オスターマンの経歴には何らの民主主義的な要素がないにもかかわらず、1948 年 2 月以降「罪を免除」された。[62]

　1938 年から外務省に任官していたフランツ・クラップは、聴聞官を騙した。クラップは戦争末期の 1940 年に東京の大使館に勤務し、2 年後、ドイツに帰国した。1948 年はじめにミュンヘンの検事が米占領軍政府に、クラップはナチ党員であり、親衛隊員であり、SD にも所属していたことを通報した。クラップ

自身の申告書には親衛隊保安部員の経歴は無視し、親衛隊のメンバーとしては
あまり活動していないと書かれていた。彼によれば、「ドイツ・日本協会にお
ける活動で、代表的な役割を果たしていた」との申告であった。彼は、親衛隊
の少尉の位を持っていたが、1939 年には文書で親衛隊から離脱したと称してい
た。ナチ党官房の勤務成績書に、やや反抗的と記されていることもあり、1939
年初頭、2 度ほど「官吏の帝国施設での学習に」参加させられている。その際、
「彼自身の政治的姿勢については何らの疑問も呈されてはおらず、── 最もそ
の要素は少なかった」。検察官は彼の証拠文書により、バイエルン非ナチ化法の
グループⅠに処する予定でいたが、彼の元同僚の減刑証言と日本の友人たちか
らの意見により、グループⅢに処せられた。しかし、法廷でナチスの敵対行為
にかかわる多くの証拠が出され、クラップは 1948 年 5 月にグループⅤに減刑さ
れた。その上、クラップの陳述に基づいて、リッベントロープの証言は立証さ
れなかったし、彼に抵抗していたことを裏付ける証拠は何もなかった。米国の
検察官は 2 ヵ月後にクラップが SD に属していたことは明らかであると判断し
た時には、クラップは既にドイツからスウェーデンに去っていた。結局、この
ケースは終結した。

　とりわけ、すべての官吏世代が部分的な特赦を得たのは、連合国がすぐに、一
定の世代の官吏に対しては非ナチ化の公的手続きを減らすという権限を持たせ
たが故である。

　ギュンター・ディール（Günther Diehl）はヒトラーが権力を掌握した当時、17
歳であったが、次のような取り扱いとなった。ニーダーザクセンでは特赦法が
発布され、彼は過去に関する厳密な審査を受けなかった。しかし、彼は、戦争
中にはヴィシーのドイツ大使館支局で放送事業の専門家として勤務し、事実上、
すべての案件に関して権限を持ち、その上に、文化担当官としても仕事をして
きた。これについては、単に宣伝全体だけでなく、政治的報告者としての資格も
持っていた。ディールは再三にわたり、武装親衛隊へ志願状況を報じ、親衛隊の
中央は彼の任を免じようとしたが、ヴィシーとパリは彼の配転を妨げた。その
ため、当地の親衛隊司令官で、放送関係の政治局長ゲルト・リューレは、1943
年にその旨を親衛隊本部人事局に通報した。ディールは「事実上、特別に高度
な資格を持つ従業員であり、狂信的なナショナリストであり、非の打ちどころ
のない性格の持ち主」であった。そして、親衛隊旅団長で文化政策局長であっ

第 2 部　ドイツ外務省と過去

たフランツ・アルフレッド・シックスは、ディールにアタッシェへの転身を乞い、1944 年末にようやく成功した[66]。戦争末期、ディールは英国の許可を得てハンブルクでジャーナリストとして働いていたが、彼の追想録によれば、「自身の考えに戻ること」ができたという[67]。実際、英国占領軍が得たアメリカ側文書に基づけば、ディールは、1930 年代ナチの学生連盟においてベルギーの「少数民族」の専門家として活動をしており、1944 年には、外務省と武装親衛隊の「フランドル人」と「ワロン人」とを結ぶ連絡将校として活動していた、との結果を得ている[68]。

　非ナチ化の個別の手続きに関して権限を持つ占領当局は、こうした関与によって、逆の方向での理解に基づき、非ナチ化の効果も常に小さくなっていった。確かにこれがすべてだとは言えないが、実際行われたところを見ると、その点で最後まで一貫している。ヴィルヘルム・フォン・ショーエンは、その良い例である。1945 年まで駐チリ大使であったが、1946 年 6 月には、CSU のミースバッハ選出の州議会議員と地域裁定裁判所の陪席裁判官の地位を諦めざるを得なかった。それは、米軍州管理当局が、政治的な審査を強化したからである。ミースバッハ地域裁定裁判所の元外交官を主戦争犯罪人のグループに入れたのである。ショーエンとアメリカ生まれの妻は、占領当局と「良好な関係を有していたが」、それは、「減刑」として非ナチ化され財産没収をまぬがれた以前の、1947 年までのことであった[69]。

　非ナチ化審査委員会から赦免され収容所から出てきた者は、「ナチ」だったとは考えられなかったが、たとえ、その後外務省で地位に就いたとしても、連合国の規則によれば、その後も嫌疑ありと考えられていた可能性もある。例えば、英国占領軍当局の介入によりハンス・クロルは 1947 年末にグループⅢ（責任があまりない）に格上げされていた。実際には、クロルは指導的地位に就くことが許されなかったし、3 ヵ月ごとに警察に出頭することが義務付けられていた。1948 年、こうした決定に対する抗弁が認められ、非ナチ化審査委員会から、もともと追放解除された者と認定された[70]。同様の経験はカール・ヴェルクマイスター（Karl Werkmeister）にもある。英仏両占領地区経済管理局長との間で、英国地区司令官はグループⅢに格上げした処置を決定していたのだが、1947 年夏に彼は抗告審査部から、非ナチ化に関して「解除」された。その根拠として、ヴェルクマイスターは、ナチ体制を支持することが少なく、外務省の仕事に就

318

くことを潔しとしなかったからである。それに基づいて、カール・アーノルド州首相（CDU）は、ノルトラインヴェストファーレン軍政府司令官のビショッフ将軍に再審を申し立てた結果、判定が覆った。1948 年春、ヴェルクマイスターは追放解除者のグループに戻ったのだ。[71]

　ドイツ外交官の過去の政治的姿勢に関しては、多くの場合複雑だった。1948 年に連合国は、ヴィルヘルム通りの被疑者に対するニュルンベルク裁判に関しては、非ナチ化について集団的な責任を問うこととし、一般のドイツ人として区分しなかった。ニュルンベルク裁判では、新たな証拠を連合国側が入手した際に、その事案に対して審理を開始することとし、グループⅣおよびⅤに格付けされている者は、処理済みという取り扱いをしたのである。エミール・フォン・リンテレンに対し、再審請求は却下されていたが、エーリッヒ・コルトのケースについては、その枠外とされた。[72]

　ミュンヘンの非ナチ化裁判所では、1947 年 9 月に検察官の求めによって、元公使で親衛隊大佐は「主犯」として格付けすることが決まった。友人や知人からコルトが抵抗行為にかかわっていたことの宣誓証言の書類が、決め手となり「無罪」に処せられたのである。1948 年 2 月末、バイエルン州政府において彼は以後、ニュルンベルク裁判において米軍特別調査員となった。コルトの場合、ナチ政府を積極的に支持した証拠がなく、ヴァンジタール（Vansittart）卿は、コルトが「信頼に足る」との表現はしなかった。[73]10 年前この元外交最高顧問にとって最も親しい対話の相手がコルトの兄弟であり、その際、ヒトラーの戦争計画について英国に警告を行っていた。

　ヴァンジタールが 1948 年 8 月にニュルンベルク裁判に従事している時、コルト兄弟は楽観主義者で、エーリッヒ・コルトに対する非ナチ化の手続きを再開するべきだという意見も特別審査官に提出された。しかし、非ナチ化裁判所はニュルンベルクの証拠も、外務省の証拠書類も遡って検討しようとはしなかったし、ベルリンの文書センターに問い合わせることもなかった。こうした訴訟では、時にこのような誤りも起こった。そればかりではなく、コルトが「積極的に抵抗運動に与していた証拠」は何もなかった。コルトを免責する多くの文書を前にして、バイエルン当局は再審の開始を退けた。エーリッヒ・コルトの例を見るまでもなく、非ナチ証明書はその間の申請を証明する証拠に過ぎないのみならず、せいぜいドイツが古きエリートたちを恐怖させるこの権限を掌握

第2部　ドイツ外務省と過去

1951 年に連邦議会調査委員会に提出された外務省人事局の 237 人の外務省高官

同調者 IV	赦免 V	非該当	特赦	非該当	非ナチ化せず何らの証拠なし	ナチスの親衛隊、突撃隊員	ナチによる迫害を被った者
15	108	70	5	39	110	59	21
6.3%	45.4%	29.5%	2.1%	16.5%	46.2%	24.8%	8.8%

1945 年に外務省高官として、勤務していた 129 人についてのデータ

13	74	23	4	15	89	39	16
10.1%	57.4%	17.8%	3.1%	11.6%	69.0%	30.2%	12.4%

してからは、非ナチ化の効力は失われてしまった。[74]

　その典型例がある。外交官としてのキャリアが長ければ長いほど非ナチ化の手続きは長引くが、それによって、緩やかな決定を受けるチャンスが大きい。とりわけ印象的なのは、オットー・ブロイティガムだ。彼は最初、外務省東欧局に勤務したが、1941 年にはそこは、新設の東欧占領地域帝国省としてアルフレッド・ローゼンベルクの指揮下にあった。ブロイティガムは、白ロシアの農業＝民族問題担当の高官となった。そこで彼は「武装村落」の設立に携わり、ユダヤ人、ソヴィエトの人民委員として、また他の民族に対する東部担当委員としての業務を執り行った。彼は戦後、ナチの占領政策は非生産的であると考え、できる限り被害を最小限にとどめたと主張した。しかも彼は、無気力な上にユダヤ人に同情的であることを理由に、1940 年にナチ党から除名されたと申し立てた。1949 年 8 月、彼はボホルトの会計委員会に任じられたが、1 年後にグループＶに入れられた。ニュルンベルク－フュルトのラント裁判所では、東部省での勤務を理由に、ブロイティガムは刑事裁判に処せられたが、証拠不十分で手続きは中止された。[75]

　外務省職員の非ナチ化は、同省人事局により連邦議会の調査委員会に提出された 1951 年 11 月の「元」外務省職員のスキャンダルに関する調査結果を参照すれば、結果としてその大多数が赦免にされた。397 人の外務省高官のうち、237 人についてのリストが出されたが、そのうち、127 人程が元外務省に勤務した外交官であった。[76]彼らの多くがヴィルヘルム通りのベテラン職員であり、ナチ党特別構成員であるとともに組織の一員であったことが結論付けられた。他に、連合国の基準からして、「主犯」ないし、「従犯」（リストのⅠないしⅡ）として

320

訴追されながらも再雇用された者の少なからずが、最終的にこのグループに処せられた。しかしながら、外務省の構成員は事実上、西ドイツの平均の２倍もの確率で赦免グループに処せられただけである。

第４節　転職とそのためのネットワーク

　ドイツ連邦共和国が設立するまでの数年間は、勤務していた省庁から解職された何十万人もの元国家公務員にとって容易な期間ではなかった。元外交官もこの点では、同様で、いずれにせよ戦争末期から中立国に居住していない者、さらには居住できる可能性があった者も同様であった。事実上、多くの国は連合国が彼らを送還しようとしても拒否することもあった。この意味で典型的なケースがアイルランド共和国で生じた。エドワード・ヘンペル（Eduard Hempel）公使は、ヘニング・トムゼン（Henning Thomsen）の部下だった。トムゼンは1933年以来親衛隊に属していたので、親衛隊によるドイツの戦争のための宣伝活動を担ったことに責任を感じていたが、その地で政治的な難民申請をした。[78] スペインに勤務していたナチ党員のベルント・オットー・フライヘル・フォン・ハイデン＝リンシ（Bernd Otto Freiherr von Heyden-Rynsch）とリヒャルト・ケンペ（Richard Kempe）は、その中には入らない。[79] ギュンター・フォン・ハックヴィッツ（Günther von Hackwitz）は、1943年からメラーンで大ドイツ帝国の全権として従事していたが、その後米軍がその事務所を整理する際にそれを助け、後に、サン・レモ周辺の多くの工場の法律顧問や幹旋者となった。親衛隊少佐であったゲルハルト・リヒャルト・グンペルト（Gerhard Richard Gumpert）は、1939年に外務省に入り、戦争末までイタリアの大使館で会計担当の公使館書記官として勤務していたが、戦後、ドイツに帰国することはなかった。後に彼は、自動車販売を営んだ。[80] 親衛隊少尉であった東アジア専門家のカール・オットー・ブラウン（Karl Otto Braun）は、クルップ株式会社の事務所長になる前に、アルゼンチンに亡命していた。ギュンター・ボック（Günther Bock）は1941年以降、ローマの大使館でいくつかのポストに就いたが、帰国の道を選んだ。1946年10月にはドイツで拘留刑に処せられたが、1949年にブエノスアイレスに移住し、そこで、ドイツ＝アルゼンチン商工会議所の職員となった。

　ドイツ外交官とならんで、オーストリアの旧外交官グループがいる。1938

第2部　ドイツ外務省と過去

年にオーストリア「併合」後、そこに配置された者たちだ。戦争終了後、彼らのほとんどは故郷に帰国する道を選んだが、少なくともそのうち9人は新共和国の外務省職員として雇われた。彼らのうち、ヴィルフリード・プラッツァー（Wilfried Platzer）は、1944年にはナチ党から除名されていたが、後に、米国と英国における大使を歴任し、オーストリア外務省のトップ、事務次官に就任した。[81]

ドイツの解体により、ほとんどの元外交官たちはかろうじて生計を立てていた。それでも、年金受給資格に達していた者は財政的な独立をある程度維持し、平穏な暮らしをしていた。西ドイツに土地があった者は、自給自足を促され帰国することができた。相当な重刑に処せられた者でも、その職業上の能力を新しい進路で生かすことができた。ヴェルナー・ライコフスキーは1940年以降、リッベントロープの私設報道担当者だったが、フランクフルトにあるイエズス会出版会の従業員となり、グスタフ・フォン・ハーレムは、占領軍である米軍当局による拘束から解放されて後は、父方の出版社を再建した。[82] ヴェルナー・ゲルラッハ医学博士は、1937年から親衛隊のメンバーであり、プラハのドイツ公使館で反ユダヤ活動を行っていたが、1949年にケンプテンに病理学の私立研究所を開設した。[83]

何らかの困難に陥った者も、自伝を書くなどの選択肢はあった。リヒャルト・フォン・キュールマンは1948年に、ヘルベルト・フォン・ディルクゼンとルドルフ・ラーンは1949年に、エルンスト・フォン・ヴァイツェッカーとパウル・オットー・シュミットは1950年に回顧録を出版している。1951年にはオットー・アベッツの回顧録がこれに続いた。エーリッヒ・コルトは2冊の本を出版した。1冊は、ナチの外交政策に関してであり、1947年に刊行された。残りの1冊は、2年後に出版した回顧録である。他、ジャーナリストになった者も何人かいた。

再建された大学のポストに就く元外交官もいた。例えば、ミュンヘン大学で行政法と国際法の教授資格を持っていたエーリッヒ・コルトは1951年、ケルン大学員外教授として招聘された。弟のテオ・コルトも、1947年にボン大学の法学部に招かれ講義をした。数少ない輝ける職業再開の経歴保持者には、クルト・ゲオルク・キージンガーがいる。彼は1946年から1948年までヴュルツブルク大学で講師として勤務した。[84] 彼らより若い世代の外務官僚である、ビンセント・アルバース（Vincent Albers）やエルンスト・ムンゼル（Ernst Munzel）、ハ

322

インリッヒ・ノルテ（Heinrich Northe）、ジークフリード・フォン・ノスティッツ（Siegfried von Nostitz）らは、大学に戻り学んだ。

1945 年まで、外務省高官だった者の一部は、民間企業で安定した地位を得た。とりわけ注目に値するのは、ギュンター・アルテンブルクである。1941 年から43 年まで、彼はギリシャにおけるドイツ全権であった。米国占領軍収容所から釈放された後、この元ナチ党員は 1946 年からハイデルベルクで弁護士とビジネスマンを兼務し、ここでドイツ商工会議所におけるキャリアを積んだ。1937 年以後、親衛隊のメンバーになり、戦争中にはブリュッセルとパリでアタッシェとして勤務したエルンスト・ケーネン（Ernst Coenen）は、1946 年 9 月に連合国の拘留を解かれた後、まずはデュッセルドルフで弁護士となり、1949 年にドイツ鉄鋼信託連合に雇われ、その後そこに再建されたティッセンコンツェルンにポストを得た。1921 年に外務省に採用され、1943 年以降特命大使として勤務していたエミール・フォン・リンテレンは、1948 年にデュッセルドルフのクレックナーグループに雇われ、元同僚のギュンター・ヘンレ（Günter Henle）の上司となった。ファシスト＝イタリアの最後の大使となったルドルフ・ラーンは、西ドイツのコカ・コーラ社の代表として勤務した。⁽⁸⁵⁾

法律修了者として職を失った外交官も多数いたが、その中で新たに就職先を得て、最も成功し ―― それゆえに悪名高い ―― 戦後最長のキャリアを持ったのは、エルンスト・アッヘンバッハである。彼は、パリ大使館で政治局長としてユダヤ人移送に指導的に関与した。アッヘンバッハはアメリカ人女性と結婚し、1944 年に外務省を退職した。その理由は「国際結婚をした男性に関する総統指令」に基づくものであった。戦後、彼が釈放されたのは、リッベントロープに反対しナチズムに抵抗した、との理由に基づいている。アッヘンバッハはエッセンに弁護士事務所を開設し、雇用や労働に関する非ナチ化とその訴訟を遂行し、その仕事ぶりによって、間もなく、当代きっての「ルール地方の売れっ子弁護士」と噂された。⁽⁸⁶⁾

ニュルンベルク裁判において、アッヘンバッハは I.G. ファルベン事件で起訴されたフリッツ・ガイエフスキー（Fritz Gajewski）の代理人となり、外務省の事件では、エルンスト・ヴィルヘルム・ボーレの代理人となった。その結果、突然のことだったが、この外国におけるナチのトップに対して、米占領軍は拘留刑を宣告するに至った。アッヘンバッハは英国占領地域においても非ナチ化が

進んでおらず、また、アメリカ占領地域に14日以上滞在することに対する質問票の要件を満たしていないとされた。ニューヨークの移民向け新聞の『再建(Aufbau)』紙が、パリの大使館におけるアッヘンバッハの活動について報じ、ロバート・ケンプナー（Robert Kempner）が1947年末にそれについて質したが、彼はエッセンに逃亡した。非難された英国占領当局は、まずは「特別弱い」対応をした。しかしながら米占領当局は、1948年3月、ニュルンベルクから一連の新証拠を発掘してきた。その後、英国占領地区委員会はフランス側の移送申請を受けた。アッヘンバッハは、エッセンの非ナチ化審査委員会でも「前歴なし」と評決されたが、姿をくらました。フランス軍が占領軍に入らない前の1949年4月、英国占領軍はアッヘンバッハに対する従前出された旅行制限を再度取り消した。[87]

　元外務省職員の一人であり、神学者で反ナチのオイゲン・ゲルステンマイアーは、設立したルター派プロテスタント教会の救援活動に従事した。救援活動には、ヴォルフガング・フライヘル・フォン・ヴェルック（Wolfgang Freiherr von Welck）だけでなく、彼の副であったフリッツ・フォン・ツヴァロフスキーもハンブルクで、ヴィルヘルム・メルヒャーならびに、ゲオルグ・フェデラー（Georg Federer）、ゴットフリート・フォン・ノスティッツもブレーメンで従事した。外交官の任務、とりわけ外国の同朋教会の救援活動を援助することを目的としていた。[88]

　さらに、元外交官であったハッソー・フォン・エッツドルフ、エーリッヒ・コルト、グズタフ・ストロム（Gustav Strohm）、ペーター・プファイファー、そしてディルク・フォルスター（Dirk Forster）などは、シュトゥットガルトの平和問題に関する機関で働いた。かつてパリ大使館参事官だったフォルスターは、1937年に、ラインラントの再軍備に反対して —— おそらくヒトラーの指示に基づいたのであろうが —— 即時退職に追い込まれた。戦時中彼は、経営顧問として、その後は、I.G. ファルベン社のフランスの事務所で取引に従事したが、1947年にはドイツ平和問題ドイツ事務所の副局長に就任し、その後はミュンヘン政治大学の教授となった。[89]シュトゥットガルト事務所は外交問題に関する「シンクタンク」として、米国占領地区の首相が1947年に設立したものである。

　新たに管理司令部を設立する場合にはどこでも、外交官としての国際経験と語学力が評価された。他、ナチ党員でないという証明がある場合、さらに

チャンスに恵まれた。そういうチャンスをつかんだ例として、エルンスト・アイゼンロール（Ernst Eisenlohr）がいる。アテネとプラハの前公使であった彼は、1946年から1955年の間、バーデンヴァイラー市長を務めていたため、外務省からは外れていた。オイゲン・クレー（Eugen Klee）とヘルマン・ターディンゲ（Hermann Terdinge）は、1947年に州顧問官のポストを得た。このポストには依然、親衛隊大尉のゲオルグ・フォーゲルが就いていた。他の何人も州政府の最高の地位を得ることができた──例えば、ブレーメンにおけるヴィルヘルム・ハース（Wilhelm Haas）とゲルハルト・ファイネ（Gerhard Feine）だ。東アジア専門家のハースは、妻が非アーリア人であったがゆえに、1937年に退職せざるを得なかった。大使であったヘルベルト・ディルクゼンが、1938年に東京で在任中の彼を I.G. ファルベン社の顧問として雇い、彼は中国で1945年まで勤務した。ハースは最後まで在留し、戦後の1947年にスイス経由でドイツに戻った。そして、ブレーメン市長ヴィルヘルム・カイゼン（Wilhelm Kaisen）の下で、市長府の長となった。彼の前任者ファイネは、ブレーメンの法務部門における最高責任者となった。[90]

　ハンス・ヘルヴァルト・フォン・ビッテンフェルド（Hans Herwarth von Bittenfeld）は、曾祖母がユダヤ人であったため、非アーリア人とされ、戦中はほとんど東部前線に配置されていた。バイエルン首相府長であったアントン・プファイファー（Anton Pfeiffer）は、ヘルヴァルトのかつての同僚であったペーター・プファイファーの兄弟だった。1945年夏の終わり、プファイファーはヘルヴァルトを首相府に招聘した。ヘルヴァルトはそこで、1949年には大臣参事官に昇進した。また、ヘルヴァルトはそこで、1937年に48歳の若さで引退に追い込まれていたルドルフ・ホルツハウゼンに再会した。ホルツハウゼンは、1945年からバイエルン州政府に勤務し、ベルリンの連合国軍占領当局顧問官として働き、そこを退任した後は、ミュンヘンに現代史研究所を設立しようと奔走していた。1945年末には、既に外務省から解任されていたゲプハルト・ゼーロス（Gebhard Seelos）がバイエルン政府に採用され、1947年以降はシュトゥットガルト市で開催された州協議会において、バイエルン州を代表していた。[91]

　他の外交官も各州の行政府内で最高レベルの地位を得た。その1人にフリードリッヒ・ヤンツ（Friedrich Janz）がいる。彼は1941年の時点でもナチスに所属していたが、それから6年後、バーデン州財務省から委任されドイツ銀行で財

産管理の業務についた。外務省の彼の同僚であったマンフレッド・クライバー（Manfred Klaiber）は、1933 年以来ナチス党員であったが、ドイツが 1947 年 5 月の自由経済へ移行するのにともない、バーデン・ヴュルテンベルク州にある国の機関で 1 年ほど働いていたが、1949 年にテオドール・ホイス率いる連邦大統領府に移った。リッベントロープの娘の夫であるハンス・シュヴァルツマンは、1933 年以来ナチス党員であったが、1947 年にミュンヘンでアントン・プファイファーのもとで政府参事官となった[（92）]。

　ヴァルター・ツェヘリンは、1925 年から第三帝国政府の報道部長を務めたが、彼が SPD 党員としての活動により、1932 年にはメキシコ公使となり、その後 1946 年に社会民主党政権下のニーダーザクセン州で 10 年にわたって報道部長職に就いた。短期間ではあったが、ノルトライン・ヴェストファーレン州でも同様な職務に就いた。しかし非ナチ党員であったために、1943 年 10 月に早期退職に追い込まれた。その後 1950 年に連邦参議院事務局長となった。他、かつてナチ党員であったにもかかわらず、法律業務に就く外務省官吏もいた。例えば、ヘルベルト・ディットマン（Herbert Dittmann）はハムのラント上級裁判所の評議会に入り、ヴェルナー・フォン・バルゲンはニーダーザクセンのラント行政裁判所の裁判官として勤め、また、ウルリッヒ・グラノウはヘッセンの区裁判所判事の職に就いた。

　また、税関当局も元外交官を積極的に再雇用した。とはいえ、その多くは、責任ある部署への配置ではなかった。フォルラート・フォン・マルツァーンは、1938 年に「人種的理由から」退職せざるを得なかったが、経済専門家として職に就いた。彼の母親がユダヤ系であったことが決定的な理由だった。1942 年、妹とともにゲシュタポに短期間拘束された。外務省を解雇された後、マルツァーンはベルリンの I.G. ファルベン社に職を得たが、その後しばらくして、政府の特別職の理由から、再度当局に職を得た。彼の新たな地位はカール・リッターの副官であり、開戦から 1942 年 5 月まで務めた。その後再び、マルツァーンは I.G. ファルベン社に職を得た。1946 年に退職後、大ヘッセン州の経済・通商省に短期間勤務したが、12 月より前には、設立された占領軍の二重区域の経済当局に採用された[（93）]。

　そこで彼は、物価担当官フリードリッヒ・フォン・フュルステンベルク（Friedrich von Fürstenberg）の側近として勤務した。フュルステンベルクは第三

帝国時代に、ナチ党員ではなかったので、その後いくつかの行政のポストに就いたのである。フュルステンベルクは、1942年から44年までの間、外務省に18ヵ月間勤務した。1949年にはルドルフ・ホルツハウゼンと官アルベルト・ヒルガー・ファン・シェルペンベルク（Albert Hilger van Scherpenberg）も経済当局に加わった。後者は、元ライヒスバンク総裁ヒャルマー・シャハトの娘の夫であり、1944年7月1日にはナチ反対派のゾルフグループと接触したとして拘束され、民族裁判所で2年の拘留刑に処せられた。

　とりわけ、ゲルハルト・ケーゲルの場合は特記に値する。彼は外務省の元高官で、後に東ドイツで政治的、外交的に大きな影響力をもった。1934年以来彼は、ナチ党員であったが、1935年には元共産党員が外務省で出世頭となっていた。外務省で彼は学術的補助の地位を得、同時にソ連のスパイについて探索する役割を担った。[94] 1939年末にドイツ使節団が、貿易協定締結の交渉をするためにソ連を訪問した際、ドイツがロシアを攻撃する意図を持っているという警告を発するチャンスに利用した。[95] ドイツ崩壊後、ケーゲルは、外務省通商政策部門に2年間移り、後に国防軍報道グループに勤務した。1945年1月に彼はソヴィエト占領軍の戦犯として逮捕されたが、1945年6月には釈放された。1949年までケーゲルは、ベルリナーツァイトゥング紙の東ドイツにおける発行人兼編集人として活動した。その後、彼は東ドイツ外務省で、部長としてキャリアを積んだ。しかしながら、彼に対して東ドイツ内での対抗圧力は強くなく、戦後もドイツにとどまった外務省高級官僚の504人のうち、14年間を東ドイツで送ったのは彼だけである。[96]

　最後に早い時期から政治家のキャリアを持った6人の外交官に触れよう。カール・フォン・カンペ（Carl von Campe: 民主党）、ギュンター・ヘンレ（CDU）、クルト・ゲオルグ・キージンガー（CDU）、ゲルハルト・リュトケンス（Gerhart Lütkens:SPD）、カール・ゲオルグ・プファイデラー（FDP）とゲプハルト・ゼーロス（バイエルン党）が最初の連邦議会議員をしていた。これに続くのが、エルンスト・アッヘンバッハ（FDP）、オットー・フォン・ビスマルク（CDU）、エヴァルト・クリュマー（Ewald Krümmer:FDP）、エルンスト・マイアー（Ernst Meyer:SPD）、ゲオルグ・リプケン（Georg Ripken: 民主党、後 CDU）とヘルマン・ザーム（Hermann Saam:FDP）が続いた。

　他のあらゆる基準に照らしても、ほとんどの元外交官は戦後、比較的問題な

第2部　ドイツ外務省と過去

くキャリアを積むことができた。これは、彼らがたいてい裕福な市民であり、
貴族出身であるという背景があったこと、さらに、高等教育を受け、外国経験
があり、外国語に堪能なこと、幅広い教養と人脈があったからである。しかし、
必ずしもすべての元外交官が、戦後直ちに、かつて享受してきたような生活水
準に復帰できたわけではない。東ヨーロッパやベルリンから逃亡した者は、私
財のほとんどを失った。例えば、ヘルベルト・フォン・ディルクゼンは、かつ
てシュレジアの地主であったがそれを失い、1950年までは、借金と彼が収集し
た陶器を売りながら生活せざるを得なかった。[97] 多くの者は、こうした窮乏状況
を1940年代末には終わることができた。それはその「雇用者の地位を喪失」し
た後、あるいは公務から「追放され」ていた、官僚に対する年金給付と財政的
手当支給が解除されることにより可能となった。

　通貨改革が1948年に行われたが、元外交官にとっては、いまだ新たな職を得
ることができる状況になかったため、一層厳しい状況におかれた。代表的例と
しての、フリッツ・フォン・ツヴァロフスキー、ヘルベルト・リヒター（Herbert
Richter）、ヴォルフガング・フライヘル・フォン・ヴェルックが、同年9月に慈
善団体による生活扶助を終わらせることができた。彼らが組織と称した「元高
級外交官の交友範囲」が、西側占領地域すべてにコンタクトが可能となり、と
りわけ「腹心の友」のネットワークが成立したことから彼らは基金を集め、か
つての親衛隊所属で最も困窮している同僚にそれをカンパした。1951年の初
頭、基金は、39,343マルク、貸付総人数は129人に達した。その中には、死亡
した元外交官の家族も含まれていた。この場合に、借金の返還を求めることは
ほとんどなかった。政府や各州、ならびにフランクフルト管理部は、年金官吏
や一時的手当を得ている者、家族給付を得ている者もこの範囲に含めた。

　交友範囲は、戦争末期の連帯感によって結びついていたので、彼らの交流は
「家族」とか「同士」のようなものとして残ったのである。誰からもその仲間
として歓迎された。「ツヴァロフスキー」などはそれが顕著で、「ナチ時代の官
僚制度の伝統に基づく関係」だった。例えば、「ガウスやリッター」のような
人としてはとらえることはできない。[98] つまり、フリードリッヒ・ガウスもカー
ル・リッターも、ナチスに属しているわけではなく、多くのキャリア官吏と同
様、1938年以後リッベントロープの取り巻きとして利用された、ということ
である。リッベントロープが後に、ガウスを法務部長として、法律顧問のリッ

ターを占領軍司令官のキーマンとして利用したのである。エミール・ガイガーは最後の領事で、バルセロナのナチスの地区グループ長であったが、同じく最大のナチ組織に近い存在として、仲間に入ることを拒否された。[99]

　1949年に、東西ドイツが成立した際、旧外交官のほとんどは、自身の過去に対して占領軍を恐れる必要がなくなっていた。仕事の上では一層良好な状況になっていたともいえる。一部には、肩をすくめる程度のものであったという。フリッツ・フォン・ツヴァロフスキーは、1948年11月にかつての同僚たちに、仕事を見つける際の助けになるのは友人関係がものをいうと忠告していた。「我々は皆、高い地位にいたが、今はそれ以下のところで堪え忍ばなくてはならず、外務省に対して大衆の不安と敵意が存在するし、占領当局からは熱心に保護が与えられることになろう。個人的な関係がない場合には、—— 今のところあまり多く動かないほうがよい。目下、われわれの多くはある程度うまくいっている。それゆえ、弁護士や行政書士、経済顧問、鑑定人など従前に似た専門家として、務めるのが最善である」[100]。

　全く同じような趣旨が、約6ヵ月後の、ヒルガー・フォン・シェルペンベルクからツヴァロフスキーへ宛てた手紙に書かれている。「貴殿もご承知の通り、様々な強く不当な敵意があり、今日政治的な領域では、以前の外務省に対する批判と同情すべてが結びついているのです」[101]。その上、占領当局が、外交官に対しては常に、ナチであったものが非ナチ化を受け入れるのかどうか疑っていた。ハッソー・フォン・エッツドルフは、1949年5月にゴットフリード・フォン・ノステイッツに対して「我々は元ナチスではあったが、外国で当局に従事したことについて、私はあなたの許しを請いたいが、今はまだ許されないであろう」[102]というように。政治的立場も社会的立場も失いかねない、このような大げさな自己弁護と感情は、さらに1948年から49年にかけて対応するものとはならなかった。さらに、占領軍の粛正政策に対して、ナチ時代の合理的な旧エリートの間に広がっていた、外交官の表現によればルサンチマン（遺恨）は、事実上の非ナチ化を実行するという観点からは、一層浅薄なものとした。

第5節　再度の東方への対峙

　それぞれ異なるコストと明らかに少ない人員で、しかし、それ自体が政治的

第２部　ドイツ外務省と過去

に重要な中で、非ナチ化とナチの戦犯追及をさらに進めていくためには、アメリカ占領軍にとって占領したドイツにおけるソ連の情報収集が必至だった。その際、アメリカの諜報官たちは、ドイツの秘密情報機関や親衛隊治安機関、旧国防軍のみならず、人数は少ないが外務省職員にも集中して対応した。こうした専門的に資する考えは、アメリカの外交官デヴィット・ポールが考案した。彼は、1917年にモスクワの総領事として十月革命を経験し、ボルシェヴィズムが東ヨーロッパに広がっていくさまも経験した。第二次世界大戦中、ポールは、アメリカが移民に対する安全を保障する必要からそれに従事していたが、戦争終結時にソ連があらゆる面でこれに影響を及ぼすことのないように専念した。

　1945年7月、ポールは「ドイツの官吏の尋問に関する特別国家使節団」団長に任命された。その任務は、軍が占領地域に入る前に、秘密諜報機関に手がかりを与えることにあった。ポール率いる司令部は、ヴィースバーデン市のコードネーム「各国関係」局という建物に置かれた。ポール委員会のメンバーは2ヵ月半の間、西側の占領地域内の収容所において、国防軍、秘密諜報機関と外務省の元所属員など被収容者70人の審問を行った。その中には、コンスタンチン・ノイラート／ヨアヒム・フォン・リッベントロープやリッター、トリュッシュラー機関長も含まれていた。尋問は、外務省組織、1933年以降のドイツ外交政策の展開、中立国の大使館のアメリカに対するスパイ工作などについてであった。[103]

　特に優先したのは、ソ連在勤のドイツ外交官への尋問であった。このためポールは、アメリカ軍事諜報機関と協定し、かつての「モスクワ」グループのヘルベルト・フォン・ディルクゼン、アンドル・ヘンケ、ハンス・ヘルヴァルト・フォン・ビッテンフェルトに対して、「各国関係」局の一角に心地よい部屋を用意し、彼らが基本的にそこを利用できるようにした。[104] ディルクゼンは1928年から1933年まで駐モスクワ・ドイツ大使であり、ヘンケは1922年から1940年までの間、モスクワとキエフで様々な任務に就いた。ヘルヴァルトは1931年から1939年までの間、モスクワ大使館館員として勤務した。3人とも流暢にロシア語を話し、ドイツとソ連との関係を知り尽くしていた。ポールは3人の外交官にコードネームを付けた。「A」はディルクゼン、「B」はヘンケ、「C」はヘルヴァルトだ。そして彼らと長い間協働した。ヘルヴァルトの回顧録によれば、「各国関係」局は10年後には、「ヴィースバーデン歴史研究グループ」になった。[105]

330

ヘルヴァルトは開戦後既に、長期間モスクワに在勤していたロイ・ヘンダーソン（Loy Henderson）、チャールズ・ボーレン（Charles Bohlen）、ジョージ・ケナン（George Kennan）、チャールズ・タイヤー（Charles Thayer）などと交流していた。戦争終結後、この関係者はアメリカの外交政策を推し進めた。アメリカの外交官は、ヘルヴァルトがナチとは一線を画していたことを認めただけではなく、1938 年に計画されたチェコスロヴァキアに対するドイツの陰謀をフランスとイギリスの外交官に密かに告げていた。1939 年 5 月から 8 月の間に、ドイツとソ連の関係についてアメリカに詳細を報告していた。最終的にヘルヴァルトは、不可侵条約の準備やバルト諸国とポーランドの分割について極秘に警告を発し、その情報に基づいてワシントンが開戦を避けることを願っていた。ヘルヴァルトが一貫してナチに加入しようとしない行為は、アメリカからすれば、彼に高い信頼を置くことにもつながった。⁽¹⁰⁶⁾

　ドイツのポーランド侵攻に際し、後にソヴィエト侵攻時に出兵した騎兵隊にヘルヴァルトは属していた。⁽¹⁰⁷⁾東部戦線への出征により、彼は捕虜を尋問する業務に就いた。他に、共産主義と赤軍に対する戦いへ参加者を募る任務にも就いた。ドイツの犯罪行為としてのウクライナ人とユダヤ人の移送や虐殺等には、彼は手を下さなかった。彼は、1942 年に彼の甥であるクラウス・フォン・スタウフェンベルク（Claus von Stauffenberg）が計画したヒトラーに対する蜂起に加わる機会があった。1945 年 5 月、彼は妻の家族が所有するオーバーフランケンのキュプス城にいた。当時戦略局部長に任命されたチャールズ・タイヤーは、戦後初めてヘルヴァルトに会った時のことを次のように書いている。「ロシア専門家〔ヘルヴァルト〕としてロシア戦線を見通して、ロシアは未来永劫に重要だという表現になった。そこには、彼が責任を持って処理した様々な問題があり、その答えとしては、民族戦争の時代に得た確かな経験から、その答えは確信に満ちているだけではなく、外交能力的にも正しいといえる」。⁽¹⁰⁹⁾タイヤーはヘルヴァルトをザルツブルクに 9 週間とどめた間、彼の経験を書面によって報告した。その後、彼をヴィースバーデンに移し、「各国」館に招致した。

　ヘルベルト・ディルクゼンは、かつての国防軍であるラインハルト・ゲーレン隊とアメリカ軍連絡将校のジェームス・クリッチフィールド（James Critchfield）により発見された。コードネーム「Rusty」と称する機構がアメリカ軍政下に作られていた。クリッチフィールドはディルクゼンをはじめ多くの「安全な囲

いの中で、1日に3食を保証すればよいロシア専門家」を即座に擁することになった。1945年夏、ディルクゼンがゲーレンと接触しようとした際、クリッチフィールドは彼をポール委員会に連れて行った。ヘンケは、おそらくは戦略局支援もありヴィースバーデン市に連れて行かれた。コードネーム「Dustbin」の収容所（グリュックスブルク城）とヘッセン州リヒテナウ市の「Vereinshaus」と称する収容所は、西側占領軍の数少ない快適な尋問施設であったが、彼は以前にも一度、そこでアメリカ軍の尋問を受けた。

　こうした措置は証人を彼らの目的に速やかに従わせるのが目的であるのは明らかだった。彼ら3人はすべて、外務省と国防軍についての告発から守ること、1937年のドイツ帝国の国境について問責しないことと考えられていた。その上、アメリカとソ連の争いをあおりたて、その中で、ソ連の主導権に対して、アメリカが攻勢に転ずることが求められた。とりわけ、はっきりしていることは、ドイツのソ連侵攻について語った中で、ドイツの攻勢による戦局の拡大についてではなく、ソ連の戦略的防衛手段を評価し、彼ら以外の元外交官にも同じような解釈をするよう求められた。例えば、ヒトラーの通訳のトップであったパウル・オットー・シュミットはポール委員会で、バルト海沿岸諸国やベッサリア地方、ブコブナ北部に1940年夏ドイツが侵攻し占領した時のソ連の占領にビックリしたと主張した。[111]ヘンケはこれに補足し、次のように述べた。この地方の「ロシア軍の早期の予想や急速な確保」により、「ヒトラーは、少なくても多大の不快感を抱いた」[112]と。

　ドイツとソ連の関係を決定的にした1940年11月のモロトフ（Molotow）のベルリン訪問について、ヘンケは次のように記している。モロトフはヒトラーの提案を棚上げし、その直前にドイツが行ったフィンランドとルーマニアへの侵攻を批判し、東ヨーロッパにおけるソ連の権益を強調した。ペルシャ湾岸におけるイギリスの覇権を食い止めるためだ。ヒトラーは、ヘンケは「およそこの命令的なソ連の政治家との懇談において、ドイツのヨーロッパにおける支配に対してスターリンが敵対するつもりだという確信を強めた」と結論付けた。[113]ヘルヴァルトは、両国間の戦争はヒトラーとリッベントロープの性急な行動によって生じた、との意見であった。外務省の専門家の中では、対ソ連戦争はいずれにせよ、民衆に大きな災厄をもたらすものと考えられていた。[114]

　独ソ戦の意味については、ニュルンベルク裁判の中で被告の免責のために使

われたが、この裁判において、連合国の裁判官は従前のアメリカの尋問士官より低く評価された。その際、ヒトラーの遠大なソ連全滅計画だけでなく、外務省や国防軍の多くの構成員が攻撃プランに精通しており、それに同意していたことは考慮されなかった。

　東ヨーロッパにおけるソ連の行動を国務省とともに監視するという配慮は、明らかにドイツ外交官の供述に対するアメリカ側の判断を好意的にした。例えば、1945 年 9 月、ハリー・ハワード（Harry Howard）は、ディルクゼンがソ連の政策をナショナリスティックで帝国主義的な方向はツァーに通じたものになるという警告を発していたと記録していた。ソ連が勢力範囲をトルコにも及ばせる意向を持っていたことを見通していた。(115)12 月、ハワードは、国務省中東局長ロイ・ヘンダーソンの報告書を国防省に送付した。その中で、ソ連がバルト海からトルコ海峡に至るまでの支配を拡大することに強い関心を持っているというディルクゼンの見通しを再度強調した。枢軸国時代に彼らがつながりを持っていたことは、相当な価値がある。1946 年 1 月、ヘンダーソンの報告書は国務長官のジェームス・バーンズ（James Byrnes）に提出され、その 3 ヵ月後にも、ヘンケの筆による同様の報告書が提出された。(116)ハワードの回想録では、アメリカが 1946 年に行ったイランへの援助や、その後のトルコへの援助は、継続的にソ連の外交政策にかかわるという前提に基づいていた。ハワードはそれゆえに、それに関する、例えば 1940 年 11 月 25 日のモロトフに対するドイツ大使シューレンブルクがモスクワの地理的利害からの策略と核心がバクーの南の地域であるペルシャ湾をも囲むものである、と指摘したことをとりあげた。アメリカの外交官は、この供述をどこも削除することなく引用し、「この地域はソ連の政策と利害が拮抗する中心にある」と述べた。(117)

　ポールは、国務省の意見に対し、あまり抑制的な姿勢を取らなかった。1946 年初頭、アメリカ国民はロシアの拡大を警戒してきた。西ドイツは共産主義に対する防波堤として再建されなくてはならない——国務省に巣くっていた「ユダヤ人との固く結びついたグループ」は、ドイツを農業国におとしめる方向に動いていた。クレムリンの目標設定を支持したのである、とポールは述べた。(118)1946 年 10 月に発表された『フォーリン・アフェアーズ』の論文に、国家社会主義的な外交政策はヨーロッパの勢力均衡に対するビスマルクの方針に基づく、と記している。ヒトラーは、ヴェルサイユ条約の不均衡を修正する特別な存在

であった。彼の不寛容さが最終的に戦争という方向に働いた。ドイツは最終的にソ連との軍事的な対立が不可避であると感じた、と結論づけた。ポールの独ソ不可侵条約は宥和への行為であるという途方もない意見は、今日的視点からみれば、たとえ、それを弱体化したソ連との共同だとしても、ディルクゼンの見方に戻るものである。[119]

アメリカの国務長官バーンズは、1947年に発刊したドイツに対する戦後処理についての回顧録で、ソ連は不可侵条約を実際には絵に画いた餅として締結したわけではなかった、との見解を再度述べている。1941年のドイツによる侵攻は、ソ連が西方へ拡大する圧力を解消するためになされた。モロトフのベルリン訪問は第二次世界大戦において決定的な転換点になった。こう考えるのは、ドイツとロシアの専門家だが、これへの反対命題と、当時存在した冷戦に対するアメリカとの対立が戦時に戻す影響を持ったのである。[120]

他の「国際関係上の」論議におけるさらに重要で複雑なテーマは、ディルクゼン、ヘンケ、ヘルヴァルトが、ソ連の国力を削ぐために、どのくらいウクライナの民族運動に寄与したのかという疑問に関係していた。とりわけウクライナの独立運動にどのくらい係わったのか、その運動を信ずることができたのかに関しては、明らかではない。ディルクゼンは、1918年に短期間ではあるがウクライナが主権を回復した段階でこれを知り、ウクライナの民族主義は「反論の余地ない真実だ」とした。しかし、ある日突然にウクライナはロシアに併合された。1918年の失敗は、革新的な地域の要求であった。ルーデンドルフの侵攻に対し、ウクライナ市民軍が武器を持って戦わなかったという事実は、コミンテルンの活動家に敗北をもたらした。この際に独立した国家を維持しうる条件があった、とディルクゼンは言う。[121]

その後直ちに行われた交渉で、ヘンケが示したかったのは、ウクライナが伝統的にロシアではなく西側を指向してきた、ということである。彼は、レーニンとスターリンの犯罪について詳細に述べている。1928年の飢餓の窮地を「ウクライナ国民を根絶させるために」クレムリンは意図的に利用したのである。事実、「1933年にはウクライナの何百万人もが、ドイツ軍による国土解放を熱い思いで望んでいた」。ヒトラーは後に、この目的に従い、ウクライナのロシアに対する解放戦争を進めた。[122]

ハンス・ヘルヴァルトの報告はこの点とは逆の見解が述べられている。彼の

意見では、ソ連に対する犯罪はヒトラーの仕業であり、ウクライナに権限を持っていた帝国特別委員のエリッヒ・コッホ（Erich Koch）の仕事であった。外務省職員は国防省職員同様、ソ連政府にとって国民の援助を決定的なものとし、また、それゆえにソ連の市民と捕虜に対する残酷な虐待を認めないことになった。さらにスターリンに対する敵意が広まり、独ソ間の交渉を 1 つの市民戦争に向けるチャンスと見られた。国防軍の指導者は、「教えられたとおりの」占領政策を、戦意を弱めるために行った。ウクライナの独立運動に関して、「実際に本質的なもの」を持っているとヘルヴァルトは賞讃している。ドイツ軍が1941 年にレンベルクに達した際、市民は喝采をもって迎えた。しかし、東ガリチアに総督府が設けられ、民族主義者の指導者が拘束されると、幻滅が広まった。(123)『フォーリン・アフェアーズ』の論文でポールは再三、後のヘルヴァルトのテーゼになったが、ウクライナの市民戦争のチャンスはヒトラーとコッホによって逸することになったと指摘している。(124)

　3 人の外交官の他に「国際関係」を解析するのは、ロシア専門家のグスタフ・ヒルガーだ。彼は 1923 年から 1941 年の間の間にモスクワの大使館に勤務していたが、後にアメリカ情報機関にとって最も重要な情報源となった。ヒルガーは、ワイマール共和国の時代に既に、ドイツ－ソ連間の通商関係とソ連の工業化についての指導的な専門家として認められ、その地位を得ていた。1939 年から 1941 年までの間、ロシア語通訳のトップとして、大使とともに独ソ間の会議等に参加していた。1941 年 6 月のドイツによる奇襲攻撃の後にベルリンに帰還し、リッベントロープのソ連問題に対する最高顧問となった。

　1945 年 5 月 19 日、ヒルガーはザルツブルク近郊で米軍の捕虜となり、ソ連に関する情報を早速証言することになった。10 月には米軍はヒルガーを「ロシア問題の生き字引」──スターリンやソ連のシステム、モスクワの戦略的視点に最も精通しているドイツ人とみなした。

　ヒルガーがナチ党員でなかったことで、信用は一層増した。1945 年 7 月ポール委員会での談話とそれに対する答えの中で、彼は「最終解決」に関しては、より詳しい情報を得られる立場にはなかったと主張している。記録によれば、早い時期に帝国に承認されたドイツ系ユダヤ人のポーランド移住については知らず、帝国治安中央局によるヴァンゼー会議によりユダヤ人虐殺が加速したことも知らなかったという。ヒルガーの言葉は会議の議事録でも様々に表現を変え

第2部　ドイツ外務省と過去

て出ている。彼はとりわけ、1943 年にポーゼンに抑留中のイタリア系ユダヤ人のアウシュヴィッツ移送について外務省の許可を出さなかった。[125]

　アメリカ軍情報局（MIS）のメンバーは、ヒルガーの説明に魅了された。彼はドイツの前線における進展について伝え、フィンランドやブルガリア、トルコとの盟約が、独ソ関係に冷却化をもたらしたことについても強調した。モスクワ大使館の同僚たちとは反対に、彼は、スターリンがドイツとできる限り友好関係を保持したいという意見を代表するものであった。MIS のトップのピーボディー（Peabody）元帥はこの点に関して、「従前のドイツの政策の動機は、今日では、単なる学問的な関心であるが、――ロシアのドイツに対する動機は、ソヴィエトロシアが西側で戦争を通じての、最終的勝利を勝ち取るのに大きな影響を与えていた。このような光を当ててみると、ヒルガーが示した全体像には、いくつかの論点があり、詳細に検討されることになろう」とコメントしている。[126]

　1945 年 10 月から 1946 年 6 月まで、ヒルガーはワシントン近郊にあるフォート・フント米軍施設に捕らえられていた。この 9 ヵ月の間に彼は、MIS と国務省のために多くの分析を行った。その中で、ソ連の外交・安全保障政策、特に、バルト海沿岸諸国と東プロイセンの占領に関する問題分析に従事した。ヒルガーは将来的に赤軍が増強されることを予測し、モスクワの指導部が、集団的な安全保障システムを構築することに対してなぜ関心を持たないのか説明した。1940 年のバルト海沿岸の併合に関して、モスクワは、一歩一歩「正当化の見込み」を得ようとしていた。後に、エストニア、ラトヴィア、リトアニアをソ連に組み込んだが、これは最初からの目的に従うものであった。西側に対しては常に疑い深い態度であった、それは、最初の原子力時代から増幅されたものである。このような背景から、ロシアは、自らの強さを信用することに傾いたのである。[127]

　ドイツに帰ると、ヒルガーのはゲーレン機関のメンバーになった。アドルフ・ホイジンガー（Adolf Heusinger）に率いられたグループである政治局の長として、彼は毎月、何百人という赤軍脱走兵に対する評価を行った。[128]戦争犯罪人として法廷に送るべく、ロシアは彼らを送還するよう要求したが、ヒルガーがこの間行っていたことについては知らなかった。[129]1947 年 6 月、ソ連の秘密情報機関が、彼の妻マリー（Marie Hilger）を、ベルリンから約 60 キロ離れたノイルピンのモルコウで捕らえた。4 ヵ月間の拘束中、彼女はドイツにおけるソ連秘密情報機関

336

の長セロフ（Serow）将軍によって定期的に尋問された結果、彼女の夫とケストリング（Köstring）将軍がモスクワでの「戦争の主犯的な教唆者」であることが明らかになった。セロフは、彼女の夫が「アメリカのスパイ組織」のために働き、彼の知識をアメリカが利用できる状態にあることを知った。彼女の夫に関しては、残念なことだが、ソ連だけではなくドイツの民主主義に対しても、裏切り行為をしているとセロフは断じた[130]。

1947年10月、マリー・ヒルガーはアメリカ占領地域に行って夫をモルコウにおびき寄せることを約束させられた。さらに、娘のエリザベートとその子ども2人に対して、ある結果がともなうとも脅された。アメリカ軍の秘密情報機関とゲーレン機関は、その段階で既に娘たちとの接触を始めており、マリーの解放後は直ちに、全員でベルリンに移動し、そこからフランクフルト・アム・マインに逃亡するよう計画されていた。その後しばらくして、グズタフ・ヒルガーはGPUの代理人の問いに対し、彼は「危険きわまりないドイツ」にとどまらず、戦争直前モスクワに駐在したのだと述べてもいる[131]。

移民ないし分離主義者からなる秘密組織であるCIAと協働するオフィスは、1948年10月、ヒルガーを再びアメリカに連れていった。FBIの仲間は、その結果について国務省が全く異なる意見であったことに驚愕した。戦時中モスクワで知り合いになったジョージ・ケナンはヒルガーについて、「長い間の実務経験により、ソ連の組織に関する分析と評価」および「ソ連の政治と経済に関して、数少ない優れた精通者である」と述べている。以降しばらくの間は、ヒルガーはステファン・H・ホルコム（Stephen H. Holcomb）やアーサー・T・ラター（Arthur T. Latter）という偽名を使いアメリカのために働いた[132]。

ヒルガーは、単に独ソ関係を分析するためだけではなく、現在の重要な政治的状況をも解説している。1948年6月、スターリンとチトーとの間での衝突があった時、アメリカは共産主義陣営の亀裂を深めようと、ラジオ放送による宣伝を強めた。1949年末、スターリンがポーランドの新貿易大臣ロコソフスキー（Rokossowski）に元帥の称号を授与した際、ヒルガーは時宜にかなった表現をした。ヴラソウ（Wlassow）将軍が一線を越え対独強力者になった時のことを引き合いに出し、ロコソフスキーは誰もが踏み込み得ない側にこの数日間入り込む、と予測した。1950年2月、ソ連と中国が中ソ友好同盟相互援助条約を締結した時に、ソ連が「ヨーロッパで決定的な変化が生じた場合に」、アジアの側から解

放する試みがあるとヒルガーは看破した。1950年7月に北朝鮮が韓国に侵攻した際に、ヒルガーは、この冒険はソ連の戦略に基づいて行われたと主張し、および、ヨーロッパの弱い部分に世界が挑戦しているものとみなした。「我々がドラスティックなやり方に対処できない場合には、同様な行為が続く」といえ、おそらくイランにおいても同じことが言えるだろう。⁽¹³³⁾

2回目のワシントン滞在の間、ヒルガーは回想録の原稿を書くため、差し押さえられていたドイツの文書を見ることができた。彼は、歴史的な事件を公にしようと意図し、「それについては、彼自身が秀逸な立場」で述べようとした。⁽¹³⁴⁾常に彼とともにいたケナンの援助もあり、ヒルガーは毎月の書面の分析に加え、多くの対談にも参加した。そこでは単に、アメリカとソ連の戦争の可能性に言及するのではなく、地位的緊張を進めるために、秘密情報機関が設けられているのか、設けられていればどのように働くのか述べている。⁽¹³⁵⁾

1948年12月に最終的にヒルガーは、ドイツに帰国した。ゲーレンは彼に、その時点でゲーレン機関を統制下においていたCIAが追加の資金を支出することを認めるよう任務を課した。ヒルガーはドイツの秘密情報機関の指導に当たり、アメリカにはゲーレン機関分析グループ所属と伝えられた。彼のもとに、元大使のディルクゼンやその部下オットー・ブロティガムなどが属した。CIAは、ドイツのヒルガーから定期的な報告を期待していたが、時にはディルクゼンの知見も加わることがあった。しかし当てにならない内容もあった。ゲーレンがその秘密の重要性を分かっているとは考えられなかった。ヒルガー自身は、CIAのホイジンガーに分析グループの成果に対し、従前同様に体系的に入手できるよう文章で要求していたし、この点に関しては、事後的な変更はなかった。しかし、ゲーレンには、アメリカから得た情報を注意深く観察することをヒルガーは求めた。⁽¹³⁶⁾

ヒルガーの後任としてゲーレン機関の分析グループ長となったヘルベルト・ディルクゼンは、後に回顧録を出している。彼自身に関していえば、ディルクゼンは、非ナチ化について幸運な結果となった。彼の思想的に未熟なことが助けになり、また、例えば、ロバート マーフィーやイギリス軍政府におけるアメリカ関係の政治顧問ウィリアム・ストラング（William Strang）卿などが支援した。その中でも特に、テオドール・ホイスやハインリッヒ・ブリューニングおよび

第 1 章　旧職員の解任

一連の旧ロンドン大使館の人々に支えられた。実際 1947 年 4 月にディルクゼンはグループⅡ（責任者）に格上げされたが、法廷はグループⅤ（免責）と宣告したのだ。検察官は控訴したが、1948 年 5 月末に、オーバーバイエルン控訴裁判所は棄却した。その 2 ヵ月後、ディルクゼンはヒルガーの後任に任命された。彼は 1955 年、73 歳で死亡した。

　アンドル・ヘンケは 1947 年末に、外務省関係訴訟の証人として証言した後、アメリカの拘留から釈放された。彼の釈放は最終的には、特に彼がポール委員会の「政治顧問」として従事していたこと、ポール自身が彼の仕事に対して謝辞を提出したことにあった。1951 年、ヘンケは連邦政府東ヨーロッパ部門で働い
[137]
た。ロシアの専門家の中で最も高いキャリアを得たのは、ハンス・ヘルヴァルト・フォン・ビッテンフェルドで、外務省官房長（1951 ～ 1955 年）を経て、駐英大使（1955 ～ 1961 年）ならびに駐イタリア大使（1965 ～ 1969 年）となった。

339

第2章　法廷にて

　最も重い罪に問われたドイツの外交官たちは戦後、裁判にかけられることになったが、これは連合国の間では、遅くとも1945年の初めには決まっていた。問題になったのは専ら、手続きの形式と告訴の中身であった。1945年8月のロンドン会議で4大国はようやく、ドイツの再興に役立ちそうな者に対する司法のあり方で合意した。国際軍事裁判所（IMT）が設立され、そこが、平和に対する罪、戦争犯罪、そして人道に対する罪を判断することになった。

　10月6日に被告人のリストが提示された時、ナチスの外務大臣であったコンスタンティン・フォン・ノイラート男爵とヨアヒム・フォン・リッベントロープの名前が載っていたことに驚きはなかった。リッベントロープは度重なる条約違反と第三帝国の戦争外交政策の真骨頂として考えられ、「欧州外交の悪魔の星(1)」とも見なされていた。彼の前任者は狂気じみた国家社会主義者というよりも典型的な国家保守主義者として、ボヘミアとモラビアを帝国の保護下に置き、ナチの人種差別および占領政策の実行者としての役割を果たした。

　アメリカ、イギリス、フランスおよびロシアはIMT憲章（「チャーター」）を共同で立案したものの、1945年11月にニュルンベルクで開始された主要戦争犯罪裁判では、手続き的にも内容的にも圧倒的にアメリカの意思が反映された。アメリカ占領地域で手続きが行われ、主として米国が宣伝する法的理論によって告訴され、法廷の運びも強く規定された。訴えの核心は、ドイツの侵略戦争、ヨーロッパ支配および最後には世界支配への道を開かんと謀議をしていたかどうか、であった。アメリカ人は、戦時国際法への基本的な違反を証明しようとした。これによって、「法的に維持されるべき国際平和の秩序」に繋がるはずであった(2)。

　米国の訴訟提示者の長で、IMTの主要な設立者であるロバート・ジャクソン（Robert Jackson）連邦最高裁判事は、ハリー・トルーマン（Harry Truman）米国大統領に構想を次のように説明した。「主要な被告人に対する我々の任務は、ナチの基本計画に関係することで、個人の粗暴と倒錯を裁くのではない(3)」。アメリカ

人は、「文明的な世界」に対する謀議に参加した者は、政府高官だけではなく、──ジャクソンは最高権力者のみならず、法的な責任はもっとも少ないが強い権力の持ち主になる者だけには満足せずに、ナチ組織と国防軍の高官が法廷に引き立てられるべきだ、と考えていた。

　ノイラートとリッベントロープは、4点について告訴されたが、それらすべてに責任がある。共同謀議、平和に対する犯罪、戦争犯罪、人道に対する犯罪である。[4]ニュルンベルクの訴訟提起者は、外交的な進出──それ自体は必然的には犯罪を構成するわけではない──が共同謀議に結びつき、その最終的な目的（侵略的な戦争）によって犯罪行為となったことを立証しなければならなかった。また被告人に対しても犯行の意図を証明しなければならなかった。その際に、当然「首謀者をめぐる被告人たち──組織に属する者、煽動者あるいはそれに同調した者──は、共同して計画をしたか、あるいは実行に移したか、あるいは平和に対する犯罪の共同謀議に参加したことを示す」だけで十分であった。[5]

　2人の外務大臣は、戦争の勃発を志向したことを非難された。[6]ジャクソンは最終弁論で「ナチ政権の征服計画が成功することに外国が懸念するたびに」、「二枚舌の外務大臣リッベントロープ」は、彼の演説──限定的なそして平和的な意図──により、善良な欧州の隣人の正しい本能を再び翻弄した、と述べた。ノイラートの「鎮めようとする保証」はもっと悪いものであった。というのは、彼はいまだに「認識できない汚れた名目」によって保証したからである。英国の主任告訴人のハートレイ・ショウクロス（Hartley Shawcross）卿は、「ノイラート以外に吐き気のするシニシズム」を想像することができない、と批判した。彼は、いわゆるホスバッハ会議でチェコスロヴァキアの運命のすべてを聞いた──にもかかわらず、チェコ人には、ヒトラーがミュンヘン協定を堅持するだろう、と保証した。[7]

　リッベントロープの弁護内容は実にみじめなものだった。法廷の内外で、彼がヒトラーの戦争計画を何も知らなかったことを知らされた。また彼の法廷での態度は、おかれた状態の改善には寄与しなかった。病気を理由に彼は、裁判の延期を試みたが、法廷は彼の茶番を受け入れなかった。弁護人は依頼人不在のままで1日中弁護を行わなければならなかった。英国のエスタブリッシュの代表、例えば英国国王からウィンストン・チャーチル（Winston Churchill）を通

341

第2部　ドイツ外務省と過去

してアスター夫人までを証人に呼ぶという数限りない申請もまた、成功の見通しがなかったし、法廷を怒らせただけであった。同様に、モロトフを証人しようとする試みも失敗した。[8]

　証人台でリッベントロープは、経験豊かな英国の告訴人に軽率な行動を仕掛けた。彼はいつも矛盾に陥った。自身の行動に行き当たり、例のとおりまわり道をしなければならず、彼の嘘は当時、外交戦略上必要であったと主張せざるを得なかった。しかし、イタリアの外務大臣でムッソリーニの義理の息子ガレアッツォ・チアノ（Galeazzo Ciano）の日記の抜粋に落胆した。チアノは1944年にいわゆる裏切者として処刑されていたが、英国の告訴人代理のデーヴィッド・マクスエル・ファイフェ（David Maxwell Fyfe）が開示した、1939年8月半ばに書かれた内容によれば、チアノはリッベントロープに「何を欲しているのか？ポーランドの回廊か、それともダンツィヒか？」と質問した。その回答は、「それ以上でもそれ以下でもない。我々は戦争をしたいのだ[9]」だった。

　結果としてリッベントロープのために証言を行ったのはわずか3人だった。かつての事務次官シュテーングラハト・フォン・モイランド、秘書のマルガレーテ・ブランク（Margarete Blank）と通訳のパウル・オットー・シュミットだった。シュテーングラハトは、自分自身も法廷に立たされるのを覚悟していたが、彼のかつての上司の罪をより軽くすることで、少なくとも自分自身を守ろうと努力した。集中砲火を浴びた彼は、ユダヤ人の強制移送に際して外務省が果たした役割は、彼にとって正しいとか正しくない等の範疇を超えていた。リッベントロープが決して「典型的な」ナチではないという彼の主張は、笑いに包まれた。それに対してハリー・J・フィリモーレ（Harry J. Phillimore）大佐は、リッベントロープは「ヒトラーの命令に盲目的に従った」と証言を披露した。[10]

　マルガレーテ・ブランクは既に弁護人の質問に、下働きの身分らしい卑屈な、媚びへつらう態度だった。弁護人はこれ以上、再質問する必要もなかった。シュミットは法定手続きの前の宣誓の中で、次のように言った。もはやマクスエル・ファイフェを待つまでもなかった。すなわち、「ナチ」指導者たちの共通した目的は最初から「ヨーロッパ大陸を越えて」おり、リッベントロープはまさしくこの指導者一味の一員であったのだ。[11]リッベントロープの場合はそれが明らかで、裁判官全員一致で判決に至った。裁判所は4つの告訴事項すべてに責任があると判断し、絞首刑による死刑を言い渡した。1946年10月16日、死

342

刑が執行された。[12]

　ノイラートの弁護戦術も貧弱なものだった。マックスウェル・ファイフェは何度も、なぜ「その政治的な目的たる殺人に奉仕した」[13]のに政府を悪く言うのかと質問をめぐってノイラートと対決した。ノイラートは、彼が２つの役職に留まったのは、より悪い事態を防ごうとしたからだ、と理由づけ、この質問を乗り越えようとした。[14]もちろん、彼が帝国保護領の総督であった間に行われた反抗的なチェコ人や学生およびユダヤ人への抑圧と狂暴な殺害は、彼の管轄権の下になかった親衛隊とゲシュタポによって実行された、として責任を負おうともしなかった。しかし、このような弁明は次第に、ノイラートの過去の答弁と食い違うようになった。裁判所は、彼が明らかに悪化していくのを防ぐことができなかった、にもかかわらず、役職に留まり続けたことについては容赦しなかった。他の食い違いの一部は、重要であるはずの弁護人の弁護技術に対してノイラートが信じていないように見えた。それに付け加え、彼が第三帝国の抑圧政策によって豊かになった、という印象を拭い去ることができなかったのは、立場をさらに悪くした。[15]

　ノイラートが何度も「反対者」として表現しようとした主張、言わばヒトラーとの意見の相違は、彼自身の証言によって崩れてしまった。彼は、戦争自体には反対ではなかったが、外相として、いわゆるホスバッハ会議で単に西側大国が介入する前にドイツがチェコスロヴァキアを侵攻することを警告した。同様に、彼は反ユダヤ主義への非難をはねつけ、しかしながらその流れで、第一次世界大戦以降のドイツ人の公な生活の中にユダヤ人が「過剰な影響力」を及ぼしていると語った。彼は「全部の人種差別政策」を「間違い」としたが、同時に「今日でもなお」ユダヤ人を「排除すること、あるいは制限すること」は正しいと思っていると軽口をたたき、いわば「拒否」した。――彼曰く、ヒトラーはただ、「他の方法」を適用すべきであった。[16]ノイラートは訴えられた４つの点についてすべて有罪とされた。しかしながら、彼は死刑を免れた。そして、15年の禁固刑はチェコスロヴァキアへの引き渡しの可能性を妨げた。チェコスロヴァキアでは、ボヘミアとモラビアでノイラートの事務次官であったヘルマン・フランクが1946年５月に絞首刑になった。[17]

　法廷でも私的にも、ノイラートはいかなる責任も引き受けなかった。ニュルンベルクで彼は日記を書き始めたが、それはどちらかというと、彼が頭が固く無

343

第2部　ドイツ外務省と過去

分別であることを示した。大部分のことを初めてニュルンベルクで知った、と主張するすべての「驚くべき汚らわしいこと」を、彼は「ヒムラーを取り巻く犯罪集団」の所為(せい)にした(18)。法廷で彼は、戦争犯罪を連合国に押し付けた。ヴェルサイユ条約および国際連盟の政策が国家社会主義を生み、戦争に導き、フランスとイギリスはミュンヘン協定の後にヒトラーを止められなかった(19)。罪と責任を至る所に見つけ出したノイラート —— これが15年の刑罰になったわけだが —— には、単に彼自身の行為とであるとは認めなかった。シュパンダウ刑務所に収監される前に、彼はヒトラーの積極的な侵略政策を公然と支持したヴァイツェッカーやヴェルマン、リッターたちが「いかに大きな刑罰になるだろうか」と考えた(20)。

　ノイラートが挙げた人々が彼についての判決をどのように受け取ったのかは、伝えられていない。上司である大臣が国際法廷の場に引っ張り出されたことについて、外務省の元職員たちが抗議したという話も聞かない。むしろ数十人の人々、その中には大臣室室長であったエーリッヒ・コルトも含まれるが、彼らはむしろ訴訟を維持する役に立ったぐらいである(21)。これは、アメリカ的道理を誘発し、勝利者に安易な協力を復活させることになった。これに加え、1946年春にはノイラートやリッベントロープに身を呈して協力する元外交官はほとんどいなかった。自分自身のやりくりの戦いに消耗しすぎたのである。リッベントロープが大臣に就任するより前に外務省の役人になっていた高官たちは、彼を素人臭いよそ者と見なしていた。反対にノイラートは彼らにとっては身内であった。それゆえに、かつての駐英大使ヘルベルト・フォン・ディルクゼンは、ノイラートに対する判決を「間違った判決」と見なした(22)。

　主要な戦争犯罪人に対する裁判が行われている間に、元外交官が罪から逃れることはまだ可能だった。しかし、2年後アメリカ人がいわゆる「ヴィルヘルム通り裁判」で外務省に入った国家社会主義者以外の者の他に、国民保守主義のキャリア官吏も訴状に挙げたことでもはや通用しなくなった。訴えの対象はもはや「ヒトラー一味」だけではなく、外務省の役割および伝統的なエリート自身をも含んでいた。これは刑事訴訟法上の危機であったのみならず、ヴィルヘルム通り裁判は、個人的・集団的な新たな一歩を踏み出す機会を潜在的につぶすことになり、そして、いまや、一連のいわゆる名誉ある外交官を戦争と大量虐殺に対する共同謀議の罪に引っ張り込んだ。それに応じては今ではごく少数

344

の元外交官が、アメリカ人の訴訟担当者を支援するだけになった。むしろ、元
外務省官吏の間にアメリカ人が行う裁判に対する団結心が形づくられた。

第1節　焦点となった外交官

　既に 1945 年末、ジャクソンと戦略局および軍事政府指導部の首脳は、国際
的な裁判所の規模を拡大することは米国の利益に反する、との結論に達してい
た。現在行われている国際軍事裁判（IMT）を危険に晒すことなく、引っ込め
ることを期待したのであった。まず、その第一歩のためアメリカは、1946 年 1
月にジャクソンに対し、彼が IMT の終了後にワシントンの最高裁に戻れるよ
うに、さらなる戦争犯罪裁判を準備すべく彼の代理で、場合によっては彼の後
継者となる人物を指名するように指図した。1946 年 3 月、ジャクソンはテル
フォード・テイラー（Telford Taylor）を選んだ。彼は、戦略局とアメリカの軍事
司令官ルシアス・D・クレイ（Lucius D. Clay）将軍から内密に、それとなく既に
決められていた米国の路線に忠実であった。[23]テイラーが裁判の準備をするため
に、戦争犯罪主要委員会事務所が設立されたが、それはクレイ将軍の直接の指
揮下にあった。新しい手続きは 1945 年 12 月に制定された連合国管理理事会の
法律第 10 条の法的基本によることになった。それは、ロンドンの IMT「憲章」
に依拠しており、4 つの占領大国に統一的な法的枠組を提供するもので、それ
ぞれの占領地域で戦争犯罪、平和に対する罪、人道に対する罪、それに共同共
謀を捜索するためであった。

　もともとテイラーには、266 人の被告人に対する 36 におよぶ手続きが念頭に
あり、その際には 6 つの手続きを同時に進めることを予定していた。[24]しかし既
に 1947 年 3 月には最初の 3 つの手続きが執り行われ、さらに 2 人の告訴状が到
達した時には、彼は新しく手続きを 18 に減らす計画を立て、さらに 2 ヵ月後に
は 16 の手続きに縮小した。[25]1947 年晩夏には、185 名の被告人に対する 12 の後
継裁判に変更されていた。

　手続きの縮小には冷戦の始まりが関係していた。1949 年の最終報告でテイ
ラーは、この間「時間と協力者、予算」が根本的な問題だと喧伝した。[26]テイラー
にとっては、全体計画を危うくしたのは、裁判官の人的な不足であった。[27]とい
うのは、長期にわたる IMT 手続きによってジャクソン判事がワシントンの最

高裁判所を不在にするという事態は裁判所の仕事を妨げており、最高裁長官の
ハラント・F・ストーンはこれ以上判事の仕事を増やすわけにはいかない、と
表明した。彼の後継者フレッド・ヴィンソンはこの「禁止」を連邦のすべての
判事に広げた。テイラーの目から見ると、後継裁判は裁判官不足によって強力
に狭められた結果であった。[28]

　第2の妨げとなったのは、訴訟提起者としての有能な検事を獲得する難しさ
にあった。「現在の検察官たちはさらなる裁判に参加することに全く関心がな
い」ことは明らかであった。ニュルンベルクの検事たちはなるべく早期に家へ
帰りたがったし、多くは IMT が終わることさえをも待ち望んでいた。テイラー
は主要裁判に協力者を連れてくることができず、後継裁判の準備に人員を動員
できなかった。1945 年か、46 年の間に、さらなる裁判のためにドイツに留まる
用意のあった者はわずかにいたが、その中にドレクセル・シュプレヒャーとロ
バート・M・W・ケンプナーがいた。[29] しかしながらテイラーの協力者の大多数
は、しかしながら新しく採用しなければならなかった。[30]

　もともと莫大な手続きであったからこそ制限する必要性が生じたにもかかわ
らず、ドイツの指導的な元外交官に対する手続きは、決して脇にやられなかっ
た。1947 年 9 月、クレイがまだ処理が残っていた訴訟を提起するに可能なケー
スのうち最も重要なものを選別しなければならなくなった時、彼はテイラーの
提案に従い、政府と政策の結びつきを適切に示すために、外務省に対する訴訟を
あげた。[31] この時点でまだ残っていたケースとは、ヘルマン・ゲーリングの機構
の指導的一味、指導的な銀行家、党、報道機関およびプロパガンダの分野で高
い地位にある政府高官、そして将軍や提督に対する戦争犯罪と捕虜に対する不
当な扱いの 2 つの裁判であった。アメリカ陸軍大臣ケネス・ロイヤル（Kenneth
Royall）は 2 つの最初のケースには全く関心を示さず、全体でわずか 6 名の裁判
官がニュルンベルクに送られることができたにすぎない。それゆえに最後には
単に 2 つの裁判のみが可能となった。それぞれ「ケース 11」（省庁のケース）と
「ケース 12」（ハイ・コマンド・ケース）と名づけられた。[32] ケース 11 の裁判官団
は、元連邦最高裁判事で、ミネソタ州出身のウイリアム・C・クリスチャンソン
（William C. Christianson）裁判長、オレゴン州出身のロバート・T・マグワイアー
（Robert T. Maguire）とアイオワ州出身のレオン・W・パワーズ（Leon W. Powers）
から構成されていた。[33]

ケース 11 は国防軍に対する裁判で、実現されなかったものの断片的な寄せ集めだ。21 人の被告人のうち 8 人が外務省代表であった。かつての外交官とならんで帝国大臣 4 人と事務次官 2 人が被告人席に座り、さらにドレスデナー銀行の頭取、帝国銀行の副総裁、ヘルマン・ゲーリングの緊密な協力者 3 人と親衛隊の指導的人間 2 人がいた。このごた混ぜ被告人グループは、「象徴」的な者以外彼らのほとんどが他の共通した名で呼ばれなかった。このことは、裁判の英語名が証明している。というのは、裁判の公的名称（「米国対エルンスト・フォン・ヴァイツェッカー」）にあるように、焦点はかつての外務省事務次官ヴァイツェッカーにあった。そして、彼の職務上のアドレスがベルリンのヴィルヘルム通り 76 となっており、テイラーはオープニングスピーチで被告人をこの間半分は空襲で壊れたヴィルヘルム通りでの象徴的散歩によって関連付けようとした。これによって、ドイツ語で「ヴィルヘルム通り裁判」の名が定着した。[34]

外務省の代表たちに対する訴訟は、M・W・ケンプナーが取りまとめた。彼は 1899 年 10 月 17 日にフライブルク・イン・ブライスガウ市出身のドイツ人で、リベラルで進歩的、自然科学と医学に造詣が深い両親の下で育った。ベルリンで法律学を修めた後、評論家のような経験を経て、1928 年にプロイセン内務省に入り、プロイセン警察の法律顧問になった。1933 年には、彼がユダヤ人であるがゆえに国家社会主義者によって退職させられ、ゲシュタポによって短期間投獄された。確信的な民主主義者がとりえた唯一の手段は、1935 年のドイツからの逃亡だった。イタリアとフランスを経由して、ケンプナーは 1939 年にアメリカに渡り、フィラデルフィアに落ち着いた。法務省によってケンプナーは戦争の最中にも戦争犯罪問題の関係者と見られていたが、しかし同時に OSS のためにも働いた。1945 年夏、彼はロバート・ジャクソンの密接な協力者としてニュルンベルクに来た。そして IMT で、1938 年にケンプナーの市民権剥奪に署名した前帝国内務大臣フリックに対する訴訟を指揮した。1947 年に、政治的省庁関係課を引き継いだことによりヴィルヘルム通り裁判の責任者となった。

裁判準備においてケンプナーは、外務省の書類収集および聴取について、かつての同省の職員の協力を仰いだ。しかしながら、外務省の文書、特に実際の記録とリッベントロープの秘密書類は、1945 年 4 月にイギリスとアメリカ軍の手に渡っていた。秘密の作戦でこれらの書類はマールブルクに集積され、その後はベルリンに移され、誰にも見られることなく 1948 年秋に大英帝国に移され

第2部　ドイツ外務省と過去

た。このような移動は、ニュルンベルク裁判の利益に反し、体系的に文書を検証することを難しくしてしまった。反対に優先されたのは秘密情報機関の質問に対する評価で、主眼は特に外国におけるナチのエージェントの活動、それも米国とラテン・アメリカでの活動に置かれた。1946年11月以来、米国と英国の歴史家グループは至る所で、学問的な水準にまとめようと文書の束を作業していたのだ。

　こうしたたくさんの要因のために、ケース11が文書を評価する機会は遅々として進まなかった。文書庫に対するニュルンベルク裁判の協力者の評判は悪かった。というのは、これらの資料はさらに有罪を証明しかねないものであったし、言わば単にセンセーショナルを狙ったものであったからである。冷戦によって文書の集積を自由な協力体制でできなかったのは、この鍵となる文章がヴィルヘルム通り裁判の準備過程で初めて出てきたことを象徴的に示している。最も知られた例は、1947年初めに発見されたヴァンゼー会議の議事録であった。それ以来ケンプナーは、一層の捜索と聴取を「ユダヤ人問題」に絞った。例えば、彼は抹殺政策をナチ用語に則って命名した。

　ケンプナーは文書を評価する傍らで、裁判準備のために精力的に聴取に集中した。「自動的な逮捕」によって、外務省の多数の上級職員たち留め置かれていた。事情聴取によって他の官吏と横の連携があったことがわかれば、ケンプナーはこれらの者もニュルンベルクに連れて来させ、尋問した。ケンプナーは少なくとも218人の証人を自身で聴取した。このような方法により、たくさんの情報をまとめ上げた。書類と事情聴取の突き合わせの結果、嘘と誤魔化し、なれなれしさが増大した。例えば、1947年7月にケンプナーは1939年1月にドイツ課の課員で「1938年の外交政策の要因であったユダヤ人問題」について長い覚書を残したエミール・シュムブルクを事情聴取した。シュムブルクは特に、相手国の群衆の反ユダヤ主義の雰囲気を作らないため、ドイツのユダヤ人に資産を何一つ持たせずに追放すべきだ、と提案していた。しかし、ケンプナーに対して彼は、その課では決して「ユダヤ人政策」をやっていない、むしろ課員は「ある意味で外国におけるユダヤ主義の弁護者であった」と誓った。事情聴取のきわめつけは、彼の次の言葉であった。「私はユダヤ人が好きだった」。シュムブルクの報告に反し、ケンプナーは彼が署名するまでこの要約を争った。

　そのような出来事があり、ケンプナーの中に元外交官に対する深い不信の念

が芽生えてきた。非人間性の何ものも、彼にとってはなじみのないものではなくなった。にもかかわらず、彼は外務省を内部から知るために、幾人かの外交官の協力が必要であった。ケンプナーにとって、元省員を協力者として動かしていくことがなお問題であった。このことが彼の「調書戦略」をおそらく強めたのであろう。ケンプナーは2人の著名な協力者 —— フリードリッヒ・ガウスとハンス・シュレーダー —— を得ることができたが、彼らはケンプナーに少なくとも多くの損害と利用価値を与えた。

1923-1943年までの間法務局を率いたガウスは、1939年から副次官という省内名称を得た局長であった。1943年以降はもはや特別な役目のない特命大使という称号を持ち、リッベントロープと親密な関係のある人間であった。彼はその言動ゆえに外務省の中では悪評が高かった。かつての人事局長ハンス・シュレーダーは尋問において、ガウスはリッベントロープに近かったため「憎まれて」いたと証言した。他方で、その上司はガウスの異なる様々な面を報告した。ヘルベルト・ブランケンホルンはアメリカの秘密情報機関（OSS）への報告でガウスを機会主義者と呼び、「外務省の中で最も評価されていない人物」の1人であるとした。彼がリッベントロープに与えた影響は「非常に有害であった」と証明された、とした。フリッツ・コルベがOSSに1945年春に渡した人物リストには、ガウスについて「不相応なカテゴリーに分類されており、役所から直ちに遠ざけられることが望ましい」と記されていた。ガウス自身は、戦後には1つ、あるいはいくつか他の責任を問われると予測していた。彼の秘書は、最後には「1日中彼女の上役の本から微妙な個所を削除することに勤しんだ」と述べている。

1945年8月に英国はガウスをニーダーザクセンで逮捕し、細かく事情聴取した。彼は証人になる可能性があるとして、ニュルンベルクへ引っ張られた。まもなくそこではっきりしたのは、彼が被告人リッベントロープのように馬鹿げた無罪を勝ち取るための戦略を持っておらず、どちらかといえば弁護人というよりも告訴人の証人として利用されたことである。これによって彼はケンプナーの目を引き、1947年3月にルードヴィッヒスブルク刑務所から釈放された。1947年3月6日、ケンプナーによる第1回目の厳しい尋問の後、ガウスは協力の用意があると表明した。ケンプナーは、彼を好意的謝罪の取引に誘った。その事は「なぜ私はリッベントロープの悪霊ではなかったか」というタイトルで

第2部　ドイツ外務省と過去

示されているが、直ちに信用したわけではなかった。ガウスの私的な状況は外交官たちに親近感を抱かせた。13年間、「彼らがユダヤ人出身の自分の妻に何かをする」と恐怖を感じていたとガウスは語った。⁽⁴⁶⁾

ケンプナーはガウスをエルンスト・フォン・ヴァイツェッカーの尋問で両者を直接対峙させた。⁽⁴⁷⁾彼はこの証言をして単に略式署名の解読だけではなく、ナチの外交政策の個々の観点に関する鑑定書の作業にも使った。この作業は「ドイツにおける連合国の裁判を世論に解りやすくする」のにも役立った。1947年3月17日、この見解がミュンヘンのノイエ・ツァイトゥング紙に送信された。⁽⁴⁸⁾この新聞はアメリカの占領側官僚が発行していた。記事はガウスに光を当てた。というのは、ガウスはその中ですべての官吏に、「長年の沈黙、矛盾を克服する勇気の欠如および不正義の後に遂に真実を述べる」ことを勧告したからだ。ガウスはケンプナーの勧めによってこの声明をテイラー大将に宛てた。ケンプナーはこれをさらに、ノイエ・ツァイトゥング紙に渡したのだ。同紙編集部はこの声明が「ドイツの官吏によるナチズムの犯罪に対する集団的な罪」を確認したと加筆した。もっとも、このような仰々しい概念は声明の中には全く現れていなかったのだが。⁽⁴⁹⁾

ガウスはこの機会主義的な声明を自由と交換した、という批判は執拗に続いた。というのは、彼はこの後すぐに独房から証人宿舎に移されたからである。⁽⁵⁰⁾一つには、外務省の職員で証言する用意のある者には褒美の意味でなされるこのような移動は「標準的な手続き」であったが、ガウスは少なくとも1947年5月までは被告人のリストに名前を連ねていたからだ。1947年夏の手続きが縮小される流れの中で、彼の名前は初めて消去された。⁽⁵¹⁾このような推測は裁判の始まる前から、ヴァイツェッカーの弁護人が裁判の最中に熱心に、証人のガウスを傷つけるために続けていた戦略であった。これは、ケンプナーがガウスの協力を得るために、彼をロシア人に引き渡すと脅かした、という趣旨からであった。法廷はこの理由を取り上げなかったが、損害は間違いなかった。⁽⁵²⁾

ケンプナーにとって外務省の2番目の的は、ハンス・シュレーダーであった。彼は戦争末期にチロルで捕らえられていた。最初の立場の表明の時に、彼は連合国軍が罪を知らないと考え、単に行政の課題を任されたのみである、と説明した。「決して政治問題ではない」と。それからダルムシュタット監獄で、彼はそれから「思い出した」として、1941年以来「ルターの反対グループ」にいた

350

が、その際、いかにイデオロギーと関係して、マルチン・ルターがリッベント
ロープを 1943 年に追い落とす試みがたいしたものでなかったかを連合国軍が
まだ見過ごしていることに希望せざるを得なかった。シュレーダーは 1947 年 6
月 12 日、事情聴取のためにニュルンベルクに初めて連れて来られた。ユダヤ人
強制移送の書類にヴァイツェッカーが略式署名したかを聞かれ、シュレーダー
は自分自身は 1 度もそのような文書に署名をしなかった、官吏というものは「い
つでも言い逃れができるように穴を見つけるもの」と述べた。それ以上に彼は
ケンプナーに、例えばヴェルマンにはアルコールに弱い、などといった秘密の
情報を与えた。それからシュレーダーは、再び告発人の目をごまかそうと試み
た。国内部Ⅱを彼は「通貨の担当」と呼び、郵便局と比較しても国内Ⅱの「打
撃力は」「小さかった」と述べた。ホルスト・ワグナーはこのように見れば「小
心者」で仕事の主役になれなかった、エバハルト・タッデンは、それに対して
「徹頭徹尾名誉ある男」、エミール・ガイガー、グスタフ・アドルフ・ゾンネン
ホーフ（Gustav Adolf Sonnenhol）とルドルフ・ボブリック（Rudolf Bobrik）に対し
ては「特別な影響力のない援助の労働者」だとシュレーダーは述べた。すべて
の「ユダヤ人問題」をシュレーダーはフランツ・ラーデマッハーに押し付けて、
彼のハンブルクの滞在場所を犠牲にした。

　彼の供述と赤い印を付けた外務省の重要文書と引き換えに、シュレーダーは
1947 年 6 月 25 日にダルムシュタットで開かれた非ナチ化審査機関手続きに旅
立つ支援を得、そこで彼自身の期待に反して無罪（カテゴリーⅤ）を勝ち取った。
彼に対するニュルンベルクの告訴は 1947 年 7 月に取り下げられ、シュレーダー
は拘束が解かれて、証人の宿舎に移された。そこで自由に行動し、外務省の他
の職員と接触を取ることができた。幾人かの彼の上司が後に報告したところに
よると、彼は「悪賢い歪んだ物事を正しい光の中に移す」ためにケンプナーを
利用した。このようにして彼は、言わば「アメリカ人の訴訟提起者に対して外
務省の多くの職員を告訴のリストから外す」ことができた。最後にケンプナー
は、シュレーダーのためにシュトゥットガルト市長がその市に移住する許可書
を出すように便宜をはかった。同市でちょうどその時、平和問題のオフィスが
出来上がりつつあった。シュレーダーは成功裏にやり遂げた。

　シュレーダーはケンプナーから必要なことをすべて得た後すぐに、弁護のた
めに役立つよう方針を変えた。ヴァイツェッカーのために、彼は「マルチン・

第2部　ドイツ外務省と過去

ルター」による事務次官に対する圧力の増大を縮小させる供述に寄与した。[61] 他、彼はニュルンベルクに呼ばれた官吏たちの世話をするなど役に立った。「証言館の砂利蒔き」に彼は「セメントを脊髄に注ぎ、聴取のための態度規範を教えた[62]」のである。

　ヴィルヘルム通り裁判の主要な被告人はエルンスト・フォン・ヴァイツェッカーで、かつての事務次官（1938 ～ 1943 年）であり、そしてヴァチカン大使（1943 ～ 1945 年）であった。ヴァイツェッカーは、忠実な国家の従僕を代表する典型のように法廷に立った。1933 年の権力掌握後にのし上がった男ではなく、古いエリートの代表としてであった。戦争が終わった時、ヴァイツェッカーと妻はヴァチカンにいた。連合国理事会がドイツのすべての外交官を帰国させた時、ヴァイツェッカーはこの命令を拒み、彼と妻には一連の特権を付与しなければ、と訴えた。[63] アメリカの公使は、時として彼の要求を全く国務省に伝えないまでになった。[64] 1946 年 8 月まで雪解けは訪れなかった。この間にヴァチカンへの邪魔されない帰還が承認された後に、ヴァイツェッカーはレーダー提督に対する証人として IMT に現れた。[65]

　最終的にヴァイツェッカーと妻はヴァチカンの車でリンダウまで出国することができた。その際、アメリカは彼に対して免除を保証しなかった。フランクフルト軍事政府の政治顧問ロバート・マーフィーは、誤解なきように明快に、ヴァイツェッカーは規定の規則の例外ではないことを述べた。[66] ヴァイツェッカーは、ケンプナーに対し、ヴァチカンを自由意思で去ったと自ら告げた。[67] 家族の間では、明らかにヴァイツェッカーの亡き後もアメリカより口頭で、そして、フランスよりケーニヒ将軍による書面で免除が保証された、と確信していた。[68]

　ケムプナーとテイラーがいつ、ヴァイツェッカーを裁判の中心に据えるかを決めたのかはもはや明らかではない。ケンプナーがヴァイツェッカーを初めて事情聴取したのは 1947 年 3 月だったが、この時は上手くいかなかった。ヴァイツェッカーはド文章が提示されて初めて思い出す、という印象をケンプナーに残した。[69] 同月、ケンプナーはヴァイツェッカーを被告人リストに挙げたが、「いつでも戻る、どこにでも出る」との約束を交わした後の 4 月 1 日にはリンダウに帰した。[70] ベルリンの書類倉庫では、この月にヴァイツェッカーに対するさらなる資料が集中的に捜索された。[71] 5 月末にはニューヨークの「建設」紙の主要な記事に、ヴァイツェッカーがフランスからユダヤ人を移送したという記事

352

が載り、彼の「共同謀議」が問われていた。[72] 7月5日には、告訴人がフランスに対して、引き渡しを要求した。フランスが回答する前に、ヴァイツェッカーは1947年7月18日に自らの意志で名乗り出てた。[73] 7月25日にニュルンベルクにおいて彼は逮捕された。

　すんでのところで、ヴィルヘルム通り裁判はヴァイツェッカーでなく、グスタフ・アドルフ・シュテーングラハト・フォン・モイランドに因んで命名されるところであった。彼は、1943年から1945年まで事務次官であり、外務省のナンバー2であった。いまだ1947年5月になっても、テルフォード・テイラーは、シュテーングラハトとナチの外国組織部指導者であったエルンスト・ヴィルヘルム・ボーレをヴィルヘルム通り裁判の「主要被告人」と考えていた。さらなる被告人は15人の旧外交官で、彼らに対しては裁判で明確な罰則の適用は決められていなかった。15人の名前を挙げるとエーリッヒ・アルプレヒト、フェリックス・ベンツラー、フリッツ・ベルバー、ルドルフ・O・ボブリック、フリードリッヒ・ガウス、アンドル・ヘンケ、ルドルフ・ラーン、カール・リッター、ルドルフ・シュライアー、フランツ・フォン・ゾンネンライトナー、フランツ・アルフレッド・シックス、エバハルト・フォン・タッデン、ホルスト・ワグナー、エルンスト・フォン・ヴァイツェッカーとエルンスト・ベルマンである。[74] 1947年8月、新たに提示され被告人リストは16名の名前があった。前のリストから消えたのは、ベンツラー、ベルバー、ガウス、ラーン、ゾンネンライトナー、そしてシックス（彼は、1ヵ月後の行動部隊裁判で告訴されて、1948年4月には20年の禁固刑に処された）であった。その代わりに、オットー・フォン・エルドマンスドルフ、ヴィルヘルム・ケプラー、パウル・カール・シュミット、フランツ・ラーデマッハー、エドムント・フェーゼンマイヤーがリストに載った。最初のリストは単に、タッデンとその直属の上司ワグナーが直接「ユダヤ人案件」を担当していたことから作成されたが、いまや悪評高い「ユダヤ人担当」のラーデマッハーとハンガリーにおけるユダヤ人強制移送の間、同国で全権代表であったエドムント・フェーゼンマイヤーが付け加えられていた。ヴァイツェッカーはいまや第1の被告人に据えられた。ケンプナーはユダヤ人殺戮を裁判の中心的観点にする明らかな意図を有していた。政治顧問ロバート・マーフィーの事務所に対して、ケンプナーは1947年の8月初めに、告訴は「外交政策や侵略戦争計画よりも、どちらかといえば戦争犯罪と人道に対する罪」に主

第2部　ドイツ外務省と過去

軸を置きたい、と伝えていた。[(75)]

　この点に関してケンプナーは、ヴァイツェッカーの可能性を過大評価したように見える。というのは、同じ時期にニュルンベルクのヴァイツェッカーの弁護人の1人は、告訴状は「エルンスト・フォン・ヴァイツェッカーと同等の人物たちに」出される可能性を知ったからだ。「我々 —— 外交官 —— からは単に6人がいるだけで、タイトルとか副タイトル —— 事務次官と副事務次官を意味する —— を付けた人々」もいる。「すべての我々より下の連中はこれから脱落するであろう」[(76)]。これによって裁判ではジャクソンとテイラーに求められていたように、職務上の責任とその地位を同等に扱うことが固執されることになった。

　このように、裁判の階級的な構成によって「ユダヤ人担当者」の1人であるラーデマッハー、およびタッデンとワグナーは、被告人としては除かれた。フェーゼンマイヤーが関与した犯罪までを、ヨーロッパのユダヤ人迫害と殺戮を独自の犯罪としてニュルンベルクの法廷に持ち込もうとした最後の機会は、これによって無駄になった。世界ユダヤ会議（WJC）の会長ステファン・ワイズは、陸軍大臣ロイヤルに「最近のホロコースト」に責任のある人物をもっと引っ張り出すように示唆した。具体的に彼は、ヴァンゼー会議参加者全員、法廷に出すよう提案した。[(77)]ニューヨークの移民のための新聞『建設』紙は11月14日付でヴァンゼー会議の議事録を参加者リストとともに公表し、この会議をユダヤ人殺害のカギとなる瞬間と見なした。[(78)]戦争省（旧陸軍省）では、この件をテイラーにさらに連絡し、彼はそれに対して、法廷にはわずか21人の被告席しかない、と示唆した。テイラーが正しく認識したように、問題は法廷の椅子の数ではなく、ワシントンでなされる政治的な決定であった。陸軍大臣ロイヤルは結局、被告人枠をさらに広げることに反対した。

　1947年11月初めに訴訟書類を受け取った元外務省官吏は8人だった。主な被告人は1938年から1943年まで事務次官であり、それは外務省ではリッベントロープに次ぐ立場のエルンスト・フォン・ヴァイツェッカーであった。省ではヴァイツェッカーの後任であったグスタフ・アドルフ・シュテーングラハト・フォン・モイランド、エルンスト・ヴィルヘルム・ボーレがナチの外国組織指導者で事務次官の肩書を持っていた。他に、特使で事務次官の肩書を持ったヴィルヘルム・ケプラーがいた。彼は、本当は製造業裁判のために準備されていた。2番目の列に座ったのは次のように人物である。事務次官の肩書を持ち、1938～

354

1944 年まで政務局局長であったエルンスト・ヴェルマン。1939 〜 1944 年まで大使の地位にあり、外務省と国防軍司令官（OKW）の間の連絡役であったカール・リッター。1941 〜 1943 年まで在ユーゴスラヴィアとスロヴァキアの特別代表であり、その後、在ハンガリーの特命全権であったエドムント・フェーゼンマイヤー。そして、1937 年〜 1941 年まで在ハンガリーの公使で、1941 年〜 1945 年まで政務局局長代理であったオットー・フォン・エルドマンスドルフ。

　この寄せ集めには多くの関心が持たれ、「真の」ヴィルヘルム通りの男たち（ヴァイツェッカー、ヴェルマン、リッター、エルドマンスドルフ）と国家社会主義者（ナチ）の成り上がり者（シュテーングラハト、ボーレ、ケプラー）というとんでもない組み合わせだと認識された。しかしながら、「行儀のよい」官吏と「ナチの親分」との間のそのような区別には、テイラーもケンプナーも関心がなかった。彼らにとって、外務省は、国家社会主義権力装置を構成する中心的な存在であった。彼らは、被告人たちをその役職と同等の罪があるとして、8 人一体となったヴァイツェッカー通り裁判をニュルンベルクの主要裁判の典型例として取り上げ、際立たせた。⁽⁸⁰⁾

第 2 節　裁判の経緯と割れた判決

　告訴は、1947 年 11 月 4 日に行われたが、起訴状の補充意見書が 11 月 18 日に提出され、裁判は 11 月 20 日にようやく、被告人に対する罪状認否から始まった。⁽⁸¹⁾ 告訴は、旧外務省のエリートたちの多くが肯定し協力したことによって初めて、戦争と国家社会主義者たちの暴力的な犯罪を裁くことを可能にした、との観点から出発していた。「外務省のエリートが目論んだ指示と命令なしには、ヒトラーもゲーリングも、侵略戦争を計画し指導することはできなかったであろう。ヒムラーが 600 万人のユダヤ人を殺戮したことについても、他の国家社会主議者による攻撃とイデオロギーの犠牲者は、決して出なかっただろう」と。ナチ指導の計画を担い、あるいは承認したのは、各省および官邸の指導的な首脳部であった。さらに、国会と世論のコントロール下においた「ヴィルヘルム通りの灰色の枢機卿たち」は、さらに大きな影響力を以前にも増して持ったであろう。外務省の古株（ボーレとシュテーングラハトを除く）に対しては、彼らの外交官としての手腕を「ナチの攻撃性」のために倒錯し、堕落させ、「そして、

ドイツの外交官はこれから数十年は、悪意と不信の負担の下に作業するだろう」[82]
と訴え、非難した。

ケンプナーの手書きの告訴状では見逃すことができなかった。1942年に既に、ドイツの官吏は買収されやすく、改善の余地がない排他的な社会階級であると彼は名指しして論評していた。戦後二度と同じ過ちをさせない、と。そして、このような官僚制は近代化に対して常に後ろ向きであり、軍と深く関係し、戦争はこのような組み合わせによる後戻りできない結果である、「それゆえ、民間行政は過去50年間に起きたヨーロッパの戦争に関与した軍の一味と比べて責任が少ない、とは言えない」[83]と。

外交官に対しては、次の8つの訴因が交渉の対象になった。Ⅰ 侵略戦争の罪あるいは平和に対する罪、Ⅱ 平和に対する犯罪を行うための共同計画あるいは共同謀議、Ⅲ 戦争犯罪（殺人と民間人と捕虜への虐待）、Ⅳ 1933年から1938年までの人道への犯罪、Ⅴ 1938年から1945年の人道に関する罪、Ⅵ 強奪、Ⅶ 奴隷労働、Ⅷ 犯罪組織のメンバー —— である。外交官の中では唯一、ヴァイツェッカーとヴェルマンがすべての点で被告人となった。しかしながら、告訴は被告人に対し、彼らの罪とされる犯罪における個人的かつ具体的な行為を証明しなければならなかった。テイラーはクレイ将軍に対し、高位の国家官吏に対する裁判手続きは特別に困難を伴うと、事前に明言していた。「彼らの多くは、殺人あるいは他の犯罪を一度も直接的には犯していない。告訴されている犯罪について、詳細な裁判調書と証言によって彼らが部下の行為に責任を負い、彼らがその行為を知り、計画し、あるいはそれを勢いづけたことが証明されねばならない」[84]と。

実際の法廷での交渉は1948年1月6日より11月18日まで行われ、2年前のIMT裁判の時の雰囲気とは根本的に違ったもので推移した。冷戦のうねりが一度ならず裁判に影響した。1948年2月には、クーデタによりプラハの政府が覆り、共産主義政権が樹立された。1ヵ月後には、ソ連の代表が連合国管理理事会を去り、そして、これによってドイツにおける連合国の協力という最後の砦を壊した。西側地域の通貨改革の回答として、ソ連は1948年6月23日から24日にかけての夜に西 —— ベルリン —— を封鎖した。西側連合国はこれに対して「空の架け橋」で答えた。アメリカ軍事政府 —— そして特にクレイ将軍の関心 —— はいまやロシアとの対決に資源を活かすようになった。ニュルンベルクにおいて

は 1948 年春に、今後の裁判を早期に終わらせるようにとの圧力をはっきりと感じられた。告訴と弁護は急がされ、法廷は夜も週末も開かれ、証人は並行して、独立の手続きで委員会の席で聴取された。[85] しかしながら弁護側は意図して時間を稼ぎ、プロセスは長引き、判決は基本法が決定される 1 ヵ月前に ── 終結直前に行われた。とにかく急がされたが、「ニュルンベルク」は予定通りにいかなかった。

　既に交渉の時に、OKW に対する裁判（12 のケース）とヴィルヘルム通り裁判（11 のケース）をニュルンベルクのプロジェクトとして鳴り物入りでともに終わらせることができないだろうということははっきりしていた。これまでの 10 の判決の流れの中で、徐々に甘くなっていた。例外は、機動部隊判決（ケース 9）で、これは一連の死刑判決に結びついた。それ以降は、訴訟提起側の役人は「共同謀議」を法律上裁くことができそうもなかった。後続の裁判のいずれも、この点について新たな判決に至ることがなかった。ジャクソンの最も重要な革新は途中で止まってしまった。というのは、判事の立場としては、告訴があったからといって、個人的な責任を十全に捕捉することができなかったからだ。訴因のⅡ（共同計画し、そして共謀した）のケースは、ケンプナーとその協力者たちの手の中からみるみるうちに消えていった。ボーレとエルドマンスドルフに対する訴因Ⅱが判決前に却下された後、裁判所はこの点に関して他の被告人たちに対しても適切な立証ができていないという理由で釈放した。

　訴因のⅣ ── 1938 年までの人道に対する罪 ── についても、貫徹され得なかった。人種的・政治的・宗教的な理由から、1933 年以降のドイツ帝国市民が裁判所に訴えられるのではないかという暗黙の恐怖がその背景にあった。しかしケンプナーは特別に、平和主義者カール・フォン・オシエツキー（Carl von Ossietzky）と中央党の政治家エーリッヒ・クラウゼナー（Erich Klausener）の例を引き合いに出し、告発点は、1938 年 11 月のポグロムをも含むことができるのではないかと念頭に浮かべた。[86] IMT は人道に対する罪が、平和に対する共同謀議と関連づけることができ、したがって実際は 1939 年 9 月以降の問題に絞られる、と見なしていた。連合国管理理事会法第 10 条はより広範な解釈を可能にしており、そのような犯罪を戦争を越えて捜査できるとしているのではないか、と。それはそうとして、アメリカの裁判所は既に、フリードリッヒ・フリックに対する裁判において戦争以前の人道に対する罪には管轄権がないと声明していた。また、第 11 のケースの裁判所はこのような解釈を引き継いでいた。1948

年３月、クリスティアンソンとパワーズは同僚であるマグワイアーの依頼に同意して、訴因の第Ⅳポイントを断念した。[87]

侵略戦争についての第Ⅰ点に関して告発は、ドイツの外交政策がヒトラーの基本計画と一致、彼らは攻撃の計画を正確に知っていたにもかかわらず、ヴァイツェッカーや他の賛同する外交官は政権の道具として陣営の期待に添うように行動した、と主張していた。[88]それを証明するために告訴側は、印刷された文書資料だけではなく、劇的な証人を何人か連れてきた。検事と弁護人は自らウィーンへ赴き、かつての連邦大統領ヴィルヘルム・ミルケにドイツによるオーストリア侵攻について質問した。[89]強い印象を残したのはチェコスロヴァキア大統領エミール・ハチャ（Emil Hácha）の娘ミラダ・ラドゥロヴァ（Milada Radlova）だ。彼女は父親とともにベルリンに行った。ベルリンで大統領はヴァイツェッカーとマイスナーに迎えられた。大統領はその夜、彼の国の運命を「信頼高い」ヒトラーの手に委ねるとの声明に署名するよう強要された。[90]既にこの時点で、国防軍はエーレム＝オストラバを侵略していた。そして、ハチャが声明に署名しない場合、プラハは廃墟となるであろう、と。ラドゥロヴァの報告によれば、この会合の後、父親は打ちひしがれていたという。[91]

起訴された中で最も多かったのが侵略戦争だった。書類からは「地獄のように深い企みの姿」が出ていた。「ヒトラーに支配されたドイツは約束を一つたりとも守ることはなかった」。釈明の中心は、ドイツが「必要に迫られて」というものであったが、それには何の根拠もなかった。ベルリンから着手された戦争はすべて、平和への犯罪であった。[92]判事たちは、占領は国家社会主義者たちが自ら進めただけではなくて、被告人席に座っているまさしく高位の官吏とともに組織化された、という告訴の主旨に同意したにもかかわらず、意見の違いから、個人の罪は立証が足らず、３件だけ認定した。ヴェルマンはポーランド攻撃、ケプラーはオーストリア「併合」とプラハへの進軍、ヴァイツェッカーは「残部」チェコの併合、という罪であった。

1938年以降の人道に対する罪（ポイントⅨ）の観点では、告訴は次の命題から出発していた。すなわち、外務省がユダヤ人の強制移送に反対もせず支援した、ということだ。被告人は、強制移送されたユダヤ人のその後の運命を知っており、そして、彼らが、事件に介入する公的な権限を有していたことが証明されねばならなかった。フェーゼンマイヤーの場合にこのことは確信をもって立

証された。かつての在ハンガリー帝国全権代表は5つの告訴訴因に責任を有し、最終的に人道に対する罪（ポイントⅤ）、奴隷労働（ポイントⅦ）、そして、犯罪組織の構成員（ポイントⅧ）で判決が下された。フェーゼンマイヤーのベルリン中央部への報告により告訴の理由は、彼がハンガリーからの強制移送を先導し、アウシュヴィッツでの殺害をよく知っており、そして外務省を煽動し、統治することができたということだった。フェーゼンマイヤーは自ら、自分が確信的な国家社会主義者であることを告白しつつも、いかなる個人的な責任もないと争った。彼は、ハンガリーの政治家たちを害し、幾度にもわたる、親衛隊との管轄権争いを示唆した。そして、彼に押し付けられた犯罪を親衛隊の所為にしようとした。

　裁判開始の決定は既にその前から予測されていたことだったので、告発者は、ハンガリーの旧提督ミクロシュ・ホールティや親衛隊でフェーゼンマイヤーの対立者であったオットー・ヴィンケルマン（Otto Winkelmann）をも証言台に呼んでいた。ハンガリーのユダヤ人迫害と殺戮についてその関与が不明確なホールティは、フェーゼンマイヤーとヴィンケルマンが彼に加え続けていた圧力について証言した。ヴィンケルマンは親衛隊幹部として、またハンガリーでの警察指導者として再び法廷で聴取されることになったが、フェーゼンマイヤーの裁判では、彼は強制移送を一度も止めようともしなかった、と主張した。裁判官のクリスティアンソンとマグワイアーは、フェーゼンマイヤーは「自覚して」ハンガリーのユダヤ人強制移送にかかわり、「彼らが直面する運命を知っており、指導的地位にあって、自主的に、そして熱心に、運搬処置の実施に関与した」との結論に至った。

　しかしながらパワーズ裁判官はこの多数派意見に加わらなかった。彼は、弁護団が専門技術に欠け何も得ることがないとの結論に至った。パワーズはフェーゼンマイヤーを強制移送の「精神的な」発起人と見ず、さらに「特別な反ユダヤ主義」を彼の中に見いだせなかった。パワーズによれば、この男はハンガリー政府に圧力をかける立場になく、むしろ、ハンガリーでのこの男の役どころは「ニュースを届ける」「郵便配達人」と見るべきである、とのことだった。パワーズは2人の裁判官に負けた。フェーゼンマイヤーは20年の刑を受けた。これは、裁判において最高刑であった——そして、外交官たちのうち最も長期の禁固刑であった。

さらに難しかったのは、被告人ヴァイツェッカーとヴェルマンに対する人道に対する罪についての判決であった。ケンプナーは特別な証拠として、両被告人が署名した戦争の兵力動員報告を提示することができた。この関連で、訴状に多く引用されていたソ連における治安警察および治安本部の行動部隊に関する第6報告は明言していた。「ユダヤ人問題の解決は、特にドニエプル川以東の地域で……精力的に取り組まれた。司令部に新しく占領された地域は、ユダヤ人が存在しない地域にされた。その際、4,891名のユダヤ人が消された」[96]。ヴァイツェッカーとヴェルマンが行動部隊の報告（第11号）を知った同じ週、彼らはフランス系ユダヤ人、あるいは無国籍のユダヤ人6,000人をフランスからアウシュヴィッツに強制移送することについて「何らの抗議」もない、という1942年3月20日のフランツ・ラーデマッハーの速報に署名した。この手紙について、ケンプナーは既に、最初の事情聴取の際にヴァイツェッカーと意見を異にしていた。ヴァイツェッカーは自ら手紙の原案をさらに整理し、「何らの抗議もない」という文面を「異議なし」に変更させた[97]。速報によって連行された6,078人のうち180人だけが生き残ることができた[98]。独房でヴァイツェッカーは、外務省が拒否しても強制移送の決定には何らの影響もなかったであろうということを証明する文書を書き留め、そして、自己を正当化する、反抗的な質問——はじめドイツが占領したのに、なぜユダヤ人は単純にフランスの占領地域に逃げたのかという疑問——を投げかけた[99]。

提出された証拠により、裁判官たちは、ヴァイツェッカーとヴェルマンがこの強制移送が死に至ると認識していたことが明らかであったという前提から出発した。ヴァイツェッカーの息子カール・フリードリッヒ自身も、「ユダヤ人の殺害について「もちろん知っていた」と述べた。裁判官たちはヴァイツェッカーに対し、単に何らかの懸念を抱いているかという質問を親衛隊がした時、判決によれば、「このような懸念を示唆するのが外務省の義務であった。それは外務省政治局および事務次官の仕事である。この義務は、何も言わず、あるいは何もしなかったことでは達成されなかった」[101]と証言した。裁判官らは、ケンプナーが最終論告でヴァイツェッカーのいう抵抗は「積極的な抵抗ではない」と切り捨てた見解に賛同した[102]。告訴した側のこの一致は、しかしながら量刑には反映されなかった。最終論告でケンプナーは死刑を求刑した。これは実現しなかったが、ケンプナー自身は、1948年の被告人とニュルンベルクの主要な裁判

—— ここでは絞首刑が行われた —— を前例として示していた。[103]

　第Ⅰ点、第Ⅴ点の犯罪を理由に、ヴァイツェッカーとヴェルマンはそれぞれ7年の禁固刑を言い渡された。法廷は、まさしくヴァイツェッカーを彼が高い地位にいただけでなく、並行して反対勢力とも接触していた結果、ナチの政策についての情報を完全に得ていた人物と見なした。彼は、意図せずそのように陥ったのではなく、「多くの場面で肯定的な、そして真面目な協力者として登場し、あるいは少なくとも同意している態度を見せつけた」。彼が指示した忖度、彼が指導した話し合い、彼が署名した書類などの証拠は、「彼の受けた判決にとって十分である」。彼が内心躊躇を感じていた出来事に署名していたこと、リッベントロープとの関係が良くなかったこと、そして反対派の行動について情報を得ていたことに、裁判官たちは疑問を持たなかった。ただし、彼らは弁護人たちが演出し被告人の反抗の精神を好意的に受け取らなかった。なぜ、彼が反対していたことが当初多くあった事情聴取の機会に調書に記されなかったのであろう。ヴァイツェッカーの「口先の奉仕をしただけで、それでも密かにサボタージュを行っていた、『イエス』とは『ノー』を意味した」という言い草は、裁判官たちに良い印象を残さなかった。ヴァイツェッカーが、厳しい聴聞に明確に表現することを嫌ったり、「好意的に考えても普通の役職の仕事と見られない重要な出来事について常に記憶を喪失していたとすることに、裁判官たちは被告の人としての誠実さに疑いを持った。弁護団が裁判官らに提起した複雑な倫理問題について、彼らは、より悪いことを防止しようとの意図は刑罰的な扱いを正当化しない、と確認した。「このような方法で、終いには主要な殺害者から自由にすると言って殺人を犯すこと、あるいは同調することは、やるべきではない」と。[104]

　ヴァイツェッカーに対する判決理由もまた、クリスティアンソン裁判官とマグワイアー裁判官の2人が主導した。パワーズ裁判官はこの被告人について、ライン弁護人の柔軟な判断にも従い、そして、かつての事務次官を「上品さと平和をめぐる戦いに英雄的な役割」を演じた決断力のない、形だけの権力者と見ていた。カール・フリードリッヒ・フォン・ヴァイツェッカーの証言を、彼は、ヴァイツェッカーがいつユダヤ人殺害を知ったのか正確な時期が示されていないとして退けた。ヴァイツェッカーがともに署名した強制移送について、パワーズは、「道徳を説示しなかったのは……犯罪ではない」と考えた。彼は無罪と判

断した。他、彼はワグナーとタッデンの証人としての立場を不快に思い、「彼らの証言は彼ら自身が実際に戦争犯罪を行った印象だが、この裁判では告発人の椅子に座っていないどころか、告訴側の役人を困らせる証人として登場している」と不快感を示した。

被告人の第一人者であるヴァイツェッカーは、注目を一身に浴び、他の被告人を目立たなくするのに最も適していた。これが一番成功したのは、オットー・フォン・エルドマンスドルフだった。その告訴は脆弱な証拠しかなかったので、彼に対する3つの訴因は落とさざるを得ず、唯一、人道に対する罪（第V点）のみが残った。エルドマンスドルフは自らの状態に鑑み、意見陳述の必要すらなく、最終的には無罪とされた。法廷は、彼がユダヤ人殺害に同意していたことは証明できたが、判決で有罪とするには小物に過ぎないとみなした。

一つの訴因に関して罪を認めた唯一の被告人は、エルンスト・ヴィルヘルム・ボーレであった。彼の告白を詳しく見れば、彼は親衛隊のメンバーであり、党の総統組の指導者であったことはいずれにしても明らかであった。彼に対する起訴のほとんどは証拠が足りず取り下げられ、彼自身が告白した第Ⅷ点（犯罪的な組織のメンバーシップ）で裁判が進行し、禁固刑5年という比較的重い刑罰となった。

1927年からの党仲間で、「古参闘士」でもあり、ヒトラーとヒムラーの古くからの知り合いのヴィルヘルム・ケプラーは、外務省で特別任務を拝命した事務次官であったが、外交官よりもむしろ親衛隊代表を自負していた。法廷は彼を、オーストリア「併合」の際の、そして、チェコスロヴァキアへの攻撃の際の役割（第Ⅰ点）について有罪とした。彼の人道に対する罪と略奪（第V、Ⅵ点）について判決は、彼がもともとは経済裁判に掛けられるはずだったという事実を明らかにした。彼が親衛隊幹部の一員だったことに鑑み、ケプラーは最終的には組織犯罪（第Ⅷ点）で有罪となった。

外務次官としてヴァイツェッカーの後任だったグスタフ・アドルフ・シュテーングラハト・フォン・モイランドは7年の刑となった。シュテーングラハトは人道に対する罪（第V点）で有罪、と判決された。外務省の反ユダヤ宣伝に参加したことが彼の重荷となった。裁判官たちはそのことを彼の本質と理解した。これに加えて、ハンガリーとルーマニアからのユダヤ人強制移送に彼が関与したこと —— その際に彼が、特にルーマニアの子どもたちを救うための処置に積

極的な阻止処置を取ったこと ―― 、を強調した。さらに、カール・リッターとともにシュテーングラハトは、戦争犯罪（第Ⅲ点）で有罪とされた。裁判官は、2人がシュレジアのサガンにある捕虜収容所から逃げた50人のイギリス兵を殺害し、利益代表のスイスに対しては嘘をついて誤魔化そうとしたことが証明された、と判断した。リッターはまた連合国の逃亡者にリンチを加えた罪でも責任があるとされ、4年の刑になった。すべての被告人はその刑期を、拘束された日から勘案された。リッターは既に1945年5月に捕えられていたが、そのことは、彼は判決から1ヵ月後に自由の身になることを意味した。[110]

ロバート・ケンプナーは、「血の着いた白いベストを着た外務省の瀟洒な紳士たち」がそのような軽い判決を受けたことに驚いた。[111]もはや、1949年4月は1946年10月ではなかった。それでは十分ではなかった。裁判所は、出された判決に対しもう一度法律と事実に誤りがないかを調査する、と言い渡した。こうした展開により、ヴァイツェッカー、ヴェルマン、シュテーングラハトに対し、1949年12月に刑罰処置を7年から5年に短縮された。クリスチャンソン裁判官の反対意見に対し、ヴァイツェッカーとヴェルマンの判決では第Ⅰ点（侵略戦争）が落とされ、シュテーングラハトに対してはこの判決に際して戦争犯罪の罪を免れた。[112]

連合国にとって、裁判は数字の上から見ると成功とはいえなかった。判決理由の中で、裁判官たちは多数の批判的な言葉を入れたが、判決にも刑罰にも、それは反映されなかった。旧外務省出身の罪人8人はあわせて48の罪状で告訴されていたが、15の罪だけで判決を受けた。起訴の中で、外交官の手腕として最も誉れのある ―― 第Ⅰ点：侵略戦争、第Ⅱ点：共同謀議 ―― 3つの判決のうちの2つが後に廃棄されたが、第Ⅰ点のみが成立した。訴因のひとつ共同謀議を、裁判所は最初から完全に排除していた。ほとんどの判決は人道と戦争犯罪にして行われた。ニュルンベルク・プロジェクトの2つの思惑 ―― 個人の罪のみをあげるのではなく、共同謀議と侵略戦争についての判決を通して残存する侵略戦争に対する刑罰を国際法的に引き上げること ―― はこれにより失敗した。禁固刑の総合計は60年となったが、そのうちの30年はフェーゼンマイヤーとケプラーに降りかかった。実際には、それでもたった34年超であり、そのうちの25年は、判決が下された時点で勾留日数が合算されていた（無罪とされたエルドマンスドルフの20ヵ月の拘束を含んで）。

363

第2部　ドイツ外務省と過去

第3節　神話を作る作業

1947年春、連合国の浄化政策はその頂点を越えた。その1年前に在独アメリカ軍政府（OMGUS）によって導入されたかつての上級、中級官吏に対する非ナチ化審査機関システムは、すぐに感じられるほどの簡素化が導入されて、友人の周辺あるいは昔の職場の周囲から推薦があれば、再活動が今や可能となった。この時点ではまた、かつての指導的な官吏が、その職務を継続するには政治的な再検討が依然として障害となっていたにもかかわらずに。職業外交官でかつての課長であったヴィルヘルム・メルヒャースもその1人であった。旧外務省の指導者であり近東エキスパートとしての彼のキャリアは、1937年9月にハイファ領事館へ派遣されたことから始まり、戦争開始直後に近東課課長を引き継いだ。1945年に米国がこの公務から彼を追放した時には、彼はまだその地位にいた。職務を解かれた後の1946年9月、彼は故郷ブレーメンでプロテスタントを支援する仕事に就いた。

これが可能になったのは、彼が戦後間もない数ヵ月の間に、非ナチ化の手続きのために1944年7月20日事件について比較的長い手記を改ざんしたためだ。[113]その中で彼は、共同の首謀者である関係者の考えについて比較的長く話し合ったことを記述した。この話し合いは、暗殺に失敗した2日前にアダム・フォン・トゥロット・ツー・ゾルツと行っていた。彼は数週間後に死刑になった。遺書として書かれた文章は早期に省内部の神話を形成するカギとなる文章として通用した。一方でメルヒャースはその中で、あたかも様々な圧倒的に相互に独立した反対グループが当時外務省内にあり、共通の政治的・戦略的な力の中心であった、との印象を引き起こした。他方で彼は、ヴァイツェッカーの周辺——ハッセルは彼の日記で、どちらかというと「軟弱であるが印象的」と位置付けている——を7月20日の国家転覆の出発点と評価した。[114]謀議の脇役であり、特にこの文章を書いた人自身は、この作戦の結果、事件の中心的存在になった。7月20日事件を個人的・集団的な責任回避の道具として使う典型は、特にいわゆる旧専門公務員のリッベントロープの「ナチ化への努力」についての態度への姿勢であった。転覆の後、人々を導くことができたであろうかとの質問に対して、トゥロットは短く、しかし誤解のない方法で、実際に重要な仕事分野の外

務省の核は「健全」だ、と回答していた。[(115)]

　メルヒャースの報告書は、彼を役所の中の反対勢力の担い手と理解していた
外務省元官吏たちの小さなサークルへの入場券として役立ったが、抵抗はもち
ろん、書いた人よりも実際には重要だった。友人たちのメルヒャースに対する
人望は、個人の信頼性あるいは彼の事実についての確実性の説明によって、ま
たもや影響がより少なくなった。むしろ、印象的な姿や物語とならんで、特に
彼の「非ナチ化の物語」という巧妙に覆い隠された政治的なメッセージは、特
別な信憑性を与えた。国家社会主義のユダヤ人迫害は大勢の市民的 —— 貴族
階級に所属する者の間に抵抗で、どちらかというと分裂した２つの感情を醸成
したので、彼らは、メルヒャースが戦争中に近東課の課長になり、それによっ
てアラビア地域における反ユダヤ主義の宣伝の主要な責任者になることに何の
反応も示さなかった。[(116)]それに反して、アメリカの占領官僚たちは、この人物の
活動を見ると、彼を再び公務に復帰させることには問題がある、とした。メル
ヒャースは比較的長く病気を患っていたためドイツにいなかったことも、アメ
リカ人の目には、彼が７月２０日事件と密接に関与していたことをむしろ信じ難
いものにした。

　1947年半ばにガウスの声明がノイエ・ツァイトゥング紙に掲載された時に
は、著者とその内容について急遽説明する強い必要性がメルヒャースに生じた。
数日も経たないうちに最初の手紙がヴァイツェッカー宛に送られたが、手紙は
彼に届かなかった。というのは、彼は既にニュルンベルクへの途次にあったから
である。さらなる話し相手として、コルト兄弟が問題になった。テオ・コルト
とその弟のエーリッヒは、メルヒャース曰くパレスチナにおけるドイツ人移民
を助ける活動についての情報を米軍の対諜報協会（CIC）という正式なチャネル
に流した。こうすることによって、「ごちゃごちゃの情報」となることから守っ
[(117)]
たのだ。それに加えてエーリッヒ・コルトはその少し前からヴァイツェッカー
との間で、覚書を下書きする上で、後者の記憶喪失を補うためにも、予見され
たニュルンベルクでの聴取に鑑み調整するためにも手紙で接触していた。10歳
年上のテオ・コルトはメルヒャースを、彼が近東から召還された後ベルンの大
使館に動員された1939年から既に知っていた。メルヒャースは、４月半ばに兄
弟の兄と対立した。このことを彼は既にヴァイツェッカーに提示していた。ガ
ウスの表現によれば、一石を投じたのは、特に、ドイツ官吏が「12年の長きに

わたって黙って従ってきたことは従順性の表れである」とのことである。という のは、このような従順性をもって大きな熱心さで実行しようと意図した者は、 「全く目立たず、共通の基礎を自分とその同僚のために作ろうと意図した」。ガ ウスがいまや「泥棒を捕まえて」と叫んで、「自身の評価を上げるために外務省 の昔の同僚の評判をおとしめようと彼は試みた。しかしながらこのことで、ア メリカ人は、ガウスのアピールを大々的なものにして、歴史的な真実の解明に 役立つようにすべてをする彼にただ同意できるためであった。「外務省の善良な 公務員の振る舞い」──この指導的な姿がヴァイツェッカーであった──はこ のように最良な形で正統化されることができよう。[119]

　彼がいかにこの歴史的な啓蒙の仕事を具体的に想像したかは、メルヒャース が直前に新聞に載った外務省に残存していた書類で示威行動を起こしたことか ら明らかだ。この文章はかつてユダヤ人担当だったラーデマッハーにより署名 され、ヴァイツェッカーが仮署名したものであった。彼はそれゆえに、そろそ ろ「全く古き外務省と関係のなかったルター氏と同僚の全ドイツ課を、どうに かしてもっと注目を集めるようにする試みをする時ではないかと尋ねた」。彼 が知る限り、ラーデマッハーはその時ハンブルク州の指導的な地位にいた。彼 は、ルターの昔の協力者をCIC（対諜報公共体）がまだ迎えていないのであれば、 CICに連絡することにした。ラーデマッハーのような人はきっと、書類を偽造 することにも能力があったので、ガウスの声明を真実が勝利するためのきっか けとするように受け止めねばならなかった。「我々は、ルター、ガウスそして 他のならず者の作用について知るために、あらゆることをしなければならない。 そうして初めて外務省の、そしてフォン・ヴァイツェッカーの真実の姿を正し く際立たせることができよう」「我々の古い会社の弁護が惰眠を貪る時間のない よう」希望するのみである。[120]

　２ヵ月足らずのうちに、かつての外務省職員に対して、ニュルンベルクの法廷 周辺での彼らの住所を明らかにするようにという声が聞かれた時、メルヒャー スは行動する時が来た、と判断した。彼は用心のため、コルトの下に、ハンブ ルクから出たこのような噂にかつての同僚の一部がその啓蒙義務から逃れよう とすることに関係しているのかを探った。ニュルンベルクで「我々の古き組織 の旗の下で進むべきだ」、それゆえにいまや旗印を鮮明にしなければならない、 と言っているのは、「くだらない寄せ集めである」。「沈黙が意気地なしと解釈

されたに違いない。ナチ時代の我々の沈黙がどれだけ非難されたか!」。蔓延する受け身の姿勢に対応するために、メルヒャースは既に自身が積極的になっており、アメリカ人には、「自主的な証人になる」と申し出ていた。コルトにはガウス宛の手紙の草案を送付させ、それには、その手紙はもちろん特に「他の人々」を考えたものである、と匂わせていた。その中で彼はガウスを、「彼が外部の人々に、昔の同僚があたかも「罪と告白」への募る叫び声に「詰まった罪人である」かのような間違った印象を与えていることを非難した。その際に見逃されたのは、古い外務省にははっきりとした分離線があり、「線のこちらには、それに関する陰謀を限定し、抹殺し、そして妨害したり、あるいは少なくとも、しかもその作用を弱めるように密かに戦い取ったことである」。彼自身は 1939年 12 月から終戦まで中断することなく政治局で働いていた。それゆえに彼は良心的に言うことができた。「弱々しいながらも抵抗がなさた」と。

英国人で聞き取りを行った者の印象によると、ヴァイツェッカーは自分で選んだヴァチカンへの亡命を「聖なる光」と称し、市内を歩き回って以来、明らかに 1947 年 3 月のケンプナーによる聴取までは、告発の可能性も、一つの裁判の主要な被告人となるとも思わなかった。6 月にはオットー・クランツビューラー（Otto Kranzbühler）に、彼が場合によっては弁護の依頼を引き受ける用意があるのかを探った。ヴァイツェッカーと同様にかつての海軍に所属し、多忙を極めた弁護士は、主要な裁判であるヒトラーの後任のデーニッツ提督を戦争犯罪人とする非難に対して懸命に弁護し、名を成していた。ヴァイツェッカーは罪人に数えられるかまだ知らなかったが、彼はクランツビューラーに次のように語った。しかしながらこれが事実となれば、法廷は彼に対して「全く間違った姿」を見せるだろう、と。基本的には彼のケースは「法律的には単純」で、それでも大々的な書類を検討しなければならない。それゆえに用心のために、既に「非常にインテリの若い弁護人で、私に個人的に近い人で、この地域に住んでいて、この件でコンタクトできる人がいい」、と述べたのである。

クランツビューラーが、他の裁判の義務のためにヴァイツェッカーの弁護を引き受けることは残念ながらできないと伝えた。しかしこれにより、同じ地域出身若手弁護士ヘルムート・ベッカーにとってチャンスとなった。ベッカーは長い間、ヴァイツェッカーの長男カール・フリードリッヒと友好関係にあり、また他にヴァイツェッカーの友人や知人たちと緊密な結びつきがあった。自身

は左派のリベラルな学者の出身で —— 彼の1933年に死亡した父親のカール・ハインリッヒ・ベッカーはプロイセンの文化大臣として、前進中であった民族的な高等教育グループと決定的に対立した、—— このザーレムクラブの生徒は30年代には徐々に新しい状況に適合して、1937年5月にはナチ党に入党した。—— 彼は戦後、この事情を家族にも話さなかったようだ。法律を修め、第2の国家試験後、ベッカーは最初にユーゴスラヴィアに、それからロシアへの侵攻に参加した。その際に彼は、山岳攻略部隊の下士官として重傷を負った。負傷が癒えるまで長い時間がかかった。戦後はフランス出身の妻とともにボーデンゼーに面したクレスボンに住み着き、そこで弁護士事務所を開いた。この間に彼は、フランスの軍事法廷で最初の経験を積むことができた。それから1947年8月以来、11ケースでヴァイツェッカーのために法廷で積極的に弁護を行った。このために、ゲッティンゲンでの法学の学業を中断したヴァイツェッカーの次男リヒャルトに支援された。

さらに法律家と「コモン・ロウ」の専門家のカール・アルント（Karl Arndt）と元外交官のジギスムント・フォン・ブラウンが組織的な支援をした。後者とヴァイツェッカーは駐ヴァチカン大使以来、緊密で、かなり友好的な関係を築き上げていた。それに加えてブラウンは、ローマから帰国後しばらくIMTの出版作業員として活動しており、このことで彼は疑いもなく適任であった。ヴァイツェッカーの家族の働き掛けで、年末にはさらにアメリカ人弁護人ウォーレン・E・マギー（Warren E. Magee）が加わった。マギーが注目を浴びたのは、外務省の外国宣伝の協力者として戦後米国に送られ、国を裏切ったとして裁判に掛けられたアメリカ市民を既に弁護していたからであった。

ベッカーのチームを家族やヴァイツェッカーが信頼している人だけでなく、被告人が世俗の正統性に染まらないよう独自の方法で貢献しようとするかつての同僚たちが多数支えていた。ヴァイツェッカーの妻マリアンネ、弟のヴィクター、そしてヴァイツェッカーの長男カール・フリードリッヒの他に、スイス出身の歴史家でジャーナリストで後者の妻グンダレーナ・フォン・ヴァイツェッカー＝ヴィル（Gundalena von Weizsäcker-Wille）が弁護の仕事に加わった。「グンディ」の優先課題は、彼女の、博士号取得の指導教官で控え目な性格のカール・J・ブルックハルトとのコンタクトを切らないことであった。この人の証言は緊急に必要と信じられた。資金はスイスの一族であるシュヴァルツェンバッハと

ヴィレが保証した。陰の「灰色の枢機卿」にヴァイツェッカーの長年の友人であるロベルト・ベーリンガー（Robert Boehringer）が勤めた。彼はスイスの移民であり、科学産業に関する参謀であり、ステファン－ゲオルク遺産の管財人であった。彼とヴァイツェッカーは20年代初期の国際連盟の時代以来の知り合いで、裁判の間は弁護人にとって最も重要な相談相手であった。例えば、スイスの名士たちとの接触を助けたり、あるいは、無罪証言をする貴重な証人には、給与の良い会社のポストを用意したりした。[131]

ローマに住むことがほとんどだったブラウンの他に、1933年以降の歴史に詳しくなかったので弁護人チームは元外交官たちのグループに取り囲まれていた。彼らは全員が旧外務省内部のサークル出身であった。シュレーダー、メルヒャース、コルト兄弟の他、ゴットフリート・フォン・ノスティッツ、ハッソー・フォン・エッツドルフそしてアルプレヒト・フォン・ケッセルがその一員で、彼らは元上司をバックアップしようと試みた。後者はヴァイツェッカーのヴァチカン大使館時代の同僚であり、新しいドイツ政府の将来の外務大臣と見ていた――彼は戦後もこのような見解を誇示していた、と言われる。

弁護人から見ると、世論に対して、ハンス＝ゲオルグ・フォン・シュテゥドゥニッツ、マリオン・グレーフィン・デーンホフ、マルグレット・ボヴェリ（Margret Boveri）、ティロ・ボーデ、そしてウルズラ・フォン・カルドルフが国内的および国際的な広範なコンタクトを取り、西側占領国の役所の人的関係に良好な視点を持った人々が戦っているようだった。特に彼らは現場の雰囲気に影響を与えた。シュテゥドゥニッツは1945年以前、パウル・カール・シュミットが率いる外務省プレス部で働いていたし、ボーデはかつてのドイツ海軍艦長中尉で、デーンホフとカルドフはプロイセンの外交官族の出身だった。また、[132] アルベルト・エーリに重要な役割が与えられた。彼はバーゼラー・ナハリヒテン紙の編集長で、ヤコブ・ブルックハルトの甥の息子であった。彼は、グンダレーナの茶色いベルリンにおける外国特派員としてのキャリアを活かし、そうするのはいまやヴァイツェッカーに対する義務と見ていた。ベッカーは、自身の見解に従って国際法に対し「不信」と無関心で対応し、法律的な観点はヴァイツェッカーのケースでは有罪は決定的ではないと見なしていたにもかかわらず、彼は専門家の勧めは拒否することができない、と信じていた。1935年に国 [133] 家保守主義者になり、彼のかつての教え子であったカール・シュミットに介入

第 2 部　ドイツ外務省と過去

した理由で強制的に退官させられ、1939 年にオランダに移住したエーリッヒ・カウフマンはそれとならんで、特にエルンスト・ルドルフ・フーバーやヴィルヘルム・グレーヴェ（Wilhelm Grewe）に対して、弁護人によって洗練された正当性 —— 場合によっては「超法規的な緊急事態」と言われるところの「悲劇的な義務の衝突」を法律的に補強するため、重要な理由説明の支援を行った。ベッカーとフーバーの結びつきは、戦前に遡る。彼は『国家社会主義の国家学的な』の作者で、ミヒャエル・シュトライスや指導的な「キール学派」の代表で、1945 年以前はベッカーの師でもあり、「博士号を取る上での指導教官」であった。1945 年以降、ベッカーは彼を非ナチ化の上で支援した。

　ドイツの弁護士にとってはじめ、ドイツと異なるアメリカ流の刑法的な当事者プロセスに適合するのに困難を伴ったことを除いて、被告人の法的な責任を大々的な証拠書類に鑑みてつくるという訴訟役人の特別な戦略は、少なからざる挑戦をも意味した。1947 年 11 月 1 日から 15 日の間に告発書類が到達して初めて弁護活動の共闘が始まった。それからヴァイツェッカーの逮捕からの数ヵ月は特に —— 大部分は陰謀らしい方法でかつ注意深い戦術によって —— 実際に訴訟に至るのか、その際にどのように糾弾されるのか具体的にイメージしようとした。ベッカーは 10 月においてもなお、「エルンスト組合」に対する訴訟は戦争犯罪委員会主任オフィス（OCCWC）が直面している緊急な資金問題により間もなく自然になくなると考えていたが、2 週間後には現実に直面した。「ニュルンベルク」はますます「お化け」のように現れてきた、と彼はグンダレーナに書き送っていた。この全部は彼に、「戦争の最後の 2 年間のナチ」が終了を前にますます「大きな馬鹿げたこと」を積み上げていったことを思い出させた、という。

　ヴァイツェッカーの名前が実際に訴訟リストに載るのかどうかまだ明確でない間、弁護人の観点からは、元外交官たちに証言をしてもらう準備を優先させた。晩夏に、離反したガウスに加えて近東専門家ヴェルナー・オットー・フォン・ヘンティングとヘルベルト・フォン・ディルクゼンが告発側の証人になる用意があるとの噂が流れた時、弁護団は警戒した。しかし、ヘンティングは 10 月に、—— 特に、よく知られているとおりヴァイツェッカーとの緊張関係を理由に —— 「すべての裁判プロセスにかかわらない」と表明し、ディルクゼンは 3 ヵ月後に 180 度転回し、彼のアメリカ人の聴取後にヴァイツェッカーに有利

な証言を行う、とベッカーに申し出た。[137]

　きっかけは、ベッカーがクリスマスの2週間前に消息のわかっているすべての「かつての人々」に送った回書であった。その中で、ヴァイツェッカーのかつての同僚におよそ70にまとめた告訴状の最も重要な点を知らせただけではなく、被告人を無罪とするような証言をするように持ちかけた。[138]

　ヴィルヘルム・メルヒャースが夏以来、彼の元上司の問題で熱心になった状況に鑑みると、彼がこの呼びかけに応じてきた最初の1人だったことは納得できる。既に8月、ケンプナーによる聴取の直後に「アラビスト」はベッカーと接触しようとしていた。彼は最初、メルヒャースの無罪の証人としての特質は、旧外務省で多くの「ユダヤ人問題」に関わったことにあるという所見を強調した。[139]1948年1月初めに彼が新たにクレスブロンの家を訪ねた時、彼はもはや外交上のユダヤ人政策専門家として自己紹介したのではなくて、それを越えて、かつての人事局長ヘルムート・ベルクマンの代理で信頼してほしいと自己紹介した。ベルクマンは残念なことに「ロシア人の手」にあり、メルヒャースはベルクマンをよく知っている。それゆえにベルクマンが秘密の人事問題でヴァイツェッカーの同盟者であったことも知っている、両者は「信頼できる人々を至る所に送って、可能な限り不幸から守り、わずかに残ったドイツの評判を外国で救い、出来事を反対に作用するように、必要な情報を取ろうとしていた」、という。[140]

　メルヒャースがベッカー宛の手紙で、「抵抗派の人々」と形容した人々 ── 代表的な人物として、ベルクマンの上司のシュレーダーを除いて「目的を承知して」行われた「ヴァイツェッカーたちの人事政策」には、コルト兄弟の他は課長のハンス・フォン・ヘフテン、ハッソー・フォン・エッツドルフとゴットフリート・フォン・ノスティッツがその一員であった。もしもベッカーが旧外務省の人事関係に精通していたならば、疑いもなく、シュレーダーとベルクマンが、ここにいわれるようにそんなに違わなかったことに気づいていたであろう。他、彼には、目的のため割り当てられた戦略的に重要なポストは、戦争開始後はもはや問題となることはなかったことに気づいたであろう。というのは、彼らの間での増大する仲たがいと個々の信頼すべき人々の人事移動を通じて、ヴァイツェッカーをめぐる仲間は段々と散り散りとなっていった。

　メルヒャースはコルト兄弟に、ヴァイツェッカーの英国外務省代表との接触

について聞いてみる、と提案したが、それは数週間遅すぎた（ベッカーは既に11月末、エーリッヒ・コルトと接触を取っていた）[141]。彼の他の提案は、それでも感謝して受け入れられた。特にメルヒャースの、第三帝国の外交官は、ナポレオン下のタレーランを思い出させる強要された状態にあった、という妙案にベッカーは感激した——その中では、やはりナチ政権に対する実効的な反抗は、たとえ犯罪的なものであっても通常の仕事に見せるという責任ある地位でのみ可能であった[142]。というのは、どの抵抗も、国家社会主義の外交政策の目的と協力しないという方法ではなく、長期的に体制を除去するという目的にとってのカムフラージュとしての協力を意味する。忠誠からポストに残るという古典的な国家官吏を正当化する理由は、このような方法で我慢して協働する政治的・道徳的な義務に変化する。

　そのような高揚したアナロジーは連合国非ナチ化審査委員会の日常的な単調の中で、歴史的重要性という感情を思い出させ、そして、第三帝国の中での外交官の役割を、その歴史的な文脈から解き放ち、彼らの「内的な戦い」が時代を越えた闘争として様式化するのに役立った。このようにして道徳規範が形成され、それが束縛的な価値観と方向性を考える上での尺度を乗り越える点で助けになった。この古い自明の談話の中に解釈の手本が発展し、これを基にして、国家社会主義と自己との折り合いの様々な段階を、理性を強調した態度として後から合理化できよう。これと階級的に区別された差別のシステムが結びつき、これによって受け入れられる、あるいは受け入れられない振る舞い方法が明確になる、——そしてまた間接的に、誰が将来復職可能か、誰がそうでないかという問題も関係してくる。

　外務省に留まることが基本的に、原理に固執するのと、勇気があるのと同じだとされる一方、外務省の職務から現実に撤退することは、道徳的に許される最低の範囲に位置づけられた。皮肉なことに、ユダヤ人の生き残りであるエーリッヒ・カウフマンに、この立場についてかつての集団を代表して明確に述べることが任された。「傍観者的なプライベートな存在への受け身の引き籠り——いわゆる『大きな周辺の居心地のいい堅い金属の中に閉じこもる内的移住』——はいずれにしても義務感のあるドイツ人がとるべき唯一可能な態度ではなかった。そして、国家社会主義の柔軟化あるいは変遷が見込めないからといって、個人モラルという動機で役職を退くという判断が高く評価されても、そのような態

度は、誰でも自分がそうだとは言いたくないにしても、自己満足にすぎず、一種のカタストロフィー政策に向かって進むことを妨げなかった。まさしく、重い責任のある男たちは、起こっていることに身を投じて、それが単に不幸を避けることや良きことに奉仕することができるかもしれない物事を変更するために、それを義務とすることができ、そして、そういうことを彼らの義務と見なすことが許された。そのような活動には、一種の英雄主義が一方であり、それが理解と承認を要求する」[143]。そのような分類には旧い考え方が部分的に反映され、それがヒトラーが権力を掌握した直後に外務省の中で分派化と非連帯化を助長した。しかしながら部分的には、1933年に退職したフリードリッヒ・フォン・プリットヴィッツ・ウント・ガフロン大使の例を唯一有効な規範に格上げしようと躍起になった告発当局の執拗さに対する反抗にも反映していたようだ。

第4節　ニュルンベルクの網の目

　協力したことに対して後の非難に挑戦するように、かっての多くのヴィルヘルム通りの元上司に対する裁判の中で、訴訟当局の歴史の見方に対立する意味合いで登場する機会となった。「ニュルンベルク」は敗戦と新しい始まりの経過的段階を形成し、一種の実験場になり、そこでは、「浄化された記憶」のために決定的な路線を選択することが目論まれた[144]。同意可能な、未来志向の過去の裁きは自然のプロセスではなくて、一方では検察庁や弁護人、共同被告人そして証人が、他方では世論と私人の裁判観察者の相互作用という形で現れた。ニュルンベルクというまさしく変更できない捕らわれの場所という条件の下で、規則的な弁護人と被告人の家族の制限された接触が築き上げられたが、外交官たちの場合には、このような規則的な情報交換は、長期的にはどちらかというと規範的な過去の意味付けにとって実際的障害にとって有利となったことが明らかになった。言語規制を立ち上げ、それを広める上で指導的な役割を演じたニュルンベルクの弁護人たち —— ベッカーの他に、初めはかつての参事官エルンスト・アッヘンバッハがいた —— 彼は1948年に威嚇的な訴訟提起を理由にその委任を下さざるを得なかった[145]。 —— ほとんどの彼らの同僚に、短期的にも長期的にも全ての念頭にある対立点や相違点を当分の間葬り、その代わりに統一的なアーギュメントのラインに集中することに成功することができた。

第2部　ドイツ外務省と過去

　ニュルンベルクでは広く分散化してしまったので、その後の数10年間は、本質的でない部分の洗い出しと補充が行われねばならなかったが、外務省内部の防御戦略の修辞上の支柱は、少ないキーワードでまとめられる。敗戦後、連合国の法廷に引き込まれたナチの他のエリートの指導的代表者のように、外交官たちもまた、自分は政権に対して始めから内的に距離を置き、拒否的に対応した非政治的な国家職員であったことを宣伝した。特にはっきりしたのは、外務省は実際には相互に独立した2つの役所から成り立っており、お互いに止むことなく、せめぎ合っていた、という見解であった。

　権力掌握後の人事政策との対立と、親衛隊幹部ヨシアス・ツー・ヴァルデック・ウント・ピルモントの人事局への着任後の対立に直面して、旧外務省は「ナチ化」と非職業化に対して最初は抵抗したが、しかしながらこの抵抗は、30年代末のヒトラーの外交的な成功を理由に、短期的、戦術的な策略のために徐々に放棄せざるを得なかった。様々な党の組織 ―― 戦闘にはリッベントロープの事務所あるいは後の帝国外務大臣のオフィス、外国組織そしてナチ党の外交政策の役所、さらにはヒムラーの親衛隊 ―― が臨時に戦略的にすべての重要なポジションで力を付けた後では、古くから伝えられた専門的な基準を維持し、執行機関の介入により追われる同僚を保護することは、ほとんど難しくなった。初めの年月の間に特に急進的な外交政策の成長を防止しそして緩和することにした後で、ノイラートはリッベントロープと交替し、その直後に続いた外交政策の危機的な状況が先鋭化し、旧来の幹部官吏の間に、思考転換プロセスが次第に浸透していった。

　最初にただ地平線に認められただけの「大戦争」が手の届くところに近づいた段階で、外務省の多くの指導的な職員のうち、1938年に事務次官に任命されたヴァイツェッカーもまた、初めて国家転覆という考えに捉われた、という。同時に触手は大英帝国に向かった。それは、英国人がヒトラーの拡張欲求に対して譲歩しない方向へと登場することを維持するためにであった。このラインは、部分的には国の裏切りの瀬戸際まで行ったが、戦争が始まった後にももう一度過重な条件下で、そして壊滅的と受け止められた「カサブランカ方式」と言われる無条件降伏にもかかわらずに維持された。

　第三帝国の犯罪に「旧」外務省は、外国からしばしば期待されるマイナスの反応に鑑み、その評価が期待された時に限り、関係した。段々と政治的決定の

374

端に追いやられて、職業外交官たちは本質的に、ユダヤ人や他の少数の人々に対する厳しい国内政治的な行為や好ましからざる外交政策的な反応に注意することだけに制約されていた。しかしながら同時に、省内に新しい部が確立された。その部は、帝国治安本部との緊密な調整のうえで国家社会主義の人種差別ドクトリンを実行に移していった。とはいえ、マルチン・ルターに率いられたドイツ局ないしリッベントロープの寵愛を受けたホルスト・ワグナーの下の国内Ⅱ課は省内ではよそ者であり、このことは特にこの課の陰謀的な仕事のやり方とも関係していた。[148]

　ルターの局に残された文書は、それでも他の部の取り込みと参加を暗示させる痕跡があるが、それはルターの強引な性格にも特に関係している。古くから従事している官吏を確実に従わせるために、彼は「反ユダヤ的な書類や法案への仮署名」を強制することにより、彼らが追放処置に関係するように心がけた。[149]職業外交官は、そのような書類に仮署名することを拒否して外務省内部の抵抗に難しい打撃を与えるか、あるいは、いずれにしろ既に決定されたことであるから彼ら自身、そして他の危険にさらされている同僚の守りのために反ユダヤ主義の処置に表面的に賛成する、という選択を迫られた。しかしながら最後には、すべての注意深い処置にもかかわらず、1944年7月20日の蜂起が抑えられた後には外務省内部の反対運動は鎮圧され、すべての帝国役人の中で最も多い血税を支払わなければならなかった。[150]

　やや割愛したが、以上が国家社会主義に関する外務省独自の短い説明であり、これによって多かれ少なかれ、すべてのドイツ人が、ヒトラーに引き起こされた戦争の犠牲となったのである。[151]

　1947年12月に下級判事の要求で終わったフリック裁判で、かつての海軍裁判官クランツビューラーは告訴人に対し、彼らが犯罪を非難しているのではなく、むしろ後続裁判はドイツのエリート市民を永続的にさらし者にする目的である、と非難した。この判決から数ヵ月後、ヴァイツェッカーの弁護人もまた糸口を見つけようと試みた。だから、ベッカーとマギーはその「冒頭陳述」で、テーラーの被告人たちは「不名誉な外交官という看板の最上位」に立っている、との厳しい評価に反論した。ニュルンベルクの裁判以来その国際的な性格は失われてしまい、──IMTが今もそのように──もはや戦争犯罪者ではなくて、ドイツの指導的な層を次々と裁判にかけるようになった。告発は、「戦争犯罪の

375

焦点を最初に医師たちに、それから企業人に、そして将軍たち」に向けた。最後に、外交官たちを舞台に引き上げ、そして侵略戦争の計画と参加、いわゆる戦争犯罪を非難している。通常の刑事裁判では、基本的な問題は、「誰が個人的に犯罪を企てたのか、あるいは誰が個人的に実行したか、そして直接実行したか?」である。しかし、問題は明らかに、「誰が犯罪を知り、そしてそれに異議を唱えなかったのか?」となっている。このように参加者の概念の拡張を検察は行い、「実際上ドイツの誰をも」告訴することを可能にした。他に、非難の対象は個々の被告人の個人的な罪ではないように見え、告訴はむしろすべての層、例えば「ドイツの産業界、ドイツの軍人たち、ドイツの官吏組織、ドイツの外交」に向けられている。[(152)]

　ベルリン封鎖の「ニュルンベルク」に対する礼砲とともに、ドイツ−アメリカの法律家の二人三脚は全く間違いではなかった。OCCWC(戦争犯罪評議会議員室)は実際、フランツ・ノイマンの4つの柱のモデルを引き合いに出して、またドイツの機能エリートの選りすぐった代表に象徴的な決着を付けることを狙った。ヒトラーの再武装 —— 戦争政策に対する彼らの共同責任が証明された、とみなされたのである。同時にベッカーとマギーは、これによって刑罰法務を全社会層−経済−教育市民、軍と公務員を一撃で取り除こうとする「ソーシアル・エンジニアリング」の道具に落としめると、狙いを超えて非難した。事実、ソ連占領地域では根幹に「上からの革命」が実行された間に、—— 戦術的な理由からいつも過去の政治的な道具も利用したが —— アメリカ人はこの問題を少なくともイデオロギー的にではなく、むしろ実際的 —— いずれにしてもより少なく流血的であった —— に扱った。しかしながら、そのような根本的な差異を弁護人は見ようとしなかったし、それをお互いに主題にもしようとしなかった。[(153)]それは事実と勘違いの入り混じった主張であって、すぐ後に「ニュルンベルクのシステム」に対する戦いに動員された幅広い前線に、その固有のエネルギーと勢いに油を注ぐことになった。

　弁護戦略に際して効率の上でも財政的にも人的にも最良の協力を得ることができた産業界の裁判の被告人たちと違い、外交官たちは弁護人自身の人的な努力と友人たち、職業上の同僚たちと同情者たちの栄誉的な支援に頼った。「弁護の動員」の最初の第一歩は、既に1947年9月にジュネーヴから来た。スイスのキリスト教の指導者、神学者アドルフ・ケラー(Adolf Keller)は、ゲルデラー=

クライスとかつてゆるやかに関係しており、ヴァイツェッカーの逮捕以来、義理の娘グンダレーナと恒常的な手紙のやり取りをしていた。彼は既に、事務次官のケースについて一連の高位の人々に説明していた。相手は連邦参議院議員フォン・シュタイガーの他、ドイツの司祭ヴルムとディベリウスだった。ローマの訪問は、ヴァチカンが「自らの方法で努力する」だろうという結果を得た。他、彼がごく最近ノイエ・チュリヒャー・ツァイトゥング紙にまとめた記事を彼は、クレイ、大使のマイロン・テーラー（Myron Taylor）、国務省の友好的な担当官、それに著名なジャーナリストのウォルター・リップマン（Walter Lippman）に送った。ケンプナーもコピーを受け取った。それには、彼に対し、ヴァイツェッカーのケースを「単に刑事事件からのみ」判断するのではなく、そのケースをまた典型的な「公務員の悲劇」の現れと見るようにという比較的長い手紙に記された勧告も添えられていた。さらに、アメリカの新聞に「抵抗の心理と倫理」という記事が予定されていた。今重要なのは、もっと「罪を軽くする資料をユダヤ人側」から得る努力であった。他に、告発者と世論を著名な人物による証言で論破することである、そうすることによって最も効果的に「どんな罪の要素も力を失し、それはまさしく他の数千人にも及ぶ国家官吏」の中にも見つけ出されよう。[154]

　このケラーの提案は、ヴァイツェッカーの弁護人たちにとって特に多くを約束するものであった。それは、彼らにとっては、ベルリンのドキュメント・センターの文書を見てよいという特別な許可が裁判所に認められたにもかかわらず、OCCWC チームの情報の優位性を超えることが短い時間の中では不可能であったからだ。数多くの政界、外交界、学界、言論界、宗教界の代表、その中には、国家社会主義の時代にドイツ市民権を剥奪された外国人およびドイツ人もまた宣誓した上での証言を行うように要請された、いわゆる「Affidavits」（彼らは、少なからずその歴史についての解釈を法廷で代表することを弁護人に対して求められた上でなければ発言しなかった）。Affidavits〔訳注：外国人の書面による証言〕の価値は３つの基準で決められた。第１は、時代の証人の特別な質によってである。この理由および事実、すなわち、証人が出来事の描写を後から文章にすること、は弁護人が同時代の行政文書に対してより高い真実内容を導くことになった。[155] 第２に、ほとんどすべてのテキストは例示的で、エピソード的な、絵的要素の強い傾向があり、その事は共通の経験が近いことを前提としている。第３

第2部　ドイツ外務省と過去

に、大部分は個人的な説明であり、それに対しては歴史の時間的な文脈は通常除外されていた。このような性格を理由に、全体的な一致と一体性の強い感情を生み出したこのような形式——そのように推定できよう——は現実には稀有にしかありえなかった。この時代に同様に幾重にも周回していた非ナチ化審査委員会の証言、あるいは50年代初めから増加して見られた回顧録もAffidavitsを集団的に当然視する媒介として作用した。こういう回顧録もその著者による旧外務省の想像上での共同体に連なることとなった。

　ヘルムート・ベッカーの名付け親でヘンティングスの従弟エルンスト・アイゼンロールのように、すべてに太鼓判を押すことのできる証言は、簡単には手に入れられなかった。舞台裏でも昔の公使は舞台裏で自分に有利なように図ったことを除き、ケムプナーも党仲間でない彼を明らかに信用して、重要な情報をあれこれ得るために、2つの宣誓声明に誘った。その中で、彼は1947年6月に行っていた証言を強調した。ヴァイツェッカーを、その勇気ある、堅固な態度によって将来を方向付ける典型を示して、それは再建の外務省にとって尺度となるに匹敵しよう、と述べた。ベッカーはしかし、法廷で証言しないように勧めたが、それはアイゼンホールの名前が罪を認めるドキュメントに沢山の名前が出すぎていたからである。が、ベッカーはヴァイツェッカーの名前で大げさに形式を完成する証言に感謝した。「あなたによって、法廷は有意義なものになった。というのは、多くの君の同僚たちは残念なことに、彼らについて書かれたことをよく知っているか、忘れてしまっている、そして、Affidavitsをたびたび送ったり呼び戻していた」と。

　当時迫害された同僚の直筆による無罪の意見表明は特に望まれたが、それはやはり、政権に近いところの汚名をそそぐ可能性があったのだ。最も探されたのは、移住したドイツ系ユダヤ人あるいは非ユダヤ人とユダヤ人の夫婦であった。彼らへのコンタクトは、実際問題として、しばしば困難が生じた。当時のユダヤ系の同僚のうち、誰がナチのテロを生き延びたのかという見通しさえ、そもそもなかった。外国への逃亡に成功した者はほとんど、戦後にはすべての接触を断ってしまっていた。わずかな例外として、リヒャルトマイヤー・フォン・アッヘンバッハ（当時は、リヒャルト・マイヤー）局長とフォルラート・フォン・マルツァーンがいた。「完全なユダヤ人である」マイヤー・フォン・アッヘンバッハは1939年にスウェーデンに移民し、マルツァーン——「赤いバロン」、

378

アゴー・フォン・マルツァーンの従弟——はニュルンベルク人種法の「第一級混血」に該当し、リッベントロープの承諾の上で臨時の原則のもと、1942年5月においてもまだ、当時の特任大使カール・リッター（同様にニュルンベルクで告訴された）の下で仕事をすることができた。それ以前は、I.G.ファルベン社が彼を中央で輸出問題の担当者として雇っていた。彼は戦争が終わるまでそこに在籍していた。地位ゆえに、迫害された親族を彼は辛うじて救うことができた。しかし、母親はテレジェンシュタットへの強制移送の直前に亡くなり、妹は強制収容所で終戦を迎えた。

　このことに、当時在ブリュッセル公使であったバルケン弁護人が裁判の数日前、この2人の高官の証言は有益でありうる、と注意を向けた。ベッカーは、辞職した後も「外務省（ヴァイツェッカー氏の責任下で）のいくつかの恩恵を受けていた」マイヤーを「ユダヤ人問題で証人として使う」ことについてもう一度検討することにした。同じようなことはマルツァーンにも当てはまった。マイヤーは最初消息不明であったが、マルツァーンは合同された経済領域で外国貿易問題の部長を勤めていた。これは与えられたものではあるが、当時建設途上であったドイツの公職において、最も重要なポストであった。張りめぐらせた情報網により、ヴァイツェッカーのために展開されていた昔の同僚の活動を彼はつかんでいた。1948年の初めに待っていた手紙がクレスブロンから届くとすぐに、彼は反応した。短く、しかし、決然と、周知の通り「出身の困難性」ゆえに政治的な仕事から締め出されたので、自分には昔の上司を助けられないとマルツァーンはベッカーに知らしめた。ベッカーがこの喜べない反応をケッセルに知らせると、彼は意気消沈した。マルツァーンがヴァイツェッカーの役所に留まることを当時「間違いだ」と見なしていたことに原因がある、とケッセルは考えた。2人は個人的に話し合い、強い影響力のある経済専門家を考え直させることを約束したが、結局叶わなかった。

　愛想よく、しかし、特に意気込むことなく反応したのは、1937年まで在カトヴィッツの総領事であったカール・フォン・ホルテンだ。彼は外務省から辞職させられた後、継続して居住していたストックホルムからかつての書記官に、ヴァイツェッカーが当時、彼と他の「非アーリア人」公務員に対して役所に留まるように勧めた、と告げた。さらに、彼は、当時スウェーデンでの歓迎レセプションにユダヤ人の大学教授が招かれていたが、それは政務局長の影響と認

識した。
(162)

アメリカ人に導入された非ナチ化審査委員会の制度と同様に、ニュルンベルクの後継裁判の分野でもまた推薦状の存在が盛んに展開された。既に有罪の判決を受けた、あるいは連合国の刑罰法令から逃れようと努めていたドイツ占領地域で行政を担っていた旧高級軍人および行政職員は、ヴァイツェッカーの裁判のために署名を行った。その代わりにヴァイツェッカーもまた、彼らに好意的な証言をして急場を助けた。死刑判決を受け、とめ置かれた英国の戦争犯罪人収容所ヴェルルで、ヴァイツェッカーの再審に努力していたアルベルト・ケッセリングは、例えば、ヴァイツェッカーはヴァチカン時代の間、一貫した平和政策の擁護者として働いていたことを証明した。ヴァイツェッカーは、この陸軍総司令官がドイツ総司令官としての機能で北イタリアの戦場で有名なモンテ・カッシーノのベネディクト派の教会が連合国によって破壊されないように尽力したという神話を世界に知らしめることで、彼の行為に応えた。事実、ケッセリングの介入があり、多くの芸術作品が助けられた。建築遺産の完全な破滅に繋がったであろうモンテ・カッシーノでの停戦命令の変更のために、彼はそれでもまだ、1944年7月にヒトラーによる最高の軍事勲章が与えられた。

ケッセリング証言よりもさらに重要だったのは、ヴァイツェッカーがフランスから強制移送に際しての行為についての2つの証言であった。証言はハンス・シュパイデル（Hans Speidel）元大佐によって提出された。シュパイデルは当時、フランスにおけるドイツ軍行政の司令部の長であった。もう一つは1940年から1944年までフランスで軍総司令官付きの国際法問題担当官ないしは法務部長のヴァルター・バーガツキー（Walter Bargatzky）であった。2人は形成しつつあった西ドイツの法律保護の網の目の仲介者として登場していた。シュパイデルは他に、大西洋の東西の指導的な政治家たちと傑出した関係があった。これらの人々は、ナチという過去があるにもかかわらず、間もなく成立する連邦共和国が過去政治を精算するのに戦略的に重要な役割を負うことになる、国家主義的な保守主義の政治家や官僚たちに属していた。

保守主義的な国家主義者、ナチの政党員とそれにイデオロギー的に共鳴している実行者の境の線は消えてしまった。このことは、ヴェルナー・ベストの例でも示されている。彼もまた、ヴァイツェッカーと「サービスの証言」で取引を行った。ベストは同盟国の非難から外務省を守ろうとした。彼は1948年8月

第2章　法廷にて

に行われた第11のケースでの証言によって、デンマークにおける外務省の役割についての見方を開陳した。自分だけが最善の光の下に立っただけではなく、リッベントロープとルターを除くすべての他の外務省の役人を「包括的に」無罪として証言した時に限ってはカギとなる役割を果たした。[165]例えばベストは、同時期にコペンハーゲンで行われていた彼に対する裁判に備えるために、事前にリッベントロープ事務所の協力者から1943年10月のデンマークにおける「ユダヤ人政策」について教えられていた。そして、帝国の全権代表の権限により、これを知ると直ちに、デンマークのユダヤ人たちに適宜警告していた、と主張した。後々の多くの裁判で取り上げられたこのような弁論によれば、ベストの[166]指導下にある占領下のデンマークで外務省は「ユダヤ人政策」を抑制するだけでなく、意図的に怠る方向に作用した、という。ベストとヴァイツェッカーの間の共通性はしかしながら、陰のユダヤ人救済者としての自己評価に尽きるのではなく、また両者は、指導層の立役者としてお互いに理解し合った。指導層は彼らに対し提起された非難、すなわち、彼らの見方を「文書で明らかにするように」との非難を勧告されていた。[167]したがって、ベストはデンマークでの拘束から釈放された後、連邦共和国で外交職の仕事には就かなかったが、彼は十数年の刑事裁判にもかかわらず、「かつての人々」の連帯を当てにすることができた。

第5節　「かつての人々」の力

　望まない裁判プロセスを阻止できなかった後、ほとんどの元外交官たちは時間とともに現実的な態度になっていった。「ニュルンベルク」によって彼らは、混沌とした時代においても生き残り、再雇用を容易にすることのできる昔なじみの関係を再び活性化させ、または、新しい関係を築くことを可能にした。ヴァイツェッカーの仲間の希望は明らかに、さらに膨らんだ。エーリッヒ・コルトと友好関係にあったアメリカのニュース担当官エドワード・アシュレイ・ベインが1946年初めにヒューマン・イヴェンツ紙に載せた記事のように、特定の歴史の解釈をはねのけるのではなく、ナチ独裁の年月を克服した伝統と理想像を示すべきである、と。「ネット」ベインは、その記事の中で、特にコルトのプール・コミッションの作業に支援されて、告発がまだ全く予見されていな

381

第 2 部　ドイツ外務省と過去

い時点で、外務省事務次官ヴァイツェッカーのケースを新しく建設されるヨーロッパの「テスト・ケース」として記述していた。東西の対立が迫っている状況に鑑み、ヴァイツェッカーの取り扱いに際して「全体主義的・抑圧的な政権に対する勇気ある抵抗が最も困難な時にも変わらず実行されるはずだし、あるいは、確執と紛争による辞任と喪失という人間くさい賭けとそのリスクを避けるはず」と決定されよう、と。
(168)

　後の西ドイツの抵抗研究の特徴を既に先取りしたこのような道徳的な解釈とともに、国内および外国において、ヴァイツェッカーとドイツ外交を理解しようとする動きが起きた。「ニュルンベルク」に対する防護は、外務省内部の者にとっては、精神的・文化的な要素にもなった。このような重要な防護戦略の樹立は、彼らの業績と実行に関して新たに解釈され直すという希望と少なからず結びつき、残っている、現在影響力のある証人を呼べるのではという希望と結びついた。それが特にはっきりとしているのは、1948 年 8 月のヴァイツェッカー裁判でヴァンジタール卿が引き金を引いた、第 2 番目の Affidavits だ。これを機に発展した論争である。

　元英国外務省副事務次官のヴァンジタールは、1937 年にチェンバレンの宥和政策を先頭に立って反対したのが理由で、下降ポストである外交アドバイザー長に左遷させられた。テオ・コルトが 1948 年 7 月 14 日と 15 日に設立された法廷「委員会 I」の会議で、それぞれ数時間にわたって第二次世界大戦前夜に行われたドイツ・イギリス秘密会談についての彼の見方を開陳した時、ヴァンジタールはこのコルトの証言に反論した。この協議には、ドイツからはハンス・
(169)
オスター大佐、ハンス・ベルント・ギゼヴィウスと並び —— 制限された範囲で —— エルンスト・フォン・ヴァイツェッカーも立ち会ったが、イギリス上層部の代表にもヒトラーとリッベントロープに対して共同の対処が打診されることになっていた —— この会議の目的は、独裁者を軍事的な蜂起で取り除くことであった。コルトがアメリカ人判事に説明したところによると、彼と兄のエーリッヒは 1938 年から 1939 年の危機の間、ヴァイツェッカーが外務大臣ハリファックス卿に向けた連絡を伝えるように、数回にわたってヴァンジタールに会った、という。1938 年 9 月 7 日にコルトはハリファックスと比較的長い 2 人だけの会談を持ち、その際にヴァンジタールがヴァイツェッカーのことを「外務省の中で唯一の決定的な上司」と見なしていること、そして、彼がコルトとの対話の

382

受け入れを正式に認めたこと、それからドイツがポーランドを攻撃する少し前の月にコルトの兄がヴァンジタールに会ったこと、彼に —— 再びヴァイツェッカーの委託を受けて —— 急いで結ばれるソ連とイギリスの条約のみが戦争の勃発を今でも阻止できる、ことをただ確信させるために会見した、と。ヴァンジタールは、エーリッヒ・コルトに「冷静になりなさい」という言葉を使い、緊張しないように勧め、そして独ソ不可侵条約の締結は間もなくである、と確約した。

1941 年の初めに「暗黒の記録、ドイツの過去と現在」と題して BBC が成功裏に放送したパンフレットには、ヴァンジタールがドイツ国内で最も激しい敵対者の 1 人であることを示した。ニュルンベルクでのコルトの証言によって、当然のことながら裁判はそれ以上進むことはなかった。ヴァイツェッカーと彼の支援者たちはこの裁判によって、外務省の抵抗勢力が決意した行動をしたという神話を建設することに使おうとしたように見えた。ロンドンでは誰も、この警告をまじめには受け取らなかった。ヴァンジタールすらもハリファックスがコルト兄弟に、交渉の始まる数週間前に文書でそのことを彼らに確認したことを明らかにし、怒ってもいなかった。特にエーリッヒはこの行為を「犯罪的なヒトラーの政策への確かな証明」だと見ていた。

コルト兄弟を蜂起を阻止された者と見ていたハリファックスと違って、ヴァンジタールは、ヴァイツェッカーもコルト兄弟も実際には平和の確保あるいはヒトラーを排除するのには関心を持っていなかった、との見解であった。ヴァイツェッカーはリッベントロープの政策をいつも忠実に実行してきたし、コルト兄弟は英国から見て、彼らが実際の力を示していない上にどちらも最終的にはナチスの外務省に所属していたから、真剣に受けとるべき話し相手ではない、というものであった。最初の証言で著名な上院議員はこれに沿って、「実際に政権に対しての行動を企み、あるいはこれをやるだろうという人々やグループと連絡を取っていた、という印象を彼らに一度も持たなかった。さらに言えば私は、そのような行動は決して行われないだろう、と確信していた。そして、そのような可能性を示唆する人間には注意をほとんど払わなかった」。1948 年 8 月 31 日に提出された第 2 番目の証言で、彼はこの見解を強調して、歴史の真実は「多くのドイツ人がナチの歴史を否定するように、後刻この時代に関する『お喋り』によってヴェールに包まれてはならない」、と警告も含ませた。

第2部　ドイツ外務省と過去

　ヴァンジタールはこの時点でホワイトホールとの接点を既に切ってしまっ
たも同然であったので、彼は次のことを知る由もなかった。すなわちそこで
は、ドイツ＝英国の戦争前の接触をこの栄光という表現で示そうとしたヴァイ
ツェッカー周辺の試みに対して、ますます不信の目を向けるようになった。テ
オ・コルトが1947年と1948年の年の暮れ、さらにハリファックスと指導的な外
交官であるイヴォンヌ・カーパトリック、そしてリチャード・オースチン・バ
トラーに、ヴァイツェッカーが平和維持のために積極的に働いたことを証言さ
せるべく接近した時、ベッカーの勧めもあり、将来、ドイツで進められる「ま
だ理性的な外交政策を担える」べき層を「唯一の不信におとしめる」ヴィルヘ
ルム通りの裁判から距離を置こうとハリファックスは努めた。ハリファックス
は薄い唇で次のように答えた。すなわち、自分はヴァイツェッカーに対して向
けられた非難を知らないが、しかしながら、自分が国家社会主義に「原則的に
シンパシー」を持っていたことは疑問である、と。ハリファックスの元広報官
バトラーは同じ日、ほとんど同様な言い方をした。一方、カーパトリックは回
答を避けた。コルトは即座に、イギリス外務省と調整した、と推察した。それ
は事実で、イギリス外務省は自身の立場を肯定した。「もしもイギリス外務省が
事実を否定しようと欲したならば」、コルトも弁護士も安堵して、「そうである
ならば、事実を否定するきっかけに多分なったであろうし、たとえそれが単に
付け加えたものであったにせよ」。

　ハリファックス、バトラー、カーパトリックおよびヘンダーソンに仕えた元
大使書記官クリストファー・スチール（Christopher Steel）── ヘンダーソンはこ
の間に、連合国管理理事会英国本部の政務部長に昇進していた ── の書類によ
る回答は、弁護人によって法廷に提出された。しかしながら裁判官たちによっ
て完全な弁護資料としては採用されなかった。これとヴァンジタールの意見表
明が呼び起こした混乱が、弁護人をして1948年9月の末にマギーをイギリスに
派遣するきっかけになった。この出張の公式の目的は、変更された手紙を公式
な証言とすることであったが、しかしながら実際には、ウィンストン・チャー
チルに接近し、彼を公にヴァイツェッカーの味方になるように動かすことが主
眼であった。野党の党首はもともと、刑罰を科す連合国の計画に賛成していた
が、この間に明瞭な批判者になっていた。ベッカーは幾らかの時間に、連合国
がニュルンベルクで「劇的な」ジェスチャーにより行ってきた戦後占領政策の

384

いくつかの基本的な間違いを終わらせるために、チャーチルを個人的にそこに
登場させようとの「突飛なアイディア」を狙っていた。(178) チャーチルが夏の数週
間エックスァンプロヴァンスに滞在していることは知られており、ベッカーは
マギーに、彼が IMT の元訴訟長デーヴィッド・マクスエル・ファイフェを通し
て南フランスで訪問のチャンスを得るように指示した。

　マギーが彼のミッションに踏み切った時期は、明らかに恵まれていなかった。
1 ヵ月前にイギリス政府は、計画されていた 4 人の国防軍将軍 —— マンシュタ
イン、ルントシュテット、ブラウヒチッシュおよびシュトラウス —— に対する
裁判が予定通りに行われる、と明らかにした。これに対し反対の暴動が起こり、
彼らの即座の釈放を要求した。マギーのロンドン到着はその直前で、頂点に達
していた。マクスエル・ファイフェは、ハリファックスが町にいないと嘘を言
い、コルトの古くからの知人フィリップ・コンウェル＝エヴァンスはコルト兄
弟について話すことをも断固と拒否した。英国外務省でもマギーは拒否された。
それでも、カーパトリックとスチールは証言を渡すことを約束した。(179)

　1 ヵ月後にイギリス下院で、戦争犯罪裁判についての大きな討論が行われた。
予定されている将軍たちに対する裁判が中心となり、それゆえに労働党政権は
時として身内からも鋭く攻撃された。10 月 26 日にチャーチルは、刑罰を与え
るプログラムに対する全体的な攻撃を台無しするために発言した。彼は、計画
されている将軍たちに対する裁判を「行政的にも政治的にも馬鹿げたことで、
そして法的にも適切でなく、人道的にも人類愛にも同様に反している」と論じ
た。(180) ヴァイツェッカーのケースについてもチャーチルは短く言及した。それに
よると、様々な人間が彼に説明し、証言を乞うた。彼はこれを拒否せざるを得
なかった。というのは、彼は一度もヴァイツェッカーと接触をしなかった、か
らである。それにもかかわらず、彼は言うことができる。すなわち、リッベン
トロープの下にいたあの外務省の官吏は、当時のサー・アレクサンダー・カド
ガンや今日のサー・オルム・サージェントが果たしているように、「いまや 3 年
半後、彼は法廷に引きずり出されている」、と。彼はこの例も他の例もより細か
く情報を得ていたわけではないとして、元事務次官についてはただ、現在ドイ
ツで行われている裁判を「甚だしい間違い」であると描き出すためにのみに言
及した。共産主義勢力による欧州の「粗野の再来」と「隷属化」の危険に鑑み、
キリスト教世界とヨーロッパの家族が新たに生まれ変わるために、いまや「ゲ

ルマン民族」に手を差し伸べる時が来た、と述べた。[181]

　ドイツ側にしてみれば、イギリスの野党党首の強い言葉に結び付けられた高い希望を考慮し、また、ドイツ国防軍の将軍たちへ寄せられた情熱的なアピールに比べると、これはどちらかと言えば関係のない私的な人間の意見表明のような力のない声明に思えた。[182]というのは、ボルシェビキに対する不可避の決定的な戦いにおいては、国防軍の将軍はまだ緊急に必要とチャーチルは確信して、イギリスのためにはヴァイツェッカーと旧外務省の一団は、チャーチルが予想する新しい世界秩序の視点から見るとふさわしくないと判断したのである。ヴァイツェッカーがランヅベルクに移送された数ヵ月後に、チャーチルは著書『第二次世界大戦』の中でようやく、元外務事務次官に対する共感の言葉をいくつか贈った。ヴァイツェッカーが多くの国々の中で「最も高い管轄権を持った公務員の1人であった」として、「彼が戦争犯罪人として位置付けられたが、彼は彼の上司に対して無条件に良き提案を行った。が、我々はこれが考慮されなかったことを良かったと評価しなければならない」。[183]チャーチルも、ベッカーが彼の最終弁論で下院での演説を、ヴァイツェッカーの無罪を要求するために引用することに同意したように見えた。[184]

　ドイツの元外交官たちの多数派は、さらに多く突き崩した。集団主義の脅威に鑑み個人主義を強化すべきと要求する同時代の政治的・神学的論争に依拠して、彼らは、彼らの共通の経験の背景は将来、重要で積極的な意味を持っている、と弁明した。彼らは独裁者の挑戦に立ち向かうように成長し、全体として強くなった。キリスト教の伝統という意味で、ナチの時代が彼らを英雄主義と犠牲感覚の混合で成り立っていた執行猶予の段階に変容させた、という。ドイツの公務員は1933年以降、いわば何かを失敗したのではなくて――カール・シュミットがニュルンベルクの検査収容所で前提として要請したように――外部の圧力にもかかわらず自己統治と清廉潔白性を成功裏に維持することができた、という。[185]全体的な抑圧の時代においても行動能力を維持するように仕向けられた彼の責任倫理のお陰で、ドイツの公務員は、「西欧の遺産」をその原則的な土台に維持する上で決定的に貢献した、と述べた。

　この遺産がいまや「ニュルンベルク」を通して脅かされている、と見られた。背景を知らずに、そして、現実の力関係を間違い、元外交官たちは、裁判の継続はドイツに敵対的な政治家、例えばハンス・モーゲンソー Jr. やロバート・

ヴァンジタールの影響による、との意見であった。[186]さらに、彼らは「ドイツに対する憎しみを」単に、共産主義者の中欧における優先的な支配を急がせるための道具にしている、とも想定された。ヴァンジタールは、ヴァイツェッカーの周辺からは、「ヨーロッパにおけるボルシェヴィスムの前衛」――たとえ意志に反していても――と見なされた。[187]自分自身の立場は全体主義的などんな形式からも拒否して、他者をソ連帝国主義の「第5列」と修飾しながら、巧妙に確立しつつある「冷戦の文化」にマニ教的な意味の典型に同調していった。[188]

1948年5月、偶然が弁護人をして「第11のケース」で優位に立たしめるのに寄与した。ベッカーのチームはニュルンベルクの法廷用図書館で文書を調査の際に、事情聴取の調書に行き当たった。訴訟を提起した側の見解によると、この調書は、ケンプナーは逮捕されているガウスに、裁判で協力を得られなければ彼をソ連に引き渡すと脅して圧力を加えたことが判明した。[189]弁護人は、ガウスのすべての証言を取り下げるよう要請したが、裁判官は拒否した。しかしながら、「かつての人々」にとって当然のことであったこの事件は、ガウスがなぜ唯一の「大人しい人々の前面」から外れたのかを説明するのに一層重要になった。[190]ヴァイツェッカー弁護団はいまや、公にも反撃に及ぶことができると信じた。そして巧妙に、この目的に合致する一人の人間を引っ張り出した。その人間とは他でもない、「協力下の抵抗」という宣伝された構想を具体化した者であった。ヴュルテンブルク州の司祭でドイツ新教同盟（EKD）議長テオフィル・ヴルムで、彼は1945年以前は告白教会の指導者であり、バプテスト教会の幹部であった。彼らは公でない「安楽死」や明白なユダヤ人差別に対する抗議によって、強制収容所に入れられる時もあった。この運命と彼の郷土の仲間の存在が背景にあり、ヴルムをしてある意味結束が固い批判者たちの指導的な役割を負わしめた。いまや、これらの人々が次々と世論の注目を浴びることになった。

ニュルンベルク後続裁判に対するこの反対グループは二重の戦略を持っていた。ヴルムが5月初めにケンプナーに突きつけた最初の人的攻撃には、優に2週間後に続いたアメリカ占領地域におけるすべての新教指導者たちが署名したクレイ宛の請願書であった。伏線としてのこのやり方は、部分的には文章も弁護人との合意で書かれたもので、判決の言い渡しまで、そしてそれ以降も維持された。全体像は、プロテスタントの上流階級に所属する者たちがほとんどで

387

あるワシントンの支配者層に、繊細に推敲された合法的な批判として印象付けて、ただケンプナーだけに粗野な大砲を打ち上げることを狙っていた。彼に、実際の、主張される法律を踏みにじったと責任を押し付けたのである。ヴルムはケンプナーに対する攻撃を、訴訟提起者の長に対する控えめな態度は「ナショナリスト的で反ユダヤ主義的な囁くような宣伝」を促進することだけに繋がる、と理由づけた。⁽¹⁹¹⁾ この間に、「シクストス・ベックメッサー博士」、「ケンプナーの自由」、「まがい物のアメリカ人」あるいは「フリッツのよどんだ空気のニック」というような馬鹿げた無鉄砲な隠語で称される者に対する共同の対立前線が、熟考されることなくほとんどの元外交官に共有された。

しかしながら、ケンプナー個人を「ケース11」の広報の中心に据えるという間違った決定をしたのはヴァイツェッカー弁護団であった。彼らは早速開かれた、そして隠れた中傷の手段へと移っていき、まず移住者の中傷と孤立化をはかり、次に彼らを最終的にドイツから手を引かせることを狙っていた。ケンプナーの信用を失墜させるためのデマを広める一方で、一斉に包み隠すことのない反ユダヤ主義も入ったステレオタイプの一連の宣伝キャンペーンが繰り返し行われた。加えて、特にベッカーは次のような考えに捉われた。すなわち、ケンプナーは、「社会主義者のユダヤ人」であるヴァレンティン・ギターマンと「マルクス主義」のスイスの新聞組織との結びつきを通して、無罪と言う証人に圧力を加えている、という考えだ。⁽¹⁹²⁾ 9月にはベッカーは訴訟人に対して、スイスのマルクス主義者との彼の接触は、支援を急いで必要としている連中を駄目にしてしまう、と警告した。こうすることによってケンプナーは自身の「将来のドイツでの生活」の見通しが立たなくなってしまった。⁽¹⁹³⁾ ケンプナーがこの間接的な脅しに対してとった唯一の方法は、ヴァイツェッカーの弁護人と話すことを数週間拒否したことだ。さらに、ケンプナーは、弁護士が「反ユダヤ主義的」であるというキャンペーンをメディアを通して繰り返し行った。それをストップさせなかった、と非難するベッカーをアメリカ人の同僚は、それは想像の産物だと「笑いながら」否定していた。⁽¹⁹⁴⁾

既にヴィルヘルム通り裁判が終了した数週間後、次の大きな騒ぎが起きた。ベルリン封鎖の一環で1948年末に設立されたベルリン自由大学（FU）が翌年春にケンプナーに、次の学期にニュルンベルクでの彼の活動について講義する用意があるかを尋ねた。⁽¹⁹⁵⁾ これが公になった時、20年代末からバーゼル（スイス）

の大学で教鞭をとり、ベルリン自由大学でも客員教授を予定していた国民経済学者エドガー・ザリン（Edgar Salin）は、ケンプナーがヴァイツェッカーのような「非の打ち所のない性格の者」に対するやり方によって「全体のドイツの移民者の模範的な態度を移民しなかったドイツの移民者と比べて疑問以上に問題である、と疑問視させた」ことに寄与したような者とは一緒に教える気持ちはない、という理由でザリンは当初の肯定を翻した。⁽¹⁹⁶⁾高名なドイツ系ユダヤ人の学者で、ステファン・ゲオルクーサークルのメンバーであると見られたザリンのセンセーショナルな一歩を、ベルリン自由大学（これ以下 FU）は新聞を通して知った。5 月の末、彼の FU 宛の手紙がドイツの日刊紙に載った。ザリンはこれを、ケンプナーが手紙を新聞にリークしたのではないかと疑った。ケンプナーはすべての非難を否定した。「法廷での突っ込んだやり取りで、特に 6,000 人のユダヤ人をアウシュヴィッツに強制移送した共同の罪がある、とした戦争反罪者」に関する彼の取り組みに鑑み、ザリンは、「戦争犯罪人の友人サークル」がヴァイツェッカーを「国家主義的な、反ユダヤ主義のプロパガンダ」として悪用していることを驚かなかった。ヴァイツェッカーに対するザリンの支援は「あなた自身がユダヤ人の早期の移住者であり、だから客観的でもある」だけに、一層効果的であった。⁽¹⁹⁷⁾

「戦争犯罪人の友人サークル」── ヴァイツェッカーの家族や弁護人たちではないかと勘ぐられた ── が世論に訴えて懸念したという推察は証明されなかった。というのは、ザリンは事実、ロバート・ベーリングおよび彼の元博士号生徒であるマリオン・グレーフィン・デーンホーフと良好な友人であるだけでなく、ヴァイツェッカーの弟ヴィクターや長男カール・フリードリッヒなどのヴァイツェッカー一族と仲が良く、彼のボイコットの計画について説明していたからである。2 人はこの時期、同じように FU の客員教授になる準備をしていたので、彼らは弁護人に意見を求めた。FU の総長エドヴィン・レズロープは被害を最小限にするために、ケンプナーへの招待は「決定的なところ」からではなくて、「米国の友人」から頼まれたものである、と確認したけれども、ベッカーとのすぐ後の約束でヴァイツェッカーが大学を訪問することをさらに回避するとした。⁽¹⁹⁸⁾

ケンプナーと激しく争ったのは特に、続けてドイツに留まりたいという彼の狙いを是が非でも阻止しようということに関係していた。ベッカーはそのこと

第2部　ドイツ外務省と過去

を、元告発団長が1949年の初めに、特に、公務員制度改革のために、アメリカ民政府の施設である民政の法律顧問のポストに就こうと努力していたことを憂慮して知った[199]。ケンプナーがこのポストに「多くの目的に使える資料を手にして」就任するだろうことに、ベッカーは特に長く憂慮していた[200]。ドイツの都市会合は、反対の決議をし、ケンプナーはその後、1949年9月に米国に帰った。

　議論において、目立ったのは、単にキリスト教的な慈悲と理屈の厳しさの混合だけではなく、ナチ政権に人種的・政治的に迫害された後、米国ので公務員になった者に対する世論の批判であった。それは、成立しつつあった連邦共和国ではもはや抑えられないテーマであるかのように見えた。また、旧外交官やメディアの支持者たちの間からも、——時事評論家のマルグレット・ボヴェリ[201]を例外に——かかる包囲網に何らの声も挙げられなかった。ヴァイツェッカーを同様に支援したエルンスト・ハイニッツだけが、非公式に懸念を表明した。元領事でかつての党仲間のゲルハルト・ヴォルフ（Gerhard Wolf）と比較的長期にわたる手紙のやり取りの中で[202]、ドイツ系ユダヤ人再帰国者であり刑法学者であるハイニッツは、「ニュルンベルク」に対する攻撃が決して疑問とする個別の判決ではなく、「文言として、『殺害者ではなくて、殺害された者が罪だ』を、臨機応変に使うことがますますはっきりしてくる」ことの心配を表明した。「ヴァイツェッカー問題は、必要もないのにケンプナー問題になりかねない」と、ハイニッツは疑念をもってフォローした。ザリンの手紙と、その中に含まれていた全ドイツ人移民の「道徳的な態度」という表現はまさしく彼を驚愕させた。「600万人の殺されたユダヤ人に鑑み、一人のユダヤ人が、移民を強制された人々についてではなくて、ユダヤ人が今日移住者そのもののせいにするのは深く憂慮する。明らかに、一人の移民のその（非巧妙な）振る舞いが、他のすべての移民たちに共通するものとして見られたのだろう。殺害された者ではなく、ただ殺害者にだけ、これは決して集団的な罪はない、というテーゼが当てはまる」。ケンプナーに同情的であるか、非同情的であるかが問題でなのではなく、決定的なのは、数千人ものユダヤ人を絶滅させた者の名前が、ペーパーの中にない、ということである。非ユダヤ主義に対する戦いを有利にするためにケンプナーと戦うのは、全く疑問である。「ヴァイツェッカー事件をケンプナー事件に変えて、至る所で再び頭をもたげようとしているナチスと同列に立っていることになる。彼らは基本的に、ヴァイツェッカー裁判に関心はなく、歴史の知る限り

第2章　法廷にて

（私は今日新聞でそう読んだ）、最大の不法をドイツ民族が犯したという結論に至るために、力の限りニュルンベルク判決の信頼を失墜させることに関心を払っている」[203]。

　ケンプナーがドイツを去った後、ニュルンベルクの弁護人の間で、キャンペーンに対する意見の相違が出てきた。リヒャルト・フォン・ヴァイツェッカーがとっている攻撃的な論争は、彼の父親の関心を犯している、というものである。父親の運命は、マックロイの鶴の一声に掛かっていた。懸案は、ランズベルク刑務所でいつも情熱をこめて考慮されたが、時間の問題であった。1949年の終わりにこの週刊誌はヴァイツェッカーが回顧録を出版することに対して許諾の決定をしなければならなくなった時に、ケンプナーはそれゆえに、ベッカーに対して、「ケンプナーのテーマ」と同時に『ツァイト』誌についても避けるべきだ、との意見を表明した。論争の人格化はブーメラン効果を次第に伴うリスクを持っているとして、「ケンプナーに対する戦いに利用すべき時は既に長いこと過ぎ去っている」、と私は考える。「内部のドイツのグループではケンプナーに関する物語は確かに害はない。それを越えては、ケンプナーは単に本当は攻撃されていると意味しているもののシンボルに過ぎない気持ちが広がっている（我々はそのように全員が一致しており、またユダヤ人の告発の同僚もその中で彼の人物の評価すべき点についてもそうである）。言わんとしたことは、しかしながら、ナウハイムの人々 ―― テーラーと他の人々 ―― も同様に見ている。端的に言えば、すぐにアメリカ人と一緒にケンプナーに関する悪口が来ないだろうし、むしろ多くのアメリカ人（我々の決定にとって映像的にも重要なアメリカ人）は、ケンプナーに対するいかなる非難も、自分自身に対するものとして受け取るだろう。そして、このようなアメリカ人は、『ツァイト』の名前を聞けば、このツァイト誌が実際にはケンプナーと他に対する戦いの旗手であった、と考える。しかしながら理性的ではないが、彼らは数少ない世界の強者である。いずれにしろ彼らが我々を好いていないことは私も知っている。しかし、彼らに決定的な時にもう一度それを示唆するべきではない。ケンプナーのテーマについて、ケンプナーという名前を公に耳にするといつも神経を尖らせる、ということを今も言わなければならない。君がそれについてテュンゲル（ツァイト誌の編集長）に最近書いたことを、私は当然ながら同意する。このことを聞く限り、そして、私自身であれば私は絶対に『ヴァイツェッカーの回顧録』の章節の一つ一つの

391

第2部　ドイツ外務省と過去

言葉を公表することを拒む決意である。それが生ぬるい方法と思われても、ケンプナーについての言及と関係があれば、であるが。私の父親に対する判決がいまだ積極的な結果が出ていない限りにおいて。（いずれにしても、ツァイト誌が汚点を残したのは、多くの読者から見れば、ケンプナーの名前だけではないのであるから[204]）」。

　ケンプナー＝ザリンに関する意見の対立はいわゆる戦争犯罪の取り扱いをめぐる一般的なパラダイムの転換としての表現であり、そしてクレイの後継者であるマックロイはこれに対してほとんど介入しなかった。アメリカの最高責任者として就任後、数ヵ月も経たない1949年12月に、善い行いを理由として特定の逮捕者を予定より早くランヅベルク刑務所から釈放する、という命令を出した。受刑者が協力的な姿勢を示せば、1ヵ月ごとに5日間が短縮された。この新しい計算方式は、エルンスト・ボーレを即座に釈放することになったが、シューテングラハト・フォン・モイランドとヴェルマンもまた、計算方式の「time off」として、既に1950年2月から「善い行い」（good conduct）を理由に、釈放された[205]。

　ヴァイツェッカーの逮捕時は1947年7月だったので、彼は「善い行い」規則の恩恵はなかった。ゆえに彼は、1951年9月には釈放されなかった。国務省はこの問題に関して、マックロイの「契約の自由」を維持した。その際には、問い合わせに対して、ヴァイツェッカーはフランスからのユダヤ人強制移送に同意していたことで判決を受けたのであって、「良い態度」を前提に、早ければ1951年9月28日に収容所から釈放されよう、ただし「刑罰をさらに減らすようにとの慈悲要請について高等弁務官事務所が検討」することを条件に、と強調した[206]。それでも、ヴァイツェッカーは1950年晩夏に、「good conduct」規則が緩和され、利益を得た。マックロイ監視下の元収容者たちはすべて刑期の中で免除される機会を二度獲得した[207]。この原則によってヴァイツェッカーは、同年12月の釈放を予定することができた。そうはいっても、彼の賛同者らには長すぎた。9月23日、連邦大統領ホイスはマックロイに対し、新たに次のような釈放要請を行った。「私は個人的には復讐感情からの自由を感じるのであるが。最近、家族の元に帰ることの許された者に対して、彼らの運命の転換を喜んでいる。しかしながら、ディートリッヒ博士という者には『自由』を与え、ヴァイツェッカーはいまだに『収容所にいる』（彼の収容が後になっているにしても）

ことを熟慮することは、時代の中で歴史を体験して、そして、個人を判定できると信じるすべての人にとっても一種のパラドックスである[208]」。ホイスと並び、バーデン・ヴュルテンベルク州首相ラインホルト・マイアー（自由民主党）と連邦議会議員カール・グラーフ・フォン・シュレッティー —— と後の外務省職員 —— がヴァイツェッカーを応援した。

　マックロイは最初、控えめに反応した。それでも、1950年10月に彼は個人的に個々の例を検討し、エルンスト・フォン・ヴァイツェッカーへの恩赦要請 —— 最後には1950年6月24日に伝達された —— は採択されなかったことが目に入った。マックロイは問い合わせに対し同月、この件は「検討中である」と答えた[209]。6月に導入された再検討委員会の結論を、彼は先取りしたくなかったようだ。しかし、この委員会はいずれにせよ「善い行い」ゆえにヴァイツェッカーの釈放を1950年12月2日に予定していたので、この件を全く取り扱わなかった。ドイツにおける高等弁務官事務所所属の法律家は第11事件を特別に再検討し、ヴァイツェッカーがいずれにしろ釈放されるべきとの結論に至っていた[210]。

　そのように失われた多くの時間の後で、マックロイは手っ取り早くこれを取り扱い、10月13日にヴァイツェッカーの釈放を命令し、次の日に釈放が行われた。事務次官が7週間早く釈放されたことは、あたかも謝罪のように作用した。ドイツに関する高等弁務官事務所の公の声明はマックロイに届いた多くの手紙に言及し、そして、他に罪がないとの論争 —— ヴァイツェッカーは大きな戦争を防ごうとした、ノルウェー占領をやめさせようとした、さらに、ヴァチカンで数百名のユダヤ人を救った —— を暗示していた[211]。ヴァイツェッカーがフランス系ユダヤ人の強制移送に関与したことも報道向けの声明では明白に言及されていた。しかしながらこのエピソードは、ヴァイツェッカーの外交キャリア全体の価値の光の元では、どちらかというと脇道のようなものであった、という。

　早期釈放から1年足らずの1951年8月、エルンスト・フォン・ヴァイツェッカーは家族が見守る中、脳卒中の後遺症で亡くなった。彼の最後の希望は、1939年に倒れた息子ハインリッヒの側に静かに埋葬してほしいということだったが、それは叶えられなかった。シュトゥットガルトのゾリテュード城で行われた葬儀には家族や親しい友人 —— 例えば、ボーリンガー夫妻やヴィルヘルム通りの

第 2 部　ドイツ外務省と過去

幾人かの昔の友人たち、その中には同様にニュルンベルクで判決を受けたエルンスト・ヴェルマンと元大使ルドルフ・ラーン —— の他、新しく設立された外務省の代表団が参加した。特に、ボンからの使節団がいたことに対して、連邦ナチ追放者連盟（BVN）が激しい抗議を呼び起こした。外務省が「多くの紳士たちが、おそらく連邦政府の負担で」葬儀に参列したことを「奇妙なこと」と認識した、とアデナウアー宛の手紙で表明されていた。アデナウアーには、亡くなった事務次官が人道に反する国家社会主義の犯罪にかかわり、特にフランスからアウシュヴィッツの絶滅収容所に人種的・政治的に好ましからざる人間を 6,000 人送り込んだことについて判決を受け、そして、この告発の点については一度も恩赦を受けなかったことを、誰も伝えなかったようだ。[212]

　1947 〜 48 年に成立した、ヴァイツェッカー弁護に備える際にできた連合と同盟は、彼の死後もいつでも活動する準備があった。1954 年夏、ヴァイツェッカーの妻は、ヘルムート・ベッカーとかつて外務省の官吏で、西ベルリン在住の経歴手帳の作者エーリッヒ・クラスケに助力を求めた。クラスケは 1936 年に「当分の間」の休職に追いやられ、1948 年からはマックス＝プランク研究所で広報と国際法の担当所長をしていた。[213]ベルリン非ナチ化審査委員会はヴァイツェッカーの家族に対して 1951 年 6 月 14 日の非ナチ化直前に —— 終了法の下に、贖い手続きを実行しようとした。というのは、ヴァイツェッカーはニュルンベルクで法的効果のある判決を受けたのだが、彼の予定より早い釈放は判決自体を放棄したわけではないので、ベルリン・ツェーレンドルフの没収されていた家が最後まで懸案として残るおそれがあった。弁護側にとっては、ベルリンの非ナチ化審査委員会に、ヴァイツェッカーがランズベルク刑務所から釈放されてからほんの数ヵ月後にチュービンゲン非ナチ化委員会に働きかけて勝ち取った免責通知が、彼の完全な復権を意味するのかどうか確定させることが重要であった。事実、ベッカー、クラスケ、それに証人として言及されたマルグレット・ボヴェリは、ベルリンの非ナチ化審査委員会議長にチュービンゲンで達成された免責通知を受け入れさせた。手続きは 1954 年 6 月に中止され、家の封鎖は解除された。[214]かつての住居の封鎖解除によって、ニュルンベルクの判事に対する要求に始まった「ヴァイツェッカー」という名前に対する家族の負担は、最後の汚点が取り除けられたように見えた。

第2章　法廷にて

第6節　ジョン・マックロイと外務省の中で判決を受けた者

　ヴィルヘルム通り裁判が終わった後、戦争犯罪者に対する連合国の政策がこ
のまま続行されるとは思われなかった。フランスの裁判手続きは長きにわたり
終了していなかったし、大将軍エーリッヒ・フォン・マンシュタインに対する
イギリスの裁判もやっと1949年12月19日に終わったのにもかかわらず、既に
判決を受けた者の扱いではますます寛大になった。ロンドンとワシントンでは、
手続きの瑕疵のみならず過去の急いだ非ナチ化が全般的に不満であるとの声が
報告された。1948年から米国の議会で一連の裁判の検討が行われた。シモン
委員会、ボールドイン委員会、ヘイ委員会などである。ヘイ委員会では、米国
の軍事裁判で行われたすべての死刑判決を再検討することになっていたが、上
院議員クライド・ヘイはとりあえず、ニュルンベルク後継裁判が終わった後に
じっくり調べる、と考えた。⁽²¹⁵⁾共和党員をなだめるために、トルーマン政府は英
国の例に倣うことにした。英国では、レヴューのボードがすべての英国の裁判
所で判決を受けた刑罰に相応する行為に当たるかどうかを検討することになっ
ていた。

　1949年11月17日にマックロイは、国務省から、「場合によっては判決の著
しい相違を取り除くために……刑罰が犯罪行為に見合っているのか、そして、
統一的で大赦や恩赦など、柔軟な刑の実行あるいは釈放の規則を確立するため
に、戦争犯罪のケースに関する判決の検討」を指示された。⁽²¹⁶⁾マックロイは、一
方で個々の例を検討すべく、他方で増大する恩赦希望に対応する道を見つける
べく、委員会を作るように提案した。外務省の念頭にあったのは、刑罰に関係
なく、可能な限り客観的な取り扱いだけでなく、また討論を政治的にも自由に
行うことであった。⁽²¹⁷⁾アメリカの法体系の偉大さは柔軟性によって証明されるべ
きであるが、しかしながら、軍事法廷の判決はその際、いずれの疑問をも克服
して維持されねばならない、というものであった。

　国務長官ディーン・アチソンの委員会は、ニュルンベルク裁判の方法と判決
について疑問を生じさせることになるのではないか、と初めは懸念されたが、
それにもかかわらず、マックロイは完全な支援を国務省から得た。⁽²¹⁸⁾反対も激し
かった。ニューヨークで、まさしく弁護士として確立したテルフォード・テイ
ラーは、「ニュルンベルクからの後退」に怒り狂った。マックロイはそれでも、

395

米国の占領とは関係のない、著名な人物による個々の例も体系的な検討に固執した。3月になり、委員会のメンバーはようやく決議した。3人で構成する評議会の議長に、ニューヨークの職業裁判官デーヴィット・W・ペックが勤めることになった。示威的に、HICOGの本部があるフランクフルトから遠いミュンヘンに仕事場を置き、グループは1950年7月に仕事を始めた。

　5週間かけて、委員会のメンバーは判決文と、これに付随する恩赦願いの分厚い資料に取り組んだ。その後で、彼らは弁護人アーギュメントを聴取した――告発者のいない中で。判決が少しでも不正確であれば、十分に減刑できた。[219]委員会のメンバーであるフレデリック・モランは、ランヅベルク刑務所を訪ねた。そして、受刑者の健康状態を知ろうと一人ひとりから話を聞き、医者にも面会し、彼らの将来の計画を訊ねた。

　1950年8月28日に「ペック報告書」は出来上がった。2ヵ月に満たない間に委員会は12のニュルンベルク後継裁判の結果をすべて評価し――極秘の勧告の下に――一方的に下方修正した。委員会のメンバーがニュルンベルク裁判の告発者のテーゼに直接反対の意見を述べたのは、エドムント・フェーゼンマイヤーの例であり、ペック報告書では完全に「郵便配達人」理論を取り入れていた。「我々は、彼が大使であって、そして単に大使であり、……彼の課題は本質的にヒトラーの見解をハンガリー政府に通報し、そして報告をすることであったことを考慮しなければならない」。ペック報告書によれば、「唯一の正しい点は」として、フェーゼンマイヤーに対する判決で、犯罪組織のメンバーであったことだとした。「単なる」親衛隊隊員は、せいぜい5年の刑罰であった。もともとの委員会の勧告ではそれゆえに、「刑期を超過した」とされていた。最後にこの勧告は、「10年の禁固刑」に変更された。[220]マックロイはペック報告書の勧告を丸呑みすることを躊躇った。その代わりにHICOGの法律公務員は、勧告に対する意見表明を準備するよう要請された。フェーゼンマイヤーの例については、HICOGの法律家たちは決然として反対意見を述べた。「たとえ、一般的な政策がより高いレベルで形成されたとしても、それを実施に移すために、彼は自分のすべての能力と存在するすべての手段を利用する」。それゆえに、20年の刑を15年に修正することぐらいが関の山だ、とした。[221]

　マックロイはヴァイツェッカーの予定より早い1950年10月13日の釈放の決定によって初めて、判決の下った戦争犯罪人の例外を認めた。1949年秋の末

に2人の逮捕者が医学的理由から既に釈放されていたが、その際は法的な問題には抵触しなかった(222)。他のすべての場合には —— 例えば、「善い行い」を理由とする釈放 —— は釈放が多かろうが少かろうが、自動的に行われ、マックロイが決定しなければならないというわけではなかった。彼は強制されもせず、迫られることもなかった。結局、外務省で最初の恩赦証明を得たのは、まさしくヴァイツェッカーであった。しかしながらこれは高度に象徴的な意味があった。

　しかしながら、この第一歩はドイツと連合国の間にある、戦争犯罪人の問題をめぐる議論の溝を埋めることはなかった。収容されていたヴァイツェッカーのために何かをするということをはっきりと拒否していたカルロ・シュミット(Carlo Schmid) 議員(SPD)は、いまや連合国に収容されているすべての者が無差別に釈放されることに賛意を表明した。ニュルンベルクの告発者の苦労に明らかに距離を置いているようにみえたアデナウアーは、アメリカ人、イギリス人やフランス人に、ドイツの難しい雰囲気状態を陰で説明し、できるだけ静かにこの問題の解決を達すべく、真摯な努力を払っていた。

　1951年1月31日に遂にマックロイの「ランヅベルクの決定」が公開された。これは、いまだにアメリカが逮捕し判決したすべての者に関係していた。5人の将軍たちの死刑判決は、新たにドイツで怒りを誘発したことが確認された(223)。マックロイが基本的にペック委員会の勧告に従ったという事実は、他方で、米国、特にテルフォード・テイラーからの厳しい批判から外務省を守ることにはなかった。89件のうち78件が1951年1月に決定されるとテイラーは見ていたが、31件についての判決は、「時間を経過した」と減刑された(224)。決定がいかに具体的に作用したかについては、フェーゼンマイヤーの例がやはり象徴的である。マックロイはペック報告書の勧告に従って、刑罰を10年間に半減させた。「善い行い」の時間を勘定に入れて、フェーゼンマイヤーは1952年1月29日に釈放されることになっていた。しかしながら、彼はそんなに長く待つ必要がなかった。クリスマスの恩赦の一環で、彼は1951年12月15日に釈放されたのだ(225)。判決では、戦争犯罪人は1965年にようやく釈放されることを計算に入れなければならなかったのに、いずれにしてもドイツとアメリカの間の政治的な接近がなせる業であった。

　米国ではこの減刑は、多くの観察者にとってはショックなこととして受け止められた。ニューヨーク・タイムズ紙は、「法律と現実主義」の不成功の妥協

第2部　ドイツ外務省と過去

と表現した。⁽²²⁶⁾しかし、マックロイが自身の柔軟さで達成しようとした目的は何だったのか？　下院議員ヤコヴ・ジャヴィッツは下院での演説で、かつてのドイツの将軍たちをソ連に対する大きな再軍備に動員させることができるために、彼らの要求に屈服した、とマックロイの心中を推測した。そのような機会主義が西ドイツ人の間にシニシズムを促し、アメリカの道徳的な指導力に疑問を投げかけることになった。⁽²²⁷⁾

　マックロイは鋭く反応した。彼は、再武装と恩赦にはいかなる関連もないとはねつけた。結局彼は、ドイツの防衛貢献が現実の考えになる前にペック報告書を受け取った。⁽²²⁸⁾ジャヴィッツのような主張は的外れだった。減刑と予定以前の釈放は、ドイツが再武装するための譲歩として構想されたのではなかった。それはアメリカの「公正と好意」の現れである、とマックロイの最も激しい批判者であるテルフォード・テイラー自身が認めるほどであった。時間的な偶然性はもちろん目立つが、とマックロイ自身も答えていた。1950 年 10 月 9 日、ヴァイツェッカーの恩赦の 4 日前に、「天からの指令である考えの書き物」がまとめあげられた。これは、以前の将軍たちと提督たちの優秀なグループが将来のドイツの軍事力において重要であるというデータを決めたものであった。西ドイツの防衛貢献にとって心理的に重要な一つの前提として、戦争犯罪者問題の緩和が挙げられた。⁽²²⁹⁾マックロイの決定がたとえドイツの再軍備と関連なかったとしても、彼は、ドイツとアメリカの世論がわき上がることを阻止できなかった。旧外務省の元外交官にはこれによって正当化の圧力が明確に少なくなった。

398

第3章　伝統と新しい出発

第3章　伝統と新しい出発

　1953年4月のことだ。連邦経済省から外務省に移動後しばらくして、後に同省事務次官に就任するロルフ・ラール（Rolf Lahr）は、建設中であったゆくゆくは同省の地について、次のように見定めていた。「ライン河とコブレンツ通りの間に、この地区には不釣り合いな『巨大な巨像』が既にそびえているのが見える。この地区は、平和的なライン河に控えめな均衡をもたらしていたが、新しい建物が建設された後は、ケドルセイ〔訳注：フランス外務省〕や英国の外務省、イタリアのシギ宮殿の兄弟のような、どちらかといえば生命保険会社のように見える」と。ベルリンの建築士ハンス・フレーゼは、鉄鋼とセメントによる、骸骨形式ともいえるコンパクトな近代的様式を斥けた。将来の外交官のための新しい建物に用いる様式は、これまでのどちらかというと繊細で上へと長く伸びた、暫定首都であるボンの建築美と違っていただけではない。組織とそのメンバーにとって、1955年初めの引っ越しもまた、重要な転換点となった。それによって、流浪は終わりを告げた。それまではたびたび引っ越しがあった。職場が遠く離れているため、臨時の宿泊場所が設けられていた。職員は、いわゆる「ケーニヒ博物館」と呼ばれた動物研究所の部屋で仕事をしなければならなかった。この研究所は、1948年にキリンの剥製が置かれたフロアで、議会評議会の開会式が行われた場所であった。

　ここは偶然ではなく、新しい連邦共和国にとって重要な出来事が行われた場所となった。1955年5月5日、それまで連邦共和国の国際法関係を律してきた連合国の高等弁務官事務所が西ドイツという分断された国家に限定的な主権を与えたのである。特に朝鮮戦争は、臨時的な連邦共和国がまたたく間に西側占領国にとって最も重要な同盟国に変わる契機になった。

第1節　連合国軍の形成

当初は、そのような展開を示唆するものは何もなかった。むしろ、その逆で

あった。1945年5月8日にドイツ帝国が敗北した後には、ドイツ政府の再建も考えられず、ましてやドイツが再び独自の外交政策をとることができようとは考えられなかった。ベルリンに連合国管理理事会が設立され、4大国は旧ドイツ帝国の領土におけるすべての主権を引き受けた。1945年9月20日の声明第2号によって、管理理事会は外交関係について全権を握ったことを明らかにした。それゆえ、理事会はドイツ国内における外国代表の接受、特に小さな連合国の軍事代表あるいは欧州諸国 —— 例えばスウェーデン、イタリアそしてスペインの領事館 —— の接受の職務を担当した。外国におけるドイツの利益およびドイツ人移民の件に関しても、管理理事会によって臨時に統制された。

　米国国務省バックアップの計画では、「ドイツの国内事項を担当する役所」は、1947年春のモスクワ会議の失敗後は棚上げされたが[3]、ドイツ自身による外国との関係の再開を求める声が強くなり、ほぼ1年後に役所は再開された。議会評議会が発足する前、西側占領地域の州首相たちは、将来の連邦政府は、少なくとも外国貿易を遂行できるよう全権を持たなければならないと要求した[4]。英国も、ドイツが外国貿易の促進に取り組むのは価値があると評価していた。英国占領地域の独立志向の人々は、さらに一歩先に行った。政治助言者クリストファー「キット」スティールが書いたように、遂には、領事と外交職について考えるべきだ、と考えるようになった。旧外務省の外交官で、かつ「大部分はヒトラーに対して敵対的な考えの」経験豊かな外交官に、外務省職員を選んでもらうと同時に、連合国が影響を及ぼし得る状態の間に彼らに委託することが緊要である、と[5]。ロンドンの上層の公務員の間では、そのような提案にはもちろん、激しい論争があった。特に労働党政府は、ドイツの外交は他の社会的グループから選び、根本的に新しくすることを希望していた。

　アメリカも、根本的なドイツの公務員改革についてイギリスと同じような考えをしていたが、現実的だった。例えばアメリカは、1947年3月のシュトゥットガルトの半公的な助言機関「平和問題についてのドイツ・オフィス（以下、「平和のオフィス」とする）」の設立には全く反対をしなかった。そこでは、かつてのヴィルヘルム通りの協力者が数多く働くことになっていた[6]。フランスも「平和のオフィス」の働きを受け入れたが、それは、シュトゥットガルトの職場が、新しいドイツ外務省の先駆者でない限り、との条件付きであった[7]。そんなフランスが、1948年秋に徹底的に拒否したのは、ドイツの領事職を創設する取り組

みであった。同様に、3国の占領下でドイツ－連合国の計画委員会を将来の外務省にしようというキット・スティールの提案も拒否された。[8]

フランスの抑制的な態度は、1949年4月8日に西側3国で決められた占領に関する規定に現れていた。その規定の内容では、新しい政府には外交に関して何らの管轄権もないも同然であった。外国貿易でさえ、占領国の「留保された」諸権利の一つであった。クレイ将軍〔訳注：米ドイツ占領軍総司令官〕は、自分の主張を通すことができなかった。彼の言い分は、占領規定の草案から消去された。[9] 1949年5月24日にドイツ連邦共和国が発足したが、この国は主権国家でなく、いかなる方法でも、独自に国際的な義務を全うすることはできなかった。

夏には、西側大国は、ベルリンの管理理事会で認可した軍事指令部を連合国高等弁務官事務所の本拠があるボン郊外のペータースベルクに移した。そこで指令部が小さなグループに分かれて個別に認可状を受け取った後、彼らは連邦政府との接触を許された。接触は非公式であり、その際には国旗も、他の主権を示すものも、一切示すことがなかった。ヨーロッパの10ヵ国以上の国々は、このような方法で高等弁務官事務所と事務的な関係を維持していた。高等弁務官事務所の連絡部所長ヘルベルト・ブランケンホルンは日記に、いくつかの隣国は、直接のドイツの部署との連絡を好んでいた、と記録していた。[10]

外務省建設の必要性を証明するには、ボン政府は国際法上、弱い立場にあった。ソヴィエト占領地域と比較すると、それは明らかだった。1949年10月7日、ドイツ民主共和国は、自ら外務省を組織して発足した。この最初のドイツの外務大臣は、戦後ボンでなくて「パンコウ」と呼ばれた東ドイツのCDU（キリスト教民主同盟）のゲオルク・デルティンガー（Georg Dertinger）であった。東ドイツ外務省の権限は限定的ではあったが、これによって西のアデナウアー政府は外交政策の分野で後手に回った。[11]

西側連合国からみると、初期の連邦共和国の外交政策分野に、政治的文化の分野の一部には外交政策分野では譲歩の機会がなく発展したことは歓迎されざるものに見えた。連邦議会に議員を輩出していた政党はすべて、ドイツの産業施設の解体に反対し、議会でも厳しい調子で批判の腕比べをしていた。「占領規定と外交的案件の委員会」は、外交政策の問題を討議すべき独自の省を早急に建設するよう要求していた。外交委員長のカルロ・シュミット（社会民主党）は、外交政策は西側連合国の特権に属すると認めたものの、個々の省庁の構造につ

いて決めるのはボン政府の仕事であるとした。[12] アデナウアーも似たような見解であったが、しかしながらそれを、連邦議会の委員会に言及されたくなかった。その代わりに彼は、州首相たちの組織委員会の提案 —— いわゆる 1949 年 7 月 30 日の「シュランゲンバート建白」 —— 連邦首相府に国内と外国に関する 2 人の事務次官[13]を置くべき —— を引用した。さらにアデナウアーには、外交に関する事務次官になってもらいたい人物がいた。復興銀行の総裁ヘルマン・ヨゼフ・アプス（Hermann Josef Abs）である。彼は、復興銀行の総裁であった。彼は外国語に堪能で、「旧ドイツの外務省とは一切」かかわりがなかった。[14]

連邦首相は人選をあれこれ難しく逡巡した。アプスを連邦政府の外交決定権者とすることに辛抱ならないフランスの高等弁務官事務所は、そのことを連邦首相に伝達させた。占領時代、アプスが通貨を操作したことの記憶がまだ冷め切っていなかった[15]他、フランスの立場としては、対外問題の事務次官設置など早すぎる、およそ西ドイツの貿易代表の案件を調整するためにはまず、連邦首相府の中に「技術的な機関」を必要とするのみである、いずれにしても、連合国は人選以外のことも詳細に検討すべきで、連合国管理理事会は事務次官職の組織と仕事の内容を共同で決定する権利をも持つべきだ、とした。[16]

ロンドンとワシントンはフランスに比べて寛大であった。連邦首相の権威を強めるために、高等弁務官事務所は真の譲歩をしなければならない、「もしも我々が急いで行動しなければ、我々はアデナウアーが考えているもよりももっと困難な、危険な人物と対決することになろう」と、アチソンはシューマンに書き送った。ドイツ自ら社会的な意識改革をしたという信頼できる証拠を示さねばならないという立場をとることもできるが、そうすれば、反対に「最初の第一歩を踏み出さなければならないし、彼らがまだ完全に手にしていない政治的な信用力をドイツ側に与えてしまうことになるが、それに対してどう話せるのか？」[17]。英国外相エルネスト・ベヴィン（Ernest Bevin）は、正確な提案をした。1949 年 11 月 10、11 日のパリでの会合において 3 人の外相は、連邦共和国を西側の国家システムに入れ込む計画を了解した。西ドイツの産業の解体の終了、できるだけ早く連邦共和国を国際的な組織に迎え入れること、それに外国におけるドイツの領事館（貿易代表部だけでなく）設置の認可は、西側大国にとってさらに重要な譲歩の一環であった。公式には、この計画は 3 国の高等弁務官事務所と連邦首相によって 1949 年 11 月 22 日にペータースベルクで決定された。[18]

西側大国が一貫して認めなかったのは、ボンにおける連邦共和国独自の外務省設置であった。事務次官の問題も緊急性を失った。その代わりに、連邦首相府の中に「外国における領事的部署 —— 経済的代表部」が設立された。その組織長でヴィルヘルム・ハースとの原則についての話し合いの中で、連合国の代表は、1950年1月23日に、最初の領事館がパリ、ロンドンとニューヨークに開かれるべきことを確認した。それ以降の領事館あるいは通商代表部の設立は、そのつど高等弁務官事務所と交渉されるべき、とされた。しかし、新しい代表部の機能は制限された。領事はドイツ市民に旅券を広範に交付することが許されたが、西ドイツへの旅行にヴィザを発行することは、なお、連合国合同の旅行委員会に留保されていた。[19]

　連合国は、代表部の人選については全員、連合国と合意することに固執した。実際には、この様式は信頼に沿って行われ、組織の事務所代表とそれぞれの占領国との間で自由な話し合いが行われた。そこでは、候補者の政治的な適性について話し合われた。[20]それには、高等弁務官事務所に履歴書を送付する際に、連邦首相府の形式的な質問への答えもあわせて送られた。候補者が当該国にふさわしいかどうかの決定は、もちろんその国の政府が独自に行っていた。その際、より小さい国は、独自に再検討はできず連合国の検討が基本的にそのまま受け入れられた。たった今、着任したばかりのドイツ総領事ヨーゼフ・ヤンゼン（Josef Jansen）がナチ党のメンバーであったのを黙していたことをルクセンブルクの外務大臣が耳にした時、彼は英国外務省に抗議した。ヤンゼンは辞めさせられた。[21]

　連合国は、外国での代表の検討においては厳しい基準を置いていたのに、占領に際して、内部的にはコントロールは少なかった。すべての人員の決定についてコントロールを行うべきだというフランスの要求に対し、英国と米国の委員は支持しなかった。第1に、米国の委員であるバーナード・ガフラー（Bernard Gufler）外交助言者は、1949年11月に、委員会はそもそも、占領下政府の職域に文句をつける権限があるのか、疑問であった。第2には、意欲のある公務員に石を投げて追い払い、敵に回すのは、戦術的な観点からも不見識ではないか、というものであった。キット・スティールも似たような結論に達した。[22]

　旧外務省の専門家たちは、バーナード・ガフラーこそ彼らの最も重要な支持者であると見た。既に1949年5月、彼はヴァイツェッカーに対する判決を批

判しており、この方向性は、1950年6月からの「外国に関する職場」と称する、将来の外務省の建設に関する彼の報告書にも沿っていた。ガフラーは、官吏一人ひとりについてそのつど、非ナチ化の程度を記録していただけでなく――ほとんどの公務員は、「関係ない」、「罪はない」あるいは「行動をともにしただけ」――、いわゆる彼らの抵抗活動についての弱々しい歴史を、可能な限りワシントンで大々的に拡散する努力も行った。[23]

　ドイツの領事館をどこに置くかという問題では、欧州経済委員会、英連合王国、米国が最も高い優先度を享受した。難しかったのは、スウェーデンやスイスなど中立諸国との付き合いの問題であった。ドイツの領事が、自国の財産の没収を防ぐことができるかという心配は、あり得ないことではなかった。また、経済的な競争関係も一つの役割を演じたかもしれなかった。[24]特に難しいケースはスペインだった。フランスは既にとられた人選の決定を、1年以上にわたって妨げていた。それは、不愉快な反作用がフランスに及ぶのを防ぐためであった。[25]多くの国々で連合国は、若い連邦共和国の好意的な弁護人として現れた。――特にドイツ民主共和国がとっかかりを掴もうとしている地域でもまた、そうであった。しかし、連合国は、第三国が西ドイツの代表を受け入れることを躊躇している国では控えめであった。[26]1950年6月に朝鮮戦争が勃発した後、東西関係において増大する緊張関係が、国際舞台の裏でアデナウアー政府を支持しようとの前提が造られた。

　占領規定では、最初の検討が行われるべき期間を、12ないし18ヵ月の間に予定していた。1950年早春、西側3国は「修正を準備するために国際的な研究グループ」を立ち上げていた。[27]英国は、この時点で、ドイツの外交関係をコントロールすることを完全に放棄するか、それとも、政府協定に対して拒否権を持つことに制限するかを選ぶべきだ、と意見を述べていた。米国は、東ドイツとの外交関係の監視を維持することを表明していた。フランスだけは、現状維持を望んだ。パリでは、実際のコントロールを多少緩くすることで十分だ、という意見であった。[28]米国国務省はそれでも、西ドイツ国家の国際法上の地位を固めることが緊急に必要である、と考えていた。「我々は、連邦共和国が、その対外関係で、ドイツ民族として発言する唯一の権利を持つ政府として登場する構想を発展させなければならない」。[29]米国は、いまやドイツとの戦争状態を終了して、ボンの政府をドイツ帝国の唯一の法的継承者として承認する用意があっ

た。もちろん、三大国はすべて、西ドイツの主権的権利を維持することを決めていた。[30]

　1950年9月に、アチソンとベヴィン、シューマンは、占領規定の「小さな」修正に合意した。連邦政府がドイツ帝国の債務を認め、国際法的な条約を引き継ぎ、西側の防衛上の準備に貢献することを条件に、西側大国は1950年9月19日、連邦共和国に新たな国際法上の重要性を付与しようと声明した。[31]「ドイツの統一はまだ未定なので、3国は、連邦政府が、唯一のドイツ政府であり、自由で正統に成立し、それゆえ、ドイツのために、ドイツ国民を国際的な案件で代表して発言する権利を有する、と見なす」。ほぼ副次的に、声明は制度的な新しい観点を付け加えた。修正が効力を発効し次第、連邦政府は自由である、というものだ。「外務省を作ることも、そして、必要ならば、外国との間に外交関係を樹立することも」。[32]

　これを土台として新しい外務省が設立されることになった――ただしそれは、6ヵ月後である。連邦首相は、さしあたり連合国の条件を満たす状況になかった。なぜなら、連邦議会の諸政党が、戦前の債務を承認することを一致して反対していたからである。[33]1951年3月6日になってようやく、西側連合国との間で、債務問題をどこまで受け入れられるかを内容とする口上書の交換が行われた。この時点までには、占領規定の修正は部分的に過去のものとなった。1950年12月にNATO（北大西洋条約機構）は西ドイツ政府に直接、軍事的な寄与を提案していたからである。しかしながら、ドイツ外交政策のためには――マックロイ自身が認めているところ、最小限――ニューヨークの決定が結果を招くこと無きにしもあらず、であった。[34]連邦政府は、直接合意された範囲の国とは外交関係を樹立できたが、この範囲を広げるにあたっては、それでもさらに連合国側の同意が必要であった。――例えば、イベリア半島あるいはラテン・アメリカとの場合は、拒否されることがあった。[35]独立であるはずのドイツの対東欧政策（Ostpolitik）もまた、完全に問題外であった。また、連邦共和国はロンドン、パリ、そしてワシントンにも大使を送ることが許されず、単に「臨時代理」の位を持つ外交官の派遣が許可されたにすぎない。[36]連邦政府の要である住所は以前と同じく、連合国高等弁務官事務所のままであった。

第2節　人的、組織的再建

　ほとんどの省庁は政府の樹立後のすぐ後生まれたが、——それらは、フランクフルト・アム・マインにあった占領軍の統治機関本部から、本部部署から引き継がれたが——外国での領事・経済組織としての外務省は、新たに造られた連邦首相府と同じ屋根の下に置かれた。しかし、独立した連邦共和国官庁としての地位は、約1年半後に与えられた。1949年9月21日に発効した占領規定が、戦勝国に拒否権と介入の権利を広く認めていたことから、アデナウアー政府の外交権は、非常に限定的なものであった。それだけに一層、連邦首相と彼の助言者には、ほとんど制約のない監督要求権を持つ連合国による「第2の政府」を単純に封じ込め、効率的な行政機能で対抗する必要があった。[37]

　円滑な関係を維持するため、英国の軍事政府の示唆の下に、既に1949年春に、連合国の高等弁務官事務所と将来の連邦政府との間に連絡部署が設立された。この長にはヘルベルト・ブランケンホルンが任命された。[38]旧外務省職員であった44歳の課長は、当初、アメリカとイギリスに多大な不信感を抱いていた。必要な専門知識とともに、ある程度の世界的視野を持った語学に堪能なこの公務員は、戦後のドイツでは希有な存在だった。彼の協力者ヘルベルト・ディットマンとアレクサンダー・ホプマン（Alexander Hopmann）——彼らもまた、ナチ党に親近感を持っていた仲間であった——とともにブランケンホルンは、連合国の管理機関との関係を調整するだけでなく、占領規定を少しずつ緩める、難しい課題を引き受けた。これについては、占領規定が発効してからわずか数週のうちに成功を収めた。連合国は、個々の分野で対外政策での機能を与える権利を連邦共和国に留保した。そして、1949年11月9、10日に、西側3大国の外務大臣はパリに集まり、連邦政府による外国での領事・経済の代表部設立を許可することに合意した。外務省の樹立とその権限については、特にフランスの異議があり、明確には拒否されたが、OEEC（ヨーロッパ経済協力審議会〔訳注：OECDの前身〕）、欧州審議会、ルール協定へのドイツ連邦共和国の参加およびドイツの産業の廃棄中止についての交渉開始が視野に入れられた。その月のうちに、ペータースベルクで多くの会議が開かれ、ブランケンホルンは、高等弁務官事務所代理と詳細について討議した。

　11月22日のペータースベルク協定で、遂に、連邦政府は「一歩一歩、こう

した関係が利益があると見られた国と領事および貿易関係を再開する」という一般的な形で合意した。(39) この非拘束的な形はベルリン封鎖終了以来のドイツと連合国の関係の経過的な性格を反映していた。同時に、それは戦後ドイツの民主主義に対する信頼の証左でもあった。フランス以外の占領国は、留保を明確に放棄することによって、ドイツの政治勢力が民主主義的であり、世界に開かれた外務省を作る能力があることを示した。

　ペータースベルク協定が施行される前に、ブランケンホルンは連邦首相に、将来の組織の人選について提案した。彼ら（ブランケンホルンと連邦首相）は、外交関係の事務次官の任命という政治的に焦眉の問題については、とりあえず除外した。ヘルマン・アプスがフランスの反対で除外された後、アデナウアー自身は、喜んでブランケンホルン自身をこのポストに就けたがったが、彼は、党のメンバーであったがゆえに辞退した。ブランケンホルンが選考したCSU（キリスト教社会同盟）の政治家アントン・プファイファーは、これもCDU（キリスト教民主同盟）会派の反対によって就任に失敗した。

　ブランケンホルンは組織長としてヴィルヘルム・ハースを連邦首相に提案した。かつての書記官で、現在ブレーメン州首相府長官の彼とブランケンホルンは親しい間柄で、ハースもこのポストに自らを推薦していた。というのは、1949年夏にヘッセン州のシュランゲンバートで執り行われた州首相会議の組織委員会で、連邦共和国の行政について検討した時に、外務省の人材推薦の作業を委託されたからであった。また、ハースがバイエルン州の州大臣であるプファイファーの指導の下にあるかつての外交官グループの一員であったことも理由だ。アデナウアーの指示によってこのグループは「外交関係の連邦の役所」の最終的な計画を作り上げ、10月初めに彼に提示した。最後に、ブランケンホルンは、ハースが1937年に彼のユダヤ人妻との結婚ゆえに早めに外務省から去ったことを示唆した。(40) しかしながら、アデナウアーに刻み込まれた「かつての」者に対する不信感を何ものによっても粉々に砕くことはできなかった。逆に、連邦首相が、「旧い人々と可能な限り縁を切った新しい役所を作り上げたい」のを知りながら、旧い同僚を過大に優先しているとしてブランケンホルンを咎めた。それでも、ブランケンホルンは、独自の感覚を持った新しい上司にこの間にたっぷりと信頼されており、その後、紹介も兼ねてハースを話し合いに招待した。それは格別にうまくいった。ハースが辞去した後、ブランケンホルンは

第2部　ドイツ外務省と過去

連邦首相に決断を促すことに成功した。ハースはブレーメンへの帰路、駅の構内放送を通じて、ケーニヒ博物館に来るように言われた。そこで彼は新しい課題に取り組む組織長として任命された。[41] 11月25日、彼は活動を開始した。

　ハースの個人的な事情は、典型的な方法で相対立する利益、やむを得ない事情、緊張に反映され、これが外務省の設立にも随伴した。というのは、省の設立が時間的にも大幅に遅延しただけでなく——ブランケンホルンがしばしば強調したように——要するに「ゼロ」から出発しなければならなかったからである。[42] それは、人事権も何もかもが圧力の下にあったからだ。アデナウアーは幾度も、自分が「ヴィルヘルム通り」の復活を好まないと告げたのに、しかしながら彼には、明瞭な理由をあげて拒否することができる、個々のバックグラウンド情報に欠けていた。かつての外交官に対する毛嫌いは、どちらかというと明確な事実というよりも漠然とした反感に基づいていた。だからブランケンホルンのような「かつての」人間にとって、連邦首相をケース・バイ・ケースで安心させることは難しいことではなかった。

　アデナウアーの示威的な留保によって、パラドックスが生じた。外務省周辺に対する彼のわずかな信頼が、外務省の昔の同僚に特別な配慮をする感情を抱かせるようになったのだ。そこでブランケンホルンは、1950年に改称した「平和のオフィス」の親しい協力者のほとんど全員を連邦首相府に迎え入れるだけでなく、ディットマンおよびかつての「同僚」のほとんど全員に地位を提供した。[44] ブランケンホルンは当初、外務省職員にとって、疑いもなく連合国と連邦首相の持つ繊細な神経に最もよく通暁していた人物であった。それにもかかわらず、彼は、かつてのヴィルヘルム通りの外交官たちの政治的負担問題を後退させ、彼らの専門性を考慮して決定した。この傾向は、特に臨時組織における各種の任命と、ブランケンホルンが設置した作業グループに見られた。後者は、SPDに近いハースを例外として、大部分は党に近い仲間であった。[45] 50年代の初めには、アデナウアーは思う通りにさせて、大目に見ていた。旧外交官たちの再活動は、共に巻き込まれていたという観点からではなく、、むしろ圧倒的に苦悩にあえぐ同僚への連帯からであった。[46] それでもこうして、連邦首相は、問題の核心を達成した。というのは、人選に際しては、ひそかな責任への防備と、自覚して明確にした共同感覚がお互いにほとんど区別できなかった。

　新しい省の協力者の人選を始めた時点で、1947年以来アメリカとイギリスが

始めようとしたすべての人的、公務員政治の改革に対して、アデナウアーは明確な拒否を表したことになった。これは、アデナウアーの内政面でのライバルであるヘルマン・ピュンダー（Hermann Pünder）の産業廃棄の時に特に現れた。ピュンダーはフランクフルトの行政協議会上級局長であったが、あまりにも強く支配的な連合国およびSPDの支配的な中央人事に抵抗しなかった、と批判されることになった。優秀な公務員が自由経済に流れてしまうことを懸念して、またそれを妨げるために、アデナウアーは政府声明で「原則的には、そして断固として、職業公務員制の土壌」に立つことを発表した。[47]

　新しく樹立した内閣の最初の仕事の一つは、「連邦共和国の職務に従事する人員の法律的な関係を当面規制する法律」の起草であった。この企画の視点と目的は、1937年の公務員法をできるだけ早く「非ナチ化」に沿って変える考えを表明して、基本法131条に基づき、軍事法15号を適用させないよう、連邦議会に提出することであった。公務員組合の圧力を理由として、旧国家公務員および国防軍の兵士に対する給料支払い要求を法律で規制することを立法者に課する、という独立規定が基本法の中に設けられた。この事項の請求権のある者は、1945年5月8日以降存在しなくなった役所の官吏および公の従業員だけでなく、東部の領域から、あるいはSBZ（ソ連占領地域）やDDR（ドイツ民主共和国）から西に逃げてきた者も属していた。「追放された者」としては、非ナチ化の過程でかつての地位を失わざるを得なかった者——すなわち、10万近くのあの人々——連合国から政治的に責任があるとして段階づけられた者——であった。1951年4月15日に職業公務員法が、2票の留保があったものの、連邦議会で採択された時、両方の間にほとんど違いがなかった。むしろ、逆であった。立法者のトリックによって、州および共同団体の政治的に責任あるとされた者の再採用が優先的に取り扱われることができた。というのは、それらの者に対する手当を支払わざるを得なかった州と市町村の財政的な負担を軽減することになったからである。

　連合国による改革の提案を新しい公務員法に取り入れないとして、明確に拒否した連邦政府の意図は、多くの観点で将来を示唆する効果があった。その一つは、当時まだ、旧ドイツ帝国とプロイセンの官吏と役人という相当大きなグループが存在し、彼らは厳しい2つの行政を再検討するという実際的手段により、連邦共和国職員への応募が抑制されていた。こうした、いわゆる「被追放

第 2 部　ドイツ外務省と過去

者」たちの多くは、再び浮上する希望を抱くことが許された。「かつての」外務
省員の中に、かつてのサロニキ（ギリシャ）の総領事で、ユダヤ人強制移送にもか
かわったヘルベルト・ネーリンク（Herbert Nöhring）がいる。1949 年 11 月、彼
は同じ穴のむじなであったブランケンホルンに書いた。彼らは外務省職員に対
する攻撃に怒っていた。ネーリンク自身は、フランクフルトの 2 国ゾーンの行
政における人事政策で「過度に」としてそこを去っていた。それゆえ、基本法
131 条に基づく公務員法が、「旧公務員に対する永遠の非難」に終止符を打つべ
く採択される絶好の時である(48)、と。

　1949 年にフランクフルトからボンに移された官庁のトップの地位は既に占
められていたが、外務省指導者については、ゼロから築き上げねばならなかっ
た。それだけに、上級公務員の中で、さらに自身の公務員としての権利の承認
を希望することのできた人々は、外務省再建を最大の機会と捉えた。その結果、
50 年代初めに「遅れて」新しく出発した外務省には、皮肉なことに、高い割合
で「かつての」上級職員が勤務することになった(49)。その際、連合国との緊密な
関係と、それに深く関わる再検討のリスクを考えて、かつてナチ党に親近感を
抱いた仲間にあまりにも多くの「隠れ家」を提供しないよう、実際には考えね
ばならなかった。アデナウアーがこの問題に無関心であることを理由に、ナチ
にかつて親近感を抱いた仲間が当時の連邦各省の局部長に就いた比率は、1950
年以来だんだんと高くなり、1951 年 8 月には、一つの事務次官ポストをかつて
のナチ党メンバーが占めた。1950 年 4 月、ブランケンホルンと教育機関長に予
定されていたペーター・プファイファーは、領事職員の英国外務省の採用と教
育について研修するために、数日間、労働党政府の客としてロンドンに滞在し
た。その直前、英国は占領規定が 9 月に変更される可能性があり、これによっ
てドイツの外交代表は自由になるだろう、との認識を知らせた。しかしながら、
こうした情報を得るための渡英は、アデナウアーの専横的な指導態度に対して
増えつつある英国側の批判を目の当たりにする目的にもかなった。SPD など野
党に近い筋やアメリカからも、外交部署樹立へのマイナスの影響が心配された。

　このような背景のもとに、ブランケンホルンは雰囲気を改善しようと努力し
た。彼が UP 通信社の記者に強調したのは、空席になっている少数の職場と増大
する「ドイツの青少年」の関心の間に大きな隙間ができた、ということであった。
「その瞬間、我々は約 200 人を採用できたにもかかわらず、応募者は 2 万 5,000

410

人だった」。ゼロからのスタートのために、次のような声明を出した。「我々は、かつての党のメンバーを我々の領事職務に採用したいとは思わなかった。たとえその人物が単に名目だけ党のメンバーであったとしても、そのことは外国では障害になり得る。実際問題として、かつての領事職員は全員党に入らねばならなかったので、我々は新しい人材を見つけ、教育しなければならない。それでもこれは、……ヒトラー以前の古い伝統を打ち破るまたとない機会だ。我々は、候補者の富や影響力のある階級には全く関心がない。誰もがチャンスを持つべきだ。我々の職場に派閥支配の余裕はない。そんなのは過去のことだ。私自身は、貧しい工場出身の学生だった。そして、我々は、我々の外国における代表は全ドイツ民族の代表でなければならないと決断した。我々は、彼らが民主主義者で西側の人間である限り、彼らの政治的な立場には興味がない」[50]。ブランケンホルンが訴えた機会の平等と複数主義に対する賛同は、口先だけの告白ではなかった。実際彼の職場ではこの時期、新しい世代の外交官を教育するために大変な努力を払っていた。これに対してナチ党員への細かい説明はたんに人手不足と描写されるにすぎない。というのは、「かつての人々」の返り咲きの留まることのない流れは、この時点で既に引き返すことのできない事実を作っていた。

　外務省の組織的、人的な再建は3段階からなっていた。ハースの任命に始まった最初の段階は、将来の中央行政にとって決定的なポストが与えられ、そして、連邦首相府と連合国の高等弁務官事務所との間で、国内外の職員の選択基準を調整することになった。始まってすぐに、ハースは、自主的ではないが、さらなる人事的な決定への影響を拒否した。そこでブレーメンでよく知った、かつての大使館参事官のだったヴィルヘルム・メルヒャースを「Ⅰ人事A課」（上級職の人事担当）の課長に推薦した[51]。1939年以来蓄積された、殆ど切れ目のない中央での活動のお陰で、メルヒャースはインサイダー情報を持っていた。2年前に外務省を去り、その後、中国にあったI.G. ファルベンで経済顧問として活動していたハースはそれを持っていなかった。

　メルヒャースの任命から1ヵ月後の12月19日に、ハースは、連邦首相府で彼の構想の基本線を紹介した。この機会にアデナウアーは、領事・経済の代表部に、まだ有効だった規制にもかかわらず、政治機能をも持たせることに賛成すると言った。「かつての者たち」の再雇用の問題については、再建に際して、

第2部　ドイツ外務省と過去

これらの人々が政治的に問題がなければ再雇用することも可能である、と意見の一致が見られた。同時に、連邦首相は、誰を外国に送るかは特別に注意するよう、警告した。南米地域のためには、優先的にカトリックの候補者を派遣するよう彼は提案した。外務省をもっと多くの「女性の候補者に開く」べきである、とのハースの提案にも同意した。ハースの考えによれば、女性たちは特に、対外代表部の経済部、領事部のパスポート部署、社会担当課および儀典局に動員されるべきだ、という。

およそ4週間後、ブランケンホルンとハースは連合国高等弁務官事務所政治委員会の代表に、ドイツの計画について報告した。既に数日前に、ペータースベルクで、ドイツの領事館が開かれる都市のリストが手渡されていた。コン・オネイル（Con O'Neill）議長以下、委員会は、ドイツの提案に基本的に同意した——オネイルは数日後、ブランケンホルンとプファイファーのロンドン旅行の御膳立てをした——。ただし、2つの制約があった。1つは、対外代表部に外交課題を扱う権限も、ドイツ人の財産を没収する権限もなかったことだ。もう一つは「ナチ運動に関係あった人」を対外代表部の領事公務員、あるいは貿易代表として派遣しないという「公式な保証」を、ドイツが行うことだった。候補者リストを提示する際、この方法で高等弁務官事務所を安心させ、ブランケンホルンとハースは用心しながら要求された厳しい基準に合致する人員が十分にいないということに注意を喚起した。十分な人員を確保するためには、例外を認めなければならない。そのような例外は、「事前の高等弁務官事務所代表との接触の後で」個々のケースが承認されねばならない、というものである。最終的には、問題ある場合には特別な監督手続きに服すことが合意された。これを実施するためには、ベルリンのドキュメント・センターにある資料が役に立つだろう。[53]

1950年2月22日、ハースは連邦首相列席の連邦議会委員会で、占領規定と領事館と将来の外務省建設についての方針を明らかにした。ロンドンとパリ、ニューヨークの代表部は既に4月に開かれるとしたこの時間的計画は、楽観的に過ぎたことが明らかになった。というのは、その直後に、アデナウアーとハースの間で最初の衝突があった。ことの始まりは、3月半ばに連邦首相がハースに対して命令的な調子で、人事の提案は彼に提示される前にすべて臨時の事務次官と話し合うよう勧告した、という書簡であったことは公然たる事実であっ

⁽⁵⁴⁾た。ブランケンホルンの代理ディットマンもまた、1949 年の暮れに似たような指示を連絡部署との関係で受け取っていた。⁽⁵⁵⁾しかしながら、ニュルンベルク人種法の犠牲者であったハースとしては、旧内務省参事官で「血統保護法」の公的なコンメンタールの共同著作であった現在の事務次官ハンス・グロプケ（Hans Globke）との間で人事交渉するなど、とうてい無理な要求であった。⁽⁵⁶⁾アデナウアーの無神経が断絶に繋がり、15 ヵ月後には、人事局長のポストからハースが外れることになった。

4 月末に、アデナウアーの指示でハースがまとめ、グロプケに渡された人事リストの骨子が多くの新聞に出たことは、関係の修復には寄与しなかった。⁽⁵⁷⁾グロプケはピュンダーに対して、人選について意見を述べることを要請した。彼は、「気味が悪いほど不均衡に度を超えた」ナチに親近感を有していた仲間がいることに対して不平を言ったのみならず、幾人かの党の同僚に、明確に悲惨さを漏らしてしまった。⁽⁵⁸⁾この関連で、フランクフルター・プレッセ紙による批判に対し、リストが連邦首相に遅れて提示されたのは、194 人の「かつての」人々をできる限りスムーズに新しく開設される領事館に入れるためだと、ハースは人事政策について 4 月 20 日に初めて記者会見で釈明するはめになった。⁽⁵⁹⁾彼は、連邦首相と連合国高等弁務官事務所と協議した原則 —— それによれば、当分の間ナチ党とは関係のない公務員を外国に派遣するだけであること、そして、中央、特に人事局に関しては、「他のすべての連邦官庁の職場」よりもさらに厳しい基準を設定した、と強調した。⁽⁶⁰⁾

その開始が 1950 年 6 月に設定された第 2 段階では、人事の構造が初めて包括的に再構築された。ハースの作った計画によれば、新しく設立される対外事項の職場の中に組織オフィスと連絡事務所が立ちあげられる。両方の分野、すなわち、将来の外務省の核であるべき局Ⅰ（人事と行政）、および局Ⅱ（政務局）は、テオ・コルトに指導される領事局によって補完される。テオ・コルトは最後にノルトライン・ヴェストファーレン州の州首相カール・アーノルトの国際法の顧問として活動していた。他に、シュパイアーに移されペーター・プファイファーに率いられた後続者のための研修所と、新しく設立された作業単位、儀典、そのトップにはビッターフェルト出身の「かつての」ハンス・ヘルヴァルトが任命され、加わった —— ヘルヴァルトは、アントン・プファイファーの緊密な協力者であった。

第2部　ドイツ外務省と過去

　アデナウアーは事務次官を外務省のために造ることを長く避けてきたが、周囲を驚かせることになった。8月25日に、ヴァルター・ハルシュタイン（Walter Hallstein）を任命した。この法律の教授で、かつてフランクフルト大学総長はこのポストをはじめはほとんど勤めることができなかった。なぜならば、少し後になってシューマンあるいはプレバン ―― 計画のための交渉を任され、長期にわたるパリ滞在を余儀なくされたからであった。彼らは最初、誰もどこから手を付けたらよいか提案しなかった。コルト、ヘルヴァルト、それにペーター・プファイファーは、ヴィルヘルム通り裁判当時、ヴァイツェッカー・グループであることを明らかにしていた。ナチ党員からは距離を置いていたハルシュタインの経歴も、彼は1941年にフランクフルト・アム・マイン大学の比較法研究所の所長に昇任するまで、ほとんど知られる存在ではなかった。[61]

　対外問題の職場が設立された直後、最初の西ドイツ領事館がロンドンに開かれた。6月16日に外国での代表部として作業を始めた。それから12日遅れてニューヨーク、7月7日にパリの総領事館が続いた。この間、連邦首相とハースとの間の不和が増した。後者は、推薦した者をロンドンのポストに就けられなかった。アデナウアーの指示で、CDUの政治家ハンス・シュランゲ＝シェーニンゲン（Hans Schlange-Schöningen）がイギリスにおける最初のドイツの代表になったのだ。ハースの推したクルト・ジーヴェキング（Kurt Sieveking、CDU）――ハンブルク市の官房長で、ハースと同じく州首相会議の組織委員会のかつてのメンバーであり、旧地主のDNVP（ドイツ国民民族党）の国会議員（1929年にフーゲンベルク政策への抗議から離党）――は、アデナウアーのもともとの考えでは、ニューヨークに行くことになっていたようだ。この計画は頓挫した。3月末にビラが舞い、その中で、1924年にシュランゲ＝シェーニンゲンが彼の故郷への選挙旅行で演説した際に「ユダヤ人の大新聞」と「国際的なユダヤ人株式市場主義」を荒々しく中傷したことが大々的に取り上げられていたからだ。連邦首相はこの件をそれほど重視しようとしなかった ―― シュランゲ＝シェーニンゲンは多くの他の人々のように、「国民的精神病」に陥っていた ―― が、ジーヴェキングを米国に派遣する話はその後立ち消えた。アデナウアーは、かつてのDNVPの同僚がビラを集めてノイエ新聞の外交政策担当の主幹ハリー・C・ザールバッハに渡したことも確信していた。ハース周辺の「組織委員会の連中」が、その後ザールバッハが連邦首相に手紙を書き、シュランゲ＝シェーニンゲンを

追放するように入れ知恵を与えた、というのだ。ただでさえ組織委員会と緊張関係にあったアデナウアーにとって、この事件はさらに頭の痛い問題となった。

もっとふさわしい候補を探し、アデナウアーの緊密な協力者ブランケンホルンが考えられた人物は1人しかいなくなった。しかし彼はさすがに、叔父ハンス・ハインリッヒ・ディークホフ —— ワシントンで最も問題とされる大使であった —— のかつての協力者として、どう考えてもふさわしくなかった。連邦首相は最後に、ノルトライン・ヴェストファーレン州出身のFDP長老議員ハインツ・クレケラー（Heinz Krekeler）に行き当たった。この派遣は典型的な、政治的情実人事であった。連邦首相は産業界出身でかつてI.G.ファルベン社のマネージャーであったクレケラーに、全く受け身の英語しかしゃべれなくとも、「ユダヤ人」とやっていけることで十分だと保証した。[63]

初期の総領事たちの中で最も興味深く異色の人物は、疑いなく、7月初めにパリで仕事を始めたヴィルヘルム・ハウゼンシュタイン（Wilhelm Hausenstein）であった。美術と文化の歴史家であり、評論家であり、ボードレールの翻訳家である彼を、ハウゼンシュタインのかつての学友であった連邦大統領ホイスやレーンドルフに住んでいた作家のマリア・シュリューター＝ヘルムケス（Maria Schlüter-Hermkes）から、確かなフランス専門家である、とアデナウアーは推薦された。もちろん連邦首相も連絡役の部署も当初は、名前を調べることから始めなければならなかった。3月、アデナウアーが協力者ディットマンにハウゼンシュタインの情報を要請した時、ディットマンははじめ、キュルシュナーの『ドイツ文学カレンダー』（1949年版）を紐解く以外になかった。その直前、芸術のバイエルン・アカデミー総裁に任命されたハウゼンシュタインの略歴は、職を様々に変えていた。清教徒の両親の家に生まれ、言語学、哲学、歴史、芸術史を身につけ、レーゲンスブルクの歴史の論文で博士号を取っていた。多方面にわたる文化的な関心によって、彼は亡命した王のナレーター役からフランクフルター新聞の編集部に移った。そこで彼は、1943年の発刊停止まで執筆した。彼の政治的な確信を、彼自身「キリスト教的な人道主義の意味で、社会的なアクセントを伴った保守主義者」と性格付けていた。30年代半ば以降、ベルギー系ユダヤ人妻のために職業的にも個人的にもますます困難に陥った。一人娘が外国に移住した後、夫婦はともにカトリックに改宗した。[64]

第三帝国に首尾一貫した態度を取ったハウゼンシュタインを、単にこの態度

第2部　ドイツ外務省と過去

だけでなく、いわゆる内的な移住を行った作家たちおよび詩人たちとの結びつきと、さらにフランス文化への精緻な知識がアデナウアーの目には有力な候補として映った。さらに彼にとっては少なからず、ハウゼンシュタインの度重なる思想上の転換が重要であったかもしれない。かつてのSPDのメンバーが保守主義者に転向したこと、カトリックへの改宗、そして特に、近代芸術の擁護者からその敵対者に変わった、からであった。「荒廃した近代」に敵対的・支配的な傾向を理解し、そして「健全な世界」を求める世論を歓迎したハウゼンシュタインのテーゼは、強化された、非政治化を任う市民の芸術への理解に応じていた。それによれば、ドイツは1933年から1945年の間も「ゲーテ、バッハとカントの国」であり続けた。この背景の下、ドイツとフランスは「芸術」という旗印を掲げて、ともに西洋の基盤として、永遠の価値のために、再び緊密になるべきだとパリにおける将来のドイツの代表は、賛意を表明していた。

　アデナウアーがハウゼンシュタインを決めるのに数週間もかからなかったようであった。優れた政治的な一歩であったが、それだけに反対も多かった。まだ4月のうちに、シュトゥットガルトの画家ヴィル・バオマイスターは、「ドイツ・フランスの芸術関係の隠れた保護者」で、かつ、近代主義の最重要なドイツの代表の、予定された任命に抗議するため、連邦大統領に公開の書簡で訴えた。連邦政府がもしも「近代芸術の主要な敵」をフランスの総領事に任命するなら、「猫に鰹節の番をさせるようなものだ」、それによってすべての「近代芸術家たちの、国境を越えた古い、そして新しい友好の維持の分野でのこれまでの印が……除去されてしまい、あるいは望まれない、と見なされてしまう」と。ハウゼンシュタインの指名をある程度予想していたホイスは、珍しく厳しく、かつ詳細に反撃した。彼は、このような批判に対して、「文人」が「国家の信頼」を得たのに芸術家の人々が反対するとは、と驚き、反論した。国家の政治的な決定に「無限の芸術家の見解で」批判するのはかなり了見が狭いのではないか、と。

　5月初めにアデナウアーがフランスの高等弁務官事務所であるアンドレ・フランソワ＝ポンセに、使節団所属員案を提示するる前に、ノイエ新聞はさらに論争の種を蒔いた。論争のきっかけを作ったバオマイスターは彼の抗議した書簡を新聞に寄せ、米国流のこの新聞は、何でもないように、皮肉にも貴族的な詩人のような外交官の浪漫的な常套句をわがものとして、連邦政府の提案を削

416

除することなく、「精神的に豊かな、重要な、そして深くよく考える男である」とこの任命に賛意を表した。確かに、牧歌的な時代であれば、詩人や芸術家 —— 例えばラブレー、モンターニュあるいはフンボルトのような人物 —— が外交官として、国家間の関係を一気に促進したかもしれないが、そのような時代はとっくに過ぎ去った。連邦政府はこの一歩によってそれでも、政府が「人間的な関係改善が、すべての貿易協定よりも重要であることを示した」と評した。バオマイスターは、自らのイニシアティブによって「善意からの、かえって迷惑な仕事」を芸術と芸術家たちに加えた。それは、ハウゼンシュタインによって代表された芸術観を彼の行動の基準にするという主張にとって重要ではなかった。⁽⁷¹⁾

　作家のルードヴィッヒ・エマヌエル・ラインドルもまた、熱狂的に反応をした。南ドイツ新聞で、外交の専門家ではなく、「人間の魂の研究者」をアデナウアーがパリに派遣するという通常あり得ない決定を、ドイツとフランスの相互理解のための重要な一歩として歓迎した。⁽⁷²⁾フランスからは、かつてのフランクフルター・アルゲマイネ新聞の同僚で、その後ドイツ新聞エージェントの事務局長になっていたフリッツ・ゼンガーが、4月末にハウゼンシュタインを安心させるニュース、すなわち、彼はフランスの新聞に好意的に受け止められるだろうというニュースを流した。⁽⁷³⁾もっとも、連絡部署はケドルセイのハウゼンシュタインに関する作用について、初めから疑いの目で見ていた。特にブランケンホルンは、たくさん賞賛された文学者の任命を間違った人選と見ていることを隠さなかった。職業外交官の「テディ」ケッセル（"Teddy" Kessel）はアデナウアーの望みに応じ、未経験のハウゼンシュタインを補佐することになった。彼は、ブランケンホルンに細かい情報を提供した。⁽⁷⁴⁾

　外部からの滑り込み組はこの時点で、旧外交官グループの強化されたあら捜しの的になっていた。その中心は、かつて公使館参事官だったオイゲン・ブデ（Eugen Budde）であった。彼らは、狙われた過去の政治的な攻撃を受けた、旧外務省の同僚を再雇用するように活動していた。⁽⁷⁵⁾8月末にシュピーゲル誌は、再雇用されなかったF・K・フォン・ジーボルト（F.K. von Siebold）元領事が書いた記事を、ハウゼンシュタイン流の詩人外交官のモデルが突然ドイツ人に非常に歓迎されていたことをからかう読者の手紙として掲載した。フランスではより批判的だという。ラ・マルタンとシャトーブリアンはまず「有名な政治家」で、

第 2 部　ドイツ外務省と過去

次に「偉大な詩人」だったという。[76]この侮辱を、別のフランス通フリードリッヒ・ジーブルクは読み、叫んだ。彼はオットー・アベッツ大使に近かったゆえに戦争末期にフランス人によって職業禁止の処置がとられたが、1949 年には「現代」という雑誌の共同発行人になっていた。そこで、フランクフルター・アルゲマイネ紙のかつての同僚ハウゼンシュタインに再会したようである。ジーボルトの質問に対しかつての大使は、「文学と政治の結びつき」という考えはフランス人にとっては全く問題ないと明言した。ハウゼンシュタインを取り巻く野次馬の反発と戦う必要はない、と。[77]

連邦政府が予定された 24 の領事館のうち 3 分の 1 を設立する前に——1950 年にはさらにイスタンブール（クルト・シャヒン・フォン・カンプホフェナー、Kurt Schahin von Kamphoevener）、ハーグ（カール・デュ・モント）、ローマ（クレメンス・フォン・ブレンターノ）、アテネ（ヴェルナー・フォン・グルントヘル）そしてブリュッセル（アントン・プファイファー）の任命が続いたが——連合国はいくつかの決定的な修正と路線変更を行った。一つは、アメリカは 1950 年 8 月 25 日に、外務省が希望する職員すべてを政治的に再検討した。[78] 1951 年 3 月まで続いた大量の選考は 2,600 人に及んだ。彼らは、秘密情報やベルリンのドキュメント・センターにあった資料、そして旧役所に保存されていた人物リストと照らし合わされた。この処置の背景は、占領規定のさらなる緩和という観点から、必要な場合には好ましからざる候補者に対して反対できるようにするためであった。

1950 年 9 月 23 日、フランソワ・ポンセは連邦首相をペータースベルクに招待し、占領国がニューヨークで、連邦政府が外交政策上の主権を広げることを認めたと告げた。予定されていたのは、外務省再建と外交的代表部の設立による再開のみでなく、国際機関と専門委員会への受け入れであった。1 ヵ月後、「平和条約、占領国事項」担当のゲルハルト・ヴァイツ（Gerhard Weiz）はアメリカから詳細を知らされた。除外され続けたのは、かつてのナチに近い仲間だった。というのは、当初は対外事項の人事担当部署にとっては、党員手帳を持たない人の中でふさわしい候補者を見つけるのが次第に難しさを増してきたからである。そこで、ハースは 9 月半ばにバーナード・ガフラーに会い、悩みを訴えた。ガフラーは、採用の実際を形式にしないように急いで勧告した。特にこの問題について高等弁務官事務所の文書による指示は続かなかったという。いずれの

場合にも個々に —— 「その候補者の個別性に従って」 —— 判断する
という彼の提案を、ハースは感謝して受け取った。そして、その後のすべての
人事案件の困難に際しては、この提案を拠りどころとした。[79]

　3月6日には、占領規定の「小さな修正」が発効した。8日後、アデナウアー
は対外事項の部署を連邦首相府から外し、外務省として起ち上げた。3月12日
には、CDU/CSU の連邦共和国議員団の幹部会は、アデナウアーの提案で、自
らが外務大臣を兼任することに同意した。SPD と FDP の側の一連の批判にもか
かわらず、連立内閣はこの決定を追認した。

　旧組織はその基本線で維持された。かつての I 局は「人事と行政」となり業
務を続けた。ブランケンホルン指揮下の II 局は「政務局」と呼ばれ、テオ・コ
ルト指揮下の III 局は「地域局」と名前を変えた。新たに加わったのは法務局で、
アデナウアーはその局長にフランクフルトの国際法学者ヘルマン・モスラー
(Hermann Mosler) を充てた。他に、カトリック教徒で、これまでマックス・フ
マナの事務局長であったルドルフ・ザラト (Rudolf Salat) 指揮下の文化局、それ
に紙の上だけで存在した貿易政策局の IV 局ができた。フランクフルトの中央行
政局が解消された後、その後継として、フォルラート・フォン・マルツァーン
に指揮されてきた V 局は、1950 年1月に連邦経済省に移管された。1953 年初
めになってやっと、多数の協力者を引き連れてマルツァーンは新しい外務省に
移ってきた。

　1949 年12月以来ボンの法務省にあった法的保護部の中央部部局もまた、1953
年になって初めて外務省に移った。この遅れの主な理由は、省同士がなかなか
合意に達しなかったことにあった。例えば、外務省は 1951 年の5月と6月に、
捕虜の問題はドイツが外交政策を形成するのに多大な重要性があるので今後は
外務省だけで作業されるべきであると要求する、2つの閣議資料をぶち上げ、法
務省と被追放者省の不満を買った。さらに外務省は、それまで被追放者省が主
管していた外国でのドイツ人の戦争、罰則上の、そして問責上の捕虜の保護に
ついての責任を移管するように要求した。[80]

　法務省は、法的保護部を外務省に移管することに当初は賛成していた。デー
ラー大臣は、「小さな修正」のすぐ後、第一次世界大戦後外務省の管轄の範囲
を示唆して、それを与えようとした。[81] 間もなく、人事をめぐって双方の役所間
で最初の不協和音が訪れた。外務省が驚いたことは、法的保護部の部長にハン

ス・ゴウリックをその後も勤めさせることに何らの問題もない、としたことだ。しかし、彼は、かつてブレスラウ管轄裁判官であり、国家検察官でナチ党員であり、ニュルンベルク裁判では治安部と幾人かの行動部隊兵士を弁護していた。その彼が、捕虜担当としてマルガレーテ・ビッターを対抗馬に押した。法務大臣にとってこれは、適当とは思われなかった。というのは、ビッターはバイエルン州官房から当分の間罷免されていたからである。ビッターは、ミュンヘンで上司だったハンス・エハルトに仲介を頼んだ。エハルトは事務次官ハルシュタインに申し込み、ビッターが特別に優秀であると示唆した。これは、実際嘘ではなかった。彼女は30年代にエジプトで弁護士事務所を開き、外務省の信頼する弁護士として、そしてドイツの巨大な企業グループの顧問弁護士として仕事をしていた。[82] 1939年5月に帰国した後は外務省に入り、フランス大使館の学術的補助者になった。ゴウリックと違い、彼女は党員ではなかった。しかしながら、彼とは反対に語学に秀でていた。それに付け加えて、この州政府参事官は、戦後シュトゥットガルトの州政府協議会で戦時捕虜の担当課長として経験を積むことができた。それでも、ハルシュタインはエハルトに対して簡潔に、ビッターが外国での仕事に「少ししか向いていない」と説明した。[83]「ジョニー」ヘルヴァルト（"Johnny" Herwarth）はその当時、ビッターをバイエルン州官房に呼び寄せたが、彼の同僚は、この協力者のために介入する用意はなかった。他に法務省と外務省との交渉が難しくなったのは、デーラーが —— ビッターの場合の争いに対する反応として多分 —— ランツベルク、ヴェルル、それにヴィトリッヒの連合国の捕虜に関する管轄を外務省にやはり移管させようとしなかったことである。

　1952年12月に連邦首相はやっと、この膠着状態を彼の政治力で終了させることができた。[84] というのは、彼は、すべての捕虜の法的保護は統一的な観点に従って作業されなければならない、と考えていたからで、デーラーに、すべて統一的に外務省に移管するように指示した。外務省はその代わり、マルガレーテ・ビッターを含む17名をすべて受け入れることが義務づけられた。その直後、彼らはニューヨークの総領事館に送られた。ゴウリクは彼の地位を維持できたが、それは、当面は単に職務契約に基づき、という意味であった。彼の代理にはカール・テオドル・レデンツ（Karl Theodor Redenz）がなった。この確信的な元ナチ党員の男は、オイゲン・ゲルステンマイアーに率いられた信教の援助団

体に入るにあたって自分の過去を黙秘したのみならず、1930 年からはナチ学生同盟と突撃隊に所属し、1933 年 3 月以降はナチ党に入り、1935 年からは治安部の名誉協力者であった。さらにレデンツは、1937 年から親衛隊上級曹長であり、親衛隊名誉剣の持ち主であり、ブロンズのナチ党職務勲章の保持者で、1937 年から 1945 年の間、ナチ党の帝国助手指導部の本部付き協力者であった。外務省への法的保護部への移管に際しても、レデンツは彼の略歴を偽っていた。彼の「記憶喪失」が数ヵ月後、ベルリンのドキュメント・センターへの照会で明らかになった時、外務省は失職を通知した。それでも、レデンツはラインラント＝プファルツ州の教会会長ハンス・シュテンペルと緊密な友人の間柄であったので、教会と学問の名士連たちが介入してこの失職令は撤回された。

　外務省は、1936 年にノイラートの下で中止された組織表を 1951 年に原則的に引き継いだ。ノイラートの庇護の下、第一次世界大戦後に導入されたシューラーの地域システム ── これは、経済と貿易の政策的な重要性と外務省の社会的な公開性を強く狙ったシステムであった ── は、古いヴィルヘルム的な現実のシステムのために廃止されてしまっていた。1951 年に実現した、もともとの構造とシューラーによって勝ち取られたジェネラリスト原則に立ち返ったことによってはもとより完全な復活には結びつかなかった。例えば、法律家による独占状態は、なおも 20 年間、本質的には破られることなく、維持された。そして貴族もまた、当座、外国でも国内でも保持していたかつてのような特別の地位を維持できた。しかしながら、新しい外務省が立ち上がる年月は、高い社会的流動性と様々なキャリアの流動によって特徴づけられた。年長のキャリア外交官は相変わらず、プロセン ── 清教徒的タイプ ── が幅を利かせていた。それは他の新しく設立された連邦省も同様で、かつての東部地域から追われた人々が圧倒的にいたようにである。しかし、50 年代半ばまで、外から見れば外務省の姿は、アデナウアーの決定と CDU 議員団長ハインリッヒ・フォン・ブレンターノ（Heinrich von Brentano）の明確な希望で、戦略的に重要なポストには一連のことには無関係の、そして外部から入ってきた者に占められているようにみえた。ハルシュタイン、シュランゲ＝シェーニンゲン、ハウゼンシュタインとならんでヴィルヘルム・グレーヴェ、カール・カルステンス（Karl Carstens）とゲオルク・フェルディナント・ドゥクヴィッツ（Georg Ferdinand Duckwitz）が、戦後最初に外部から入ってきた世代の著名な代表者であった。

421

第 3 節　議論と優先事項

　1951 年 5 月、エルンスト・フォン・ヴァイツェッカーは、彼のかつての部下
だったエーリッヒ・コルトに「貴官は聴取されるだろう」と忠告した。その間、
リンダウの家族の下で生活していた元事務次官は、「ケンプナー博士がボンの学
生の前でニュルンベルクについて講演し、フランクフルト・アム・マイン郵便局
の消印の新たなビラが、新しい外務省の友人たちを中傷するためにばらまかれ
ている。新しい『月間』のビラ……は友人たちに狙いをつけている。内容のす
べてが、単に私に対するものならば耐えねばならない。だから、私はこの人々
に悪行を辞めさせられないか？　と自問している。多分、それは皮肉かもしれ
ない。私はそれを『アウエルスバッハの地下室での会話⁽⁸⁸⁾』と呼んでいる」と連
絡してきた。ヴァイツェッカーと同様に、他の「かつての」人々もまた、外務
省が設立される数ヵ月前から既に、かつてない激しさで攻撃されていたが、そ
の背後には旧アメリカ検察官代理人がいると確信していた。ロバート・ケンプ
ナーは、ヴァイツェッカーの周辺が非常に腹立たしく見ている中、1951 年春に
フランクフルト・アム・マインに自分の弁護士事務所を開いた。どこを見ても
ケンプナーが憎まれていると思う際、外務省の公務員たちは、新しい役所の人
事を固める際の批判を見過ごしていた。それに加えて、彼らは、この間の批判
が占領国に対しては小さく、どちらかというと自国の人々に多く見られたこと
を過小評価していた。特に CDU/CSU 連邦議会の議員団は、外交官たちがその
トップのポストを分け合っていることに不満が増していることを認識しようと
しなかった。

　これに加えて、つのる不満を持っている周辺の一部には、ミュンスター出身の
中央党党員であるベルンハルト・ライスマンがいた。1950 年 4 月、建設中の外
務省はアデナウアーの責任の下に「カトリック教徒に敵対的な行政」ができて
おり、宗教的に差別的な構成、特にケーゼナー学生クラブ周辺出身の旧い人々
が目立って高い比率で就職していることを連邦首相府は後押ししている、と彼
は主張していた。ケーゼナー学生クラブは歴史があり、プロイセン的傾向のあ
る、決闘規約を持った学生組合で、入会には厳しい審査基準があった。⁽⁸⁹⁾9 月には、
占領規定と対外問題に関する委員会によって設立された下部委員会「外務省職

員」はライスマンを招致した。そこで彼はどの程度、新しい上級職員が「かつての人々」、すなわちナチに近い人と新教徒たちの優位に悩んでいるかを説明した。世論の圧力で成立したこの委員会を啓蒙するには、それでも限界があった。というのは、一連の委員会のメンバーは1949年以前は、自分自身が平和オフィスの協力者であったり、委員会の構成にそれなりに影響力を持っていたからである。

　委員会で特別な立場を持っていたのは、ライスマンの他にはSPDの議員ゲルハルト・リュトケンスだけだった。かつてルーマニアのガラツ領事であったが、SPDの政治家で、評論家のシャルロッテ・メンデルスゾーン（Charlotte Mendelsohn）との結婚を理由に、リュトケンスは1937年5月に退職させられ、戦後はドイツ外交政策の再建に超党派的に取り組んでいた、数少ない政治家の1人であった。彼は、旧外務省官吏が部分的にも再び活躍することは不可避であると考えただけではなく、それに対する党内の批判にいつも守りの立場だった。その際、リュトケンスは明らかに、増大する路線の矛盾に直面していた。一方で、彼は公にナチ党の党員手帳を持った「外務省員狩り」に意欲を示すとともに、他方で、――人事政策に及んだ――党員に、CDUとの妥協がもたらす長所を確信させようとしていた。SPDが原則的にこの元外交官に対してネガティヴな態度をとると、彼は、不必要にも対立した。妥協と和解の替わりにリュトケンスが出版したコメンタールは密告も加わって個人の対立がますます激しくなった。1948年に出版した論文「フランクフルトのブルボン家」は評判が良かったが、リュトケンス自身と同じようにキャリア外交官のグループの後列にいたフォルラート・フォン・マルツァーンとの決別をもたらしたが、この問題は連邦共和国樹立後再び強く激しくなった。⁽⁹⁰⁾

　連邦議会の下部委員会は、個々の判断に当たって、どちらかというと控えめにしていたが、組織オフィスの批判者たちはその批判が正しかったとみなした。したがって、最終報告は、ヴィルヘルム通り裁判で有罪に値する材料が出てきた再雇用された公務員は、法務省の「中立的部署」により特別に再調査させるべきである、との勧告を含んでいた。⁽⁹¹⁾議会主導が砂上の楼閣になろうとした時、ライスマンはいくつかの人事政策に関する秘密会を公にした。⁽⁹²⁾この時点では、非ナチ化の清算に関する議論と基本法131条案の論議が頂点に達しており、さらに元外交官の復活の在り方に対する批判にも議論が及んだ。この議論は40

年代末以来、指導的な雑誌 —— 例えば、フランクフルター・ヘフテン、ヴァンデルンクあるいは、デア・ゲーゲンヴァルト —— にも掲載された。復活を批判する主要な視点は、機能エリートの継続性にあったわけではないが、しかしこのテーマは少なくともいつも引っかかっていた。例えば、オイゲン・コゴン（Eugen Kogon）は、「復活」は伝統的な政治の「見かけの治安、知られた関心の再構築の『価値』、手段、および思考形を意味」と書き、そしてこれを、すべての公の生活において政治的に傷ついた者を行き過ぎた寛大さで再統合すること、と警告していた。[93]

　新しい国家の建設について、キリスト教的・社会的な知識層や基本的な批判とは反対に、外務省設立の議論で主唱者たちは全体として、むしろ国益最優先の立場に立っていた。その批判の中心には、上級職員の中の宗教的な対称性があった。 —— その一方は、ワイマールの回避されるべき旧い負担で、その除去をライスマンは特に何度も要求していた。

　他方で、個々の人事決定とそれに関係する外交政策上のイメージを害する危険があった。いわゆる「外務省の派閥経済」（ライスマン）への批判は、早かれ遅かれアデナウアーの指導スタイルへの批判に及んだ。現に、1951 年春にはそういうやり方が外務省内で急激に強くなり、その際には党の同僚であるブレンターノをまずもって無力化させた。外務省発足直後、連立政府の中で、アデナウアーの役所における情実人事に対する懸念が強くなり、連邦首相から評価されていた事務次官オットー・レンツ（Otto Lenz）が「古い排他的社会階級」の交替を迫った時は、既に非常に騒然としていた。アデナウアーは通常、批判を聞き流すか、あるいは、ハース参事官に間違った展開の責任を押し付けた。ハースが 1951 年の夏に、それでも公に連邦首相と同盟議員団の人事政策上の優先権に反対した時、最終的な決裂が訪れた。人事局長は、ドイツ党の議員団長ハンス・ミューレンフェルトとは別の政党の政治家でアデナウアーの希望に沿った者を外国のポストに就けようとすることを拒否した。[94]ブレンターノの側でもまた、CDU/CSU 議員団長の幾人かの候補者に対して、場合によってメルヒャースの拒否的な意見を受け入れることによって不興を買った。7 月にハースは、地位を追われた。臨時の後任には、ブランケンホルンの長年の協力者で、「同僚」仲間のディットマンが任命された。彼は、まさしく典型的な形で旧外務省の精神を具現していたが、アデナウアーやグロプケの視点から見ると、彼にはそれ

でも疑いのない長所があった。少なくとも、彼はカトリック教徒であった。他に、元ナチに近かった彼は、ナチ政権に対して積極的に反抗して、エルサレムでの副領事として、移住したユダヤ人を助けた、と主張していた。[95]

　ハースからディットマンへの交替は、人事採用においては全く、少なくとも目を見張る効果はなかった。その原因は第1に、この時点では既に決定的なポジションは圧倒的に「かつて」の人々の手に握られていたことにある。第2に、さらにこれまで認められた方針が堅持されたからである。すなわち、大量の候補者をまずいわゆる「8項目プログラム」によってふるいにかけ、それから、通常の補充原則によっ決定していたからである。[96] これまでのように、連合国の特権として、すなわち、外国に派遣する者の任命についてはすべて、大雑把な再検討のための資料を連合国に提示せねばならなかったが、このような規制は間もなく撤廃されることが目に見えていた。これが確実になると日々の行政上の実務に影響した。例えば、見通しの確かな候補者に、着ているベストに一つあるいは多数の茶色い汚点が見つかったとしても、そのような制約があることを示唆して、しばらく待機するように仕向けることになったのである。

　場合によっては存在した、連合国に配慮を示すという識見——あるいは希望——は、管轄する人事担当官や再統一を迫る「かつて」の人々には特に稀薄だった。むしろ、大目に見るとは、本質的には、西側の世論に強い影響力を持っているほんの少しの少数者がそういう意見をリードしていることが顕著である、というのが彼らの共通した見解であった。これらのグループ——特にドイツ語を喋るグループは、通常はユダヤ人亡命者と同等に見られた——は、時とともにますます少なく、ドイツの国内事項に干渉するようになっていた。こうした入れ知恵によって、例えば、エドワルト・ミロウ（Eduard Mirow）は慰められて希望を抱いた。彼は、1949年末に再雇用して欲しいと申し出ていた。メルヒャースは、パレスチナ時代からよく知っていた同僚の彼（ナチに好意を持ち、党の対外組織のメンバー兼大管区の部長兼親衛隊のメンバー兼国内課IIの協力者であった）にクリスマスの3日前、今の時点では彼の採用を強行する時ではない、なぜなら「移民の敵愾心」は、全体の人事を非常に阻害し、そして、妨げる可能性があるからであると知らしめた。情勢が鎮まったら通知する、と述べた。[97] ミロウは、1957年に外務省への復帰が許される前に、マーシャル・プラン省大臣、あるいはOEECのドイツ代表の個人課長として数年間勤めた。

第 2 部　ドイツ外務省と過去

　ディットマンの新しい人事局長としての任命に対しては、内部では明らかな
反応はなかったが、外部では荒波を立てた。大臣のポストをめぐっての争いも、
議会の調整委員会での議論も、長引くだけで結論が出なかったので、いくつか
のメディアでは、果たして外務省は民主主義的な手続きを経て再建したのかと
疑問を惹起した。これに加えて、一連の小さなスキャンダル、あるいはスキャ
ンダルらしきものが、2 年間にわたって見事に規則的に世間に出た。再建直後
に、連邦共和国首都では「インサイドドイツ情報 N.Y.」と称する怪しげなビラ
がまかれ、その中には新たに登場したトップの外交官たちの暴露記事が掲載さ
れていた。それには、ヒトラーの前に並んだ 4 人の公務員が「総統挨拶」のた
めにその腕をなめる風刺画や、男たちがアデナウアーにお辞儀をしている漫画
もあった。全体をあやふやなキャッチフレーズで飾っていた。「我々はいつも古
いままである。—— 新しい旧い人もまた —— 我々はソファーが欲しいだけだ
—— 道徳も女性秘書もいらない」。エルンスト・フォン・ヴァイツェッカーや
他の人々は、英語の用法の誤りから、ビラは間違いなく「政治的に未熟なドイ
ツ語」から出たもので、ケンプナーが彼の目的のために動員したものであろう
と確信した。この推察に対し、ケンプナーは 1950 年 9 月 22 日付のフランクフ
ルター・ルントシャウ紙に、「出たがり屋外交官一味」として激しい批判を寄せ
たことがあった。

　9 月初めに同紙は、新しい外務省の人事について 5 回にわたるシリーズ記事
を載せた。そのタイトル「彼らは再び傷を縫っている」は、ゲーテの『ファウ
スト』からの引用だけではなく、1 月のライスマンの記事 ——「揺れ動いてい
る顔」—— で語ったのをも暗にほのめかしていた。弱冠 29 歳のエッカルト・
ハインツェ＝マンスフェルト（Eckart Heinze-Mansfeld）は、ミヒャエル・マンス
フェルトという名前で記事を書いていたが、驚くほどよく情報通だった。彼の
細かな知識と、アメリカ兵向け放送 —— AFN —— がフランフルター・ルント
シャウ紙のシリーズ第 1 回目が出る前日の夕刻に同紙の記事に注意を喚起した
事実は、マンスフェルトがケンプナーからニュルンベルクの資料を貰い、当時
「ケース 11」に責任なしとする証言者として現れて、現在では新しい外務省に
おいて生計を得ている外交官たちを遅ればせながら「結着する」という疑問を
裏付けるものであった。実際、特に、ヴァイツェッカーを法廷証人あるいは口
頭で刑法上の罪から守ろうとした人物たちが攻撃されていた。外務省に対する

426

第3章　伝統と新しい出発

包括的な企みには、ケンプナーの他にブデとジーボルトのような旧外交官も加わっていた。このように職員間で回っていた。[(102)]

　ケンプナーとブデの協力には、ハースの緊密な協力者であるクルト・ハインブルク（Curt Heinburg）の助けがあった。ハインブルクは、政治局南東欧州課長としての長年にわたる活動をルントシャウ紙に攻撃されていた。彼はそこで「ユダヤ人問題」にもかかわった。ハインブルクによれば、連邦共和国では「イスラエルの諜報機関」の設立があると見なければならない、そのトップには想像するに、ケンプナーが座る、というのである。この組織は、反ユダヤ人と疑わしき人物、従ってナチに近い人、外務省職員で「ヒトラー時代に何らかの形でユダヤ人迫害に関係した者」と戦い、彼らが指導的なポジションに就くことを妨げることに重点が置かれている、と。[(103)]

　ケンプナーは自分の個人的な復讐心を満たすために、若いジャーナリストを道具として使ったという陰謀説は、よく考えると現実的ではない。マンスフェルト自身、様々な情報源 —— その中にはケンプナーのも含んで —— をもとに記事を書いたのだ。1945 年 8 月の設立以来、フランクフルター・ルントシャウ紙は一貫した方法でエリート幹部の政治的な再検討の反対のために尽力してきた。最初は社会民主主義者、共産主義者そして左派のカトリック教徒たちからなる編集委員会であったが、後には、社会民主主義者の亡命帰国者カール・ゲロルトの庇護の下でこの新聞は、連邦共和国の公務員を、たとえ連邦ドイツの統合・一体化のためにその地位が垂直的に網羅されていたことが潜在的な読者を警戒させたにせよ、以前のナチ党の仲間やその他信用を落としかねない者たちから自由にしようとしていた。シリーズが終わった後、見出しで「揺れ動く顔は揺らぎましたか？」と、編集長ゲロルトが語りかけた。個々の外交官たちの罪を公の議論の対象にしようする編集部の意図がはっきりした。つまり、それと可能性として関係している外交政策的な合意があったとしても完全、かつ全く、マンスフェルトの意図に賛成していた。[(105)] 記事が出る 3 日前、事務次官ハルシュタインに声明を書面で通知し、同時にうぬぼれた調子で、彼の「2 回目のフランクフルター・ルントシャウ紙の編集局の訪問」を省略した、と連絡した。[(106)]

　1951 年秋に外務大臣や彼の職員にそのような多大な悩みを与えたジャーナリストが誰であったのかは、今日までわかっていない。1922 年に西部ポーラン

427

第 2 部　ドイツ外務省と過去

ドのラズノに生を受け、かつての国防軍兵士兼騎士十字勲章の保持者兼「45 年」
世代の知識人代表で、50 年代および 60 年代を通して西ドイツのメディアの重
鎮であった者がいた。彼らのグループの急速な上昇には特に次の事情が幸いし[107]
た。すなわち、戦後最初の数年間、同盟国の許認可の政策により、多方面にわ
たって若くて罪のない意欲的な者を新しく掘り起こさねばならなかった。「45
年世代」は「騙された」世代に属する、と感じた。その際は、政権への自身の
情緒的な結びつきを告白する必要はなかった。60 年代の始まりとともに、西側
に導かれた「45 年世代」と —— ナチスに罪のあるにもかかわらず、いまだ支配
的な ——「戦争時代の青年」世代のジャーナリストとの間で、断絶が深くなっ
ていったことが感じられた。

　大勢の「45 年世代」が持った「再ナチ化した」省庁の支配階級に対する敵
愾心は、アングロ・サクソン的な民主主義の考えに準拠した。古くて新しいエ
リートに対する著しい不信によって、マンスフェルトと同様に、外務省の幹部
を世論の的にしようと仕掛けていた。彼は、—— 彼の行動を 1 年後に正当化し
ていたが ——「かつての人々」は表面的には恭順したようであるが、基本的に
は、民主主義的な制度や規範を尊重していない、と確信していた。「昨日の外交
官たちは、いまや再び既にここにいる。昨日の将軍が到来しつつある。彼の強
い性質のせいで、一昨日に根を生やした連邦首相は、昨日の者に勝負を挑んで
いる。もしも彼が去る時には、ヒンデンブルクと同じような遺産を残していく
だろう」。外務省の機会主義者に対するすべての、あまりにも寛大な無関心は第
2 の「1933 年」を容易に呼び覚ますだろう、と。[108]

　一方で継続的に衝突している元外交官たち、他方で「45 年世代」とならんで
西ドイツの戦後のジャーナリズムには、リッベントロープの外交官たちの摩擦
なき再統合を受け入れようとしない、さらなるグループがあった。8 月 29 日、
すなわち、フランクフルター・ルントシャウ紙のシリーズが始まるわずか数日
前、シュピーゲル誌があらゆる方向に攻撃を開始していた。それは言われると
ころ、新しい外務省設立時の職員たちと繋がりがあり、その庇護者として再雇
用されなかったエーリッヒ・コルトがいた、というのである。全体で 16 本から
なるシリーズの 11 番目の記事は、東京の「ツバメクラブ」という怪しげな陰謀
について扱っていた。その背後には、当時の日本の首都の大使館所属者で、影
響力のある人々の秘密のサークルがあり、彼らは戦争中、不透明な二重のゲー

第 3 章　伝統と新しい出発

ムを行っていた。その後は、新しい役所でハースの下でとっかかりを得るはず
であった。しかしながら、新しい外務省では —— シュピーゲル誌は、嘲笑的な
略語で「役所によって選び抜かれた」と呼んでいたが —— 目先の利く、「今私
は此処にいる。しかし、私は別にも活躍できる」式の外交官たちから自由にす
るのがやはり公の利益である、と主張していた。[(109)]

　執筆者の名前がないこの記事は、明らかに内部的知識を持っていた。スパイ小
説と週刊誌の要素の混ざった、高位にある外交官周辺のプライベートな問題の
詳細が含まれていた。それは、部分的には想像逞しいものも含まれていた。例え
ば、シュピーゲル記者は、1944 年に死刑になったソヴィエトのスパイのリヒャ
ルト・ゾルゲが一度上腕を傷つけて少し血を流したことがあった。——「その
後でコルトが半分袖をたくし上げて彼の腕を取り上げ、そして言った。『私に見
させてご覧』。これに対してゾルゲは、『こういうことを私は予見していた』」。[(110)]

　数週間の間、シュピーゲル・シリーズの執筆者は不明だった。10 月半ば、外
務省筋によく網を張っていたジャーナリストのロベルト・シュトローベルは、女
性担当官ズザンネ・ジモニス —— 彼女は同様にシュピーゲルに攻撃されたこと
があった —— から、シリーズの背後は「ホールスト・マーンケ（Horst Mahnke）」
という男がいて、彼は一度親衛隊と治安部に所属していたことを知った。[(111)] 外務
省がこの人物に基本的な調査を行っていれば、シュピーゲル誌の攻撃は元治安
部の協力者と新しい西ドイツのエリートたちの間の恐ろしい同盟が根元にあっ
たことが確認できたであろう。親衛隊大尉そしてマルクス主義担当のマーンケ
は、治安部のフランツ・アルフレッド・シックス教授のかつての助手であった。
両者は、1943 年に治安本部の VII 局（「世界観に対する反対の研究」）からリッベン
トロープの省に移動し、文化部を引き受けた。[(112)]

　シックスはランズベルクの監獄から解放された後、彼の庇護者であったライ
ハルト・ヘーンと外務省の元協力者エルンスト・アッヘンバッハの力強い援助に
よって、ダルムシュタットのレスケ出版社の事務局長として就職する一方、マー
ンケはシュピーゲル誌に入り込むことに成功した。かつて治安部で同僚だった
ゲオルク・ヴォルフと同様、マーンケはシュピーゲル誌で最初の数年間、安全
保障部局で働き、そこは治安部の元高官たちの遊び場であった。編集長のルド
ルフ・アウグシュタインはそういった人々を体系的に断固とした党政治の目的
のために集めたのであった。国民自由主義派である FDP の分派（「デュッセルド

429

第2部　ドイツ外務省と過去

ルフ・ライン」）で特別に際立った代表たちの、アッヘンバッハとの緊密な結び
つきは、多方面にわたり有益であった。アッヘンバッハは、古いヴィルヘルム
通りの人間を最もよく知っており、それに加えて他の「かつての」人々と素晴
らしい結びつきを持っていた。彼は、新しい外務省への跳躍を果たさなかった。
もっとも彼は、そのような努力を全くしなかったが。補償を受けるべき権利者
としての地位 —— アメリカ人女性との婚姻ゆえに彼は、1944年に総統命令に
よって年金生活に追いやられた —— そしてヴィルヘルム通り裁判で彼は犠牲
者の役割を演じていたが、コブレンツ通り〔訳注：ボンの通りで、戦後の外務省が
ライン河畔に移る前にそこにあった〕は彼に、「歓迎すべき人物」としての特権を確
約していた。だから彼は、彼に近いジャーナリストに内部事情を与えることが
できた。アッヘンバッハの見解がすべての点でシュピーゲル誌の路線と一致し
ていたわけではないにしろ、それでも決定的ないくつかの点で両者は一致して
いた。アデナウアーの西側への統合の方向性に対する共通の対決、彼によって
なされているイスラエルに対する補償政策と国際的なユダヤ人組織との協力を
除いては、特別に抵抗についての解釈には不快感を持っていた。責任ある者の
新しい組み入れではなく、新しい外務省の美化された伝統のための増大する抵
抗の道具化が、このような法に矛盾する政界、ジャーナリスト界にほころびを
生んだ。

第4節　第47調査委員会

　1951年9月のフランクフルター・ルントシャウ紙の記事シリーズは、10月
24日の連邦議会調査委員会導入に繋がった。外務省は、記事を否定するがそ
の説明の方法がまずく、フランクフルター・ルントシャウ紙の編集局は早速そ
れに反論し、結局意図に反して外務省自ら、非難の説明への関与が続くように
してしまった。アデナウアーのイニシアティブで、9月末に職務上の権利たる
調査委員会も導入され、その実施はかつてケルン高等裁判所長官だったルドル
フ・シェッターに委任された。しかし、調査委員会の設置を決定的にしたのは、
SPDの連邦議員団の態度であったかもしれない。というのは、彼らは、最初の
議会調整委員会が部分的に失敗した後で、外交政策の専門家であるリュトケン
スの穏健な路線からますます離れ、いまや、全体的に不満のあった最初の委員

430

第 3 章　伝統と新しい出発

会の結果を修正するように迫っていたのである。社会民主党の過去の政策のジレンマが 10 月初め明らかになった。党委員長クルト・シューマッハーがヘルベルト・ヴェーナー（Herbert Wehner）の要求で、「相互主義に則って援助共同体」を設立する一員である 2 人の元武装親衛隊員たちを個人的な話し合いに呼んだことがあった。8 日後にリュトケンスは、ゲロルトの提案に乗り、ベルンハルト・ライスマンとカール・ゲオルク・プファイデラーの支持のもとに、外務省の人事に関する弊害について検討する 7 人の調査委員会を立ち上げる議事提案を行った。この調査委員会は一方で、誰の責任で、かつ誰が、ナチ時代の態度が「国内外で連邦共和国の民主的発展に対する信頼」を危険に晒しかねない人物を採用したか、を明らかにすることになっており、他方で、SPD は、外務省の公務員に対する将来の攻撃に対して防御するためにどのような処置が採られるべきかの検討を提案していた。

　調査委員会の提案は、考えられる限り漠然とした表現であったので、また、外交官の防護に対しても配慮されるべきとされていたので、この提案は外務省において圧倒的な積極的な反響を得たのみならず、国会でもまたそうであり、この提案は問題なく採択された。FDP の部会長にはバート・ヘルスフェルトの弁護士で左派リベラルのマックス・ベッカーが就任した。これによって FDP 党内では、アデナウアーが連邦外務大臣の職を放棄し、そして、議会任期内での外交政策分野でもっと強い発言力を持つことへの期待が高まった。

　同盟内でもこの試みについて、様々な関心と期待を呼んだ。連邦首相自身は、悩ましい人事に関する議論を早く終わらせたいと思っていたが、CDU/CSU 議員団の一部──その中にはまた副委員長で、以前の連邦議会議長のエーリッヒ・ケーラーがいた──は、その意見によれば、ブランケンホルンの保護下に新しい外務省の中に広がっていた派閥の除去に関心を持っていた。1 年前の最初の委員会と違って、調査委員会「ナンバー 47」に「かつての人」はもはや所属していなかったが、2 人のメンバーが古いかつ新しい役人と特別な方法で結びついていた。

　オイゲン・ゲルステンマイアー（CDU）とブランケンホルンの間では、相変わらず接触が時おりあった。それは、1942 年にアダム・フォン・トゥロットと初めて国家転覆の可能性について情報交換して以来であった。ゲルステンマイアーは 7 月 20 日事件に関係したことで、一連の外務省の役人──その中には

431

ゴットフリート・フォン・ノスティッツがいて、彼はその間にヨーロッパ担当官になった —— は無関係だと説明して罪を問われないようにすることができた。不愉快と思われていたゲルステンマイアーの態度は、彼が 1952 年夏までアデナウアーの後任で外務大臣候補の可能性が取りざたされたことに全く影響がなかった、とは言い切れない。

　難しかったのは、外務省幹部と委員会の報告者ヘルマン・ルイス・ブリルの関係であった。SPD の著名な政治家は、1945 年 4 月にアメリカ軍によってブーヘンバルトから解放される前は、ナチ政権に対する抵抗のため、長年にわたり刑務所と強制収容所に入れられる経験があった。道徳的な「ドイツ民族の自浄」のためにテューリンゲン州の官房長に就任したが、それによってすぐさま、ソヴィエトの占領軍と対立することになった。西側への逃走後、彼はヘッセン州の官房長官のポストを引き受けた。ブリルの過去の政策問題に対する厳格性は、1947 年の「平和オフィス」設立時に決定的であった。4 名の行政委員会のメンバーとして、この法学博士兼国民経済学者は、人事採用の実際的な流れと、一連の「かつての人々」のこの関連で首をかしげざるを得ない役割を厳密に観察することができた。ブリルの反対は成功しなかったが、これらの候補者には評論家のクラウス・メーネルトと FDP のカール・ゲオルク・プファイデラーもいた。ブリルは、プファイデラーと同様に再雇用を迫っていた元治安部のギゼヘル・ヴィルジングが、戦争末期にノルウエーで反対する活動を活発にしていた、と相互に証明しあっているのに腹を立てた。このような背景を前にしてブリルは、国会での解明の可能性と限界について、幻想を抱いていなかった。

　ベッカー、ケーラー、ゲルステンマイアーとグリルの他に、アドルフ・アルント（SPD）、フリッツ・エーラー（SPD）そしてヨゼフ＝エルンスト・フュールスト・フッガー・フォン・グレッテ侯爵（CSU）が委員会に所属していた。マンスフェルトが動機と情報源を聞かれた 1951 年 12 月 18 日の会議を例外として、委員会の会議はすべて公開で行われた。ほとんどの議員に、調整委員会はシェッター報告にも返答するものと理解されていたので、委員会はフランクフルター・ルントシャウ紙が主題とした、そして、シェッターから例外なしに罪なしとされた個々のケースについて、改めて検証することに集中した。シェッター委員会を通して新たに付け加えられた資料の精査と証人の発言に多くの時間が費やされた。英国や米国がこの間に次々と返却した人事資料を見ても、どれ

も徒労であったことを示した。戦争の結果と移動させられたことについて、部分的に欠陥のある資料を整理することによって、多くの証拠は混沌とした状態であった。[125]多くの人事書類は、1943年11月のベルリン大空襲によって焼き尽くされていた。これは「不思議な運命の定めである」というのが、副委員長ケーラーのコメントであった。けだし、戦争の終わりまでその地位にあり、後に再雇用された外交官たちの書類がまさしく、多いにせよ少ないにせよ、完全に火事の犠牲になっていたからである。[126]これに反して、保存されていたのは、1943年11月以前に役所を辞めていた官吏の、文庫に手渡されていた人事書類であった。1945年以降作られた書類で、外務省から委員会に提出された文書は部分的に緩く束ねたものからなっており、ページも振られていない紙キレであった。

最初の聴取はまだゆとりある雰囲気で経過したが、新しい年の初めには窮屈なものになった。それは元外務省職員のフラストレーションの増大に繋がった。彼らには政治レベルでいかなる後押しもなく、加えて、新しく入省を希望することも実際にはもはや不可能であった。アデナウアーは喫緊の危機にもかかわらず責任を一切取らずに沈黙の陰に隠れ、人事局長ディットマンと会おうともしなかった。委員会がその作業を始めた時、外務省の中の悲観主義者たちは、可能性としては1人、最大2人の攻撃されている同僚が辞めねばならないだろうと、予測していた。それが1952年春には、少なくとも5人の上級公務員が「破滅」しなければならないだろう、そして、ディットマンは既に新しい職を探しているという噂が広がった。[127]

委員会メンバーの考えとしては、ブランケンホルンと親密な者は、彼を2回聴取した後の遅くとも4月初めにはそのポストには不都合だ、と判断された。22回目の会議の際に、ディットマンの庇護の下で、リッベントロープの省の人事局からゴットフリート・ヘッカー（Gottfried Hecker）が2ヵ月前に終身の公務員に任命されたことが明らかになった。彼を再び任用しないという勧告が1950年9月の最初の調査委員会で声明されたのにもかかわらずである。実際は、ディットマンに責任があったわけではなく、彼の前任者ハースに責任があった。ハースは意図的に、国会の勧告を無視したのである。しかし、彼がこの件に絡んでいたことは、交渉では話に出なかった。このことは、ブリルがハースを「紳士」と呼んでいたことに関係していた。

雰囲気が特に害されたのは、フランクフルター・ルントシャウ紙の新シリー

433

ズがきっかけであった。1952年2月8日、そして新たに2月13日と29日に
同紙は、ニュルンベルクで行われた裁判の過程について、当時の「ユダヤ人担
当」フランツ・ラーデマッハーについて驚くべきことを報じた。同紙が報じ
たところによると、外務省はディットマンの協力者ルップレヒト・フォン・ケ
ラー（Rupprecht von Keller）の名で、公式な観察者としてニュルンベルクに派遣
しただけではなくて、裁判の取引に影響を与えるよう明らかに試みた、という
ことだった。さらに同紙によれば、ケラーはディットマンの委託により、ラー
デマッハーの弁護人でニュルンベルクの新聞社出身の旧い知人であるエドゥム
ント・ティップに対して外務省から追加的な証人を任命することを放棄するよ
うに警告・要請した、とのことであった。彼の要請を強化するために、ケラー
は副次的に、ラーデマッハーの会計書類の中に被告人に不利となるように裁判
手続きが変わりうる重要な証拠が出てくるかもしれない、と注意を向けさせた。
「ボンからこのような鉄砲玉が来るということを知れば、私は素早く対応する」
とティップは怒りを込めて対応した。「最初にコブレンツ通りの人事局の紳士た
ちが私のところに来て、裁判を広げないように要請し、そして、彼らは私の依
頼人の背後から撃っている」[130]。

　ディットマンとケラー、そして人事担当官ヴォルフガング・フォン・ヴェルク
（Wolfgang von Welck）が3月11、12、14日に調査委員会に複雑な案件につい
て聞かれた時、3人は一致して、ケラーが実際にディットマンとヴェルックの委
託で、この裁判手続きによって旧外交官たちが再雇用される可能性があるかど
うか、そして将来の候補者たちが不利になるかどうかを知るためにニュルンベ
ルクへ行ったことを認めた[131]。ケラー自身は、国防軍判決で協力したことがあり
旧知の弁護士ティップと証拠の採用について話し合ったこと、そして、ディッ
トマンや国家社会主義のユダヤ人政策に関係した他の外務省高官たちの書類を
巻き込む可能性のある文書の引用を止めるよう説得したと認めた。これと、彼
が上司の承知の上でニュルンベルクに行った事実は、彼がボンから持っていっ
たラーデマッハーの非常に論議を呼びうる会計書類を検察当局に渡すことに触
れることなく、委員会は、フランクフルター・ルントシャウ紙の掲げた批判記
事は裏に何かあるに違いない、と推量した。

　非常に不器用な態度 ―― 委員長ベッカーは、外交官たちの「第Ⅰ級の曖昧さ」
と連邦政府のためにと思ってやったのに「結果は逆効果だった」ことを語った

が、これは第Ⅰ級の高官が神経質になっていたことを示していた。それにはいろいろな理由があった。1つには、ラーデマッハーと他の容疑者たち —— その中には旧外務省官吏オットー・ブロイティガムとカール・クリンゲンフスがいたが、これに対する聴聞によって、ニュルンベルク後継裁判を続けることが不可能で、さらに、バイエルン州法務大臣ヨーゼフ・ミュラーとその助言者で、1933年に外務省を辞めたフリードリッヒ・フォン・プリットヴィッツ・ウント・ガフロンによる個人的な復讐行為が予期されたことだ。個人として軍の反対派による転覆準備に参加したミュラーは、ヴァイツェッカー支持者たちが「ケース11」で反対派についた方法に怒り、旧外交官たちに対するすべてのニュルンベルク裁判の手続きを「バイエルン」に移すべき、と早くから唱えていた。[133]他より、ニュルンベルク裁判で公になった証拠、すなわち、現実にあるいはいまだ職務についていない公務員たちが刑法上の聴聞の渦に巻き込まれる恐れがあった。[135]ニュルンベルク裁判所が、月末に一連の外務省職員たちを証人として呼び聴聞するように申し立てを行った時に、ボンではまさしく、ニュルンベルクの聴聞と並行して開催されていた立証委員会が危険な相互作用となるのではないかと恐れられた。

　こうした経緯で、人々はパニックに陥った。というのは、ラーデマッハー裁判はある人物によって外務省に対する悪だくみの意図をもって利用されている、というのであった。そこで、ラーデマッハーの弁護人は11月末に不穏なニュースをもたらした。フランクフルター・ルントシャウ紙のシリーズの記事を書いたマンスフェルトが、後続裁判に影響を与えようとしている、というのである。彼は、ルントシャウ紙がラーデマッハーと同様に訴えられているエバハルト・フォン・タッデン —— かつての国内Ⅱ課の「ユダヤ人担当官」—— を、もしも2人が元事務次官と、旧外務省課長を悪者にする用意がある限り、2人を「寛大に」扱うことを知らしめた。[137]1月末、主要な裁判交渉が始まる数日前に、ディー・ツァイト紙のリヒャルト・テュンゲルがこの粗雑な見解を自分の意見のように取り上げた。驚くべきものは少ししかないと、彼はそれでも、ケンプナーを悪だぐみの張本人と見なした。旧主任検察官がラーデマッハーの弁護人として取りざたされており、ラーデマッハーが全責任をコブレンツ通りに被せるならば彼を無罪にする見通しがあると誘った、というわけである。このような脈絡のない謀議に対し、テュンゲルはいつでも説明する準備ができていた。ドイツの

外務大臣になるというケンプナーの出世欲は遂に失敗したので、彼は復讐を考えた、というのである[138]。

外務省人事局では、そのようなシナリオに可能性を見出した。さらに２月初め、駐アテネ・ドイツ大使から、彼の間もなく行われる証人尋問について彼の見解を記した書簡が到着した時には、ついに希望はすべて水泡に帰した。彼――ヴェルナー・フォン・グルントヘル――は、中央が地方裁判所において証人として彼をニュルンベルクで発言させることにしたことについては十分理解するが、「裁判の時点の選択……においてある特定の計画があること」を推量せざるを得ない、と書いてきた。彼は、既に前年の秋、ヴェルックからケンプナーがこの件全体の背後にいる、という確かな情報を持っている、と説明していた。この見方は、彼に送られたツァイト紙の記事によって確認された、という。「この裁判の目的には、ラーデマッハーを断罪することよりも、できるだけ多くの証人が列をなすことで旧外務省を穢し、この機会に汚れに汚れた役所であることを受け入れさせることにあるのではないか」と。ニュルンベルクの社会民主主義的な環境は、この目的に特にふさわしい。他にも、スイスとスウェーデンの新聞が数年前にケンプナーが実際は共産主義のために働いていることに注意喚起していた、と報じた。彼の「記録」により、マンスフェルトは、「新しいドイツの外務省の早期の建設を妨げる」ことにいくつかの「素晴らしい成功」を治めていた。ソ連はそれを喜んでいた。彼――グルントヘル――は近く調査委員会で証人として聴聞されることを想定していた。そこで彼はようやく、マンスフェルトの攻撃に反論する機会を得ることになろう。それでもすべては有罪とする連合国の調書を基礎としているので、「急進的な右派陣営」がそれによって勢いづく危険があった。外務省職員に対する聴聞のすべては、「（立法府と行政府）全体の公務員性にとって基本的な重要性を持つ」単なる「テスト・ケース」になった[139]。

外務省がラーデマッハー裁判に巻き込まれるのではないかという恐れは、フランクフルター・ルントシャウ紙の連載によって繰り返し狙いをつけられた他の「かつての」人々の取り扱いにも影響した。それはすなわち、公使ヴェルナー・フォン・バルゲンである。３月19日、バイエルン放送の番組にヘルムート・ハマーシュミットが半時間に及び出演して２日後、説明責任の圧力がさらにもう一度高まった。そして、彼は調査委員会で聴取された。既にヴァイツェッ

カー裁判とベルギーのファルケンハウゼン裁判で弁護側の証人として登場した後で、バルゲンは、たった１人、旧外務省の官吏としてラーデマッハー裁判でも証人席に登場しなければならなかった。そして、国会議員の意見によれば、自分自身を不利な立場に置いてしまった。ボンでバルゲンは、ユダヤ人たちをベルギーから強制移送させるのを止めさせようと抵抗したとして自己紹介しようとした時には、空気が凍りついた。当時バルゲンが中央に送った報告では、その中で彼は冷酷にユダヤ人の「殺害」を述べていたのだ。ケーラー議員は、バルゲンに対して真面目に、「あなたが書いた報告書を、特別に、今日再び連邦共和国の外国における代表となるにふさわしいと思うのか」と質問をするきっかけとなった。「議員殿、その質問に対して私は単にこう答えることができる。私がブリュッセルとパリに残した評判によれば、何らの懸念も持っていない[142]」。バルゲンの聴取によって、委員会の作業は取りあえずの頂点に達した。ディットマンとバルゲンのケースは終了したと見られた。両者はすべてのメンバーの一致した見解で、外務省で雇うにはふさわしくないとされた。今後聴取されることになっているグルントヘル大使も、拒否する姿勢に到達していた[143]。彼の招集と聴取は —— 言われるところによれば ——「外国における連邦共和国の重大な評判」を傷つけないために秘密にされるべきであった[144]。

　ヴィルヘルム通りのスカンジナヴィア担当官としてのグルントヘル時代は調査委員会で公開議論の対象としないという決定は、文章がギリシャとスカンジナヴィア諸国との関係に有害に作用するという懸念からであった[145]。その当時、連邦政府はギリシャ政府と戦争犯罪問題の補償について交渉の真っ最中であり、デンマークとノルウェーについては、押収されたドイツ人の財産返還の解決を探っていた。外務省幹部たちはただちに、そのような外交政策的な圧力を認識し、それがまた、国会の調査委員会をできるだけ早く終わらせるテコに使われた。ブランケンホルンの勧めに応じたのだろう、それゆえ事務次官は３月末、初めて人事政策について語るべく公に登場した。

　パレ・シャウムブルク〔訳注：ボン時代の大統領府、シャウムブルク宮殿〕での記者用レセプションでハルシュタインは、特に「ナチス」と「ナチに近い人」を同一視することによって結果として生じる、一般化や勘違いについて警告した。また、ハルシュタインは興奮したドイツの議論が外国で、ドイツ外務省に注目することにつながったと述べた。各国のドイツ民族に対する一般的な判断

は、「ドイツの世論が戦争犯罪問題をいかに扱うか」であって、「代表団参事官Ｘあるいはｙがナチ党に属したかどうか」という問題ではない、と述べた。ハルシュタインはさらに、外務省はもちろん、調査委員会の作業にしかるべき尊厳をもって従い、検証 —— 自身も含めて —— に対して結論を出すだろう、少なくとも、次の批判に対しては一致している、すなわち、ナチ政権に協力した罪ある者が公的職務に属することはふさわしくないということである、と述べた。

公務員法の観点から見て最も問題が少なく見えたのは、グルントヘルとクルト・ハインブルクの例だった。というのは、両者は年金生活に入る直前だったし、調査委員会との間で、両者が職務を停止する用意があると声明する限り調査委員会が見解を述べることを放棄すると合意したからである。バルゲンは、法務局長が係争中の調査にもかかわらずSPD議員のリュトケンスの補償要求を検討するという焦眉の課題を要請したので、職務からの離脱に必死になって抵抗したと説明した。３月29日、彼が第三帝国時代に成し得なかった昇進の補償証の申請を提出したのにもかかわらず、緊急停止のブレーキを踏んだのは連邦首相であった。首相は４月初め、バルゲンに理由を示すことなく休職させた。有難くない役目を負ったのはハルシュタインであった。彼は当該者にこの処置を説明し、役所監督を目的とせずにヴェルックの同席の下で、議会が再検討に付することはしないと約束した。むしろ、間もなく知られることになる個人のケースをもう一度詳細に検討すべく、独自の再検討を委託することを計画している、と説明した。

２週間以上後に、バルゲンとゲルステンマイアー、他に人事担当官ヴェルックとゴットフリード・フォン・ノスティッツも加わり、親密な話し合いが持たれた。その話し合いの目的は、バルゲンに彼の地位の維持が可能性のないことをはっきりさせて、彼が自由意思で辞退するように説得することであった。ゲルステンマイアーは、バルゲンが引き込まれたのは「真実の悲劇の例」であると説明した。それにもかかわらず、政治的な課題を負った委員会は、その決議を固辞しなければならない。そして、勧告は拘束効果を持っていないものの、外務省にはバルゲンから早急に距離を置くことを薦めていた。彼はバルゲンに、法的な状態に固執することのないように薦めた。悲惨さに責任のある上司が彼に新しい仕事場を世話しよう、と説得した。

バルゲンはしかし、譲歩を見せなかった。それは特に、ヴァイツェッカーの

ニュルンベルクでの弁護人ヘルムート・ベッカーが彼の支援を示したのが大きい。ベッカーは、50年代初めから法律家兼政治的顧問として、特にマックス・ホルクハイマーとテオドル・W・アドルノに率いられた社会研究のフランクフルト研究所で活動していたが、バルゲンの「ケース11」での特別な活動をよく記憶していた。彼は、委員会が過去の文書を完全に間違って理解しているというバルゲンの立場を強調するだけでなく、国会の解明作業の法的根拠に対しても疑いを伝えていた。「この全体検証が最低なのは」と、彼は外交官に彼の解雇の反応として次のように書いている。「このような騒ぎの後でただ精彩に欠け、常軌を逸した外務省の姿が現れるだろう。というのは、若干リスクを取ることもある生き生きとした自律的な人間は、このようなシステムで外務省のポストを引き受けない」のが実際であろう[152]、と。

ヴァイツェッカー裁判に直面したベッカーは、公式にはバルゲンのために奉仕するのは適当ではないという意見であったので、友人プファイデラーを通じて評論家のクラウス・メーネルト――当時は、雑誌『キリストと世界』の編集長であった――をこの関係で取り込もうとした。プファイデラーがメーネルトに、国会の検証はニュルンベルク裁判と同様に一方的に行われている――全くこのようなことをFDP議員が連邦議会での調査委員会が発足する前に明示的に警告していたが――ことを確信させることには成功したが、メーネルトはバルゲンの件では明確に態度を硬化させて反応した[153]。彼はプファイデラーと、委員会が憲法に合致した構成であることを一度、より詳しく明確にされねばならないという点では一致していたものの、彼のヘルムート・ベッカーに対する要望、すなわち、文書でこの件について意見を表明するようにという要望を、このテーマをバルゲンのケースと結び付けないようにとの明確な示唆と結び付けていた。編集部と対応について話し合った後で彼は――おそらく、編集人ゲルステンマイアーとの対立をできるだけ回避しようとして――「論争はいずれにしても」本論には役立たない、との見解に達していた[154]。

第47調査委員会が1952年6月18日に最終報告書を提示した時、委員会メンバーも外務大臣もそれぞれのポジションを既に固めていた。CDUの政治家ケーラーがボンの記者たちに検証された外交官21ないし22人のうち、多くて6人が罪ある者と認められると話したのに対し、アデナウアーは、外務省が調査委員会で広範に非難されるべきではなかったとの結論を得た[155]、と述べた。ブリル

の手になる最終報告書は、本質的に、一連の一般的な勧告および個々の公務員に対する意見を特別に含んでいた。バルゲン、ディットマンそれにグルントヘルについては証拠に基づき、彼らは外務省員にふさわしくないとし、ハインブルクについては見解表明を放棄した。これをもとに議員たちは、ハース、メルヒャース、ヴェルナー・シュヴァルツ（Werner Schwarz）のケースについては、人事局への再登用に反対の意見を表明した。当面、外国への派遣に対しては、プファイファーとシュヴァルツマンはそれにふさわしくない公務員として位置づけられた。一方、ハインツ・トリュチラー・フォン・ファルケンシュタインは、かつて「言語規制の活動」—— 彼はいわゆる「白書の作成」に参加した ——ゆえに、外国に派遣されるべきでない者として位置付けられた。ブランケンホルン、エッツドルフ、ケッセル、コルト、ノスティッツ、ヘルヴァルト・フォン・ビッテンフェルト、カンポエベナー、ケラー、マルヒターラー（Marchtaler）とジモニス（Simonis）は、何らの心配もなかった。[156] 行われていた検証作業中に浮かび上がった有罪となると示唆された他の重大な外務省公務員—— 例えば、かつての親衛隊少尉フェリックス・ゲルテ（Felix Gaerte）は、違う名前を使い、外務省で再び活動していた ——について、報告書は追及していなかった。[157] 外国移住者たちに対する補償がなぜいい加減なのか、その原因に根本的に迫ることにも距離を置いた。このテーマは超党派的な同意をおそらく吹っ飛ばしたのであろう。このテーマについて外国へ移住した者に対して公職に再雇用される権利を認めようとしたのはやはり連合国であった。

　1952年10月22日の本会議での発言では、検証報告を必要最低限に抑えた結果、各党の意見が異なることが誰の目にも明らかになった。アデナウアーがその間に取った比較衡量した、どちらとも取れる態度は、彼がその見解を述べる際に事実を避けて、その代わりに調整委員会の欠陥を暗唱し批判することに専念したことに表れていた。その際に彼は、法律顧問エーリッヒ・カウフマンの憲法学上の専門知識に頼った。[158] この間に、個々のケースについての判断ではニュルンベルク裁判の資料に立ち戻り否定的に先決されている、というのが外務省人事局の標準的理由となったが、連邦首相はこの主張を特に考慮することもなく、自分のものとした。ヴェルック、ディットマン、そしてペーター・プファイファーが彼のために、連邦議会での議論のために準備していた草稿から外れ、連邦首相が述べた諸点はもちろん含蓄に欠けていた。外務省側からは、

「かつての人々」の問題を、全公務員と従業員の数と比較した数を基礎において低く扱おうと試みたが、アデナウアーは、担当官以上の約66%の上級職が「以前ナチ同調者であった」と述べた。[(159)]

　アデナウアーは、プファイファー委員会の予期される反応に鑑み、また国会の権威に対する尊敬の念から激しすぎる批判を控えるように、との勧告にも従わなかった。その代わりにアデナウアーはDP（ドイツ党）の賛成という掛け声の下に、将来はまた、外務省職員に対する「侮辱」に対しては刑法上の手段で臨む所存だと告知した。検証結果に対してメディアは、「実際にはその核心で破綻している」という党の同僚ゲルステンマイアーとは反対に、このCDU党首は、新しい外交職員の状態をもちろん明確に現実的だと外務省を評価した。例えば彼は、ブランケンホルンとグロプケの強力な地位を示唆して一種の「副次的政府」と呼んだ議員のエーラーに応えて、「ナチの匂い」とは最終的に終止符を打つべきであるとし、さらに次のような発言を行った。「というのは、次のことを信頼しよう。こうして始めた時、それがどう終わるか誰もわからない」。

　連邦共和国諸官庁の事務次官職も時としてはかつてのナチに近かった人物たちに占められ、そして、「超党派的な専門公務員性」というスローガンの下に、彼らは実際はあらゆる行政分野で大手を振って網の目を広げることができたが、熱心に行われた外務省のかつての負担についての議論はほとんど時代錯誤のようであった。しかしながら、過去の政治的な矛盾はある意味で、社会の典型的な感情であった。それは、占領時代の終焉以来ますます国民的な自己主張、少なくとも強く意識された国際的な承認への希望と罪の許しが混沌としたものであった。立法府が立証委員会でその憲法的な監督要求を強調することができたことを除いて、民主主義化への作用はどちらかというと矛盾した性格のものであった。国会での啓蒙の努力は、官庁の中では、少なくとも経過処置的には一層の連帯を促し、それ相応の区切りをつける傾向が大手を振ってまかり通ったが、外務省の人事政策をめぐる議論については、政治の枠内では優に代替機能が加わった。

　「第47調査委員会」は社会政策的には大きな効果を発揮できなかったが、そのことは特にSPDの党内の緊張が関係していた。そして、それは初期の連邦共和国におけるメディア事情も関係していた。というのは、連邦議会に進出していた政党のどれ1つも、強力な「131条」ロビイストとの紛争を犯そうとしな

第 2 部　ドイツ外務省と過去

かったし、それに加えて議論によって続く、懸念された外交政策的な問題を早期に収拾しようと試みたことが、すべての告白にもかかわらず、国家社会主義の公務員の役割について基本的な言及がおざなりになった。1952 年においてもいかなる政治家もが、連邦共和国の新しい外交職員について規制する気持ちも、意思もあまりなかった。

442

第4章　後続者、古参、「かつての人々」

　外務省が再建されてから数年間、その人員はダイナミックに増えていった。その迫力は、外国での代表部の機能を強化するという確かな課題に鑑み、驚くべきことではなかった。1951年に設立してから最初の5年間、構成員は1,000人だったのが、占領体制が終わり —— 当面は限定的ながら —— 主権を回復した1955年には、全体数は4,655名に成長した。それに比べると、それから50年以上経ても構成員はたった2,000人程度増えただけである。2009年の外務省の定員はおよそ6,600名である。

　上級職員が設立時に急激に増えたとはいえ、強いぶれが生じ、時には減らされることもある。上級職員は1951年には383名だったのが、1955年には945名、5年後には1,227名であった。60年代末になると上級職員の数は若干減少したが、今日では約1,500名いる。[1] 増減は、外務省で「頭でっかち」を減らそうと何度も努力した結果だ。最初の数年間、上級職員を優先して築き上げようとしたが、すぐにキャリア・グループ間の関係がおかしくなった。あまりにも多くの上級職員が、上級のあるいは中級職の課題さえも負担することになってしまった。[2]

　候補者への要求は最初からハードルが高かった。候補者は専門性だけでなく、言語知識や外国経験の他、法律や経済、そして歴史に関する基本的知識を持ち、性格も適していて、そして国家社会主義の過去に関して罪なきことが要求された。在外での動員も可能性としてあり得ることから、原則的に厳格な基準に拠った。この選考基準によって、候補者の範囲は全体的に制約された。[3] 他、外務省の人事政策は国内政策上の要請にも応えなければならなかったし、諸政党や社会的な影響力を持つグループの利益にも関心を払わねばならなかった。初代人事局長ヴィルヘルム・ハースによれば、人事計画の目的は、世界におけるドイツの評価の再興に貢献するために連邦共和国の民主主義的な社会のモデルを作ることであった。それとともに、ハースは古い外務省の「健全な」伝統に立ち戻ろうとした。[4] 1937年に省を去らなければならなかった旧外交官としてのハー

スは、多くの人々の目にはこの「健全な」伝統の一部であった。しかし、人事政策上に鑑みて「健全な」伝統とは、厳密には何を意味するのか？　職員を人事的に新建設する時の「かつての人々」の継続性と新しい出発との間の緊張する分野で、これがどんな意味を持ったであろうか？

第1節　人事政策

　ヴィルヘルム通りの人員を探ることは、新しい省の計画に最初から組み込まれていた。しかし、かつての職員の再雇用に対してすぐに、世論の批判が沸騰した。アデナウアーや連合国が人事政策の基本方針に同意していたことは、大して意味をなさなかった。ハースの諸計画では、ヴィルヘルム通りで奉仕していた元外交官のうち、上級職として外国でのポストに就ける者は10％に上ると見込んでいた。さらに緩い基準だったボンの中央では、新人と旧い人の比率は1対1と予定されていた。全体として、旧外交官は4分の1ないしせいぜい3分の1を占めるはずであった。[5]

　しかし1950年は、137名の上級職のうち61名、すなわち、ほぼ半数近くがヴィルヘルム通り出身であった。とはいえ、その割合はすぐに減少し、1952年初めには3分の1に満たず、1954年には23％近くになった。[6]もちろん、この比率の減少には、省員の一般的な増加が背景にあった。厳密に言えば、ヴィルヘルム通りの外交官は省員の中でますます少数派に属していったものの、数だけでいえばますます増えていったことになる。中央では初めの基準値1対1の比率は維持されて、旧外交官の割合は次第に少なくなっていった。在外代表部では彼らの割合を10％に抑える努力がされたものの、1951年および1952年には、およそ4分の1から3分の1となっていった。中央でも在外でも、職務が上であればあるほどヴィルヘルム通りの外交官の割合が高いという傾向があった。[7]

　これは、再建に際して経験豊かな彼らを使うという目的のためだった。にもかかわらず、大多数はノイラートやリッベントロープの下で彼らの「義務」を果たし、国家社会主義下で外交政策に従事した外交官たちは、新しい役所にとって少なくない負担となった。しかし外交とは手工業であり、それは勉強して獲得しなければならず、ある一定のルーティンが必要である、と批判派は対応し

た。特に指導的なポストにはそれが必要だ、と。ヴィルヘルム・ハースは後に、在外での代表部には少なくとも旧い職員が動員されるべきだ、というアデナウアーの指示を引用していた。[8]アデナウアーは多くの機会に旧い人の経験が頼りになると強調していたので、この主張も全くの絵空事ではなかった。派遣に同意を得る必要のあった3連合国は、この見解に理解を示していた。異議を申し立てる権利を彼らは一度も行使しなかった。

　連邦省庁の設立に際して、行政経験のある旧プロイセンや帝国省庁の役人を起用するというアデナウアー的な指示は、すべての連邦省庁の人事政策に影響を及ぼした。そのようにしてこそ、効率的で急速に行政の再建が可能であった。同時にこれによって継続性も作られた。継続性とは、いわゆる131法によって、1945年5月8日に公務員であって、公務員以外のあるいは賃金の支給者であった理由により解雇された人員の法的関係を規制したものであった。1951年5月11日の法律によって、公の企業や行政の正規定員は少なくとも20%の比率で「131法」に留保されうるという命令が出された。大多数の公の職員に属していたかつての職員で重罪であった者も、職業上は再統合も可能となった。131法は、第三帝国のかつてのナチ党員たちの特赦と統合の重要なステップであった。しかし、たとえ公の職務における活動の復活が連邦共和国の政治的な安定に繋がったとしても、罪のある人々の再登場は新しい門出の信頼性を著しく損なってしまった。

　1950年には、連邦省の部局長の42.9%が古い帝国の省の出身であり、連邦行政府においては47.2%の部局長がかつての帝国官吏であった。この数字は、公の職務における旧い人員と新しい人員の継続性を反映させている。外務省の上級職員の数と比較すると、旧い人員の登用は少なく、ふつうのことのように見える。むしろ直接的な継続性が目につく。すなわち、旧い省から新しい省に移った人々の高い比率である。例えば、連邦経済省では1949年から1963年までに「たったの」32.4%の上級公務員が昔の帝国経済省から来たのに対し、外務省には古い省出身の98名すなわち、64.3%が外務省上級職員として1949年から1955年までに以前と同じ高い地位に就いていた。連邦共和国外務省で目立ったのは、旧帝国省庁の一般的な継続性ではなくて、ヴィルヘルム通りの直接的な継続性であった。[9]

　外務省職員の政治的な過去の問題に関しては、第三帝国時代の地位の関係も

あり、国家社会主義で迫害され不利に扱われた者は西ドイツ社会でも決して一体的な、はっきりとした特定のグループを表していなかった。外務省の人的要員の統計および提示によってもナチに迫害された者が、どのような基準でそれぞれこれらのグループに色分けされたのか明確でない。通常の、「政治的、人種的に迫害された」という大体の概念がいずれにしろ、個々人の異なる運命を包含していた。初めの頃は、1933年の職業公務員の樹立のための法律を根拠に追放されたかつての外交官が、迫害された者の大部分を占めた。いわゆる「アーリア条項」で、リヒャルト・ヘルツ、カール・フォン・ホルテン、ゲオルク・ローゼンが問題となった。ヘルツとホルテンは1937年に、ローゼンは1938年にユダヤ人の祖先がいることを理由に外務省を去らねばならなかった。3人とも移住を決断した。ローゼンとヘルツは米国へ、ホルテンはスウェーデンへ行った。公式の補償によって、彼らは1951年以降再び雇用された。「人種的に迫害された者」には、妻が外国人であるがゆえに差別された、ヴィルヘルム・ハースやルドルフ・ホルツハウゼンのような外交官がいた。両者は戦後、新しい外務省の設立にしかるべく参加した。[11]

1950年には、外務省上級職員137名のうち29名がナチ政権の犠牲者と見なされた。1954年までにはこの数はおよそ70％に高まったが、その後は、おそらく年齢の関係もありその数は後退した。1962年には、このグループはいまだ67名を数えたが、比率で言えば6.2％だった。[12]この数から鑑みて、1950年12月21日に連邦政府が方針として要求したナチ政権による被迫害者の優先的採用はなされたとは言えないであろう。[13]ナチに迫害されたグループは外務省の再建段階では上級職員の人的構成員の約5分の1を占め、彼らの4人に1人はヴィルヘルム通りから来た。[14]

迫害された者の割合は、ナチ党のメンバーの割合よりも本質的には多かった。ヴィルヘルム通りの多くの所属員は、日和見的であろうが、確信的であろうが、外部からの圧力によって入党した。しかし、ヴィルヘルム通りで党に親近感を持つ者だけが新しい省に入ろうとしたわけではなく、「外部からの者」もまた、ここに就職先を見つけていた。好んで受け入れられた警句によれば、外務省には戦後1945年以前より多くのナチ党員がいたといわれる。1950年には、137名の上級職員のうち42.3％がナチスに属していたという。その後、その割合は徐々に少なくなっていった。しかし、1952年初めにその数は34.7％であったの

が、1954年までにはもう一度、若干ではあるが増加した。全体的に見ると、設立段階でかつてのナチに親近感を有していた仲間は、上級職員のほぼ3分の1に上がっていた。ここでも、位が高いほどナチ党の党員手帳組がよく見られた。ヴィルヘルム通りの外交官の割合は数字の上で上下していたが、絶対数は後退していなかった。ナチに親近感を有した仲間の割合は、全省員の中で相対的に減っただけであった。実際に元は58%の比率だったのに、1954年には、人数は325名に昇っていた。⁽¹⁵⁾

　1951、52年、中央ではナチ党員が上級職員の全職員の40ないし50%と在外よりも本質的に割合が高かった。在外ではその割合はほぼ25%であった——ボンが在外にはナチに親近感を持った仲間たちを当面派遣しないと約束したことを考えるとかなり多い——。もちろん、ハースとブランケンホルンは連合国に対して、経験者の不足ゆえにその約束を維持することができないと通告しており、高等弁務官事務所もそのことを了解したと声明していた。彼らが必要な経験の蓄積を持参して来るので、ナチに親近感を有していた仲間をも登用せざるを得ないという理由は、再検討されなかった。1952年の、外務省では、ナチに親近感を有した仲間のうち半分近くはヴィルヘルム通り出身者ではなかった。⁽¹⁶⁾

　戦後の外務省には、ナチに親近感を有していた人々が以前よりも多くいた、という警句は、したがって全く的外れではなかった。もちろん、一様ではなかった。第二次世界大戦の前には、ベルリンの中央の92名の上級職官吏のほぼ3分の2が党員手帳を持っていた。50年代初めには、ボンの中央では40%以上がナチに好意的な人間で、したがってその割合は明確により高かった。在外代表部の上級職員のすべての従事者を一緒にすれば、新しい役所はより高くなる。1937年にはすべての上級職員のほぼ200人がナチ党に所属していた。1943年5月1日には、現役の603名の上級職員のうち522名が党員で、86.6%であった。よしんばボンでは1954年には325名がナチに好意的で、1937年と比べて明らかに高かった。⁽¹⁷⁾

　ヴィルヘルム・ハースは外務省の人事政策の原則を作った。「我々は、ナチに親近感を有していた者を採用するが、しかしナチをではない」。⁽¹⁸⁾党のメンバーであったことが、国家社会主義思想を有している十分な根拠とされていなかったのが実際だ。それでは、どのようにして、誰が「ナチ」であるのかを確認するのか？　第47調査委員会は、この点について明確性を確保しようとした。しか

第 2 部　ドイツ外務省と過去

し、この委員会が驚いたことには、採用に際して「政治的に信頼できる」という基準を文書で作り、それに相応して人事局で基準をもとに話し合って採用が決められるのではなかったことを確認しなければならなかった。証人の証言から、最終的には 3 つの消極的基準が出てきた。排除されたのは 1933 年以前にナチ党に入党しており、一般的な親衛隊のメンバーであって、「現役」だった者である。ということは、特別に得をした党のメンバーであり、シンパシーを持った者、陣笠連中を意味した。[19]

　人事局は個々の場合に、いつも自身で設けた基準を応用した。一つの例が、後に外務省事務次官になるゲオルク・フェルディナント・ドックヴィッツである。彼は 1932 年にナチ党に入党していたが、1943 年のデンマークからのユダヤ人救出に参加したことは、それでも人事的な責任感があると確信させ、1950 年には再び外務省職員にされた。キャリア公務員のフランツ・クラップもまた、新しい外務省に入ることができた。クラップは 1933 年に一般的な親衛隊に参加して、1936 年にナチ党のメンバーになった。1938 年には親衛隊少尉に任命され、同時に治安部に配属された。ハースとメルヒャースはクラップが親衛隊と治安部に所属していたことを念頭に置きつつも、彼らは「深刻には受け止めなかった」。というのは、クラップは彼らの意見によれば「一度も積極的な国家社会主義者として活動せず」、親衛隊の経歴は 1951 年に彼を再雇用する際、何らの障碍にならなかった。[20]

　個々の試験に際しては、個人的な印象が重要な役割を果たした。「試験は普通、我々が最初に一度役所内で聞きまわる方法によって行われる」と、中級および上級職員の人事担当である公務員ゲルデス（Gördes）は、調査委員会の議定書に記している。[21]どうして、非ナチ化決定の資料も見ずに職員を採用できるのか、という批判的な質問に対し、ゲルデスは、旧外交官たちがこのような場合に積極的な成績を示したことを示唆した。ハースは、彼の同僚のヴィルヘルム・メルヒャースの第三帝国における活動の詳細が明らかになり、彼の政治的態度に絶対的に得心がいった、と説明した。「メルヒャース氏は今日の民主主義的な国家観の土台にしっかりと根付いており、いつもそうであった、という私の固い信念は、何者も揺るがすことができなかった」。[22]

　かつての帝国官吏が連邦共和国の公の職員になるのに通用したことは、ナチに親近感を抱いていた人にも通用した。存在している資料の数字の比較によれ

448

ば、外務省の結果は全般的に悪くなかった。(23)1950年から1953年にかけて連邦
省庁部局長の60%はナチ党出身であった。1949年から1955年までの経済省に
おいて、ナチに親近感を抱いていた者の割合は、事務次官、局長、次長の段階
で50.9%であった。同時期、外務省上級職員のそれらのポストのうち40.8%が、
かつてのナチ党員であった。連邦内務省と比べても、外務省にとっては不利で
はなかった。内務省においては1952年には、上級職員の44.6%がナチに親近感
を持っていた者であったが、外務省では同年、10%低かった。

　それでもこの数字は、他の省庁には見られなかった批判に外務省を晒した。
第1に、外交官は国を代表しており、特別な注目の下にあった。西ドイツを国
際的に通用する国にすることが肝要であった。在外の代表に影が落ちれば、連
邦共和国全体の評判が損なわれる。さらにいえば、国家社会主義の犯罪の記憶
が至る所でいまだ生きていた。それはそうとして、外務省の人事政策で特に批
判の的になったのは、外交官たちの党員の過去ではなく、むしろ旧外務省と新
しい外務省の間の直接的な人的継続性にあった。国家社会主義の外交政策を代
表していた同じ人間が、いまや新しい、民主主義国家を代表して国際的舞台に
立っていることであった。多くの者にとってこれは、新しい外交政策の信頼性
に疑問を投げかけるものであった。多くの人々は、外務省の有名な連帯精神が
作動していると見て、それが体制の転換を越えて内的協力を誘発し、外務省を
外部から隔たせていると見た。

　ナチ党員だったことに多くの理由があったように ―― キャリア志向から単
なる日和見主義、それに外部からの圧力 ―― 旧い役所へ所属していたからと
いって自動的に、1945年以降に旧い理想と方向性を固持していたわけではな
い。占領国は当初、かつてのナチ党員を一般的にいってふさわしくないと声明
したけれども、彼らは外務省の人的な建設には稀にしか介入せず、すぐに実際
的な態度を取った。連合国にとっては、外務省がロシアと友好な政策を継続す
る可能性の方が憂慮された。その政策とは、ラパロ条約と1926年のベルリン条
約のそれであり、警戒すべき例であった。(24)再統一の観点からソ連へ接近するこ
とおよび連邦共和国を世界政策上の陣営の間に位置づけることを狙った外交官
たちのグループは、まさしくヴィルヘルム通り時代からの壮年の公務員であっ
た。冷戦の激化に鑑みて、外務省の圧倒的多数は西側への結びつきが早急に必
要だと確信した。外務省が実際素早く、西側への統合に協力したので、連合国

449

第2部　ドイツ外務省と過去

との摩擦による損失は少なかった。それに、連合国にとっては、役所の新しい協力者と比較しても旧外交官たちは、部分的にではあるが、今ではより信頼のおけるパートナーに見えた。外務省が後に職員の国家社会主義の過去ゆえについて批判されても、連合国は常に余裕をもって反応した。たとえ彼らが、ナチ党や他のナチスの組織のメンバーについての東ドイツの宣伝行為が原則として正しい点があると認識しても、である。

　公式筋よりも国際世論、特に米国では、西ドイツの民主主義的な発展に大きな信頼を置いていなかったので、より敏感に反応した。1945年、ペーター・プファイファーの西ドイツの国連オブザーヴァーとしての任命は失敗に帰した。プファイファーはヴィルヘルム通り出身で、1940年にナチ党に入党した。米国では予定されていた任命に激しい批判が巻き起こり、連邦大統領が信認状に署名した後に、外務省はプファイファーを引っ込めなければならなかった。連邦共和国内で通用していた形式的な党のメンバーと「本当の」ナチとの区別は、すべての米国人にははっきりしなかった。国務省は、プファイファーの外交経験、彼の成功した非ナチ化、そして第47調査委員会の検証によって、このポストに合格しているとの立場であったが、かつてのナチ党のメンバーが国連へオブザーヴァーとして任命されたのは、幾百万人の米国軍人や移住者たちに対する侮辱だと米国下院では理解された。

　個々の外交官の政治的な過去は、外務省の外で問題視された。また、役所の中でも「ナチス」のカードが好ましからざる競争相手に使われた。例えば1958年にエルンスト＝ギュンター・モール（Ernst-Günther Mohr）の駐ベルン大使としての派遣をめぐる状況にも現れていた。世論の激しい批判にもかかわらず、外務省はその任命を最後には貫き通した。スキャンダルはスイスで発生したキャンペーン報道が原因だった。匿名の書き手が新聞数紙に投稿し、モールを国家社会主義者と非難したのだ。「偽装したかつてのナチ」をベルンに派遣する計画に対し、怒りは大きかった。問題の核心は、モールがオランダでのユダヤ人強制移送にいわゆる「参画」したかどうかであった。外務省は、非難には当たらないとした。モールには、ハーグからの1941年2月17日付の差別処置についての報告書があることは認められたが、しかしながらモールは1941年5月にはリオ・デ・ジャネイロに移動させられていた。オランダでのユダヤ人迫害はその後になってから本格化し厳しくなったので彼には責任がない、とした。

450

間もなく、キャンペーン報道にはベルンでの前任者フリードリッヒ・ホルツアプフェル（Friedrich Holzapfel）、あるいは彼に近い人間が後ろで糸を引いていると推量された。[31] 外務省も同様の見解のようだった。1959 年 4 月、連邦大統領宛の書簡で外務大臣ブレンターノは、モールのベルンでの成功裏の活動について示し、次のように強調した。「モール博士の前任者がいかなる方法を使おうとも、彼の立場を揺るがすことはない」。[32] アデナウアーの画策によりホルツアプフェル自身はドイツ連邦共和国のスイスにおける初代表として派遣された。この決定は、純然たる権力政治に基づくものであった。というのは、ホルツアプフェルは影響力のある CDU の政治家として、アデナウアーにとっては好ましからざる競争者となる、脅威の対象になったからである。ホルツアプフェルが実際にキャンペーン報道に関与したかどうかもはや明らかではない。確かなのは、彼がスイスの新聞からモールに関するいくつかのプレキャンペーン記事を収集し、外務省に送らせたことである。彼はブレンターノに、連邦共和国の利益の観点からモールをベルンに派遣しないよう勧め、同時に、状況を落ち着かせるために連邦共和国のウィーンとベルン ── したがって彼自身 ── の大使を交代すべし、と提案した。[33] このように、ホルツアプフェルは非常に抵抗したが、最後には一時的な休職に追いやられた。

　国家社会主義時代の政治的な負担が人事を決める時にどんな役割を果たしたかは、特に、当該者が動員されるべき地域に依存した。例えば、かつてのナチ党員で親衛隊のメンバーだったヘンニング・トムゼンは、1956 年にオーストラリアに派遣されなかった。というのは、そこの大使のヴァルター・ヘスが、非常に不信感が強い世論の意見に鑑み適当ではない、と伝えたからである。逆に、外交官のベルント・ムム・フォン・シュヴァルツェンシュタイン（Bernd Mumm von Schwarzenstein）は 1963 年にワルシャワの通商代表に任命された。彼が政治的に潔白であったことが重要な理由だったのであろう。ハンス・アーノルト（Hans Arnold）の 1957 年のワシントン大使館への派遣もまた、専門的な能力とならんで、汚れのない過去が決定的であった。[34]

　最終的には、外務省職員のカテゴリーについて報告されている。すなわち、自身の過去ゆえに地理的に限られて動員された者についてである。──「彼らについては、次のように呼ばれていた。アラブ世界にのみ使用可能」。[35] 実際にそうであったのか明確な裏付けはないが、次のような例がある。外務省の人

事政策をめぐって世論の深刻な批判にさらされ、当分の間休職になったヴェルナー・フォン・バルゲンである。彼は退職までの間にたった一度だけ、在外でのポストに就いた。駐イラク（バグダッド）大使である。内部書類には、「フォン・バルゲン氏は襲撃される危険に鑑み、……第一義的はアラブの国が視野に入った」。アラブの国では、国家社会主義がユダヤ人政策にどんなに作用したとしても、ほとんど誰も問題にしない[36]。

　しかし、やはり任命に際しては、人事局は候補者の過去の重要性につき厳密に考慮したようである。驚いたことに、よりによって駐イスラエル大使の選任に当たっていくつかの困難に直面した。ボンでは、既に1952年に締結されたルクセンブルク協定の交渉中に大使の交換が検討された。生き残ったナチの犠牲者への金銭的な補償に関する協定は、連邦共和国にとって国際社会に復帰する重要な一歩を意味した。協定によってイスラエルとの関係樹立が強調されていたのである。イスラエルにとっては、この時点では「正常な」外交関係はそれでもまだ疑問視されていた。続く数年間にイスラエル側では大使の交換についての留保が次第に減っていったが、西ドイツの関心は消えていった。特に、ドイツ政策的な理由から連邦政府は、イスラエルとの外交関係は適当ではないと見ていた。アラブ諸国がイスラエルとの関係樹立に反発して東ドイツを承認すれば、国連における単独代表の要求のことが懸念された。この懸念は外務省からいつも表明された。そのような一歩をしきりに警告していたいわゆる「アラビスト」の見解を、外務大臣のブレンターノおよびシュレーダーも心得ていた。

　状況は、西ドイツが秘密裡にイスラエルに軍事援助を行うことが公になり、アラブ諸国と連邦共和国の間で厳しい緊張が到来した1964、65年の外交危機の結果、変化した。エジプトの大統領ナセルはヴァルター・ウルプリヒト東ドイツ国家評議会議長を国賓として招待した。ハルシュタイン原則は最終的に時代遅れとなり、連邦首相エアハルトは外務大臣他多くの大臣たちの勧告に反して、イスラエルに大使の交換を提示することを決断した。1965年5月12日にエアハルトとイスラエル首相レヴィ・エシュコルは関係樹立に合意した。アラブ諸国は、連邦共和国との国交を断絶した。リビアとチュニジア、モロッコのみが、これに同調しなかった。

　しかしながら、誰が駐イスラエル大使にふさわしいのか？　イスラエル側は公に名の通った人物を望んだ。候補者として、補償交渉でドイツの代表団を率い

たフランス・ベームとSPDの政治家カルロ・シュミットが挙げられていた[37]。外務省は最終的に、キャリアの長い外交官ロルフ・フリーデマン・パウルス（Rolf Friedemann Pauls）をテル・アヴィヴに派遣、そしてパウルスの代理としてアレクサンダー・テレク（Alexander Török）を任命したことにより、イスラエル国内の激しい抗議を誘発した[38]。

パウルスは1950年に外交職員となり、初めはルクセンブルクの公使館で奉職した。1952年から1956年までボンの中央でヴァルター・ハルシュタイン事務次官の個人秘書であり、それからワシントンとアテネの大使館に配属された。1963年から1965年まで、パウルスは外務省の貿易・開発途上国援助部を率いていた[39]。パウルスが国防軍の元将校であって、東部で戦った——そこで彼は片腕を失った——そして1944年に十字勲章を受けた、という事実が彼への批判に火をつけた。イスラエルにパウルスが到着すると、一部では暴動が起きた。連邦共和国との関係正常化に反対する者だけではなかった。人選には少ししか理解が得られなかった。「私はヒトラーのためでなく、ヒトラーに対する戦いで自分の腕を失った男の方がよかった」というイスラエルの外交官の言葉が議事録に残っている[40]。

イスラエルの評論家たちは、この任命は、イスラエルに国防軍の名誉回復を強要するボンの試みと理解した。「ヒトラーがロシアを絶滅せんと試みた戦争で戦い、怪我した。そしてそれによって『コシャー勲章』を得たドイツ大使をイスラエルが、『呑む』用意があるとすれば、これから先、誰がこの世界で、かつての国防軍兵士をいずれの文明社会にも受け入れられる道徳的にきれいな人間として、彼を拒否できるのだろうか[41]」。

書類上はもちろん、意識的に旧将校に決定した、とは記されていない。むしろ、外務省の中でパウルスが元国防軍だったことを問題視する者は誰もいなかった。したがって、ドイツ側ではイスラエルの反応に対する理解が欠けていた。このことは、パウルスが連邦会計検査院総裁フォルクマール・ホプフとの話し合いの後の覚書にはっきり記されていた。ホプフはイスラエル訪問の際、パウルスに対する留保を聞いた。帰国後、問題が複雑になるのを回避するためにアグレマンが出た後すぐにその地位から辞退するように提案した。しかし、パウルスはこの提案を強く拒否して、次のように主張した。すなわちこうしたやり方では問題は解決しない。「というのは、実は問題は『国防軍』と『将校』にあるので

はなく」、ドイツとイスラエル政治的関係にある。結局、「イスラエルは自ら今日の状態をもたらした、と言える。というのは、ふさわしくない手段によって、イスラエルの考えに応じたテル・アヴィヴのドイツ代表部を強要せんと、不適当な試みをしようとしたからである。我々の犠牲の上にイスラエルをこの状態から解放することは間違っている。というのは、それは、不都合なことを無理強いさせるのを将来においても保証することになるからである。冷静で断固とした意志を貫くことが尊敬を得ることになり、そのことによってのみ、実際の関係を正しい道にもたらすと考えている」。[42]

　事実は、連邦共和国が望んだのはイスラエルとの関係の正常化であり、特別な関係の強調ではなかった。[43] その限りでは、職業外交官の選択は正しかったし、最低な状況に陥っていたアラブ諸国との関係もおそらく配慮されたのだろう。外務省の人材の選択の仕方が十分ではなかった、という意見もいくつかあった。6月6日、シュレーダー外務大臣は宗教学者ヘルムート・ティーリッケに打診したが、彼はそれを断った。彼はカール・フリードリッヒ・フォン・ヴァイツェッカーも似たような反応をすると思われたので、シュレーダーは打診さえしなかった。6月10日、シュレーダーは連邦大統領に、公式に初となる駐イスラエル大使の候補者を公式に提案した。[44] たった5人の候補者の中からパウルスが選ばれた。他の4人は誰も、ナチ党には加わっていなかった。[45] パウルスの履歴書に、はハンス・スパイデル（ナチ時代の旅団長）の宣誓書が付けられていた。パウルスは彼の下で電令将校として勤めていたのである。宣誓書の中でスパイデルは、パウルスが旅団に批判的だった、そして彼が1944年7月20日事件の後に単に幸運によって避けた、と記した。[46] パウルスは有能な外交官と目された。それに加えて ―― 下級ながら、彼はハルシュタインの個人秘書として ―― イスラエル側に彼の人となりに対して異議を唱えられることもなく、補償交渉に参加していた。

　1965年にイスラエルで抵抗が起こると、エアハルトとシュレーダーは、おそらくそれゆえにこそ、彼らの決定にこだわった。というのは、彼らはイスラエルの拒否が、旧国防軍に対する留保の意味であるということを暗黙裡に理解していたからである。彼は兵士としての義務を果たしただけで誰も差別することは許されない、と2人は強調した。[47] 連邦政府としても、イスラエルの圧力に屈するという先例を作ることになるので、譲歩できなかった。この一言でこの態

度は維持された。パウルスの任命についてはこのように論争があったが、初の
ドイツ大使としての彼の働きは、すべての関係者にとって大きな成功をもたら
した。⁽⁴⁸⁾

　パウルスの任命以上に問題になったのは、彼の代理として任命されたアレク
サンダー・テレクだった。もともとハンガリー出身のテレクが、フェレンツ・
サーラシのファシスト的な操り人形であったハンガリー政府がベルリンに置い
た大使館で、1944 年から 1945 年 5 月まで活動していたが、ドイツ人を含めて
多くの人々の目に評判が悪かった。そこに、ハンガリーの鉤十字党の党員だっ
たという非難が加わった。イスラエルではこの人選について、大きな怒りと無
理解で反応した。⁽⁴⁹⁾非難に弁明するためにテレクは、自ら厳しい懲戒手続きに臨
み、外務省は完全に、彼の名誉を回復した。⁽⁵⁰⁾それでもなお、なぜ、かつてのハ
ンガリーのファシスト的外務省職員をよりによってイスラエルに派遣したのか
疑問視された。おそらく、テレクは補償交渉に間接的に参加し、その役割を果
たしたことが評価されたのだろう。ハーグの大使館の職員として彼は、派遣団
を世話することに責任があったのだ。⁽⁵¹⁾

　外務省の人事政策について、特に個々の外交官の過去が問題になると、ドイ
ツの世論は非常に詳細に追跡した。1968 年には社会学者ラルフ・ダーレンドル
フは、連邦ドイツの外交官は外国との関係を促進するというよりもどちらかと
いうと阻害している、と苦言を呈した。この FDP の政治家は、ヴィルヘルム通
りの精神が相変わらず外務省に大きな影響を与えている、と批判した。⁽⁵²⁾これと
同じ伝統が昔の人事政策的原則の決定の目的とされていた。そして、内部での
見解では、外国 —— 少なくとも政府の立場 —— はまさしく、旧外交官に信頼感
を寄せている、というのであった。⁽⁵³⁾60 年代の半ばには、ボンの米国大使館のメ
ンバーは、新しい外務省には変化がなく、継続性が目立つ、という印象だった。
「今日の外務省は、旧外務省でなじんだ者が多く見られる」。⁽⁵⁴⁾旧い人材が高い割
合でいること、および制度上の幾つかの構造に鑑みると、このような確信は部
分的には肯定される。もちろん、変化を正確に観察することは有益なことであ
り、それは一般的に認識されているよりも深く行き届く。

　そこには、最初に諸政党による影響が大きかった。新しい連邦諸官庁の樹立
に際して、旧い人材を登用するというアデナウアーの原則的な決定は、党およ
び政治権力的配慮に動機づけられていた。アデナウアーは、フランクフルト・

455

アム・マインにあった米英占領地区行政の人員に頼ることを拒否した。そこでは、英国と米国の厳しい雇用条件のために、行政経験のある少数の人々のみが働いていた。他に、アデナウアーはフランクフルトの職員たちはSPDに近いと疑っていた。大部分はどちらかというと保守的な傾向で、経験ある旧官吏を彼は既に見つけていた。ちょっとした政治的な負担は彼にはその際第二義的であった。

　外務省では、アデナウアーの信頼する男たちがカギとなるポジションに就いていた。その中には、彼と最も緊密な外交政策における助言者ヘルベルト・ブランケンホルン、そして外務省第1事務次官ヴァルター・ハルシュタインがいた。連邦首相は、内政目的のために人事決定を道具とすることを厭わなかった。彼は、一方では好ましからざる競争相手を外国でのポストに追い出し、他方では、党の友人や連立相手に外交官のポストを褒美として与えた。そのように理解された「政治優位」によってすぐにヴィルヘルム・ハースとの対立に至り、1951年にはついに人事局長である彼の解任に至った。ハースの後継者には、とりあえずヘルベルト・ディットマンが就いた。ディットマンは1929年に外務省に入り、リッベントロープの下で短い間であったが人事部門で活動した。彼の政治的な過去と、国会議員の見解によれば、第47調査委員会で事実とは異なる言明を行ったことにより厳しい批判にさらされた結果、彼の任務は長く続かなかった。彼は1952年に解任されてから1年後、ホンコン総領事館館長として派遣された。

　ディットマンの後任には、臨時としてペーター・プファイファーが人事局長に就いた。プファイファーは、ディットマンやハースのように「かつて」の人であり、調査委員会で批判された。外務省で初めて、長年にわたって勤めた人事局長は、1953年に外部から入ってきた者だった。アデナウアーの信頼厚い、ヨーゼフ・レンス（Josef Löns）である。彼は、1958年まで人事局を率いた。彼の後任は、短期間だがゲオルク・フォン・ブロイヒ＝オッペルト――ヴィルヘルム通り出身のキャリア官僚が再びこのポストを引き受けた。当然のことながら、1959年にはブロイヒ＝オッペルトは再び外部に去り、法律家のアレクサンダー・ホプマンが後任となった。ホプマンは、1949年から連邦首相府で連合国高等弁務官事務所との連絡職員として活動し、この時代からアデナウアーとよく知り合い、1961年まで人事局長に留まった。新しい外務省人事局は最初の10

第4章　後続者、古参、「かつての人々」

年間は、したがって、8年間外部から入ってきた者に率いられたことになる。外務省では、このような展開を拒否的に対応しており、やはり、外交に未経験の人々は外務省職員の需要に対応できていない、そして、アデナウアーとの緊密な関係から党政治の影響を受けることがさらに強まった、という意見であった。

　外務省での影響力強化を都合よいと考えたのは、連邦首相だけではなかった。すべての党がポストを占める際に共同発言権を要求した。SPDはこの権利について最初は失敗した。高等弁務官事務所代表の一人の報告の後、ヴィリー・ブラントが、彼に対して既に1949年末に将来の外務省の人事政策が、旧外交官と関係していることについて懸念を表明した。その際、彼にとっては「かつて」の人々の呼び戻しに心配するよりも、むしろSPDの権利として人事問題で協議されなかった事実の方が心配であった[57]。

　また1949年以来連邦政府で同盟と連立を組んでいたFDPも、外務省の人事政策では発言権が欠けていることに対し不満であった。FDP党首であり副首相であったフランツ・ブリュヒャーは、既に1950年に連邦首相に対し、外務省のポストの任命についてFDPの希望が十分には配慮されていないと苦情を言い、人事の決定に際しもっと透明性を保つように要求した[58]。似たような不満をアデナウアーは両方の同盟の党からも聞いており、これに対して彼は、党、議員団および閣議の外務省人事に関する権利は限られている、と間接的に承認した[59]。

　連邦首相の助言者仲間の間では、特に連邦首相府事務次官ハンス・グロプケはナチスの過去ゆえに何度も議論されていたし、その前任者オットー・レンツは、外務省の人事政策に対して批判的であった。彼らはボンで、旧外務省が次第に復活することを恐れていた。CSUの側からは、特にフランツ・ヨーゼフ・シュトラウスが旧外交官の復職に対する厳しい批判をまとめ上げていた。そして、連邦首相自身もまた、外務省に対して一般的に疑い深くあたった。彼は、旧外交官たちに疑い深く、大勢の「かつての」人々を外務省へ再登場させたネットワークと対峙していた。アデナウアーの不信感は外務省職員の連帯精神だけでなく、外務省の一部が彼の外交政策に反抗し、再統一を西側との同盟の必要性よりも優先させている、という疑いをも持っていた[60]。自分に忠実な外交官を重要なポストに就けるため、アデナウアーは人事政策に対する影響を強め、確実にし、1953年には彼の個人秘書であるレンスを人事局長に任命した。この決定は、外務省では評判が悪く、人事政策をコントロールしようという試みだと

457

理解された。(61)

　批判や不満は、諸政党が彼らの影響力を強めたいという主張を示していた。外務省設立当時からアデナウアーが外務大臣との兼任を終える1955年まで —— 確認される限り —— 指導的地位にあった上級職員49名のうち25名が政党に所属していた。この25名のうち13名はCDUに、2名がCSUに名を連ねていた。しかしながら、同盟に近い者はもっと多かったであろう。5名の外交官がSPDメンバーであり、2人がそれぞれFDPとドイツ党に所属していた。そして、1人がバイエルン党の党員であった。(62)

　1955年にアデナウアーが外務大臣職をハインリッヒ・フォン・ブレンターノに譲った時、CDUとCSUの議員団は、人事政策においてより強力に、ともに発言する機会を利用した。新大臣が登場するとすぐに、大なり小なり人的構造の変革が続く。それによって新大臣は省での立場を固める。この意味で、ブレンターノが1958年に行った変更も理解されるべきであった。外務大臣に就任してから3年、彼はようやくこの処置を実行した。それには、彼の外務大臣としてのどちらかというと弱い立場と、アデナウアーが相変わらず大きな影響力を持っていたことに責任がある。ブレンターノもまた、彼の考えを完全には貫くことができなかった。自身の議員団が、事前に調整されていなかった人事の変更を激しく批判した。予算を理由に、計画していた事務次官のポストを2つ増やすことに対して苦情を言い、そしてまた個人批判、特に計画されていた「かつての」人ゲプハルト・フォン・ヴァルター（Gebhardt von Walther）の人事局長への任命と、ディットマンの副事務次官への昇任は批判された。議員団は、人事局長は疑いを掛けられた旧外交官ではなく、政治的にFDP寄りで、同盟に近い男が適当だと思った。ブレンターノがディットマン登用に固執した一方で、ヴァルターの任命を貫くことができなかった。そして、ヴァルターの代わりに、ベルリンでのCDUの共同樹立者であるゲオルグ・フォン・ブロイヒ＝オッペルトを招命した。ヨーゼフ・レンスの後には、再びCDU党員が人事局長のポストを引き継いだ。(63)

　初の社会民主主義者としてヴィリー・ブラントがこれまで同盟に率いられてきた外務省を引き継いだ時に、彼が人事変更を放棄したことは多くの人々にとって驚きであった。ブラントはそのことで所属するSPDから強く批判された。(64) 1年半後に、このような控えめの態度は、CDUが駐ベオグラード大使とし

第４章　後続者、古参、「かつての人々」

て、キャリア外交官で SPD 党員であるハンス・アーノルトを拒み激しく攻撃の矢表に立たされたので、元を取ることができた。計画されていたアーノルトの任命がキージンガーに情報をあげる前に他へ漏れ、それが公になってしまった。ブラントは権威のためにも SPD 党員の派遣にこだわり、アーノルトの代わりに SPD の政治家ペーター・ブラッハシュタイン（Peter Blachstein）を任命した。(65)

　今日にいたっても、党政治に動機づけられた人事決定が公の職員に、そして外務省職員に日常的に行われている。ヴィルヘルム通りの役所の政治的支配は、カイザーの帝国時代まで遡る。1949 年以来、地位の任命は民主主義のプロセスの一部であり、高いポストは政党間で取り引きされた。公の職務にとっては諸政党の一般的な役所支配が広範な公開性と民主主義化の結果であり、それは特に、新しい外務省にも通用した。(66)

　1951 年以降の新しいことといえば、例えば、「側から潜り込んだ者」の多くは――キャリア公務員にとってその採用は都合が悪くなかった――、さまざまな場面で「外部からの者」よりも適切な表現であった。「外部からの者」といえば、通常、外交官の養成を受けていない者を指した。「側から潜り込んだ者」は、1945 年以前にドイツの外交職務に関係していた者を指した。例えば、ワイマール共和国には経済専門家や政治家の小グループが外務省にやって来たり、1933 年以降にはナチ党が外部からの者を通して外務省でその影響を継続的に作り上げていた。しかしながら、連邦共和国の外務省の初期段階では、この規模にはまだ至らない人事の動きがあった。異なる職業分野の者たち――経済専門家や産業界出身者、ジャーナリストに至るまで――が外務省に受け入れられた。特に設立時期には、重要なポストは旧外務省とは関係のない、外部からの潔白な者――例えば、クレケラー、シュランゲ＝シェーニンゲン、あるいはハウゼンシュタイン――に割り振られた。

　1959 年にはまだ事務次官であったヒルガー・ファン・シェルペンベルクは、上級職員のキャリア公務員ではない者の数は 36.3% と挙げていた。これは優に人的構成員の３分の１に匹敵していた。(67)キャリア公務員ではない者の中には、いつもたびたび、異なる特別課題に取り組むための専門家たちがいた。しかし、増大する外交活動の細分化と職業外交官の特殊な専門知識の欠如は、より強いスペシャリストの投入を必要としていた。スペシャリストを最も頻繁に必要としたのは文化・経済局であり、在外では軍事、農業・林業、社会、文化アタッ

459

第2部　ドイツ外務省と過去

シェであり、後にはまた報道アタッシェであった。[68]

　初代人事局長であったヴィルヘルム・ハースは女性の外務職員を視野に入れた。1945年以前にも女性はわずかに外務省にいたが、上級職の「学術的補助員」としてであり、1951年以降やっと、女性が体系的に上級職へ編入される前提が作られた。[69] 最終的には、社会全体を反映するのが新人事政策の明らかな目的であった。相変わらず保守的な女性像が支配的であった50年代の社会的な雰囲気では、上級職の女性外交官たちの実際の数が非常に少なかったとしても、もちろん驚くに値しない。1950年に外務省が設立される時期には、上級職員の女性は3名だった。これは3.7%に過ぎない。女性の地位は公の職務では、簡単に維持できなかった。職業女性たちは、戦争から帰ってきた男たちに職場を提供するために意図的に排斥された。特に、公の職場における既婚女性に対する差別は、「二重に稼いでいる女たち」として最初に職場から追われたが、これは基本法が保障した平等権に反していた。戦争中、人手不足で多くの女性たちが公の職に就いた後で、50年代の初めには規則的ともいえる排除プロセスが行われた。一種の「ジェンダーの後退」である。[70]

　手に職を持った女性の数は、一般的にも公の職場でも、50年代半ば以降の経済復興の中で特に高まった。とはいえ、より高い地位に占める女性の数は極めて緩慢に変化した。外務省上級職で訓練されたアタッシェに占める女性の割合は、1966年には相変わらず、わずか7.7%であった。若い女性外交官たちの占める割合も、同じように小さいものであった。外務省は、専門的にも地域的にも、どこへでも動員できない女性には困難を抱えた。領事分野では、女性たちの投入は特にパスポート問題、社会政策および在外ドイツ人の社会的な保護では有益であった。また、儀典問題の作業でも、女性労働者は投入可能であった。それに反して、性の不平等が存在し、女性が公の役所で働くのを好まない国々に女性を投入することはほとんど不可能であった。[71]

　既婚女性を外交職へ投入することはほぼ不可能であった。公式には、外務省では1951年以降、女性外交官たちに対する結婚の禁止は存在しなかったが、実際には結婚後もその職を継続しようとしても、大きな困難に陥った。特に、職場内結婚の場合には。[72] 婚姻関係にある2人を同一の外国のポストに投入することは外務省では長いこと適切でないとみなされていた。結婚したら女性は仕事を辞めるのが、社会のコンセンサスとしてふさわしいと考えられていた。それに

460

第 4 章　後続者、古参、「かつての人々」

反して、妻の赴任先についていくために、夫が制約を受けることなどほとんど考えられなかった。女性外交官ヘレーネ・ブルボン（Helene Bourbon）、結婚後はシェットレ（Schoettle）はシュパイヤー研修所の第一期生で、唯一の女性であった。彼女の夫は彼女と一緒に行くことを選んだが、これはまれな例だ。カール＝ギュンター・フォン・ハゼ（Karl-Günther von Hase）が思い出したところによると、幾人かの女性たちは外務省を結婚仲介所と見なしていたことは、若い女性外交官たちの実際の動機よりも当時の女性像を物語っている。[73]

　女性たちの昇進チャンスは長い間限られていた。1984 年になっても外務省人事委員会は、女性に職業上のチャンスを与え、結婚している女性外交官たちへの差別をやめるべきだ、と要求していた。これに対し、人事局は、キャリアと昇進は専ら実力に従って行われている、と急ぎ反応したが、これは疑問符のついた見解であった。80 年代になっても女性たちは男性の同僚と比べると一般的に非常に遅い昇進であった。[74] 2000 年、上級職に占める女性の割合は 15% であり、1966 年の 2 倍にも満たない。[75]

　それでも、女性への公開性のために長期的かつ持続的に外務省の人事構成を変更するように、と指示された。1945 年以前の外務省 ―― もちろん他の欧州の外務省と大差なかったが ―― は人員に対する社会的な排他性が目立った。カイザー時代のドイツの外交官たちはたいてい、貴族や資産家だった。ワイマール共和国時代になると外務省は市民にも開放されるようになったが、だからといって貴族たちの優先支配は変わらなかった。やっと、第三帝国時代を通して、特に横から入ってきた者たちによって、外交団の社会的な同質性が最終的に打破された。戦後、外務省はすべての社会層に開かれるべきであったし、出世の窓口は実力原則によって規制されるべきであった。実際、外交官の社会的構成は変化していったし、少なくとも全体的にみて一定程度は、最終的に外務省は市民化したと評価できる。1950 年から 1962 年までに外交の養成研修を受けた上級職のアタッシェは、73% が中流階級上部からリクルートされていた。連邦共和国の大使たちも圧倒的にこの社会的グループ出身であった。そして他の省庁に比べて貴族の割合は明らかに高かった。1969 年に B8 級大使 16 人のうち、3 名は相変わらず貴族出身だった。[76] もちろん、絶対的な数からいえば連邦共和国の外務省では貴族階級が圧倒的である、とは言えなかった。他方で、外務省は、1951 年にハースによって形作られた要領に従い、上級職の構成が西ドイツ社会

461

を反映することに失敗した。上級職に入るには大学の学業を修了することが前提になっていたから、この目的を達成できなかったのだ。

1945年までは、外務省の大使および公使はキャリア公務員を見る限り、一般的には新教徒であった。ワイマール共和国の外務省ではカトリック教徒の割合は15〜20%であり、第三帝国時代には19%程度であった。カトリック教徒の明らかに少ない代表理由は、カイザーの時代にまで遡る。つまり、一方では、南ドイツのカトリック教徒の貴族たちがプロイセン・ドイツ国家の官吏として組み込まれるのに消極的だったこと、他方で、一般的に教皇権至上主義の感覚を持っているカトリック教徒に対するまさしく非合理的な不信感と、彼らが拡大する帝国に対して非服従な態度であったことに帰着していた。新しい外務省でも連邦行政においても、カトリック教徒に対する宗教的な差別を終わらせようと努力された。この件はCDU内部で激しく論争された。カトリック教徒に友好的な人的政策とそれによって成立する公的生活でカトリック教徒が優勢になるのを、新教徒は恐れたのである。⁽⁷⁷⁾

実際、外務省上級職員の中で新教徒の割合はいつも、カトリック教徒のそれよりも大きかった。50年代前半、その割合は2対1であった。この点では外務省は他の連邦官庁と違わなかった。⁽⁷⁸⁾他省庁と同じように、役職が上に行くほど数は有利になっていった。これは連邦職員の人事政策においては、宗教間で均衡のとれたものにするようにとの連邦首相の指示に基づいた、特にハンス・グロプケの介入に遡る。加えて、指導的な公務員については注意するようにとあった。また、アタッシェの数にも連邦共和国内の宗派別関係が反映された。1950年から1960年の間に教育された若い外交官たちは233名で、そのうちの57.5%が新教徒であり、40.8%がカトリック教徒であった。⁽⁷⁹⁾外務省の中では、「宗教的な算術計算」は繰り返し非常に激しく批判された。というのは、事物に即した人的選択が阻害される、と多くの外交官たちの目に映ったからである。⁽⁸⁰⁾

第2節　外部から来た人とキャリア公務員

1951年に新しく再建された外務省の人事政策は、何度も論争と紛争に見舞われた。批判派は、外務省がまさしく新しい再建の時期に、人事決定を国会の監督に反し、覆い隠そうとしたと批判した。強固なネット・ワークが多くの「かつ

ての人々」を外務省に採用するのを可能にしたのに対し、新しい人員には拒否的に対応した、というのである。連邦議会議員の１人は、外務省が「入ってこようとする者にできる限り」対抗しようとする一味のようだ、とすら述べていた。これらの批判には、外務省の民主主義化が遅れているのではないか、との憂慮が混じっていた。外務省の変化をヴィルヘルム通りからの旧外交官が止めようとしている可能性を、もちろん軽んじてはならない。逆に、ドイツ帝国の完全な敗北の後で、新しい外交政策をともに担うという彼らの存在もまた、軽んずべきではなかった。

外務省が身を楯にして拒否した批判は、全く根拠のないものではなかった。よく語られるように連帯精神は外交官たちの強力な連帯意識に作用して、1945年の区切りを越えて、外務省職員を今日まで結び付けている。アデナウアーは、新旧の外務省と高い人的継続性を、この協力の結果と解釈した。「私の見解では、国家社会主義者的な傾向では全くなくて、かつて協力し、さらに1945年から1949、50年まで厳しい苦悩をあえいだという結果として、これらの勢力を呼び寄せる関係のためである、と思う。これらの人々は当時、互いに助け合った」。外交官たちは互いを観察する時、いつも「あたかも、互いにフリーメーソンではないかという気持ちを抱いた。……彼らはすべてが牛蒡のように一緒に連なっている」。

外務省の設立に責任を負った外交官は、少なくとも間接的には、原則的に同僚との結びつきを告白していた。例えばヘルベルト・ブランケンホルンは日記の中で、平和のオフィスを連邦首相府に引き取った後に、彼は、旧い同僚たちに、新しい外務省に彼らが移動するまでの間、そこに収容するだろう、と書いていた。そして、ヴィルヘルム・ハースは、第47調査委員会で疑問のある採用への批判に対して、次のように説明した。「我々は我々の旧い同僚を知っている」。

その裏返しとしてキャリア公務員のいわゆる外部から入ってきた者に対する関係があった。外部から入ってきた者は、「裏側から寒い台所を通って客間に密輸入」された、いわゆる「斜めから入ってきた者」であった。まさしく外務省の設立当時、多くの人間が「寒い台所を通って」来た。彼らは、国家社会主義に近いわけでもなく、旧外務省との結びつきゆえに評判を悪くするような脛に傷を持った人間ではなかったので、外務省では早急に必要とされ、政治的に微

第 2 部　ドイツ外務省と過去

妙な課題が優先的に与えられた。外交の仕事がある程度正常化し、連邦共和国が世界の表舞台に上がることが許された後で、キャリア公務員は初期の外部から入ってきた者と次第に入れ替っていった。ハウゼンシュタインとシュランゲ＝シェーニンゲンは 1955 年に召喚され、クレケラーの場合には 1952 年に間もなく交替されるだろうと噂されたが、それでも以後 3 年間、職に留まることができた[86]。

キャリア外交官は、初期の外部から入ってきた者を多少なりとも公然と、外交経験がないことや行政上のやり方に対する知識がないことを非難した。名前を挙げると、クレケラーとハウゼンシュタイン、シュランゲ＝シェーニンゲンは、政治的分野で振る舞うことに全くふさわしくない、と多くの者が見なしていた[87]。彼らが新国家への信頼を勝ち取るという課題を満たした後、日々の仕事に未経験だという理由で彼らはお払い箱になった。明らかに、駐イギリス大使館の例はそれであった。

英国の首都における最初の代表である外交官の選出に際して、外務省は、ヴィルヘルム通りの過去を持たず、政治的にも潔白な人を選出することを考えた。連邦共和国と大英帝国間の成功裏の接近の後に、職業外交官が強引にねじこまれた。英国外務省の注意深い観察者は、1954 年 1 月に、大使館がそれによって 2 つの陣営に割れたことを確認した。「戦後、代表部が設立された時には、当初、ローゼン博士（Dr.Rosen）やブロマイヤー（Blomeyer）のような民主的な人物を投入していたが、彼らは良い感覚を持っていたもかかわらず影響力がなかった。両者はこの間に去ってしまった。最近では、これに反して、影響力があってもあまり民主主義的でない連中 —— シュリッター（Schlitter）とフォン・ブラウン男爵（Freiherr von Braun）—— が来ているように見える。彼らは、決してクリーンではない」[88]。

ゲオルク・ローゼンは 1921 年に外務省に入省した。—— その限りでは、ヴィルヘルム通り出身の男の 1 人であった —— 彼は、しかしながらユダヤ人の先祖ゆえに 1938 年に去らなければならなかった。同じ年に彼はイギリスに移住し、後には米国に移った。帰国後、彼は新しい外務省に再雇用されるよう努力し、成功した。外務省での彼の 2 番目のキャリアは、彼にとっては非常に不満足に推移した。人事局はロンドンにおける彼の活動について不十分と判断した。事務次官ハルシュタインはローゼンの運命だけを配慮して、彼を最終的な退職には

第4章　後続者、古参、「かつての人々」

追いやらなかった。ローゼンは駐ウルグアイ大使とし役目を終えた。そのポストは政治的にはあまり重要でなく、給与も比較的少なく、そして彼はそのポストを意に反して受け入れたのであった。外務省は国家社会主義の仲間たち――名前を挙げればペーター・プファイファー――の犠牲者であると判断し、これらの人々がナチの外交政策を担っていた、とローゼンは抗議した。彼は、新しい外務省での自分の行為を、リッベントロープとは反対のことをやった、と比較した。[(89)]

　ヨハン＝ユルゲン・ブロマイアーは外から入ってきた者であった。彼は、外部の声に捉われずに、「ロンドンの女性」と結婚したため、すぐさま中央に召喚された。シュランゲ＝シェーニンゲンの傑出した努力にもかかわらず、彼は解任された。[(90)] ブロマイアーとならんで、マックス・バッハマン（Max Bachmann）もまた外から外務省に入ってきた者であった。彼は、ロンドン総領事館で財務担当者として働いた。ローゼンの場合と同様、外務省は彼の仕事ぶりに始めから不満で、繰り返しバッハマンの召喚を計画していた。シュランゲ＝シェーニンゲンは、ロンドンの移住者周辺との接触にバッハマンは不可欠と考えていたので、彼を引き留めようと試みた。「バッハマン氏は、外務省の旧官吏が持っているすべての分野での経験と行政の実務がないかもしれない。しなしながら彼は、このような不足を完全に補い得る、純粋な性格、完全に先入観のない模範的な態度および大いなる職務に投入する能力を有している。もっと本質的には、次のようなことだと言える。すなわち、バッハマンはユダヤ人であり、ロンドンでの旧ドイツ移民サークルにとっては一種のレジスタンスの象徴と見なされている」。[(91)] それでも1953年末には、バッハマンは帰朝させられた。というのは、バッハマンがこの時点で既に70歳であったことが大きい。こうして彼は退官した。

　英国外務省での話し合いでバッハマンは外部から入ってきた者の総領事館での状況を次のように描いた。「すなわち、彼らは、短期間そして臨時に空席を埋める、そしてすぐ放り出すのに十分な、『せいぜい不満足なピンチヒッター』として職業外交官たちに受け止められている。……排他心はヴィルヘルム通りの旧外務省職員たちの間でも異様に強く、箱の中にいるメンバー以外の者に対しては敵対的に対処している」。[(92)] 英国の高等弁務官事務所は、この評価に対して精力的に反対したが、ボンでは一般的にシュランゲ＝シェーニンゲンと彼の協力者にそんなに満足していない、と付け加えた。「ブランケンホルンは私に、シュ

第2部　ドイツ外務省と過去

ランゲの報告は中身がなく、彼は自分の仕事に対する知識が全くない、と説明していた」。[93]

　民主主義的の程度が低く、しかし専門的には効率的な分派であると英国外務省が評したロンドンの大使館の外交官たちは、旧ヴィルヘルム通りから来た人々であった。オスカー・シュリッター（Oskar Schlitter）は、1929年にブランケンホルンの「同僚」として外務省に入った。ジギスムント・フォン・ブラウンは、1936年に入省した。1953年に再入省する以前は、ブラウンはケルンのクレックナー・フンボルト・ドイツ株式会社で働いていた。このコンツェルンのトップには旧ヴィルヘルム通りの外交官であったギュンター・ヘンレがいて、彼は第三帝国時代にユダヤ人の先祖ゆえに外務省を去らねばならなかったが、連邦共和国では重工業界で最も重要な代表の1人に昇りつめた。ブラウンは、戦後、ヘンレに雇われたわけではなかった。エミール・フォン・リンテレンは1942年、リッベントロープにルーマニア系ユダヤ人の強制移送や「特別な取り扱い」について定期的に報告していたが、ヘンレの顧問として働いていた。[94]ゲオルク・ローゼンもまた外務省に再入省する以前にはヘンレのところで働いていた。[95]このように旧外交官のネットワークが外務省の枠を超えて広範に機能していた。そして、無条件降伏の後の不確かな時代に、多くの元外交官たちが希望した再入省まで「越冬」するのを可能にしたのである。

　キャリア外交官から、似たように批判的、政治的には、きれいな外から入ってきた者と同様にまた専門家も見られた。圧倒的にユダヤ人が除外された外務省には、第二次世界大戦後も経済管轄権が欠けていたので、再建時には特に、経済の専門家たちが渇望された。しかしながら、第1級の人物はほとんどいなかった。外交官たちはいつも候補者たちの質について不満を述べていた。[96]経済で成功裏に行った仕事でもキャリア組に比べて低い報酬、公の職員に比べて限られた昇進の可能性、ほとんどない公務員になるチャンス、横から入ってきた者に対する外務省の一般的な拒否的な態度に鑑み、外務省での勤務は経済専門家たちにとって第1の選択肢ではなかった。

　当座、外務省に従業員として誘われた専門家で外部から入った者は、たとえ、入省前に特に承諾されていても、実際には公務員のポジションを得ることはしばしば困難であった。キャリアと公務員法の理由から外務省は、シュパイヤーあるいはボンで養成された後続外交官を公務員として受け入れることを義務付

466

けられていた。そして、少ない空席は基本的に外部から来た者を慎重に考慮しなければならなかった。外務省の任用計画は上級公務員とその他の間の確固とした割合が決められていた。1963年には、例えばその割合は上級職公務員70%で、30%がその他であった。[97]

専門職はしかし、公務員の仕事場だけでなく、昇任の可能性も限られていた。それぞれの職務階級には計画された人員数が決められていたので、キャリア公務員も昇進をするのに長い時間を必要としていた。彼らの目から見れば、外部から入ってきた者が、ただでさえ少ない席に座り、それが、キャリア公務員の昇進の可能性を妨げていたのである。ここに、外部から入ってきた者を拒否的に見る本質的な理由が確実にあった。特に職業外交官にとって厳しかったのは、外部から入ってきた者の昇進が明らかに政党政治的な意味合いがあった時であった。深く沈潜していた不信感は、70年代の終わりに上級職公務員の若手グループのイニシアティブで、外務省の「過度の阻害」に反対する――すなわち、それに関連する自分たちのキャリア・チャンスの縮小化――に対する抗議となった。[98]

しかし、特に側から入ってきた者については、しかし、外務省の一体性と団結にとっての危機と見られた。慣用句になった「外務省の連帯感」は、20世紀に至っても高い確率で社会的な排他性に帰するところがあった。たとえ、社会構造がビスマルクの時代から急激に変わっていったにせよ、特に上級職に所属する者たちの団結感情はそれでも間断なく続いた。連帯感は、世論の批判が外務省に向かってもなお、そしてそれゆえにこそ示された。例えば、後の事務次官ベルント・フォン・シュターデン（Berndt von Staden）はフランクフルター・ルントシャウ紙の攻撃に対し、非常に解りやすく説明した。「馬たちが危険な時に輪になって頭部を中にして形作る円陣のように、牛ならば解りきった理由から同じことを今度は頭部を外に向けて、突然やるように」。[99]このような徹底的な団結は、世界中に散らばっている職員たちを自然に一体化するためには望ましいことであった。共通の研修を受けた経験のない、社会化も共有しない外部から入ってきた者は異邦人として受け取られ、多くの職業外交官は、彼らと外務省への忠誠を誓うことを拒否した。

逆に、60年代に外部から入ってきた者としてしばらくの間上級職に所属していたハインリッヒ・エンデ（Heinrich End）が経験したように、「職員の絶対

第2部　ドイツ外務省と過去

的な帰属意識」は、外から入ってきた者からはしばしば受け入れられなかった。[100]
1969 年に事務次官に任命された外部から入ってきた者ギュンター・ハルコルト（Günther Harkort）は、約 20 年にわたった職務を振り返って、外交官社会の一員と感じたことは一度もなかった、と記録していた。それには、彼が、別れの挨拶の中で次のように述べたことが関係しているだろう。「私は 47 歳の壮年になってようやく、外務省にやってきた。外務省に完全に潜り込み、外務省を実際に生き抜く価値ある分野と感じるためには、20 年から 25 年ほど前の若い時に始めねばならなかった、と思う。私は、それゆえ完全に成功しなかった」。[101]

　外部から入ってきた者に対して、職業公務員たちは、特に彼らに欠けている特性を示唆することによって自分たちの長所を主張した。外から来た者が政治的理由で指導的な機能を受託した場合、職業的な外交は損害を被る、と。職業公務員は、外交的組み合わせの専門家として売り出した。というのは、1945年以降、職業的な再雇用の基本的理由としては外交政策の専門知識は少ししか残っていなかったからである。そのような専門性は要求されたが、しかしながら、それによって仕事を理解する上で問題となった専門性を付け加えた。「廷臣と社交的な紳士は専門家になった。社交界を飛び交う男が鑑定人になった」。[102]

　職業公務員たちは、外から入ってきた者たちの欠けている職業性に留保を付する一方、専門家に対しては、政治的感覚が欠けている、と対応した。職業外交官とは、その要請に応じて、どの地域にもどの専門にもどこにも投入されうるジェネラリストとして理解されたので、専門家（スペシャリスト）によって、彼らが周辺に追いやられる脅威に直面した。外交官たちは、専門家の知識の必要性を否定していなかったが、しかし、原則的な考慮から専門家を広範に取り込むことを拒否していた。彼らはその際、米国の外交官を反面教師にしていた。「米国の模範に倣おうとするのか？　もしそうであるならば、我々は、大多数が専門家からなる使節となり、費用も青天井である」。しかし、外務省は「ジェネラリストの役所である――たとえこの言葉が好んで聞かれなくとも」。この背[103]後には、外交は結局政治的な活動であって、政治問題に経験のある、外交全体を見渡せるジェネラリストが正当に対応できる、という考えがある。[104]

　横から入ってきた者がすべて、退職に追いやられたわけではなかった。例えば、ヴィルヘルム・ハウゼンシュタインのように、パリにおいてすべての面で成功裏に務めたものの、非常に怒って自ら去った者もいた。外から入ってきた者[105]

468

で、成功した例もある。例えば、ロルフ・ラールだ。彼は経済の専門家で、1961年から 1969 年まで事務次官であった。国際法学者で、いわゆるハルシュタイン原則の創設者であるヴィルヘルム・グレーヴェは、大学教授を経て外務省に移り、そこで法務局 ── 後に政務局を率い、そして、駐アメリカ、NATO、そして駐日大使として連邦共和国を代表した。ジャーナリストのアレクサンダー・ベカー（Alexander Böker）は、最初ブランケンホルンによって首相府に登用され、後に外務省に移り、フランスの外交官からは外務省で最も、輝けるキャリアの展望を持つ天分の外交官の 1 人と見なされた。後には、ベカーは中央で最も重要な機能である、連邦共和国の国連でのオブザーヴァー、またヴァチカン大使を代表した。しかし、ベカーとヴィルヘルム通りの人々の間に存在する憎しみもまた、フランス人には覆い隠されなかった。[106] 斜めから入ってきた者は、中央の「ちっぽけな将来精神」をからかい、「神聖な外交団」と揶揄していた。[107]

第 3 節　　後続者たち

　旧外務省の最後のアタッシェは、1938 年に募集された。その後、システマティックな後続者募集は完全に止まった。1951 年に外務省が再び設立された時、上級職だけはない、すべての分野で、人的な問題に直面した。外交的、あるいは領事公務員でドイツの在外使節団を埋めるために、短期間のうちに人材を獲得しなければならなかった。すぐに増大したドイツの在外使節団の数に鑑み、在外公務員の募集と若手の養成は優先課題であった。1950 年に実施された最初のアタッシェ課程は、当座、領事使節団のための後続者のみに当てられたが、それは 1951 年 4 月に第 3 のアタッシェ課程として始まった後の外交官養成の基礎となった。

　第二次世界大戦後、連邦共和国が新しい外務省を建設してからは、外交政策だけでなく、すべてが根本的に変化した。内政的にも社会的な前提も、西側のドイツは別のものとなった。新しい外務省は民主主義的な国家の下に設立され、その政府は連邦共和国を西側の民主主義的な共同体へ結びつけることを最も重要な目的に掲げた。このような背景の下で、いかにして将来の外交官養成を達成するか？　そもそもこの課題のために誰を獲得するのか？　外交官の後続者としてはどのような基礎が要請されるのか？　新しい外務省の事務次官ヴァル

469

ター・ハルシュタインにとっては、外務省員の後続者たちに突き付けられた高い要請は、そのまま連邦共和国にも当てはまることが明らかであった[108]。同時に、50年代の初めに導入された外交官養成は民主主義的な新しい出発を意味していた。したがって、決定的な問題はハルシュタインによって要求された要請が——そして、これによって選択の基準——が維持され、外交官後続者の募集と養成が連邦共和国の民主主義化プロセスを反映しているかどうか、であった。

外務省がその設立期に人的な必要性が高く、職員の候補者には不足しなかったにもかかわらず、適切な人材の不足が嘆かれた。候補者に対する比較的低い報酬と、比較的長きにわたる養成期間——1950年と1951年の最初の「緊急過程」ではほんの数ヵ月に制限された——が優秀な候補者を遠ざけた、と外務省は判断していた。1949年末にアデナウアーから研修所の建設を任された当時の総領事ペーター・プファイファーは、条件にふさわしく見込みのある者を20名選ぶためには、400〜600名の候補者が必要だと不平を述べていた。プファイファーは不足を、特に戦争での喪失のせいにしていた。しかし、戦争の世代、すなわち1925年頃に生まれ、育ったほとんどの候補者の人生特徴と経験を見ると、選ぶのも養成も難しかった。1951年にプファイファーが述べたところによれば、見込みのある者の世代は、「罪の意識がなく、肉体的な抵抗力が少なく、精神的な能力が不十分にしか成長していない（長い軍事奉仕や捕虜生活により、学校教育が十分でない）。この世代は精神的に病んでおり、不安で、判断にも自由でない（ヒトラーユーゲント、労働奉仕、国防奉仕、1945年の破滅、すべての判断基礎の揺らぎ、生活と学業関係の困難）。家庭での教育は、社会的にも一般的人間的にも不十分であった」[109]。

初期の連邦共和国は、独裁、戦争、民族殺戮の影を負った社会であり、その年月の闇に刻まれた深い不安に色づけられた社会的な構造であった。社会学者ヘルムート・シャルスキーは、プファイファーによって描かれた世代について数年後、「懐疑的な世代」と名づけた。今日では、「高射砲防護世代」、「45年」の世代（ディルク・モーゼス）とも呼ばれている。彼らは、国家社会主義を現に直接経験するのには年相応であったが、1945年以降、新しい出発を担うには若すぎた。イデオロギーに懐疑的姿勢がしばしば強く、米国あるいはヨーロッパ主義に向いた。彼らが旗印にした緊密な大西洋関係や欧州統合という外交政策は、したがって、多くの若者にとってまさしく理想的に見えたに違いない。他

に表現すれば、プファイファーによって不満が表明された、若いアタッシェの未熟さや未完成さが外務省の緩慢な民主主義化の重要な条件になり得た。

外務省の人事募集と養成を注意深く見ていた米国の外交官たちは、早くから認識していた。彼らはしばしば旧い人々に懐疑的であったが、新しく入ってきた外交官たちの質は非常に高く評価していた。世代交代とともに外務省の新しい姿勢もまた認識された。「ヴィルヘルム通りの連帯は解体しているように見える。というのは、そこで奉仕した人々は死に絶え、あるいは、退官している。戦前と戦後の世代間に憎しみや対抗心があったとしても、それは彼らとともに消えていく[110]」。外務省の後続者らは、米国に対して特に生産的で緊密な協力を期待した。若い外交官たちはヴィルヘルム通りの瘡蓋(かさぶた)になった考えと伝統から自由であり、その際に実際的な問題解決に努力している。在ボン米国大使館が国務省に宛てた報告書によれば――「焦眉の政治的な現実を認識している男たちであり、彼らは問題を考え、ドイツが戦後の勢力バランスを占めるにあたり、どのような考えから問題が生じているかに集中している[111]」。

かつてのヴィルヘルム通りの外交官と新しい人との間の緊張は、第1に数に限りのあるキャリアの席に関係していた。それは、外務省では他の省庁と比べても一般的に劣悪であった。それに加えて、設立の数年間には多くの外交官が採用されたが、多くが古参、あるいは「かつての人々」だった。これによって、後続者たちに不利な年齢ピラミッドとなっていったのである[112]。この傾向は、「131条」によってさらに強化された。新しく養成された外交官たちは、若い横から入ってきた者たちと同じく、しばしば長い間昇進を待たねばならなかった。一方で、旧ヴィルヘルム通り出身の外交官たちは70年代までに重要な大使のポストと中央での地位を手にしていた。

研修所所長のペーター・プファイファーは自らが旧ヴィルヘルム通り出身者であった。1925年に外務省に入省して以来、異なる在外のポストを歴任し、第二次世界大戦の終わる年には総領事としてアルジェに在勤した。同国で彼は1942年に米国によって牢獄に入れられた。1944年に交換された後、彼はそれからもう1年間ベルリンの中央で活動した。1940年12月以来彼はナチ党に所属していた。非ナチ化の手続きで彼は1948年に「罪なき者」と段階づけられた。1949年12月から彼は平和のオフィスの長を務めた。このオフィスは1950年半ば、連邦首相府の中の外交問題の職務の設立の一環として吸収された。彼

471

の兄弟であるアントン・プファイファーは CSU に所属する政治家で、バイエルン州国家大臣、そして 1949、1950 年には外務省事務次官室の設立に関する作業オフィスを率い、後にブリュッセルのドイツ総領事になった。ペーター・プファイファーの主要な任務は、将来の外交官研修所の設立であった。ヘルベルト・ディットマンが 1952 年 8 月に第 47 調査委員会の結果、外務省人事局長の役職を辞任しなければならなくなり、1952、53 年に臨時としてその後任を務めた。外国政府および第 47 調査委員会がプファイファーを在外の代表として送ることに反対し、1954 年に国際連合における西ドイツのオブザーヴァーとして彼の名前が挙がって抗議が起きた時に、ボンもパリも、彼に連邦共和国の外交官後続者の研修を任せることについて何らの問題なし、と見た。[113]

外交官研修所として、プファイファーは生まれ故郷のシュパイヤーに 1741 年に建設されたかつての教育アカデミー跡地に設立した。最初のアタッシェ課程は 1950 年 4 月 1 日に始まった。当初、プファイファーはヘルベルト・ブランケンホルンとの緊密な関係を有していたので、その設立には広範な裁量が任された。プファイファーが接触を持ったヴィルヘルム通りの外交官たちの中には、エーリッヒとテオドールのコルト兄弟、ハンス・ヘルヴァルト・フォン・ビッテンフェルト、ヴィルヘルム・ハース、グスタフ・シュトローム、ハッソー・フォン・エッツドルフ、ヘルベルト・ディットマンとヴィルヘルム・メルヒャースがいた。外交官研修の構想には、このグループの共通の経験と考えが源泉となったに違いない。一つの外交官の養成が狭い意味でもちろん彼らに共通していたわけではない。というのは、ワイマール共和国の外務省はそのような制度を持っていなかったからである。修養した学業——ほとんどが法律、外務省自身での行政経験と実務が卒業試験と結びついていた。第三帝国においては、若い外交官に政治的な世界観を確立させるために「後続者の家」なるアイディアが発展したが、この計画はその間、一貫しては実現されなかった。このように、1924 年のワイマール共和国の養成計画自体は存続し、それがシュパイヤーの構想段階で時として参考にされた。[114]

研修は遠く離れたプファルツだけで実施しない、そうではなくて寮生活のモデルに従って養成を行う、というプファイファーの基本的決定は広く賛同を得られた。やがて、俗に「外交官学校」とも呼ばれた研修学校には、教務課程に参加する者が住んだ。「シュパイヤーの成果」は、最初の課程に参加した者が報

告したところによると、第2の目的――「外務省が必要とした団結をすぐに形成」することにあった。第三帝国では維持するのに困難であったこの連帯精神は、戦後は斜めから入ってきた者の増加によって当面阻害を来たしていた。というのは、外務省では広範に30年代まで特徴的であった上級職の外務省職員が、社会的な出身層、すなわち貴族と資産家は、社会的な団結を欠いていたので、後続者たちは新しく、職務に必要な自分たちの団結心を作ることの手段と方法を見つけなければならなかった。このためにともに研修することによってその基礎が与えられるべきであった。新しい連帯精神は教務課程の参加者の間で「船団」と呼ばれたが、この「船団」の中で育っていった。「船団の精神をからかわないよう」――事務次官ジギスムント・フォン・ブラウンは70年代に至っても、若いアタッシェたちへのはなむけの言葉として贈っていた。「この結びつきの中にエッセンスがある」、と。

　可能な限り一様な職員を作り、外務省が確実に人的養成をコントロールするという明確な目的は、50年代の半ばから外務省が他のキャリア組の職員の養成も引き受けることに繋がった。養成は「広範な『順応性』――良い意味で――を作るべきである。すなわち、精神的な順応主義への教育ではなく、外務省の秩序、規則と伝統に対する理解を呼び起こすことであった」。これは新しく外務省が設立されてから20年経た後にも言われた。当初、この外交官養成の目的は、シュパイヤーで作られ、その後1955年に移されたボンで、1977年以降は、ボンのイッペンドルフに建てられた外務省独特の研修所――さらなる教育施設――で続けられた。最終的に2006年、ベルリンのテーゲルに外務省高等研究所がオープンした。

　外務省の民主主義化というあらゆる告白にもかかわらず、目的の変更は難しかった。例えば、いかに広範に後続者の募集を募るべきかという問題に関連して、もちろん「外務省のための選りすぐりは民主主義的に行われ」なければならない。すなわち、誰もがその階級や宗教、あるいは人種によって外務省への採用を排除されてはならない。しかしこれによって、公の職務の数的に重要でない分野で、後続者が求められ、あるいは不可欠となる、という結果は変えられない。その際は、広範な世間に向かって、そして、公式的にも物質的にも候補者になりうる多くの人間に呼びかけることになる。

　「物質的」とは外務省用語で、候補者の財産を指しているのではなく、個人的

な特性のことである。「公式」とは、候補者が高等教育を終えていること、一般的な良き教育を受けていること、国際法や国民経済、近代史に関する知識、英語とフランス語に堪能なこと、そして熱帯に強いことであった。この基礎的な前提は今日まで変わっていない。1970年にはさらに、心理学的な適性試験が加わった。一般的には、改善に向けて努力されている。特に、候補者の個人的な資質を判断するために、筆記試験の方法を標準化して多くの余地を得ることに努めている。すなわち、「物質的な相性」である。選別手続きの判定書類を見ると、採用は、候補者が自己紹介の時に見せた個人的な印象に非常に左右されていることがわかる。テストで良い結果を示しても、印象が悪ければ採用されない。それに反して、全体的印象が良ければ、柔軟性の基準である『順応性がある』ことをも含めて平均的にテストの結果を相対化する状態にある[120]。

　公の職務における採用にプラスのハンディが加わった。これに関係したのが連邦政府の指示で、それによると、ナチ政権で追放された者を優先的に採用するようにするとか、候補者のナチの過去をベルリンのドキュメント・センターに規則的に照会する、とされた。ベルリンのドキュメント・センターへの照会は、外交官研修所に受け入れる前ではなく、外務省への最終的な採用の前に実施された[121]。ナチ政権によって追放された者の採用を優先させるという指示が後続者の選択に実際に影響を与えたかどうかは、証明が難しい。1961年、迫害されたカテゴリーに該当した76名の所属者のうち、58名の採用者があった。もちろん、そのうちどれだけが横から入ってきた者か、またどれだけが外交官研修所を卒業した者であるかは調査し得ない。1960年のおよそ1,200名の上級職員全体の中で、元追放者の採用数を云々することは難しい[122]。

　外交官研修所は組織的には外務省に付属していたので、選抜手続きだけではなく、研修の中身を作成するに際しても、外務省は外部からいろいろ口出しされることもなく確定することができた。初期の頃は、連邦議会の外交関係委員会に「外交官の後続者」という下部委員会があり、この下部委員会がシュパイヤーの外交官研修所について情報を提供させたり、研修所を訪問したり、養成のあり方について、とかの指示を出していた。しかし、実際には、この機関の影響は研修に関してどちらかというと少ないように見えた。連合国もまた、後続者問題についてはほんの少しだけしか干渉しなかった。ロンドンにおけるインフォメーション旅行でも、ドイツ人に対して、外務省がナショナリストの橋

第4章 後続者、古参、「かつての人々」

頭堡となることを防止するために、一般的な再教育の意味で広範な後続者の確
保・促進が強く忠告された。[123] イギリス政府は、英国外務省がドイツのアタッシェ
のブリティッシュ・カウンシルのコースへの訪問を財政的に支える等、具体的
な支援をドイツの外交官研修所に与える用意があると伝えた。[124] 米政府は連邦共
和国から若い外交官を賓客として米国に招待した。[125]

　このような処置が参加した若き外交官たちに及ぼした作用を軽視すべきでは
ない。彼らの少なくない者たちがこれによって初めて —— 可能性としては戦争
に動員された者を例外として —— 長期間にわたって西側諸国に滞在する機会
を得た。まさしく米国旅行は、この世代のドイツ人にはしばしば深い、忘れ難い
印象を与え、特に彼らが米国で知った政治的な文化は、自らの伝統的な秩序思
考と全く反するものであった。[126] 米国での経験は西側化に本質的に寄与し、1945
年以降の西ドイツの社会を次第に変えていった。

　個人の訪問招待と違って、NATO 諸国の後続外交官たちを共同で養成しよう
とする50年代に生まれたアイディアは実現しなかった。ベルリン危機で新しく
頂点に達した冷戦を背景に、より堅く結束すべしとの希望は、外交官の養成を
個々の国が手放すことであり、それは NATO における米国の優位に事実上従う
ことになるので、これは上手くいかなかった。[127]

　シュパイヤーで最初に実施された教務過程では、養成の長さは全体で3年間
の研修と試験制度と定められていたが、2度目の国家試験を終えた完全な法律
家には、準備のための職務期間は2年間が、後には1年間が短縮された。理論
的な養成は次の3点が含まれていた。歴史と政治、国際法と国民経済であった。
それと並行して、英語とフランス語の授業に大きな役割を果たしていた。法律
学の養成は一番重要な部分であった。上級職員の教育課程には、法学、国民経
済学と歴史・政治の授業がほとんど同じ時間数が割り当てられた。国民経済学
の分野では、特に、対外経済政策、国際金融、多角的貿易問題のテーマが重要
であった。国際関係における経済と一国の外交政策上の非常な重要性は言葉に
表すことなく認識されていた。この背後には基本的なパラダイムの変更があっ
たため、古典的な外交政策の拡大が隠されていたのかどうかは、判断すること
ができない。いずれにしても発展ないしは大きな力が得られた。その流れの中
で、経済と貿易はもはや権力政治の外交政策手段ではなく、外交政策に内在す
るものとして理解されるに至った。

475

第2部　ドイツ外務省と過去

　3つの主要な分野の比重は、この十数年間ほとんど変わらなかった。70年代の初めになってやっと、改革勧告において決然とした研修内容の「より政治的な」路線が要求された。[128]ここに「68年世代」による、社会・リベラルな同盟が強化されつつある社会の政治化が反映されていたのみならず、連邦共和国が設立されて以来優に20年間にわたって外交政策的に発展させてきた伝統、尺度と目的が、外交官の研修にも反映されるべき素直な事実をも反映していた。1871年から1945年までの間のドイツ固有の外交政策、あるいは近代初期以来の欧州の国家システムの歴史は、もはや基準とはなりえなかった。そこから指導的な外交政策と外交が発展させられてきたのであるが。狭い意味において外交史の継続的な集中は時代錯誤のように作用した。国際体制自身が根本的に変わった。例えば、70年代初めには、歴史を学ぶ際、前世紀の国際関係が中心になった。さらに、この時代の発展が教育単位に加わった。すなわち、60年代と70年代のドイツの歴史学の変遷をも映していたが、もちろん、歴史の紹介は社会学としては導入されることはなかった。外交官の養成は孤立して行われたのでなく、社会的、社会文化的発展に影響され、何もかもはっきりと変化した。

　既に50年代に、もともと教育計画には予定されていなかったテーマがすぐにコースに入れられた。国際経済政策、開発援助政策と欧州統合が重要視された。それとならんで、長期的授業計画の中には次のテーマが存続した。「ヴェルサイユ条約とその結果」である。これは、ヴィルヘルム通りの旧い考え方であった。これが、シュパイヤーの外交官研修所の授業計画を決定していた。そして、少なくない「かつての」人々がシュパイヤーとボンでの講師であり、その中には、1949年以降に職員に再雇用され得なかったエーリッヒ・コルトのような人物もいた。コルトは1938年から1941年までリッベントロープの事務所長であり、50年代には教育課程「1918年から1945年の間の歴史的な発展」の責任者であった。[129]第1期のシュパイヤーにおけるアタッシェ研修講師の半分以上が旧外務省の指導的な地位にいた者であって、彼らは新しい外務省には雇用されていなかった。[130]ジャーナリストのミヒャエル・マンスフェルトのように鋭いオブザーヴァーは、このような発展を見逃がさなかった。

　第1期の教育課程の講師の中には、ヴェルナー・フォン・ヴァルゲンやヴェルナー・フォン・グルントヘルといったナチ有罪の外交官がいた。この2人に対しては第47調査委員会がはっきりと断罪——たとえ無駄だったとしても

——していた。戦争中ベルギーに駐在していたヴァルゲンは、50年代初めには
ベネルクス諸国の地理学を教えていた。戦争中はベルリンの中央でスカンディ
ナヴィア諸国——単にデンマークのユダヤ人の強制移送の組織化だけではな
く、ノルウェーのキスリング政権への財政支援にも参加していた——を担当
していたグルントヘルはスカンディナヴィアについて授業をしていた。さらに、
グルントヘルは外務省人事局で1952年まで、上級職の募集担当だった。フラン
ツ・ニュスラインは戦争中、ボヘミアとモラヴィアのドイツ国家省で高等検察官
およびドイツ刑法罰に関する総担当官を勤め、1945年以降にはチェコスロヴァ
キアで20年の拘禁刑の判決を下された。連邦共和国に追放された後、外務省
研修所で領事–公使館法を教授していた。ヘルベルト・ミュラー=ロシャッハ
（Herbert Müller-Roschach）は、戦前・戦中「ユダヤ人問題」をも管轄するドイツ
局に勤務したが、研修所では欧州統合について教授した。特に彼の名で付け加
えられた部分ゆえに——彼は本当はミュラーといった——60年代末に困難に
陥った。1969年に検察官の取締手続きが彼に対して行われた時に、彼はポルト
ガル大使に任命された。50年代初めに人事局と外務省研修所幹部がミュラー＝
ロシャッハのナチの過去を知らなかった、ということはあり得ない。

　1933年に抗議の形で外務省を辞めたフリードリッヒ・フォン・プリットビッ
ツ・ウント・ガフロン——彼などもまた、第三帝国時代にヴィルヘルム通りを
去らなければならなかった——等、一連のさらなる外交官たちが講師として招
待されていたことは、あまり明らかにされていないかもしれない。というのは、
外交官研修にこういった外交官を投入したことは、外務省がワイマール時代の
伝統に固執しようとする努力を意味している。50年代半ばには、講師たちの中
には国家社会主義に対する決定的な敵も、もちろん連なっていた。例えば、ブー
ヘンヴァルトに収容された経験のあるジャーナリスト、オイゲン・コゴンだ。彼
は若い連邦共和国において影響力があり、欧州同盟の議長でもあった、欧州運
動について何度も語った。あるいは、軍事的抵抗者の緊密な一員であり、ヒト
ラーに対するドイツの反対者について講演したファビアン・フォン・シュラプ
レンドルフ（Fabian von Schlabrendorff）もいた。

　外務省の現役と旧職員の他に、ジャーナリストや経済界代表、そして特に、大
学教授たちが講師になった。外務省は長年にわたってドイツの大学や研究所の
教官たちと協力し、このように指導的な学者を取り込んだ。例えば、政治学者の

テオドル・エッシェンバッハ、歴史家のルードヴィッヒ・デヒオ、テオドール・シーダー（Theodor Schieder）、ヴェルナー・コンツェ、ハンス・ヘルツフェルド、法学者のヘルマン・ヤールライスそしてヘルマン・モスラー、あるいは、経済学者のフリッツ・バーデやギュンター・シュメルー等の人物がいた。チュービンゲン大学公法学教授で SPD の幹部会員、後に連邦議会副議長になるカルロ・シュミットは初めから教務のプログラムに入っており、政治家たちへの橋渡しを勤め、連邦議会の議員たち——ほとんどが外交委員会委員——は、何度も党の外交政策の立場を紹介し、議論に付すよう要請された。カルロ・シュミットと並び、50 年代から 60 年代にはフリッツ・エルラーが SPD を、クルト・ゲオルク・キージンガーとハンス・フラーは同盟を、エーリッヒ・メンデは FDP の外交政策を説明するため、定期的に研修所を訪れた。これは教務プログラムを補完し、政治的プロセスの真の部分をなし、たとえ小さなステップであっても外交官の研修は一般的な自由化と複数性プロセスの一環になった。

　外務省の理論的な基本的研修についてはそうでもなかったが、実務部分はいつも批判の対象になった。最初に候補者はいずれも中央で、在外のポストあるいは役所の外でも（例えば、連邦政府新聞・情報庁、連邦議会、あるいは、経済ならびに法務研究所）で外交活動の分野を任せられた。その後で、「以前のドイツの外務省にドイツにあった、そして今もある国内政治、経済ならびに社会生活における不信を、これらへの緊密な結びつきによって除去する」希望もあった。[136]拙速な交替の成果は少なく、70 年代にはついにボンの中央部署でのみ、完全な実務が研修計画の中に取り入れられた。[137]

　若いドイツにおける外交官の実際的な弱点は、国際的な機関において特に目立った。ジギスムント・フォン・ブラウンは、1970 年に至っても外務省が国際機関の活動に経験ある公務員を登用しないことに不満を漏らしていた。当時、連邦共和国の国連加盟が直前に迫っていた。そして、連邦共和国が国連諸機関に代表を送ることも目に見えていた。こうした事情から、外交官の研修にこのような活動を入れていく準備に事務次官は賛意を表していた。連邦共和国は、何ら能力のある公務員を持っていない場合には——特にまさしく非常に大きく受け止められていた DDR（ドイツ民主共和国）との——国際競争を「短期的な目的とする」べきであった。[138]70 年代初め、明らかに国際的な要請に応えられていないという問題に外務省は驚愕した。1973 年の連邦共和国の国連加盟までに

第 4 章　後続者、古参、「かつての人々」

は、おそらくそれゆえに応えるという要請がなかった。というのは、ドイツの
公務員は通常、欧州の機関では外務省職員ではなくて、その国際機関に籍を置
く国際公務員であったからである。

　外交官研修で念頭にあった理想的なタイプは、ジェネラリストであった。ジェ
ネラリストは一般的にどこでも、何にでも使える公務員である。70 年代は、効
率的な人物の投入が強く要求されたが、しかしながら特殊化はさらに厳に拒否
されていた。ジェネラリストの原則を当初は疑問視した改革委員会もまた、最
終的には外務省が選んだ外交政策的な利益の代表は統一的な全体的課題と考え、
研修の目的をそこに置くように強化した。結果的には、そのような見解が外務省
の結論となったのだ。外交政策の課題がますます募り、複雑性になっていくこ
とに鑑み、専門家をも動員する必要性があると外務省は認識しつつも、このこ
とは制限的な時代には意味があった。一般的には、外交政策の分野での中心的
な課題は外務省で養成された外交官に留保されるべきである、との見解であっ
た。この共通した職業見解にはグループ意識が根底にあった。そしてこの国の
代理人としての活動が、今日まで外交官研修の中心的な目標である。

　これは、50 年代に設立された社会アタッシェのポジションの不和の一つで
あった。連邦労働省と労働組合は、このポストに人を指名することに成功した。
大きな大使館の社会アタッシェのほとんどは、総労働組合同盟（DGB）が指名し
た。それ以前は彼らは、総労働組合あるいは個々の労働組合のために働き、そ
の組織にさらに結び付けられていた。キャリア公務員とは異なる労働組合の幹
部のため余計な給与を払うポストである、と批判された。これらは、労働組合
に対すると同時に、社会市場経済政策への譲歩と見られていた。社会的、労働
政策的な側面がますます重要になった国際関係での限りにおいては正しかった。
50 年代末には、例えば「外国人労働者」受け入れの計画もあり、労働組合のポ
ジションも対外関係の文脈で考慮された。外交関係におけるこの拡大も、外交
政策の民主主義化を意味していた。

　異なる課題が混在していることを踏まえ、外交関係を促進するためには全体
的な機能を支配すべきだという「理想的」な外交官像は、既に初めの数年間に
国際舞台の現実と離齬をきたしていた。この状態はさらに複雑になり、これに
よって専門家の要請を強めた。また、制度的にも変わってきた。マルチ化と超
国家性である。特に欧州関連ではそうであったが、国際的・超国家的な、指示

に捉われない新しい公務員が出てきた。既に 1960 年には外務省では、同省が国際関係の分野で独占を失った、と確信した。外交官は、在外で彼らの政府の報告者、個人的な代表としての重要性を近代的なコミュニケーションとトランスポート手段によって追加的に意味を失った。政府スポークスマンのフェリックス・エッカルトは、ビスマルクの時代と比較して外交官がほとんどの影響力を失った、と述べた。「一つだけ確実なことは、外交官にとっては当時が今より良い時代であったことだ。彼らの報告は少なかったが、彼らが書いたことは読まれた。今日では紙のインフレーションとなり、大部分は報告書としてぶら下がっている」。[143]

　外交関係で外交官による独占があったのか、という点に関する論争の有無は不明だが、もしもあったとすれば、国家社会主義は外交政策における外務省の独自性と独占要求を既に打ち負かしていたし、戦後の 1951 年には独占権もなくなり他の諸制度が外交分野で上昇して、外務省がこの状況の変化に適応したことに、いずれにしても寄与した。人々は、外交官が民主主義国家の外交政策を代表している、と理解した。ドイツ外交政策における伝統的な意味と本質についての確信は、その引力を徐々に失っているが、しかしながら危惧された外務省における労働の阻害化は、それだけ一層激しくなり、団結して一つとなった職員の伝統的な自明性の維持を執拗に誇示している。

第5章　補償と記憶

　ナチの被迫害者に対する国家補償については、そのほとんどについては同盟国の圧力が決定的に作用していたのに対し、旧官吏に対する補償はドイツのイニシアティブから発した。1945年以降「追放された」旧官吏に対する扶養が、いくつかの連邦法の整備を経て、基本法131条が効力を発効するまでの長い間、各州がまず、損害を受けた旧官庁の職員らに対する最初の規定を設けた。その際、ナチ政権下で政治的、人種差別的な迫害を受けた比較的小さなグループは特権的なステータスが認められた。これには旧官吏である「追われた群衆、東部よりの避難民、非ナチ化された者たちに」できる限り「良好な比較基準」を達成するという動機が内在していた。⁽¹⁾

　かつて追放された旧官吏に対する補償要求が個別法を成立させることによって規制されるよう尽力したのは、連邦内務大臣グスタフ・ハイネマン（CDU）であった。一方では、後の連邦共和国の領域分野外で迫害にあった旧官庁の職員らは州の法律で配慮されることはほとんどなかったし、他方で、公務員のうち早期に寛大に行われたナチの被迫害者に対する補償は「基本法131条」に対する予想される政治的・道徳的な反対を回避するのに役立つだろうと思われた。特に、SPDが下部党員に対して、1933年以降損害を被った者に対してできるだけ早く公正さを付与するためにも、1945年以降の「被追放者」の名誉回復に同意しなければならない、と主張することができた。

　ナチ被迫害者である旧官吏に対する補償と、「基本法131条」による補償を規定した法律はそれぞれ、ほとんど同時に、1951年春に発効した。基本的には単に部分的な補償を得ただけのナチ被迫害者の大衆とは反対に、損害を被った旧官吏には、それに対して可能な限り完全な補償がなされるよう、法律で認められていた。まず、1951年5月11日に再雇用の権利を認めた「国家社会主義の不法による公の職務に就いていた者への補償について規制する連邦法」（BWGoeD）が発効した。再雇用には、本来なら到達したであろう職場ポジションを基本にしていたし、それ以上に、該当する旧官吏には仕事のない時期の補償を要求す

る権利と、年金を遡って受けとる権利を認めていた。[2] さらに、半年も経たないうちに、1933年以降に外国に逃れた旧官吏に向けた補償法（BWGoeD）が公布された。彼らもいまや、連邦共和国が外交関係を持っている国に生活している限り、再雇用あるいは補償金を保障される状態になった。[3]

連邦共和国の官庁に再雇用される前提は、ドイツの国家市民権を持っていることであった。ナチに迫害され国外逃亡の間に国籍を剥奪された者あるいはドイツ国籍を離脱した者は、それゆえに彼らが帰国した時には新しく獲得した国籍を放棄することを迫られ、その上で旧ドイツ国籍を再度獲得しなければならなかった。[4] 外務省に採用されたい帰国者には、通常この規則がその配偶者に対しても適用された。補償から基本的に除かれた共産主義者の他に、かつてのナチ党員で、彼らが「名目だけの党員」以上だった者は除かれた。

外務省から追放された同僚に対してのBMGoeDと外国へのBMDoeDを基礎にとられた処置と、同盟国による外務省への補償、損害補償、原状回復の要求に対する作業は、注意深く区別されていた。特に、ナチの犠牲者の多くが逃げ込んだ国々、例えば、米国やフランス、オランダあるいは英国においては、50年代はドイツの大使館、総領事館の仕事の重点となった。

保障の権利を持つ者たちは必ずしも一体のグループを成した訳ではなかった。比較的容易だったのは、1933年に帝国官吏法（BBG）あるいは1935年の帝国市民法（RBG）の下に「民族共同体」から除外された者に対するケースであった。というのは、これらの人々の書類は多くが保存されていて、大抵の関係者は、ナチ政権の敵対者であるとか、あるいはユダヤ人で政治的浄化の犠牲となったことを証明するのに難しくなかったからである。人事局長のヴィルヘルム・ハース、参事官のヴェルナー・シュヴァルツ、[5] それに領事職務の設立を所管したルドルフ・ホルツハウゼン[6]は自身、ナチの人種政策の犠牲者と見なされたが、再雇用の保障を除いて、この間、申請に特別の配慮はなされなかった。これらの3人はすべてユダヤ人の妻ゆえに早期に年金生活に追いやられた。

設立当時は政治的、人種差別的に追放された者に対しては全体的に寛容な雰囲気が支配していた。追放された背景を有する人物たちは、それゆえに、新しい外務省に応募することを勇気づけられた。しかし、間もなく故郷を追われた者と「役所を追われた者」たちの帰国が増えるとともに、数的に優勢であった「かつての」者——その中でも少ししか政治的に有罪とされなかった者——と

第 5 章　補償と記憶

の競争がますます顕著になり、ナチの被害者が新しい外務省で職を得るには不利に働いた。「基本法 131 条」の施行と違って、これらはさらに力強いロビーにもならず、またその再雇用要求の法的に定められた確固たる数を雇用することもなかった。それに加えて、特に被追放者の利益を促進することにならなかったのは、ナチ政権で追放されたナチ政権の被抑圧者同盟（BVN）の元官吏で連邦議会議長が、かつてのヴィルヘルム通りの男であり、彼はその組織を彼の個人的な再雇用の手続きに機能させようと努めたことが原因であった。1945 年以降オイゲン・ブデが主張するように、外務省人事局は既に早くから、昔公使館参事官であったブデを政治的な犠牲者とはみなさなくなっていた。むしろ、ブデが 30 年代に賭けごとや為替相場にかかわっていたこと、そして至る所で守秘義務違反を犯していたことを古い人事文書が暗示していた。ブデの行為を享受したのはブラウンシュヴァイクにある「水車と工業」株式会社（MIAG）であり、ブデは長年外務省を笠に着て、この企業の監査役に就いていた。1939 年 3 月、ゲシュタポが外務省に対して密かにブデに対してどうするのかを要求してから、彼は夏に規律手続きの一環により暫定的退官に追いやられた。

　1933 年以来数十人の上級官吏が、自らユダヤ人出身あるいはユダヤ人と結婚をしていたことから政治的な理由として職場や官吏の権利を失った事実に鑑みて、何ら途中で信頼すべき見通しを得る努力もなされなかったことは驚くべきことであった。第三帝国内にあった様々な抵抗運動体に所属することも、連絡さえも記録を残そうとする教育的な注意深さも、ナチの犠牲者に関しては欠けていた。これには、個人的な再起に時間を要したという直接的な必要性に、部分的には原因があるかもしれない。しかしながら、1945 年以前の自らが協力の用意があったことと、連合国の移住者と追放者の再雇用という要望に対する潜在的な拒否が関係している、ある種の感情的な戸惑いも多く語られた。

　再雇用される権利のある者を把握するための最初のイニシアティブは 1951 年秋に投入され、連邦議会第 2 委員会との関連で証明されることになった。補償問題への公的な関心が 1951 年 5 月の法律（BWGoeD）によってではなく、解明すべきという議会の圧力によって呼び起された事情は、この問題を弁明する方向へと繋がった。しかしながら、在外派遣についての公式な人事政策の「8 項目プログラム」は、実際には既に長い間適用されていたことがいくつかの点で示されている。ナチ被迫害者グループにとって特に次の項目が重要である。す

なわち、「3. ナチ政権の間、あるいはそれ以前に直接動員された国々への派遣はないこと」、「5. 崩壊後のドイツに1年間滞在したこと」、「6. 彼らが滞在したことのある国への派遣はないこと。特に移住した国への移住者の派遣はないこと」、そして「8. 婚姻相手の国籍国への派遣はないこと」[10]。

公職の他の分野でも、以前の上司から阻害もしくは追放された官吏に該当する国外逃亡者たちに特徴的に欠けていたのは、他のこの職務規律に欠けていた財産、可能性として欠けていた意志も、特に職業的、個人的状況に適当な配慮をすべき点であった。例えば、ほとんどの当該者たちにいつも困難をもたらしたのは、彼らがその婚姻相手と子どもたちと一緒にドイツから逃亡したり、外国に派遣されている時に外務省から除籍された場合であった。その家族が通常ほとんど異議なく追放された故国へ戻り、そこで国籍を回復させることの用意がない場合に、故国に戻る意思のある官吏には、しばしば乗り越えられない葛藤が生ずる。特に、元亡命者をその逃亡先の国に派遣することは、関係者たちの不信を招くことは当然である。その中で、亡命は裏切りの形式である、といわれるようになった。遂には、終戦後の少なくとも12ヵ月間はドイツにいたという条件が限定的な理由として作用したが、それでも大抵の亡命者たちはこの義務を達成するために必要な財政的余裕もなかったし、そのための心の準備もなかった。

外務省の内部的な人事規定が、他の公務員の雇用者側に、追放された者や差別された者たち —— 東ドイツ地域や、故郷を追い払われた者、後になって帰ってきた者 —— に対して明確に優先的地位を承認して、全体的にポジティブに持ち上げられたものの、特に亡命者には非常に高い事前の条件が要求されていた[11]。そして、この条件を誰もがクリアできるわけではなかった。個々の人事担当官が法的な手段を適用する際に一般的に大幅な解釈 —— 裁量の余地を持っていることを除き、公務員へ再統合するには不利な多くの個人的な事情があった。1945年以降にしばしば紛争の種になる人は、ナチ政権を支持したり、追放処置に参加していた人々と個人的に関係していた可能性のある公務員である。このようなすべての追放された旧官吏の基本的な問題をゲッティンゲンの法歴史家のハンス・ティーメは補償からくる主要なジレンマとしていた。「我々は同時に、公共の秩序を損なったそのような男たちに協力を期待できるだろうか？ ここに自身が慎重に配慮しなければならない真の補償義務がある」[12]。

第5章　補償と記憶

第1節　償いとしての再任

BWGoeD と BWGoeD– 外国 —— の発効とともに外務省の元官吏で、人種、宗教あるいは世界観を理由に 1933 年以降外務省から追放された者は、除籍理由が示されず、定年の年にいまだなっていない限り、法的に補償を要求する権利を得た。それには、また、優先して再雇用される権利も含まれていた。実際にはしかし、「131 条」による場合とナチの犠牲者との間に存続していた構造上の不均衡によって、昔の役所への復帰の希望がしばしば回り道をして実現される、ということになった。自分の方から人事局に接触した数少ない選りすぐりのグループに属していない限り、大抵は政治筋・経済筋に影響力のある同意者を必要としていた。ハンス・エドゥアルト・リーサー（Hans Eduard Riesser）もそれを経験した。

帝国議会副議長ヤコプ・リーサー（Jakob Riesser、ドイツ民族党）の息子は 1918 年に外務省に入省後まず、ヴェルサイユの平和使節の一員に任命された。1933 年に「休職」にされ、1934 年 3 月に市民法第 6 章の規定（「行政の簡素化」あるいは「職務の利益」）により、継続的な休職に追いやられた。最初の数年間はパリで生活し、戦争中はスイスで過ごした。1949 年 5 月にリーサーは初めて、自分の友人フォルラート・フォン・マルツァーンに再雇用の可能性を問い合わせた。経済代表部の設立はこの時点ではまだ可能性の段階で、61 歳を既に超えていたので、リーサーにマルツァーンは希望をあまり与えることができなかった。参事官ハースとその代理人メルヒャースとの個人的話し合いでも、希望した成果を結ぶことはなかった。20 年代の末にリーサーがパリの大使館で一緒に働いていたマンフレット・クライバー連邦大統領府事務総長の助けにより、彼はそれでも連邦大統領を彼の関心事項に引き入れることに成功した。このやり方とマルツァーンの支援により、リーサーは 1950 年にクレケラーとともにニューヨークに派遣され、そこで最初に領事部長の職に就き、1952 年には総領事となり、国際連合への常駐オブザーヴァーになった。[13]

旧プロイセンの官吏であったヴェルナー・パイザーも、政界の関係者が最初、その活動開始を導いた。パイザーはリーサーと違い、博士号を持った法律家兼言語学者で、旧ヴィルヘルム通りの人ではなかった。むしろワイマール時代には、

485

最初はオットー・ブラウンの報道担当官として活動していた。そして、1931、32年以前にはドイツ大使館のアタッシェとして、同時にプロイセン教育省の参事官としてローマのプロイセン歴史研究所に配属された。彼はそこで、ヒトラーの権力掌握の直後にロバート・ケンプナーと知り合った。彼は、プロイセンの内務省のポストを召し上げられた直後だった。ケンプナーと一緒にパイザーは数年間フローレンスでドイツ系ユダヤ人の子どもたちのための地方学寮を経営し、その子どもたちの両親はドイツで国外亡命を準備していた。ドイツの圧力でイタリア政府がフローレンスの研究所を1938年9月に閉めた後、2人は1939年5月にニースを経て米国に亡命した。長年にわたってニュー・オーリーンズのロイヤル大学で教授を勤め、その後2年間はワシントンにおける戦争情報オフィスで活動し、その後にパイザーは1945年夏に —— 再びケンプナーとともに —— 上級法律専門家および法医学問題の顧問として登場するために、ニュルンベルク裁判の検察官チーム所属員としてドイツに帰還した。[14] その後、フランクフルトにおけるアメリカン・ジョイント・ディストリビューション委員会で短期間働き、昔の同僚ヘルマン・カッツェンベルガーの働き掛けとホイスおよびブレンターノの支援により、彼は遂に連邦首相府の連絡部に職を得るため応募した。プレス担当官のグルントヘルがパイザーの原則的な適性を認めた後でも、領事部長の介入で却下され、連邦新聞庁の外国部長のフリッツ・フォン・ツヴァロフスキーの推薦により、リオ・デ・ジャネイロに送られ、そこでフリッツ・エーラー（Fritz Oellers、FDP）大使の下でプレスと文化担当官として配属されることになった。

　パイザーのその後のキャリアは、2つの決定的な紛争により記録に残った。1つは、彼の補償手続きを得る闘いの中で到達した承認を、省の参事官として相応する支払いを伴って実行するよう、長年にわたり中央勢力との消耗戦に挑んだものだった。[15] もう1つは、彼が社会民主主義者およびユダヤ人として、ドイツの国家主義的流れと反ユダヤ主義のルサンティマンの顕著な雰囲気の中で行動しなければならなかった事実を恒常的な緊張に導いた。最初の在外配属先であるブラジルでは、エーラーの下で真の挫折に陥った。右派的なFDPの男は新しいプレス担当官について最初の勤務評定で、「目の曇りのない」「行儀正しい性格」であるとしつつも、彼の世界像は決定的に亡命者のそれとして顕著であり、加えて彼の「教師としてのタイプ」は政治、経済問題ではどうにも融通がき

かず、彼はポストには不向きであると評価した。人事局長のディットマンはそれに応えなかった。ディットマンはボンでの調査委員会で彼の証言をめぐって高まる危機に引き込まれていたからだ。そこでエーラーは、ハルシュタイン事務次官とシュヴァルツ人事担当官に人事問題について注意を喚起した。数ヵ月後にはディットマンの後任ペーター・プファイファーに秘密を打ち明け、パイザーをできるだけ早く配置換えするように忠告した。その理由としてエーラーは、ユダヤ人出身の再亡命者をプレス・文化担当官に留めることができないと説明した。亡命者がドイツ大使館に勤務することと、ドイツとブラジルの関係上、ユダヤ人を文化担当官に受け入れるのは評判を害する、と。[16]

　1953年末に──論争はさらに先鋭化したが──ローマまたはアテネへの配置換えを要請したのはパイザーであった。[17]彼の悲劇的に不幸な事件と妻の死の後で、人事──行政部は彼の希望をある程度認め、パイザーにマドリード（スペイン）の文化部長職を提案した。彼が新しい職場の場所に着任する前に、この決定に対する反対が起こった。まず、厳重な懸念を、大使アダルベルト・フォン・バイエルン（Adalbert von Bayern）公が表明した。66歳のバイエルン公は、フランスがペーター・プファイファーの派遣に異議を申し立てた後、1952年に「困惑の解消」としてマドリードに派遣されていた。「西欧」に関する同時代の論争と王国的・反共産主義のスペインの特質を背景に、バイエルン公には理想的な配置先と見られたのだ。そのバイエルン公が、ユダヤ人出身の再亡命者に文化の課題を任せることに反対したのである。中央に対して彼は、パイザーの人種所属と以前アメリカン・ジョイント・ディストリビューション委員会で活動していたことを根拠に、スペインでは望まれない、と主張したのであった。[18]

　プファイファーの辞任後、アデナウアーのケルン周辺からヨーゼフ・レンスが難しい人事政策の仕事をやろうとしていた人事局は、自分自身の利益を考えた大使による継続する争いに巻き込まれ、この間過剰に働かされていた。アダルベルト・フォン・バイエルンのボンへの差別的な発言を表明した肩代わりに、レンスはユダヤ人という要因がドイツとスペインの関係にどのような意味をもたらすか検証させた。大使の警告が強い誇張であることが確認された時、レンスはパイザーの補償の権利として、彼のステータスとして一度決定されたマドリードへの配属を維持することが必要であることに賛成した。[19]レンス自身は完全に反ユダヤ主義的反感から自由でなかったけれども、この案件でのレンスの

立場表明は、唯一の外務省職員としてパイザーのユダヤ人に関する論争に外務省が道徳的な責任を負っているとして終了させようとしたことは注目に値するものであった。

　大使とともに、マドリードの大使館の職員の中には、新しい同僚をできるだけ早期に追い出そうとする人々がいた。1951年の春には、当時まだ人事局研修担当官であったルプレヒト・フォン・ケラーは、パイザーの雇用計画の機会に、彼の友人であったフランクフルトの弁護士ヴィクトー・フォン・ディア・リッペ（Victor von der Lippe）に、パイザーが旧ニュルンベルクの訴訟提起協力者の１人であった可能性があるか尋ねた。弁護士は記憶は定かではないとしつつ、パイザーはプレスの写真家であったかもしれない、と答えた。パイザーの着任直後にケラーは、パイザーがケンプナーにとって緊密な信頼者であり、ヴェルナー・ヴェストの聴取官でもあったことをも調べ、知ったようであった。いずれにせよ、ケラーとパイザーは、後者がマドリードに到着するや否や激しく対立した。大使館には本当に不愉快な雰囲気が支配してた、とパイザーは同僚のザラトに告白している。ドイツ学校ゆえに彼はしばらくの間、大使館参事官ケラーとの真に「生きるか死ぬか」の闘いだった。[20]

　「かつて」の人で亡命した数少ない１人で、再雇用の観点から外務省が接触したのはリヒャルト・ヘルツであった。ドイツ人に同化したハンブルク州の大臣家出身で、ハインリッヒ・ヘルツとグスタフ・ヘルツという２人の重要な物理学者 —— 後者はノーベル賞受賞者 —— を生んだ一族出身の彼も、博士号を取った歴史学者兼国民経済学者であった。彼は、アデナウアーやホイスのような政治家たちが補償の投入のために結び付けようとしていた「ドイツ・ユダヤ市民の共生」の理想的な具現化であった。[21]　既に1950年４月に、メルヒャースは初めて「親愛なるヘルツ」と書簡を送っていた。彼がどの程度昔の役所に戻ることに関心を有しているかを探るためだった。連絡部署から、彼の新しい居所（カリフォルニア州クレアモント）を探った心からの表現と照会は、ヘルツの心に相対立する気持ちを抱かせた。彼の「旧外務省への愛着心」は長い年月の間、何ものも害することはできなかったが、と彼はメルヒャースに知らしめた。しかし、彼は次のようなジレンマに陥っていた。すなわち、彼の妻と４人の子どもたちはこの間に完全に「アメリカナイズ」されていた。彼自身はアメリカの市民権とドイツのそれを交換することに反対ではないが、いまや帰化した妻は単

純にそうしたくなかった。こうした背景ゆえに彼は、外務省が再雇用について実際どのように考えているのかを問いたださねばならなかった。メルヒャースは2ヵ月後、次のように回答した。基本的にはメルヒャースも国籍が問題だと見ている、しかし外務省では、既に「似たようなケース」を扱っており、相互に了解した解決を見ている、と。⁽²²⁾

　1951年3月、外務省設立の直後、ヘルツは数日間ボンに滞在した。約15年間ドイツを不在にした後、初の訪問であった。昔の同僚たちの中にいると、再び家に戻ってきたような気持ちが襲った、と彼は後にメルヒャースに書いているが、これが彼をして新しい職務に応募する気持ちを強め、その代わりにアメリカの市民権を放棄する覚悟を固めた。ユダヤ人ではないヘルツの妻は、その後も帰国に強く反対した。これに対して人事局は取れるべき道を探った。最初に彼は、数ヵ月間中央・地域局に勤務した。ハースとメルヒャースはこの間に内部的な原則を無視して、彼の決断を米国内で行うように決定した。1951年5月、人事局長解任直前にハースはハルシュタイン事務次官に、ヘルツを第Ⅲb部（国際協力と国際機関）の課長職に再雇用するように提案した。⁽²³⁾これにより、ヘルツが1937年の退職に追いやられる際に獲得していた給与の段階に戻すはずであった。しかし、ハルシュタインはこの提案を蹴った。ハースの後任のディットマンは、ヘルツを以前の亡命先にふさわしいポストに送るよう尽力した。ディットマンはワシントンの大使館参事官がよいと思ったが、ハルシュタインは、ロサンゼルスの領事に任命するのがせいぜいである、との意見であった。⁽²⁴⁾

　クレケラー総領事もこの解決に同意したが、その後の数ヵ月間はさらなる困難に直面した。問題の発端は、人事局下部である人事局Ⅰ／下部機構Ⅰの新次長ヴォルフガング・フォン・ヴェルックであった。というのは、ヴェルックはヘルツを米国に送ることをもはや阻止できないので、ベルツの妻の未解決の国籍問題を奇貨として人事決定に対する原則的な疑問を表明したのである。これによってヴェルックは、官僚的な出来事に突入した。2年間の困難な書類のやり取りの結果、1953年末には領事の昔の協力者（女性）を中傷することにまで争いは発展し、彼女が領事と決別することによって、終了した。ヘルツと妻はドイツに敵対的である、と彼女は調書に残している。他にも、領事は「ユダヤ教信者のドイツ人亡命者たち」に接触、その中には多くの「疑いを持っている人々」がいる、とあった。⁽²⁵⁾ヴェルックは自分の考えが正しかったことを確信し、

決定的な決断を要求した。ヘルツが妻にドイツ国籍を受け入れさせることに成功するか、あるいは彼が外務省を去るかである。「比較的短い間の外務省での勤務の後にロサンゼルスの領事として派遣されたのは、ヘルツ氏への全く特別な好意の現れであるが、この任命がドイツの利益になったのか今日では疑問である。ヘルツ氏が第三帝国の間に起こったことに反対したこと、ドイツの公的な職務に復帰したことは評価される。それでも彼の決断が導いたすべての結果について、彼にも責任がある。その中には、彼の妻が自分をドイツ人であると自称し、連邦共和国を賛美しながら、ドイツ国籍を拒絶する結果に対する責任もある。ヘルツ氏の態度を見れば、忠誠を誓うか葛藤の末、連邦共和国ではなくて合衆国を選ぶことが確実だ。このような状態下で彼を続けてロサンゼルスに留めることに私は憂慮している」。[26]

　人事局長のレンスは同僚のこの立場の多くに同意したが、――レンスは解任の替わりに中央への召喚を視野に入れていた。数ヵ月も経たず、何らの決定を見ない時にはとして、彼はハルシュタインに代案を起案した。[27] にもかかわらず、1954年夏季には――補償の権利のある公務員の計画を縮小しようと脅かす連邦財務省との続いた困難があった――総領事への昇任が決まり、1956年には新たに開設されたソウルの総領事に任命された。ヘルツのキャリアは1960年、彼が亡くなる1年前にメキシコシティーの大使館の長に任命されて終了した。彼の妻は米国籍を放棄しなかった。

　ヘルツに対してとられたヴェルックの表現ぶりの内容と教示は、亡命者に対する人々の不信感の土台となっている緩慢な反ユダヤ主義的な防衛的――ナショナルな思考の典型が融合しているのを、法律的な態度によって示したことをはっきりさせた。トップの、そして昔の親衛隊のメンバーであったフランツ・クラップは、スウェーデン人女性と結婚していたにもかかわらず、反論なく受け入れられていた一方で、[28] 自分の米国国籍の放棄を拒否したフェリッツァ・ヘルツの例は彼女の夫との同一性に後から疑問を抱かせた。特に辛辣なのは、ヴェルックがナチ党員であって、自分自身を政治的反対者のグループの一員に数え、ヘルツの取り扱いの場合では、不当に優遇することを認識させようとしつつ結局彼を受け入れようとしなかった。[29] 普通なら、個人的動機に基づいた行動が行政の実際において成功する見込みはほとんどないのだが、50年代初めの臨時の空白期と人事局内の度重なる変動は、多数の担当官たちが合意した決定をヴェ

ルックが後になって疑問視することを可能にした。

　剥がれてしまったうわべの典型として、新しい外務省がどれだけ歴史上の不当さを引き受ける用意があったかは、亡命した旧官吏に対する補償の実際が示している。亡命しなかった者の名誉回復は、公務員としての権利の問題を少ししか投げかけなかったのみならず、迫害を受けた者と迫害を受けなかった者との間に横たわる心理的な溝をも通常は容易に、素早く乗り越えられることができた。明確になったのは、ゲオルク・フォン・ブロイヒ＝オッペルトの例であろう。リーサー、パイザー、ヘルツと同じベルリン生まれのブロイヒ＝オッペルトもまた、彼のユダヤ出身を理由に1935年当初に暫定的退官に追いやられた。

　人種差別的に迫害された多くの外交官たちのように、ブロイヒ＝オッペルトは戦争中、収入を I.G. ファルベン社のベルリン本部から得ていた。戦後、彼はCDUベルリン支部の設立に参加し、4年後にはベルリン市官房長に昇進した。連邦共和国の設立とともに、彼は外交官のキャリアに糸口を見つけたいと願うようになった。ブロイヒ＝オッペルトは最初の問い合わせをした時に、ヘルマン・ピュンダーから明確な回答を得られなかったので、1950年初めに連絡部署に問い合わせ、1935年にユダヤ出身を理由に処分されたことを主張した。しかしながらそこでも、彼が再び昔の職にすぐに戻れることについては少ししか希望を与えられなかった。多くの「ふさわしい応募者」がいて、彼らはナチに近い人々ではなく、国家社会主義政権の下で「苦悩」した人々であった。他に、職がない多くの昔の同僚がまだいた。しかしながら、数ヵ月のうちに局面はブロイヒ＝オッペルトのために開かれた。

　1950年4月に行われたアデナウアーの西ベルリン初訪問の時のことだ。ティタニヤホールで最後の行事の時、驚いたことに連邦首相がドイツ国歌の3番を唱わせて、大騒ぎとなった。

　英国の高等弁務官事務所長は示威的に座ったままであった。連邦大統領ホイスは既に新しい国歌の作成を委託していたが、公衆の面前で恥をかかされたと感じた。それでも最も怒ったのは、ベルリンのSPDであった。SPDの議員団はその歌詞を知らず、そのため彼らは唱和できなかった。すぐに、この騒ぎの責任者としてブロイヒ＝オッペルトが名指しされた。彼はSPDのフランツ・ノイマン党首に対し、SPDの議員団には教えなかったのは「上の方の指示で」そうした、と告白した。その後、ノイマンは規律手続きを導入させ、ブロイヒ＝

オッペルトはエルンスト・ロイター市長によって解任された。

　その後、ボンの指示を待っていたブロイヒ＝オッペルトは、連邦首相の周辺がこの事件にあまり関心を寄せていないことを間もなく知ることになった。8月初め、彼の政治の師ヤコブ・カイザーはブロイヒ＝オッペルトと同様に脇に追いやられたオットー・ヨーンの苦境を救うためにハンス・グロプケに道徳的なアピールを行った。事態が動き始めたのは、党の左派エルンスト・レマーのアデナウアー宛の手紙および明らかにレマーに指示されたアーヘン国民新聞の記事がきっかけだった。ティタニアホールでの出来事から1年経って、ブロイヒ＝オッペルトの外務省への任命が目前に迫っている時、彼のポストも用意されていた。ノルウェーが「ナチ」であった公務員の認可状を拒否したばかりだった。そこで、外務省は代わりに以前人種的に追放された者を提示することができた。人事局の評価としてはかつての書記官はオスロのポストに就く前提を満たしていなかったが、そして、禁止されたオーストリアの防衛隊への肩入れを理由に補償法にいう除外理由に該当しなかったが、ブロイヒ＝オッペルトはノルウェーに派遣された。オスロでの勤務の5年後大使に昇進し、そして国際連合への常駐オブザーヴァーとしての活動の2年後にブロイヒ＝オッペルトは1958年に外務省の新しい人事局長になった。[32]

第2節　拒否された補償

　ヒトラー暗殺計画（1944年7月20日）10周年記念日の数日後のことだ。1950年12月以来、連邦憲法擁護庁長官（BfV）であったオットー・ヨーンが西ベルリンの知人と東ドイツの秘密警察密告者の助けにより「ゾーン（東ドイツ）」に亡命した時、多くの伝統的兵士共同体の中に満足感が広まった。自分の危惧が当たった、——かつて上級職人事担当官、この間遠くのバグダッドで仕事をしていたヴィルヘルム・メルヒャースの感想である。この役所に緊密に結びつけられていたグレーフィン・デーンホーフは、ヨーンの越境後、直ちにツァイト紙に寄稿し、1949〜50年にヨーンが確かな人物であることに強く疑いを持ち、それゆえ、第47調査委員会で厳しく批判されたのはメルヒャースであった、と記憶を呼び覚ました。[33] メルヒャースは折々騒然としていた議場で聴聞された後で、調査委員会は、ものに捉われなかった彼を人事問題にかかわらせないよう、

また彼の証言を新たに検討するように勧告したのであった。

　ヨーンは、シュタウフェンベルク、レーバー、他の謀反人との接触ゆえに1944年7月にドイツを逃げるように去らなければならなかったが、連邦共和国の設立後は外務省でのポストを希望するようになった。連邦大統領ホイスはそれゆえ1949年12月に応募書類を参事官ハースに届けるようヨーンに勧めたし、ヨーンもすぐさまそれに応じた。数週間経っても人事組織から何の反応もなかったので、その間ロンドンに生活していた法律家はボンに個人として様子を見に行くことを決断した。最初、彼はメルヒャースを訪ねた。しかし、メルヒャースは応募について「何も知らない」と答えた。1日後、彼はハースに会った。ハースはヨーンに対し、「戦時中、亡命者として外国で政治活動した者は」誰でも、外務省で仕事を見つけることができないことをほのめかした。この時点で既に「国家への裏切り」という犯罪構成要件にヨーンが該当していることを彼は初めて知った。[34]ハースが別れの際、再会するだろうと付け加えたのに、ヨーンの耳には届かなかった。そして、数々の支援要請の手紙も、ヤコブ・カイザーの連邦首相宛の問いかけと同様に沈黙の壁に突き当たった。スパイ嫌疑のために外務省が再応募を拒否したヨーンの依頼人ヴォルフガング・ガンツ・エドゥラー・ヘル・ツー・プトリッツの調停による解決について事前の話し合いをメルヒャースと行った10月末、ヨーンは既に再登用の希望を放棄していた。成功しなかった人事組織への応募のおよそ1年後、ヨーンは「偶然にも」、憲法擁護庁長官に就任するのであった。[35]

　1952年5月、1950年の出来事について聞かれた時、メルヒャースはヨーンのケースについてだけ語った。外務省が奇異な方法でヨーンおよび他に拒否された応募者に関する個人文書を再検証した際に、メルヒャースが初めての応募者の訪問の前に招いていない客から何とか逃げ切ろうとしていたことを明確にする文書が出てきた。メルヒャースはエーリッヒ・コルトやヴァイツェッカーの弁護人であったヘルムート・ベッカーに、いかに応募者に対して対応すべきかを問い合わせていた。ヨーンは英国の戦争犯罪ユニットでの活動で、直前にエーリッヒ・マーンシュタインの法廷への引き渡しに重要な貢献をしており、結果は好意的以外の何ものでもなかった。ベッカーからの返書は、事実と虚構、噂と意図的な中傷が粗野に混ざったものであった。さらにベッカーは、ヨーンが長らく英国の外務省と軍事秘密情報組織のために働いていたという情報を持っ

第2部　ドイツ外務省と過去

ているファビアン・フォン・シュラーブレンドルフと連絡を取るよう、メル
ヒャースに勧めた。ヨーンのヴァイツェッカー裁判での役割は鑑定人の一人に
すぎず、しかもマギー弁護人の抗弁で証人として出廷することもなかったにも
かかわらず、ベッカーはヨーンをよく知らないのに、彼がヴァイツェッカーへ
の告訴で証人として既に示されたように「抵抗運動の連中のたった一人の人間
である」、と主張した。メルヒャースはこのような意味深い非難を実証に付す
 こともなく、ヨーン自身に弁明の機会を与えることもなかった。その後、ベッ
カーの情報は偽物であることをメルヒャースは知った。これが、ニュルンベル
ク判決の2年半後でも、連合国検事団とのどの協力も、外務省職員は原則的に
排除される理由となった。

　ヨーンの応募が失敗したのは甘受したが、彼の依頼人プトリッツと外務省と
の間の争いは、1950年中盤に劇的な規模で先鋭化した。その際カギとなる役
割をメルヒャースが新たに演じた。彼はロンドンで生活していたかつての同僚
と緊密な手紙のやり取りをしていた。非難の応酬の背景には、メルヒャースが
1933年に外務省を去らざるを得なかった亡命から帰国していまや再雇用を希
望していたヘンリー・P・ヨルダン（Henry P. Jordan）との論争であった。ヨルダ
ンはその時、思わず激しい言葉で、なぜプトリッツのような人物が新しい外務
省に役立たないのかを尋ねた。プトリッツはメルヒャースに対して「彼に対し
て流れている噂の」もとを明らかにするよう要求した。プトリッツの可能性と
しての再雇用よりも、彼の個人的名誉を大切にしていたのだ。

　それに対してメルヒャースには、ヨルダンの昔の人事局長シュレーダーによ
る情報があった。ハーグにあるドイツ大使館のプトリッツのかつての上司――
この男はこの間にロシアの捕虜収容所で亡くなっていた――が1939年、プト
リッツが英国へ亡命した直後、彼の協力者はホモセクシュアル傾向が理由で脅
されており、それゆえに裏切り者にされた、と中央に報告してきたという。メ
ルヒャースは、プトリッツを再雇用しないという彼の決定が攻撃されるならば、
脅しのためにこの情報を利用しようとした。かつての「協力者」たるコルトと
トゥロットの経験から、「国家への裏切りと国家の裏切りは2つの異なるもので
ある」ということを、メルヒャースはよく解っていた。彼はまた、「『抵抗を行っ
た』とする陳腐な言葉を使うすべての者の中に何か秘密の了解があった、とい
うことも知っていた。この事実が、不当にも何らかの不純な動機のせいにする

494

誰もが明確なアリバイを作る手段と方法を見つけるように繋がった」。こうして、メルヒャースは政治的な亡命者は、役人に対して証明する義務があると強く要求した。

同僚に対して行った不法に対して再統合の提供と寛大な行政的措置を「補償」する代わりに、メルヒャースは犠牲となった者に対し、愛国者と裏切り者とを区別するために、政治的に迫害された者の再雇用の試みは特別に厳しい選別に掛けられねばならないことへの理解を求めた。

このボタンのかけ違いは別として、戦争に反対する者を大幅に寛大に扱った人物に対する区別は、外務省の見解によれば、ある意味で自己防衛でもあったというのが支配的意見だ。というのは、命令遂行を強制されながら犠牲の覚悟をしていた状態は以前と同様に受け入れやすく、これに対して、ヒトラーに反対する代表者は一方で「誓いに反する者」あるいは特性のない「機会主義者」として中傷され、他方で、高い割合で国民的保守主義者と軍事的抵抗の引き継ぎと一体であった伝統的な教養を形成しており、その中では前者は疑いもなく攻撃もされる立場だった。抵抗が部分的には全く正当であり、道徳的にも正当化されうるという承認は、それだけ一層、抵抗の必然的・道徳的な形式と非道徳的な形式との間を厳しく区別することによってのみ可能となるのである。

議会とメディアでは軍事的、市民的抵抗の意味を探ろうとして苦渋の結果に終わったために、当事者たちが、彼らの非常に複雑な、そして稀ではなかった矛盾した動機を振り返って広範な世論に対して明確に説明するチャンスはほとんどなかった。このことはとりわけ、ヨーンとかプトリッツのような融通の利かない人物に当てはまった。彼らは、冷戦構造の中で再統一された、そして中立化したドイツという理念への共感を育て、彼らの抵抗への構想を何かの形で新しい世界政治の状況に移行させんとしていた。しかし、それは成功しなかった。というのは、組織事務所には1950年9月以来、ロンドンのドイツ公使館から報告が寄せられていたのだ。それによると、ゲシュタポが亡命した有名人（プトリッツ）の評判を落とすために彼に関する噂を世界中にばら撒き、このような噂は後になっても、プトリッツに対して物質的な補償や道徳的な名誉回復を拒むことに寄与した。イギリスにおいても、プトリッツは50年代初めにはほとんど将来の見通しを持てなかった。申し立てによると、彼はこの時代既にヴァンジタールの妻の支援に頼っていた。彼は30年代にヴァンジタールの情報

提供者として働いていたのだ。1952 年の初め、プトリッツは遂に東ドイツに亡命し、そこの外務省で職を得た。2 年後に彼は、かつての代理人で友人のヨーンに亡命を働きかけたようだ。

　1954 年の夏の終わりに、かつての外務省の協力者で CDU の議員であるクルト・ゲオルク・キージンガーは、連邦議会でヨーン事件に関する討論を利用して、ヨーンの東ドイツへの政治的逃亡を避難した。その際に彼は、ヨーンが「酔っ払い」で「ホモセクシャル」である、という昔の噂を取り上げ、ヨーンが既に1945 年以前に戦争反対論者に奉仕し、その後はドイツ人に対する裁判に同調した、とした。もちろん、亡命者たちの中には何人か「素晴らしい人物」がいたことは否定できない。それでも決定的なことは、「ヒトラー時代の悲劇的な状況の中で英雄的な抵抗の闘士たちの態度を取らず、あるいはあのような亡命する決意もできず、しようともしなかった数百万人のこの国の人々が」、「敗戦」にもかかわらず、「民主主義国家の真の、確信的な国民」になったことである、と述べた。そのような微妙な区別をハンス＝ヨアヒム・フォン・メルカッツ（ドイツ党）はさらに過激に主張していた。彼にとっては、ドイツ人が第二次世界大戦の間「敵」と協力し、いかなる公的機関をも「失格させる」など、信じられないことであった。

第 3 節 「どうか至急止めるように勧めてほしい」フリッツ・コルベの例

　外務省の中で反ヒトラー派を形成していたのは、大部分が大市民と貴族階級の者であった。各地に散らばった家族と社会的な関係は、潜在する同盟関係を動員したり、外国とコンタクトを結ぶのを容易にした。ただ、ナチ政権の明白な敵の 1 人であったフリッツ・コルベだけは、一般家庭の出身であった。暗号名「ジョージ・ウッド」の名前で彼は、アレン・ダレスに戦争の最後の 1 年半、第三帝国の最も内部の指導的周辺から政治的、軍事的、戦略的な情報を流し、それによって意図して国を裏切るという犯罪構成要件を犯した。

　戦争末期の頃、ダレスは彼を自分の庇護の下に置いた。OSS（戦略的情報サービス）が 1945 年 9 月に解散してダレスがひとまずニューヨークの自身の弁護士事務所に戻った時、コルベは、OSS のドイツにおける後続である BOB（ベルリン・オペレイション基地）に移り、そこでソ連占領地域の進展を観察していた。

1948年初めにコルベは2番目の妻とともにこの国を急いで去らねばならなかった。東ベルリンでの様々なセンセーショナルな誘拐事件を理由に、この米国人はドイツにおける自分の安全がもはや保障できないと信じた。1年間のスイスでの滞在の後、コルベ夫婦は1949年春にニューヨークに落ち着いた。ダレスが彼のために尽力し、イェールとミシガンで図書館書記あるいは彼の研究助手として探そうと努力したが上手くいかなかった。コルベは、その後生存のために商売人として身を立てようと希望していた。この試みは財政的な破たんにより終わった。それ相応に失望し、数週間もしないうちにコルベは、ドイツにすぐに帰ろうと決断した。全く資金もなく、職業的な当てもなく、彼と妻は1949年7月にフランクフルトに降り立った。

　5月初め、コルベはヘキストに本拠を置いたVfW（統一経済領域の行政機構）の外国業務へのポストに応募していた。その際、彼は告白教会および第三帝国時代にクライスアウアー・クラブのメンバーで、短時間逮捕されていた知人のヴァルター・バウアー（Walter Bauer）の支援を受けていた。バウアーはアデナウアーとエアハルトの信頼を得ていた。コルベを米国に配属することはVfWの利益になる、彼の場合は「政治的に潔癖であり」、国家社会主義に対する戦いで勇気と見通しの良さを証明した、とバウアーは書いた。「コルベが米国で例えばVfWの協力者であれば、彼がアレン・W・ダレスを通して知っていることは彼の仕事の促進にある種の役に立つだろう」。ドイツの移民であるエルンスト・コッヘルターラーもまた、スイスからできる限りに彼を後押ししようとした。いずれにしろ、最終的には戦争中に米国で「外務省の中にまで、ヨーロッパのパワーバランスを維持するために西側が協力すべきドイツがあるということに確信を樹立することができたのはコルベのような人々の賜物である」と。[42]

　コルベの再出発は当初、バウアーとコッヘルターラーのお陰で好調な滑り出しに見えた。VfWの幹部は詳細な履歴書を要求して、コルベを予備の記録に記載していた。[43]しかしながら、約15年間に及ぶ米国での滞在の後で1949年4月にヘルマン・ピュンダーの招待によってVfWのマーシャル・プラン担当に就くためにドイツに戻ったアレクサンダー・ベーカーは、コルベについて確信が持てなかった。おそらく、コルベが7月初めに送った履歴書を読んだ時に、ベーカーに不信感を呼び覚まさせたようだ。履歴書の中でコルベは、彼の領事職務への適格性を、彼がナチ党のメンバーではなかったこと、OSSとの彼の協力が

単に曖昧な形で言及したことを理由にしようとした。明確に彼の政治的見解と方法を告白する代わりに、「米国とフランスの周辺」への危険な関係を単なる話し合いのための接触として表示した。実際は、その中では「存在している民主主義的な『他の』ドイツとの協力を探る考えが本題であった」[44]。たとえコルベが彼の秘密の結びつきを、可能性として彼の以前の戦い仲間と合意して隠していたとしても、この戦略はドイツの職場との関係では非常に問題であった。

　ベーカーは面食らった。コルベが主張しているように一方の「ドイツ」に近いならば、彼はコルトとも連絡しているに違いない。それゆえ、ベーカーは熟考した。リッター大使室にコルベという名の領事書記官がいた、とテオ・コルトは８月初めに答えた。彼は様々な役所のクーリア旅行でベルンに行っていた。「我々の、ヒトラー政権を打倒する目的の努力」に関連してしかし、この名前には一度も考えに浮かばなかった。彼自身はコルベとは知り合いにならなかった。彼のかつての上司ケヒャーからは、それでも、「この紳士の登場についての描写を敗戦直前の２日か３日前に」聞いた。このような根拠のあることが控えめになった理由である。コルトはさらなる調査を約束した[45]。その日のうちに、コルトは、ヘッセン州首相の官房長になっていたかつての同僚ルイトポルト・ヴェルツ（Luitpold Werz）と連絡を取った。博士号を取った法律家で、1934 年 10 月以来のナチシンパは、30 年代にオットー・ケヒャーの下で、バルセロナの領事館で、そしてプレトリアでコルベと会っていた。戦争終結前の数ヵ月間、ヴェルツは、「国内グループⅡ」（治安警察と治安機関、すなわち秩序警察、警察アタッシェそして治安機関の委託者で、外国への旅行、警察の調査と情報、亡命者の行動、サボタージュ、暗殺）担当でⅡ B 課を率いていた。ヴェルツは今日のマプト、当時のロレンソ・マルクの領事館で治安機関のトップの任務を果たしていたが、この行動と疑惑によって、コルベをして 1945 年 4 月にヴェルツを「新しい外務省員にふさわしくない」とされる公務員の中に入れた理由である[46]。

　ヴェルツが彼の昔の上司ケヒャー一家といまだに接触していたことを承知の上で、コルトはベーカーとのやり取りの背景を明らかにした。コルベは、1945 年の 5 月 5 日または 6 日にケヒャーの住居に現れ、失敗したけれども、公的な財産から金を「アメリカ政府」に渡すように要求した当の本人のようだ、と。コルトは、聞きかじりで知っていたルードヴィッヒスブルク牢獄でのケヒャーの謎に満ちた自殺を想起した。アメリカは特に、コルベの証言に基づく非難につ

いて公使と対立した。いずれにしても、コルトはコルベの再雇用の可能性に対して大きな疑問を抱いたことは間違いなかった[47]。

　ヴェルツは、コルベの件については少ししか役に立てない、と説明した。コルベが「基本的には」ヴェルツに好意的ではなかった事実を除き、コルベについて不利なことは報告できなかった。いずれにしろ、コルベは早速ヴィースバーデンにヴェルツを尋ね、過去の行動について「馬鹿なことを言われている」と不満を述べ、ヴェルツがケヒャーのいわゆる不幸について否定的な見解を表明したので、「不幸なまま」仲たがいに終わってしまった[48]、と。

　数週間に渡った調査にもかかわらず、コルベの「情報」は明らかにならなかった。このことは、本質的に彼への反論の根拠にされた。にもかかわらず、コルト兄弟やその支援者たちはこの案件においてはそんなに早くは敗北しなかった。そして、彼らにとっては役所内部の反対者の評判、そして昔の上司および同僚に対する栄誉が危険にさらされる以外の何ものでもなかった。テオ・コルトは緊急に、9月の初めにベーカーに対し、「K氏に対する懸念」が確認された、と伝えた。しかし彼が見つけたものは、文書での再現はできない、次の機会に口頭で知らせよう、とコルトは述べた。コルトはコルベの情報へのいかなる疑いも、予め抱かしめなかった。「私がK氏に対して大きな控えめを勧告する真面目な理由がある」ということを知るには、最終的には、十分長く彼のことを知っている[49]。

　コルベにとって屈辱的な時期が始まった。というのは、コルト兄弟は、ケヒャーの英雄的な態度や引き続く彼の悲劇的な死が広まるように努力したからである。かつての同僚やベルンの公使の部下たちは、彼らが全く知らない、あるいはおぼろげにしか思い出すことができないにしても、巧妙にそれに手を貸した。そのため、特にこの間、連邦大統領ホイスの右腕となっていたヴェルツは酷い目にあった。VfWの参事官ホルツハウゼンが11月末、コルベに関する新しい情報があるかとヴェルツに問い合わせた時、彼はコルトの見解と大幅に一致していた。想像するにコルベは、同盟国の金銭で支払われたスパイであったにもかかわらず、抵抗の闘士のように振る舞おうと努めていた、と。数週間もしないうちに、コルベに関する悪い噂が事実として一人歩きする認識の段階に達した。12月中旬、コルベがボンの組織オフィスに送ったさらなる応募文書は、もはや既に決定の必要はなかった。メルヒャーズは、応募はどんな状況でもス

トップしてはならない、そして「決定」なしに留まるべきだ、というのが公の立場だった。しかし、コルベがニューヨーク総領事と目されるハンス・シュランゲ＝シェーニンゲンに送ったさらなる応募について、メルヒャーズは誤解のないようなコメントで「お願いだから至急止めるように勧めてほしい」、と断定していた[50]。

　1950年、コルベに対する評価は遅々として進まなかった。推測するに、ここには特に、先鋭化するドイツと米国のそれぞれの秘密情報機関の敵対関係が一定の役割を果たしていた。さらに、コルベの庇護者であるアレン・ダレスが1950年にCIAの新長官ワルター・ベデル・スミスによって引き上げられ、秘密のオペレーション組織の長に任命されたことも、過小評価できない意味を持っていたであろう。

　1950年夏、コルベが公の職務に復帰しようと努力しているにもかかわらず、フランクフルトとボンが阻害していることについて、米国の憤りが濃厚となった。このような誤解を端的に表したのは、米国の写真雑誌『トゥルー』に載った比較的長い記事であった。「ナチが見過ごしたスパイ」というタイトルをつけ、ここにジャーナリストのエドムント・P・モルガンは戦争中のコルベの努力を詳細に評価しただけではなく、新しい外務省に入るためのむなしい努力にも言及した。モルガンはコルベを、反国家社会主義の考えから行動した理想的な一匹オオカミとして描いていた。そして、コルベはその際、金銭的にも物質的にも利益を得ようとしなかった、と。コルベは次のように描写されていた。コルベはボンでは「裏切り者」として見られ、そのため再雇用を阻止されていた。これは第一義的には「確信的な国家社会主義者であった」昔のベルンの公使であったケヒャーの悪評高い発言とも関連していた[51]、と。

　米国は積極的な決定を強要するために圧力を加えた。『トゥルー』誌の発売1日前、パリのルール委員会に勤めていたヴァルター・バウアーは連邦経済省にヘルムート・アラルトを訪ね、コルベが相変わらず仕事がない状態でいることに驚きを示した。ダレスが再びパリに来たら、バウアーは彼にそのことを告げよう、コルベの運命を知れば、ダレスは「あっけにとられるだろう」と。ブランケンホルンやハースにも覚悟するように言うだろう、とバウアーは述べた[52]。

　実際、ダレスは1950年の夏の終わりに、コルベをめぐる論争に個人的にも介入した。テオ・コルトとの話し合いにおいて、コルベが金銭的な理由で行動

したわけでないこと、公使ケヒャーの死に何の罪もないことをバウアーは明確にした。同時に、彼はブランケンホルンに、コルベが新しい外務省に職場を見つけられるよう配慮すべく訴えた。この時点では、コルベを助けるために戦争中の噂をなくそうとしていたのに対し、コルベの近くにあるアメリカの秘密情報機関は無条件で彼を連邦の役所に入れることを勧めていたわけではなかった。ドイツの見方ではその限りでは、もっと複雑だった。コルベの人事については、ドイツ内で CIA の浸透作戦が噂されており、どうしてもこれを防御しなければならなかった。これを決定付けたのは、コルト兄弟と人事担当メルヒャースによる、コルベの非忠誠を確信していた新たな評価であった。このことを想定することなくダレスは、コルベに対する防御の前線をかえって強化させてしまった。コルベの外務省への再就職は、1943 年 7 月まで、ケヒャーの最も緊密な協力者であったブランケンホルンによって失敗した。コルベが再雇用されなかった要因には、イニシアティブの不足による、野党の SPD にも責任がある。1949 年にコルベが個人的に書簡を送ったカルロ・シュミットも、外交政策のスポークスマンであるゲルハルト・リュトケンスも、この案件を追及しようとしなかった。特に、SPD が明らかにこの件について関心を持たなかったことを理由に、2 つの調査委員会ではコルベが失敗した応募について言及されることがなかった。

1955 年 7 月、1944 年 7 月 20 日事件記念日との関係で外務省の中で、コルベが 1951 年以来、「基本法 131 条」に基づいて受け取っていた月々 300 ドイツマルクの経過金を打ち切らざるを得ない可能性が浮上した。コルベへの給付金を担当していた課（第 103 担当課）は、コルベについては人事記録も再雇用の応募要求もなかった事実に出くわした。1949、50 年の資料を探す中にメルヒャースの比較的長いコメントが見つかった。メルヒャースはその中で、コルベの再雇用拒否はスパイ容疑を理由としていた。このような事情によって第 103 担当課は、連邦憲法擁護庁に対し、規律手続きを正当化するような情報があるのかどうか提起した。シュタッケルベルク課長は、「重大な職務違反」に当たる十分な嫌疑がない、との結論に達した。その後、書類は再び埋もれてしまった。

60 年代半ばになり、コルベはやっと連邦共和国の代表者によって後からの名誉回復が認められた —— といっても、単に個人的な「名誉声明」の形であった。1944 年 7 月 20 日の 20 周年記念に関する記事で、連邦議会議長ゲルステンマイアーは —— コルベに関連して、しかしこの名前を口にすることなしに、「裏切

り者」問題について表明した。これによってコルベがさらにアメリカの秘密情報機関と歴史家周辺で享受していた評価にも明確に反応した[58]。コルベの友人たち——その中にエルンスト・コッヘルターラーがいた——が、これ以降コルベの名誉回復のために尋ねると、ゲルステンマイアーは恩着せがましく、「コルベは投げかけられた非難から自由である」、と伝えさせた[59]。

　第一義的には外務省の非妥協性ゆえに、コルベは1971年に名誉回復することなしにスイスで死亡した。遅くとも90年代半ばには現代史家たちは彼を「国家社会主義への不屈の敵対者」と評価していたにもかかわらず、ドイツで2004年にフランスのジャーナリスト、ルカス・デラルトによって著された『コルベの生涯』の出版や、2度にわたるシュピーゲル編集部の研究を契機に、同年ようやく、外務大臣のヨシュカ・フィッシャーはコルベを正式に名誉回復することに踏み切った。外務省の中にあるフリッツ・コルベーホールにある開会式の際、フィッシャーはコルベを「静かなる抵抗の代表者」と呼び、これをもって彼の戦後の運命は役人にとって全く「称賛に値する頁」ではない、と自己批判する発言に結び付けた。ドイツの歴史組合と世論は、コルベを数十年にわたって過小評価した、と彼はコメントした[60]。

第4節　2度にわたる抵抗——ルドルフ・フォン・シェリハの例

　大なり小なりの「真の」抵抗に属する者と、いわゆる国家の裏切者との公的な違いは、旧外務省の思考によって決められていた。連邦共和国の樹立時の頃、いわゆる「誓いを破った者」を共和国の代表者として承認するのはもっと難しかった。オットー・エルンスト・レーマーに対する裁判が行われた1952年3月になってようやく、世論の過小評価に分岐点が現れた。監視大隊の司令官であったレーマーは、7月20日の陰謀を打ち砕いた。そして、暗殺者たち周辺を反逆——国家に対する裏切り者——と中傷した。これに対して内務大臣ロベルト・レーアは、彼を誹謗者であると訴えた。レーマーに対するブラウンシュヴァイク地方裁判所の断罪は、シュタウフェンベルクやゲルデラーをめぐる謀反者の名誉回復となる重要な一歩であった。

　さらなる一里塚は、ヒトラー暗殺事件10周年に寄せた連邦大統領の演説であった。ホイスは迷走した。抵抗への称賛は軍人たちの謀略であり、軍人の道徳

的、歴史的な抵抗の権利であった。そして、政治的右派による中傷は、新しい国家への攻撃であると明言した。同時に演説は、抵抗の主体を保守的なエリートに限った。この賞賛は、新しい民主主義に対していまだに拒否的ないしは待つ姿勢であった人々に対して、抵抗を道徳的なアリバイとして利用する可能性を与えた。「ヒトラーがドイツ人に強要した恥は」「汚れたドイツ人の名において、その血によって再び除去された[61]」とホイスは述べた。

　ホイスの演説は、当時の状況では熱がこもっていた。抵抗して戦った人々を道徳的な模範と表現した。しかしながら、1日後にオットー・ヨーンが東ベルリンへ逃亡したことは、抵抗者への新しい評価をめぐるあらゆる努力を無駄にする脅威となった。痛手であったのは、ヨーンが市の東地区のベンデラー地区で催されていた追悼行事中に消えたことであった。7月22日に東ドイツ放送は、ヨーンが当面、東ドイツの役所と協力しようとしていると報道した。損失は甚大であった。抵抗を反逆－国家に対する裏切りと見る者は、ヨーンのケースによって自分たちの考えが正しかったと判断した。抵抗と裏切りの線引きは、再び溶解した。

　1951年に新しく設立される以前に、外務省の自画像は既に確立していた。一方では、「真実」の外務省を代表していた優れた外交官たちと、政権への反対派に立っていた外交官たちがいて、他方では、ナチ党から滑り込んだ素人外交官と内報者たちがいた。したがって、内部では深く分裂した省の像が早くからできていたのだ。その中で12年にわたり厳しく、「不滅の」、伝統的で「正当な」外交官が、国家社会主義者の成り上がり者に対して自己主張しなければならなかった[62]。この自画像は新しい外務省の設立後、傷を負った外交官の再雇用する際に特に声高に批判され、また、調査委員会が起こした厄介な影響が広範な世論を引き起こした。1954年、ボン市立劇場で行われた、7月20日の失敗した暗殺の10周年記念日の式典には、連邦首相の他、主要な講演者として、クライスアウアークラブの所属者で、暗殺事件後に逮捕されたオイゲン・ゲルステンマイアーが登場した。調査委員会のメンバーとして彼は、外務省の人事の実際を最もよく知っていた。

　連邦首相は開会演説で、この記念すべき時は、外務省が「国内であろうと外国であろうとこの役所に対して……不当にも述べられている特別な断罪を克服すべき時にある」と述べた。ゲルステンマイアーが最初に強調したように、彼

第2部　ドイツ外務省と過去

にとっては、「長年にわたってのヒトラー追い落とし計画に向け作業したのは、軍隊の他には外務省の中に比較的濃厚で積極的な人々の共同体があった」ことを明らかにすることは容易な課題ではなかった。成功に至らなかったのは、決して彼らの貧弱な決心にあったのではなく、最終的には西側の連合国、特に英国の責任でもあった。自由世界は「反対派にヒトラー後の時代を任せることを拒否することによって、フェアな他のドイツの連邦仲間を拒否してしまった」。チェンバレンとダラディエは、ヒトラーを1938年秋に「救って」しまった。彼らのミュンヘンへの旅は、抵抗の所属者に、その年に計画していた国家転覆を延ばすように強制した、という。英国政府の共同責任を問うゲルステンマイアーの指摘は、当時の国民保守主義者の抵抗に関する文献に載っていた画像を根拠にしていた。(63)

　外務省の責任者たちが外交官の抵抗を演説の最初に入れるよう起草したかどうかは明らかではない。ゲルステンマイアーの演説はコブレンツァー通り（最初に外務省があった所）で起草されていなかった。(64) そこでは、単に演説の中で誰が名前を言及されるべきかとか、栄誉が称えられるべきかというプロトコール上の課題を議論せざるを得なかった。当時、地域担当局長であったヴォルフガング・フォン・ヴェルックは式典を準備し、そして、その際に誰の名前を挙げるか、というデリケートな問題に関する委託を受けた。(65) ヴェルックは、「かつての」人々の間で誰が、いかなる形でその反対を表明したかという新たな議論を展開することは適当ではない、と判断した。式典では、反対の意で命を落とした人々に限定することが安全だと彼は思った。歴史担当課で、10人の略歴が探り当てられた。アルプレヒト・グラーフ・フォン・ベルンシュトルフ、エドアルト・ブリュックルマイヤー、ハンス・ベルント・フォン・ヘフテン、ウルリッヒ・フォン・ハッセル、オットー・キープ、リヒャルト・キェンツァー、ハンス・リッター、ヘルベルト・ムム・フォン・シュヴァルツェンシュタイン、ヴェルナー・グラーフ・フォン・デア・シューレンブルクそしてアダム・フォン・トゥロット・ツー・ゾルツであった。(66) 彼らの名前は様々な場面で抵抗者と目されていた。必然的に、現役の外務省職員とは関連がなかった。1954年の式典の重要性のために、外務省の抵抗への貢献をできるだけ広範にするために、個々の方法や動機はこの目的の下に位置づけられた。

　一人の重要な人物がリストから落ちていた。ナチ支配の犠牲者で参事官のル

ドルフ・フォン・シェリハだった。責任者たちは彼をわざと栄誉から外した。彼こそが、その役所の地位と役務上の資源を、政権からの迫害者を助け、ナチの犯罪情報を外国に知らせ、そして他の政権反対者との接触を保つために適切に利用できたのにもかかわらず、である。1942年12月シェリハがプレッツェンゼーで処刑されて以来、外務省は彼を裏切り者と非難してきた。1922年から外務省に入った彼は、プラハ、コンスタンチノープル、アンカラとカトヴィッツで勤め、1932年から1939年までワルシャワの代表部で働いた。この年月、彼はポーランドの貴族や知識人たちと様々な関係を作り上げ、ナチの政策とますます高まる戦争への準備に対し拒否する姿勢を隠そうとしなかった。彼はワルシャワでは特に、ドイツの新聞記者の世話を担当した。この中にベルリナー・ターゲスブラット紙の協力者ルドルフ・ヘルンシュタットがいた。彼は、1931年以来ソ連の通信社で働いていた確信的な共産主義者であった。そしてフリーランスのイルゼ・シュテーベがいた。

　シェリハを称賛しないとした決定は、7月11日の外務省の局長会議でなされた。ゲシュタポによって提起された非難は国家に対する裏切りとされ、帝国戦時裁判の判決は当面事実として見なされた。シェリハの処刑の理由は最終的には明らかにされず、それゆえに、彼の名を式典で言及できない、ということになった。この文書を受け取った彼の妻であったマリー・ルイーゼ・フォン・シェリハは、その中でヴェルックがこれまた終結していない元妻の補償手続きについて示唆していた。[67]

　マリーの補償の委託とシェリハの称賛問題は、実際には不幸な偶然を意味していた。もともとシュトゥットガルトで継続中であった彼女の補償手続きは、写真誌『シュテルン』の記事（「私たちの間にいた赤いエージェント」）がシェリハの名前を言及した後にも、上手くいかなかった。[68]期限が来る直前に、マリー・ルイーゼ・フォン・シェリハは1952年3月に新しい委託を外務省に提出した。[69]当初、外務省は好意的に対応した。委託は、シェリハの古い友人で、新しい外務省では補償（Ⅰ人事F）部長であったアルフレッド"フィップス"フォン・リーレス・ウント・ヴィルカウ（Alfred "Fips" von Lieres und Wilkau）の手に届いた。リーレスはこの件を力の限り前に進めようと努力した。彼は以前から、いわゆる帝国戦時裁判の証明が信用できないこと、そして手続きの参加者たちからは何も明らかにされないことが解っていた。というのは、そんなことをすれば彼ら自

第２部　ドイツ外務省と過去

身が傷つくからであった。⁽⁷⁰⁾外務省の中では、リーレスは特にバルセロナの総領事ヘルベルト・シャッファーツィークの支援を当てにできた。彼は、情報部でシェリハの緊密な協力者であり、彼のかつての上司のために数々の説明に尽力していた。

外務省外では、リーレスの探索はしかしながら何度も中断され、結果として２年間遅れることになった。リューネブルク検察庁は外務省が空軍将校マンフレート・レーダーの裁判手続きに関する資料を開示しなかった。理由の一つは、リューネブルク検察庁がレーダーに対する手続きを進める中で、シェリハの逮捕にあたって外務省指導部が背後にいたのではないかという疑問を解明することにつながるのを恐れたのかもしれない。そのことについて、かつての事務次官ヴァイツェッカーは何も思い出したくなかった。そのため、このことはそれ以上追及されなかった。⁽⁷¹⁾レーダーは、「赤ずきん」のメンバーとシェリハ、シュテーベを帝国軍事裁判所へと引っ張り出し、戦後は生き残った者に告発されていた。特にリューネブルクからの気を持たせる情報を理由に、リーレスは、レーダーの裁判書類はシェリハの判決の説明と、特に彼の動機が記されているはずだ、と考えた。しかし、実際にはそれに判決も判決理由も含まれていなかった。しかしながら、リーレスはそういう書類を数ヵ月かけて探した。最初はシュトゥットガルト検察庁、それからニーダーザクセン州法務省、それから連邦法務省、最終的には連邦憲法擁護庁に辿り着いた。しかし最後には、彼は西ドイツの法務制度の人的な継続性にさえぎられた。それが、刑罰訴追を逃れることを許し、その一方で帝国軍事裁判の判決は法的有効性を持っており、結局はナチスの法務の擁護者であった。

ボンでの追悼記念式典において、かつての大使の息子であるヴォルフ＝ウルリッヒ・フォン・ハッセルはシェリハが言及されなかったことが気になった。彼は組織に対し、シェリハがプレッツェンゼーでの最後の夜に告白した牢獄司祭ハラルト・ペルヒャウに問い合わせることを勧めた。その際、ハッセルにとっては特にシェリハが「決して金銭を受け取った者でない」という証言が出てくることが重要であった。⁽⁷²⁾シェリハが「狂信的な国家社会主義の敵対者」であることを個人的に確信していたヴェルックも、追及を継続していた。というのは、外務省はシェリハの例をいまだに正当に評価していなかったからである。⁽⁷³⁾この追求の過程でさらなる個人的な証言が集められ、その幾つかはシェリハのため

506

第 5 章　補償と記憶

になった。

　証明がはっきりしていたのに、式典で名誉が言及された他の多くの人の例よりもはっきりしていたのに、どうして妻マリーの申請が上手くいかなかったのか？　一方で、いわゆる「国家反逆罪の者」の残された家族は、初期の連邦共和国では補償の実際では「赤ずきん」関係者たちからシステマチックに除外された[74]。他方では、急ぎすぎの、おそらく悪意ある法律家が補償部にいて、常に新しい口実を作り出していた。多くの時間が失われ、そしてこの時間にシェリハと「赤ずきん」に対するさらなる非難が公にされ、それによって政治的に公然とにシェリハに味方するのはますます難しくなった。

　1955 年にリーレスが年金生活に入ったことで、この件は止まってしまった。調査はしばらくの間はヴァルター・イェッサー（Walter Jesser）によって指導されたが、彼はマリーのためになる決着を何度も邪魔をした[75]。マリーの弁護士が1955 年 3 月にルドルフ・フォン・シェリハに対する死刑宣告の放棄を提起することができた時 ―― バイエルン州法務省が、連合国によるすべての戦争犯罪法の無効化に支えられて、判決が無効と宣言され[76] ―― これによって実際には補償手続きの前提が作られたはずであった。しかしながらイェッサーはこの件に関して、バイエルン州の管轄権を認めなかった。判決はベルリンのシャルロッテンブルクで行われ、彼の論理では、そこでのみ再び無効化宣言がなされるのである[77]。次に、彼は、同僚のゲルハルト・シュタールベルク（Gerhard Stahlberg）が提案した実際的な解決を妨害した。マリーを困難な財政状態から可能な限り早期に救うため、死刑宣告の放棄はまた判決の公務員法上の結果をも除去した、とシュタールベルクは理屈付けた。シェリハは判決直前に公務から追放されていた、もし、判決の放棄が、追放もまた無効だと解釈すれば、マリーは基本法131 条にいう扶養手当を要求する権利があると理解される、としたのだ。イェッサーはシュタールベルクのこの解釈を否定した上、彼がそれを貫徹できないようにした。そして、彼はバイエルン州法務省に事件の公務員法の面でも、その管轄権争いを終わらせた。こうして彼は、連邦内務省が介入するように作用した。そこでは、131 条による扶養手当の提案は拒否された。内務省は最後の抜け道として、連邦大統領への恩赦の求めを提案した[78]。

　マリーが連邦大統領への恩赦を求めることをイェッサーが聞いた時、彼女が反対に保障要請を引込める場合にのみ外務省はサポートすることができる、と

507

第２部　ドイツ外務省と過去

のコメントを彼は確認した。1956 年１月、マリー・ルイーゼ・フォン・シェリハは外務省にそのような申請を行った。というのは、彼女は苦しい物質的な状態ゆえ、もはや他の方法がなかったからである。彼女にこの道を選ばせたイェッサーは、さらに破廉恥にもコメントを付け加え、彼は、「外務省が要請に賛成することに対して」「懸念を有する」とした。しかし今度は、彼は意を貫くことができなかった。ブレンターノ大臣は申請に賛成し、これは最終的にマリーにとって良い方向で決着した。⁽⁷⁹⁾

連邦大統領によるポジティヴな判断は、シェリハの例が相変わらず論争の的である状態に変化をもたらさなかった。マリーが外務省に補償の申請をした 1952 年３月と連邦大統領が恩赦を支持した 1956 年１月までの３年の間に、部分的には俗受けする「赤ずきん」と、シェリハ、シュテーベの抵抗についてのネガティヴな判断が一般には確立してしまった。ことの始まりは、ファビアン・フォン・シュラプレンドルフがその何度も版を重ねた本『ヒトラーに反対する将校たち』の第２版で、「赤ずきん」を 1951 年に国家の裏切者と規定したことに始まる。かつての告訴人マンフレート・レーダーは 1952 年に、彼らの周囲を引き込んだ怪文書を公開することができた。フライブルクの歴史家ゲルハルト・リッター（Gerhard Ritter）もまた、そのゲルデラーの略歴に関するレーダーの見解を自分のもののようにしてしまった。ハルナックやシュルツェ＝ボイゼンたち抵抗の闘士たちは「全く明瞭に敵対的な外国に奉仕」しており、それゆえに「国家への裏切り」と見るべきである、というのである。⁽⁸⁰⁾

シェリハの名誉回復は 1990 年、元大使のウルリッヒ・ザーム（Ulrich Sahm）が彼の略歴を提示したことで始まった。⁽⁸¹⁾ ザームは、毎年行われる７月 20 日の追悼記念式典に深くかかわっていた。40 周年記念日での演説で、大臣のゲンシャー（Genscher）は、ナチ政権の犠牲者となったかの外交官たちの運命に関していまだに穴だらけの実像の状態を嘆いた。ザームはその後に、外務省の栄誉からいつも外されていたシェリハの例を、彼の名誉回復という明確な目的をもって取り上げた。⁽⁸²⁾ シェリハの法的な名誉回復は 1995 年にケルンの行政裁判所によって達成された。同年、外務省による称賛は行われた。その際、ボンの外務省の部屋ではシェリハの名前を刻んだ記憶の版の幕が開かれた。本が出版されて称賛されるまでの５年間は、摩擦による消耗を意味していた。実際、シェリハという個人の新しい評価を達成するというザームの関心事は留保が付された。特に

508

政治文書室である。それでも 1995 年に称賛に達したのは、事務次官室から繰り返された介入のおかげであった。

1990 年春にザームの事務次官ユルゲン・ズートホフ（Jürgen Sudhoff）に届いた手紙で目くらましされたスキャンダルがことの始まりであった。ザームはシェリハの略歴を、伝統を大切にするための貢献と理解し、そして外務省がフォン・シェリハの家族に対し「幾らか補償」しなければならない、という意見であった。それゆえに、彼は外務省の現役のメンバーに間もなく出版される本を紹介し、外務省の中で行われる出版記念会に家族を招待することを提案した。ズートホフは徹底的して、外務省がこのテーマについて立場を明らかにしなければならない、との意見であった。そして、彼は政治文書室の判断を請うために本の原稿を渡した。そこでは担当のルードヴィッヒ・ビーヴァー（Ludwig Biewer）が詳細にわたる立場をまとめた。それには「単調な」コメントが含まれていた。すなわち、そのように利用されてはならないが、政治文書室の立場としては深く検討されるべき、とあった。担当官はザームの委託を、本の宣伝の準備と解釈した。というのは、外務省はその部屋を宣伝の目的に使うことができないので提案は拒否されねばならない、というものであった。同様なことは本を外務省の職員に照会することにも当てはまった。

鑑定人として担当官は完全に手がいっぱいだったので、例えばシェリハのスイスへの旅行は議論されなかった。その旅行で彼がガレンの司祭に会ったことで、カール・J・ブルックハルトにホロコーストについての初めてのニュースを渡した情報提供者になったことは、限りなく真実である。ザームが複雑なソース状況ゆえに注意深い言及ぶりをせざるを得なくなり、それらを推測だと表したことは、担当官の目には研究を不審に思わせ、「方法の面で」間違いとなった。シェリハはソ連の国家に対する裏切りを犯したものではない、という彼のテーゼを著者はいずれにしても示すことが出来なかった。したがって、「外務省にとってもまた」その伝統を磨くことに何の行為も必要なかった。手書きで彼は更にに、この間に 86 歳になったシェリハの未亡人とその娘を大臣が迎える必要がない、と付け加えた。

この不親切な、あるいは、不完全な鑑定が内部でなおも時間通りにまとめられたが、しかしながら歴史的担当室は、外務省がその部屋も組織も、商業出版の利益のために利用してはならないことを確認した。シェリハの抵抗の態度自

体はいくつかの推測が差し引かれた後「十分に文書化された」が、可能性として流された情報の全体像では、現状の資料状態では実際に説明され得ない、と。[88] ザームは誤解されたと感じ、事務次官にもう一度、彼の動機を説明した。それによれば、ザームは「外務省が我々の昔の同僚ルドルフ・フォン・シェリハのナチ政権への抵抗をこれまで適当な方法で称賛してこなかった」と告白した。マリーの補償請求ももう一度検証してみるべきである、と。つまり彼は、シェリハを、「命を暴力的に失った同僚たちに列し、大臣棟の中に追悼の楯に名前を付して言及されるべきだ」と示唆したのである。[89] これによって補償規制の問題が次の機会に外務省による表彰と結び付けられることになった。

マリー＝ルイーゼ・フォン・シェリハに対する給金支払いについての新しい交渉が再び、しぶしぶながら進められた。事務次官に宛てた最初の内部の意見は、シェリハの妻は1956年に補償申請を形式的に取り下げており、すべての新しい申請の期限は消れている、という点に固執していた。それから、シェリハの矛盾に満ちた歴史的な評価と欠陥だらけの資料状態が示された。それゆえに、「可能性としての金銭支払いによるスパイ活動の複雑さ」は解明されなかった。周辺「情報」のために、事務次官には1955年の「赤ずきん」への文章が付加された。これは、抵抗の団体について使い古されたあらゆる決まり文句が繰り返されているもので、シェリハの例もゲシュタポの書類に基礎をおいており、裏切り者のテーゼが再現されていた。[90] 表彰はしかし指示に基づいて1回のみ行われたので、顕彰を担当するⅠ部の長は大臣棟の訪問室にある追憶の楯に「精神的な補償」とすることを提案した。[91]

ズートホフがパリに大使として転職することは、問題の解決を早めることには役に立たなかった。唯一の不快な追加質問が、1992年末のシェリハの顕彰問題を動かすに至った。大臣のゲンシャーはイスラエル国家を訪問した際にジャーナリストのハンス＝ウルリッヒ・ザームにシェリハの顕彰について質問された。彼は、かつての大使の息子であった。[92] フランクフルター・アルゲマイネ紙の記者イェルク・ブレマーはシェリハの個人的な文書と、そして他の重要な証拠が欠けていることに対し嘲笑的に質問した。「実際、顕彰碑の他の人物においては……似たように『検証されたのか？』結局、たいていの場合にやはり人事文書がもはやないのではないか？」1961年の顕彰碑には —— 正しいことであるが —— 「彼らの抵抗行動に関して、シェリハほどは知られていない人々

の名前が書きこまれている」と。ブレマーはプレス担当官に「ドイツで広範な世論が伝統を磨くこのような行為に気がつく前に、急いで解明するように勧めた」。[93]

　訪問室に追憶の楯があることによって、ある局長は、「顕彰は実現されたと評価されるだろう。しかし同時に、1944年7月20日の犠牲者と目に見える同等性はなされない」。いわゆるII等級の抵抗なのである。シェリハについて可能性として残ったスパイと「赤ずきん」との結びつき疑惑に鑑みて、追憶の楯をめぐってはあまり騒がしくしない方がいいだろう。[94]「スパイ」のテーマがこの案件の再検討にそもそも役割を果たしたことは、60年代初期に戻るのと同じことであった。抵抗へのシェリハの動機や意図も質問されず、また、ゲシュタポ「自白」の、あるいは戦争裁判所の判決の持つ価値についても議論されなかった。いずれにせよ、「国家への裏切り」という非難をシェリハは、その他の十数年非難された「赤ずきん」のメンバーたちと一緒くたにされた。この件についての評価の代わりに外務省は、1993年初めにバーデン＝ヴュルテンベルク州補償部のネガティヴな立場表明を達成した。1991年に連邦社会裁判所が「基本的に国防裁判所の死刑判決は違法」であった、そしてそれに応じた補償手続きのための証明義務は逆に「今や役人に対して義務化された」と判決を下すと、マリー[95]＝ルイーゼ・フォン・シェリハはもう一度、彼女の扶養状況について再検査するよう申請をした。例えば、ドイツの抵抗の記然廟に見られる歴史研究と啓蒙作業がこの間日の目を見るようになったのにもかかわらず、ヴュルテンベルク州の給与と給付の役所は、「生き延びた共同の被告人と共にいまだ生存中の参加者による法廷の経過の描写は……（今日の見解でも）秩序正しい手続きを疑う理由とならない」との結論に達した。裁判の——特にカエル裁判官とレーダー告訴人の発言は疑いなきものである。「というのは、間違った証言から自己または他人に何らの利益ももたらさないからである。書類の状況は圧倒的に当時の人間の尊厳を無視していたことを示している」。シェリハが金銭を見返りに裏切り行為をやったかどうかは些細なことであるが、裏切り行為自体が判決へと導き、公務員法による権利の喪失に繋がった。[96]

　法務のこのような失態の後で外務省はシェリハ家族の側に乗り換えた。バーデン＝ヴュルテンベルク州の補償局のネガティヴな判断にもかかわらず、追憶の楯の設立はさらに進められた。[97]同時に外務省は、マリーの補償への申請に同

511

第2部　ドイツ外務省と過去

意した。申請の作業は管轄権ゆえに内務省に移管されねばならなかったが、管[98]
轄権を有する担当の長は、いまやシェリハのケースを新しく評価して、かつて
の曖昧さから自由となり、内務省に対して方向性を示すべきである、とした。[99]
1993 年の 7 月に追憶の楯は完成した。しかしながらこれは、1994 年 5 月まで日
の目をみなかった。[100] というのは、シェリハの家族は裁判で補償の裁判を勝ち取
らねばならなかったのである。ケルン行政裁判所はルドルフ・フォン・シェリ
ハの名誉回復を 1995 年 10 月に行った。[101]

　この決定により、事務次官ズートホフの指示から 5 年後、遂にシェリハの顕
彰への道が開かれた。追想の演説は 1995 年 12 月 21 日に事務次官のハンス＝フ
リードリッヒ・フォン・プレッツ（Hans-Friedrich von Ploetz）が行った。シェリハ
の娘が出席した。91 歳のマリーは健康上の理由から、出席のために遠出はでき
なかった。[102] 2000 年の新しい職場ベルリンへの引っ越しとともに、出来上がって
いた顕彰碑は一緒に持ってこられた。新しい版には死亡の日付順に名前が刻ま
れていて、シェリハの名前は最初にあった。シェリハの情報部門での協力者で
同じ日に彼とともに判決を受け、プレッツェンゼーで処刑されたイルゼ・シュ
テーベの名はその碑に依然としてなかった。彼女には、彼女のために努力でき
る親族がもはやいなかった。彼女の母親はラーヴェンブリュックで殺されてい
た。彼女の義理の弟は、ブランデンブルクのゲルデンで処刑されていた。[103]

512

第6章　外交政策的挑戦としての過去

　アデナウアー主導の西側との結びつき、再軍備、そしてヴィリー・ブラント外相の下での新しい東方政策の始まりは決定的な道標となり、それが50年代、60年代のドイツ連邦共和国の外交的発展のすべてを刷新した。その時、分断国家西ドイツの外交政策が、ナチスの過去との取り組みによって左右されることが、他の政治的、社会的、文化的領域に比べて少なくなかったことは、見逃されがちだ。西ドイツ外交政策の中にこのテーマが継続的に存在したことは、人事政策または外交官の後続者養成の問題に限定されず、外交、貿易政策、対外的文化政策などのほぼすべての領域に影響を及ぼした。ドイツ連邦共和国内外における国家社会主義の影響に関する論争が新たな危険性を帯びた50年代末以来、これは外務省の管理プロセスの中にも現れた。間接的または直接的に、「克服できない過去」の問題に関係する公式文書によって、証明可能な多数の事象が、頻繁に表に出るようになった。

　大きな破壊力を発揮したのは、特にドイツ民主共和国に先導された、ボンに勤務する、かつてのリッベントロープの外交官たちに対するプロパガンダキャンペーンだった。表向きは、外務省は東からの望ましくない妨害の火を無視するかのようだったが――それについて報告された情報を、その後いち早く機密事項として解明するために――、同時に、引き受けた職員の負担を明らかにする最初の努力をした。占領が終わって以降、社会的な雰囲気がはっきりと変化したことを、外務省は長いこと認めようとしなかった。連邦共和国が第三帝国の権利義務継承者として、同盟国およびパートナーの潜在的な不信感と闘わなければならないことについて、ドイツ人の多数は、むしろ無関心だった。大多数は、国家による損害賠償と補償政策を示すことで、この問題は片付くものだと思っていた。しかし特に、人事的継続性と償われていない多くのナチ犯罪、そして外交政治がいかなるかかわりを持ったかについての疑問が、ヨーロッパ中を席巻し、それがすぐにジャーナリストや知識人、研究者の関心を呼んだ。西側の同盟国がより一層、公にナチスの過去の批判的な検証をせき立てたという

第2部　ドイツ外務省と過去

事実も、外務省にますます頻繁に不愉快な決定を強いた。その時、官庁の受身の歴史認識が、幾度となく疑問視された。

第1節　イスラエルとの交渉

　ボン首相官房で最初の事前会談が始まってからほぼ3年後の1952年9月10日、コンラート・アデナウアー、イスラエル外相モシェ・シャレット（Moshe Sharett）、ユダヤ人補償請求委員会（JCC）代表ナフム・ゴールドマン（Nahum Goldmann）は、ルクセンブルクのホテル・デ・ヴィレで、ナチスの迫害を受け、生き延びた人たちのための、物質的損害賠償履行についての協定に署名した。ドイツ・イスラエル・ユダヤの「補償協定」は、同じ時期にロンドンで行われていたドイツの損害賠償支払いについての交渉と境界を設けるために、意識的にそのように名付けられた。これによって、ドイツ連邦共和国が14年間にわたってイスラエル国家に30億ドイツマルクを支払うべきという包括的損害賠償が定められた。協定の一部であった、ドイツ連邦共和国とJCC間のさらなる2つの「記録」は、35億ドイツマルクの包括的損害賠償を定めており、その約30%が物資の支給、さらなる30%が原油買い入れによって果たされることを記している。そのことから、ボンは、国の補償および返済法に、部分的に被害者に有利であるように新しい条項を追加した。

　今日まで、ドイツとユダヤの間の緩慢な歩み寄りの歴史の道標となっている、ルクセンブルク協定への道は、初めから険しいものだったことがわかる。1949年11月、アデナウアーが、『在独ユダヤ人一般週刊新聞』の編者であったカール・マルクス（Karl Marx）とのインタビューで初めて、イスラエル国家に1,000万ドイツマルク相当の物資を支給し、その緊迫した経済的状況の支援をする意図を表明した時、両国間には公的な接触も、いわゆる「ブラック・チャンネル」も存在しなかった。1938年にロンドンに亡命したベルリンの実業家であり、世界ユダヤ人会議（WJC）欧州セクションメンバーであるゲルハルト・レヴィ（Gerhard Lewys）の仲介によって初めて、1950年春、ブランケンホルンと世界ユダヤ人会議の欧州局長ノア・バロウ（Noah Barou）との会談に漕ぎ着けた。連邦首相が1951年9月27日にWJCから要求された、「ユダヤとイスラエル国の代表者とともに……物質的な補償の解決法」を導入したいという連邦共和国の姿

514

勢を表明する政府見解を提出した後、形式にかなった交渉が始まった。[2]

これは、1951年12月6日、ロンドンのクラリッジホテルでアデナウアーと、6週間前に結成されたユダヤ人補償請求委員会の議長ナフム・ゴールドマンとの間で行われた会談によって開始された。ドイツから亡命したシオニストであるゴールドマンは、ドイツがソ連を侵攻した数ヵ月後に既に、迫害されたヨーロッパのユダヤ人に対する包括的な損害賠償のための計画を提示しており、それはドイツの損害賠償枠内での問題対処を定めていた。ジョン・マクロイに助言されて交渉に参加したらしいアメリカの圧力により、この国際法的に賛否両論あるコンセプトは差し戻された。アデナウアーは、ロンドンでブランケンホルンとバロウの在席のもと、「驚くほど広範囲にわたる決定」を下し、イスラエルの要求による10億ドル —— 換算すると42億ドイツマルク —— を交渉の基盤として受け入れ、それによって最初の難関を突破した。[3]

だが、これによって連邦共和国が、一致して解決する意志を力強く表明したのにもかかわらず、反対論者側の原則的な留保を排除することはできなかった。既にロンドンでの密談の前哨戦で、ドイツ人と直接協議することに反対する、信仰深いユダヤ人の抵抗があった。1952年1月初め、ベン・グリオン（Ben Gurion）政権の権限についての決定をめぐる議会での論争の間、エルサレムは数時間、市街戦のような喧噪に包まれた。オランダのヴァッセナールでの交渉の幕開けは、かつてのイルグン「ユダヤ民族軍事機構」の活動家たちによる爆撃脅迫の影に脅かされた。両代表団は、1952年3月20日、そこでの初対面で、最小限の外交儀礼のみを果たした。挨拶もなく、彼らは会議テーブルのそれぞれの端に着き、英語で開会声明が読み上げられた後、それ以上の言葉もなく解散した。

ドイツ代表団の構成は、多くの観点から注目に値した。アデナウアー、ハルシュタイン、ブランケンホルンは、意識的に、ある程度の人生経験を持ち、倫理的に信頼できる人物をまず選んだ。彼らにとってはそれが、財政的な専門知識よりも重要だった。ハルシュタインの提案によって、フランクフルトの法学教授フランツ・ベームが代表団長に任命された。このCDU政治家は、その会派で、キリスト教・ユダヤ教協力団体の会長として、長年イスラエルに対する積極的な補償を支持してきた。彼の代理を務めたのは、バーデン＝ヴュルテンベルク州の国家代理人として、同州が「弁償の『手本となる州』」となるように尽

力した、シュトゥットガルトの弁護士オットー・キュスター（Otto Küster）だった。外務省代表は、主に公使館参事官アブラハム・フローヴァイン（Abraham Frowein）だった。彼はほんの数週間前に就任したばかりだったが、「イスラエル代表たちからの少なからぬ信頼という資本」を得た。彼は1904年、エルバーフェルドの繊維工場経営者の息子として生まれ、第三帝国でまず弁護士として従事したが、「第2種混血」に分類されたため、公証人としての認可は得られなかった。戦時中、彼は長期間ブリュッセルのドイツ軍司令官の下位幕僚のもとに駐留していた。1945年以降、フローヴァインは、コンスタンツの政治的調査委員会代表に着任する前、まず弁護人としてフランスの軍裁判所に登庁した。50年代に、彼はドイツ・イスラエル関係の重要な立役者として頭角を現す。

　一人の外から入ってきた者が、新結成された作業ユニット「イスラエル契約の政治的問題」の指導者に任命されたが、これは、外務省の中東専門家たちの認識可能な参画なしで、それどころか回避されて行われた。旧ヴィルヘルム通りのかつての「アラビア学者」であるメルヒャースは、高位業務の専門部局の指導者に任命されて以来、イギリスの「中近東局（Oriental Secretaries）」を手本とした、中近東とアジアの専門スタッフを任用する努力をした。その時彼は、戦時中に彼の指揮下にあった政治第7課（「オリエント」）の元職員を採用しただけではなく、独自の研修コースのための提案をして先導していた。人事官から解任された直後、メルヒャースは、新しく結成された第5課（「中近東」）の指導部の世話になっていた。それはほぼ途切れない人事的継続性が見られた、唯一の部署だった。1956年6月にバグダッドとアンマン支所の公使館の指揮を引き受けたメルヒャースの後続者は、「アラビア学者」のタイプを卓越して体現したヘルマン・フォークト（Hermann Voigt）だった。外務省の中東専門家の役割は、まだ充分徹底して検証されていなかったが、第5課のドイツ・イスラエル関係の表言をめぐる論争で、いくつかのことが重要視されたことについて、ある程度の証拠が存在した。この特殊な視点が長い間、外務省が60年代半ばまで、ドイツの政治的、貿易政策的理由が、イスラエルとの関係を受け入れることに反対している、という確信に固執する原因となった。

　いずれにせよ、このグループを賠償交渉に参加させないことについて、明らかな理由があった。彼らの参加が、極めて難しいドイツ・イスラエル関係の付加的な負担になるということを別にして、賠償プロジェクトは、明らかに時間的

にも内容的にも制約のある課題であり、特にアラブ諸国との関係への影響の可能性は、自明と見られていた。そのため、1952年6月に退任したキュスターの代役を務めた公使館参事官ハインツ・トリュチラー・フォン・ファルケンシュタインは、「イスラエル補償問題」課の暫定的な維持を、没収されたテンプル騎士団の財産についてのドイツ・イスラエル交渉を終結するべきことを示した上で、支持した。1954年初頭、彼は自分の考えを次のようにまとめた。「特にアラビア諸国の世話をしなければならなかった、『前オリエント』課の指揮者〔ヴィルヘルム・メルヒャース〕にイスラエル問題という負担を負わせることが、私には特に幸せなことには思えない。そのような組み合わせが、イスラエル代表との、いつものデリケートな関係を緩和するとは考えられない」[9]。

「アラビア学者」が、交渉のためにヴァッセナールに同行しなかったにもかかわらず、代表団の人員構成は、充分な火種を孕んでいた。ハルシュタインの私設調査員であるロルフ・フリーデマン・パウルスの他に、デン・ハーグ・ドイツ大使館のアレクサンダー・テレクも、代表団の世話役として配属された。ただし2人の過去については、外交関係の始まりをきっかけに、パウルスとテレクがテルアビブの大使館の指揮あるいは代理指揮を引き継いだ、1965年になってから初めてはっきりとした関心が寄せられ、イスラエル市民の激しい拒否反応を呼び起こした[10]。

1952年、イスラエル当局が、パウルスとテレクについていくつかの芳しくない経歴上の細部を見逃していたのに対し、エルンスト・クッチャーについては、彼が一体どんな人物なのかを知っていたはずだった。1944年4月の悪名高いクルムヒューベルの会議での調査官としての彼の役目については、既に40年代終わりに、ある程度の論争があった。このかつての公使館秘書は、ヴァッセナールで外務省のお供ではなく、連邦共和国の経済・金融省職員によって構成された、ヴァッセナールとロンドンの成果を調整するべき専門家スタッフに属していたエアハルトの私設調査員に任命される前、約1年半、フランクフルト・ヘキスト連合経済地域管理局（VfW）の部門指導者代理を務め、そこで特に、占領規定や負担調整の問題に取り組んでいた。1949年春、クッチャーの間近に迫った正式就任を機に、合衆国軍事政府がVfWに、ニュルンベルクの主要戦争犯罪人裁判における一連の不利な記録を送付すると、VfW人事責任者クルト・オップラー（Kurt Oppler）（SPD）とヘッセン州開放省は彼を休職させ、新たな政治的

第 2 部　ドイツ外務省と過去

調査をするように取り計らった。[11]

　クッチャーは、イギリスおよびアメリカの占領地区で 2 度の「スクリーニング」を受けたにもかかわらず、この新たな手続きを逃げ切った確信がなかったため、先手を打った。1949 年 4 月に、2 度目の非ナチ化審査手続きを自らした。のだ。それは、2 年ほど前に彼を嫌疑が晴れたと分類した、同じマールブルクの非ナチ化裁判所で行われた。大勢の「かつての」人々の助けにより —— 元上司ヴェルナー・フォン・シュミーデン（Werner von Schmieden）とエミール・フォン・リンテレンの他に、とりわけハンス・シュレーダー、フリーデリーケ・ハウスマン、ルドルフ・シュライアー、ハンス＝オットー・マイスナー（Hans-Otto Meissner）、エルンスト・アッヘンバッハがクッチャーに有利な証言をした。[12] —— 彼は 2 度目も、メゲルレの事務所における職務で、反ユダヤ主義的プロパガンダに加担した、という非難全体について無罪となった。 —— むしろ、歴史家シリングを裁判長とした非ナチ化裁判所はほぼ 40 頁に及ぶ判決理由で、クルムヒューベルでの「ユダヤ人レポート」会議での彼の講演を、国家社会主義的なユダヤ政策から明確に距離を置くものである、と評価する結論を下している。クッチャーのそこでの発言は、次のように記録されている。「ユダヤ人はこの戦争によって自分の墓を自分で掘った」[13]。クッチャーの抵抗的態度の証拠として、非ナチ化裁判所は、顧問として会議から「外交官の避難所」 —— バードガスタインの記録部門の待避所のこと —— に帰還した後、「懲戒転任」させられていた事情を評価している。[14]

　この仕立て上げられた無罪判決の後、クッチャーは、自分のドイツ・イスラエル・ユダヤ補償交渉への参加を明確に、いまや完全な名誉回復と外務省復帰を目指すための、歓迎するべき機会だと捉えたようだ。しかし 1952 年 1 月、彼が初めて自分の希望を申し述べた時、空気は完全に凍り付いた。ボンの調査委員会で彼は感じの悪い態度をとったため、神経が敏感になった人事調査官ヴェルックは、部下の転勤を支援したルードヴィヒ・エアハルト（Ludwig Erhard）の推薦さえも無視した。ヴェルックは、応募者について「当面採用不可能」と述べている。元同僚の思いがけない冷たい反応に、クッチャーは、手持ちのイスラエル・ユダヤとのコネクションの活性化を急いだ。ヴァッセナールのイスラエル代表団の経済専門家ボローの他に、ユダヤ機関元全権代理人エリヤフ・K・リヴネ（Elijahu K.Livneh）領事も、クッチャーとの代償ビジネスに手を出した。

518

リヴネは既に２度目の交渉の席の前に、クッチャーに「負担は皆無だ」と明言し、バローは、契約調印の日に表明された支援に感謝した。ヴァッセナールでのクッチャーの態度は、個々のドイツ人がすべての機会をいかに真剣に受け止めるかを示している。『在独ユダヤ人一般週刊新聞』の編者カール・マルクスも、クッチャーが必要に応じて「相応な注意」を払って助力を提供したと報告している。[15]

　その間に外務省も、「ユダヤ側からの攻撃」はもう全くないだろうと見通すようになった。それによって「クルムヒューベル会議に関連して生じた懸念」も一掃された。[16] 外国での任用の際、低号棒を受け入れる準備があることを局長が説明した後、11月末、エアハルトの下にいるブランケンホルンが、すぐに交替にやって来た。本省での暫定的な職務の後クッチャーは、1953年9月にテヘラン公使館の代理指揮を引き受けた。

　1952年9月10日のルクセンブルク協定の調印とともに、ドイツ・イスラエル関係のこれまでで最も困難な時期が始まった。なぜなら、批准には連邦議会の議決が必要だったからだ。経財相フリッツ・シェーファー（Fritz Schäffer）（CSU）、法務相トーマス・デーラー（FDP）、発言力のあるCDU議員フランツ・ヨーゼフ・シュトラウスは、断固として反対した。1953年9月に連邦議会選挙が控えており、1日過ぎるごとに協定が頓挫する危険性が高まった。内政の敵の他に、いまやアラビア諸国も計画を妨害していた。調印の数日前、アラブ諸国のグループが、シリアの指導のもと、ボンに初めて代表者を送った。彼らがアデナウアーに手渡した覚書では、協定がドイツとアラブ諸国との関係にマイナスの作用を及ぼすことがはっきりと警告されていた。[17] 数週間後、元レバノン首相アマド・ダオウルク（Ahmed Daouks）を団長とするアラビア同盟の代表団が、イスラエルとの契約の政治・経済的危険性に注意を向けるため、ボンを訪れた。それは一騒動を巻き起こした。数時間に及ぶ3度の協議の後、次官ハルシュタインは激高を露わにし、代表団に一刻も早く連邦共和国を去るよう要請した。

　しかし代表団はこの要請に従おうとは毛頭思わず、そのかわりに首尾一貫してロビー活動にいそしんだ。連邦共和国にアラブ同盟の味方が多くいたことは、既に9月、CDU、FDP、ドイツ党およびFDP政治家トゥリッシャーの指導による中枢部によって構成される、約30名の連邦議会議員グループが連邦政府に、アラブ人の関心を強く考慮することを要求した時にはっきりとした。ドイ

519

ツ党（DP）は、ゴスラーでの党大会で、伝統的な「ドイツ・アラブ間の友好」を誓ったのみならず、本来の代表団から持ち込まれた、イスラエル契約を国連に審査させるという提案を採用した。マリオン・デーンホフは、アラブ人との紛争を避けるため、批准を長く引き延ばすという道を示唆した。彼女はツァイト紙で「イスラエルとアラブ諸国の和平が成立してから」賠償金支払いが開始されるべきだ、と勧めている。[18]

　外部から見ると、ルクセンブルク協定の本来の発起人とされているブランケンホルンは、ドイツの国境を遥かに越えてメディアキャンペーンの標的となった。極右のナウマン集団と、その助言者エルンスト・アッヘンバッハとの繋がりがある、アルゼンチンで発行された雑誌『デア・ヴェーク（「道」）』は、ブランケンホルンが賠償協定に賛成したことで、報酬として多額の金をイギリスの実業家レヴィから受け取ったと主張した。[19] 収賄に対する同じような批判が、西ドイツの報道にも現れた。1953 年 3 月 18 日の決定的な連邦議会討論の前日、シュトラウスはこのテーマを CDU/CSU の会派会議に持ち込んだ。

　既に 1952 年 9 月、ブランケンホルンは憲法擁護庁長官オットー・ヨーンに助けを求めていた。ヨーンの判断によると、攻撃の大多数はナチに賛同した層から発生していた。しかし、部分的にこれと同一である近東貿易の関係者も、このキャンペーンに加担していた。このグループの代表は、元帝国銀行総裁のヒャルマー・シャハトだった。ニュルンベルクでの無罪判決以後、後に外務省次官アルベルト・ヒルガー・ファン・シェルペンベルクの義理の父となるこの人物は、文筆家としても著名であり、アラブの有力者たちの財務顧問としてだけではなく、私設銀行の所有者としても尽力し、外国貿易金融で大きな利益を上げた。

　協定を批准するにあたり、外部からの攻撃よりもずっと脅威的だったのは、この極めて緊迫した時期に外務省内に形成された様々なポジションだった。前哨戦においての直接の対話で、アラブの抵抗を避けることに賛成し、アラブの地に動員された使節団団長とは逆に、ボンは批准を優先するべきという意見だった。テオ・コルトに率いられた —— ブランケンホルンが指導する政治部門とは違い —— 自らを「既に早期にアラブ諸国の弁護士として見ていた」国際部門は、グットウィル使節団によってアラブ人の怒りを鎮静化させることを思い止まるように助言した。[20] 意志の疎通を実現しようとはせず、例えば部門代表代理

のハッソー・フォン・エッツドルフは、それによってむしろ「私たちが……世界中に、特にユダヤ人に喚起したよい印象がぬぐい去られる」という意見だった。連邦共和国はアラブ世界の首都で外交利益を代表しておらず、このような派遣にふさわしい準備ができないため、「ムフティーと超国家分子が暴徒によるデモを引き起こす」か、または逆に「戦争中ドイツで一役買っていたアラブ分子が、歓迎の際に激しく前方に押し寄せてくる」危険を冒す、と言われた。ボンが「アラブ政府の善意にアピール」しなければならないような印象を与えることも許されず、またアラブ人には「実際何も持って行ってはいけない」、と。[21]

　第二次世界大戦中にヒトラーの側に大挙して押し寄せた「アラブ分子」に対する、そのような距離感は、いたるところで当然というわけではなかった。1952年６月、カイロに亡命していた元ムフティー（イスラム教指導者）、ハージ・アミン・アル゠フサイニーが、ドイツとアラブの共通の利害のために任命を受け、アデナウアーに外交文書を送り、その中でイスラエルへの賠償支払いに抗議したのは約２ヵ月前のことだった。ドイツ大使ヴェルナー・オットー・フォン・ヘンティングはジャカルタ（インドネシア）の任務地への途上、ポートサイド（エジプト）の港で乗り継ぎをした際、アラブ代表団の代表を対話に招いた。彼はその許可をボンから得ていなかったが、上司であるメルヒャースが、後にトルコとアラブでは好意的に報道されたことで彼を表彰したことが、同意を表している。ヘンティングは、アリム・イドリス（Alim Idris）教授との協議が「一般的常套句」の枠内を行き来したと保証した。花束も贈呈された —— それは同行したヘンティングの妻に対する、元ムフティーの礼儀だった。[22] この教授が、戦争の終わり頃、親衛隊中央局のためのイスラム司祭を教育した「政治７課」のヘンティングの元スタッフであったことを、メルヒャースは知っていたはずだ。しかし、メルヒャースは数ヵ月前に初めて、調査委員会の前で、アル゠フサイニーと一時的に非常に緊密な関係にあったことを正当化しなければならず、既にそのために出来事を低く評価するべきであったのにもかかわらず、ヘンティングの自分勝手な行動を後になって承認した。[23]

　数ヵ月後 —— 元ムフティーの口調は、その間に幾分鋭くなっていた。彼は報復手段をとると威嚇し、アデナウアーのことを「世界のユダヤの道具」と呼んだ —— その少し前、エジプトに派遣されたギュンター・パヴェルケ（Günther Pawelke）大使は、ヘンティングが遠いインドネシアでの継続中の取引をおろそ

かにし、そのかわりに近東で一種の反外交を行っている、と外務省に注意を促した。2月5日と7日、カイロに駐在していたパヴェルケは、ヘンティングが2月8日にエジプトの首都にやって来ると、アラブ代表団のイドリス教授からたった今報告があった、と外電で伝えた。ヘンティングは「友達、特にエルサレムのムフティーとプライベートな話」をするつもりだったが、イドリスはタイミングがよくないと判断し、ヘンティングに計画の訪問を差し当たり思い止まるように忠告した、とのことである。パヴェルケによると、彼には、ヘンティングからの連絡はなかった[24]。

　これを受け、ハルシュタインが、この賛否あるスタッフの目下の旅行計画を提出させたところ、ヘンティングがドイツからジャカルタへの帰途、数日間のカイロ滞在を組み込もうとしており、それからベイルート、デリーとバンコクの短い訪問が続く予定だったことがわかった。ヘンティングがフランクフルトから飛び立とうとする直前、ハルシュタインの書状が届いた[25]。エジプト訪問を避けることだけではなく、将来的にも本省、あるいは所轄の大使の許可を取ることを要請する内容だった。ボンの報道関係者は、この時点で既に、あるジャーナリストたちとのやり取りの中で、ボンの補償政策を公然と批判したヘンティングが、将来的に公的発言を慎むようにという要求とともに、ハルシュタインから「葉巻」をもらったと噂していた[26]。次官とその人事局長は、強硬な懲戒処分の前に怖じ気づいたのだった。

　ただし、1955年春にヘンティングが解雇された後にはまだ、ある内部的な事件の余波があった。その間にヘンティングはサウド王の私設顧問になっていた。彼のジャカルタでの後任、ヘルムート・アラルトは、職務上の引き継ぎの中に、ヘンティングによって書かれた記録を発見した。それは彼がルクセンブルク協定調印の2週間ほど後に、エジプト使節にジャカルタで渡したものだった。その中でヘンティングは、アデナウアー政府のいまでも弱い地位をさらに痛めつけるために、ボンの補償政策への抵抗を続行することをアラブ諸国に要請していた。ヘンティングは、ドイツ民族を誹謗してナチス犯罪の責任を負わせ、ユダヤ人亡命者の数が無責任に高く計算されているのは、イスラエルと「ユダヤの影響下にある」アメリカのジャーナリズムのせいだとしている[27]。

　この書類の調査を依頼されたイスラエル調査官フローヴァインは、ヘンティングの活動の本当の目的は、批准を「妨害する」ことにあったという結論に

至った。しかし、人事局長レンスと法務局は、懲戒的または刑法上の責任をヘンティングに取らせることを思いとどまらせた。それは彼らが、おそらく連邦裁判所懲戒部は、忠誠義務違反を、後から年金受領の権利を剥奪したり減額したりするほど重大には受け止めないと考えたからだ。法的手続きは当局の恥を晒すことに繋がったのだ。当局はどうやら、この件について攻撃的な方策を取れなかったようだ。また、公に断固たる処置を取ると、遅ればせの懺悔だと解釈されるのは間違いない。直前に迫るブレンターノの就任と、初めての大きな人事異動など、すべての兆候が新しい始まりと出発を意味づけようとしていたため、こうした印象だけは避けたかった。

　ルクセンブルク協定の発効から5年以上経ってもなお、補償政策に関する審理が行われた。起訴内容は中傷であり、対象は外務省の3人の幹部役人、ブランケンホルン、ハルシュタイン、マルツァーンであった。今では経済省の前オリエント部を指揮する、ヴィルヘルム通りの元同僚ハンス・シュトラック（Hans Strack）は、この3人を1953年には告発していた。なぜなら彼らは、エジプト使節カマル・エン＝ディン・ガラル（Kamal En-Din Galal）が、賠償反対論者であるシュトラックの汚職を非難した報告書を回送したためである。数ヵ月にわたる調停の後、1959年4月に執行猶予付拘留4ヵ月と罰金の判決とともに終結した、ブランケンホルンのケルン州裁判所での第一審訴訟手続きでは、ドイツの民衆の一部がイスラエルとの協定に対して抱いていた留保がはっきりと現れた。協定反対論者にとっては、ブランケンホルンが協定成立の主要責任者だった。1年後、連邦裁判所がこの判決を取り消しても、彼らは第一審判決をブランケンホルンへの「懲らしめ」と見なした。

第2節　現代史的探求とドイツ民主共和国（東ドイツ）のキャンペーン

　CDU/CSU会派議長ハインリッヒ・フォン・ブレンターノが、1955年6月に新外務大臣としてコブレンツ通りに入った時、CDU/CSU、FDP、DPの連合政権は一連の注目すべき成功を振り返ることができた。5月5日に発効したパリ条約は、連邦共和国の外交活動の範囲を一気に拡大し、——アデナウアーが1953年3月、その批准を野党の社会民主党の支持により通過させた——イスラエルとの協定とともに、第三帝国との象徴的な境界設定の礎が築かれた。9月には

第2部　ドイツ外務省と過去

アデナウアーのモスクワ訪問により、待望の捕虜問題が遂に解決された。

　外務省の内部的発展については、ブレンターノ就任により新たな局面を迎えたが、それは逆向きの方向であった。つまり「かつての職員」の復帰が一層増加した。——1958年2月、シャハトの義理の息子で、元第4部門部長代行であったアルベルト・ヒルガー・ファン・シェルペンベルク[33]により解雇され——ハルシュタインの下で、第47調査委員会は、外務省の人事刷新に関して申し立てたすべての要求の大部分を拒絶した。体面を汚したはずの人々が、その後ますます安全を感じた。外務省の人事政策への非難が調査後にも止まないにもかかわらず、省首脳部は過去の問題に対し、この時から明らかに無責任な態度を示し始めた。進行する公務員体質の蔓延は、特に、パリ（1955年）、ロンドン（1955年）、マドリード（1958年）、ワシントン（1958年）といった重要なポジションに配属された第1世代の「外から入ってきた」大使が徐々に交替されたことと、1955年にモスクワとベルグラードに開館した大使館にハースとプファイデラーという2人の古株が引き抜かれた、新しい人員配置に見て取れる[34]。また「かつての職員」の割合は、ブレンターノ任命以前に既に力強く上昇していた。なぜなら外務省は1953年以来、経済省と法務省の各部門や、解体されたブリュッヒャーの省から、徐々に人員を引き継いでいたからである。全部門と課を合わせると、親衛隊または親衛隊保安部の過去を持った公務員の割合が高く跳ね上がることは、人事局には部分的に渋々受け入れられたか、部分的には気付かれもしなかった[35]。

　帰国の遅かった捕虜のための法規制の起訴に基づき、元ナチス国家弁護士フランツ・ニュスラインのような、自ら重い責めを負った者たちが、いまや問題なく高い地位に登り詰めた。ニュスラインの場合、応募をCSU家族省大臣フランツ・ヨーゼフ・ヴュエルメリング（Franz Josef Wuermeling）、連邦社会裁判所所長ヨーゼフ・シュナイダー（Josef Schneider）、外務省役人グスタフ・フォン・シュモラー（Gustav von Schmoller）に支持された。ニュスラインは後日、8年弱を勤め上げたチェコスロバキアの人民裁判による禁固20年の判決を「抑留」と解釈し直し、連邦共和国へ送還された後、即座に抑留補償を申請した[36]。

　法務局長の大臣書記ハンス・ベルガー（Hans Berger）に引き立てられたニュスラインは外務省着任後、公務員の法的問題の処理を引き受けた。その中にはヴィルヘルム通りの元職員の補償請求権の案件もあった[37]。着任から3年半後になる1959年春、そしてベルガーによって強く押し進められたこの本省課長級へ

524

第6章 外交政策的挑戦としての過去

の昇進から約1年後、ニュスラインの省勤務に対する反対の声が初めて高まり、それは70年代半ばに彼が定年退職するまで、途切れることがなかった。外務省にとって特に厄介だったのは、この役人がすぐに多方面から砲撃を浴びたことだった。ほぼ同時期に、東ベルリンにある、「ドイツ統一と反ファシズム抵抗運動の戦士のチェコスロバキア同盟のための委員会」がパンフレットを発行した。それは、ニュスラインが戦時中、刑法の厳格化と恩赦請願の拒否を進めることで、チェコ市民に対する無数の死刑判決の執行に参画していたことを明らかにした。[38] 東ベルリンの報道記事に関連して、フランクフルター・ルントシャウ紙は、社会主義ドイツ学生連盟（SDS）の会員がイギリス下院に、ニュスラインおよび元ナチス法学者の恥ずべき記録を届けたと報じた。[39] 他、ナチ党の外国組織との紛争のために解雇された外交官で、退役公使館参事官ヴァルター・シュタウダッヒャー（Walter Staudacher）からも強い非難があり、その補償と再雇用の申請を、ニュスラインが根拠がないと拒否していた。[40]

　シェルペンベルグ次官が、シュタウダッヒャーの請願書をもとにニュスラインに要求した最初の態度表明の際、彼は手元に届いている書類について何も説明しなかった。その代わりに、彼の方から、元外務省職員に対する告発を申し立てた。シュタウダッヒャーは明らかに東側の諜報部と繋がりがあると主張し、そのために自分に対して「公務員法的保護」を懇請した。[41] 非難が将来途切れることなく、逆に絶え間なく新しい不利な行為が明らかになるという事実に際して、外務省はこの合図を1年後に取り上げる。それがただ敵の望まれない平価切上げを誘いかねないため、「不快な陰口」または「中傷」のための告発を断念することを連邦法務省と合意した。憲法擁護庁はいまや、非難の主が実際に、ニュスラインが主張するように「ソヴィエトゾーンの官庁（東ドイツの官庁）」と接触したかどうかを調査しなければならなくなった。[42] すぐ後に、西ベルリン在住のシュタウダッヒャーとその妻はポーランドの軍代表団と繋がりがある、という回答があった。「処罰されないナチ司法機関」展の企画準備に参加し、イギリス労働党との接触を設けたSDS活動家ラインハルト・シュトレッカー（Reinhard Strecker）を介して、シュタウダッヒャーがその材料を東ベルリンとプラハから取り寄せていることを、ボンの憲法擁護庁は報告できた。[43] 外務省はこれを、ニュスラインの反共産主義的陰謀説の証明であると解釈した。[44] 少なくとも元同僚の件では、そのために包括的な、諜報機関的な監視をもくろんだ、と。[45]

525

第2部　ドイツ外務省と過去

　外務省は自分に対して特別に配慮をする義務があるというニュスラインの主張も、コブレンツ通りでは真摯に受け止められた。1960年7月、シェルペンベルクの常任代理カール・ハインリッヒ・クナップシュタイン（Karl Heinrich Knappstein）は、その間に大使としてコペンハーゲンで執務していたハンス・ベルガーに、この件の調査を依頼した。[46]ベルガーはそれ以前に、この課題について自ら名乗り出ていた。ここで環が閉じることとなる。なぜなら、ベルガーに相応の所見を提出する用意があることは、元職員に対する仲間同士の連帯義務のためだけではなかったからだ。ベルガーにとって重要だったのは、彼が5年前に帝国法務省のニュスラインの古い人事記録を見て自ら決定を下したものの、その間に激しく論議されていたニュスラインに対する人事決定を正当化することだった。その時ベルガーにとって幸運だったのは、ケルン検察局が、ナチ政権の被迫害者同盟の告発に遡る「法の歪曲」のための手続きを最近になって取り下げたことだった。死刑判決への加担は、この役人の場合は証明不可能だ。[47]検察庁の取り下げ通知を参照し、ベルガーは疑われたすべての非難を根拠なしと言明した。そして既に1955年にそうであったように、彼はいまやニュスラインの免責のために、帝国保護者であった官庁からの元同僚が国家社会主義に距離を置いていたことを保証する、と申し立てた。[48]この公務員を、今後も無制限に外交的任務のすべての領域で登用するという彼の勧めにより、職務の執行を無条件に続行させた。しかし同時に、これが新たな抵抗を呼ぶことはわかっていた。「この問題が公に繰り返し、ちらちらと燃え上がる」ため、ニュスラインの人事的証拠書類は —— 他の負い目のある外交官の場合と同様に —— 人事局長の控え室の金庫に保管されなければならなかった。[49]

　このワイマール期とナチス時代のキャリア役人に焦点を絞ったこのような登用は、各国課の人員配置でも特徴的だった。このように戦略的に重要な近東課だけでなく、新しく設けられた東方部門にも旧外務省からの指導的専門家が配属された。1953年秋、各国部門の中で「東」担当の下部部門「B」がオットー・ブロイティガムの元で、「第350課」（ソヴィエト連邦とその共和国、世界共産主義、政治的亡命者、東側の書類審査）が東側研究者ボリス・マイスナー（Boris Meissner）の指導によって設立された。 —— 後者は元ナチ党の突撃隊メンバーであり、元ポズナン大学経済学部に所属していた。旧外務省の東側専門家グスタフ・ヒルガーは1953年6月に既に顧問として契約していた。[50]

526

第6章　外交政策的挑戦としての過去

　外務省の密かな改革に、反対の声がほとんど届かなかいようになった。その
ため省首脳部が、当時、特にアデナウアーの権威主義的な指導スタイルと力の
充実が、職務への攻撃を挑発したのではないかと、自分たちこそ正しいと確認
したのも理由のないことではなかった。SPD の態度はこの見解を裏付けた。長
年の厳しい戦いの後、社会民主主義者たちの党指導部も、やはり外務省との関
係を受け入れていた。第 47 調査委員会での致命的な登場のために、首脳陣が
香港領事館に数年間追放した、かつての人事局長ディットマンの場合、SPD は
1958 年に、それも大臣の希望により彼を本省に召還し、次官補に任命すること
を支援した。似たような気前のよさで、賛否が分かれる他の外交官たちの復権
が判定された。

　50 年代後半の短い休息の後、外務省は新たに過去の問題と持続的に取り組
まなければならなかった。一つには、国家社会主義的なユダヤ政策と「最終解
決」への外務省のかかわりが公に大きなテーマとなったからである。そのきっ
かけは、部分的にニュルンベルクでアメリカの告訴代表に協力した、数人の、
ほとんどがユダヤ人の歴史学者による著書に関する論争だった。その本の多く
は、ニュルンベルクでの証拠物件を基盤に、英国と合衆国、また連邦共和国で
も、ユダヤ人殺戮と反ユダヤ主義の根源について初めて学術的に叙述し、次第
に多くの読者を獲得していった。祖国奉仕のための連邦中央が、これらの著作
物のいくつかをそのプログラムに取り入れ、それによって西ドイツの現代史の
空白を埋めた。1954 年半ば、ミュンヘン現代史研究所が、ゲラルド・ライトリ
ンガー（Gerald Reitlinger）の『最終解決』の翻訳をその出版シリーズに採用しな
いことを決めると、連邦庁は──ホイス大統領の推薦により──ドイツ語訳
で出版した。ライトリンガーの研究書はたちまちのうちに歴史学の中でも確固
とした定本となったのに対し、ヨーゼフ・ヴルフ（Joseph Wulf）とレオン・ポ
リアコフ（Léon Poliakov）の記録版にはドイツの歴史家の間で賛否両論があった。
それにもかかわらず、1955 年に出版された『第三帝国とユダヤ人』というタイ
トルの、彼らの最初の共著は、瞬くうちにベストセラーとなった。ライトリン
ガーの『最終解決』と同様、本書の中でもエリートの協力について大きく頁が
割かれている。その上、両者ともに、政府と管理部門の責任のある人物たちの
名前のかなり完全なリストが見られる。──これは前例のないタブーの打破で
あり、それ相応の反応に繋がった。

第 2 部　ドイツ外務省と過去

　特に幹部エリートの継続性が、犠牲者協会や政治的左派を結集させるテーマ
となり、その動きはよりよい世界的なネットワークの中に取り込まれた。「再
ナチ化」が伝統的なメディア論争のトポスとなった。この展開に有利に働いた
のは、一方では ―― 「131 条」の増長する厚顔ぶりと反ユダヤ主義的な敵のイ
メージの再燃によって生じた ―― 西ドイツ社会を 50 年代の終わりにますます
強く揺るがした、過去の政策に絡んだ一連のスキャンダルだった。他方で、ド
イツ民主共和国のプロパガンダが、ボンの支配階級の代表者をナチの過去のた
めに攻撃するという戦法に切り換えることで、論争の激化に寄与した。東側か
らヒントを得た暴露活動と、それを西側の民衆が受容することで報道も過熱し、
外務省をひどく不安にさせた。それはナチに対する非難に制御できる情報政策
で対応するという連邦共和国の限定的な戦略が、損なわれようとしていること
を意味した。

　1955 年末、連邦省の資金援助により、『最終解決』のドイツ語初版が西ベル
リンのコロキウム出版社から出され、ライトリンガーの名を責任者として付録
に記載した人物が自己防御するのは、単なる時間の問題だった。ユダヤ人殺戮
に官僚として積極的に協力をしたことがこの本の中で語られ、また、外務省に
再登用された役人たちの中には、ヴェルナー・フォン・バルゲンの他にソヴィ
エト連邦専門家オットー・ブロイティガムもいたことが記されていた。元ロー
ゼンベルクの側近であり東部省の臨時の長だったブロイティガムは、1953 年初
頭に初めて、長い待機期間の後、ナチ党加入について虚偽だと証明できる申し
立てをしていたにもかかわらず、新しい官庁で地盤を作ることができた。[53]南ア
メリカでのソ連の陰謀に対応するために、彼をサンパウロへ派遣するというア
デナウアーの計画は、1955 年秋に内閣の反対により却下された。[54]

　クリスマス直前、ブロイティガムは、連邦庁のスタッフからライトリンガー
論文についての情報を得た。そこで彼は、人事局長のレーンに直ちに報告した。
公的な資金で助成された「第三帝国の残虐行為を叙事詩的な幅で」描写する出
版物が、外務省と個々の外交官をも標的にしていると、ブロイティガムは訴え
た。そのため、人事局は内務省に、休暇の前に態度表明することを要請するこ
ととなった。[55]しかし、その間に連邦省長官パウル・フランケン（Paul Franken）は、
この件を既に独自に把握していた。彼は、出版人であるオットー・ヘス（Otto
Hess）に、2 人の外務省職員の名前を付録から消すように迫った。同時にフラン

528

ケンは、「現代史研究所のユダヤ問題について権限のある担当官」(ヘルムート・クラウスニック〔Helmut Krausnick〕のこと)に問い合わせたところ、ライトリングの著作は数々の不確かさがあるにもかかわらずこの分野では「学術的に最も重要」と言われている、という論拠でレーンをなだめた。連邦省は本の内容すべてを細かく調査することができず、これは学術の話で、法律的には彼は両手を縛られている、とした。しかし彼は既に、連邦省がドイツ語版のために、出版人の名前で発表され、まえがきを書くことになると、出版人と合意しているとした。2人の外交官については短い修正説明が載せられるであろう。それには特に議会による調査結果が示されることとなる[56]。

ドイツ語版の『最終解決』は、以後、ヘスのまえがきとともに出版された。まえがきには ―― 名目上は著者の了解のもと ―― いくつかの「事実に基づいた訂正」が行われなければならなかった、と書かれた。バルゲンの名はその後、1954年10月の連邦懲戒弁護士の免罪判決が言及される脚注との関係でのみ登場し、ブロイティガムについては、彼に「東方占領地域におけるユダヤ人絶滅」に参加しなかったことを証明した、ニュルンベルク・フュルト州裁判所の1950年1月の判決の短い抜粋が見られる[57]。フランケンは人事局への書状で、ドイツ語版と英語版の比較が「好ましくない議論」を呼び起こすのではないかという懸念を与えたため、バルゲンは、その後すぐにもう一度コロキウム出版と連絡を取り、原本の箇所も相応に変更されるべきであることを要求した[58]。しかしこの主張は通らなかった。

クリスマス休暇中、この件は世界から完全に忘れられたかのように見えたが、年の変わり目には新しい災厄が降り掛かった。西ベルリンのアナニ出版から発刊されたばかりのヴュルフ・ポリアコフの記録を読んだSPD議会支配人ヴァルター・メンツェル(Walter Menzel)には、リトアニアのユダヤ・ポグロムについて広範囲の知識を彷彿させる、1941年のブロイティガムの署名が目についた。12月30日にメンツェルは、記録の作成者はこの外務省役人と同一人物かどうか、ブレンターノに問い合わせた[59]。1月末、社会民主党の報道官は、ユダヤ人殺戮に賛意を表すブロイティガムの戦時中の日記の抜粋を公表した。このテーマに、ドイツの日刊紙が飛びついた[60]。余波が収まる間もなく、1956年3月1日、東ベルリンの記者会見でドイツ統一委員会(AdE)は日記の完全版を提出した。10日後、東ベルリンの人民劇場で行われた「ボン政府のユダヤ人殺しに対

第2部　ドイツ外務省と過去

する告知」の主要弁士には、国際アウシュヴィッツ委員会のブルーノ・バウム（Bruno Baum）の他に、国家賞を受賞したヴォルフガング・ラングホフ（Wolfgang Langhoff）、大ベルリンユダヤ協会ラビのマルティン・リーゼンブルガー（Martin Riesenburger）、作家のシュテファン・ヘルムリン（Stephan Hermlin）がいた。ハンス・フランクやアルフレッド・ローゼンベルクのような人々は絞首刑にされたが、ブロイティガムのような人が「以前のように東方政策」を行うのだ。[61]

　1956年1月、最初の憤怒の嵐がコブレンツ通りを吹き荒れた後、そこには、ブロイティガムの抵抗にどう対応したらよいかという方策は何もなかった。彼を再雇用する前哨戦で既に、明らかに警告する声が充分にあったのにもかかわらず、その無策は驚きに値した。特に激しく抵抗したのは、ブロイティガムの連邦新聞情報庁への登庁を妨害したブランケンホルンだった。[62]ブロイティガムが、報道局長フリッツ・フォン・ツヴァロフスキーから噂として聞いたらしいことには、彼の外務省からローゼンベルク省への移動も、彼が国防軍の将官に負担を負わせたニュルンベルクのOKW裁判での発言も、ブランケンホルンには気に入らなかった。[63]議会レベルでも、まず大きな懸念が生じたため、1952年9月、内閣はブロイティガムの再任用についての議決を取り下げなければならなかった。

　連邦議会議長ゲルステンマイアーは、原則的な抗議を政治的に根拠付けようとした。国際部に向かって彼が論拠を示したことには、ロシアの亡命者層では、元モスクワ大使館参事官グスタフ・ヒルガーが、東方部門の指導者として優先される、なぜならブロイティガムには、ソヴィエト連邦に対して、改めて民族基準での政策を行う疑いがあるからだ、と。[64]人事局により、ブロイティガムの名目上の抵抗活動についての手記で目くらましされたSPD議員のリュトケンスとは違い、ゲルステンマイアーは断固として抵抗した。予想外に強硬な反発のため、ブロイティガムはかつての一連の同僚たちに、品行の証明の手伝いを頼んだ。この要請に、当時自身がまだ人事局長と交渉をしていたヒルガーの他に、ハンス・シュレーター、ハンス・ヘルヴァルト・フォン・ビッテンフェルド、カール・ヴェルクマイスター、東方経済参謀の元戦争管理官ハッソー・フォン・エッツドルフ、オットー・シラー、FDP右翼で、ブロイティガムのかつての東方省の係官だったフリードリッヒ・ミッデルハウヴェ（Friedrich Middelhauve）が応じた。[65]

　1952年9月、人事局長プファイファーも、そのスタッフのヴェルックも、ブ

530

ロイティガムには多くの有利な材料があり、良心にやましいところもなく、彼に東方の展開を任せることができるという意見だった。ハルシュタインは決定的な証拠を得ようと、約1ヵ月後、元東方専門家リヒャルト・マイヤー・フォン・アッヘンバッハに相談した。もっとも、マイヤーはユダヤ出身のため、1940年には既にスウェーデンに亡命しており、そのためブロイティガムのその後の職務についてはほとんど判定できなかった。——「大いに推薦する」という——マイヤーの無条件にポジティブな評価が、最終的にブロイティガムの任命の決め手となった。

ブロイティガムが登用された場合、「内政による攻撃」があると予言したブランケンホルンは抵抗し続けた。一方、ゲルステンマイアーは、1953年夏にその懸念を引っ込めた。6月中旬にハルシュタインは比較的長い手紙を彼に送り、彼への共感と、その決定について熟考するように頼んでいたのだ。もちろん、かつての東方省の指導的地位は、ブロイティガムの新外務省での再任用を「極めていかがわしい」ものに見せる、「目に見える負担」を表している。しかし調査では、ブロイティガムが「ロシアでの人間的な戦争指導と捕虜と、東側の作業者たちの人道的な待遇」のためにたゆまぬ努力をした、という結果が出た。その直後、ブロイティガムの人事記録から、さらに一連の有利な記録を提出した、人事局長ヴェルックとの個人的な対話の後、——ブロイティガムへの「新しく根拠付けられた抗議」が出ないならば、という前提の元に——連邦議会議長は遂に同意を示した。

まさにその状況が、2年半後に生じた。そのために外務省から助力を要請された時、ゲルステンマイアーは、不名誉な外交官たちの人事とかかわることを再三拒絶した。これは「政治的な問題」であるから、ブレンターノが自分の責任で決定するべきである、と。外務大臣はそのことについて、どのみち大きな決定ができない人だということを除外し、関係者からも人事局の管理法律家からも助けを得ることはできなかった。この件を定評のある流儀で解決することが優先された。ブロイティガムをすべての任務から解いた後、2月初め、ブレンターノは退職した高等地方裁判所所長ハインリッヒ・リンゲマン（Heinrich Lingemann）に所見の作成を依頼した。彼は1年以上かけて、「ブロイティガム博士は第三帝国によるユダヤ人迫害に全く関与しなかった」ばかりではなく、「迫害されたユダヤ人を助けるために尽力した」という、「聴取された全証人の一致

第2部　ドイツ外務省と過去

した証言」をまとめた鑑定書を作成した。[70]

「全証人の一致」という表現は、少なくとも一人の証人が、ブロイティガム支持者の有名な合唱に賛同しないという点で正確ではない。それは、1939 年にドイツから亡命し、帰還後弁護士としてフランクフルト・アム・マインで開業した法律家ヘンリー・オーモンド（Henry Ormond）だった。オーモンドは、ブロイティガムの復帰だけではなく、官庁による彼の潔白証明の方法もスキャンダラスだと指摘した。「外務省であろうが法務省であろうが……、200 名の元上司、同僚、部下に聞いてみればいい。この人たちのうちの誰 1 人も、ブロイティガム博士に石を投げることはないと、私は確信している。ただあまりにも多くの人々が、全職員が共通して無実であることを強調し、そこでブロイティガム博士をも引き合いに出すことに、利害関係を持っているのだ」。ブロイティガムが処罰を受けることになるかどうかは、決定的なことではない。決定的なのは、「その意志と知識によって」そのような大量殺戮を起こさせた人物が、今日もなお外務省の責任のある地位に就いていることが、外務省と連邦共和国の利益にはならないということだ、と。[71]

1957 年 6 月、ブレンターノが鑑定を精読する前に、レンスとハルシュタインは既にブロイティガムの再起用について同意していた。彼が 62 歳になっていたため、「フレッシュな、若い能力のある人材」が仕事を進めるべきであり、その間ブロイティガムには在外ポストを考慮するべきだ。しかし、ブロイティガムに本省での仕事を提供し、それによって定年前に辞任をさせたほうがいいというのが大臣の考えだった。[72] しかし、ボンにはちょうどいいポストが空いていなかった。SPD でも世間でも、ブロイティガムに有利な雰囲気の変化があると信じたレンスは、ブレンターノに、ブロイティガムと定年前年金受領の可能性について交渉しつつ、適当な在外ポストを視野に入れておく、という、2 つの選択肢を調査することを勧めた。そのすぐ後に行われた配置転換に関連させて、ブロイティガムは、イギリスの直轄植民地である香港に派遣された。[73]

これでこの問題がエレガントに解決されたという安心は、長くは続かなかった。なぜなら、新領事が着任する前に、極東から凶報が届いたのである。もともとブロイティガムの再任用を強く推挙していた、下部国家書記のディットマンが、ブロイティガムの派遣予定を「スキャンダラスに」取り上げた英国のサウス・チャイナ・モーニング・ポスト紙の記事を報告した。新総領事が香港で

必ずしも歓迎されていないことは、他の日刊紙の報道からもわかった。英国の
ガーディアン紙が報道したように、香港のイギリス人たちは、ブロイティガム
の件を下院に持ち込もうという労働党議員アーサー・ルイス（Arthur Lewis）の
発意に賛同した。間近に迫る問い合わせのために、在外オフィスは既に外務省
に相談し、表現の規制を要請していた。3月26日の下院での議論で、次官補イ
アン・ハーヴェイ（Ian Harvey）が、新しいドイツの代表者は、国家社会主義の
ユダヤ人政策への参画のために、受け入れ不可能だというルイスの申し立てに
対し、その非難には論拠がないと反撃した。[74]

　50年代終わり連邦政府が、外国からのますます大きな非難に直面しなければ
ならなかったため、省庁と管理部は「再ナチ化」のテーマにより多くの関心を
払わなければならなくなった。多くの攻撃に備えるために、次官シェルペンベ
ルクが1959年、政治的資料保管部の指導部に、なお職務活動をしているすべて
の「かつての職員」を、ベルリンのドキュメントセンターにある証拠書類に基
づいて検査するように指示した。[75]しかし、政策の歴史的な変更は、そのような
予防的な措置とは決して結びつかなかった。逆に省幹部は、攻撃の多くが直接ま
たは間接的に、「東」に制御されているという前提から出発していた。また、い
ずれにしても問題はそのうち生物学的理由から片付けられると信じていた。

　オットー・ブロイティガム総領事の場合、1959年夏にブレンターノが、ブロ
イティガムを連邦共和国功労勲章に推薦することで、論争を新たに引き起こさ
なければ、この見積りがほぼ当たりそうだった。[76]その間に、ドイツ民主共和国
による継続的な暴露活動によって敏感になった、批判的なドイツの新聞雑誌で
は、この遅れた顕彰が、十分な理由のある反抗的行為と評された。外務省側か
ら見れば、ブロイティガムの功績と能力が、あまりにも長く不要な過去につい
ての議論によっておとしめられたかのようだった。50年代終わりに過去の問
題をテーマにした若いジャーナリストは多くいたが、その1人にテレビレポー
ターのティロ・コッホ（Thilo Koch）がいた。彼も断固とした批判をした。ユダ
ヤ人殺戮の際の役割が詮議され、書いた日記が世間の疑念を買っている、その
男に勲章を授与することは、連邦大統領にこのような提案をする人たちの機転
の欠如のせいである、と。5日後、コッホはツァイト紙に「ブロイティガムの
勲章」という辛辣な寸評を追加した。[77]

　遠い香港にいた当事者は、早くも事態を察知した。彼はただちに次官シェル

ペンベルクに手紙を書いただけでなく、翌日には厳しい手紙を「不潔な子ども」自身に宛てた。その中で彼は、クリスマスの日、ケルンのシナゴーグに、鉤十字や反ユダヤ主義的な標語を落書きした者たちと同じであるとその人を非難した。「（退役した高等地方裁判所所長リンゲマン博士の断言によると）戦争中にユダヤ人のために命をかけて働いた人々を攻撃する者は、私の目には、——私が信ずるところでは公衆の目にも——建物の壁に鉤十字を落書きした輩と同じ、反ユダヤ主義的な不潔な子どもである。だから私は、ドイツであなたに会ったなら、連邦首相殿の提案に従い、あなたに公に平手打ちを食らわすことも厭わない。ひどい中傷をする人は、殺人者と同じ犯罪者だ。なぜなら、立派な人間にとって名誉は命より大事だからだ。あなたのような反ユダヤ主義的な中傷者がドイツで悪事を働いている限り、ドイツは健全になれない。すべてのまともな人と新聞は、反ユダヤ主義的表明に嫌悪感を抱くこの瞬間に、数千人のユダヤ人を、彼らに与えられた運命から守ることに成功し、それを誇りに思っている人を誹謗することが、礼をわきまえたことだ、と考える人からは一線を画すと、私は確信している(78)」。

　2月初め、シェルペンベルクが気まずい非難を聞いた時はまだ、この要件の影響が広範囲に及ばないことを期待していた。彼はブロイティガムに対して怒りに対する「理解」は示したが、手紙は、その内容も形式も不適切だと思った。もしこれによって、「よりによって今日」どうしても避けられなければならない、新しい公の議論が生じなければ、彼——ブロイティガムは幸せだろう、と思った(79)。2週間後、ツァイト紙は「ハルニッシュのブロイティガム」というタイトルで、その自己露出を掲載した。その横に、ブロイティガムを「人間性に満ちた」人と賞賛した神学者ヘルムート・ティーリケによる長い“読者からの手紙”が載った。占領軍の「共有の罪」というテーゼは、必然的にドイツ人「共有のノイローゼ」をもたらした。劣等感と罪に対するコンプレックスはごく当然ではあるが、「ケルンのシナゴーグの悪質な、本当に反ユダヤ主義的な事件」は、「自制心のないイライラ騒ぎ」が「公の意見によって」——批判的なジャーナリストたちを指す——意図的にまとめ上げられていることを明らかにした(80)。ツァイト紙編集部はコメントを控えた。

　1960年2月18日に連邦議会で、ケルンにおける反ユダヤ主義的事件に関する討議が始まると、SPD議員ヤーンが他の嫌疑がかかった人々、——例えば、

オーバーレンダーとグロプケの他に、ブロイティガム —— の件も議題にした。そのためブロイティガムは、大臣あるいは国家事務次官が連邦議会の演壇から、リンゲマンの鑑定書を読むというグロテスクな提案を示した。外務省は感謝しつつそれを拒絶し、その代わりにブロイティガムに、さらなる発言をすべて慎むよう警告した。ブレンターノはティロ・コッホ宛の私信で、その「礼節ある態度」に感謝した。総領事に対する厳しい懲戒的な責任追求は、あと２ヵ月で年齢制限に達し、いずれにせよ外務省を去るということだけの理由で、行われないままになった。[81] 西ドイツにおける東方研究の素晴らしいネットワークは、退官後ブロイティガムに、第三のキャリアを贈呈した。彼の元スタッフであり、1961 年にケルンに創設されたマルクス・レーニン主義研究のための連邦研究所所長となったボリス・マイスナーの斡旋により、ブロイティガムは 1964 年、新設された東西問題研究グループの指導者に任命された。それは連邦情報局（BND）が関与する東方研究のための施設だった。

第 3 節　「茶色のインターナショナル」

　1955 年 9 月のペロン（アルゼンチン大統領）の失脚によって、連邦共和国とアルゼンチンとの関係の非常に平和だった時代が、突然幕を閉じた。発端の中心は、在アルゼンチンのドイツ資本だった。一方で、批准間近だった、1945 年 3 月にアルゼンチンがドイツ帝国に宣戦布告した後「敵の資産」として押収されたドイツの財産の返還を調整する契約がクーデターにより反故になった。他方で、ペロン政権中の汚職の疑いで、新政府から強制管理の下に置かれた 9 社の会社の中に、7 社のドイツ企業があった。

　ボンとブエノスアイレス間の交渉は、ペロンの失脚後初めてアルゼンチンで広まった 1 冊の本のために困難になった。『裏切りの技術』という本だった。著者シルバノ・サンタンデール（Silvano Santander）のテーゼによると、国家社会主義者たちはちょうど自国の敗戦が濃厚になり始めた時、ブエノスアイレスの大使館を介して、ペロンのために権力への道を整備した。それは、アルゼンチンにファシズムの後継国を建設するためであり、その庇護の下に「茶色のインターナショナル」の再組織が実現されるはずだった。この目的のために、ヨーロッパの占領地域から奪った「ナチの黄金」がアルゼンチンに運び込まれた、とい

第2部　ドイツ外務省と過去

う。押収されたドイツ資金というのは、つまり略奪品であった。

　サンタンデールによると、アルゼンチン潜入を組織した者たちの中に、ボン
の法務大臣メルカッツ（DP）も属していた。戦時中、彼は秘書としてイベロア
メリカ研究所で働いていた。サンタンデールによるとそれは、この陰謀の鍵と
なる役割をした施設だった。そのため、「茶色のインターナショナル」が再建さ
れつつあり、いまやアルゼンチンの金に手を延ばそうとしている、というサン
タンデールのテーゼは、政治的に衝撃が強かった。サンタンデールはスクープ
を狙うジャーナリストの類ではなく、ペロン失脚後は重要な市民の力に昇進し
た「急進党」の著名な党員であった。彼はそのテーゼを人々に傾聴させるため
の、数々の卓越したコネクションを持っていた。

　外務省では当初、サンタンデールがアルゼンチン政府に及ぼす影響を測りか
ねていた。アルゼンチンで強制管理下にある9社の外国企業の中に、ドイツの
7社があるという事実は、反ドイツ的な世論操作を原因とするのだろうか？　そ
れとも、強制管理は、アルゼンチン政府が保証するように、特にペロンの独裁
下の汚職を克服するための、誠実な努力を反映しているのだろうか？[82] 12月16
日、コルドバ州の調査委員会は、ペロンの親しい友人として知られていたハン
ス＝ウルリヒ・ルーデル（Hans-Ulrich Rudel）宅の家宅捜査を行った。その後ま
とめた報告で、ルーデルがアルゼンチンから「茶色のインターナショナル」の
建設に参画していたことについての、明確な証拠が見つかった、と委員会は説
明した。ルーデル宅で見つかった証拠書類によって、サンタンデールのテーゼ
を裏付けることができるという。[83] 翌日行われた外務省での状況確認では、新政
府がドイツを敵視しており、ドイツを今もファシズムと結びつけているという
結論が出た。[84] 10年の歳月を経て、ドイツとアルゼンチンの関係は、国家社会主
義の亡霊に悩まされることになった。

　国家社会主義者たちのアルゼンチンでの関与と、ドイツのアルゼンチンの施
設や政治家との関係についての憶測は、既に40年代初めにブエノスアイレスの
内政的論争の的となっていた。1940年7月、オルティス大統領が健康上の理由
から離任した。彼は長年の権威主義的統治の後、注意深く自由化を断行したが、
それは在職中の2年間だけだった。彼の後継者カスティージョはこの発展をす
ぐにまた逆戻りさせた。彼の反自由主義的、権威主義的路線は、野党グループ
に、政府はファシスト運動に分類できるという印象を与えた。

536

第6章　外交政策的挑戦としての過去

　1941年6月、アルゼンチン下院で多数派だった野党が、反アルゼンチン的活動を解明するための調査委員会設立の議案を通過させた。委員会は、1939年に禁止された国家社会主義各国同盟のアルゼンチンでの存続、ドイツ大使館のスパイ活動、大使館職員によるアルゼンチンの新聞社買収、大使館が促進するドイツ人居住地の学校でのドイツ国家主義プロパガンダと取り組み、それらに関する4冊の情報を載せたパンフレットを作成した。調査には、国家社会主義を拒絶し、1933年にドイツ機関によるアルゼンチンでの統制に抵抗した、ドイツ人移住者集団のメンバーの支援を受けた。委員会の調査はかなり正確なものだった。しかし、偽装した情報部員が大使館に従事していたことや、アルゼンチンの世論に影響を与えるためにドイツ人があらゆる不正な手段を試みたことを認識することよりも、野党にとっては事柄の政治的意味が重要だった。カスティージョが国を守るためという口実で市民の自由を制約していた間、ドイツ大使館のような機関は、アルゼンチン社会に潜入し、浸透するためのあらゆる自由を享受していた。

　この頃から、アルゼンチンでの国家社会主義的活動が繰り返し話題になり、政治的言説には不可欠の要素となった。1945年から翌46年にかけて、それは重要な役割を果たした。1943年のカスティージョ失脚後、アルゼンチン政治の支配的人物となったフアン・ペロンが大統領に立候補した時である。かつてブエノスアイレスのアメリカ大使館にいた国務省次官補スプルイル・ブラデン（Spruille Braden）は、ペロンを退けるためにあらゆる手段を尽くした。彼は、アルゼンチンを危険な道に導いたこの人物をファシストだと思っていた。ブラデンの協力により、ペロンと国家社会主義者たちとの、推定可能な関係を開示するための調査が依頼された。結果は「青本」というタイトルのパンフレットにまとめられた。南アメリカにファシスト国家を確立するために、カスティージョ以来のすべてのアルゼンチン政府が国家社会主義者たちと協働していたという主張を示すものだった。ペロンはその時中心的な役割を果たしたという。

　1946年2月、ペロンが選挙で圧倒的な勝利を収めた後も、ブラデンはペロンとの闘いを止めなかった。その時、ドイツから追放されたハインリッヒ・ユルゲス（Heinrich Jürges）が彼を援護した。戦争中、ユルゲスはアルゼンチンで反国家社会主義活動に参加し、調査委員会にも協力した。1946年7月、彼はドイツに帰還し、アメリカ軍政府の財政部門（OMGUS）でポストを得て、アルゼン

537

チンに運ばれた第三帝国の金の問題に取り組んだ。調査チームがブラデンに提供できなかったもの、つまりペロンと国家社会主義者たちの関係の証拠を、ユルゲスは手に入れた。覚書の中で彼はペロンの妻エバ・ドゥアルテ（Eva Duarte）と彼の財務顧問を、ナチの財産をアルゼンチンに運んだ、決定的な案山子^(か か し)と呼んでいた。ブラデンは魅了された。

　ユルゲスが既に南アメリカでセンセーショナルな、しかし明白に虚偽の報告によって注意を引いた後、彼が1933年以前の時期の前科簿を持っていたことが判明すると、1949年には、ファシズムの犠牲者（OdF）というステータスも剥奪された。彼は、アルゼンチンで自分の評判を落としめるように、前科簿がナチ政府によって作成されたと証明する文書を偽造していた。そして、調査委員会メンバーとして知り合った、ウルグアイに亡命していたアルゼンチンの野党政治家シルバノ・サンタンデールと接触した。OMGUSのための調査の際、ユルゲスはペロンが国家社会主義に巻き込まれていたことを示す、明白な証拠に辿り着いたと説明した。サンタンデールは、ペロンの名誉を全世界の前で失墜させる二度とない機会を嗅ぎつけた。しかし、彼はもっと多くの証拠を必要としていた。ユルゲスはそれに応じて、その後サンタンデールの著書『裏切りの技術』の基礎となる材料を少しずつ提供していった。同書は1953年に発行され、アルゼンチン国外で大旋風を巻き起こした。⁽⁸⁷⁾

　このこともまた、外務省は憂慮しながら見守っていた。モンテビデオの公使館がペロンの失脚後に伝えたところによると、サンタンデールは、著書をアルゼンチンで出版しようとしており、ブエノスアイレスの大使館は、アルゼンチン政府がこれを阻止する措置を取らせたかどうか、すぐさま調査するよう委託された。⁽⁸⁸⁾1955年11月、『裏切りの技術』がアルゼンチンの市場に登場し、すぐに高い部数を売り上げた時、ドイツ大使館の代表代理ルイトポルト・ヴェルツは、アルゼンチン外務省に2度目の抗議をした。⁽⁸⁹⁾ドイツ側の調査によると、サンタンデールによって発表された文書は偽造されたものである、と。ヴェルツは、その手紙はプライベートなものであるが、その内容が公開されることには異論はないことを示唆した。⁽⁹⁰⁾

　サンタンデールがその著書の中で、ペロンだけを責めているのではないことは外務省にとって救いだった。国家社会主義者たちと提携したといわれる人々の中には多数の名のある軍人も登場し、彼らはいまや、サンタンデールの著作

第6章　外交政策的挑戦としての過去

を偽造であると暴露するために全力を尽くした。紳士たちは、ドイツ大使館に相談し、援助と資料提供を頼んだ。そのため、長年にわたるサンタンデールに対する訴訟手続きの全期間、外務省は熱意を持って法的支援に参加した。サンタンデールはすぐに立証困難な状況に陥った。そのため彼は、1956年10月に次の欧州旅行ではユルゲスを訪ね、不足している証拠を提出することを告知した。外務省に警告が届いた。新資料の公開は「ドイツの存在に対する新たな中傷と、法務大臣殿のさらなる誹謗を意味」しかねない。所轄の外務省担当官ヴェルックは大臣と面会し、サンタンデールの欧州訪問中、ユルゲスを投獄することを決定した。ユルゲスが偽証のために連邦共和国の外交利益と評判に甚大な損害を与えるという理由で、1957年1月8日に外務省は、カールスルーエ連邦裁判所に告発をした。ユルゲスとサンタンデールの対面を妨害することはできなかったが、ユルゲスはいずれにせよ、ペロンと第三帝国の提携を証明できる記録を持っていなかった。

　この全エピソードは、第三帝国時代のブエノスアイレス大使館での活動が白日の下に晒されただけではなく、多くの「真相」が創作されたことで、外務省にとっては特に不愉快なものだった。これは一方で、ドイツとアルゼンチンの関係に緊張をもたらしたが、もう一方で、多くの主張に根拠がないことを法的手段によって立証することを外務省に可能にした。これによって、物語の初めに、文書偽造と疑わしい資金送金ではなく、賄賂によりアルゼンチン政府に影響を与えようとしたドイツ大使館の試みがあったことが、完全に視界から消えた。

第4節　アイヒマン訴訟

　1960年春、元連邦大統領ホイスが初めてイスラエルを訪問した時、大変なサプライズが彼を待ち構えていた。5月23日、ベン・グリオン首相が議会で、「最も凶悪なナチ犯罪人の1人」アドルフ・アイヒマンが、ちょうどその時、イスラエル情報局により隠れ家で発見され、まもなく裁判にかけられることを発表したのだ。プール取材の際、自発的な見解を求められたホイスは、このセンセーションに、アイヒマンがイスラエルで公正な裁判で裁かれることを確信している、と手短なコメントで対応した。ケルンのシナゴーグの反ユダヤ主義的な落

539

書きをめぐって全世界が激昂し、イスラエルとの緊張関係の緩和を望んでいたボンでも、長年行方を追跡されていたナチ犯罪者の逮捕という知らせに、誰も準備ができていなかった。

5月、アデナウアーとベン・グリオンは初めてニューヨークで会談し、この機会に、両国のより深い経済的、軍事的、そして諜報的な協力について合意した。しかし、その間にイスラエル政府からのみならず、SPDおよびドイツ社会の幅広い層からはっきりと求められている、外交関係の微妙な問題を、アデナウアーは、次のような論拠で回避した。すなわち燻る東西紛争に直面し、目下のところ、現存の緊張を悪化させうる処置は取らないように、アメリカに要請されている、と。連邦政府が形式化を改めて延長したため、間近に控えた大裁判に対して距離を置くことは比較的容易に感じられた。しかし他方で、優れた外交的な勘を必要とするテーマにおいて、イスラエルと重要かつ詳細な問題点について合意を交わす可能性が奪われた。

法務省でも外務省でもなく、間接的にのみ指名手配に参画したヘッセン州上級地方裁判所検事長フリッツ・バウアー（Fritz Bauer）だけが、アイヒマン逮捕と、計画されていた政府声明を事前に知っていたため、ボンでは、正式な態度表明を表すために苦慮した。[95] センセーショナルなイスラエル国会の翌日、連邦議会は、アイヒマンの送還を要請する意図がないことを表明した。その理由は、両国間に送還協定がないため、いずれにせよイスラエルはそのような要求を拒否すると見込まれる、というものだった。さらに連邦共和国は、アイヒマンには法的保護も権利保護も認めない、なぜなら、それらは「保護に値する場合」にのみ適用されるものだからである、むしろ、西ドイツの法律機関が証人尋問や証拠物件の提供などによりイスラエルの同僚に法的援助を行う準備がある、と。[96]

とりわけアラブ諸国に配慮して、連邦政府は、干渉をしないという立場を道徳的に理由付けることを意識的に放棄し、その代わりに、法的形式に立ち戻った。これによって人は薄氷の上を歩み始めた。なぜなら、イスラエルの行動を法的に簡単に根拠付けることもなく、アイヒマンに対してすべての法的保護を拒否するという特定の目的のためになされた決定は、国家の権利保護義務と一致しなかったからである。それでも、連邦政府は一度決定した指針を保持しようとし、とりわけ直後の最初の数日から数週間の間は、ニュースの状況はほぼその都度変わり、毎回あふれるように新しい疑問と問題が投げかけられた。

そのためアイヒマン逮捕の公表後、数日間で、後に裏付けられる噂が広まった。それは —— 最初にイスラエル政府が主張したように —— 彼が元強制収容所被拘留者によってアルゼンチンの居住地で誘拐され、その後イスラエルに移送されたのではなく、むしろ周到に準備された諜報機関による作戦の標的になっていた、ということである。ブエノスアイレスのドイツ大使館が推測したように、「ユダヤ主義愛護派」によるアイヒマン誘拐にはアルゼンチン政府の官僚主義が有利に働いたという。[97]

　当然のことながら、その統治権の侵犯を避けたいアルトゥーロ・フロンディシ（Arturo Frondizi）政権は、国際法に違反する行為に対して、それを国連安全保障理事会に提出することによって報いた。同政府は内密に、アルゼンチンがこの事件でイスラエルに対する賠償判決を導き出し得るという法的見解をボンが共有するかどうか、ドイツ大使館に問い合わせた。[98]この先制攻撃に、ドイツとイスラエルとの関係にとって深刻な脅威になると察したアデナウアーは、それゆえに、アルゼンチン大使館との接触をとりあえず避けよ、という指令を出した。[99]

　しかし、少なくとも外務大臣にとって、アイヒマン逮捕という事態は、もっと別の理由から解明が必要だった。６月１日、ブレンターノの机の上に、フランクフルター・アルゲマイネ紙記者ニコラウス・エーレルト（Nikolaus Ehlert）による、アイヒマンの奇妙な逃亡劇を扱った、比較的長い報告が届けられた。ブエノスアイレスのドイツ大使館からテレックスで送られたこの記事は、一連の本質的でなくはない情報を含んでいた。大使館から本省への報告もこの情報に基づいていた。それによると、リカルド・クレメント（Ricardo Klement）という名前の追跡されていた戦争犯罪人が、バチカン発行の渡航証の助けを借りて1950年にアルゼンチンに入国し、２年後、妻ヴェラと子どもたちをオーストリアから呼び寄せたという。[100]特に、３人の息子たち（４人目が1955年、アルゼンチンで誕生している）が、本名のままブエノスアイレス近郊で生活していたという記述に、ブレンターノは不審を覚えた。フランクフルトの検察庁は、アイヒマンを1956年11月から逮捕命令によって探しており、そのため外務省は1958年、独自にブエノスアイレスの大使館に問い合わせていたため、この３人がどのようにして査証を手に入れたのかという必然的な疑問が生じた。[101]ブレンターノは即座に「大至急」の要請を付し、アイヒマンとその家族についてのこれまでの全

第2部　ドイツ外務省と過去

報告の一覧と検証を大使館に求めた。大使館はさらに、その間にアルゼンチン内務省が開始したアイヒマンの件の調査についても報告しなければならなかった。

　こうして、ペロン独裁時代の最後まで若干の効率をもって機能していた逃亡ナチ加害者のネットワーク機関と中心人物が次第に大臣に明らかになっていった。銀行家兼ドイツ＝アルゼンチンのトンネル会社 CAPRI（フルドナー＆チア・産業企画と実現のためのアルゼンチン会社 Compañia Argentina para Proyectos y Realisaciones Industriales Fuldner y Cia）所有者である元親衛隊員ホルスト・カルロス・フルドナー（Horst Carlos Fuldner）は、アイヒマンを数年間匿い、1959年3月にメルセデス・ベンツでの職を彼に斡旋した。指名手配犯は、そこで逮捕されるまで勤務していた。息子のクラウス（Klaus）とホルスト・アドルフ（Horst Adolf）は、1954年8月20日、ブエノスアイレスのドイツ大使館から旅券を交付された。大臣事務所が問い質したところ、法務部門が事例をわざと軽く見せかけようとした。1956年にアイヒマンの指名手配が発令された時、その2年前に提出された旅券申請書が、「今指名手配されているアイヒマンの滞在地に帰納的推論によって導かれ得る」ことを、大使館は知ることはできなかったという。

　2ヵ月後、パリ在住のジャーナリストが、ユダヤの週刊新聞『アウフバウ』に、アイヒマンの件に関する、在ブエノスアイレス・ドイツ大使館の態度をセンセーショナルに書いた記事を発表したというニュースが合衆国から入った時、大使館は長い自己弁護をしなければならないと悟った。大使館顧問ブリュックマン（Brückmann）は、担当の領事館員にはこの出来事に覚えがないため追跡調査は不可能だと伝えた。また、大使館員ではない一人の例外は別として、大使も含めて、最近に行われたアンケートでは、「アドルフ・アイヒマンとその悪行について、今年5月の出来事以前には、全く何も聞いていなかった」という結果が出た。これが、なぜ大使館が指名手配が発令された後、アイヒマンの2人の息子に旅券を交付したことについて報告しなかったのか、という疑問に対する端的な回答である。

　実際、帝国治安局「ユダヤ課」は戦後の短期間のみ、世間の注目を浴びた。ニュルンベルクの裁判官が――とりわけ元同僚のディーター・ヴィスリセニーによる不利な証言のために――アイヒマンの強制移送の際の役割がつまびらかにされた時である。この後、その名前はまたすぐに忘れ去られた。誰のこと

542

だったのか50年代半ばにまだ覚えていたのは、一握りのユダヤ人生存者だけ
だった。――その中にいたのが、フリッツ・バウアー、ハイファのトゥヴィア・
フリードマン（Tuviah Friedmann）とウィーン在住のサイモン・ヴィーゼンター
ル（Simon Wiesenthal）だった。――彼らはそれぞれ、互いに独立してアイヒマ
ンの行方を探していた。しかし、アイヒマンが誘拐されるまで、彼のユダヤ人
殺戮について認識はなかったという大使館の主張が真実だったとしても、1958
年に本省がブエノスアイレスに転送した、ケルンの憲法擁護庁の指示に従うた
めの実質的な行動は何もしていなかっただろう。1956年以来執務に当たってい
た大使ヴェルナー・ユンカー（Werner Junker）が元ナチス党員であり、外務省南
東欧担当特命全権代表ヘルマン・ノイバッハーの元部下であり、自らもバルカ
ン半島における略奪と搬送の犯罪の共同責任を負っていただけに、主導権が全
くなかったというならば、なおさら注目に値する。これはことによっては、な
ぜフリッツ・バウアーが、1957年9月にケルンのイスラエル代表部に指示を出
して、アイヒマンに対する訴訟を提起したのか、そして外務省に秘密を打ち明
けず、アルゼンチン政府に身体の引き渡し要求をした理由も説明できるかもし
れない。

　旅券事件での大使館の怠惰な態度は、ブレンターノをいぶかしがらせた唯一
の事象ではなかった。アルゼンチンに逃亡した他のナチス犯罪容疑者たちの取
り扱いも、彼には納得できなかった。彼の指令の数日後、やはり逃亡中であっ
た「ユダヤ課」のラーデマッハーのドイツ局の元部下であるカール・クリンゲ
ンフスという者が、長期間にわたりブエノスアイレスに滞在していると、フラ
ンクフルター・アルゲマイネ紙に報道された。記事はバンベルク検察庁（ドイ
ツのバイエルン州）の報告に基づいていた。同庁は50年代初めからラーデマッ
ハーとクリンゲンフスを担当しており、記者会見で手続きの状況を発表してい
た。

　既に長い間、連邦法務省を介してラーデマッハーに関する書類の閲覧許可を
虚しく試みていたブレンターノは、法部門に、バンベルクの法務機関を偵察し、
在ブエノスアイレス大使館に報告を要請するよう指示した。翌日、すぐに大使
館からの返事が届いた。ただし、ユンカーは大臣の質問に答える必要はないと
判断しており、それどころか、そっけない調子で、できるだけ速くバンベルク
の記者会見の記録を送るよう要求した。大使館の悩みは、ドイツ・アルゼンチ

第2部　ドイツ外務省と過去

ン商工会議所の法律顧問として、その間に「重要な地位」にいる元同僚カール・クリンゲンフスに向けられていた。アルゼンチン政府が、ボンの身柄引き渡し要求に応じることを拒否したというニュースを、ユンカーは「偏向報道だ」と批判した⁽¹¹⁰⁾。

　もちろん、連邦政府が1952年秋、引き渡し要求を実際にペロン政府に提出し、それが数ヵ月後に拒否されたことは、今日では疑いのない事実である⁽¹¹¹⁾。少なくとも1万人のベルギー系ユダヤ人を移送するための、「書類による指令」によって、「監禁」（原文のまま）の罪に問うという、クリンゲンフスに対する申し立ては、アルゼンチン政府の見解では「処罰の対象にならない」のであった⁽¹¹²⁾。ユンカー大使は1956年8月に南米に赴任すると、すぐに、クリンゲンフスと、既存の逮捕命令には応じないことでアルゼンチン政府と合意した。最終的には、合衆国主任検察官代理ロベルト・ケンプナーさえも、クリンゲンフスに対して副次的な役割を果たしていたことを、外務省宛の長い手紙で証明した。──しかし、ヴァンゼー会議に続く会議で外務省を代表したのがクリンゲンフスであったことは言及されなかった⁽¹¹³⁾。──「もっと高い地位の数人の人物……がずっと大きな責任をその良心と人類に対して負っているのに、今日再びドイツ外務省に勤務しているにもかかわらず」クリンゲンフスに対して捜査が行われていることは理解できない、とケンプナーは書いている⁽¹¹⁴⁾。

　1958年、ユンカーは、バイエルン州の司法機関にその無実を証明できるように、クリンゲンフスに安全通行権を与えることを本省に提案した⁽¹¹⁵⁾。外務省での元同僚で、連邦首相官房次官フリードリッヒ・ヤンツにも、ユンカーはこの計画を打ち明けた。2ヵ月後、ヤンツは、南米旅行中に、クリンゲンフスはアルゼンチンで有益な役割を果たしており、特に「亡命者たち」から非常に評価されているとブエノスアイレスのドイツ大使から教えられたことを、外務省に報告した。これが裁判に持ち込まれるようなことになったら、ドイツとアルゼンチンの関係の中で「苦労してやってきた細かい仕事」が無駄になってしまう、と⁽¹¹⁶⁾。

　1960年10月には、連邦首相官房から来たヤンツが事務局長となり指揮を引き継いだ。大使館と法務部門は、西ドイツ司法機関の元同僚を名誉回復に結びつけることなく他の部署に引き渡すことは間違っていると、既に合意していたが、大臣はまだ暗闇の中を手探りしていた。6月21日、アイヒマン裁判と逃亡中のナチ犯罪者たちについての国会での質疑応答の直前、ヤンツは、この文脈

544

の中で、「クリンゲンフスの件の入念な解明」が必要であると警告した。バンベルク検察庁に書類の提出を要求し、他に、アルゼンチンが拒否したという送還申請があったかどうか検証をするべきである、と。「クリンゲンフス博士がドイツ・アルゼンチン商工会議所の法律顧問として重要な地位に就いているからこそ、私たちは状況を解明するためにあらゆる方策をとらねばならない。根拠ある嫌疑が彼に対して申し立てられたなら、彼はこの地位を全く続行できなくなる。引き渡し要求が拒否された時、この状況に言及することが、なぜ、大使曰く『今の時点で偏向的だと言わざるをえない』のか、私にはわからない」。ブレンターノは、この件の遅れがちな対応を批判し、最後に、大使館は証明書に関する疑問について釈明するというべきだと要請した。クリンゲンフスが指名手配リストに載っているならば、ドイツ旅券をいまだに所持できているはずがない、と。[117]

　翌日の連邦議会で、法務大臣シェーファーがアイヒマン、クリンゲンフス、ラーデマッハーの逃亡ケースの釈明をした時、外務大臣は、自分の見解のせいで、比較的孤立しているのは外務省の中だけではないことに気づいた。アイヒマンの逮捕前に、彼の滞在先についてどのようなことがわかっていたのかというSPD議員カール・モマー（Karl Mommer）の質問に、シェーファーは証明可能な、間違った情報を与えた。「近東」の可能な滞在先についての噂があっただけで、そのためにそこで無駄な調査もした、と。SPD法律専門家のワルター・メンツェルは、クリンゲンフスの引き渡しについて、しかるべき強権を発動することを連邦政府は明らかに怠った、と非難した。シェーファーは即座に、連邦は最終的にバイエルン州の司法機関に対し「指示権がない」と返答した。ちなみに、バイエルンの司法関係者たちはラーデマッハー訴訟とは別に、クリンゲンフスに対する処置を取ることに「重大な手続き的な懸念」を持っていた。[118]確かに、シェーファーは、バイエルン州法務省と新しい引き渡し申請について相談することを約束した。しかし、アルゼンチン政府が数週間前に初めて、メンゲレの件での譲歩をほのめかしたにもかかわらず、クリンゲンフスに対するさらなる捜査は何も行われなかった。[119]

　ドイツから南米にかけての逃亡援助ネットワークを大まかに把握して以来、ブレンターノにとって、ブエノスアイレスのドイツ大使館の清廉潔白に対する疑念が晴れることはなかった。アイヒマンの裁判が開始される約3ヵ月半前、緊

張はその頂点を極めたと言われる。きっかけとなったのは、ドイツ・オランダのジャーナリストであるヴィレム・ザッセン（Willem Sassen）についての、ユンカーの比較的長い報告だった。この元親衛隊少尉は、ペロンの友人フルドナーの身辺で生計を立てていた「旧友」グループに属していた。彼の長年の友であるアイヒマンのように、ザッセンも50年代半ば以降、ナチの仲間との結びつきが弱くなり、新しい生計手段を探すことに悩んでいた。1956年、この状況の中で、彼は、アイヒマンへのロング・インタビューを思いついた。インタビューの中でアイヒマンは、ニュルンベルクで申し立てられていた罪状を正当化しようと試みた。それによってザッセンが実際に、モサド（イスラエル諜報特務庁）をアイヒマンの足跡に導いたのかどうかは、今ではもう解明できない。はっきりしているのは、アイヒマン誘拐後、タイム・ライフ誌とハンブルクのシュテルン誌との間で、この原稿の抜粋を発表するために集中的な交渉が行われたことである。かつてザッセン同様、親衛隊戦局報道官として東方前線に配属された、シュテルン誌編集長アンリ・ナネン（Henri Nannen）は、彼の知人を南米特派員として雇用し、やはりアイヒマン報道のために、この材料に触手を延ばした。[120]

11月29日、ユンカーは、仕事熱心なザッセンについて耳にしたことすべてを潤色し、微に入り細に入り外務省に報告した。[121]手紙の調子と内容からは、ユンカーがザッセンの生活状況について実に詳しく知っているということと、彼に全く共感しているという結論以外は、何も引き出させなかった。ここでブレンターノの堪忍袋の緒が切れた。ときどき、「いくつかの我々の代表団が、国家社会主義のそのような遺物たちについて充分な報告をせず、誤解を受けないやり方で彼らから距離を取るための、あらゆる対策を講じていない、という印象」をぬぐい去ることができない、と彼はヤンツに書いている。[122]

古参の、および新参の国家社会主義者たちに対する、境界の設定の問題は、むしろ長い返還プロセスがもたらす症候として見られるようになった。それに対して、権利保護の問題は、アイヒマン裁判の前哨戦で、外務省が明確にすべき核心的問題となっていた。被告に対する援助だと解釈され得ることはすべて、連邦政府は回避しなければならなかった。しかし、一ドイツ市民のための権利保護を拒否することは、憲法の原則に反するだけでなく、外国で告訴された戦争犯罪者を政治的、法律的のみならず、経済的にも援助するという実践にも矛

盾することになる。50 年代終わりに、新しいナチ訴訟手続きが導入され、ルードヴィヒスブルクのナチ犯罪解明のための中央局が仕事を初めて以来、国の権利保護システムへの批判は単発的にあった。外務大臣と外務省にある中央法務局は、被告人の保護を効果的な刑事訴追のために放棄するという、基本的な優位の改正の阻止に成功していた。そのため、ブレンターノは例えば、1958 年 10 月、連邦法務大臣とバイエルン州法務省の要請に応じ、刑事追訴官庁に、中央法務局の書類の閲覧を認めることを拒否した。なぜなら彼は、それによって被告の権利に穴が空くという意見だったからだ。[123]

　国が権利保護に対してどの程度配慮していたのかは、マックス・メルテンについてのドイツとギリシャの交渉で明らかになる。この元エーゲ海サロニキ軍政部の顧問官は、1959 年 3 月、アテネで懲役 25 年の判決を受けた。しかし外務省はカラマンリス（Karamanlis）政府に対し、判決公示の前に、経済的制裁の形で脅しをかけ、その結果メルテンは 11 月の「夜と霧作戦」によって連邦共和国に移送され、保釈金と引き換えに即座に釈放された。それから数ヵ月の間に、メルテンは、首相官房長グロブケにギリシャのユダヤ人殺戮の責任を負わせることによって、アイヒマンの訴訟手続きを自分の目的のために利用しようと画策した。[124] 彼の弁護士、グスタフ・ハイネマンとディーター・ポサー（Diether Posser）だけでなく、シュピーゲル誌も、彼を「反動主義者による陰謀の犠牲者」と表現した。[125]

　いわゆる戦争犯罪問題における連邦政府の対応は、大いなる矛盾によって特徴付けられる。一方では、お尋ね者のナチ加害者を捕らえるために骨身を惜しまぬ努力をした。しかしもう一方では、彼らが法の網の目をかい潜るのを積極的に援助していた。ここでも、ギリシャの例が特徴的である。ボッフムの「ギリシャ戦争犯罪処理中央局」設立の約 2 年後、在アテネドイツ大使館は、アイヒマンの協力者であったアロイス・ブルンナーの名前を ―― 彼はちなみにオーストリア人であったが ―― ギリシャの指名手配者リストから抹消することに尽力した。

　外務省が、ベン・グリオンの議会表明の直後、アイヒマンに権利保護を与えないと発表した時、いずれにせよ問題が生じることはないと見られていた。なぜなら、アイヒマンにはイスラエルの刑事訴訟法により国選弁護人を選任する権利があり、さらに、彼は早期にオーストリアに移住しているため、いまだド

イツ国籍を所持しているかどうかが、疑わしかったからである。この2つの仮定は、典型的な希望的観測から出たものだった。ゾーリンゲン出身のアイヒマンが、ドイツ国籍を保持していたことばかりではなく、イスラエルの弁護士は誰も、被告人の依頼を引き受ける準備がないこともすぐに判明した。そのため6月末、法律部門は、中央法務局がアイヒマンの弁護士を選定する義務があると決めた。彼が問われている犯罪の重大さのために、この権利が「失権」することはなかった。報道陣がこの決定を、場合によっては「親ナチ的」だと誤解するのではないかという危惧は、法律上の観点からは重要ではなかった。結局ニュルンベルクでも、「いわゆる戦争犯罪人」に弁護士を付ける権利を否定しないという規則に従って審理が進められた。シェルペンベルク次官はこの提案に賛成したが、ブレンターノは休暇から戻るまで、この事例に手をつけずにいた。

その間にアイヒマンは、リンツ在住の弁護士であった弟に適当な弁護人を探させ、弟のケルンでの同僚であるロベルト・ゼルヴァティウス（Robert Servatius）を見つけた。ゼルヴァティウスはニュルンベルクで、フリッツ・ザウケル、カール・ブラント（Karl Brandt）、パウル・プライガー（Paul Pleiger）（ケース 11）およびナチ党の政治的指導者集団の弁護人として、裁判官と原告に好印象を与えた。1960年11月、ザッセンの原稿をもとにした出版物が、アイヒマンの偏執的ともいえるユダヤ人嫌いの正体を暴くと、ゼルヴァティウスとアイヒマン一家との間に親密な、端的に言うと友情関係が芽生えた。彼らはクリスマスの挨拶を交わし、ザッセンは被告人を利用して金儲けをしようとしていると非難し、一緒になって立腹した。しかし、ザッセンの金儲けを阻止する、または少なくとも報酬の一部をアイヒマンの家族のために確保しようとする弁護士の努力は無駄に終わり、ゼルヴァティウスは、これまで以上に外務省の経済援助に頼った。1960年11月、そして1961年1月に改めて彼は、中央法務局に公式に、アイヒマンの弁護費用をすべて負担するよう要請した。

コブレンツ通りの状況ははっきりしなかった。夏期休暇後も、ブレンターノはなかなか決心できなかった——彼は、アイヒマンが最後の最後に、オーストリア人だと判明することを望んでいた。イスラエルはなおも、国選弁護人の件で自らの立場を表明しなかった。イスラエル代表団全権フェリックス・シナー（Felix Shinnar）との会談で、中央法務局はエルサレムに費用を負担させようと試みた。これを勧めるのは、さもなければ東側が密かに弁護費用を払って裁判に

影響を与えようとするかもしれないためだ、という理由を挙げた。このような
シナリオにはまず根拠がないとしても、アイヒマン家の財政が破綻すればすぐ
に、危惧は極めて現実的になる。シナーとの話し合いが実質的な進展をもたら
さずに終わると、同日に中央法務局は大臣決定が得られるよう試みた。その時
改めて、アイヒマンの権利保護義務について、その間にやはり政治的に根拠付
けるようになった次官を頼ることができた。大臣への手書きの覚書には、「東側
がE〔訳注：アイヒマン〕の弁護費を払うことは、どうしても防がなければなら
ない」、「最悪の場合には」そのために中央法務局の介入を考慮に入れるべきだ、
とあった。そのためブレンターノは、連邦共和国による費用負担は不可能だと
悟った。

　それまで大ざっぱな権利保護の実践に矛盾のうちに加担してきた後、外務大
臣は、アイヒマン裁判によって、考えを根本から改めることを余儀なくされる
ことに至った。ただし、中央法務局の仕事は「国家社会主義時代の犯罪または
国家社会主義的犯罪」を擁護することではなく、むしろ、「戦時国際法の特殊性
に対して生じた、法治国家の空所を埋めるために」存在する、という彼の論拠
には説得力が欠けていた。しかし、これまでの実践においては権利保護は、ま
さにそのために、多数のナチ加害者にとって有利に働いた。なぜなら彼らが一
括して、戦勝国が「政治的」理由で裁判にかけた「捕虜」とみなされたからだ。
ゼルヴァティウスは、1961年1月に提出した訴状で、外務省に対してこの矛
盾を突き、フランスで有罪判決を受けた親衛隊および警察高級指導者のカール
＝アルプレヒト・オーベルク（Carl-Albrecht Oberg）とヘルムート・クノッヘン
（Helmut Knochen）の件を引き合いに出し、彼の訴訟依頼人の均等待遇を主張し
たが、成果は得られなかった。外務省によると、アイヒマンの件は、その2人
の親衛隊情報部員たちとは比較できないということだった。2人は移送の共犯
で告訴され、判決を受けた。しかし、連邦共和国は彼らの権利保護を拒否でき
なかった。なぜなら、公判ではフランスの抵抗運動に対する処置も重要だった
ため、戦争体験との関連が生じたからである。

　費用負担の問題では、最終的にベン・グリオン政府が逡巡の末、外国人弁護
士の参加について、対応する法律を改訂することによって可能にし、ゼルヴァ
ティウスの費用を負担することで、ドイツを窮地から救った。ただし、これに
よって、共産主義プロパガンダの帆を押す風を留めることはできなかった。特

第2部　ドイツ外務省と過去

に、「ボン・テルアビブ基軸」の存在を念頭に置く東ドイツでは、アイヒマン裁判を、アラブ国家を弱体化させるための帝国主義的陰謀と評していた。

　先鋭化するベルリン危機と長引く経済的困難を背景として、ドイツ社会主義統一党指導部は、裁判をアデナウアー政府に対する一大プロパガンダ攻撃に利用したかった。改めて主要な攻撃対象となったのは、次官ハンス・グロプケであり、その他外交官たちも、自分たちに関する新しい暴露活動を甘んじて受けなければならなかった。そして東ベルリンの外務省は、一審判決の数ヵ月前、「リッベントロープからアデナウアーへ」というタイトルの、費用をかけて作成されたパンフレットを発行した。その中で、──1950年に東ベルリンに移住した、ガンス・エドラー・ヘア・ツー・プトゥリッツを起用し──ヴィルヘルム通りの「抵抗の伝説」に決着が付けられたと主張した。外務省と国家治安本部は、ユダヤ人殲滅に関して、「心と魂」であった──外務省はただ、「ファシスト的絶滅政策」を充分な速さで行わなかっただけだった、と。

　アイヒマン裁判が、省全体にとっての大きな潜在的危険を孕んでいることは、外務省の責任者たちにはとっくにわかっていた。なぜなら、このような種類の裁判では、弁護活動によって、命令を遂行しなければならなかった状況の論拠が持ち出されるとともに、官僚エリートの共犯について一般的な議論が始まることが、絶対に避けられないからだ。外務省は既に、被告席に同席しなければならない危険に脅かされていた。なぜなら、訴状の多くはヴィルヘルム通りの文書に基づいているからだ。それらは、1945年にアメリカ軍が押収し、合衆国でフィルム撮影され、後に連邦共和国に返還されたものだった。これらと他の連合国軍が所有する文書のコピーは、1956年以来、体系的にヤド・ヴァシェムの公文書保存所で収集され、集計されている。

　エルサレムの訴訟手続きがどれだけ遠くまで効果を及ぼしたかを、公判開始の数ヵ月前、エッセンの弁護士であるエルンスト・アッヘンバッハは感じていた。1960年11月、写真雑誌レビューは「獣は黙らない」のタイトルで、ニュルンベルクの証拠書類の抜粋を公開した。同誌は、アッヘンバッハが本省に、贖罪措置としてのユダヤ人2,000人の搬送を通告した、1943年2月の電報を引用した。少し後に、ネヘミア・ロビンソン（Nehemiah Robinson）編集によるパンフレット「人間性に対する犯罪のために告発され、または疑われる人物の予備リスト」の、アッヘンバッハの項には次のような記載がある。「在パリ・ドイツ

550

大使館、ユダヤ人迫害、未逮捕」。このFDP政治家は世界ユダヤ会議と事を構えたくなかったが、レビュー誌の編集者に対して、刑法的手段を取った。この時彼は、1955年にソヴィエトの捕虜から帰還して以来、改めて外務省の政治文書保管所を指揮していたヨハネス・ウルリッヒとの良い関係を利用した。1959年4月、アッヘンバッハの訴訟依頼人ホルスト・ワグナーの代理で、外務省政治的文書保管所の所蔵物を閲覧しようとする試みはいまだ失敗していたが、半年後に、── 例えばルードヴィッヒブルクの調査員とは異なり ── 立ち入り制限を全く受けなくなった。以後、彼はこれらの資料の助けを借りて、もはや不愉快な批評家に煩わされなくなったばかりか、明らかに訴訟依頼人のためにもこれを利用した。[144]

　既に早期に、イスラエルは、コピーで提供された証拠書類を、外務省の保存所職員の手で認証してほしいという希望を述べていた。裁判開始の数ヵ月前、ゼルヴァティウス弁護士も、ボンで政治文書保管所の蔵品を閲覧できるかどうかを問い合わせていた。彼は数ヵ月前、アイヒマンの弟ロベルトとともに、ギリシャから退去させられ、その間にベルリンで弁護士として開業した、元軍政部顧問官マックス・メルテンと一緒だった。[145] しかし、政治書類保管所への立ち入りをどのように規制すればよかったのだろうか？　1960年7月、中央法務局（ZRS）局長ハンス・ゴウリクは、即刻在庫の確認と整備を開始することを提案した。なぜなら、アイヒマン裁判の過程で、「かつての外務省への最も深刻な種類の攻撃」が見込まれるからだった。[146] もっとも、数ヵ月後、在ニューヨーク総領事館が、ブナイ・ブリス議長ベンヤミン・エプシュタイン（Benjamin Epstein）の提案を取り上げ、ナチ刑事追訴の「白書」を発表することを提起した時にはまだ、特に何も起こっていなかった。ゴウリクは、解明書を作成するという提案を歓迎した。これによって、「アイヒマンの罪状となっている行為が、a.少数の人物たちによって実行されたこと、b.強い秘密保護に取り囲まれていて、直接関与しなかった人物には、知り得ない」ことを、強調することができる。[147] 予測がつかないながらも、外務省を「最終解決犯罪」の非難から解放することを目的としたこの計画には、省内で最初は大きな賛同を得られなかった。

　少し後に、イスラエルが死刑判決を見合わせ、その代わりにアイヒマンをポーランドに引き渡す、という噂が強まると初めて、遂に動きが出始めた。ゴウリクの警告は正しかった。文書保管所は、いまや「可能な限りの加速度で」、

国家治安本部と外務省との間の書類のやりとりを調査した。連邦首相府の提案により、次官の調整委員会、いわゆる「木曜会」がゴウリク議長の下で防御の仕事をまとめる省庁間の小委員会を設立した。参加したのは、内務省、法務省、防衛省の他に、連邦首相官房、連邦新聞情報庁、連邦憲法擁護庁、連邦情報局だった。[149] しかし、予定されていた解明のためのパンフレットの発行は実現しなかった。中央法務局の女性職員は、書類の確認の時にある文書を手にした。それには、「ユダヤ人の『ファシズムの絶滅収容所』への移送」について書かれていた。保存所の指導部が後に訂正するのだが、それは内地Ⅱ課からの電報ではなく、新ドイツ新聞のプロパガンダ記事だった。女性職員は虚脱状態に陥り、既に休職していた。[150]

連邦政府の広報活動は、全面的に、連邦共和国で再び目を醒したユダヤ人の生活を、東欧ブロックの反シオニズムと対比させることに限定した。[151] 同時に改めて、外務省の野党を、はっきりと注目の的に据えるようにした。この目的のためにシェルペンベルク次官は1961年初め、「1944年7月20日の事件との関連で犠牲になった」外務省職員の短い伝記を作成するよう、歴史課に要請した。[152] その上に、内地Ⅱ課の資料は、さしあたり完全に封印するという考えがあった。[153] また、イスラエルに対しては、より頑強な措置を採った。継続中の手続きを見て、外務大臣ブレンターノは、既に承認された8500万マルクの貸付貸与を、「アイヒマン裁判の終了まで停止する」ことを、即座に決定した。[154]

第5節 「スキャンダルが次々と生ずる」

1959年から60年にかけて起きた反ユダヤ主義的事件以来、ドイツ連邦共和国では、民主主義と歴史認識の関係について活発な論争が展開した。主要な論点は、過去を想起することで西ドイツの民主主義が安定するかそれとも弱化するかという、もともとは連合国から投げかけられた問いだった。ドイツ人は長期的に、特に自分自身と和解しなければならないという意見を持った政治家に、1961年11月、ブレンターノの後継者となったゲルハルト・シュレーダー（Gerhard Schröder）がいた。1960年2月、反ユダヤ的落書きの流行の原因について、外務省の「白書」を紹介した時、当時はまだ内務大臣の職務に就いていたシュレーダーが、ドイツの責任に対する公然たる沈黙と民主主義システムの安

定性を、直接関連付けた。その時、反ユダヤ主義的傾向が増強する原因は、「普遍的なドイツの歴史像」および「一般的な教育的模範」が欠けていることにある、と述べた。破綻から15年が経ち、「ようやく自らの過去と調和のとれた関係」を見出す時が来た。[155]

シュレーダーの歴史教育的攻勢には、国家賠償の成果や集中的な刑事追訴にもかかわらず、ドイツの責任問題がいまだ世間を根強く支配していることに対する、ある種の焦りが表れている。こうした背景の中で数年後、彼は個人的に、歴史学的論争に介入した。そこでは、ドイツの歴史的責任についての問題が主題となり、これまでにない厳しさで扱われていた。テーマは、1914年の戦争責任問題だった。この議論の発端は、1961年に「世界強国への道」というタイトルで出版された、ハンブルクの歴史学者フリッツ・フィッシャー（Fritz Fischer）の論文だった。その内容は、第一次世界大戦中のドイツ帝国の戦争政策、特に、1914年7月と8月の外交的活動を扱っている。フィッシャーは、「ドイツには、戦争勃発に対する重大な歴史的責任がある」という結論に至っている。[156]

フィッシャー論争は、考え得る限り最悪のタイミングで外務省を襲った。1961年4月から1962年5月にかけて、エルサレムではアイヒマン裁判が行われ、1963年4月、長期の捜査の末、第1アウシュヴィッツ裁判の起訴状が提出された。それに加えて、ベルリンの壁が建設され、キューバ危機が発生していた。神経が擦り減る時期だった。

外務省が巻き込まれることになったのは、1961年12月、ケルンの歴史学者テオドール・シーダーが、政治文書保管所所長のヨハネス・ウルリッヒに電話をかけた時だった。シーダーはフィッシャーの著書を「国家的大災害」と名付けた。[157]同僚たちがこれほど猛烈に反応しなければ、フィッシャーの反抗的な研究は、場合によっては学究的な問題に留まったかもしれない。2年後、フィッシャーは証拠を示すべきだ、とさらに憤ったフライブルクの歴史学者ゲルハルト・リッターはシュレーダーへの手紙に次のように書いた。「帝国時代のドイツの外交は、アドルフ・ヒトラーの政治の前段階にすぎなかった」。そんなリッターの考えは、「告発の過激さにおいて、ヴェルサイユ条約上の戦争責任を著しく上回る」[158]とみなされた。外務大臣に向かってフィッシャーの論文をそのような文脈にずらし込むことで、リッターは、テーマを感情的なものであるとし、反フィッシャー・キャンペーンのために外務省一流の防衛反応を呼び起こすこ

第 2 部　ドイツ外務省と過去

とに成功した。この件に特にはっきりとした関心を示したのは、カール・カル
ステンス次官だった。彼は 1962 年 9 月、その間に政治文書保管所から依頼され
たフィッシャーの著作の鑑定書を、休暇中にジルト島に送らせていた。その後、
彼は所長会談において、「H・フィッシャーの根拠のないテーゼ」について重ね
て言及している。

　1963 年 12 月、外務省文化部門は、フライブルクの政治学者アーノルド・ベル
クシュトレッサー（Arnold Bergsträsser）の電話で、在ワシントン・ドイツ大使館が、
フィッシャーをアメリカ合衆国での講演旅行に招待したことを知った。この旅
行は「ゲーテ・インスティテュート」を通して外務省の資金でまかなわれてい
た。そのため部長代理カール・クノ・オーヴァーベック（Karl Kuno Overbeck）は、
フィッシャーが「第一次世界大戦にドイツだけが責任があるということを証明
しようとする」論文を発表したことを大使館に伝え、なぜ招待することになっ
たのかを問い合わせた。直後、ゲルハルト・リッターは、シュレーダー外務大
臣に、旅行について報告をした。リッターはフィッシャーが「全く未熟なテー
ゼを、いまや外務省の間接的な依頼で」紹介できることに驚き、アメリカの聴
衆には「当然、彼のテーゼの信頼性を判断できるはずがない」と訴えた。リッ
ターは、フィッシャーをドイツ歴史学を代表する者ではないとして、「政治的大
事件」を予告し、旅行中止を勧告した。ワシントンの大使館は動じず、本省に
国際電信で伝えた。「フィッシャー教授はドイツの大学の正教授であり、自身の
意見を代表し、英語力も卓越しており、アメリカで歴史学者として名が知られ
ている。これらは、学者をアメリカの大学で登壇させる場合の、3 つの重要な
前提条件である」と。

　ここで世界が互いに向き合うことになった。フィッシャーの招待は、在ワシン
トン大使館の文化担当官ハンス＝エリッヒ・ハーク（Hanns-Erich Haack）の主導
によるものだったことがわかった。彼は歴史専門文献をこの上なく熟知してお
り、フィッシャーの見方は、内容的に合衆国にはそれほど多くの新しいことを
もたらさないと述べた。ちなみに、文化部門が主張したように、フィッシャー
が、ドイツが全責任を負うというテーゼを代表する、というのは間違っている。
ハークは既に一度、異論を唱えて注目を引いた。1955 年、トロントでの国民哀
悼の日の演説で、彼は領事として、ドイツ人定住民の怒りを買った。彼らはす
ぐにゴットフリード・レオンハルト（Gottfried Leonhard）議員（CDU）を通じて

外務省に苦情を申し入れた。ハークは、国家社会主義者たちの英雄哀悼日と明確に区別し、英雄的精神そのものに疑問を投げかけ、哀悼の意を市民、特にナチの暴力支配の犠牲者たちに向けたのだった。彼は演説で、「特に先の戦争の犯罪性を」早期に察知したはずの者たちを、特別に言及した。ハークがトロント演説の責任を取らないならば、自分勝手なハークを、「より厳しい業務監視下に置く」ことを、この時、カルステンスはカップシュタイン大使に要請した。[166]

この時点で、ボンでは既に、フィッシャーの旅行の資金援助をしないという決定が下されていた。シュレーダー大臣は、「自由な論争への介入に対するすべての反感」に備えて、フィッシャーの旅行が援助にふさわしいかもう一度熟考するべきだ、とリッターの手紙の欄外に指示を書き込んだ。[167]ロルフ・ラール次官は援助を取りやめることに賛成し、カルステンス次官は、ワシントンでのハークの主導を「事実関係から見ても、手続的にも間違い」であると評した。[168]ちなみに文化部門の担当官たちは上司に、リッターの干渉のどこがきわどいのかを指摘していた。リッターにとっては、フィッシャーの第一次世界大戦についての考え方だけが問題なのではなかった。明らかに、既に宗教改革研究の分野で彼を悩ませた学術的ライバルを排除しようとしたのである。[169]しかし首脳部は、リッターの論拠をとっくに共有しており、ゲーテ・インスティテュートの本部に、フィッシャーの旅行を、資金不足のために取り止めることを指示した——これは、あまりにも信頼の置けない理由付けである。

4週間後最初の警告的なニュースが合衆国からコブレンツ通りに届いた。在ニューヨーク総領事ゲオルク・フェデラーは、学術界での「大きな不協和音」と「たいへんな悪印象」を確認した。コロンビア大学の歴史学者フリッツ・シュテルン（Fritz Stern）は既に、「ドイツの官庁」が講演旅行中止に関与し、場合によっては一種の検閲をした、と推測した。[170]他の総領事館でも似たような反応の情報を受け取ったクナップシュタイン大使は、文化部門に警告した。「ここアメリカでは、我々の精神的、政治的立場に甚大な損傷を与える可能性のあるスキャンダルが発生している」と。1960年まで自ら文化部門を指揮したクナップシュタインは、外務省の文化政策と基本的に対立はしていなかった。それでも彼は、ニューヨークのゲーテ・インスティテュートのロルフ・ホッホフス（Rolf Hochhuth）との議論を阻止し、この作家のために、その代わりに「『沈黙の』カクテルパーティー」を開催した。この時、彼は結果を予期していた。報道陣が

第2部　ドイツ外務省と過去

この出来事によって追い風を得たら、重大なスキャンダルに襲われる。しかしフィッシャーの旅行はそれでも「今だからこそ」、アメリカの資金で実現されなければならない。「そして我々はその時、非常に落胆した顔をしてみせ、我々に対してどのみち好意的でない、またはいまだにかなり疑い深い者たちの新しいキャンペーンを、甘んじて受けなければならない。この出来事は私にとって悲しいことだ。なぜなら、『取り引き』が台なしになるからだ[171]」と。

　ハンドルの向きを急に変える代わりに、在ニューヨーク領事が提案したように、ラール次官は外国でのネガティブな反応を「阻止」するべく、フィッシャーの「忠誠心ある協力」を得るために、オーヴァーベック文化部門部長代理をハンブルクに派遣した。しかし、彼が驚いたことに、フィッシャーには、外務省の損害を限られたものにすることに協力し、外務省の撤退について「理解し、同意する」として、連絡相手に伝える気持ちは毛頭なかった[172]。

　この事件は自ずと進行した。外務省には、アメリカのドイツ史学者から抗議の手紙が届いた――彼らこそが、領事館が好感を得ようと躍起になっていた、情報を広げてくれる人々だったのだが[173]。それでもフィッシャーは1964年春、――アメリカの大学の招待で――合衆国に旅立った。領事館は、フィッシャーの講演について批判的な問い合わせを受けたことを報告できたが、フィッシャーは何よりもまず、「学術の自由の一種の殉教者」として迎えられた。そして「最後に、自発的で熱烈な拍手が、少なくともやはり完全に、自国の政府の承認なしで演壇に立ち、歴史的テーゼを情熱的に、しかしそれほどには説得力のない講演を披露した学者に対して贈られた[174]」。このような大意が旅行中の報道について回った。ツァイト紙は、講演に対して12人のアメリカの歴史学者の抗議文を発表した。その中には、フリッツ・シュテルン、ゴードン・クレイグ（Gordon Craig）、クラウス・エプシュタイン（Klaus Epstein）、オットー・プフランツェ（Otto Pflanze）、ハンス・ローゼンベルク（Hans Rosenberg）がいた[175]。そしてゲルハルド・リッターは最終的に、彼が予言した「政治的大災害」に直面した。

　とりわけ外務省の干渉のせいで、フィッシャー論争は、連邦共和国の歴史記述において影響を与える大きな出来事になった。フィッシャーを援助することによって、アメリカの歴史学者たちは必ずしも、彼のテーゼへの無制限の同意を表明しようとしたわけではなかった。彼らの抗議は第1に、彼らの仲間が、まだ自由主義を名乗ったばかりの新しい国家によって、横暴な操作を受けてい

556

ることに対して向けられていた。しかも、その政治エリートが、明らかに独立した、政治的国家的関心から切り離された歴史記述が、自由主義的な基礎秩序の本質的な条件に属することを理解しないか、または理解しようとしないことだった。

歴史研究と「国家理性」を結びつけようと骨身を削ったのは、もちろん、外務省だけではなかった。他の連邦省庁でも、歴史政策は、正統な活動領域であり、つまり連邦共和国の「意義付け」は学術とジャーナリズムだけに、ましてやドイツ民主共和国に任せられるものではなかった。例えば連邦新聞情報庁は、皇帝ヴィルヘルム2世についてのイギリスの出版物を注視していた。内務省は、1914年の開戦50周年に当たり、「防御対策」を練っていた。「世界共産主義が……記念日を、連邦共和国に対するより一層の非難のためのプロパガンダに利用することに対して」備えるためだった。[176]

フィッシャー論争は、外務省自身にも痕跡を残した。情報通のSPD会派の文化政策・広報担当官ゲオルグ・カーン゠アッカーマン（Georg Kahn-Ackermann）は連邦議会の質疑応答で、カルステンス次官を徹底的に攻撃した。カルステンスは、フィッシャーの見解と旅行援助拒否の間の関係性を否定する以外の術を持たなかった。[177]カルステンスとラール両次官の決定は、ディーター・ザットラー（Dieter Sattler）率いる文化部門内部にはね返った。ザットラーはラールの素人めいたリスクマネージメントから距離を置こうと腐心した。新外務省の中で、いずれにせよ継子扱いされていた部門にとって、この事件は過酷な仕打ちとなった。

第7章　新外交

　第二次世界大戦の終結後、国際外交においては、世界中で、以前とは別の条件が有効になった。国際的システムは根本的に変化した。19世紀後半以来、国家体系を特徴付けていた自律的・民族的権威国家の時代は、完全に過ぎ去った。東西紛争の兆候の中で、アメリカとソヴィエトの二重覇権の下での、両陣営の対決が、国際政治を決定付けた。西側世界の諸国は、すさまじい勢いで成長する協力関係と、とりわけ新しい技術革新と、そしてますますグローバルに展開する経済によって促進される国家間の結びつきという時代を迎えた。合意と協力が、さらなる新しい領域で必要となった。東西の核兵器による脅威に際し、政治的な取り引きはいまや、軍事紛争を回避するために方向付けられなければならなかった。戦争はもはや、外交政策の最後の手段ではなくなった。

　この変化は、外交の課題領域の変遷、あるいは拡大を意味した。かつて国家間関係を育むための手段と理解されてきた外交は、自国の利害を外国で代表し、滞在国での重要な出来事についての情報を自国政府に伝えるという課題を持つようになった。1945年以来、情報入手や連絡維持、社交上の体面の維持、二国間交渉の他に、全く新たな業務が、特に多国間レベルで生じた。外交はいまや、より頻繁に公衆の面前でスポットライトを当てられ、メディアが突き出すマイクを前に行われるようになった。外交のやり取りのさらなる透明性が要請されるのは、新しいことではなかった。既に、第一次世界大戦の勃発について、同時代人たちは外交の失敗と解釈していた。そのため、公に制御され、平和的な紛争調停を導き出す「新しい外交」を要請する機運が高まった。この始動の試みが、1920年の国際連盟の結成だった。しかし、外交の刷新は、第二次世界大戦終結の時、それに伴う国際的な国家体系の徹底的な変化によって、初めて敢行されることができた[1]。

　全世界の外交業務が、この変遷の過程による要請に応じなければならなかった。新生連邦共和国には、2つの特別な障害がさらに加わった。ナチの過去とドイツの分断である。両要素が、西ドイツ外交の仕事を実質的に決定付けた。

とりわけ連邦共和国の初期には、まずほとんど孤立したといってよいこの国を西側の共同体に統合することが、外務省の業務の優先課題だった。その時、欧州の統合プロセスを継続的な警告によって脅かすことなく、相手国に繰り返し、彼らにとって不愉快なドイツ分断の問題を想起することは、難しい行為だとわかった。

　1951年以降、西ドイツで発展した外交業務は、初めから民主主義のシステムと強く結びついていた。これは新旧の外務省に継続的に勤務する人材が多かったために、自明のことではなかった。ヴィルヘルム通りの外交官たちとシュパイヤーと、後にはボンで教育を受けた外交官たちとの徐々に成されていった世代交替が、新しい外交関係を実施する際、実質的に貢献したことは間違いない。それでも、古参の人員の大多数も、彼らの根本にある政治的な態度と信念の見直しの準備を基本的にはしていたことを、度外視してはならない。連邦共和国の初期はその意味で、多様な社会的変遷のプロセスの歴史として理解できる。それが、政治的方向付けの規範をも次第に変化させていくことに繋がった。

　東西紛争と、後世まで残る国家主義の信用の失墜を伴う第二次世界大戦におけるドイツの悲惨な敗戦という条件の下で、西ドイツは、特にアメリカが率先して広めた西側の価値観や観念を集中的に吸収した。研究上では今日、「西洋化」と呼ばれるこの過程の中で、次第に共有の価値秩序が西欧と北米社会に形成された。しかし、連邦共和国ではこのような西洋化のきっかけが受容されただけではなく、特殊なドイツの伝統的な要素と結び付けられ、新しい政治的理想を方向付けるために導入された。特に、国際的組織のフォーラムや委員会のような国際協力の新しい形は、「かつての職員」にとっても、新しい外交と親しむための助けとなった。これらの部分的に全く新しい提携形態の影響力は、侮れないものだった。

　しかし新しい外務省でも、どうしても伝統的な外交のイメージと出会うこともまだあった。例えば、東西の仲介者として、ドイツが架け橋の役割をするという観念だ。しかし、古い考え方は遅かれ早かれ、新しい西側の方向性の枠の中に封じ込められていった。これについては、例えば、昔のヴィルヘルム通りの職員だったアルプレヒト・フォン・ケッセルが好例を示す。彼にとっては、再統一がドイツ外交政策の至上目的だった。外務省の新創設以前に既に、ドイツの中立化を国の統一の代価として受け入れることにケッセルは賛成していた。彼

第2部　ドイツ外務省と過去

が推薦する、東か西のどちらかのオプションを選択することを、できる限り長く排除するという指針は、ドイツ外交の長い伝統にかなっていた。しかし、50年代初めには、ケッセルはこの中立の理念から遠ざかった。

　いまや連邦共和国の西側との連帯と、西側的、自由主義的基本秩序は、その考え方の前提条件となった。彼は統一のチャンスを、今は欧州的な解決の関連においてのみ見ていた。彼にとって統一ドイツは、東欧諸国も含めた欧州統一の大きなコンテキストの中でのみ現実的だった。独特なのは、ケッセルの頭の中で、統一欧州が2つの超大国とは別の「第三の力」であり、それによって再び、東西の仲介機能を引き受け得るものだったことだ。ケッセルはそのため、連邦共和国が西側陣営と政治的・理念的に結びつくことを疑問視することなく、東欧諸国への接近を支持した。その結果、フランスの識者は彼のことを、失われた東方領地の奪還を目指す国家主義者だと見なした。彼は自分の理念のためにアデナウアーの欧州政策を批判し、活発な東欧政策のために尽力した。ケッセルは、国の統一のため、まず両陣営の間の位置を提唱した後、最終的に「同様に同盟に統合された、保護された修正主義」を代表した。[2]

　冷戦の条件下、反共産主義が、西側の協力関係の決定的な糸口となった。この共同の防衛措置と理解される戦略的な基本的方向付けから、新しい外交コンセプトへのドイツの協力によって、外務省自体も政治的な新しい方向付けができた。外交官たちの大多数は国粋的国家の優位から決別し、「結束する関心の優位」（クリスチアン・ハッケ Christian Hacke）を任務の中心に据えた。連邦共和国の関心は個別に扱われるのではなく、西側諸国全体のためになる、共通の目的の実現という大きな文脈の中に取り込まれた。共通の目標を掲げたことは決定的であり、ドイツの特殊な利害が西側の戦略に矛盾しないことが公に確認された。[3]

第1節　国際化と多角化

　国際的システムの変遷は、1945年以降、飛躍的に増えた国際組織の数に歴然と表れている。戦争の終わりには82の国際組織があったのに対し、わずか5年後にはその数が123に上り、その後10年の間にも継続的に成長した。[4]この過程で、外交業務の大部分は多国間レベルに移行した。外務省では、増大する国

際組織は外交政策にとって新たに重要な意味を持つものとして明確に認識され、国際組織に積極的に協力することが、西の分断国家が世界に再統合されるためのチャンスに繋がると捉えた。連邦共和国は多国間フォーラムに、早期から原則として同等な参加者として出席した。1955年、カール・カルステンス本省局長は、ドイツ語の同権を、欧州憲章の中心的な点として示唆した。ここで彼は、「欧州組織の中で、ドイツの完全な同権を認定する方向への、非常に重要なステップ」を認めた。全欧安全保障協力会議（CSCE）の前哨戦で、連邦共和国にとってはヘルシンキ会議という初の「大きな国際舞台」で同等に、完全な投票権を持って役目を果たすことに重要な意義がある、とフランク次官は指摘した。

このような発言は、外交官たちにとって国家主権の要求が、どのように中心的な役割を演じたかを示す。その時重要だったのは同等な協働であり、多国間の仕事を、いつものように定義された西ドイツの自立という目的の道具にするためではなかった。逆に、国家主権の国際組織への引き渡しが進展することは必然であり、かつ、意義深いと判断された。欧州の統合プロセスを目の当たりにして、多くの西ドイツの外交官たちは、彼らの見方によると、退行的で時代錯誤なフランスのナショナリズムを批判した。統一ヨーロッパという、理想的な大きな一致が、外務省を支配した。しかし、その実際的な形態については、一致しなかった。一方は、ドゴールの「祖国をまとめたヨーロッパ」を擁護し、もう一方は、欧州を国家の代わりとして捉えた。

1945年以降、国家間および国を越えた組織の中で、多国間外交がいかに重要であるかを、外務省は強調した。しかし、もう一方では、制度的、個人的な順応の問題も大きかった。例えば、多国間の業務に関するポストは非常に敬遠された。1970年になっても、プレーヴェ（Plehwe）公使は、「多数の外務省職員の保守的な職業観」を批判しなければならなかった。彼らは「国際組織の重要性を知らないため、または、とりわけ外交職務のより快適であまり無味乾燥でない分野を好むため、国際組織での任用に対して、あからさまに、または密かに何度も抵抗を表す」と。外務省は長い間、外交官に国際組織での任用がいかに素晴らしいものであるかというアピールを怠っていた。外交官教育もようやく、新しい現実に徐々に合わせるようになった。外務省の1957年のハンドブックには、国際組織について全く何も書かれていない。

初期に順応の問題が生じたのは不思議ではない。多くの外交官たちは、初めて

多国間的な経験を積まなければならなかった。ただし、この問題がこれほど長く尾を引いたのは、制度改革の一般的な問題の兆候としてのみ解釈できるものではなく、受け継がれてきた職業観の惰性をも浮き彫りにしている。それを克服するのに 20 年以上かかった。それでも、多国間の共同作業のおかげで外務省は貴重な刺激を受け、とりわけコブレンツ通りは、一貫性があり、よく調和の取れた、そしてそれによって特に効果的な西側的政策の理想像を追求した。ドイツ人は繰り返し、一貫しない欧州路線に不平を言った。彼らから見ると、それは統合のプロセスを妨害するだけでなく、同時に、世界での欧州の位置を周辺化するものだった[11]。

　西ドイツの外交が国際化するには、東西紛争および、それから生じた統一した西側の戦略の必要性が有利に働いた。外交コンセプトについて考える時、西ドイツの外交官たちは常に、西側の統一を維持することを重要な前提として強調した。すなわち、ドイツ連邦共和国の目標と関心は、西側と同調していなければならない、だ。1956 年、イスタンブールで開催された大使会議では、近東との関連でこう述べられた。「そのため、ソヴィエトの攻撃を防御するという全体の政治的目標の中に、個別主義的なドイツの利害が存在することはない。我々が、西側の同盟としてその中に共存する目標だけがあるのだ」[12]。ドイツの外交官たちは、同盟国との協定を繰り返し提案した。矛盾を回避するためだけではなく、作業分担を促進するためだった。統一的な西側政策の趣旨において、各国の活動は最終的に、全体にとっての利益になるべきである、各国がそのために強制的に独自の完全なコンセプトを作らなくてもよい、と。連邦共和国は、特に近東とアフリカで貢献できると信じていた。この地域では、植民地史上、他国よりも負い目がずっと少なかったからである[13]。これをあからさまに言及することなく、近東での 1945 年以前のよい関係も、親アラブ的な —— それにより場合によっては反ユダヤ主義的な —— 外務省の伝統をも引き継ぐことができた、という指摘がある[14]。ヴィルヘルム・メルヒャースのような、いわゆるアラビア学者たちは、旧外務省の近東専門家として、その多くが新外務省でも同じ職務のために雇われた。

　多国間的分野だけでなく、ドイツ外交は 1951 年以降、新天地に踏み入った。国際政治の変化した条件と、連邦共和国の特別な状況により、外交活動の新しい「混合した関係」も必要とされた。以前とは別の道や手段を使って、目的を

遂行しなければならなくなった。全く新しい路線が、連邦共和国の外交交渉を特徴付けた。最初は孤立し、その後西側に結合されたこの国には、外交が厳しく制限された地域や、比較的大きな移動の自由を享受した地域があった。連邦共和国が古典的な権力政治を封印したこともあり、外務省は国際的活動の別の領域に活路を求め、例えば文化や経済政策に力を入れた。ここではまだある程度の自律性が感じられ、与えられた自由を利用する試みがなされた。[15]

　最初の数年間、外務省は本来の政治的職務と文化的職務をはっきりと切り離して実践していた。1952年初めには、文化部門はまだ完全には機能しておらず、後には、悪い評判が立ち、そこでの職務に希望者はあまりいなかった。文化部門で最初に指揮を執ったのは、省内であまり重きを置かれていないアウトサイダー、ルドルフ・ザラートだった。それから1955年には、ハインツ・トリュチラー・フォン・ファルケンシュタインが引き継いだ。トゥルッツシュラーはヴィルヘルム通りで、特に国家社会主義的戦争政策を正当化するための、いわゆる白書の編集に参画していた。第47調査委員会は、そのために彼を海外には任用不可と分類した。[16]システムの衝突という背景のために、その潜在力を活用しない、あるいは消極的にしか行われない文化政策に対して、公然と批判が高まった。そのため、遂に1959年、評価の高い文化政策者ディーター・ザットラーが文化部門の新しい指導者に任命され、同時に、予算が増額された。外国での文化的業務の政治的次元がいまやより一層、強く前面に押し出された。特に、文化的恩恵をめぐっては東ベルリンと直接の競争関係にあるボンの、第三世界の国々における、文化政策的活動が、いまや文字通りの広告キャンペーンとなった。[17]

　国際的な緊張緩和政策と、それと結びついた連邦共和国の東欧への接近の枠内で、60年代には、外務省の文化政策業務に新しい次元が加わった。すなわち、共産主義諸国の内的関係に影響を及ぼす可能性である。文化的接触を通じて、西側の価値や理想像を東欧に紹介するべきである、と。「画一性が多様性と、秩序が自由と対照されることで、人間を全体として把握し、全体的に支配しようとする共産主義の要求に反論しなければならない……文化政策は、この独自性の希求を促進するための卓抜した手段だ。なぜならその方法が、共産主義の反プロパガンダに容易に弱点を提供しないと信頼できるからであり、また、その方法がそのあり方によって、政党政治によって閉塞した、人格的な領域にお

ける複合的な浸透をもたらすからである」[18]。

　文化政策によって、東欧ブロックの政治的状況を直接変えることは約束でき
なくとも、それは、緊張を緩和しようという目立たない援助と同様に根気強く続
けられた。この目的の中に、外務省は西側と共通の課題を見つけ、ふさわしい
方策を提案した。一方で外務省は、西ドイツの利益をも追求した。例えば、在
外的文化政策を、主としてナチスの過去に由来する緊張と留保の解体のために
動員した。外国での文化紹介は、温厚で民主主義的に安定した連邦共和国の基
礎と秩序への信頼を獲得するはずだった。そのための方策は、美術展や演劇の
上演からスポーツイベント、ファッションショー、コンサートなど幅広かった。
大使たちは予算内で、それらの催しを予約できた。——「そうでなければ、誰
が『トリスタン』に出掛けるだろう？」[20]——中でも、ドイツ学校や語学研究所、
科学界、交換プログラムも、連邦共和国に文化的な自己紹介をする機会を与え
た。また、外に伝えられたドイツ像の影響が、仲介者自身にも跳ね返ってきた。
それは特に、外国でドイツ文化として紹介されたものについて、自国で公の議
論が起こった時だった。在外的文化政策の一つの重要な担当機関として、外務
省は社会的な自己認識プロセスと呼ばれるものの大きな部分を担った。そして、
今も担い続けている。[21]

　文化政策の他に発展途上国援助政策も、1945年以降の外交政策の重点的移行
の、さらなる好例となっている。発展途上国援助は第二次世界大戦後、旧植民
地の独立宣言によって始まり、東西紛争の枠内で重要な活動分野となった。そ
の多数が同盟政策的に中立の立場を保った新生諸国を西側に引き入れるために、
権力政治的手段を持たない連邦共和国は魅力的な協力を提供することで勧誘し
た。外務省内ではあからさまに、発展途上国援助政策とは別の資金でまかなわ
れる植民地政策の続きと説明されていた。「支配の代わりに協力が行われ、そ
こでは、発展途上国の利害がいまや工業国のものとの同等の重みを要求する」[22]。
発展途上国援助政策が経済政策の一部として外交政治的観点の下で行われる時、
発展途上国は「誰が貿易と投資〔原文のまま〕のよりよいパートナーであるか」
をすぐに察知する、と外務省は確信していた。したがって「自由世界の政治的
強さは、とりわけその経済的な強さにかかっている」[23]と。

　発展途上国援助政策にも、一般的に西側的な関係性だけでなく、西ドイツ的
な利害関係がことさらに反映された。主要目的は、ブロックに結びついていな

い発展途上国を西側が獲得することだった。そのため外交官たちは、総合的に西側に取って大きな効果があるように、そして摩擦損失を少なく抑えるように、各国の発展的対策を細かく調整することに賛成した。ちなみに、ドイツ連邦経済の利害は、その時大抵は後回しにされていたため、連邦政府のこの見解によって、いつも達成されたわけではない。外務省が追求した、特殊な西ドイツ的な目的は、独占代理要求を通過させることだった。発展途上国援助政策は、常に連邦共和国のドイツ政治の原動力でもあり、また、第三世界諸国がドイツ民主共和国を承認することを阻止しなければならなかった。そのため外務省はたびたび、多国的に組織された援助対策には控え目に反応した。そしてドイツ政策的観点の下で、二国間で行われた企画の大部分を支持した。

全西側諸国とドイツの活動との間の緊張は、新しい外交政策分野の開拓だけの問題ではなかった。外務省職員も、まず頭を切り換えなければならなかった。多くの外交官たちは、文化・経済政策の領域の新しい着想を、初めは回避的な、または —— 連邦共和国が、再び「本来の」外交政治をする可能性が開かれる時点までの —— 過渡期の解決法として見ていた。彼らにとって新しい政策分野は、どちらかというと目的のための手段であり、外交政策の構成要素ではなかった。この考えは、文化部門のように人気がなく、同様に後になって初めて機能し始めた新しい経済部門に対する低い評価に反映されている。

国際関係の中で経済の力が次第に大きな比重を占めるようになったにもかかわらず、経済部門の意義は、外務省では、積極的に評価されなかった。ある人々にとって、それは商業的利害を左右することにより、政治的目的の妨害をする「ブレーキシュー〔制輪子〕」に過ぎなかった。1970 年になってもまだ、1920 年以降に生まれた高位の職員に対するアンケートでは、経済課の業務が省で最も嫌われている分野に属していた仕事であることがわかった。さらにそれよりも人気がなかったのは、法律と領事に関する事象の処理のみを担当する部署だった。—— 依然として法律家が職務を独占していたことを考えると、注目に値する低評価である。

当初、回避作戦と見られていたものは、年を経て、外交取引の定着した構成要素となった。1970 年のアンケートによって特に、国内外における文化部門での職務を外交官は高く評価するようになったことが判明した。文化部門では、外交官の目から見て特に目立ったことは、管理職職員にも責任を負わせるとい

うことだった。外交官はそこで、実現の時だけでなく、新しいコンセプトの創造的な発展にも参画できた。

1970年6月、外務省政務次官、社会学者、FDP政治家であったラルフ・ダーレンドルフが、「国際文化、学術、社会政策への15のテーゼ」を提言した[29]。この書状は、外交政策の考え方と実践が、自国の社会的発展や国際的影響を受け入れなければならないことを明らかにした。ダーレンドルフの新構想では、文化政策的業務は、将来的には政府の政策ではなく、すでにある多くの社会的グループに任せるべきであり、まずもって多国籍的関係は施設や組織、グループ、個人の間で促進すべきであるとされた。ダーレンドルフによると、国際関係の中で国家の意義は退行し、新しい立役者たちが舞台に上がり、これに参加する。「自己演出ではなく交流、対決ではなく競争、国家的独自性ではなく国際的な結びつきを強調しようとする政治は、国際組織と多国間協定に、必然的にその特別な注目を向ける。ここでドイツ連邦共和国が、この政策によって認められたければ、遅れを取り戻す必要がある[30]。

この明確な多国間協調主義に対する支持表明の中で、古典的な二国間関係は、もはや中心的な役割を果たさない。ダーレンドルフが同年に省を再び去っても、彼の提案は受け入れられ、省が発行する「対外的文化政策のための指導原理」に正式に掲載された[31]。多国間協調の形や国境を越えた学術的協働に目を向けると、人は、政治的、技術的、学術的、社会的発展との繋がりを求める。時代の要請に合わせると、これは政治理念の「市場」における自由競争の支持表明でもある。総合的な東西と、特に連邦共和国と民主共和国間の競争は、これまでは対決であったが、今では同様に競争と解釈される。――ちなみにその中で、西側社会が優勢である競争として、である。指導原理は、60年代に西ドイツで広く流布した「イデオロギーの終焉」のテーゼを明確に反映している。それ自体が濃厚にイデオロギー的だったそのテーゼは、「1968年世代」と新左翼に、次第に疑問視されていった。しかし、聞き逃す可能性がないほどはっきりしているのは、連邦共和国が20年も経たないうちに安定し、国際的に認められ、経済的成功を収めた競争を恐れる必要のない国家として存在する、というある種の自尊心でもあった。

しかし、西ドイツ外交はどのようにして、この時点で、特殊な問題と国家社会主義の過去と対峙したのだろうか？　これこそが1945年以降、実質的に、協

力と多国間化に向けられた外交政策の前提となり、同時に、繰り返し、西ドイツ国家の世界における位置に負担を与えてきた。このテーマが危険になるのはいつも、国際社会が、例えば戦争犯罪者裁判または、連邦共和国での反ユダヤ主義的な事件によって、それに注意を向けた時である。特に、1964年に結成されたNPDが60年代後半にすぐに勢力を増したことによって、ドイツに対する信頼性と信憑性が国際的に疑問視された。外務省は在外代表者たちに、経緯と連邦共和国に対する批判を抑えられるような、言葉の使い方についての情報資料を手配した。[32]

　連邦共和国の外交政策は、民主主義的な意思決定の一部となり、議会と世論によって検証された。 ── 初代連邦首相コンラート・アデナウアーと内閣、連邦議会が、外交的決定に最小限度しか参加しなかった時も同様である。外交官には珍しい仕事の透明性は、とりわけ、速報性という新しい技術的可能性によって、仕事の大部分が公衆の目前で行われるようになったことで実現された。これによって、人はより一層、国内外の公の、または公にされた意見から情報を得るようになった。既に1945年以前、多くの国の外務省は、国際世論の高まりの影響を受け、報道部門を開設した。戦時中、この部門は主にプロパガンダを担当した。新外務省にとって、特に東西紛争の兆候の下で、「広報」はその業務の重要な構成要素となった。[33]その時、どうしてもプロフェッショナルな助けを乞うことになった。在ワシントン大使館は、例えば ── 「政治的テーマ」の場合には相談しなかったが ── アメリカの広告代理店からアドバイスを受けた。[34]

　ドイツの再統一を求める権利によって、外務省が国際的に平易な要求を代表しているわけではなかった。国際世論が、このテーマにすぐに飽きてしまうのではないかという心配があっため、外交官たちは50年代終わり、国際的にもっとよく「売れる」別の概念を探した。そこで、1959年にカール・ハインリッヒ・クナップシュタイン次官代理は、連邦首相に、「再統一」の代わりに「自主決定の権利」を請求することを提案した。その後すぐ、外交政策を論述する上で標準的な領域となった決まり文句である。こうして、国内外でポジティブなイメージを与え、国際連合憲章で保障され、何よりも、第三世界の新しい国々でも同意を得られる希望のある概念が選ばれた。東側が報復主義と解釈することに成功した国家の次元はこのように背景に隠れ、その代わりに今、自由への希求が、ドイツ問題の核として現れた。[35]

第2部　ドイツ外務省と過去

　自国の世論はどうだったかというと、外交政策は特に、連邦議会選挙の前に大きな役割を果たした。外務省とドイツの民衆の考え方が、時に、全く一致しなかったことを、多くの記録が証明している。1966年、カルステンス次官は、再統一の優先権について自分の見解を語ったギムナジウムの最上級生との対話で、本当に驚かされた。「私を不安にさせたのは、自国に対するあらゆる種類の確認が完全に欠けていること、および我々の外交政治の重要な目的、つまり我々の国民の再統一を完全に拒否していることだった」。この点で、既に彼の前任者であったヴァルター・ハルシュタインが西ドイツ人の表面的な見方に不満だった。そのため、彼らに外交問題において詳細な判断ができるとも思わなかった。似たような尊大さは、野党社会民主党に対する、初期の外務省にも確認できた。最終的に、議会の外交政策的決定での協力は、多くの外交官にとって、次第に慣れる必要のあった改革だった。

　外交官と議員たちは、主に連邦議会の外務委員会で会合した。委員会の会議で外務省は通常、最も多く人員を揃えた部局だった。最初の5回の会期には、100名以上の外交官が会議に出席した。省の代表者たちは、毎回、政府と野党の間の意見の一致と、党を超えた外交を望んだ。年が経るにつれ、議員と外交官たちの間の協力は、最初はどちらかといえば対立的だったが、その後は総じて事柄に即したものとなっていった。

第2節　対外的サークルと組織

　社会的に重要なグループを外交政策の意思決定のプロセスに参加させることは、同様に、外交業務に影響を与えずにはおかなかった。アデナウアーの西側への統合と大西洋を横断する基準設定という連邦共和国にとって代表的な政策は、政府外の、一連の外交関係者の仲間とネットワークによっても支持されていたことは、決定的な意味を持っていた。50年代には、この仲間には、独英協会、ケーニッヒスヴィンター会議、アトランティック・ブリュッケ〔「大西洋の橋」〕、またはドイツ外交政策協会（DGAP）のような組織も属していた。これらの機関には、西側の自由主義的に方向付けられた外交と安全政策の新しいエリートが集まっていた。まさにこの理由から、連邦政府あるいは外務省の構造や序列に結びつけられていないこれらの独立した機関の創設と活動に、疑い、もしくは

568

拒否反応をみせた外交官たちも少なくはなかった。50 年代半ば、後の DGAP で
ある独立した外交政策研究所の設立が念入りに検討された時、外務省は反対し
た。いっそ自分たちで、外交政策研究所を創設したかった。省外の研究所とい
うアイディアが、最終的にハルシュタイン次官と「特別顧問」ヴィルヘルム・
グレーヴェによって支持されたのは、偶然ではなかった。彼らは 2 人とも学者
出身で、ヴィルヘルム通りの「かつての職員」ではなかった。

　国際問題のためのドイツ研究所のアイディアの発端は、40 年代末に遡る。そ
の基本的な特徴を発案したのは、シュトゥットガルトの平和のオフィス職員
だった。そのような研究所が、連邦共和国の樹立と、連邦首相府の外務省の創設
後、同じく、平和のオフィスと、その職員の受け入れ組織として定着した。——
新外務省の制度的中心になろうとした平和のオフィスのすべての試みが失敗し
た後の、最小限の解決だった。特に、平和のオフィスの主導的な代表たち ——
その中には、元外交官ハッソー・フォン・エッドルフ、テオ・コルト、ハン
ス・ヘルヴァルト・フォン・ビッテンフェルド、ヘルベルト・フォン・ディル
クゼンがいた —— が、占領国アメリカとイギリスに、あまりに国粋主義的、中
立的であると判断され、特に外務省によって、ドイツ外交政策のラパロ条約の
前例と結びつけられたために、その努力が実らなかったわけではなかった。⁽⁴⁰⁾

　1949 年 5 月 9 日、基本法可決の翌日に、シュトゥットガルトの平和のオフィ
スは、「将来の連邦政府における外務省の位置づけ」というタイトルの報告書
を提出した。著者は、2 人の「かつての職員」、ハッソー・フォン・エッドル
フと、グスタフ・シュトロームだった。19 世紀末から 20 世紀初頭のスタイル
そのもので書かれた、この覚書は、自律的、国家的な権威国家の理念と、外交
政策の優先を讃えるものだった。外交政策は常に党を超えて存在すべきであり、
それが国の利害を力強く代表し、その要請が成立しつつある連邦共和国のため
になるならば、党派の争いは排除されなければならない、と。覚書の草稿で著
者たちは、「国家間関係への学術的対応」のための研究所を設立することを提案
した。模範となったのは、第一次世界大戦後にイギリスで創設された王立国際
問題研究所（チャタムハウス）である。その後の数年間、何度も言及されたド
イツのチャタムハウスというアイディアは、西側の指針のアピールポイントとな
る。しかし実はそれは、西ドイツの外交政策の予見できる境界を克服するため、
ドイツの国家主義の伝統そのものに、より大きな外交的な行動の自由を獲得し、

または、覚書にあるように、「連邦の行政が何らかの理由で、自らやろうとしない、またはできないことすべてを実行」することを目的としていた[41]。

このイニシアティブは、自分たちの機関を外交政策の研究所として定着させようとしたが、平和のオフィス同様失敗した。その代わり、このオフィスは1949年末に連邦政府に引き継がれた。その後まもなく、経済的援助は打ち切られた。1950年2月28日のエッドルフの第2報告書で、彼はもう一度、平和のオフィスをドイツの国際問題研究所にすることを試みた。最終的には若手外交官の養成にも携わることを計画していたが、アデナウアーによって却下された[42]。その間に首相府に設立された外務省との境界設定が困難であり、場合によっては、機関同士の競合になる恐れもあった。1950年6月30日、平和のオフィスがその業務を停止した時、職員の一部が、新しく結成された首相官房の外務省に引き継がれた。その中にはヴィルヘルム通りの元外交官が多数含まれていた。

ハッソー・フォン・エッドルフは、まだ他の解決策も温めていた。50年代初め、彼はロンドンで英独研究所を設立し、アングロドイツ協会や独英協会（DEG）などの、政治、管理、学術、メディアと結びついた、大戦間時代に創設された機関を再生することを試みたドイツの元外交官のグループに属していた。ボンにある英国・北米局に勤務する同僚のアドルフ・ヴェルハーゲン（Adolf Velhagen）とともに、エッドルフは、このイニシアティブを前進させた。これには、1950年6月にロンドンに開館したドイツ領事館からも援助を受けた。彼にとって重要だったのは、権威国家的外交の基礎および特にイギリス経験のあるヴィルヘルム通りの元外交官の受け皿として、ドイツのチャタムハウスを実現することだった。そのため、元外交官のリヒャルト・ザレット（Richard Sallet）が、独英協会の専任総裁になるはずだった。1938年以来ナチ党員だったザレットは、1933年以降、在ワシントン・ドイツ大使館でゲッベルスの宣伝省の代表を務め、後にはリッベントロープの個人担当官にもなった[43]。独英協会の再結成計画は失敗に終わったが、エッドルフは、アングロドイツ協会の再生によって、目標に近づこうとした。しかし、ことは思うように運ばなかった。

英国人たちはこうした計画を不信の目で見ていた。——攻撃的な戦前外交のロンドンの代表者たちの目から見て——ドイツの中心人物たちが30年代のイギリスの宥和政策の信奉者たちと繋がりがあることがわかると、疑念はすぐさま強い拒否に転じた。特に、英国外務省はこのイニシアティブの成功を阻み、

そのかわり、西側的なやり方に合わせた独英ネットワークの地歩を固めるために全力を尽くした。ロンドンでは、ニーダーライン地方出身の実業家の妻、リロ・ミルヒザック（Lilo Milchsack）のアイディアが採用された。彼女は1949年、デュッセルドルフに「ノルトライン・ヴェストファーレン州英国文化交流協会」を創設し、同年、同協会で最初の「ケーニッヒスヴィンター会議」を開催した。リロ・ミルヒザックは、ハイレベルの人物に仲介され、最高の推薦書を取得していたため、外務省は、アングロドイツ協会の再結成の時に、彼女を避けて通ることはできなかった。1951年3月、ミルヒザックの協会は独英協会と改名された。ケーニッヒスヴィンター会議を毎年開催することにより、この協会はすぐに、独英関係の最も重要な非政府組織に昇格し、ドイツ外交のリベラル化に決定的に貢献した。これによって、元ヴィルヘルム通り職員、特にエルンスト・フォン・ヴァイツェッカーの仲間たちを、ロンドンを介して国際舞台に送るための道を作ろうとしたエッツドルフの計画は失敗に終わった。

　数年後、ドイツのチャタムハウス構想が改めて議論された。1955年、遂に外交政策のためのドイツ協会（DGAP）が、最初はフランクフルトに、1960年からはボンに配置された研究所とともに設立された。DGAPの前身は、フランクフルトの欧州政治経済研究所だった。ここでは欧州政治に取り組み、ヴィルヘルム・コルニデス（Wilhelm Cornides）が創刊した『オイローパ・アルヒーフ』誌が発行された。元外交官で、企業家兼CDU連邦議員であったギュンター・ヘンレは、この研究所が1953年に危機に陥った時、ドイツ産業連盟に連絡を取り付けた。同連盟はアングロサクソンの手本に習い、独立した外交研究所の経済援助を引き受けた。[44]

　外務省は、外交政策研究所を設立する際には同省に権限があり、少なくとも能動的に計画に参加するべきだと考えていた。多くの外交官たちは、「『専門家ではない』外部者が外交の前段階で干渉してくることを、心配そうに眉間にしわを寄せて」見守っている。そう書いたのは、フランクフルトの欧州研究所を指揮し、1955年に外交政策のためのドイツ協会の初代理事となったテオドール・シュテルツァー（Theodor Steltzer）だった。省首脳部、特にハルシュタイン次官は、シュテルツァーのこの非難を押さえた。「しかし、灰色をした新築の建物の廊下には、我々が現れると、暗黙の不同意のようなものが発散され、我々のプログラムについてのファイルは、次第に見つからなくなっていくという奇

第2部　ドイツ外務省と過去

妙な傾向を示している[45]」。1955年3月、外交政策のためのドイツ協会が、アデナウアーと省幹部の支持によって、ボンに設立された時、ギュンター・ヘンレが会長に選出された。彼は元ヴィルヘルム通りの人員だった外交政策顧問のエミール・フォン・リンテレンとともに、設立準備を引き受けていた。

　外交政策のためのドイツ協会は、政府から独立した学術的専門家を、国際政治の領域に送り込んだ。民間で出資され、政府と外務省が結びつきを保つところとは別に、外交ネットワーク作りに勤しんだ。同協会は特に、西側諸国の同じような方向性を持つ機関と協力関係が築けないかを探った。そのようにして、協会はたちまち外交研究と議論の中心の場となった。特に、安全保障政策の領域で協会は多くのコンセプトを開発した。例えば、「軍備制御、軍備抑制と国際安全研究グループ」によって、高位の省庁役人や外交官だけでなく、将校、政治家、学者、報道関係代表者ともに所属する、連邦共和国唯一の専門家ネットワークが成立した。外交と安全保障政策はもはや行政の秘薬ではなく、政治的、社会的な激しい論争の対象となった。60年代の転換期以来、連邦共和国で強まった自由化のプロセスは、伝統的な政治的秩序観念をも変化させ始めた。しかし同時に、政治的プロセスを計画し、制御する可能性も問題となり、国際的な安全保障政策はもはや、学術的な専門家なしには考えられないように見えた。

　1965年の学術政治財団（SWP）の設立とともに、国際政治と安全のための、政府から独立したもう一つの研究所が計画された。しかし、外務省においても、「軍備縮小と安全」というもともと小さな課だったのが今では人員を増やし、下位部門に昇格するまでになった。同年、省の指揮者であるスヴィトベルト・シュニッペンケッター（Swidbert Schnippenkoetter）が、ドイツ外交政策協会の要請によって、「軍縮と軍備管理問題のための連邦政府顧問」に任用され、直ちにドイツ外交政策協会の研究グループに協力した[46]。合衆国とは異なり、連邦共和国では、政治家ではない学術研究機関出身の専門家、省には迎えられないが、外務省の外交と安全政策に対する独占要求権は、それによって最終的に過去のものとなった。

　60年代半ばから、ドイツ外交政策協会と学術政治財団は、ドイツの外交と安全政策の議論の中で、大西洋横断「戦略共同体」とますます強い結びつきを代表するようになった。アメリカの緊張緩和政策の貫徹と、それによって最終的にはドイツの「東方政策」の発展のためにも、この定着を評価しすぎることは

572

第7章　新外交

決してない。大西洋を横断する相互関係のネットワークには、学術と政治の専門家たちだけが参画したのではない。ケーニッヒスヴィンター会議を有する独英協会の他に、ここでは特に、1952年に創設され、50年代後半から非公式のエリート・ネットワークとして意義を獲得したアトランティック・ブリュッケ社団法人を挙げることができる。その成立は、亡命し、戦後故郷のハンブルクに帰還した銀行家エリック・M・ヴァルブルク（Eric M.Warburg）の功績である。初期のアトランティック・ブリュッケでは、ハンブルクのジャーナリストであるマリオン・グレーフィン・デーンホフも尽力した。彼女は50年代に入ってからもずっと、国内の中立的な政治の側に立ったツァイト紙が、西側のリベラルで、国際的な、大西洋横断的指針を持ったドイツ政治に対して、ジャーナリズムの旗艦になることに、決定的に貢献した。

第3節　忠誠と良心

　外交官は、「任務に就いている限り、異論があればそれに関係する部署に対して、つまり政府に対してのみ、それを述べることを許される。公に、政府による外交の批判をしてはならない。それは、民主主義的に合法と認められている政府に対する不忠であるのみならず、職業倫理に反する」[47]。政治問題における意見の相違は、外務省では特に珍しいことではなかった。しかし、最も新しいドイツ史の背景の前では、外務省とその人事局にとって、その対処が特別な課題となった。無批判なイエスマン気質を公務員に要求してはならない。しかし、場合によっては、異なる政治的見解が議論となり公になると、衝突に繋がりかねない。そうなると個々の外交官の省、あるいは大臣に対する忠誠心について、扱いにくい問題が出てくる。

　外交官たちは常に、概して狭い範囲の行動の自由しか与えられない、あらかじめ決められた方針の枠内で行動する。一方では、規定を守ることを義務付けられていながら、もう一方では、自己のイニシアティブが求められる。私的な発言と、職業上の発言の間に境界線を引くことが時おりひどく難しかったため、彼らの立場は楽ではなかった。連邦共和国初期の東方政策およびドイツ政策と折り合うことができなかったアルプレヒト・フォン・ケッセルが、1959年に精力的な任務から退いたのは、政治的理由だけのためではなかった。あまり創造

573

第2部　ドイツ外務省と過去

的ではない外務省の雰囲気が、彼には気に入らなかった。「アデナウアーの周辺
は『古い』、既に公に発表した考えをつまらなく言い換えることしか許さない[48]」
と。

　政治的相違を初めから最小化するために、外務省の人員の大部分は、他の連
邦省庁と同じように、公務員は政党政治的にまとまるべきではない、という意
見だった。ここでは、非党派的で公共の福祉のために義務づけられた国家公務
員のイメージが、まだ非常に活き活きとしている。自称「非政治的公務員」は、
個人的および集団的な過去の正当化の時に、大きな役割を演じた。1949年から
1955年の間に、外務省あるいはその前身である機関で指導的な地位に就いてい
た98名の公務員のうち25名が、それにもかかわらず、党内組織に加盟してい
た。[49] 初期の外務省では政治的な公務員の多数が、どちらかというと同盟に傾い
ていた。――それは、アデナウアーの西側への統合政策の優先によって生じた
ものだった。[50] 党に所属することによって、多かれ少なかれ、外務省で緩やかな
ネットワークが築かれた。1971年に入省し、長い間文化部門を指揮したFDP
党員バルトホルド・ヴィッテは、省内の党友たちにFDPの同僚のすべての活
動について、常に情報を伝えていた。彼らは月に一度、話し合いの席を持った。[51]

　「間違った」党の党員であることがどのように強くキャリアを傷つけるか、
SPD党員クルト・オップラーは、痛感した。彼はブロツワフ出身のユダヤ人弁
護士であり、ホロコーストで弟以外の家族全員を失った。1946年、ベルギーか
らドイツに帰還すると、まずヘッセン州の法務大臣ゲオルグ・アウグスト・ツィ
ン（Georg August Zinn）の下で勤務した。約1年後、オップラーは、フランク
フルト・アム・マインの合同経済領域管理局に新設された人事局の部長になった。
この役職で、彼は早くも同盟に対する不満を一身に受けた。オップラーは負けじ
と、首尾一貫した人事政策を提供することでやり返していた。アデナウアーは
人事局長が「無思慮に」党政策的な利害に従って役職人事を決めている、と非
難した。[52] オップラーは、アメリカの改革イメージの大部分を一緒に担っていた
ため、2つのゾーンの管理が解消された後、最初は連邦管理局にふさわしいポス
トをみつけられなかった。1952年の、彼の外務省への移動も難しかった。首相
本人が彼を外務省に引き取ることに反対したのだった。そこでは明らかに、党
政策と実質的な動機が混同されていたため、この人事は厄介だと思われた。「こ
の件は非常に慎重に扱われなければならない」、とブランケンホルンが人事局長

に警告した。ただ、2国共同統治地区の人事局の解体後、オップラーが所属していた連邦内務省から何度もせき立てられたために、2年にもおよぶ努力の末、彼は遂に外務省に移動することができた。[53]

外務省での政治的見解がいかに分裂していたかは、特に東方政策とドイツ政策についての議論で浮き彫りになった。復興時代には、多くの省職員が国の統一という名目上、再統一政策を積極的に支持し、それによってアデナウアーにははっきりと反対の立場を取った。彼らはヨーロッパにおける現状の固定化を恐れた。西側との連帯そのものを問題にはせずに、東方政策のイニシアティブを不可避の矯正策だと彼らは繰り返し警告した。既に50年代に、省では、東欧諸国との外交関係を成立させ、武力不行使協定を結ぶことを検討していた。[54] ここに首相の、外務省に対する深い不審の念の一つの原因があった。とりわけ、別の考えが展開しただけではなく、具体的な攻撃も仕掛けられたため、なおさらだった。ブランケンホルンは大使として、NATOで、1955年のジュネーヴ会議の間、外務機関の次官候補イヴォン・カークパトリックに、東西対話を活性化するために、再統一されたドイツの中立をソ連に提案するという案を提示した。それによってブランケンホルンは、以前の欧州における東西間の戦闘回避の構想を取り上げ、それを統一の方向への第一歩と解釈した。連邦首相がこのような計画を相手にしないことは承知していた。[55]

1961年にゲルハルト・シュレーダーが就任したことによって、大多数の官僚たちの東方政策のイメージが外務大臣のそれに近づいた。[56] シュレーダーは東欧に向かって「動く政治」を支持した。外交官たちの多くもそのような政策の必要性を基本的には確信していたが、具体的な方法について一致ができていなかった。最初から省の中心的なテーマの一つだった再統一について、様々な部門内で全く異なる考え方があった。東方課の外交官ヨアヒム・ペカルト(Joachim Peckert) はこう言った。「我々全員が、帝国の失われた統一を復活させるための道を見つけることに、国家的義務を感じていた」。公務員一人ひとりが、「自分の再統一計画、または同僚の再統一計画についての意見」を持ち、全員が一度は自分の構想のために力を尽くした。[57]

省の指針から外れた公務員は、意思決定の過程で取り残された。帝国外務省で1941年から1945年まで、東欧の占領地域のための東方専門家を務め、新しい省で数年間東方課を指導したオットー・ブロイティガムもそれを経験しなけ

575

第2部　ドイツ外務省と過去

ればならなかった。彼はここで再三、積極的な東方政策、特に再統一政策に尽力し、共産主義国との関係を即刻正常化することを推奨した。彼はそのたびに押し留められた。「東方部門を率いた3年間、アデナウアー氏、フォン・ブレンターノ氏、ハルシュタイン氏の誰とも、東方問題について話し合うことは一度もできなかった。……繰り返し、抜け目のないやり方で、東方部門が東方政策のきっかけを見つけた途端に、再統一とベルリン問題の権限が、当然全く閃きのない『政治部門』の役人に移ってしまった」[58]。

　外交官が、政治的に重要なポストには任用しないように願い出たことが、よくあった。自分たちが批判的に向き合っている外交政策のために、積極的に働きたくはなかったためである。政治的野心を持ち、ブラントの東方政策に徹底的に敵対したCDU党員アロイス・メルテス（Alois Mertes）は、1971年、提供されたボン本省の指導部のポストを辞退した。その地位に就くと、東方問題にも責任があるからである[59]。人気があった外国での「非政治的な」ポストは、ローマ法王庁での大使職だった。1964年、ヨーゼフ・ヤンゼンは、大きな期待を抱いて同地に転任した。彼はシュレーダーの外交方針を批判したため、ボン本省で引き続き自分の信念に従って働くことは、もはや不可能だと思っていたからだ[60]。バチカンでの彼の後継者、アレクサンダー・ベカーも、自らの切実な願い出によってそのポストに就任した。このアデナウアーのかつての側近は、新しい東方政策の強硬な反対者として、国連で引き続きオブザーヴァーとして働くことはできないと感じていた。シュピーゲル誌は次のように書いている。「退職後、真っ先にドイツ旅券を燃やしてしまいたい、と彼は友人に打ち明けた。そんな気持ちで、一体どうやって連邦共和国の大使を務めていくつもりなのか、という質問にベカーは、職務に踏みとどまる本当の理由を明かした。『金が必要だからだ』と」[61]。

　ベカーのローマでの前任者ハンス・ベルガーは、そのような考えにはあまり理解を示さなくてもよかった。ベルガーは、ベカーほどSPD/FDP連立政権の東方政策に対して拒否の姿勢を隠さなかった。バチカンへの転勤は、「我々の外交政策のあり方において、私にとっては有利だ」。1971年、ベルガーが外務大臣シェールを包み隠さず批判したために早期退職させられると、別れのためにバチカンを訪問し、新しい外交政策に用心するよう強く警告した。「私は、特にドイツの東方政策によって現実問題となった欧州を脅かす共産主義の危険を示

唆した。もう大使ではないので、今は自由にものが言える」[62]。

　外務省の大多数の同僚が東方政策をともに担っているという事実を、ベルガーは断固として受け入れようとしなかった。彼はそうした態度を、良心を欠いたキャリア主義と日和見主義の現れとみていた。なぜなら、省の新首脳部が驚いたことには、古参の保守的な「首相の大使たち」は実際には、新しい方向性と折り合いをつけていたからだ。シュピーゲル誌は外務大臣シェールを、次のように引用している。「あちらこちらにいくつかの順応の問題があっただけだ」[63]。実際に、外交政策に反対して自発的に省を去った外交官は少なかった。

　大半のケースでは、意見の相違は省内部で調整された。省にとっては、異なった考え方があることを世間に知られないようにすることが、肝心だった。役所での「叱責」は注目を浴びてしまう。1969年2月初め、フランクフルター・アルゲマイネ紙は、NATO大使ヴィルヘルム・グレーヴェと、連邦政府軍備縮小全権委員シュヴィドベルト・シュニッペンケッターの、核拡散防止条約についての批判的な意見を報道した。同日中に、ドゥックヴィッツ次官は、このテーマについてはどのような公の発言も今後慎むように、両大使に請願した[65]。省の政務次官ゲルハルト・ヤーン（Gerhard Jahn）は、この事件について批判的な態度表明をSPD会派の広報で公表させた。外交官の「言論抑圧」に結び付くこの公の叱責は報道関係者の怒りを買い、議会の議題に持ち込まれた。ヤーンは自分のやり方を反省しなければならなくなった[66]。

　個々の外交官がどこまで言論の自由を当然の権利として持つことができるか、どこで忠誠の限界を超えてしまうのかについての類似した議論は、既に1965年、いわゆる「フィン事件」にもあった。ハンス・グラーフ・フィン（Hans Graf Huyn）は1955年に外務省に就任したCSU党員であり、ドイツ－フランス間の親密な協力を提唱していた。フィンは外務省西欧課の内密の話し合いの内容を、CSU政治家カール＝テオドール・ツー・グッテンベルク（Karl-Theodor zu Guttenberg）に伝えた。1950年にアウトサイダーとして外務省に赴任し、後にシェール大臣の下で次官となったパウル・フランク課長は、この話し合いで特に英国との緊密な協力関係についてのアイディアを展開した。フィンはそこに、連邦共和国の外交方針との相違と、欧州の統合政策、特にドイツ－フランス間の協力政策に対する危険性を見た。

　フィンの意見によると、アングロ・アメリカ的に偏りすぎるゲルハルト・シュ

レーダーの政策に批判をしたため、省内部で聞く耳を持たれなくなり、外務委員会委員だった党友グッテンベルクに相談した。同盟２党のフランス寄りの「ド＝ゴール主義者たち」は、そのため「大西洋主義者」シュレーダーと外務省に厳しく詰め寄った。省と大臣が、フィンは明白に守秘義務違反を犯したと判定したのに対し、フィンは自分の措置は良心による決定だったと理由付けた。世論の盛り上がりも見せたこの議論の激しさは、「言論抑圧事件」の場合のように、基本的な政治的意見の相違、「大西洋主義者」と「ド＝ゴール主義者」間でくすぶる紛争に由来するものだった。――フィンの省からの即時解雇の原因となった――この事件だけではなく、フランク課長の良心の呵責問題についての応訴も注目を集めた。省の同僚に対し、フランクは次のように説明した。「もしも役人が、外務省の地下室で拷問が行われているのを聞いたら、役人に良心の呵責はある、と判断する。それによって私が言いたいのは、役人は、刑罰の対象になる行為に加担した時初めて、本当の良心の呵責を持つということだ[68]」。報道や連邦議会では、もっと強烈な別の言い方が流布した。「ドイツの外交官は、拷問された人の叫びが４階に届くまで、すべての政策に参画しなければならない[69]」。

　正確な字句内容がどのようなものであったにせよ、この発言は外務省にとって都合の悪いものだった。ここで的確な形で、外交官の自律性に対する疑問が提起された。最近のドイツ史を背景として、国会議員や市民は、外交官に対しより大きな勇気を期待し、フランクの発言をスキャンダラスに感じた。しかし、多くの人には、批判の中に暗黙のうちに含まれたナチの外交政策とキージンガー政府の外交政策の間の比較は、不適切だと感じられた。民主主義において、外交官が、外交政策の目的設定のために、良心の葛藤に陥ることなどありえない[70]。政府に対する忠誠義務は、この政府の自由主義的命令の中にその基礎を持つと、既に1957年、クレケラー大使が、覚書「外務省における忠誠と良心」でこの問題と取り組んだ時に断言している[71]。

　外交官にとって忠誠の問題は常に、自身のイニシアティブをどれだけ持つことができるのかという問題をも含む。何人かの大使に許された広範な自律性は、いずれにせよ、彼らの真の行動の可能性ではない。たびたび別の職業観を持っていたヴィルヘルム通りからの古参の外交官こそ、戦後、本省に対する自律性が目に見えて減衰したことを承知しなければならなかった。新しく、より迅速になったコミュニケーションの可能性と、50年代に行われた政府レベルの旅行

外交も行動の自由を規制し、外交官を省に強く依存させた。大使館の自律的な政策はもはや全く不可能だった。

　自律性論争が特に明らかになったのは、モスクワ大使ハンス・クロルの例だった。同地で 1958 年から 1962 年まで連邦共和国を代表したクロルは、外務省でソ連と直接接触することに積極的に賛同するグループに属していた。そのようなやり方で再統一への道を見つけられると信じていたからである。クロルは適切な示唆を本省に送っただけではなく、言い繕った報告と報道の助けを借りて接近を押し進めようとした。1961 年、彼はフルシチョフ（Chruschtschow）と個人的に意見交換をするためのイニシアティブを採り、彼に、ドイツ－ソ連間関係を改善するための自分の計画を発表した。彼は「詳細に、幾夜にもわたって考え、会見の準備をした。我々の連合国のソ連の政治家との話し合いが行き詰まったため、通常の因襲的な道は選ばず、『牛の角を素手で摑む』決意をした」[72]。

　会談は大きな注目を集めたが、特にフランスとアメリカの強い不信を買った。クロルが、連邦政府の名の下で行っているのではないと何度も強調しても、連合国もソ連首脳部も、現職の大使がこのようなイニシアティブを政府との申し合わせなしに行うとは、想像ができなかった。初めはアデナウアーも彼を擁護したが、彼をモスクワの大使として長く留めておくことはできなかった。クロルが公に、連邦政府とは別の政治意見を代表していることは、省から見て、充分に不利なことだった。しかし、さらに繰り返し本省の指示に反したことで、彼は同省で問題のある人物になった[73]。クロルは古い流派の大使を体現していた。外交官アレクサンダー・ドレンカー（Alexander Drenker）の言葉を借りると、いまだに少しヴィルヘルム通りの「過去の栄光」を纏った、自負心に満ちたタイプだった[74]。「私は郵便配達夫の役を演じるためにモスクワに赴いたのではない」——1967 年、クロルは死後 1 年経って出版された回想録に書いている。「私は、ドイツの重大問題の解決のため、ベルリンを救うため、最終的にドイツの分断を終わらせるために、大きな貢献ができるという、信念を持ってその地位に就いた。ただその地位に留まるためだけに、使命を果たすための手段のすべてを尽くさなかったら、または尽くしていたのであれば、私は自分が許せなかっただろう。私はブレーキではなくモーターになりたいと、いつも言い続けてきた」[75]。しかし、この省理解はもう時代に合っていなかった。戦後、外交官はこれまでで最も自由と自律性を狭まれた役者となった。一貫した、信頼性ある外交の名

第2部　ドイツ外務省と過去

の下に、省は長期的に独断を容認することはできなくなった。

第4節　外交的スタイル

　外交官の仕事は1945年以後、複数の国について日常的な任務と同様に、変化した外政・内政政策の大枠条件によって決定された。そのため外務省の外交官は、特殊にドイツ的な問題の状況を考慮しなければならなかった。国家社会主義の過去、世界大戦での敗戦、国家分断である。彼らが、多くの観点で1945年以前とは違う国際的な観客の前に登場する時、（ヨハネス・パウルマン Johannes Paulmann によると）「控え目な態度」が特徴的だった。特に最初の外国での代表者たちは、この控え目な態度を心がけた。[76]

　当初の重要な課題は、ドイツの孤立を克服し、新しい国のための信頼を得ることだった。そのため「昔の」ドイツを思い出させるすべてを避ける必要があった。国粋主義的な口調は省内では不快に受け止められ、厳しく禁止された。南米勤務の外交官たちは、しばしば国粋主義に強く影響され、国家社会主義から常に明確に距離を取れないドイツ移民への対処において、「柔軟性や理解」を示さないように、諫められた。[77]この使命の指導者だったヴェルナー・ユンカーには、この指示はあまり効果がなかった。

　連合国とブロック外の国々とのつきあいでは、透明性と協力を基礎にした外交が信頼を獲得するべきだった。[78]特に ── ヨーロッパとグローバルなレベルの ── 国際機関で、外務省の代表者たちは連合国の使節たちと親密な接触とオープンな交流を試みた。ボンは、この審議会での良好な熱意ある協力に、世界の国々の中に連邦共和国が再統合されるチャンスを見ていた。[79]ラール次官はこれに関連して、「控え目な態度」とともに、当時囁かれた次のような言葉をも思い出した。「ドイツ人であるということは、数が多いということであり ── 沈黙するということである」。[80]

　外交官にとって、「自由世界」に所属していることは、西側の同盟の2本の柱である自由主義と自由に対する支持の表明であった。この一般的な価値観に対する義務は、連合国内の並外れた結束をもたらした。NATO 使節のディルク・オンケン（Dirk Oncken）は1968年、「連帯意識」について語っている。連帯意識は、賛否両論ある問題をも友好的に調停することを可能にする。[81]これに類似

する、西ドイツの外国代表機関が、西側の外交官たちの間の特に親密で開かれた接触について報告している。⁽⁸²⁾合衆国をはじめとした西側の連合国との連帯は、ドイツの外交官の行動原則となっていた。⁽⁸³⁾

　国際機関での熱心な協力はしばしば、やりすぎと受け止められた。多くのパートナーの元では、「ドイツ的完璧主義」についての気まずさが広まったと、1970年、経験を積んだ外交官が報告している。⁽⁸⁴⁾もちろん、国際機関は東側との対決の場でもあった。最初、外交官たちは東西紛争をまだ、どちらかが生き残るための世界観的な対立だと解釈していた。そして、彼らは一般的な緊張緩和政策の中で次第に対立を競争という意味での、体制間の競い合いであると理解するようになった。ドイツ民主共和国との直接の競争においても、西ドイツの外交官たちはまもなく冷静になってきた。1969年、ハルシュタイン原則が最終的にお払い箱になった様相をみせると、ドゥックヴィッツ次官は、自信をもって断言した。「我々の経済力、我々の政治的重要性、我々の文化的能力によって、我々も、ドイツ民主共和国もその利益を代表しているところの外国における、ドイツ民主共和国との競争を受け入れ、やり遂げることができた⁽⁸⁵⁾」。3年後、「首相大使」であり、アデナウアーの元側近であったヘルベルト・ブランケンホルンは、連邦共和国は安心してドイツ民主共和国と能力を競うことができる、と言った。そのために彼はドイツ民主共和国のユネスコへの参加を支持した。⁽⁸⁶⁾このような確信を持つことは、10年前には想像もできないことだった。

　初期の外務省では、西ドイツの外交官には、ドイツ民主共和国の代表者とのどのような接触も禁止されていた。東ベルリン代表者も出席する催しへの参加もしかりだった。その限りで、モスクワ大使ヘルムート・アラルトは、1970年、この指示に従い、東ドイツ文部大臣代理が演壇に立つと、モスクワ・ボリショイ劇場のコンサート会場を去った。この態度が首相官房から批判されたことは、外務省が時代の進展にやや遅れを取っていたことを示す。SPD/FDP連立政府は、──国民の大多数に支持され──その間にドイツ民主共和国に歩み寄る路線を採り、独占代表権を事実上放棄していた。⁽⁸⁷⁾省が外交官用に作った職務規定に、ドイツ政策の発展はやや遅れて反映された。東西ドイツ基本条約が発効された1973年の新規定は、最終的に、他の国の同僚と同様に、東ドイツの同僚に対しても、規定にある規則に従って対処することを明記している。⁽⁸⁸⁾

　ドイツ外交のすべての変化の中には、外国の観察者からは外務省代表者に典

第 2 部　ドイツ外務省と過去

型的とみなされた伝統的路線もあった。1964 年、アメリカ国務省はドイツ外交
をいまだに特徴付ける「法的保守主義」を確認した。外交問題に対する律法主
義的、形式的なアプローチは、既に 1945 年以前に確立された外務省における
法学者の独占が原因となっていた。それによって、アメリカ人の目から見ると、
西ドイツの外交官は、他の国の外交官とは違っていた。「ドイツの平均的外交官
は、いつも相手よりも形式的で、律法主義的に、または『指示通りに』問題と
それに関する交渉に取りかかる傾向がある」。外交政策の問題に、政治的ではな
く法律的に取り組むため、ドイツ人は、他国の同僚に比べて柔軟性で劣る、と。⁽⁸⁹⁾
この評価は、始まりつつあった緊張緩和政策時代を背景として、相対化される
ことができる。ドイツ分断、オーデル・ナイセ国境、ベルリンの位置に関する、
西ドイツの法的立場へのこだわりが、アメリカの構想には適合しなかったので
ある。それでも、これによって西ドイツ外交の特徴も言い表された。ドイツの
問題はいつも法的問題であり、法的権利への固執はしばしば、連邦共和国がそ
の立場を押し通すための唯一の手段だった。

　　——1933 年から 1945 年までだけではなく、それを超えた——ドイツ史を背
景として、西ドイツの外交官が国際舞台に足を踏み入れることは、いつも危険
な綱渡りだった。在ワルシャワ・フランス大使館は 1964 年、オルセー河岸（フ
ランス外務省）に、西ドイツの経済代表団の指導者ベルント・ムム・フォン・
シュヴァルツェンシュタインの苦労を伝えた。彼はポーランドの外交団とはな
かなかうまくやれない、なぜなら、彼にはドイツの過去のせいで求められる控
え目な態度に我慢できないからだ、と。ドイツ人が次第に「控え目な態度」を⁽⁹⁰⁾
しなくなったことは、長い間、国際的には不審の目で見られていた。

582

第8章　変遷、改革と古い問題

　60年代半ば、国際的な社交の場で、連邦共和国は存在感を持ち、活動的だった。「戦後の終わり」（ルードヴィヒ・エアハルト）は外交にもやって来たようだった。これは外務省についても言えただろうか？　1951年の再建以来、その構成要素は変化していた。いまや指導的地位に就いた元ヴィルヘルム通りの職員の他に、1951年以降初めて着任し、ゆっくりと下から育ってきた若い外交官が台頭してきた。別の道から参入して来る者たちも全体像を補完した。1966年末、SPD党首のヴィリー・ブラントが外務省の指導権を引き継いだ時、新しい出発を示すものはたくさんあった。実際に、人事政策の問題は新外務大臣が短期間のうちに省で取り組まねばならない最優先のテーマとなった。省はナチスの過去の影を、60年代から70年代まで引きずった。新しくナチの捜査が開始され、国家社会主義とユダヤ人殺戮との関連で負担となる非難とスキャンダルが、個々の外交官だけでなく、外務省自体についても何度も取り上げられた。これらは、ブラントが省に導入した改革イニシアティブにも暗い影を落とし、それは早くもダイナミズムと打開力を失っていった。1990年、当時始まった外務省についての法律の改革プロセスが、ようやくその職務の法的調整を可能にした。——それは、1871年に外務省の歴史が始まって以来、初めてのことだった。

第1節　ブラントの下での人事政策

　1966年12月11日、ヴィリー・ブラントが外務大臣と大連立政権の副首相に就任したことは、ドイツ社会民主党にとって大きな転換点を意味した。同党が最後に政権に参加したのは、36年以上前に遡る。帝国外務大臣アドルフ・ケスター（Adolf Köster）の1920年春の2ヵ月間の任期のことは、伝統を重んじる党友たちさえほとんど誰も思い出せなかった。SPDの責任ある政権への復帰は、一方では、1959年のゴーデスベルク綱領以来の、党内での方向転換を要する出来事だった。もう一方で、CDUとFDP間の団結は、エアハルト政権の年月で、

第2部　ドイツ外務省と過去

ほぼ完全に疲弊してしまった。大連立の真の建築家だったヘルベルト・ヴェーナーは、この状況を利用することを心得ていた。躊躇するブラントを、調査担当大臣の職に満足せず副首相になるよう説得したのも彼だった。

　党首脳部が望んだ政権復帰への反対は、すぐに起こった。ギュンター・グラス（Günter Grass）はこの関係を「卑俗な結婚」と呼び、若い世代が「国家と憲法」に背を向ける、と警告した。[1] SPD 内部でも、多くの議員が服従を拒んだ。予想通り、特にクルト・ゲオルグ・キージンガー個人と、その過去について批判が巻き起こった。新連邦首相は 1933 年 5 月、28 歳でナチス党に入党した。彼の伝記作家はこれを、国粋主義的ではあるが、世界に心を開くカトリック精神をも育てた、キージンガーの小市民的出自に鑑み、右派カトリック思想とナチ・イデオロギー間の橋渡しの試みと、解釈した。[2]

　党員資格は一つの烙印として残ったが、それに対して、この CDU 政治家は生涯を通じて、それを取得したのは「信念」のためでも「日和見主義」のためでもなかった、と弁明した。[3] 多くの他の「スミレたち」とは逆に、キージンガーは 1934 年 6 月 30 日の流血事件の責任を次のような形で取った。彼は裁判官としてのキャリアを断念し、その代わりにフリーの弁護士と受験指導家庭教師としてベルリンで開業した。1940 年春に初めて、西方戦略の頂点の頃、政権への新たな歩み寄りをした。パリでドイツ大使オットー・アベッツのために働いていたカール・リッターの息子である、彼の元生徒カール＝ハインツ・ゲルストナー（Karl-Heinz Gerstner）[4] が、キージンガーに、外務省の文化部門が、外国語の知識のある弁護士を探していると伝えた。キージンガーはこれを、目前に迫った兵役を逃れるための喜ばしいチャンスと捉えた。1940 年 4 月 9 日、彼は「クルト R」（「Kult R」、文化部門ラジオ放送）の「学術助手」として着任した。

　この下位部門は、「古参戦闘員」ゲルト・リューレに率いられ、戦争初期から常に成長してきたドイツの外国ラジオ放送の構築と統制のために尽力した。1941 年、外務省と帝国国民啓蒙・宣伝省（RMVP）間の合意によって、リッベントロープの外国宣伝の勢力範囲が細かく制限された後、クルト R は主にドイツ語と外国語の国際放送を制御し影響力を持つことに集中した。この任務には、外国の特派員の検閲や、宣伝省と共同で経営された「インターラジオ」協会での協力も含まれていた。戦後、キージンガーは免罪のために、クルト R での彼の仕事は実質的に宣伝省との権限争いに限定されていた、と重ねて申し述べた。

584

このような制度的な葛藤は、第三帝国では実際ありふれていた。

　しかし、外務省と宣伝省間の合意は、キージンガーのキャリアを推進することにもなった。4人の他の職員とともに――その中には彼の友人で、以前「DⅢ課」に所属した、ゲルハルト・クロイツヴェンデディッヒ・トーデンヘーファーもいた――キージンガーは、ラジオ放送政策部門と宣伝省、あるいは帝国ラジオ放送協会の間の連絡員として指名された。彼は特に、個々の宣伝活動のための各国担当官の情報をまとめ、宣伝省に伝える役割を果たした。1943年初め、彼の上司ハンス・ハインリッヒ・シルマーが国防軍に徴兵されると、キージンガーが「一般宣伝」を担当する「B課」の部長代理に昇進した。数ヵ月後、彼はその上に「A課」（「ラジオ放送使用と国際ラジオ放送関係」）の指揮も引き受けた。これはそれまで、熱心なインターラジオ創設者のクルト・マイル（Kurt Mair）が指導していた部署だった。

　外国宣伝業務での5年間の勤務は、キージンガーの後の人生に様々な観点から影響を及ぼしたに違いない。彼とその同僚たちは、――盗聴報告などの――機密情報の入手手段を抵抗行為のために使ったと、非ナチ化法廷の訴訟中も、また後になっても、繰り返し主張した。しかし国内外の批判者は、彼が政権における昇進の可能性によって利益を得たことを非難した。他の多くの者たちと同様、彼はその働きによって、政権に立派な輝きを与えるための協力をした。彼の伝記作家も、キージンガーが「反ユダヤ主義的な煽動的宣伝の拡散」に参加したことを立証する調査結果を出した。しかしもう一方で、彼は、――信条的な拒否ではなかったとしても、実際的な熟慮から――反ユダヤ宣伝のための特別な外国放送局を設立しようとしたリッベントロープの計画に反対している。このため彼は、1944年11月、同僚エルンスト・オットー・デリース（Ernst Otto Doerries）とハンス＝ディートリッヒ・アーレンス（Hanns-Dietrich Ahrens）によって密告された。当時、告発はさしたる効果を残さなかったが、戦争が終わった後、キージンガーの首相候補に対する政治的留保を撤回させるために利用された。その時役に立ったのは、いわゆるコンラート・アーラース文書だった。シュピーゲル誌事件でのキージンガーの協力のための見返りとして、このハンブルグの雑誌の編集長代理は1965年11月、後の連邦首相にデリース・アーレンスの密告についての有利な会話記録を密かに渡していた。

　しかし、キージンガーが世間の攻撃を乗り切るために決定的だったのは、ク

ルト R 時代からの長年のコネと友情だった。これらはキージンガーのキャリア
計画に何度も役に立った。かつての外務省宣伝マンたちの同志グループの堅固
な核には、職業外交官フリッツ・フォン・ツヴァロフスキーの他、元文化部長
でキージンガーの元上司のシルマーもいた。ゲルハルト・トーデンヘーファー、
ギュンター・ディール 、グスタフ・アドルフ＝ゾンネンホール、エルヴィン・
ヴィッケルト（Erwin Wickert）、ゲオルク・フォン・リリエンフェルド（Georg von
Lilienfeld）、カユス・ケスター（Kajus Köster）らも、彼らの元同僚の出世に大い
に加担した。キージンガーのように、彼らも 30 年代終わりに、主として新参
者として外務省にやって来て、リッベントロープの組織変革の恩恵にあずかっ
た。占領時代、お互いのために非ナチ化証明を書いた後 —— 例えばディールは
応募の際、アッヘンバッハとゾンネンホールの紹介状に頼った —— ツヴァロフ
スキーは、チームの一部を再建中のボンの報道局に迎えた。他の大勢は、50 年
代初めから、外交官としての職務に復帰した。[7]

　キージンガーの首相在任中、公の攻撃は鎮まるどころか、任期の後半には再
び盛り上がった。そのため、この CDU 政治家は最後まで、元外務省同志の過
去政策鑑定に頼ったままだった。逆に彼らも、キージンガーの地位から、自己
認知の小さくない部分を受け取り、自分の、部分的には実に甚大な罪に対する
責任を、相殺させることを許された。ディールとヴィッケルトは、首相に、特
に自宅での安全を確保した。かつてフェルキッシャー・ベオバハター紙に勤務
していたリリエンフェルドは、戦時中しばらく外務省の「オストラント」総督
ハインリッヒ・ローゼ（Hinrich Lohse）の元で連絡員をしていた。[8] この人物は、
1968 年夏まで、アメリカの首府で防衛任務を調整することに尽力していた。

　新外務大臣は、比較可能な力強い省の権限を持たなかった。首相とは違い、
ブラントは第三帝国でキャリアを積まず、亡命先のノルウェーで独裁者の失脚
を謀った。しかし、この SPD 党首は、その近代化と改革政策をあらゆる点で支
持する 2 人の信頼のおける人物たちを省に連れてきた。企画部長エゴン・バー
ル（Egon Bahr）と、クラウス・シュッツ（Klaus Schütz）次官である。シュッツと、
—— シュレーダーの最後の側近だった —— ロルフ・ラール次官の他に、1967 年
4 月、ブラントは、連邦議会議員ゲルハルト・ヤーンを新設された政務次官の
ポストに迎え、従えた。そしてとりわけ、SPD の入閣を久しく待望していた社
会民主党の党員手帳を持った上級公務員たちの小さなグループがあった。彼ら

は人事政策の抜本的な革新と、長年にわたる嫌がらせの終結だけではなく、過去を明確に切り離すことをも望んでいた。

ヴィリー・ブラントは、既に1962年に、党大会での演説でこのテーマについて見解を述べていた。多くの外国の人々にとっては、「千年帝国の過去」が、新しい連邦共和国よりもずっと鮮明に記憶にある。民主主義的「再教育」から4年、連邦共和国樹立から13年経っても、「信頼の天井」がいまだ薄いのは、「かつての職員」の処遇に関連する。「いまや外国で、ドイツ史の民主主義的な現代の代表者ではなく、過去の時代の代表者として受け止められてしまう人々から距離を取ろうとする時に、ボン政府は、いつも器用な手腕を持っていたわけではない」。1966年12月、そのため、外務省の職員にとっては新首相がどこに人事政策的な力点を置くのか、アデナウアーの統合政策の遺産にどのように対処するのか、という疑問が生じた。

ブラント就任の数日後に既に、エゴン・バールが最初の概要を示し、クリスマス直前に、新首相に確認させた。彼への最初の見通しは結局のところ、どちらかというと厳しいものだった。職員には「3つの層」があることが認識できた。「旧外務省からの復職者たち」、——大多数がシュパイヤーの外交官学校の卒業生であった——「新参者たち」、そして「アウトサイダーたち」だった。第1グループについてあまり言うことはない。彼らは「あまりにも多くを経験し」、たいていの場合、「終着駅」にいる。復職者たちは印象が薄いが、おおまかなところ忠誠心はある。この中で問題なのは第2グループだ。宗派的、政党政治的な観点からも「途方もなく偏って」いて、その態度はシニシズムとスノビズムの混合によって特徴付けられる。新政府を、なるべくよく持ち堪えなければならない「暫定政権」として受け止めている。外交政策的な力点の移動を、これらの人々は本気にしていない。「彼らの中には素晴らしく仕事ができ、SPDに接近せず、新しい政治を望み、これまでには思いきってやれず、『これまでの弱い、堕落した一味』を軽蔑し、大きな期待と協力への本物のやる気とを結びつけようという者はほとんどいない」。第3グループはバールにとって、最も不均質だった。アウトサイダーたちは孤立したままであり、少数者だけが自分の能力によって権威を持つことに成功した。残りは、——正当に、または不当にも——「不遇な人たち」と、その「はなはだしい無能さ」が、「CDUの有益な仕事」をすることで報酬を貰うことの妨げにはならなかった人たちだった。

第２部　ドイツ外務省と過去

　この背景の中で、バールは「我々の喜び」のための、避けられない失望を予言した。これは「悲劇的人物」にも、迅速な変化を予想していたすべての「よい人たち」にも当てはまる。しかし、バールは警告する。「政党政治の徴候の下にある〔厳しい秩序をもたらす〕鉄の箒は、これまでのCDU政治とは別の種類の進展をもたらすだろう。この省を統合するためには、これまでの損害を終わらせ、指導部を至上基準にする人事政策が必要だ」。しかし、この原則を実現するには、最初の100日間に行われるいくつかの決定的な変化なしには成し遂げられない。その時、省内の目下の雰囲気が、「いくらかの真の希望によって後押しされ、忠誠心ある協力のために広範な準備ができている」状況であることを利用しなければならない。

　バールは、数人のアウトサイダーの立場の「党員手帳を持つ居候」を早期に定年退職させることにより、役人たちの同意を確保することを提案した。それによって、優れた能力があるにもかかわらず、これまで不利に扱われていた人材を昇進させることについての了解を促した。彼が、特にSPDに近い外交官の潜在的候補を眼中に置いていることには、疑いがなかった。可能性はあるが高位にいない、「明確にカトリックであるCDU党員」は、実際には存在しないからだ。この文脈で特に重要だったのは、新しい人事局長の問題だった。それは、できるだけそのキャリアの最後の2、3年を残すだけの、野心のない「経験のある外交官」であるべきだった。[10]

　新しい省の指導において、全く未知の場所での舵取りが、最初は容易ではなかったことが、バールの状況報告ではっきりとわかる。それにもかかわらず、一定の基礎知識を持っていることが、この初期の段階で実務的な重要性を帯びたようだった。まず、長期にわたるキリスト教民主主義者たちの主導権が、人事政策の面でも構造を築き、気質を形成していたという面白くない調査結果が出た。それによって、多くのことは一朝一夕には解決できないことがわかった。特に不安を駆り立てたのは、世代交替と、目的に叶った若手の育成が、官権国家的でエリート的な姿勢を打破するどころか、逆にまぎれもなく、固定化していたことだ。若手外交官の多くがよりによって、SPDに対して拒否的あるいは不審感を持っているという事実から、バールは人事指導と採用の方法を刷新する必要性があると結論した。彼は一方で、帰国者のアルノルト・ブレヒト（Arnold Brecht）とクルト・オップラーの提言であった資格取得試験を導入する他に、能

力別の昇級と解職の実行を要求する綱領に従った。他方で、彼は注意深い人事の刷新を提言した。しかし、これは制限を設けるのではなく、既存のノウハウをまとめ上げる、ということだった。

つまり、バールは「かつての職員」に忠誠心があると考えていただけでなく、彼らの協力を放棄することはできないと思い込んでいた。ただし、その時彼は、特に首相が大連立政権を宣言した時に公に宣伝したような、政治的、社会的宥和についての考えにはなびいていなかった。むしろ、彼にとっては、共感するスタッフを落胆させることなく、新外務省の構造的、人的現実を斟酌することが肝心だった。もっとも、公務員たちの多数が保守派と社会民主派の不平等な同盟を、危機的時代の一時的な、実利のための共同体としてのみ見ていたことを彼は軽視していた。その上、彼の現状調査には歴史的な焦点と深度が欠けていた。彼は、なぜSPD党員や帰国者、女性が、長い間昇進の邪魔をされているのかについて関知せず、古参者の明らかな感情的鈍麻と、新参者の冷笑主義の間の関係も認識できないようだった。

ブラント時代の最初の数ヵ月は既に、一連の実際の人事政策的危機によって特徴付けられた。外務省と連邦首相官房の最初の衝突は、驚くほどのことではないが、新東方政策の文脈で起こった。既にエアハルトとシュレーダーが辿った路線の延長上で、外務省は1967年1月、ルーマニアと正式に外交関係を結ぶことができなかった。その結果、ワルシャワ条約機構諸国がそのすぐ後に、「ウルブリヒト・ドクトリン」を決議した。それによると、ドイツ民主共和国がそれをしない限り、東ブロックのどの国にも、連邦共和国と関係を正常化することは許されない、とのことだった。慌てて大使を交替した結果、ブラントは、党友ハンス＝ゲオルグ・シュテルツァー（Hans-Georg Steltzer）をブカレストのポストに就かせることができなかった。[11] その代わりに、ドイツ連邦大使となったのは、CDUで人気があった元通商代表部部長エリッヒ・シュトレートリング（Erich Strätling）だった。省内部で —— 首相官房の介入についての陰口が言われ —— シュテルツァーを派遣しないという噂だけが広まったため、すぐにブラントの忍耐力が疑問視された。

５月半ば、バールは大臣に、あまりにも弛んだ人事指導の結果による望ましくない心理学的な反応を警告する必要性を感じた。特にバール個人についての評価は全体的に良好であった。しかし、危険が近づいている兆候をも確認でき

第2部　ドイツ外務省と過去

た。各大使館と領事館の人員配置が、「担保の請け出し」として根拠付けられ
れば、これは一般の理解を得られるだろう。それに対して、問題のある個々の
ケースは、なぜそうなったのか、多くの公務員たちにとっては追跡不能である。
そのため、「従順な者たちがあきらめだし、中間層および若年層の心の広い者た
ちが失望し、日和見主義者たちが首相官房を横目で盗み見るようになる」危険
が生じる。[12]

　これらのことだけでも、充分重大に聞こえる。だが、現実はもっと重苦しい
ものだった。数人の「従順な者たち」がこの時点で既に、タオルを投げたから
である。1963年から在オタワ大使だったクルト・オップラーは、ブラントの就
任による根本的な変革を期待する外交官の小さなグループに属していた。伝記
の中で、彼はSPD亡命者の反ナチ精神の遺産と、アメリカからインスピレー
ションを受けた再建時代初期の改革政策を統合している。1952年、多くの障害
を乗り越えて外務省に転任した後、彼はまず在レイキャヴィーク（アイスラン
ド）大使館に派遣された。選択の余地がなかったため、彼はこのポストを引き
受けた。それからオスロ（ノルウェー）大使館を経て、1958年末にはブリュッ
セルに赴任した。ブレンターノのこの決定に対して、アデナウアーやシュトラ
ウス、シュレーダー、ブランクが激しく抗議した。「亡命者をかつての亡命先に
派遣することは避けるべきだ。ブリュッセルのエイスケンス（Eyskens）氏のキ
リスト教民主党政権に、社会民主党の大使の受け入れは要求できない」[13]と首相
は述べた。国防大臣シュトラウスは、オップラーが2国共同統治地区の人事局
局長として「社会主義的に強く方向付けられた」人事政策を行ったと言い、ア
デナウアーらに加勢した。[14]しかし、大臣とクナップシュタイン次官代理は、決
定を覆さなかった。ブリュッセルで4年半勤めた後、シュレーダーによってカ
ナダに転勤となった。オップラーはこの交代によって、気候のせいだけでなく、
「氷上に載せられた、『棚上げされた』」と感じた。[15]

　1967年3月、ブラントはオタワ（カナダ）から心を動かされる手紙を受け取っ
た。きっかけはシュッツ次官の書状だった。その中でシュッツはオップラーに、
連邦大統領の訪問準備のために、もう少し長くそのポストに留まらなければな
らない旨を伝えた。それはそうと、シュッツと大臣は、もう国務次官の地位を
オップラーに与えないことに合意した、という。それには手間がかかりすぎる
ことがわかったためである。その代わりに、オップラーには、組織的、人事的

な外務省の改革に対して彼が考えるイメージについて所見を書くことが提案された[16]。それによって、オップラーと、既に重病だった、1966年までSPD会派議長だったフリッツ・エルラーが、就任から数日後のブラントに相談した一つの計画が潰された。オップラーの本省への召喚と国務次官への任命は、必要な改革を全面的に推進するはずだった。オップラーは、SPDの党員手帳を持った最高位の連邦公務員としての彼のステータスのためだけではなく、長年の実践経験と専門的知識に基づいて、この課題のために宿命付けられていた。そのため、合意の破棄は、オップラーにとっていかにもよいものだと思わせようとして、引き出しにしまうための所見を書くことを要請したシュッツの手紙は、なおさら失望させられるものだった。

　オップラーのブラントへの手紙には、怒りと苦渋が入り混じっていた。これまでの15年間に彼の身に降り懸ったすべてのことの後でも、政権交代以後の外務省の展開に、彼は困惑以上のものを覚えた。CDUの仲間にも支持されたはずの彼の提案は、実際には全く実現されなかった。外務省では長年、人事政策は行われず、そのための原則を編み出すこともなかった。組織の調和を図ることもなかった。人事部門の指揮権は、ずっと以前から、外国経験が全くない公務員の手中にある。客観的な選抜の代わりに、以前と同様、所属する党、宗教、そして影響力によって人選は決まる。能力主義はなおざりにされ、「厳しい出世の道」だけがある。オップラーは活動的な政治の仕事に動員される代わりに、所見を書くことを要求された。所見を書くというのは、通常、活動的な任務から外される人がやらされる仕事だった。そのため、彼はなぜこんなことになったのか、問わずにはいられなかった。「私が1927年以来、SPDに所属していることを 不快に思う役人たちに、皆が尻込みをしているのだろうか？（後に私はブレスラウでシュレージエンのために、エルンスト・エックシュタインとともにSADを創設し、これに所属した）……それとも、20年来労働組合（ÖTV）に所属し、ユダヤ系亡命者であり、アウトサイダーであることすべてが関係しているのだろうか？ または、私がわがままなのか？ しかし、君自身が12月6日に、まさにこのような人々の協力を君は信頼していると言った。正直言って、私には理解できない。CDUにもそれができるというのか？[17]」

　「蜜月」の間に、人事という観点から杭を打ち込むというバールの勧めも虚しく、時間の大半が無駄に過ぎてしまった。1967年11月、シュッツが市長とし

て西ベルリンに帰還し、ブラントが復帰させたフェルディナンド・ゲオルグ・ドゥックヴィッツが新次官として人事と管理問題への責任をも引き受けても、状況は好転しなかった。2年前に自主退職する以前、一時的に第7部門（「東方問題」）部長を務めたドゥックヴィッツは、新しい東方政策の支持者とされていた。しかし、国家弁務官ヴェルナー・ベストの元側近として、彼はナチの被迫害者ではなく「かつての職員」に近い立場だった。──1943年10月にデンマーク系ユダヤ人のために勇気をもって立ち上がったことは、また別の話である。[18]

　バールは人事部門の指揮を、「経験豊かな大使」に任せることを勧めた。1967年1月、CDU政治家の1グループが、大臣としてクルト・オップラーを推薦したとシュピーゲル誌が報じた。この指名によって、キージンガーのナチ党所属の過去と、NPD「ドイツ国家民主党」の選挙での躍進を、特に西側の外国に吹聴した、「悪いジャーナリズム」の一部を相殺しようとした。[19] 遠いオタワでオップラーがボンからの任命の知らせを虚しく待っている間に、アデナウアーのケルン・カトリックのネットワークに最初から属していた人事局長代理のパウル・ラープ（Paul Raab）は、彼に残された時間を消化した。1967年秋に退職した後、最終的に、ヴィルヘルム通り出身の元党員ゲオルグ・フェデラーがZ部門（人事と管理）を委託された。そこで、省の数人のSPD公務員たちは、行動する時が来たと悟った。

　同時にSPD党首にも届けられたが、労働組合に近い連邦議会議員ハンス・マットヘーファー（Hans Matthöfer）への手紙で、小さい同志グループを代表してエリッヒ・クナップ（Erich Knapp）大使は党首の人事政策が同志たちに次第に大きな懸念をもたらしていることを訴えた。最初のうちの遠慮が「社会主義ショックに脅かされた機関」を安心させるための「心理的な技巧」だとしたら、ブラントの振る舞いは、今では「無関心とお人好し」のミックスのようだ、と。ブラントの了承を得て、ラープはほぼ1年かけて人事計画を実行する機会を与えられた。これはまた、前任者シュレーダーから与えられたものだった。その人数をブラント就任以前よりも減るように、一連の社会民主党の公務員たちをけなすことは、「一言語しかできない素人」にもできただろう。新しい男、「非の打ち所のない、リベラルな」役人は、キージンガーとゲルステンマイアーの特別な信頼を享受した。シュッツの辞職により「既に素性と特性のために」理解をあまり得られなかったドゥックウィッツでは、埋められない亀裂が生じた。

古い機関は、「老練で抜け目のない」優雅なやり方で、「店をすっかり取り戻す」ことができた。新しい東ブロック代表たちが視野の広い男たちで構成されることは、疑いなく重要だろう。しかしそのために、本省の重要な地位をないがしろにすることは、「既にほとんど軽率」にみえる。次の立法議会の任期を考慮しても、党と会派が問題に介入し、「疑いなく、同時に最も勤勉で、活動的で、繊細で、エネルギッシュな大臣である」党首に、人事計画の手抜かりを気づかせることが緊急に要請された。[20]

　味方側からの断固とした批判にもかかわらず、ブラントは控え目路線に留まった。一つには、彼には省職員の大多数が「有能で忠実」に見えたからだった。[21]もう一つには、進歩的な外交を、教条にではなく現実に合わせることが、彼の政治的信条に適っていたからだ。最初は、慎重に均衡を保たせている連合諸国との間のバランスを乱さない、という考えが重要だった。立法議会任期の後半、ブラントの行動の余地は、首相と首相官房がますます強く外交政策的な利害に介入したことによって狭まった。そのため特に、ブラントの３年間の任期中、元来通知されていた党員手帳を持った公務員たちの解雇が、実際には１件も行われなかったことは、防御状況が増強したことの顕れだった。外務大臣は、自分の訴訟依頼人の昇級が何年も不利に扱われ、それによって侮辱されていることを甘受した。彼が個人的にその導入にテコ入れした、改革委員会の指揮権さえも、最終的には退職したヴィルヘルム通りの男の手中にあった。1968 年秋、もともとこのポストに予定されていたクルト・オップラーの代わりに「ジョニー」ヘアヴァルトが、とっくに期限が過ぎた外務省の革新を進展させる使命を受けた。[22]彼の下で 12 人の管理役人と連邦議会議員、学者から成る委員会の構成員には、ギュンター・ディール、クラウス・フォン・ドナーニ（Klaus von Dohnanyi）、テオドール・エッシェンブルクの他に、FDP 政治家で「かつての職員」であるエルンスト・アッヘンバッハもいた。彼は、1969 年秋、SPD/FDP 連立政権の始動とともに、ブラントの後継者として外務大臣となった党友ヴァルター・シェールの代役を務めた。[23]

　上級公務員の早期退職を実行に移し、それによって 25 人の被害者の取り消しの申し立てを引き起こしたのがシェールだった。[24]また、1970 年、ヴィルヘルム・ホッペ（Wilhelm Hoppe）によって、SPD 党員、労働組合員、非大卒者が、外務省で初めて人事局長になった。しかし、SPD 党員のホッペも、過去を持って

593

いた。1941 年、彼はコペンハーゲンの外交代表部職員として、ナチ党に入党した。1971 年 2 月、シェールはイスラエルのドイツ大使代理アレクサンダー・テレクをフォアヴェルト（Vorwärts 前進、SPD 機関紙）編集者のイェスコ・フォン・プットカマー（Jesco von Puttkamer）と交代させた。彼は元国防軍将校で、スターリングラードでの抑留後、自由ドイツ国民委員会に加わった。しかし、ナチ党員であったことを数年経って初めて公表した新外務大臣は、同じ党の仲間の心配までもしていた。1972 年、彼はマルガレーテ・ヒュッター（Margarete Hütter）に、サン・サルヴァドールのドイツ大使館の指揮を依頼した。 ── 在外大使ポストに就いた、初の女性である。この元国家社会主義者は、1948 年の FDP 加入以来、「戦争犯罪による受刑者」の猛然とした弁護人としてその名を馳せた。

　ブラントの「かつての職員」の扱いには、見定めることが難しい実用主義と不信感が混じり合っていた。個々のケースで彼には過去の負担があると見なした者は、大使ポストには派遣しなかった。キージンガーと懇意だったグスタフ・アドルフ・ゾンネンホールは「古参の戦闘員」で、突撃隊と親衛隊員、帝国総統親衛隊の個人スタッフのメンバーだった。彼はブラントの希望で、アンカラにではなくプレトリアに送られ、国内外のメディアだけでなく、同地の大使館そのものをも動揺させた。それとは違い、親衛隊乗馬連隊の隊員だったため、実際にはアラブ諸国か独裁政権にしか起用できなかった在リスボン大使ハンス・シュミット＝ホリックス（Hans Schmidt-Horix）を、ブラントははっきりと、報道陣の前で擁護した。やはり元親衛隊員だったキャリア外交官フランツ・クラップの場合、特にブラントが勧められてする気になった、この東京勤務の公務員のワシントンへの転任を止めさせる世話をした。クラップは既に 50 年代終わりに、一時的にアメリカ首府に勤務したが、ワシントンで大使を引き継げばほぼ確実に、彼個人と連邦共和国に対する敵意を被る、とブラントは言った。

　1962 年からバルセロナ総領事だった元ナチ検事のフランツ・ニュスラインは、1968 年 2 月、ブラントの希望により第一級功労十字勲章を授与された。しかしニュスラインは、定年前に大使館の指揮者に登り詰めたいという長年の夢を叶えることはできなかった。1969 年 4 月、バルセロナ（スペイン）のドイツ人学校の卒業生たちが総領事の過去に対して抗議が起こり、この 60 歳近い人のために、目立たないポストを見つけてやらなければならなくなった。法務部門内部で魅力の乏しい職をニュスラインに与える試みは、元次官ロルフ・ラール

の反感を買った。ラールは1957年と58年のモスクワでの交渉でニュスライン
と知り合い、彼に一目置いていた。ラールはドゥックヴィッツ次官と退官間近
の人事局長フェデラーに、「その名誉を私たちが確信する同僚を、もう少し強く
擁護する」ように頼んだ。しかし、60年代末には、そのような余地は狭められ
ていた。ニュスラインは年金が支給される退職の年齢まで、バルセロナに残っ
た。

第2節　新たな捜索

「茶色のスキャンダルはもうすぐ終わるのか?」——1968年末、南ドイツ新
聞はこのような大見出しで、外務省の人事スキャンダルの、どうやら断ち切れ
そうもない連鎖の原因を窮めようとした。その数ヵ月前、またもや、外務省高
官であるヘルベルト・ミュラー＝ロシャッハが過去につまずいた。戦時中の一
時期、悪名高いドイツ局「ユダヤ課」に勤務していたことが明らかになったの
だ。南ドイツ新聞はこの他にも別の数件を、最初から間違った人事政策の結果
であると評した。しかし同時に、これが、1951年3月の創設以来ずっと外務省
につきまとっていた一連の喜ばしくない事件の「最後の終焉」になるのではな
いか、という希望に繋げた。それはこの間に、元国家社会主義者の層が「自然
淘汰の過程によって次第に希薄になった」ためだけではなかった。フェルディ
ナンド・ゲオルグ・ドゥックヴィッツの場合、戦争中、「数千人のデンマーク系
ユダヤ人の命」を救う手助けをした男も、次官になっていたのだ。
デンマークでのドイツによるユダヤ政策を生き延びてエーレスンド海峡を
わたるセンセーショナルな逃亡に参加した人が、1968年初め、ミュラー＝ロ
シャッハの件を動かし始めた。フリッツ・バウアーである。彼は、1939年にデ
ンマークに亡命したユダヤ系ドイツ人であり、社会民主主義者だった。50年
代半ば、ヘッセン州首席検事の任務として、外務省の政治書類保管所にある膨
大な書類を分析し始めた。それは、外務省のどの職員がユダヤ人移送という犯
罪の組織と実行にかかわっていたかを調べるためだった。それによって、彼は
外務省職員に対する捜索の波を呼び起こした。それは、連合国による書類の最
後の引き渡しとほぼ同時期に行われた、ルードヴィヒスブルクのナチ犯罪解明
のための中央局の設立の後、ますます勢いに乗った。ヘッセンの犯罪追跡人た

ちは、主にハンガリーでの出来事や元衛星国のブルガリア、そしてこれによっ
て占領されたギリシャの地域に集中した（対象となったのはアドルフ・ヘツィン
ガー、エドムント・フェーゼンマイヤー、グスタフ・リヒター、ヘルムス・トリスカ、
アドルフ・ホフマン〔Adolf Hoffman〕、アルトゥル・ヴィッテ〔Arthur Witte〕、アン
トン・モーアマン〔Anton Mohrmann〕、ヴァルター・パウシュ、テオドル・ダネカー、
フリッツ・ゲブハルト・フォン・ハーン、アドルフ・ハインツ・ベッケレ、フリード
ヘルム・ドレガーだった）。それに対して、エッセン検察庁と、エッセン地方裁
判所予審判事ウルリッヒ・ベーム（Ulrich Behm）は特に、本省の責任者を優先
した（対象となったのはホルスト・ワグナー、エバハルト・フォン・タッデン、アン
ドル・ヘンケだった）。

　元外交官、または現役外交官に対するさらなる（事前の）調査は、60年代初
め以来、ナチ犯罪解明のための中央局と、次の検察庁で行われていた。すなわ
ち、ベルリン（カール・クリンゲンフス、マルチン・ルター、エリッヒ・シュレッ
ター〔Erich Schrötter〕、ルドルフ・ボブリック）、ボン（マンフレート・クライバー、
ヴァルター・ビュットナー、ヴェルナー・ピコ、マンフレート・ガルベン、ヴェル
ナー・フォン・バルゲン）、デュッセルドルフ（ヴィルヘルム・ヴァイリングハウ
ス〔Wilhelm Weilinghaus〕）、ギーセン（カール・アウグスト・バルザー〔Karl August
Balser〕）、ハンブルク（オットー・ベネ）、ハノーファー（フェリックス・ベンツ
ラー、フランツ・ゴルツ〔Franz Goltz〕）、コブレンツ（ギュンター・アルテンブル
ク、クレム・フォン・ホーエンベルク〔Klemm von Hohenberg〕、クルト＝フリッツ・
フォン・グラヴェニッツ、ヘルベルト・ネーリング、フリッツ・シェーンベルク、ヘ
ルマン・ノイバッハー）、ケルン（カールテオ・ツァイトシェル、オイゲン・ファイ
ル〔Eugen Feihl〕、ルドルフ・ラーン、オットー・ホフマン〔Otto Hofmann〕）、リュ
ベック（オットー・フォン・ビスマルク）、ミュンヘン（ヴァルター・ヘレンター
ル〔Walter Hellenthal〕）、シュトゥットガルト（クルト・ハインブルク）[34]。他、いま
だ逃亡中のフランツ・ラーデマッハーに対する引き渡し手続きが継続中だった。
1966年、彼はバンベルクの法廷に立つため、自主的に連邦共和国に帰還した。

　エルサレムでアイヒマン裁判が終結し、判決が公示されたすぐ後、「国内II
課」の人員に対する捜査にブレーキがかかり、熱意あるエッセン地方裁判所顧
問官ベームは解明任務を解除された。それに対し、フランクフルトの検事たち
はねばり強く、大きな公判に向かって進行していた。1967年11月、10年以上

かけた捜査の後、遂に、フランクフルト地方裁判所は、2人の元外務省官吏に対する公判を始めることができた。この、いわゆる外交官裁判で告訴されたのは、元ソフィア（ブルガリア）公使ハインツ＝アドルフ・ベッケレと、元公使館書記官フリッツ・ゲブハルト・フォン・ハーンだった。1942年12月から1943年3月まで、彼らは「DIII課」に所属し、ラーデマッハーの部下だった。2人は、トラキアとマケドニアの1万1,000人の「新ブルガリア」ユダヤ人の移送に加担した共犯者として非難された。他、ハーンはテッサロニキのギリシャ系ユダヤ人約2万人の移送を指示した罪にも問われた。

40年代末、ユダヤ課の仕事は省内の防諜のための特別領域だったという所見によって、ハーンはヴァイツェッカー被告を援助した。[(35)] 15年後、エッセン地方裁判所での2日にわたる尋問期日の間、DIII課での任務について報告をした時、彼はヴァイツェッカーと同じように自分自身を法廷に委ねた。彼は早い時期から移送の本当の目的に気づいていたことも、この機会に記録させた。フランクフルトの法廷では、彼はそのことはもう何も知りたがらなかった。同時に告訴されたベッケレも、移送の目的を知っていたことを断固として否認した。それどころか、1943年に彼は、ユダヤ人の命を救うためにあらゆる手を尽くした、と主張した。

多くの外交官と元外交官が口をそろえて、戦後初めて絶滅計画のことを聞いたと表明することによって弁護戦略は支持された。これを論証するための陪審裁判をすることはまず考えられないため、ハーンとベッケレの弁護人たちは、裁判所に対する政治的圧力を強めた。弱められた形で共産主義的なファシズム批判を拝借し、ボンの政府高官代表者たちと共通するナチの過去を、罪を軽減する理由として引き合いに出すことによって、問題を効果的に政治化した。ベッケレの抜け目のない弁護人は、既にこの手口で、ミンスクの保安警察指揮官に対するコブレンツでの裁判において、いくつか成果を出した。そのため、彼は1968年初め、キージンガー連邦首相と連邦議会議長ゲルステンマイアーを、法廷での尋問のためにフランクフルトに召喚する申請をした。理由は、この2人が第三帝国での以前の役割を基に、大量殺戮を知っていたのは犯罪行為を知る小さなグループに限定されており、被告人たちはこれに属していないことを証明できるためである、と述べた。

検察庁と裁判所が、手続きに則っていないとして申請を却下したにもかかわ

第 2 部　ドイツ外務省と過去

らず、弁護士エゴン・ガイス（Egon Geis）は手続き上のトリックを使い、キージンガーを 1968 年 7 月 4 日、ボンの裁判所で釈明をさせることに成功した。満場の聴衆と、50 名ほどいる国内外の報道関係の代表者の前で、連邦首相は外務省での自らの経歴を詳細に語り、ユダヤ人殺戮について彼が知っている情報を提供した。組織的な殺戮行為についての外国での詳しい報道は、最初は気づかれず、後には残虐なプロパガンダであると思われていた、とキージンガーは誓約した。1943 ～ 44 年になって初めて、「そこにはもっと何かがある」というぼんやりとした感覚が彼の中にこみ上げて来た。DIII 課の任務については、彼は知らなかった。その指揮者ラーデマッハーのことは、ときどき「見た」ことがあった。(36) ユダヤ人の大量殺戮を明確に表明した 1944 年 4 月の秘密警察の報告も、彼は意識的には認識しなかった、と。

　──仕事上知らなかったことと、個人的に知っていたことを区別する、キージンガーの巧妙な答弁の使い分けにもかかわらず──これらのすべてには、それほど真実味が感じられない。しかし、首相と、彼の過去の政策顧問たちの目から見ると、ヴィルヘルム通りの定着した自己防衛戦略を弱体化しないことこそが大事だった。40 年代終わりには、「ニュルンベルク」に対する防衛戦の関係で、まだ小さな人脈の中で意見の一致を調整していたが、新たな捜索によって社会がより批判的になったことにより、説得力はほとんどなくなった。──外務省がユダヤ人に対する絶滅キャンペーンからほぼ完全に閉め出されていた、という──ドイツ連邦の外交官の、生涯を賭けた嘘は、アイヒマン裁判の後、1965 年東ベルリンの「茶色の書」と、フランクフルトの外交官裁判で陳述された詳細で、免罪論拠として使い古されていた。

　キージンガーは自身の無実を証明しようとする発言のせいで、国内外のジャーナリズムの批判の対象になった。主力な報道は、被告がその供述によって利益を得た、というのが批判の最たるものだった。(37) 首相の出廷が、ほぼ衆目一致で非難されたことには、このような裁判の社会的な目的である新しい理解が決定的に作用した。議会では極右主義が急成長し、多くのジャーナリストたちが、ナチ犯罪の法的解明を民主主義の内的な安定のための重要な前提として注目していた。この背景の中で、犯行の黒幕である大勢の高官が、今もなお自由に闊歩しているという事実は、法治国家に不安をもたらすマイナス要因であると評した。

ただし、最も厳しい批判は、合衆国のユダヤ組織代表から出た。ボンの公判期日の数日後、ヨアヒム・プリンツ（Joachim Prinz）・ラビから連邦首相官房に電報が届いた。「ヨーロッパのユダヤ人に、何か恐ろしいことが起こっている」と遅ればせながら気がついたというキージンガーの証言は、彼には同様に「驚くべき、ショッキングなこと」として感じられた――アメリカ・ユダヤ会議（AJC）の国際問題委員会議長はそう書いている。「あなたは、あなたの周りで起こったすべてのことに盲目であったか、それともあなたは自由意思で目をつぶったのです。……1935 年、あなたは他の皆のように、新しく公布されたニュルンベルク法がドイツ系ユダヤ人からその法的、社会的、政治的権利を剥奪し、彼らを第 2 級の市民に降格させたことを、知らなかったのですか？　これは何か恐ろしいことではなかったのですか？　1938 年 11 月、あなたは他の皆と同じように、ドイツ中のシナゴーグが例外なく放火され、粉々に打ち砕かれたのをただ黙って見ていたり、聞いたりしていたのではないですか？　…… あなたはどうして、ドイツ外務省の役人として、群衆が、アウシュヴィッツやダッハウ、ベルゲン・ベルゼン、トレブリンカなどのいくつかの選ばれた場所へと移動させることに、何か良くないことが起こっていると気付けなかったのでしょうか？……ヒトラーは最初の公的発言で、ドイツ系ユダヤ人を絶滅させ、ヨーロッパの文明を野蛮とテロの支配に従属させるという意図を包み隠そうとしませんでした。それ以来、あなたとドイツ国民は、ナチのヨーロッパでの不道徳で非道な計画について知っていたことになり、罪の負担を負っています。今さらガス室や焼却炉の証拠を待っている者は誰もいません。……裁判でのあなたの証言は、第二次世界大戦中にドイツ国民に特徴的だった許し難い精神的態度の顕れです。それこそが、600 万人のヨーロッパのユダヤ人に対する凄まじく恐ろしい殺戮の責任を負っているのです」[38]。

　協力者の忠告に従いキージンガーは、アメリカ・ユダヤ会議が公に発表した非難に、反駁することは止めたようだ[39]。首相に最も近いグループが相変わらず、その過去は本当の弱みにはならないと踏んでいたのが、その理由の一つだったらしい。しかし、首相官房は、後から、ロベルト・ケンプナーの警告は正しかったという見解に至ったこともあり得る。この元アメリカの原告は、キージンガーにはっきりと、裁判所の尋問を受けないように忠告した。それは「一貫して」単に糾弾キャンペーンのために利用されるからだった[40]。実際に、キー

ジンガーの不首尾な登壇のために、彼の応対の信憑性のなさを証明しようと努力する一連の新しい、そして古い批評家が、その計画を始めた。ギュンター・グラスの他に、ジャーナリストのベアーテ・クラースフェルド（Beate Klarsfeld）も特にキージンガーに取り組んだ。彼女はキージンガーに、台頭するネオナチズムと、若いドイツ人たちの政治的混乱の責任を負わせた。数週間後、キージンガー事件はクラースフェルドによるキージンガー記録のタイトルでもあった「党員ナンバー 2633930」が、西ベルリンの CDU 党大会で平手打ちを食らわせた時、クライマックスを迎えた。

　しかし、左派だけではなく、ハイドリッヒ元代理のヴェルナー・ベストを取り巻く極右の温情派ロビーも、いまや反キージンガー・キャンペーンを準備していた。このグループ内部での共通した意見によると、首相は一般恩赦計画に反対し、ナチ殺人行為の時効期限の再度の延長を支持することで、元同僚と協力者を裏切った、ということだった。元外務省職員およびキージンガーの密告者であったハンス＝ディートリッヒ・アーレンスとともに、1968 年秋、ベストは首相に対する公のキャンペーンを始めようとした。――アーレンスはその間に、エッセンで西ドイツのコンツェルンの宣伝アドバイザーとして成功を収めていた。―― 利用可能な記録文書がなかったために（ワシントンの国立公文書記録管理局での調査では、古くから知られた密告記録だけが明るみにされた）、この計画が頓挫した時、恩赦支持者たちが外務省の政治文書保管所に着目した。彼らは潜在的な同志を探しながら、局長ギュンター・ザッセ（Günther Sasse）と、その代理のニコラウス・ヴァイナンディ（Nikolaus Weinandy）、そして助手調査員テオドール・ゲーリング（Theodor Gehling）を、計画中の「記録による援護」の協力者として獲得することを望んでいた。アーレンスは、ベストのための 16 頁からなる回想録に、次のように書いている。―― 政治文書保管所の指導部は、同様に外務省職員に対して、波のように押し寄せて来る刑法の追手への心配に苛まれていた。保管所の蔵品に手を延ばそうとする「ユダヤ人の世界組織」の圧力が強まる中、この「職場の魂」である若い歴史学者ゲーリングが、できる限りそれを阻止していた、と。しかし、検察庁の捜査案件が増えてきたため、「小さいチーム」には荷が重くなり、適応する記録の入手を確保するためには、できるだけ速やかにプロフェッショナルな歴史学者を見つけ、それに投資する必要があった。

政治文書保管所の指導部と、ベストの「同志サークル」との間に、実際に緊密なコンタクトが形成されたことを示す根拠は、保管所の所蔵品には見当たらない。省の伝統路線の協同は、告訴されたナチ犯罪者の利害のために力を貸すことを拒んだ。そのことを除外しても、ザッセあるいは保管所の部下の誰かが、アーレンスの粗暴な反ユダヤ主義的陰謀論を共有したとは、まず考えられない。ただし、ベストの協力者であるアッヘンバッハへの緊密なコンタクトは存在した。しかし、彼は60年代終わり、特に元「国内Ⅱ課」の課長であったホルスト・ワグナーの弁護人として登場していた。彼は省が賢明にも距離を置こうとした人物だった。

迫り来るナチ捜査の拡大にうまく対処しようと、省は、全く別の方法を使った。省は、特にリッベントロープ側近に対する様々な捜査手続きの中で、この方法を利用した。1960年には既に、外務省はノルトライン＝ヴェストファーレン州法務大臣オットー・フレヒングハウス（Otto Flehinghaus）の指示により、1945年に殺害されたフランス陸軍大将ルイ・メスニー（Louis Mesny）の件に関するワグナーの起訴状の草稿を受け取った。ドイツ－フランス関係の悪い反作用を防止するためだったという。起訴状を精読後、シェルペンベルク次官は、殺害の責任を国内Ⅱ課だけに限定するように、いくつかの変更を提案した。数年後、⁽⁴²⁾エッセンで「最終解決複合体」に対する起訴が目前に迫った時にも、この方法が採られた。連邦法務省が外務省に内密に送ったエッセン検察庁の起訴状への所見の中で、保管所所長のザッセは、検察庁が「古典的部局」と空間的にも遠く離れたドイツ局と国内課Ⅱ──これら２つは「国家主義的専門分野」となった──の距離を充分に際立たせていないとクレームをつけた。ユダヤ人問題の⁽⁴³⁾処理は、少数のリッベントロープの側近の手中にあったという外務省の自己解釈は、こうしたやり方で法的評価の中に組み込まれていった。

このような予防措置にもかかわらず、ナチ黒幕たちに対する捜査の進行によって、外務省職員がジェノサイドに協力したかどうか、さらなる詳細が明らかになることを避けることはできなかった。本省と各外国代表部の不明瞭な構造と権限組織とを整理する尽力の中で、ルードヴィヒスブルクのナチ犯罪解明のための中央局は、既に1965年春、リッベントロープ配下の外務省が、全体としてではないが、「個々の部分で、当初からユダヤ問題の最終解決計画に介入していた」という調査結果を出した。現役で活躍中の公務員も含めて多くの外務⁽⁴⁴⁾

省高官が「ユダヤ人殲滅プログラムについて」実質的な知識を持っていた、と。[45]

　フランクフルトの外交官裁判中、ここで初めて、外務省特有のエリートの勤続について広く公になった。1968年2月には、フランクフルト陪審裁判所は、一連の現役外交官をベッケレ・ハーン裁判の証人として尋問したいと省に通知した。[46] 省は同意した。2ヵ月後、検察庁と裁判所は、ヘルベルト・ミュラー＝ロシャッハ大使からの報告に驚かされた。彼はハーン被告の前任者として、1941年11月から数ヵ月の間、ドイツ局で「ユダヤ人問題」を担当していたという。[47] 元「ユダヤ人問題担当者」の身分は、それまで司法当局には隠されていた。ミュラーは1955年以降、妻の旧姓を使用していたからだ。[48] なぜ彼が改名したのかという裁判所の質問に、ミュラーは、局長マルトツァンの指示で行ったと説明した。彼は、「ミュラー」では連邦共和国の在外代表になるにはふさわしくないという意見だったという。[49] 1951年に外務省に復職した時、ドイツ局第III課にいたことを隠していたことは、証人は言及しなかった。

　外務省での経歴について訊かれたミュラーは、1939年初めに経済政策部門に配属されたと答えている。ドイツ局第III課への移動に対して、彼はまず抵抗した。左遷のように感じられたためだった。また、同課には、秘密めいたことが横行しており、あらゆる「良心的な仕事」を不可能にしていた。最終的に、ミュラーの故郷シュヴェリーンの古い知り合いだったラーデマッハーが彼に、ドイツ局第III課での任務を辞めるなら、自主的に前線に赴く道しかないとほのめかした。実際にミュラーは、1942年4月初めにアフリカ隊に動員されている。重傷を負い、以降50%の戦傷者として、1943年7月に外務省に復帰し、駐仏大使アベッツの個人調査官となった。

　4月17日のフランクフルト・アム・マインでの尋問の後、ミュラー大使は反駁の渦に巻き込まれた。そのため彼は、1942年1月に自ら招待状にサインしたにもかかわらず、ヴァーンゼー会議のことは知らなかったと主張した。そこで、フランクフルト検察庁はその直後、殺人幇助の疑いで捜査手続きを開始した。数週間後、ミュラーが居住するボンに起訴状が提出され、偽りの宣誓による偽証罪の範囲を拡大した。世間がこの経過をまだ知らない間に、外務省は即刻この捜査について知らされ、職員を懲戒処分にするように要請された。そのため人事局は、1966年3月から在リスボン（ポルトガル）のミュラー大使をボンに呼び寄せた。とはいえ、彼をパリの経済協力開発機構の大使に派遣しようというも

ともとの計画は、進行中の捜査のために中止されたのではなかった。ミュラーは外務省に、リスボン大使の地位の引き継ぎが降格とドイツの利益の損失に繋がっていることを思い出させたためである。ミュラーを解任することなく、リスボンに還すという決定は、通常の実務によく適ったものだった。他のケースでも、捜査について情報を得るようなことがあったなら、省は職員に、個人資料として受け取る短い所見を要請するだけだった。ミュラーの件では、人事局が付加的に保証されたように感じていた。3年前に行われた調査では、彼に対して負担となるべきものは出て来なかったためである。[50]

　しかしその間に、フランクフルトの外交官裁判と、「外務省と最終解決」というテーマでのラーデマッハー裁判第2弾の成り行きを見ていた市民は、非常に敏感になっていた。そのうえ今度は、フランクフルト検察庁が進行中のミュラーに対する捜査について報道陣に報告することによって、外務省から反応を引き出そうと試みた。[51]社会民主党の外務大臣が、「かつての職員」について明らかにキリスト教民主党の前任者と同じような杜撰な対処をしてきたことも、多くの人の目にスキャンダラスに映った。省内の人員に対して進行中の捜査が片付くまでは傍観しておこうとしていた省内部の努力が、7月末にはフランクフルター・ルントシャウ紙のテーマとなった。既にシュレーダー時代に、省首脳部はミュラーを引き続き指導的な地位に任用することに対し、「力を込めて」警告を発していたという。刑法的調査の一環で、負担となる材料が見つかったためである。しかし、シュレーダーはこの警告を聞き流したうえ、ミュラーを計画スタッフのリーダーに任じた。いまやブラントは、シュレーダーの弱点のために「窮地」に陥った。一方で、省のボスであるブラントには「保護義務」があった。もう一方で、負担の大きい職員をこのまま重要な地位に留めておけば、非難を被るのが目に見えていた。[52]

　外務大臣は元「ユダヤ課職員」の件について決断をするのか、そしてまた、どのような決断をするのかと、メディアが固唾を呑んで見守る間、連邦首相官房はさらに大きなジレンマに苦しんでいた。1968年10月後半、キージンガーが、重病に陥ったポルトガルの独裁者アントニア・デ・オリヴェイラ・サラザール（António de Oliveira Salazar）を公式訪問することになっていた。ドイツ大使をめぐる事件にどう対処するかという問題は、調書の問題だけでは済まなかった。訪問にはどのみち十分な火種が隠れており、キージンガーはこれに対していくば

くかの不安を持っていた。晩夏には、首相官房は何度も、ミュラーの件はどうなっているのかと外務省に確認を入れた。7月の時点でボンの上級地方裁判所検事長フランツ・ドゥリューグ（Franz Drügh）はヴェルト紙上に面倒な捜査を予想できるとのコメントを載せ、重大な過去の罪の負担について話した。[53] こうした背景の中、外務省は8月初めに、取り沙汰された非難は証明可能性を審議するには「不適当」であるため懲戒処分を適用する必要性は見当たらない、と発表した。しかし、それにもかかわらず、大使たちには「数週間の休暇を取る」よう要請した。[54]

10月末——「数週間の休暇」がいつの間にか「長期化した療養」となっていた頃[55]——ミュラーは援助を求め、1966年に計画スタッフのリーダーの任務を彼に引き渡したエゴン・バールに相談をした。シュヴァルツヴァルトの休養地バード・ヘレンアルプの「移動式小住宅」であるバールの隠れ家で、ミュラーは悩みを訴えた。首相の初めてのリスボン訪問にもかかわらず自分の任務を果たせず、それによって「パリサイ派の独善者と懐疑派」が増えることは、ミュラーにとって大きな苦痛である、と。「検察庁が私に対して軽々しく口にし、しかもジャーナリズムが貪欲にむさぼり、連邦報道・情報局でさえもが（事前の省の介入もないうちに）拡散する疑惑に、首相がどうやら、年老いて試練を経た公務員の言葉に宣誓と同等か、あるいはより大きな比重を与えようとしている」ことも、彼には耐え難かった。ボン検察庁が明らかに、「ヴィルヘルム通りの胡散臭い課」に所属した期間に限定せず、彼の外務省での全経歴を調査する予定らしいことを、彼は心配しながら眺めていた。ノルトライン＝ヴェストファーレン州法務大臣ヨーゼフ・ノイベルガー（Josef Neuberger）が言ったように、捜査の速度が実際に早まるなら、おそらく、年末に仕事を再開できるだろう。しかし捜査にもう1年を要するなら、休暇後には復帰したい。——ドゥックヴィッツが先日知らせてくれたように、事態は「良くない方に進むことはない」のだから、尚更のことだ。[56]

バールの沈黙が目立つようになり、帝国経済省でミュラーの同僚であったラール次官もさらに待たされる状況に陥っていた間、ブラントへの一通の書状と、ドゥックヴィッツとの電話が、事態を再び動かした。[57] 公務員をその意思に反して退職させることは当面不可能だという間違った情報を大臣に与えたのは、どうやら（人事局などではなく）ドゥックヴィッツだったようだ。この結果、継

続する捜査にはお構いなく、ブラントはできるだけ早くミュラーをリスボンに返すことを表明した。——それでもまだ、本省に任用するよりましだろう、という考えだった。しかしわずか数日後、検察庁の調査は水泡に帰したどころかさらなる容疑事実をもたらした、と人事局長フェデラーから訊いた時、大臣はもっとよい考えを教えられた。フェデラーは、訴訟手続きが遅かれ早かれ、いずれは容疑者の無罪を証明するだろうと踏んでいた。しかし、偽証罪については、これまでのやり方を変えるべきことを示したと感じた。

　外務省の評判のために、ミュラーが、奮起して理解を取り付けると仮定して、フェデラーは11月末に彼の考えを承諾した。ブラントは、ミュラーを「国家理由」の犠牲にはしないという約束を守るだろう。しかし、新しく加わった問責のために、リスボンに留まりたいというミュラーの希望を叶えることは省にとって難しくなった。最近持ち上がった非難について、ジャーナリズムが報じることを想定すればよいだけではない。もっと強い、敵意のあるプロパガンダも考えられる。——ユダヤ人殺戮についての「身の毛のよだつ報告」を思い出せない大使が、「尽きることのない誹謗の材料」を提供することになる。保護のため、そして検察庁の捜査に「力いっぱい」抵抗する可能性を彼に与えるために、大臣は彼に本省の「特別任用」である大使としての職を提案した。フェデラーは、この方策が、「B8ポスト」への復帰を保証されていたミュラーの期待には沿わないことを知っていた。しかし彼の場合、シュピーゲル誌が既に次の「ストーリー」を準備していることもあり、即断が必要だった。期待に反して捜査手続きが起訴に繋がれば、当面の退職処分は避けられないのだから。

　それゆえに、ミュラーはポルトガルをすぐに離れるという措置に応じたが、取り上げられた地位に恋々とした。成功に甘やかされた外務省高官は、どうしても低所得に満足できなかった。これを間接的な罪の自白のように感じただけでなく、外務省が、このことによって評判を失墜するのではないかと恐れて、裁判所で議論することができないのではないかと推測した。この希望的観測は根拠のないことではなかった。年末には、ノルトライン・ヴェストファーレン州法務省が特別に力を入れて捜査を進め、起訴の可能性がますます確実になったことがはっきりとしたにもかかわらず、省首脳部は、引き続きこの公務員をできるだけ受け入れる努力をしたからである。12月にブラントは、ミュラーを国際問題委員会の新議長と、ドイツ海洋学委員会の次官代表に起用するつもりで

第 2 部　ドイツ外務省と過去

あると、彼に伝えた。その時大臣はもう一度自分の主導権を行使したのではな
く、 —— 明らかに荷が重くなってしまい —— ラールとドゥックヴィッツがその
直前に提示し、説明した提案を採用したのだった。[60]

　その直後、ミュラーは重大な戦術的ミスを犯した。政治指導部のレベルから
突きつけられた、誰にでもわかるような共感の喪失に直面し、彼は人事局に抗
議してよいものだと信じた。このことが、1969 年 2 月にフェデラーをして大
臣に、反抗的な大使をすぐに当面の退職に追い込むべきだと強く勧めることに
なった。[61]これは、その間に外務省のユダヤ人問題担当者に対する捜査を引き継
いだケルンのナチ犯罪解明のための中央局からもたらされた情報が基になって
いた。しかしブラントは引き続き、この公務員に対して処置を取ることをため
らい、そのかわりに、法務大臣ノイベルガーに、検察庁に対する指令権を行使
することを促した。

　しかし、スカンジナビアからの帰還後、ナチ犯罪追跡の支持者から敵に転身
した SPD 党首とは違って、その党友ノイベルガーは、イスラエルから帰国して
からも引き続き、ナチ犯罪の検証に一貫して取り組んでいた。それによってノ
イベルガーは、ブラントと親交があり、1968 年夏に突然死去したヘッセン州首
席検事フリッツ・バウアーの路線を保っていた。その上、ノイベルガーは外務
省に対して特別な不信感を持っていた。わずか数ヵ月前、彼は、ナチ犯罪容疑
者を追跡から匿おうとした疑惑のある中央法務局の仕事を強く批判した。

　フェデラーの協力者として法務省で事前交渉をするという割に合わない課題
を引き受け、3 月半ばデュッセルドルフに現れたノイバウアーと彼の次官ミュ
ンヒハウゼン（Münchhausen）は、明確に、しかしあまり外交的ではない言葉を
選んだ。自分には進む手続きを止めることができない、と大臣は説明した。こ
れまでの捜査で、ミュラーには比較的穏やかな計画をより先鋭化したことさえ
あったという事実が判明した。[62]本人の言による、自ら進んで国防軍に入隊した、
ということも疑わしい。他に、身の毛もよだつような行動部隊報告を忘れたと
いう彼の応訴も、簡単には受け入れられない。そのため、2 つのケースで起訴
が予想される。ブラントに配慮し、残念ながら大臣から決断を取り上げること
はできない、とノイベルガーは付け加えた。既に彼の前任者は、元特別裁判官
たちが —— 彼らが通常、「最高の者」だけを望んだという事実にもかかわらず
—— ノルトライン・ヴェストファーレン州では主導的な地位を得られないこと

606

を原則としていた。この厳しさはミュラーにも適用できるものだった。[63]

1969年5月19日、ブラントはミュラーに、当面退職処分にする以外の可能性がないと伝えた。1対1で話をしたいという彼の希望は、叶わなかった。継続中の訴訟手続きのために官庁の権利保護を得るかどうかについて、ミュラーがその後すぐに決断しなければならなかった時、ブラントはこの措置を正式に貫き通すべきだったことが判明した。人事局は、弁護士費用を引き受けるための条件は揃っているが、同時に、それをしたら必然的に世間の批判を呼ぶだろうという見解だった。それに対して、デュックヴィッツは、ミュラーが申請した公の資金からの補助金を承認した。2週間後、連邦大統領府が、連邦大統領は残念ながら殺人の嫌疑がかかっている公務員の「ドイツ国民のために成し遂げられた誠実な職務」に対して感謝を表すべき証書に署名はできない、と伝えて来た。ブラントとその次官は、それに対してかなり理解しがたい反応を示した。これを省がコメントもなく受け入れたことには、指導力が大いに欠けていることが推論される。また、政治的な首脳部と組織が、いつのまにかいかに乖離していたかを明示した。リュプケ（Lübke）大統領の希望により、その直後に、心にもない文言が省かれた新しい証書が送られた。[64]

ノイベルガーの後継者のCDU政治家オットー・フレヒングハウスが早期の終結を迫った末、ミュラーに対する捜査手続きは1972年9月に「証拠不十分」のため中止された。ミュラーの外務省との繋がりは、もちろん活動的なキャリアの後も切れることはなかった。ドイツ海洋学委員会での外務省代表の役割の他に、彼は付加的に1976年まで、様々な高報酬の鑑定人としての依頼を、計画スタッフのために引き受けていた。

ミュラー＝ロシャッハ事件は、1968年の省運営を煩わせた唯一の、過去についての政策的危機ではなかった。年頭には既に、春には大きなスキャンダルに発展する、もう一つの葛藤が萌芽していた。ウィーンのユダヤ人迫害記録センター長サイモン・ヴィーゼンタールは、オーストリアで発行された歴史ある新聞が、フランスでナチと戦争犯罪のために警察に捜索されている、オーストリアとドイツ国民への警告を発表したことに気づかされた。ヴィーゼンタールは調査の際、名簿がもともと、「西の警報サービス」という名称の情報紙を配布していたドイツ赤十字（DRK）ハンブルク支局から出たものであることを突き止めた。ヴィーゼンタールが、ルードヴィヒスブルクのナチ犯罪解明のための中

央局局長の首席検察官アダルベルト・リュッケール（Adalbert Rückerl）に、内密にこの発見を知らせると、2人はすぐさま、この報告活動は一度きりの事件ではなく、長年行われている実践行動だということで一致した。[65] ── その名前がオーストリアの新聞にも掲載された国家保安部の2人の移送専門家 ── アロイス・ブルナーと、エルンスト・プファナー（Ernst Pfanner）── の他に、さらなる数百人の犯罪嫌疑をかけられた人々が、実在する逮捕命令の情報を与えられ、刑事訴追から逃れているようだった。ドイツ赤十字が、そのような警報システムを独自に確立することは有り得ない。ヴィーゼンタールも、ドイツ赤十字の施設がカムフラージュのためだけに使われ、本当の責任はおそらく外務省の中央法務局にあるという意見だった。この可能性はリュッケールにとってはあまりにも面白くないものだったらしく、ナチ犯罪解明のための中央局は、およそ10年来続いた協力を拒否した。ヴィーゼンタールは中央局指導部を幇助の罪で告発した。

　続く数ヵ月間、ウィーン連邦警察[66]の他、西ドイツのメディアも「西の警報サービス」事件の背景に取り組んだため、ハンス・ゴーリックとその協力者たちは次第に大きな圧力を感じた。1968年4月15日、シュピーゲル誌は「了解済み」というタイトルで、外務省が既に長い間、フランスの法廷で不在のまま判決を受けたドイツ人約800人の名簿を所有していると報じた。その中にはフランスに駐在していた元親衛隊員と秘密情報機関職員が数多くいた。そこに記載されていることを知らずにフランスに旅行し、現地で逮捕されることを防ぐために、中央法務局は名簿の抜粋をドイツ赤十字に送った。これには、該当する人物を探し出し、フランス旅行をしないように警告するという要請が伴っていた。中央法務局は事前に名簿を整理したため、ドイツ赤十字幹部は、これら多くの指名手配者たちがフランスで重大犯罪を犯したドイツ人たちであるとは知るはずがなかった。[67]

　ゴーリックと、その間に中央法務局局長に出世した長年の協力者カール・テオドール・レデンツは、それによって自分たちの仕事の基礎が疑問視されたと感じた。彼らは、その戦争の過去のために外国でお尋ね者になっているドイツ国民に警告を与えたということを否認しなかった。しかし彼らは、ドイツ連邦議会の委託と一致して行動するという立場を表明した。4月末の法務省での会談で、ゴーリックは、中央法務局が既に50年代初め、それが「事実関係から

見て正しくない」と判断した限りにおいて、ドイツ国籍の者に、外国で成立した判決を示したと明言した。このような警告は、ドイツ国家に対する遡求的訴訟を避けるために法律的に義務付けられているという。[68] ただし、ゴーリックはその時、省設立の初期にクラウス・バルビー（Klaus Barbie）やクルト・リシュカ（Kurt Lischka）のような、重い過去の負担を持った人々が、国家的権利保護業務のおかげで助かったことは言及しなかった。[69] 政治的、道徳的に、この「法観念」は――とりわけドイツの占領犯罪についての知識が、60年代の大きな裁判によって非常に広く知られたため――またとない大スキャンダルとなった。

　協力相手のドイツ赤十字にとって、中央法務局の根拠付けは、ひどくドラマ性が低いように聞こえた。それによると、フランスの不在者判決はドイツの反訴判決などには相応せず、せいぜい民法上の欠席判決と比較できる――該当者にはそのため、最悪の場合でも「数ヵ月牢獄にいなければならない」くらいだ。[70] こうした立場の裏には、第二次世界大戦にかかわるドイツ人の刑事訴追は、連合国の「勝者による裁判」の後遺症のため排除すべきだ、という確信があった。ルードヴィヒスブルクの捜索にもかかわらず、人々は依然として、占領期間中にドイツ人に対して行われた「不当な行為」は、1945年以前に起こったことのすべてを埋め合わせて余りある、という意見を持っていた。ゴーリックの協力者シュタインマン（Steinmann）は、省内部の批判に対し、「かつての敵国」の判決は、「いつも無実の兵士」が受けると言った。そこには、ニュルンベルク裁判の続き以外の何も見て取れない、という。「人類に対する最悪の犯罪は、個々の、または複数の敵国によるいわゆる戦争犯罪判決である。これらの判決によって、捕虜の制度が真の意味で廃止されたからだ」。[71]

　ボンの「権利保護者」のための事件から何らの結果も出なかったのは、おそらくゴーリックとレデンツが定年間近であり、この2人と長年結びついていた帰還者や捕虜、行方不明者家族の協会との衝突を避けたかったためもあったのだろう。しかし決定的だったのは、外務省首脳部が、中央法務局の活動にクレームをつけなかったことだった。その広範な権利保護の実務が、ルクセンブルクの刑事追訴者たちと他の西ドイツの検察庁の仕事を著しく妨害しているのにもかかわらず、その後もそれを変える機会は見出されなかった。その代わりに、ヴィーゼンタールとリュッケールの方が、出過ぎた態度をたしなめられた。根拠のない非難によって、彼らは外務省の評判を傷付けた、というのである。[72]

外務省がボン検察庁に、刑法上の捜査の権限は与えられないと報告した後、幇助の疑いのための中央法務局に対する捜査は、1969年1月に打ち切られなければならなかった。[73] ゴーリックとレデンツの退任によって、中央法務局は解体された。残った業務は刑法部門が引き継いだ。当時、権利保護の実施についてスキャンダルを呼び起こしたいかがわしい警告リストは、この時以来あとかたもなく消失した。[74]

　60年代後半の外務省の過去政策は、政治的、社会的に極めて問題のある環境によって特徴付けられた。一方では、1965年の連邦議会での第1回時効認容の後、ナチ捜査が初めて国家保安本部の指導チームと元帝国官庁の首脳部に対しても向けられた、これまでになかった感情の高揚とともに行われた。もう一方では、過去に決着をつけることへの鎮静できない欲求が影響を及ぼし続けていた。最も活動的な擁護者だったエルンスト・アッヘンバッハとヴェルナー・ベストは、これを利用しようとした。ベストは60年代に、ナチ裁判では人気のある加害者側証人としてのみならず、歴史研究にとっても時代の証人として頭角を現した。そしていまや、この元外務省職員は、西ベルリンの国家保安本部捜査の関連で、自ら刑法裁判に立ち向かわなければならなかった。彼は罪を問われている秘密警察の同僚に頻繁に接触していたため、ベルリン検察庁が、1965年以来、ポーランドの動員軍殺戮における彼の役割の件で捜査をしていることを知っていた。

　ベストは――40年代終わりに既に使用したその防衛戦略に基づいて――あらゆる機会に「デンマーク系ユダヤ人の救済者」であることを振りかざせる限り、ある程度自分は安全だと思っていた。それについては、彼のかつての協力者たちおよび、同僚のフェルディナンド・ゲオルグ・ドゥックヴィッツと、フランツ・フォン・ゾンネンライトナーが支持してくれた。彼らの側からの負担を軽減する証言は、ベストがデンマーク法務省から比較的軽い禁固刑の判決を受けることに寄与した。[75] 初めこそ困難だったが、新外務省でキャリアを積むことに成功したドゥックヴィッツにとっては、どうやら、元上司が応募に失敗したことに納得がいかなかったようだ。そのため彼は、ベストの功績を公に認めさせるため、より一層の努力をした。1964年、アイヒマン裁判からわずか3年後、彼は、ベストこそ「デンマークが近年の歴史の中で最も感謝しなければならない」男だ、といううたい文句で、デンマークのジャーナリズムに取り上げ

られた。[77]

　ベストは 1969 年 3 月 11 日に居住地であったミュールハイム・アン・デア・ルールでベルリンの捜査員の華々しい活躍により逮捕され、裁判が開かれる西ベルリンに航空機で護送された。そのすぐ後、ベストの長年の助言者で雇用主だったヒューゴ・シュティネス・ジュニア（Hugo Stinnes jr.）は、どうやって拘禁者を助けたらよいか相談するため、ドゥックヴィッツと連絡を取った。ドゥックヴィッツは既に心得ていた。連邦共和国とは違い、ベルリンの捜査官の介入は、デンマークで活発なメディアの反響を引き起こしたためであり、これについて、ドイツ在コペンハーゲン大使クラウス・ジモン（Klaus Simon）はただちにこの次官に知らせていた。[78] ドゥックヴィッツとシュティネスは、ドゥックヴィッツの西ベルリンの州法務大臣ハンス・ギュンター・ホッペ（Hans Günter Hoppe）（FDP）とのコネクションを利用し、シュティネスのために近いうちに訪問の期日を取り付けることで合意した。他、ドゥックヴィッツは外務大臣にすぐに知らせた。

　シュティネスと州法務大臣ホッペ、そして西ベルリン首席判事ハンス・ギュンター（Hans Günther）の 3 月 19 日のベルリンでの最初の協議はどうやら望み通りに進んだようだ。[79] それだけに、翌日午前に西ベルリン責任者ヘンリク・フィリピアク（Henryk Filipiak）と警察官が、「ベスト副事務所」の文書のやり取りのすべてを押収しにシュティネスの会社にやって来たことを、彼は手痛く感じた。その時彼らは、既に言及したベストの同志だったハンス＝ディートリッヒ・アーレンスの回送録を見つけた。そこから彼らは、政治的文書保管所のそれぞれの職員は「戦友同士の助け合い」に巻き込まれた、という結論を出した。しかし彼らは、ベストとドゥックヴィッツの「親密な個人的交友」を示唆する文書にも行き当たった。[80] シュティネスは捜索記録への署名を拒否し、同日のうちに 2 通の長い書状をホッペとギュンターに書き、ドゥックヴィッツに、その間にブラントと話したかどうか問い合わせた。数日後、1 本の電話のやり取りがあった。それについて、ドゥックヴィッツは次のように記している。「エームケが適切な経路を使ってベルリンと接触すると、スティネスが教えてくれた。この教唆は極秘だ」。[81] 翌日、それまでハイネマンの次官だったホルスト・エームケ（Horst Ehmke）が大連立政権の新法務大臣に任命された。

　ドゥックヴィッツは、退役公使ゾンネンライトナーとともにベストの証人と

611

第 2 部　ドイツ外務省と過去

して証言をするという当初の予定を、後で考え直した。理由の一つは、ベスト
の弁護人ハインツ・モウリン（Heinz Meurin）とフリードリッヒ・クリストフ・
フォン・ビスマルク（Friedrich Christoph von Bismarck）が 1969 年晩夏、ある書状
のコピーを届けたためらしい。その中で、検察庁はベルリン高等裁判所に未決
勾留の継続を根拠付けていた。そこでは政治文書保管所に対する重大な非難が
述べられただけでなく、ドゥックヴィッツ自身にも不都合な焦点が当てられて
いた。彼が長年ベストと「個人的に親しい関係」にある。という検察庁の主張
に、ドゥックヴィッツは、こう応えた。「何年も会っていないし、話してない！
恥知らずな！」[82]

　負担を軽減してくれるはずのドゥックヴィッツとゾンネンライトナーの証言
が取りやめになっても、ベストは 1 年半後には釈放された。影響力のある友人
たちと熱心な弁護士たちは 1971 年春に新しい拘留裁判官の投入に成功し、彼が
ベストの釈放を指示した。ベストは 1989 年に死去するまで、主に、独自の歴史
解釈を裁判所と歴史学的著作の中で貫き通すことに取り組んだ。彼の長年の同
志であるアッヘンバッハも、引き続き実際的な過去政策のために尽力した。彼
は 60 年代半ば以来、かつてフランスで勤務に当たっていたナチ加害者の処罰を
可能にするべき移行協定のためのドイツ・フランス追加協定の成立を妨害しよ
うと試みた。このような協定のイニシアティブは、1966 年末以来、ケルン検察
庁から起こっていた。同庁は、この加害者グループに対する捜査が、連邦裁判
所の裁判の結果、失敗する恐れがあることに気づいたのだった。

　連邦法務省の所轄の責任者ハンス＝ゲオルグ・シェッツラー（Hans-Georg
Schätzler）は、親しい間柄のアッヘンバッハと――2 人ともしばらくの間ニュル
ンベルクで弁護人として活動していた――共同で、移行協定を限定的に解釈で
きるよう取り組んだ。しかし、一括した刑免除に関心のあったアッヘンバッハと
は違い、ドイツの法的自律性を可能な限り広範に取り戻すことにシェッツラー
は関心があった。こうした背景の中で、シェッツラーは 1966 年 10 月、追加条
約の要件に、フランスが「外務省を支持」するように尽力した。[83]そこでは 1964
年 6 月以来、ルドルフ・ティアフェルダー（Rudolf Thierfelder）局長率いる法務
部門と、「国王などの高位者との拝謁を許された」公使館参事官ザンネ（Sanne）
が主導する政治部門フランス課が権限を持っていた。元ナチ党員にして突撃隊
員だった有資格法律家ティアフェルダーは第二次世界大戦中、パリの軍司令部

612

（MBF）の法律グループで勤務し、この肩書きで、いわゆる人質要項の仕上げに加担していた。[84] 他の元軍司令部職員とともに、彼は 50 年代初め、フランスの刑事司法で人質の獲得を推進したドイツの活動に対して責任を追及された元軍管理公務員であり公安警察司令官だったハンス・ルターの負担を軽減した。[85]

ティアフェルダーと下部部門主任ヘルムート・ルンプ（Helmut Rumpf）は、計画された特別協定を疑いの目で見ていた。表向きはドイツとフランスの関係を配慮して、2 人はまずフランスの意見を聞くことを提案した。それに対して、中央法務局のバックアップのある、外務省政治部門は、相互性の原則が盛り込まれていなければ連邦議会はおそらく協定を拒否するだろう、という立場を代表した。それによって、被追放者連盟幹部ヘルベルト・シャー（Herbert Czaja）の立ち位置が決まった。彼は、ドイツの裁判所は将来的に、フランス占領者が 1945 年以降ドイツ人に行った犯罪も追及するべきだと要求した。── 例えば、フランスの司法機関が、ドイツ人に対する既に宣告された死刑判決の執行を破棄することを表明するか── などを明らかにするための幾度かのやり取りの後、「特定の犯罪の追跡のためのドイツの裁判権について」の政府間協定は、1971 年 2 月 2 日に調印された。

あとは、連邦議会での批准だけだった。最初は迅速に手続きが行われるかのようだったが、暗礁に乗り上げた。新外務大臣シェールがドゥックヴィッツと入れ替えたパウル・フランク次官は、夏休みの前にその交渉がされないよう法案の先送りを図ることで、アッヘンバッハと意見が一致した。その後もアッヘンバッハは、報告者としての重要な地位を、補助協定の調印を妨害するために利用した。1974 年 7 月に彼が退陣に追い込まれた後初めて、協定は 1975 年 1 月 30 日に CDU/CSU 野党の反対を押し切って批准された。

しかしなぜ SPD/FDP 連立政権は、恩赦ロビイストの肩書きを公然と持つエルンスト・アッヘンバッハを、誰もが知っているナチスの過去の負担にもかかわらず、このような繊細なポストに置いていたのだろうか？ この議員が二国間協定の調印を遅らせ、それによって民主主義のルールだけでなく、外務省政治部門の見解によると、フランスとの「よい関係」をも危険に晒したことを、[86] なぜ黙認していたのだろうか？ アッヘンバッハの地位がほとんど不可侵であったことの決定的な理由は、SPD/FDP 連立政権が成立した時の、彼のキングメーカーとしての役割であったと言える。非常に接戦だった多数比率と、エーリッ

第2部　ドイツ外務省と過去

ヒ・メンデとジークフリート・ツォーグルマン（Siegfried Zoglmann）の間で発生
したFDPの分裂のために、シェールとブラントは同じくらい彼に媚びた。さら
に、アッヘンバッハは世間離れはしているが、非常に柔軟性のある国家主義者
であり、彼が新東方政策の予見的な目的を長期的に温めることができると、当
然のように信じられていた。

　首相の過半数獲得をめぐる闘いの中で、SPDとFDPは、CDU/CSU同盟の2
党のように単なる会談だけをすることに制限した。アッヘンバッハの興味を引
くように、彼には議会の任期開始から、欧州経済共同体（EGW）で欠員の出る
ドイツ代表の職位が提供された。外務大臣シェールは、そのために自らパリで、
アッヘンバッハの過去の負担を減らすための文書を提出させた。それにもかか
わらず、彼が指名されたことに厳しい抗議が起きたのは、フランスだけではな
かった。抗議を促したのは、とりわけベアーテ・クラースフェルドだった。彼
女はキージンガーに対するキャンペーンのための調査の間に、1943年に作成さ
れた電報を見つけた。その中で、公使館顧問のアッヘンバッハは、2,000人の
ユダヤ人の逮捕と移送を「贖罪処置」として予告していた。これ以外にも他の
文章をそろえ、クラースフェルドは1970年にフランスの外務大臣モーリス・
シューマン（Maurice Schumann）と話し合いを持ち、続いて、西ヨーロッパ各国
の首都をめぐる旅行の間に、NATO事務総長ヨゼフ・ルーンス（Joseph Luns）に
も会った。欧州経済共同体の第2代表であるヴィリー・ハーファーカムプ（Willy
Haferkamp）（SPD）は1月末、既に、連邦政府がこの人事にこだわるなら退任す
ると告げていた。2ヵ月後、ハーファーカムプは党代表に、ヨーロッパの共同
作業への深刻な障害が生じることを警告した。ナチ被追跡者組織のメンバーは、
囚人服でブリュッセルの委員会の建物の前に立ち、アッヘンバッハの入館を拒
み、威嚇した。

　4月中旬、ヴィリー・ブラントがアッヘンバッハの退職を発表した時、彼はこ
れを、彼に対して繰り広げられたキャンペーンによって「不当」な扱いを受け
た元外務省職員への「名誉の釈明」と結びつけた。[87]その時首相は、提出された
文書と、ドゥックヴィッツや外務省から引き継がれた顧問スタッフも属した彼
の周辺からの情報を根拠としていた。ちなみに、信用できる民主主義者に成長
したかつての国家社会主義者の過去をいつまでも非難してはならないことをブ
ラントに納得させるために、彼に知恵を吹き込む必要は全くなかった。なぜな

614

ら、彼がニュルンベルク裁判の際の特派員として「少数派の犯罪者に対するドイツ人の大多数」を擁護しようとしたのは、後になってからのことではない。既にベルリン市長時代に、彼は過去の負い目を負った者たちのために尽力していた。ブラントはアルベルト・シュペーアの早期釈放のために繰り返し働きかけ、1966年の釈放後、——法律的に準備されていた——非ナチ化審査手続きを受けなくてもよいように取りはからった。拘禁中に多くの弁護士と支援者に支払いをしたシュペーアの「授業料口座」の少なくはない財産は、そのため国に押収されなかった。ジャーナリストのインゲ・ドイチュクロン（Inge Deutschkron）は、ブラントのシュペーアに対する好意に激怒し、SPD党員証を突き返し、直ちにイスラエル国籍を申請したほどだった。

　ブラントがアッヘンバッハのために公式の「名誉の釈明」をしたことは、ユダヤ人の社会民主主義者たちにもショックを与えた。ニューヨークのクルト・R・グロスマン（Kurt R.Grossmann）は、国際人権同盟元事務局長であり、30年代にザクセンハウゼン強制収容所に収容されていたカール・フォン・オシエツキーのためのノーベル賞キャンペーンをブラントと行った間柄だった（そして彼は数ヵ月後に、首相をノーベル平和賞に推薦することになる）。1970年4月、グロスマンはこのように書いた。「合衆国で、あなたの新しい政治を敵から守る、あなたの忠実な友人である私たちこそ、あなたの政府のイメージを、アッヘンバッハ擁護によって傷付けないように努力をしなければなりません」。ニュルンベルクのアメリカの告訴官庁により提起された、移送、人質銃殺、強制労働者徴集の罪についてアッヘンバッハは責任を取るべきだったことを忘れないよう、グロスマンは念を押した。これを背景として、彼はこの件を「政治的目的ではなく、道徳と政治倫理を基礎に判断する」ように、緊急に要請した。

　ブラントは昔の同志からの批判に、個人的には応えなかった。彼は提出された文書を基に決定し、熟慮の上、グロスマンにこう伝えさせた。「自分にとってはこの話題はもう『片付いています』」。しかし、そうではなかったことが、1970年7月と12月に、シェールとブラントのモスクワ・ワルシャワ訪問に同行し、東方関係の契約を成立させるための補助をアッヘンバッハがした時に判明した。連邦政府による批准の後、アッヘンバッハは連邦功労十字章を受章した。

第3節　外交官のための改革と法律

　ヴィリー・ブラントの連邦外務大臣としての在任期間、ようやく外務省の刷新についての議論も再び動き出した。このような論争は既に50年代に、第47調査委員会の周囲で起こっていた。当時の、特に野党政治家から発生した革新派は既に、再建中の外務省のための法的基礎の確立を目指した。そのような法律によって、新生連邦共和国の民主主義的機関構造をしっかりと固定しようと試みた。「頭と手足」を改革しなければ何も改善しない、と調査委員会SPD代表の連邦議員ヘルマン・ブリル（Hermann Brill）は言った。[92]ブリルには、伝統的職業公務員の復帰に対する一般的な疑惑が入り交じっていた —— 彼の念頭には「文官国家」のアングロサクソン・モデルが浮かんでいた —— 。それに対して、一般的傾向は、法律が外務省の構造、特にその人事構成を掌握していた、元ヴィルヘルム通りの外交官たちの影響と行動の自由をも規制するべきというのが一般的な意見だった。

　アデナウアー時代の連邦共和国では、外務省についての法律はすぐに問題にされなくなった。しかし、改革についての考えは、その頃からずっと、外務省の課題、役割、制度的形成の法的整備の視点と緊密に結びついていた。それは、職務改革案が再び議事日程に上った60年代にも有効だった。新しい改革の推進力は、2つの要因から発生していた。第1に、それは公的管理の改革と効率向上についての広い議論に関連していた。 —— 連邦、州、市町村の —— すべてのレベルで、60年代にはそのような考慮が行われていた。それらは合理化と近代化の要請に従い、学術的に裏打ちされ効率的な管理活動によって可能になる社会的、政治的な発展の計画とコントロールの可能性を基本的に想定していた。第2に、外務省の改革についての議論は、国際関係の変容と外交政治の変質に対応していた。この発展は、一方で外交業務の領域の評価に繋がり、しかしそれは同時に他の官庁や機関の降格の原因となった。他官庁・機関は外務省と、とりわけ経済の領域で、その外交関係の育成において広範囲に及ぶ独占的地位をめぐって争った。他の国々も、既にこの発展に対応した。例えば英国は、議長プロウデン卿（Lord Plowden）の下で改革委員会を設立し、1965年にその成果を提出した。もっとも、プロウデン委員会は、大英帝国の没落のために緊急に必要となった制度的改革にも対処したのだった。

1966 年秋の大連立政権の形成によって、改革法をめぐる政治的チャンスが高まった。外務省の改革計画は、CDU/CSU と SPD の連立政府のより広範な政治的、社会的な改革協議事項の小部分にすぎなかった。ブラント外務大臣も、彼が 1968 年春に連邦首相に提案した「外務省の改革のための委員会」のアイディアを、公務員のあり方と公共管理の領域での一般的努力の文脈に入れていた。外務省の創設期は終わり、外交職務は穏やかな水路を流れている —— 構造改革にはよい条件だ。後に、改革委員会が仕事を始めた時、外務省の戦後は終わったと言えた。[93]同時に、—— 彼の省庁の能力レベルを後ろ盾にして —— ブラントはもちろん、外務省の改革は外務省の「特別な課題と構造」のため、他の管理改革とは別に扱われるべきだと強調した。[94]その背後にあったのは、省庁の中で外務省が特別な役割を続行し、外交任務に当たる公務員を、他の公務員と区別するという意図以外の何ものでもない。そのために、外交任務の特殊性に関する実際的な理由があったが、大事なのは、ドイツの外交官の仲間意識に将来も力のある基盤を与えることだった。

　そこで、連邦政府は外務省の独立した改革プロジェクトに待ったをかけた。「統一と近代化の大きな成果が、予測可能な時期に達成されないとわかったなら」、外務省の能力を連邦首相官房に報告させ、外務省のための特別規則を検討する。[95]内閣でもブラントのイニシアティブが懸念された。シュトラウス経済相は経費の事情をあげつらい、ベンダ（Benda）内相は一般的な改革努力のみならず、すべての連邦官庁の若手公務員の教育のための「公共管理のためのアカデミー」を設立するという、自分の省の計画をも示した。いずれにせよ内閣は、外務省改革委員会を任命することを拒んだ。キージンガー連邦首相の妥協策によって、この葛藤の中で、それでも外務省指導部には自由な道を与えた。連邦政府は外務大臣に、改革委員会の人員を自ら任命するよう判断をゆだねたのだった。[96]

　改革委員会議長、ドイツのプラウデン卿になったのは、当時ローマ大使だったハンス・フォン・ヘルヴァルトだった。この 64 歳の外交官はボンに呼び戻され次官に任命されたが、2 週間後には定年となった。つまり、それによって彼は、指令には関係なく、まもなく彼の名が付けられる委員会を指揮することができる。こうして、影響力のある地位が、ヴィルヘルム通りの人員に任されることになった。最初の委員会代表に予定されていた、亡命経歴のある、1967 年まで

第 2 部　ドイツ外務省と過去

カナダのドイツ大使館にいた SPD 所属の外交官クルト・オップラーは、そのまま年金生活を楽しむこととなった。同様に、最初に議長候補に名前が挙がっていたヴァルター・ハルシュタインも、顧みられなかった[97]。12 人の委員会には連邦議員、管理職の公務員、経済界および学術界の代表が招聘され、その中には、議長代理としてもう一人の元ヴィルヘルム通りの職員、ギュンター・ディールとクラウス・フォン・ドナーニ、テオドール・エッシェンブルクがいた。FDP 党首のヴァルター・シェールも委員会に所属した。彼が外務省トップに転置した後、1969 年秋に、エルンスト・アッヘンバッハが FDP のために、党首の地位に就いた。

　1968 年 9 月に設立されたヘルヴァルト委員会の任務は、「外務省の今日的課題を、どのようにして効果的に、我が国の利益に最高に役に立つ方法で実現し、そのためにはどのような —— 特に組織的、職業法的、人事的な種類の —— 条件が必要か」を調査することだった。「その時委員会は、設定された目的を達成するために、どのような立法と対策が必要であるかを調査しなければならない[98]」。2 年半の職務の中で、委員会は、（外務省〈経済および発展政策の問題〉〈学術、文化、広報活動〉〈人事、組織〉〈予算問題〉の）4 つの下部委員会が約 50 回開かれた。他の官庁や、公務・運輸・交通労働組合、アレキサンダー・フンボルト財団から、ドイツ船主同盟まで様々な組織の代表たちが多く参加した。委員たちは、ワシントン、ローマ、またはカンパラ（ウガンダ）の大使館など、多くのドイツの外国代表部を訪ねた。

　2 年半の業務の後、委員会が 1971 年春に提出した最終報告は、国際関係と国際政治の機能の変遷、およびそれによってもたらされた、外交業務の役割の変遷をも反映していた。一方で、外務省は改革委員会の報告によって、正式に外交の古典的理解と決別した。「国家と社会の関係は、この 50 年の間に根本的に変化した。政府は、今日ほとんどすべての社会の領域を総括する。逆に、社会のグループの政治的重みは、国家的生命の本質的な要素となった……外交政策上の利益の認識は、もはや外交の古典的な意味での、政府と政府のやり取りだけを指すのではなくなった。それは今日、すべての政治勢力と社会の効果的な形成にかかわる[99]」。もう一方で報告は、外交関係の育成のためにこれまで同様、外務省の優位と、競争関係にある機関との区別をしていることに苦言を呈し、この優位が実際的な執行の際、どのように実現されるべきか多くの提言を

618

した。報告の重点は、組織的、業務法的な問題にあった。しかし、ここでも特別なステータスの業務への要求が明らかに現れている。それは特に将来の外交官の採用と教育の自治的な構成への固執に見て取れる。

ヘルヴァルトの報告よりも明白だったのは、内部文書だった。まだブラント外相の下で、エゴン・バール率いる外務省計画スタッフが、改革委員会の仕事にはっきりと関連付けて、外務省の明確な目標設定を企図した。「ドイツ外交政策の統一性を保証する」ために、外務大臣は内閣で特別な地位を保持しなければならない。「外務省に、すべての外交事案について、例えば拒否権（overriding vote）のような形で、明らかな指令権限が認められることが歓迎される」。経済協力のための連邦省、および連邦報道省外国部門も、外務省に組み込むことができる。全ドイツ問題のための官庁は廃止してもよい。「その解体によって闇金の源が乾くだろう」。外務省次官ドゥックヴィッツは、バールを支持し、首相官房による外務省の「監督」を終わらせるように要請した。もちろん、首相の方針権限は認める。「しかしこの権限は、首相官房がほとんどすべてのフロアで、外交政策の日常的仕事に、介入せざるを得ないと感じることを意味するのではない」。これは大連立を背景とした政治的地位のみではなかった。それらの中には、外務省のより強まった優位要求と、特別な省であるという意識が反映されていた。

特に、外務省の構造についてなどの改革委員会が出した多くの提案は、続く数年の間に実施されたが、官庁内部の方策の形でだけであった。連邦政府が 1974年から 1985 年にかけて連邦議会に提出した省改革のための 5 つの報告は、改革が全体的にどちらかと緩慢な足取りで行われたことを記録している。ヘルヴァルト委員会が提案したような、外務省に関する法律は成立しなかった。

しかしボンでは、80 年代初めから、会派を超えた意見の一致が次第に大きくなった。省の大規模な刷新は、省内部の処置ではなく、議会で決議された基礎によってのみ達成されるべきだ、という意見。1988 年 11 月 24 日、改革委員会の報告から 17 年後、ドイツ連邦議会は連邦政府に、全議員の議決により現行の任期中に法案を提出することを要請した。最終的に外務省法（GAD）が成立した。連邦議会はこれを、ドイツ統一の最中である 1990 年 5 月 31 日に、全会派の賛成によって可決した。

この法律は、特に職務と組織法的な規則を定めている。——特に人材の形成、

第 2 部　ドイツ外務省と過去

教育から給与体系の問題、配偶者と子どもの状況の改善までを網羅する。第 1 条
では、連邦共和国の外交関係を認識し育成するという、外務省の課題が定義さ
れている。また、省は、外交政治に関する国家と他の公的組織の外国での活動
に協力するが、それは、外務省の法律注解を引用すると、「有害な対立と、誤っ
た優位性の設定を回避する」やり方で行われなければならない。[102]外務省の歴史
を通じて赤い糸のように伸び、改革委員会の設立と仕事をも特徴付けた優位性
の要求が、ここでもう一度現れる。実際、外務省は、1990 年の法律により、ド
イツの公共管理の中でその特別な役割を確保し、それによって特別な自己理解
と、職員たちの差別的な自意識を保持するための条件を得ることにも成功した。

第9章　独立歴史委員会の任命に対して「責任の所在の不明確さ」について

　1980年代初期まで、西ドイツの「ユダヤ人問題の最終解決」に関する歴史描写は、国際的研究に比してどちらかというと後塵を拝していた。批判的に見る歴史研究、開明的なジャーナリズムと再び目覚めた刑罰追及という強い相互作用に象徴される50年代末期に研究は増大し、大きな啓蒙への努力と重要性を増した。以来、行為の過程や行為者・犠牲者に関する研究よりも、「決意の形成」の方に重点が置かれたという理由があったとしても、より正確な解明が必要であっただろう。それにしても、「全体主義」と「ファシズム」についてとか「ヒトラーイズム」、「多重性」についてはある種の観点から軽くなった作用が付け加えられたことは明らかであった。個々の制度や国民グループの民族殺戮への具体的な関与は、それによってぼやかされた。

　外務省の歴史を描く時、特に初期の連邦共和国当時の人的、構造的な継続性が研究の妨げになった。特に1951年に再び設立された「外務省の政治文書および歴史担当室（PAAA）」は、その前身が1920年に設立され、「戦争責任」を否定することを目的とする「責任担当課」であったが、透明性にほとんど欠けていた[1]。1945年以前の個人的文書に関しては、西側連合国との間に、返還したドイツの文書については入手可能にするという合意があったのに責任者は制限的であった[2]。アメリカとイギリスはそれが使用秩序にも適用されることを明確にしなかったので、ましてや国務省などは1944年にできた補充的なマイクロフィルムのみを提供したので、手持ちの資料の学問的な利用は十数年間も厳しいアクセス制限の下に置かれた。

　したがって、外務省の「最終解決」への参加について最初の専門研究はなく、米国およびイスラエルの司法記録や文献だけでなく、PAAAで利用可能だったコピーによって行われた。これらの文書は、戦後ますます文書に基づく証拠として刑事裁判に役立った。米国人の歴史家クリストファー・ブローニングが、1978年に出した論文で「ヴィルヘルム通り」のユダヤ人政策を書くことによっ

第2部　ドイツ外務省と過去

て風穴を開けてから9年後、ベルリンのジードラー出版社によってハンス＝ユルゲン・デシャーによる1933年以降の外務省の人事的発展についての研究が出版された。[3] このハンブルクの歴史家の弟子ヴェルナー・ヨハマンは、親衛隊の帝国外務省の人事および政策への影響を体系的に研究することを目的とした。それによって、適応と自らの規制のメカニズムを探ろうとしたのである。2つの短い章で役人たちが「最終解決」にどうかかわったかを取り扱い、余論では「ニュルンベルク」以降の政治的な見直しが及ぼした妨害の困難性について2頁半を使って書いている。多くの他の研究者と同様、ハンブルクの博士は、個人的な文書を見ることは拒否されたが、ワシントンではデシャーは日付までは明確でなかったものの1944年の外務上級職員330名の記録にぶつかった。[4]

デシャーが新しい情報の探索とその評価に努力した綿密さによって、専門家や世論から積極的な評価を得た。例えば、国家社会主義の外交政策について優れた知識人であるジョージ・O・ケント、[5] アンドレアス・ヒルガー、ヴォルフガング・ミヒャルカはこの研究を、第三帝国の中のエリートの役割について解明する偉大な貢献と見ていたし、ゲルハルト・L・バインベルクは「代表的な作品」とまで言っていた。[6] デシャーの研究結果は同僚たちに信頼すべきものと評価された一方で、「暗い気持ち」[7] にもさせた。この研究は、少なからず「長年の懸案であり、そして数々の詳細な分析は第三帝国に関する構造的な歴史を統合する」始まりとなった。[8] この間にホロコーストに関する指導的なエキスパートとしての地位を確立していたクリストファー・ブローニングも、この業績の特色を評価していた。同時に、彼はデシャーの「名前を挙げる」要求は、分析的な鋭さを犠牲にするものだと批判した。ブローニングによれば、ドイツでは明らかにセンセーショナルに感じられても、外国の研究者たちにとってはすべて知られ尽くした人物のように作用した。人的な発端に矛盾して、デシャーはまさしく焦眉の点であるエルンスト・フォン・ヴァイツェッカーの例で、どちらかというと彼の親衛隊のメンバーであったとの側面的な詳細に食らいつき、他方で、部分的には、「犯罪的な共同犯罪」という瀬戸際まで犯したユダヤ人殺害への態度についてはほとんど考慮していない、と批判していた。[9]

実際、デシャーの資料で、旧官吏がヨーロッパのユダヤ人絶滅に関してどのように作用したかは、40年代末にニュルンベルクの「11事案」で法律的論拠に挙げられた対象以上のものはほとんどなかった。特に、この本のヴァイツェッ

第9章　独立歴史委員会の任命に対して「責任の所在の不明確さ」について

カーに対する判決理由からの長い引用部分は、シュピーゲル誌の編集長ルドル
フ・アウグシュタインによれば「自分自身で筆を執る」きっかけとした。[10]「話し
合い」を予告して、彼は「ヴァイツェッカー事件」への綿密に計算された防護
の反映と弁護の典型としての心理学的に研究された意味合いを誘発した。ヴィ
ルヘルム通り裁判が始まって以来40年経っても、いつでも再審を要求できる、
というものであった。

　40年前にはこちこちのナショナリストであった編集長リヒャルト・テュンゲ
ルと若かったマリオン・グレーフィン・デーンホフの傘下にあったツァイト紙
がニュルンベルク後継裁判に対して激しい攻撃を行った時と同様に、――そし
てそれ以来その週刊新聞がリベラル紙を代表するものになったのにもかかわら
ず、――この新聞紙上で新たにヴァイツェッカーをめぐる――そして彼とと
もに全公務員――の幅広い関係や根拠を上げ、道徳的非難から解放する努力
を行った。指導的な役割をしたのは再びツァイト紙の発行人であるデーンホフ
で、彼女は一貫して、ニュルンベルク裁判のネガティヴな評価にこだわるべき
だ、と主張した。[11]明らかに、誠実な「時の証人」に対する告知によって時代の
研究に制限を課すという間違ったアイディアをも出したのは彼女だった。この
課題のために選ばれたのは、カール・フリードリッヒ・フォン・ヴァイツェッ
カーとグレーフィンの長年の友人であるチュービンゲンの政治学者テオドル・
エッシェンブルクであった。後者は自ら、自分の教え子であるテオ・ゾマーを
紹介していた。[12]

　シュピーゲルの記事が出で数週間も経たないうちに、古いネットワークは二
重の路線で攻撃に移った。エッシェンブルクは書評で、デシャーを次のように
批判した。すなわち、デシャーは歴史的な「曖昧さ」を知らず、それゆえに間
違った結論に達した、と。[13]距離を置いていた過去の退職教授を眺めて、長年の
ツァイト紙の筆者はこの「曖昧さ」に近い点を放棄した。よしんば40年代末、
エッシェンブルクは平和のオフィスの部長として、信用を失墜したと見られる
候補者に連邦行政への道を容易にするように助けた。[14]同じツァイト紙の記事で、
歴史家が「自分を正当化」したことと「責任配分の不正確さ」を批判したカー
ル・フリードリッヒ・フォン・ヴァイツェッカーも、彼の父親を弁護するため
に協力していることに言及する必要性はないと見ていた。[15]

　少なくともヴァイツェッカーのケースに見られた公の議論は、したがって、古

第2部　ドイツ外務省と過去

くから知られた路線を動かし、家族や友人と外務省の周辺からの支持者たちは、物事を「全体的に」見ることを弁護し、「絡み合い」や「矛盾」、「平和への意志」、「妥協への用意」はある意味で絡み合い、対立しながら釣り合うものである、とした。[16]他方で、他の者たちは、このケースを典型的な政治的失敗と見た。長年必要とされてきた歴史の総括が新たに個々の道徳性の問題に引き下げられてしまった事実に鑑み、外務省の中では公のリベラルな文書に根拠を置く政策の要求に対して、どちらかというとオープンになったというよりも萎縮してしまった。このことはほとんど驚くにあたらない。

　職業的基準と連邦公文書館の法的規制の「空間的な広さの関係」[17]を示して、他方では、自分たちの顧客に彼らの私的な、法的防衛作戦に奉仕する用意があった。デシャーはそれゆえに、愚かな年金生活者あるいは既に亡くなった外交官の親族が、その本から犯罪人の名前を取り消すために告訴の道に踏み切る、ということを一度ならず経験した。このような行為は50年代と違って失敗したが、影響は全般的に及んだ。外務省が例えば──通常の締め出しを度外視して──故人の人事文書を排他的に見させるとか──申請者に業務上の、そしてアイディア上の援助を行うことは、まさしく歴史的な研究にとって勇気づけるものに他ならなかった。[18]役人との争いの中でデシャーを支援した数少ない現役の外交官の1人に、ミラノで勤務していた総領事マンフレッド・シュタインキューラー（Manfred Steinkühler）がいた。シュタインキューラーは──特にデシャーの本の結果──上部イタリアについての適切な思考の実際に関して、上司と意見を異にすることになった。[19]

　ますます増大して資料に基づいた、その間に全ヨーロッパ地域に広がったナチ行為者の研究と、画期的転換の1989、90年以降の外務省の公式の記憶文化の間の分裂が大きくなったのは、更に外務省のトップに歴史認識が欠けていたせいだけではなかった。それに加えて、ますますベルリン共和国（訳者註：1990年以降にドイツの首都がベルリンに戻ってきて以降のドイツをこのように呼んだ人々がいた）の歴史的議論たる『時代の証人』として介入せんとする人々があった。90年代の後半までは、古手の外交官たちがある意味で公式な歴史理解の解釈者として力を持っていたことは公務員の中ではほとんど疑問符が付かなかった。これに応じた決定的な変化はようやく、1998年の政権交代の時に起こった。赤緑連合による連邦政府は、その政権の最初の段階では、歴史政策的な点にあまり重点

を置いていなかった。むしろ、圧倒的に予見されなかった事件が起こり、これがやがて古い外交官と新しい外務大臣との間の克服されざる意見の相違が湧き上がることに繋がった。

赤緑連合政府の登場直後は、後の対立はまだ何も予見されていなかった。むしろ逆であった。緑の党のヨシュカ・フィッシャー外務大臣の外務省での出だしは、最初、問題なく調和的に推移した。これには最初、少なくとも組織の一部が約30年の間、省がFDPの牙城であったため、トップの交替を歓迎したことと関係がある。他方で、フィッシャーは「赤 – 緑のプロジェクト」、すなわち世代交替 ―― それが政治的な動機に基づいた人事交替 ―― に間違いなく多くの目が行っていることでこれを放棄したことにある。(20) また、フィッシャーのコソボ紛争への決然とした態度や「緑の外交政策」への早期の拒絶が、外交官たちの間に彼への名声を作り出したのかもしれない。(21) しかしながら、間もなく最初の緊張と非協調が訪れたようだ。

増大する不満は、1999年の終わりに政府議員団の要請により、SPD3人と一人のフリードリッヒ＝エーベルト財団の長年の協力者で占められる予定の新しい計画部 ―― 上級職で占められる ―― が起ち上げられる、という事実がもたらした。これに対して、かつて急激な人員削減を指示していたフィッシャーは、役所を「食い物のための先延ばし腰し掛け」に不当に利用していると批判する文書を人事委員会から受け取った。(22) しかしながら、大臣は省のトップとして計画にストップをかける代わりに、自ら人事政策に乗り出した。彼は次第に、重要なポジションを信頼すべき人物で占め、その中には、彼がフランクフルト時代のお家闘争で政治的な路線をともにした人物もいた。

左翼青年グループだったフィッシャーが驚くべき変身を遂げたことは、ある意味で敬意を持って見られたが、かつて学生運動に所属していた者やフィッシャーの側近の有能な女性をトップの役職に登用したことは、職業公務員たちの不信を買った。最初はかなりスムーズな世代交替に作用していたのが、フィッシャーの敵対者にはまさにますます目的を持ったもの、政治的に動機づけられた戦略と映った。(23) 68年世代の多くは、既に長いこと彼らの世界革命の目的から遠ざかっていたし、彼らの多くがヨーロッパ思考に代わっていたことにかわりはなかった。

2001年の初め、新しく選出されたジョージ・W・ブッシュが米国大統領に就

625

任するわずか数日前に、シュテルン誌は1973年に報道された5枚の写真を公表した。それは、覆面をした者も含むデモ隊が警察隊に殴り掛かっている写真であった。[24] 論争の的となったこれらの写真は、シュテルン誌に在籍するハンブルクのジャーナリスト、ベッティーナ・レールが入手したものであった。彼女は1976年に他界したウルリケ・マインホーフの娘で、写真では暴力をふるっていた者の1人が当時25歳のフィッシャーと見られた。この写真はすぐに、国内外のメディアに強力な影響をもたらした。フィッシャーは自ら、フランクフルトの「浄化グループ」の暴力行為を陳謝したが、68年代の戦闘的な過去は数週間にわたって報道の主要なテーマになることを阻止できなかった。

2001年の初めに終了した、かつての左派テロリスト、ハンス・ヨアヒム・クライン対する殺人容疑で、ウィーンの法廷にフィッシャーが証人として出廷したことによって、連邦ドイツの左派の反シオニズム問題がさらに国際世論の注目を浴びた。クラインはフランクフルト時代にフィッシャーと共同生活を営み、「革命細胞」のメンバーであった。このグループは1976年、解放人民戦線の要請によりパレスティナ（PLFP）解放のために、エールフランス機をハイジャックし、ウガンダに向かわせた。人質たちがイスラエルの軍事組織によって解放される前に、——処置行動の際に兵士として奉仕していた、後のイスラエル首相ベンジャミン・ナタニヤフの兄弟が命を落とした——ドイツの誘拐犯はユダヤ人の乗客を犠牲者として処刑しようとしていた。[25] エンテベ事件はドイツの左派に不可逆的な幻想プロセスを導入した。それは、政治的なポジションと個人的な常識とは関係なかった。クラインはその後、フランクフルトで地下に潜るためにまもなく表舞台から姿を消した。フィッシャーはテロリストたちに暴力を放棄するよう呼びかけた。——このような一歩は、70年代の半ばでは普通であった転向者に対する制裁を考えると、若干の勇気を要求した。[26]

2001年に68年の運動の混乱が、特にタブロイド紙で大見出しを付けて報じられた時、フィッシャーはエンテベ事件の効果を強調した。多くの市民に彼の考えを伝え、そして特に外国のコメンテーターに彼が変わったのだということを確信させたことは、数週間もしない間に攻撃の勢いを失わせたことに大いに貢献したのであろう。それに加えて、フィッシャーの批判者はますます守勢に立たされた。FDP連邦議会議員、例えばユルゲン・コッペリン、イェルク・ヴァン・エッセンとヴォルフガング・ゲルハルトは、少ししか成功しなかった。フィッ

第9章 独立歴史委員会の任命に対して「責任の所在の不明確さ」について

シャーがテロリストと結び付いていること —— 具体的には、かつてのドイツ赤軍に所属していたマルギット・シラー —— を明らかにしようとした。[27] FDP は省の権威ある役職だけでなく、伝統的に行使してきた多数派の形成を緑の党に譲らねばならなかったという事実を考えると、彼らが党派の目的のために 68 年のテーマを利用しようとしてきたことは明らかであった。

　少なくとも FDP は、燎原の火という観点からはこれを発展させることができた。というのは、本質的な部分では国会質問は外務大臣には突き付けられなかったが、その協力者でヨーロッパ問題の専門家である外務省の計画部長ハンス＝ゲルハルト・「ヨシャ」シュミーラー（Hans-Gerhart "Joscha" Schmierer）が標的になった。彼は、かつて毛沢東主義者であり、ハイデルベルクの社会主義ドイツ学生同盟 SDS（社会主義ドイツ学生同盟）議長であり、60 年代の終わりにはイデオロギーの上でなおも激論家であり、1973 年には西ドイツの共産主義者同盟（KBM）中央委員会書記となっていた。[28] 様々な K（共産主義者）グループが 80 年代初めに解散した時、シュミーラーは他の共闘者と同様に緑の党に加入した。そこでは彼は、レアロ（現実）派と見なされた。

　2001 年 1 月 31 日、すなわち、暴力行為の写真が公表された 1 ヵ月後に、ベルリンの政治学者ヨヘン・スタート —— 彼もまた 68 年世代であったが、保守の陣営に鞍替えした —— がフランクフルター・アルゲマイネ新聞に KBM とその指導部員の歴史を記した比較的長い記事を掲載した。その中でスタートは、シュミーラーが 1980 年にカンボジアの中央委員会書記長ポル・ポトに送った祝電を引用した。[29] スタートはシュミーラーと論争することは避けたが、記事の真意はほとんど誤解のしようがなかった。連邦共和国で役職と栄誉の地位に達していた多くの古参の 68 年世代と同様に、過去の KBW 幹部であったシュミーラーもまた、セクト主義正統派マルクス主義、そして反シオニスト的な下地から解放されなかった。彼の民主主義者への変遷はカムフラージュ以外の何ものでもないし、外務省でポストを引き受けたのは純粋な階級闘争上の戦術であった、というのである。

　偶然かどうか不明だが、1951 年 3 月 15 日に外務省再建 50 周年記念の祝祭が同省で準備されていた時、FDP 議員団は質問を行うに至った。この出来事を考えると、燻り続けているフィッシャーの 68 年代の過去をめぐる論争にどう対応すべきか、という問題が浮上した。現役の外交官たちは今まで同様冷静であっ

627

たが、問題は、数人の年金生活者だった。彼らは、これによって次第に個人崇拝的になった、フィッシャーの指導ぶりに高慢さを感じ、不満をいまや公に表明する時が来た、と見なした。

　この年金生活者の一員が、評論活動を繰り広げていたかつての大使エルヴィン・ヴィッケルトであった。彼は、戦中に青年時代を過ごした世代で、1933年に初めてSA（突撃隊）のメンバーになり、1940年にナチ党に入党した。1939年9月にSA大佐のヘルマン・クリーベルによって外務省の外国プロパガンダに採用された。[30]クリーベルは、1923年のミュンヘン一揆の参加者であり、ヒトラーと同じくランツベルク刑務所に入っていた。クリーベルは1937年まで上海のドイツ総領事であり、1939年4月に人事局長になった。クリーベルはヴィッケルトを文化部放送担当課に呼び寄せた直後、当時まだ25歳の青年に占領下の中国でドイツ語と日本語による大放送局の設立を一任した。1940年9月に、── ヴィッケルトは直前に放送アタッシェに昇進していた ── 彼は上海のドイツ大使館に配属され、そこで新しいラジオ局を作る使命を帯びた。

　遠大な放送政策の野望（「放送局にはヨーロッパ放送局の名前が付けられることが意図されていた。そうすることによって、ドイツの放送が単に帝国の利益だけではなく、全ヨーロッパを代表しているという既成事実を視野に入れていた」）と、彼固有のプロパガンダ的な問題（「行進の必要性は準備された」）で若きエリートは間もなく、ナチス対外組織の各国グループのリーダーの恨みを買った。ジークフリード・ラールマンはこれを心配し、ヴィッケルトを1941年6月に在東京ドイツ大使館に配置転換させた。そこで、公使エーリッヒ・コルトの下、彼は再び放送アタッシェのポストを引き受けた。1947年秋にヴィッケルトは、大使館で当時の経済専門家であったハンス・クラップとともにドイツに送還されて、1948年5月にハイデルベルクの連合国軍によって設立された非ナチ化調査機関によって「罪なきもの」として非ナチと宣言された。[31]

　コルト、クラップ、ブランケンホルンによってヴィッケルトは1955年に新しい役所の上級職に採用され、2年後に公務員となり（アタッシェの試験なしに）、その後の昇進に道を開いた。しかしながら、ヴィッケルトのスムーズな外交官としてのキャリアと、ナチの対外プロパガンダ担当者から文学者への転身には小さな傷がついていた。例えば、彼は外務省への入省にあたって、彼が所属したSAのメンバーについて誤った説明をしていただけでなく、上海のナチ対外組織

について個人的な嫌悪感に基づいた違いを政治的な異端のサインとして説明していた。西ドイツの学生運動の過去の政治的な攻撃に対して60年代後期に、かつての同僚クルト・ゲオルク・キージンガーを守るべく支援した時に、争いのある外交官の歴史政治的な取り組みはいつもまた彼の個人的な記憶作業の一部でもあった。第三帝国の経験を考慮した多方面にわたる示唆はそれゆえに、自身のナチの経歴を転写する新解釈とも平行していた。

緑の党の外務大臣に対してヴィッケルトが批判的だったのには、様々な原因があった。第1に重要な人権問題に関する意見の食い違いであった。例えば、ヴィッケルトは70年代からドイツ－中国間の文化作業に意欲的に取り組み、緑の党のダライ・ラマへの政策はナイーヴである、と見なしていた。第2に、彼は、緑の党の街頭デモという抗議の仕方は、必要性に欠けた、少なくとも歴史教育欠如の現れ、と認識していた。緑の党の政治家ペトラ・ケリーとゲルト・バスティアンが1989年6月の天安門広場での大量虐殺を受け、ボンの中国大使館前で行った警告の歩哨をヴィッケルトは、「強制」への試みと批判した。彼にとっては、この言葉はナチの暴力言葉を思い出させた。というのは、1933年に、いかにSAの男たちがユダヤ人の店の「常連客、従業員と持ち主」に狼藉を働いたかを経験したものにとっては、大使館の前で歩哨をするという考えには必然的に不快にならざるを得ない、と。もちろん、SAは当時の非難されるべき目的に向かっていったが、一方で、人権活動家の目的は「名誉あるもの」とはいえ、それにもかかわらず、このような行動は全体の中国大使館の職員すべてを辱めるものである。(32)狼藉を働く国家社会主義者の攻撃部隊と学生たちの抗議のデモ行進との間の比較は、既に60年代の後半に保守派の言辞の常套句になっていた。これが、政治的な前線を硬化させた。(33)

ヴィッケルトによるヨシュカ・フィッシャーの68年をめぐっての議論への介入は、一般的な道徳哲学への言及を伴った歴史的に理由づけられた批判と結びつけられた。2001年春、FDPの連邦議会議員団が小質問を行ったことにより、計画されていた祝祭記念の前に、彼は大臣に残念ながら祝祭に同席する状況にない、と文書で伝えた。理由として、フィッシャーが昔のKBWのメンバーであるシュミーラーを任命したことによって外務省の「汚れなき名誉」に疑問を投げかけたことを挙げた。同時に、彼は、当事者は「政治的な過ち」の犠牲となったと結論づけた。というのは、ポル・ポトへの祝意は、ヴィッケルトによ

れば、決して政治的な間違いではなく、「人間の最も深い非人間性への見解」への告白であった。しかしながら、「ヒトラーのジェノサイドと戦争政策によってその国民の歴史」が重大に汚されているドイツ人としては、今日のドイツの外交政策がポル・ポトのように大量殺戮を認めている男によって計画されていることを承服しがたい、と。[34]

フィッシャーはこの欠席の連絡に対して、10日後に回答した。予定された祝祭前日のことだ。彼はヴィッケルトに、彼のカンボジアのテロ政権に対する評価を自分も共有している、しかしながら、自分の協力者シュミーラーが機会主義に陥っているという批判に対し、彼が民主的に変革したことを否定することはできない、と。彼は鋭く、「政治的見解を変える原則的な権利は、まさしく貴方の世代でも様々に求められていることを私は確信しております」と付け加えた。[35]

内容においても形式においても、ヴィッケルトが遥かに限度を超えて攻撃したことは、明白である。それに付け加えて、彼の手紙はその時点と方向からもFDPの質問——すなわち、狙われた政治的な挑発——を結論付けないわけにはいかない。ヴィッケルトの言葉が、多くの外務省の年金生活者たちが珍奇で不明瞭な歴史認識を主張できることを示唆しているが、しかしフィッシャーは、長年の懸案であった外務省の過去の解明作業をする機会ととらえ、不愉快な対応をしなかった。すべての前任者たちのように、緑の党の外務大臣もまた、制度的、伝統的な負担を科学的に検討させることには躊躇した。辛うじて乗り越えた自身の経歴の破綻をめぐる論争が、大臣の躊躇の説明になるかもしれない。そのような身の処し方の可能性としてのモデルが、いずれにしろ欠けているわけではなかった。しかし、その直前、倫理的なドイツの経済企業が強制労働者への補償についての論争の文脈の中で、歴史家たちにそのナチの過去について研究を委託することを決めていた。[36]連邦法務省が既に80年代の終わりに国家社会主義における法務の役割について大きな移動展示会を開催しており、その中では、1945年以降の継続と破綻がテーマとなっていたが、新しい解明作業がまたしても外務省を素通りしていた。

緑の党の外務大臣第1期は軍事や安全保障政策の面で飛躍したが、2期目は2001年9月11日のアメリカ同時多発テロの陰に覆われた。連邦共和国は、テロの後はアメリカのアルカイダとの戦いを支援する諸国の先頭に立ったが、

第9章　独立歴史委員会の任命に対して「責任の所在の不明確さ」について

NATO のアフガニスタン介入が始まると数ヵ月も経たないうちに既に、最初のドイツと米国の緊張関係が明確になった。その年の暮れ、ブッシュ政府がイラクに対して軍事介入を準備していることが明らかになり、赤 − 緑政権は米国に明確な距離を取っただけではなく、戦争の脅威を選挙戦のテーマの中心点にした。ポピュラーなキャッチフレーズで 2002 年 9 月の選挙に勝利した後、連邦首相シュレーダーがポピュラーな宣伝文句で米国を威嚇した一方、フィシャーはより良い言葉を探した。

　フィッシャーのホワイトハウスとの軋轢によって、彼は国民の間でさらに人気を博していったが、これに反して外務省の中の雰囲気は曖昧であった。そこでは、連邦政府の「有志連合」に参加しないとの決定に疑問を抱く者は誰もいなかったが、ワシントンに対して対立色のある戦略とフィッシャーの指導スタイルに対しては、徐々に反対意見が増えていく様子が見て取れた。また、アメリカからの、68 年の過去を有する連邦ドイツの外務大臣に対する砲火は、まさしく老獪で右翼的なプロパガンディストのラジオ司会者ラッシュ・リンバウホの如く、ひそかに広がりつつある溝を阻止することに寄与しなかった。

　このような状態の時に 2003 年の春、「かつての」外務省職員についての議論が湧いてきた。論争の発端は、内部文書「外務省内部」に載った公務員の死亡記事であった。2003 年 2 月のフランツ・ニュスラインの死亡をきっかけに —— 通常のように —— 上級職の担当官が短い経歴をまとめた。ニュスラインは 1974 年に年金入りするまでバロセロナの総領事であった。同僚間の時事刊行誌 5 月号には、「ミュンヘン、パリ、ベルリンとゲッティンゲン大学で法律、国家学、経済学を学んだ後にフランツ・ニュスラインは法学博士となり、最初にカッセルの高等裁判所判事として勤務した。チェコスロヴァキアで 10 年間の刑を終え、ニュスライン博士は 1955 年に外務省に入省した。彼の最初にして唯一の外国での勤務は、1962 年のスペインだった。彼は 1974 年に退官するまでバロセロナの総領事館館長を勤めた。外務省は、託された課題を熱心に喜んで引き受けたかつての同僚の死を悼み、彼の専門的、人間的な能力ゆえに高く評価し、その死を惜しむものである。外務省は彼の名誉を讃えて記念する[37]」。

　死亡記事の起案の段階で、担当官は、いつものように彼にとって重要と思ったデータを人事記録から抜き出した。ニュスラインは生前、保護国であったボヘミアとモラビアにおけるナチ刑法の死刑判決への共同責任について常に争っ

第 2 部　ドイツ外務省と過去

ていたが、刑法的な捜査手続きは 1961 年に結論なく中止されたので、担当官は歴史担当課とは協議しなかった。滑らかな文体と形式の必要性から、経歴の偽りや矛盾や省略が、結果としてチェックされることなく記事として載る。ニュスラインについての資料の一部は人事局長の金庫にしまってあったし、記事は1955 年にニュスラインの外務省への入省に一役買ったのと同じ省員によって再検討されたことは、注意が足りなかった。まず、旧外務省職員でニュスラインの知人が、死亡記事の記述方法に対して不快に思ったことから、書類が書庫から引き出された。2003 年 5 月 11 日には通訳のマルガ・ヘンゼラーが個人的にフィッシャーに対して、彼女がニュスラインの記事に「深く傷ついた」と手紙を出した。彼女は戦争末期、ゲシュタポの収容所に入れられていた。ヘンゼラーはフィッシャーに対し、なぜ外務省がニュスラインのような男の栄誉として讃え、よりによって「戦後のチェコスロヴァキアの犠牲者」として祭り上げるのかを説明するよう要求した。そこでは彼は実際は「無慈悲な法律家」であって、連邦共和国に対するチェコ人の「敵対的な態度」に大きな責任がある、と。[38]

　具体的に起こったことは、今日では大筋でしか再現され得ない。手紙はフィッシャーに提示されなかったようだ。大臣室は上級職担当課（担当課 101）と政治的な文書室（担当課 117）にこの案件を引き受けるように指示した。文書担当課が実際にこの件について認識したのか、もはや確実には言えないようになってから、人事担当者が 2003 年 6 月 11 日に昔の省員に対して立場を表明した。ヘンゼラーは、具体的な彼女の苦情に立ち入ることなく、死亡記事文の定まった形式を了解するように要請された。[40]しかしながら、この要請の手紙は狙ったものとは反対のことを引き起こした。というのは、退職者はいまや本当の怒りに達した。ヘンゼラーの 2 度目の手紙はフィッシャーに宛てるのではなく、連邦首相のシュレーダーに宛てて書かれた。彼女は外務省の公務員たちがニュスラインの人事記録を「書き直した」と非難し、死亡記事は「歴史の改ざん」であるとした。[41]

　連邦首相府からこの手紙は 2 日後に外務省に届いた。手紙は、正確に言えば、国家大臣（副大臣）ケルスティン・ミュラーの受付の部屋に届いた。わずか 4週間後、上級職担当課は新たに立場の表明を要請された。担当官はこの間に替わっていたが、その後継者は同様な資料に行き着いた。死亡告示は内部利用を目的にしており、詳細な経歴上の敬意を表明することはこの中では意図されな

かったし、「アメリカの牢獄とチェコスロヴァキア」での拘禁は短く、「拘禁」とだけ表現したことが正当化され、また、死亡告示の後になっての変更も適当とは思われない、というものであった。これによって改めて、他意のない、時にはひどく歪められた記事として役所の外部で受け止められ、批判される可能性は無視された。また、ヘンゼラー以外の他の昔の、そして現在の外務省職員が不快に思っていることに人事局は寄り添おうとはしなかった。それに加えて目立ったのは、政治的文書室が意見表明を要請されなかったことである。

このような背景のもと、若干の遅れがあったもののヘンゼラーの思惑が効果を発揮したことを、2003年9月末に担当の課の協力者たちが知らされた時、彼らにはショックであったに違いない。事務次官クラウス・シャリオット（Klaus Scharioth）は、かつての外務省職員には祝福や死亡した時の追憶、栄誉の証明はもはや決して「自動的ではない」、むしろ、将来にはいずれの具体的な例も注意深く検討されねばならない、と回顧録の中で端的に述べている。すなわち、昔のナチ党のメンバーあるいはその下部組織のメンバーには、原則として、祝意あるいはお悔みの表明は今後あり得ない、ということである。職員は新しい規則の詳細には接しなかった。しかしながら、ヘンゼラーは14日前に大臣からの手紙を受け取っていた。

フィッシャーはようやく、ここにきて初めてヘンゼラーの不満を表明した手紙を読んだ。それは、彼にとって心に響くものであったであろう。フィッシャーは彼女の立場、すなわち、歴史的な罪と責任は、相対化あるいは何か別の方法によって、犯人を犠牲者として表現し罪を覆い隠すようなことがあってはならない、と捉えた。また、彼は隣人との和解は、国家社会主義の不法を具体的に言葉で表現し、ドイツがその責任を告白して責任を取ることのみによって初めて成功するだろう、との彼女の意見に同意した。フィッシャーはそれに付け加えて、役人自身の責任を通告した。ヘンゼラーの介入は、国家社会主義の行政と若い連邦共和国の省庁との間に人的継続性と結びつきがあることを明確にしたが、これに向き合わねばならない、と。さらに、過去の解明作業はいまだ終わっておらず、このことは外務省にも当てはまる、と。彼は職員に対して、省の歴史への責任を「さらに自覚し、敏感に」受け止めるよう指示した。ニュスラインの死亡記事を彼は認めず、フィッシャーによれば、それは提示された形では「現れてはならない」。

その後、さらに 1 年以上が静かに過ぎた。死亡記事はそれに応じて版が変えられた。フィッシャーの命令とそれに付随した手紙のことは、日々の忙しさの中に忘れられた。

2004 年末、昔の外交官たちの間で、フィッシャーが密かに、亡くなった昔のナチ党のメンバーにはもはや役所の死亡記事によって栄誉を讃えないようにとの指示を出した、という噂が上った。そのきっかけは、2 つの死亡例だった。2004 年 10 月 23 日、93 歳のフランツ・クラップが亡くなった。彼はナチ党および親衛隊のメンバーであり、東京の大使と NATO の常設代表まで務めた。2004 年 11 月 13 日にはヴィルヘルム・ギュンター・フォン・ハイデン（Wilhelm Günter von Heyden）が亡くなった。かつて香港とマカオの総領事だったこの人物はキャリア外交官であって、1935 年以前に外務省に入省し、ナチ党に入党していた。両例はその意味で比較的簡単で、新しい規則では、クラップとフォン・ハイデンは死亡記事に載せてはならなかった。

そこで事態が動き出した。人事局に死亡記事の実際が批判的な意見ゆえに変更されたことを照会し確認した後、2005 年の初めに退職者たちは大臣に対して反論した。音頭を取ったのは、特に元大使ハインツ・シュネッペン（Heinz Schneppen）であった。彼は連邦新聞情報庁からの「横滑り者」で、博士号を取得した歴史家であった。次にエルンスト・フリードリッヒ・ユンク（Ernst Friedrich Jung）がいた。彼は以前ブダペストの大使であり、この 2 人が表に出た。フランクフルター・アルゲマイネ新聞の読者の手紙の欄で、シェネッペンはフィッシャーによって導入された手続き方法を「事実に即しておらず」、「野卑」で、「不名誉」だと指摘した。というのは、党のメンバーシップという基準は短絡的に過ぎ、名誉を讃える死亡記事はなされた業績を考えると否定されるべきではない、というのである。その他彼はフィッシャーを、ダブルスタンダードだとした。すなわち、フィッシャーは、「政治的な誤り」を自分自身には許し、その一方で、友人にはそれを許していない——この関連でシュネッペンは、ヴィッケルトとフィッシャーの間で 2001 年に闘わされた論争を提示した。⁽⁴⁵⁾

ユンクはフランクフルター・アルゲマイネ紙で、大臣の無知に対する不平を訴えた。⁽⁴⁶⁾ナチの過去についての個人的意見によって、彼は 80 年代に現役の外交官として幾分か注目を浴びた。1948 年、専門誌『批判的法務』にブラウンシュヴァイクの判事ヘルムート・クラマーのかなり長い論文が載った。その論文は、

第 9 章　独立歴史委員会の任命に対して「責任の所在の不明確さ」について

1968 年にヘッセン州検事総長フリッツ・バウアーが死の直前に提出した、醜聞
に満ちたある手続きに関連していた。この手続きは 1970 年 5 月、何の説明もな
く中止されていた。このことには指導的なナチ法務官 —— その中にはユンクの
父親がいた —— のナチの「安楽死」殺人を隠し、見かけ上の正統化への共同責
任が問題だった。[47] 50 年代または 60 年代の例と違って、ユンクはクラマーを信
用し、彼の父親をナチ政権の犠牲者に仕立て上げたが、それは世論の理解不足
に拠るところが大きい。[48] 彼の外務省での名声は、もちろん何もおとしめられる
ことはなかった。1990 年、ボンの裁判所が証拠不十分を理由として 6 年かかっ
た裁判を中止した時、外務大臣ハンス＝ディートリッヒ・ゲンシャーはユンク
をベルリンで会議中の KSZE（欧州安全と協力会議）の事務局長に任命した。

　2005 年 2 月 9 日に、フランクフルター・アルゲマイネ紙に死亡したクラッ
プの死亡記事が大きく掲載され、翌日には南ドイツ新聞にハイデンに関する同
様の記事が掲載された。それに署名したのは 130 人を超えるかつての大使たち
で、その中にはシュネッペン、ユンク、ヴィッケルトら元大使の名前もあった。
フィッシャーは同時期に膨れ上がったヴィザの問題で、大きな政治的な圧力の
下、3 月 17 日に「すべての省員たちに」とする回章文書で応えた。彼に対する
批判者に対して、既に掲載された記事は問題としない、ただし、人事委員会と
の間で妥協を見出した解決策、すなわち名誉を讃えるような死亡記事は、将来
において掲載しない —— その代わりに、すべての死亡記事はただ単に、短く機
関誌に載せられる、とはっきり述べた。[49] 議論の鎮静化のために、争いを世論に
訴えようとされた。その際にまた古い勘定も清算され、例えば、ゲンシャーの
昔の協力者であり、この間在ベルンドイツ大使フランク・エルベ（Frank Elbe）
は大臣に私的な職務書簡で、「みすぼらしい」危機管理と非難し、同時に彼の書
簡を特別にビルト紙に載せるように働きかけた。[50]

　注目されたクラップとハイデンの死亡記事をめぐるメディア問題が大々的な
報道合戦に発展した事実に対し、外務省の職員の中でこの間の批判が代表的な
ものか、あるいは正統なものであるのかも問題になった。世論に訴える時、誰
が外交官の利益を代表するのか？　誰が事実上、あるいは想像される利益を代
表するのか？　そして特に、まだ現役のあるいは既に退官した省員、生きてい
る人と死人の共通のことを守り、職業的な行動基準に反して —— 連邦共和国の
歴史の過去の出来事で —— 公に大臣に反抗してゆくことが正当化することが

第2部　ドイツ外務省と過去

可能であろうか？　このようなことは後見と感じられないだろうか？　独占と
さえ感じられるのではないだろうか？――かつてのナチ党と親衛隊のメンバー
のための告示が国内と外国でもたらしたのはイメージを傷けることになるのは
もちろんのことして。

　2005年春、外務省の50年以上にわたる歴史の中で初めて新しい外務省がナ
チの過去とその後の作用について内部的な議論に至ったが、もちろん、決して
意見の一致をみることはなかった。現役の職員の一部は拒絶された死亡記事に
ついていまだ「深い不快感」を感じ、故人を追憶する文明的な価値を強調する
一方で、他の職員は――少し前の背景に思いを致して、フリッツ・コルベの大
臣フィッシャーによる遅ればせながらの名誉回復は、昔の思い出の実際のやり
方は個人的な国家観に根差しており時代錯誤である、との意見であった。変革
は、もはや遅すぎた。また、設立当時のスキャンダルもいまや初めて対立的に
議論された。――多方面にわたる問題の多い歴史を考慮し、「反抗手的な反応」
は警告された。

　しかしながらこのテーマがこの間に公に議論された激烈さに鑑み、連邦外務
大臣フィッシャーは2005年夏、独立歴史委員会を立ち上げた。

附　章

Anhang

あとがきと謝辞

2006 年の秋に外務省の国家社会主義時代と連邦共和国時代の歴史に関する研究について独立歴史委員会が仕事を始めてから 4 年後、本書によってその結果が公になった。だからといって世間のいわゆるドイツ連邦共和国の外務省の前史および過去についてのあらゆる議論を終了させることはできない。しかしながら、我々は、望むらくは広範な読者層が自らの意見を形成するに、学問的に確かな基礎を提供したいと考えてきた。

1951 年春に外務省が再建されて以来、およそ 60 年経ったが、振り返ると民主主義的な新出発と人的な継続性の関係の問題が初めから焦点であったことが明らかである。この争いの最初のドラマティックな頂点は、アデナウアーが外務大臣として登場してから半年後、連邦議会が新聞のキャンペーン報道によって、社会民主主義政党が野党の要請により第 47 調査委員会を導入した時に起こった。それ以来、国家社会主義の過去は見かけ上全く役割を果たしていなかったようであったが、このテーマは数十年間にわたり、毒を吐いていた時期が何度もあった——外務省でも世間でも。そういう意味で外務省内で 2003 年以来、ヨシュカ・フィッシャーによって変更された、政治的に傷がついたかつての外務省員の死亡記事についての紛争が発展したのは当初、問題を含んでいた意味付けの紛争と見られがちであった。

2005 年初めには、それでも批判は世間にも届いた。これが、赤－緑（SPD－緑の党）連立の連邦政府の外務大臣が、2005 年 7 月 11 日に独立歴史委員会を立ち上げるきっかけとなった。彼は、彼の前任者たちが全員、避けた方法を執った。つまり、省の過去に対峙し、問題の多いテーマを調査させようという多くの告示に反して、——例えば、1971 年のヴァルター・シェールの意図宣言——外務省は数十年にわたって事実を隠しただけでなく、文書の閲覧を規制することによって、その歴史についての批判的な研究をしようとする独立の努力にいつも立ちはだかってきた。

2005 年 9 月に、エッカルト・コンツェ教授（マールブルク）、ノルベルト・フ

ライ教授（イエナ）、クラウス・ヒルデブラント教授（ボン）、ヘンリー・アシュビイ・ターナー教授（ニュー・ヘヴン）、そしてモシェ・ツィンマーマン教授（エルサレム）からなる歴史委員会が、初めて外務省で開催された。きっかけは、省の幹部によって招集された未解決の研究問題に取り組むことと、文書を利用するための国際的な専門家たちの討論集会であった。委員たちは、この機会に集まった学者たちおよび列席していた連邦文書室の代表たちの数多くの示唆や提案に感謝した。

2005年9月18日に前倒しされた連邦議会選挙と、それによって起こった大臣の交替によって、委員会と外務省の間で必要な契約が成立するまで数ヵ月間を要した。委員会の3年間にわたる体系的な仕事のために必要な資金を用意し、同時に、その内容に対して完全な独立性を保証するという目的はそれでも達成された。この関連で我々が深く感謝するのは、まず大使クラウス・シャリオット博士に捧げる。事務次官として2005年春に委員会が設立されて以来、断固として推し進め、そして、大臣の交替があってもこの歩みを維持してくれた。前外務大臣のヨシュカ・フィッシャーと同様に、その後任者のフランク＝ヴァルター・シュタインマイヤー博士に我々は感謝したい。彼は、前任者のこれに関する決定を大臣就任とともに即座に確認し難しい状況の中で外務省の政治文書の閲覧について便宜をはかり、我々の仕事を後に個人的にも支えてくれたことに感謝する。

2006年8月11日に、外務省で事務次官のゲオルク・ボームガーデンの名で署名された委員会契約が署名される前、ターナー教授は健康上の理由から辞退を迫られた。その代わり、彼の教え子ピーター・ヘイズ（エヴァンストン）が加わった。ターナー教授は2008年12月17日に亡くなった。あらゆる感謝の意味を込めて彼のことを追憶する。

最初の数ヵ月の間、委員会の仕事で最も重要な課題となったのは、検討の目的の構想的な分担があった。それから、そのために問題となる資料の探索であった。外務省の政治文書室にある資料が中心的な役割を果たすであろうことと、国内と外国の文書館と図書館でさらに多くの探索を広げる必要性については、初めから明白であった。このような体系的な情報の把握と評価のために、委員会はマールブルクのフィリップス大学に情報を蓄積し管理する施設を作り、研究者たちをサポートした。附章に詳細に示された様々な協力者たち、エンリ

コ・ベーム、ヴォルフガング・フィッシャー博士、コリュデウラ・キューレム博士、イェンス・クーレマン博士、ヤンス・ランベルツ、アリアンネ・レーンデルツ博士、リヒャルト・ルテュエンス、クラウディア・モイゼル博士、ウルリッヒ・ファイル教授、マルクス・ロート博士、イェルク・ルドルフ博士、ゾンヤ・シュヴァネベルク博士、ゲラルド・シュタインナハー博士、ダニエル・ウチール博士に感謝する。

委員会の仕事の結果を（はじめ、部分的に想像されたように）単なる「報告」、あるいはましてや単なる「評価結果」として提示するだけではなく、シリーズとして多かれ少なかれ相互に関係ある個々の研究に使われるのではない、という決定は、既に当初の時点で意見の一致を見ていた。これが大きなテーマを展開することと結びついた。委員会のすべての責任と関係なく、各章は、それぞれ担当の委員の責任に委ねた。具体的には次のような分野だ。1939 年の国家社会主義時代（ヒルデブラント）、第二次世界大戦とホロコースト（ツィンマーマン）、1945/50 年の終わりと初め（ヘイズ）、外務省と過去（フライ）、連邦共和国の外務省（コンツェ）。

突然の重い病気のために、ヒルデブラント教授は引き受けた研究の仕事の一部を初めの段階のみ実施したが、結局我々は、最後には、この尊敬する同僚がずっと希望していた委員会への復帰が不可能になったことを受け入れなければならなかった。クラウス・ヒルデブラントが示した構想に対し、我々はショックとともに最良の希望と感謝を表明する。

文書の詳細にわたる —— そして多面にわたる仕事が組織化された —— 研究の他に、われわれの研究過程の中で、委員会の側では特にそのスポークスマンであるエッカルト・コンツェが、科学的協力者のアネッテ・ヴァインケ博士とアンドレア・ヴィーゲスホフとともに主導した一連の新聞、証人に対するインタヴューが、附章に示唆されている。ノルベルト・フライもまた、これに参加した。委員会は、外務省のすべての職員が記憶と経験が口頭で、そして部分的には文書で提供してくれたことを知っており、このことに感謝している。ヨアヒム・ショルティセック博士はボンで、ドミニク・ゲッペルト教授はベルリンで一連の対話をリードしてくれた。委員会はその他に、コリナ・フェルシュに時代の証人との対話を組織して技術的な進行を図ってくれたことに感謝する。委員会の感謝は、特別にハンス＝ユルゲン・デシャー教授にもある。彼は事実に

役立った情報をくれ、資料を任せてくれた。それは彼の十数年の長きにわたる研究に友好的であるはずの外務省の政治文書室の文書政策（PAAA）に対する粘り強い闘いの証明であった。

　ここで、一言述べておきたい。委員会はPAAAの中で仕事を組織しなければならなかった。多くの参加者、そして外務省の幹部が、契約に確保されたすべての「重要な資料」を閲覧するに際して──すなわち人事文書も文書室指導部の事前の予告では、「簡単に閲覧できるようにする」との好意的な決定があったにもかかわらず、文書の多くは実際は利用困難であった。それは、委員会に託された課題に対して個々人の明白な留保の他に、特に染み込んだ構造的な特別な条件に理由を求め得るかもしれない。その条件の下にPAAAは長いこと使用され、そして、民主主義的な透明性のある文書の閲覧は連邦文書法に基づいて連邦の文書室が成功裏に実施されているようには行われていなかった。これに加えて、委員会が仕事をするうちに、文書へのアクセスが難しくなり、そして、旧態依然とした文書室という組織が問題になった。これらの問題は、外務省側でまず、大臣部長ロルフ＝ディーター・シュネレと2008年5月以来大臣の個人的な補佐で、計画スタッフ次長のラルフ・タラフも重ねて除去を要請した努力にもかかわらず、最後には、実際にその仕事に本質的なすべての資料を見られるよう確約したのではない、という結論であった。このことは、特に初めて、非常に後の時点でアクセス可能になった、そしていまだ分類されないでいた秘密関係でもあった。もちろん、比較的多くの協力スタッフを抱えていたのにもかかわらず、委員会に託された時間は限られたこともあり、優先順位を付けなければならなかった。すべての軌跡を求めて考えられ得る限りの方法を追求したり、潜在的な探究分野を探ることもできなかった。多くの点で、量的な理由から単に例を挙げることしかできなかった──例えば、連邦共和国の最初の十数年間ドイツの外交官の投入する場所について、過去の政治的な傷が引き続き、尾を引いて作用しているのではないかという問題である。また、外務省のすべての課題と活動について、第三帝国の政策のあらゆる角度から詳細に描かれ得なかった。そのようなわけで、特に外務省の「最終解決」への協力に関しては、一方では、できる限り包括的な姿が描かれねばならなかった。他方では、しかしながら、（例えば占領域での略奪への外務省の協力と比較して）凄惨な出来事を相対化する危険とならないように、重複は避けるべきであった。もし

あとがきと謝辞

も我々がそれでも、この本によって多くの観点から新しい、意味のある描写ができたとすれば、それはまた、特にこの時点までの委員会とその協力者たちの建設的な協力の賜物である。

　最初に掲げたような提示された作品の共同作者たちに対しては、その精力的かつ立派な編集とともに、我々はトーマス・カールラウフ（ベルリン）に対して最大の感謝を申し上げる。その他にも、次のような人々に貢献していただいた。ヨヘン・ベーラー博士、イリス・デゥブロン＝クネーベル博士、アステゥリード・エッカルト教授、ウイリアム・グレイ教授、ラールス・リュディッケ、トーマス・マウルッチ教授、カトリン・ペー教授、ヤン＝エーリック・シュルテ博士、ダニエル・シュタール、アネッテ・ヴァインケ博士、アンドレア・ヴィーゲスホフ。ヴァインケ博士は圧倒的な量の英語の訳を完成させた。我々は彼女にも感謝したい。

　最後に我々の感謝の言葉を、我々がそれらの支援を当てにできた地球規模での文書管理組織と図書館の協力者たちへ申し述べたい。彼らの名前を1人ひとり挙げるには多すぎる。しかしながら、明示的にあげるが、アンドレア・ヴィーゲスホフに率いられた委員会のマールブルク調整組織の学生および科学的協力者たちに、特に全体の原稿の印刷に流す前の最終的な仕事に際し、想像を絶する作業をしていただいたことに我々は感謝する。エンリコ・ベーム、ステファン・ヘネとヤン・オーレ・ヴィーヒマン、そしてエニア・ドラゴミール、セバスティアン・ハウス、ダニエル・モニガーとティルマン＝ウルリッヒ・ピーツである。

マールブルク、イエナ、エヴァンストン、エルサレムにて　2012年夏

エッカルト・コンツェ

ノルベルト・フライ

ピーター・ヘイズ

モシェ・ツィンマーマン

643

注

第1部　ドイツ外務省の過去

第1章　ドイツ外務省と独裁体制の成立

(1)　PAAA（外務省政治的文書室）、ワシントン、第1126巻。1933年3月21日のビューローの電報。

(2)　同。1933年3月13日付のワシントンの大使館へのシモンの電報。1933年3月17日付のキープの
ワシントン大使館への電報。PAAA, R98468。1933年3月21日付のキープの外務省への電報。

(3)　PAAA、R121208。アシュマンの1933年3月23日付手記。

(4)　PAAA、パリ、506b、PAAA, R28258。手記。1933年3月15日のフランスの雰囲気。

(5)　ドイツへの中傷に対する戦い。外務大臣のアメリカの宗教指導者への声明。1933年3月28日の
ドイチェ・アルゲマイネ新聞。

(6)　ノイラートのインタビュー、醜いプロパガンダ、真実に反する傾向に対する嘘、1933年3月27
日の攻撃。

(7)　ドイツ国民のユダヤ人同盟の外国の中傷に対して、1933年3月25日付ベルリン株式新聞。

(8)　PAAA、ワシントン、1126巻。1933年3月29日付プリットヴィッツ・ガフロンのノイラート宛書簡。

(9)　同。1933年3月18日付クリーヴランド領事への電報、1933年3月23日付のフリーベルの外務省
宛電報、PAAA、R121208。33年3月26日付19のプリットヴィッツの外務省宛書簡。

(10)　PAAA、ワシントン、1126巻。プリットヴィッツの外務省宛、1933年3月21日付雰囲気の報告、
1933年3月21日付のプリットヴィッツの外務省に宛てたメディアの報告。

(11)　同。1933年3月29日付のプリットヴィッツの書簡の付属。

(12)　同。1933年4月6日付プリットヴィッツの外務省宛。

(13)　ADAP（ドイツ外交政策への文書）C.139番、ケスターのビューローへの1933年4月5日の電報
報告、PAAA、パリ、巻、506b、1933年4月12日付のヘッシュの外務省宛電報。

(14)　ゲッベルス（1987年）、1933年4月1日の記入、400頁、ここでは401頁（?）。

(15)　ヴァイツェッカー（1987年）、1933年3月23日と22日付のヴァイツェッカーの私的な記録、70頁。

(16)　巻、NL（遺品）、エルンスト・フォン・ヴァイツェッカー、1273,82巻。手書きのコメント（1950年）

(17)　貴族と外務省員、1921年11月17日付ベルリナー・フォルクスツァイトゥング。

(18)　BA（連邦文書館）、NL.ノイラート、177巻、手書きの記録。

(19)　IMT（国際軍事裁判）16巻、1946年6月22日、手記、652頁。

(20)　HSTAS（主要国家文書庫）、11月第3号、385巻、Bue385、マチルデ・フォン・ノイラートへ
のノイラートの1923年11月25日付の手紙。

(21)　ADAP,CI,64号、ハッセルのノイラート宛の1933年3月8日付、シリー（2004年）31頁、ハッ
セルのイルゼ・フォン・ハッセルへの1933年6月16日付の手紙、ADAP,228号、E Ⅷ .228号。
ゾンネンホーフの手記、1944年9月7日付のハッセル事件の人民裁判所の前、1944年9月7日付。

(22)　PAAA,R2868。プリットヴィッツの外務省宛、1926年10月26日付。

(23)　ADAP,CI,75番。プリットヴィッツのノイラート宛、1933年3月11日付、PAAA,R28498,プリッ
トヴィッツのノイラート宛、1933年3月16日付。

(24)　PAAA,R29517。ビューローのプリットヴィッツ宛、1932年1月25日付。

(25)　同。プリットヴィッツのビューロー宛、1932年2月12日付。

(26)　引用。クリューガー／ハーン（1972年）410頁。

(27)　フランソワ=ポンセ（1962年）398頁。

(28)　比較。クリューガー／ハーン（1972年）398頁。

645

注　第1部　ドイツ外務省の過去

(29)　IMT（国際軍事裁判）16巻、手記、1946年6月22日付、657頁。

(30)　クリューガー／ハーン（1972年）397頁。

(31)　ADAP,CI,70番。ケスターのビューロー宛、1933年3月11付。

(32)　PAAA,R29518。ディルクゼンのビューロー宛、1933年3月14日付。

(33)　ADAP,CI,22番。マイヤーの手記、1933年2月17日付。ヴォルスタイン（1972年）100–146頁、ミューレ（1995年）41–59頁。

(34)　ADAP,CI.　33番。ノイラートのモスクワのドイツ大使館へ（秘密の）1933年2月22日付。

(35)　ヴォルスタイン（1973年）82–94頁、ここでは、86（?）頁。

(36)　BA　コブレンツ、NL.ヴァイツェッカー、N1273,50巻。人生の思い出、ヴァチカン、1945年9月。

(37)　ADAP,CI,79番。ビューローのビューロー＝シュヴァンテへのコメント、1933年3月13日付。

(38)　AdR,シュライアー内閣,1巻、79番。ルッツ・シュヴェリン・フォン・クロジク伯爵の1933年2月5日付の日記手記、IFZ（時代の歴史史研究所）、ZS1021。ビューロー＝シュヴァンテとの1965年11月9日および11月10日の会話に関しての手記。グラム（2001年）、113–169を参照。

(39)　PAAA,R2158。ビューロー＝シュヴァンテの手記、1933年5月11日付。

(40)　PAAA,ベルンハルト・ヴィルヘルム・フォン・ビューロー＝シュヴァンテの個人的な書類、2113巻。ビューローのノイラートのための手記、1933年2月10日付。

(41)　PAAA,R98651。ビューローの内部回覧、1933年3月20日付。

(42)　ADAP,CⅢ、付属Ⅱ。仕事の分担計画、1934年6月–1935年3月。

(43)　同。

(44)　PAAA,エミール・シュムブルクの個人的書類、14090巻。

(45)　PAAA,フランツ・ラーデマッハーの個人的書類。11619巻。

(46)　PAAA,R98468。ビューロー＝シュヴァンテの手記、1933年4月20日付。

(47)　同じく。ビューロー＝シュヴァンテのすべての使節への回章、1933年4月20日付。

(48)　PAAA,R99292。ビューロー＝シュヴァンテのすべての使節への回章、1933年2月28日付。

(49)　PAAA,R984980。ビューロー＝シュヴァンテのすべての使節への回章、1933年6月6日付。

(50)　PAAA,R99530。ビューロ＝シュヴァンテの宣伝省への書類、1933年1月31日付。

(51)　PAAA,R99574。ビスマルクの外務省宛、1934年9月27日付。

(52)　PAAA,R99531。ノイラートのすべての使節およびルドルフ・ヘス宛、帝国内務省、宣伝省宛の1934年10月30日付書簡、ビューロー＝シュヴァンテの1934年10月16日付手記。

(53)　PAAA,R99346。シュムブルクの手記、1934年10月24日付。

(54)　に伯爵を始め（2008年）次の者へ、9–14,194–237、244–251、268–273頁。

(55)　同。13頁からの引用。

(56)　同。233頁からの引用。

(57)　同。197頁からの引用。

(58)　同。フンディナーの帝国食料・農業省への1934年6月13日付の書簡、バッケの1934年2月27日付国家秘密警察への書簡。

(59)　PAAA,R984980。ビューロー＝シュヴァンテのすべての使節への回章、1933年6月6日付。

(60)　RGBL（帝国官報）Ⅰ（1933年）175頁〔職業公務員の再建への法律、1933年4月7日付〕。

(61)　ADAP,BXVI,47番、ヘッシュの外務省宛、1930年11月10日付、同。PAAA,ハンス・リーサーの人事書類、12350巻。ヘッシュのケスター宛、ないしはグリューナウ宛、1931年2月28日付ないしは1930年11月10日付。

(62)　PAAA,ハンス・リーサーの人事書類、12350巻。ペンスゲンのリーサー宛、933年7月25日付、ペンスゲンのリーサー宛（草案）,1933年7月25日付、ヘッシュのビューロー宛、1933年9月4日付。

(63)　同上、12351巻、リーサーのマルジナリー・ノイラート宛、1933年8月29日付、フェルッカー

のリーサー宛、1933 年 9 月 14 日付（オリジナルでは強調されている）、比較、参照。リーサー（1959年）、32-34 頁。

(64) PAAA, ハンス　リーサーの個人に関する人事文書、12351 巻。ビューローのリーサー宛、1934年 3 月 15 日付。

(65) PAAA, ゲオルク・フォン・ブロイヒ＝オッペルトに関する人事文書、01861 巻。ノイラートの決定、1935 年 3 月 18 日付。

(66) 同。ブロイヒ＝オッペルトの職務上の声明、1934 年 8 月 1 日付。シュレッターのブロイヒ・オッペルト宛、1935 年 3 月 18 日付。

(67) 同。グリュナウのゲレッケ宛、1934 年 9 月 28 日付、ゲレッケの外務省宛、1934 年 10 月 12 日付。

(68) 同。ノイラートの処分、1934 年 10 月 26 日付、ノイラートの決定、1935 年 3 月 18 日付、ブランドンのパッペンハイム宛、1934 年 11 月 30 日付、01860 巻。外務省の大統領府宛、1935 年 4 月11 日付。

(69) PAAA, ゲオルク・フォン・オッペルトに関する人事書類、01861 巻。リートの聴取に関する手記、1934 年 12 月 5 日付、ルドルフ・マイ、宣誓、1934 年 12 月 5 日付、ヨーゼフ・マイスナー、宣誓、1934 年 12 月 5 日付、01860 巻。後継男爵ツー・ヴァルデック・ウント・ピルモントのヴューリシュ宛、1934 年 4 月 25 日付。

(70) クリューガー / ハーン（1972 年）398 頁。

(71) BA,NL（遺書）、ノイラート、20 巻。ビューローのノイラート宛、1933 年 7 月 5 日付。

(72) PAAA,R984980。ビューロー＝シュヴァンテの回章、1933 年 7 月 11 日付。

(73) PAAA, ヨシア・ツー・ヴァルデック・ウント・ピエモント男爵に関する人事書類、16033 巻。人事の束、1933 年 4 月 20 日付、外務省の帝国金融省宛 1933 年 5 月 2 日付、IfZ（時代の歴史研究所）、ZS1021。1965 年 11 月 9 日のヤコブセンのビューロー＝シュヴァンテとの会話についての手記、1965 年 11 月 10 日付。

(74) PAAA, エーリッヒ・ミケルゼンに関する人事書類09996 巻。人事変更リスト、1933 年 7 月 13 日、ないしは、1933 年 7 月 16 日。

(75) PAAA, ヴァルター・ツェヘリンに関する人事書類07102 巻。ブランクのケスター宛書簡、1932年 6 月 4 日付。

(76) PAAA, エーリッヒ・ミケルゼンに関する人事書類09996 巻。ケプラーのヴァルデック・ウント＝ピエモント宛書簡、1933 年 10 月 2 日付。

(77) PAAA,R27242。ボーレスのヘス宛書簡、1934 年 1 月 20 日付。

(78) PAAA,R27242。ケプラーのノイラート宛書簡、1933 年 10 月 28 日付。

(79) PAAA, エーリッヒ・ミケルゼンに関する人事書類、09996 巻。人事局の手記、1933 年 10 月 25 日付。

(80) 同。ミケルゼンのグリューナウへの書簡、1933 年 11 月 4 日付。ミケルゼンの 1933 年 11 月 2日付ノイラート宛書簡を参照。

(81) 同。1933 年 10 月 25 日付の人事局の手記、1933 年 4 月 11 日付のミケルゼンのグリューナウへの書簡。ミケルゼンの 1933 年 11 月 2 日付のノイラート宛書簡と。1933 年 11 月 7 日付のグリューナウの上海総領事への書簡。トラウトマンの 1933 年 11 月 9 日付の外務省宛書簡、グリューナウの 1933 年 11 月 9 日付トラウトマンへの書簡。1934 年 3 月 6 日付のノイラートのミケルゼンへの書簡を参照。

(82) PAAA,R28045。ヴァルデック・ウント・ピルモントのフェルッカース宛 1933 年 6 月 6 日付書簡。

(83) PAAA, エーリッヒ・ミケルゼンに関する人事書類09996 巻、ヴァルデック・ウント・ピルモントの手記、1933 年 11 月 3 日付。

(84) 同。ノイラートの手記、1933 年 11 月 4 日付。

(85) 同。1934 年 1 月 9 日付と 1933 年 12 月 28 日付のネルデッケの手記09998 巻、1934 年 3 月 8 日

注　第1部　ドイツ外務省の過去

付ネルデッケの手記。

(86)　PAAA,R27242。ボーレのヘス宛、1934 年 2 月 21 日付書簡。

(87)　PAAA,R60975。ノイラートのケスター宛、1934 年 2 月 5 日付書簡。

(88)　PAAA,R29462。ビューローの 1943 年 3 月 10 日付手記。マイスナーの 1934 年 3 月 14 日付のノ
　　　イラート宛、ノイラートのマイスナー宛と比較。

(89)　ADAP,C II 405 番。ノイラートから 1934 年 3 月 14 日付のロンドンおよびパリの大使館宛、
　　　PAAA,R60978。リッペントロープのノイラート宛 1934 年 4 月 12 日付と比較。

(90)　PAAA, 予算書 R143339 と R143340.

(91)　PAAA,R60952。ハッセルのノイラート宛、1933 年 10 月 4 日付。

(92)　ヴァイツェッカー（1950 年）144 頁。

(93)　ＢＡ遺品（ＮＬ）ノイラート、177 巻。帝国保護官コンスタンティン・ヘルマン・フォン・ノ
　　　イラート男爵の人生からの手記、HstA（主要な国家文書簡）シュトゥットガルト、11 月第 3 号、
　　　Bue.459。我々の人生からの考え、1923 年―1933 年。

(94)　IfZ,ZS 1021.。ヤコブセンの 1965 年 11 月 9 日と 11 月 10 日の会話についての手記。

(95)　PAAA,R27246。ボーレのヘスについての手記、1933 年 11 月 15 日付。

(96)　BA ベルリン、BDC（ベルリン・ドキュメント・センター）、エドムント・フォン・テルマン男
　　　爵の親衛隊人事書類、親衛隊 A11。

(97)　PAAA,R27246。ボーレのヘス宛、1933 年 11 月 27 日付。デシャー（1991 年）110-114 頁と比較。

(98)　PAAA,R27246。ボーレのヘス宛、1933 年 11 月 27 日付。

(99)　同。1933 年 11 月 15 日付のボーレのヘス宛。

(100)　ベルリンでの時代の証人対話、2009 年 3 月 26 日付。

(101)　PAAA,R143440。パース・M の登場の年 1929 年 –38 年。

(102)　ヴァイツェッカー（1974 年）、1933 年 2 月 22 日付手記、60 頁。

(103)　同。1933 年 3 月 30 日付の手記、70 頁。

(104)　同。1933 年 3 月 30 日付の手記、70 頁。

(105)　同。1933 年 3 月 11 日付手記、61 頁。

(106)　ビタ、（2007 年）、598 頁。

(107)　ヴァイツェッカー（1974 年）、1933 年 7 月 14 日付手記、74 頁。

(108)　同。日記ノート、1933 年 8 月 6 日付および 1933 年 8 月、同。

(109)　PAAA,R135900。トーマスの手記、1933 年 2 月 1 日付。

(110)　PAAA,R139499。上と同じで附属として印刷されたもの、1932 年 6 月 18 日付。

(111)　PAAA,R28569。ノイラートの指示、1932 年 7 月 18 日付。

(112)　PAAA,R139500。グリューナウの 1933 年 2 月 1 日付手記。

(113)　PAAA, レオポルト・トーマスに関する人事書類、015408 巻、トーマスのノイラート宛、1937
　　　年 11 月 5 日付。

(114)　PAAA,R139499。ノイラートの外国代表団諸代表への指示、1932 年 12 月 17 日付。

(115)　PAAA,R28045。ノイラートの公務員がナチ党に入党する際の指示、1933 年 6 月 28 日付。

(116)　PAAA,R98429。ノイラートの 1933 年 12 月 9 日付の指示、PAAA98651、1933 年 7 月 27 日付。
　　　のビューローの省内回章との比較。フリックの 1933 年 11 月 27 日付すべての帝国大臣宛。

(117)　外務省の国家政府の 1 年間の仕事、ベルリン株式交換所新聞。1934 年 2 月 14 日付。

第 2 章　戦争までの数年

(1)　PAAA,R984980。ビューロー＝シュヴァンテのすべての使節団への回章、1933 年 6 月 6 日付。

注　第2章　戦争までの数年

(2) PAAA,R29507。ノイラートのすべてのドイツの外国使節団への回章（モスクワを除く）、1933年2月28日付。

(3) PAAA,R984980。ビューロー＝シュヴァンテのすべての使節団への回章、1933年7月22日付。

(4) PAAA,R98460。フリック宛ノイラートより、1933年9月8日付、コツェのシュムブルクについての手記、1933年9月22日付。ヴィンターフェルトーメンキンのカール・フォン・シュヴェーデン公宛、1933年10月5日付。ファヴェス（1989年）の引用、73頁、また、ヴィッケ（2002年）107頁と比較。

(5) PAAA,R28653。ビューローのノイラート宛、1933年8月9日付。

(6) PAAA,R28486。ノイラートのビューロー宛、1933年8月14日付。

(7) PAAA,R98457。ヘッシュのノイラート宛、1933年3月17日付。

(8) 同。ノイラートのフリック宛、1933年3月16日付。ジークフリードのビューロー＝シュヴァンテについての手記と。ビューロー＝シュヴァンテの手記、1933年3月17日付の比較。

(9) 同。ノイラートの手記、1933年3月20日付。フリーゼ（2000年）、109-130頁。

(10) PAAA,R99641。ドイツ課の手記。ドゥロビシュ／ヴィーラント（1993年）171頁。

(11) PAAA,R99478。フリックのアンハルトにあるデッサウの国家省宛、1934年5月18日付。

(12) PAAA,R99576。レーレッケのロンドンの大使館とオスロの公使館への秘密報告、1934年5月22日付。

(13) PAAA,R99469。ビューロー＝シュヴァンテのフランツ・ギュルトナー宛、1934年10月27日付。

(14) PAAA,R99292。ビューロー＝シュヴァンテのすべての使節団宛、1934年6月30日付。

(15) PAAA,R99574。ヒムラーの外務省宛、1935年3月12日付。

(16) 同。ビューロー＝シュヴァンテのヒムラー宛、1935年3月31日付。

(17) PAAA,R99565。レーレッケの帝国とプロイセン内務省のゲシュタポ宛、1934年12月25日付。

(18) 同様に、ビューロー＝シュヴァンテのすべての使節団宛の回章、1935年1月21日付ないし1935年4月12日付。

(19) PAAA,R98450。ビューロー＝シュヴァンテのディール宛、1933年7月20日付。

(20) PAAA,R98455,ビューロー＝シュヴァンテのすべてのヨーロッパの使節団宛の回章、1933年11月18日付。

(21) PAAA,R98450。ディールの外務省宛、1933年5月4日付。ビューロー＝シュヴァンテのすべての使節団宛回章。

(22) PAAA,R99578。ビスマルクの外務省宛、1934年5月3日付。

(23) 同。ビューロー＝シュヴァンテのゲシュタポ宛、1934年5月8日付。

(24) PAAA,R42543。ビューロー＝シュヴァンテのすべての使節団宛回章、1937年4月26日付、ハイドリッヒの書簡の言葉の再現、1937年3月30日付。

(25) PAAA,R98422。アルフレッド・ケールのノイラート宛、1933年4月10日付。

(26) WTB-報道、1933年8月25日。

(27) シュテルマー（2005年）81頁。

(28) PAAA,R28653。ビューローのノイラート宛、1933年8月16日付。

(29) 同様に、ノイラートからビューロー宛、1933年8月18日付。

(30) 精神病質アインシュタイン。ユダヤ人はドイツに対して新たな世界戦争をしようとしている、フェルキッシャー・ベオーバハター紙、1933年9月1日付。

(31) PAAA,R29461、ビューローの手記、1933年9月20日付。

(32) フリックのノイラート宛、1933年12月7日付、グルントマン（2004年）456頁からの引用。

(33) PAAA,R100101。フントナーの外務省宛、1934年1月18日付。

(34) 同。レーレッケの帝国内務省宛、1934年10月4日付、RGBl. I（1933年）480頁、（1933年7

注　第1部　ドイツ外務省の過去

月 14 日付のドイツ市民権とドイツ国籍を返上する法律）を比較。

(35)　PAAA,R100102。ヴェルチェックの外務省宛、1936 年 5 月 1 日付。

(36)　同様に、ヴァイツェッカーの外務省宛、1936 年 5 月 6 日付。

(37)　トーマス・マンの手紙、ノイエ・チューリッヒャー・ツァイトゥング紙。1936 年 2 月 3 日付。

(38)　PAAA,R100102, 上述の手記、1936 年 7 月 9 日付。

(39)　同。ヘンティングの外務省宛、1936 年 9 月 8 日付。

(40)　同。ビューロー=シュヴァンテのすべての使節団への回章、1936 年 12 月 10 日付。

(41)　同。フントナーの外務省宛、1936 年 5 月 27 日付。

(42)　同。ヒンリッヒの帝国内務省宛、1937 年 7 月 16 日付、またフントナーの 1937 年 8 月 4 日付外
　　　務省宛と比較、シュムビルクの 1937 年 10 月 16 日付帝国内務省宛。

(43)　同様に。ハイドリッヒのバイエルン首相府官房への 1937 年 12 月 29 日付、フントナーの外務省
　　　宛、1937 年 11 月 4 日付、帝国内務省の 1936 年 9 月 15 日付の決定、RGBI（帝国官報）Ⅰ（1933 年）
　　　293 頁（1933 年 7 月 14 日付の国民―国家に敵対的な財産の没収に関する法律）。

(44)　PAAA,R28045。ビューロー=シュヴァンテの手記、1934 年 7 月 2 日付、ロンゲリッチ（1989 年 a）
　　　165-219 頁、フライ（2002 年）9-41 頁と比較。

(45)　PAAA, ローマークビリナル。666b,1934 年 6 月 30 日付。

(46)　PAAA,R99292。ノイラートのすべての使節団宛回章、1934 年 7 月 2 日付。

(47)　PAAA,R27999。ノイラートの放送での挨拶、1934 年 8 月 11 日付。

(48)　平和、名誉、自由。8 月 19 日のノイラートの外交政策上の重要性、ベルリナー・ターゲスブラッ
　　　ト紙、1934 年 8 月 15 日付。

(49)　PAAA,R28768。フリックの帝国各省宛、1984 年 8 月 19 日付。

(50)　PAAA,R99292。ビューロー=シュヴァンテのすべての使節団への回章、1934 年 9 月 9 日付。

(51)　フォーゲルザング（1954 年）435 頁からの引用。

(52)　リッベントロープ（1953 年）63 頁。

(53)　イングリム（1962 年）151 頁。

(54)　IfZ,ZS1021。ヤコブセンのビューロー=シュヴァンテとの話し合いについての手記、1965 年 11
　　　月 10 日付。

(55)　BA, ベルリン、BDC, ナチー傾向ファイル、第 946 巻、ヒトラーの告知 98736、1936 年 8 月 6 日付。

(56)　PAAA,R60975。リッベントロープのノイラート宛、1935 年 5 月 27 日付。

(57)　同。ノイラートのリッベントロープ宛、1935 年 5 月 29 日付。

(58)　シュミット（1950 年）312 頁、ヴィーデマン（1964 年）145 頁。

(59)　フランソワ=ポンセ（1962 年）335 頁。

(60)　PAAA, ローマークヴィリナル秘密、第 44 巻。ハッセルの手記、1936 年 2 月 19 日のベルリン協議。

(61)　ロバートソン（1962 年）204 頁、ヒルデブラント（1999 年）701-710 頁、シュミット（2002 年）
　　　192-204 頁と比較。

(62)　ゲッベルス（1987 年）579 頁、1936 年 3 月 6 日の記帳。

(63)　ドマルス（1973 年）606 頁。

(64)　ドイツ大使のヘッシュ氏、ザ・タイムズ紙、1936 年 4 月 11 日付。

(65)　コルト（1950 年）146 頁。

(66)　ヤコブセン（1968 年）282 頁。

(67)　ハッセル（2004 年）36、56 頁、デアスのイルゼ・フォン・ハッセル宛、1934 年 10 月 4 日付な
　　　いし 1933 年 6 月 23 日付。

(68)　PAAA, エパハルト・フォン・タッデンの人事書類、第 15292a 巻。ハウスホーファーの役所の
　　　職場宛、1940 年 5 月 4 日付。

(69) 同様に。職場の証明書、1937 年 10 月 31 日付。

(70) PAAA,R27157。リッベントロープのための手記、[リークスのとりまとめ]、1936 年 10 月。

(71) PAAA, コンスタンティン・フォン・ノイラートの人事書類、第 10615 巻。ノイラートのヒトラー宛、1936 年 7 月 27 日付。

(72) コルト（1950 年）、45,162 頁。旅行案内書へ、PAAA,R25157。1937 年 10 月 30 日付の手記と比較。

(73) スピツィイ（1986 年）183 頁。

(74) PAAA,R27242、ボーレのヘス宛、1934 年 2 月 26 日付からの引用。

(75) PAAA, ヴェルナー・フォン・グリュナウ男爵の人事書類、第 4934 巻。グリュナウのノイラート宛、1936 年 4 月 21 日付、PAAA, クルト・プリュファーの人事書類、第 11523 巻。ボルマンの外務省宛、1936 年 5 月 2 日付。

(76) PAAA, ヴァルター・ペンスゲンの人事書類、第 11358 巻。ペンスゲンのライスイヴィッツとカダーツィン宛、1933 年 2 月 10 日付、リュディガーのラマース宛、1934 年 10 月 10 日付。ラマースのノイラート宛、1933 年 10 月 12 日付。

(77) PAAA, ハンス・シュレーダーの人事書類、R13866。ボデの手記、1933 年 8 月 14 日付、シュレーダーの外務省宛、1933 年 8 月 5 日付、グリュナウの手記、1935 年 3 月 7 日付、ボーレの外務省宛、1935 年 5 月 15 日付。

(78) PAAA,R143405.

(79) R27234。外務省のアタッシェのための候補者の手記、1937 年春。

(80) ブラウン（2008 年）79 頁、レイ／シェップス（1997 年）と比較。

(81) PAAA,R100683。フリックの手記、1935 年 4 月 18 日付。

(82) シャハト（1935 年）の引用、キーファー（2002 年）139-142 頁、コッパー（2006 年）279-282 頁と比較。

(83) PAAA,R99348。レーレッケのビューローのための手記、1935 年 8 月 19 日付。

(84) ADAP,C IV , 第 168 番。レーレッケの帝国経済省での頂上会談についての手記、1935 年 8 月 20 日および 21 日。

(85) フリードレンダー（2000 年）164 頁。

(86) RGBl, I （1935 年）1146 頁（1935 年 9 月 15 日のドイツの血とドイツの名誉を守るための法律、1935 年 9 月 15 日付の帝国市民法)

(87) PAAA,R99347。ハンス・フントナーのすべての帝国大臣宛、1935 年 4 月 3 日付。

(88) 手紙箱、嵐 36,1935 年、比較、領事、同上、33,1935 年。

(89) PAAA, リヒャルト・マイヤーの人事書類、第 9923 巻。ブレスラウのリヒャルト・ゾンタークのマルジナリー・ノイラートとともに帝国首相府宛、1935 年 7 月 26 日付。

(90) PAAA, リヒャルト・マイヤーの人事書類、第 9923 巻。ノイラートからフリックへ、1935 年 12 月 2 日付、ラマーからノイラート宛、1936 年 6 月 18 日付。

(91) PAAA,R60974。ケプケのノイラートとの会話に寄せての手記、1935 年 11 月 4 日付。

(92) PAAA,R99351,ビューロー＝シュヴァンテの手記、1936 年 11 月 17 日付。

(93) PAAA,692/2 ポール 2a1。ハッセルの外務省宛、1933 年 10 月 6 日付。

(94) ADAP,C IV ,69 番。ノイラートの武者小路駐ドイツ大使との話し合いについての手記、1935 年 5 月 6 日付。

(95) 同。168 番。レーレッケの帝国経済省での頂上会談に関する手記、1935 年 8 月 20 日と 21 日付。

(96) PAAA,R99332。ビューロー＝シュヴァンテのすべての使節団への回章、1935 年 3 月 21 日付。

(97) PAAA,R99348。フントナーの手記、1935 年 9 月 3 日付。

(98) ベルクマン（2003 年）99 頁。

(99) PAAA,R99347。チャマーのシェリル宛、1935 年 9 月 21 日付。

(100) フランソワ＝ポンセ（1962年）304頁。

(101) PAAA,R27266。デーレの外務省宛、1937年3月22日付、ヴェッツェル（1996年）446-476頁と比較。

(102) 同。デーレの外務省宛、1937年3月22日付。

(103) 同。ビューロー＝シュヴァンテの手記、1937年4月27日付。

(104) 同。ビューロー＝シュヴァンテの手記、1937年4月27日付。

(105) 同。外国貿易庁のボーレ宛、1937年5月26日付。

(106) 同。ビューロー＝シュヴァンテの手記、1937年6月11日付。

(107) 同。ゲーリングの外国貿易庁宛、1937年9月20日付。

(108) 同。シュライアーのハーバラ協定に関する外務省と帝国経済省での担当者間の会談についての手記、1937年9月21日および22日、23日付。

(109) フォーゲル（1977年）、II部、ドキュメント、ドキュメント。18、152頁、外国貿易庁のボーレ宛、1938年1月24日付。

(110) ADAP,DV,571番。政治局VII[ヘンティンク]のパレスチナ問題についての手記、1937年8月7日付。

(111) PAAA,27266。ノイラートのロンドン大使館、バグダッドの公使館およびエルサレムの総領事館への秘密の指示、1937年6月1日付。

(112) 同。外国貿易庁のボーレ宛、1938年2月1日付、また。ADAP,D　V,579番。クロディウス参事官、手記、1938年1月27日付、キーファー（2002年）132-154頁。

(113) 同。ビッセのボーレ宛、1938年2月1日付。

(114) PAAA,R99241。ノイラートのすべての使節団への回章、1935年5月1日付。

(115) 同。ヘーレンの外務省宛、1935年11月13日付、クベ（1987年）、79頁、ヤコブセン（1968年）40-45頁。

(116) 同。ケプケのヘーレン宛、1935年12月9日付。

(117) 同。ビューロー＝シュヴァンテの外国組織宛、1936年3月27日付、ボーレのビューロー＝シュヴァンテ宛、1936年4月3日付。

(118) 同。ビューロー＝シュヴァンテの外国組織宛、1937年5月27日付。

(119) 同。ノイラートのすべての使節団への回章、1937年2月26日付、RGBI. I（1937年）187頁、（1937年2月12日の外務省における外国組織の長の導入への指示）。

(120) ヒルデブラント（2003年）132頁。

(121) PAAA,R27242。ボーレからヘス宛、1933年12月4日付。

(122) 同。ボーレからヘス宛、1933年12月20日付。

(123) 同。合意、1933年12月20日付。

(124) PAAA,R60974。ボーレの考えの手記、1936年2月26日付、ヤコブセン（1968年）119-138頁比較。

(125) PAAA,R60974。ノイラートのラマー宛、1936年3月30日付。

(126) PAAA,R27235。ボーレのディルクゼン宛、1937年4月8日付、ディルクゼンのボーレ宛、ボーレのヘス宛、1933年11月3日付の中に。

(127) BA,NL　ヴァイツェッカー、N1273,第50巻。人生の思い出、ヴァチカン、1945年9月。

(128) PAAA,R27090。リクスのリッベントロープの講義への手記、1937年4月9日付。

(129) シュペール（1975年）、1949年11月24日の記帳。

(130) PAAA,R99244。ボーレのすべての使節団への回章、1937年3月1日付。

(131) PAAA,R27235。ボーレのヘス宛、1937年3月22日付。

(132) ヤコブセン（1968年）469頁。

(133) 比較。同。43、471頁、ハウスマン（2009年）141-144頁。

(134) PAAA,エルンスト・ヴィルヘルム・ボーレの人事書類、1867巻。マッケンゼンの手記、1937年12月16日付。

注　第2章　戦争までの数年

(135) PAAA,R99244。ノイラートのすべての労働単位への回章、1937年12月21日付。

(136) PAAA。ボーレのすべての労働単位への回章、1938年1月27日付。

(137) PAAA,R27235。ボーレのブッティング宛、ボーレのツェッヒ宛およびボーレのHの人についての手記、1938年2月24日付。

(138) IMT,頁30、1946年3月25日の会議、午前の会議。

(139) 比較。ヤコブセン（1968年）476頁。

(140) PAAA,R27232。ボーレからヘス宛、1933年11月18日付。

(141) PAAA,R27235。フィッシャーのビッセ宛、［1938年1月］。

(142) ハンス・ゲオルク・フォン・マッケンゼンのアウグスト・フォン・マッケンゼンに宛てたもの、シュヴァルツミュラー（2001年）340頁からの引用。比較。BA　ベルリン、BDC、親衛隊一人事書類ノイラートに関して、SSO348-A、ナチ傾向命令392、黄金名誉勲章、名前のリスト　Ⅰ、帝国キャビネットの思想会議。黄金の党の印を持ったすべての閣議メンバー、フェルキッシュ　ベオーバハター紙、1937年2月1日付、BA　ベルリン、BDC,親衛隊のマッケンゼンに関する人事書類、親衛隊組織　287-A。

(143) デシャー（1991年）、頁136-140と比較。

(144) BA　ベルリン、BDC,親衛隊組織348-A。宣誓についてのプロトコール、1937年11月9日付。

(145) 同。マルヒターラーの帝国フューラー―親衛隊幹部宛、1938年11月8日付、親衛隊大佐への1943年6月1日付昇任証書、ノイラートのヒトラー宛の電報、1943年6月21日付。

(146) BA ベルリン、BDC,親衛隊組織287-A、マッケンゼーのヒムラー宛、1939年1月7日付、マッケンゼーのヒムラー宛電報、1942年12月24日付。

(147) 親衛隊でのノイラート、ノイエ・チューリヒャー新聞、1937年9月20日付、親衛隊での位、ノイラート男爵、ザ・タイムス紙、1937年9月20日付、フォン・ノイラート男爵、親衛隊大佐、フェルキッシャー・ベオーバハター紙、1937年9月19日付。

(148) デシャー（1991年）135頁。

(149) BA　ベルリン、NL,ディルクゼン、N2049,第8巻。クラップのディルクゼン宛、1937年9月30日付。

(150) PAAA,R143340-143351.

(151) PAAA,R27234、デシャー（1991年）115頁と比較。

(152) PAAA,ヴェルナー・ピコに関する人事書類、第11234巻。

(153) BA　ベルリン、BDC,テルマンに関する親衛隊の人事書類、親衛隊A11。民族ドイツの中間組織長ヴェルナー・ロレンツから親衛隊人事局の長ヴァルター・シュミット宛、1937年10月19日付、デシャー（1991年）14および115-118頁と比較。

(154) ブラッハー／フンケ／ヤコブセン（1983年）の223頁と比較、ドイツ帝国の年次統計（1938年）、付属と7頁、デシャー（1991年）、115頁。

(155) BA　ベルリン、BDC,リッベントロープについての親衛隊の人事書類、SSO　25-B.

(156) PAAA,R27171。リクスの手記、1936年12月19日付、デシャー（1991年）150頁との比較。

(157) デシャー（1991年）153頁。

(158) ADAP,D1,第19番。1937年11月5日の帝国首相府での話し合いについてのホスバッハの議事録、1937年11月10日付。

(159) ブルレー（2000年）787頁。

(160) PAAA,R60964。ハッセルのノイラート宛、1938年1月19日付、またIfZ,ED88,第1巻。ハマーシュタインの手記、1945年6月4日と比較。

(161) ゲッベルス（1987年）、423頁、1938年2月1日付の記帳。

(162) ヤコブセン（1979年）、184番、342頁、カール・ハウスホーファーのリッベントロープ宛、1938年3月2日付、コルト（1950年）198-200頁、シュミット（1950年）560頁と比較。

653

注　第 1 部　ドイツ外務省の過去

(163) BA,NL. ヴァイツェッカー、N1273、第 42 巻。ヴァイツェッカーのパウラ・フォン・ヴァイツェッカー宛、1938 年 2 月 27 日付。

(164) ヴァイツェッカー（1974 年）1938 年 3 月 5 日の日記手記、121 頁。

(165) PAAA,エルンスト・フォン・ヴァイツェッカー男爵についての人事書類、第 16363 巻。任命状、1938 年 3 月 19 日付。

(166) PAAA,R27234。レオンハルトのボーレ宛、1938 年 4 月 11 日付。

(167) ヴァイツェッカー（1974 年）。1938 年 3 月 24 日の日記手記、124 頁。

(168) PAAA,R27234。フィッシャーのレオンハルト宛、1938 年 4 月 11 日付。

(169) BA　ベルリン、BDC,エルンスト・ヴァイツェッカー男爵に関する親衛隊人事書類、親衛隊組織 234-B

(170) ヴァイツェッカー（1950 年）152 頁。

(171) PAAA,エルンスト・ヴェールマンに関する人事書類、第 16956 巻。プリューファーのヘルムス宛、1938 年 4 月 1 日付。

(172) ヴィーダーマン（1964 年）142 頁、ヴァイツェッカー（1974 年）メモ、1938 年 5 月 11 日付、126 頁、PAAA,ヴィコ・フォン・ビューロー＝シュヴァンテに関する人事書類、第 2158 巻。プリューファーの手記、1938 年 3 月 7 日付、PAAA,第 2161 巻。任命状、1938 年 7 月 6 日付と 1938 年 9 月 26 日付。

(173) PAAA,アレクサンダー・フォン・デルンベルク・ツー・ハウゼン男爵に関する人事書類、第 2913 巻。ヘルムスの外務省宛、1938 年 6 月 8 日付。

(174) PAAA,R27234。日毎の命令、第 33/38 番、1938 年 5 月 23 日付。

(175) コープ（2009 年）52-62 頁、ハウスマン（2009 年）167 頁。

(176) コープ（2009 年）63-80 頁。

(177) ハウスマン（2009 年）164 頁。

(178) 同。178-182 頁。

(179) PAAA,ハインリッヒ・ザームに関する人事書類、第 012825 巻。ザームのプリューファー宛、1938 年 8 月 5 日付、ディーンストマンの手記、1939 年 1 月 9 日付、マイスナーの外務省宛、1939 年 6 月 14 日付。

(180) PAAA,R27188。外務大臣への「リクス」の極秘の知らせ、1938 年 4 月 14 日付。

(181) ヴァイツェッカー（1974 年）、1938 年 3 月 15 日の書き物から、123 頁。

(182) PAAA,R60965、R60972、PAAA,BA61146.

(183) PAAA,R14351.

(184) ADAP,D Ⅱ ,221 番。国防軍最高命令権者の陸軍、海軍、空軍司令官への、「緑」の計画への指示、1938 年 5 月 30 日付。

(185) ミュラー（1980 年）544 頁、ベックの考えを書いたもの、1938 年 7 月 16 日付。

(186) ADAP,D Ⅱ 244 番。ディルクゼンの外務省宛、政治報告、1938 年 6 月 8 日付。

(187) PAAA,143351。クラケの手記、1939 年 4 月 13 日付。

(188) ヴァイツェッカー（1974 年）152 頁、1939 年 3 月 16 日の日記手記、152 頁。

(189) ヴァイツェッカー（1950 年）172 頁、ヴァイツェッカー（1974 年）1939 年 8 月 23 日の記録より、137 頁。

(190) ハッセル（1946 年）55 頁、1939 年 8 月 23 日記入。

(191) ADAP,D Ⅵ ,460 番。ヴァイツェッカーのマッケンゼン宛、1939 年 5 月 31 日付。

(192) ヴァイツェッカー（1950 年）232 頁。

(193) ヴァイツェッカー（1974 年）163 頁、1939 年 8 月 31 日の記録と比較。

(194) BA,NL. ヴァイツェッカー、N 1273,第 50 巻、人生の思い出、ヴァチカン、1945 年 9 月。

(195) ハッセル（1946 年）、1942 年 11 月 1 日の手記、276 頁。

第3章　旧い外交官と新しい外交官

(1) ヴァイツェッカー（1974年）163頁、1939年9月5日の記録。

(2) PAAA（外務省の政治的文書室），R27188。若きドイツの外交官の後続養成所の狙いと目的、[1938年2月14日]。

(3) 同。

(4) PAAA, 外務省の映像映画、後続養成館。

(5) PAAA,R27188。若きドイツの外交官後続養成館の狙いと目的、[1938年2月14日]。

(6) ヴィルト（2003年a）251–259頁。

(7) PAAA,R27188。若きドイツの外交官後続養成館の狙いと目的、[1938年2月14日付]。

(8) PAAA,R27235。エーリッヒの外国組織宛、1938年6月23日付。

(9) 同様に、ボーレのリッター宛、1938年6月25日付。

(10) 同様に、フィッシャーのクラウゼン宛、1949年4月4日付。

(11) PAAA,ルドルフ・リクスに関する人事書類、第8939巻、外務省のラマースとヘス宛、1939年2月28日付。

(12) BA（連邦文書館）ベルリン、BDC（ベルリン・ドキュメント・センター）、ベストに関する親衛隊人事書類、SSO（親衛隊組織）64。ヴォルフのベスト宛、1941年11月5日付。

(13) 比較、ブローニング（1977年）315頁。

(14) デシャー（1987年）263頁。

(15) ハッハマイスター（1998年）235頁。

(16) StA　ニュルンベルク、ニュルンベルクのドキュメントNG3590。パウル・カール・シュミットの第11宣誓書裁判での宣誓書。外務省および他の省庁に対するヴィルヘルム通り裁判、1947年11月13日付、ベンツ（2005年）15頁。

(17) ADAP（ドイツ外務省の文書）DⅢ,31番。総統命令、1939年9月8日付、ベンツ（2005年）15頁からの引用。

(18) シュトドニッツ（1963年）、ベンツ（2005年）21頁からの引用。

(19) ルッツ（2005年）40頁、比較、ベンツ（2005年）26頁、ロンゲリッチ（1987年）21頁。

(20) 比較。ADAP,E　Ⅵ。職場占有、1943年9月。

(21) 比較。ガッセルト（2006年）86頁。

(22) 比較。経歴手帳、第2巻（2005年）526頁。ガッセルト（2006年）69–160、746–748頁。

(23) 比較、PAAA,外務省の職務分担集、文化部の仕事分担計画、1944年8月1日付。

(24) ロンゲリッチ（1987年）163頁。

(25) ヴィルジング（1943年）23頁、その後でルッツ（2007年）が引用、214頁。

(26) 後にルッツ（2007年）が引用。

(27) 比較、PAAA,R14307。リステ、1943年5月1日付、13頁、ADAPシリーズAからEまで、ボン1995年、512頁からの補足版。

(28) 比較、ADAPシリーズAからEまでの補足版、ボン、1995年、583頁。

(29) ハッセル（1988年）、363頁、1943年4月20日記入。

(30) 比較、ADAP,シリーズAからEまでの補足版、ボン、1995年、566–588頁。

(31) 比較、ヤコブセン（1985年）179頁。

(32) 比較、PAAA,R54409, 外務省人名[1942年年央]。

(33) 比較、同。

(34) 比較、PAAA,R54409とR143424。従業員、役所の補助員、門番、印刷員、掃除婦、[1944年11月]。

注　第1部　ドイツ外務省の過去

(35)　シュピッツからシリンク宛、1991年4月17日付、その後シリンク（1993年）135頁より引用。

(36)　ゲッベルス（1993年）371頁、1943年5月26日の記入。ハッセル（1988年）363頁、1943年4月20日記入。

(37)　デシャー（1991年）191頁。

(38)　同様よりの比較。

(39)　比較、PAAA,R143407。リステ、1943年5月1日付。

(40)　比較。BA（連邦文書館）ベルリン、BDCアレクサンダー・デルンベルクの人事書類。タッデンの親衛隊本部事務所宛、1944年7月7日付。

(41)　デーンホーフ（1976年）223-234頁、PAAA,ヴェルナー・オットー・フォン・ヘンティッヒの人事書類、005804、第1巻、報告、1943年11月16日付、PAAA,NL.ヘンティッヒ。ハンス　シュレーダー局長の1899年10月22日―1965年1月8日の記憶へ、余部の第35。

(42)　比較、ヴァイツェッカー（1974年）207-211頁、ヴァイツェッカーのリッベントロープとヴァイツェッカーの付け加えたノート、1940年6月6日付。

(43)　比較。PAAA,R14307。上級職公務員のリスト、1941年、9頁。

(44)　ヘルバルト、（1982年）108頁。

(45)　比較、ザーム（1990年）189頁、ハッセル（1988年）349頁をも見よ、1943年2月14日記入。

(46)　比較。ヴァイトカンプ（2008年a）72頁。

(47)　PAAA,NL.ヘンティッヒ、ハンス・シュレーダー局長1899年10月22日–1965年1月8日の思い出、余部35、33頁

(48)　ヤコブセン（1985年）187頁。

(49)　Vgl. PAAA, R 143407：Liste, 1.5.1943.

(50)　比較、同様に、ADAP,E Ⅳ。外務省の職務見通し、1943年9月。

(51)　比較、ヴァイトカンプ（2008年b）181頁。

(52)　国家文書館ニュルンベルク、プロトコール、4958頁、フリードリッヒ・ガウスからの聴取、ストービイ（2008年）482頁からの引用。

(53)　ストービイ（2008年）387頁。

(54)　ハッセル（1988年）363頁、1943年4月20日記入。

(55)　ストービイ（2008年）387-415頁。

(56)　比較、PAAA,R143407。リスト、1943年5月1日、ドイツの外交政策の書類（ADAP）、E Ⅳ。外務省の職務見通し。

(57)　比較、PAAA,R143407。リスト、1943年5月1日。

(58)　ハッセル（1988年）363頁、1943年4月20日記入。

(59)　連邦アルヒーヴ（BA）ベルリン、NS19/3302,BL.42。親衛隊大佐人事局長シュミットのプレススタッフの指揮者ヴォルフ大佐宛、1941年10月4日付。

(60)　ベストがリストの中に含まれていないことは、リストにすべての親衛隊指導者が含まれていないことを示している。比較、PAAA,R100690。リスト、［1944年］。

(61)　比較、同様に。リスト［1944年］。職務上の地位は探ることができなかった。

(62)　比較。PAAA,R27174。マルティン・シュミットのリクス宛、1940年10月7日付、PAAA,R100312（国内ⅡA/B）、タッデンのケスラー宛、1943年11月19日付。

(63)　PAAA,R100312（国内ⅡA/B）。タッデンのケスラー宛、1944年7月3日付。

(64)　同様に。ヘルフのタッデン宛、1944年3月2日付。

(65)　比較。ヴァイトカンプ（2008年b）70頁。

(66)　ハイドリッヒのダリューゲ。宛、1941年10月30日付、後にヴァイトカンプ（2008年b）59頁が引用。

(67) 同。59 頁。

(68) 同。71 頁。

(69) ハッセル（1988 年）279 頁、1941 年 10 月 17 日記入。

(70) NARA（国立文書ならびに記録管理庁）、RG226（OSS–戦略的サイヴィス事務所）、入り口 19、ナンバー XI ,27946。ハンスハインリッヒ・ヘルヴァルトとアンドル・ヘンケの聴取、ヴィースバーデン、1945 年 11 月 9 日付。

(71) BA,NS19/2798,BI.1–3。ベルガーのヒムラー宛、1941 年 4 月 17 日付。

第 4 章　戦時のドイツ外務省

(1) YV（ヤド・ヴァシェム）、JM3570　H6、マックス　マンデルラウプとロバート・H.W. ケンプナーによるオットー・エルドマンスドルフの責任を問う刑事裁判の最終的な文書。1948 年 10 月 30 日付、YV,P-13/180。ラーデマッハーとクリンゲンフスに対する告訴状、1950 年 1 月 19 日付、ヴァイトカンプ（2008 年 a）15 頁。

(2) YV,JM35/70H5、エルドマンスドルフの国防書、アドルフ・アイヒマンの裁判、V 巻、タッデンの声明、一審の最終セッション、1903 頁。

(3) 比較、ボーモン（2000 年）51、60 頁。

(4) 比較、モムゼン（2002 年）224 頁。

(5) ADAP,D Ⅳ ,501 番。ディークホフの外務省宛、1938 年 11 月 14 日付、比較フリードレンダー（2000 年）291–328 頁、ロンゲリッヒ（1998 年）190–207 頁。

(6) ADAP,D Ⅳ ,372 番、リッペントロープの手記、1938 年 12 月 9 日付。

(7) 比較、キーファー（2002 年）、256–480 頁、フリードレンダー（2000 年）、329–357 頁、ロンゲリッチ（1998 年）、222 頁。

(8) インターナショナルトリビューナル（以下 IMT）,第 28 巻、1816 番 –PS、499–540 頁、

(9) PAAA,R29989。ヴェルマンの手記、1938 年 11 月 12 日付。

(10) IMT, 第 28 巻 ,1816–PS 番、499–540 頁、比較ヒルベルク（2007 年）48–53 頁。

(11) ドマルス（1973 年）1047-1067 頁。

(12) スイス公使からパリへ、W. シュトゥッキ、政治局長へ、G. モッタ、1938 年 11 月 15 日付、スイスの外交ドキュメント、1937-1938 年より、449 番、1030 頁。

(13) ADAP,DV、664 番。外務省の回章、1939 年 1 月 25 日付。

(14) YV,JM3141（PAAA,R99368）。帝国の移住部署より外務省宛、1939 年 10 月 5 日付。外国の外交官への支払いに関する報告が外務省とまた外交団施設を通して届けられた。ライネベッケの外務省宛、1940 年 3 月 19 日付。

(15) 比較。例えば、YV,JM3146。ブレスラウ出身のダヤ人未亡人のグステル・リーゼンフェルトのための証明書、1940 年 10 月 11 日付、帝国移住部署よりユダヤ人移住部署の本部へ、ユダヤ人エルヴィンとゲルトル＝デ・バッハ、ブリューテンタール・ベルタ、オットーとアンナ・フランク、マルガレーテ・エディト・レエペルトとグスタフとパオラ・レーヴェンベルクのこと、カティ・ブラシュ、1940 年 11 月 8 日付、YV,JM3147（PAAA,R99381）。フランクフルトの移住部署の外務省宛、ユダヤ人アルトゥールとアンナ・ハンブルガーのマニラへの出国証明書、1940 年 12 月 12 日付。

(16) YV,JM3142（PAAA,R99373）。ギュンターのラーデマッハー宛、1940 年 7 月 3 日付、比較アイヒマンのラーデマッハー宛、1940 年 6 月 21 日付。

(17) 比較、同様に。ラーデマッハーの親衛隊帝国宰相宛、1940 年 6 月 28 日付。

(18) 比較、ブローニング（1978 年）43 頁、YV、JM3141（PAAA,R99367）。ユダヤ人の移住と通過

657

へのプレスブルク支援組織のドイツ公使館への書き物、1940 年 7 月 12 日付、オイゲン・イスラエル・レダーマンへのロシア通過ヴィザ付与に関する D Ⅲ のソ連大使館領事部宛、1940 年 8 月 15 日付、YV.JM3142（PAAA,R99380）。外務省 POIV のミュンヘン旅行会社ヴィルヘルム・ヘーフリング宛、1940 年 7 月 5 日付、夫婦のグトマンのことに関しての D Ⅲ のスペイン大使館宛、1940 年 10 月 22 日付。

(19)　YV.JM3148（PAAA,R99385）、シェーファー＝リュメリンの外務省文化部および外国組織宛、1939 年 10 月 21 日付、シュムブルクの文化次長宛、1939 年 11 月 30 日付。

(20)　同。（PAAA,R99389）。ナチ党の外国組織の外務省宛、1939 年 10 月 6 日付。

(21)　YV.JM3142（PAAA,R99374）。ラーデマッハーの帝国科学、教育、国民教育省宛、1940 年 9 月 4 日付。

(22)　YV.JM3137（PAAA,R99354）。ムクデンのドイツ領事館の外務省宛、1940 年 11 月 1 日付。比較 YV.JM3141（PAAA,R99367）。ストーラー（マドリードのドイツ大使館）の外務省宛、1939 年 9 月 27 日付、アディス・アベバの総領事館と北ドイツロイド社、外務省間の通信、1939 年 10 月 5 日 –26 日間の。

(23)　同様（PAAA,R99367）。リプケンの RSHA（帝国治安本部）と帝国内務省宛、1940 年 8 月の、ラーデマッハーのカブール公使館宛、1940 年 8 月 20 日付。

(24)　比較 YV.JM3147.（PAAA,R99382）。カブールのドイツ公使館の外務省宛。1940 年 12 月 3 日付、YV.3141（PAAA,R99368）。カブールのドイツ公使館の外務省宛、1941 年 1 月 29 日付、アイヒマンの外務省宛、1941 年 4 月 7 日付。

(25)　YV.JM3141（PAAA,R99367）。マニラのドイツ領事館の外務省宛、1940 年 1 月 25 日付。3 つのリストが書き物に付け加えられていた。ドイツのユダヤ人のリスト、かつてのオーストリアのユダヤ人のリスト、フィリピンのドイツ人のリスト。

(26)　同。シエーンの外務省宛、1940 年 2 月 2 日付。

(27)　YV.JM3139（PAAA,R99364）。帝国治安本部の帝国内務省と外務省宛、1940 年 7 月 12 日付。

(28)　YV.JM（PAAA,R99297）。帝国経済大臣のバーデン州金融・経済大臣と外務省宛、1941 年 6 月 9 日付。

(29)　同様（PAAA,R99296）。ピコのツルジョ市のドイツ領事館宛、1940 年 4 月 19 日付。

(30)　UM.JM3148（PAAA,R99385）。帝国科学・教育・民族教育大臣の外務省宛、1941 年 2 月 6 日付。

(31)　同。ハイドリッヒの帝国労働大臣宛、1940 年 12 月 17 日付、比較労働大臣による外務省への伝達、1941 年 3 月 1 日、未亡エラ・ヴェルナーの委託に関する帝国科学・教育・民族教育大臣の外務省宛、1941 年 3 月 18 日付、ラーデマッハーの帝国科学・教育・民族教育大臣宛、1941 年 11 月 14 日付。

(32)　YV.JM3141（PAAA,R99367）。リュート（在メキシコのドイツ大使館）の外務省宛、1940 年 5 月 9 日付、在ブカレストドイツ公使館の外務省宛、1940 年 6 月 4 日付。

(33)　比較 YV.JM（PAAA,R9935）、ドイツ・赤十字の外務省宛、1940 年 9 月 3 日付、マッケンゼン（在ローマドイツ大使館）の外務省宛、1940 年 10 月 16 日付、スイス・政治局外国の利益部のベルンのドイツ公使館宛、1939 年 12 月 29 日付、ジークフリーデ・ベルンシュタインのロシアにいる彼の家族捜索についての外務省宛、1940 年 8 月 16 日付、YV.3141（PAAA,R99367）。在ベルン・ドイツ公使館の外務省宛、1940 年 1 月 4 日付、YV.3133（PAAA,R99335）。

(34)　YV.JM3333（PAAA,R29588）。アベッツの外務省宛、1940 年 10 月 1 日付。

(35)　比較、同様に（PAAA99633）。ハバーマンの外務省宛、1940 年 10 月 9 日付。

(36)　同様（PAAA,R99633）。ルターのアベッツ宛、1940 年 10 月 16 日付、ヘリング（帝国内務省）の帝国治安本部と外務省宛、1940 年 10 月 23 日付、キリングの在パリ・ドイツ大使館宛、1940 年 11 月 1 日付、ナチ党／外国組織の外務省宛、1940 年 11 月 7 日付。

(37)　同様（PAAA,R99633）。バルゲンの外務省宛、1940 年 10 月 29 日付。

(38)　比較 YV.JM3127（PAAA,R99297）。フランクフルト／アム・マインのゲシュタポの外務省宛、

注　第4章　戦時のドイツ外務省

1943年5月11日付と1943年5月27日付、帝国治安本部の外務省宛、1943年1月26日付、在ベルン・ドイツ公使館の外務省宛、1943年5月11日付と1943年5月27日付、帝国治安本部の外務省宛、1943年1月26日付、在トリノ・ドイツ領事館の外務省宛、1943年3月14日付。

(39) YV.JM3134。ヴァイツェッカーのD担当課宛、1940年2月16日付、YV.JM3137、ビーレフェルトとノイヴィルトのヴァイツェッカー宛、1940年2月17日付、比較ブローニング（1978年）20頁。

(40) YV.JM3137（PAAA.R99355）。シュムブルクのミュラー宛、1940年2月、K.ハムスンの帝国外務大臣宛てのヤグシュの手紙に関する答え、1940年3月9日付、シュムブルクのヴァイツェッカー宛、1940年2月26日付、比較ブローニング（1978年）、20頁。

(41) YV.JM3137。シュムブルクのヴァイツェッカー、1940年3月21日付、比較ブローニング（1978年）20頁。

(42) YV.TR3/892。ハイドリッヒのルター宛、1940年10月29日付、比較ブローニング（1978年）20頁。

(43) ドイツ国籍のユダヤ人の南フランスへの移送についての報告、ウィーン（1990年）ドキュメント441、441頁からの引用、比較アドラー（1974年）155頁。

(44) PAAA.R100869, 7頁、比較ブローニング（1978年）45頁。

(45) YV.TR3/1559（PAAA.R99369）、アイヒマンの外務省宛、1941年10月28日付、比較YV.TR3/1062（PAAA.R99225）。アイヒマンの外務省宛、1941年3月21日付。

(46) YV.TR3/464（PAAA.R100857）。ハイドリッヒのリッベントロープ宛、1940年6月24日付、比較YV.JM3121（PAAA.R100857）。ルターの手記、1942年8月21日付、ラーデマッハーの記録、1940年6月3/4日付、デシャー（1991年）、216頁からの引用。

(47) 比較YV.P13/180。ラーデマッハーの宣誓声明、ニュルンベルク、1948年3月10日付。

(48) ラーデマッハーの記録、1940年6月3日付、デシャー（1991年）215頁よりの引用。

(49) 比較、アダム（1972年）255頁、ブローニング（1978年）35頁。同（1992年）127頁。ヒルベルク（1985年）397頁。デシャー（1991年）215頁。マダガスカル計画に寄せて、比較ブレヒトケン（1997年）とヤンゼン（1997年）。イェニングス（2007年）。

(50) YV.JM3121（PAAA.R100857）。ルターの手記、1942年8月21日付、YV.P-13/180。ラーデマッハーとクリンゲンフスへの告訴状、1950年1月19日付、7頁。

(51) 比較ブローニング（1978年）、42頁、デシャー（1991年）220頁。

(52) ポリコフ／ヴォルフ（1956年）142頁の中のラーデマッハーのビールフェルト宛、1942年2月10日付と比較。比較、ポリコフ／ヴルフ（1956年）142頁の中のベルマンのラーデマッハー宛、1942年2月14日付、比較ブローニング（1978年）79頁。

(53) YV.051.463。DⅢのコメント、1941年10月27日付、比較ブローニング（1978年）133頁。

(54) YV.051.463。ルターのヴァイツェッカー宛、1941年12月4日付。

(55) 同。

(56) 同。アルプレヒトの手記、1941年12月11日付。

(57) 活動と現状に関する報告書、1941年7月31日の第1号、クライン（1997年）118頁よりの引用。

(58) 活動と現状に関する報告書1941年7月29日―8月14日付第2号、寄りの引用、140頁。

(59) YV.051/116。ハーン、まとめられた内容、1941年12月10日付、ハーンのルター宛、1941年12月12日付、外務省（1961年）ドキュメント34よりの引用。

(60) ブローニング（1978年）401頁。「東部でのユダヤ人撲滅」の報告を広めるために、比較、またYV.JM2029。ティッピルキルヒの宣誓、1947年8月29日付。

(61) ブローニング（1978年）401頁。

(62) YV.TR3/946。ハイドリッヒのルター宛、1941年11月29日付。

(63) 「ユダヤ人問題の最終解決（PAAA.R100857）」。シュナーベル（1957年）ドキュメントD176、499頁からの引用。

(64) 同。

(65) 比較、YV.JM3156（PAAA,R994309。ワグナーの事務次官宛、1944 年 10 月 16 日付。

(66) YV.JM3121（PAAA,R10057）。ルターの手記、1942 年 8 月 21 日付。

(67) 比較、YV.P-13/180。ラーデマッハーとクリンゲンフスへの告訴状、1950 年 1 月 19 日付、63 頁。

(68) YV.0.68/342.アベッツについての人事書類。アベッツの親衛隊の本部宛、1938 年 7 月 20 日付、親衛隊裁判所長の書き物、1938 年 2 月 2 日付、帝国親衛隊総統の書き物、旅団長フューマン＝ハインホーファーのヴォリシュ宛、1938 年 12 月 23 日付、親衛隊人事局の書き物、1939 年 3 月 6 日付、比較、レイ（200 年）。

(69) 比較、PAAA,シュライアーの遺品、964/16-I。シュライアーに対する集中聴取、ハンブルクでの執行裁判、1948 年、同様に、963/8。シュライアーの立場表明、1948 年、比較、レイ（2000 年）20 頁、FN28.

(70) YV.0.68/670。ツァイトシェルの経歴、1938 年 12 月 9 日付。

(71) ベストの軍事行政グループⅠ宛、1940 年 8 月 19 日付、ポリアコフ／ヴルフ（1956 年）103 頁より引用、比較、ラムバウアー（2005 年）104 頁。

(72) アベッツの帝国外務大臣宛、1940 年 8 月 20 日付、ポリアコフ／ヴルフ（1956 年）104 頁。

(73) ルターのアベッツ宛、1940 年 9 月 20 日付、ルターの帝国親衛隊総統宛、1940 年 9 月 10 日付、両方ともポリアコフ／ヴルフ（1956 年）104 頁から引用。

(74) ハイドリッヒのルター宛、1940 年 9 月 20 日付、ポリアコフ／ヴルフ（1956 年）、84 頁より引用。

(75) 比較、シュライアーの外務省宛、1940 年 10 月 9 日付、ポリアコフ／ヴルフ（1956 年）、106 頁より引用、比較、ブローニング（1978 年）49 頁。

(76) ダネッカー、フランスのユダヤ人問題とその取扱い、1941 年 7 月 1 日付、レイ（2000 年）355 頁より引用。

(77) YV.JM3132（PAAA,R99334）、帝国国民啓蒙とプロパガンダ省の外務省宛、1940 年 2 月 6 日付。

(78) 同。シュムブルクの記録、1940 年 3 月 23 日付。

(79) YV.JM3121。トムゼンの外務省宛、1941 年 9 月 17 日付。

(80) YV.JM3127（PAAA,R99297）。在ローザンヌ・ドイツ領事館の外務省宛、1941 年 7 月 30 日付、新しいドイツ史の帝国研究所の外務省宛、1941 年 8 月 21 日付、在ローザンヌ・ドイツ領事館の外務省宛、1941 年 9 月 11 日付。

(81) ヴァイトカンプ（2008 年 a）251 頁。

(82) YV.JM3119（PAAA,R100849）。帝国治安本部、ⅤⅡ B1B,1943 年 1 月 15 日付、タッデンの在ウクライナ・帝国コミッサーの外務省代表宛、1943 年 5 月 24 日付（到着日）。

(83) 同様に、（PAAA,R100850）。世界―職務誌のタッデン宛、1944 年 3 月 27 日付、世界―職務誌のユダヤ人の殺害、に関するフォアヴェルツ誌 16774,1943 年 11 月 20 日付、世界―職務誌、「ワルシャワ・ゲットーの最後のユダヤ人」、フォアヴェルツ誌 16803、1943 年 12 月 19 日付、世界―職務誌、「16000 人の人々がロヴノで殺された」。ヴァイトカンプ（2008 年 a）252 頁。

(84) タッデンの回章、1943 年 5 月、ヴァイトカンプ（2000 年 a）251 頁より引用。

(85) 比較。ヴァイトカンプ（2008 年）、257、264 頁。国内Ⅱの提案、同様に 262 頁から引用。

(86) 外務省、情報部ⅩⅣ、1944 年 3 月 4 日付。ポリアコフ／ヴルフ（1955 年）158 頁。

(87) PAAA,シュライアーの遺構、963/ 第 5-6 巻、シュラーイアーの手記、比較、ヴァイトカンプ（2008 年 a）269 頁とも。

(88) YV.TR1095。タッデンの宣誓的な確認、1946 年 6 月 21 日付。

(89) ヴァイトカンプ（2000 年 a）63 頁。

(90) 同。271 頁。

(91) YV.JM3119（PAAA,R100892）。137 番の g 回章,1944 年 4 月 28 日付、の付属、ヴァイトカンプ

（2008 年 a）271 と比較。

(92)　ヴァーグナーの講演ノート、1944 年 1 月 28 日付、ヴァイトカンプ（2008 年 a）276 頁から引用。

(93)　タッデンのアイヒマン宛、1944 年 3 月 10 日付。同様に引用。

(94)　YV,JM3138。リヒター博士の参加の下に行われた 1944 年 3 月 16 日の会合でシックス公使の手元のノート書類、1944 年 3 月 17 日付、ヴァイトカンプ（2008 年 a）と比較。

(95)　アイヒマンのディクテーション、T/1250,1944 年 3 月 10 日付、ゲッラッハ／アリイ（2002 年）188 頁より引用。

(96)　YV,TR3/506。実務会議のプロトコール、「外務省」（2000 年）219 頁。との比較も。

(97)　ヨーロッパでのユダヤ人担当のドイツ・ミッションの実務会議、1944 年 4 月 3-4 日付。ポリアコフ／ヴルフ（1956 年）158-168 頁からの引用。

(98)　YV,TR3/506。シュライアーのミッション宛、1944 年 4 月。

(99)　PAAA,シュライアーの遺構、遺構.965/24 Ⅱ。1946 年 3 月 13 日にパラグラフ 4 によって任命された委員会の国際軍事裁判所の告訴された組織についての証人の発言についての公的議事録、1946 年 6 月 11 日付、32、36 頁。

(100)　ヒルグリューバー（1972 年）152 頁。

(101)　ヒュルター（2009 年）371 頁。

(102)　ブロイティガム（1968 年）269 頁、ローゼンケッター（2003 年）90 頁。

(103)　PAAA,オットー・ブロイティガムの人事書類、第 1703 巻、東部信託本部のブロイティガムのシュレーダー宛、外務省、1939 年 11 月 23 日付。

(104)　ブロイティガム（1968 年）272 頁。

(105)　PAAA,オットー・ブロイティガムの人事書類、第 1703 巻、ブロイティガムの意見表明、1940 年 1 月 22 日。

(106)　インターナショナル軍事トリビューン IMT 第 26 巻、1039-PS。ローゼンベルクの東欧地域問題についての準備作業についての報告、1941 年 6 月 28 日、586 頁、経歴手帳、第 1 巻、（2000 年）250 頁。

(107)　PAAA,オットー・ブロイティガムの人事書類、第 1703 巻。覚書、1941 年 5 月 21 日付。

(108)　ハイルマン（1987 年）131 頁より引用。

(109)　PAAA,オットー・ブロイティガムの人事書類、第 1703 巻。ヘヴェルのシュレーダー宛、1941 年 9 月 30 日付。

(110)　IMT,第 28 巻、経済の指導方針、1941 年 6 月 16 日付。

(111)　ブロイティガム、メモランダム、占領下の東部地域の政治的、経済的行政の一般的な指導方針。

(112)　ローゼンベルク、1941 年 6 月 20 日の演説、ギボンス（1977 年）225 頁から引用。

(113)　ブロイティガム、メモランダム、占領下の東部地域の政治的経済的な行政の一般的な指導方針、1941 年 6 月 17 日付、ギボンス（1977 年）、57 頁からの引用。

(114)　IMT,第 26 巻、。ローゼンベルク、占領下の東部地域の行政組織の関する思考記録とそれに付随する方針、1941 年 7 月 /8 月、602 頁。

(115)　IMT,第 25 巻、294-PS。ブロイティガム、東部進出の 3 方面にわたる目的とソ連の全体的状況に関する秘密手記、1942 年 10 月 25 日付、332 頁。

(116)　ヘルベルト（1986 年）242 頁からの引用。

(117)　PAAA,R27296。ディットマンのヴィンデッカおよびザウッケン宛、1943 年 3 月 29 日付、草案、帝国で活動している外国人労働力の取り扱いに関する方針、[1943 年 2 月 15 日]。

(118)　PAAA,R27308。フィレンツェルのザウッケン宛、1943 年 6 月 4 日付、帝国で活動している外国の労働力の取り扱いに関する一般的な原則を書いた注意書き、1943 年 4 月 15 日付。

(119)　PAAA,R104587。スタルケの報告、東部の労働者—最終的勝利の決定的なファクター、部分的

注　第1部　ドイツ外務省の過去

にヘルベルト（1986 年）239 頁と IMT,NG2562 番に写しがある。ヒルガーのシュタルケへの書き物、1943 年 8 月 16 日付。

(120) PAAA,Pol.X Ⅲ、第 9 巻。1941 年 5 月 –8 月の一般的な書類、7 月 19 日にグロースコップ課長に示されたラーテス・バウム参事官の報告、シュトライト（1991 年）93 頁からの引用。

(121) PAAA,R105177。バウムの報告、グロスコップの大使館参事官ヒルガー宛のドイツの前線でのプロパガンダの効果に関連して。戦争委員の取り扱い問題、1941 年 9 月 6 日付、「好ましい認識、ロシアの幹部会への教示、そして外務大臣殿の時々の講演に寄せて」。

(122) 同様に、外務省の外国組織 16 婦人分野への代表、報告、捕えられたロシアの委員の取り扱い、1941 年 8 月 26 日付、レーマー（2008 年）267 頁—275 頁参照。

(123) ADAP,EI,15 番。リッペントロープの手記、1941 年 12 月 22 日付。

(124) ブフベンダー / シュテルツ（1982 年）33 頁。

(125) PAAA,R27666。リッペントロープの、ヘヴェルがヒトラーに提示したものに対する気づきの点、1942 年 9 月 6 日付。

(126) 特に PAAA,R2736 を見ること。ヴュスターの意見表明、1942 年 2 月 24 付、ルターのヴュスター宛、1942 年 9 月 2 日付、PAAA,R27666。リッペントロープのヘヴェル宛、1942 年 9 月 8 日付。ルターのリッペントロープへの提示について、1942 年 9 月 10 日付、ヴュスターの手記、ローゼンベルクの役所での会議、1942 年 9 月 4 日付。

(127) PAAA,R60771。連絡将校のリスト、1942 年 7 月 1 日付。

(128) 外務省の代表としてドイツ大使から送られるリストや個々の他のドキュメントに次の名前が見られる。アントン・ボッシーフェデゥリゴッティ伯爵（軍司令部 1、同 2）、ハッソ・フォン・エツドルフ参事官（陸軍司令部）、アルフレッド・フラオウエンフェルド総領事（軍司令部 12、同 16）、ヴァルター・ヘレンタール参事官（陸軍司令 6）、ヴェルナー・オットー・フォン・フェンティッヒ公使（軍司令部 11）、エルンスト・キューン公使（クロアチア・ドイツ軍将軍）、ヴィルヘルム・レーマン（戦車—軍司令部 1）、ヴァルター・リレラウ総領事（軍司令部 1）、ハイリッヒ・フォン・ツーア・ミューレン書記官（戦車—軍司令部）、コンスタンティン・フォン・ノイラート男爵（ドイツ・アフリカ大隊、戦車—グループアフリカ）、エルンスト・オスターマン・フォンロート参事官（戦車—軍司令部 2）、カールーゲオルク・プファイデラー参事官（軍司令部）、ルドルフ・バーン公使（在チュニス将軍）、ヨハネス・リヒター総領事（軍司令部 7）、ラインハルト・フォン・ザウッケン公使（軍司令部 11）、フランツ・シャッテンフロー総領事（軍司令部 4）、ルドルフ・フォン・シェリハ（軍司令部）、ヨーゼフ・シュレマン参事官（軍司令部）、コンラート・フォン・シューベルト参事官（軍司令部）、ヴェルナー・シュット大佐（軍司令部 9）、ゲルハルト・トーデンヘーファー参事官（在ノルウェー軍司令部、フィンランド司令部）、ラインホールト・フォン・ウンゲルンーシュテルンベルク男爵参事官（軍司令部 18）、ヨハン・フォン・ヴュールシュ大使館公使（東部司令部、ポーランド）、PAAA,R60771。連絡将校リスト、1942 年 7 月 1 日付。連絡将校リスト、配分リスト、国防軍—命令 9519/42 番に関して、1942 年 7 月 4 日付、R　PAAA102978。ノート、公使ラーン、チュニスの 1943 年 2 月 2 日付、に関して、PAAA,BA61144。キューンの旅行記、1943 年 2 月 2 日付の報告の付属、ザーム（1990 年）98 頁。ウムブライト（1968 年）92 頁。派遣が予定されていた外交官のすべてが実際に外務省の代表として動員され、あるいはヴィルヘルム通りに彼らの国防軍スタッフでの活動について報告を行っていた。ポーランドでは 1939 年 9 月には、軍事司令部 3,4,8,10,14 に外務省代表が任命されなかった。彼らは、戦闘行為が鎮まってからようやく占領地域に入ることが許された。比較。グロスクルト（1970 年）285 頁、PAAA, 国内Ⅱ g フィヒェ 1723、ワグナーの手記、19043 年 6 月 25 日付、PAAA,R100928, 国内Ⅱ G、DIX 課の帝国秘密問題、第 1 巻、グロスコップ、東部での拡大されたアクションの場合の地域占領、1941 年 5 月 22 日付。「見通しされた個々の職場の指導者として東部への動きの初めに当該陸軍グループの司令官に外務省代表として割り振

注　第 4 章　戦時のドイツ外務省

るのが利益だろう」。

(129) PAAA,R60765、軍司令部の外務省代表への業務指示、1940 年 4 月 10 日付。

(130) PAAA,R60741。ヘンティッヒの報告、セヴァストポールの例の観察、ヒュルター（2009 年）より引用。

(131) PAAA,R60737。ヘンティッヒ、報告 83 号、1941 年 10 月 12 日付。

(132) PAAA,R60739。ヘンティッヒ、プロパガンダの危機、1942 年 4 月 7 日付。ヒュルター（2009 年）、385 頁より引用、比較、アングリック〈ii 大 3 年〉、492 頁。

(133) PAAA,R60695, ロシア、軍司令部の外務省代表の報告と雰囲気の報告。ヘンティッヒ。クリミアの将来、1942 年 7 月 30 日付。

(134) PAAA,R60704。ボッシフェデリゴのランツァウ宛、1941 年 8 月 26 日付。

(135) PAAA,R105192、国防軍の下の外務省代表と軍司令部の報告。ボッシフェデリゴとデゥリゴッティ、報告、1942 年 1 月 15 日付。

(136) PAAA,R27635,B Ⅰ.140-148、ルターの手書きの書類、N-shu の文通。プファイデラー、ロシア南部前線カラクバンに至る 1940 年夏、1942 年 7 月 24 日付。

(137) PAAA,R60695、ロシア、軍司令部の外務省代表の報告と雰囲気の報告。レーマン、ウクライナ住民の雰囲気と態度、1942 年 6 月 9 日付。

(138) PAAA,R27637。BI.49-52, ルターの手書きの書類、K-Z 間の文通。レーマンのルター宛、1942 年 12 月 17 日付。

(139) PAAA,R60695, ロシア、軍司令部の外務省代表の報告と雰囲気の報告。ウンゲルンーシュテルンベルク、フィンランドとの関係に配慮してエストニアの発展へ、1942 年 8 月 10 日付。

(140) PAAA,R27634。BI.442-446, ルターの手書きの書類、K-M 間の文通。ミューレンとルターの手紙の交換、1942 年 7 月 24 日付。

(141) PAAA,R60695、ロシア、軍司令部の外務相代表の報告と雰囲気の報告。シューベルト、住民の雰囲気、1942 年 10 月 26 日付。

(142) PAAA,R105192, 国防軍の下と軍司令部の外務相代表の報告。プファイデラー、ウクライナでの農民の個人所有権の再導入問題についての手記、1941 年 10 月 14 日付。

(143) PAAA,R60765。シュット、ソ連に対して戦争中政治的手段を動員することについての考え、[1942 年末]。

(144) PAAA,R27849。事務次官室、政治的文通、メゲレのヴァイツェッカー宛、1942 年 11 月 14 日付、ヴァイツェッカーのメゲレ宛、1942 年 11G 発 16 日。

(145) PAAA, Paris 1293：Bericht Lierau an OKW/Westpreuissen fuer AA, 26.1.1941.

(146) PAAA,R6O757。シャッテンフロー、報告 61 号、1940 年 12 月 14 日付。

(147) PAAA,R60741。ヘンティッヒ、セバストポールの例の観察、ヒュルター（2009 年）370、376 頁からの引用。

(148) PAAA,R60695, ロシア、軍司令部の下の外務相代表の報告および雰囲気についての報告。プファイデラー、東部への軍事的な進出の終了、1942 年 3 月 8 日付、ルターの総領事ヴュスターのための気づき、1942 年 3 月 24 日付。

(149) PAAA,R105192。国防軍の下の外務省代表および軍司令部の報告。ボッシーフェドリゴッティ、1942 年 1 月 15 日付。

(150) PAAA,R27651。ルターの講演メモ、1942 年 9 月 8 日付。

(151) ヒュルター（2009 年）、74 頁。

(152) 比較、ホイス（1997 年）536。マツゼウスキー / コジモール（2007 年）。

(153) ハルテゥング（1997 年）1 頁。

(154) 比較、ホイス（1997 年）539 頁。ニッチュの気づき、1942 年 10 月 21 日付、ハルテゥング（1997

663

注　第1部　ドイツ外務省の過去

　　年）65頁よりの引用。

(155) ホイス（1997年）538頁。

(156) 比較、PAAA,オスロ　229A。BI.613076

(157) 比較、ハルテゥング（1997年）13頁。ホイス（1997年）537頁。

(158) 比較、ハルティング（1997年）15頁。

(159) 同。18頁。

(160) 比較、ホイス（1997年）540頁、アングルック（2003年）97頁。

(161) ハルテゥング（1997年）14頁、ホイス（1997年）340、542頁。

(162) ハルテゥング（1997年）15頁。

(163) 比較、同様に、14頁

(164) PAAA,R27574。1942年7月11日付、BStU（かつての東独国家秘密機関の資料についての連邦
　　委託者、,942号。親衛隊総統本部の書簡、1942年9月10日付。ホイス（1997年）549頁。

(165) 比較、ホイス（1997年）538頁

(166) 同。

(167) トロイエ（1965年）。

(168) シュヴェリン・フォン・コシックの書き物、1942年9月2日付、ハルテゥング（1997年）か
　　ら引用、55頁。

(169) 同。頁50–60、ホイス（1997年）549頁。

(170) 「総統命令」（1997年）237頁、1942年3月1日の命令。

(171) 親衛隊司令部の、キュンスベルク特殊指令部への動員命令、1942年1月31日付、ホイス（1997
　　年）549頁からの引用。

(172) PAAA,R27651,BI,79–82。シュテーングラハトが外務大臣に提示したルターの講演メモ、1942
　　年8月17日付。

(173) 　ホイス（1997年）550頁。

(174) 　PAAA,R27654。ルターのシュテーングラハト宛に、外務大臣に提示するようにとの願いとと
　　もに、1942年8月15日付。

(175) PAAA、R27654：ルターの帝国外務大臣に提示するように乞うたシュテーングラハト宛、1942
　　年8月15日付、を見よ。

(176) ハルテゥング（1997年）95頁。

(177) 同。

(178) ホイス（1997年）552頁。

(179) IMT、主要な交渉、97日目、1946年4月2日付、午後の会合。

(180) ハーケンクロイツ下のヨーロッパ6。キュンスベルクのリッベントロープ宛、1941年6月19日
　　付、157頁。

第5章　占領—略奪—ホロコースト

(1) ブランデス（1969年）、21、31頁。

(2) ムント（2009年）、現在、参考文献エディションが、「ドイツと保護国ボヘミア、モラビア、1939
　　年から1945年までのドイツ外交文書より」というタイトルの下に準備中。

(3) 外交政策文書、（以下、ADAP）、DV Ⅱ ,106号。ヴューリシュシュの外務省の書き物、1939年
　　8月18日付、比較、ADAP,D V,85号、参事官シュヴァガーの手記、1938年10月27日付、ポス
　　ピエルスツァルスキー（1983年）、346頁。

(4) ベーラー（2009年）40–46頁、チンチンスキー／マケヴィッツ（2008年）。

注 第5章 占領─略奪─ホロコースト

(5) ベーラー（2009年）112-120頁。

(6) PAAA,R60626。ビルックナーの外国／防御庁長官への手書きのメモ、1939年9月19日付。「参事官ローマン氏に国際法的な理由を写しで提示、［署名の頭文字、読めない］13/9」。

(7) ベーラー（2006年）、マルマン／ベーラー／マテウス（2008年）。

(8) 在カトヴィッツのドイツ総領事館の外務省宛、1939年7月4日付、在ポーゼンのドイツ総領事館の外務省宛、1939年7月10日付、在ロッチャのドイツ領事館の外務省宛、1939年7月11日付、ゲシュタポの外務省宛、1939年7月18日付、在ワルシャワのドイツ大使館の外務省宛、1939年7月25日付、在トルンの総領事館の外務省宛、1939年8月18日付、シェーファー（1983年）228-240頁。

(9) ブロサット（1961年）15頁。

(10) ベメブルク／ムサイ（2000年）71頁、ブロサット（1961年）68頁。マダイチェック（1986年）46-75頁。

(11) ハッセル（1988年）127頁よりの引用。

(12) ブロサット（1961年）22、40頁。

(13) 帝国国内務大臣のケーニヒスベルク、ブレスラウ、グムビンネン、アレンシュタイン、ツィヒェナウ、マリエンヴェルダー、ダンツィヒ、ブロンベルク、ポーゼン、オペルン、カトヴィッツ官房長官電報、1940年2月7日付、ポスピエスザルスキー（1959年）121頁からの引用、クラウスニック（1981年）516頁。ブロサット47頁。シェンク（2000年）155頁。

(14) ポーランド人の残虐性に関するドキュメント（1940年）。

(15) 提督の共同執筆、1940年5月30日付、フランク（1975年）211頁、クラウスニック（1981年）99頁からの引用。

(16) PAAA,R99238。ヴューリシュの外務省宛、1940年10月30日付。

(17) 同。ヴューリシュの外務省宛、1940年10月10日と10月11日付。外務省のヴューリシュ宛、1940年11月15日付。

(18) ブロサット（1961年）159頁、ヴィアディエルニー（2002年）81-113頁、ザーム（1990年）96-100頁、フランク（1975年）73頁、アウグスト（1997年）。

(19) ADAP、D XI 368号、在パリ・ドイツ大使館の中のフランスにおける軍司令官外務省の職場の変更、1940年11月20日付、比較、「総統命令」（1997年）151頁。

(20) ラムバウアー（2005年）、43頁。

(21) 同。244-255頁、経歴手帳、第1巻（2000年）、2頁。

(22) レイ（2000年）281-289頁、リープ（2007年）75頁。

(23) レイ（2000年）245-247、376頁、ハーケンクロイツ下のヨーロッパ4、27頁。

(24) ADAP,D X,282号。リッベントロープのカイテル宛書き物、1940年8月3日付、レイ（2000年）301-306頁。

(25) ハーケンクロイツ下のヨーロッパ4。パリのドイツ大使館、1940年6月14日から1941年6月14日までの間の活動報告、167頁、比較、レイ（2000年）307-339頁。

(26) ブローニング（1978年）91頁。

(27) アイヒマンのラーデマッハー宛、1942年3月10日付、ポリアコフ／ヴルフ（1956年）112頁からの引用。

(28) 比較、PAAA,NL.シュライアー964-16 II。ラーデマッハーの在パリ・ドイツ大使館宛、1942年3月11日付、シュライアーの外務省宛、1942年3月13日付。

(29) アイヒマンのラーデマッハー宛、1942年3月11日付、ポリアコフ／ヴルフ（1956年）115頁からの引用。比較、ブローニング（1978年）91頁。

(30) 比較、PAAA,N I .シュライアー964/16- II、シュライアーの外務省宛、1942年3月14日付。

665

注　第1部　ドイツ外務省の過去

(31)　PAAA,NⅠ.シュライアー 964/16-Ⅰ、ハンブルク懲らしめ裁判でのシュライアーに対する集中聴取。

(32)　比較、ブローニング（1978年）91頁。

(33)　デシャー（1987年）241頁。

(34)　比較、ブローニング（1978年）100頁。

(35)　PAAA,NⅠ.シュライアー 964/18-19 (1-2)。シュライアーのDⅢ宛、1942年9月11日付。

(36)　ヤド・ヴァシェム 0.68/352。アベッツの書類メモ。

(37)　アベッツの動機について、比較、レイ（2000年）375頁、ラムバウアー（2005年）271頁。

(38)　ヘルベルト（1996年）298-304頁、マイヤー（2000年）54-82頁。

(39)　PAAA,R29835。ヴァイツェッカーの手記、1941年10月30日付。

(40)　ADAP,EI,2 ゴウ。アベッツの外務省宛、比較、ADAP,DXⅢ,422号。アベッツの帝国外務大臣宛、1941年10月25日付。

(41)　ADAP,EⅡ,25号、シュライアーの外務省宛、1942年3月9日付、149号、シュライアーの外務省宛、1942年4月18日付、248頁。リープ（2007年）20-30頁。

(42)　ヘルベルト（1986年）67-95頁、テゥーズ（2007年）420-427頁。

(43)　ツィーリンスキー（1995年）81-91頁。デュラント（1991年）184-189、184-189頁、ヘルベルト（1986年）96頁。

(44)　ツィーリンスキー（1995年）32頁。

(45)　PAAA,R27850。ザウケルのシュテーングラハト宛、1943年5月7日付、シュテーングラハトのザウケル宛の書簡の草案、1943年5月27日付。

(46)　リープ（2007年）、46頁。

(47)　PAAA,R67020。アベッツの外務省宛電報、1942年2月16日付。

(48)　デュラント（1991年）、86頁。

(49)　アベッツ、メモランダム、その中でアベッツの1942年4月2日付の書き物による報告書。1943年7月1日付、ツィーリンスキー（1995年）95頁、ADAP,EⅡ,194号。副次官ルターの在パリドイツ大使館宛、1942年5月9日付。

(50)　IMT（インターナショナル・ミリタリー・トビューナル）32巻、外国人労働者たちへの仕事の候補を探すこと、世話、住処を提供すること、食料提供と取扱いに関する全権代表の命令第4号、1942年5月7日付、202頁、ナースナー（1994年）117頁。

(51)　ツィーリンスキー（1995年）97頁、ブローニング（1977年）324頁。

(52)　PAAA,R100695。キーザーの報告、1942年6月24日。

(53)　ツィーリンスキー（1995年）106頁、デュラント（1991年）189頁。

(54)　IMT,41巻、ワイマールでの労働動員スタッフの第1回会合におけるザウケルの演説、1943年1月6日付、225頁、ナースナー（1994年）117頁より引用。

(55)　ツィーリンスキー（1995年）131-155頁。

(56)　PAAA,R67051。シュライアーの外務省宛電報、1943年7月24日付。

(57)　ツィーリンスキー（1995年）156-173、176頁。

(58)　PAAA,R26903。リッペントロープのアベッツ宛電報、1944年2月2日付、ツィーリンスキー（1995年）、178頁より引用。

(59)　IMT,38巻、R-124号。4ヵ年中央計画に関する第54回会合の議定書、1944年3月1日付、349頁,ナースナー（1994年）118頁からの引用。

(60)　ハーケンクロイツ下のヨーロッパ4。アベッツのヴァイツェッカーへの文書メモ、1941年7月2日付、147頁。

(61)　クヴィート（1968年）54-58頁。

注 第 5 章 占領—略奪—ホロコースト

(62) ルターの講演メモ、1940 年 5 月 25 日付、クヴィート（1968 年）80、93 頁から引用、占領下の オランダ地域での帝国委員会の職場の建設に関する帝国委員会の命令、1940 年 6 月 3 日付、ブロ ム（2005 年）、デジタル化されたドキュメントの付属、添付 4。

(63) ベネの外務省宛書簡、1941 年 1 月 29 日付、クヴィート（1968 年）95 頁、Anm.16 からの引用。

(64) ADAP,E Ⅱ ,198 号。ヴィッケルのルター宛、1942 年 5 月 11 日付、PAAA,R99208, 国内 Ⅱ A/B、一般的な外交政策、オランダ 1940 年 –1943 年、オランダでの雰囲気についての報告、 PAAA,60683, オランダ。状況報告 1940 年。

(65) PAAA,R27632。占領下のオランダ地域についてのベネの報告。

(66) YV,JM3124。ルターのミュラー宛、1941 年 11 月 5 日付。

(67) 同。比較。ブローニング（1978 年）69 頁、ヒルベルク（1985 年）582 頁。

(68) YV,JM3124（PAAA,R100876）。ルターのガウス宛電報からのメモ、1941 年 10 月 30 日付。

(69) 同。アルプレヒトのヴァイツェッカー宛、1942 年 7 月 31 日付。

(70) 比較。ヒルベルク（1985 年）284 頁、YV,JM,3124（PAAA,R100876）。アルプレヒトのヴァイツェッ カー宛 1942 年 7 月 31 日付、ベネの外務省宛、1942 年 8 月 13 日付。

(71) YV,JM3124。ベネの外務省宛,1942 年 7 月 31 日付および 1942 年 8 月 13 日付、1942 年 11 月 11 日付、 1943 年 1 月 6 日付、そして 1943 年 5 月 4 日付。

(72) 比 較。YV,JM3155（PAAA,R100876）。ベネの外務省宛、1943 年 2 月 16 日付、同様に。 （PAAA,R99428）。ハーンのベネ宛、1943 年 2 月 18 日付、ベネの外務省宛、1944 年 7 月 20 日付。

(73) YV,JM3155（PAAA,R99429）。ベネの外務省宛、1944 年 7 月 20 日付。

(74) YV,JM3156（PAAA,R99430）。スウェーデン公使館の外務省宛、1944 年 10 月 2 日付。

(75) 同。ワーグナーの講演メモ、1944 年 10 月 11 日付。

(76) 同。ワーグナーの事務次官宛、1944 年 10 月 16 日付。

(77) ゲラー（1999 年）、ハーケンクロイツ下のヨーロッパ 3、22-28、66 頁。クレーナー（1988 年）128 頁。

(78) 国家文書と記録管理庁（以下、NARA）、RG165、戦争局一般および特別スタッフ、Entry UD 72,SHUSTER FILES, BOX Ⅰ。シュスター・コミッションのヴェルナー・フォン・バルゲンと共 の聴取プロトコール、1945 年 8 月 13 日付。

(79) ADAP,D X Ⅱ ,569 号。バルゲンのヴァイツェッカー宛、1941 年 5 月 29 日付。

(80) PAAA,R29858。バルゲンのヴァイツェッカー宛、1943 年 1 月 15 日付。

(81) YV,JM3121（PAAA,R100862）。バルゲンの外務省宛、1942 年 7 月 9 日付。

(82) ドレフス（2007 年）54 頁。

(83) 同。バルゲンの外務省宛、1942 年 11 月 11 日付。

(84) YV、JM3121（PAAA,R100862）。ルターの外務省のブリュッセル職場宛、1942 年 12 月 4 日付、比較、 同様にバルゲンの外務省宛、1942 年 7 月 9 日付。

(85) 比較、ブローニング（1978 年）144 頁。

(86) ADAP,D Ⅸ ,125 号、レンテ・フィンクの外務省宛、1940 年 4 月 15 日付。メモランダム自体は 議会コミッションで写されている。（1948 年）第 4 巻、10 号、18 頁。

(87) プールゼン（1991 年）371 頁。

(88) リッベントロープのカントシュイタインに対する指示、940 年 5 月 5 日付、議会のコミッショ ン（1948 年）第 13 巻、4 号、20 頁。

(89) ADAP,D X Ⅲ ,447 号、グルントヘルの手記、1941 年 11 月 4 日付。

(90) ヴォルフのベスト宛、1941 年 11 月 5 日付。デシャー（1991 年）196 頁。

(91) ヘルベルト（1996 年）360-373 頁。

(92) 比較、YV,JM3173（PAAA,R101039）。ルターの講演メモ、1942 年 1 月 15 日付、比較、ヒルベ ルク（1985 年）558 頁、ブローニング（1978 年）159 頁。

(93) YV.JM3153（PAAA,R99413）。レンテ＝フィンクの外務省宛、1942年1月20日付。

(94) YV.JM2032。リンテレンのベスト宛、1943年4月24日付。

(95) 比較、同様に。ベストの外務省宛、1943年4月24日付、ヘルベルト（1996年）362頁。

(96) YV.JM2032、タッデン、比較、ヒルベルク（1985年）560頁。

(97) YV.JM2032。ベストの外務省宛、1943年9月8日付。正確な流れの為に、比較。ヤヒル（1966年）。

(98) YV.JM2032。ベストの外務省宛、1943年9月8日付、ゾンライトナーの書き物、1943年9月18日付、比較、ヤヒル（1966年）、91、101頁、ヘルベルト（1996年）363頁。

(99) YV.JM2032。エルドマンスドルフのコペンハーゲン代表宛、1943年9月28日付。

(100) 同。ベストの外務省宛、1943年10月2日付。比較、ヒルベルク（1985年）568頁。

(101) YV.JM2032。ベストの外務省宛、1943年10月18日付、比較、ヒルベルク（1985年）568頁。

(102) YV.JM2032。シュテーングラハトの国内II宛、1943年10月1日付、比較、ヒルベルク（1985年）564頁。

(103) 比較、ヤヒル（1966年）158頁、YV.JM3122（PAAA,R100865）、マイモのドイツ領事館からの外務省宛、1943年10月12日付。

(104) 同。ベストの外務省宛、1943年10月5日付、タッデンの帝国外務大臣室宛、1943年10月6日付、ヤヒル（1966年）136頁。

(105) YV.JM3153（PAAA,R99414）、タッデンのアイヒマン宛、1943年11月1日付、比較、ギュンターのタッデン宛、1943年12月3日付。

(106) 同。帝国治安本部のタッデン宛、1944年8月31日付、比較、デンマーク王国公使館から外務省宛、1944年8月2日付。

(107) YV.JM3122。ワグナーの講演メモ、1943年10月20日付。

(108) YV.JM3153（PAAA,R99414）。ベストの外務省宛、1943年11月19日付、ヴァイトカンプ（2008年a）190頁。

(109) 比較、同様に、アイヒマンのタッデン宛、1943年12月14日付。

(110) 同様に、。タッデンのヘンク宛、1944年1月4日付。

(111) ワグナーの講演メモ、1943年10月22日付、ズブローンークネーベル（2007年）ドキュメント112頁よりの引用。

(112) ADAP,D IX、95号。リッベントロープのブロイアー宛書き物、その中で、付属I.として帝国政府のノルウェー政府に対するメモランダム、1940年4月7日付。

(113) 同。83号。ブロイアーの外務省宛電話報告、1940年4月10日、22時3分。

(114) 同。95号。在オスロ公使館、小包245/18、ブロイアーの外務省に宛てた状況報告、1940年4月11日付。

(115) 同。106号。手記、1940年4月16日付。ドイツのノルウェー占領の最初の1週間、比較、ボーム（2000年）3-7頁、同様に139頁。ハーケンクロイツ下のヨーロッパ7、19-22頁。

(116) PAAA,オスロ 229A,B I.613163f.手記「帝国全権代表のシュタッフ」、およそ1940年4月14/15日付。

(117) 同。B I,613168。ノイハウスのリッベントロープ宛電報、1940年5月4日付。

(118) マチック（2002年）158頁。

(119) マゾヴァー（2008年）241頁。

(120) フェーゼンマイヤーとベンツラーの外務省宛、1941年9月8日付、ポリアコフ／ヴルフ（1956年）24頁からの引用。

(121) 比較、ブローニング（1978年）56頁。

(122) フェーゼンマイヤーとベンツラーの外務省宛、1941年9月10日付、ポリアコフ／ヴルフ（1956年）5頁からの引用。

668

注　第5章　占領―略奪―ホロコースト

(123) ベンツラーの外務省宛、1941 年 9 月 12 日付、ポリアコフ／ヴルフ（1956 年）27 頁からの引用、比較、ブローニング（1978 年）57 頁。

(124) ベンツラーのリッベントロープ宛、1941 年 9 月 28 日付。ポリアコフ／ヴルフ（1956 年）28 頁からの引用。

(125) ラーデマッハーの手記、1941 年 10 月 25 日付。ポリアコフ／ヴルフ（1956 年）33 頁からの引用、比較、ブローニング（1992 年）135 頁。

(126) ラーデマッハーの職務旅行の申請、ポリアコフ／ヴルフ（1956 年）35 頁。からの引用。

(127) ブローニング（1978 年）2 頁。

(128) ラーデマッハーの手記、1941 年 10 月 25 日付、ポリアコフ／ヴルフ（1956 年）33 頁。からの引用。

(129) 比較、マノシェック（2000 年）179 頁、ブローニング（1978 年）94 頁。

(130) マゾワー（1993 年）251 頁。

(131) ラーデマッハーのアテネの全権代表宛、1942 年 3 月 6 日付、デゥブロンークネーベル（2007 年）ドキュメント T17、比較、パリの文化分離委員会の在パリ・ドイツ大使館宛、1942 年 1 月 13 日付、同様にドキュメント T12 の中で、シュライアーの外務省宛、1942 年 1 月 23 日付、同様にドキュメント T13 の中に、ガウスの外務省宛、比較、ドキュメント T14、シェーンベルクの在アテネ・全権代表宛、1942 年 2 月 20 日付、ドキュメント T16 の中に。

(132) シェーンベルクのアルテンブルク宛、1942 年 8 月 17 日付、同様にドキュメント T28。

(133) 比較、アルテンブルクの外務省宛、1943 年 1 月 13 日付、同様にドキュメント 36 頁の中に。

(134) ルターのサロニキ宛、1943 年 1 月 23 日付、ドキュメント 38 頁の中に。

(135) 比較、ヴィスリセニーのシェーンベルク宛、1943 年 6 月 21 日付、ドキュメント T94。

(136) シェーンベルクの外務省宛、1943 年 3 月 15 日付、同様に、ドキュメント T50 の中で。

(137) メルテンの在サロニキ・ドイツ領事館宛、同様に、ドキュメント Y49 で。

(138) シェーンベルクの外務省宛、1943 年 3 月 15 日付、同様にドキュメント T50 に。

(139) 同。

(140) シェーンベルクの外務省宛、1943 年 5 月 3 日付、同様にドキュメント T55 に、比較、同様に 126 頁、注 364、アイヒマンのラーデマッハー宛、1943 年 2 月 2 日付、同様にドキュメント T41 に。

(141) シェーンベルクの外務省宛、1943 年 5 月 3 日付、同様にドキュメント S67 に。

(142) 同。22 頁、比較、デシャー（1987 年）133–135 頁も。

(143) アルテンブルクの外務省宛、1942 年 8 月 17 日付、デゥブロンークネーベル（2007 年）ドキュメント T28。

(144) 比較、アルテンブルクの外務省宛、1943 年 7 月 26 日付、同様にドキュメント S102 に。

(145) PAAA,R29612、アルテンブルクのベルリン宛、1941 年 5 月 1 日付。

(146) マゾヴァー（1993 年）219 頁。

(147) ハーケンクロイツ下のヨーロッパ 6、ギリシャの飢餓危機についてのアルテンブルクの外務省宛、1941 年 11 月 16 日付、185 頁。

(148) ADAP,E　V,444–474 頁、ドキュメント 232。ドイツ帝国在ギリシャ・アルテンブルク全権代表（アテネ）の外務省宛、1943 年 3 月 22 日付。

(149) ハーケンクロイツ下のヨーロッパ 6。ギリシャの大佐ヴァルター・ヴァイゴルトの中部ギリシャの状況についてのアレクサンダー・レーア本部大佐、国防軍南東部司令官への報告、1942 年 11 月 19 日付。219 頁。

(150) PAAA,R105195、B I .251301–251304、ノイバッハーの、東部の政治的あり方にとっての北部とトランスコウカサスの意味の考察という建白書、1941 年 7 月 30 日付。

(151) 比較、モル（1997 年）350 頁。

(152) ADAP,E　V II ,68 号。ヒトラーの指示、南東部共産主義に対する戦いのための統一的な指導性、

669

1943 年 10 月 29 日付、ハーケンクロイツ下のヨーロッパ 6、大佐アレクサンダー・レール、南東部副指令官、の命令、ユーゴスラヴィアとギリシャの共産主義の抵抗運動に対する闘争の為に、1943 年 12 月 22 日付、293 頁。

(153) シュミダー（2000 年）42、310、463、468 頁。

(154) ハーケンクロイツ下のヨーロッパ 6。フランツ・フォン・ハルティング大佐の将軍マクシミリアン・フォン・ヴァイクスとのセルビア情勢についての話し合いのメモ、1944 年 10 月 4 日付、365 頁。

(155) NARA,RG 165, 戦争局一般および特殊スタッフ、エントリイ UD72、シュスター・ファイル、ボックス 1。シュスター委員会のヘルマン・ノイバッハーについての聴取議定書、1945 年 10 月 3-45 日付。

(156) BAMA（連邦文書・軍事文書）RW40/80。1943 年 9 月 9 日付。BAMA,RW40/81。親衛隊および警察指導者付南東部軍事司令官マイスナー、12943 年 10 月 27 日付、シュミダー（2002 年）475 頁。

(157) BAMA,RW40/89。南東部特別委託者の指示、制裁処置、1943 年 12 月 22 日付、シュミダー（2002 年）337 頁。

(158) PAAA,R27301, 南東部特別全権代表、第 1 巻、B Ⅰ .110。外務省南東部全権代表部のアテネの住民の計画された移送についてのヘルマン・ノイバッハー宛、1944 年 7 月 5 日付、PAAA,R270301, 南東部特別全権代表、第 1 巻、B Ⅰ、60。クルト・フリッツ・フォン・グラヴェニッツのアテネのテロ行為についてのヘルマン・ノイバッハー宛、1944 年 8 月 25 日付。

(159) マゾワー（1995 年）、マイアー（2007 年）。

(160) シュミダー（2002 年）602 頁。

(161) イーメーテゥヘル（1999 年）。

(162) ノイバッハー（1956 年）137 頁。

(163) YV,TR3/1242。ルターの在ブダペスト公使館宛、1942 年 10 月 14 日付。また。統一返還組織（1959 年）95 頁、ルターの 1942 年 10 月 9 日付の講演メモ、同様にヒムラーのリッベントロープ宛て、1942 年 11 月 30 日付、119 頁、同様にルターのメモ、1943 年 1 月 16 日付、124 頁参照。

(164) ゲルラッハ／アリイ（2002 年）37-90 頁。

(165) YV,051/117、ヒトラーのフェーゼンマイヤーへの全権、1944 年 3 月 3 日付、比較、統一返還組織（1959 年）164 頁。

(166) YV,TR3/1124（PAAA,R29794）リッターのフェーゼンマイヤー宛、1944 年 3 月 31 日付。

(167) マティック（2002 年）33-59 頁。

(168) 同。61-79 頁。

(169) ADAP,D Ⅶ ,172 号、フェーゼンマイヤーのヴァイツェッカー宛、1939 年 8 月 22 日付、173 号、フェーゼンマイヤーのヴァイツェッカー宛、1939 年 8 月 22 日付、マティック（2002 年）85 頁。

(170) マティック（2002 年）88 頁。

(171) 同。91-156 頁。

(172) 同。157-171 頁。

(173) 比較、ヴァイトカンプ（2008 年）290 頁。

(174) YV,TR3/380, フェーゼンマイヤーのリッター宛、1944 年 4 月 5 日付。

(175) YV,TR3/675（PAAA,R29794）フェーゼンマイヤーのリッター宛、1944 年 4 月 15 日付。

(176) 比較、ヴァイトカンプ（2008 年 a）293 頁。

(177) 同。295 頁。

(178) タッデンの報告、1944 年 5 月 25 日付。統一返還組織（1959 年）179 頁の中に。

(179) 比較、ヴァイトカンプ（2008 年 a）298 頁。

(180) タッデンの報告、1944 年 5 月 26 日付、統一返還組織（1959 年）183 頁の中に。

(181) YV,JM3568, 1 頁、彼に対して行われた調査手続きの間、グレルの申し立て、カッセルにて、

1949 年 7 月 22 日付。

(182) 比較、YV,JM6034。フェーゼンマイヤーの聴取、1947 年 10 月 23 日付、比較、ヴァイトカンプ（2008 年 a）300、304 頁。タッデンは「ユダヤ人労働」という概念を使った。YV,TR3/678。タッデンの報告、1944 年 5 月 25 日付。

(183) YV,JM3568。グレルの証言、1949 年 7 月 22 日付、10 頁。

(184) 同。13、30 頁。

(185) YV,JM3568。グレルの証言、1949 年 8 月 31 日付 16 頁、比較、ヴァイトカンプ（2008 年 a）305 頁。

(186) YV,JM3568。グレルの証言、1949 年 9 月 5 日付 37 頁。

(187) 同。1949 年 9 月 7 日付。

(188) ニュースと新聞部の事務次官と国内 II 宛、1944 年 5 月 27 日付、統一賠償組織（1959）186 頁、YV,TR3/630,タッデンの在ブダペスト公使館宛、1944 年 5 月、比較、ヒルベルク（1985）849 頁、ヴァイトカンプ（2008 年 a）307 頁の中に。

(189) YV,TR3/632。フェーゼンマイヤーの外務省宛、1944 年 8 月 6 日付,比較、ヴァイトカンプ（2008 年 a）307 頁。

(190) ADAP,E VIII,102 号、フェーゼンマイヤーのリッター経由リッベントロープ宛、1944 年 7 月 4 日付。比較、ヒレベルク（1985 年）852 頁。

(191) YV,JM3126。フェーゼンマイヤーの帝国外務大臣宛、1944 年 7 月 8 日付。

(192) 同。国内 II の事務次官が帝国外務大臣に提出したことのついての講演メモ、1944 年 10 月 12 日付、比較、ヴァイトカンプ（2008 年 a）311、403 頁。

(193) ADAP,E VIII,102 号。フェーゼンマイヤーのリッターについて帝国外務大臣あて、1944 年 7 月 4 日付、比較、YV,JM3126,P XII b,外務省プレス部の外国プレスの報告。ベルン 1944 年 7 月 8 日付、ブラット XVII、ロンドン、1944 年 7 月 90 日付、ブラット 4、比較、ヒルベルク（1985 年）851 頁。

(194) YV、TR3/525（PAAA,R99451）。フェーゼンマイヤーの外務省宛、1944 年 10 月 18 日付、比較、ヴァイトカンプ（2008 年 a）312 頁、FN406。

(195) 同。

(196) 同。

(197) YV,JM3126(PAAA,R100894)。リッベントロープのフェーゼンマイヤー宛、1944 年 10 月 20 日付。

(198) 比較、ヒルベルク（1985 年）856 頁。

(199) YV,JM2214（PAAA,R100894）。フェーゼンマイヤーの外務省宛、1944 年 11 月 21 日付。

(200) 比較、バウアー（1994 年）153、158 頁 231 頁。グロスマン（1986 年）138 頁。

(201) YV,JM3493（PAAA,R100893）。フェーゼンマイヤーの外務省宛。1944 年 7 月 25 日付、比較、同。フェーゼンマイヤーの外務省宛、1944 年 7 月 29 日付。ヴァイトカンプ（2008 年 a）316 頁。

(202) ゲルラッハ／アリイ（2002 年）415 頁、ヒルベルク（1985 年）1300 頁。

(203) YV,JM3122(PAAA,R100866)ブルヒャーの外務省宛、1943 年 1 月 29 日付、同。（PAAA,R100865）。ブルッヒャーの外務省宛、1943 年 10 月 4 日。

(204) 同様（PAAA,R100866）。ルターの在ヘルシンキ・ドイツ大使館宛、1943 年 2 月、比較、ブローニング（1978 年）153 頁。

(205) YV,JM3123。ルターの講演メモ、1942 年 10 月 22 日付。

(206) YV,JM3123。リッベントロープの在ローマ・ドイツ大使館宛、1943 年 1 月 13 日付。

(207) タッデンの治安警察の長および治安部宛、1943 年 5 月 27 日付、デュブロン／クネーベル（2007 年）ドキュメント T77。

(208) クリンクハマー（1993 年）138 頁。

(209) 同。142-145 頁。ADAP,E VI,235 号。ラーン、思考書き物、1943 年 8 月 19 日付。

(210) クリンクハマー（1993 年）176-197,422-457,527 頁。

(211) BAMA,RH19X,37 巻、B Ⅰ ,15 頁、会話の記録、1944 年 11 月 12 日付、クリンクハマー（1993 年）
528 頁からの引用。

(212) メールハウゼンの外務省宛、1943 年 10 月 6 日付、ゾンライトナーの国内Ⅱ課宛、1943 年 10 月
9 日付、両方ともポリアコフ / ヴルフ（1956 年）、80 頁；比較とヒルベルク（1985 年）670 頁、か
ら 7 の引用。

(213) ヴァイツェッカーの外務省宛、1943 年 10 月 28 日付、ポリアコフ / ヴルフ（1956 年）85 頁か
らの引用、比較、ヒルベルク（1985 年）672 頁。

(214) YV,JM3123（PAAA,R100872）。ワグナーのミュラー宛、1943 年 12 月 11 日付。

(215) 同。タッデンのラーン宛、1943 年 12 月。

(216) PAAA,R100888。在マドリード・ドイツ大使館モルトケのベルリンの外務省宛、1943 年 1 月 28
日付。

(217) タッデン（ベルリンの外務省）のアイヒマン（帝国治安本部）宛、1943 年 7 月 10 日付、ロター
ル（2001 年）104 頁。

(218) ロタール（2001 年）338 頁。

(219) テンスマイヤー 139 頁、FN143。

(220) YV,TR3/837。ルターの在プレスブルク・公使館宛、1942 年 2 月 16 日付、比較、ヒルベルク（1985
年）727 頁。

(221) YV,TR3/1271。ルターの在プレスブルク公使館宛、1942 年 3 月 20 日付、比較、YV.3/282。ヴィ
スリセニーのグリュニガー宛、1942 年 4 月 25 日付、在プレスブルク公使館のスロヴァキア外務
省宛、1942 年 5 月 1 日付。

(222) YV,TR3/839。ギュンターのラーデマッハー宛、1942 年 5 月 15 日付。

(223) ルディンの電報、1942 年 6 月 26 日付、ポリアコフ / ヴルフ（1956 年）70 頁からの引用。

(224) ヴァイツェッカーの在プレスブルク公使館宛、1942 年 6 月 29 日付、ポリアコフ / ヴルフ（1956
年）71 頁からの引用。

(225) PAAA,R249624。事務次官室からルディン宛、1942 年 6 月 30 日付、比較、ブローニング（1978
年）95 頁ならびにテンスマイヤー（2003 年）156 頁。

(226) 比較、ヒルベルク（1985 年）735-739 頁。

(227) ゾンライトナーのワーグナー宛、1943 年 7 月 5 付、ポリアコフ / ヴルフ（1956 年）71 頁から引用。

(228) 比較、ヒルベルク（1985 年）739 頁。

(229) タッデンのワーグナー宛、1944 年 9 月 27 日付、ルディンの電報、1944 年 10 月 4 日、両方とも
ヴァイトカンプ（2008 年 a）248 頁。から引用。

(230) 比較、ヒルベルク（1985 年）740 頁。

(231) マティック（2002 年）134-145 頁、ホリイ / ブロサット（1964 年）39-57 頁。

(232) ホリイ / ブロサット（1964 年）60 頁、生物的手帳、第 2 巻（2005 年）480 頁。

(233) ヘスラー（2006 年）、64-168 頁、在セルビア外務省全権の、スロヴェニア人の移住に関する話
し合いの報告、国家社会主義の移住政策（1980 年）のソース、91 頁からの引用。

(234) カッシェの外務省宛、1941 年 5 月 13 日付、国家社会主義の移住政策（1980 年）ソース 100 頁
からの引用。

(235) ツワルドフスキーのスロヴェニア占領地域の移住に関する手記、1941 年 5 月 14 日付、同。か
らの引用。

(236) カッシェの外務省宛、1941 年 5 月 27 日付、同。130 頁からの引用。

(237) カッシェの外務省宛、1941 年 6 月 4 日付、同。162 頁からの引用、1941 年 6 月 4 日、17.00 時
からの公使館参事官トロルの指導の下に行われたスロヴェニアーセルビア人の移住に関する特別

の話し合い、同。166–169 頁からの引用。

(238) 1941 年 6 月 6 日のヒトラーとパヴェリッチの会談に関するシュミットの手記、1941 年 6 月 9 日付、同様に 173 頁から引用。

(239) ベオグラードの外務省出張所の外務省宛、1941 年 8 月 30 日付、同様に、241 頁、1941 年 9 月 22 日の在ザグレブ・ドイツ公使館でドイツ公使の司会の下で帝国からクロアチアそしてクロアチアからセルビアへの移住に関する話し合いの記録、1941 年 9 月 22 日付、同様に、271–274 頁から引用、ルターのカッシェ宛、1941 年 10 月 5 日付、292 頁、カッシェの外務省宛電報、同様に、294 頁から引用。

(240) ヘスラー（2006 年）167 頁、オルスハウゼン（1973 年）222–228 頁。

(241) オルスハウゼン（1973 年）229、229 頁、ホリイ／ブロサット（1964 年）、93–106 頁。

(242) テゥロルーオベルクフェルの外務省宛、1941 年 7 月 10 日付、ホリイ／ブロサット（1964 年）99 頁。

(243) PAAA,R61144。カッシェのレール大佐のクロアチアに関する報告についての表明、1943 年 5 月 19 日付。

(244) リッベントロープのカッシェ宛電報、1943 年 4 月 21 日付、ホリイ／ブロサット（1964 年）145 頁から引用。

(245) ハーケンクロイツ下のヨーロッパ 6。1943 年 8 月 30 日 /31 日に行われたヒトラーとの話し合いについてのカッシェの手記、1943 年 9 月 8 日付、252 頁。

(246) ホリイ／ブロサット（1964 年）149 頁。

(247) ハーケンクロイツ下のヨーロッパ 6。カッシェのリッベントロープ宛電報、1944 年 4 月 16 日付、321 頁、そこにリッベントロープのカッシェ宛電報の示唆、1943 年 4 月 20 日付。

(248) ヒルベルク（1985 年）710 頁、ブローニング（1978 年）93 頁。

(249) ルターの帝国外務大臣宛、1942 年 7 月 24 日付、ポリアコフ／ヴルフ（1956 年）41 頁、比較、YV.TR3/87（PAAA,R100874）。

(250) カッシェの外務省宛、1942 年 10 月 14 日付、ポリアコフ／ヴルフ（1956 年）41 頁、比較、YV.TR3/87（PAAA,R100874）。

(251) ヒルベルク（1990 年）764 頁。

(252) カッシェの外務省宛、1944 年 4 月 22 日付、ポリアコフ／ヴルフ（1956 年）46 頁。

(253) YV,051.463（PAAA,R100863）。ルターのベッケレ宛、1942 年 6 月 19 日付、バード。aB Ⅰ 77 の機会に、ラーデマッハーの告訴の中に、8 頁、比較、ブローニング（1978 年）103 頁。

(254) YV,051.461。クリンゲンフスの 1942 年 8 月 3 日付のメモ、スタールベルクの D Ⅲ宛、1942 年 7 月 29 日付、ブローニング（1978 年）103 頁。

(255) YV,051.463（PAAA,R100863）。ルターの在ソフィア・ドイツ公使館宛、1942 年 8 月 5 日付。

(256) YV,051.463、告訴 65、外務大臣への講演メモ、1942 年 9 月 11 日付。

(257) YV,P-13/180、66 頁。ラーデマッハーとクリンゲンフスに対する告訴状、1950 年 1 月 19 日付、比較、YV,051.463（PAAA,R100863）。ゾンライトナーのルター宛、1942 年 9 月 15 日付、ルターのラーデマッハー宛、1942 年 9 月 15 日付。

(258) YV.JM34123（PAAA,R100872）。ルターのヴァイツェッカー宛、1942 年 9 月 24 日付。

(259) 比較、ブローニング（1978 年）134 頁。

(260) YV,051.463（PAAA,R100863）。帝国治安本部のルター宛、1942 年 12 月、ベルクマンの親衛隊ミュラー宛、1943 年 3 月 19 日付、比較、ハーンの在ソフィア・ドイツ公使館宛、1942 年 12 月 4 日付も、ハーンの手記、1943 年 1 月 2 日付。

(261) 同。ベッケレの外務省宛、1942 年 1 月 16 日付、比較、YV.TR3/1033。ベッケレの外務省宛、1943 年 3 月 26 日付。

(262) YV,051.463（PAAA,R100863）。ベッケレの外務省宛、1943 年 3 月 22 日付。比較、ブローニング（1978

注　第1部　ドイツ外務省の過去

年）162 頁。

(263) YV,051.463。ダネッカーの帝国治安本部宛、1943 年 2 月 8 日付。比較。ハーンのアイヒマン宛、1943 年 2 月 18 日付、ギュンターのハーン宛、1943 年 3 月 9 日付、ブローニング（1978 年）、163 頁。

(264) YV,051.463。ベッケレの外務省宛、1943 年 4 月 16 日付、比較。

(265) YV,051.463（PAAA,R100863）。総領事ヴィッテの在ソフィア・ドイツ公使館宛、1943 年 3 月 18 日付。比較、レベルン（2008 年）307 頁。

(266) 同。カヴァラの総領事の在ソフィア・ドイツ公使館宛、1943 年 3 月 9 日付。

(267) 同。アタッシェグループのベルリンの帝国治安本部への報告、1943 年 4 月 5 日付、比較、ベッケレの外務省宛、1943 年 3 月 26 日付、比較。ブローニング（1978 年）163 頁。

(268) YV,051.463（PAAA,R100683）。ベッケレの外務省宛、1943 年 6 月 7 日付。

(269) YV,TR3/473。キリンガーのドイツ課宛、1941 年 9 月 1 日付、ブローニング（1978 年）52 頁。

(270) 比較。ヒルベルク（1985 年）777 頁。

(271) YV,TR3/83（PAAA,R100883）。アイヒマンの外務省宛、1942 年 4 月 14 日付。

(272) YV,TR3/99（PAAA,R100883）。ラーデマッハーのアイヒマン宛、1942 年 5 月 12 日付。

(273) YV,TR3/18。帝国治安本部のルター宛、1942 年 7 月 26 日付。

(274) YV,JM3124。ルターのキリンガー宛、1942 年 8 月 14 日付、比較、YV,TR3/477（PAAA,R100881）。クリンゲンフス／ルターのミュラー宛（草案）、1942 年 8 月 11 日付、ブローニング（1978 年）115 頁。

(275) YV,JM3124（PAAA,R100881）。ルターのキリンガー宛、1942 年 8 月 15 日付、比較、ブローニング（1978 年）116 頁。

(276) YV,TR3/178。キリンガーのドイツ課宛、1942 年 8 月 28 日付、比較、ブローニング（1978 年）121 頁。

(277) YV,TR3/987（PAAA,R100881）。ルターのキリンガー宛、1942 年 12 月 14 日付、比較、ブローニング（1978 年）127 頁。

(278) YV,TR3/575。リヒターの在ガラツ・ドイツ領事館宛、1942 年 9 月 3 日付。

(279) YV,TR3/482。リヒターのドイツ領事館宛、1943 年 9 月 16 日付。

(280) ヒルベルク（1985 年）、788 頁、ブローニング（1978 年）171 頁。

(281) YV,TR3/701（PAAA,R1008754）D Ⅲ の外務省ブリュッセル事務所への書き物、1943 年 2 月 27 日付。

(282) YV,JM3121。ルターの手記、1942 年 8 月 21 日付。

(283) YV,TR3/906。タッデンのアイヒマン宛、1943 年 7 月 10 日付。

(284) 比較。YV,TR3/147（PAAA,R99297）。アイヒマンのラーデマッハー宛、1942 年 7 月 9 日付。

(285) 比較。ブローニング（1978 年）15 頁。ゲンシェル（1966 年）142 頁、アダム（1972 年）192 頁。外国籍ユダヤ人比較。ヒルベルク（1985 年）445 頁。

(286) 比較。タッデンのアイヒマン宛、デュブロンークネーベル（2007 年）、ドキュメント 100、ナチの共謀と攻撃性（以下、NCA）第 6 巻、ドキュメント PS3319。ミュラー、1943 年 9 月 23 日付、26-29 頁。

(287) 比較。YV,JM3156（PAAA,R99435）。帝国内務大臣の外務省宛、1941 年 3 月 27 日と 1941 年 5 月 16 日付。

(288) 比較。YV,JM3134（PAAA,R99340）。帝国内務大臣の帝国食料・農業省宛、1940 年 8 月 28 日付。

(289) 同。帝国食料・農業大臣の外務省宛、1940 年 9 月 6 日付。

(290) YV,JM3134（PAAA,R99340）。ラーデマッハーの政治局Ⅳ とⅤ 、W Ⅲ a と b,R Ⅰ 宛、1940 年 10 月 8 日付。

(291) 同。レーディガーの D Ⅲ 宛、1940 年 10 月 28 日付。

(292) YV,JM3134（PAAA,R99340）。ルターの帝国食料・農業省宛、1940 年 11 月 14 日付比較。帝国食料・農業大臣の外務省宛、1940 年 12 月 9 日付。

注　第 6 章　抵抗勢力の軌跡と反抗勢力の形成

(293) 同。ヴェルマンのドイツ課宛、1941 年 3 月 1 日付。
(294) 同。ルターに講演メモ、1941 年 3 月 18 日付、ルターの帝国食料・農業省宛、1941 年 6 月 10 日付。
(295) YV.JM3127。帝国治安本部の外務省宛、1941 年 9 月 29 日付。
(296) 同。ラーデマッハーの政治局、貿易局および法務局宛、1941 年 10 月 27 日付。
(297) YV.JM3134（PAAA,R99341）。ヴァイツのペッケ宛、1941 年 9 月 27 日付、ヴァイツの外務省宛、1941 年 9 月 27 日付。ラーデマッハーの回答は読み取れないヴァイツの手書きに添付されている。帝国食料・農業大臣の外務省宛、1943 年 2 月 26 日付。
(298) 同。アルゼンチン大使館の外務省宛、1942 年 10 月 26 日付、在ウィーンの帝国代理の農業省（国防経済区域宛、X Ⅶ）宛、1943 年 2 月 19 日付、農業省（国防経済区域 X Ⅶ）の外務省宛、1943 年 2 月 19 日付。
(299) 同。帝国食料・農業省の外務省宛、1942 年 12 月 19 日付。
(300) 比較。同。グラノウの手記、1943 年 2 月 26 日付、ライネベックの書き物、1943 年 3 月 19 日。
(301) YV.JM3134（PAAA,R99341）。タッデンの帝国食料・農業省宛、1943 年 5 月、帝国食料・農業大臣の外務省宛、1943 年 7 月 2 日付。
(302) 比較。YV.JM3130（PAAA,R99312）。ヴューリシュの外務省宛、1941 年 11 月 18 日付。
(303) 同。レーディガーの帝国Ⅳ宛、1942 年 2 月 21 日付。
(304) YV.TR3/942（PAAA,R99238）。D Ⅲ の帝国治安本部宛、1942 年 6 月 5 日付、YV.JM3130（PAAA,R99312）。クリンゲンフスのズール宛、1942 年 9 月 3 日付。
(305) YV.TR3/721（PAAA,R100273）。アルゼンチン大使館の外務省宛、1942 年 4 月 17 日付。総督への外務省委託者の外務省宛、1942 年 6 月 4 日付、D Ⅲ の親衛隊宛、1942 年 6 月 16 日付、アイヒマンの外務省宛、1942 年 7 月 9 日付。
(306) YV.TR3/107。アイヒマンのタッデン宛、1943 年 7 月 5 日付、YV.TR3/105（PAAA,R100857）。アイヒマンのタッデン宛、1943 年 11 月 15 日付、ヴァイトカンプ（2008 年 a）236 頁、比較。YV.TR3/906。タッデンのアイヒマン宛、1943 年 7 月 10 日付。
(307) ギュンターのタッデン宛、1944 年 2 月 29 日付、グラヴェニッツの外務省宛、1944 年 4 月 3 日付、双方ともデゥブロンクネーベネル（2007 年）ドキュメント 120 頁と T122 よりの引用。

第 6 章　抵抗勢力の軌跡と反抗勢力の形成

(1) クレンペラー（1994 年）34 頁。
(2) ハッセル（1988 年）143 頁、1939 年 11 月 23 日記述。
(3) 同様に。131 頁、1939 年 10 月 22 日記述。
(4) 比較。連邦文書室ベルリン、ベルリン・ドキュメント・センター、PA エーリッヒ・コルト。親衛隊一個人的新聞。
(5) ハッセル（1988 年）197 頁、1940 年 5 月 29 日記述。
(6) 比較。連邦文書室ベルリン、ベルリン・ドキュメント・センター、PA ブリュッケルマイアー。クルト・フォン・シュネラー／カルニチュニック、報道（部分）。
(7) 同。シュネレンベルクの親衛隊本部宛、1941 年 7 月 31 日付。
(8) 同。ブリュッケルマイアーに対する聴取の記録。
(9) 同。シュネレンベルクの親衛隊本部宛、1941 年 7 月 31 日付。
(10) 同。親衛隊一個人的新聞。
(11) 比較。連邦文書室ベルリン、PA カルニチュニック。親衛隊個人的新聞。
(12) 比較。ハッセル（1988 年）1943 年 3 月 6 日記述。
(13) 比較。ティーレンハウス（1984 年）210 頁。

注 第1部 ドイツ外務省の過去

(14) 比較。同様に、170 頁。

(15) 比較。ヴァシリシコフ（1987 年）51 頁、ザーム（1990 年）123 頁。

(16) ゲルステンマイアー（1981 年）127 頁。

(17) ADAP,D ⅩⅡ.2。外務省の職務分担、1940 年 8 月、916 頁。

(18) ザーム（1990 年）64、111-114、140-143 頁。

(19) 同。147、183、283-296 頁、スタウファー（1998 年）240-243 頁に支えられて。

(20) PAAA,B100. 第 1729 巻、ヘルフィッシュの声明、1953 年 9 月、第 1730 巻、ヴェルックのイェッサー宛、1955 年 8 月 13 日付、ペルチャウ（1949 年）62 頁、ザーム（1990 年）119、164-168 頁。

(21) ザーム（1990 年）208 頁。

(22) 同。46、84 頁、それに加えて、小説的 – 非社交的リープマン（2008 年）。

(23) シュテーベに加えて比較。ザーム（1990 年）52-55、106 頁、124 頁、147 頁。同様（1994 年）262-276 頁。

(24) ザーム（1990 年）52、124 頁、同じく控えめであるが（1994 年）264 頁。

(25) テュッヘル（1994 年）、ハース（1994 年）、ベルクアンダー（2006 年）10-17 頁。

(26) ザーム（1990 年）265 頁、同様（1994 年）265 頁。

(27) ザーム（1990 年）191-238 頁、特に 193、209、237 頁。

(28) マーフィー（2005 年）14、64 頁。

(29) ギーベル／コブルガー／シェール（1992 年）87 頁。

(30) 経歴手帳、第Ⅱ巻（2005 年）494 頁。

(31) ヴァシリチコフ（1987 年）59 頁。

(32) クレンペラー（1994 年）34 頁。

(33) 比較、クルゼンスティエルン（2009 年）418 頁。

(34) 比較。PAAA, ハンス・ベルント・フォン・ヘフテンに関する人事書類、第 5144 巻。

(35) 比較。ヘフテン（1997 年）18 頁、リングスハウゼン（2008 年）134 頁。

(36) 比較。リングスハウゼン（2008 年）、ベトゲ（1989 年）、あちこちに。

(37) クルゼンスティエルン（2009 年）494 頁からの引用。

(38) 比較。PAAA, ハンス・ベルント・フォン・ヘフテンに関する人事書類、第 5144 巻、BⅠ.21。シュレーダーの党官房長宛、ミュンヘンにて、1943 年 10 月 5 日付。

(39) 同。BⅠ.44。ヘフテンの人事 H 部宛、1944 年 4 月 21 日付。

(40) 同。PAAA, ルドルフ・シュライアーに関する人事書類、第 13281 巻、BⅠ.41。シュレーダーのシュライアー宛、1944 年 4 月 21 日付。

(41) 同。リッペントロープのシュライアー宛、1943 編 11 月 27 日付、および、アベッツ宛電報、1943 年 12 月 4 日付。

(42) 以下の表現は、本質的にクルゼンシュティエルン（2009 年）。

(43) 同。PAAA, アダム・フォン・トゥロット・ツー・ゾルツに関する人事書類、第 15611 巻、BⅠ.17 頁。エンゲルマン課長の帝国金融大臣宛、1943 年 10 月 16 日付。

(44) クルゼンシュティエルン（2009 年）411 頁。

(45) 比較。PAAA, アダム・フォン・トゥロット・ツー・ゾルツに関する人事書類、第 15610 巻。

(46) ブラシウス（1984 年）329 頁。

(47) クレンペラー（1994 年）40、59 頁。

(48) 比較。クルゼンシュティエルン（2009 年）419 頁。

(49) モムゼン（1996 年）67 頁。

(50) 比較。ゲルステンマイアー（1981 年）、120、128 頁。

(51) 比較。リングスハウゼン（2008 年）163 頁。

注　第6章　抵抗勢力の軌跡と反抗勢力の形成

(52)　同。441-481 頁。

(53)　シェルゲン（1990 年）99 頁。

(54)　比較。ヤコブセン（1984 年）301 頁。

(55)　PAAA,NⅠ.ヘフテン、第 1 巻。課長ヴィルヘルム・メルヒャース博士についての手記、1946 年 2 月 28 日付、32 頁、写し。

(56)　比較。PAAA,R100740。カルテンブルンナーの親衛隊ワグナー宛、1944 年 8 月 16 日付。

(57)　ヤコブセン（1984 年）195 頁。

(58)　比較。PAAA,R100740。ゾンネンホールのワグナー宛、1944 年 7 月 26 日付、ゾンネンホールのワグナー宛、1944 年 8 月 11 日付。

(59)　同。ゾンネンホールのワグナー宛、1944 年 8 月 11 日付。

(60)　ヘフテン（1997 年）86 頁。

(61)　比較。ハッハマイスター（1998 年）263 頁、ヴルメリング（2004 年）220 頁。

(62)　PAAA,R100740。ワグナーの手記、1944 年 8 月 31 日付。

(63)　例えば、親衛隊、警察の大佐フリードリッヒ・パンツインガー、ゲシュタポの次長ハイリッヒミュラーは、「7 月 20 日事件の特別委員会」の 20 指導者として、PAAA,R100740。ゾンネンホールの手記、1944 年 8 月 31 日付。

(64)　同。ゾンネンホールのワグナー宛、1944 年 8 月 31 日付。

(65)　同。リッベントロープの特別列車「ウェストファーレン」からの手記、署名なし、1944 年 9 月 2 日付。

(66)　同。1944 年 9 月 7 日の民族法廷でのやり取り、ハッセルの事案、ゾンネンホールの手記、1944 年 9 月日付と、ゲルデラーの事案、ゾンネンホールの手記、1944 年 9 月 7 日付。

(67)　同。1944 年 9 月 7 日の民族法廷でのやり取り、ハッセルの事案、ゾンネンホールの手記、1944 年 9 月 7 日付。

(68)　デラットル（2005 年）121-128 頁、比較。PAAA も、フリッツ・コルベの応募過程、第 51723 巻、コッヘルタラーの統一経済地域宛、1949 年 7 月 9 日付。

(69)　デラットル（2005 年）133 頁から引用。

(70)　クレンペラー（1994 年）271 頁から引用、比較。ペターセン（1992 年）、グロセ（1994 年）、マウホ（1999 年）からも。

(71)　比較。経歴手帳、第 3 巻（2008 年）107 頁。

(72)　PAAA,ゲルハルト・ファイネに関する人事書類、第 47979 巻。経歴、1959 年 7 月 24 日付。

(73)　比較。経歴手帳、第 1 巻（2000 年）553 頁。PAAA,フェリックス・ベンツラーに関する人事書類、00802、第 2 巻と第 3 巻。ファイネの外務省宛、1941 年 11 月 20 日と 1943 年 4 月 6 日付。

(74)　PAAA,ゲルハルト・ファイネに関する人事書類、第 47797 巻。ファイネの「1944 年の自分の在ブダペスト・ドイツ公使館での活動について」の 1952 年 11 月 6 日付、経歴、1959 年 4 月 24 日付、YV,JM5975。ファイネのケンプナーによる聴取、1947 年 8 月 12 日付。

(75)　PAAA,ゲルハルト・ファイネに関する人事書類、第 3595 巻、ベルクマンのビンディング宛、1941 年 6 月 10 日付。

(76)　YV,JM5975。ファイネの聴取、1947 年 9 月 18 日付。

(77)　PAAA,ゲルハルト・ファイネに関する人事聴取、477097 巻、ファイネ「在ブダペスト・ドイツ公使館における 1944 年の私の活動」。1952 年 11 月 6 日付。

(78)　YV,JM5975。ファイネの事情聴取、1947 年 9 月 18 日付、YV,05/117。ファイネの外務省宛、1944 年 3 月 31 日付、PAAA,マンフレド・フォン・キリンガーに関する人事書類、第 007323 巻。ファイネの外務省、個人宛、1944 年 9 月 5 日付。

(79)　PAAA,ゲルハルト・ファイネに関する人事書類、47797 巻。ファイネ「私の活動についての手記」1952 年 11 月 6 日付と補足、1952 年 11 月 17 日付。

677

注 第1部 ドイツ外務省の過去

(80) YV.JM5975。ファイネに対する事情聴取、1947 年 9 月 18 日付。

(81) YV.JM3126。ファイネの外務省宛、1944 年 4 月 24 日付。

(82) PAAA, ゲルハルト・ファイネに関する人事書類、第 47797 巻。グレルのファイネの認証のついたフェーゼンマイヤー宛、1944 年 9 月 27 日から 1944 年 10 月 30 日まで、YV,05/11。ファイネの外務省宛、1944 年 3 月 29 日から 1944 年 3 月 31 日まで、YV,JM3493。ファイネの外務省宛、1944 年 5 月 8 日から 1944 年 7 月 27 日まで、フェーゼンマイヤーの証言、テイラー（1949 年）500 頁を参照。

(83) YV.JM5368。カッセルでの彼に対して行われたグレルの証言、1949 年 7 月 22 日、29 頁。

(84) PAAA, ゲルハルト・ファイネに関する人事書類、47797 巻。ファイネ「1944 年において在ブダペスト・ドイツ公使館での私の活動」。1952 年 11 月 6 日付。

(85) グロスマン（1986 年）、63 頁、さらなるカール・ルッツに関する公表は、ファイネがルッツに対して示した 1944 年 3 月 4 日付の電報にのみ言及されている。チュイ（1955 年）、148 頁。

(86) YV.JM3126（PAAA,R100893）、フェーゼンマイヤーの外務省宛、1944 年 7 月 25 日付。グロスマン（1986 年）66 頁。

(87) PAAA, ゲルハルト・ファイネに関する人事書類、第 47797 巻。グレルのファイネに関するフェーゼンマイヤー宛、[ドキュメント 4985 番、戦争犯罪のオフィス長、の下にまとめられた」バウアー（1994 年）213 頁参照、ファイネに関するグレルの公使宛、1944 年 9 月 27 日付。

(88) グロスマン（1986 年）69 頁。

(89) YV.JM5975。ファイネに対する聴取、1947 年 8 月 12 日付、PAAA, ゲルハルト・ファイネに関する人事書類、第 47797 巻。カール・ルッツのゲルハルト・ファイネ宛、1952 年 11 月 12 日付、チュイ（1995 年）257 頁。

(90) PAAA, ゲルハルト・ファイネに関する人事書類、第 47797 巻。カール・ルッツのゲルト・ファイネ宛、1947 年 2 月 26 日付。

(91) 同。カール・ルッツのゲルト・ファイネ宛、1952 年 11 月 12 日付。

(92) 同。ファイネの手記「1944 年の在ブダペスト・ドイツ公使館での私の活動」、1952 年 11 月 6 日付。

(93) ヒルデブラント（2008 年）816 頁、エルドマンについて、（1976 年）570 頁。

(94) PAAA,R145665,B Ⅰ ,136/20。総統命令、1953 年 5 月 19 日付。

(95) 同。シュテーングラハトの見解、1943 年 6 月 5 日付。

(96) 比較。同。

(97) PAAA,R143665,B Ⅰ .136/354。リッベントロープのボルマン宛、1944 年 9 月 14 日

(98) 比較。同。B Ⅰ .136/396f。帝国宰相の気づき（?）、1944 年 12 月 13 日付。

(99) PAAA,R143666。リッベントロープのカルテンブルンナー宛、1945 年 3 月 2 日付。

第 2 部 ドイツ外務省と過去

第 1 章 旧職員の解任

(1) 国家文書・記録管理庁（NARA）、RG226、E190C、Box07。1945 年 3 月末の段階での外務省の人事構成、クリマックスとフィリップス・ホルトンへの書簡 110、1945 年 4 月 19 日。

(2) NARA, RG59, 報告 F-2023。ヘルベルト・ブランケンホルンの報告、1945 年 6 月。NARA, RG226 戦争最後の年のドイツ外務省の組織、General P.E.Peabody ［リンテルンの報告の総括］1945 年 9 月、NARA, RG84、エーリッヒ・コルト、個人の歴史に関する声明、セクションⅢ、1945 年 9 月。

注　第 1 章　旧職員の解任

(3) NARA.RG84.Entry2530、Box1。帝国のコントロールのための外務省のための報告、1945 年 1 月 13 日付。

(4) ベック（2005 年）、191–199 頁、経歴手帳、第 2 巻（2005 年）29 頁；クレー（2003 年）181 頁；NARA, RG65、Entry A1-136AE、Box44、File105-10868：FBI 長官、メモ［ヒトラー、KBP に関する質問］、1948 年 12 月 8 日付ドイツ外務省政治文書室（PAAA）、B85、第 238 巻：ソ連からのドイツ国民への国籍再交付、1956 年 5 月。

(5) デシャー（2005 年）93、114 頁。

(6) PAAA, アドルフ・ハインツ・ベッケレに関する人事書類、第 647 巻；人事の束、リッベントロープのベッケレ夫人宛、1944 年 10 月 18 日付。ヒルベルク（1991 年）796–811 頁。

(7) PAAA, アドルフ・ハインツ・ベッケレに関する人事書類、第 647 巻；リッベントロープのベッケレ夫人宛、1944 年 10 月 18 日付。CdS、Ⅲ b の外務省宛、1944 年 12 月 18 日付。トムゼン（ストックホルム）の外務省宛、1944 年 10 月 3 日付。1944 年 10 月 5 日の写し。

(8) 同。トムゼン（ストックホルム）の外務省宛、写し、1944 年 10 月 5 日付。アールフェルト、メモ、1944 年 11 月 23 日付。PAAA, B85、第 238 巻：草案、ソ連に残された外務省のかつての職員、1955 年 8 月 5 日付。ウラディミール（モスクワの東方 180 キロ）の収容所に収容されているドイツ人のリスト［1954 年夏と推測される］；シュミット（2001 年）298 頁；ヒルガー（2001 年）113、228 頁。

(9) PAAA, B85、第 238 巻：草案、ソ連に残されていたかつての外務省職員、1955 年 8 月 5 日付。ウラディミール収容所に捉われていたドイツ人のリスト。気づきの点、1954 年 6 月 15 日付、PAAA, B10、第 2068 巻：ディットラーのメルヒャース　第 2446 巻；フィリップ・ランゲンハム博士の記憶によれば、ロシア連邦文書庫ドイツ連邦共和国大使館文化部長宛、2003 年 5 月 8 日付。PAAA, カール・クロディウス・アベンデゥムに関する人事書類；デシャー（2005 年）63 頁。

(10) PAAA, ザッセの遺品、119 図、ネルデッケ、気づきの点、ベルリンでの「外務省」の終わり、ルドルフ・ホルツハウゼン、1950 年 6 月 20 日付。PAAA, ヘンケの遺品：アンドル・ヘンケの日記；NARA, RG、EntryA1-136AE、Box44、File105-10868：FBI 長官［ヒルガー、KBP に関する質問］メモ、1948 年 12 月 8 日付；デシャー（2005 年）53 頁。

(11) PAAA, ザッセの遺品、図 119：ネルデッケ、気づきの点、1959 年 5 月 11 日付。

(12) 同。ルドルフ・ホルツハウゼン、ベルリンにおける「外務省」の終わり、ヘンケの遺品：アンドル・ヘンケの日記；PAAA, BH85、第 238 巻；1945 年 –1952 年におけるソ連の捕虜となっていたかつての外務省職員、ヘルクト、気づきの点、1954 年 2 月 25 日付［ヘヴェル、KBP の自殺に関して］；経歴手帳、第 1 巻（2000 年）132、212、257 頁；第 2 巻（2005 年）300 頁；第 3 巻（2008 年）187 頁、スプリング（1993 年）152、160 頁。ホルツハウゼンは「ボーレン」と書いているが、しかしながら W. ボーンは、彼の記憶報告によれば、フュッゲはザクセンハウゼンにて死亡したようである。

(13) PAAA, テオドール・アウアーに関する人事書類、第 45243 巻：経歴。1953 年 2 月；PAAA, テオドール・アウアーに関する人事書類、第 326 巻：外務省に属する帝国高等裁判所人民裁判所、1945 年 3 月 23 日付；PAAA, B100, 第 2272 巻、アウアー補償に関すること。プフホルツの手紙〔プレッツェンゼーのかつての収容所〕1952 年 9 月 9 日付。

(14) PAAA, テオドール・アウアーに関する人事書類、第 45243 巻：経歴、1953 年 2 月；アウアー、ソ連占領地域での政治的捕虜、1952 年 9 月 16 日付。ヒルガー（2006 年）233 頁。

(15) PAAA, ヨハネス・ウルリッヒに関する人事書類、第 58872 巻：略歴、1955 年 9 月 24 日付。哀悼の辞、［おそらく 1965 年 12 月あるいは 1966 年 1 月］；補償の通知、1956 年 1 月 5 日付。エルンスト・ポズナー、記念碑に、The American Archivist、1965 年 7 月 29 日付、405–408 頁；PAAA, B10、第 2068 巻：グロルマンのメルヒャース宛、1953 年 3 月 26 日付。Dr. シュタインビュッス夫人－テゥッツラー間の往復書簡、1952 年 5 月；PAAA, B85、第 238 巻：かつての外務省職員で

注　第2部　ドイツ外務省と過去

ソ連の権力下に置かれ、その所属員は職務報酬が得られなかった者（1954年10月20日の段階で
ハンブルクのドイツ赤十字社［DRK］捜索職務機関によって加えられ、報告されたもの）、デシャー
（2005年）64頁。ウルリッヒの収容は誤解がそこにある、との推定についてはエッカルト（2006年）
126頁を見よ。

(16)　PAAA, B10、第2068巻：名前がわかっている限りの、ロシア人に連行され、強制収容所に捕
われていた昔の外務省の職員録［推測するに1950年3月］、ヴェルシュ（1990年）93頁；ヴェムバー
（1992年）43、88頁；ヴェルケンティン（2001年）6-26頁；フリッケ（1979年）205-215頁；ヴァ
インケ（2001年）27-48頁；ナイマルク（1995年）376頁。ソ連とソ連占領地域と東ドイツ（SBZ/
DDR）全体問題に関してはヒルガー（2006年）181-247頁を見よ。

(17)　PAAA, B85、第238巻：ブリュクナーの草案、ソ連にまだ取り残されていたかつての外務省職員、
1955年8月5日付。昔の外務省職員でまだソ連ないしソ連占領地域に取り残された者に関する気
づきの点、1955年10月；かつての外務省職員で行方不明とされた者そして確実と思われたソ連で
捕虜になった者；1945年から1952年までにソ連に捕われたとされるかつての外務省職員、；PAAA,
B10、第2068巻：ロシアに連行され、強制収容所に入れられた昔の外務省職員で名前がわかった者、
［多分、1950年3月］。

(18)　NARA, RG319, IRR 人事、Box304：FolderXO 049490; 経歴手帳、第3巻（2008年）557頁；クレー
（2003年）477頁。

(19)　経歴手帳第1巻102頁。

(20)　ヘルベルト（1996年）400-434頁。

(21)　経歴手帳第1巻（2000年）21頁；ノイミュンスターについてはヴェムバー（1992年）55-58頁
を見よ。PAAA, ヘルムート・アラルト、第45101：経歴［多分、1950年］；デシャー（2005年）
58頁。

(22)　PAAA, グスタフ・アドルフ・フォン・ハーレムに関する人事書類、第5229巻と5230
巻；NARA, RG238、Entry200、Box11：ハーレムの逮捕行為；NARA, RG84Entry2531B、Box87、
CDF820.028：特別尋問報告。

(23)　デシャー（2005年）79-82頁、167;IfZ、ED157/30、コルトの遺品：ニュルンベルク裁判；NARA,
RG84、Entry2531B、Box88、CDF820.01：国務省尋問使節、ワシントン、1945年12月；NARA,
RG84、Entry2531B、Box85、CDF820.02a：バーンのラインハルト宛、1945年12月29日付。マー
フィーのジャクソン宛、1946年1月3日付。バーンのルディン宛、1945年10月13日付。国務長
官の電報、1945年12月29日付、国務省のPolAd宛、1946年6月5日付。ハートのCCF/B.E.宛、
1946年7月13日付。バーンのオフィ宛；ヴェント［CCF/B.E.］のハート宛、1946年9月4日付。ジャ
クソンのマーフィー宛、1946年10月25日付。ハートのジャクソン宛、1946年12月4日付。ハー
トの国務長官宛1946年12月4日付。ファイフェ、コルト用の鑑定、1946年8月8日付。リント
ベルガー、コルト用の鑑定、1946年12月28日付。

(24)　アトキン（1995年）197-208頁；経歴手帳第1巻（2000年）2頁。

(25)　NARA, RG331、Entry11、Box6、ファイルGBI/Exec/383.6-6：SHAEF　Foward、アイゼンハワー
のCCS用AGWAR宛、1945年5月28日付。疑惑ある重要な人物用の特別拘留センターの立ち上げ、
1945年5月25日；判定、時間場所、1945年8月6日；ドリボイス（1989年）96頁。

(26)　経歴手帳、第1巻（2000年）229頁。

(27)　ドリボイス（1989年）86頁；PAAA, ザッセの遺品、バインダー119：ベルリンでの「外務省」
の終わり、1950年6月20日付。NARA, RG 331、Entry13-B、Box 74：ファイル・アシュカンの
非拘留者6/7-45;Entry15、Box116：EXFOR マインのG-2 SHAEE宛、英国第2陸軍、1945年5
月31日付。Entry 11、Box6：ファイルGBI/EXEC/.383.6-4、SHAEFのG-2サード陸軍への前進、
1945年6月13日；アシュカン司令官のSHAEFの中央宛、1945年6月16日；デシャー（2005年）、

680

59、61 頁 ; デシャーのリッベントロープ逮捕の日付は疑問である。

(28) NARA、RG、Entry2531B、Box27 : マーフィーの国務長官宛、1945 年 7 月 3 日付。

(29) NARA、RG331、Entry11、Box6、ファイル Gbi/Exec/383.6-6 : 被拘留者による勧告（ペットリッヒャー、フリードリッヒ、31G350019）、1945 年 5 月 26 日付。ドリボイス（1989 年）94 頁。

(30) 同。90、92 頁。

(31) NARA、RG84、Entry2530、Box1 : 帝国外務省監督のための計画、1945 年 1 月 13 日付。PAAA, ザッセの遺品、バインダー 110 : ネルデケ、メモ、1959 年 5 月 11 日付。

(32) 米国ホロコースト博物館（USHMN）、RG06.019.0306 : 戦争犯罪の尋問のための示唆 ;NARA, RG84、Entry2531B、Box27、CDF820.02a : 国務長官のマーフィー宛、1945 年 5 月 16 日付。マーフィーの覚書、1945 年 5 月 18 日付。

(33) NARA、RG84、Entry2531B、Box28、カッフェリー : 在パリの米国大使館の国務長官宛、1945 年 4 月 11 日付。カッフェリーの国務長官宛、1945 年 4 月 21 日付。国務長官の知られざる人物宛、1945 年 4 月 21 日付。フランツ・フォン・パーペンにされるべき質問、1945 年 4 月 24 日付。

(34) 同。Box27、以前のドイツ官憲への尋問、シューテングラハト・フォン・モイランドへなされるべき尋問。ドリボイス（1989 年）101、108 頁。

(35) 同。104 頁 ;NARA, RG84、Entry2531B、Box27 : マーフィーの国務長官宛、ヨアヒム・フォン・リッベントロープへの尋問、1945 年 6 月 25 日付。

(36) 同。G-2 USFET への米国政治アドバイザー、アシュカンの被拘束者といずれにしても被拘束者への尋問、1945 年 7 月 30 日 ;NARA, RG331、Entry11、Box6、ファイル GBI/EXEC/383.6-4 : SHAEF FOWARD to EXFOR、1945 年 5 月 20 日 ;SHAFE FOWARD to 情報一般スタッフの 21 陸軍グループ、G-2 の第 12 グループ、G-2 の第 6 グループへ、1945 年 6 月 3 日 : SHAEF FOWARD から第 21 陸軍グループのための一般情報スタッフへ、第 12 陸軍グループは G-2 へ、第 6 陸軍グループは G-2 へ、1945 年 6 月 14 日 ; マーフィーのストロング宛、1945 年 5 月 16 日付。回答の草案、ドイツ外務省の職員の拘束、1945 年 6 月 3 日 ;NARA, RG84、Entry2531B、Box27 : ストロングのマーフィー宛、1945 年 6 月 11 日付。マーフィーの国務長官宛、1945 年 7 月 3 日付。

(37) 同。マーフィーの国務長官宛、1945 年 7 月 3 日付。マーフィーの国務長官宛、ゲーリング、レイそしてシューテングラハト・フォン・モイランドに対する尋問の報告、1945 年 7 月 10 日。詳細な尋問報告、シューテングラハト・フォン・モイランド男爵に関する 2 番目の報告、ドイツ外務省の役人と雑多なトピックス、1945 年 7 月 2 日付。

(38) NARA、RG331、Entry11、Box6、GBI/EXEC/383.6-4 Ⅱ書類 : バート・ガシュタイン［多分 1945 年 6 月］: どこにあるドイツ公務員が、だれに政治分野が関心を持つか［多分 1945 年 6 月］;SHAEF MAIN の第 6 グループ、1945 年 6 月 11 日 ;NARA, RG84、Entry2531B、Box27 : ビーム、PolAd のウォーナー宛、1945 年 8 月 6 日付。PAAA, ザッセの遺品、バインダー 119、ネルデケ、覚書、1959 年 5 月 11 日付。ベルリンにおける「外務省」の終わり、1950 年 6 月 20 日 ;PAAA, ヘンケの遺品 : アンドル・ヘンケの日記。

(39) NARA、RG65、Entry136 AB、Box154 : ブランケンホルンに関する FBI 書類、ブランケンホルン氏への尋問、1945 年 5 月 14 日付、6-8 頁。1980 年に刊行された日記のどこにもブランケンホルンに言及されていない。デシャー（1980 年）。

(40) ラムシャイト（2006 年）77-91 頁 ; 経歴手帳、第 Ⅰ（2000 年）173 頁 ;NARA, RG65、Entry136AB、Box154 : ブランケンホルンに関する FBI 書類。

(41) デシャー（2005 年）、107 頁。NARA、RG238、Entry200、Box11 : グルントヘルの逮捕書類 ;PAAA, ヴェルナー・フォン・グルントヘルに関する人事書類、第 4939 巻 ; 経歴手帳、第 2 巻（2005 年）124 頁。

(42) NARA、RG84、Entry2531B、Box27。ビーム、PolAd のヴェルナー宛、1945 年 8 月 6 日付。

681

注　第2部　ドイツ外務省と過去

(43)　経歴手帳、第1巻（2001年）70頁；デシャー（2005年、68-77頁；NARA, RG238, Entry200、Box2、フォン・バルゲンの逮捕書類；RG165、Entry UD27、Box9、ドイツの捕虜および収容された人物たちの歴史的尋問の報告書；PAAA, B100, 第398巻：バルゲンの補償問題；PAAA, ヴェルナー・フォン・バルゲンに関する人事書類、第45365巻。

(44)　経歴手帳、第2巻（2005年）263頁；カーン（2000年）70頁；PAAA, ヘンケの遺品、アンドル・ヘンケの日記；NARA, RG238、Entry200、Box12：アンドル・ヘンケの逮捕書類；NARA, RG331、Entry15、Box16：SHAFE　FWD から SHAFE　MAIN 宛、フレンスブルク・ムルヴィックにおいての政府人事のリスト、1945年5月13日付。

(45)　ヒルベルク（1991年）579、1172頁；経歴手帳、第2巻（2005年）414、532頁；クレー（2003年）282、308頁。自殺の典型についてはヘルベルト（1996年）435頁。

(46)　経歴手帳、第2巻（2005年）480頁；クレー（2003年）299頁；PAAA, ヘンケの遺品、アンドル・ヘンケの日記；PAAA, B83、第761巻、名前の問題：フリドリッヒ・カシェ。

(47)　経歴手帳、第3巻（2008年）131頁；ゼンフト（2007年）39、89、97頁。

(48)　PAAA, B100, 第10巻：ルディンの補償。

(49)　ニートハマー（1986年）78頁。

(50)　パウル＝キューネ（1995年）44頁。

(51)　経歴手帳、第2巻（2005年）175頁。

(52)　同。第3巻（2008年）242頁；ラムシャイト（2006年）90頁。

(53)　PAAA, ハースの遺品、第13巻。

(54)　経歴手帳、第1巻（2000年）471頁。

(55)　ヘルヴァルト（1990年）34頁。BA コブレンツ、B102、Bde 43-53；PAAA, テオ・コルトの遺品、Bde.1-5；BayHStA、MSO、第1109巻：カミール・ザックスのアントン・プファイファー宛、1948年2月2日付。

(56)　PAAA, ハンス・シュレーダーの遺品：ギュンター・アルテンブルクの書き込み、1、2頁。

(57)　TNA/PRO、FO371、第70811巻、ペーパー CG4314、：請願書 H.J. グラーフ・フォン・モルトケのウインストン・チャーチル宛、1948年10月25日付（一つは附属に「推薦状」を伴ったシュレーダーの英語の翻訳）。

(58)　IfZ、ED157、エーリッヒとテオ・コルトの遺品、第6巻：テオ・コルトのビブラ宛、1947年5月5日付。ディークホフのテオ・コルト宛、1947年4月15日付。

(59)　StA ハンブルク、B221-11、Misc5154：ゾーンのアドバイザリー委員会英国連絡スタッフの特別支部、質問項目・行動ペーパー、1947年1月8日；PAAA, メルヒャースの遺品、第7巻：ブレーメンの審査委員会の判決、1948年4月13日。

(60)　A-StA の遺品、Rep.275、No.4705：ヴェルナー・フォン・バルゲンの地域非ナチ化委員会、1947年9月10日；ユングクラウスの意見表明、1947年10月7日；デシャー（1995年）59-69頁。

(61)　StA ハンブルク、B221-11、L1805：エルンスト・オスターマン・ロート、質問事項、1948年1月9日；経歴、PAAA, ハースの遺品、第13巻；経歴手帳、第3巻（2008年）413頁。

(62)　StA ハンブルク、B221-11、法務部助言委員会、議定書、1948年2月7日付。法務部専門委員会、質問項目 1948年2月13日。

(63)　StA ミュンヘン、審査委員会、カートン 949：フランツ・クラップ、文民サービス記録、特別部門ミュンヘンのアメリカ軍事政府の審査委員会III、1948年1月1日。

(64)　PAAA, フランツ・クラップに関する人事書類、第7901巻：党一官邸、ヘルムスの外務省宛、1939年1月17日付。

(65)　StA ミュンヘン、審査委員会、カートン 949：告訴状 K381、1948年4月13日；審査委員会III ミュンヘン、審査、1948年5月4日；ザイツ、特別部門、アメリカ軍事政府、ミュンヘンの審査委員

注　第1章　旧職員の解任

会Ⅲの民間の告発者宛、質問事項の歪曲、1948 年 7 月 7 日。

(66)　PAAA, ギュンター・ディールに関する人事書類、第 2717：在パリのドイツ大使館のヴィシー支部の外務省宛電報 1096/44、1944 年 5 月 12 日付。在パリのドイツ大使館のヴィシー支部の電報 4383/43、外務省人事局宛、1943 年 10 月 7 日付。シックスのシュレーダー宛、1943 年 11 月 1 日付。リューレのシュレーダー宛、1943 年 12 月 20 日付。経歴手帳、第 1 巻（2000 年）422 頁。

(67)　ディール（1994 年）60 頁。

(68)　TNA/PRO, FO371、第 70692 巻：英国外務省調査部の「議事録」ペーパー C2681、1948 年 8 月 16 日付。PAAA, ギュンター・ディールに関する人事書類、第 2717 巻：ベルクマンのディール宛、1944 年 12 月 28 日。

(69)　IfZ, ED357、シェーンの遺品、Bde、17-20 頁。

(70)　キューレム（2008 年）123 頁。

(71)　TNA/PRO, FO1013 第 197：W.H.A.Bishop の BrigadierW.G.D. クナプトン宛、1948 年 6 月 29 日付。

(72)　IfZ,Sp59：プロコウスキー、カッセル職業裁判所での公開告訴の裁判所Ⅲ宛。1948 年 8 月 29 日付。

(73)　StA ミュンヘン、審査委員会書類 K938：審査委員会Ⅷ ミュンヘン、審査、1949 年 9 月 13 日；ミュンヘンの審査委員会Ⅷへの公開告訴、告訴状　Ⅷ、告訴状Ⅷ /1994/46、1947 年 5 月 22 日；ハンス・ザックス、特別プロジェクト担当課のバイエルン州の特別課題担当大臣、1948 年 2 月 29 日。

(74)　ホフマン（1996 年）550 頁；クレムペラー（1992 年、153 頁；StA ミュンヘン、審査委員会文書 K938：ハインケ、バイエルン州の特別プロジェクト担当の大臣宛特別プロジェクト担当課へ、1948 年 8 月 23 日；ヘルフのバイエルン州特別課題担当大臣宛、1948 年 11 月 17 日付。カミール・ザックスの気づきの点、1948 年 11 月 24 日付。

(75)　経歴手帳、第Ⅰ（2000 年）248 頁；PAAA, オットー・ブロイティガムに関する人事書類、第 46238；ブロイティガム（1968 年）、ゲルラッハ（1999 年）、ハイルマン（1987 年）。

(76)　PAAA, ハースの遺品、第 13 巻；ミュラー（1996 年）274、279 頁。

(77)　すべての西ドイツ人の 33.2％が「罪はなかった」とされたが、しかしながら英国地区では 58.4％であった。フュールステナウ（1969 年）227 頁。

(78)　オ・ディセオイル（2006 年）コーレ（2006 年）68、86 頁；デシャー（1995 年）48-59 頁。

(79)　経歴手帳第 2 巻（2005 年）308、505 頁。

(80)　経歴手帳第 2 巻（2005 年）134 頁；ヒル（1967 年）148-151 頁；フォルクスヴァーゲン・グループ・イタリアのウェブサイト S.P.A.URL：http://www.volkswagengroup.it/en-storia.asp（2008 年 10 月 29 日）。

(81)　経歴手帳第 3 巻（2008 年）485 頁；ヴィルフリード・プラッツァーは 1972 年に死亡した。彼は在米国のオーストリア大使であった。ニューヨーク・タイムズ紙、1981 年 11 月 18 日付、B8 頁；アグスナー（2006 年）48-50 頁。

(82)　経歴手帳、第 2 巻（2005 年）183。同様に、第 3 巻（2008 年）582 頁。

(83)　クレー（2003 年）181 頁；比較、経歴手帳、第 1 巻（2000 年）29 頁。

(84)　同。第 2 巻（2005 年）527 頁。

(85)　同。第 1 巻（2000 年）26、380 頁；第 3 巻（2008 年）677 頁；シャネツキー（2001 年）88 頁。

(86)　ヘルベルト（1996 年）444-471 頁、経歴手帳、第 1 巻（2000 年）3 頁。

(87)　TNA/PRO, FO1049、第 1048 巻：J.M.ラトフォンのドイツ・セクション宛、英国外務省、1948 年 2 月 16 日付。ラトフォンの政務課宛、ベルリンの連合国監督コミッション（英国部分）、1948 年 1 月 25 日付。TNA/PRO, FO371、第 70797 巻、ペーパー CG1472：ラトフォンの C.M. アンダーソン、ドイツセクション、英国外務省宛、1948 年 3 月 24 日付。第 70799 巻、ペーパー CG1850：法務部、占領地区執行オフィス、C.C.G. ヘルフォードの英国外務省ドイツセクション宛、1948 年 4 月 22 日付。第 104146 巻、ペーパー C　W1661/85；英国外務省調査部の外務省中央局宛、1953

683

年 3 月 12 日付。

(88)　シュロート（2004 年）51-54 頁；マウルッチ（1998 年）44 頁。

(89)　PAAA, B。に関する人事書類、第 3844 巻：ディルク・フォルスターの会計書類；IfZ、ED134、ディルク・フォルスターの遺品、第 24 巻；経歴手帳、第 1 巻（2000 年）583 頁。

(90)　経歴手帳、第 1 巻（2000 年）501、553 頁；第 2 巻（2005 年）、150、544 頁；フォーゲル（1969 年）、デシャー（1995 年）47 頁；ハース（1974 年）。

(91)　ヘルヴァルト（1982 年）、経歴手帳、第 2 巻（2005 年）485 頁。

(92)　デシャー（2005 年）114 頁；シュロート（2004 年）、57 頁；経歴手帳、第 2 巻（2005 年）、485 頁。

(93)　経歴手帳、第 3 巻（2008 年）173 頁；PAAA, フォルラート・フォン・マルツァーンの会計書類、第 9444 巻；BA ホッペガルテン、ZA Ⅵ 3328、A.18：フォルラート・フォン・マルツァーンに関するベルリンの I.G. ファルペン社の人事書類；BA コブレンツ、B 102、第 44 巻、冊子 1：マルツァーン、ハッソー・フォン・エッツドルフの宣誓書、1946 年 9 月 16 日付。

(94)　PAAA, MfAA、ゲルト・ケーゲルに関する人事書類：経歴、1973 年 6 月 13 日。

(95)　マーフィー（2005 年）15、19、62、64 頁。

(96)　PAAA, R143450 友人周辺、第 2 巻、リスト Ⅰ：ドイツでの住所、1950 年 3 月。

(97)　ムント（2003 年）181 頁。

(98)　PAAA, R143449 友人周辺、第 1 巻：ツヴァロフスキーのヴェルナー・フォン・フリース宛、1948 年 12 月 10 日付。ツヴァロフスキーの 1949 年 1 月 31 日付の友人周辺の幹部会の議事録を見よ。

(99)　PAAA, R143451 友人周辺、第 3 巻；シュロート（2004 年）40 頁；デシャー（1987 年）281-287 頁。

(100)　PAAA, R143451、第 3 巻：フリッツ・フォン・ツヴァロフスキーのフェリックス・ベンツラー宛、1948 年 11 月 3 日付。

(101)　PAAA, R143452 友人周辺、第 4 巻：ヒルガー・フォン・シェルペンベルクのツヴァルドフスキー宛、1948 年 11 月 9 日付。

(102)　PAAA, ゴットフリード・フォン・ノスティッツ、第 6 巻：ハッソー・フォン・エッツドルフのゴットフリード・フォン・ノスティッツ宛、1949 年 5 月 17 日付。

(103)　聴取報告は NARA, RG59、Entry1082、Box1-4 を見よ。

(104)　トルーマン図書館、ハリー・ハワードのペーパー、ホールダー：ドイツにおける国務省事情調査特別使節団、ジェイムズ・W・リンデベルガーのための共同管理、国務省中央課長、1945 年 12 月 7 日。

(105)　トルーマン図書館、ハワードに対するインタビュー、1973 年 6 月 5 日；URI：htt：/www. turmannlibrary.org/orahist/howardhn.htm#transcript（17.6.2010）、次のように、ハワードー・インタビュー 1973 年；ヘルヴァルト（1990 年）14 頁。

(106)　ヘルヴァルト（1982 年）69-73、153、157 頁；ボーレン（1973 年）69 頁；ケンペラー（1992 年）103 頁。

(107)　ヘルヴァルト（1982 年）190-240 頁。

(108)　ホフマン（2003 年）151、155-157、182 頁。

(109)　タイヤー（1952 年）185 頁。

(110)　クリッチフィールド（2003 年）32 頁。

(111)　NARA, RG、Entry1082、Box3、シュミットに関する。国務省特別尋問調査団、パウル・オットー・グスタフ・シュミットに対する尋問議定書、1945 年 10 月 19、22 日、のハロルド・C. フェデラーによる尋問、1945 年 11 月 12 日付。

(112)　同。Box2、ヘンケに関するホールダー：アンドル・ヘンケ、1932-1941 年のドイツ-ソ連間の関係、39 頁。

(113)　同。ヘンケ、同上、39 頁。

注 第1章 旧職員の解任

(114) 同。ヘルヴェルトに関するホールダー：国務省特別使節団、ヘルヴェルト（C）に対する尋問、1945年10月にデワイト・C.プールによって行われた尋問、1945年11月1日。

(115) NARA、RG59、Entry1082、Box、ディルクゼン：ハリー・N.ハワード、ヘルベルト・フォン・ディルクゼン大使との会話、1945年9月12、14日付。

(116) トルーマン図書館、ハリー・N.ハワードのペーパー、ホールダー：東ヨーロッパでのソ連の政策の基本的な目的、1939-1941年、同、10-487頁、1945年12月3日；ハワード（1948年）、ヘンダーソンのバーンズ宛、1946年1月3日付。NARA、RG、Entry2531B、Box87、ホールダーH：国務長官室、No.99.

(117) ハワードのインタビュー1973、52頁。

(118) Mudd図書館、アレン・W.ダレス・ペーパー、シリーズⅠ（相互通信1891-1969年）、Box45、ホールダー5：プールのダレス宛、1946年2月8日と7月20日付。

(119) プール（1946年）135、142、149頁。

(120) バーンズ（1947年）。

(121) NARA、RG59、Entry1082、Box1：ディルクゼンの聴取（A）、ドワイト・C.プールによって行われた、ウクライナでのドイツの政策とオペレーション、1914-1918年、1945年10月30日。

(122) 同。Box2、ヘンケに関するホールダー：アンドル・ヘンケ、ウクライナソヴィエト共和国でのウクライナ問題への気づきの点。

(123) 同。ホールダー・ヘルヴァルト：国務省特別使節団、ヘルヴァルト（C）の聴取、ドワイトによる1945年10月執り行われた。1945年11月1日付。

(124) プール（1946年）152頁。

(125) NARA、RG59、Entry1082、Box2：ホールダー・ヒルガー、ヒルガーへの聴取の報告、1945年7月17日；NARA、RG65、Entry1A-136B、Box44、ホールダー105-10868：P.E.ピーボディ、軍事インテリジェンス長、降伏した人員と軍事インテリジェンス部門の発行した物的部門からの報告、米国戦争省、米国と英国の連合戦力の使用に関する要因のために、1945年10月15日付、［1945年8月26-29日の情報］；ヒルベルク（2003年）第2巻、580、719頁。

(126) NARA、RG65、Entry1A-136B、Box44、ホールダー106-10868：ピーボディ、降伏した人員と物的部門の報告、1945年10月15日付。NARA、RG263、EntryZZ-18、Box51、ヒルガーのホールダーⅠを見よ。グスタフ・ヒルガーの秘密「外交上のそして経済的なソ連とドイツの関係、1922年から1941年まで」、1946年10月15日。

(127) 同。聴取報告No.5855、1945年12月6日付。

(128) 同。フランク・ヴィスナーのJ.エドガー・フーヴァー宛、1948年10月20日付。ヴィスナー用のメモ、32-124-2、1948年11月16日；カールスルーエ連隊長宛［名前は不明とされた］、MGK-W-1040、1948年12月2日付。NARA、RG263、EntryZZ-19、Box29、ルフナー：イーグルとスワスティカ、第7章、16頁。

(129) 同。EntryZZ-18、Box51、ヒルガーⅡホールダー、フランクフルト使節団長のEE、EGL-A-325、1952年9月30日付。覚書1957年1月22日付。

(130) 同。ベルントのD-長宛、1947年10月28日付。

(131) 同様；NARA、RG263、EntryZZ-18、Box51、ホールダー・ヒルガーⅠ：Lt.Col.ディーンの覚書、オペレーション・ファイアーウイード、1947年8月2日を見よ。NARA、RG65、Entry1A-136B、Box44、ホールダー105-10868：H.B.フレッチャーのD.M.ラッド宛、1948年11月22日付。

(132) NARA、RG263 E ZZ-19、Box29、ホールダー 2：ルフナー、第7、8章、2f；クローゼ（2000年）、；NARA、RG65、EntryA1-136B、Box44、ホールダー105-10868：J.エドガー・フーヴァーの［名前は不詳］宛、1948年12月8日付。H.B.フレッチャーのD.M.ラッド宛、1948年11月22日付。NARA、RG263、EntryZZ-18、Box51、ホールダー・ヒルガーⅠ：ケナンのヴィスナー宛、

1948 年 10 月 19 日付。［名前は不詳にした］の「名前は不詳にした」宛、1950 年 7 月 7 日付。

(133) 同：G.H./No.51、1950 年 2 月 8 日；ADPC 用覚書、1949 年 11 月 10 日付。G.H./No.54、1950 年 3 月 22 日付；ヴィスナーの覚書；1950 年 6 月 30 日付。ADPC 用覚書、1950 年 7 月 6 日付。

(134) 同。ADPC 用覚書、1950 年 3 月 29 日付。また、DS Ⅰ用覚書、1950 年 2 月 17 日付を見よ。

(135) 同。ケナンの気づきの点、1950 年 4 月 19 日付：また CCP、COP、DDS-Ⅱ、DS-Ⅲ、1950 年 5 月 5 日付を見よ。

(136) 同。［名前は不詳とした］のヴィスナー宛、会合、1948 年 12 月 27 日付。［名前は不詳とした］のウィリアム・ホール少将、情報機関の長、軍事知事のオフィス宛、1948 年 12 月 39 日付。ヒルガーのホイジンガー宛、1949 年 2 月 22 日付。ヴィスナーとシェフィールド・エドワーズの覚書、1950 年 1 月 18 日付。リチャード・ヘルムスの第ⅠとS長宛、1950 年 2 月 22 日付。

(137) NARA, RG 238、Entry 200、Box12、ホールダー・ヘンケ；経歴手帳、第 2 巻（2005 年）265 頁。

第 2 章　法廷にて

(1) ブラシウス（1987 年）、313 頁、ジェイムス・マクロナルド「ナチは英国空襲でベッドの中で『間借り人』を発見」、ニューヨーク・タイムス紙、1945 年 6 月 16 日付、5 頁より。スミス（1977 年）、183 頁。

(2) ヴァインケ（2006 年）、20 頁。

(3) ジャスティス・ジャクソン氏によるトルーマン大統領への報告、1945 年 6 月 6 日付、文化Ⅲ.4、ニューヨーク・タイムズ紙、1945 年 6 月 8 日付、4 頁。

(4) 「ナチの企みと攻撃（NCA）」の中の「リッベントロープに対する証明陣」から、第 2 巻、ⅩⅥ、489-528 頁；ノイラートに対して、同様に、1014-1035 頁。

(5) NCA、第 1 巻、第 4 章、371 頁。

(6) IMT（国際軍事裁判）第 1 巻、IMT 統計、文化 6a、11 頁；比較、NCA、第 1 巻、第 4 章、371 頁も；IMT、第 19 巻、最終弁論　ショウクロス、502 頁。

(7) 同様；ジャクソンの最終論告、460 頁；ショウクロスの最終弁論、589 頁、比較、ノイラートに、NCA、第 3 巻、第 11 章、1029 頁。

(8) ブロッホ（1992 年）439 頁；ニーヴェ（1978 年）230、238 頁；エドウィン・L. ジェイムス、リッベントロープ氏はモロトフに証人になるかを尋ねる、ニューヨーク・タイムズ紙、1945 年 12 月 2 日付、E3 頁；リッベントロープがチャーチルに電話した、ニューヨーク・タイムズ紙、1946 年 2 月 24 日付、31 頁。

(9) IMT、第 10 巻、集中聴取リッベントロープ、マクスエル・ファイフェ、1946 年 4 月 1 日付、366-445 頁；外交言葉、例えば、408、445 頁。オリジナルには例えば、チアノ（1946 年）118 頁、1939 年 8 月 11 付、「闘うという決定は執念深い」ソールター／チャールスワース（2006 年 a）；ディース（2006 年 b）108 頁。

(10) IMT、第 10 巻、1946 年 3 月 26、27 日付、124-179 頁、引用 156 頁；強制移送、146-156 頁；笑、157 頁；レイモンド・ダニエル、リッベントロープはヒトラーに電話、悪いリーダーたち、ニューヨーク・タイムズ紙 1946 年 3 月 28 日付、12 頁。

(11) IMT、第 10 巻、1946 年 3 月 28 日付、235、245 頁；テイラー（1992 年）352 頁。レイモンド・ダニエル、リッベントロープはヒトラーを「救い主」と見ていた、ニューヨーク・タイムズ紙、1946 年 3 月 29 日付、5 頁。

(12) IMT、第 1 巻、321-32 頁 4；スミス（1977 年）184 頁；ブロッホ（1992 年）453 頁；テイラー（1992 年）571-611 頁、特に 589 頁；ニーヴェ（1977 年）306-318 頁。

(13) IMT、第 17 巻、1947 年 6 月 25 日付、35 頁、引用 39 頁；また 1946 年 6 月 26 日付、111 頁参照。

注　第2章　法廷にて

(14)　メイジョー・モニガン、Document Room Interrogation Analysis, Witness von Neurath,1945 年
　　　10 月 2 日付、DonovanCollection, vol. XV ,sec.42, 03.Neuraths IMT における弁護、Bd16、1946
　　　年 6 月 24 日付、714 頁。比較、リップマン（1997 年）特に 155-173 頁。

(15)　リュディケ（2010 年）第 21 章 1;IMT、第 16 巻、1946 年 6 月 24 日付、713f、720 頁；テイラー
　　　（1992 年）454-459 頁；ハイネマン（1979 年）228 頁;IMT、第 17 巻、1946 年 6 月 25 日付、65 頁；
　　　ゴーダ（2007 年）96、98 頁；ユーバーシェア／フォーゲル（1999 年）110、127 頁。

(16)　IMT、第 16 巻、1946 年 6 月 22 日付、652 頁；第 17 巻、34 頁；チェコ人についてのフォン・ノイラー
　　　トの企み、ニューヨーク・タイムズ紙、1946 年 6 月 26 日付、2;フォン・ノイラートは殺人者を恐れた、
　　　と彼は主張している、ニューヨーク・タイムズ紙、1946 年 6 月 27 日付、7 頁；ゴーダ（2007 年）96 頁、
　　　リュディケ（2010 年）第 21 章 1。

(17)　リュディケ（2010 年）第 21 章 1;ゴーダ（2007 年）98 頁とも比較；スミス（1997 年）224 頁；
　　　チェコ人はフォン・ノイラートを試そうとする、ニューヨーク・タイムズ紙、1946 年 10 月 2 日付、
　　　18 頁;IMT でのノイラート判決、第 1 巻、377-380 頁。

(18)　私的に所有されていた日記とそれがリュディケによって解明された（2009 年）。

(19)　IMT、第 16 巻、1946 年 6 月 22 日付、568 頁;1946 年 6 月 24 日付、717 頁；フォン・ノイラー
　　　トは戦争聯合を咎める、ニューヨーク・タイムズ紙、1946 年 6 月 23 日付、14 頁、フォン・ノイラー
　　　トが 1938 年にアピーズメントを打診、ニューヨーク・タイムズ紙、1946 年 6 月 25 日付、8 頁。

(20)　ロバート・ケンプナー;NARA, RG84, Entry2531B, Box152;ロバート・マーフィーの国務省宛、
　　　1947 年 8 月 8 日付。

(21)　バーン（1946 年）、1 頁；アーサー・W. ダイアモンド法律図書館（ADDL）、TPP-14-3-1-17;F
　　　エルヴィン・ジョーンズ an Telfoed Taylor、1947 年 12 月 30 日付。

(22)　PAAA, 遺品ケプケ、第 5 巻、ディルクゼンのケプケ宛、1946 年 12 月 14 日付。

(23)　NARA, RG153, Entry1018, Box1：ハワード・C. ペーヤーソンのテルフォード・テイラー宛、
　　　1946 年 6 月 17 日付、チャール・ファルヒィ国務長官への覚書、1946 年 7 月 24 日付。ダモン・M. ガ
　　　ン、陸軍大佐マッカーシーへの覚書、1946 年 7 月 26 日付、クレイ将軍のジョージ・F. シュルゲ
　　　ン宛、CC1206、[ルシアス・D. クレイのペーパー、247 頁]からの引用;比較ブロクサム（2002 年）、
　　　ウェインディング（2000 年）368-371 頁；ブシェール（1989 年）30 頁。

(24)　ブロクサム（2001 年）38、49 頁。

(25)　NARA, RG153, Entry 108, Box 13;テルフォード・テイラー、覚書、チーフ・カンシル・オフィ
　　　スが持ってきた軍事裁判に突き付けた戦争刑罰の裁判、1947 年 3 月 14 日付。テイラー、1947 年
　　　5 月 20 日付。

(26)　テイラー（1949 年）76 頁、ボクサム（2001 年）も参照。

(27)　クレイのエチョルス宛、CC-3057、1946 年 9 月 4 日付、：ルシアス・クレイのペーパー、261 頁、
　　　NARA, RG153, Entry1018, Box7 からの引用;テイラーのクレイ宛、1947 年 9 月 4 日付。

(28)　NARA, RG153, Entry1018, Box13、ダモン・M. グン戦争省局長のオフィスの覚書、1946 年 10 月
　　　30 日付。Box7:テイラー、軍事裁判（Trial）前の chief of cousel の持ち込んだ軍事裁判（Tribunal）
　　　プログラム、1947 年 9 月 4 日付。比較フリードマン（2008 年）も。

(29)　アーサー・ダイアモンド法律図書館、TTP20-1-3-34：ジャクソンのスピーカー宛、1945 年 11
　　　月 29 日付、78 頁。

(30)　アーサー・ダイアモンド法律図書館、TTP20-1-1LC2 の中の経歴、公共インフォメーション・
　　　オフィス、OCCWC：覚書、The Prosecution Staff, 1949 年 2 月 1 日付。比較、「ヴィルヘルム通
　　　り裁判伝統の判決」をも。XⅧ－ⅩⅩ頁。

(31)　クレイのノース宛、CC-1527、1947 年 9 月 8 日付、「ルシアス・D. クレイのペーパー」420 頁;NARA,
　　　RG153, Entry1018, Box7：テイラーのクレイ宛、1947 年 9 月 4 日付。

687

注　第2部　ドイツ外務省と過去

(32)　同。Box1：ロイヤルのクレイ宛、WAR86180、1947年9月12日付；Box7：テイラーのクレイ宛、軍事裁判（Minitary Tribunals）以前にOffice of Chief of Couselによって持ち込まれた戦争犯罪の裁判（War Crimes Trials）プログラム、1947年9月4日付：クレイのロイヤル宛、CC-1663、1947年9月19日付。OCCWCテイラーの陸軍戦争犯罪部局、131142Z、1947年10月13日付。

(33)　ニュルンベルク軍事裁判に先立って行われた戦争犯罪裁判（TWC）、第12巻、7頁；マグワイアー（2001年）、153、157頁；ブルクサム（2001年）49頁；ジンガー（1980年）109頁。

(34)　TWC、第12巻、137頁。

(35)　エッカルト（2004年）77-117頁。

(36)　NARA, RG238, Entry52a, Box1、W.D. ホーエンタール、ポーランドの情報課長の米国のChief of Cousel, W.H. コーガン宛、Box37：ジョン・ムチオ、政治問題課、米国軍事政府事務所（OMGUS）の情報局事務所長コル・ニュートン宛、1945年10月3日付。

(37)　NARA, RG84, Entry2531B、Box100：ロバート中尉（英国）のジョン・クルムペルマン（米国）宛、1946年10月5日付。

(38)　（米国ホロコースト博物館）USHMM, ケンプナーの遺品、Box104：ケンプナーのマイケル・マンスフェルド宛、1953年2月6日付、アクセル・フローンとクラウス・ヴィーグレーフェのテロのドキュメント、シュピーゲル誌、2002年2月9日付、「私は同時に警告されていた」を参照。いかに英国人ベテイ・ヌーテがヴァンゼー会議の唯一つの議定書を入手したか、同。

(39)　ケンプナー（1983年）310-318頁。

(40)　USHMMでケンプナー自身が実施した聴取のリスト、ケンプナーの遺品、Box Buffalo121.

(41)　ADAP、D V、第664：回章、1939年1月25日付。シュムブルクについて比較ブラウン（1978年）13-21頁。

(42)　PAAA, ザッセ、地図、127：ケンプナーによるエミール・シュムブルクの聴取、1947年7月21日付。そこでは、また1947年10月21日の聴取も。

(43)　ニュルンベルク軍事裁判前の戦争犯罪の裁判（TWC）、第14巻：ケース11の証人のリスト、構成と弁護人の証人から見て、1020-1032頁；TWC、第12巻：ヴァイツェッカーの弁護人のオープニング・ステイトメント、236頁。

(44)　USHMM、ケンプナーの遺品、Box188：ケンプナーによるシュレーダーの聴取、1947年6月20日付。NARA, RG59、CDF1945-1945、Decimal840.414/6-75：ヘルベルト・ブランケンホルン、ナチ政権下のドイツ外務省、OSS Report Nr.F-2023.

(45)　PAAA, ベッカーの遺品、第3/1：マルガレーテ・ブランクのゲオルク・ブルンス宛、1948年2月8日付。また第10、2巻：ルドルフ・シュテークのベッカー宛、1948年1月31日付も参照。

(46)　スチュービイ（2008年）21、400-444頁；スチュービイ（2000年）93頁からの引用；デシャー（1987年）195頁、ケンプナー（1983年）。

(47)　USHMMにある聴取の写し、ケンプナーの遺品、Box191とBuffalo121.

(48)　USHMM、ケンプナーの遺品、Box246：ガウス、感想（10頁の手書き）、スチュービイ（2007年）443、446頁。

(49)　ノイエ・ツァイトゥング紙、1947年3月17日付、1頁、スチュービイ（2008年）447頁。

(50)　PAAA, ベッカーの遺品、第4/1巻：ベッカーのマリオン・デーンホフ宛、1948年5月14日付。リッベントロープ（1954年）283頁；ヴァイツェッカー（1997年）125頁。

(51)　NARAの一部である5月リスト、RG260, Entry183, Box2：テルフォード・テイラーのクレイ将軍宛、軍事裁判前のOffice of Chief of Counselによって持ち込まれた戦争犯罪裁判のプログラム、1947年5月20日付。RGの付属としての8月リスト、Entry2511B、Box152：ロバート・マーフィーの国務長官宛、第10641号、1948年8月8日付。

(52)　戦争裁判でのテロの戦術は繰り返された、シカゴ・トリビューン紙、1948年5月23日付、比

688

較ケンプナー（1983 年）316 頁；スチュービイ（2008 年）448–453 頁；フライ（1996 年）149 頁。

(53)　ブローニング（1978 年）112 頁；ブローニング（1977 年）331–340 頁；デシャー（1987 年）256–261 頁。

(54)　USHMM、ケンプナーの遺品、Box188：ケンプナーによるシュレーダーの聴取、1947 年 6 月 20 日付。

(55)　同。シュレーダー、国内課 II に関する記録、1947 年 7 月 16 日付。

(56)　ブローニング（1978 年）188 頁。

(57)　USHMM、ケンプナーの遺品、Box188：ケンプナーによるシュレーダーの聴取、1947 年 6 月 20 日付と 1947 年 7 月 1 日付。1947 年 6 月 18 日の外国人証言に寄せて、比較、ジンガー（1980 年）、166 頁；裁判官たちはその判決を外国人証言に依拠した、比較ヴィルヘルム通り裁判の判決、87 頁。

(58)　NARA, RG238、Entry200、Box29：ジャクソン・H. マルチン、Apprehension and, Locator Branch, Headquaters Justice Prison, Release of Hans Schroeder, 1947 年 7 月 3 日付。MD　a.D.Hans Schroeder, 1899 年 10 月 22 日 –1965 年 1 月 8 日；思い出へ（思い出記録の続き）、ヘルベルト・ミュラー＝ロスバッハの寄稿、思い出記録は外務相にある。

(59)　シュレーダーの思い出記録、ブルンホフの寄稿。

(60)　USHMM、ケンプナーの遺品、Box188：ケンプナーの「シュトゥットガルト市長」宛．

(61)　TWC、第 13 巻、ヴァイツェッカーの防衛提示 292、1948 年 4 月 20 日付、385 頁；ケンプナー（1983 年）229 頁。

(62)　シュレーダーの思い出記録、クントの寄稿。

(63)　連邦アルヒーヴ（BA）、N1273、第 59 巻：エルンスト・フォン・ヴァイツェッカーのフランス占領地域での定住申請、1946 年 5 月 24 日付、連合国管理理事会、宣言第 2 号第 III 章、7a-c、1945 年 9 月 20 日付、：ドイツでの管理理事会の官報第 1 号 9 頁。比較、FRUS III（1945 年）、475–477 頁；NARA, RG59、Entry1073、Box33、Decimal File711：G.B.Montin, Segretaria di Stato di Santia の Herold H.Tittmann―ミロン・C. テイラーの助手で米国の大統領のヴァチカンへの代理宛、第 101006 号、1945 年 8 月 4 日付。

(64)　NARA, RG59、Entry　Box33：デットマンのモンティーニ法王庁事務次官宛、1945 年 8 月 5 日付。

(65)　ヴァイツェッカー（1950 年）384 頁；IMT、第 14 巻、308–331 頁；ヴァチカンシティーから、故国（ルツエルン）、1946 年 4 月 24 日付。フォン・ヴァイツェッカーの誓い、ニューヨーク・タイムズ紙、1946 年 4 月 24 日付、3 頁。

(66)　NARA, RG59、Entry1073、Box33、Decimal711；マーフィイ、POLAD, のティットマン宛、ヴァチカン、1945 年 10 月 4 日付、ティットマンの法王庁事務次官モンティーニ宛、1945 年 11 月 19 日付。

(67)　USHMM、ケンプナーの遺品、Box191：ケンプナーによるヴァイツェッカーの聴取、1947 年 4 月 1 日付。

(68)　BA、ヴァイツェッカーの遺品、NL273、第 71 巻、外務省のヘルムート・ベッカー宛、1951 年 9 月 9 日付、リヒャルト・フォン・ヴァイツェッカーの手書きのメモがついて。

(69)　USHMM、ケンプナーの遺品、Box　Buffalo121：ケンプナーによるヴァイツェッカーの聴取、1947 年 3 月 26 日付。

(70)　NARA, RG153, Entry1018, Box 13：テルフォード・テイラーのクレイ将軍宛、Memorandum Program of War Crimes Trials to be brought by the Office of Chief of Counsel before the Military Tribunals, 1947 年 3 月 14 日付。USHMM、ケンプナーの遺品、Box191：ケンプナーによるヴァイツェッカーの聴取、1947 年 4 月 1 日付。

(71)　USHMM、ケンプナーの遺品、Box252：テルフォード・テイラーの E. マルコルム・キャロル宛、ドイツ戦争ドキュメント・プロジェクト、1947 年 5 月 1 日付。

(72)　ヴァイツェッカーのケース、建設 1947 年 5 月 23 日付、4 頁。

(73)　MAE、パリ、ヨーロッパ・シリーズ、ドイツ、1944–1970 年、第 5 巻；Repatriemente de l・ambasadeur、1947 年 8 月 18 日付、第 104 号。

注 第2部 ドイツ外務省と過去

(74) NARA, RG260, Entry183, Box2：テルフォード・テイラーのクレイ将軍宛、軍事裁判の前の Office of Chief of counsel によって持ち込まれた戦争犯罪裁判のプログラム、1947年5月20日付。

(75) NARA, RG84, Entry2531B, Box152, ロバート・マーフィーの国務長官宛、第10641号、1947年8月8日付、付属として8月リストとともに。

(76) PAAA, ベッカーの遺品、第1巻：ジギスムント・フォン・ブラウンのヘルムート・ベッカー宛、1947年8月4日付。

(77) NARA, RG153, Entry1018, Box1, 世界ユダヤ人協会（WJC）会長ステファン・ワイズの軍事長官ケネス・ロイヤル宛、ヴァイツェッカーと他の連中（いわゆる「省」のケース）の裁判でユダヤ破壊に責任あるドイツ戦争犯罪人を含むことについての危惧についての覚書、1947年11月19日付。

(78) 恥のドキュメント。「ユダヤ人問題の最終解決」へのドイツの事務次官会議の初めての報告、「建設」紙、1947年11月14日付。

(79) NARA, RG153, Entry1018, Box1：テイラー、電話による会議TT8775、1947年11月26日付、C.F. フーベルト、記録のためのメモ。

(80) TWC、第12巻：検事のオープニングステイトメント、139頁。

(81) 同。4頁、新聞報道によると訴訟書類は既に11月3日に完成していた。

(82) 同。検事のオープニングステイトメント、138、148頁。

(83) ロバート・M.W. ケンプナー、プロイセンへのペンシルヴァニア・ミッション、「ペンシルヴァニアの野戦病院」、1942年5月；比較、またケンプナー（1983年）363頁。

(84) NARA, RG 153, Entry 1018, Box7：テイラーのクレイの戦争犯罪裁判プログラム宛、1947年9月4日付。

(85) NARA, ベッカーの遺品、第4/1巻：例えばベッカーのクラウス・ドールン宛を参照、ワシントン、1948年4月5日付；マグワイアー（2001年）175頁；ジンガー（1980年）137頁。

(86) ニュルンベルク軍事裁判の以前の戦争犯罪裁判（TWC）、第13巻：起訴、訴因IV 38-43頁；検事のオープニング・ステートメント、230頁；ニュルンベルクの2番目に大きい裁判が始まる、ノイエ・ツァイトゥング、1947年11月7日付、1頁；ペップマン（2003年）175頁。

(87) TWC、第13巻、76-117頁；ボックスハム（2001年）64頁、マグワイアー（2001年）17頁。

(88) 同。第12巻：訴因 I 告訴のステートメント、20-34頁；検事のオープニングステートメント、152-157頁、引用、154頁。

(89) マグワイアー（2001年）165頁、TWC, 第12巻：テオドル・ホルンボルステルの1948年1月8日付の証言も参照、748-758頁。

(90) TWC 第12巻：検事の説明123、875頁。；ADAP, D IV, 229番：ドイツとチェコスロヴァキア政府の2つの付属を伴った声明、1939年3月15日付。

(91) TWC、第12巻：ミランダ・ラルドロヴァの1948年1月12日付証言の骨子、902-911頁；39年にチェコの武力は静まった、大統領の娘の評価、ワシントン・ポスト紙、1948年1月13日付、15頁；カトレーン・マクロウヒン、チェコ人によるヒトラーの最後通牒の詳細、ニューヨーク・タイムズ紙、1948年1月13日付、9頁。これについてハチャの会合、比較ブラシウス（1981年）、88頁；マゾワー（2008年）56-63頁。

(92) ヴィルヘルム通り裁判での判決、6-14頁、引用10頁。

(93) 彼は無罪判決を受けたのは、訴状の平和に対する罪と共同計画と共謀（訴因II）であった。比較、しかしながらマチック（2002年）295頁。

(94) ジンガー（1980年）241、247頁。

(95) ヴィルヘルム通り裁判における判決。305-310頁、引用308頁。

(96) 引用、デシャー（1987年）248頁から。同様に比較246-255頁。さらなる例と分配者の説明お

よびジンガー（1980年）との比較、172-179頁。

(97) ADAP, E II, 56番：AA（ラーデマッハー）の帝国治安本部宛、1942年3月20日付；比較ブラシウス（1987年）332頁；ヴァイン（1990年）306頁、ジンガー（1980年）194-197頁；デシャー（1987年）243-245頁。

(98) クラルスフェルト（1987年）。

(99) ヴァイツェッカーのペーパー（1974年）427頁。

(100) ヴィルヘルム通り裁判における判決、81頁。

(101) 同。94頁。

(102) TWC, 第14巻、91頁；またメンデルスゾーン（1951年）参照。

(103) TWC 第14巻、23-28頁；死が21人のナチに要求された、ワシントン・ポスト紙、1948年11月10日付、4頁；新しい証拠が指摘された、ニューヨーク・タイムズ紙、1948年11月10日付、9頁；検事は21人のナチ外務省員に死刑を求刑、シカゴ・トリビューン紙、1948年11月10日付、A7頁；ケンプナー（1983年）346頁。

(104) ヴィルヘルム通り裁判の判決、15、94頁。

(105) 同様に、判事レオン・W.パワーズの否定的な見解、281-318頁、特に291頁；ニュルンベルクの判事は有罪に関し不同意、ニューヨーク・タイムズ紙、1949年4月14日付、8頁；法廷が19名のナチに有罪としたのにアイオワ出身の判事が反対した、シカゴ・トリビューン紙、1914年4月14日付、N21頁。

(106) レオン・W.パワーズの否定的な見解、「ヴィルヘルム通り裁判」で、282頁。

(107) NARA, RG Entry 2531B, box228：ケンプナーのペリー・ラウクフル宛、ポーランド事務所、1948年3月30日付。比較。ヤコブセン／スミス（2007年）、161-164頁；ヴィルヘルム通り裁判の判決、217、276頁。

(108) ヴィルウヘルム通り裁判の判決、36、134-139、193、271頁、パワーズ判事の否定的見解、同様に293、305、314頁。

(109) 同。99-109頁；パワーズ判事の否定的意見、同様に303-305頁。

(110) 同。71-75頁、判事パワーズの否定的意見、同様に294-298頁；TWC, 第13巻、2-32頁。

(111) ケンプナー（1983年）347頁。

(112) ヴィルヘルム通り裁判における判決、319-330頁。

(113) PAAA, ベッカーの遺品、第9/2巻：メルヒャースの記録、1946年2月28日付。

(114) ハッセル（1946年）276頁、記録、1942年11月1日付、ハッセルの日記の印象の下にアレン・ダレスによってヴァイツェッカーの周辺を「あまりにも臆病」と評したようだ。；PAAA, ベッカーの遺品、第1巻：ダレスのニーブール宛、1947年10月16日付；市民的一貴族的な抵抗の中でのヴァイツェッカーの役割について、メンデルスゾーン（1951）を参照；ヒル（1974年）；ティーレンハウス（1984年）；ブラシウス（1991年）；ハイネマン（1990年）。

(115) PAAA, ベッカーの遺品、第9/2：メルヒャースの記録、1946年2月28日付14頁。

(116) 比較、ヘルフ（2009年）。

(117) PAAA, テオ・コルトの遺品、第3巻：メルヒャースのコルト宛、1946年7月14日付。

(118) 同。メルヒャースのコルト宛、1947年6月19日および1946年7月14日付。

(119) 同。メルヒャースのコルト宛、1947年4月13日付。

(120) 同。

(121) 同。メルヒャースのコルト宛、1947年6月8日。

(122) 外務省の政治文書室（PAAA）、ベッカーの遺品、第9/2：メルヒャースのガウス宛、1947年6月19日付。

(123) アーサー・W.ダイアモンド法律図書館（ADLL）、TTP-14-3-1-7：ヨーンズのテイラー宛、

1948 年 1 月 16 日付。

(124) PAAA, ベッカーの遺品、第 1 巻：エルンスト・フォン・ヴァイツェッカーのクランツビューラー宛、1947 年 6 月 27 日付。

(125) アーサー・W. ダイアモンド法律図書館（ADLL）、TTP-20-1-LC3, Office of Chief of Counsel for War Crimes（OCCWC）, 広報事務所、弁護 cousel のリスト、1947 年 12 月 27 日付、9 頁 ;BA ベルリンナチ党－ガウリスト：メンバーリスト No.445499、ヘルムート・ベッカー；比較これには、ラウルフ（2009 年）403 頁も。

(126) 国際経歴アルヒーヴ 11/1994、1994 年 3 月 7 日付。

(127) ハンス＝ゲオルク・フォン・シュドゥニッツ、ヴァイツェッカーのケース、ヴェーザー・クーリア紙、1948 年 2 月 3 日付。

(128) 米国で行われた外務省の外国宣伝部員ロベルト・ベストとダグラスチャンドラーに対する裁判、比較、ボヴェリ（1956 年）第 1 巻、121–125 頁。

(129) スイスの外交官で歴史学者のパウル・シュタウファーが 90 年代初めに、ブルックハルトは第 11 裁判で協力を申し立てたことを証明したと「日記」に記入し、部分的にはやっと戦後に成立したことを示唆した。シュタウファー（1991 年）216 頁。

(130) ラウルフ（2009 年）384、393 頁。

(131) ゾンライテゥナーについては PAAA, ベッカーの遺品、第 14 巻を見よ。シュレーダーのベッカー宛、1949 年 5 月 15 日付。第 15/2 巻：ベッカーのリヒャルト・フォン・ヴァイツェッカー宛、1949 年 9 月 6 日付。

(132) シュテゥドニッツの戦後のキャリア、比較、ホデンブルク（2006 年）128 頁。ボデについては PAAA, B100, 第 445 巻を見よ。英国海軍本部の海軍ドキュメント・センター、職業教育証明、1948 年 4 月 23 日付。

(133) PAAA, ベッカーの遺品、第 12/2 巻：ベッカーのグレーヴェ宛、1949 年 7 月 23 日付。

(134) 比較、ハンケ・カヒェル（2004 年）、シュトライス（2002 年）175 頁 ;ツエルガー（1996 年）313–323 頁。戦後の法体制については、ビンケル（1993 年）、ヴェーバー（1947 年）を比較。

(135) ラウルフ（2009 年）383 頁。

(136) PAAA, ベッカーの遺品、第 1 巻：ベッカーのグンダレーナ・フォン・ヴァイツェッカー＝ヴィレ宛、1947 年 10 月 29 日付。

(137) 同。ヘンティングのベッカー宛、1947 年 10 月 4 日付。IfZ　ED113/5、ヘンティングのヴォルフ＝ウルリッヒ・フォン・ハッセル宛、1947 年 8 月 14 日付。ヴィルヘルム通り裁判におけるヘンティングの態度については、デシャー（2005 年）262 頁。PAAA, ベッカーの遺品、第 1 巻：ディルクゼンのベッカー宛、1947 年 12 月 28 日付をも比較。

(138) PAAA, ベッカーの遺品、第 1 巻：ベッカーのフライタク宛、1947 年 12 月 19 日付（付属は在庫にない）。

(139) 同様 `メルヒャースのベッカー宛、1947 年 8 月 29 日付。

(140) 同。第 9 巻：メルヒャースのベッカー宛、1948 年 1 月 9 日付。

(141) 同。第 1 巻：ベッカーのエーリッヒ・コルト宛、1947 年 11 月 27 日付。

(142) 同。第 9 巻：メルヒャースの推敲、PAAA, メルヒャースの遺品、第 2 巻：ハンス＝エーリッヒ・ハック、「国家の裏切りとしての国家に忠実であること」。

(143) PAAA, ベッカーの遺品、第 6 巻：カウフマンの彼の聴取についての最初のメモ。

(144) 概念について、比較メッサーシュミット（1995 年）。

(145) PAAA, ベッカーの遺品、第 2 巻：ベッカーのアッヘンバッハ宛、1948 年 11 月 26 日付。

(146) 同。第 19 巻：ベッカーのシェダー宛、1948 年 10 月 6 日付。

(147) 時代の歴史研究所（IfZ）ED 157/4、エーリッヒとテオ・コルトの遺品、20 頁。

（148）PAAA, ベッカーの遺品、第 19 巻：ハーンの気づきの点、1948 年 3 月 3 日付、「草案」。

（149）同。第 9/2 巻：メルヒャースの宣誓、1948 年 1 月 22 日付。

（150）PAAA, メルヒャースの遺品、第 1 巻：外務省の修正、構造変化と重要性減少（1935-1945 年）、

（151）メラー（2001 年）3 頁。

（152）PAAA, メルヒャースの遺品、第 2 巻：マギー / ベッカー：エルンスト・フォン・ヴァイツェッカーのためのオープニング・ステイトメント（オリジナルでは強調されている）。

（153）PAAA, ベッカーの遺品、第 11/1 巻：ベッカーのテュンゲル宛、1949 年 4 月 2 日付。

（154）同。第 1 巻：ケラーのグンダレーナ・フォン・ヴァイツェッカー＝ヴィレ宛、1947 年 9 月 30 日付。

（155）比較、ジンガー（1980 年）121-128 頁；ブラシウス（1999 年）、90 頁。行政文書の資料的価値についてはクラー（2008 年）を比較。

（156）PAAA, ベッカーの遺品、第 4/1 巻：アイゼンロール、宣誓、1947 年 6 月 17 日付。

（157）同。ベッカーのアイゼンロール宛、1948 年 4 月 20 日付。

（158）PAAA, フォルラート・フォン・マルツァーンについての人事書類、第 9442 巻：イルクナーのフォン・ビーバーシュタイン将軍宛、1944 年 12 月 5 日付。

（159）PAAA, フォルラート・フォン・マルツァーンについての人事書類、第 53203 巻：フリースの宣誓、1946 年 10 月 23 日付。

（160）PAAA, ベッカーの遺品、第 3/1 巻：バルゲンのベッカー宛、1947 年 12 月 31 日付。

（161）同。第 9/2 巻：マルツァーンのベッカー宛、1948 年 1 月 5 日付。ケッセルの端書き。マルツァーンについてはシュロート（2004 年）11 頁と比較。

（162）同。第 5 巻：ホルテンのベッカー宛、1948 年 1 月 5 日付。

（163）同。第 6 巻：ベッカーのケッセリンク宛、1948 年 3 月 19 日付。

（164）ヴァイツェッカー（1950 年）363 頁。

（165）ヘルベルト（1996 年）427 頁。

（166）PAAA, ベッカーの遺品、第 11/1 巻：ベッカーのタッデン宛、1948 年 4 月 29 日付。

（167）ヘルベルト（1996 年）418 頁よりの引用。

（168）バーン（1946 年）。

（169）時代の歴史研究所（IfZ）、ED157/7、エーリッヒとテオ・コルト：軍事法廷 No. Ⅳ／ⅩⅠ（委員会Ⅰ）、テオ・コルトの事情聴取、1948 年 7 月 14 日と 15 日付。

（170）IfZ、ED157/7、エーリッヒとテオ・コルトの遺品、コルトの事情聴取、1948 年 7 月 14 日付、14、8 頁。

（171）同。ED157/6、エーリッヒとテオ・コルトの遺品：ハリファックスのテオ・コルト宛、1947 年 8 月 9 日付。

（172）シュベーター（2003 年）424 頁の引用。

（173）IfZ、ED157/49、エーリッヒとテオ・コルトの遺品、ヴァンジタールの証言、1948 年 8 月 31 日付。

（174）PAAA, ベッカーの遺品、第 1 巻：ベッカーのテオ・コルト宛、1947 年 11 月 26 日付。

（175）同。第 7 巻：ハリファックスのテオ・コルト宛、1948 年 1 月 31 日付。

（176）同。バトラーのテオ・コルト宛、1948 年 1 月 31 日付。

（177）同。テオ・コルトのベッカー宛、1948 年 2 月 12 日付。

（178）同。第 9/2 巻：ベッカーのマギー宛、1948 年 8 月 16 日付；IfZ、ED157/8、エーリッヒとテオ・コルトの遺品：エーリッヒ・コルトのテオ・コルト宛、1948 年 9 月 26 日付。

（179）PAAA, ベッカーの遺品、第 9/2 巻：マギーのベッカー宛、1948 年 9 月 30 日付。

（180）ヴロッヘム（2006 年）142 頁よりの引用。

（181）議会での討論、1948 年 10 月 28 日付。ハンズアルト第 457 巻、No.3、255 頁。

（182）時代の歴史研究所（IfZ）、ED157/48、エーリッヒとテオ・コルトの遺品：コルトのベッカー宛、

注　第 2 部　ドイツ外務省と過去

1949 年 8 月 10 日付。

(183) チャーチル（1995 年 /2003 年）519 頁。

(184) BA, N1273、第 79 巻、BL.73：ベッカー、エルンスト・フォン・ヴァイツェッカーのための最終弁論；チャーチルの演説はその中では、間違って 1948 年 10 月 28 日と記されてしまった。

(185) ケンプナーの委託でシュミットによって与えられた鑑定「なぜ、事務次官たちはヒトラーに従ったのか？」について、ヴィーラント（1987 年）と比較。

(186) BA, N1273、第 79 巻、BL.34：ドイツにおけるモーゲンソーとヴァンジタールの構想へのエルンスト・フォン・ヴァイツェッカーのためのベッカーの最終弁論、オリック（2005 年）44、90 頁と比較。

(187) PAAA, ベッカーの遺品、第 11/1 巻：ヴァンジタールのメモワールの抜粋とそれに対するマギーのコメント；時代の歴史研究所（IfZ）、ED157/8、エーリッヒとテオ・コルトの遺品：コルトのゼテ宛、1948 年 9 月 22 日付。

(188) 概念について、比較、リンデンベルガー（2006 年）13 頁；パイク（2008 年）141 頁。

(189) PAAA, ベッカーの遺品、第 11/2 巻：ベッカーのグンダレーナ・フォン・ヴァイツェッカー＝ヴィレ宛、1948 年 5 月 13 日付。

(190) 同。BD13/：コルトのベッカー宛、1949 年 5 月 15 日付。

(191) フライ（1996 年）151 頁よりの引用。

(192) PAAA, ベッカーの遺品、第 11/1 巻：ベッカーのグンダレーナ・フォン・ヴァイツェッカー＝ヴィレ宛、1948 年 9 月 13 日付。第 4/1 巻：ベッカーのデーンホフ宛、1948 年 9 月 29 日付。ヴァレンティン・ギターマン、スイスの友人、フォルクスレヒト誌、1948 年 8 月 18 日付、1 頁；比較、シュヴァルツ（2007 年）590 頁。

(193) PAAA, ベッカーの遺品、第 4/1 巻：ベッカーのアイゼンロール宛、1948 年 9 月 13 日付。

(194) 同。第 9/2 巻：マギーのベッカー宛、1948 年 12 月 16 日付。

(195) 同。第 14 巻：レズローブのザリン宛、バーゼル、1949 年 7 月 6 日付。

(196) 同。ザリンのベルリン自由大学対外委員会宛、1949 年 5 月 25 日付。

(197) 同。ケンプナーのザリン宛、1949 年 7 月 10 日付。

(198) 同。レローブのザリン宛、1949 年 7 月 6 日付。第 15/2 巻：レズローのヴィクトー・フォン・ヴァイツェッカー宛、1949 年 6 月 23 日付。カール＝フリードリッヒ・フォン・ヴァイツェッカーのディンハス宛、1949 年 7 月 5 日付。ヴィクトー・フォン・ヴァイツェッカーのレズローブ宛、1949 年 6 月 28 日付。

(199) 同。第 13/1：米国の軍事政府（OMGUS）、広報オフィスの告知、1949 年 6 月 9 日付。ヘンケ（1996 年）をも比較。

(200) PAAA, ベッカーの遺品、第 52/2 巻：ベッカーのリヒャルト・フォン・ヴァイツェッカー宛、1949 年 5 月 21 日付。

(201) 同。第 12/1 巻：ボヴェリのベッカー宛、1949 年 7 月 10 日付。

(202) メンバー証明書によれば、ヴォルフはナチ党に 1939 年 3 月 1 日に入党した。PAAA, 手書き行為局、第 33 巻；ヴォルフの経歴については、PAAA, B130、第 6002A 巻を比較；クレメンス・フォン・ブレンターノのシュヴァルツ宛、1952 年 7 月 17 日付。

(203) PAAA, ベッカーの遺品、第 1 巻：ハイニッツのヴォルフ宛、1949 年 6 月 17 日付。

(204) 同。第 15/2 巻：リヒャルト・フォン・ヴァイツェッカーのベッカー宛、1949 年 11 月 20 日付。

(205) 詳細は国家アルヒーヴと記録行政機構（NARA）に、RG466, Entry53, Box39：ハガンのプロス宛、1950 年 2 月 3 日付。

(206) NARA, RG59, 662, 0026/2-1350：アチソンのトルーマン宛、1950 年 2 月 10 日付。トルーマンのハリファックス宛、1950 年 2 月 11 日付。

694

注 第3章 伝統と新しい出発

(207) フライ（1994年）199頁。

(208) BA, N1273, BL.35：テオドル・ホイスのマックロイ宛、1950年9月21日付。

(209) NARA, RG466, Entry1, Box18：マックロイのモラン宛、1950年10月9日付;Entry53, Box39、マックロイのフレデリック・リビイ宛、1950年6月27日付、ヴァイツェッカーの記録、1950年6月24日付。

(210) 同。ボヴィーのマックロイ宛、1950年10月12日付。

(211) 同。Entry1, Box20：ドイツ高等弁務官事務所（HICOG）、新聞発表 No.497、1950年10月14日付。1950年10月17日に行われた HICOG のスタッフ会議ではある程度の驚きが見られた。Entry6、Box2.

(212) BA, N1467, 第15巻：リュッチェスのアデナウアー宛、1951年8月24日付。

(213) 経歴手帳、第2（2005年）629頁。

(214) 出来事は BA にあるように起こった、N1273、第75巻、BL.37-48.

(215) ブシェー（1989年）36-44頁;NARA, RG59, 6662, 0026/2-850：ヘイの軍事省の次官ゴードン・グレイ宛、1950年2月3日付。

(216) NARA, RG466, Entry48, Box10：ヨナサン・B.リンテルの記録の中にある1949年11月17日の政策命令、ニュルンベルク戦争犯罪被拘置者のための温和な処置、1949年12月28日付。

(217) 同。Entry1, Box9：フランクフルトの HICOG（マックロイ）のアチソン宛、1950年2月17日付。シュヴァルツ（1990年）387頁。

(218) 同。Box8：アチソンのフランクフルトのドイツ高等弁務官事務所（HICOG）856宛、1950年2月8日付。

(219) NARA, RG, Entry1030D, Box121：ランズベルクの決定についての批判に伴う政府の代表による特別会議、1951年3月13日付、12-16頁。

(220) NARA, RG466, Entry48, Box8：第11裁判の初期のまとめに関するペックの報告、19頁。

(221) 同。リンテルのブロス宛、1950年10月26日付。フェーゼンマイヤーのハンガリーでの行動について、比較。マティック（2002年）。

(222) NARA, RG466, Entry6, Box1：ドイツ高等弁務官事務所（HICOG）スタッフ会議、1950年1月24日付、3頁。

(223) 5人の死刑判決者は主として行動部隊裁判にかかったもの：オットー・オーレンドルフ、エーリッヒ・ナウマン、パウル・ブローベル、ヴェルナー・ブラウネとオズワルト・ポールは「ポール裁判」にかかった者たち。さらに2人の死刑囚は米国軍に捕えられ、「ダッハウ裁判」にかけられた。1951年6月7日に7人の最後の死刑執行がアメリカ占領軍によって行われた。

(224) テルフォード・テイラー、ナチスは自由に行ける、そして、正義と情けあるいは間違って導かれたご都合主義？ ザ・ネーション誌、170頁。

(225) NARA, RG466, Entry53, Box38：1951年クリスマスの寛大さの指示の命令、1951年12月4日付。

(226) フランクフルトの妥協、ニューヨーク・タイムズ紙、1951年2月2日付、20頁。

(227) NARA, RG466, Entry1, Box26：ジャヴィッツ、下院での演説、1951年2月2日付。

(228) アムヘルストの同僚、マックロイ・ペイパー、Box HC：マックロイのオルゲン・ライト夫人宛、1951年2月13日付：マックロイのヘンリー・モーゲンソウ宛、1951年3月7日付。

(229) ドイツ政策に関するドキュメント（DzD）Ⅱ、第3巻、No.402; フライ（1996年）196-199頁。

第3章 伝統と新しい出発

(1) ラール（1981年）195頁。

(2) 新設は始めから世論の批判の集中砲火を浴びた。というのは、これは特に次の事実に基づいてい

注　第2部　ドイツ外務省と過去

たからである。すなわち、この建設者は 1945 年以前にアルベルト・シュペールの設計スタッフの一員であった。比較。ロート（2007 年）119 頁。外務省の新建築に関して比較。フォークト（2004 年）も。

(3) 詳細なドキュメントは、the National Archives, Public Record Office（以下、TNA/PRO）、Foreign Office（以下、FO）、1049/77：303, 304, 305;FO1949/775：FO1049/1576：連合国コントロール当局の政治局、1947 年 5 月 22 日付。マイ（1995 年）397–435 頁、FO1049/1576：US ロンドン、1948 年 8 月 13 日付。

(4) Foreign Rerations of the Unied States（以下、FRUS）、1948/ Ⅱ、占領下のドイツの西側地域のドイツ米国軍事政府（クレイ）385 頁。

(5) TNA/PRO, FO1049/1175; スティール（ベルリン）のパトリック・ディーン（ロンドン外務省のドイツ局長）、1948 年 8 月 30 日付、「秘密」。

(6) ビオンコヴィツ（1978 年）37 頁。

(7) 外務省外交文書（以下、MAE）、ヨーロッパ、ドイツ 1944–1970 年、第 74 巻：ケーニッヒ大将のフランスの国防大臣宛、1949 年 5 月 19 日付。

(8) TNA/PRO, FO1049/1796：ガランのカーバトリック宛、1948 年 11 月 5 日付とそれに付随する気づきの点。

(9) 米国の外交関係（以下、FRUS）、1949/ Ⅲ：クレイの議会委員会への通告。US ベルリン（リドルベルガー）539、1949 年 4 月 14 日付、「秘密」、238 頁、TNA/PRO, FO371/76788：英国外務省の手記、1949 年 11 月。

(10) NARA, RG466, E-1PRO, Box5; 新聞発表 39 号、1949 年 12 月 15 日付。アデナウアーと HK1949–1951、464 頁、N1351, 第 3 巻：ブランケンホルン、日記、1950 年 1 月 7 日付。

(11) グレイ（2003 年）13-16 頁、FRUS1949/ Ⅲ：アチソンのシューマン宛、1949 年 10 月 30 日付、622 頁。

(12) 占領規定委員会、第 3 回、1949 年 11 月 4 日付、外務省委員会（1998 年）18 頁。

(13) 前史、第 5 巻、ドキュメント 52 を見よ。

(14) NARA, RG59, 862.OO/10-1749 TSF：ホワイトマンのマククロイ宛、1949 年 10 月 17 日付、「トップ・シークレット」。

(15) TNA /PRO, FO371/76788：スティールのディーン宛、1949 年 10 月 1 日付、4 頁。

(16) ドイツ連邦共和国の外交文書（以下、AAPD）1949/50：ブランケンホルン、ベラルトとの会話についての手記、1949 年 11 月 1 日付、13 頁。TNA/PRO, FO371/76788：フランスの覚書で連合国指令部の政治委員会に提出されたもの、1949 年 10 月 26 日付。

(17) FRUS1949/ Ⅲ：アチソンのシューマン宛、1949 年 10 月 30 日付。623 頁。

(18) アデナウアー、対外貿易事務所（ナチ党の組織）（AHK）との話し合い、1949 年 11 月 15 日付、アデナウアーと HK1949–1951 年、9 頁 .;NARA, RG466, E-1, Box4：アチソン、ベヴィン、シューマンの間の話し合い、1949 年 11 月 10 日付「秘密」。

(19) AAPD1949/50, 29 号、ハース、連合国高等弁務官事務所（以下、AHK）の政治委員会との話し合い、1950 年 1 月 23 日付。MAE（フランス外務省の外交文書）、ヨーロッパ、ドイツ 1944–1970、第 135 巻：外国外交団を通した旅行グループの勧告、ドイツの領事と商業代表に関して、1949 年 12 月 13 日付。

(20) PAAA, B10, 第 157 巻；ハースのベルナール・グフラー、チャールズ・タイヤーおよびカルホン・アンクルム Jr. を交えたブランケンホルンとの話し合いについての手記、1950 年 1 月 18 日付。

(21) TNA/PRO, FO371/93576;UK（英国）、ルクセンブルクの英国外務省 153 宛、1951 年 7 月 12 日付。ベルリン・ドキュメントセンターのカタログの検査ではヤンゼンのナチ党のメンバーシップについて何も示唆するものはなかった。この主張の詳細については PAAA, B10, 第 157 を見よ。

(22) NARA, RG59、862.021/11-1649；ドイツの高等弁務官事務所（以下、HICOG）フランクフルト至急 935 号、1949 年 11 月 16 日付「秘密」、国立文書、公共記録オフィス（以下、TNA/PRO）、

英国外務省（以下、FO）371/76788：スティールのディーン宛、1949 年 10 月 31 日付。

(23)　アンベルト大学、マックロイのペーパー、BoxHC4：ガフラーのジョージ・ケナン宛、1949 年 5 月 19 日付。NARA, RG59［秘密］762A.13/10-2450：HICOG　フランクフルト（ガフラー）航空パウチ 1354、1950 年 10 月 24 日付。

(24)　TNA/PRO, FO371/85236：UK ベルンの英国外務省宛、139 号、1950 年 6 月 17 日付。また、英国外務省 371/93576 を見よ。UK リスボンの英国外務省宛、1951 年 8 月 27 日付。

(25)　TNA/PRO, FO371/91575：UK ヴァーンの英国外務省宛、398 号略、1951 年 4 月 28 日付。

(26)　例えば、英国のキャンベラからの電報 TNA/PRO371/85234、950 年 2 月 22 日および 1950 年 6 月 28 日付を見よ。

(27)　FRUS1950/Ⅲ：ベヴィン、アチソン、シューマン間の話し合い、米国ロンドン部 243、1950 年 5 月 12 日付、「秘密」、1044-1050 頁。

(28)　NARA, RG466, E-1, 第 15 巻：米国のロンドン（ダグラス）Sigto40、1950 年 7 月 13 日付、「秘密」、4 頁、NARA, RG466, 第 17 巻：連合国高等弁務官事務所、レポートの草案の国際研究組織、セクション F 宛、1950 年 7 月 25 日付。

(29)　FRUS1950/Ⅳ：Secta an HICOG4182、「秘密」、738-743 頁。

(30)　FRUS1950/Ⅲ：国際研究グループの報告、1950 年 9 月 4 日付、1248-1254 頁。

(31)　NARA, RG466, E-1, Box19; 外務大臣の高等弁務官事務所への命令、1950 年 9 月 19 日付。FRUS1950/Ⅳ . 参照：カールパトリックのアデナウアー宛、1950 年 10 月 23 日付、767-770 頁。

(32)　ドイツ政策に関するドキュメント（以下、DzD）Ⅱ、第 3 巻、公表されたドキュメント。3 名の外務大臣の声明書、1950 年 9 月 19 日付、330-333 頁。

(33)　例えば、NARA, RG466, E-1, Box23 参照：米国、ボンの国務省宛 397、1950 年 12 月 15 日付、［秘密、優先］。

(34)　NARA, RG466, E-6、Box、第 1 巻：マックロイのスタッフ会議での気づき、1950 年 9 月 26 日付、1-5 頁。

(35)　PAAA の連合国側と新しい外務省との往復書簡、B10、158 巻参照。

(36)　TNA/PRO, FO371/93577：カールパトリックのアデナウアー宛、1951 年 4 月 19 日付。

(37)　ゲルテマーカー（1999 年）101 頁。

(38)　比較。ハース（1969 年）15 頁、マウルッチ（1998 年）36 頁；ラムシャイト（2006 年）117 頁；フォークト（2004 年）200 頁。

(39)　ハース（1969 年）22 頁の引用。

(40)　PAAA, ヴィルヘルム・ハースの会計書類、第 5095 巻。

(41)　BA, N1351、第 2 巻、BⅠ。41：ブランケンホルンの日記記載、1949 年 11 月 17 日付、この見方をハース（1969 年）、23 頁は確認している。

(42)　同。第 3 巻、BⅠ.7：ブランケンホルンの日記記載、1950 年 1 月 5 日付。

(43)　同。第 2 巻、BⅠ.41：ブランケンホルンの日記記載、1949 年 11 月 7 日付。比較。マウルッチ（1998 年）183 頁。

(44)　オフィスはかつてのヴィルヘルム通りの協力者の把握ステーションを形成していた。比較、ミュラー（1996 年）211 頁、フォークト（1999 年）581 頁。PAAA, B118、第 110 巻：ランゲの連邦大統領府の事務次官の 1929 年「クリュー」所属者についての質問についての気づきの点、1964 年 11 月 11 日付。比較、ラムシャイト（2006 年）64 頁。ブランケンホルンの外務省再建への個人的影響について比較。同様に 119 頁と 144 頁。

(45)　比較。デシャー（2005 年）、07 頁。

(46)　比較。ミュラー（1996 年）205 頁。

(47)　モルセイ（1997 年 a）220 頁から引用。ビュンデンの外務大臣への願望について、比較。フォー

クト（2004 年）171 頁、マウルッチ（1998 年）109 頁。クルト・オプラーに率き入れられた人事局についての議論、比較。モルセイ（1997 年 a）203 頁。

(48)　PAAA, ヘルベルト・ネーリングに関する人事書類、第 54440 巻：ネーリングのブランケンホルン宛、1949 年 11 月 9 日付。

(49)　ヴェングスト（1984 年）174-183 頁、ミュラー（1996 年）204、213 頁、ドイチュ／エディンガー（1959 年）84 頁、マウルッチ（1998 年）270 頁。他の連邦大臣との比較は、フライ（1996 年）85 頁とも比較してみよ。

(50)　BA, N1351、第 3 巻、B Ｉ。219f。ブランケンホルン氏のロンドンでの 1950 年 4 月 29 日の声明に関して、連邦首相付き新聞・情報庁外国課。応募者の実際の数は 2 万人足らずであっただろう。比較。PAAA, N Ｉ. メルヒャース、第 1 巻。

(51)　PAAA, ヴィルヘルム・メルヒャースに関する人事書類。第 53542 巻：ハースのアベルト宛、1949 年 11 月 30 日付。

(52)　比較。フォークト（2004 年）179 頁。

(53)　PAAA, B10, 2 部、第 157 巻：政治案件委員会代表とブランケンホルン／ハース間の話し合いの文書の翻訳、1950 年 1 月 23 日付。AAPD、1949/50、29 号：連合国高等弁務官事務所の政治委員会の手記、話し合い、1950 年 1 月 23 日付。ラムシャイド（2006 年）122 頁、ハース（1969 年）37 頁、マウルッチ（1998 年）235 頁。

(54)　マウルッチ（1998 年）187 頁、ヴェングスト（1984 年）143 頁、StBKAH、一般的な通信、A-K：アデナウアーのハース宛、1950 年 3 月 14 日付。

(55)　PAAA, B10, 2 部、第 164 巻：ボルト（名前は読めない）のディットマン宛、1949 年 11 月 20 日付。

(56)　グロプケの戦後のキャリアについて、比較。ガルナー（1995 年）149 頁。ロジャース（2008 年）、ロムマッチュ（2009 年）、グロプケの昔の外務省の人事政策への影響力は単に表面的に研究されている、特にデシャー（2005 年）135 頁。2009 年に刊行されたエーリッヒ・ロムマッチュによる経歴はこのテーマを外している。ロムマッチュ（2009 年）。

(57)　疑惑の紳士たち、ライニシャー・メルクーア新聞、1950 年 4 月 1 日付。アデナウアーは CDU のリストにあるかつての指導的地位にあった党仲間のリストを手に入れた、ディー・ノイエ・ツーリヒャー・ツァイトゥング新聞、1950 年 4 月 20 日付。外務省をめぐる先の戦闘、フランクフルター・アルゲマイネ・ツァイトゥング新聞、1950 年 4 月 21 日付。PAAA, 遺品（以下、NL）。メルヒャース、第 1 巻：アデナウアーのハース宛、1950 年 3 月 20 日付。ハースのグロプケ宛、1950 年 4 月 22 日付。

(58)　比較。マウルッチ（1998 年）238 頁。

(59)　外務省─どれだけ得たか？　フランクフルター・ノイエ・プレッセ新聞、1950 年 4 月 22 日付。ハース（1969 年）125-133 頁。

(60)　ハース（1969 年）45 頁、ハースの人事政策に対する非難に対し、連邦議会は 1950 年 7 月 20 日に占領規定と外交委員会の下の下部委員会の設置をもって反応し、その委員会は 1950 年 9 月 15 日に作業を開始した。ラムシャイト（2006 年）170 頁、デシャー（2005 年）146 頁。

(61)　PAAA, ヴァルター・ハルシュタインに関する人事書類、第 49536 巻 ;PAAA, B100, 第 93 巻：エーラースのハルシュタイン宛、1955 年 6 月 28 日付、ハルシュタインの戦後までの職業経歴　比較、マウルッチ（1998 年）165 頁。ハルシュタインに関する東独の国家治安省の調査については、かつてのドイツ民主共和国の国家治安省の資料に関する連邦委託者（以下、BStU）、国家治安省（以下、MfS）HA Ｉ X/11、PA315、を参照。

(62)　現代史研究所（以下、IfZ）、シュトローベルの収集、ED/329/2：シュトローベルの情報報告、1950 年 3 月 30 日付。比較、それに反しマオルッチ（1998 年）248 頁：クロル（1990 年）。ミッション、3-5 頁、クレケラーについて、ブラシウス（1998 年）、マウルッチ（1998 年）、251 頁をも参照。

(63)　Ifz、クレケラーの遺品、ED 115、第 173 巻、私の米国へのミッション、3-5 頁、クレケラーに

ついてブラシウス（1998 年）も比較；マウルッチ（1998 年）、251 頁。

(64)　PAAA, ヴィルヘルム・ハウゼンシュタインの人事書類、第 49587 巻；ディットマンの連邦首相についての気づきの点、1950 年 3 月 17 日付。ハウゼンシュタインの経歴、1950 年 3 月 1 日付。ハウゼンシュタインについて、パッペンキュッパー（1995 年）も比較。

(65)　比較。シーダー他（2005 年）74 頁。

(66)　ゲルテンメーカー（1999 年）263 頁より引用。それに加えて、デゥビル（1999 年）、139 頁、ゴシュラー（2005 年）139 頁も。

(67)　PAAA, BN130, 第 8423 巻：リンブルクの大臣用のメモ、1958 年 3 月 10 日付。

(68)　シーダー他（2005 年）74 頁。

(69)　PAAA, ヴィルヘルム・ハウゼンシュタインに関する人事書類、第 49587 巻：バオマイスターのホイス宛、1950 年 4 月 27 日。

(70)　同。BL7f：ホイスのハウゼンシュタイン宛（草案）。

(71)　ハウゼンシュタイン、ディー・ノイエ・ツァイトゥング新聞、1950 年 5 月 4 日付。

(72)　ルードヴィッヒ・エマヌエル・ラインドル、精神的大使、南ドイツ新聞、1950 年 7 月 1 日付；さらなる新聞の声、デシャー（2005 年）298 頁からの引用。

(73)　PAAA, ヴィルヘルム・ハウゼンシュタインの人事書類、第 49587 巻：ゼンガーのハウゼンシュタイン宛、1950 年 5 月 24 日付。それに加えてフォークト（2005 年）163 頁。

(74)　BA, N1351、第 13 巻：ブランケンホルンの日記への記入、1952 年 7 月 23 日付。それに加えてレンツ（1989 年）176 頁も；ハウゼンシュタインの批判者には、指導的な CDU/CSU 議員団もまた数えられる。比較。マウルッチ（1998 年）253 頁。PAAA, アルフレッド・フォン・ケッセルに関する人事書類、第 51191 巻：ハースのブランケンホルン宛、1950 年 5 月 5 日付。

(75)　ブデについてはまた IfZ を見よ。シュトローベルの収集、ED329/3：シュトローベルの情報報告、1951 年 5 月 16 日付。マウルッチ（1998 年）50 頁。

(76)　F.K. フォン・ジーボルト、小さな違い、デア・シュピーゲル誌、1950 年 8 月 31 日付。ジーボルトについては高等裁判所長官シェッターのアデナウアー宛報告書を見よ、1951 年 11 月 24 日付、ハース（1969 年）178 頁。

(77)　フリードリッヒ・ジーブルク、家から、デア・シュピーゲル誌、1950 年 9 月 15 日付。

(78)　比較。マウルッチ（1998 年）239 頁。

(79)　AAPD、1950、120 号：ハースの手記、ガフラーとの話し合い、1950 年 9 月 13 日。

(80)　BA, B305、第 84 巻：ブランケンホルンのレンツ宛、1951 年 6 月 26 日付。

(81)　デーラーのレンツ宛、1952 年 4 月 8 日付。

(82)　比較。ミュラー / シャイデマン（2000 年）85-92 頁。

(83)　PAAA, マルガレーテ・ビッターについての人事書類、第 45912、ベールの取りあえずの気づきの点、1951 年 5 月 30 日付。

(84)　BA, B305、第 84 巻、アデナウアーのデーラー宛、1953 年 12 月 5 日付。

(85)　PAAA, B101、第 232 巻：ラープの手記、1963 年 6 月 24 日付；カール・テオドル・レデンツに関する人事書類、第 55535 巻：ブフの気づきの点、1953 年 11 月 4 日付。

(86)　比較。タシュカ（2006 年）68 頁、シュトビイ（2008 年）103 頁；PAAA, B118, 75F; ヴァレンティン、歴史の断絶と外務省の導入。

(87)　シュパイアー / ダヴィソン（1957 年）、ドイチュ / エディンガー（1959 年）、ツァブ（1965 年 b）、同じく（1966 年）、ショイヒ（1966 年）。

(88)　IfZ、NL. エーリッヒとテオ・コルト、ED157/48：エルンスト・フォン・ヴァイツェッカーのエーリッヒ・コルト宛、1951 年 5 月 21 日付。

(89)　PAAA, NL. ハース、第 18 巻：ライスマンのアデナウアー宛、1950 年 11 月 23 日付。［上にあ

注 第2部 ドイツ外務省と過去

げた人物への］アデナウアーの返書の草案；ライスマンの行動は明らかにドイツ・カトリック学
生連盟の地区同盟の労連幹部のイニシアティブと関係している。比較。モルセイ（1997年a）224頁。

(90) ゲルハルト・リュトケンス、フランクフルトのブルボンたち、社会民主党報道部、1949年2月
25日付。リュトケンの動機について比較。マウルッチの考え（1998年）57頁。

(91) 第30回占領規定と外交関係、の委員会の短いプロトコール、1950年10月26日付、外交委員
会141-148頁の中に、PAAA, B130、第6002A：シュヴァルツの手記、1951年10月31日付。

(92) ボンの外務省—閉鎖された社会、センター、1951年1月、1-3頁、連合国の非ナチ化の実際へ
のライスマンの批判について、比較。フライ（1996年）40、58頁も。

(93) コゴン（1964年）146頁。

(94) PAAA, ハンス・ミューレンフェルトに関する人事書類、第53934巻：レンツの外務省宛、1953
年3月23日付。

(95) PAAA, ヴィルイヘルム・ハースに関する人事書類、第49198巻：ディットマンの気づきの点、
1951年8月23日付。外務省における変化、ヴェスト・クーリアー紙、1951年7月25日付。比較。
ハース（1969年）62頁、ヴェングスト（1984年）187ページも。PAAA, ヘルベルト・ディット
マンに関する人事書類、第47071巻；アデナウアーのレール宛、1951年12月15日付。Bl.79-80、
ディットマンの事務次官用手記、1951年10月25日付［写し］：1950年8月の閣議のための勧告
比較。またPAAA, B130、第6002A巻とヴェングスト（1984年）178頁。

(96) PAAA, NL.メルヒャース、第1巻：1950年まで外国にいた上級公務員および従業員の採用に
ついての非公式な原則、19512年10月16日付。

(97) PAAA, エドワルト・ミロウに関する人事書類、第53749巻：メルヒャースのミロウ宛、1949
年12月21日付。PAAA, ヘニング・トムゼンに関する人事書類、第58589巻：メルヒャースの
トムゼン宛、1950年2月8日付。PAAA, ハンスーウルリッヒ・グラノウに関する人事書類、第
48895巻：メルヒャースのグラノウ宛、1948年12月12日付。PAAA, NL.ハース、第36巻：ホ
ルツハウゼンの手記、1949年12月13日付。

(98) 茶色のシミのついた外交官アデナウアー、インサイド・ジャーマニー情報、第3号、1951年3月。

(99) デシャー（2005年）149頁よりの引用。

(100) デシャー（2005年）161頁の5つの記事は完全にコピーされている。

(101) fZ, シュトローベル集、ED329/3：ストローベルの情報報告、1951年9月13日付。

(102) PAAA, B130, 60002A：ジモニスの手記、1951年10月15日付。ハースの手記、1951年10月
17日付。ディー・ツァイト編集長の極端な、日増しに強くなるナショナルな水の流れを泳いでい
るのを見てフランフルター・ルントショウの紙のシリーズはケンプナーに対して打撃を与えるきっ
かけとした。リヒャルト・テュンゲルもそれに加えて、ロベルト・ケンプナー、有害な人間には
悪行を辞めさせねばならない、ディー・ツァイト誌、1951年9月20日付。この記事は肯定的にキッ
テル（1993年）128頁に引用された。

(103) PAAA, B130、第6002A：ハインブルクの手記、1951年11月22日付。

(104) BA, N1467、第5巻、マンスフェルト：外務省記事の試草案。

(105) カール・ゲロルト揺れ動く姿がいまや揺らいでいる？ フランクフルター・ルントショウ紙、
1951年9月19日付。この記事は部分的にデシャー（2005年）184頁に写されている。

(106) BA, N1467、第16巻：ゲロルトのハルシュタイン宛、1951年9月16日付。

(107) 「45年層」の西ドイツの戦後ジャーナリズムにとっての重要な意味について、比較。メディン
グ／フォン・プラトー（1989年）、ギーノウーヘヒト（1999年）、フォン・ホーデンベルク（2006
年）、世代に特有な加工方式にとっての重要性をファン・ラーク（2002年）15頁。が強調している。

(108) IfZ, NL.テオとエーリッヒ・コルト、ED157、第14巻：マンスフェルトのヴィルヘルム・ブロイッ
カー宛、1952年9月13日付。ハース（1969年）276頁。

700

注　第3章　伝統と新しい出発

(109) ゾルゲ氏は一緒に席に着いた。デア・シュピーゲル誌、1951 年 8 月 29 日付、32 頁。

(110) 同。30 頁。

(111) IfZ、シュトローベル集、ED329/3：シュトーベルの情報報告、1951 年 10 月 17 日付。

(112) マーンケについて、比較。ハッハマイスター（2002 年）98 頁。ヴィルト（2002 年）374 頁。

(113) PAAA, NL. メルヒャース、第 1 巻：メルヒャースの個人の状況についての気づきの点。

(114) PAAA, エルンスト・アッヘンバッハに関する人事書類、第 11 巻：リッペントロープのアッヘンバッハ宛、1944 年 10 月 22 日付、アッヘンバッハはルター事件の影響で召喚された、とのヘルベルトの推測は個人の資料の中では根拠が見いだせない。ヘルベルト（1996 年）453 頁。IfZ、シュトローベル集、ED329/5：シュトローベルの情報報告、1953 年 1 月 21 日付。

(115) ハッハマイスター（1998 年）316 頁。ホーデンベルク（2006 年）222 頁。

(116) BA, N1467, 第 8 巻：フリッツ・ゼンガーのアルノルデルト宛、1951 年 9 月 17 日付。外務省の反応についてデシャー（2005 年）178 頁比較。IfZ、シュトローベル集、ED329/3：シュトローベルの情報報告、1951 年 9 月 15 日付。

(117) BA, N1351, 第 8a 巻：ブランケンホルンの手記、1951 年 10 月 16 日付。

(118) BT-Drs.2680 号と速記報告、WP1, 1951 年 10 月 12 日付、7035C 頁。

(119) 速記記録報告、WP1, 1951 年 10 月 24 日、7035 頁。

(120) ラムシャイト（2006 年）60 頁、デシャーはさらに両方の有力なキリスト教民主同盟の州勢力の一味を強調している。デシャー（2005 年）248 頁、ゲルステンマイアーは 1939 年以来外務省文化部の副次的な協力者であった。ホーデンベルク（2006 年）128 頁、ロンゲリッヒ（1987 年）158 頁。

(121) PAAA, NL. ベッカー、第 19 巻：ノスティッツのゲルステンマイアー宛、1949 年 4 月 27 日付。

(122) ヴェーバー（2000 年）21 頁より引用。

(123) BA, Z.35, 第 60 巻：ブリルのエバハルト宛、1947 年 10 月 4 日付。メーネルトのナチ外国プロパガンディストとしての過去についてヴァイス（2006 年）235 頁を比較。

(124) BA, Z35, 77 号：ブリルのエバハルト宛、1947 年 12 月 24 日付。PAAA, カール・ゲオルク・プファイデラーについての人事書類、第 11196 巻；プファイデラーは 1944 年 3 月以来ノルウェーの外国組織での外務省代表（VAA）に任命されていた。ベルクマンの電報、1944 年 3 月 24 日付：ヴィルジングについてヴァイス（2006 年）235-237 頁を比較。

(125) BT, ParlA, WP1, 第 47 調査委員会：第 47 調査委員会の第 6 回会合の速記記録によるプロトコール、証人ハークの聴取、1952 年 2 月 13 日付、2 頁；それについてはエッカルト・ホルンの連合国高等弁務官事務所宛、1950 年 6 月 3 日宛。BA, N 1086, 第 348 巻：ブリル、報告、1953 年 7 月 14 日付。それにはまたエッカルト（2004 年）439 頁にも。

(126) BTParlA, WP1, 第 47 調査委員会；第 47 調査委員会の第 6 回会議の速記記録によるプロトコール、証人ハークの聴取、1952 年 2 月 13 日付 7 頁、また経歴のハンドブックの導入、第 1 巻（2000 年）、S.X を比較。

(127) IfZ、シュトローベル集、ED329/4：シュトローベルの情報報告、1952 年 3 月 10 日付と 1952 年 4 月 7 日付。

(128) BT, ParlA, WP1, 第 47 調査委員会：速記録による第 47 委員会の第 22 回会合についてのプロトコール、1952 年 4 月 2 日付。

(129) PAAA, ゴットフリード・ヘッカーに関する人事書類、第 49620 巻：ハースの事務次官宛、1951 年 7 月 9 日付。BA, N 1086, 第 38a 巻：ブリルのフッメルスハイム宛、1952 年 5 月 20 日付。

(130) ミヒャエル・マンスフェルト、ラーデマッハー氏の考えとボンの外務省の横やり、フランクフルター・ルントシャウ紙、1952 年 2 月 29 日付。BA, N 1467, 第 4 巻：マンスフェルトのゲロルトのための気づきの点、1951 年 3 月 6 日付。

(131) BT, ParlA, WP1, 第 47 調査委員会の第 13、14、15 回会合の速記記録によるプロトコール、

701

1952 年 3 月 11、12、13 日付。

(132) 同。第 47 調査委員会の第 13 回会合の速記記録によるプロトコール、1952 年 3 月 11 日付、8 頁、第 47 調査委員会の第 14 回会合の速記記録によるプロトコール、1952 年 3 月 12 日付、39 頁。

(133) PAAA, NL. ベッカー、第 9/2 巻：ベッカーのマウ宛、1948 年 9 月 27 日付。プリットヴィッツの戦後のキャリアについてピオントコヴィッツ（1978 年）58、288 頁と比較。

(134) PAAA, NL. ベッカー、第 9/2 巻：書類に記された気づきの点［ベッカー ?］、1948 年 9 月 24 日付。

(135) BT, ParlA, WP1, 第 47 調査委員会の第 13 会合の速記録によるプロトコール；ケラーの証言、1952 年 3 月 11 日付、43 頁、BA, B136, 第 1847 巻、Bl.281：クライバーの手記、1952 年 2 月 14 日付。BA, N1273：ヴェルマンのエルンスト・フォン・ヴァイツェッカー宛、1950 年 3 月 11 日付。

(136) リベラリズムの文書（以下、AdL）、N 11-65；ニュルンベルク地方裁判所の外務省宛、1952 年 1 月 30 日付。

(137) PAAA, B101、第 9 巻：シュヴァルツマンの気づきの点、1951 年 11 月 26 日付、「ディットマンとシェッターの余白のコメント」。

(138) リヒャルト・テュンゲル、ふるい落とされたドキュメント、ディー・ツァイト紙、1951 年 1 月 31 日付。

(139) PAAA, ヴェルナー・グルントヘルに関する人事書類、第 49105 巻；グルントヘルのヴェルック宛、1952 年 2 月 11 日付。

(140) ヘルムート・ハマーシュミット、新しい外務省の人事政策に関する送付された原稿、バイエルン放送、1952 年 3 月 17 日付。PAAA, B101、第 97 巻：外務省の批判に対する反論の作業、1952 年 3 月 24 日付。ハマーシュミットの放送に対する反応、デシャー（2005 年）213 頁を比較。

(141) ADAP、EIV、164 番：バルゲンの外務省宛、1942 年 11 月 11 日付。

(142) BT ParlA, WP 1、第 47 調査委員会：速記録による第 47 委員会第 6 回会合のプロトコール、1952 年 3 月 19 日付、77 頁。

(143) PAAA, B100, ヴェルナー・フォン・グルントヘルの補償問題、第 765 巻。

(144) BT, ParlA, WP, 第 47 調査委員会：同委員会第 17 回会合の速記録によるプロトコール、1952 年 3 月 20 日付、4 頁、グルントヘルの党メンバーシップへの提案の拒否は当時まだ知られていなかったのだろう。PAAA, 手動行為課長、第 33 巻（資料はぬかるんでいる）。ボルマンのリッベントロープ宛、1941 年 9 月 13 日付。

(145) PAAA, ヴェルナー・フォン・グルントヘルに関する人事書類、第 49105 巻：シャッファルチェックの気づきの点、1952 年 4 月 4 日付。

(146) ハルシュタインの初めの挨拶、1952 年 3 月 25 日付。ハース（1969 年、422 頁の中に印刷してある。PAAA, B101、第 97 巻も比較；1952 年 3 月 25 日の記者会見でのヴレックの気づきの点。

(147) PAAA, ヴェルナー・フォン・グルントヘルに関する人事書類、第 49105 巻；ヴレックの気づきの点、1952 年 3 月 21 日付。

(148) PAAA, B100, ゲルハルト・リュトケンの補償、第 2421 巻：バルゲンのリーレス宛、1052 年 2 月 15 日付。

(149) PAAA, B100, 第 2275 巻：バルゲンの申請、1952 年 3 月 29 日付。PAAA, ヴェルナー・フォン・バルゲンに関する人事書類、第 45363 巻：ヴレックの気づきの点、1952 年 4 月 7 日付。：バルゲンは暇を出された、ディー・アーベントツァイツング紙、1952 年 4 月 7 日付。

(150) PAAA, ヴェルナー・フォン・バルゲンに関する人事書類、第 45363 巻：プファイファーのカウフマン宛、1952 年 9 月 10 日付。カウフマンの見解、1952 年 10 月 21 日付。第 45364 巻：フランケの見解。

(151) 同。第 45363 巻：ノスティッツの手記、1952 年 4 月 22 日付。

(152) PAAA, NL. ベッカー、第 16/1：バルゲンのベッカー宛、1952 年 5 月 9 日付。ベッカーのバルゲン宛、

1952 年 4 月 10 日付。バルゲンのベッカー宛、1952 年 4 月 25 日付。

(153) 同。バルゲンのベッカー宛、1952 年 6 月 12 日付。プファイデラーの演説、1951 年 10 月 16 日付。ハース（1969 年）172 頁の中に印刷されている。

(154) メーネルトのベッカー宛、1952 年 5 月 5 日付。PAAA, NL. ベッカー、第 16/1 巻。

(155) IfZ. シュトローベル集、ED329/4：シュトローベルの情報報告、1952 年 6 月 18 日付。

(156) 第 47 調査委員会の書面での報告、1952 年 6 が月 18 日付：ハース（1969 年）282-423 頁の中で印刷されている。それにはまたデシャー（2005 年）234 頁を比較。

(157) PAAA, 中央部部長の特別書類、HA 局長、第 11 巻：シェッターの追加報告、1952 年 1 月 16 日付。PAAA, B100, 第 337 巻：ゲルテ外務省の行政性上の争い。NARA, BDC コレクション、親衛隊将校の調整、A3343SSO-001A、フェリックス・ゲルテ。

(158) AAPD1952、193 番：法律顧問カウフマンの手記、1952 年 8 月 27 日付。

(159) 速記録による報告、WP1、1952 年 10 月 22 日付、ハース（1969 年）424-487 頁に印刷され得ている。

(160) 速記録による報告、WP1、1952 年 10 月 22 日付、443 頁、445 頁。

第 4 章　後続者、古参、「かつての人々」

(1) PAAA, B120, 第 12 巻：ペーター・プファイファーへの書き物、1969 年 9 月 9 日付。ミュラー（1996 年）273、275 頁、現 在 の 数：URL：http：／www.auswaertiges-amt.de/diplo/AAmt/AuswDienst/Mitarbeiter.html（2009.2.28）。

(2) ミュラー（1996 年）165、274 頁、マウルッチ（1998 年）194 頁。

(3) PAAA, B2 第 32 巻：人の選別に関しての原則、方針、指示、1952 年 4 月 30 日付。ドイツ連邦共和国の外交文書（AAPB）1949/50 年、29 番：同盟国高等弁務官事務所・政治委員会との話し合い、1950 年 1 月 23 日付。

(4) ハース（1969 年）26 頁。

(5) 同。39 頁。

(6) ミュラー（1996 年）279 頁、ハース（1969 年）58 頁による数の表示、PAAA, B2、第 32 巻：回覧指示、1952 年 11 月 17 日付。人事選別に際しての原則、方針、指示、1952 年 4 月 30 日付。PAAA, B101、第 97 巻：3 月 25 日の記者会見での気づきの点；PAAA, B110、第 51 巻：1954 年 11 月 24 日のモンテヴィデオでの南・中部アメリカの役人代表の作業会議のプロトコール、レーン局長：人事・行政問題、22 頁。

(7) ハース（1969 年）183、421 頁、PAAA, B2、第 32 巻：上級職員の監督、公務員と従業員、1951 年 8 月 1 日段階；高級職員、公務員と従業員の監督、1952 年 5 月 1 日段階；同。上級公務員と従業員の人事状況、1951 年 7 月 1 日段階；回覧指示、1952 年 11 月 17 日付。PAAA, NL ハース、第 31 巻：国内の上級職（法務局を除く）人事リスト、1951 年 10 月；第 32 巻：国内上級職員（法務局を含む）、1952 年 10 月；第 33 巻：上級職員の人事リスト、外国代表者たち、1952 年 9 月；PAAA, B101、第 97 巻：3 月 25 日の記者会見での気づきの点。

(8) PAAA, B101、第 97 巻：外務省への攻撃、1952 年 3 月 25 日付。AAPD1952、115 番、ハースの手記、1952 年 4 月 25 日付。

(9) 数字と比較した価値を、レフラー（2002 年）165 頁；ヴェングスト（1984 年）177 頁；ガルナー（1993 年）766 頁、マルッチ（1998 年）414 頁、より引用。

(10) 1951 年と 1952 年については、PAAA, ハース NL、第 31 巻、と比較：国内上級職（法務局を除いて）の人事リスト、1951 年 10 月；同様に 32 巻：（法務局を含んだ）1952 年 10 月の人事リスト、同様に 33 巻：1951 年 9 月の上級職員で外国代表者たちの人事リスト：同様に 34 巻：1952 年 9 月の外国代表者の人事リスト

注　第2部　ドイツ外務省と過去

(11)　PAAA, B118, 第 486 巻：1933 年から 1945 年までに外務省上級職員で待機ないしは退職に追い
やられた者の表、1952 年 9 月 22 日付。PAAA, B100, 第 92 巻：補償状態の外観、1952 年 8 月 25
日付、BWGoeD9 条による補償のケース；経歴手帳、第 3 巻（2008 年）724 頁；同様に、第 2 巻（2005
年）150、289、361、366 頁；ハース（1974 年）119-176 頁。

(12)　ミュラー（1996 年）281 頁；PAAA, Nl, ハース、第 18 巻：ライスマン議員の週刊誌 das
Zentrum, 1/1951 の真実、権利、自由についての記事に対するコメント的な気づきの点、「ボンの
外務省―閉鎖的な社会」PAAA, B110, 第 51 巻：1954 年 11 月 24 日にモンテヴィデオで開かれた
南・中央アメリカ代表役人の指揮者の作業会合でレンス局長の議事録、人事および行政上の問題、
22 頁、PAAA, B101, 第 242 巻：ナチ党のメンバーであったドイツの使節長に関する書簡の草案、
1962 年 5 月 5 日付。

(13)　PAAA, B102, 第 2940 巻：ナチ政権追放者同盟の回覧文書、1950 年 12 月 22 日。

(14)　PAAA, B130, 第 8906A：部 I の一覧表、1961 年 3 月 1 日付。

(15)　ミュラー（1996 年）212、280 頁による数；ハース（1969 年）58 頁、PAAA, B2, 第 32 巻：回
覧指示、1952 年 11 月 17 日付。人事の選択についての原則、基本および指示、1952 年 4 月 30 日付。
PAAA, B101、第 97 巻：3 月 25 日の記者会見のための気づきの点、PAAA, B110, 第 51 巻：モン
テヴィデオで 1954 年 11 月 18-24 日に行われた南・中央アメリカ使節団の代表役人（の作業会合で）
のプロトコール、レンス局長：人事および行政上の問題、22 頁。

(16)　ハース（1969 年）183 頁による数字；PAAA, B2, 第 32 巻：職員、公務員、従業員の外観、1951
年 8 月 1 日の段階；上級職員、公務員、従業員の 1952 年 7 月 1 日の人事状態；回覧指示、1952 年
11 月 17 日付。PAAA, NI ハース、第 31 巻：上級職員で国内勤務（法務局を除く）の人事リスト、
1951 年 10 月；第 32 巻：上級職員の国内勤務（法務局を含む）の人事リスト、1952 年 10 月；第 33 巻：
上級職員の人員リスト、外国での代表、1951 年 9 月；第 34 巻：上級職員の人員リスト、外国での
代表 1952 年 9 月；PAAA, B101, 第 97 巻：3 月 25 日の記者会見のための気づきの点；ミュラー（1996
年）214 頁。

(17)　1945 年以前の数字については、ヤコブセン（1985 年）187 頁；デシャー（1987 年）69 頁。

(18)　BT, ParlA, WP1, 第 47 調査委員会よりの引用：第 47 調査委員会第 5 回会合についての速記録
によるプロトコール、1952 年 1 月 18 日付、9 頁。

(19)　比較、BT Parl, WP1, 第 47 調査委員会；第 47 調査委員会第 6 回会合の速記録によるプロトコール、
1952 年 2 月 13 日付、40 頁、第 47 調査委員会第 8 回会合の速記録によるプロトコール、1952 年 2
月 15 日付、2、6、21、33 頁；第 47 調査委員会第 9 回会合の速記録によるプロトコール、1952 年
2 月 20 日付、43 頁、第 47 調査委員会第 10 回会合の速記録によるプロトコール、1952 年 2 月 21
日付、13、34、43 頁、第 47 調査委員会第 14 回会合の速記録によるプロトコール、1952 年 3 月
12 日付、2 頁。

(20)　PAAA, フランツ・クラップに関する人事書類、第 51910 巻：手記 1959 年 11 月 3 日付、そこ
には、ベルリンドキュメントセンターの情報も引用、1954 年 11 月 3 日付：フランツ・クラップ
の手書きの書類（ボンのクラップ―ムロッシュ家族の私的所有）：公使メルヒャースのホフマン課
長宛、1954 年 12 月 1 日付、比較。他デシャー（2005 年）82 頁。

(21)　BT, ParlA, WP1, 第 47 調査委員会：第 47 調査委員会第 6 回会合の速記録によるプロトコール、
1952 年 2 月 13 日付、36 頁。

(22)　BT, ParlA, WP1：第 47 調査委員会：第 47 調査委員会第 9 会合の速記録によるプロトコール、
1952 年 2 月 15 日付、6 頁。

(23)　次の数字と比較評価は比較、PAAA, B2、第 33 巻：連邦内務省の外務省宛、1952 年 3 月 19 日付；
ヴェングスト（1984 年）180 頁、マウルッチ（1998 年）424 頁；レフラー（2002 年）184 頁。連
邦経済省の人員についての追加的な情報を調べて、直接の比較を初めて可能にしたベルンハルト・

704

レフラー教授に対しては我々は大なる感謝を表明する（ベルンハルト・レフラーの書面による通知、2009 年 4 月 8 日）。

(24) NARA Ⅱ、RG466, Entry1, Box39：ヴァルター・ハルシュタインのマクロイ宛、1952 年 3 月 5 日付。覚書、新しいドイツの外務省の人的問題、マウルッチ（2001 年）124 頁。

(25) このように少なくともイヴォンヌ・カーパトリックの評価；TNA/PRO, FO371/98021、C1904/1：イヴォンヌ・カーパトリックの英国外務省宛、1952 年 4 月 28 日付。比較、マウリッチ（2001 年）、同様に（1998 年）342-391 頁、ハーンはそれに反対（1993 年 a）。

(26) MAE パリ、ヨーロッパシリーズ、ドイツ、1944 年 -1970 年、第 1190 巻：Le passe du Ministre Allemand de linntereur、1960 年 2 月 6 日付。NARA Ⅱ、RG59、Subject Numeric File 1967-1969、Box2128：USBBER、Berlin、国務省宛、1969 年 5 月 6 日付。

(27) PAAA, ペーター・プファイファーに関する人事書類、第 54980 巻：ニューヨークにおける国連代表部の設立の準備段階に関する書き物、1954 年 2 月 1 日付。

(28) 議会レコード、第 3 回議会における進捗と議論、第 2 回会合、vol.100（1954 年）、A2294-A2295; 元ナチ党のメンバーを国連オブザーヴァーに、という米国課員議員のニューヨーク選出のヤコブ・K. ヤヴィス議員の発言、1954 年 3 月 24 日付。比較。他、IfZ、ED135、NL、クレッケラー、第 60 巻：リーサー総領事のクレッケラー大使宛、1954 年 2 月 25 日付。リーサー総領事のクレッケラー大使宛、1954 年 3 月 30 日付。

(29) ベルンの手紙、デア・シュピーゲル誌、1958 年 4 月 2 日付。そこにはまた引用；新しいベルンでのドイツ大使、ノイエ・チューリヒャー・ツァイツング紙、1958 年 2 月 26 日の夕刊；ドイツからモール、ノイエ・ベルナー・ナーハリヒテン紙、1958 年 2 月 22 日付。

(30) PAAA, エルンスト＝ギュンター・モールに関する人事書類、第 53833 巻：手記、1965 年 1 月 8 日付。モールは政治的に傷つかなかった、デア・シュピーゲル誌、1958 年 2 月 8 日付。

(31) ベルンの手紙、デア・シュピーゲル誌、1958 年 4 月 2 日付。ブロンズ色のホルツアッフェル、ディー・ツァイト紙、1958 年 4 月 17 日付。外交？　ディー・ツァイト紙、1958 年 2 月 13 日付。モーアのためのアーギュメント、ノイエ・チューリヒャー・ツァイツング紙、1958 年 2 月 27 日付。

(32) PAAA, エッルンスト＝ギュンター・モールに関する人事書類、第 53832 巻：ブレンターノのホイス宛、1959 年 4 月 17 日付。

(33) PAAA, フリードリッヒ・ホルツアッフェルに関する人事書類、第 50306 巻：ホルツアッフェルのブレンターノ宛、1958 年 2 月 15 日付。ホルツアッフェルのブレンターノ宛、1958 年 2 月 28 日付。PAAA, エルンスト＝ギュンター・モールに関する人事書類、第 53832 巻：ホルツアッフェルの外務省宛、1958 年 2 月 17 日付。ホルツアッフェルの外務省宛、1958 年 2 月 21 日付。

(34) トムゼンについては PAAA, トムゼンに関する人事書類、第 58589 巻を見よ。ヘス大使の外務省宛、1956 年 5 月 7 日付。ムム・フォン・シュヴァルツェンシュタインについては PAAA、B101、第 971 巻：手記 1963 年 3 月 28 日付を見よ。アーノルトについては、PAAA, B101、323 巻を見よ。アーノルト課長のワシントン大使館のプレス担当官へ派遣した観点。

(35) ハンス・アーノルト、時代の証人の話、ベルリン、2009 年 3 月 26 日付。

(36) PAAA, ヴェルナー・フォン・バルゲンに関する人事書類、第 45363：駐イラク（バクダッド）大使館の外務省宛、1960 年 7 月 3 日付、そこにはまた、引用：手記、1960 年 7 月 27 日付。デシャー（2005 年）60、68 頁。

(37) ハンゼン（2002 年）803 頁、シンボル価値を持つ男、デア・シュピーゲル誌、1965 年 6 月 9 日付。

(38) BA, B136、第 6171 巻：テルアヴィヴからのテレックス；誰が嘘を言っているのか？　ディー・ツァイト紙、1965 年 11 月 26 日付。列車から列車へ、デア・シュピーゲル誌、1965 年 7 月 14 日付。息子たちの罪、デア・シュピーゲル誌、1965 年 7 月 28 日付。

(39) PAAA, ロルフ・パウルスについての人事書類、第 54389 巻、BI201：履歴書。

注　第2部　ドイツ外務省と過去

(40)　シンボル価値を持つ男、デア・シュピーゲル誌、1965年6月9日付。ドイチュクロン（1983年）316頁とも比較。

(41)　オズ（2005年）25頁、他ハンゼン（2002年、804頁と比較。

(42)　PAAA, B130、第8904A巻：Dr.パウルス局長の手記、1965年6月28日付。

(43)　BA, B136、第6171巻：シュレーダーのエルハルト宛、1965年6月10日付。ハンゼン（2002年）804頁；ガルトナー・フェルトマン（1984年）163頁。

(44)　比較、BA, B136、第6171巻：シュレーダーのエルハルト宛、1965年6月10日付。PAAA, B130、第8904A巻：シュレーダーの気づきの点、1965年5月29日付。

(45)　比較、PAAA, B130、第8904A巻：Dr.フリッツ・ガスパリ、Dr.ハインリッヒ・ベクス、Dr.パウル・フランク、カール・ヘルマン・クノーケとDr.ロルフ・フリードマン・パウルスの短い履歴書。

(46)　PAAA, B130、第8904A：ハンス・シュパイデルの宣誓、1949年10月15日付。

(47)　イスラエル大使、デア・シュピーゲル誌、1965年6月23日付：ドイチュクロン（1983年）317頁。

(48)　PAAA, B36、第190巻：フリッツ・レーヴェンシュタインのエルハルト宛、1965年8月21日付。ハンゼン（2002年）804頁、オズ（2005年）26頁、ガルトナー・フェルトマン（1984年）165頁。

(49)　PAAA, アレクサンダー・テレクに関する人事書類、第58651巻：テルアヴィヴ大使館の外務省宛、1965年11月9日付。テルアヴィヴ大使館の外務省宛、1965年11月14日付。誰が嘘を言っているのか？　ディー・ツァイト紙、1965年11月26日付。ハンゼン（2002年）804頁、ドイチュクロン（1983年）318頁。

(50)　PAAA, アレクサンダー・テレクに関する人事書類、第58651巻：外務省のテルアヴィヴ大使館宛、1965年11月22日付。外務省のパウルス宛、1966年7月4日付。ハンゼン（2002年）、804頁。

(51)　ドイチュクロン（1983年）、48頁。

(52)　ダーレンドルフは外交官の選出を嘆いている、フランクフルター・ルントシャウ紙、1968年2月24日付。

(53)　PAAA, B101、第97巻：外務省への攻撃、1952年3月25日付。

(54)　NARA Ⅱ, RG59, Numeric File 1964–1966, Box2223：在ボン・米国大使館の国務省宛、1964年6月30日付。

(55)　ガルナー（1993年）764頁、同（1994年）32頁；シュヴァルツ（1991年）657頁。

(56)　ミュラー（1996年）227頁；デシャー（2003年）110頁、118頁。

(57)　TNA/PRO, FO1049/1576：Mr.ウィルソンの手記、1949年11月29日付。

(58)　連邦首相府アデナウアーハウス（StBKH）、Ⅰ/12.32、Bl.225–235：フランツ・ブルッヒャーのアデナウアー宛、1950年11月17日付。

(59)　同。Bl 218–221：アデナウアーのブルッヒャーとヴェルハウゼン宛、1950年11月23日付。

(60)　ミュラー（1996年）84、209、222頁：BA, NI.ブランケンホルン、N1351、第10巻：日記に記帳、1952年6月19日付。アデナウアーのグルブケ宛、1959年4月16日付、アデナウアーの手紙、1957–1959年、250–254頁の中から。

(61)　MAE パリ、ヨーロッパシリーズ、ドイツ、1944–1970年、第140巻、Bl.11f：Haut Commissariat de la Republique Francaise en Allemagne an das Ministtere des Affaires Etrangeres, 1953年1月16日付、ミュラー（1996年）229頁。

(62)　マウルッチ（1998年）424頁。

(63)　PAAA, B130、第8423巻：ヴュルメリング大臣のブレンターノ宛、1958年3月15日付。ブレンターノのアデナウアー宛、1958年4月24日付。ボンナー・ルントシャウ紙、1958年2月14日付。ブレンターノのエヴェン連邦議会議員宛、1958年2月14日付。エヴェン連邦議会議員のブレンターノ宛、1958年2月19日付。外務省での大きな変更、ディー・ツァイト紙、1958年2月6日付。外交官一玉突き、フランクフルター・アルゲマイネ・ツァイトゥング紙、1958年2月7日付；

ブレンターノと CDU、ディー・ツァイト紙、958 年 3 月 6 日付。辛うじての魔法の笛、デア・シュピー
ゲル誌、1958 年 6 月 25 日付。クローネ、日記、第 1 1945-1961：記入 1958 年 2 月 24 日付、292 頁。

(64) NARA2, RG59, Subject Numeric File 1967-1969, Box2128：ボンの米国大使館の国務省宛、1967
年 1 月 5 日付。ブラントは自分の「護衛」を持ち込んできた。ディー・ヴェルト紙、1966 年 12
月 20 日付。外務省は集中砲火の中に、ライニッシェ・ポスト紙、1968 年 3 月 8 日付。アーノル
トとブラッハシュタインあるいは人事政策、フランクフルター・アルゲマイネ・ツァイトゥング紙、
1968 年 3 月 22 日付。

(65) 外部人間がベオグラードに？ キリストと世界誌、1968 年 3 月 15 日付。アーノルトとブラッハ
シュタインあるいは人事政策？ フランクフルター・アルゲマイネ・ツァイトゥング紙、1968
年 3 月 22 日付。

(66) 比較、ガルナー（1993 年）38 頁。

(67) PAAA, B101、第 323 巻：StS・ファン・シェルペンベルクのハインリッヒ・クローネ宛、1959
年 10 月 6 日付。

(68) ミュラー（1996 年）245 頁；ハース（1969 年）35、57 頁。

(69) シャイデマン（2000 年）55 頁。

(70) ガルナー（1995 年）63 頁、ミュラー（1996 年）240 頁。1952 年から最初に課長ポストになっ
た女性エリカ・パップリッツは「かつて」のそして昔党仲間であった。比較、ミュラー／シャイ
デマン（2000 年）、89 頁。

(71) ハース（1969 年）、6 頁、ミュラー（1996 年）201 頁。

(72) シャイデマン（2000 年）78 頁。

(73) ミュラー（1996 年）220 頁、脚注 186。

(74) PAAA, B101、第 798 巻：外務省の女性たち、1984 年 10 月 22 日付。101 課の人事委員会の文
章に対する意見表明、1984 年 10 月 22 日付。ミュラー（2000 年）19 頁。

(75) シャイデマン（2000 年）、35 頁。

(76) ミュラー（1996 年）による数字、192 頁；エント（1969 年）80 頁。比較、ツァフ（1965 年 a）180 頁、
ドイチュ／エディンガー（1973 年）139 頁。

(77) レール（1985 年）206 頁；ベッシュ（2001 年）110、339 頁。

(78) PAAA, NL ハース、第 18 巻：議員ライスマンの真実、権利、自由のための週刊誌「ツェントゥ
ルム」第 1 号、1951 年における記事についてのコメント的な気づきの点；同様に、第 5 巻：シェッ
ター元高等裁判所長官の検証結果についての最終報告、1951 年 11 月 24 日付。PAAA, B2、第 32 巻：
回覧指示、1952 年 11 月 17 日付。PAAA, B110、第 51 巻：1954 年 11 月 18-24 日にモンテヴィデ
オにおける南・中央アメリカ代表部の役人代表の作業部会でのプロトコール、ヨゼフ・レンツ局長：
人事および行政問題 22 頁、ミュラー（1996 年）276 頁。公的行政官のカトリック教徒の割合。比
較、モルセイ（1977 年 a）227 頁；ヴェングスト（1984 年）181 頁、レフラー（2002 年）154 頁。

(79) ミュラー（1996 年）195、277 頁。

(80) アルプレヒト・フォン・ケッセル：チーフが異なれば、風向きも変わる、ディー・ヴェルト紙、
1962 年 7 月 4 日付。ハース（1969 年）24、42 頁。

(81) ドイツ社会民主党アルヒーヴ、NL. シュミット、ファイル 1355：ハロルド・コッホ連邦議会議
員のシュミット宛。1952 年 5 月 27 日付。

(82) アデナウアー、茶飲み話 1950-1954 年、新聞―茶、1952 年 4 月 2 日付、226-248 頁。

(83) BA, NL. ブランケンホルン、N1351、第 2 巻：日記による貢献、1949 年 11 月 17 日付。外務
省の人的完成にあたってのブランケンホルンの役割について、比較、IfZ、ED448、NI. ベッカー、
第 38 巻：Dr. アレクサンダー・ベッカーに対する質問の内容プロトコール、ミュンヘン、1987
年 7 月 25 日付、3 頁、ラムシャイト（2006 年）120、144、181、396 頁；デシャー（2005 年）91、

101、103 頁、ミュラー（1996 年）225 頁。

(84)　BT ParlA, WP 1、第 47 調査委員会：調査委員会第 475 回会合の速記録によるプロトコール、1952 年 1 月 18 日付、6、11 頁。

(85)　ハンス・アーノルト、時代の証言対話、ベルリン、2009 年 3 月 26 日付：比較、他にシュターデン（2001 年）126 頁。

(86)　IfS、ED135、NL. クレッケラー、第 53 巻：気づきの点、1952 年 3 月 26 日付。ミュラー（1996 年）234 頁；デシャー（2005 年）294、319 頁、エント（1969 年）78 頁。ゼーロス（1953 年）36 頁。ハース（1969 年）56 頁。

(87)　比較。例として BA、NL. ブランケンホルン、N1351、第 13 巻：日記による貢献、1952 年 8 月 22 日付。TNA/PRO、FO371/85264、C7174：英国、高等弁務官事務所の英国外務省宛、1950 年 11 月 6 日付。ラムシャイド（2006 年）133 頁。デシャー（2005 年）302 頁。ハース（1969 年）59 頁、ラッペンキュパー（1995 年）645 頁。クロル（1990 年）173 頁。

(88)　TNA/PRO　FO371/118454、WG1903/1;(P.F. ハンコック) 手記、1954 年 1 月 3 日付。比較、ヴァールハフティッヒ（1957 年）33 頁による対応する示唆も。

(89)　PAAA, ゲオルク・ローゼンに関する人事書類、第 56037 巻：書記官 Dr. ジュニア・ゲオルク　ローゼンの履歴；大使館参事官 Dr. ローゼンの外務省への召喚に関する気づきの点、ロンドン、1953 年 6 月 3 日付。事務次官ハルシュタインのローゼン宛、1953 年 6 月 8 日付。ローゼンの外務省宛 1953 年 6 月 10 日付。モンテヴィデオへの配置換についての手記、1953 年 3 月 21 日付。ローゼンのシュタールベルク宛、1956 年 4 月 28 日付。

(90)　PAAA, ヨハン＝ユルゲン・ブロマイアーに関する人事書類、第 45960：領事ヨハン＝ユルゲン・ブロマイアーの能力に関する報告、1951 年 9 月 11 日付。気づきの点、1953 年 4 月 11 日付。

(91)　PAAA, マックス・バッハマンに関する人事書類、第 45275 巻：シュランゲ＝シェーニンゲンのヴェルック宛、1953 年 5 月 4 日付。

(92)　TNA/PRO, FO371/85264、C6898：Minutes.

(93)　同。C7174：英国高等弁務官事務所の英国外務省宛、1950 年 11 月 6 日。

(94)　アイザーマン（1999 年）62、78 頁。

(95)　PAAA, ゲオルク・ローゼンに関する人事書類、第 56037 巻：ローゼンのハース宛、1949 年 11 月 24 日付。

(96)　PAAA, B110、第 51 巻：モンテヴィデオで 1954 年 11 月 18-24 日に開かれた南・中米代表部の官房指導者たちの作業会合に関するプロトコール、レンス局長：人事・行政問題、22-29 頁、PAAA, B102、第 7 巻：外務省のドイツ民族・企業連邦連合宛、1958 年 8 月 1 日付。

(97)　自由主義の文書（AdL）、A31-67、BL.49f、連邦議会議員ハンスハインリッヒ・シュミットの外務大臣シュレーダー宛、1963 年 2 月 25 日付。BL.51：シュレーダー外務大臣の連邦議会議員ハンスハインリッヒ・シュミット宛、1963 年 4 月 19 日付。BL.52-55：連邦議会議員ハンスハインリッヒ・シュミットのエーリッヒ・メンデ宛、連邦外務大臣氏の 1963 年 4 月 19 日付書簡への見解;AdL、A31-47；連邦議会議員ハンスハインリッヒのメンデ宛、1962 年 4 月 30 日付。マンフレット・シュライターの履歴;PAAA, B101、第 324 巻：ハースの手記、1955 年 11 月 29 日付。第 1003：x シュレーダー外務大臣のラープ局長宛、1963 年 11 月 17 日付。

(98)　PAAA, B101、第 768 巻：今日の「外務省の公務員が党のキャリア組に抗議」とのヴェルト紙の記事についての手記、1977 年 4 月 13 日付。外務省の若い上級キャリア職員の状態に関する熟考 1977 年 3 月 3 日付。

(99)　シュターデン（2001 年）125 頁、ニールス・ハンゼンと似たように、時代の証言対話、ボン、2009 年 3 月 4 日付。

(100) PAAA, B101、第 323 巻：事務次官ファン・シェルペンベルクのハインリッヒクローネ宛、

注　第4章　後続者、古参、「かつての人々」

1959年10月6日付。エント（1969年）53頁、ミュラー（1996年）55、232、259頁より引用。

(101) PAAA, NL フォン・ブラウン、第110巻：ハーコート事務次官の送別挨拶 1970年5月31日 /6月1日付。

(102) ザリス（1959年）15頁。

(103) PAAA, B6、第210巻：青い仕事26号、1969年6月30日—7月2日の西ヨーロッパ大使会議、Dr. フェデラー局長の報告：行政問題、1969年7月30日付38頁。比較、特にエント（1969年）55頁。

(104) PAAA, NL. フォン・ブラウン、第110巻：ドゥクヴィッツ事務次官の別れの挨拶、1970年5月31日 /6月1日付。PAAA, B101、第798巻：基本的な人事案件に関する話し合いの書簡、1971年11月29日付。ヘルヴァルト（1959年）236頁。あるいは新しい評価としてミュラー（1996年）247頁。

(105) PAAA, B1、第23巻：ハウゼンシュタインのハルシュタイン宛、1956年5月23日付：ラッペンキューパー（1995年）668頁。

(106) MAE パリ、Serie Europe, Allemagne, 1944-1970、第146巻、Bl.93-97：フランス共和国の Haut　Copmmisariat のフランス外務省宛、1953年7月24日付。

(107) グレーヴェ（1967年）33頁：ラール（1981年）357頁。

(108) PAAA, B10, 第172巻：事務次官の書簡、1952年3月11日付。

(109) PAAA, B102, 第11巻：ペーター・プファイファー：外務省の後続者たちの長期的な育成、1951年9月10日付。

(110) NARA Ⅱ、RG59、Subject Numeric File1964-1966, Box2223：在ボン・米国大使館の国務省宛、1964年6月30日付。

(111) 同。Subject Numeric File 1967-1969. Bo0x 2131：在ボン・米国大使館の国務省宛、1967年8月9日付。

(112) PAAA, B1、第203巻：ドイツの外国公務員連合のシュレーダー外務大臣宛、1963年3月26日付。PAAA, B101、第966巻：1962年1月20日のディー・ツァイト紙の「50年になってやっとキャリアが始まる」に関しての手記、1962年1月24日付。同様に、第768巻：今日のディー・ヴェルト紙の記事「外務省の公務員が党のキャリア組に対して抗議」に関しての手記、1977年4月13日付。ミュラー（1996年）177頁。

(113) デシャー（2005年）142頁、トマトとタマゴ、デア・シュピーゲル誌、1954年3月24日付。フランスの態度ついて、比較、MAE、パリ、Serie Europe、Allemagne、1944-1970、第332巻；在マイエンスフランス領事館（ピエール・デペイレ）のフランス外務省宛、1950年5月3日付。中央欧州南方向のヨーロッパ局の気づきの点、1950年6月27日付。

(114) クレーガー（2006年）11頁。比較。例えばPAAA, B102、第2940：エーリッヒ・クラスケのペーター・プファイファー宛、1950年2月23日付、

(115) PAAA, B102、第11巻：ペーター・プファイファー、外務省の後続者の長期的養成、1951年9月10日付。比較、プファイファーの手記についての気づきの点も、1951年10月8日付。それからヘルヴァルト（1959年）、236頁。

(116) PAAA, NL. フォン・ブラウン、第164巻：アタッシェの前での演説、1971年9月23日付。

(117) クレーガー（2006年）、17頁。

(118) PAAA, B102、第888巻：ワーキング・グループ「養成改革」に対する報告へのカール Th。パシュケの見解、1972年6月15日付。

(119) 同。第6巻；外務省の上級職員の後続者の選別に関する手記、1953年4月24日付。

(120) 例として評価された。PAAA, B101、第104-106.

(121) 比較。例として PAAA, B101、第188巻：外務省のサットン宛、旅行事務局、screen fuer den 3.Spyerer 課程、1951年5月5日付。

709

注　第2部　ドイツ外務省と過去

(122) PAAA, B102、第 2940 巻：政治的迫害者と損害を被ったものを連邦職員に優先して採用する回覧文書、1950 年 12 月 22 日付。PAAA, B130、第 8906A：第 1 部の手記、1961 年 3 月 1 日付。

(123) TNA/PRO, FO 371/70692、C6281：英国外務省の政務課、ベルリン、1948 年 8 月 11 日。

(124) TNA/PRO, FO 371/85567、CD3717：英国外務省の高等弁務官事務所宛、1951 年 1 月 10 日付、

(125) PAAA, B10、第 171 巻、B1、221：プファイファーの書簡、1950 年 4 月 13 日付。

(126) 例えば、ハイツ・シュネッペンはこのように報告していた、時代の証言対話、ベルリン、2009 年 3 月 9 日付。

(127) PAAA, B102、第 12 巻：手記、1958 年 5 月 19 日付。

(128) 同。第 888 巻：アタッシェ養成の新規則のための勧告、1972 年 3 月。

(129) 比較。他同様に、第 3024 巻：助手の観察。

(130) 同。第 3025 巻：外務省の上級職の養成課程の外務省からの講師リスト、1952 年 5 月。リストにはかつて現れた講師たちが名を連ねている。

(131) 比較。例として同様に。シュパイヤーでの外務省上級職候補者の第 1 課程、1952 年 5 月；比較、デシャー（1995 年）156-165、226 頁；および経歴手帳、第 2 巻（2005 年、124 頁）。

(132) 比較。例として PAAA, B102, 第 116 巻：1956 年 11 月 26 日 -12 月 8 日の間のプログラム。

(133) 比較。例として同様に、第 9 アタッシェ課程のためのプログラム、1955 年 11 月 9 日付。ミュラー＝ロシャッハに対して比較。ブローニング（1978 年）、記憶から、デア・シュピーゲル誌、1968 年 7 月 22 日付。

(134) 比較。例として PAAA, B102、第 116 巻：第 9 教育課程の研究計画、1955 年 3 月 31 日付。

(135) 同。第 3024 巻：助手の観察、1950 年 9 月 6 日付。同様に、第 116 巻：講義の観察。

(136) 同。第 11 巻：ペーター・プファイファーの手記、1951 年 9 月 10 日付。

(137) 同。第 888 巻：「アタッシェの要請についての新しい秩序の勧告」に関する作業グループの報告、1972 年 3 月。

(138) PAAA, B2、第 199 巻：事務次官フォン・ブラウンの書簡。1970 年 8 月 4 日付。

(139) 同。第 216 巻、BI.18-25; 追加的な地方養成と経験を伴った公務員の育成と使用に関する事務次官への書簡、1974 年 4 月日付。

(140) PAAA, B101、第 797 巻：人事選考、養成、特殊化。連邦議会議員レーディンクの外務省改革の現状と目的からのあらすじ、1971 年 9 月 9 日に催された。

(141) ミュラー（1996 年）251 頁。

(142) PAAA, B100, 第 303 巻：気づきの点、1963 年 11 月 6 日付。

(143) 茶話会 32 回、1960 年 11 月 15 日付、アデナウアーの茶話会、1959-1961 年、371-386 頁、の中に、比較。他にエント（1969 年）10 頁；フランク（1981 年）363-372 頁、ハミルトン／ラングホルネ（1995 年）217、231 頁。

第 5 章　補償と記憶

(1) ゴシュラー（2005 年）178 頁；ガーナー（1995 年）：フライ（1996 年）69-100 頁。

(2) BGBL, Ⅰ 1951、291 頁。

(3) 同。137 頁；BWGoeD- 外国に寄せて、比較、サボー（2000 年）。

(4) ここで基準となるのは 1937 年 1 月 26 日のドイツ公務員法セクション 26 で、戦後においても非ナチ化の理解に通用した。国籍問題の例外は可能であって、それでも内務省の許可を得なければならなかった。比較、サボー（2000 年）250、334 頁。

(5) PAAA, ヴェルナー・シュヴァルツの人事書類、第 57461;B100, シュヴァルツの補償記録、第 1864。

(6) ホルツハウゼンの旧役所の金銭記録はちなみに政権のそれと高い一致を示唆していた。PAAA,

ルドルフ・ホルツハウゼンの金銭記録、第 6370：ホルツハウゼンの意見表明、1934 年 2 月 21 日付。

(7) PAAA, B100, 第 92 巻：ブデの報告、1953 年 4 月 23 日付。

(8) PAAA, オイゲン・ブデに関する人事書類、第 1991 巻：プリューファーの帝国外務大臣（RAM）室宛、1939 年 3 月 9 日付。B100, 第 93 巻：ハルシュタインのシェッター宛、1952 年 2 月 14 日付。B130, 第 5439A 巻：ノスティッツのコメント、1952 年 6 月 20 日付、BA, B136、第 1847 巻、BL93：グロプケのレンスとブランケンホルンのための私的なメモ。

(9) PAAA, B100, 第 92 巻：リーレスの記録、1952 年 3 月 4 日付。中央長の特別記録、第 11 巻：リーレスの報告、1952 年 9 月 25 日付。

(10) PAAA, メルヒャースの遺品、第 1 巻：1950 年までの外国での上級職公務員と従業員の雇用の非公式な原則、1951 年 10 月 16 日付。

(11) PAAA, B100, 第 92 巻：公務員の権利に関する連邦議会プロトコール要約のあらまし、1952 年 1 月 25 日付。これに対応する北西ドイツの大学会議の決議、比較、サボー（2000 年）233 頁。

(12) サボー（2000 年）284 頁からの引用。

(13) PAAA, ハンス・リーサーに関する人事書類、第 12351 巻：ノイラートのリーサー宛、1934 年 3 月 17 日付。B100, 第 2482 巻：リールの決定、1952 年 7 月 10 日付 3 頁；ハンス・リーサーに関する人事書類、第 55838 巻：リーサーの履歴書、1950 年 3 月 23 日付。リーサーのマルツァーン宛、1949 年 5 月 15 日付。マルツァーンのリーサー宛、1949 年 6 月 4 日付。リーサーのハース宛、1950 年 1 月 6 日付。比較、これについてはリーサーの自叙伝的報告、217 頁。

(14) PAAA, ヴェルナー・パイザーについての人事書類、第 54870 巻。聴取者としての副業の傍らパイザーはまた医師に対する裁判において鑑定人としても活躍した。

(15) 同。パイザーのプファイファー宛、1953 年 8 月 27 日付。

(16) 同。エーラースのプファイファー宛。

(17) 同。パイサーのヴェルック宛。1953 年 10 月 20 日付。

(18) 同。アダルベルト・フォン・バイエルンの外務省宛、1854 年 9 月 24 日付。

(19) 同。レンスのハルシュタインについてのメモ、1954 年 10 月 9 日付。

(20) 同。ルプレヒト・フォン・ケラーのヴィクトー・フォン・デア・リッペ宛、1951 年 4 月 24 日付。これに対して欄外の書き込み「極秘に、議員のヘッカー博士によれば留まるようにと」パイザーのザラト宛、1956 年 2 月 29 日付。

(21) ゴシュラー（2005 年）、144 頁。

(22) PAAA, リヒャルト・ヘルツに関する人事文書、第 49952 巻：メルヒャースのヘルツ宛、1950 年 4 月 15 日付。ヘルツのメルヒャース宛、1950 年 5 月 23 日付。メルヒャースのヘルツ宛、1950 年 7 月 25 日付。

(23) 同。ハースの事務次官宛、1951 年 5 月 18 日付。

(24) 同。ディットマンのヴェルック宛、1951 年 10 月 20 日付。

(25) 同。第 49553 巻：リーレスの気づきの点、1953 年 10 月 21 日付。

(26) 同。ヴェルックの気づきの点、レンスの欄外の書き込み「H 博士への提案は私には正しく見える。彼の妻はその上で決断しなければならない」がある 1953 年 10 月 27 日付。

(27) 同。第 49952 巻、レンスの事務次官宛、1954 年 1 月 29 日付。

(28) PAAA, フランツ・クラップに関する人事書類、第 51910 巻：V3 の ZA2 関係への気づきの点、1970 年 6 月 16 日付。

(29) PAAA, ヴォルフガング・フォン・ヴェルックに関する人事書類、第 59459 巻：シュレーダーの宣誓、1963 年 5 月 8 日付。

(30) 同。第 46440 巻：メルヒャースのブロイヒ＝オッペルト宛、1950 年 2 月 10 日付。

(31) 同。ノイマンのロイター宛、1950 年 6 月 28 日付。

711

注 第2部 ドイツ外務省と過去

(32) 同。カイザーのグロブケ宛、1950年7月20日付。カイザーのグロブケ宛、1950年8月8日付。エルンスト・レマーのアデナウアー宛、1950年8月15日付。ハース、メモ、1951年5月11日付。ベルリンでのSPDたくらみ劇、アーヘナー・フォルクスツァイトゥング紙、1950年8月18日付。比較。グニー（1982年）282頁。

(33) マリオン・グレーフィン・デーンホフ、先駆者ヨーン、ディー・ツァイト誌、1954年7月29日付、リヒャルト・テュンゲル、首相閣下、粛正しなさい！ 同様に、PAAA, メルヒャースの遺品、第8巻：ドックヴィッツのメルヒャース宛、1954年7月27日付。

(34) PAAA, ヴィルヘルム・メルヒャースに関する人事書類、第53456巻：キットのメモ、1953年3月20日付。

(35) シュテーヴァー（1998年）322頁；比較ギーゼキング（2005年）77-93頁。

(36) PAAA, ヴィルヘルム・メルヒャースに関する人事書類、第53457巻：ベッカーのメルヒャース宛、1950年1月15日付。1976年に作成されたマルガレーテ・ボヴェリのヨーン事件について、ベッカーはそこで打ち上げられた「裏切る」テーゼを、ヨーンの再活性化に関する政治的な議論での自己の役割に言及することなしに序文での表現において；ベッカー、ボヴェリ（1956年）の序文、S、XVI。

(37) PAAA, ヴィルヘルム・メルヒャースに関する人事書類、第53457巻；メルヒャース、オットー・ヨーン博士の書類へのメモについての気づきの点、1951年10月30日付。

(38) PAAA, ヴォルフガング・ガンツ・エドラーのプトリッツ氏に関する人事書類、第55355巻：プトリッツのメルヒャース宛、1950年6月20日付。

(39) 同。メルヒャースのプトリッツ宛、1950年8月28日付。

(40) 同。ヴェルナー・フォン・ホレーベンのメルヒャース宛、1950年9月27日付。ドリーゼンのハース宛、1951年2月14日付。研究においては、プトリッツの圧力に弱いとのテーゼは執拗であった。最期にグレース（1987年）121、223頁；ド・グラーフ（1991年）。

(41) ドビール（1999年）66頁からの引用。

(42) PAAA, フリッツ・コルベの応募行為、第51723巻：コルベのVfW宛、1949年5月9日付。バウアーのVfW宛；コッヘルタラーのVfW宛、1959年7月9日宛。

(43) 同。ガウテイアーのコルベ宛、1949年6月10日付。

(44) 同。コルベの履歴書、1949年7月11日付。

(45) 同。ベーカーのテオ・コルベ宛、1949年7月27日付。テオ・コルベのベーカー宛、1949年8月2日付。

(46) 今日のマプト、当時のルーレンコ・マルケスの動員分野には特に東ドイツの秘密情報機関が60年代に、見つけられることなしにいろいろな実験をすることができるということで関心を持った。BStU, MfS HA IX/11/PA 614;BStU, MfS HA II/27623;リッペントロープ（1961年）67頁；デシャー（1987年）286頁、NARA, RG 226, Entry190C, Box 7、Folder George Wood case;1945年3月の段階での外務省の人員、フリッツ・コルベの記憶でまとめられたもの、1945年4月17日付。

(47) PAAA, フリッツ・コルベの応募経過、第51723：コルトのヴェルツ宛、1949年8月2日付。

(48) 同。ヴェルツのコルト宛、1949年8月24日付。

(49) 同。コルトのベーカー宛、1949年9月3日付。

(50) 同。コルベの組織オフィス、1949年12月15日付。コルベのシュランゲ＝シェーニンゲン宛、1950年3月6日付。

(51) エドワード・P・モーガン、「ナチが惜しんだスパイ」、テゥルー誌、1950年7月25日付。PAAA, フリッツ・コルベの応募経過、第51723巻：ヴァレンティンの手記、1950年10月12日付。デラテゥル（2005年）283頁。

(52) PAAA, フリッツ・コルベの応募経過、第51723巻：アラルトのメルヒャース宛、1950年7月

25 日付。

(53)　同。バウアーのアラルト宛、1950 年 10 月 2 日付。

(54)　同。メルヒャースのアラルト宛、1950 年 6 月 9 日付；メルヒャースのシュヴァルツとクロイツ
ヴァルトへのメモ、1950 年 8 月 5 日付。メルヒャースのシュヴァルツとクロイツヴァルトへのメモ、
1950 年 10 月 25 日付。

(55)　デラトル（2005 年）280、372 頁；ラムシャイト（2006 年）176 頁に対して懐疑的。

(56)　シュミットとデラトル（2005 年）278 頁に対して；PAAA, フリッツ・コルベの応募経過、第
51723：コルベの人事の束、1950 年 2 月 10 日付。

(57)　同。メルヒャースの気づきの点、1950 年 10 月 25 日付。プールのシュタッケルベルク宛、1955
年 7 月 21 日付。シュタッケルベルクの第 103 課宛、1955 年 7 月 30 日付。

(58)　オイゲン・ゲルステンマイアー「我々にとって何が問題か」、ディー・ツァイト誌、1964 年 7
月 24 日付。

(59)　デラトル（2005 年）293 頁より引用。

(60)　フィッシャー（2004 年）
URL：http：//archiv.bundesregierung.de/bpaxport/artikel/04/711804/multi.htm（2010.7.1）

(61)　テオドル・ホイスに、1944 年 7 月 20 日、1954 年 7 月 19 日にベルリン自由大学の大講堂で行わ
れた連邦大統領の演説の中の大講説（1865 年）247-262 頁；ヴィンクラー（2000 年）169 頁。

(62)　PAAA, メルヒャースの遺品、小箱 2、冊子 3；メルヒャース、ヴィルヘルム通りでの 1944 年 7
月 20 日への見解、1946 年 2 月 28 日付。小箱 1、冊子 1、ザッセの遺品、冊子 112：シュミーデン、
外務省の構造変化と重要性の低下、（1933-1945 年）、メルヒャースの遺品、小箱 1、冊子 2、メル
ヒャース、戦争中の外務省における力の反映ゲーム、1948 年；バーン（1946 年）。

(63)　アデナウアーとゲルステンマイアーのボンの市立劇場での演説、1954 年 7 月 20 日付、新聞情
報庁の官報第 134、1205-1211 頁。この初期の文献は、ブラシウス（1994 年）、280 頁：クレムペラー
（1992 年）86-110 頁。

(64)　文献の中には、演説の草稿や原稿前の物は存在しなかった。単に演説テキストが PAAA, B112、
第 100 の新聞表明にあった。

(65)　PAAA, メルヒャースの遺品、小箱 2、第 3 巻：ヴェルックのメルヒャース宛、1954 年 6 月 9 日付。
メルヒャースのヴェルック宛、1954 年 6 月 15 日付。

(66)　PAAA, B118、第 539 巻：クラッセンの気づきの点、1954 年 6 月 24 日付。

(67)　PAAA, B100、第 1729 巻、ヴェルックのメモ、1954 年 7 月 14 日付。ヴェルックのマリー・ルイー
ゼ・フォン・シェリハ宛、1954 年 7 月 13 日付。ヴェルック、「StS 用のシャツ」、1954 年 7 月 13 日。

(68)　ザーム（1990 年）247 頁；PAAA, B100、第 1729 巻：シュトゥットガルト市州地区の補償事務所
のマリー・ルイーゼ・フォン・シェリハ宛、1951 年 11 月 5 日付。

(69)　PAAA, B100, 第 1729 巻：マリー・ルイーゼ・フォン・シェリハ、補償請求告知、1952 年 3 月
30 日付。

(70)　リーレスの努力は同様に調書になっている。ここでは特に彼の 1953 年 7 月 20 日付のメモ、そ
の中で彼は判事のアレクサンダー・クレル（同様）の書面での発言にリアクションした。比較、
1953 年 7 月 21 日付のメモも。

(71)　BA, ヴァイツェッカーの遺品、N1273、OStA フィンク博士：StA リューネブルクのベッカー宛、
1951 年 4 月 18 日付、エルンスト・フォン・ヴァイツェッカーの手書きの周辺の事情；ヴァイツェッ
カーの記憶喪失は、可能性として、外務省幹部が当時、シェリハの叔父である元帝国大臣のラウマー
の、シェリハの国選弁護人として RA ディクス博士を付けてほしいとの要請を断る、ということ
で説明できるかもしれない。

(72)　PAAA, B100, 第 1729 巻：シュタールベルクのメモ、1954 年 7 月 22 日付「W.U. フォン・ハッ

セルとの会話について」ペルヒャウの外務省宛、1955 年 7 月 16 日付。ザーム（1990 年）221 頁。

(73) 同。ヴェルックのイェッサー宛、1955 年 8 月 31 日付。

(74) コッピ／ダニエル（1992 年）83 頁；ヴィンケ（2003 年）194-213 頁、特に 203-213 頁。

(75) リーレスは正式には 1954 年 3 月に退職していたが、外務省によって特別の課題にさらに従事させられていた。比較、PAAA, B100, 第 1729 巻：フィッシャー＝ロザイネンのメモ上のリーレス、1954 年 8 月 13 日付。ヴァルター・イェッサーは 1953 年 9 月から外務省に入っていた。彼は戦争勃発時にはパレスチナにおり、そこで英国に捕まり 2 年近く拘留されていた。彼は結局シリア、ベイルート、そしてトルコを経由してドイツに逃げた。彼は 1943 年 6 月から 1945 年 5 月までドイツ・アラビア歩兵部隊に従軍し、戦後に法学博士となり、1953 年 9 月に外務省に採用された。彼は、外務省で近東専門家となり、1967 年から 1970 年まで在カイロの大使となった。PAAA, ヴァルター・イェッサーに関する人事書類、第 50724 巻。

(76) PAAA, B100, 第 1729 巻：気づきの点、1955 年 3 月 7 日付。ハンス・シュタイン博士の外務省宛、1955 年 7 月 8 日付。比較、ザーム（1990 年）250 頁も。

(77) PAAA, B100, 第 1730 巻：イェッサーのバイエルン州の法務大臣宛、1955 年 9 月 1 日付。

(78) 同。イェッサー、シュタッケルベルクのためのメモ、1955 年 9 月 3 日付。シュタッケルベルク、連邦内務省宛の速達、1955 年 9 月 13 日付。連邦内務省の外務省宛、1955 年 11 月 23 日付。

(79) 同。イェッサー、メモ、1955 年 12 月 1 日付。マリー・ルイーゼ・フォン・シェリハの外務省宛、1956 年 1 月 3 日付。第 1731 巻：イェッサー、気づきの点の草案、「中断」のマークとともに、1956 年 1 月 10 日付。シュタッケルベルクの Dg10 のための気づきの点、シュタールベルクとレンスの欄外書きを含んで；ブレンターノの連邦大統領府の長官宛、1956 年 2 月 7 日付。

(80) レダー（1952 年）、コップル／ダニエル（1992 年）73-89 頁；引用がシュタインバッハ（1994 年）58、64 頁に、ハッセ（1994 年）173 頁；コルネリーセン（2001 年）556 頁。

(81) ザームは、1952 年以来外務省職員の一員であり、在ロンドンおよびパリの NATO 大使館で大使として連邦共和国を代表し、1969 年以来首相局長としてブラントの重要な外交委政策の助言者であった。1972 年から 1977 年まで在モスクワ大使として彼は、ブラントのオスト・ポリティークのカギとなるポストを代表していた。その後彼はアンカラ、ジュネーヴのポストを歴任して 1982 年に退官し、2005 年に死亡した。

(82) ザーム（1990 年）、PAAA, B118, 第 1099 巻：ザームの事務次官ズートホフ宛、1990 年 5 月 19 日付。

(83) PAAA, B118, 第 1099 巻ザームのズートホフ宛、1990 年 5 月 29 日付。ザームのズートホフ宛、1990 年 10 月 12 日付から引用。

(84) 同。ズートホフのザーム宛、1990 年 6 月 11 日付。

(85) ザーム（1990 年）147、183、283-296 頁；シュタウファー（1998 年）240-243 頁に支えられている。

(86) PAAA, B118, 第 1099 巻；117 課〔政治文書〕、1990 年 7 月 10 日付、元大使ウルリッヒ・ザーム博士の本の原稿に関するもの、これは欄外に気づきの点が加筆されている。

(87) PAAA, B118, 第 1099 巻、117 課〔政治文書〕、1990 年 7 月 10 日付、元大使ウルリッヒ・ザーム博士の本の原稿に関して「欄外書き」で気づきの点が付されている。この箇所にシェリハの履歴の後退が示唆されている。グレゴール・シェルゲン、抵抗した男か？　FAZ（フランクフルター・アルゲマイネ・ツァイトゥング紙）、1990 年 11 月 12 日付、ヴォルフガング・ワグナー、ある外交官への殺人と風評被害、アルゲマイネ紙、1990 年 12 月 6 日付。アクセル・フォン・デム・ブスヘ、死へ勇気づけられて、ディー・ツァイト誌 No.7、1991 年 2 月 8 日付。マリオン・グレーフィン・デーンホフ、無条件に果敢した者、ディー・ツァイト誌 No.7、1991 年 2 月 8 日付。ハンス・アーノルト、勇気ある一人の外交官、南ドイツ新聞、1991 年 12 月 10 日付。ロイブン・アッソー、ゲシュタポの風評死は数十年後も作用している、ゲネラル・アンツァイガー紙（ボン）、1991 年 9 月 12 日付。

(88) PAAA, B118、第 1099 巻、元大使 D. ウルリッヒ・ザーム博士の本の原稿に関して、117 課〔政治文書〕の D1、D11、事務次官宛、1990 年 7 月 26 日付。このメモは、場合によっては生ずる議論に備えるために追放された抵抗の歴史家に関するこの本の鑑定を依頼するとのことを喚起した。

(89) PAAA, B118、第 1099 巻：事務次官ズートホフのザーム宛、1990 年 7 月 31 日付。ザームの事務次官ズートホフ宛、1990 年 10 月 12 日付、事務次官ズートホフの D1 を通ずる 100 課について、1990 年 10 月 23 日付、ズートホフはこの案件について 1990 年 12 月 1 日までに明らかにしたかった。

(90) ザーム（1990 年）。

(91) PAAA, B118、第 1099 巻：第 1 局グラブヘル書記官の 1942 年に死刑に処せられた 1 等書記官ルドルフ・シェリハの栄誉を称えることに関する事務次官ズートホフ宛、1990 年 11 月 28 日付。ズートホフの 1990 年 12 月 4 日付の添え書き：「この提案を遅滞なく実施すること、私に結果を示してほしい」。

(92) PAAA, B118、第 1099 巻、外務省、テルアビブの大使館宛の電報による命令、No.0238、1992 年 12 月 9 日付。それには頭文字「G.17.12」は、命令の示唆を示している。「大臣、イニシアティブはザームのみから取られた！」

(93) PAAA, B118、第 1099 巻：イェルク・ブレマーの外務省宛、プレス課 013、1992 年 12 月 21 日付。

(94) PAAA, B118、第 1099 巻：局Ⅰ、起案はパコウスキー課長、法律はパシュケ、1992 年 12 月 14 日付。ヴァドナー、気づきの点、政治文書、1993 年 2 月 2 日付。

(95) 1991 年 9 月 11 日の連邦社会裁判所（BSG）判決、9aRV11/90、比較、新法律週報、45:1（1992 年）934-936、936 頁の引用、判決は主として国防軍の逃亡兵判決に関すること。

(96) PAAA, B118、第 1099 巻：外務省の補償出張所でバーデン＝ヴュルテンブルク州の俸給と供給事務所、マリー・ルイーゼ・フォン・シェリハの申請に関して、1993 年 2 月 15 日付。

(97) PAAA.B118、第 1099 巻：ブラウン、100 課、課長の気づきの点、Dg10、D1、1993 年 3 月 4 日付。この点に関して、Dg10、8.3 の傍書き「ここに話は板挟みに陥った」とパシュケ（D1）、12.3：による回答「このような展開にもかかわらず、我々は急いで記念碑の完成と設立をさらに進めるべきである。」

(98) PAAA, B118、第 1099 巻：Ⅰ等書記官グラウ、106 課、事務次官宛の気づきの点、1993 年 7 月 22 日付。このドキュメントは事務次官の 1995 年 7 月 19 日の指示に関係している。残念ながら書類の中には存在していない。

(99) PAAA, B118、第 1099 巻：ライエル博士、106 課の課長の連邦内務省、DⅢ4 課宛、1993 年 7 月 22 日付。結果は 1991 年 11 月の連邦社会裁判所の判決と同じものであった（BSG Az 9a RV11/90）。

(100) PAAA, B118、第 1099 巻：117 課（歴史課）、1 等書記官ビーヴァー博士、Dg11、D1 に関して事務次官と連邦外務大臣宛、1993 年 7 月 12 日付。

(101) PAAA, B118、第 1099 巻：ケルン行政裁判所、第 8 小法廷、Az, 8 K 5055/94、1995 年 10 月 25 日付。マリアンネ・クヴォリン、一人の外交官の探偵的な働きのおかげで得た遅い権利、ケルナー・シュタットアンツァイガー紙、1995 年 10 月 26 日付。

(102) 青い仕事、No.6/95、1996 年 1 月 26 日付、102-105 頁。

(103) ザーム（1990 年）、52-54、105-107、124-126 頁；キンドラー（1991 年）138-148 頁；ザーム（1994 年）。シュテーベの個人的文書が欠けている。

第 6 章　外交政策的挑戦としての過去

(1) PAAA、ヘルベルト・ブランケンホルンの個人的書類、45930 巻：シュニッペンケッターを介したレンスの次官宛の覚書、1957 年 12 月 11 日付。

715

注 第2部 ドイツ外務省と過去

(2) 速記による報告書、WP1、1951年9月27日付、6697-6698頁。

(3) BA, ブランケンホルン遺稿、9a巻：アデナウアーとゴールドマン会談記録（筆者名なし）、1951年12月6日；イェリネク（1997年）177頁に掲載：これについてはゴシュラー（2005年）163頁も参照。

(4) ゴシュラー（1992年）165頁。

(5) PAAA, B10、150巻、135頁：ヤンツからトゥルッツシュラー宛、1954年1月5日付。

(6) PAAA、アブラハム・フローヴァインの個人的書類、48288巻。

(7) PAAA、メルヒャース遺品、1巻：シュワルツに宛てたメルヒャースの手記、1950年8月8日付。外務省近東専門家については、ベルグゲッツ（1998年）108-109頁を参照。

(8) ブランケンホルン（1980年）363-365頁、イェリネク（1994年）121、136-137頁、同著者（2004年）218-219頁は、このグループの反ユダヤ的基本態度と、偏った影響を厳しく批判している。ベルグゲッツ（1998年）105-113頁、およびハンゼン（2002年）399頁以下は、その意義をどちらかというと相対化している。イスラエルとの関係の形式化に猛烈に反対したのは、次の時期には、特にメルヒャースだった。ハンゼン（2002年）407頁参照；メルヒャースのイスラエル像については、ベルグゲッツ（1998年）110頁以下；フォークトについては、ドイチュクロン（1983年）92頁、ハンゼン（2002年）402-403頁を参照。

(9) PAAA, B10、150巻：トゥルッツシュラーの手記、1954年1月2日；トゥルッツシュラー手記、1954年2月2日。

(10) ガルドナー・フェルドマン（1984年）228-229頁、ハンゼン（2002年）804頁、ダン・オフリのそれについての記事、私は自分が矢十字党員ではなかったことを証明するだろう、イェデオト・アハロノト紙、1965年11月9日。

(11) PAAA、エルンスト・クッチャーの個人的書類、52336巻：オップラーからフォークト宛、1949年4月19日付。レンツから連合経済地域管理局長宛、1949年4月29日付。

(12) 同様（全巻）。

(13) シュタインキューラー（1993年）270-271頁からの引用；クルムヒューベル会議については、今ではヴェルトカンプ（2008年）275-286頁も参照。

(14) PAAA、エルンスト・クッチャーの個人的書類、52336巻：マールブルク非ナチ化裁判所の会議についての、1949年8月26日の短い記録。

(15) 同。52338巻：ヴェルックの覚書、1952年4月11日：アシュナーの覚書、1952年5月21日；バローからクッチャー宛、1952年9月10日付。マルクスからクッチャー宛、1952年7月7日付。

(16) 同様：ケンプフの覚書、1952年10月17日。

(17) 次官オフィスの手記、1952年11月11日付。イェリネク（1997年）、216頁と次頁に掲載。

(18) マリオン・グレーフィン・デーンホフ、「悪行の呪い―アラブ人とドイツ・イスラエル協定」、ディ・ツァイト誌、1952年12月16日；これについてはハンゼン（2002）306頁も参照。

(19) 「ボンのイスラエル援助に薔薇液を塗る」、デア・ヴェーク、1952年9月9日。

(20) ハンゼン（2002）291頁。

(21) ドイツ連邦共和国外交政策書類、1952年、204号：エッツドルフの手記、1952年9月16日。

(22) PAAA、ヴェルナー・オットー・フォン・ヘンティングの個人的書類、49855巻：メルヒャースの手記、1952年7月9日。

(23) ドイツ連邦議会議会文書館、WP1, 下部調査委員会47号：速記記録、1952年2月22日、23-24頁。PAAA、ヴィルヘルム・メルヒャースの個人的書類、53455巻：メルヒャースの業務説明、1952年2月12日付。

(24) PAAA、ヴェルナー・オットー・フォン・ヘンティングの個人的書類、49855巻：パウェルケの外務省宛電報、1953年2月5日と、1953年2月7日付。

(25) 同：ディートリッヒの覚書、1953 年 2 月 9 日。

(26) IfZ、シュトローベル・コレクション、ED329/3：情報報告シュトローベル、1953 年 1 月 21 日。

(27) PAAA、ヴェルナー・オットー・フォン・ヘンティングの個人的書類、49856 巻：ヘンティングの手記、1952 年 9 月 27 日。

(28) フローヴァインからシュタッケルベルク宛、1955 年 4 月 6 日付。

(29) 同：次官のためのレンスの手記〔「シュタッケルベルクから」と書き換えられている〕、1955 年 4 月 21 日；それについて マルマンの傍註、503 課。

(30) 1945 年に作成された戦略諜報局のためのリストで、フリッツ・コルベはシュトラックを「早期の退職が望ましい」外交官に分類した。国立公文書館と記録管理、RG226、戦略諜報局、Field Station Files、E.190C、Box 07、Dulles Files—ジョージ・ウッド（George Wood）の件：回顧録「1945 年 3 月末以後の外務省人事」、〔日付なし。1945 年 4 月頃〕。

(31) 一審判決のコピーおよび、イスラエル契約成立におけるブランケンホルンの参画についてのいくつかの書類が、彼の個人的書類の中にある。PAAA、ヘルベルト・ブランケンホルンの個人的書類、45930 巻；シュトラック裁判についてはラムシャイド（2006 年）297 頁以下；ケーファー（1987 年）291 頁を参照。

(32) ヴェルナー・オットー・フォン・ヘンティングによる読者の手紙、もう一度シュトラックについて — 国家理性ではない権力、ディ・ヴェルト、1959 年 5 月 1、2 日参照。

(33) シェルペンベルクは1931 年、あるいは1933 年まで SPD に所属し、妻も党員であったにもかかわらず、1937 年公使館参事官に昇進した。公務員法的手続き、または昇進停止は、どうやらヒトラーの抗議と、シェルペンベルクがシャハトの娘と結婚したことにより失敗したようだ。重大な反逆罪の告発を怠ったために、彼は 1944 年 2 月に拘留され、1977? 年 7 月 1 日、民族裁判所により、2 年間の禁固刑を下された。PAAA、アルベルト・ヒルガー・ファン・シェルペンベルクの個人的書類、13191 巻と 56582 巻。シェルペンベルクの賠償申請は、昇進しなかったことと、公務員の地位を解雇されたという主張に基づいている。PAAA、B100、2501 巻。

(34) キューレム（2008 年）参照、204、268 頁、モスクワ・ドイツ大使館開館については、ハース＝レンスの書簡も参照；PAAA、B101、161 巻。

(35) PAAA、エデュアルド・ミローの個人的書類、53749 巻：ヴェルックの覚書、1953 年 9 月 28 日；グスタフ・アドルフ・ゾンネンホールの個人的書類、57865 巻：ヴェルックの覚書、1953 年 9 月 28 日。

(36) PAAA、フランツ・ニュスラインの個人的書類、54513 巻。

(37) 同：ホプマンの覚書、101 課、1955 年 9 月 26 日。

(38) ドイツ民主共和国と、他の東欧諸国のキャンペーン政策については、ヴァインケ（2002）76-82 頁、ミクエル（2004 年）27-38 頁；60 年代末頃、東ドイツ国家公安局は、ニュスラインに対してさらなるキャンペーンを繰り広げた。旧ドイツ民主共和国国家保安局の文書のための連邦庁、国家保安省、HA IX/11、PA 1658、1-2 巻。

(39) 東ベルリンがボン外務省高官の罪を問う、フランクフルター・ルントシャウ、1950 年 5 月 5 日。

(40) PAAA、幹部のハンドファイル、13 巻：シュタウダッハーからシェルペンベルク次官宛、1959 年 5 月 7 日付。

(41) 同：ニュスラインから Dg10 宛、1959 年 5 月 5 日付。

(42) 同：マルマンの手記、部門 5、D1 を介して次官と大臣宛、1960 年 5 月 9 日付。

(43) 「処罰されないナチ司法機関」展については、今ではシュテファン・アレクサンダー・グリーンケ「処罰されないナチ司法機関」展（1959-1962 年）国家社会主義的司法犯罪の検証史について、バーデン・バーデン、2008 年を参照。

(44) PAAA、幹部のファイル、13 巻：連邦憲法擁護庁から外務省宛、1960 年 5 月 18 日付。

(45) 同：マルマン、部門 5、次官宛、1960 年 6 月 8 日付。

注 第2部 ドイツ外務省と過去

(46) 同：クナップシュタインからベルガー宛、1960 年 7 月 21 日付。

(47) 同：ノルトライン・ヴェストファーレン州法務大臣から外務省宛、1961 年 7 月 12 日付（1961
年 6 月 6 日の取り下げ通知謄本を添付）、連邦共和国での追跡されないナチ司法犯罪については、
ヨアヒム・ペレルス、ナチ司法の緩慢な正当化 フッペンコーテン裁判、（同著者、「第三帝国」
の司法的遺産 民主主義的法秩序の損傷、フランクフルト・アム・マイン／ニューヨーク 1999 年、
181-202 頁）、ヴェインケ（2002 年）、ミクエル（2004 年）参照。

(48) PAAA、幹部のハンドファイル、13 巻：ベルガー、I 級公使館参事官フランツ・ニュスライン
博士に対する問責についての報告、1961 年 12 月 7 日。

(49) 同：ラープの覚書、1962 年 3 月 12 日。

(50) キューレム（2008 年）208 頁、東方研究の継続性については、今ではウンガー（2007 年）、マイスナー
に対するソ連の非難については、PAAA, B83、731 巻：ブルーメンフェルドによる覚書、1970 年
12 月 22 日参照。

(51) PAAA, B130、13768A 巻：シェルペンベルクの手記、1958 年 2 月 15 日。

(52) クノッホ（2001 年）511-516 頁参照；ポリアコフ／ヴルフ（1955 年）。

(53) 旧省の完全に伝えられている人事ファイルにも、ベルリン・ドキュメント・センターの調査にも、
党手続きまたは党委員会についての手がかりはない。 PAAA、オットー・ブロイティガムの個人
的書類、46238 巻：合衆国・連合国高等弁務団からシュヴァルツマン宛、1952 年 11 月 5 日付。し
かしこのブロイティガムによって操作された情報は伝記的ハンドブック、1 巻（2000 年）、249 頁
にも掲載されている。

(54) 1955 年 9 月 21 日の、第 97 回会議の内閣記録と比較。

(55) PAAA、オットー・ブロイティガムの個人的書類、46243 巻：ブロイティガムの手記、1955 年
12 月 17 日；ホプマンからリューダース宛、1955 年 12 月 20 日付。

(56) 同：フランケンからレンス宛、1955 年 12 月 22 日付。

(57) ライトリンガー（1979 年）580 頁からの引用。

(58) PAAA、オットー・ブロイティガムの個人的書類、46243 巻：ブロイティガムの覚書、1955 年
12 月 17 日；ヴェルナー・フォン・バルゲンの個人的書類、45363 巻：バルゲンからヘス宛、1956
年 1 月 30 日付。

(59) PAAA、オットー・ブロイティガムの個人的書類、46242 巻：メンツェルからブレンターノ宛、
1955 年 12 月 30 日付。

(60) SPD 報道部からの報告、1956 年 1 月 24 日；外務省でのローゼンベルクの元部下、フランクフ
ルター・ルントシャウ、1956 年 1 月 25 日；ボンの東方専門家に対する調査、デア・ターゲスシュピー
ゲル、1956 年 1 月 25 日；外務省での恥ずかしい調査、ボンナー・ルンドシャウ、1956 年 1 月 25 日；SPD
がボンの公務員を攻撃、ケルナー・シュタットアンツァイガー、1956 年 1 月 25 日；ブロイティガ
ムは合衆国のスパイか？ フライエ・プレッセ、1956 年 1 月 26 日；ブロイティガムが非難に反論
する、フランクフルター・アルゲマイネ紙、1956 年 1 月 26 日；「ブロイティガムの件」はどうなる？
トリアリッシャー・フォルクスフロイント、1956 年 1 月 26 日；ブロイティガムの手紙、キリスト
と世界、1956 年 2 月 2 日；元リッペントロープ外交官のブロイティガムがユダヤ人搬送に加担、〔写
真付きレポート〕、シュテルン、1956 年 4 月。

(61) ヘルムリン（1983 年）302 頁以下。

(62) PAAA、オットー・ブロイティガムの個人的書類、46243 巻：ブロイティガムからディットマン宛、
1951 年 11 月 26 日；ディットマンによるヴィルデのための傍註、1952 年 1 月 3 日。

(63) 同：ツヴァロフスキーからハース宛、1951 年 7 月 12 日付。ブロイティガムからメルヒャース
宛、1951 年 2 月 24 日付。ケラーの手記、1950 年 11 月 18 日；ケンプナーからブロイティガム宛、
1956 年 1 月 16 日付。46238 巻：調書、1945 年 7 月 24 日。

718

注　第 6 章　外交政策的挑戦としての過去

(64)　同：エッツドルフの覚書、1953 年 3 月 21 日

(65)　同：全解説。

(66)　同：マイヤー・フォン・アッヘンバッハの手記、1952 年 10 月 30 日。

(67)　同。46239 巻：ハルシュタインからゲルステンマイアー宛、1953 年 6 月 16 日付。

(68)　同：ゲルステンマイアーからハルシュタイン宛、1953 年 7 月 15 日付。ヴェルックがこの手紙を書くように勧めたことが、ヴェルックとゲルステンマイアー間の通信からわかる。ヴェルックからゲルステンマイアー宛、1953 年 7 月 13 日付。

(69)　同。46243 巻：ヴェルックの覚書、1956 年 1 月 25 日。

(70)　同：リンゲマンの鑑定書、1957 年 6 月 3 日；ハイルマン（1987 年）125、126 頁も参照。

(71)　同。46242 巻：オーモンドからリンゲマン宛、1957 年 1 月 28 日付。オーモンドからリンゲマン宛、1956 年 4 月 4 日付。

(72)　同。46243 巻：ブレンターノとの対話についての次官のためのレンスの覚書、1957 年 10 月 1 日；ローベルト・シュトローベル、ブロイティガムをどうするか？　ディー・ツァイト誌、1957 年 10 月 10 日も参照。

(73)　PAAA、オットー・ブロイティガムの個人的書類、46243 巻：レンスからブレンターノ宛、1957 年 11 月 29 日付。B130、8423 巻：バルセロナ、リスボン、ストラスブール、クアラルンプール、ソールズベリー、キャンベラ、テヘラン、ニューヨーク、デン・ハーグ、ワシントン、コペンハーゲン、ロンドン、モスクワ、オタワ、ダブリン、香港、メキシコ、シンガポール、マドリード拠点に関する、ブレンターノの転勤命令、1958 年 1 月。

(74)　PAAA、オットー・ブロイティガムの個人的書類、46239 巻：ディットマンから外務省宛、1958 年 2 月 26 日付。元ナチが香港の西ドイツ領事になる、ザ・ガーディアン、1958 年 2 月 28 日。PAAA、オットー・ブロイティガムの個人的書類、46239 巻：シュタッケルベルクの電報、1958 年 3 月 6 日。

(75)　PAAA、中央部門部長の特別ファイル、31 巻：ウルリッヒの D1 氏へのメモ、1959 年 11 月 16 日；B118、76 巻：ウルリッヒから Dg11 氏への内密の手記、1958 年 12 月 11 日。

(76)　PAAA、オットー・ブロイティガムの個人的書類、46239 巻：001 課から 101 課へ、1959 年 8 月 1 日。

(77)　ティロ・コッホの WDR/SFB 局の番組、分けられないドイツ、でのレポート、1950 年 1 月 16 日；同：1950 年 1 月 16 日；ティロ・コッホ、ブロイティガムの勲章、ディー・ツァイト誌、1960 年 1 月 22 日。

(78)　同：ブロイティガムからシェルペンベルク宛、1960 年 1 月 26 日付。ブロイティガムからコッホ宛、1960 年 1 月 27 日付。

(79)　同：シェルペンベルクからブロイティガム宛、1960 年 2 月 2 日付。

(80)　ヘルムート・ティーリケ、読者からの手紙、ディー・ツァイト誌、1960 年 2 月 19 日。

(81)　PAAA、オットー・ブロイティガムの個人的書類、46239 巻：ブレンターノからコッホ宛、1960 年 3 月 9 日付。

(82)　特に PAAA、B11、1288 巻：モルトマンの手記、1955 年 12 月 14 日。

(83)　ルーデルと茶色のインターナショナルの擁護者としてのペロン、アルゼンチン日刊新聞、1955 年 12 月 17 日、1 頁。

(84)　PAAA、B11、1291 巻：ドイセンの覚書、1955 年 12 月 17 日。

(85)　NARA II、RG 165、シュスター・ファイル、エントリー DU27、Box 8、ファイル・テルマン：エドムント・フライヘル・フォン・テルマンの尋問、1945 年 7 月 30 日；ガウディック／ファイト（2004 年）87-120 頁、ニュートン（1992 年）、ロウト／ブラッツェル（1986 年）321 頁以下。

(86)　デュッセルドルフ国立中央公文書館、裁判、複写 409、192 巻：非ナチ化委員会の会議についての覚書、1947 年 2 月 20 日。

(87)　同。200-201 巻；ユルゲス－サンタンデール往復書簡。

719

注　第2部　ドイツ外務省と過去

(88)　PAAA, B11、134-135 巻、1287 巻：モルトマンからブエノスアイレス・ドイツ大使館宛、1955年 10 月 8 日付。

(89)　ヴェルツはモザンビークのロレンソ・マルケス市領事館のスタッフとして、第二次世界大戦中、自身が類似の非難の的となった。彼はアフリカでの「第 5 植民地」と国家社会主義的諜報活動の組織において、実質的な役割を果たしたと言われる。PAAA、外務省 C、1141/73 と 1142/73；PAAA、ヴェルツ遺稿、241、2 巻：ヴェルツからメルカッツ宛、1956 年 3 月 23 日付。

(90)　PAAA, B83、458 巻：ヴェルツからジラルデス宛、1955 年 12 月 12 日付。

(91)　同。B33、12 巻：ヴェルックの手記、306 課、1956 年 12 月 8 日。

(92)　同。B83、812 巻：ヴェルックから連邦法務省、1956 年 12 月 14 日付。

(93)　デュッセルドルフ国立中央公文書館、裁判、複写 409、179 巻：マルマンからカールスルーエ連邦裁判所の上級連邦弁護士宛；1957 年 1 月 8 日付、キューンスの覚書、1957 年 1 月 17 日。

(94)　ドイチュクロン（1983 年）119 頁からの引用。

(95)　PAAA, B83、54 巻：ラープの手記、1960 年 5 月 24 日、シェルペンベルクの傍註；イスラエルのバウアーへの事前情報が、同時に連邦政府にも報告されたという、ブロッホ・ハーゲンの見解は、この伝承では裏付けられない。ブロッホハーゲン（1994 年）337 頁。アイヒマン発見についてのバウアーの参画についてはヴォヤク（2001 年）16-217 頁参照。

(96)　PAAA, B83、54 巻：ラープの手記、1960 年 5 月 24 日、アーレンスのカイロ、バグダット、アンカラ、アマン、ベイルート、ダマスカス、ジッダ、チュニス、ラバト、トリポリの大使館への電報、1960 年 5 月 24 日。

(97)　同：ブリュックマンから外務省宛、1960 年 6 月 4 日付。

(98)　同：ブリュックマンから外務省宛、1960 年 6 月 7 日付。

(99)　同：ブレンターノからヤンツ宛、1960 年 6 月 21 日付。

(100)　同：エーレルトからフランクフルター・アルゲマイネ宛のテレックス、1960 年 5 月 31 日付。

(101)　1958 年 7 月 4 日の報告で、ドイツ大使館は、アイヒマン捜索は成果なく終わり、彼は近東にいると推測されると伝えた。同：連邦憲法擁護局から外務省宛、1960 年 6 月 9 日付。

(102)　同：リンブルク、大臣オフィスから第 5 部門部長宛、1960 年 6 月 3 日付。ヤンツ、第 5 部門からリンブルク宛、1960 年 6 月 3 日付。

(103)　同。55 巻、次官と大臣のためのラープの手記、1960 年 7 月 27 日；態度表明の著者は、親衛隊の過去のある公使館参事官ゲールテだった。

(104)　PAAA, B130、8502 巻：ラームから外務省宛、1960 年 8 月 23 日付。

(105)　同。B83、55 巻：ブリュックマンから外務省宛、1960 年 9 月 1 日付。

(106)　連邦憲法擁護局、「アイヒマンがアルゼンチンに滞在しているかどうかの確認」ファイル：外務省から連邦憲法擁護局宛、1958 年 7 月 4 日付。

(107)　エッセンのアッヘンバッハ事務所に代理させていたノイバッハーは、外務省を第 131 種の年金支給について告訴した。PAAA, B100、12 巻：覚書、1959 年 10 月 12 日。

(108)　この意味では、ヴォヤク（2001 年）39 頁参照；1949 年以来、ヘルムート・グレゴアの名で、1956 年から本名で、企業家としてブエノスアイレスで暮らしたアウシュビッツの医師ヨーゼフ・メンゲレの件でも、大使館は、1959 年 3 月に逮捕命令が出たため、初めて積極的に行動した。メンゲレはタイミングよくパラグアイに逃亡することに成功した。PAAA, B83、929 巻。

(109)　1959 年ブレンターノは、ラーデマッハーの 1952 年の逃亡が、外務省職員のサポートによって可能になったと説明しようとした。PAAA, B83、67 巻：ブレンターノからベルリン地方裁判所所長宛、〔日付のない草稿〕；同。76 巻：ブレンターノからヤンツ宛、1960 年 6 月 8 日付。

(110)　同。54 巻：ユンカーから外務省宛、1960 年 6 月 9 日付。

(111)　PAAA、ヴェルナー・フォン・バルゲンの個人的書類、45363 巻：シャファーツイクからブエ

ノスアイレス大使館宛、1952年10月29日付。

(112) PAAA, B83, 54巻：バンベルク首席検事からバイエルン州法務省宛、1960年6月15日付。議会討論でのシェーファー連邦法務大臣の発言も参照；速記報告、WP3、1960年6月22日、6797頁。

(113) 記録の写しは、クリンゲンフスの賠償書類の中にある。PAAA, B100, 1072巻；戦争勃発時、国家社会主義労働党のアルゼンチンの外国組織部の指導者だったクリンゲンフスは、ブルガリアのユダヤ人の移送に決定的に参画していた。ブローニング(1978年)134頁、追跡努力についてはヴァインケ（2002年）260頁以下に記述がある。

(114) PAAA、新官庁 AV、5532巻：ケンプナーからラスタルスキー宛、1951年8月17日付。

(115) PAAA, B83, 76巻：ユンカーから外務省宛、1958年6月18日付。

(116) 同：ヤンツからマルマン宛、1958年8月15日付。

(117) 同。54巻、ブレンターノからヤンツ宛、1960年6月21日付。

(118) 速記報告、WP3、1960年6月22日、6797頁。

(119) PAAA, B83, 84巻：ヤンツの次官と大臣のための手記、1960年6月20日。バンベルク地方裁判所第1刑事部は、1960年3月1日と1960年12月9日の連邦裁判所の判決に基づき、クリンゲンフスの追跡を解除した。

(120) シュテルン誌はザッセンの原稿を掲載することによって、アイヒマンをめぐる公衆の注目を集め、利益を得た。それに対し、ナネンはアイヒマン誘拐をナチの犯罪と比較した上、連邦政府に賠償支払い額の増額を強いるために見せ物裁判を演出したと、イスラエルを非難する、極めて激しい論争を発表した。ナネン、親愛なるシュテルン読者、シュテルン、1960年6月22日；イスラエル派遣団団長シナーは、そのため、出版社社長ブセリウスに対し「嫌悪すべき無礼」と抗議した。PAAA, B83, 55巻：シナーからブセリウス宛、1960年6月28日付。

(121) 同：ユンカーから外務省宛、1960年11月29日付。

(122) 同：ブレンターノからヤンツ宛、1960年12月1日付。

(123) BA, ルードヴィヒスブルク本部、GA1-104 から 1-111（「西の警報サービス」）、3巻：ブレンターノからシェーファー宛、1958年10月11日付。これについてはヴァインケ（2008年）31-34頁、ブルナー（2004年）227頁参照。

(124) BA, 連合国裁判 21、243巻：メルテンから RA ゴルダン宛、1960年3月20日付。この関連で、1960年6月24日、連邦情報局による募集の試みがあった。PAAA, B130, 8502巻：ヘフテンの手記、1961年7月6日。

(125) フライシャー（2006年）516頁。エルサレム裁判の前哨戦でのシュピーゲル誌の報道についてはクノッホ（2001年）664-674頁参照。

(126) PAAA, B83, 54巻：ラープの手記、1960年5月24日。

(127) 同。55巻：ラープの手記、1960年6月29日。

(128) テイラー（1994年）496、585-587頁。ケンプナーも、ゼルヴァティウスは「ナチの詮索好き」の1人ではなかったとしている。ケンプナー（1986年）238頁と次頁、ハウスナーはゼルヴァティウスを、職業倫理で行動する非政治的人間と評している。ハウスナー（1966年）302頁。

(129) ゼルヴァティウスが、1960年11月に第1部を出版後、一時的に、彼の訴訟依頼を辞任するという考えと戯れたというジャーナリズムで広まった主張について、書類には手がかりがない。グローセ（1995年）51頁。ゼルヴァティウスの弁護戦略への批判については、ハンゼン（2002年）564-565頁参照。

(130) PAAA, B83, 55巻：ゼルヴァティウスからヴェラ・アイヒマン宛、1960年12月29日付。

(131) 同：ゼルヴァティウスから中央法務局宛、1960年11月23日と1961年1月6日付。

(132) リンツ・ドイツ領事館が既に1960年6月に、アイヒマンは疑いなくドイツ人であり続けていると報告したのにもかかわらず、アデナウアーは1961年4月にまだアメリカのNBC放送局に対して、

注 第2部 ドイツ外務省と過去

アイヒマンはもはやドイツ国民ではないという論拠により、あらゆる権利義務を拒否した。ハンゼン（2002年）563-564頁。

(133) グローセ（1995年）58頁、シナーは少し前にイスラエルの対話相手から、ゼルヴァティウスが実際に東ブロックの代表者と接触したと聞いた。チューリッヒでのシナー博士との対話、1960年11月2日、イェリネック（1997年）539頁に掲載。

(134) 連邦公文書館、B305、967巻：レデンツの覚書、1960年11月25日；PAAA、B83、55巻：ヤンツの手記、1960年11月25日。

(135) BA,B305、956巻：中央法務局の専門部局から990課宛の書状の同封物、1961年3月20日付。

(136) PAAA、B83、55巻：ケルン地方管理裁判所宛の起訴状、1961年1月28日付。

(137) 同：シェールから・ガーゲルン弁護士宛、1961年3月24日付、5頁。1962年12月、オーベルクとクノッヘンも放免のための地ならしをした、最後の「戦争犯罪者」についてのドイツ・フランスの交渉については、モイゼル（2004年）167頁参照。

(138) PAAA、B83、55巻：ローゼンからゼルヴァティウス宛、1961年1月2日付。グローセ（1995年）62頁も参照。

(139) グロブケに対するキャンペーンには特に、元アベッツの部下でキージンガーの腹心だったカール＝ハインツ・ゲルストナーが決定的に関与した。戦後、彼は東ドイツでジャーナリストとして目覚ましいキャリアを築いた。クラウゼ（2002年）232頁、1967年11月、キージンガー首相はゲルストナーを介して党首ウルブレヒトと接触を試みたが失敗した。ガサルト（2006年）593頁、1940年2月から1940年5月まで、ゲルストナーは学術助手として、まずラジオ放送政策の部門に従事し、その後1944年6月までパリのドイツ大使館に配属された。— そこで彼は特にフランスの捕虜収容所でプロパガンダ演説をした。戦争末期、彼は国防軍最高司令部のクルーグ・フォン・ニッダ配下の連絡所に勤務した。PAAA、カール＝ハインツ・ゲルストナーの個人的書類、4383、4384巻。

(140) リッベントロープ（1961年）35頁。

(141) BA, ルードヴィヒスブルク本部、GA6-7RH イスラエル、国立公文書官報告、ヴォルフ首席検察官宛証明書、フランクフルト・アム・マイン、1961年4月21日；ハウスナー（1966年）284頁。外務省ファイルの押収発覚についてはジョージ・O.ケント（1974年）119-130頁、エカルト（2004年）77-92頁参照。

(142) ブルナー（2004年）201頁。

(143) ユダヤ問題研究所（1961年）5頁。

(144) PAAA、B118、121巻：ラープの手記、1959年4月30日；これについてはヴァイトカンプ（2008年）419頁も参照。このエピソードはブルナー（2004年）201頁と次頁で記述されている。アイヒマン裁判関連でイスラエルの調査期間から引き渡された、アッヘンバッハの負担に関する記録は、大臣事務所の命令により、さらなる措置を講じることなく、古い個人的書類にファイルされた。PAAA、エルンスト・アッヘンバッハの個人的書類、11巻：リムモボーグから局長部門1宛、1961年6月28日付。

(145) PAAA、B83、55巻：ゴーリックの手記、1960年9月16日。

(146) 同：ゴーリックの503課のためのメモ、1960年7月27日。

(147) 同：ゴーリック、中央法務局から、503、990、991、993課のためのメモ、1961年1月19日、1頁、ラープのためのゴーリックの手記、1961年2月9日。

(148) PAAA、B118、33巻、部門5：D1氏宛、1961年3月20日付。

(149) 他に、ミュンヘン現代史研究所代表もアドバイザーとして参加した。PAAA, B83、55巻：マルマンのDg50氏を介したD5氏のための手記、1961年3月20日；B130、5571A巻：7部門のメモ、1961年3月28日；同。5571巻：ヴェアステットの次官のための手記、1961年3月20日。

注　第6章　外交政策的挑戦としての過去

(150) PAAA, B118、333 巻：117 課のメモ〔名前は解読不能〕、1961 年 12 月 14 日。

(151) 同。B12、1714 巻 ;PAAA, B83、55 巻：ブレンターノから外国代表部の外交官、領事への回状、1961 年 2 月 21 日と 1961 年 3 月 3 日、〔機密事項〕；B7、10 巻：広報活動のための情報ファイル；これについてはハンゼン（2002 年）566、567 頁参照。

(152) PAAA, B118、101 巻：ウルリッヒからアムシィ・フォン・ドゥツィムボウスキー宛、1961 年 5 月 5 日付。113 巻：993 頁 –117 課宛、1961 年 4 月 13 日付。

(153) 同。121 巻：ウルリッヒのメモ、1961 年 4 月 11 日。

(154) PAAA, B130、13770A 巻：ラール次官の大臣のためのメモ、1961 年 10 月 3 日、〔機密事項〕。1961 年 12 月に初めて、「ビジネスパートナー活動」という名称の無償の武器輸送と混同されてはならない、クレジットの処理が着手された。ハンゼン（2002 年）561 頁以下；ブラジウス（1994 年 a）。

(155) ドゥビエル（1999 年）、83 頁からの引用；シュレーダー演説と、直後に結成された「国家市民教育のための委員会」については、ヴァイス（2006 年）、109 頁も参照。

(156) フィッシャー（1961 年）、97 頁。

(157) PAAA, B2、117 課、72 巻、Fiche157：次官事務所、ショーンフェルド、次官に提示するメモ、1961 年 12 月 6 日：ウルリッヒは「ケルンのシーダー教授から電話を受けた。この人は、彼に第一次世界大戦での戦争責任についてのフィッシャーの本について言及し、この著作を『国家的大災害』と名付けた」と書いている。テオドール・シーダーはこの電話の件を、80 年代初めのリーツラーの日記の信憑性をめぐる論争の中で「断固として」否認した。テオドール・シーダー、読者の手紙、ディー・ツァイト誌、1983 年 8 月 12 日、27 頁。

(158) PAAA, B96、602 巻：リッターからゲルハルト・シュレーダー宛、1964 年 1 月 17 日付。リッター（1962）、フィッシャー（1988 年）とも比較。

(159) PAAA, B118、667 巻：ヴァルター・ブスマン、ベルリン自由大学フリードリッヒ・マイネッケ研究所、〔フィッシャーの〕著作の鑑定書、〔1962 年 9 月日付なし〕、ウルリッヒから次官事務所に転送され、1962 年 9 月 13 日、カルステンス次官により仮調印された。メモ「カムペンに伝える」。

(160) PAAA, B96、602 巻：ハインリッヒ・クナップシュタインの電報についてのカルステンスの手書きメモ、ワシントン大使館、1964 年 1 月 22 日。

(161) 同：オーヴァーベック、ワシントン・ドイツ大使館、1963 年 12 月 24 日。ベルクシュトレッサーの電話は、ゲルハルト・リッターの提案で行われた。フィッシャーの旅行の件の経過については、コルネリーセン（2001 年）605–611 頁、シュテルツェル（2003 年）69–73 頁が詳しい。カテ、233–237 頁は、ゲーテ・インスティテュートの役割に焦点を当てている。

(162) 同：リッターからゲルハルト・シュレーダー宛、原文に強調あり、1964 年 1 月 17 日付。

(163) 同：ハインリッヒ・クナップシュタインから外務省宛、1964 年 1 月 16 日付。

(164) 同：ハーク、手記、フィッシャー教授の渡航拒否の件について、1964 年 3 月 6 日。

(165) PAAA、新官庁 49179：ハンス＝エリッヒ・ハークの個人的書類中の事象。

(166) 同。B96、602 巻：カルステンス次官からクナップシュタイン宛の個人的親展、1964 年 2 月 24 日付。

(167) 同：シュレーダーの傍註とリッターの頭文字、ゲルハルト・シュレーダー宛、1964 年 1 月 17 日付。

(168) 同：カルステンス次官とラール次官、傍註と頭文字、1964 年 1 月 22 日、原文に強調あり。

(169) 同：オーヴァーベック部長、手記、1964 年 1 月 20 日：公使館参事官シュミット博士、IV7 課、メモ、1964 年 1 月 21 日。

(170) 同：ニューヨーク総領事ゲオルグ・フェデラーから外務省宛、1964 年 1 月 20 日付。

(171) 同：クナップシュタインからザットラー部長宛、1964 年 2 月 27 日付。クナップシュタインからカルステンス宛、1964 年 3 月 9 日付も参照。

(172) 同：オーヴァーベック部長、手記、1964 年 3 月 3 日；フィッシャーからオーヴァーベック宛、1964 年 3 月 2 日付。

723

注 第2部 ドイツ外務省と過去

(173) 同：報告167/64号、ボストン総領事から外務省宛、1964年3月16日付。

(174) 同：報告328/64号、ニューヨーク総領事から外務省宛、1964年3月16日付。

(175) ボンの誤解された国家理由。外務省の決定についての合衆国の憤慨、ディー・ツァイト誌、1964年4月24日、6頁、ベルント・ネレッセン歴史家に猿ぐつわ？　ボンはなぜフィッシャー教授の渡米を妨害したのか？　ディ・ヴェルト、1964年6月3日。

(176) PAAA、ザッセの遺稿、ハンドファイル：連邦政府報道と情報庁、IV/3、英国の著者たちによる、ヴィルヘルム2世についての4冊の本の出版についての英国の報道、1964年4月6日；ヴァイブリンガー、II3課から、ヨハネス・ウルリッヒ宛、政治文書館1964年3月31日付。

(177) 速記報告WP4、1964年4月29日、5959、5960頁および1964年5月26日6137、6138頁。カルステンスはハークが、カーン＝アッカーマンを「目的のために準備させた」と疑ったようだが、ハークは否定した。　PAAA、ハークの個人的書類49179巻：ハークからユリウス・ラープ宛、1964年5月11日付。

第7章　新外交

(1) ハミルトン／ラングホーン（1995年）136頁以下、231頁以下；クレケラー（1965年）、7頁以下、35頁以下。

(2) ナウマン（1999年）特に11-17頁、引用15頁、ヴォケ（2001年）133-134、193頁以下、291頁以下；マウルッチ（1998年）368-379頁、シュヴァルツ（1980年）91-105頁、特に100頁以下、パリ外務省外交文書館、欧州シリーズ、ドイツ、1944-1970年、1187巻、167頁以下：ボン・フランス大使館からフランス外務省宛、1959年9月4日付。

(3) このテーマ領域について、マールブルク大学近現代史ゼミナールでアンドレア・ヴィーゲスホフの博士論文（「私たちは皆何かを変えなければならない……」ドイツ連邦共和国外務省の国際化（1945/51-1969年）についてが提出された。

(4) 数字はリットベルガー／ツァングル（2005年）、85-86頁による。

(5) 1945年に既にエーリッヒ・コルトが言っている。PAAA、B10、126巻：コルトからプファイファー宛、1949年12月19日付。

(6) PAAA、B1、22巻：1955年12月8日から10日までの派遣団長たちの会議についての書状、1956年1月16日。

(7) ドイツ連邦共和国の外交政策についての書類。1972、355号〔高位の人物との謁見可能な〕公使館参事官ヴェルガウ、1972年11月2日。

(8) ハルシュタイン次官の発言：PAAA、B110、51巻：1954年11月18-24日、モンテビデオで開催された、南米、中米を代表する官庁指導者の作業会議についての記録。

(9) PAAA、B2、165巻：手記、1970年9月21日；例としてラール（1981年）357頁も参照。

(10) クラスケ／ネルデケ（1957年）。

(11) PAAA、B6、210巻：ブラウアー・ディーンスト（青のサービス）21号、1969年6月30日-7月2日、西欧大使会議、原則報告者フランク博士・部長、ドイツの欧州政策についての考察、1969年7月4日；PAAA、B1、259巻：1957年2月18-23日、東京、アジア・大西洋地域代表団団長会議記録、ハルシュタイン次官の挨拶。

(12) PAAA、B6、94巻：1956年4月3-7日のイスタンブールでの近東会議の記録、14頁、類似したものに、PAAA、B1、121巻：〔高位の人物との謁見可能な〕I級公使館参事官ドゥムケ手記、発展途上国に対する政策、〔日付なし〕がある。

(13) ここでは例として、PAAA、B1、231巻：東欧諸国との文化的関係、可能性と政治的目標設定、1965年1月25日；121巻：覚書、発展政策の外交政策的課題、1960年12月8日；PAAA、B13、16巻：

部門 4 の推敲、発展途上国との協働、1956 年 4 月 24 日；PAAA, B2、94 巻：1956 年 4 月 3-7 日のイスタンブールでの近東会議の記録、14 頁。

(14) イェリネック（2004 年）218、273、282-283 頁、同著者（1994 年）121-122、136-137 頁、これらに対し、ハンゼン（2002 年）402-403 頁、ベルグゲッツ、105-113 頁。

(15) PAAA, B1、388 巻：手記、3 年間の文化作業、1969 年 10 月 18 日；PAAA, B6、210 巻：ブラウアー・ディーンスト 26 号、1969 年 6 月 30 日 -7 月 2 日、西欧大使会議記録、報告者・〔高位の人物との謁見可能な〕Ⅰ級公使館参事官ファン・ヴェル、ドイツ政策、1969 年 7 月 30 日；ラール（1981 年）357 頁。

(16) 省文化部門の立場、構造、指導者たちについて、PAAA, B90-600、1 巻：〔高位の人物との謁見可能な〕公使館参事官パウル・ロス博士、外務省の初期の文化部門、〔1950 年春〕；PAAA, B1、387 巻：対外文化政策についての計画に関する手記、1968 年 5 月 13 日；同。232 巻：文化部門組織の改善に関する手記、〔日付なし〕；ミヒェルス（2005 年）243 頁以下；ミュラー（1996 年）115-116 頁、デシャー（2005 年）244-245 頁。

(17) PAAA, B6、210 巻：ブラウアー・ディーンスト 26 号、1969 年 6 月 30 日 -7 月 2 日、西欧大使会議、報告者〔高位の人物との謁見可能な〕Ⅰ級公使館参事官ファン・ヴェル、ドイツ政策、1969 年 7 月 30 日；PAAA, B1、388 巻：手記、3 年間の文化作業、1969 年 10 月 18 日；315 頁以下；ミヒェルス（2005 年）254、255 頁。

(18) PAAA, B1、231 巻：東欧諸国との文化的関係、可能性と政治的目標設定、1965 年 1 月 25 日。

(19) ドイツ連邦議会議会文書館、WP3：外務委員会、在外ドイツ研究所と学校の第 4 回下部委員会会議の短い記録、1960 年 2 月 18 日。

(20) PAAA, B1、260 巻：1959 年 10 月 12-18 日、アディスアベバで開催された外務省南アフリカ会議の記録。

(21) パウルマン（2005 年 a）2-3 頁。

(22) PAAA, B2、94 巻：1956 年 4 月 3 - 7 日のイスタンブールでの近東会議の記録、〔高位の人物との謁見可能な〕公使館参事官ハルコルト：経済政策的一般報告；類似したもの：PAAA, B13、16 巻：部門 4 の推敲、「発展途上国との協働」、1956 年 4 月 24 日。発展政策と植民地主義の関係について、ファン・ラーク（2005 年）参照。

(23) PAAA, B1、260 巻：1959 年 10 月 12-18 日、アディスアベバで 開催された外務省南米会議の記録、ハルコルト部長、アフリカとの貿易政策的関係、欧州経済共同体の貿易政策。

(24) PAAA, B1、121 巻：覚書、発展政策の外交政策的課題、1960 年 12 月 8 日。

(25) PAAA, B2、88 巻：開発援助の多国籍化についての、ラール次官のメモ、1962 年 7 月 18 日：PAAA, B130、13771A 巻：ラール次官、開発援助の多国籍化について、1962 年 7 月 16 日。

(26) PAAA, B1、233 巻：バード・ゴーデスベルク / ホテル・ドレーゼンで 1963 年 9 月 10、20 日に行われた第 8 回外務省文化政策審議会会議の短い記録。

(27) PAAA, ブラウンの遺稿、110 巻：ハルコルト次官の別れの挨拶、1970 年 5 月 31 日 /6 月 1 日；ACDP（キリスト教民主主義政治のための公文書館）、01-403-014/1：ヤンゼン博士・部長からⅠ級公使館参事官メルテス博士宛、1970 年 12 月 9 日付。PAAA, B1、260 巻：1959 年 10 月 12-18 日、アディスアベバで 開催された外務省南アフリカ会議の記録、ハルコルト博士・部長の講演；ミュラー（1996 年）116 頁。

(28) PAAA, B101、724 巻：アンケート活動に関する手記、1971 年 1 月 28 日。

(29) PAAA, B1、388 巻：国際文化、学術、社会政策についての 15 のテーゼ、連邦外務大臣により、1970 年 6 月 25 日に提出；カテ（2005 年）291 頁以下。

(30) PAAA, B1、388 巻：国際文化、学術、社会政策についての 15 のテーゼ、連邦外務大臣により、1970 年 6 月 25 日に提出。

注　第2部　ドイツ外務省と過去

(31)　ドイツ連邦共和国の外交政策。1949 年から 1994 年までの記録、97 号、342–345 頁。

(32)　PAAA, B101、247 巻：連邦共和国における反ユダヤ主義的事件に関する解明資料についての回状、1960 年 3 月 10 日。

(33)　ハミルトン／ラングホルン（1995 年）142–143 頁、クレケラー（1965 年）61 頁、ゼーロス（1953 年）、76–77 頁。

(34)　中央国家公文書館、ED135、クレケラー遺稿、104 巻：館内命令 5 号、1951 年 11 月 29 日；103 巻：クレケラー大使から連邦議会議員ラーデマッハー宛、1952 年 10 月 24 日付。

(35)　PAAA, B12、3 巻：クナップシュタインから連邦首相アデナウアー宛、1959 年 11 月 11 日付。

(36)　PAAA, B2、143 巻：カルステンス次官の手記、1966 年 8 月 27 日。

(37)　PAAA, B1、22 巻：1955 年 12 月 8-10 日の代表団団長会議に関する書状、ハルシュタイン次官、カウフマン教授とグレーヴェ教授の報告の説明。

(38)　それぞれの序章を比較：ドイツ連邦議会外務委員会。会議録 1949–1953 年（1998 年）、1953–1957 年（2002 年）、1957–1961 年（2003 年）、1961–1965 年（2004 年）、1965–1969 年（2006 年）。

(39)　PAAA, B1、259 巻：1957 年 2 月 18-23 日、東京、アジア・大西洋地域代表団団長会議記録、議論 I。外交政策問題の意見の相違についての類似した評価については、アントン・プファイファー博士・国家大臣の覚書、1949 年 10 月 8 日、ハース（1969 年）101110 頁に掲載、ここでは 101 頁参照；ゼーロス（1953 年）75 頁、BA, ブランケンホルン遺稿、N1351、13 巻、180 頁：日記への記載、1952 年 8 月 21 日、ブランケンホルン（1980 年）136-137 頁に変更して再版している。 BA, ブランケンホルン遺稿、N1351、15b 巻、232-233 頁：日記への記載、1952 年 12 月 31 日。

(40)　ハーゼ（2007 年）81 頁以下。

(41)　平和問題のためのドイツ・オフィス報告書、シュトゥットガルト、1949 年 5 月 9 日、ハース（1969 年）85-93 頁に掲載、該当箇所は 93 頁。

(42)　〔高位の人物との謁見可能な〕公使館参事官フォン　エッツドルフ博士の「ドイツ国際問題研究所」設立についての報告書、1950 年 2 月 28 日、ハース（1969 年）120-124 頁に掲載。

(43)　ハーゼ（2007 年）100 頁。

(44)　アイザーマン（1999 年）51-102 頁。

(45)　シュテルツァー（1966 年）231 頁。

(46)　アイザーマン（1999 年）173-176 頁。

(47)　クレケラー（1965 年）58 頁と次項。

(48)　ヴォケ（2001 年）136 頁と次項からの引用；同。189 頁以下、ケッセル（2008 年）26、27 頁参照。

(49)　マウルッチ（1998 年）424 頁以下。

(50)　ヴェングスト（1984 年）174 頁以下；とてつもない度合いの日和見主義、デア・シュピーゲル誌、1972 年 4 月 3 日。

(51)　PAAA、ブラウンの遺稿、123 巻：バルトルド・ヴィッテ博士からの回状、1976 年 6 月 2 日。

(52)　モルゼイ（1977 年 a）からの引用、203 頁。

(53)　PAAA, クルト・オップラーの個人的書類、54645 巻：ハイネマンからブランケンホルン宛、1949 年 12 月 14 日付；ブランケンホルンのメモ、1950 年 7 月 13 日、そこに引用もあり；ハイネマンからアデナウアー宛、1950 年 9 月 21 日付。連邦内務省からアデナウアー宛、1951 年 3 月 8 日付。ハイネマン宛の外務省の手紙の草稿、1951 年 3 月 17 日付。〔高位の人物との謁見可能な〕公使館参事官ヴィルデ博士、1952 年 1 月 18 日、〔高位の人物との謁見可能な〕公使館参事官ヴィルデ博士；1952 年 1 月 29 日；PAAA, B130、8422 巻：シュトラウスからクナップシュタイン、1958 年 12 月 20 日付。

(54)　例として PAAA, ファン・シェルペンベルク遺稿、33 巻：シェルペンベルクからブレンターノ宛、1959 年 7 月 24 日付。他ハーン（1993 年 b）238 頁以下；マウルッチ（1998 年）388 頁以下；同著者（2001

年）118 頁以下参照。

(55) ラムシャイド（2006 年）211 頁以下、264 頁以下、282 頁以下；マウルッチ（1998 年）380 頁以下；
ハーン（1993 年 a）151 頁以下、253 頁以下。ヴォケ（2001 年）203 頁以下とも比較。

(56) ミリメートルごとに、やっとのことで、デア・シュピーゲル誌、1964 年 4 月 29 日。

(57) ペッケルト（1990 年）82 頁。

(58) 自由主義公文書館、N1-2000：プロイティガム退官総領事からデーラー宛、1965 年 3 月 25 日付。

(59) ACDP, I-403-014/1：覚書、1971 年 6 月 16 日付。

(60) ACDP, 01-403-014/1：ヤンゼン部長からシュトレートリング宛、1964 年 12 月 9 日付。

(61) とてつもない度合いの日和見主義、デア・シュピーゲル誌、1972 年 4 月 3 日。

(62) ACDP, 、01-400-012/2：日記への記載、1969 年 6 月 29 日と 1971 年 10 月 23 日。

(63) とてつもない度合いの日和見主義、デア・シュピーゲル誌、1972 年 4 月 3 日。

(64) ベルクハンは東との 2 国間交渉に賛成、フランクフルター・アルゲマイネ紙、1969 年 2 月 4 日。

(65) PAAA, DS10、4 巻：ドゥックヴィッツ次官からグレーヴェとシュニッペンケッター宛、1969
年 2 月 4 日付。

(66) 躓きの石、デア・シュピーゲル誌、1969 年 2 月 10 日、ツァラプキンの下でのブラント、ディ・
ツァイト紙、1969 年 2 月 14 日。

(67) PAAA, DS10、4 巻：ハンス・グラーフ・フィンからカルステンス次官宛、1965 年 11 月 4 日；ラー
プ手記、1965 年 12 月 9 日；ガイガー（2008 年）388 頁以下；コンツェ（2003 年 a）、フィン（1966
年）400 頁以下。

(68) PAAA, DS10、4 巻：パウル・フランク、1965 年 10 月 27 日、28 日付フィン伯爵の次官殿宛の
手紙の私に関する部分についての態度表明；これについてはフランク（1981 年）123 頁以下も参照。

(69) PAAA, DS10、4 巻：議会記録からの抜粋、ドイツ連邦議会、第 5 任期、第 5 回会議、1965 年
11 月 24 日；砂漠へ、デア・シュピーゲル誌、1966 年 1 月 24 日；フィン（1966 年）408 頁。

(70) ハンス・アーノルト、時代の証人の談話、ベルリン、2009 年 3 月 26 日。

(71) 現代史研究所、ED135、クレケラー遺稿、48 巻：外務省の忠誠と良心、1957 年 12 月 19 日。

(72) クロル（1967 年）525 頁。

(73) キューレム（2008 年）484 頁以下。

(74) 同。544 頁から引用。

(75) クロル（1967 年）530 頁。

(76) 例としてロンドンでの最初のドイツ代表、ハンス・シュランゲ＝シェーニンゲン、TNA/PRO,
FO371/85263、C4144：国務大臣のためのメモ、1950 年 6 月 20 日；TNA/PRO, FO371/85262、
C3933：英国高等弁務官事務所から外務省宛、1950 年 7 月 8 日付。または、ローマへの初の使節、
クレメンス・フォン・ブレンターノ：TNA/PRO, FO371/93576、C1903/54：英国大使館、ロー
マから外務省宛、1951 年 5 月 23 日付と比較。

(77) PAAA, B110、51 巻：1954 年 11 月 18-24 日、モンテビデオで開催された、南米、中米を代表
する官庁指導者の作業会議についての記録。

(78) 例として、アントン・プファイファー博士・国家大臣の覚書、1949 年 10 月 8 日、ハース（1969 年）
101-110 頁に掲載、ここでは 101 頁参照；PAAA, B1、22 巻：1955 年 12 月 8-10 日の代表団団長会
議に関する書状、外務大臣挨拶；同。121 巻：〔高位の人物との謁見可能な〕I 級公使館参事官ドゥ
ムケ手記、発展途上国に対する政治、〔日付なし〕。

(79) PAAA, B10、126 巻：エーリッヒ　コルドからプファイファー宛、1949 年 12 月 19 日付。
PAAA, B1、231 巻：ドイツのユネスコ政策についての考察、1963 年 9 月 18 日。

(80) ラール（1981 年）321 頁。

(81) PAAA, B14、1812 巻：オンケン NATO 代理から外務省宛、1968 年 6 月 10 日付。

注　第2部　ドイツ外務省と過去

(82)　例としてクロル（1967年）426-442頁参照。

(83)　例として、PAAA, B110, 51巻：1954年11月18-24日、モンテビデオで開催された、南米、中米を代表する官庁指導者の作業会議についての記録；PAAA, B1, 259巻：1957年2月18-23日、東京、アジア・大西洋地域代表団団長会議記録を参照。

(84)　PAAA, B2, 165巻：ブレーヴェ公使の手記、国際組織の中での協力、1970年9月21日。

(85)　ドイツ連邦共和国外交政策書類、ドゥックヴィッツ次官の手記、1969年8月2日。

(86)　PAAA, B1, 512巻：ドイツ・ユネスコ委員会主集会に関する書状、1972年6月21日。

(87)　アラルド（1979年）266頁以下参照。

(88)　PAAA, B1, 259巻：1957年2月18-23日、東京、アジア・大西洋地域代表団団長会議記録；PAAA, B2, 142巻：独占代理政策に関しての回状、1965年1月19日；143巻：ソ連占領地区の官庁代表が参加する、外交的または領事館の催し物の際の、ドイツ連邦共和国の官庁代表の態度に関しての回状、1966年5月31日：国立公文書館と記録管理II、RG59、対象番号付きファイル1970-1973年、ボックス2313：ボン・合衆国大使館から合衆国国務省宛、1973年3月5日付。

(89)　国立公文書館と記録管理II、RG59、対象番号付きファイル1964-1966年、ボックス2223：ボン・合衆国大使館から合衆国国務省宛、1964年6月30日付、エンド（1969年）82-83頁に引用あり。

(90)　パリ外務省外交文書館、欧州シリーズ、ドイツ、1944-1970年、1358巻：ポーランド・フランス大使館からフランス外務省宛、1964年3月11日付。

第8章　変遷、改革と古い問題

(1)　ヴィンクラー（2005年）2巻、240頁からの引用。

(2)　ガサート（2006年）88頁。

(3)　ヴァインケ（2002年）273頁からの引用。

(4)　ゲルストナーの戦争履歴については、PAAA, カール＝ハインツ・ゲルストナー個人的書類、4383-4385巻参照；ゲルストナー（1999年）、ゲッツ・アリイの書評、批判的で楽天的で嘘っぱち、ベルリン新聞、2000年2月26、27日も比較。

(5)　ガサート（2006年）142頁。

(6)　ガサート（2006年）142-145頁参照；ハインツ・ヘーネが見つけた対話記録は、キージンガーの防衛戦略を支持し、彼がCDU首相候補にノミネートすることを可能にした。ガサート（2006年）、489-499頁、ヴァインケ（2002年）274頁、ヘルベルト（1996年）230、231頁、ホーデンベルク（2006年）381頁参照。

(7)　PAAA, ギュンター・ディールの個人的書類、46998巻：ディールからクロル宛、1948年3月16日付。

(8)　PAAA, ゲオルグ・フォン・リリエンフェルドの個人的書類、52781巻：キージンガーからヴェルック宛、1953年6月2日付。

(9)　ブラント（1984年）61、62頁からの引用。

(10)　AdsD（社会民主主義公文書館）、バールの保管品、399（1）巻：バールから大臣宛、1966年12月20日付。

(11)　AdsD, WBA, A7、ファイル13：ブラントからキージンガー宛、1967年3月16日付。ブラント（2003年）177頁とも比較。

(12)　AdsD, バールの保管品、399（1）巻：バールから大臣宛、1967年5月19日付。

(13)　PAAA, B130, 8422巻：手記はオップラー大使に関する〔著者名なし〕、1958年12月3日。

(14)　同：シュトラウスからクナップシュタイン宛、1958年12月20日付。ブレンターノからアデナウアー宛、1958年12月8日付。ブレンターノからブランク宛、1958年12月8日付。クナップシュタインからシュトラウス宛、1958年12月16日付と比較。

728

注 第 8 章 変遷、改革と古い問題

(15) AdsD, WBA, A7、ファイル 8：オップラーからブラント、1967 年 3 月 15 日付、〔私信〕；手紙の草案が部分的にデシャー（2005 年）306-311 頁に再録されている。

(16) AdsD, WBA, A7、ファイル 8：シュッツからオップラー宛、1967 年 2 月 8 日付。

(17) 同：オップラーからブラント宛、1967 年 3 月 15 日付〔私信〕。

(18) ヤヒル（1969 年）31-38 頁、ドーゼ（1992 年）、ヘルベルト（1996 年）324 頁、キルヒホフ（2004 年）。

(19) 賠償、デア・シュピーゲル誌、1967 年 1 月 23 日。

(20) AdsD, WBA, A7、ファイル 6：クナップからマットヘーファー宛、1968 年 2 月 16 日付。ブラントからの依頼でアーノルドからクナップ宛、1968 年 2 月 29 日付。

(21) ブラント（2003 年）171 頁。

(22) BA,B136、4690 巻：ブラントからキージンガー宛、1968 年 3 月 4 日付。ドゥックヴィッツからカルステンス宛、1968 年 6 月 19 日付。

(23) 委員会の目的設定には、外務省改革のための委員会の広報政策的報告、ボン 1971 年、の作成があった。ブラントとヘルヴァルトの改革については、エンド（1969 年）112-124 頁も参照。

(24) PAAA, B101、778 巻

(25) 最高の結婚、デア・シュピーゲル誌、1970 年 3 月 2 日。どうやらホッペは 1933 年以前には党員ではなかったが、SPD に近かったらしい。1941 年、彼はドイツ社会主義労働者党の入党申し込みをし、それは認可された。PAAA, ヴィルヘルム・ホッペの個人的書類、50352 巻：合衆国軍政局（OMGS）アンケート、1947 年 4 月 10 日。

(26) PAAA, イェスコ・フォン・プットカマーの個人的書類、55357 巻。1919 年生まれの後の SPD 党員は、戦時中、親衛隊上級大佐ズィックスの依頼で、上海に外務省情報部を設立した、同名の親戚と取り違えられてはならない。フレヤイゼン（2003 年）参照；テルアビブでのドイツ大使についての国家保安庁の調査は、人違いに基づいていた。旧東ドイツ国家公安局書類のための連邦代理人（BStU）、国家保安省（MfS）HA IX/11 AB 1150。

(27) 初めて大使ポストに就任した女性は、法律家の、エリノール・フォン・プットカマーだった。1969 年、彼女はブラントによって、ヨーロッパ会議の常任代表に任命された。ミュラー／シャイデマン（2000 年）参照。

(28) PAAA, マルガレーテ・ヒュッターの個人的書類、50470 巻；フライ（1996 年）275 頁、ミュラー／シャイデマン（2000 年）参照。

(29) AdsD, WBA, A7、ファイル 1：ブラントからキージンガー宛、1968 年 1 月 3 日付。イスラエル国立公文書館、4183/13 巻；報道での抜粋：PAAA, グスタフ　アドルフ　ゾンネンホールの個人的書類、14573 巻；ブラントの退任後、シェールがゾンネンホールを次官に任用することを告知すると、ゾンネンホールをめぐる論争が一時再浮上した。

(30) BA,B136、3750 巻：ドゥックヴィッツからカルステンス宛、1969 年 2 月 5 日付。

(31) AdsD, WBA, A7、ファイル 6：クラップからブラント宛、1968 年 9 月 28 日付。ブラントからクラップ宛、1968 年 11 月 27 日付。

(32) PAAA, フランツ・ニュスラインの個人的書類、54513 巻；ラールからドゥックヴィッツ宛、1970 年 1 月 12 日付。

(33) 茶色のスキャンダルはもうすぐ終わるのか？ 南ドイツ新聞、1968 年 12 月 11 日。

(34) この言明は、1949 年から導入された、外務省職員および大使館に投入された国家保安本部のユダヤ専門担当官に対するすべての西ドイツ捜査手続きについて、ミュンヘン現代史研究所で検討され、外務省プロジェクトに提供された、完全な識見に基づいている。

(35) PAAA, ベッカー遺稿、19 巻：ハーン手記、1948 年 3 月 3 日〔草稿〕。

(36) ヴァインケ（2002 年）275 頁からの引用。

(37) 南ドイツ新聞、1968 年 7 月 5 日；ブレーメン・ニュース、1968 年 7 月 6 日；フランクフルター・

729

注　第2部　ドイツ外務省と過去

ルントシャウ、1968年7月6日；フランクフルター・アルゲマイネ新聞、1968年7月5日；デア・シュ
ピーゲル、1969年10月6日；新チューリッヒ新聞、1968年7月6日；タイム、1968年7月12日。

(38)　BA, B136, 3174巻：クルティウスから外務省宛、1968年7月10日付。グルンドシェッテルか
らキージンガー宛、1968年7月16日付。

(39)　同：グルンドシェッテルからキージンガー宛、1968年7月16日付。

(40)　ガサルト（2006年）638頁からの引用。

(41)　ヘルベルト（1996年）505頁からの引用。

(42)　ヴァイトカンプ（2008年）411-412頁にこの経緯の記述がある。

(43)　BA, B141, 25639巻：ゲッツのメモ、1967年1月12日；シューマッハーから法務省宛の速達、
1967年1月27日。

(44)　BA, ルードヴィヒスブルク本部、GA41-2/4：マトシュル、暫定的報告、1965年5月5日、1頁。

(45)　同。GA41-2/47：マトシュル2度目の暫定的報告、1965年8月25日、11頁。

(46)　PAAA, B101, 326巻：バルスから外務省宛、1968年2月27日付。

(47)　1938年の外務省入省以前に、ミュラーは1933年5月以来の党員であり、ロストックの鉄兜大
学生グループおよびナチ同窓同盟のメンバーであり、帝国外貨経済局と帝国経済省の係官だった。
テヘラン公使館に2年間勤務した後、1941年11月に「ドイツIII課」に転属した。経歴ハンドブッ
ク、3巻（2008年）309頁、PAAA, ヘルベルト・ミュラーの個人的書類、10313巻参照。

(48)　ミュラーがこれまでに法務部門に目立たずにいたのは、おそらく本省が彼を総リストの中で、
潜在的な容疑者として記述しなかったこととも関係する。BA, ルードヴィヒスブルク本部、B162,
17056巻：外務省と任務一覧表、〔日付なし〕参照。

(49)　フランクフルター・アルゲマイネ新聞、1968年4月18日；ミュラーの個人的書類を評価できな
かったブローニングは、この主張を引き継ぎ、また、改名の年を1953年と決定した。ブローニン
グ（1978年）204頁、改名は、ベルグラードへの最初の外国ポストへの派遣との関係で申請され
たと推測される。

(50)　PAAA, ヘルベルト・ミュラー＝ロシャッハの個人的書類、54088巻：シュレーダーからミュラー
＝ロシャッハ宛、1966年4月20日付。ミュラー＝ロシャッハからフェデラー宛、1968年5月10日付。
フェデラーのメモ、DgZAを介してZA2宛、1968年5月13日付。DZ氏のためのローマンのメモ、
1970年2月24日付。

(51)　同。54092巻：ニュース、1968年7月17/18日；ルーフスの報道関係者への説明、1968年7月18日。

(52)　ボンは今ミュラー－ロシャッハを解任できない、フランクフルター・ルントシャウ、1968年7
月25日。

(53)　上級地方裁判所検事長が確認：文書がミュラー＝ロシャッハの負担となる、ディ・ヴェルト、
1968年7月19日。

(54)　外務省はミュラー＝ロシャッハの無罪を信じる、シュトゥットガルト新聞、1968年8月2日；
外務省の私的制裁、シュトゥットガルト新聞、1968年8月5日；フランクフルター・アルゲマイ
ネ新聞、1968年8月5日；AdsD, WBA, A7、ファイル7：ミュラー＝ロシャッハからブラント宛、
1968年8月4日付。PAAA, ヘルベルト・ミュラー＝ロシャッハの個人的書類、54088巻：フェデラー
からリスボン大使館宛、1968年7月31日付。

(55)　PAAA, ヘルベルト・ミュラー＝ロシャッハの個人的書類、54088巻：ローマンからミュラー＝
ロシャッハ宛、1968年10月17日付。

(56)　AdsD, バールの保管品、121（1）巻：ミュラー＝ロシャッハからバール宛、1968年10月26日付。

(57)　AdsD, WBA, A7、ファイル7：ミュラー＝ロシャッハからブラント宛、1968年11月10日付。

(58)　PAAA, ヘルベルト・ミュラー＝ロシャッハの個人的書類、54088巻：ブラントのメモ、1968年
11月24日。

730

注 第 8 章 変遷、改革と古い問題

(59) 同：フェデラーからミュラー＝ロシャッハ宛、1968 年 11 月 28 日付。

(60) 同。54092 巻：ブラントからミュラー＝ロシャッハ宛、1968 年 12 月 13 日付。

(61) 同。54088 巻：ミュラー＝ロシャッハからラール宛、1969 年 2 月 1 日付、〔書き取った抜粋〕；ミュラー＝ロシャッハから外務省宛、1969 年 2 月 6 日付。フェデラーからミュラー＝ロシャッハ宛、1969 年 2 月 6 日付。フェデラーの手記、1969 年 2 月 14 日付。

(62) ケルン本部の知見によると、ミュラーはドイツのユダヤ人の 48 件の移住申請のうちの 4 件のみを「帝国の利害」に鑑み許可したにが、それは彼の殺人幇助の事実構成要因として証明されなかった。ブローニング（1978 年）、204 頁以下。

(63) PAAA、ヘルベルト・ミュラー＝ロシャッハの個人的書類、54088 巻：ローマン、1969 年 3 月 18 日、〔封緘〕。

(64) 同：ブラントからミュラー＝ロシャッハ宛、1969 年 5 月 19 日付。次官のためのローマンの手記、1969 年 5 月 12 日付。デーリングからペーターゼン宛、1969 年 5 月 28 日付。

(65) BA、ルードヴィヒスブルク本部、GA1-104：リュッケールから JM BW 宛、1968 年 3 月 22 日付。

(66) 同：ハンス・セフチック尋問、1968 年 3 月 27 日付。

(67) 了解済み、デア・シュピーゲル、1968 年 4 月 15 日。

(68) BA、B141、30542 巻、10 巻：会談につての BMJ の記録、1968 年 5 月 14 日。

(69) PAAA、B83、574 巻：グットシュマンからゴーリック宛、1968 年 6 月 18 日付。

(70) BA、ルードヴィヒスブルク本部、GA1-104：プフロム、手続き 8Js 147/68 への態度表明、1969 年 1 月 1 日、6 頁。

(71) PAAA、B83、574 巻：シュタインマンのメモ、1968 年 8 月 28 日。

(72) 同。55 巻：ゴーリックから BMJ 宛、1968 年 8 月 26 日付。

(73) BA、ルードヴィヒスブルク本部、GA1-104：プフロム、手続き 8Js 147/68 への態度表明、1969 年 1 月 1 日、6 頁。

(74) PAAA、B118、793 巻：カイザー通り 125 番地の外務省地下室所蔵の中央法務局の書類一覧、〔日付、作成者名なし〕。

(75) BA、B305、2541 巻：コペンハーゲン地方裁判所、1949 年 7 月 18 日；デンマーク司法当局による刑事追訴については、ヘルベルト（1996 年）419–434 頁参照。

(76) PAAA、フェルディナンド・ゲオルク・ドゥックヴィッツの個人的書類、47242 巻；ベストの失敗した再応募手続きについては、ヘルベルト（1996 年）488 頁以下参照。ベストの応募の経緯とそれから生じた管理訴訟手続きについての書類は、外務省ではもはや見つからない。

(77) BA、B305、2541 巻：アーレンスから外務省宛、1964 年 5 月 26 日付。

(78) PAAA、ヴェルナー・ベスト別巻、946 巻：ジモンからドゥックヴィッツ宛、1969 年 3 月 13 日付。

(79) 同：シュティネス jr. からホッペ宛、1969 年 3 月 30 日付。

(80) 同：フィリピアクから上級地方裁判所第 1 刑事部部長宛、1969 年 9 月 11 日付。

(81) 同：ドゥックヴィッツの手書きメモ、1969 年 3 月 25 日。

(82) 同：フィリピアクから上級地方裁判所第 1 刑事部部長宛、1969 年 9 月 11 日付。

(83) モイゼル（2004 年）216 頁からの引用。

(84) マイヤー（2005 年）446 頁、脚註 13；ヘルベルト（1998 年）参照。1960 年、外務省は計画されていたティアフェルダーのパリ・ドイツ大使館への派遣を、フランスの圧力のため撤回した。BA、ルドルフ・ティアフェルダーの個人的書類、58565 巻：ティアフェルダー篇、1960 年 8 月 11 日。

(85) BA、連合国裁判、21/217、289–301 頁：ティアフェルダーの証人尋問；ブルナー（2004 年）125 頁も参照。

(86) モイゼル（2004 年）223 頁からの引用。

(87) 不当な扱いを受けた、デア・シュピーゲル、1970 年 4 月 20 日；アッヘンバッハへの名誉の釈明、

731

フランクフルター・ノイエ・プレッセ、1970 年 4 月 17 日。

(88) ブラント（2003 年）145 頁。ブラントは、後に、英国の政治家でありジャーナリストであったヴァンシッタート卿の「逆の人種差別主義」を責めた。同。133 頁。

(89) ドイチュクロン（2009 年）315 頁。

(90) BA, N1470、323 巻：グロスマンからブラント宛。1970 年 4 月 30 日付。

(91) 同。リッツェルからグロスマン宛、1970 年 5 月 5 日付。

(92) BA, N1086、38a 巻：ブリルからフンメルスハイム宛、1970 年 5 月 20 日付。

(93) PAAA, B1、485 巻：外務省改革委員会、外交関係領域における課題、1969 年 1 月 10 日。

(94) BA, N136、4690 巻：ブラントからキージンガー宛、1968 年 3 月 4 日付。

(95) 同：オスターヘルドからドゥックヴィッツ宛、1968 年 4 月 10 日付。

(96) ヘルヴァルト（1990 年）373 頁。

(97) PAAA, ヘルヴァルト・フォン・ビッテンフェルド、改革委員会、フォン・ヘルヴァルト大使のハンドファイル：外務省改革委員会のための作業グループ第 3 回会議、1967 年 12 月 1 日。

(98) PAAA, B120、33 巻：外務省改革委員会、最終報告、日付なし〔1971 年 3 月〕；ヘルヴァルト（1990 年）374 頁とも比較。

(99) PAAA, B120、33 巻：外務省改革委員会、最終報告、日付なし〔1971 年 3 月〕。

(100) AdsD, エゴン・バールの保管品、ファイル 399、書類 1：バールの手記、1969 年 7 月 15 日、およびドゥックヴィッツからブラント宛、1969 年 8 月 2 日付。

(101) グラウ／シュミット＝ブレメ（2004 年）28–41 頁。

(102) 同。64 頁。

第 9 章　歴史委員会の任命に対して「責任の所在の不明確さ」について

(1) 比較、ビーバー（2005 年）。

(2) エッカルト（2004 年）438 頁。

(3) デシャー（1987 年）。

(4) 同。17 頁。

(5) ケント（1989 年）。

(6) ヴァインベルク（1989 年）。

(7) アンドレアス・ヒルグルーバー、ヒトラーの外交官たち？　フランクフルター・アルゲマイネ・ツァイトゥング紙、1987 年 6 月 23 日付。

(8) ミヒャルカ（1989 年）。

(9) ブローニング（1989 年）。

(10) ルドルフ・アウグスティン、「もしもリッベントロープとフューラーが私を必要としたら……」、デア・シュピーゲル誌、1987 年 3 月 16 日付。

(11) 比較、デーンホフ（1993 年）。

(12) ハルプレヒト（2008 年）471 頁。

(13) テオドル・エッシェンブルク、ヒトラーの下の外交官、ディー・ツァイト誌 1987 年 6 月 5 日付。

(14) BA, Z35、第 80 巻。

(15) カール＝フリードリッヒ・フォン・ヴァイツェッカー、父と世紀、ディー・ツァイト誌 1987 年 6 月 5 日付。

(16) この意味で、ハムプ／レディング（1987 年）。

(17) ビーバー（2005 年）151 頁。

(18) これに加えてデュッセルドルフ州裁判所のハンス＝ユルゲン・デシャー／マルテ・フォン・バ

注　第9章　歴史委員会の任命に対して「責任の所在の不明確さ」について

ルゲン（AZ15U232/88）の対立問題についての判決文を見よ、1989年12月13日付、18頁；このドキュメントを手渡したことに委員会はハンス＝ユルゲン・デシャー教授に感謝する。

(19)　マンフレッド・シュタインキューラー、時代の証言対話、ベルリン、2010年2月10日付。

(20)　比較、管轄権ではなくて、仲間意識、ワールド・オンライン、2000年4月7日付。

(21)　ホクノス（2008年）263頁から引用；ビーレフェルトの特別党大会について、比較フィッシャー（2007年）をも、特に208-228頁。

(22)　ビーラー（2000年）2400頁からの引用。

(23)　この意味で、コンツェ（2009年、809頁。

(24)　いわゆるデモの写真をめぐるメディアの議論の年表を、ホール（2001年）が手渡した。

(25)　比較、フォヴィンッケル（2004年）。

(26)　ベルマン（2007年）70頁。

(27)　ドイツ連邦議会、広報14/5406、2001年3月5日付。

(28)　比較、アリイ（2008年）51頁の喧噪の表現。

(29)　1分間に200回段ったのは信じられない、フランクフルター・アルゲマイネ・ツアイテゥング紙、2001年1月31日付。

(30)　ヴィッケルトの旧外務省での経歴、比較、フライアイゼン（2003年）。

(31)　1953年5月13日の人事調査と1953年5月13日の経歴ではヴィッケルトは、突撃隊（SA）には1934年までにしか属していなかった、と述べていた。これはしかしながら1955年8月3日付のベルリンのドキュメントセンター（BDC）に反している。PAAA, エルヴィン・ヴィッケルトの人事書類、第59595巻。

(32)　ラッペンキュパー（2005年）292頁。

(33)　比較、ヒルヴィヒ（1998年）。

(34)　ラッペンキュパー（2005年）370頁。

(35)　同。371頁。

(36)　比較、これにはフラー／ファン・ラーク／シュトライス（2000年）が貢献。

(37)　外務省内部情報、2003年5月号、9頁。

(38)　ヘンゼラーの2003年5月11日付のフィッシャー宛［コピーは独立歴史委員会UHRにある］

(39)　マルチン・クリューガー博士に関する情報、Ref.117、2009年7月14日付。

(40)　シモンのヘンゼラー宛、2003年6月11日付［コピーはUHKが持っているい］。

(41)　ヘンゼラーのシュレーダー宛、2003年6月17日付［コピーはUHMが持っている］。

(42)　ヤネッケヴェンツェルの事務次官室、D1.1Vに関して、2003年8月14日付［コピーはUHKが持っている］。

(43)　回章、シャリオトのD1-V、RLin, 101宛、2003年9月22日付、［コピーはUHKが持っている］。

(44)　フィッシャーのヘンゼラー宛、2003年9月5日付［コピーはUHKが持っている］。

(45)　追悼の栄誉が拒絶された、フランクフルター・アルゲマイネ紙、2005年1月18日付。

(46)　無視—そして軽視、フランクフルター・アルゲマイネ紙、2005年1月28日付。

(47)　比較、ヴォヤク（2009年）399頁。

(48)　比較、父親の名誉のための長い闘争は決まらずに終了した。ナチの法律家の罪と息子たちの苦悩は政治的な背景の中での屈辱のプロセスであった、フランクフルター・ルントシャウ紙、1990年9月12日付。

(49)　比較、外務省の中のお家騒動、南ドイツ新聞紙、2005年3月29日付。

(50)　エルベのフィッシャー宛、2005年3月29日付［コピーはUHKが持っている］。

(51)　思考の実際への読者の投書、外務省の内部情報、特別号2005年4月版、4頁。

(52)　比較、カタコンベからの怪談、デア・シュピーゲル誌、2004年9月27日付。

733

注　第2部　ドイツ外務省と過去

（53）　ミヒャエル・アドニア・モスコヴィの読者の手紙、外務省内部情報、特別号、2005 年 4 月版、6 頁。

エビデンスと参考文献（原文）

Quellen– und Literaturverzeichnis
エビデンスと参考文献

Ungedruckte Quellen（未発表のもの）

Amherst College Archives and Special Collections, Amherst (MA)
John J. McCloy Papers

Archiv der Bundesbeauftragten für die Unterlagen des Staatssicherheitsdienstes der ehemaligen Deutschen Demokratischen Republik (BStU), Berlin
MfS, Abteilung XII, Zentrale Auskunft, Speicher
MfS, Abteilung X, Internationale Verbindungen
MfS, Büro der Leitung
MfS, Hauptabteilung II, Spionageabwehr
MfS, Hauptabteilung VII, Abwehrarbeit in MdI und DVP
MfS, Hauptabteilung VIII, Beobachtung, Ermittlung
MfS, Hauptabteilung IX, Untersuchungsorgan
MfS, Hauptabteilung XX, Staatsapparat, Kultur, Kirche, Untergrund
MfS, Hauptverwaltung Aufklärung
MfS, Sekretariat des Ministers
MfS, Sekretariat des Stellvertreters Neiber
MfS, Zentrale Auswertungs– und Informationsgruppe

Archiv des Instituts für Zeitgeschichte (IfZ), München
ED 88, Sammlung Eberhard Zeller
ED 113, Nachlass Werner Otto von Hentig
ED 134, Nachlass Dirk Forster
ED 135, Nachlass Heinz Krekeler
ED 145, Nachlass Dieter Sattler
ED 157, Nachlass Erich und Theo Kordt
ED 179, Repertorium Carl Schmitt
ED 329, Nachlass Robert Strobel
ED 343, Nachlass Hans Hermann Kahle
ED 355, Nachlass Maximilian, Anton und Peter Pfeiffer
ED 357, Nachlass Wilhelm von Schoen
ED 388, Nachlass Georg Federer
ED 411, Nachlass Hans–Ulrich Behm
ED 418, Nachlass Rupprecht von Keller
ED 421, Nachlass Karl Gustav Wollenweber
ED 443, Nachlass Hans von Saucken
ED 448, Nachlass Alexander Böker
ED 449, Nachlass Margarete Bitter
SP 51, Entnazifizierung Franz von Papen
SP 59, Entnazifizierung Emil von Rintelen
ZS/A–32, Nachlass Eugen Ott
ZS, Zeugenschrifttum

Archiv des Liberalismus (AdL), Gummersbach
Arbeitskreise, AK I (Außen- und Verteidigungspolitik)
Bestand Walter Scheel, A 33 und A 35
Bundesfachausschuss Außenpolitik, A 44
Liberale Verbände bis zur Gründung der FDP
Nachlass Max Becker, N 11
Nachlass Franz Blücher, A 3
Nachlass Erika Fischer, N 14
Nachlass Erich Mende, A 26, A31
Nachlass Wolfgang Mischnick, A 40
Nachlass Thomas Dehler, N1 und N53

Archiv der sozialen Demokratie (AdsD), Bonn
Depositum Egon Bahr
Nachlass Peter Blachstein
Nachlass Rudolf Dux
Nachlass Fritz Eberhard (Helmut von Rauschenplat)
Nachlass Fritz Heine
Nachlass Gerhard Jahn
Nachlass Paul Löbe
Nachlass Hans-Otto Meissner
Nachlass Erwin Schöttle
Nachlass Carlo Schmid
Nachlass Herbert Wehner
SPD-Parteivorstand, Bestand Kurt Schumacher
Willy-Brandt-Archiv

Archives de l'occupation française en Allemagne et Autriche, Colmar (MAE-Colmar)
Gouvernement militaire français à Berlin

Archives diplomatiques du Ministère des Affaires Etrangères (MAE), Paris
Série Europe, Allemagne 1944–1970

Archiv für Christlich-Demokratische Politik (ACDP), Bonn
Bestand CDU/CSU-Fraktion, 8-001
Nachlass Günther Bachmann, 01-798
Nachlass Paul Binder, 01-105
Nachlass Kurt Birrenbach, 01-433
Nachlass Bruno Dörpinghaus, 01-009
Nachlass Felix von Eckardt, 01-010
Nachlass Eugen Gerstenmaier, 01-210
Nachlass Hans Globke, 01-070
Nachlass Alois Mertes, 01-403
Nachlass Hans Berger, 01-400
Nachlass Fritz Hellwig, 01-083
Nachlass Josef Jansen, 01-149
Nachlass Josef Kannengießer, 01-182
Nachlass Theophil Kaufmann, 01-071
Nachlass Kurt Georg Kiesinger, 01-226
Nachlass Hermann Kopf, 01-027

Nachlass Hans Kroll, 01–743
Nachlass Heinrich Krone, 01–028
Nachlass Rolf Lahr, 01–407
Nachlass Otto Lenz, 01–172
Nachlass Hans-Joachim von Merkatz, 01–148
Nachlass Horst Osterheld, 01–724
Nachlass Friedrich Wilhelm von Prittwitz und Gaffron, 01–138
Nachlass Gerhard Schröder, 01–483
Nachlass Hans Sterken, 01–752

Arthur W. Diamond Law Library (ADLL), Columbia University Law School, New York City (NY)
Telford Taylor Papers

Bayerisches Hauptstaatsarchiv (BayHStA), München
MSO Ministerium für Sonderaufgaben
Nachlass Margarete Bitter

Bundesarchiv, Berlin (BA Berlin)
Bestände des ehemaligen Berlin Document Center (BDC)
— Parteikorrespondenz
— Personalunterlagen von SS–Angehörigen
— Personalunterlagen von SA–Angehörigen
— Zentrale Mitgliederkartei der NSDAP
Bestand BY 6, Rat der Vereinigung der Verfolgten des Naziregimes/Sekretariat des Rates
Bestand R 43, Reichskanzlei
Bestand R 55, Reichsministerium für Volksaufklärung und Propaganda
Bestand R 83, Zentralbehörden der allgemeinen deutschen Zivilverwaltung in den während des Zweiten
    Weltkrieges besetzten Gebieten (ohne Osteuropa)
Bestand R 901, Auswärtiges Amt
Bestand R 4902, Deutsches Auslandswissenschaftliches Institut
Bestand R 9219, Deutsche Gesandtschaft Sofia
Bestand R 9216, Deutsche Botschaft in Paris
Bestand R 9203, Deutsche Gesandtschaft in Belgrad
Bestand R 9217, Deutsche Gesandtschaft Riga
Bestand R 9335, Konsulat in Temesvar
Bestand R 9313, Konsulat Kiew
Bestand NS 43, Außenpolitisches Amt der NDAP
Bestand NS 9, Auslandsorganisation der NSDAP
Bestand NS 30, Einsatzstab Reichsleiter Rosenberg
Nachlass Herbert von Dirksen (Teilnachlass 1)

Bundesarchiv, Hoppegarten (BA Hoppegarten)
Bestand DO 1, Ministerium des Innern
ZA VI 3328, A. 18 Personalakte der IG Farbenindustrie Berlin
Bundesarchiv (BA), Koblenz
Bestand B 102, Bundesministerium für Wirtschaft
Bestand B 106, Bundesministerium des Inneren
Bestand B 106 II, Geschäftsstelle des Bundespersonalausschuss
Bestand B 122, Bundespräsidialamt
Bestand B 136, Bundeskanzleramt

Bestand B 141, Bundesministerium der Justiz
Bestand B 305, Zentrale Rechtsschutzstelle
Bestand NS 8, Kanzlei Rosenberg
Bestand NS 19, Persönlicher Stab Reichsführer–SS
Bestand NS 20, Kleine Erwerbungen (NSDAP)
Bestand NS 43, Außenpolitisches Amt der NSDAP
Bestand R 43, Reichskanzlei
Bestand Z 8, Verwaltung für Wirtschaft des Vereinigten Wirtschaftsgebietes
Bestand Z 13, Direktorialkanzlei des Verwaltungsrates des Vereinigten Wirtschaftsgebietes
Bestand Z 35, Deutsches Büro für Friedensfragen
Bestand All Proz 21, Prozesse gegen Deutsche im europäischen Ausland
N 1086, Nachlass Herrmann Brill
N 1089, Nachlass Arnold Brecht
N 1234, Nachlass Fritz Baade
N 1239, Nachlass Heinrich von Brentano
N 1263, Nachlass Kurt Rheindorf
N 1273, Nachlass Ernst von Weizsäcker
N 1310, Nachlass Constantin Freiherr von Neurath
N 1351, Nachlass Herbert Blankenhorn
N 1467, Nachlass Michael Mansfeld
N 1470, Nachlass Robert M.W. Kempner
N 1480, Nachlass Günther Harkort

Bundesarchiv–Militärarchiv (BAMA), Freiburg
Bestand RH 19X, Oberbefehlshaber Süd, Südwest/Heeresgruppe C
Bestand RW 40, Territoriale Befehlshaber in Südosteuropa

Bundesarchiv Zentrale Stelle, Ludwigsburg (BA Ludwigsburg ZSL)
B 162, Zentrale Stelle der Landesjustizverwaltungen in Ludwigsburg
Zentralkartei
ZSL, Generalakten

Cornell University Law Library (CULL), Ithaca (NY)
Donovan Nuremberg Trials Collection

Harry S. Truman Library and Museum (Truman Library), Independence (MO)
Papers of Harry N. Howard
Hauptstaatsarchiv Düsseldorf (HstA Düsseldorf)
Bestand Staatskanzlei, NW 53
Entnazifizierungsakten
Nachlass Franz Blücher, RWN 96
Nachlass Maximilian von Gumppenberg, RWN 122
Nachlass Ewald Krümmer, RWN 213
Nachlass Friedrich Middelhauve, RWN 172
Sammlung Erinnerungsniederschriften und Sammlung Hüttenberger, RWN 139
Unterlagen Landgericht- und Staatsanwaltschaft Essen, Rep. 192 (Verfahren gegen den VLR Horst
     Wagner); Rep. 237 (Verfahren gegen LR Horst Wagner u. a.); Rep. 169/86–90 (Verfahren gegen früheren
     Unterstaatssekretär Andor Hencke)

Hauptstaatsarchiv Stuttgart (HstA Stuttgart)

738

Familienarchiv der Freiherrn von Neurath, Q 3/11

Israel State Archive (ISA)
Bestand Foreign Ministry

Seeley Mudd Manuscript Library (Mudd Library), Princeton University, Princeton (NJ)
Allen W. Dulles Papers

The National Archives and Records Administration (NARA), College Park (MD)
RG 43, Records of International Conferences, Commissions, and Expositions
RG 59, General Records of the Department of State
RG 64, Records of the National Archives and Records Administration
RG 65, Federal Bureau of Investigation
RG 84, Records of the Foreign Service Posts of the Department of State
RG 153, Office of the Judge Advocate General (Army)
RG 165, War Department General and Special Staffs
RG 226, Office of Strategic Services
RG 238, World War II War Crimes Records
RG 242, National Archives Collection of Foreign Records Seized
RG 260, U.S. Occupation Headquarters, World War II
RG 263, Central Intelligence Agency
RG 319, Records of the Army Staff
RG 331, Allied Operational and Occupation Headquarters, World War II
RG 338, Records of U.S. Army Operational, Tactical, and Support Organizations (World War II and
    Thereafter)
RG 466, Records of the U.S. High Commissioner for Germany

The National Archives, Public Record Office (TNA/PRO), Kew
FO 195, Foreign Office, Embassy and Consulates, Turkey (formerly Ottoman Empire), General
Correspondence
FO 370, Foreign Office, Library and the Research Department, General Correspondence
FO 371, Foreign Office, Political Departments, General Correspondence from 1906
FO 372, Foreign Office, Treaty Department and successors: General Correspondence from 1906
FO 395, Foreign Office, News Department: General Correspondence from 1906
FO 1049, Control Office for Germany and Austria and Foreign Office: Control Commission for Germany
    (British Element), Political Division

Niedersächsisches Landesarchiv – Staatsarchiv Stade (NLA–StA Stade)
Rep. 275 (Entnazifizierungsakten)

Parlamentsarchiv des Deutschen Bundestages (BT ParlA), Berlin
Erste Wahlperiode, 47. Ausschuss (Untersuchungsausschuss gem. Drucksache Nr. 2680)
Dritte Wahlperiode, Unterausschuss »Deutsche Institute und Schulen im Ausland« des Ausschusses für
    Auswärtige Angelegenheiten

Politisches Archiv des Auswärtigen Amtes (PAAA), Berlin
Bestand Abteilung I A (Politik)
Bestand Abteilung I B
Bestand Büro Chef AO
Bestand Büro Reichsaußenminister

Bestand Büro Reichsaußenminister 1936–1939
Bestand Büro Staatssekretär 1936–1944
Bestand Büro Unterstaatssekretär 1936–1943
Bestand Dienststelle Ribbentrop
Bestände der Dienststellen und Missionen im Ausland
Bestand Handakten: Eberhard Freiherr von Künsberg
Bestand Handakten: Paul Otto Schmidt
Bestand Handakten Reichsminister 1931–1939
Bestand Handelspolitische Abteilung
Bestand Kent
Bestand Kulturabteilung Geheimakten
Bestand Kulturabteilung KultPol L II/Scapini–Kommission
Bestand Kulturabteilung Propaganda
Bestand Personal– und Verwaltungsabteilung – Restbestände
Bestand Presseabteilung
Bestand Politische Abteilung
Bestand Politisches Archiv
Bestand RAM Film
Bestand Rechtsabteilung
Bestand Rechtsabteilung Personal und Geschäftsgang
Bestand Referat D/Abteilung Inland (Inland II AB, Inland II Geheim)
Bestand Sonderbevollmächtigter Südosten
Bestand Staatssekretär von Bülow 1930–1936
Bestand Unterstaatssekretär Luther
Bestand VAA beim Reichskommissar für die Ukraine

Bestand B 1, Büro Minister
Bestand B 2, Büro Staatssekretär
Bestand B 2–VS, Büro Staatssekretär
Bestand B 4, Kabinettsreferat
Bestand B 6, Informationsreferat Ausland, Informationsreferat (Öffentlichkeitsarbeit) Ausland Bestand B
    9, Planungsstab
Bestand B 10, Politische Abteilung
Bestand B 11, Länderabteilung und Referate 304–307 und 315–318 (Politische Abteilung)
Bestand B 12, Ostabteilung (Referate 700–712)
Bestand B 13, Allgemeine außenpolitische Fragen
Bestand B 14, NATO
Bestand B 36, Naher Osten und Nordafrika
Bestand B 38, Berlin und Deutschland als Ganzes
Bestand B 40, Ost–West–Beziehungen
Bestand B 82, Staats– und Verwaltungsrecht
Bestand B 83, Strafrecht, Steuer– und Zollrecht (Rechtsabteilung)
Bestand B 85, Sozialwesen, Arbeits– und Sozialrecht, Gesundheitsrecht, Grenzen der Bundesrepublik
    Deutschland, Geheimschutzabkommen (Rechtsabteilung)
Bestand B 90–600, Kulturpolitik
Bestand B 90–KA, Kulturabteilung
Bestand B 100, Allgemeine Personalangelegenheiten
Bestand B 101, Höherer Dienst
Bestand B 102, Aus– und Fortbildung
Bestand B 105, Deutsches Personal bei internationalen Behörden

Bestand B 107, Gesetz über den Auswärtigen Dienst, Frauenförderung etc.
Bestand B 110, Organisation
Bestand B 118, Politisches Archiv und Historisches Referat
Bestand B 120, Reformkommission für den Auswärtigen Dienst
Bestand B 130, VS–Registraturen des Auswärtigen Amts
Bestand DS 10, Handakten Direktoren
Ministerium für Auswärtige Angelegenheiten (MfAA) (der DDR)
Nachlass Werner von Bargen
Nachlass Sigismund von Braun
Nachlass Hellmut Becker
Nachlass Herbert von Dirksen
Nachlass Hasso von Etzdorf
Nachlass Wilhelm Haas
Nachlass Hans Bernd von Haeften
Nachlass Andor Hencke
Nachlass Hans Herwarth von Bittenfeld
Nachlass Siegfried Kasche
Nachlass Gerhard Köpke
Nachlass Theo Kordt
Nachlass Joachim Friedrich von Lieres und Wilkau
Nachlass Hans Georg Mackensen (Handakten)
Nachlass Wilhelm Melchers
Nachlass Rudolf Nadolny
Nachlass Gottfried von Nostitz
Nachlass Peter Pfeiffer
Nachlass Hans Riesser (im Nachlass Ernst Georg Lange)
Nachlass Heinz Günther Sasse
Nachlass Albert Hilger van Scherpenberg
Nachlass Rudolf Schleier
Nachlass Werner von Schmieden
Nachlass Hans Schroeder
Personal– und Geldakten, altes und neues Amt

Staatsarchiv der Freien und Hansestadt Hamburg (StA Hamburg)
Bestand 221–11, Staatskommissar für die Entnazifizierung und Kategorisierung

Staatsarchiv München (StA München)
Spk–Akten K 938 (Erich Kordt)
Spk–Akten K 949 (Franz Krapf)

Staatsarchiv Nürnberg (StA Nürnberg)
Schriftgut der Nürnberger Prozesse
— KV–Prozesse
— KV–Anklage
— KV–Verteidigung

Stiftung Bundeskanzler–Adenauer–Haus (StBKAH), Bad Honnef–Rhöndorf
Bestand I
Bestand III

United States Holocaust Memorial Museum (USHMM), Washington D.C.
Records of the Nachlass Landesbischof Theophil Wurm, D1
RG 06.019, Henry L. Cohen Collection relating to Nuremberg Case No. 11, the Ministries Case, 1946–1948
Robert M. W. Kempner Papers
Seymour Krieger Collection
William L. Christianson Papers relating to Nuremberg War Crime Trials

Yad Vashem Archive (YV), Jerusalem
Archiv der Righteous Among the Nations–Abteilung
Bestand JM Mikrofilme
Bestand M 9
Bestand M 21.1
Bestand M 68
Bestand O 8
Bestand O 68
Bestand P 13
Bestand TR 2
Bestand TR 3
Bestand TR 10
Bestand TR 11
Bestand TR 19

Handakte Franz Krapf (in Privatbesitz von Familie Krapf–Mlosch, Bonn)

Gedruckte Quellen （公刊されているもの）

Adenauer. Rhöndorfer Ausgabe, hrsg. v. Rudolf Morsey und Hans–Peter Schwarz (1983– 2009), Berlin/
    Paderborn.
Akten der Reichskanzlei (AdR). Weimarer Republik, hrsg. f. d. Historische Kommission der Bayerischen
    Akademie der Wissenschaften v. Karl–Dietrich Erdmann u. f. d. Bundesarchiv v. Hans Booms,
    München.
    Die Kabinette Brüning I und II (1930–1932), Bd. 1: 30. März 1930 bis 28. Februar 1931, bearb. v. Tilmann
    Koops, Karl Dietrich Erdmann u. Hans Günter Hockerts (1982).
    Kabinett Schleicher, 3. Dezember 1932 bis 30. Januar 1933, bearb. v. Anton Golecki, Karl Dietrich
    Erdmann u. Hans Günter Hockerts (1986).
Akten zur Auswärtigen Politik der Bundesrepublik Deutschland (AAPD), hrsg. i. A. des Auswärtigen Amts
    v. Institut für Zeitgeschichte, Haupthrsg. Hans–Peter Schwarz (1994–2005) und Horst Möller (2006–
    2009), München.
    Adenauer und die Hohen Kommissare 1949–1951; 1952.
    1949/50–1953; 1963–1978.
Akten zur Deutschen Auswärtigen Politik (ADAP) 1918–1945. Aus dem Archiv des Auswärtigen Amtes,
    Haupthrsg. Hans Rothfels, Baden–Baden/Göttingen/Frankfurt a. M.
    Serie C: 1933–1937, 6 Bde.
    Serie D: 1937–1945, 13 Bde.
    Serie E: 1941–1945, 8 Bde.
    Ergänzungsband zu den Serien A–E
Akten zur Vorgeschichte der Bundesrepublik Deutschland 1945–1949, hrsg. v. Bundesarchiv u. v. Institut für
    Zeitgeschichte (1976–1983), München.
Aly, Götz/Gruner, Wolf/Heim, Susanne (2008): Die Verfolgung und Ermordung der europäischen Juden
    durch das nationalsozialistische Deutschland 1933–1945, München.

Bd. 1: Deutsches Reich 1933–1937.

Bd. 2: Deutsches Reich 1938 – August 1939.

Amtsblatt des Alliierten Kontrollrats in Deutschland, hrsg. v. Alliierten Sekretariat (1945–1948), Berlin.

Aus dem Tagebuch eines Judenmörders, hrsg. v. Ausschuss für deutsche Einheit (1956), Berlin (Ost).

Außenpolitik der Bundesrepublik Deutschland. Dokumente von 1949 bis 1994 (1995), hrsg. v. Auswärtigem Amt, Referat Öffentlichkeitsarbeit, verantw. Reinhard Bettzuege, Köln.

Der Auswärtige Ausschuss des Deutschen Bundestages (AADB). Sitzungsprotokolle [= Quellen zur Geschichte des Parlamentarismus und der politischen Parteien, IV. Reihe: Deutschland seit 1945, Bd. 13], hrsg. v. Karl Dietrich Bracher, Klaus Hildebrand, Rudolf Morsey, Hans–Peter Schwarz und Walter Först, Düsseldorf.

Becker, Hellmut (1962): Plädoyer für Ernst von Weizsäcker, in: Ders.: Quantität und Qualität. Grundfragen der Bildungspolitik, Freiburg, S. 13–58.

Betænkning og beretninger fra de af Folketinget nedsatte kommissioner i hen-hold til Grundlovens § 45, hrsg. v. Parlamentarisk Kommission (1948), København.

Brandt Willy (1984): Auf der Zinne der Partei. Parteitagsreden 1960 bis 1983, Berlin u. a.

Bydgoszcz 3.–4. września 1939. Studia i dokumenty, hrsg. v. Tomasz Chinciński und Paweł Machcewicz (2008), Warschau.

Comisión Investigadora de Acitividades Antiargentinas, hrsg. v. Cámara de Diputados de la Nación (1941), Informe Nr. 1–4, Buenos Aires.

Diplomatische Dokumente der Schweiz, Bd. 12: 1937–1938, bearb. v. Oscar Gauye, Gabriel Imboden, Daniel Bourgeois (1994), Bern.

Documents on British Policy Overseas, hrsg. v. Rohan d'Olier Butler, M.E. Pelly und H.J. Yasamee, London. Series I, Volume V: Germany and Western Europe, 11 August – 31 December 1945 (1990).

Documents on Germany under Occupation 1945–1954, bearb. v. Beate Ruhm von Open (1955), London.

Dokumente polnischer Grausamkeit, im Auftrage des Auswärtigen Amtes auf Grund urkundlichen Beweismaterials zusammengestellt, bearb. und hrsg. v. d. deutschen Informationsstelle (1940), Berlin. Auch: Die polnischen Greueltaten an den Volksdeutschen in Polen, im Auftrage des Auswärtigen Amtes auf Grund urkundlichen Beweismaterials zusammengestellt, bearb. und hrsg. v. Hans Schadewaldt (1940), 2. Aufl., Berlin.

Dokumente zur Deutschlandpolitik (DzD), begr. v. Ernst Deuerlein, hrsg. v. Bundesministerium des Innern u. v. Bundesarchiv, München.

II. Reihe: Vom 9. Mai 1945 bis 4. Mai 1955, 4 Bde., bearb. v. Giesela Biewer, Hanns Jürgen Küsters u. Daniel Hofmann (1992–2003).

Domarus, Max (1973): Hitler. Reden und Proklamationen 1932–1945, Wiesbaden.

Dublon-Knebel, Irith (2007): German Foreign Office Documents on the Holocaust in Greece (1937–1944), Tel Aviv.

Europa unterm Hakenkreuz. Die Okkupationspolitik des deutschen Faschismus 1938–1945, 8 Bde., hrsg. von einem Kollegium unter Leitung von Wolfgang Schumann (1988–1996), Berlin/Heidelberg.

Foreign Relations of the United States (FRUS), Washington D.C.

Diplomatic Papers 1945, Bd. III: European Advisory Commission, Austria, Germany (1968).

1948, Bd. II: Germany and Austria (1973).

1949, Bd. III: Council of Foreign Ministers; Germany and Austria (1974).

1950, Bd. III: Western Europe (1977).

1950, Bd. IV: Central and Eastern Europe; the Soviet Union (1980).

»Führer-Erlasse« 1939–1945. Edition sämtlicher überlieferter nicht im Reichsgesetzblatt abgedruckter von Hitler während des Zweiten Weltkrieges schriftlich erteilter Direktiven aus den Bereichen Staat, Partei, Wirtschaft, Besatzungspolitik und Militärverwaltung, hrsg. v. Martin Moll (1997), Stuttgart.

Groscurth, Helmuth (1970): Tagebücher eines Abwehroffiziers 1938–1940. Mit weiteren Dokumenten zur Militäropposition gegen Hitler, Stuttgart.

Heuss, Theodor: Die großen Reden, Teil 1: Der Humanist, Tübingen 1965.

Howard, Harry (1948): Germany, the Soviet Union, and Turkey during World War II, in: Department of State Bulletin, July 18.

Jacobsen, Hans-Adolf (1984) (Hrsg.): »Spiegelbild einer Verschwörung«. Die Opposition gegen Hitler und der Staatsstreich vom 20. Juli 1944 in der SD-Berichterstattung. Geheime Dokumente aus dem ehemaligen Reichssicherheitshauptamt, Bd. 1, Stuttgart.

Jacobsen, Hans-Adolf (1979): Karl Haushofer. Leben und Werk, Bd. 2: Ausgewählter Schriftwechsel 1917–1946, Boppard am Rhein.

Jelinek, Yeshayahu A. (1997) (Hrsg.): Zwischen Moral und Realpolitik. Eine Dokumentensammlung, Gerlingen.

Kastner, Reysö Rudolf (1961): Der Kastner-Bericht über Eichmanns Menschenhandel in Ungarn, München.

Klein, Peter (Hrsg.) (1997): Die Einsatzgruppen in der besetzten Sowjetunion 1941–1942. Die Tätigkeits- und Lageberichte des Chefs der Sicherheitspolizei und des SD, Berlin.

Landsberg. Ein dokumentarischer Bericht, hrsg. v. Information Services Division, Office of the U.S. High Commissioner for Germany (1951), Frankfurt.

Lappenküper, Ulrich (2005) (Hrsg.): Erwin Wickert. Das muß ich Ihnen schreiben. Beim Blättern in unvergessenen Briefen. München.

Mandellaub, Max (1948): Das Deutsche Auwärtige Amt und die Ausrottungspolitik gegen die Juden Europas während des zweiten Weltkriegs. Abschliessender Anklage-Schriftsatz, dem amerikanischen Militärgerichtshof IV im Fall 11 vorgelegt am 15. November 1948 in Nürnberg.

Nazi Conspiracy and Aggression (NCA), 8 Bde. mit Supplement, hrsg. v. Office of U.S. Chief of Counsel for Prosecution of Axis Criminality, Washington D.C.

The Papers of Lucius D. Clay, hrsg. v. Jean Edward Smith (1974), Bloomington.

Parliamentary Debates. House of Commons. Official report. Session of the Parliament of the United Kingdom of Great Britain and Northern Ireland, Begr.: Thomas C. Hansard, London.

Preliminary List of Persons accused or suspected of Crimes against Humanity, hrsg. v. Institute of Jewish Affairs/World Jewish Congress (1961), New York.

Poliakov, Leon/Wulf, Josef (1956): Das Dritte Reich und seine Diener. Dokumente, Berlin.

Poole, Dewitt C. (1946): Light on Nazi Foreign Policy, in: Foreign Affairs 25, S. 130–145.

Der Prozess gegen die Hauptkriegsverbrecher vor dem Internationalen Militär-Gerichtshof (IMT) Nürnberg, 14. November 1945–1. Oktober 1946. Amtlicher Text, Urkunden und anderes Beweismaterial, 42 Bde. (1947–1949), Nürnberg.

Quellen zur nationalsozialistischen Entnationalisierungspolitik in Slowenien [= Viri o nacisticni raznarodovalni politiki v Sloveniji] 1941–1945, hrsg. v. Tone Ferenc (1980), Maribor.

Reichsgesetzblatt (RGBl.), hrsg. v. Reichsministerium des Innern, Berlin.
Reichsgesetzblatt Teil I (1922–1945) – Inneres.

Roeder, Manfred (1952): Die Rote Kapelle, Hamburg.

Schacht, Hjalmar (1935): Rede des Reichsbankpräsidenten und beauftragten Reichswirtschaftsministers Dr. Hjalmar Schacht auf der Deutschen Ostmesse: Königsberger Rede, Berlin.

Sprawa 58 000 volksdeutschów. Sprostowanie hitlerowskich oszczerstw w sprawie strat ludności niemieckiej w Polsce w ostatnich miesiącach przed wybuchem wojny i w toku kampanii wrześniowej [= Documenta Occupationis 7], hrsg. v. Karol Marian Pospieszalski (1959), Posen.

Statistisches Jahrbuch für das Deutsche Reich, hrsg. vom Statistischen Reichsamt (1938), Berlin.

Steininger, Rolf (2007): Der Kampf um Palästina 1924–1939. Berichte der deutschen Generalkonsuln in Jerusalem, München.

Taylor, Telford (1949): Final Report to the Secretary of the Army on the Nuremberg War Crimes Trials under Control Council Law 10, Washington DC.

The Trial of Adolf Eichmann, Record of Proceedings in the District Court of Jerusalem, 8. Bde., hrsg. v. State of Israel, Ministry of Justice (1992–1995), Jerusalem.

Trials of War Criminals Before the Nuremberg Military Tribunals (TWC), 15 Bde., hrsg. v. Department of the

Army, Washington D.C.

Judenverfolgung in Ungarn. Dokumentensammlung, vorgelegt von der United Restitution Organization, zsgest. v. Bruno Fischer (1959), Frankfurt a. M.

United States Congressional Record, Containing the Proceedings and Debates of the 83rd Congress, Second Session, vol. 100 (1954).

Das Urteil im Wilhelmstraßen–Prozeß. Der amtliche Wortlaut der Entscheidung im Fall Nr. 11 des Nürnberger Militärtribunals gegen von Weizsäcker und andere, mit abweichender Urteilsbegründung, Berichtigungsbeschlüssen, den grundlegenden Gesetzesbestimmungen, einem Verzeichnis der Gerichtspersonen und Zeugen, hrsg. v. Robert M.W. Kempner und Carl Haensel (1950), Schwäbisch–Gmünd.

Verhandlungen des Deutschen Bundestages. Stenographische Berichte, Bonn (1950ff.).

Vogel, Rolf (1977): Ein Stempel hat gefehlt. Dokumente zur Emigration deutscher Juden, II. Teil, München/ Zürich.

Von Ribbentrop zu Adenauer. Eine Dokumentation über das Bonner Auswärtige Amt, hrsg. v. Ministerium für Auswärtige Angelegenheiten der DDR (1961), Erfurt.

Auch: From Ribbentrop to Adenauer. A Documentation of the West German Foreign Office, hrsg. v. Ministerium für auswärtige Angelegenheiten (1961), Erfurt.

Wirsing, Giselher (1943): Wir, die Europäer, in: Signal 6, 2. März 1943.

Zander, Friedrich (1937): Die Verbreitung der Juden in der Welt. Statistische Beiträge zu den Fragen der Zeit, Berlin.

Memoiren/Ego–Dokumente （回想録、私的文書）

Abetz, Otto Friedrich (1951): Das offene Problem. Ein Rückblick auf zwei Jahrzehnte deutscher Frankreichpolitik, Köln.

Alderman, Sidney (1951): Negotiating on War Crimes Prosecutions 1945, in: Dennett, Raymond/ Johnson, Joseph E. (Hrsg.): Negotiating with the Russians. Boston, S. 48–98.

Allardt, Helmut (1979): Politik vor und hinter den Kulissen. Erfahrungen eines Diplomaten zwischen Ost und West, Düsseldorf u. a.

— (1974): Moskauer Tagebuch. Beobachtungen, Notizen, Erlebnisse, 3. Aufl., Düsseldorf u. a.

Bergmann, Gretel (2003): »Ich war die große jüdische Hoffnung«. Erinnerungen einer außergewöhnlichen Sportlerin, Karlsruhe.

Birrenbach, Kurt (1984): Meine Sondermissionen. Rückblick auf zwei Jahrzehnte bundesdeutscher Außenpolitik, Düsseldorf u. a.

Blankenhorn, Herbert (1980): Verständnis und Verständigung – Blätter eines politischen Tagebuchs 1949 bis 1979, Frankfurt a. M. u. a.

Bohlen, Charles E. (1973): Witness to History 1929–1969, New York.

Bräutigam, Otto (1968): So hat es sich zugetragen. Ein Leben als Soldat und Diplomat, Würzburg.

Brandt, Willy (2003): Erinnerungen, Berlin. (Erstausgabe 1989)

Byrnes, James F. (1947): Speaking Frankly, New York.

Carstens, Karl [1993]: Erinnerungen und Erfahrungen, hrsg. von Kai von Jena, Boppard am Rhein.

Churchill, Winston S. (2003): Der Zweite Weltkrieg. Mit einem Epilog über die Nachkriegsjahre, Frankfurt a. M. (engl. Erstausgabe 1948–1954)

Auch: – (1995): Der Zweite Weltkrieg, 2. Aufl., Bern u. a..

Ciano, Galeazzo [1946]: The Ciano diaries 1939–1943. The Complete, Unabridged Diaries of Count Galeazzo Ciano, Italian Minister for Foreign Affairs, hrsg. v. Hugh Gibson, New York.

Critchfield, James H. (2003): Partners at the Creation. The Men Behind Postwar Germany's Defense and Intelligence Establishments, Annapolis.

Deutschkron, Inge (2009): Ich trug den gelben Stern, und was kam danach?, Neuausg., München. (Erstausgabe 1978)

— (2001): Mein Leben nach dem Überleben, 3. Aufl., München.

Diehl, Günter (1994): Zwischen Politik und Presse. Bonner Erinnerungen 1949–1969, Frankfurt a. M.

Dirksen, Herbert von (1949): Moskau, Tokio, London. Erinnerungen und Betrachtungen zu 20 Jahren deutscher Außenpolitik 1919–1939, Stuttgart.

Dolibois, John (1989): Pattern of circles. An Ambassador's Story, Kent (OH).

Drenker, Alexander (1970): Diplomaten ohne Nimbus. Beobachtungen und Meinungen eines deutschen Presseattachés, Zürich u. a.

Einstein, Albert (1934): Mein Weltbild, Amsterdam.

End, Heinrich (1969): Erneuerung der Diplomatie. Der Auswärtige Dienst der Bundesrepublik Deutschland – Fossil oder Instrument?, Neuwied u. a.

Fischer, Joschka (2007): Die rot–grünen Jahre. Deutsche Außenpolitik – vom Kosovo bis zum 11. September, Köln.

François–Poncet, André (1962): Botschafter in Berlin 1931–1938, Berlin u. a.

Frank, Hans [1975]: Das Diensttagebuch des deutschen Generalgouverneurs in Polen 1939–1945, hrsg. v. Wolfgang Präg und Wolfgang Jacobmeyer, Stuttgart.

Frank, Paul (1981): Entschlüsselte Botschaft. Ein Diplomat macht Inventur, Stuttgart.

Gerstenmaier, Eugen (1981): Streit und Friede hat seine Zeit. Ein Lebensbericht, Frankfurt a. M. u. a.

Gerstner, Karl–Heinz (1999): Sachlich, kritisch und optimistisch. Eine sonntägliche Lebensbetrachtung, Berlin.

Gilbert, Gustave M. (1977): Nürnberger Tagebuch. Gespräche der Angeklagten mit dem Gerichtspsychologen, Frankfurt a. M. (dt. Erstausgabe 1962)

Goebbels, Joseph [1992]: Tagebücher 1923–1945, hrsg. v. Georg Reuth, München.

— [1987]: Die Tagebücher von Joseph Goebbels. Sämtliche Fragmente, Aufzeichnungen von 1924–1945, 4 Bde. mit Register, hrsg. v. Elke Fröhlich, München.

Grewe, Wilhelm G. (1979): Rückblenden 1976–1951, Frankfurt a. M. u. a.

— (1967): Diplomatie als Beruf, in: Doehring (1967), S. 9–42.

Haas, Wilhelm (1974): Lebenserinnerungen, Privatdruck.

— (1969): Beitrag zur Geschichte der Entstehung des Auswärtigen Dienstes der Bundesrepublik Deutschland, Bremen.

Hassell, Ulrich von [2004]: Römische Tagebücher und Briefe 1932–1938, hrsg. v. Ulrich Schlie, München.

— [1994]: Der Kreis schließt sich. Aufzeichnungen in der Haft 1944, hrsg. v. Malve von Hassell, Berlin.

— [1988]: Die Hassell–Tagebücher 1938–1944. Aufzeichnungen vom andern Deutschland, nach d. Hs. rev. u. erw. Ausg., hrsg. v. Friedrich Freiherr Hiller von Gaertringen, Berlin.

— [1946]: Vom andern Deutschland. Aus den nachgelassenen Tagebüchern 1938–1944, Zürich.

Hausenstein, Wilhelm (1961): Pariser Erinnerungen. Aus fünf Jahren Diplomatischen Dienstes 1950–1955, München.

Hausner, Gideon (1966): Justice in Jerusalem, New York.

Hencke, Andor (1979): Erinnerungen als Deutscher Konsul in Kiew in den Jahren 1933–1936 München.

— (1977): Augenzeuge einer Tragödie. Diplomatenjahre in Prag 1936–1939, München.

Henle, Günter (1968): Als Diplomat, Industrieller, Politiker und Freund der Musik, 2. Aufl., Stuttgart.

Hentig, Hartmut von (2007): Mein Leben – bedacht und bejaht. Kindheit und Jugend, München.

Hentig, Werner Otto von (1963): Mein Leben – eine Dienstreise, Göttingen.

Herbst, Axel (o. D.): Kein Heldenleben, 1918–1951, Privatdruck.

— (o. D.): Diener zweier Herren 1951–1968, Privatdruck.

— (o. D.): Ein Septennat an der Seine 1976–1983, Privatdruck.

Hermes, Peter (2007): Meine Zeitgeschichte 1922–1987, Paderborn u. a.

Hermlin, Stephan (1986): Äußerungen 1944–1982, 2. Aufl., Berlin/Weimar.

Auch: Hermlin, Stephan (1983): Äußerungen 1944–1982, Berlin/Weimar.

Herwarth, Hans von (1990): Von Adenauer zu Brandt. Erinnerungen, Berlin u. a.

(1982): Zwischen Hitler und Stalin. Erlebte Zeitgeschichte, Frankfurt a. M.

(1959): Der deutsche Diplomat. Ausbildung und Rolle in Vergangenheit und Gegenwart, in: Braunias/
    Stourzh (1959), S. 227–245.
Hilger, Gustav (1955): Wir und der Kreml. Deutsch–Sowjetische Beziehungen 1918–1941.
    Erinnerungen eines deutschen Diplomaten, Frankfurt a. M.
— (1953): The Incompatible Allies. A Memoir–History of German–Soviet Relations 1918–1941, New York.
Huyn, Hans Graf (1966): Die Sackgasse. Deutschlands Weg in die Isolierung, Stuttgart.
Kempner, Robert M. W. (1987): SS im Kreuzverhör. Die Elite, die Europa in Scherben brach, erw. Neuaufl.,
    Nördlingen.
— (1983): Ankläger einer Epoche. Lebenserinnerungen, Frankfurt a. M..
Kessel, Albrecht von [2008]: Gegen Hitler und für ein anderes Deutschland. Als Diplomat in Krieg und
    Nachkrieg. Lebenserinnerungen, hrsg. von Ulrich Schlie, Wien u. a.
Kessel, Albrecht von [1992]: Verborgene Saat. Aufzeichnungen aus dem Widerstand 1933 bis 1945, hrsg. v.
    Peter Steinbach, Berlin.
Kirkpatrick, Sir Yvone (1959): The Inner Circle. Memoirs, London.
Kordt, Erich (1950): Nicht aus den Akten. Die Wilhelmstraße in Frieden und Krieg. Erlebnisse,
    Begegnungen und Eindrücke 1928–1945, Stuttgart.
— (1947): Wahn und Wirklichkeit. Die Außenpolitik des Dritten Reiches. Versuch einer Darstellung,
    Stuttgart.
Krekeler, Heinz L. (1965): Die Diplomatie, München u. a.
Kroll, Hans (1967): Lebenserinnerungen eines Botschafters, Köln u. a.
Krone, Heinrich [2003]: Tagebücher, Bd. 2: 1961–1966, bearb. v. Hans–Otto Kleinmann, Düsseldorf.
— [1995]: Tagebücher, Bd. 1: 1945–1961, bearb. v. Hans–Otto Kleinmann, Düsseldorf.
Kühlmann, Richard von (1948): Erinnerungen, Heidelberg.
Lahr, Rolf (1981): Zeuge von Fall und Aufstieg. Private Briefe 1943–1974, Hamburg.
Lenz, Otto [1989]: Im Zentrum der Macht. Das Tagebuch von Staatssekretär Lenz 1951–1953, bearb. v. Klaus
    Gotto, Düsseldorf.
Löbe, Paul (1954): Der Weg war lang. Lebenserinnerungen, 2. Aufl., Berlin.
Mansfeld, Michael (1967): Bonn, Koblenzer Straße. Der Bericht des Robert von Lenwitz, München.
Moltke, Helmuth James von [1988]: Briefe an Freya 1939–1945, hrsg. v. Beate Ruhm von Oppeln, München.
Nadolny, Rudolf (1985): Mein Beitrag. Erinnerungen eines Botschafters des Deutschen Reiches, Köln.
Neave, Airey (1978): On Trial at Nuremberg. Boston.
Neubacher, Hermann (1956): Sonderauftrag Südost 1940–1945. Bericht eines fliegenden Diplomaten,
    Göttingen u. a.
Pauls, Rolf Friedemann (1984): Deutschlands Standort in der Welt. Beobachtungen eines Botschafters,
    Stuttgart u. a.
Peckert, Joachim (1990): Zeitwende zum Frieden. Ostpolitik miterlebt und mitgestaltet, Herford.
Poelchau, Harald (1949): Die letzten Stunden. Erinnerungen eines Gefängnispfarrers, Berlin.
Prittwitz und Gaffron, Friedrich von (1952): Zwischen Petersburg und Washington. Ein Diplomatenleben,
    München.
Rahn, Rudolf (1949): Ruheloses Leben. Aufzeichnungen und Erinnerungen, Düsseldorf.
Ribbentrop, Joachim von [1954]: Zwischen London und Moskau. Erinnerungen und letzte Aufzeichnungen,
    hrsg. v. Annelies von Ribbentrop, Leoni a. Starnberger See.
    Auch: – [1953]: Zwischen London und Moskau, Erinnerungen und letzte Aufzeichnungen, hrsg. v.
    Annelies von Ribbentrop, Leoni a. Starnberger See.
Riesser, Hans Eduard (1962): Von Versailles zur UNO. Aus den Erinnerungen eines Diplomaten, Bonn.
— (1959): Haben die deutschen Diplomaten versagt? Eine Kritik an der Kritik von Bismarck bis heute,
    Bonn.
Riezler, Kurt [1972]: Tagebücher, Aufsätze, Dokumente, hrsg. v. Karl Dietrich Erdmann, Göttingen.
Schmidt, Paul Otto (1950): Statist auf diplomatischer Bühne 1923–1925. Erlebnisse des Chefdolmetschers im
    Auswärtigen Amt mit den Staatsmännern Europas, Bonn.

Seelos, Gebhard (1953): Moderne Diplomatie, Bonn.

Shinnar, Felix E. (1967): Bericht eines Beauftragten. Die deutsch–israelischen Beziehungen 1951–1966, Tübingen.

Speer, Albert (1975): Spandauer Tagebücher, Frankfurt a. M. u. a.

Spitzy, Reinhard (1986): So haben wir das Reich verspielt. Bekenntnisse eines Illegalen, München/Wien.

Staden, Berndt von (2001): Ende und Anfang. Erinnerungen 1939–1963, Vaihingen.

Steltzer, Theodor (1966): Sechzig Jahre Zeitgenosse, München.

Stern, Fritz (2006): Five Germanys I Have Known, New York.

Studnitz, Hans–Georg von (1963): Als Berlin brannte. Diarium der Jahre 1943–1945, Stuttgart.

Taylor, Telford (1992): The Anatomy of the Nuremberg Trials. A Personal Memoir, New York.

Thayer, Charles W. (1959): Die unruhigen Deutschen, 2. Auflage, Bern u. a.

Auch: – (1957): The Unquiet Germans. New York.

— (1952): Hands Across the Caviar, Philadelphia.

Vogel, Georg (1969): Diplomat zwischen Hitler und Adenauer, Düsseldorf.

Wassiltschikow, Marie [1987]: Die Berliner Tagebücher der Marie »Missie« Wassiltschikow 1940–1945, Berlin.

Weizsäcker, Ernst Freiherr von [1974]: Die Weizsäcker–Papiere, Bd. 2: 1933–1950, hrsg. von Leonidas Hill, Berlin.

— [1950]: Erinnerungen, hrsg. v. Richard von Weizsäcker, München.

Weizsäcker, Richard von: Vier Zeiten. Erinnerungen. Berlin 1997.

Wickert, Erwin [2005]: Das muß ich Ihnen schreiben. Beim Blättern in unvergessenen Briefen, hrsg. v. Ulrich Lappenküper, München.

Wiedemann, Fritz (1964): Der Mann, der Feldherr werden wollte. Erlebnisse und Erfahrungen des Vorgesetzten Hitlers im 1. Weltkrieg und seines späteren Persönlichen Adjutanten, Velbert u. a.

Zechlin, Walter (1960): Die Welt der Diplomatie, 2. Aufl., Frankfurt a. M.

— (1935): Diplomatie und Diplomaten, Stuttgart.

Zeitzeugengespräche（目撃証言）

Botschafter a.D. Dr. Hans Arnold

Staatssekretär a.D. Dr. Klaus Blech

Prof. Dr. Hans–Jürgen Döscher

Botschafter a.D. Dr. Ekkehard Eickhoff

Botschafter a.D. Dr. Hansjörg Eiff

Botschafter a.D. Prof. Dr. Tono Eitel

Botschafter a.D. Hans Werner Graf Finck von Finckenstein

Botschafter a.D. Wilhelm Haas

Botschafter a.D. Dr. Niels Hansen

Staatssekretär a.D. Karl–Günther von Hase

Frau Marga Henseler

Botschafter a.D. Dr. Axel Herbst

Botschafter a.D. Dr. Peter Hermes

Botschafter a.D. Dr. Wilhelm Höynck

Botschafter a.D. Dr. Ernst Friedrich Jung

Botschaftsrat a.D. Dr. Claus von Kameke

Botschafter a.D. Jörg Kastl

Staatssekretär a.D. Dr. Hans Werner Lautenschlager

Botschafterin a.D. Dr. Eleonore Linsmayer

Generalkonsul Wolfgang Mössinger

Botschafterin a.D. Dr. Gisela Rheker

748

Botschafter a.D. Hermann Freiherr von Richthofen
Botschafter a.D. Dr. Heinz Schneppen
Botschafter a.D. Dr. Helmut Sigrist
Botschafter a.D. Dr. Immo Stabreit
Staatssekretär a.D. Berndt von Staden
Legationsrätin a.D. Wendelgard von Staden
Generalkonsul a.D. Dr. Manfred Steinkühler
Staatssekretär a.D. Dr. Jürgen Sudhoff
Botschafter a.D. Alexander Graf York von Wartenburg
Botschafter a.D. Dr. Hans–Georg Wieck

Presse（新聞記事）

Aachener Volkszeitung, Aachen.
Die Abendzeitung, München.
Der Angriff, Berlin.
Argentinisches Tageblatt, Buenos Aires.
Der Aufbau, New York.
Berliner Börsen–Zeitung, Berlin.
Berliner Tageblatt, Berlin.
Berliner Volkszeitung, Berlin.
Berliner Zeitung, Berlin.
Bonner Rundschau, Bonn.
Bremer Nachrichten, Bremen.
Chicago Tribune/Chicago Daily Tribune, Chicago.
Christ und Welt, Stuttgart.
Deutsche Allgemeine Zeitung, Berlin.
Deutsche Rundschau, Berlin.
Financial Times Deutschland, Hamburg.
Frankfurter Allgemeine Zeitung, Frankfurt a. M.
Frankfurter Hefte, Frankfurt a. M.
Frankfurter Neue Presse, Frankfurt a. M.
Frankfurter Rundschau, Frankfurt a. M.
Freie Presse, Chemnitz.
The Guardian, London.
Human Events, Washington D.C.
Jedi'ot Acharonot, Tel Aviv.
Kölner Stadtanzeiger, Köln.
Der Mittag, Düsseldorf.
The Nation, New York.
Neue Juristische Wochenschrift, München.
Die Neue Ordnung, Bonn.
Die Neue Zeitung, München.
Neue Zürcher Zeitung, Zürich.
Neue Berner Nachrichten, Bern.
The New York Times, New York.
New Yorker Staats–Zeitung und Herold, New York.
Revue, München.
Rheinischer Merkur, Bonn.
The Saturday Evening Post, Philadelphia.

Sozialdemokratischer Pressedienst, Bonn.

Der Spiegel, Hamburg.

Der Stern, Hamburg.

Der Stürmer, Nürnberg.

Süddeutsche Zeitung, München.

Der Tag.

Der Tagesspiegel, Berlin.

Time, New York.

The Times, London.

Trierischer Volksfreund, Trier.

Vaterland, Luzern.

Völkischer Beobachter, München.

The Washington Post, Washington D.C.

Der Weg, Buenos Aires.

Die Welt, Berlin.

Die Zeit, Hamburg.

Forschungsliteratur（学術文献）

Adam, Uwe Dietrich (1972): Judenpolitik im Dritten Reich, Nachdruck, Düsseldorf.

Adler, Hans Günther (1974): Der verwaltete Mensch. Studien zur Deportation der Juden aus Deutschland, Tübingen.

Aegerter, Roland (1999) (Hrsg.): Politische Attentate des 20. Jahrhunderts, Zürich.

Arendt, Hannah (1958): The Origins of Totalitarianism, New York.

Ahrens, Ralf (2008): Übergangsjustiz, Prävention und Pragmatismus. Die amerikanische Strafverfolgung von NS-Verbrechen und die Dresdner Bank, in: Justizministerium des Landes Nordrhein-Westfalen (2008) (Hrsg.), S. 87–98.

— (2006): Unternehmer vor Gericht. Die Nürnberger Nachfolgeprozesse zwischen Strafverfolgung und symbolischem Tribunal, in: Lillteicher (2006), S. 128–153.

Albrecht, Clemens/Behrmann, Günter C./Bock, Michael/Homann, Harald/Tenbruck, Friedrich H. (1999): Die Intellektuelle Gründung der Bundesrepublik. Eine Wirkungsgeschichte der Frankfurter Schule, Frankfurt a. M./New York.

Alheit, Peter/Hoerning, Erika M. (1989) (Hrsg.): Biographisches Wissen. Beiträge zu einer Theorie lebensgeschichtlicher Erfahrung, Frankfurt a. M.

Aly, Götz (2008): Unser Kampf. 1968 – Ein irritierter Blick zurück. Frankfurt a. M.

— (2003): Rasse und Klasse. Nachforschungen zum deutschen Wesen, Frankfurt a. M.

— / Heim, Susanne (1995a): Vordenker der Vernichtung. Auschwitz und die deutschen Pläne für eine neue europäische Ordnung, Frankfurt a. M.

— (1995b): »Endlösung«. Völkerverschiebung und der Mord an den europäischen Juden, Frankfurt a. M.

— / Chroust, Peter/Heilmann, Hans–Dieter/Langbein, Hermann (1987): Biedermann und Schreibtischtäter. Materialien zur deutschen Täter-Biographie, Berlin.

Ancel, Jean (1986): Documents Concerning the Fate of Romanian Jewry During the Holocaust. New York.

— (2002): Toldot Ha'Shoa – Rumania, Jerusalem.

Anderson, Benedict (1983): Imagined Communities. Reflections on the Origins and Spread of Nationalism, London.

Angster, Julia (2003): Konsenskapitalismus und Sozialdemokratie. Die Westernisierung von SPD und DGB, München.

Agstner, Rudolf (2006): An Institutional History of the Austrian Foreign Office in the Twentieth Century, in: Bischof/Pelinka/Gehler (2006), S. 39–57.

Angrick, Andrej (2003): Besatzungspolitik und Massenmord. Die Einsatzgruppe D in der südlichen

Sowjetunion 1941–1943, Hamburg.

Arad, Yitzhak (2004): Toldot Ha'Shoa – Brit Ha'moazot, Jerusalem.

Arnold, Klaus Jochen (2002): Verbrecher aus eigener Initiative? Der 20. Juli 1944 und die Thesen Christian Gerlachs, in: Geschichte in Wissenschaft und Unterricht 53, S. 4–19.

Asendorf, Manfred/Bockel, Rolf von (1997) (Hrsg.): Demokratische Wege. Deutsche Lebensläufe aus fünf Jahrhunderten, Stuttgart/Weimar.

Atkin, Nicholas (1995): France's Little Nuremberg. The Trial of Otto Abetz, in: Kedward/ Wood (1995), S. 197–208.

August, Jochen (1997): Sonderaktion Krakau. Die Verhaftung der Krakauer Wissenschaftler am 6. November 1939, Hamburg.

Auswärtiges Amt (2004) (Hrsg.): Zum Gedenken an Georg Ferdinand Duckwitz 1904–1973, Berlin.

— (1995) (Hrsg.): 125 Jahre Auswärtiges Amt. Festschrift, Bonn.

Bethge, Eberhard (1989): Dietrich Bonhoeffer. Eine Biographie, 7. Aufl., München.

Bajohr, Frank (2006): »Im übrigen handle ich so, wie mein Gewissen es mir als Nationalsozialist vorschreibt.« Erwin Ettel. Vom SS–Brigadeführer zum außenpolitischen Redakteur der ZEIT, in: Matthäus/Mallmann (2006), S. 241–256.

Bankier, David (2009) (Hrsg.): Nazi Europe and the Find Solution, 2. Aufl., New York u. a.

Baring, Arnulf (1982): Machtwechsel. Die Ära Brandt–Scheel, München/Stuttgart.

— (1969): Außenpolitik in Adenauers Kanzlerdemokratie. Bonns Beitrag zur Europäischen Verteidigungsgemeinschaft, München/Wien.

Barkai, Avraham (1990): German Interests in the Haavara–Transfer Agreement 1933–1939, in: Leo Baeck Institute Yearbook 35, S. 245–266.

Baskin, Judith/Seeskin, Kenneth (2010) (Hrsg.): The Cambridge Guide to Jewish History, Religion, and Culture, Cambridge.

Bass, Gary Jonathan (2001): Stay the Hand of Vengeance. The Politics of War Crimes Tribunals, Princeton.

Bauer, Theresia/Kuller, Christiane/Kraus, Elisabeth/Süß, Winfried (2009) (Hrsg.): Gesichter der Zeitgeschichte. Deutsche Lebensläufe im 20. Jahrhundert, München.

Bauer, Yehuda (1994): Jews for Sale? Nazi–Jewish Negotiations 1933–1945, New Haven.

Bauernkämper, Arnd/Sabrow, Martin/Stöver, Bernd (1998) (Hrsg.): Doppelte Zeitgeschichte. Deutsch–deutsche Beziehungen 1945–1990, Bonn.

Bayne, E. A. (1946): Resistance in the German Foreign Office, in: Human Events 3/14, S. 1–8.

Beaumont, Roger (2000): The Nazis' March to Chaos, Westport.

Beck, Alfred M. (2005): Hitler's Ambivalent Attaché. Lt. Gen. Friedrich von Boetticher in America 1933–1941, Washington D.C.

Becker, Hellmut (1974): Der Außenseiter in der Kulturabteilung des Auswärtigen Amtes, in: Reissmüller (1974), S. 14–20.

Beier, Gerhard (1997): Löbe, Paul, in: Asendorf/Bockel (1997), S. 393–395.

Bell, Daniel (1960): The End of Ideology. On the Exhaustion of Political Ideas in the Fifties, Glencoe.

Ben Elissar, Eliahu (1969): La Diplomatie du IIIe Reich et les juifs 1933–1939, Paris.

Benz, Wigbert (2005): Paul Carell. Ribbentrops Pressechef Paul Karl Schmidt vor und nach 1945, Berlin.

Benz, Wolfgang (2009) (Hrsg.): Wie wurde man Parteigenosse? Die NSDAP und ihre Mitglieder, Frankfurt a. M.

— / Graml, Hermann/Weiß, Hermann (1998) (Hrsg.): Enzyklopädie des Nationalsozialismus, München.

— (1996a): Prolog. Der 30. Januar 1933. Die deutschen Juden und der Beginn der nationalsozialistischen Herrschaft, in: Ders. (1996c), S. 15–33.

— (1996b): Der Novemberpogrom 1938, in: Ders. (1996c), S. 499–544.

— (1996c) (Hrsg.): Die Juden in Deutschland 1933–1945. Leben unter nationalsozialistischer Herrschaft, 4. Aufl., München.

Berenbaum, Michael/Peck, Abraham J. (2002) (Hrsg.): The Holocaust and History. The Known, the Unknown, the Disputed, and the Reexamined, Bloomington.

Berg, Nicolas (2003): Der Holocaust und die westdeutschen Historiker. Erforschung und Erinnerung, Göttingen.

— (2002): Lesarten des Judenmords, in: Herbert (2002), S. 91–139.

Bergander, Hiska D. (2006): Die Ermittlungen gegen Dr. jur. et rer. pol. Manfred Roeder, einen »Generalrichter« Hitlers – Eine Untersuchung zur unbewältigten Rechtsgeschichte der NS-Justiz, Diss. Universität Bremen.

Berggötz, Sven Olaf (1998): Nahostpolitik in der Ära Adenauer. Möglichkeiten und Grenzen 1949–1963, Düsseldorf.

Berman, Paul (2007): Power and the Idealists, New York.

Bergmann, Werner (1997): Antisemitismus in öffentlichen Konflikten. Kollektives Lernen in der politischen Kultur der Bundesrepublik 1949–1989, Frankfurt a. M.

Bettzuege, Reinhard (1997) (Hrsg.): Auf Posten ... Berichte und Erinnerungen aus 50 Jahren deutscher Außenpolitik, 2. Aufl., München u. a.

Bevers, Jürgen (2009): Der Mann hinter Adenauer. Hans Globkes Aufstieg vom NS-Juristen zur Grauen Eminenz der Bonner Republik, Berlin.

Biddiscome, Perry (2007): The Denazification of Germany. A History 1945–1950, Stroud.

Biehler, Gernot (2000): Ämterpatronage im diplomatischen Dienst?, in: Neue Juristische Wochenschrift 53, S. 2400–2402.

Biewer, Ludwig (2005): Das Politische Archiv des Auswärtigen Amts. Plädoyer für ein Ressortarchiv, in: Archivalische Zeitschrift 87, S. 137–164.

— (1995): 125 Jahre Auswärtiges Amt. Ein Überblick, in: Auswärtiges Amt (1995), S. 87–106.

Biographisches Handbuch des deutschen Auswärtigen Dienstes 1871–1945, 3. Bde.; Bd. 1: A–F (2000); Bd. 2: G–K (2005); Bd. 3: L–R (2008), hrsg. v. Auswärtigen Amt, Paderborn u. a.

Bischof, Günter/Pelinka, Anton/Gehler, Michael (2006) (Hrsg.): Austrian Foreign Policy in Historical Context, New Brunswick.

Bitzegeio, Ursula (2009) (Hrsg.): Solidargemeinschaft und Erinnerungskultur im 20. Jahrhundert. Beiträge zu Gewerkschaften, Nationalsozialismus und Geschichtspolitik, Bonn.

Blasius, Rainer A. (2007a): Das alte Amt und die neue Zeit. Die Freiherren von Neurath und von Weizsäcker in der Außenpolitik des »Dritten Reiches«, in: Ders. (2007b), S. 104–131.

— (2007b) (Hrsg): Adel und Nationalsozialismus im deutschen Südwesten, Karlsruhe.

— (2004): Appeasement und Widerstand 1938, in: Steinbach/Tuchel (2004), S. 452–468.

— (1999): Fall 11. Der Wilhelmstraßen-Prozeß gegen das Auswärtige Amt und andere Ministerien, in: Ueberschär (1999), S. 187–198.

— (1998) Heißer Draht nach Washington? Die Botschafter der Bundesrepublik Deutschland in den Vereinigten Staaten von Amerika 1955 bis 1968, in: Historische Mitteilungen 11, S. 282–305.

— (1994a): Geschäftsfreundschaft statt diplomatischer Beziehungen. Zur Israel-Politik 1962/63, in: Ders. (1994b), S. 154–210.

— (1994b) (Hrsg.): Von Adenauer zu Ehrhard. Studien zur Auswärtigen Politik der Bundesrepublik Deutschland 1963, München.

— (1991): Ein konservativer Patriot im Dienste Hitlers. Ernst Freiherr von Weizsäcker, in: Filmer/Schwan (1991), S. 276–306.

Auch: — (1987): Ein konservativer Patriot im Dienste Hitlers. Ernst Freiherr von Weizsäcker, in: Filmer/Schwan (1987), S. 311–336.

— (1986): Über London den »großen Krieg« verhindern. Ernst von Weizsäckers Aktivitäten im Sommer 1939, in: Schmädeke/Steinbach (1986), S. 691–711.

— (1984): Adam von Trott zu Solz, in: Lill/Oberreuter (1984), S. 321–334.

— (1981): Für Großdeutschland – gegen den großen Krieg. Staatssekretär Ernst Freiherr von Weizsäcker in den Krisen um die Tschechoslowakei und Polen 1938/39, Köln/Wien.

Bloch, Michael (1992): Ribbentrop. New York.

Blom, J.C. Hans u. a. (2005) (Hrsg.): A. E. Cohen als geschiedschrijver van zijn tijd, Amsterdam.

エビデンスと参考文献（原文）

Bloxham, Donald (2008): Milestones and Mythologies. The Impact of Nuremberg, in: Heberer/Matthäus (2008), S. 263-282.

— (2006): Pragmatismus als Programm. Die Ahndung deutscher Kriegsverbrechen durch Großbritannien, in: Frei (2006), S. 140-179.

— (2002): ›The Trial That Never Was‹. Why There Was No Second International Trial of Major War Criminals At Nuremberg, in: History 87, S. 41-60.

— (2001): Genocide on Trial. War Crimes Trials and the Formation of Holocaust History and Memory. Oxford.

Böhler, Jochen (2009): Der Überfall. Deutschlands Krieg gegen Polen, Frankfurt a. M.

— (2006): Auftakt zum Vernichtungskrieg. Die Wehrmacht in Polen 1939, Frankfurt a. M.

Bömelburg, Hans-Jürgen/Musial, Bogdan (2000): Die deutsche Besatzungspolitik in Polen 1939-1945, in Borodziej/Ziemer (2000), S. 43-111.

Bösch, Frank/Frei, Norbert (2006) (Hrsg.): Medialisierung und Demokratie im 20. Jahrhundert, Göttingen.

— (2001): Die Adenauer-CDU. Gründung, Aufstieg und Krise einer Erfolgspartei, 1945-1969, Stuttgart u. a.

Bohn, Robert (2009): Dänemark und Norwegen in der bundesdeutschen Nachkriegsdiplomatie, in: Ders./ Cornelißen/Lammers (2009), S. 23-32.

— / Cornelißen, Christoph/Lammers, Karl Christian (2009) (Hrsg.): Vergangenheitspolitik und Erinnerungskulturen im Schatten des Zweiten Weltkriegs. Deutschland und Skandinavien seit 1945, Essen.

— (2000): Reichskommissariat Norwegen. Nationalsozialistische Neuordnung und Kriegswirtschaft, München.

— (1997) (Hrsg.): Die deutsche Herrschaft in den »germanischen« Ländern 1940-1945, Stuttgart.

— (1991a) (Hrsg.): Neutralität und totalitäre Aggression. Nordeuropa und die Großmächte im Zweiten Weltkrieg, Stuttgart.

— (1991b): Die Errichtung des Reichskommissariats Norwegen, in: Ders./Elvert/Rebas/Salewski (1991), S. 129-147.

— (1991) (Hrsg.), unter Mitarbeit v. Jürgen Elvert, Hain Rebas u. Michael Salewski: Neutralität und totalitäre Aggression. Nordeuropa und die Großmächte im Zweiten Weltkrieg, Stuttgart.

Borodziej, Wlodzimierz/Ziemer, Klaus (2000): Deutsch-polnische Beziehungen 1939-1945-1949. Eine Einführung, Osnabrück.

Bollier, Peter (1999): Gustloff, Wilhelm. 4. Februar 1936. Das Attentat auf Wilhelm Gustloff, in: Aegerter (1999), S. 42-75.

Boveri, Margret (1976): Der Verrat im 20. Jahrhundert, Reinbek b. Hamburg. Auch: Boveri, Margret (1956): Der Verrat im XX. Jahrhundert. Bd. 1: Für und gegen die Nation, Bd. 1, Reinbek b. Hamburg.

— (1948): Der Diplomat vor Gericht, Berlin.

Bower, Tom (1995): Blind Eye to Murder. Britain, America and the Purging of Nazi Germany. A Pledge Betrayed, Boston.

— (1982): The Pledge Betrayed. America and Britain and the Denazification of Postwar Germany, Garden City.

Bracher, Karl Dietrich/Funke, Manfred/Jacobsen, Hans-Adolf (1983) (Hrsg.): Nationalsozialistische Diktatur 1933-1945. Eine Bilanz, Düsseldorf.

— (1974): Die nationalsozialistische Machtergreifung, Bd. 1: Stufen der Machtergreifung, Frankfurt a. M. u. a.

— (1970): Die deutsche Diktatur. Entstehung - Struktur - Folgen des Nationalsozialismus, 3. Aufl., Köln/ Berlin.

Bradsher, Greg (2002): A Time to Act. The Beginning of the Fritz Kolbe Story, 1900-1943, in: Prologue Magazine, S. 7-21.

Braham, Randolph L. (2000): The Politics of Genocide: The Holocaust in Hungary, Detroit.

— (1963): The Destruction of the Hungarian Jews: A Documentary Account, New York.

753

Brakelmann, Günter (2007): Helmuth James von Moltke 1907–1945. Eine Biographie, 2. Aufl., München.

Brandes, Detlef (1969): Die Tschechen unter deutschem Protektorat, Bd. 1: Besatzungspolitik, Kollaboration und Widerstand im Protektorat Böhmen und Mähren bis Heydrichs Tod (1939–1942), München.

Braun, Christian A./Mayer, Michael/Weitkamp, Sebastian (2008) (Hrsg.): Deformation der Gesellschaft? Neue Forschungen zum Nationalsozialismus, Berlin.

Braun, Christina von (2008): Stille Post. Eine andere Familiengeschichte, Berlin.

Braunias, Karl/Stourzh, Gerald (1959) (Hrsg.): Diplomatie unserer Zeit. La diplomatie contemporaine. Contemporary diplomacy, Graz u. a.

Brecht, Arnold (1953): Personnel Management, in: Litchfield (1953), S. 263–293.

Brechtken, Magnus (1997): Madagaskar für die Juden. Antisemitische Idee und politische Praxis 1885–1945, München.

Breitman, Richard/Goda, Norman J. W./Naftali, Timothy/Wolfe, Robert (2005): US Intelligence and the Nazis, New York.

Breyer, Wolfgang (2003): Dr. Max Merten. Ein Militärbeamter der deutschen Wehrmacht im Spannungsfeld zwischen Legende und Wahrheit, Diss. Universität Mannheim.

Brochhagen, Ulrich (1994). Nach Nürnberg. Vergangenheitsbewältigung und Westintegration in der Ära Adenauer, Hamburg.

Broszat, Martin (1990) (Hrsg.): Zäsuren nach 1945. Essays zur Periodisierung der deutschen Nachkriegsgeschichte, München.

— / Hencke, Klaus-Dietmar/Woller, Hans (1990) (Hrsg.): Von Stalingrad zur Währungsreform. Zur Sozialgeschichte des Umbruchs in Deutschland, München.

— / Schwabe, Klaus (1989) (Hrsg.): Die deutschen Eliten und der Weg in den Zweiten Weltkrieg, München.

— (1969): Der Staat Hitlers. Grundlegung und Entwicklung seiner inneren Verfassung, München.

— (1961): Nationalsozialistische Polenpolitik 1939–1945, Stuttgart.

Brown–Fleming, Suzanne (2006): The Holocaust and the Catholic Conscience. Cardinal Aloisius Muench and the Guilt Question in Germany, Notre Dame.

Browning, Christopher R. (2010): Die »Endlösung« und das Auswärtige Amt. Das Referat D III der Abeilung Deutschland 1940–1943, Darmstadt. Auch: – (1978): The Final Solution and the German Foreign Office. A Study of Referat D III of Abteilung Deutschland 1940–1943, New York.

— (2003): Die Entfesselung der Endlösung. Nationalsozialistische Judenpolitik 1939–1942, München.

— (1999): Ganz normale Männer. Das Reserve–Polizeibataillon 101 und die »Endlösung« in Polen, Reinbek b. Hamburg.

— (1992): The Path to Genocide. Essays on Launching the Final Solution, New York.

— (1989): Rezension von H.-J. Döscher (1987), Das Auswärtige Amt im Dritten Reich. Diplomatie im Schatten der ›Endlösung‹, in: Francia 16, S. 255–256.

— (1977): Unterstaatssekretär Martin Luther and the Ribbentrop Foreign Office, in: Journal of Contemporary History 12, S. 313–344.

Brunner, Bernhard (2004): Der Frankreich–Komplex. Die nationalsozialistischen Verbrechen in Frankreich und die Justiz der Bundesrepublik Deutschland, Göttingen.

Brysac, Shareen Blair (2000): Resisting Hitler. Mildred Harnack and the Red Orchestra, Oxford.

Buchbender, Ortwin/Sterz, Reinhold (1982): Das andere Gesicht des Krieges. Deutsche Feldpostbriefe 1939–1945, München.

Burleigh, Michael (2000): Die Zeit des Nationalsozialismus. Eine Gesamtdarstellung, Frankfurt a. M.

Buscher, Frank M. (2006): Bestrafen und erziehen. »Nürnberg« und das Kriegsverbrecherprogramm der USA, in: Frei (2006), S. 94–139.

— (1989): The U.S. War Crimes Trial Program in Germany 1946–1955, Westport.

Cecil, Lamar (1985): Der diplomatische Dienst im kaiserlichen Deutschland, in: Schwabe (1985), S. 15–39.

Cecil, Lamar (1976): The German Diplomatic Service 1871–1914, Princeton.

エビデンスと参考文献（原文）

Chalou, George C. (1992) (Hrsg.): The Secrets War. The Office of Strategic Services in World War II, Washington D.C.

Cohen, Asher (Hrsg.) (1996): Toldot Ha'Shoa – Zarfat, Jerusalem.

Cole, Robert (2006): Propaganda, Censorship, and Irish Neutrality in the Second World War, Edinburgh.

Conze, Eckart (2009): Die Suche nach Sicherheit. Eine Geschichte der Bundesrepublik Deutschland von 1949 bis in die Gegenwart, München.

— (2008): Marion Gräfin Dönhoff. Die Westbindung und die transatlantische Rezeption des deutschen Widerstandes, in: Haase/Schildt (2008), S. 173–185.

— (2006): Wege in die Atlantische Gemeinschaft. Amerikanisierung, Westernisierung und Europäisierung in der internationalen Politik der Bundesrepublik Deutschland, in: Rusconi/Woller (2006), S. 307–330.

— (2003a): Staatsräson und nationale Interessen: Die »Atlantiker–Gaullisten«-Debatte in der westdeutschen Politik- und Gesellschaftsgeschichte der 1960er Jahre, in: Lehmkuhl/Wurm/Zimmermann (2003), S. 197–226.

— (2003b): Aufstand des preußischen Adels. Marion Gräfin Dönhoff und das Bild des Widerstands gegen den Nationalsozialismus in der Bundesrepublik Deutschland, in: Vierteljahrshefte für Zeitgeschichte 51, S. 483–508.

— (2000): Von deutschem Adel, Stuttgart/München.

Conze, Vanessa (2005): Das Europa der Deutschen. Ideen von Europa in Deutschland zwischen Reichstradition und Westorientierung (1920–1970), München.

Cooper, John (2008): Raphael Lemkin and the Struggle for the Genocide Convention, New York.

Coppi, Hans/Danyel, Jürgen/Tuchel, Johannes (1994) (Hrsg.): Die Rote Kapelle im Widerstand gegen den Nationalsozialismus, Berlin.

Coppi, Hans/Danyel, Jürgen (1992): Abschied von Feindbildern. Vom Umgang mit der Geschichte der »Roten Kapelle«, in: Schilde (1992), 55–84.

Cornelißen, Christoph/Ritter, Gerhard (2001): Geschichtswissenschaft und Politik im 20. Jahrhundert, Düsseldorf.

Craig, Gordon A. (2001): Krieg, Politik und Diplomatie, erw. und aktual. Neuausg, Wien.

Czech, Danuta (1990): Auschwitz Chronicle 1939–1945, New York.

Dale Jones, Patricia (1998). Nazi Atrocities against Allied Airmen. Stalag Luft III and the End of British War Crimes Trials, in: The Historical Journal 41, 543–565.

Daniel, Silvia (2004): »Troubled Loyalty«? Britisch–deutsche Debatten um Adam von Trott zu Solz 1933–1969, in: Vierteljahrshefte für Zeitgeschichte 52, S. 409–440.

Danyel, Jürgen (1995) (Hrsg.): Die geteilte Vergangenheit. Zum Umgang mit Nationalsozialismus und Widerstand in beiden deutschen Staaten, Berlin.

— (1994): Die Rote Kapelle innerhalb der deutschen Widerstandsbewegung, in: Coppi/Danyel/Tuchel (1994), S. 12–38.

Davis Cross, Mai'a K. (2007): The European Diplomatic Corps. Diplomats and International Cooperation From Westphalia to Maastricht, Basingstoke u. a.

de Graaff, Bob (1991): The Stranded Baron and the Upstart. At the crossroads – Wolfgang zu Puttlitz and Otto John, in: Intelligence and National Security 6, S. 669–700.

Delattre, Lucas (2004): Fritz Kolbe. Der wichtigste Spion des Zweiten Weltkriegs, München/Zürich. Auch: Delattre (2005): Betraying Hitler. The Story of Fritz Kolbe. The Most Important Spy of the Second World War, London.

Deutsch, Karl W./Erdinger, Lewis J. (1973): Germany Rejoins the Powers, New York.

Deutschkron, Inge (1983): Israel und die Deutschen. Das besondere Verhältnis, Köln.

Dieckmann, Christoph/Quinkert, Babette/Sandkühler, Thomas (2003) (Hrsg. u. Red.): Kooperation und Verbrechen. Formen der »Kollaboration« im östlichen Europa 1939–1945, Göttingen.

Diefendorf, Jeffry/Frohn, Axel/Rupieper, Hermann-Josef (1993) (Hrsg.): American Foreign Policy and the Reconstruction of Germany, New York.

755

Doehring, Karl (1967) (Hrsg.): Festgabe für Ernst Forsthoff, München.

Dönhoff, Marion Gräfin (1993): Die Nürnberger Prozesse. Ein abschreckendes Beispiel, in: Dönhoff/ Bender/Dieckmann/Michnik/Schorlemmer/Schröder/Wesel (1993), S. 79–89.

— /Bender, Peter/Dieckmann, Friedrich/Michnik, Adam/Schorlemmer, Friedrich/Schröder, Richard/ Wesel, Uwe (1993): Ein Manifest II. Weil das Land Versöhnung braucht, Reinbek b. Hamburg.

Dönhoff, Marion Gräfin (1976): Menschen, die wissen worum es geht, Hamburg.

Doering-Manteuffel, Anselm (2006): Strukturmerkmale der deutschen Geschichte des 20. Jahrhunderts, München.

— (2000): Westernisierung. Politisch-ideeller und gesellschaftlicher Wandel in der Bundesrepublik bis zum Ende der 6oer Jahre, in: Schildt/Siegfried/Lammers (2000), S. 311–341.

— (1999): Wie westlich sind die Deutschen? Amerikanisierung und Westernisierung im 20. Jahrhundert, Göttingen.

Döscher, Hans-Jürgen (2005): Seilschaften. Die verdrängte Vergangenheit des Auswärtigen Amts, Berlin.

— (1995): Verschworene Gesellschaft. Das Auswärtige Amt unter Adenauer zwischen Neubeginn und Kontinuität, Berlin.

— (1993): Martin Luther. Aufstieg und Fall eines Unterstaatssekretärs, in: Smelser/Syring/Zitelmann (1993), S. 179–192.

— (1991): SS und Auswärtiges Amt im Dritten Reich. Diplomatie im Schatten der »Endlösung«, Frankfurt a. M/Berlin.

— (1987): Das Auswärtige Amt im Dritten Reich. Diplomatie im Schatten der »Endlösung«, Berlin.

Dolibois, John E. (1989): Pattern of Circles. An Ambassador's Story, Kent.

Doß, Kurt (1977): Das deutsche Auswärtige Amt im Übergang vom Kaiserreich zur Weimarer Republik. Die Schülersche Reform, Düsseldorf.

Douglas, Lawrence (2001): The Memory of Judgement. Making Law and History in the Trials of the Holocaust, New Haven.

Dreyfus, Jena-Marc (2007): The Looting of Jewish Property in Occupied Western Europe. A Comparative Study of Belgium, France, and the Netherlands, in: Goschler/Ther (2007), S. 53–67.

Drobisch, Klaus/Wieland, Günther (1993): System der NS-Konzentrationslager 1933–1939, Berlin.

Dubiel, Helmut (1999): Niemand ist frei von der Geschichte. Die nationalsozialistische Herrschaft in den Debatten des Deutschen Bundestags, München.

Durand, Yves (1991): Vichy und der Reichseinsatz, in: Herbert (1991), S. 184–199.

Eckel, Jan (2005): Hans Rothfels. Eine intellektuelle Biographie im 20. Jahrhundert, Göttingen.

Eckert, Astrid M. (2006): »Im Fegefeuer der Entbräunung«. Deutsche Archivare auf dem Weg in den Nachkrieg, in: Verband deutscher Archivarinnen und Archivare e.V. (2006), S. 422–444.

— (2004): Kampf um die Akten. Die Westalliierten und die Rückgabe von deutschem Archivgut nach dem Zweiten Weltkrieg, Stuttgart.

Edinger, Lewis J. (1960): Post-Totalitarian Leadership. Elites in the German Federal Republic, in: The American Political Science Review 54, S. 58–82.

Eibl, Franz (2001): Politik der Bewegung. Gerhard Schröder als Außenminister 1961–1966, München.

Eisenberg, Carolyn Woods (1996): Drawing the Line. The American Decision to Divide Germany 1944–1949, New York.

Eisermann, Daniel (1999): Außenpolitik und Strategiediskussion. Die Deutsche Gesellschaft für Auswärtige Politik 1955–1972, München.

Eisert, Wolfgang (1993): Die Waldheimer Prozesse. Der stalinistische Terror in der DDR. Ein dunkles Kapitel der DDR-Justiz, Esslingen.

Elz, Wolfgang/Neitzel, Sönke (2003) (Hrsg.): Internationale Beziehungen im 19. und 20. Jahrhundert. Festschrift für Winfried Baumgart zum 65. Geburtstag, Paderborn.

Elzer, Herbert (2007): Die Schmeisser-Affäre. Herbert Blankenhorn, der »Spiegel« und die Umtriebe des französischen Geheimdienstes im Nachkriegsdeutschland 1946–1958, Stuttgart.

End, Heinrich (1969): Erneuerung der Diplomatie. Der Auswärtige Dienst der Bundesrepublik Deutschland

– Fossil oder Instrument?, Neuwied u. a.

Erdmann, Karl Dietrich (1976): Die Zeit der Weltkriege, [= Gebhard Handbuch der deutschen Geschichte 4], 9. Aufl., Stuttgart

Espellage, Gregor (1994): Friedland bei Hessisch Lichtenau. Geschichte einer Stadt und Sprengstoffabrik in der Zeit des Dritten Reiches in zwei Bänden. Bd. II: Geschichte der Sprengstoffabrik Hessisch Lichtenau, Hessisch Lichtenau.

Eschenburg, Theodor (1961): Ämterpatronage, Stuttgart.

Falanga, Gianluca (2007): Berlin 1937. Die Ruhe vor dem Sturm, Berlin.

Favez, Jean-Claude (1989): Das Internationale Rote Kreuz und das Dritte Reich, München.

Feilchenfeld, Werner/Michaelis, Dolf/Pinner, Ludwig (1972): Haavara-Transfer nach Palästina und Einwanderung deutscher Juden 1933-1939, Tübingen.

Fest, Joachim (1995): Hitler. Eine Biographie, Frankfurt a. M./Berlin.

Fiebig-von Hase, Ragnhild/Lehmkuhl, Ursula (1997) (Hrsg.): Enemy Images in American History, Providence.

Filmer, Werner/Schwan, Heribert (1991) (Hrsg.): Richard von Weizsäcker. Profile eines Mannes, aktual. Neuausg., Düsseldorf u. a.
Auch: – (1987): Richard von Weizsäcker. Profile eines Mannes, Düsseldorf.

Fink, Carole/Gassert, Philipp/Junker, Detlef (1998) (Hrsg.): 1968. The World Transformed, Finke, Hugo u. a. (1982): Entschädigungsverfahren und sondergesetzliche Entschädigungsregelungen, hrsg. v. Bundesminister der Finanzen in Zusammenarbeit mit Walter Schwarz, Bd. 6, München.

Fischer, Albert (1995): Hjalmar Schacht und Deutschlands Judenfrage. Der Wirtschaftsdiktator und die Vertreibung der Juden aus der deutschen Wirtschaft, Köln u. a.

Fischer, Fritz (1988): Twenty-Five Years Later. Looking Back at the Fischer Controversy and Its Consequences, in: Central European History 21, S. 207-223.

— (1961): Griff nach der Weltmacht. Die Kriegszielpolitik des kaiserlichen Deutschlands 1914/18, Düsseldorf.

Fleischer, Hagen (2006): »Endlösung« der Kriegsverbrecherfrage. Die verhinderte Ahndung deutscher Kriegsverbrechen in Griechenland, in: Frei (2006), S. 474-535.

— (1986): Im Kreuzschatten der Mächte. Griechenland 1941-1944. Okkupation-Resistance-Kollaboration, 2 Bde., Frankfurt a. M.

Fleischhauer, Ingeborg (1991): Diplomatischer Widerstand gegen »Unternehmen Barbarossa«. Die Friedensbemühungen der Deutschen Botschaft Moskau 1939-1941, Frankfurt a. M.

Förster, Stig (2007): Die Wehrmacht im NS-Staat. Eine strukturgeschichtliche Analyse, München.

Foschepoth, Josef/Steiniger, Rolf (1985) (Hrsg.): Britische Deutschland- und Besatzungspolitik 1945-1949, Paderborn.

Fraenkel, Ernst (1974): Der Doppelstaat, Frankfurt a. M./Köln.

Francois, Etienne/Schulze, Hagen (2001) (Hrsg.): Deutsche Erinnerungsorte, Bd. I, München.

Frank, G. (1980): Juan Perón vs. Spruille Braden. The Story Behind the Blue Book, Lanham.

Fratcher, William F. (1948): American Organization for Prosecution of German War Criminals, in: Missouri Law Review 13, S. 45-75.

Frei, Norbert (2006) (Hrsg.): Transnationale Vergangenheitspolitik. Der Umgang mit deutschen Kriegsverbrechen in Europa nach dem Zweiten Weltkrieg, Göttingen.

— (2002a): Adenauer's Germany and the Nazi Past. The Politics of Amnesty and Integration, New York.

— (2002b): Der Führerstaat. Nationalsozialistische Herrschaft 1933 bis 1945, 7. Aufl., München.

— (2001) (Hrsg.): Karrieren im Zwielicht. Hitlers Eliten nach 1945, Frankfurt a. M.

— / van Laak, Dirk/Stolleis, Michael (2000) (Hrsg): Geschichte vor Gericht. Historiker, Richter und die Suche nach Gerechtigkeit, München.

— (1996): Vergangenheitspolitik. Die Anfänge der Bundesrepublik und die NS-Vergangenheit, München.

— / Schmitz, Johannes (1989): Journalismus im Dritten Reich, 2. Aufl., München.

Frese, Matthias/Paulus, Julia/Teppe, Karl (2003) (Hrsg.): Demokratisierung und gesellschaftlicher

Aufbruch. Die sechziger Jahre als Wendezeit der Bundesrepublik, Paderborn.

Frevert, Ute (1990): Frauen auf dem Weg zur Gleichberechtigung, in: Broszat (1990), S. 113–130.

Freyeisen, Astrid (2003): XGRS. Shanghai Calling. Deutsche Rundfunkpropaganda in Ostasien während des Zweiten Weltkriegs, in: Rundfunk und Geschichte 29, S. 38–46.

Freyeisen, Astrid (2000): Shanghai und die Politik des Dritten Reiches, Diss. Julius–Maximilians–Universität Würzburg.

Fricke, Gerd (1972): Kroatien 1941–1944, Freiburg.

Fricke, Karl Wilhelm (1979): Politik und Justiz in der DDR. Zur Geschichte der politischen Verfolgung 1945–1968, Köln.

Friedländer, Saul (2006): Das Dritte Reich und die Juden. Verfolgung und Vernichtung 1933–1945, Bonn.

Auch: – (2000): Das Dritte Reich und die Juden. Die Jahre der Verfolgung 1933–1939, München.

Friedman, Jonathan (2008): Law and Politics in the Subsequent Nuremberg Trials 1946–1949, in: Heberer/Matthäus (2008), S. 75–101.

Friese, Peter (2000): Kurt Hahn. Leben und Werk eines umstrittenen Pädagogen, Dorum. Frommer, Benjamin (2005): National Cleansing: Retribution Against Nazi Collaborators in Postwar Czechoslovakia, Cambridge.

Fürstenau, Justus (1969): Entnazifizierung. Ein Kapitel deutscher Nachkriegspolitik, Neuwied.

Funke, Manfred (1978) (Hrsg.): Hitler, Deutschland und die Mächte. Materialien zur Außenpolitik des Dritten Reiches, durchges., um ein Reg. erw. Nachdr., Kronberg.

Gäbler, Bernd (2002): Die andere Zeitung. Die Sonderstellung der »Frankfurter Rundschau« in der deutschen Nachkriegspublizistik, in: Hachmeister/Siering (2002), S. 146–164.

Gardner Feldman, Lily (1984): The Special Relationship Between West Germany and Israel, Boston.

Garner, Curt (1995): Public Service Personnel in West Germany in the 1950s. Controversial policy decisions and theirs effects on social composition, gender structure, and the role of former Nazis, in: Journal of Social History 29, S. 25–80.

— (1993): Der öffentliche Dienst in den 50er Jahren. Politische Weichenstellung und ihre sozialgeschichtlichen Folgen, in: Schildt/Sywottek (1993), S. 759–790.

Gassert, Philipp (2006): Kurt Georg Kiesinger 1904–1988. Kanzler zwischen den Zeiten, Stuttgart/München.

Gaudig, Olaf/Veit, Peter (2004): Hakenkreuz über Südamerika. Ideologie, Politik, Militär, Berlin.

Gausmann, Frank (2008): Vergangenheitsbewältigung durch Recht? Kritische Anmerkungen zur Anklagestrategie in den Nürnberger Industriellenprozessen, in: Justizministerium des Landes Nordrhein–Westfalen in Zusammenarbeit mit Villa ten Hompel (2008), S. 50–68.

Geiger, Tim (2008): Atlantiker gegen Gaullisten. Außenpolitischer Konflikt und innerparteilicher Machtkampf in der CDU/CSU 1958–1969, München.

Geller, Jay Howard (1999): The Role of Military Administration in German–Occupied Belgium 1940–1944, in: Journal of Military History 63, S. 99–125.

Genschel, Helmut (1966): Die Verdrängung der Juden aus der Wirtschaft im Dritten Reich, Göttingen.

Gerbore, Pietro (1964): Formen und Stile der Diplomatie, Reinbek b. Hamburg.

Gerlach, Christian (2002): Wannsee Conference. The Fate of German Jewry and Hitler's Decision in Principle to Murder all of European Jewry, in: Dapim. Studies on the Shoa 17, S. 27–69.

— / Aly, Götz (2002): Das letzte Kapitel. Realpolitik, Ideologie und der Mord an den ungarischen Juden 1944/1945, Stuttgart/München.

— (1999): Kalkulierte Morde. Die deutsche Wirtschafts- und Vernichtungspolitik in Weißrußland 1941 bis 1944, Hamburg.

— (1998): Krieg, Ernährung, Völkermord. Forschungen zur deutschen Vernichtungspolitik im Zweiten Weltkrieg, Hamburg.

— (1995): Männer des 20. Juli und der Krieg gegen die Sowjetunion, in: Heer/Naumann (1995), S. 427–446.

Gibbons, Robert (1977): Allgemeine Richtlinien für die politische und wirtschaftliche Verwaltung der besetzten Ostgebiete, in: Vierteljahrshefte für Zeitgeschichte 25, S. 252–261.

Gienow-Hecht, Jessica C.E. (1999): Transmission Impossible. American Journalism as Cultural Diplomacy in Postwar Germany 1945–1955, Baton Rouge.

Gieseking, Erik (2005): Der Fall Otto John. Entführung oder freiwilliger Übertritt in die DDR?, Lauf an der Pegnitz.

Ginsburgs, George (1960): Laws of War and War Crimes on the Russian Front during World War II. The Soviet View, in: Soviet Studies 11, S. 253–285.

Glees, Anthony (1987): The Secrets of the Service. A story of Soviet Subversion of Western Inttelligence, New York.

Glienke, Stephan Alexander/Paulmann, Volker/Perels, Joachim (2008) (Hrsg.): Erfolgsgeschichte Bundesrepublik? Die Nachkriegsgesellschaft im langen Schatten des Nationalsozialismus, Göttingen.

Gnirs, Otto (1982): Die Wiedergutmachung im öffentlichen Dienst, in: Finke (1982), S. 265–303.

Goda, Norman L. (2007): Tales from Spandau. Nazi Criminals and the Cold War, Cambridge/New York.

Görtemaker, Manfred (2005): Thomas Mann und die Politik, Frankfurt a. M.

— (1999): Geschichte der Bundesrepublik Deutschland. Von der Gründung bis zur Gegenwart, München.

Goschler, Constantin/Ther, Philipp (2007) (Hrsg.): Robbery and Restitution. The Conflict over Jewish Property in Europe, New York.

— (2005): Schuld und Schulden. Die Politik der Wiedergutmachung für NS-Verfolgte seit 1945, Göttingen.

— (1992): Wiedergutmachung. Westdeutschland und die Verfolgten des Nationalsozialismus 1945–1954, München.

Gosewinkel, Dieter (1991): Adolf Arndt. Die Wiederbegründung des Rechtsstaats aus dem Geist der Sozialdemokratie (1945–1961), Bonn.

Graefenitz, Kurt-Fritz von (1954): Ausbildung für den Auswärtigen Dienst, in: Zeitschrift für Politik 1, S. 177–184.

Graf, Philipp (2008): Die Bernheim-Petition 1933. Jüdische Politik in der Zwischenkriegszeit, Göttingen.

Graml, Hermann (2001): Zwischen Stresemann und Hitler. Die Außenpolitik der Präsidialkabinette Brüning, Papen und Schleicher, München.

— (1988): Reichskristallnacht, München.

Grau, Ulrich/Schmidt-Bremme, Götz (2004): Gesetz über den Auswärtigen Dienst (Kommentar unter Berücksichtigung des Auslandsverwendungsgesetzes und der einschlägigen Tarifverträge), 2. Aufl., Baden-Baden.

Gravil R. (1992): The Denigration of Peronism, in: Hennessy (1992), S. 93–106.

Gray, William Glenn (2003): Germany's Cold War. The Global Campaign to Isolate East Germany 1949–1969, Chapel Hill.

Grebing, Helga (1986): Der »deutsche Sonderweg« in Europa 1806–1945. Eine Kritik, Stuttgart u. a.

Grewe, Wilhelm (1967): Diplomatie als Beruf, in: Doehring (1967), S. 9–42.

Griebel, Regina/Coburger, Marlies/Scheel, Heinrich (1992): Erfasst? Das Gestapo-Album zur Roten Kapelle, Halle.

Grossman, Alexander (1986): Nur das Gewissen. Carl Lutz und seine Budapester Aktion. Geschichte und Porträt, Wald.

Grose, Peter (2000): Operation Rollback. America's Secret War behind the Iron Curtain, Boston.

— (1994): Gentlemen Spy. The Life of Allen Dulles, Boston.

Gross, Raphael: (2006): Zum Fortwirken der NS-Moral. Adolf Eichmann und die deutsche Gesellschaft, in: Ders./Weiss (2006), S. 212–232.

— / Weiss, Yfaat (2006) (Hrsg.): Jüdische Geschichte als allgemeine Geschichte. Festschrift für Dan Diner zum 60. Geburtstag, Göttingen.

Große, Christina (1995): Der Eichmann-Prozeß zwischen Recht und Politik, Frankfurt a. M. u. a.

Grundmann, Siegfried (2004): Einsteins Akte. Wissenschaft und Politik. Einsteins Berliner Zeit, 2. Aufl., Berlin.

Gutman, Israel (1993) (Hrsg.): Enzyklopädie des Holocaust, Berlin.

Guttstadt, Corry (2008): Die Türkei, die Juden und der Holocaust, Hamburg.

Haack, Hanns-Erich (1949): Weizsäcker – verurteilt und gerechtfertigt, in: Deutsche Rundschau 75, S. 422–428.

Haas, Wilhelm (1969): Beitrag zur Geschichte der Entstehung des Auswärtigen Dienstes der Bundesrepublik Deutschland, Bremen.

Haase, Christian (2008): »Das deutsche Weltblatt« Die Zeit und die Außenpolitik der Bonner Republik, in: Ders./Schildt (2008), S. 28–58.

— / Schildt, Axel (2008) (Hrsg.): »Die Zeit« und die Bonner Republik. Eine meinungsbildende Wochenzeitung zwischen Wiederbewaffnung und Wiedervereinigung, Göttingen.

— (2007): Pragmatic Peacemakers. Institutes of International Affairs and the Liberalization of Germany 1945–73, Augsburg.

Haase, Norbert/Pampel, Bert (2001) (Hrsg.): Die Waldheimer »Prozesse« fünfzig Jahre danach, Baden–Baden.

— (1994): Der Fall »Rote Kapelle« vor dem Reichskriegsgericht, in: Coppi/Danyel/Tuchel (1994), S. 160–179.

Hachmeister, Lutz (2003): Die Rolle des SD-Personals in der Nachkriegszeit. Zur nationalsozialistischen Durchdringung der Bundesrepublik, in: Wildt (2003b), S. 347–369.

— (2002): Ein deutsches Nachrichtenmagazin. Der frühe »Spiegel« und sein NS-Personal, in: Hachmeister/Siering (2002), S. 87–120.

— / Siering, Friedemann (2002) (Hrsg.): Die Herren Journalisten. Die Elite der deutschen Presse nach 1945, München.

— (1998): Der Gegnerforscher. Die Karriere des SS-Führers Franz Alfred Six, München.

Haeften, Barbara von (1997): »Nichts Schriftliches von Politik«. Hans Bernd von Haeften. Ein Lebensbericht, München.

Hahn, Karl-Eckhard (1993a): Westbindung unter Vorbehalt: Bonner Diplomaten und die Deutschlandpolitik von 1949 bis 1959, in: Zitelmann/Weißmann/Großheim (1993), S. 151–172.

— (1993b): Wiedervereinigungspolitik im Widerstreit. Einwirkungen und Einwirkungsversuche westdeutscher Entscheidungsträger auf die Deutschlandpolitik Adenauers von 1949 bis zur Genfer Viermächtekonferenz 1959, Hamburg.

Hamilton, Keith/Langhorne, Richard (1995): The Practice of Diplomacy. Its Evolution, Theory and Administration, London/New York.

Hammermann, Gabriele (2002): Zwangsarbeit für den Verbündeten. Die Arbeits- und Lebensbedingungen der italienischen Militärinternierten in Deutschland 1943–1945, Tübingen.

Hampe, Karl-Alexander (2001): Das Auswärtige Amt in Wilhelminischer Zeit, Münster.

— (1995): Das Auswärtige Amt in der Ära Bismarck, Diss. Rheinische Friedrich-Wilhelms-Universität Bonn.

— / Röding, Horst (1987): Das Auswärtige Amt im Dritten Reich, in: Auswärtiger Dienst, Vierteljahresschrift der Vereinigung Deutscher Auslandsbeamter e.V. 50, S.83–90.

Hanke, Stefan/Kachel, Daniel (2004): Erich Kaufmann, in: Schmoeckel (2004), S. 387–424.

Hansen, Niels (2002): Aus dem Schatten der Katastrophe. Die deutsch-israelischen Beziehungen in der Ära Konrad Adenauer und David Ben Gurion, Düsseldorf.

Harpprecht, Klaus (2008): Die Gräfin. Marion Dönhoff. Eine Biographie, Reinbek b. Hamburg.

Hartmann, Christian/Hürter, Johannes/Lieb, Peter/Pohl, Dieter (2009) (Hrsg.): Der deutsche Krieg im Osten 1941–1944. Facetten einer Grenzüberschreitung, München.

Hartung, Ulrike (1997): Raubzüge in der Sowjetunion. Das Sonderkommando Künsberg 1941–1943, Bremen.

Hausmann, Frank-Rutger (2009): Ernst-Wilhelm Bohle. Gauleiter im Dienst von Partei und Staat, Berlin.

Hausner, Gideon (1967): Justice in Jerusalem, London u. a.

Hayes, Peter (2010): The Shoah and its Legacies, in: Baskin/Seeskin (2010), S. 233–257.

— / Roth, John (2010) (Hrsg.): The Oxford Handbook of Holocaust Studies, Oxford.

— (2009): Introduction, in: Neumann (2009), S. VII–XVII.

エビデンスと参考文献（原文）

— (2004): Degussa im Dritten Reich. Von der Zusammenarbeit zur Mittäterschaft, München.

— / Wojak, Irmtrud (2000) (Hrsg.): »Arisierung« im Nationalsozialismus. Volksgemeinschaft, Raub und Gedächtnis, Frankfurt a. M.

Heberer, Patricia/Matthäus, Jürgen (2008) (Hrsg.): Atrocities on Trial. Historical Perspectives on Politics of Prosecuting War Crimes, Lincoln.

Hedtoft, Hans (1960): Zum Geleit, in: Bertelsen, Aage: Oktober 43. Ereignisse und Erlebnisse während der Judenverfolgung in Dänemark, München, S. 13–14.

Heer, Hannes/Naumann, Klaus (1995) (Hrsg.): Vernichtungskrieg. Verbrechen der Wehrmacht 1941 bis 1944, 2. Aufl., Hamburg

Heilbronner, Oded/Borut, Jacob (2000) (Hrsg.): German Antisemitism. A Reevaluation, Jerusalm.

Heilmann, Hans–Dieter (1987): Das Kriegstagebuch des Diplomaten Otto Bräutigam, in: Aly/Chroust/Heilmann (1987), S. 123–187.

Heineman, John L. (1979): Hitler's First Foreign Minister. Constantin Freiherr von Neurath. Diplomat and Statesman, Berkeley.

Heinemann, Ulrich (1997): Arbeit am Mythos. Der 20. Juli 1944 in Publizistik und wissenschaftlicher Literatur des Jubiläumsjahres 1994 (Teil 2), in: Geschichte und Gesellschaft 23, S. 475–501.

— (1995): Arbeit am Mythos. Neuere Literatur zum bürgerlich–aristokratischen Widerstand gegen Hitler und zum 20. Juli (Teil 1), in: Geschichte und Gesellschaft 21, S. 111–139.

— (1990): Ein konservativer Rebell. Fritz–Dietlof Graf von der Schulenburg und der 20. Juli, Berlin.

Heinemann, Winfried (1994): Außenpolitische Illusionen des nationalkonservativen Widerstands in den Monaten vor dem Attentat, in: Schmädeke/Steinbach (1994), S. 1061–1070.

Heinrichs, Helmut (1993) (Hrsg.): Deutsche Juristen jüdischer Herkunft, München.

Henke, Klaus–Dietmar (1996): Die amerikanische Besetzung Deutschlands, 2 Bde., München.

— (1991): Die Trennung vom Nationalsozialismus. Selbstzerstörung, politische Säuberung, ›Entnazifizierung‹, Strafverfolgung, in: Ders./Woller (1991), S. 21–83.

— / Woller, Hans (1991) (Hrsg.): Politische Säuberung in Europa. Die Abrechnung mit dem Faschismus und der Kollaboration nach dem Zweiten Weltkrieg, München.

Hennessy, Alistair/King, John (1992) (Hrsg.): The Land that England Lost. Argentina and Britain – A Special Relationship, London.

Hentig, Hans Wolfram von (1971) (Hrsg.): Werner Otto von Hentig. Zeugnisse und Selbstzeugnisse, Beiträge von Marion Gräfin Dönhoff, Golo Mann, Hermann Rauschning und Hartmut von Hentig, Ebenhausen b. München.

Hepp, Michael (1985) (Hrsg.): Die Ausbürgerung deutscher Staatsangehöriger 1933–1945 nach den im Reischanzeiger veröffentlichten Listen, Bd. 1, München.

Herbert, Ulrich (2003a): Liberalisierung als Lernprozess, in: Ders. (2003b), S. 7–49.

— (2003b) (Hrsg.): Wandlungsprozesse in Westdeutschland. Belastung, Integration, Liberalisierung 1945–1980, 2. Aufl., Göttingen.
Auch: – (2002): Wandlungsprozesse in Westdeutschland. Belastung, Integration, Liberalisierung 1945–1980, Göttingen.

— (1998) (Hrsg.): Vernichtungspolitik 1939–1945. Neue Forschungen und Kontroversen, Frankfurt a. M.
Auch: – (2000): National Socialist Extermination Policies. Contemporary German Perspectives and Controversies, New York u. a.

— (1996): Best. Biographische Studien über Radikalismus, Weltanschauung und Vernunft 1903–1989, 3. Aufl., Bonn.

— (1995): Rückkehr in die »Bürgerlichkeit«? NS–Eliten in der Bundesrepublik, in: Weisbrod (1995), S. 157–174.

— (1991): Europa und der Reichseinsatz. Ausländische Zivilarbeiter, Kriegsgefangene und KZ–Häftlinge in Deutschland 1938–1945, Essen.

— (1986): Fremdarbeiter. Politik und Praxis des »Ausländer–Einsatzes« in der Kriegswirtschaft des Dritten Reiches, 2. Aufl., Berlin.

Herbst, Ludolf (1986) (Hrsg.): Westdeutschland 1945–1955. Unterwerfung, Kontrolle, Integration, München.

Herf, Jeffrey (2009): Propaganda for the Arab World, New Haven.

— (2009): Nazi Germany's Propaganda Aimed at Arabs and Muslims During World War II and the Holocaust. Old Themes, New Archival Findings, in: Central European History 42, S. 709–736.

— (2006), The Jewish Enemy. Nazi Propaganda during World War II and the Holocaust, Cambridge. Mass.

Hersh, Burton (1992): The Old Boys. The American Elite and the Origins of the CIA, New York.

Herwarth, Hans von (1959): Der deutsche Diplomat. Ausbildung und Rolle in Vergangenheit und Gegenwart, in: Braunias/Stourzh (1959), S. 227–245.

Herz, John H. (1957): Political Views of the West German Civil Service, in: Speier/Davison (1957), S. 96–135.

Hettling, Manfred/Nolte, Paul (1996) (Hrsg.): Nation und Gesellschaft in Deutschland. Historische Essays. Hans–Ulrich Wehler zum 65. Geburtstag, München.

Heuß, Anja (1997): Die Beuteorganisation des Auswärtigen Amtes. Das Sonderkommando Künsberg und der Kulturgutraub in der Sowjetunion, in: Vierteljahrshefte für Zeitgeschichte 45, S. 535–556.

Heyde, Philipp (1998): Das Ende der Reparationen. Deutschland, Frankreich und der Youngplan 1929–1932, Paderborn.

Hilberg, Raul (2007): Die Vernichtung der europäischen Juden, 3 Bde. 10. Aufl., Frankfurt a.M. Auch: – (2003): The Destruction of the European Jews, 3 Bde., 3. Aufl., New Haven;

— (1990): Die Vernichtung der europäischen Juden, durchges. u. erw. Taschenbuchausgabe, Frankfurt a. M.;

— (1985): The Destruction of the European Jews, New York, London.

Hildebrand, Klaus (2008): Das vergangene Reich. Deutsche Außenpolitik von Bismarck bis Hitler 1871–1945. Studienausgabe, München. Auch: – (1999): Das vergangene Reich. Deutsche Außenpolitik von Bismarck bis Hitler 1871–1945, Berlin.

— / Wengst, Udo/Wirsching, Andreas (2008) (Hrsg.): Geschichtswissenschaft und Zeiterkenntnis. Von der Aufklärung bis zur Gegenwart. Festschrift zum 65. Geburtstag von Horst Möller, München.

— (2003): Das Dritte Reich, 6. neubearb. Aufl., München.

— (1984): Von Erhard zur Großen Koalition 1963–1969, Stuttgart.

— (1981): Monokratie oder Polykratie? Hitlers Herrschaft und das Dritte Reich, in:— Hirschfeld/Kettenacker (1981), S. 73–97.

Hilger, Andreas (2006): »Die Gerechtigkeit nehme ihren Lauf?« Die Bestrafung der deutschen Kriegs- und Gewaltverbrecher in der Sowjetunion und der SBZ/DDR, in: Frei (2006), S. 180–246.

— (2001): Die sowjetischen Straflager für verurteilte deutsche Kriegsgefangene. Wege in eine terra incognita der Kriegsgefangenengeschichte, in: Ders./Schmidt/Wagenlehner (2001), S. 93–142.

— / Petrov, Nikita/Wagenlehner, Günther (2001): Der ›Ukaz 43‹. Die Entstehung und Problematik des Dekrets des Präsidiums des Obersten Sowjets vom 19. April 1943, in: Ders./Schmidt/Wagenlehner (2001), S. 177–209.

— / Schmidt, Ute/Wagenlehner, Günther (2001) (Hrsg.): Sowjetische Militärtribunale, Bd.1: Die Verurteilung deutscher Kriegsgefangener 1941–1953, Köln.

Hill, Leonidas E. (1967): The Vatican Embassy of Ernst von Weizsäcker 1943–1945, in: Journal of Modern History 39, S. 138–159.

Hillgruber, Andreas (1984): Die gescheiterte Großmacht. Eine Skizze des Deutschen Reiches 1871–1945, Düsseldorf.

— (1972): Die »Endlösung« und das deutsche Ostimperium als Kernstück des rassenideologischen Programms des Nationalsozialismus, in: Vierteljahrshefte für Zeitgeschichte 20, S. 133–153.

Hilwig, Stuart J. (1998): The Revolt Against the Establishment. Students Versus the Press in West Germany and Italy, in: Fink/Gassert/Junker (1998), S. 321–349.

Hirsch, Francine (2008): The Soviets at Nuremberg. International Law, Propaganda, and the Making of the Postwar Order, in: American Historical Review 113, S. 701–730.

エビデンスと参考文献（原文）

Hirschfeld, Gerhard/Jersak, Tobias (2004) (Hrsg.): Karrieren im Nationalsozialismus. Funktionseliten zwischen Mitwirkung und Distanz, Frankfurt a. M.
— / Kettenacker, Lothar (1981) (Hrsg.): Der Führerstaat. Mythos und Realität. Studien zu Struktur und Politik des Dritten Reiches, Stuttgart.
Hochgeschwender, Michael (1998): Freiheit in der Offensive? Der Kongreß für kulturelle Freiheit und die Deutschen, München.
Hockenos, Paul (2008): Joschka Fischer and the Making of the Berlin Republic. An Alternative History of Postwar Germany, New York.
Hocking, Brian/Spence, David (2005) (Hrsg.): Foreign Ministries in the European Union. Integrating Diplomats, Basingstoke u. a.
Hodenberg, Christina von (2006): Konsens und Krise. Eine Geschichte der westdeutschen Medienöffentlichkeit 1945–1973, Göttingen.
Hönicke, Michaela (1997): »Know Your Enemy«. American Wartime Images of Germany 1942/43, in: Fiebig–von Hase/Lehmkuhl (1997), S. 231–278.
Höning, Herbert (1991) (Hrsg.): Konservatismus im Umbruch. Wandlungen des Denkens zwischen Reichsgründung und Widerstand, Aachen.
Hösler, Joachim (2006): Slowenien. Von den Anfängen bis zur Gegenwart, Regensburg.
Hoffmann, Peter (2003): Stauffenberg. A Family History 1905–1944, 2. Aufl., Montreal.
— (1996): The History of the German Resistance 1933–1945, 3. Aufl., Montreal.
Hohl, Fabienne (2001): Verbrannt an der Fackel der Wahrheit, Medienheft, 28. November; URL: http://www.medienheft.ch/kritik/bibliothek/k17_HohlFabienne.html.
Hory, Ladislaus/Broszat, Martin (1964): Der kroatische Ustascha–Staat 1941–1945, Stuttgart.
Hoßfeld, Uwe (2005) (Hrsg.): Im Dienst an Volk und Vaterland. Die Jenaer Universität in der NS–Zeit, Köln u. a.
Hoyningen–Huene, Iris von (1992): Adel in der Weimarer Republik. Die rechtlich–soziale Situation des reichsdeutschen Adels 1918–1933, Limburg.
Hürter, Johannes (2009): Nachrichten aus dem »Zweiten Krimkrieg« (1941/42). Werner Otto Hentig als Vertreter des Auswärtigen Amts bei der 11. Armee, in: Hartmann/Hürter/Lieb/Pohl (2009), S. 369–391.
— (2006): Hitlers Heerführer. Die deutschen Oberbefehlshaber im Krieg gegen die Sowjetunion 1941/42, München.
Hüttenberger, Peter (1976): Nationalsozialistische Polykratie, in: Geschichte und Gesellschaft 2, S. 417–442.
Ihme–Tuchel, Beate (1999): Fall 7. Der Prozeß gegen die Südost–Generäle (gegen Wilhelm List und andere), in: Ueberschär (1999), S. 144–154.
Ingrim, Robert (1962): Hitlers glücklichster Tag, Stuttgart.
Jacobsen, Hans–Adolf/Smith, Arthur L. (2007): The Nazi Party and the German Foreign Office, New York.
— (1985): Zur Rolle der Diplomatie im Dritten Reich, in: Schwabe (1985), S. 171–199.
— (1968): Nationalsozialistische Außenpolitik 1933–1938, Frankfurt a. M./Berlin.
Jansen, Hans (1997): Der Madagaskar–Plan. Die beabsichtigte Deportation der europäischen Juden nach Madagaskar, München.
Janssen, Karl–Heinz/Tobias, Fritz (1994): Der Sturz der Generäle. Hitler und die Blomberg–Fritsch–Krise 1938, München.
Jarausch, Konrad/Siegrist, Hannes (1997) (Hrsg.): Amerikanisierung und Sowjetisierung in Deutschland 1945–1970, Frankfurt a. M.
Jelinek, Yeshayahu A. (2004): Deutschland und Israel 1945–1965. Ein neurotisches Verhältnis, München.
— (1994): Eine wechselvolle Reise – Die deutsch–israelischen Beziehungen 1952–1965, in: Langguth (1994), S. 115–140.
Jennings, S. Eric T. (2007): Writing Madagascar Back into the Madagascar Plan, in: Holocaust and Genoude Studies 21, 2, S. 187–217.
Jung, Susanne (1992): Die Rechtsprobleme der Nürnberger Prozesse. Dargestellt am Verfahren gegen Friedrich Flick, Tübingen.

763

Junker, Detlef (2001) (Hrsg.): Die USA und Deutschland im Zeitalter des Kalten Krieges. Ein Handbuch, Bd. I: 1945–1968, Stuttgart.

Justizministerium des Landes Nordrhein–Westfalen in Zusammenarbeit mit Villa ten Hompel (2008) (Hrsg.): Leipzig – Nürnberg – Den Haag. Neue Fragestellungen und Forschungen zum Verhältnis von Menschenrechtsverbrechen, justizieller Säuberung und Völkerstrafrecht, Geldern.

Kahn, David (2000): Hitler's Spies. German Military Intelligence in World War II, Cambridge.

Kameke, Claus von (2003): Einblicke. Das Auswärtige Amt zwischen 1871 und 2001, 3 Bde., Bonn.

Kárný, Miroslav (1996): Der Bericht des Roten Kreuzes über seinen Besuch in Theresienstadt, in: Theresienstädter Studien und Dokumente 3, S. 220–276.

Kathe, Steffen R. (2005): Kulturpolitik um jeden Preis. Die Geschichte des Goethe–Instituts von 1951 bis 1990, München.

Kedward, H. R./Wood, Nancy (1995) (Hrsg.): The Liberation of France. Image and Event, Oxford.

Kent, George O. (1989): Cooperation, Compliance, Resistance. German Diplomats in the Third Reich, in: Simon Wiesenthal Center Annual 6, S. 263–275.

— (1974): The German Foreign Ministry Archives, in: Wolfe (1974), S. 119–130.

Kershaw, Ian (2003): Der Hitler–Mythos. Führerkult und Volksmeinung, München.

Kersting, Franz–Werner u. a. (1993) (Hrsg.): Nach Hadamar. Zum Verhältnis von Psychiatrie und Gesellschaft im 20. Jahrhundert, Paderborn.

Kettenacker, Lothar (2000): Die Behandlung der Kriegsverbrecher als anglo–amierkanisches Rechtsproblem, in: Ueberschär (2000), S. 17–31.

Kiani, Shiadi (2008): Zum politischen Umgang mit Antisemitismus in der Bundesrepublik. Die Schmierwelle im Winter 1959/60, in: Glienke/Paulmann/Perels (2008), S. 115–145.

Kieffer, Fritz (2002): Judenverfolgung in Deutschland – eine innere Angelegenheit? Internationale Reaktionen auf die Flüchtlingsproblematik 1933–1939, Stuttgart. Kirchhoff, Hans (2004): Georg Ferdinand Duckwitz. Die Zeit in Dänemark, in: Auswärtiges Amt (2004), S. 13–37.

Kitson, Simon (2005): The Hunt for Nazi Spies. Fighting Espionage in Vichy France, Chicago/London.

Kittel, Manfred (1993): Die Legende von der »Zweiten Schuld«. Vergangenheitsbewältigungin der Ära Adenauer, Berlin.

Klarsfeld, Serge (1989): Vichy – Auschwitz. Die Zusammenarbeit der deutschen und französischen Behörden bei der »Endlösung der Judenfrage« in Frankreich, Nördlingen.

— (1978): Le Mémorial de la Déportation des Juifs de France, Paris.

Klee, Ernst (2003): Das Personenlexikon zum Dritten Reich. Wer war was vor und nach 1945, Frankfurt a. M.

Klemp, Stefan (2005): »Nicht ermittelt«. Polizeibataillone und die Nachkriegsjustiz. Ein Handbuch, Essen.

Klemperer, Klemens von (1994): Die verlassenen Verschwörer. Der deutsche Widerstand auf der Suche nach Verbündeten 1938–1945, Berlin.

— (1992): German Resistance Against Hitler. The Search for Allies Abroad, Oxford.

Klinkhammer, Lutz (1993): Zwischen Bündnis und Besatzung. Das nationalsozialistische Deutschland und die Republik von Salò 1943–1945, Tübingen.

Klotz, Johannes/Gerlach, Christian (1998) (Hrsg.): Vorbild Wehrmacht? Wehrmachtsverbrechen, Rechtsextremismus und Bundeswehr, Köln.

Knipping, Franz/Müller, Klaus Jürgen (1995) (Hrsg.): Aus der Ohnmacht zur Bündnismacht. Das Machtproblem in der Bundesrepublik Deutschland 1945–1960, Paderborn u. a.

Knoch, Habbo (2001): Die Tat als Bild. Fotografien des Holocaust in der deutschen Erinnerungskultur, Hamburg.

Koch, Peter (1988): Willy Brandt. Eine politische Biographie, Frankfurt a. M.

Kochavi, Arieh J. (1998): Prelude to Nuremberg. Allied War Crimes Policy and the Question of Punishment, Chapel Hill.

Köhler, Henning (1985): Rezension von L. E. Hill (1981) (Hrsg.), Die Weizsäcker–Papiere 1900–1932; L. E. Hill (1974) (Hrsg.), Die Weizsäcker–Papiere 1933–1950; R. A. Blasius (1981), Für Großdeutschland – gegen den großen Krieg. Staatssekretär Ernst Frhr. von Weizsäcker in den Krisen um die

Tschechoslowakei und Polen 1938/39, in: Francia 13, S. 904–907.

Koerfer, Daniel (1987): Kampf ums Kanzleramt. Erhard und Adenauer, Stuttgart.

Kogon, Eugen (1964): Die unvollendete Erneuerung. Deutschland im Kräftefeld 1945–1963. Politische und gesellschaftspolitische Aufsätze aus zwei Jahrzehnten, Frankfurt a. M.

Koop, Volker (2009): Hitlers fünfte Kolonne. Die Auslands–Organisation der NSDAP, Berlin.

Kordt, Erich (1948): Wahn und Wirklichkeit. Die Außenpolitik des Dritten Reiches. Versuch einer Darstellung, Stuttgart.

Kopper, Christopher (2006): Hjalmar Schacht. Aufstieg und Fall von Hitlers mächtigstem Bankier, München/Wien.

Kramer, Helmut (1998): Oberlandesgerichtspräsidenten und Generalstaatsanwälte als Gehilfen der NS–»Euthanasie«. Selbstentlastung der Justiz für die Teilnahme am Anstaltsmord, in: Redaktion Kritische Justiz (1998), S. 413–439.

Kraske, Erich/Nöldeke, Wilhelm (1957): Handbuch des Auswärtigen Dienstes, Tübingen.

Krause, Peter (2002): Der Eichmann–Prozess in der deutschen Presse, Frankfurt a. M. u. a.

Krausnick, Helmut (1981): Die Truppe des Weltanschauungskrieges. Die Einsatzgruppen der Sicherheitspolizei und des SD 1938–1942, Stuttgart.

Krekeler, Heinz L. (1965): Die Diplomatie, München u. a.

Kreuter, Maria–Luise (1998): Emigration, in: Benz/Graml/Weiß (1998), S. 329–342.

Kröger, Martin (2006): Schule der Diplomatie. Zur Geschichte des Ausbildung im Auswär-tigen Dienst, in: Villa Borsig, hrsg. vom Auswärtigen Amt und dem Bundesamt für Bauwesen und Raumordnung, Köln, S. 11–21.

Kroener, Bernhard R./Müller, Rolf–Dieter/Umbreit, Hans (1988): Organisation und Mobilisierung des deutschen Machtbereichs, erster Halbband: Kriegsverwaltung, Wirtschaft und personelle Ressourcen 1939–1941 [= Das Deutsche Reich und der Zweite Weltkrieg 5, 1], Stuttgart.

Krohn, Claus–Dieter/Unger, Corinna R. (2006) (Hrsg.): Arnold Brecht (1884–1977). Demokratischer Beamter und politischer Wissenschaftler in Berlin und New York, Stuttgart.

— (2001): Remigranten und Rekonstruktion, in: Junker (2001), S. 803–813.

Kroll, Frank–Lothar (2008): Epochenbewusstsein, europäisches Einigungsdenken und transnationale Integrationspolitik bei Heinrich von Brentano, in: Hildebrand/Wengst/Wirsching (2008), S. 409–423.

— (1990): Deutschlands Weg nach Europa. Der Wiederaufbau des Auswärtigen Dienstes und die Errichtung deutscher Generalkonsulate in Paris und London 1950, in: Historische Mitteilungen 3, S. 161–180.

Krug, Hans–Joachim (1974): Eugen Ott, in: Schwalbe/Seemann (1974), S. 107–114.

Krüger, Peter (1989): »Man läßt sein Land nicht im Stich, weil es eine schlechte Regierung hat«. Die Diplomaten und die Eskalation der Gewalt; in: Broszat/Schwabe (1989), S. 180–225.

— (1985): Struktur, Organisation und außenpolitische Wirkungsmöglichkeiten der leitenden Beamten des Auswärtigen Dienstes 1921–1933, in: Schwabe (1985), S. 101–169.

— / Hahn, Erich J.C. (1972): Der Loyalitätskonflikt des Staatssekretärs Bernhard Wilhelm von Bülow im Frühjahr 1933, in: Vierteljahrshefte für Zeitgeschichte 20, S. 376–410.

Krüger, Wolfgang (1982): Entnazifiziert! Zur Praxis der politischen Säuberung in Nordrhein–Westfalen, Wuppertal.

Kruip, Gudrun (1999): Das »Welt«–»Bild« des Axel Springer Verlags. Journalismus zwischen westlichen Werten und deutschen Denktraditionen, München.

Krusenstjern, Benigna von (2009): »daß es Sinn hat zu sterben – gelebt zu haben«. Adam von Trott zu Solz 1909–1944. Biographie, 2. Aufl., Göttingen.

Kühlem, Kordula (2008): Hans Kroll (1998–1967). Eine diplomatische Karriere im 20. Jahrhundert, Düsseldorf.

Kühne, Thomas (2000) (Hrsg.): Von der Kriegskultur zur Friedenskultur? Zum Mentalitätswandel in Deutschland seit 1945, Münster.

Kühnhardt, Ludger (2002): Atlantik–Brücke. Fünfzig Jahre deutsch–amerikanische Partnerschaft 1952–

2002, Berlin u. a.

Küsters, Hanns Jürgen (2000): Der Integrationsfriede. Viermächte-Verhandlungen über die Friedensregelung mit Deutschland 1945–1990, München.

Kulka, Otto Dov (1984): Die Nürnberger Rassengesetze und die deutsche Bevölkerung, in: Vierteljahrshefte für Zeitgeschichte 32, S. 582–624.

Kuller, Christiane (2008):»Kämpfende Verwaltung«. Bürokratie im NS-Staat, in: Süß/Süß (2008), S. 227–245.

Kwiet, Konrad (1996): Nach dem Pogrom. Stufen der Ausgrenzung, in: Benz (1996c), S. 545–659.

— (1968): Reichskommissariat Niederlande. Versuch und Scheitern nationalsozialistischer Neuordnung, Stuttgart.

Kunst, Hermann/Kohl, Helmut/Egen, Peter (1980) (Hrsg.): Dem Staate verpflichtet. Festgabe für Gerhard Schröder, Stuttgart u. a.

Laak, Dirk van (2005): Über alles in der Welt. Deutscher Imperialismus im 19. und 20. Jahrhundert, München.

— (2002): Gespräche in der Sicherheit des Schweigens. Carl Schmitt in der politischen Geistesgeschichte der frühen Bundesrepublik, 2 Bde., Berlin.

Lambauer, Barbara (2005): Opportunistischer Antisemitismus. Der deutsche Botschafter Otto Abetz und die Judenverfolgung in Frankreich, in: Vierteljahrshefte für Zeitgeschichte 53, S. 241–273.

— (2001): Otto Abetz et les Français ou l'Envers de la Collaboration, Paris.

Langguth, Gerd (1994) (Hrsg.):»Macht bedeutet Verantwortung«. Adenauers Weichenstellung für die heutige Politik, Köln.

Lappenküper, Ulrich (1995): Wilhelm Hausenstein. Adenauers erster Missionschef in Paris, in: Vierteljahrshefte für Zeitgeschichte 43, S. 635–678.

Large, David Clay (2002): Berlin. Biographie einer Stadt, München.

Lebel, Jennie (2008): Tide and Wreck. History of the Jews of Vadar Macedonia, Bergenfield.

Lees, Lorraine M. (2000): Dewitt Clinton Poole. The Foreign Nationalities Branch, and Political Intelligence, in: Intelligence and National Security 15, S. 81–103.

Lehmkuhl, Ursula/Wurm, Clemens A./Zimmermann, Hubert (2003) (Hrsg.): Deutschland, Großbritannien, Amerika. Politik, Gesellschaft und Internationale Geschichte im 20. Jahrhundert, Stuttgart.

Lehnstaedt, Stephan/Lehnstaedt, Kurt (2009): Fritz Sauckels Nürnberger Aufzeichnungen. Erinnerungen aus seiner Haft während des Kriegsverbrecherprozesses, in: Vierteljahrshefte für Zeitgeschichte 57, S. 117–150.

Lemke, Michael (1995): Instrumentalisierter Antifaschismus und SED–Kampagnenpolitik im deutschen Sonderkonflikt 1960–1968, in: Danyel (1995), S. 61–86.

Leniger, Markus (2006): Nationalsozialistische Volkstumsarbeit und Umsiedlungspolitik 1933–1945. Von der Minderheitenbetreuung zur Siedlerauslese, Berlin.

Ley, Michael/Schoeps, Julius H. (1997): Der Nationalsozialismus als politische Religion, Bodenheim.

Lieb, Peter (2007): Konventioneller Krieg oder NS-Weltanschauungskrieg? Kriegführung und Partisanenbekämpfung in Frankreich 1943/44, München.

Liebmann, Irina (2008): Wäre es schön? Es wäre schön! Mein Vater Rudolf Herrnstadt, Berlin 2008.

Liehr, Reinhard/Maihold, Günther/Vollmer, Günter (2003) (Hrsg.): Ein Institut und sein General. Wilhelm Faupel und das Ibero–Amerikanische Institut in der Zeit des Nationalsozialismus, Frankfurt a. M.

Lieven, Dominic C. B.: (1995): Abschied von Macht und Würden. Der europäische Adel 1815–1914, Frankfurt a. M.

Lill, Rudolf/Oberreuter, Heinrich (1984) (Hrsg.): 20. Juli. Portraits des Widerstands, Düsseldorf/Wien.

Lillteicher, Jürgen (2006) (Hrsg.): Profiteure des NS-Systems? Deutsche Unternehmen und das Dritte Reich, Berlin.

Lindenberger, Thomas (2006) (Hrsg.): Massenmedien im Kalten Krieg. Akteure, Bilder, Resonanzen, Köln u. a.

Lindner, Rolf (1997): Freiherr Ernst Heinrich von Weizsäcker, Staatssekretär Ribbentrops von 1938 bis 1943, Lippstadt.

Lingen, Kerstin von (2004): Kesselrings letzte Schlacht, Paderborn u. a.

Linne, Karsten/Wohlleben, Thomas (1993) (Hrsg.): Patient Geschichte. Für Karl Heinz Roth, Frankfurt a. M.

Lippman, Matthew (1997): The Good Motive Defense. Ernst von Weizsäcker and the Nazi Ministries Case, in: Touro International Law Review 7, S. 57–175.

— (1992): The Other Nuremberg. American Prosecutions of Nazi War Criminals in Occupied Germany, in: Indiana International and Comparative Law Review 3, S. 1–100.

Litchfield, Edward H. (1953) (Hrsg.): Governing Postwar Germany, Ithaka.

Löffler, Bernhard (2002): Soziale Marktwirtschaft und administrative Praxis. Das Bundeswirtschaftsministerium unter Ludwig Erhard, Stuttgart.

Lohmann, Albrecht (1973): Das Auswärtige Amt [= Ämter und Organisationen der Bundesrepublik Deutschland 1], 2. überarb. Aufl., Düsseldorf.

Lommatzsch, Erik (2009): Hans Globke (1898–1973). Beamter im Dritten Reich und Staatssekretär Adenauers, Frankfurt a. M.

Longerich, Peter (2001): Der ungeschriebene Befehl. Hitler und der Weg zur »Endlösung«, München.

— (1998): Politik der Vernichtung. Eine Gesamtdarstellung der nationalsozialistischen Judenverfolgung, München.

— (1989a): Die braunen Bataillone. Geschichte der SA, München.

— (1989b) (Hrsg.): Die Ermordung der europäischen Juden. Eine umfassende Dokumentation des Holocaust 1941–1945, München u. a.

— (1987): Propagandisten im Krieg. Die Presseabteilung des Auswärtigen Amtes unter Ribbentrop, München.

Lüdicke, Lars (2010): Constantin von Neurath. Eine politische Biographie, Diss. Universität Potsdam.

Lüdtke, Alf (1991): Funktionseliten. Täter, Mit–Täter, Opfer? Zu den Bedingungen des deutschen Faschismus, in: Ders. (Hrsg.): Herrschaft als soziale Praxis, Historische und sozial–anthropologische Studien, Göttingen, S. 559–590.

Madajczyk, Czeslaw (1986): Historycy polscy o pierwszej i drugiej wojnie 'swiatowej.

Maguire, Peter (2001): Law and War. An American Story, New York.

Mai, Gunther (1995). Der Alliierte Kontrollrat in Deutschland 1945–1948, München.

Malinowski, Stephan (2004): Vom König zum Führer. Deutscher Adel und Nationalsozialismus, 2. Aufl., Frankfurt a. M.

Mallmann, Klaus–Michael/Angrick, Andrej (2009) (Hrsg.): Die Gestapo nach 1945, Darmstadt.

— / Böhler, Jochen/Matthäus, Jürgen (2008): Einsatzgruppen in Polen. Darstellung und Dokumentation, Darmstadt.

— / Cüppers, Martin (2006a): Beseitigung der jüdisch–nationalen Heimstätte in Palästina. Das Einsatzkommando bei der Panzerarmee Afrika 1942, in: Matthäus/Mallmann (2006), S. 153–176.

— / Cüppers, Martin (2006b): Halbmond und Hakenkreuz. Das Dritte Reich, die Araber und Palästina, 2. Aufl., Darmstadt.

— / Paul, Gerhard (2004) (Hrsg.): Karrieren der Gewalt. Nationalsozialistische Täterbiographien, Darmstadt.

Malone, Henry O. (1986): Adam von Trott zu Solz. Werdegang eines Verschwörers 1909–1938, Berlin.

Manoschek, Walter (2000): The Extermination of the Jews in Serbia, in: Herbert (2000), S. 163–185.

— (1995): »Serbien ist judenfrei«. Militärische Besatzungspolitik und Judenvernichtung in Serbien 1941/42, 2. Aufl., München.

Mantelli, Brunello (2003): Braccia italiane per l'economia die guerra del Terzo Reich. Lavoratori civili, internati militari, deportati 1938–1945, in: Geschichte und Region [= Storia e regione], Jahrbuch der Arbeitsgruppe Regionalgeschichte Bozen 12/1, S. 39–71.

Margaliot, Abraham/Cochavi, Yehoyakim (1998) (Hrsg.): Toldot Ha'shoa – Germania, Jerusalem.

Marrus, Michael R. (2006): A Jewish Lobby at Nuremberg: Jacob Robinson and the Institute of Jewish Affairs 1945–46, in: Reginbogin/Safferling (2006), S. 63–71.
— (1997): The Nuremberg War Crimes Trial 1945–1946. A Documentary History, Boston.
Marschang, Bernd/Stuby, Gerhard (1996) (Hrsg.): No habrá olvido [= Es gibt kein Vergessen]. Ein Leben in Diplomatie und Wissenschaft. Festschrift für Luis Quinteros-Yañez zum 70. Geburtstag, Hamburg.
Marshall, Barbara (1997): Willy Brandt. A Political Biography, New York.
Matic, Igor–Philip (2002): Edmund Veesenmayer. Agent und Diplomat der nationalsozialistischen Expansionspolitik, München.
Matthäus, Jürgen/Mallmann, Klaus–Michael (2006) (Hrsg.): Deutsche, Juden, Völkermord. Der Holocaust als Geschichte und Gegenwart, Darmstadt.
— (1996): »Weltanschauliche Forschung und Auswertung«. Aus den Akten des Amtes VII im Reichssicherheitshauptamt, in: Jb. für Antisemitismusforschung 5, S. 287–330.
Matuszewski, Thaddeus/Kozimor, Jolanta (2007): Plundered and Rebuilt – Ograbione Muzeum. The Polish Military Museum during the Second World War and After, Warschau.
Mauch, Christof (1999): Schattenkrieg gegen Hitler. Das Dritte Reich im Visier der amerikanischen Geheimdienste, Stuttgart.
Maulucci, Thomas W. (2009): Herbert Blankenhorn in the Third Reich, in: Central European History 42, S. 253–278.
— (2001): The Foreign Office of the Federal Republic of Germany and the Question of Relations with Communist States, 1953–1955, in: Diplomacy & Statecraft 12, S. 113–134.
— (1998): The Creation and the Early History of the West German Foreign Office, 1945–1955, Diss. Yale–University.
Mayer, Michael (2010): Staaten als Täter. Ministerialbürokratie und »Judenpolitik« in NS–Deutschland und Vichy–Frankreich. Ein Vergleich, München.
Mazower, Mark (2008): Hitler's Empire. How the Nazis Ruled Europe, New York.
— (1995): Militärische Gewalt und nationalsozialistische Werte. Die Wehrmacht in Griechenland 1941 bis 1944, in: Heer/Naumann (1995), S. 157–190.
— (1993): Inside Hitler's Greece. The experience of occupation, 1941–1944, New Haven.
McKale, Donald M. (1987): Curt Prüfer. German Diplomat from the Kaiser to Hitler, Kent.
— (1989): Rewriting History. The Original and Revised World War II Diaries of Curt Prüfer, Nazi Diplomat, Kent.
Mecklenburg, Frank/Stiefel, Ernst C. (1991): Deutsche Juristen im amerikanischen Exil (1933–1950), Tübingen.
Meinel, Christoph (1994) (Hrsg.): Medizin, Naturwissenschaft, Technik und Nationalsozialismus. Kontinuitäten und Diskontinuitäten, Stuttgart.
Meinen, Insa (2009): Die Shoah in Belgien, Darmstadt.
Mendelsohn, John (1988): Trial by Document. The Use of Seized Records in the United States Proceedings at Nürnberg, New York/London.
Mendelssohn, Peter de (1951): Der verhinderte Hochverräter. Wege und Irrwege neuerer deutscher Memoirenliteratur, in: Der Monat 3, S. 495–509.
Messerschmidt, Manfred (1995): Vorwärtsverteidigung. Die »Denkschrift der Generäle« für den Nürnberger Gerichtshof, in: Heer/Naumann (1995), S. 531–550.
— (1969): Die Wehrmacht im NS–Staat. Zeit der Indoktrination, Hamburg.
Meyer, Ahlrich (2005): Täter im Verhör. Die »Endlösung« der Judenfrage in Frankreich 1940–1944, Darmstadt.
— (2000): Die deutsche Besatzung in Frankreich 1940–1944. Widerstandsbekämpfung und Judenverfolgung, Darmstadt.
Meyer, Franz Sales (1997): Vorgeschichte zum Neubau für das Auswärtige Amt in Bonn 1951, in: Bettzuege (1997), S. 25–27.
Meyer, Hermann Frank (2007): Blutiges Edelweiß. Die 1. Gebirgs–Division im Zweiten Weltkrieg, Berlin.

Mężyński, Andrzej (2000): Kommando Paulsen. Organisierter Kunstraub in Polen 1942-45, Köln.

Michalka, Wolfgang (1990): »Vom Motor zum Getriebe«. Das Auswärtige Amt und die Degradierung einer traditionsreichen Behörde 1933-1945, in: Ders. (Hrsg.): Der Zweite Weltkrieg. Analysen – Grundzüge – Forschungsbilanz, München, S. 249-259.

— (1989): Rezension von H.-J. Döscher (1987), Das Auswärtige Amt im Dritten Reich. Diplomatie im Schatten der ›Endlösung‹, in: PVS-Literatur 30, S. 360-361.

— (1980): Ribbentrop und die Deutsche Weltpolitik 1933-1940. Außenpolitische Konzeptionen und Entscheidungsprozesse im Dritten Reich, München.

Michels, Eckart (2005): Zwischen Zurückhaltung, Tradition und Reform: Anfänge westdeutscher Auswärtiger Kulturpolitik in den 1950er Jahren am Beispiel der Kulturinstitute, in: Paulmann (2005b), S. 241-258.

Michman, Dan (2006): Täteraussagen und Geschichtswissenschaft. Der Fall Dieter Wisliceny und der Entscheidungsprozeß zur ›Endlösung‹, in: Matthäus/Mallmann (2006), S. 205-219.

— (1998) (Hrsg.): Belgium and the Holocaust, Jerusalem.

Miquel, Marc von (2004): Ahnden oder amnestieren? Westdeutsche Justiz und Vergangenheitspolitik in den sechziger Jahren, Göttingen.

Möding, Nori/Plato, Alexander von (1989): Nachkriegspublizisten. Eine erfahrungsgeschichtliche Untersuchung, In: Alheit/Hoerning (1989), S. 38-69.

Moeller, Robert G. (2001): War Stories. The Search for a Usable Past in the Federal Republic of Germany, Berkeley.

Moisel, Claudia (2006): Résistance und Repressalien. Die Kriegsverbrecherprozesse in der französischen Zone und in Frankreich, in: Frei (2006), S. 247-282.

— (2004): Frankreich und die deutschen Kriegsverbrecher. Politik und Praxis der Strafverfolgung nach dem Zweiten Weltkrieg, Göttingen.

Mommsen, Hans (2002): The Civil Service and the Implementation of the Holocaust. From Passive to Active Complicity, in: Berenbaum/Peck (2002), S. 219-227.

— (1996): Der deutsche Widerstand gegen Hitler und die Überwindung der nationalstaatlichen Gliederung Europas, in: Hettling/Nolte (1996), S. 65-79.

– (1994): Außenpolitische Illusionen des nationalkonservativen Widerstands in den Monaten vor dem Attentat, in: Schmädeke/Steinbach (1994), S. 1061-1070.

— (1991): Der Nationalsozialismus und die deutsche Gesellschaft. Ausgewählte Aufsätze, Reinbek b. Hamburg.

— (1983): Die Realisierung des Utopischen. Die Endlösung der Judenfrage im Dritten Reich, in: Geschichte und Gesellschaft 9, S. 381-420.

— (1976): Der Nationalsozialismus. Kumulative Radikalisierung und Selbstzerstörung des Regimes, in: Meyers Enzyklopädisches Lexikon, Bd. 16, Mannheim, S. 785-790.

— (1966): Beamtentum im Dritten Reich. Mit ausgewählten Quellen zur nationalsozialis-tischen Beamtenpolitik [Schriftenreihe der Vierteljahrshefte für Zeitgeschichte 13],Stuttgart.

Morsey, Rudolf (1977a): Personal- und Beamtenpolitik im Übergang von der Bizonen- zur Bundesverwaltung (1947-1959), in: Ders. (1977b), S. 191-238.

— (1977b) (Hrsg.): Verwaltungsgeschichte. Aufgaben, Zielsetzungen, Beispiele, Berlin.

Mühl-Benninghaus, Sigrun (1996): Das Beamtentum in der NS-Diktatur bis zum Ausbruch des Zweiten Weltkrieges. Zu Entstehung, Inhalt und Durchführung der einschlägigen Beamtengesetze, Düsseldorf.

Mühle, Robert W. (1996): Ein Diplomat auf verlorenem Posten. Roland Köster als deutschen Botschafter in Paris 1932-1935, in: Francia 23/3, S. 23-48.

— (1995): Frankreich und Hitler. Die französische Deutschland- und Außenpolitik 1933-1935, Paderborn.

Müller, Claus M. (1997): The Missing Link. Die fehlenden sechs Jahre. Von der »Stunde Null« zur Wiedergeburt des Auswärtigen Amtes, in: Bettzuege (1997), S. 18-23.

– (1996): Relaunching German Diplomacy. The Auswärtiges Amt in the 1950s, Münster.

Müller, Klaus-Jürgen (1980): General Ludwig Beck. Studien und Dokumente zur politischmilitärischen

Vorstellungswelt und Tätigkeit des Generalstabschefs des deutschen Heeres 1933–1938, Boppard am Rhein.

Müller, Ulrich (1991): Die Internierungslager in und um Ludwigsburg 1945–1949, in: Ludwigsburger Geschichtsblätter 45, S. 171–195.

Müller, Ursula (2000): Vision und Gegenwart, in: Dies./Scheidemann (2000), S. 17–33.

— / Scheidemann, Christiane (2000) (Hrsg.): Gewandt, geschickt und abgesandt. Frauen im Diplomatischen Dienst, München.

Münkel, Daniela (2005a): »Alias Frahm«. Diffamierungskampagnen gegen Willy Brandt in der rechtsgerichteten Presse, in: Dies. (2005b), S. 211–235.

— (2005b): Bemerkungen zu Willy Brandt, Berlin.

Mund, Gerald (2009): Quellenedition »Deutschland und das Protektorat Böhmen und Mähren. Aus den deutschen diplomatischen Akten von 1939 bis 1945«. 13. Münchner Bohemisten-Treffen, 20.3.2009, Exposé Nr. 16., URL: http://www.collegium-carolinum. de/vera/boht2009/2009-16-Mund.pdf.

— (2003): Herbert von Dirksen 1882–1955. Ein deutscher Diplomat in Kaiserreich, Weimarer Republik und Drittem Reich. Eine Biografie, Diss. Christian-Albrechts-Universität Kiel.

Murphy, David E. (2005): What Stalin Knew. The Enigma of Barbarossa, New Haven.

— / Kondrashev, Sergei A./Bailey, George (1997): Battleground Berlin. CIA vs. KGB in the Cold War, New Haven.

Naimark, Norman M. (1995): The Russians in Germany. A History of the Soviet Zone of Occupation 1945–1949, Cambridge.

Naasner, Walter (1994): Neue Machtzentren in der deutschen Kriegswirtschaft 1942–1945. Die Wirtschaftsorganisation der SS, das Amt des Generalbevollmächtigten für den Arbeitseinsatz und das Reichsministerium für Bewaffnung und Munition, Reichsministerium für Rüstung und Kriegsproduktion im nationalsozialistischen Herrschaftssystem, Boppard am Rhein.

Naumann, Klaus (2000): Integration und Eigensinn – Die Sicherheitseliten der frühen Bundesrepublik zwischen Kriegs- und Friedenskultur, in: Kühne (2000), S. 202–218.

— (1999): Sicherheitselite und außenpolitischer Stil. Elitenwandel und Konsensbildung in der Frühgeschichte der Bundesrepublik, in: Mittelweg 36.8 (1999), S. 4–22.

Nehlsen, Hermann/Brun, Georg (1996) (Hrsg.): Münchner rechtshistorische Studien zum Nationalsozialismus, Frankfurt a. M.

Nelles, Dieter/Nolzen, Armin (2003): Adam Trott zu Solz' Treffen mit Willy Brandt in Stockholm im Juni 1944. Kontakte zwischen dem Kreisauer Kreis und dem linkssozialistischen Exil, in: Dieckmann/Quinkert/Sandkühler (2003), S. 243–259.

Neumann, Franz (2009): Behemoth. The Structure and Practice of National Socialism 1933–1944, Chicago (erstmals 1942).

Neumann, Robert G. (1951): Neutral States and the Extradition of War Criminals, in: The American Journal of International Law 45, S. 495–508.

Newton, Ronald C. (1992): The »Nazi Menace« in Argentina 1931–1947, Stanford.

Nicosia, Francis R. (2008): Zionism and Anti-Semitism in Nazi Germany, New York.

Niethammer, Lutz (1999): Deutschland danach. Postfaschistische Gesellschaft und nationales Gedächtnis, Bonn.

— (1986): Zum Wandel der Kontinuitätsdiskussion, in: Herbst (1986), S. 65–83.

— (1982): Die Mitläuferfabrik. Die Entnazifizierung am Beispiel Bayerns, Berlin.

Nipperdey, Thomas (1986): Nachdenken über die deutsche Geschichte. Essays, München.

Nix, Dietmar K. (1992) (Hrsg.): Nationalismus als Versuchung. Reaktionen auf ein modernes Weltanschauungsmodell, Aachen.

Noack, Paul (1977): Das Scheitern der Europäischen Verteidigungsgemeinschaft. Entscheidungsprozesse vor und nach dem 30. August 1954, Düsseldorf.

Nolte, Ernst (1995): Der Faschismus in seiner Epoche. Action française – italienischer Faschismus – Nationalsozialismus, 7. Aufl., München.

Ó Drisceoil, Donal (2006): Review Essay »Neither Friend nor Foe? Irish Neutrality in the Second World War«, in: Contemporary European History 15, S. 245–253.

Olick, Jeffrey K. (2005): In the House of the Hangman. The Agonies of German Defeat 1943–1949, Chicago.

Olshausen, Klaus (1973): Zwischenspiel auf dem Balkan. Die deutsche Politik gegenüber Jugoslawien und Griechenland von März bis Juli 1941, Stuttgart.

Oppelland, Torsten (2002): Gerhard Schröder (1910–1989). Politik zwischen Staat, Partei und Konfession, Düsseldorf.

Oppler, Kurt (1952): Leistungsprinzip in der deutschen Beamtengesetzgebung, in: Der deutsche Beamte 2, S. 79–80.

— / Rosenthal-Pelldram, Erich (1950) (Hrsg.): Die Neugestaltung des öffentlichen Dienstes, Frankfurt a. M.

Otto, Gerhard/Houwink ten Cate, Johannes (1999) (Hrsg.): Das organisierte Chaos. Ämterdarwinismus und Gesinnungsethik – Determinanten nationalsozialistischer Besatzungsherrschaft, Berlin.

Overesch, Manfred (1995): Ein neutralisiertes Gesamtdeutschland? Konzeptionen deutscher Außenpolitik zu Beginn der fünfziger Jahre, in: Knipping/Müller (1995), S. 43–56.

— (1978): Gesamtdeutsche Illusion und westdeutsche Realität. Von den Vorbereitungen für einen deutschen Friedensvertrag zur Gründung des Auswärtigen Amts der Bundesrepublik Deutschland 1946–1949/51, Düsseldorf.

Overy, Richard (2005): Verhöre. Die NS-Eliten in den Händen der Alliierten 1945, Berlin. Auch: – (2001): Interrogations. The Nazi Elite in Allied Hands 1945, New York.

Oz, Amos (2005): Israel und Deutschland. Vierzig Jahre nach Aufnahme diplomatischer Beziehungen, Bonn.

Paulmann, Johannes (2006): Die Haltung der Zurückhaltung. Auswärtige Selbstdarstel- lung nach 1945 und die Suche nach einem erneuerten Selbstverständnis in der Bundesrepublik, Bremen.

— (2005a): Auswärtige Repräsentationen nach 1945, in: Ders. (2005b), S. 1–32.

— (2005b) (Hrsg.): Auswärtige Repräsentationen. Deutsche Kulturdiplomatie nach 1945, Köln u. a.

Payk, Marcus M. (2008): Der Geist der Demokratie. Intellektuelle Orientierungsversuche im Feuilleton der frühen Bundesrepublik. Karl Korn und Peter de Mendelssohn, München.

Petersen, Neal H. (1992): From Hitler's Doorstep. Allen Dulles and the Penetration of Germany, in: Chalou (1992), S. 273–294.

Peterson, Edward (1978): The American Occupation of Germany. Retreat to Victory, Detroit.

Petrick, Fritz (1997): Dänemark, das »Musterprotektorat«?, in: Bohn (1997), S. 121–134.

Petropoulos, Jonathan (2006): Royals and the Reich. The Princes von Hessen in Nazi Germany, Oxford/New York.

Pingel, Falk (1993): Die NS-Psychiatrie im Spiegel des historischen Bewußtseins und sozialpolitischen Denkens in der Bundesrepublik, in: Kersting u. a. (1993), S. 174–201.

Piontkowitz, Heribert (1978): Anfänge westdeutscher Außenpolitik 1946–1949. Das Deutsche Büro für Friedensfragen, Stuttgart.

Piper, Ernst (2007): Alfred Rosenberg. Hitlers Chefideologe, München.

Plöger, Christian (2009): Von Ribbentrop zu Springer. Zu Leben und Wirkung von Paul Karl Schmidt alias Paul Carell, Marburg.

Plum, Günter (1996a): Wirtschaft und Erwerbsleben, in: Benz (1996c), S. 268–313.

– (1996b): Deutsche Juden oder Juden in Deutschland?, in: Benz (1996c), S. 35–74.

Pöppmann, Dirk (2003): Robert Kempner und Ernst von Weizsäcker im Wilhelmstraßenprozess, in: Jahrbuch zur Geschichte und Wirkung des Holocaust 8, S. 163–197.

Pospieszalski, Karol Marian (1983): Der 3. September 1939 in Bydgoszcz im Spiegel deutscher Quellen, in: Polnische Weststudien 2, S. 329–355.

Poulsen, Henning (1991): Die Deutsche Besatzungspolitik in Dänemark, in: Bohn (1991a), S. 369–380.

Priemel, Kim Christian (2008): Flick. Eine Konzerngeschichte vom Kaiserreich bis zur Bundesrepublik, 2. Aufl., Göttingen.

Pross, Christian (1988): Wiedergutmachung, Frankfurt a. M.

Prusin, Alexander Victor (2003): »Fascist Criminals to the Gallows!« The Holocaust and Soviet War Crimes Trials December 1945 – February 1946, in: Holocaust and Genocide Studies 17, S. 1–30.

Pyta, Wolfram (2007): Hindenburg. Herrschaft zwischen Hohenzollern und Hitler, München.

Rabinbach, Anson (2005): The Challenge of the Unprecedented. Raphael Lemkin and the Concept of Genocide, in: Jahrbuch des Simon-Dubnow-Instituts 4, S. 397–420.

Radlmayer, Stefan (2001): Der Nürnberger Lernprozeß. Von Kriegsverbrechern und Starreportern, Frankfurt a. M.

Ramscheid, Birgit (2006): Herbert Blankenhorn (1904–1991). Adenauers außenpolitischer Berater, Düsseldorf.

Rauh-Kühne, Claudia (2001): »Wer spät kam, den belohnte das Leben«. Entnazifizierung im Kalten Krieg, in: Junker (2001), S. 112–123.

— (1995): Die Entnazifizierung und die deutsche Gesellschaft, in: Archiv für Sozialgeschichte 35, S. 35–70.

Raulff, Ulrich (2009): Kreis ohne Meister. Stefan Georges Nachleben, München.

Ray, Roland (2000): Annäherung an Frankreich im Dienste Hitlers? Otto Abetz und die deutsche Frankreichpolitik 1930–1942, München.

Recker, Marie-Luise (2010): Die Außenpolitik des Dritten Reiches, München.

Redaktion Kritische Justiz (1998) (Hrsg.): Die juristische Aufarbeitung des Unrechtsstaats, Baden-Baden.

Reese, Mary Ellen (1990): General Reinhard Gehlen. The CIA Connection, Fairfax.

Regelsberger, Elfriede (2005): Germany, in: Hocking/Spence (2005), S. 132–145.

Regenbogin, Herbert R./Safferling, Christoph J.M. (2006) (Hrsg): The Nuremberg Trials. International Criminal Law Since 1945/Die Nürnberger Prozesse. Völkerstrafrecht seit 1945, München.

Reichhardt, Hans Joachim (1990) (Hrsg.): Die Entstehung der Verfassung von Berlin. Eine Dokumentation, Bd.1, Berlin/New York.

Reif, Heinz (2001): Die Junker, in: Francois/Schulze (2001), S. 520–536.

— (1999): Adel im 19. und 20. Jahrhundert, München.

Reissmüller, Wilhelm von (1974) (Hrsg.): Der Diplomat. Eine Festschrift zum 70. Geburtstag von Hans Herwarth, Ingolstadt.

Reitlinger, Gerald (1979): Die Endlösung. Hitlers Versuch der Ausrottung der Juden Europas 1939–1945, 5. Aufl., Berlin.

— (1957): Die SS. Tragödie einer deutschen Epoche, Wien u. a.

Remy, Steven P. (2002): The Heidelberg Myth. The Nazification and Denazification of a German University, Cambridge, Mass.

Reuss, Matthias (1995): Die Mission Hausenstein 1950–1955. Ein Beitrag zur Geschichte der deutsch-französischen Beziehungen nach dem Zweiten Weltkrieg, Sinzheim.

Richter, Timm C. (2006) (Hrsg.): Krieg und Verbrechen. Situation und Intention. Fallbeispiele, München.

Riesser, Hans E. (1959): Haben die deutschen Diplomaten versagt? Eine Kritik an der Kritik von Bismarck bis heute, Bonn.

Ringshausen, Gerhard (2008): Widerstand und christlicher Glaube angesichts des Nationalsozialismus, 2. Aufl., Berlin.

Rittberger, Volker/Zangl, Bernhard (2005): Internationale Organisationen. Politik und Geschichte, 3 Aufl., Wiesbaden.

Ritter, Gerhard (1962): Eine neue Kriegsschuldthese. Zu Fritz Fischers Buch ›Griff nach der Weltmacht‹, in: Historische Zeitschrift 194, S. 646–668.

Ritter, Harry, Jr. (1969): Hermann Neubacher and the German occupation of the Balkans 1940–1945, Diss. University of Virginia, Unveröffentlichtes Manuskript, Virginia.

Robertson, Esmonde M. (1962): Zur Wiederbesetzung des Rheinlandes 1936. Dokumentation, in: Vierteljahrshefte für Zeitgeschichte 10, S. 178–205.

Röding, Horst (1990): Werben um Vertrauen. Die Entstehungsgeschichte des Auswärtigen Amtes, in: Informationen für die Truppe 4, S. 49–63.

エビデンスと参考文献（原文）

Röhl, John C.G. (2002): Kaiser, Hof und Staat. Wilhelm II. und die deutsche Politik, München.

— (1985): Schlussbericht. Glanz und Ohnmacht des deutschen diplomatischen Dienstes 1871–1945, in: Schwabe (1985), S. 201–217.

Rogers, Daniel E. (2008): Restoring a German Career, 1945–1950. The Ambiguity of Being Hans Globke, in: German Studies Review 31/2, S. 303–325.

Römer, Felix (2008): Der Kommissarbefehl. Wehrmacht und NS–Verbrechen an der Ostfront 1941/42. München u. a.

Roseman, Mark (2002): Die Wannsee–Konferenz. Wie die NS–Bürokratie den Holocaust organisierte, München.

Rosenbaum, Allan S. (1993): Prosecuting Nazi War Criminals, Boulder.

Rosenkötter, Bernhard (2003): Treuhandpolitik. Die »Haupttreuhandstelle Ost« und der Raub polnischer Vermögen 1939–1945, Essen.

Rosskopf, Annette (2002): Friedrich Karl Kaul. Anwalt im geteilten Deutschland (1906–1981), Berlin.

Roth, Tuya (2007): Hans Schafgans. Zeitgenössische Fotografien Bonner Architektur der fünfziger und sechziger Jahre, Diss. Rheinische Friedrich–Wilhelms–Universität Bonn.

Rothkirchen, Livia (2005): The Jews of Bohemia and Moravia: Facing the Holocaust, Lincoln, Nebraska.

Rother, Bernd (2001): Spanien und der Holocaust, Tübingen.

Rout Leslie B./Bratzel, John F. (1986): The Shadow War. German Espionage and United States Counterspionage in Latin America during World War II, Maryland.

— / — (1984): Heinrich Jürges and the Cult of Disinformation, in: The International Historical Review 6, S. 611–623.

Ruck, Michael (2006): Die Tradition der deutschen Verwaltung, in: Doering–Manteuffel (2006), S. 95–108.

Rückerl, Adalbert (1980): The Investigation of Nazi Crimes 1945–1978. A Documentation, Hamden.

Rüping, Hinrich (2006): Zwischen Recht und Politik. Die Ahndung der NS–Taten in den beiden deutschen Staaten nach 1945, in: Regenbogin/Safferling (2006), S. 199–208.

Rusconi, Gian Enrico/Woller, Hans (2006) (Hrsg.): Parallele Geschichte? Italien und Deutschland 1945–2000, Berlin.

Rutz, Rainer (2007): Signal. Eine deutsche Auslandsillustrierte als Propagandainstrument im Zweiten Weltkrieg, Essen.

Sahm Ulrich (1994): Ilse Stöbe, in: Coppi/Danyel/Tuchel (1994), S. 262–276.

— (1990): Rudolf von Scheliha. 1897–1942. Ein deutscher Diplomat gegen Hitler, München.

Salis, Jean Rudolf von (1959): Geschichte und Diplomatie, in: Braunias/Stourzh (1959), S. 13–36.

Salter, Michael/Charlesworth, Lorie (2006a): Prosecuting and Defending Diplomats as War Criminals. Ribbentrop at the Nuremberg Trials, in: Liverpool Law Review 27, S. 67–96.

— / — (2006b): Ribbentrop and the Ciano Diaries at the Nuremberg Trial, in: Journal of International Criminal Justice 4, S. 103–127.

Santander, S. (1953): Técnica de una traición. Juan D. Perón y Eva Duarte – Agentes del nazismo en la Argentina, Montevideo.

Sauer, Thomas (1999): Westorientierung im deutschen Protestantismus? Vorstellungen und Tätigkeit des Kronberger Kreises, München.

Schäfer, Kristin A. (2006): Werner von Blomberg. Hitlers erster Feldmarschall. Eine Biographie, Paderborn u. a.

Schanetzky, Tim (2001): Unternehmer. Profiteure des Unrechts, in: Frei (2001), S. 69–118.

Schausberger, Norbert (1978): Österreich und die nationalsozialistische Anschluß–Politik, in: Funke (1978), S. 728–756.

Scheidemann, Christiane (2000): Frauen im Diplomatischen Dienst. Eine historische Einführung, in: Müller/Dies. (2000), S. 35–79.

— (2000b): Margarete Bitter – Sie beherrschte sieben Sprachen, in: Müller/Dies. (2000), S. 85–92.

Schelach, Menachem (1990): Toldot Ha'Shoa –Yugoslavia, Jerusalem.

Schenk, Dieter (2000): Hitlers Mann in Danzig. Albert Forster und die NS–Verbrechen in Danzig–

Westpreußen, Bonn.

Scheuch, Erwin K (1966): Führungsgruppen und Demokratie in Deutschland, in: Die Neue Gesellschaft 13, S. 356–370.

Schick, Christa (1990): Die Internierungslager, in: Broszat/Hencke/Woller (1990), S. 301–325.

Schieder, Martin (2005): Im Blick des anderen. Die deutsch-französischen Kunstbeziehungen 1945–1959, Berlin.

Schilde, Kurt (1992) (Hrsg.): Eva-Maria Buch und die »Rote Kapelle«. Erinnerungen an den Widerstand gegen den Nationalsozialismus, Berlin.

Schildt, Axel (2008): Immer mit der Zeit. Der Weg der Wochenzeitung DIE ZEIT durch die Bonner Republik – eine Skizze, in: Haase/Schildt (2008), S. 9–27.

— / Siegfried, Detlef/Lammers, Karl Christian (2000) (Hrsg.): Dynamische Zeiten. Die 6oer Jahre in den beiden deutschen Gesellschaften, Hamburg.

— (1999): Zwischen Abendland und Amerika. Studien zur westdeutschen Ideenlandschaft der 50er Jahre, München.

— / Sywottek, Arnold (1998) (Hrsg.): Modernisierung im Wiederaufbau. Die westdeutsche Gesellschaft der 50er Jahre, ungekürzte, durchges. und aktual. Studienausg., Bonn. Auch: – /– (1993): Modernisierung im Wiederaufbau. Die westdeutsche Gesellschaft der 50er Jahre, Bonn.

Schlie, Ulrich (2006) (Hrsg.): Horst Osterheld und seine Zeit, Wien u. a.

— (1994): Kein Friede mit Deutschland. Die geheimen Gespräche im Zweiten Weltkrieg 1939–1941, Berlin u. a.

Schmädeke, Jürgen/Steinbach, Peter (1994) (Hrsg.): Der Widerstand gegen den Nationalsozialismus. Die deutsche Gesellschaft und der Widerstand gegen Hitler, 3. Aufl., München/ Zürich Auch: – / – (1986): Der Widerstand gegen den Nationalsozialismus, 2. Aufl., Neuausg., (1. Aufl. dieser Ausg.), München;

— / — (1985): Der Widerstand gegen den Nationalsozialismus. Die deutsche Gesellschaft und der Widerstand gegen Hitler [Die Internationale Konferenz zum 40. Jahrestag des 20. Juli 1944: »Die Deutsche Gesellschaft und der Widerstand gegen Hitler – eine Bilanz nach 40 Jahren« vom 2. – 6. Juli 1984 in Berlin], München.

Schmalhausen, Bernd (2002): Josef Neuberger (1902–1977). Ein Leben für eine menschliche Justiz, Baden-Baden.

Schmider, Klaus (2002): Partisanenkrieg in Jugoslawien 1941–1944, Hamburg.

Schmidt, Rainer F. (2002): Die Außenpolitik des Dritten Reiches 1933–1939, Stuttgart.

Schmidt, Ute (2001): Spätheimkehrer oder ›Schwerstkriegsverbrecher‹? Die Gruppe der 749 ›Nichtamnestierten‹, in: Hilger/Schmidt/Wagenlehner (2001), S. 273–350.

Schmoeckel, Mathias (2004) (Hrsg.): Die Juristen der Universität Bonn im »Dritten Reich«, Köln u. a.

Schnabel, Reimund (1957): Macht ohne Moral. Eine Dokumentation über die SS, Frankfurt a. M.

Schneider, Ulrich (1985): Nach dem Sieg. Besatzungspolitik und Militärregierung 1945, in: Foschepoth/ Steiniger (1985), S. 47–64.

Schneppen, Heinz (2008): Odessa und das Vierte Reich. Mythen der Zeitgeschichte, Berlin.

Schöllgen, Gregor (1991): Ulrich von Hassell, in: Höning (1991), S. 56–71.

— (1990): Ulrich von Hassell 1881–1944. Ein Konservativer in der Opposition, München.

Schönwald, Matthias (1998): Deutschland und Argentinien nach dem Zweiten Weltkrieg. Politische und wirtschaftliche Beziehungen und deutsche Auswanderung 1945–1955, Paderborn u. a.

Scholtyseck, Joachim (2005): »Bürgerlicher Widerstand« gegen Hitler nach sechzig Jahren Forschung, in: Jahrbuch zur Liberalismus-Forschung 17, S. 45–57.

Schrafstetter, Susanna (2010): A Nazi Diplomat Turned Apologist for Apartheid. Gustav Sonnenhol, Vergangenheitsbewältigung and West German Foreign Policy towards South Africa, in: German History 28, S. 44–66.

— (2009): Von der SS in den Apartheidsstaat. Gustav A. Sonnenhol und die deutsche Südafrikapolitik, in: Bauer/Kuller/Kraus/Süß (2009), S.151–163.

Schrecker, Ellen (1998): Many are the Crimes. McCarthyism in America, Boston u. a.

Schroeder, Friedrich–Christian (2001): Das Sowjetrecht als Grundlage der Prozesse gegen deutsche Kriegsgefangene, in: Hilger/Schmidt/Wagenlehner (2001), S. 69–92.

Schroth, Georg (2004): Beziehungsgeflechte ehemaliger Höherer Beamter des Auswärtigen Amtes nach 1945. Der sogenannte ›Freundeskreis‹ und die Wiedererrichtung des Auswärtigen Amtes in der Bundesrepublik, unveröfftl. Magisterarbeit, Humboldt–Universität Berlin.

Schwabe, Klaus (1985) (Hrsg.): Das Diplomatische Korps 1871–1945, Boppard am Rhein.

Schwalbe, Hans/Seemann, Heinrich (1974) (Hrsg.): Deutsche Botschafter in Japan 1860–1973, Tokio.

Schwartz, Thomas A. (1991). America's Germany. John J. McCloy and the Federal Republic of Germany, Cambridge.

— (1990): Die Begnadigung deutscher Kriegsverbrecher. John McCloy und die Häftlinge von Landsberg, in: Vierteljahrshefte für Zeitgeschichte 38, S. 375–414.

Schwarz, Hans–Peter (1991): Adenauer. Der Aufstieg 1876–1952, 3. durchges. Aufl., Stuttgart.

— (1980): Die neuen außenpolitischen Denkschulen der fünfziger Jahre, in: Kunst/Kohl/Egen (1980), S. 91–105.

Schwarz, Stephan (2007): Ernst Freiherr von Weizsäckers Beziehungen zur Schweiz 1933–1945. Ein Beitrag zur Geschichte der Diplomatie, Bern u. a.

Schwarzmüller, Theo (2001): Zwischen Kaiser und Führer. Generalfeldmarschall August von Mackensen. Eine politische Biographie, München.

Schwerin, Detlef Graf von (1991): Die Jungen des 20. Juli 1944, Berlin.

Seabury, Paul (1956): Die Wilhelmstrasse, 1930–1945, Frankfurt a. M.

Seckendorf, Martin (1998): Ein einmaliger Raubzug. Die Wehrmacht in Griechenland 1941 bis 1944, in: Klotz/Gerlach (1998), S. 96–124.

Seelos, Gebhard (1953): Moderne Diplomatie, Bonn.

Senfft, Alexandra (2007): Schweigen tut weh. Eine deutsche Familiengeschichte, Berlin.

Siegler, Fritz von (1953): Die höheren Dienststellen der Deutschen Wehrmacht 1933–1945, i. A. des Instituts für Zeitgeschichte, München.

Simon, Gerd (2001): Wissenschaftspolitik im Nationalsozialismus und die Universität Prag, Tübingen (http://w210.ub.uni-tuebingen.de/dbt/volltexte/2001/217/pdf/gift002_komplett.pdf).

— (o. D.): Die Island–Expedition des Ahnenerbes der SS, Tübingen (http://homepages. uni–tuebingen.de/gerd.simon/island.pdf).

Singer, Donald L. (1980): German Diplomats at Nuremberg. A Study of the Foreign Office Defendants of the Ministries Case, Diss. American University Washington, D.C.

Smelser, Ronald/Davies, Edward J. (2007): The Myth of the Eastern Front. The Nazi Soviet War in American Popular Culture, New York.

— / Zitelmann, Rainer u. a. (1993a) (Hrsg.): Die Braune Elite. 22 biographische Skizzen, Bd. II, Darmstadt.

— / Syring, Enrico/Zitelmann, Rainer (1993b) (Hrsg.): Die Braune Elite II. 21 weitere Biographische Skizzen, Darmstadt.

Smith, Bradley F. (1982): The American Road to Nuremberg. The Documentary Record 1944–1945, Stanford.

— (1979): Der Jahrhundert–Prozeß. Die Motive der Richter von Nürnberg. Anatomie einer Urteilsfindung, Frankfurt a. M.

— (1977): Reaching Judgment at Nuremberg, New York.

Söllner, Alfons (1982/1986) (Hrsg.): Zur Archäologie der Demokratie in Deutschland. Analysen politischer Emigranten im amerikanischen Geheimdienst, Bd. 1: 1943–1945; Bd. 2: 1946–1949, Frankfurt a. M.

Sontheimer, Kurt (1994): Antidemokratisches Denken in der Weimarer Republik. Die politischen Ideen des deutschen Nationalismus zwischen 1918 und 1933, 4. Aufl., München.

Später, Jörg (2003): Vansittart. Britische Debatten über Deutsche und Nazis 1902–1945, Göttingen.

Speier, Hans/Davison, Walter Phillips (1957) (Hrsg.): West German Leadership and Foreign Policy, Evanston.

Spevack, Edmund (2001): Allied Control and German Freedom. American Political and Ideological

Influences on the Framing of the West German Basic Law (Grundgesetz), Münster.

Stauffer, Paul (1998): »Sechs furchtbare Jahre...« Auf den Spuren Carl J. Burckhardts durch den Zweiten Weltkrieg, Zürich.

— (1991): Zwischen Hoffmannsthal und Hitler. Carl J. Burckhardt. Facetten einer außergewöhnlichen Existenz, Zürich.

Steinacher, Gerald (2009): Berufsangabe: Mechaniker. Die Flucht von Gestapo-Angehörigen nach Übersee, in: Mallmann/Angrick (2009), S. 56–70.

— (2008): Nazis auf der Flucht. Wie Kriegsverbrecher über Italien nach Übersee entkamen, Innsbruck u. a.

Steinbach, Peter (2004): Der 20. Juli 1944. Gesichter des Widerstands, Berlin.

— / Tuchel, Johannes (2004) (Hrsg.): Widerstand gegen die nationalsozialistische Diktatur— 1933–1945, Bonn.

— (1994): Die Rote Kapelle – 50 Jahre danach, in: Coppi/Danyel/Tuchel (1994), S. 54–67.

Steinkühler, Manfred (1993): Antijüdische Aktion. Die Arbeitstagung der Judenreferenten der deutschen Missionen am 3. und 4. April 1944, in: Linne/Wohlleben (1993), S. 256–279.

— (1988): Unfähig zur moralischen Auseinandersetzung mit der eigenen nationalsozialistischen Vergangenheit? Unser Auswärtiger Dienst, in: 1999. Zeitschrift für Sozialgeschichte des 20. und 21. Jahrhunderts 2, S. 79–88.

Stelzel, Philipp (2003): Fritz Fischer and the American Historical Profession. Tracing the Transatlantic Dimension of the Fischer-Kontroverse, in: Storia della Storiografia 44, S. 67–84.

Stern, Fritz (2006): Five Germanys I Have Known, New York.

Stoermer, Monika (2005): Albert Einstein und die Bayerische Akademie der Wissenschaften, in: Akademie Aktuell 1, S. 4–7.

Stöver, Bernd (2007): Der Kalte Krieg 1947–1991. Geschichte eines radikalen Zeitalters, Bonn.

— (1998): Der Fall Otto John, in: Bauernkämper/Sabrow/Stöver (1998), S. 312–327.

Stoll, Ulrike (2005): Kulturpolitik als Beruf. Dieter Sattler (1906–1968) in München, Bonn und Rom, Paderborn u. a.

Stolleis, Michael (2002): Geschichte des öffentlichen Rechts in Deutschland. Weimarer Republik und Nationalsozialismus, brosch. Sonderausgabe, München.

Stolper, Toni (1960): Ein Leben in Brennpunkten unserer Zeit. Wien, Berlin, New York. Gustav Stolper 1888–1947, Tübingen.

Stoltzfus, Nathan/Friedlander, Henry (2008) (Hrsg.): Nazi Crimes and the Law, Cambridge.

Streit, Christian (1991): Keine Kameraden. Die Wehrmacht und die sowjetischen Kriegsgefangenen 1941–1945, Bonn.

Stuby, Gerhard (2008): Vom »Kronjuristen« zum »Kronzeugen«. Friedrich Wilhelm Gaus – Ein Leben im Auswärtigen Amt der Wilhelmstraße, Hamburg.

— (2000): Friedrich W. Gaus. Vom Kronjuristen des Deutschen Reiches zum Kronzeugen der Anklage, in: 1999. Zeitschrift für Sozialgeschichte des 20. und 21. Jahrhunderts 15, S. 78–99.

— (1996): Friedrich Wilhelm Gaus. Graue Eminenz oder Notar des Auswärtigen Amtes? Eine biographische Skizze, in: Marschang/Stuby (1996), S. 123–152.

Süß, Dietmar/Süß, Winfried (2008) (Hrsg.): Das »Dritte Reich«. Eine Einführung, München.

Syring, Enrico (1993): Walther Hewel. Ribbentrops Mann beim Führer, in: Smelser/Zitelmann (1993), 150–165.

Szabó, Anikó (2000): Vertreibung, Rückkehr, Wiedergutmachung. Göttinger Hochschullehrer im Schatten des Nationalsozialismus, Göttingen.

Szatkowski, Tim (2007): Karl Carstens. Eine politische Biographie, Köln u. a.

Szefer, Andrzej (1983): Jak powstała niemiecka specjalna księga gończa Sonderfahndungsbuch Polen, in: Zaranie Śląskie 46, S. 213–240.

Taschka, Sylvia (2006): Diplomat ohne Eigenschaften? Die Karriere des Hans-Heinrich Dieckhoff 1884–1952, Stuttgart.

エビデンスと参考文献（原文）

Tauber, Kurt P. (1967): Beyond Eagle and Swastika. German Nationalism since 1945, 2 Bde., Middletown.

Taylor, Telford (1994): Die Nürnberger Prozesse. Hintergründe, Analysen und Erkenntnisse aus heutiger Sicht, 2. Aufl., München.

Teschke, John P. (1999): Hitler's Legacy. West Germany Confronts the Aftermath of the Third Reich, New York.

Thamer, Hans Ulrich (2004). Verführung und Gewalt. Deutschland 1933–1945, München.

— (1999): Monokratie–Polykratie. Historiographischer Überblick über eine kontroverse Debatte, in: Otto/ Houwink ten Cate (1999), S. 21–54.

Thielenhaus, Marion (1985): Zwischen Anpassung und Widerstand. Deutsche Diplomaten 1938–1941. Die politischen Aktivitäten der Beamtengruppe um Ernst von Weizsäcker im Auswärtigen Amt, 2. Aufl., Paderborn.

Auch: – (1984): Zwischen Anpassung und Widerstand. Deutsche Diplomaten 1938–1941. Die politischen Aktivitäten der Beamtengruppe um Ernst von Weizsäcker im Auswärtigen Amt, Paderborn.

Thies, Jochen (1976): Architekt der Weltherrschaft. Die Endziele Hitlers, Düsseldorf.

Thomsen, Erich (1971): Deutsche Besatzungspolitik in Dänemark 1940–1945, Düsseldorf.

Tönsmeyer, Tatjana (2003): Das Dritte Reich und die Slowakei 1939–1945. Politischer Alltag zwischen Kooperation und Eigensinn, Paderborn u. a.

Tooze, J. Adam (2007): Ökonomie der Zerstörung. Die Geschichte der Wirtschaft im Nationalsozialismus, München.

Traverso, Enzo (1995): The Jews & Germany, Lincoln u. a.

Treue, Wilhelm (1965): Zum nationalsozialistischen Kunstraub in Frankreich. Der »Bargatzky–Bericht«, in: Vierteljahrshefte für Zeitgeschichte 13, S. 285–337.

Tschuy, Theo (1995): Carl Lutz und die Juden von Budapest, Zürich.

Tuchel, Johannes (2009): Zur Verfolgung von Gewerkschaftern nach dem 20. Juli 1944. Die Gestapo– Ermittlungen und der Schauprozess gegen Wilhelm Leuschner vor dem nationalsozialistischen »Volksgerichtshof«, in: Bitzegeio (2009), S. 329–362.

— 1994): Die Gestapo–Sonderkommission »Rote Kapelle«, in: Coppi/Danyel/Tuchel (1994), S. 145–159.

Ueberschär, Gerd R. (2000) (Hrsg.): Der Nationalsozialismus vor Gericht. Die alliierten Prozesse gegen Kriegsverbrecher und Soldaten 1943–1952, 2. Aufl., Frankfurt a. M.

Auch: – (1999): Der Nationalsozialismus vor Gericht. Die alliierten Prozesse gegen Kriegsverbrecher und Soldaten 1943–1952, Frankfurt a. M.

— / Vogel, Winfried (1999): Dienen und Verdienen. Hitlers Geschenke an seine Eliten, Frankfurt a. M.

Uhlig, Ralph (1986): Die Deutsch–Englische Gesellschaft 1949–1983. Göttingen.

Umbreit, Hans (1968): Der Militärbefehlshaber in Frankreich 1940–1944, Boppard am Rhein.

Unger, Corinna R. (2007): Ostforschung in Westdeutschland. Die Erforschung des europäischen Ostens und die Deutsche Forschungsgemeinschaft 1945–1975, Stuttgart.

— (2006): Wissenschaftlicher und politischer Berater der US–Regierung im und nach dem Zweiten Weltkrieg, in: Krohn/Unger (2006), S. 129–150.

Unger, Corinna R. (2003): Vom Beamtenrecht zur politischen Kultur. Die Vorschläge Arnold Brechts zur Reform des öffentlichen Dienstes der Bundesrepublik, in: Kritische Justiz 36, S. 82–94.

Verband deutscher Archivarinnen und Archivare e.V. (2006): Das deutsche Archivwesen und der Nationalsozialismus. 75. Deutscher Archivtag 2005 in Stuttgart, Essen.

Vinke, Hermann (2003) Cato Bontjes van Beek: »Ich habe nicht um mein Leben gebettelt«. Ein Porträt, Zürich.

Vocke, Harald (2001): Albrecht von Kessel. Als Diplomat für Versöhnung mit Osteuropa, Freiburg u. a.

Vogel, Thomas (2000a): Die Militäropposition gegen das NS–Regime am Vorabend des Zweiten Weltkrieges und während der ersten Kriegsjahre (1939 bis 1941), in: Ders. (2000b), S. 187–222.

— (2000b) (Hrsg.): Aufstand des Gewissens. Militärischer Widerstand gegen Hitler und das NS–Regime 1933–1945. Begleitband zur Wanderausstellung des Militärgeschichtlichen Forschungsamtes, 5. überarb. und erw. Aufl., Hamburg u. a.

777

Vogelsang, Thilo (1954): Neue Dokumente zur Geschichte der Reichswehr 1930–1933, in: Vierteljahrshefte für Zeitgeschichte 4, S. 397–436.

Vogt, Helmut (2004): Wächter der Bonner Republik. Die Alliierten Hohen Kommissare 1949–1955, Paderborn.

— (1999): »Der Herr Minister wohnt in einem Dienstwagen auf Gleis 4.« Die Anfänge des Bundes in Bonn 1949/1950, Bonn.

Vollmer, Günter (2003): Die falsche Geschichte des Ibero-Amerikanischen Instituts. Heinrich Jürges und die Spione aus Lankwitz, in: Liehr/Maihold/Vollmer (2003), S. 409–524.

Vollnhals, Clemens (1991) (Hrsg.): Entnazifizierung. Politische Säuberung und Rehabilitierung in den vier Besatzungszonen 1945–1949, München.

Vowinckel, Annette (2004): Der kurze Weg nach Entebbe. Über das Nachleben des Natio-nalsozialismus in der Wahrnehmung des Nahostkonflikts in Deutschland 1967–1976,in: Zeithistorische Forschungen 1, S. 236–254.

Wachs, Philipp-Christian (2000): Der Fall Theodor Oberländer 1905–1998), Frankfurt a. M. u. a.

Wahrhaftig, Samuel L. (1957): The Development of German Foreign Policy Institutions, in: Speier/Davison (1957), S. 7–56.

Wala, Michael (2001): Weimar und Amerika. Botschafter Friedrich von Prittwitz und Gaffron und die deutsch-amerikanischen Beziehungen von 1927 bis 1933, Stuttgart.

— (1993): »Ripping Holes in the Iron Curtain«. The Council on Foreign Relations and Germany 1945–1950, in: Diefendorf/Frohn/Rupieper (1993), S. 1–20.

Wamhof, Georg (2009) (Hrsg.): Das Gericht als Tribunal. Oder: Wie der Vergangenheit der Prozess gemacht wurde, Göttingen.

Watt, Cameron (1985): Großbritannien und die zukünftige Kontrolle Deutschlands, in: Foschepoth/ Steiniger (1985), S. 15–25.

Wawrzinek, Bert (2003): Manfred von Killinger (1886–1944). Ein politischer Soldat zwischen Freikorps und Auswärtigem Amt, Oldendorf.

Weber, Hellmuth von (1947): Pflichtenkollision im Strafrecht, in: Festschrift für Wilhelm Kiesselbach zu seinem 80. Geburtstag, hrsg. v. seinen Mitarbeitern im Zentral-Justizamt für die Britische Zone, Hamburg, S. 233ff.

Weber, Hermann (1993): Robert M. W. Kempner. Vom Justitiar in der Polizeiabteilung des Preußischen Innenministeriums zum stellvertretenden US-Hauptankläger in Nürnberg, in: Heinrichs (1993), S. 793–812.

Weber, Petra (2000): Justiz und Diktatur, München.

Webster, Ronald (2001): Opposing Victors' Justice. German Protestant Churchmen and Convicted War Criminals in Western Europe after 1945, in: Holocaust and Genocide Studies 15, S. 47–69.

Wehler, Hans-Ulrich (2003): Deutsche Gesellschaftsgeschichte, Bd. 4: Vom Beginn des Ersten Weltkrieges bis zur Gründung der beiden deutschen Staaten 1914–1949, München.

— (1995): Deutsche Gesellschaftsgeschichte, Bd. 3: Von der Deutschen Doppelrevolution bis zum Beginn des Ersten Weltkrieges 1849–1914, München.

Wein, Martin (1990): Die Weizsäckers. Geschichte einer deutschen Familie, 6. Aufl., Stuttgart.

Weinberg, Gerhard L. (1989): Rezension von H.-J. Döscher (1987), Das Auswärtige Amt im Dritten Reich. Diplomatie im Schatten der ›Endlösung‹, in: Journal of Modern History 61, S. 420–422.

Weinberg, Gerhard L. (1954): Germany and the Soviet Union 1939–1941, Leiden.

Weisbrod, Bernd (1995) (Hrsg.): Rechtsradikalismus in der politischen Kultur der Nachkriegszeit. Die verzögerte Normalisierung in Niedersachsen, Hannover.

Weindling, Paul (2000): From International to Zonal Trials. The Origins of the Nuremberg Medical Trials, in: Holocaust and Genocide Studies 14, S. 367–389.

Weinke, Annette (2009a): Eine Gesellschaft ermittelt gegen sich selbst. Die Geschichte der Zentralen Stelle Ludwigsburg 1958–2008, 2. Aufl., Darmstadt.

Auch: – (2008): Eine Gesellschaft ermittelt gegen sich selbst. Die Geschichte der Zentralen Stelle

Ludwigsburg 1958–2008, Darmstadt.
— (2009b): Täter, Opfer, Mitläufer. Vermittlungs- und Bewältigungsstrategien in westdeutschen NS-
Prozessen, in: Wamhof (2009), S. 55–77.
— (2006): Die Nürnberger Prozesse, München.
— (2002): Die Verfolgung von NS-Tätern im geteilten Deutschland. Vergangenheitsbe-Conze,
wältigung 1949–1969 oder: Eine deutsch-deutsche Beziehungsgeschichte im kalten Krieg, Paderborn u. a.
— (2001): Die Waldheimer »Prozesse« im Kontext der strafrechtlichen Aufarbeitung des NS-Diktatur in
der SBZ/DDR, in: Haase/Pampel (2001), S. 27–48.
Weiss, Matthias (2006): Öffentlichkeit als Therapie. Die Medien- und Informationspolitik der Regierung
Adenauer zwischen Propaganda und Aufklärung, in: Bösch/Frei (2006), S. 73–120.
— (2001): Journalisten. Worte als Taten, in: Frei (2001), S. 241–299.
Weiß, Hermann (2002) (Hrsg.): Biographisches Lexikon zum Dritten Reich, Frankfurt a. M.
Weitkamp, Sebastian (2008a): Braune Diplomaten. Horst Wagner und Eberhard von Thadden als
Funktionäre der »Endlösung«, Bonn.
— (2008b): SS-Diplomaten. Die Polizei-Attachés und SD-Beauftragten an den deutschen
Auslandsmissionen, in: Braun/Mayer/Weitkamp (2008), S. 49–74.
— (2006): »Mord mit reiner Weste«. Die Ermordung des Generals Maurice Mesny im Januar 1945, in:
Richter (2006), S. 31–40.
Weitz, John (1992): Hitlers Diplomat. Joachim von Ribbentrop, London.
Welsh, Helga A. (1991): ›Antifaschistisch-demokratische Umwälzung‹ und politische Säuberung in der
sowjetischen Besatzungszone Deutschlands, in: Henke/Woller (1991), S. 84–107.
Welzbacher, Christian (2009): Edwin Redslob. Biographie eines unverbesserlichen Idealisten, Berlin.
Wember, Heiner (1992): Entnazifizierung nach 1945. Die deutschen Spruchgerichte in der britischen Zone,
in: Geschichte in Wissenschaft und Unterricht 43, S. 405–426.
— (1991): Umerziehung im Lager. Internierung und Bestrafung von Nationalsozialisten in der britischen
Besatzungszone Deutschlands, Essen.
Wengst, Udo (1988): Beamtentum zwischen Reform und Tradition. Beamtengesetzgebung in der
Gründungsphase der Bundesrepublik Deutschland 1948–1953, Düsseldorf.
— (1984): Staatsaufbau und Regierungspraxis 1948–1953. Zur Geschichte der Verfassungsorgane der
Bundesrepublik Deutschland, Düsseldorf.
Werkentin, Falco (1997): Politische Strafjustiz in der Ära Ulbricht. Vom bekennenden Terror zur verdeckten
Repression, 2. überarb. Aufl., Berlin.
Wette, Wolfram (2002): Die Wehrmacht. Feindbilder, Vernichtungskrieg, Legenden, Frankfurt a. M.
Wetzel, Juliane (1996): Auswanderung aus Deutschland, in: Benz (1996c), S. 413–498.
Wiaderny, Bernard (2002): Der polnische Untergrundstaat und der deutsche Widerstand 1939–1944, Diss.
Freie Universität Berlin.
Wicke, Markus (2002): SS und DRK. Das Präsidium des Deutschen Roten Kreuzes im
nationalsozialistischen Herrschaftssystem 1937–1945, Potsdam.
Wiehn, Erhard R. (1990): Oktoberdeportation 1940, Konstanz.
Wieland, Claus-Dietrich (1987): Carl Schmitt in Nürnberg (1947), in: 1999. Zeitschrift für Sozialgeschichte
des 20. und 21. Jahrhunderts 2, S. 98–122.
Wielenga, Friso (2000): Vom Freund zum Partner. Die Niederlande und Deutschland seit 1945, Münster.
Wiesen, Jonathan S. (2001): West German Industry and the Challenge of the Nazi Past, Chapel Hill.
Wildt, Michael (2007): Volksgemeinschaft als Selbstermächtigung. Gewalt gegen Juden in der deutschen
Provinz 1919 bis 1939, Hamburg.
— (2003a): Generation des Unbedingten. Das Führungskorps des Reichssicherheitshauptamtes, durchges.
und aktual. Neuausg., Hamburg.
Auch: – (2002): Generation des Unbedingten. Das Führungskorps des Reichssicherheitshauptamtes,
Hamburg.
— (Hrsg.) (2003b): Nachrichtendienst, politische Elite, Mordeinheit. Der Sicherheitsdienst des

Reichsführers SS, Hamburg.

Willis, F. Roy (1962): The French in Germany 1945–1949, Stanford.

Winkler, Heinrich August (2005): Der lange Weg nach Westen, Bd. II: Deutsche Geschichte vom »Dritten Reich« bis zur Wiedervereinigung, Bonn.

— (2000): Der lange Weg nach Westen, Bd. 1: Deutsche Geschichte vom Ende des Alten Reiches bis zum Untergang der Weimarer Republik, München.

Wistrich, Robert (1987): Wer war wer im Dritten Reich? Ein biographisches Lexikon, Frankfurt a. M.

Wojak, Irmtrud (2009): Fritz Bauer 1903–1968. Eine Biographie, 2. durchges. Aufl., München.

— (2001): Eichmanns Memoiren. Ein kritischer Essay, Frankfurt a. M.

Wolfe, Robert (1974) (Hrsg.): Captured German and Related Records. A National Archives Conference, Athens.

Wollstein, Günter (1980): Rudolf Nadolny. Außenminister ohne Verwendung, in: Vierteljahrshefte für Zeitgeschichte 28, S. 47–93.

— (1973): Vom Weimarer Revisionismus zu Hitler. Das Deutsche Reich und die Großmächte in der Anfangsphase der nationalsozialistischen Herrschaft in Deutschland, Bonn.

Wrochem, Oliver von (2006): Erich von Manstein. Vernichtungskrieg und Geschichtspolitik, Paderborn.

Wuermeling, Henric L. (2004): »Doppelspiel«. Adam von Trott zu Solz im Widerstand gegen Hitler, München.

Yahil, Leni (1969): The Rescue of Danish Jewry. Test of a Democracy, Philadelphia.

Auch: – (1966): The Rescue of Danish Jewry. Test of a Democracy, Jerusalem.

Yavnai, Lisa (2008): U.S. Army War Crimes Trials in Germany 1945–1947, in: Heberer/Matthäus (2008), S. 49–71.

— (2006): Military Justice. War Crimes Trials in the American Zone of Occupation in Germany 1945–1947, in: Regenbogin/Safferling (2006), S. 191–195.

Yisraeli, David (1972): The Third Reich and the Transfer Agreement, in: Journal of Contemporary History 6, S. 129–148.

Zala, Sacha (2001): Geschichte unter der Schere politischer Zensur. Amtliche Aktensammlungen im internationalen Vergleich, München.

Zapf, Wolfgang (1966): Wandlungen der deutschen Elite. Ein Zirkulationsmodell deutscher Führungsgruppen 1919–1961, 2. Aufl., München.

Auch: – (1965a): Wandlungen der deutschen Elite. Ein Zirkulationsmodell deutscher Führungsgruppen 1919–1961, München.

— (1965b) (Hrsg.): Beiträge zur Analyse der deutschen Oberschicht, 2. Aufl., München.

Zaun, Harald (1992): Friedrich Wilhelm von Prittwitz und Gaffron. Demission als Votum gegen das NS-Regime, in: Nix (1992), S. 43–67.

Zelger, Renate (1996): Der Staatsrechtler Erich Kaufmann – von der konstitutionellen Monarchie bis zur parlamentarischen Demokratie, in: Nehlsen/Brun (1996), S. 313–323.

Zellhuber, Andreas (2006): »Unsere Verwaltung treibt einer Katastrophe zu ...«. Das Reichsministerium für die besetzten Ostgebiete und die deutsche Besatzungsherrschaft in der Sowjetunion 1941–1945, München.

Zielinski, Bernd (1995): Staatskollaboration. Vichy und der »Arbeitseinsatz« für das Dritte Reich, Münster.

Ziemke, Earl F. (1975): The U.S. Army in the Occupation of Germany 1944–1946, Washington.

Zimmermann, Moshe (2008): Deutsche gegen Deutsche. Das Schicksal der Juden 1938–1945, Berlin.

— (2006) (Hrsg.): On Germans and Jews under the Nazi Regime. Essays by Three Generations of Historians, Jerusalem.

— (2005a): Deutsch-jüdische Vergangenheit. Der Judenhass als Herausforderung, Paderborn.

— (2005b): Mohammed als Vorbote der NS-Judenpolitik? Zur wechselseitigen Instrumentalisierung von Antisemitismus und Antizionismus, in: Tel Aviver Jahrbuch für deutsche Geschichte 33, S. 290–305.

— (2000): The Rise and Decline of Antisemitism in Germany, in: Heilbronner/Borut (2000), S. 19–28.

— (1984) (Hrsg.): Germany after 1945, Jerusalem.

エビデンスと参考文献（原文）

Zimmermann, Susanne/Zimmermann, Thomas (2005): Die Medizinische Fakultät der Universität Jena im Dritten Reich. Ein Überblick, in: Hoßfeld (2005), S. 127–164.

— (1994): Berührungspunkte zwischen dem Konzentrationslager Buchenwald und der Medizinischen Fakultät der Universität Jena, in: Meinel (1994), S. 54–61.

Zink, Harold (1957): The United States in Germany 1944–1955, Princeton.

Zitelmann, Rainer/Weißmann, Karlheinz/Großheim, Michael (1993) (Hrsg.): Westbindung. Chancen und Risiken für Deutschland, Frankfurt a. M. u. a.

Website （ウェブサイト）

Auswärtiges Amt
Die Mitarbeiterinnen und Mitarbeiter
URL: http://www.auswaertiges-amt.de/diplo/de/AAmt/AuswDienst/Mitarbeiter.html [28.2.2009]

The Avalon Project – Documents in Law, History and Diplomacy.
International Conference on Military Trials: London, 1945, Agreement and Charter, August 8, 1945
URL:http://avalon.law.yale.edu/imt/jack60.asp [02.02.2009]
The Moscow Conference. October 1943
URL: http://avalon.law.yale.edu/wwii/moscow.asp [02.02. 2009]
Nuremberg Trials Final Report Appendix D: Control Council Law No. 10
URL: http://avalon.law.yale.edu/imt/imt10.asp [20.02.2009]

British National Archives
War Crimes of the Second World War. Military Records Information 27
URL: http://www.nationalarchives.gov.uk/catalogue/RdLeaflet.asp?sLeafletID=33&j=1 [2.2.2009]

German History in Documents and Images (German Historical Institute, WashingtonD.C.)
Directive to the Commander in Chief of the U.S. Occupation Forces (JCS 1067) (April 1945)
URL: http://germanhistorydocs.ghi-dc.org/docpage.cfm?docpage_id=2968 [07.12.2008]

Ibiblio.org – the public's library and digital archive
Text of Resolution on German War Crimes Signed By Representatives of Nine Occupied Countries, 12 January 1942
URL: http://www.ibiblio.org/pha/policy/1942/420112a.html [05.02.2009]

Harry S. Truman Library
Oral History Interview with Harry N. Howard
URL: http://www.trumanlibrary.org/oralhist/howardhn.htm#transcript (17.6.2010)

Volkswagen Group Italia S.P.A.
The history of VOLKSWAGEN GROUP ITALIA S.P.A.
URL: http://www.volkswagengroup.it/en_storia.asp [29.10.2008]

100(0) Schlüsseldokumente (Bayerische Staatsbibliothek, München)
Kröger, Martin: Vortragsnotiz des Unterstaatssekretärs des Auswärtigen Amtes Martin Luther zum Empfang des bulgarischen Außenministers Popoff durch den Reichsaußenministeram 24. November 1941 [Rolle des Auswärtigen Amtes im Holocaust],30. Dezember 1941.
URL: http://1000dok.digitale-sammlungen.de/dok_0102_lut.pdf

Verzeichnis der Abkürzungen
略語のリスト

AA	Auswärtiges Amt
AADB	Auswärtiger Ausschuss des Deutschen Bundestages
AAPD	Akten zur Auswärtigen Politik der Bundesrepublik Deutschland
ACDP	Archiv für Christlich-Demokratische Politik
a. D.	außer Dienst
ADAP	Akten zur Deutschen Auswärtigen Politik
AdE	Ausschuß für deutsche Einheit
AdL	Archiv des Liberalismus
ADLL	Arthur W. Diamond Law Library
AdR	Akten der Reichskanzlei
AdsD	Archiv der sozialen Demokratie
AFN	American Forces Network
AHA	Außenhandelsamt (der AO der NSDAP)
AHK	Alliierte Hohe Kommission
AJC	American Jewish Congress
AO	Auslandsorganisation (der NSDAP)
AOK	Armeeoberkommando
BA	Bundesarchiv
BAM	Bundesaußenminister
BAMA	Bundesarchiv-Militärarchiv
BayHStA	Bayerisches Hauptstaatsarchiv
BBC	British Broadcasting Corporation
BDC	Berlin Document Center
BfV	Bundesamt für Verfassungsschutz
BND	Bundesnachrichtendienst
BOB	Berlin Operation Base
BRAM	Büro Reichsaußenminister
BSts	Büro Staatssekretär 書
BStU	Bundesbeauftragter für die Unterlagen des Staatssicherheitsdienstes der ehemaligen Deutschen Demokratischen Republik
BT ParlA	Parlamentsarchiv des Deutschen Bundestages
BVN	Bund der Verfolgten des Naziregimes
CIA	Central Intelligence Agency
CIC	Counter Intelligence Corps
CROWCASS	Central Registry of War Crimes and Security Suspects
CULL	Cornell University Law Library
DBfF	Deutsches Büro für Friedensfragen
DEG	Deutsch-Englische Gesellschaft
DfAA	Dienststelle für Auswärtige Angelegenheiten
DGAP	Deutsche Gesellschaft für Auswärtige Politik
dpa	Deutsche Presse-Agentur
DR	Dienststelle Ribbentrop

782

略語のリスト（原文）

DRK	Deutsches Rotes Kreuz
DzD	Dokumente zur Deutschlandpolitik
EKD	Evangelische Kirche in Deutschland
EWG	Europäische Wirtschaftsgemeinschaft　EEC 欧州経済共同体
FAZ	Frankfurter Allgemeine Zeitung
FO	Foreign Office
FRUS	Foreign Relations of the United States
GAD	Gesetz über den Auswärtigen Dienst
Ges	Gesandtschaft/Gesandter
Gestapa	Geheimes Staatspolizeiamt
GG	Grundgesetz
GK	Generalkonsul
GPU	Gossudarstwennoje Polititscheskoje Uprawlenije
GR	Gesandtschaftsrat
HIAG	Hilfsgemeinschaft auf Gegenseitigkeit (der ehemaligenAngehörigen der Waffen-SS)
HICOG	High Commissioner for Germany
HSSPF	Höherer SS- und Polizeiführer
HstA	Hauptstaatsarchiv　Hauptstaatsarchiv
IfZ	Institut für Zeitgeschichte
IMT	International Military Tribunal
i. R.	im Ruhestand
ISA	Israel State Archive
ISG	Internationale Studiengruppe
JCC	Jewish Claims Conference
K	Konsul
KdS	Kommandeur der Sicherheitspolizei und des SD
KS	Konsulatssekretär
LR	Legationsrat　Legationsrat
LS	Legationssekretär
MAE	Archives diplomatiques du Ministère des Affaires Etrangères
MBD	Ministerialbürodirektor
MBF	Militärbefehlshaber
MD	Ministerialdirektor
MfAA	Ministerium für Auswärtige Angelegenheiten
MfS	Ministerium für Staatssicherheit
MIS	US Military Intelligence Service
NARA	National Archives and Records Administration
NCA	Nazi Conspiracy and Aggression
NKWD	Narodny Kommissariat Wnutrennich Del
NL	Nachlass
NLA	StA Niedersächsisches Landesarchiv – Staatsarchiv
NSKK	Nationalsozialistisches Kraftfahrerkorps
OCCWC	Office of the Chief of Counsel for War Crimes
OECD	Organization for Economic Cooperation and Development
OEEC	Organization for European Economic Cooperation
OKH	Oberkommando des Heeres
OKW	Oberkommando der Wehrmacht

OLG	Oberlandesgericht
OMGUS	Office of Military Government, United States
OSS	Office for Strategic Services
ÖTV	Gewerkschaft öffentliche Dienste, Transport und Verkehr
PAAA	Politisches Archiv des Auswärtigen Amtes
Pg	Parteigenosse
PFLP	Popular Front for the Liberation of Palestine
RAM	Reichsaußenminister
RFM	Reichsministerium der Finanzen
RGBl	Reichsgesetzblatt
RM	Reichsmark
RMVP	Reichsministerium für Volksaufklärung und Propaganda
RSHA	Reichssicherheitshauptamt
RWM	Reichswirtschaftsministerium
SBZ	Sowjetische Besatzungszone
StA	Staatsarchiv
Stasi	Staatssicherheit
StBKAH	Stiftung Bundeskanzler–Adenauer–Haus
Sts	Staatssekretär
SWP	Stiftung Wissenschaft und Politik
SZ	Süddeutsche Zeitung
TNA/PRO	The National Archives, Public Record Office
TWC	Trials of War Criminals Before the Nuremberg Military Tribunals
UHK	Unabhängige Historikerkommission
UNWCC	United Nations War Crimes Commission
USHMM	United States Holocaust Memorial Museum
VAA	Vertreter des Auswärtigen Amtes
VfW	Verwaltung für die Vereinigten Wirtschaftsgebiete
VK	Vizekonsul
VLR	Vortragender Legationsrat
VS	Verschlusssache
WEU	Westeuropäische Union
WJC	World Jewish Congress
WTB	Wolff's Telegraphisches Büro
YV	Yad Vashem
z. b. V.	zur besonderen Verwendung
ZRS	Zentrale Rechtsschutzstelle
ZSL	Zentrale Stelle Ludwigsburg

外務省上級職の名称（原文）

Amtsbezeichnungen im höheren Auswärtigen Dienst
（外務省上級職の名称）

Auswärtiges Amt	Allgemeine Verwaltung
Staatssekretär	Staatssekretär
Ministerialdirektor (Botschafter)*	Ministerialdirektor
Ministerialdirigent (Botschafter, Gesandter, Generalkonsul)	Ministerialdirigent
Vortragender Legationsrat I. Klasse (Botschafter, Gesandter, Generalkonsul)	Leitender Ministerialrat
Vortragender Legationsrat I. Klasse (Botschafter, Gesandter, Botschaftsrat I. Klasse, Generalkonsul)	Ministerialrat bzw. Leitender Regierungsdirektor
Vortragender Legationsrat (Botschafter, Botschaftsrat, Generalkonsul)	Regierungsdirektor
Legationsrat I. Klasse	Oberregierungsrat
Legationsrat	Regierungsrat
Legationssekretär	Regierungsassessor

* Die in Klammern stehenden Amtsbezeichnungen sind bei den Auslandsvertretungen üblich. Gesandte sind ständige Vertreter der Botschafter (nach Döscher (2005), S. 360).

785

共訳者あとがき

　本書は『DAS AMT UND DIE VERGANGENHEIT』の全訳である。独立歴史委員会の研究が元になっている。この委員会は 2006 年に当時の外務大臣 Dr. ヨシュカ・フィッシャーによって立ち上げられ、彼の後任の外務大臣 Dr. シュタインマイヤーによって 2010 年に追認、署名された。独立歴史委員会は、国家社会主義と連邦共和国時代の外務省の歴史の研究、検証を行ったが、原書はその一連の作業が終わった後にその成果のまとめとして書かれ、2010 年に刊行された。

　独立歴史委員会は、2003 年ある老外交官の死に際し、たとえ外務省の一部内の刊行物の中といえども、ナチに協力した「過去」を持つ人物の死を悼んで、称賛するのは問題ではないか、とその外交官の元秘書が外務大臣に意見を出したのを機に組織されたものである。

　そのような経緯を踏まえ、訳者としての感想を以下に記してみたい。

　まず、第 1 部はそのほとんどが、ドイツの外交官が第三帝国誕生以来徐々に、本省でも占領下の地域でも国家社会主義政権の政策に取り込まれて行く様子が、個人名を挙げながら克明に記すことに費やされている。特にユダヤ人弾圧（強制収容所への移送協力を含む）はあまりにもリアルで、ドイツ人外交官への嫌悪感に苛まれるほどである。ユダヤ人問題の最終解決を協議した「ヴァンゼー会議」に外務省を代表して外務副次官（ルター）が参加したこと、フランスなどでもユダヤ人の強制収容所への送還を外務省幹部が承認していたことなどその事例にはこと欠かない。その中で特に印象に残ったのは次の 2 点であった。一つは、ナチスが政権を握った後にドイツ全土でグライヒシャルトゥング（画一化）が浸透し、外務省でもそれが自主的な意味で実行されたこと、第 2 が、ヴァイツェッカー次官（当時）はじめ外務省の一部の人たちは、ドイツが第二次世界大戦に入る前に英国外務大臣ハリファックス周辺に、英国にヒトラーに対してより強く当たるべし、と進言していたことである（しかし、英国はヴァイツェッ

カーなどのこの進言に乗らなかった、とされた。一般的には、英国の政策は宥和政策として正当化されている）。これだけでは外務省の国家社会主義への関与は否定されるべくもないが、少なくともドイツ外務省の中にもいろんな考えがあった、ということは推察されよう。いずれにせよ、ドイツ外務内の、外務省はできるだけナチの政策に抵抗した、引き延ばしたという『神話』を克服するには戦後も長い時間を要したものの、第2部で描かれているように戦後のドイツ外務省が新しく出発した努力（西側の一員、EU 結成への努力、国際機関への加盟や国際化への努力、東方との和解、文化、経済協力面での貢献、透明性への努力、女性に対する配慮等）には敬意を表したい。このドイツ外務省の過去を克服しようとする努力は今も続けられている。

　ところで私が日本の外務省に入省したのは 1968 年であり、戦前のドイツ外務省を云々する資格はないが、本書で言及されているクラップ大使には、入省後東京で当時の U 次官に紹介されて宴席で同席したことがあった。非常に如才のない人で優秀な外交官との印象を受けた。70 年代のグレーヴェ大使は学者の雰囲気を持った人で、H 次官との会談でもその雰囲気が感じられた。80 年代にはディール大使は出身のバイエルン州の料理で我々若い日本の外交官たちと懇談してくれた。彼らは優秀なだけにおそらく第三帝国時代にはその生き残りに苦労されたのであろう。東京であるいはドイツで一緒に仕事をし、そして退官後も個人的な親交結んだ Sch 大使、D 大使、S 大使など戦後に入省してきた大使たちは戦後のドイツを代表する広い教養の持ち主でみな立派な大使たちであった。

　私が 1970 年代初頭に副領事として赴任したベルリン総領事の公邸はかつてゲーリングの狩りの別邸だったそうであるが、赴任してすぐにベルリン 4 ヵ国協定が締結され、後のドイツ統一の基礎ができた。ドイツ統一後はベルリンに再び首都機能が戻ってき、冷戦が終結した。副領事として、度々公邸を訪ね、また総領事としてこの公邸に住んでみてドイツを含めてヨーロッパの過去、将来のことは常に念頭を離れなかった。また 90 年代にデュッセルドルフ総領事時代にフォン・リッベントロープの御子息とお会いし、戦後の苦労話も聞いた。この本はその観点から興味深いものである。

共訳者あとがき

　国家公務員として感じたことであるが、国家社会主義政権下のドイツ外交官は優秀なだけに、ナチ党から見て利用価値が十分あり（ということは、外務省も国家社会主義の政策の実施の片棒を担いだ、と言われても仕方ない）、その政策の実施にとって不可欠であっただろうし、あるいは、外務省の中からも出世ずくで政権に協力し、党に近づく者もいたであろうし、国家社会主義の政策に批判的な人々もいたのであろう。また、ナチ党からも外務省を利用しようと省内に入り込んだ者もいたであろう。この３つのタイプが当時の外務省には入り乱れていた。これを批判的に見るのは当然としても、当時の外交官たちにとってはさぞかし困難な選択であったであろう、と想像する。

　最近わが国でも、政治家が公務員への人事権を行使して政策を政権党に都合の良いように実施してゆく傾向が見られるが、これは民主主義の根幹を形成しているだけに挑戦することが難しい問題である。それだけに我々国民は政治家を選ぶにあたっては真剣に考えて賢明な選択をすべきであろう。

　「過去から学ばない人間は、未来を選択するうえで盲目であることを忘れてはならない」。本書はこのことを今更ながら示しているのではないか。先の一節は、第三帝国時代に外務次官であり、ニュルンベルクの外務省員裁判の代表格であったエルンスト・フォン・ヴァイツェッカーの弁護にあたった子息リヒャルト・フォン・ヴァイツェッカー元連邦共和国大統領が1985年、終戦記念40年に当たって述べた言葉の趣旨だけに、偶然とはいえ印象的である。最近の政治においても考えさせられることである。

　さて、外務省にとって「過去の克服」は容易ではなかった。むしろ、人事政策を通して過去の古い伝統が維持され、「外務省はナチに消極的ながら抵抗した」という「神話」が維持され、やっと2003年になりようやく外務省は「過去」と向き合うことになったのである。

　なお、この「独立歴史委員会」による議論・検証の目的は、当初より外務大臣に「答申」とか「報告」とすることではなく、あくまでも独立の立場で本にまとめ、読者の考えに寄与したいとしていた、ということである。読者たちに外務省の歴史について研究する際の学術的な基礎を提供し、できるだけの多くの読者たちが自分たちで独自の結論を出すうえで役立つことが目的であったの

789

だ。本書は 800 ページの大冊であるが、すぐれて貴重な 1 冊である。いうなれ
ば、公人であれ個人であれ、「過去」を克服することがいかに困難であり、しか
し、かつまた必要であるかを示している。

　本書の翻訳中、英国の EU 脱退が通告され、また米国のトランプ新政権は歴
史に逆行する政策を次々に明らかにしている。人類の存続と博愛への多大な努
力に逆行しないことを望むのみである。この意味でもこの本は示唆に富むもの
である。

　手塚教授の体調不良や翻訳予定者の相次ぐ辞退などによって、非常に困難な
翻訳ではあったが、足立ラーベ加代さんの助力と、えにし書房の塚田社長の励
ましを受け、その都度出版の大義に立ち帰って翻訳を続け、翻訳に取り掛かっ
て 3 年後、ようやく刊行されることを心より安堵する次第である。

2018 年 1 月

稲川照芳

人名索引

〈ア〉

アーノルト、ハンス　451, 459

アーレンス、トーマス＝ディートリッヒ　585, 600, 601, 611

アイヒマン、アドルフ　157, 162, 164, 167, 168, 183, 208, 209, 225, 226, 230, 232, 239, 250, 258, 259, 260, 262, 267, 285, 539-553, 596, 598, 610

アインシュタイン、アルベルト　19, 78-80

アウグシュタイン、ルドルフ　429, 623

アチソン、ディーン　395, 402, 405

アッヘンバッハ、エルンスト　24, 213, 323-324, 373, 378, 429, 430, 518, 520, 531, 550, 551, 586, 593, 601, 610, 612-615, 618

アデナウアー、コンラード　298, 394, 397, 401, 402, 404, 406-417, 419, 421, 422, 424, 426, 430, 431, 432, 433, 439, 440, 441, 444, 445, 451, 455-458, 463, 470, 487, 488, 491, 492, 497, 513, 514, 515, 519, 521, 522, 523, 524, 527, 540, 541, 550, 560, 567, 568, 570, 572, 574, 575, 576, 579, 581, 587, 590, 592, 616

アドルノ、テオドル・W　439

アプス、ヘルマン・ヨゼフ　402, 407

アベッツ、オットー　133, 140, 150, 166, 175-176, 207-216, 220, 224, 245, 274, 287, 293, 301, 310, 322, 418, 584, 602

アルテンブルク、ギュンター　113, 121, 133, 201, 232-234, 267, 273, 323, 596

アルント、アドルフ　368, 432

ヴァイツェッカー、エルンスト・フォン　16, 22, 33, 43, 62, 67, 68, 81, 88, 101, 108, 118-120, 124-127, 128, 150, 160, 166, 171, 172, 194, 204, 205, 208-209, 210, 220, 231, 247, 250, 268, 269, 279, 322, 344, 347, 350-355, 356, 358, 360-363, 364-371, 374, 377-381, 382-390, 392, 393, 394, 396, 397, 398, 403, 422, 426, 438-439, 454, 494, 506, 571, 597, 622, 623,

ヴァイツェッカー、カール・フリードリッヒ・フォン　360, 361, 367, 368, 389, 454, 623

ヴァイツェッカー、グンダレーナ・フォン　368, 369, 370, 377

ヴァイツェッカー、ハインリッヒ・フォン　393

ヴァイツェッカー、マリアンネ・フォン　368

ヴァイツェッカー、リヒャルト・フォン　391

ヴァルデック・ウント・ピルモント、ヨシアス・エルツプリンツ・ツー　56, 58, 59, 61, 82, 106, 149, 374

ヴァンジタール、ロバート　319, 382-384, 387

ヴィーゼンタール、サイモン　543, 607, 608, 609

ヴィッツレーベン、エルヴィン・フォン　280

ヴィルヘルム2世、カイザー　39, 557

ヴェーナー、ヘルベルト　431, 584

ヴェルック、ヴォルフガング・フォン　324, 328, 434, 436, 438, 440, 489, 490, 504, 505, 506, 518, 530, 531, 539

ヴェルマン、エルンスト　119, 139, 159, 160, 172, 230, 263, 344, 351, 355, 356, 358, 360, 361, 363, 392, 394

ヴューリシュ、ヨーン・フォン　203, 206, 215, 265, 266, 271

ウルプリヒト、ヴァルター　452

エアハルト、ルードヴィッヒ　452, 454, 497, 517, 518, 519, 583, 589

エームケ、ホルスト　611

エーラー、フリッツ　432, 441, 486, 487

エッシェンブルク、テオドール　593, 618, 623

エッツドルフ、ハッソー・フォン　66, 324, 329, 369, 371, 440, 472, 521, 530, 569, 570, 571

エルドマンスドルフ、オットー・フォン　91, 353, 355, 357, 362, 363

エルベ、フランク　635

〈カ〉

カーパトリック、イヴォンヌ　384, 385

カルステンス、カール　421, 554, 555, 557, 561, 568

カイザー、ヤコブ　492, 493

カイテル、ヴィルヘルム　117

ガウス、フリードリッヒ　88, 139, 146-148, 167, 328, 349-350, 353, 365-367, 370, 387

カウフマン、エーリッヒ　370, 372, 440

カルテンブルンナー、エルンスト　153, 237, 239, 279, 280, 288

キーザー、ヴァルター　133, 134, 213

キージンガー、クルト・ゲオルク　137, 315, 322, 327, 459, 478, 496, 578, 584-586, 592, 594, 597-600, 603, 614, 617, 629

キュンスベルク、エバハルト・フォン　196-201

キリンガー、マンフレッド・フォン　153, 237, 249, 259-261, 310

グッテンベルク、カール＝テオドール・ツー　577, 578

クナップシュタイン、カール・ハインリッヒ　526, 555, 567, 590

グラヴェニッツ、クルト＝フリッツ・フォン　267, 596

グラス、ギュンター　584, 600

クラップ、フランツ　15-16, 25, 113, 316-317, 448, 490, 594, 628, 634, 635

グラノウ、ハンス＝ウルリッヒ　265, 326

グリオン、ペン　515, 539, 540, 547, 549

クリンゲンフス、カール　111, 256, 435, 543-545, 596

グルントヘル、ヴェルナー・フォン　223, 307, 308, 418, 436-438, 440, 476, 477, 486

クレイ、ルシアス　345-346, 356, 377, 387, 392, 401

クレイグ、ゴードン　556

グレーヴェ、ヴィルヘルム　370, 421, 469, 569, 577

クレケラー、ハインツ　415, 459, 464, 485, 489, 578

グレル、テオドル・ホルスト　236, 240, 243, 285

グロスマン、クルト・R　615

グロプケ、ハンス　413, 424, 441, 457, 462, 492, 535, 550

クロル、ハンス　318, 579

ゲーリング、ヘルマン　116, 346, 347

ゲーレン、ラインハルト　331, 332, 336-338

ケッセリング、アルベルト　245, 380

ゲッベルス、ヨゼフ　68, 83, 570

ケナン、ジョージ　331, 337, 338

ケンプナー、ロバート　324, 346-357, 360, 363, 371, 377, 387-392, 422, 426-427, 435-436, 486, 488, 544, 599

ケラー、フリードリッヒ・フォン　49, 50, 130

ゲルステンマイアー、オイゲン　271, 276, 324, 420, 431, 432, 438, 439, 441, 501-504, 530-531, 592, 597

ゲルデラー、カール・フリードリッヒ　128, 205, 278, 281, 502, 508

ゲンシャー、ハンス＝ディートリッヒ　508, 510, 635

コッヘルターラー、エルンスト　282, 497, 502

コルト、エーリッヒ　90, 126, 141, 143, 269-270, 291,

301, 319, 322, 324, 344, 365, 366, 369, 371, 372, 381, 383, 385, 422, 428, 429, 440, 472, 476, 493, 494, 498, 499, 501, 628

コルト、テオ　314-315, 322, 365, 369, 371, 382, 383. 384, 385, 413, 414, 419, 472, 499, 500, 501, 520, 569

コルベ、フリッツ　15-16, 22, 25, 281-283, 291-292, 349, 496-502, 636

コンツェ、ヴェルナー　478

〈サ〉

ザーム、ハインリッヒ　91, 123

ザーム、ハンス＝ウルリッヒ　508, 509, 510

サーラシ、フェレンツ　242, 455

ザイス＝インクヴァルト、アルトゥール　215, 216, 274

ザウケル、フリッツ　211-214, 216, 246, 548

ジーグフリード、カッシェ　153, 234, 251, 310

ジーボルト、F.K.・フォン　417, 418, 427

シェール、ヴァルター　17, 576, 577, 593, 594, 613, 614, 615, 618

シェーン、ヴィルヘルム・アルプレヒト・フォン　164

シェリハ、マリー・ルイーゼ・フォン　505, 508-512

シェリハ、ルドルフ・フォン　22, 145, 146, 206, 271-272, 502, 505-512

シェルペンベルク、アルベルト・ヒルガー・ファン　327, 329, 459, 520, 524, 526, 533, 534, 548, 552, 601

シックス、フランツ・アルフレッド　135, 137, 138, 149, 181, 182, 183, 190, 318, 353, 429

シャウムブルク＝リッペ、ステファン・プリンツ・ツー　150

ジャクソン、ロバート　340, 341, 345, 347, 354, 357

シャハト、ヒャルマル　95, 327, 527

シューマッハー、クルト　431

シューマン、モーリス　402, 405, 414, 614

シューレンブルク、フリードリッヒ＝ヴェルナー　63, 66, 272, 277-281, 333, 504

シュシュニック、クルト　123-124

シュターマー、ハインリッヒ・ゲオルク　139

シュタウフェンベルク、クラウス・グラーフ　22, 276, 493, 502

シュッツ、クラウス　586, 590-591, 592

シュテゥドゥニッツ、ハンス＝ゲオルグ・フォン　369

人名索引

シュテーングラハト・フォン・モイランド、グスタフ・
　アドルフ　120, 134, 142, 143, 180, 211, 287, 302,
　304, 315, 342, 353-355, 362, 363, 392
シュトヤイ、デーメ　242
シュトラウス、フランツ・ヨゼフ　457, 519, 520, 590,
　617
シュニッペンケッター、シュヴィドベルト　577
シュパイデル、ハンス　380
シュペーア、アルベルト　615
シュミット、カール　369, 386
シュミット、カルロ　397, 401, 453, 478, 501
シュミット、パウル・オットー　85, 322, 332, 342
シュミット、パウル・カール（パウル・カレル）　120,
　135, 136, 137, 138, 141, 241, 250, 353, 369
シュムブルク、エミール　46, 49, 66, 102, 120, 155,
　159, 160, 164, 166, 167, 177, 348
シュライアー、ルドルフ　175, 180, 181, 182, 208,
　210, 274, 353, 518
シュランゲ＝シェーニンゲン、ハンス　414, 421,
　459, 464, 465, 500
シュルツェ＝ゲヴェルニッツ、ゲロ　283, 307
シュルツェ＝ボイゼン、ハロー　272, 508
シュレーダー、ゲルハルト（外務大臣）　454, 552,
　554, 555, 575, 576, 578
シュレーダー、ゲルハルト（連邦宰相）　631, 632
シュレーダー、ハンス　93, 139, 144-146, 272, 292,
　298-299, 314, 349, 350, 351, 494, 518
スウェーデン、カール・フォン　72
ズートホフ、ユルゲン　509, 510, 512
スターリン、ヨゼフ　126, 139, 193, 194, 213, 257,
　295, 332, 334-337, 594
ゾルゲ、リヒャルト　429
ゾンライトナー、フランツ・エドラー・フォン
　142, 305

〈タ〉

ダーレンドルフ、ラルフ　455, 566
タッデン、エバハルト・フォン　46, 89-90, 135, 151,
　157, 180-183, 224-227, 239-241, 247, 248, 250, 251,
　262, 265, 267, 351, 353, 351, 362, 435, 596
ダネカー、テオドル　170, 176, 181, 257, 596
ダラディエ、エドゥアルド　125, 504
ダレス、アレン　282, 283, 291, 298, 299, 307, 496,
　497, 500, 501

チアノ、ガレアッツォ　342
チェンバレン、ネヴィル　121, 125, 275, 382, 504
チソ、ヨゼフ　250, 251, 311
チャーチル、ウィンストン　341, 384-386
ディークゼン、ヘルベルト・フォン　40, 41, 42, 62,
　108, 117, 124, 322, 325, 328, 330, 331, 332, 333, 334,
　338, 339, 344, 370, 569
ディークホフ、ハンス・ハインリッヒ　140, 158, 415
ティーメ、ハンス　484
ディール、ギュンター　317-318, 586, 593, 618
ディットマン、ヘルベルト　326, 406, 408, 413, 415,
　424, 425, 426, 433, 434, 437, 440, 456, 458, 472, 487,
　489, 527, 532
ディベリウス、オットー　377
テイラー、テルフォード　345-347, 350, 352, 353, 354,
　355, 356, 395, 397, 398
デゥモント、カール　282
ドゥックヴィッツ、ゲオルク・F　225, 448
デーニッツ、カール　302, 305, 309, 367
デーラー、トーマス　419, 420, 519
デーレ、ヴァルター　101, 102
デーンホフ、マリオン・グレーフィン　369, 520,
　573, 623
デシャー、ハンス＝ユルゲン　17, 622-624
テュンゲル、リヒャルト　391, 435, 623
テレク、アレクサンダー　453, 455, 517, 594
デルンベルク・ツー・ハウゼン、アレクサンダー・
　フライヘル・フォン　121, 143, 150, 196, 305
ドナーニ、クラウス・フォン　593, 618
トルーマン、ハリー　340, 395
トロット、アダム・フォン　315, 316

〈ナ〉

ナタニヤフ、ベンジャミン　626
ニュスライン、フランツ　16, 23, 25, 477, 524-526,
　594-595, 631-633,
ノイバッハー、ヘルマン　139, 200, 229, 234-235,
　543, 596
ノイラート、コンスタンチン・フォン　20, 30, 34, 37-
　39, 42, 44, 45, 46, 47, 49, 50, 55-58, 60-62, 64-74, 78-
　80, 82, 83, 84, 85, 87, 88, 90, 92, 96-97, 103, 104, 105,
　107-118, 120, 124, 125, 130, 132, 203, 301, 330, 340,
　341, 343-344, 374, 421, 444
ノスティッツ、ジークフリート　323

793

〈ハ〉

ハース、ヴィルヘルム　325, 403, 407-408, 411-414, 418-419, 424-425, 427, 429, 433, 440, 443-445, 446, 448, 456, 460, 461, 463, 472, 485, 489, 493, 500, 524

パーペン、フランツ・フォン　38, 42, 57, 83, 93, 123, 302, 304, 305

バール、エゴン　586-589, 591-592, 604, 619

ハーン、フリッツ・ゲプハルト・フォン　111, 172, 258, 312, 596, 597

バイエルン、アダルベルト・フォン　487

ハイドリッヒ、ラインハルト　16, 80, 149, 152, 165, 167, 169, 170, 171, 173, 174, 176, 203, 205, 222, 230, 270

バウアー、フリッツ　540, 543, 595, 606, 635

ハウゼンシュタイン、ヴィルヘルム　415-418, 421, 459, 464, 468

ハチャ、エミール　358

ハッセル、ウルリッヒ・フォン　22, 38, 39, 41, 63, 64, 66, 86, 89, 98, 113, 116, 117, 126, 127, 130, 140, 142, 148, 153, 205, 269, 270, 274, 277-281, 280, 308, 364, 504

バッハマン、ペーター　111

ハマーシュミット、ヘルムート　436

バルゲン、ヴェルナー・フォン　24, 66, 166, 215, 219-221, 306, 308, 309, 315, 316, 326, 379, 436-440, 452, 528, 529, 596

ハルシュタイン、ヴァルター　414, 420, 421, 427, 437, 438, 452, 453, 454, 456, 464, 469, 470, 487-490, 515, 517, 519, 522-524, 531-532, 568, 569, 571, 576, 581, 618

ピコ、ヴェルナー　114, 133, 134, 596

ビスマルク、オットー・フォン（帝国宰相）　65, 77, 85, 121, 327, 333, 596

ビスマルク、フリードリッヒ・クリストフ・フォン　612

ヒムラー、ハインリッヒ　56, 65, 75, 82, 112-116, 121-122, 131, 134, 135, 138, 149, 152, 153, 154, 156, 163, 181, 186, 200, 205, 217, 229, 233, 238, 287, 294, 344, 355, 362, 374

ビューロー、ベルンハルト・フォン　29, 39-41, 42, 43

ビューロー＝シュヴァンテ、ヴィッコ・フォン　44, 45, 46, 47, 48, 49, 50, 52, 55, 59, 60, 61, 64, 67, 71,

72, 74, 75, 76, 77, 79, 82, 83, 85, 98, 101, 105, 120

ヒンデンブルク、パウル・フォン　29, 34, 36, 37, 38, 44, 51, 61, 64, 68, 71, 73, 82, 83, 91, 428

ファルケンハウゼン、アレキサンダー・フォン　219, 276

フィッシャー、ヨゼフ（ヨシュカ）　16-17, 502, 625-635

フィップス、アルフレッド・フォン　505

フェーゼンマイヤー、エドムント　150, 229, 230, 236-239, 241-243, 250, 251, 251, 284-285, 353, 354, 355, 358-359, 363, 396, 397, 596

ブッシュ、ジョージ　625, 631

ブットカマー、イェスコ・フォン　594

ブデ、オイゲン　417, 427, 483

ブトリッツ、ヴォルフガング・ガンツ・エドゥラー・ヘル・ツー　493-496

プファイファー、アントン　325, 326, 407, 413, 418, 472

プファイファー、ペーター　294, 324, 325, 410, 413, 414, 450, 456, 465, 470, 471, 472, 487

フュルステンベルク、フリードリッヒ　326-327

ブラウヒチッシュ、ヴァルター・フォン　385

ブラウン、カール・オットー　321, 486

ブラウン、ジギスムント・フライヘル・フォン　368, 369, 466, 473, 478

フランク、パウル　577, 613

ブランケンホルン、ヘルベルト　291, 306-308, 313, 315, 401, 406-408, 410-413, 415, 417, 419, 424, 431, 433, 437, 440, 441, 447, 456, 463, 465, 466, 469, 472, 501, 514, 515, 519-520, 523, 530, 531, 574, 575, 581, 628

フランソワ＝ポンセ、アンドレ　86, 100, 416

ブラント、ヴィリー　19, 77, 457, 458, 459, 513, 583, 584, 586, 587, 589-594, 603-607, 611, 614-615, 616, 617, 619

プリットヴィッツ・ウント・ガフロン、フリードリッヒ・フォン　30, 56, 477

フルシチョフ、ニキタ　579

ブルックハルト、カール・J　272, 368, 509

ブルックハルト、ヤコブ　369

ブレンターノ、ハインリッヒ・フォン　421, 424, 458, 523, 524, 529, 531-533

プロイセン、アウグスト・ヴィルヘルム・フォン　65

ブロイティガム、オットー　66, 184-187, 193, 320, 435, 526, 528-535, 575

ブロイヒ＝オッペルト、ゲオルク・フォン　53-55, 456, 458, 491-492

ブローニング、クリストファー　17, 621, 622

フロンディシ、アルトゥーロ　541

ベヴィン、エルネスト　402, 405

ヘヴェル、ヴァルター　120, 140-142, 150, 189, 275, 296

ヘス、ルドルフ　57, 92, 93, 105, 106, 109, 111, 119, 122, 298

ベスト、ヴェルナー　131, 149, 175, 222-226, 229, 299, 310, 380, 381, 425, 592, 600-601, 610-612

ペタン、フィリップ　208

ベッカー、ヘルムート　367-372, 373, 375, 376, 378, 379, 384-391, 394

ヘッシュ、レオポルト・フォン　30, 33, 40, 41, 42, 52, 73, 74, 87

ヘツィンガー、アドルフ　180, 181, 236, 239, 240, 596

ベネ、オットー　110, 133, 215-216, 218, 220, 229, 299, 310, 596

ヘフテン、ハンス・ベルント・フォン　22, 133, 271, 272, 273-277, 278-280, 315, 371, 504

ヘルヴァルト、フォン・ビッテンフェルド・ハンス「ジョニー」　145, 314, 325, 330-332, 334, 335, 339, 413, 414, 420, 440, 472, 53, 569, 617-619

ペロン、ファン　535-539, 542, 544, 546

ヘンケ、アンドル　139, 197, 202, 203, 219, 222, 292, 309-310, 330, 332, 334, 339, 353, 596

ヘンゼラー、マルガ　632-633

ベンダ、エルンスト　617

ヘンティッヒ、ヴェルナー・オットー・フォン　103, 143, 144, 146, 191, 192,195

ホイス、テオドール　326, 338, 392, 393, 415, 416, 486, 488, 491, 493, 502,503, 527, 539

ホールティ、ミクロシュ・フォン　236, 241, 242, 359

ボーレ、エルンスト・ヴィルヘルム　92-93, 104-111, 112, 114, 119, 121-122, 130-131, 302, 304, 312, 323, 353, 354, 355, 357, 362, 392

ポル・ポト　627, 629, 630

ホルツハウゼン、ルドルフ　313, 325, 327, 446, 482, 499

ボルマン、マルティン　92, 109, 238, 279, 287

〈マ〉

マイスナー、グスタフ　222

マイスナー、ボリス　526, 535

マイヤー（フォン・アッヘンバッハ）、リヒャルト　96-97, 378-379, 531

マインホーフ、ウルリケ　626

マギー、ウォーレン・E　368, 375, 376

マクロイ、ジョン・ジェイ　515

マッケンゼン、ハンス・ゲオルク・フォン　64-65, 88, 91, 110, 112-114, 118, 150, 244, 255

マットヘーファー、ハンス　592

マルクス、カール　514, 519

マルツァーン、フォルラート・フォン　314, 326, 378-379, 419, 423, 485, 523

マン、トーマス　19, 80-82

マン、ハインリッヒ　78

マンシュタイン、エーリッヒ・フォン　191, 385, 395

マンスフェルト、ミヒャエル　426-428, 432, 435-436, 476

ミュラー（＝ロシャッハ）、ヘルベルト　477, 595, 602-607

ムッソリーニ、ベニト　38, 42, 44, 63, 87, 112, 117, 125, 244, 245, 251, 255, 342

ムム・フォン・シュヴァルツェンシュタイン、ヘルベルト　272, 277, 451, 504, 582

メルテス、アロイス　576

メルヒャース、ヴィルヘルム　18, 278-279, 315, 364-367, 369, 371, 372, 411, 424, 425, 440, 448, 485, 488-489, 492-495, 501, 516, 517, 521, 562

メンゲレ、ヨーゼフ　545

メンデ、エーリッヒ　478, 613-614

モーゲンソー、ハンス　386

モルトケ、ハンス・アドルフ・フォン　139, 140, 248,

モルトケ、ヘルムート・ジェームス・グラーフ・フォン　271, 274

モロトフ、ヴャチェラフ・M　332-334, 342

〈ヤ〉

ヤーン、ゲルハルト　577, 586

ユンカー、ヴェルナー　543, 544, 546, 580

ヨーク・フォン・ヴァルテンブルク　278

ヨーゼフ・レンス　456, 458, 487

ヨーン、オットー　276, 492-494, 496, 507, 520

〈ラ〉

ラール、ロルフ　399, 469, 555, 556, 557, 580, 586, 594-595, 604, 606

ラーン、ルドルフ　245-248, 298, 299, 321, 323, 353, 394, 596

ラーデマッハー、フランツ　20, 46, 133, 162,163, 169-171, 208-209, 223, 230-232, 249, 255, 257, 259, 263-264, 314, 351, 353, 354, 360, 366, 434-437, 543, 545, 596-598, 602-603

リーレス・ウント・ヴィルカウ、アルフレット「フィップス」　505-507

リッター、カール　15, 88, 130, 132, 239, 282, 326, 328, 353, 355, 363, 379, 584

リップマン、ウォルター　377

リッベントロープ、ヨアヒム・フォン・パッシン　18-20, 59-61, 54, 85-91, 108-109, 111, 114-124, 126, 128, 130-136, 138-144, 148-154, 158, 169-171, 174, 175, 178-181, 184, 189, 190, 194, 196, 197, 199, 200, 201, 203, 204, 207, 214, 216, 222, 225, 230, 235, 237, 238, 242, 244, 245, 246, 250, 251, 253-257, 260, 269-270, 281, 282, 284, 287-288, 293, 294, 296, 301, 302, 304, 305, 308, 310, 316, 317, 322, 323, 326, 328, 330, 332, 335, 340-342, 344, 347, 349, 351, 354, 361, 364, 374, 375, 379, 381, 382, 383, 385, 428, 43, 444, 456, 465, 466, 476,513, 550, 570, 584, 585, 586, 601

リヒトホーフェン、ヘルベルト・フォン　91

リュトケンス、ゲルハルト　327, 423, 430, 431, 501, 530

リュプケ、ハインリッヒ　607

ルーズベルト、フランクリン　32, 180, 282

ルター、マルチン　21, 120, 132-135, 173, 174, 176, 351, 352, 375, 596

ルーンス、ヨゼフ　614

ルントシュテット、ゲルト・フォン　385

レーバー、ユリウス　274, 493

ロイター、エルンスト　492

ローゼン、ゲオルク　313, 446, 464, 465, 466

ローゼンベルク、アルフレッド　85, 104, 108, 156, 178, 179, 184, 185, 186, 187, 190, 198, 199, 259, 297, 320, 528, 530

ロデ、ヴィルヘルム　111, 151

〈ワ〉

ワグナー、ホルスト　120, 134-135, 141, 179, 180, 181, 219, 247, 256, 305, 351

【著者紹介】
エッカルト・コンツェ（Eckart Conze）
1963 年生まれ。マールブルク大学の近現代史学部で教鞭をとる。
近著に『安全保障の探求──1949 年から現在までのドイツ連邦共和国の歴史』（ミュンヘン、2009 年）*Die Suche nach Sicherheit, Eine Geschichte der Bundesrepublik von 1949 bis in die Gegenwart*, München 2009 がある。

ノルベルト・フライ（Norbert Frei）
1955 年生まれ。イエナ大学の近現代史学部で教鞭をとる。
近著（ラルフ・アーレンス、イェルク・オステロフ、ティム・シャネツキーらによる共著）に『フリック──財閥（企業）、家族、権力』（ミュンヘン、2009 年）*Flick. Der Konzern, die Familie, die Macht*, München 2009 がある。

ピーター・ヘイズ（Peter Hayes）
1946 年生まれ。イリノイ州、シカゴ郊外のエバンストンにキャンパスを構えるノースウェスタン大学の歴史とドイツ語の教授。
近著に『第三帝国におけるデグサ社』（ミュンヘン、2004 年）*Degussa im Dritten Reich*, München 2004, 共著にオックスフォードハンドブック『ホロコースト研究』（オックスフォード、2010 年）*Oxford Handbook of Holocaust Studies*, Oxford 2010 がある。

モシェ・ツィンマーマン（Moshe Zimmermann）
1943 年生まれ。エルサレムのヘブライ大学の近代史の教授。
近著に『ドイツ人対ドイツ人──ユダヤ人の運命 1938 年〜 1945 年』（ベルリン、2008 年）*Deutsche gegen Deutsche. Das Schicksal der Juden 1938-1945*, Berlin 2008 がある。

【訳者紹介】
稲川照芳（いながわ・てるよし）
1943 年　岐阜県生まれ
1968 年 3 月　東京大学法学部卒、在学中西ドイツ・フライブルク大学留学
1968 年 4 月　外務省入省
1969 年 7 月　西ドイツへ
1969 年 1 月から 1971 年 7 月までチュービンゲン大学にて研修・留学
1971 年 7 月〜 1973 年 8 月　ベルリン総領事館副領事
1977 年 8 月〜 1980 年 6 月　ボン大使館
1980 年 6 月〜 1982 年 5 月　チェコスロヴァキア大使館
1987 年 11 月〜 1991 年 2 月　オーストリア大使館
1991 年 3 月〜 1992 年 7 月　ドイツ大使館
1992 年 8 月〜 1995 年 7 月　デュッセルドルフ総領事
1997 年 9 月〜 1999 年 7 月　ベルリン総領事（大使）
1999 年 8 月〜 2002 年 8 月　在ウルグアイ特命全権大使
2002 年 1 月〜 2003 年 9 月　通関情報センター監事

2003 年 9 月～2006 年 11 月　在ハンガリー特命全権大使
この間、本省在勤中、条約局、欧亜局、情報文化局、国際情報局、中南米局、総合外交政策局軍備管理・科学審議官組織、に勤務。
2006 年 12 月退官
2007 年 1 月　中欧研究所設立、代表就任
2007 年 1 月～2013 年 12 月　スズキ株式会社顧問
2008 年 4 月～2014 年 3 月　昭和女子大学客員教授
著書に『欧州分断の克服──外交現場からの手記』（信山社、2011 年）、『現代日本の国際関係──東アジア・日本・欧州』（信山社、2014 年）、『ドイツ外交史』（えにし書房、2015 年）。訳書に『ハンガリー人──光と影の千年史』（レンドヴァイ著、信山社、2007 年）がある。

足立ラーベ加代（アダチ・ラーベ・カヨ Kayo Adachi-Rabe）
1961 年　青森県生まれ。映画研究者、ドイツ語翻訳・通訳者。
1985 年　立教大学文学部ドイツ文学科卒業
1993 年　ベルリン自由大学演劇学科・美術史科修士課程修了
2002 年　マールブルク大学メディア学科博士課程修了
1997 年～2008 年　ベルリン・フンボルト大学日本学科専任講師
2008 年～2009 年　ライプチッヒ大学日本学科准教授
2009 年～2010 年　チュービンゲン大学ドイツ文学科研究員
2012 年　デュッセルドルフ大学現代日本学科教授代理
2017 年　ワイマール・バウハウス大学メディア学科映画学専攻研究員
2011 年～現在　イエナ大学美術史学科映画講座非常勤講師
主著に『映画における不在──画面外空間の理論と歴史について』（ミュンスター、2005 年）*Abwesenheit im Film. Zur Theorie und Geschichte des hors-champ*, Münster 2005、共編書に『日本映画の身体演出』（ダルムシュタット、2016 年）*Körperinszenierungen im japanischen Film*, Darmstadt 2016、共訳書にトラウデル・ユンゲ著『私はヒトラーの秘書だった』（草思社、2004 年）、ヘルガ・シュナイダー著『黙って行かせて』（新潮社、2004 年）がある。

手塚和彰（てづか・かずあき）
1941 年、長野県生まれ。弁護士。東京大学法学部卒。千葉大学教授（法経学部、大学院専門法務研究科）、青山学院大学法学部教授を経て国際交流基金ケルン日本文化会館館長（2011-13）。主要著書に『外国人労働者』（日本経済新聞、1989 年）、『労働力移動の時代』（中公新書、1990 年）、『国の福祉にどこまで頼れるか』（中央公論社、1999 年）、『怠け者の日本人とドイツ人』（中公新書ラクレ、2004 年）、『外国人と法』（有斐閣、2005 年）、『EU 盟主・ドイツの失墜──英国離脱後の欧州を見る鍵』（中公選書、2017 年）。訳書に『ドイツ労働法【新版】』（信山社、2015 年）、『クーデターの技術』（中公選書、2015 年）がある。

ドイツ外務省〈過去と罪〉
第三帝国から連邦共和国体制下の外交官言行録

2018 年 1 月 30 日 初版第 1 刷発行

- ■著者　　エッカルト・コンツェ／ノルベルト・フライ
　　　　　　ピーター・ヘイズ／モシェ・ツィンマーマン
- ■訳者　　稲川照芳／足立ラーベ加代／手塚和彰
- ■発行者　塚田敬幸
- ■発行所　えにし書房株式会社
　　　　　　〒102-0074　東京都千代田区九段南 2-2-7 北の丸ビル 3F
　　　　　　TEL 03-6261-4369　FAX 03-6261-4379
　　　　　　ウェブサイト　http://www.enishishobo.co.jp
　　　　　　E-mail　info@enishishobo.co.jp

- ■印刷／製本　モリモト印刷株式会社
- ■装幀　　又吉るみ子
- ■DTP　　板垣由佳

© 2018 Enishi Shobo Co., Ltd.　ISBN978-4-908073-40-3 C0022

定価はカバーに表示してあります。乱丁・落丁本はお取り替えいたします。
本書の一部あるいは全部を無断で複写・複製（コピー・スキャン・デジタル化等）・転載することは、法律で認められた場合を除き、固く禁じられています。

周縁と機縁のえにし書房

第一次世界大戦　　平和に終止符を打った戦争
マーガレット・マクミラン 著／真壁広道 訳／滝田賢治 監修／A5判 上製／8,000円+税

世界中で話題を呼んだ The War That Ended Peace: How Europe Abandoned Peace for the First World War の邦訳。第一次世界大戦以前にヨーロッパが経験していた大きな変容を描き、鍵となった人物に生命を吹き込み、なぜ平和な大陸が混乱に沈んでいったのかを明確に説明。978-4-908073-24-3 C0022

アウシュヴィッツの手紙
内藤陽介 著／A5判 並製／2,000円+税　　978-4-908073-18-2 C0022

アウシュヴィッツ強制収容所の実態を、主に収容者の手紙の解析を通して明らかにする郵便学の成果！
手紙以外にも様々なポスタルメディア（郵便資料）から、意外に知られていない収容所の歴史をわかりやすく解説。

誘惑する歴史　　誤用・濫用・利用の実例
マーガレット・マクミラン 著／真壁広道 訳／四六判 並製／2,000円+税

サミュエル・ジョンソン賞受賞の女性歴史学者の白熱講義！ 歴史がいかに誤用、濫用に陥りやすいか豊富な実例からわかりやすく解説。安直な歴史利用を戒めた好著。世界史から今日的国際問題までを概観。歴史の「使われ方」を知るための座右の書。978-4-908073-07-6 C0022

ドイツ外交史　　プロイセン、戦争・分断から欧州統合への道
稲川照芳 著／四六判 並製／1,800円+税　　978-4-908073-14-4 C0022

ベルリン総領事、ハンガリー大使を務めた外交のエキスパートが記した、外交の視点からのわかりやすいドイツ近現代史。ドイツ外交を通史的に振り返ることを通して、現在の日本が得るべき知恵を探り、歴史問題と外交のあり方を問う。

丸亀ドイツ兵捕虜収容所物語
高橋輝和 編著／四六判 上製／2,500円+税　　978-4-908073-06-9 C0021

映画の題材にもなった板東収容所に先行し、模範的な捕虜収容の礎を築いた丸亀収容所に光をあて、その全容を明らかにする。公的記録や新聞記事、日記などの豊富な資料を駆使、収容所の歴史や生活を再現。貴重な写真・図版 66 点収載。